교부 문헌 총서
< 16 >

AURELIUS Augustinus

DE CIVITATE DEI
CONTRA PAGANOS
LIBRI VIGINTI DUO
XI-XVIII

Translated with introduction and notes by
Youm SEONG

© Benedict Press, Waegwan, Korea 2004

이 고전 원문대역본의 번역과 주해는 한국학술진흥재단의 연구비 지원을 받았음
(KRF-1999-035-B2 0108)

교부 문헌 총서 〈16〉
2004년 2월 초판 | 2021년 6월 4쇄
역주자: 성염 | 펴낸이 · 박현동
펴낸곳 · 성 베네딕도회 왜관수도원 ⓒ 분도출판사
찍은곳 · 분도인쇄소
등록 · 1962년 5월 7일 라15호
04606 서울 중구 장충단로 188(분도출판사 편집부)
39889 경북 칠곡군 왜관읍 관문로 61(분도인쇄소)
분도출판사 · 전화 02-2266-3605 · 팩스 02-2271-3605
분도인쇄소 · 전화 054-970-2400 · 팩스 054-971-0179
www.bundobook.co.kr

ISBN 978-89-419-0402-1 94230
ISBN 978-89-419-9755-9 (세트)

교부 문헌 총서 16

아우구스티누스

신 국 론
제11-18권

성 염
역주

분 도 출 판 사

차 례

해 제

1. 아우구스티누스의 생애와 진리에 대한 열애 ·················· 13
2. 「신국론」의 집필과 주제 ·· 15
   (1) 작품의 집필 계기 ··· 15
   (2) 집필 목적 ··· 17
   (3) 작품의 구도 ··· 17
   (4) 집필 연대 ··· 19
3. 「신국론」의 호교론적 주제 ·· 20
   (1) 호교론의 전통과 아우구스티누스의 작업 ················· 21
   (2) 당대의 이교도들이 그리스도교에 제기하던 주요 비난 ············ 23
   (3) 「신국론」에서의 호교론적 논변 ····································· 23
4. 두 도성의 신학 ·· 27
   (1) 두 도성에 대한 착상 ··· 27
   (2) 두 도성의 토대 ··· 28
   (3) 두 도성의 발로 ··· 30
   (4) 두 도성의 역사 ··· 31
   (5) 섭리 속에 전개되는 인류의 역사 ································ 33
   (6) 두 도성의 역사는 곧 구원의 역사 ···························· 34
   (7) 두 도성의 종말 ··· 35
5. 「신국론」의 방법론과 아우구스티누스의 문화 사상 ········· 37
   (1) 그리스도교 사상의 새로움 ·· 38
   (2) 고대철학의 복원 ··· 40

   (3) 새로운 종합 ··· 41
   (4)「신국론」이해의 열쇠 ···································· 43
 6.「신국론」의 철학 사상 ·· 45
   (1) 신은 우주의 존재론적 근거 ······························ 46
   (2) 신은 인간의 인식론적 근거 ······························ 48
   (3) 신은 인생 행복의 근거 ···································· 52
 7.「신국론」의 정치 사상 ·· 55
   (1) 인간은 사회적 존재 ·· 56
   (2) 아우구스티누스의 국민 개념 ···························· 59
   (3) 아우구스티누스의 평화 사상 ···························· 62
 8. 아우구스티누스의 역사관 ··· 67
   (1) 역사 개념의 전환 ·· 67
   (2) 그리스도교 사관의 설정 ·································· 69
   (3) 인류 보편사와 "하늘의 시민들" ························ 71
   (4) 영원과 시간 ·· 72
   (5) 역사의 두 주역 ··· 76
 9. 현대인에게 주는 아우구스티누스의 교훈 ···················· 79
10.「신국론」각권 개요 ··· 83
11. 필사본과 참고 문헌 ·· 101
   (1)「신국론」의 필사본 ······································ 101
   (2) 초기 간행본 ·· 102
   (3) 현대어 번역본 ··· 103
   (4) 연구 문헌 ··· 104

원문과 역주

제1권: 시대의 재앙과 하느님의 섭리	107
서 언: 본서의 집필 계획과 주제	109
제1부: 그리스도 경배로 중단된 전쟁	111
제2부: 인생의 해악 혹은 시대의 해악	129
제3부: 도덕적 타락으로 인한 로마의 몰락	201
제2권: 그릇된 도덕을 낳은 다신숭배	215
제1부: 삶의 규범을 제시하지 못한 다신숭배	217
제2부: 공화국의 정의에 이바지한 바 없는 다신숭배	273
제3권: 로마사의 비판적 회고	315
제1부: 역사를 비판하는 명분	317
제2부: 사비나 여인들의 납치부터 포에니 전쟁까지	345
제3부: 시민전쟁부터 아우구스투스까지	393
제4권: 제국 성장에 아무것도 못해 준 많은 신들	421
제1부: 지배욕에 대한 역사적 비판	423
제2부: 다신론과 범신론	443
제3부: 로마제국의 수호신들	463
제5권: 운세의 이치가 있는가 없는가	519
제1부: 인간사를 두고 생각하게 되는 운명과 이치	521
제2부: 인간사가 운명으로 되는가, 질서대로 되는가	565

제6권: 참 행복에 아무 도움도 못 되는 신들 ······················· 631
　　제1부: 지상 일도 천상 일도 돌보지 못하는 신들 ············· 633
　　제2부: 바로가 논한 신학과 신사 ···························· 643
　　제3부: 세네카가 생각한 신들 ······························· 689

제7권: 신들에 관한 자연주의 해석과 참 행복 ····················· 703
　　제1부: 신들을 선별하는 기준 ······························· 705
　　제2부: 신들에 관한 자연주의 해석 ·························· 721
　　제3부: 참 행복에 비추어 견준 그리스도교와 로마인 종교 ········ 783

제8권: 철학자들의 지혜에 비추어 견준 그리스도교와 로마인 종교 ······ 809
　　제1부: 플라톤 학파의 인간사와 신사 인식 ····················· 811
　　제2부: 아풀레이우스의 정령관 ······························· 851
　　제3부: 헤르메스의 신관과 그리스도교의 비교 ·················· 883

제9권: 그리스도와 철학자들의 가르침에 나타난 중개자의 역할 ········ 913
　　서 론: 기왕에 토론한 내용과 앞으로 토론할 과제 ··············· 915
　　제1부: 정령은 정염에 시달린다 ······························ 919
　　제2부: 정령은 중개자 직분을 갖지 못한다 ···················· 947

제10권: 영원한 생명의 종교 ···································· 987
　　제1부: 참된 종교의 관념 ·································· 989
　　제2부: 참된 종교의 변호 ·································· 1035

제11권: 하느님이 시간 속에 창조한 세계와 천사 ··················· 1133
　　제1부: 성서가 말하는 하느님의 도성 ························ 1135
　　제2부: 시간 속 존재 아닌 하느님의 시간 속 존재인 세계 창조 · 1143

제3부: 선한 천사로 창조되었으나 타락한 존재들 ············ 1159
　　제4부: 하느님의 창조와 삼위일체에 관한 오류 논박 ·········· 1195

제12권: 천사와 인간 창조 ··· 1239
　　제1부: 천사와 사물에서 무엇이 선이고 무엇이 악인가 ········ 1241
　　제2부: 인류 창조와 시간 ·· 1273
　　제3부: 회귀설 논박: 인간의 유일회성과 원초적 선성 ·········· 1287

제13권: 영원한 생명의 복원인 인간의 구속 ···························· 1337
　　제1부: 죽음의 양상 ··· 1339
　　제2부: 죽음은 죄에서 온다 ·· 1369
　　제3부: 은총으로 인간은 죄와 죽음에서 구속된다 ··············· 1391

제14권: 범죄 후 인간의 행태에서 나온 두 도성 ······················· 1429
　　제1부: 육에 따른 감정과 영에 따른 감정 ························ 1431
　　제2부: 원조 범죄 후의 감정과 정욕 ······························· 1477

제15권: 두 도성의 전개: 카인과 아벨부터 대홍수까지 ··············· 1541
　　제1부: 최초의 두 도성 ··· 1543
　　제2부: 두 계보: 셋과 카인부터 대홍수까지 ······················ 1577
　　제3부: 대홍수에서 일어난 일들이 예표하는 것 ·················· 1639

제16권: 하느님 도성의 초기사: 노아부터 다윗까지 ··················· 1669
　　제1부: 하느님 도성의 아동기: 노아부터 아브라함까지 ········· 1671
　　제2부: 하느님 도성의 청년기: 아브라함 시대 ··················· 1719
　　제3부: 하느님 도성의 장년기 초반: 이스라엘부터 다윗 사이 ··· 1785

제17권: 예언자 시대의 하느님 도성 ·· 1809
    제1부: 예언이라는 현상 ··· 1811
    제2부: 다윗 전에 나타난 예언 ·· 1823
    제3부: 다윗과 시편에 표상된 예언 ······································ 1867
    제4부: 솔로몬 이후의 예고 ·· 1915

제18권: 역사 진행 속의 두 도성 비교 ······································· 1931
    제1부: 시대의 흐름 속의 두 도성 ······································· 1933
    제2부: 그리스도와 교회에 관해 말한 예언자들 ···················· 2005
    제3부: 하느님의 도성인 교회의 시원과 발전 ························ 2071

제19권: 선의 목적은 하느님 안의 평화 ····································· 2125
    제1부: 철학자들이 말하는 선과 악의 목적 ··························· 2127
    제2부: 선의 목적으로 만인이 희구하는 평화 ······················· 2179
    제3부: 로마와 온 세계에 존재하던 국가 ······························ 2219

제20권: 최후심판에서 닥칠 일들 ··· 2253
    제1부: 문제 제기 ··· 2255
    제2부: 최후심판에 관한 신약의 예고 ·································· 2269
    제3부: 최후심판에 관한 구약의 예고 ·································· 2357

제21권: 종말의 징벌 ··· 2419
    제1부: 합리적으로 설명할 수 없는 실존 사건들 ·················· 2421
    제2부: 악마와 악인에게는 꺼지지 않을 불 ·························· 2467
    제3부: 생시에도 사후에도 정화되는 죄벌 ··························· 2481
    제4부: 오리게네스 파 자비론자들의 내생관 ························ 2493
    제5부: 하느님의 말씀을 전거로 자비론자들을 논박한다 ········ 2507

제22권: 육신의 부활과 영원한 생명 ························· 2559
　　제1부: 부활과 영생을 신앙과 이성으로 궁구한다 ············ 2561
　　제2부: 육신은 부활한다 ································· 2629
　　제3부: 영원한 생명 ····································· 2667

〈부 록〉

「재론고」 ··· 2735
「서간」 ·· 2739
　요약문 ··· 2743

〈색 인〉

성서 인용 색인 ··· 2834
성서 외 인용 색인 ·· 2854
인명과 신명 색인 ··· 2901

AUGUSTINUS
DE CIVITATE DEI
LIBER XI

MUNDUM ET ANGELOS DEUS IN TEMPORE CREAVIT

아우구스티누스
신국론
제11권
하느님이 시간 속에 창조한 세계와 천사

1. Ciuitatem Dei dicimus, cuius ea scriptura testis est, quae non fortuitis motibus animorum, sed plane summae dispositione prouidentiae super omnes omnium gentium litteras omnia sibi genera ingeniorum humanorum diuina excellens auctoritate subiecit. Ibi quippe scriptum est: *Gloriosa dicta sunt de te, ciuitas Dei*; et in alio Psalmo legitur: *Magnus Dominus et laudabilis nimis in ciuitate Dei nostri, in monte sancto eius, dilatans exultationes uniuersae terrae*; et paulo post in eodem Psalmo: *Sicut audiuimus, ita et uidimus, in ciuitate domini uirtutum, in ciuitate Dei nostri; Deus fundauit eam in aeternum*; item in alio: *Fluminis impetus laetificat ciuitatem Dei, sanctificauit tabernaculum suum altissimus; Deus in medio eius non commouebitur.* His atque huius modi testimoniis, quae omnia commemorare nimis longum est, didicimus esse quandam ciuitatem Dei, cuius ciues esse concupiuimus illo amore, quem nobis illius conditor inspirauit. Huic conditori sanctae ciuitatis ciues terrenae ciuitatis deos suos praeferunt ignorantes eum esse Deum deorum, non deorum falsorum, hoc est impiorum et superborum, qui eius incommutabili omnibusque communi luce priuati et ob hoc ad quandam egenam potestatem redacti suas quodam modo priuatas potentias consectantur honoresque

---

[1] civitas Dei (하느님의 도성)라는 개념이 아우구스티누스 자신의 착상이 아니고 성서의 용어임을 내세운다.

[2] 시편 86[87],3.

[3] 시편 47[48],2-3.

[4] 시편 47[48],9.

[5] 시편 45[46],5-6.

[6] Deus deorum: 신명 10,17 ("세상에 신도 많고 주도 많지만 너희 하느님 주님이야말로 신이시요 주님이시다" Deus deorum et Domnius dominantium: Vulgata) ; 다니 2,47 ("너의 신이야말로 … 신들 가운데서 으뜸가는 신이며" vere Deus vester Deus deorum est: Vulgata) 참조.

제1부 (1-3)
성서가 말하는 하느님의 도성

1. 본서의 이 부분에서 두 도성, 곧 천상 도성과 지상 도성의 시원과 종말을 논하기 시작한다

　우리는 하느님의 도성을 이야기하고 있다. 성서가 이 도성에 관해 증인 노릇을 하고 있는데,[1] 성서로 말하면 온갖 종류의 인간 재능을 뛰어넘는 책이다. 모든 민족의 문학을 뛰어넘는 이 성서는, 인간 정신의 우연한 발휘에 의해서가 아니라 지존한 섭리의 배려에 의해 모든 인간 재능을 신적 권위로 굴복시켰던 것이다. 거기에는 이런 글이 씌어 있다: "하느님의 도성아, 너를 두고 영광스러운 일들이 일컬어지는도다."[2] 다른 시편에서는 이런 구절을 읽어볼 수 있다: "주님께서는 위대하시고 드높이 찬양받으실 분이시로다. 우리 하느님의 도성, 당신의 거룩한 산에서, 그 산은 아름답게 솟아올라 온 누리의 기쁨이로다."[3] 또 같은 시편 조금 뒤에 다음과 같은 구절이 있다: "우리가 들은 대로 우리가 보았도다. 만군의 주님의 도성에서, 우리 하느님의 도성에서. 하느님께서 이를 영원히 굳히셨도다."[4] 다른 시편에도 나온다: "강이 있어, 그 줄기들이 하느님의 도성을, 지존의 거룩한 거처를 즐겁게 하네. 하느님께서 그 안에 계시니 흔들리지 않으며."[5] 이런 증언들과 이와 유사한 증언들을 모조리 열거하자면 너무 길고, 이것만으로도 하느님의 어떤 도성이 존재함을 배우게 된다. 그리고 그 도성의 창건자가 우리에게 불어넣은 사랑으로 인해 그 도성의 시민이 되고 싶은 열망이 생긴다. 그런데 지상 도성의 시민들은 이 거룩한 도성의 창건자보다도 자기네 신들을 앞세우고 있다. 그것은 저분이 신들의 신임을 모르기 때문이다.[6] 하느님은 거짓 신들의 하느님이거나 불경스럽고 오만한 신들의 하느님이 아니다. 거짓 신들은 모든 존재들에게 두루 미치는 하느님의 불변의 광명이 없으며, 그때문에 아주 보잘것없는 권세만을 쥐고 있다. 그리고 그 권세마저 사사로이 손에 넣으려고 모든 수단을 다할 뿐 아니라, 어쩌다 기만당해 자기 수하에 예속된 인간들에게서 신적 영예를 받으려고 수작을 부린다. 그분은 어디까지나 경건하고 거룩

diuinos a deceptis subditis quaerunt; sed deorum piorum atque sanctorum, qui potius se ipsos uni subdere quam multos sibi, potiusque Deum colere quam pro Deo coli delectantur. Sed huius sanctae ciuitatis inimicis decem superioribus libris, quantum potuimus, domino et rege nostro adiuuante respondimus. Nunc uero quid a me iam expectetur agnoscens meique non inmemor debiti de duarum ciuitatum, terrenae scilicet et caelestis, quas in hoc interim saeculo perplexas quodam modo diximus inuicemque permixtas, exortu et excursu et debitis finibus, quantum ualuero, disputare eius ipsius domini et regis nostri ubique opitulatione fretus adgrediar, primumque dicam, quem ad modum exordia duarum istarum ciuitatum in angelorum diuersitate praecesserint.

2. Magnum est et admodum rarum uniuersam creaturam corpoream et incorpoream consideratam compertamque mutabilem intentione mentis excedere atque ad incommutabilem Dei substantiam peruenire et illic discere ex ipso, quod cunctam naturam, quae non est quod ipse, non fecit nisi ipse. Sic enim Deus cum homine non per aliquam creaturam loquitur corporalem, corporalibus instrepens auribus, ut inter sonantem et audientem aeria spatia uerberentur, neque per eius modi spiritalem, quae corporum similitudinibus figuratur, sicut in somnis uel quo alio tali modo; nam et sic uelut corporis auribus loquitur, quia uelut per corpus loquitur et uelut interposito corporalium locorum interuallo; multum enim similia sunt talia uisa corporibus; sed loquitur ipsa ueritate, si quis sit idoneus ad audiendum mente, non corpore. Ad illud enim hominis ita loquitur, quod

---

[7] Deus deorum piorum: 다신교 문제를 푸는 기본은 외교인들이 섬기는 모든 정령들(daemones)이나 신령들(numina)이나 신들(dei)이 그리스도교에서 얘기하는 천사(angeli)들이요 그들은 하느님의 피조물임을 역설하는 일이다. 10.9-15 참조.

[8] 1. 서언; 10.32.4에서 제시하는 본서에 대한 교부의 기획 참조.

[9] 아우구스티누스가 신에게 이르는 일반 여정은 피조물로부터 창조주에게 도달하는 길이며, 삼라만상이 가변적이라는 사실(mutantur enim atque uariantur: *Confessiones* 11.4.6)이 계기가 되고 하느님 아닌 모든 것은 하느님으로부터 유래한다는 사실이다(*De vera religione* 18.35).

[10] Cf. *De Genesi ad litteram* 12.4-8.

[11] loquitur ipsa veritate: 진리는 인간의 내면 혹은 내적 인간에 존재한다는 것이 교부의 신념이다(in interiore homine habitat veritas: *De vera religione* 39.72).

한 신들의 하느님이다.⁷ 그런 거룩한 신들은 많은 인간들이 자신들에게 굴복하기보다는 한 분 하느님께 복속하는 것을 좋아하며, 하느님 대신 자신들이 숭배받는 것보다는 하느님이 숭배받는 것을 더 즐거워한다. 우리는 이 거룩한 도성을 적대하는 사람들을 상대로, 우리 주님이요 임금인 분의 가호를 입어 힘닿는 데까지 앞에 나온 열 권으로 응수한 바 있다. 이제 여러분이 나한테 무엇을 기대하는지 벌써부터 알고 있으며 내가 짊어진 빚을 잊지 않고 있다. 즉, 두 도성 곧 지상 도성과 천상 도성의 기원, 전개 그리고 응분의 종말에 관해 능력이 미치는 대로 논의해 보고자 한다.⁸ 이 두 도성이 중간 세기世紀에는 혼재되어 있고 또 어떤 면에서 서로 뒤섞여 있다는 말을 한 바 있다. 천상 도성의 주님이요 우리 임금인 분의 도움에 힘입어 내가 먼저 말하고 싶은 것은 천사들의 부류가 달라지면서 어떻게 저 두 도성이 발원하게 되었는지에 대한 것이다.

2. 하느님을 인식함: 하느님과 인간의 중개자 인간 그리스도를 통하지 않으면 아무도 하느님에 대한 지식에 도달하지 못한다

물체적 사물과 비물체적 사물을 망라한 모든 피조계被造界, 그러면서도 가변적인 것으로 여겨지고 드러나는 피조계를 지성의 시각으로 초월해 가는 일, 그래서 하느님의 불변하는 실체에 도달하는 일, 또 하느님 아닌 대자연 전체를 하느님이 아니면 아무도 만들지 않았다는 사실을 배우는 일은 위대하면서도 한편 매우 드문 일이다.⁹ 하느님은 사람과 말씀할 때 어떤 물체적 피조물을 통하지 않는다. 소리를 내는 자와 듣는 자 사이에 공기의 간격이 진동하듯이 신체적인 귀에다 대고 소리를 내는 것이 아니다. 그렇다고 영적 피조물에게 꿈이나 그와 비슷한 상태에서 신체와 유사한 모습을 갖게 하여 그 영적 피조물을 통해 말씀하는 것도 아니다.¹⁰ 그것은 신체의 귀에 대고 말씀하는 것이나 다를 바 없기 때문이다. 물체적 공간을 사이에 두고 신체를 통해 말씀하는 것이나 다름없기 때문이다. 그런 환상들은 물체들과 아주 흡사하다. 신체 감관을 통해서가 아니라 지성으로 들을 만한 사람이라면 하느님은 그에게 진리 자체로 말씀한다.¹¹ 하느님은 인간의 지성에 말씀을 건네며, 그것은 인간에게 인간을 구성하는 그

in homine ceteris, quibus homo constat, est melius, et quo ipse Deus solus est melior. Cum enim homo rectissime intellegatur uel, si hoc non potest, saltem credatur factus ad imaginem Dei: profecto ea sui parte est propinquior superiori Deo, qua superat inferiores suas, quas etiam cum pecoribus communes habet. Sed quia ipsa mens, cui ratio et intellegentia naturaliter inest, uitiis quibusdam tenebrosis et ueteribus inualida est, non solum ad inhaerendum fruendo, uerum etiam ad perferendum incommutabile lumen, donec de die in diem renouata atque sanata fiat tantae felicitatis capax, fide primum fuerat inbuenda atque purganda. In qua ut fidentius ambularet ad ueritatem, ipsa ueritas, Deus Dei filius, homine adsumpto, non Deo consumpto, eandem constituit et fundauit fidem, ut ad hominis Deum iter esset homini per hominem Deum. Hic est enim mediator Dei et hominum, homo Christus Iesus. Per hoc enim mediator, per quod homo, per hoc et uia. Quoniam si inter eum qui tendit et illud quo tendit uia media est, spes est perueniendi; si autem desit aut ignoretur qua eundum sit, quid prodest nosse quo eundum sit? Sola est autem aduersus omnes errores uia munitissima, ut idem ipse sit Deus et homo; quo itur Deus, qua itur homo.

3. Hic prius per prophetas, deinde per se ipsum, postea per apostolos, quantum satis esse iudicauit, locutus etiam scripturam condidit, quae canonica nominatur, eminentissimae auctoritatis, cui fidem habemus de his rebus, quas ignorare non expedit nec per nos ipsos nosse idonei sumus. Nam si ea sciri possunt testibus nobis, quae remota non sunt a sensi-

---

[12] 인간과 피조물들에게 (천사와 인간의) 지성(mens)이 최상위에 있고 지성 위에는 하느님밖에 없다는 것이 교부의 신존재 논증(예: *De libero arbitrio* 2.6.14 - 15.39)이다.

[13] homo factus ad imaginem Dei (창세 1,26 참조): 아우구스티누스 인간관의 기조 개념이며 그의 「삼위일체론」(*De Trinitate*)의 주제이기도 하다.

[14] 신앙으로 지성이 정화되어야 바른 사유와 추론을 행하고 진리에 도달할 수 있다는 것이 아우구스티누스 인식론의 근간이다(*De utilitate credendi*).

[15] ut *ad hominis Deum* iter esset homini *per hominem Deum*: 아우구스티누스의 그리스도론은 근본적으로 "하느님께 이르는 길"이다.

[16] 1디모 2,5 참조.

[17] 요한 14,6("나는 길이요 진리요 생명입니다. 나를 통하지 않고서는 아무도 아버지께로 갈 수 없습니다"); 히브 10,20("그분은 휘장을 통해, 곧 당신 육신을 통해 우리에게 생명을 주는 새로운 길을 터 주셨습니다") 참조.

[18] via munitissima, ut idem ipse sit Deus et homo; *quo itur Deus, qua itur homo*: 중개자가 길이자 동시에 목적이 됨으로써 가장 완벽한 역할을 한다. 교부의 그리스도론이 간추려진 문장이다.

밖의 모든 것보다 훌륭하며, 그보다 훌륭한 존재는 하느님뿐이다.[12] 인간이 하느님의 모상으로 만들어졌다고 인식하는 것이 인간에 관한 가장 올바른 이해이며, 그것이 불가능하다면 적어도 그렇다고 믿는 것이다.[13] 그런 믿음으로 인간은 지고한 하느님께 더 가까이 다가가며, 자신의 더 낮은 부분들, 짐승들과 공통으로 갖는 부분들을 초월한다. 지성에는 천성적으로 이성과 오성이 깃들어 있지만, 지성 자체는 암울하고 오래 묵은 몇몇 악습으로 무력하여, 불변하는 광명을 향유하고 합일하기가 어렵고 그 광명을 감당하기도 힘에 부친다. 그래서 인간의 지성은 나날이 쇄신되고 치유되어야 하며, 저토록 위대한 행복을 향유할 능력이 생기기까지 먼저 신앙으로 물들여지고 정화되지 않으면 안 되었다.[14] 인간이 좀더 확신을 갖고 진리를 향해 나아가도록 하기 위해 진리 그 자체 곧 하느님의 아들 하느님이 인간을 취하고(그렇다고 하느님이 소멸하지는 않은 채였다) 신앙을 제정하고 조성했다. 인간-하느님을 통해 하느님께 이르는 길이 인간에게 생기게 하려는 뜻이었다.[15] 이분이 하느님과 인간 사이의 중개자 인간 그리스도 예수다.[16] 인간이라는 이유에서 중개자가 되며, 중개자라는 이유에서 또한 길이다.[17] 목적을 향하는 인간과 그가 향하는 목적 사이에 길이 놓여 있다면 목적에 도달하리라는 희망도 있는 셈이다. 그러나 만약 그 길이 없다면, 또 어떤 길을 거쳐서 가야 하는지 모른다면, 어디로 가야 한다는 것을 안들 무슨 소용인가? 저 모든 오류들에 맞서 전적으로 안전한 길이 딱 하나 있으니, 그것은 동일한 분이 하느님이자 곧 사람인 경우이다. 하느님은 어디까지 가느냐 하는 그 목적이 되고, 사람은 어디로 해서 가느냐 하는 그 길이 된다.[18]

3. 하느님의 영이 지은 성서 정전正典의 권위

바로 이분이 처음에는 예언자들을 통해 말씀했고 그다음에는 당신 친히 말씀했고 그 뒤로는 사도들을 통해 말씀했다. 충분하다고 판단될 정도로 말씀했다. 이분이 성서를 지었고, 따라서 정전正典이라고 일컬어지는 성서는 극히 탁월한 권위를 지닌다. 우리는 우리가 몰라서는 안 될 사안이면서도 우리 자신의 힘으로는 알아내지 못할 사안에 대해서는 성서에 믿음을 둔다. 만약 그런 사안이

bus nostris siue interioribus siue etiam exterioribus (unde et praesentia nuncupantur, quod ita ea dicimus esse prae sensibus, sicut prae oculis quae praesto sunt oculis): profecto ea, quae remota sunt a sensibus nostris, quoniam nostro testimonio scire non possumus, de his alios testes requirimus eisque credimus, a quorum sensibus remota esse uel fuisse non credimus. Sicut ergo de uisibilibus, quae non uidimus, eis credimus, qui uiderunt, atque ita de ceteris, quae ad suum quemque sensum corporis pertinent: ita de his, quae animo ac mente sentiuntur (quia et ipse rectissime dicitur sensus, unde et sententia uocabulum accepit), hoc est de inuisibilibus quae a nostro sensu interiore remota sunt, his nos oportet credere, qui haec in illo incorporeo lumine disposita didicerunt uel manentia contuentur.

우리가 증인으로 나서서 발언하여 알 수 있는 것이라면, 우리 감관에서 멀리 떨어져 있지 않으리라, 내적 감관이든 외적 감관이든 상관없이. (감관 앞에 놓여 있다고 해서 현존한다고 부른다.[19] 눈에 현전하는 것을 눈앞에 있다고 하듯이.) 우리가 증인으로 나서서 발언하여 알 수 있는 것이 아니면 우리에게서 멀리 떨어져 있는 것이 분명하므로 그런 사안에 대해서는 다른 증인들을 필요로 하고 그들의 말을 믿게 된다. 우리는 그 사안이 그들의 감관으로부터 멀리 떨어져 있거나 멀리 떨어져 있었다고 믿지 않기 때문이다. 가시적 사물들에 관한 한 우리가 직접 보지 못했더라도 우리는 그것을 본 사람들이 하는 말을 믿는다. 그밖에 신체의 갖가지 감각에 해당하는 다른 사물들에 관해서도 그렇다. 이와 마찬가지로 정신과 지성으로 감각되는 사물(지성에 대해서도 "감관"이라는 말을 사용하는 것은 타당하다고 할 수 있는데 거기서 "생각"이라는 단어가 유래하기 때문이다)[20] 다시 말해 우리의 내면적 감관으로부터 멀리 떨어져 있는 불가견한 사물들에 대해 우리는 비물질적 광명 속에 놓여 있는 것들을 봐 왔던 사람들, 항속하는 사물들을 관조하고 있는 사람들의 말을 믿어야 한다.[21]

---

[19] 아우구스티누스는 praesentia (prae-sum: "앞에 있다"), 곧 "현존"(現存) 혹은 "현전"(現前)을 esse prae sensibus ("감관 앞에 있다")로 풀이하고 있다. 그래서 두 문구를 종합하여 praesto sunt oculis ("눈에 현전한다")라는 표현이 가능하다.

[20] sensus (감각 ← sentio 감각하다)에서 sententia (생각)가 나왔다는 설명이다 (*Retractationes* 1.1.2: "지성의 감관이라는 것도 있다"). 다만 신체적 감관과 정신적 감관은 구분하며 (본서 8.7 참조), 아우구스티누스의 저작에서 sententia는 거의 "개념" 내지 "사상"을 의미한다.

[21] manentia contuentur: 교부에게 참 존재는 항속함이다 (esse est manere).

4. Visibilium omnium maximus mundus est, inuisibilium omnium maximus Deus est. Sed mundum esse conspicimus, Deum esse credimus. Quod autem Deus fecerit mundum, nulli tutius credimus quam ipsi Deo. Vbi eum audiuimus? Nusquam interim nos melius quam in scripturis sanctis, ubi dixit propheta eius: *In principio fecit Deus caelum et terram.* Numquidnam ibi fuit iste propheta, quando fecit Deus caelum et terram? Non; sed ibi fuit sapientia Dei, per quam facta sunt omnia, quae in animas sanctas etiam se transfert, amicos Dei et prophetas constituit eisque opera sua sine strepitu intus enarrat. Loquuntur eis quoque angeli Dei, qui semper uident faciem Patris uoluntatemque eius quibus oportet adnuntiant. Ex his unus erat iste propheta, qui dixit et scripsit: *In principio fecit Deus caelum et terram.* Qui tam idoneus testis est, per quem Deo credendum sit, ut eodem spiritu Dei, quo haec sibi reuelata cognouit, etiam ipsam fidem nostram futuram tanto ante praedixerit.

Sed quid placuit aeterno Deo tunc facere caelum et terram, quae antea non fecisset? Qui hoc dicunt, si mundum aeternum sine ullo initio et ideo nec a Deo factum uideri uolunt, nimis auersi sunt a ueritate et letali morbo

---

[22] 신에게 사용하는 maximus라는 형용사는 질량 개념이 아니고 완전 개념("위대하다")이다.

[23] Deum esse credimus: 교부는 피조계로부터 창조주께 소급하는 신인식을 알았으나(*De vera religione* 29.52 - 39.73; *Confessiones* 10.6.9 - 16.37; *Sermo* 241.1-3) 여기서는 창조를 논할 예정이므로 성서에 의존하는 신인식을 도입한다(각주 12에 나오듯이 *De libero arbitrio* 2.6.14 - 15.39: 진리로부터의 신존재 증명도 참조).

[24] Deus fecerit mundum: 이하에 나오지만 교부는 일자(一者)로부터의 필연적 유출(流出) 아닌 하느님의 자유로운 창조를 제시하고, 질료의 영원성을 인정하지 않고 무로부터의 창조를 확립하며, 따라서 하느님은 신플라톤 철학자들이 주장하던 세계의 모형인(模型因)이 아니고 세계의 작용인(作用因)이자 창조인(創造因)이라는 사실, 영원으로부터의 창조에 대해서는 유보적이면서도 시간은 창조와 더불어 시작한 피조물이라는 점 등을 여러 저서(cf. *De Genesi contra Manichaeos*; *De Genesi ad litteram liber imperfectus*; *De Genesi ad litteram* 13)에서 이론적으로 개진한다.

[25] 창세 1,1.

[26] 잠언 8,27("그가 하늘을 펼치시고 깊은 바다 둘레에 테를 두르실 때에 내가 거기 있었다"); 지혜 7,27("지혜는 비록 홀로 있지만 모든 것을 할 수 있으며 스스로는 변하지 않으면서 만물을 새롭게 한다") 참조.

[27] 마태 18,10 참조.

[28] 이 질문은 무엇이 신의 의지를 움직여 창조에 착수하게 만들었느냐는 시비(Velleius in Cicero, *De natura deorum* 1.4.9)로서, 신의 의지의 가변성을 전제로 한다. Cf. *Confessiones* 11.10.12; *De Genesi contra Manichaeos* 1.2.4; *De diversis quaestionibus 83*, 28.

제2부 (4-8)
시간 속 존재 아닌 하느님의 시간 속 존재인 세계 창조

4. 세상의 창조: 창조는 무시간적인 것도 아니고, 하느님이 전에는 싫어했다가 다음에는 좋아했다는 식으로 새로운 결정에 의한 것도 아니다

4. 1. 하느님이 창조하자 세계가 시간 속에 존재하기 시작했다

가시적 사물들 중에서는 세계라는 것이 가장 크고, 불가견한 사물들 중에서는 하느님이 가장 크다.[22] 그러나 세계의 존재는 우리가 눈으로 보고 있고, 반면 하느님의 존재는 신앙으로 믿고 있다.[23] 하느님이 세계를 창조했다[24]는 것은 누구의 말보다도 하느님의 말씀을 믿는 것이 가장 안전하다. 그 말씀을 어디에서 들을 수 있는가? 성서만큼 그 말씀을 잘 들을 수 있는 곳이 결코 없다. 성서에서 하느님의 예언자가 말했다: "태초에 하느님이 하늘과 땅을 만드셨다."[25] 그럼 하느님이 하늘과 땅을 만들 때 저 예언자가 그 자리에 있었다는 말인가? 그럴 리 없다. 하지만 그 자리에 하느님의 지혜가 있었다. 하느님의 지혜를 통해 모든 것이 창조되었고, 그 지혜가 거룩한 영혼들 속을 옮겨다니며 하느님의 친구들과 예언자들을 만들어내고, 또 내면에서 소리를 내지 않고 하느님의 업적을 그들에게 이야기해 준다.[26] 또 하늘에 계신 아버지의 얼굴을 항상 보고 있는[27] 하느님의 천사들도 그들에게 말을 걸고 알려야 할 사람들에게는 하느님의 뜻을 알려준다: "태초에 하느님이 하늘과 땅을 만드셨다"고 말하고 기록한 예언자는 그런 사람들 가운데 하나였다. 그는 하느님을 믿게 만드는 데 참 적절한 증인이다. 그는 하느님의 영을 받아서 자기에게 이 사실이 계시(啓示)되었음을 인지했고, 우리가 고백하게 될 바로 그 신앙을 아주 오래 전에 예언한 것이다.

4. 2. 영혼도 시간 속에 창조되었다

그런데 영원한 하느님이 이전에는 하지 않았다가 그때 가서 하늘과 땅을 만들기로 마음먹은 이유는 무엇일까?[28] 이런 말을 하는 사람들이 이 생각을 근거로 세계는 시원이 없고 영원하며 따라서 하느님에 의해 창조된 것이 아니라고 생각한다면, 그들은 진리로부터 너무 등을 돌리고 있을 뿐 아니라 불경이라는 치

impietatis insaniunt. Exceptis enim propheticis uocibus mundus ipse ordinatissima sua mutabilitate et mobilitate et uisibilium omnium pulcherrima specie quodam modo tacitus et factum se esse et non nisi a Deo ineffabiliter atque inuisibiliter magno et ineffabiliter atque inuisibiliter pulchro fieri se potuisse proclamat. Qui autem a Deo quidem factum fatentur, non tamen eum temporis uolunt habere, sed suae creationis initium, ut modo quodam uix intellegibili semper sit factus, dicunt quidem aliquid, unde sibi Deum uidentur uelut a fortuita temeritate defendere, ne subito illi uenisse credatur in mentem, quod numquam ante uenisset, facere mundum, et accidisse illi uoluntatem nouam, cum in nullo sit omnino mutabilis; sed non uideo quo modo eis possit in ceteris rebus ratio ista subsistere maximeque in anima, quam si Deo coaeternam esse contenderint, unde illi acciderit noua miseria, quae numquam antea per aeternum, nullo modo poterunt explicare. Si enim alternasse semper eius miseriam et beatitudinem dixerint, necesse est dicant etiam semper alternaturam; unde illa eos sequetur absurditas, ut etiam cum beata dicitur in hoc utique non sit beata, si futuram suam miseriam et turpitudinem praeuidet; si autem non praeuidet nec se turpem ac miseram fore, sed beatam semper existimat, falsa opinione sit beata; quo dici stultius nihil potest. Si autem semper quidem per saecula retro infinita cum beatitudine alternasse animae miseriam putant, sed nunc iam de cetero, cum fuerit liberata, ad miseriam non esse redituram, nihilo minus conuincuntur numquam eam fuisse uere

---

[29] 8.6이나 이 자리에서 강조하듯이 주의깊은 지성에게 창조계는 그 가변성, 질서, 아름다움을 사다리로 하느님께 이르는 바탕이 된다.

[30] suae creationis initium("자기 창조의 시원"): 세계의 영원성을 주장하는 그리스 철학사조들의 입장에 대해 세계와 존재자들의 우유성(偶有性)을 부각시킨 것이 아우구스티누스의 창조사상이다. 세계의 영원한 창조(creatio ab aeterno)는 그리스도교 철학자들의 오랜 토론 자료였다(10.31 참조).

[31] quo dici stultius nihil potest: 교부는 영원한 창조(플라톤, 아리스토텔레스, 스토아 등의 지론)를 완강하게 거부하지는 않으나 그 전초작업으로 윤회설(輪回說)을 짚으면서(12.19-20 상론) 영혼이 영원으로부터 창조되어 있었다면, 행복과 불행이 교차하는 시간적 변화가 모순된다고 지적한다.

명적인 병에 걸려 있는 것이다. 예언자들의 음성을 빼놓고도 세계 자체가 소리 높이 외치고 있다. 세계는 자기가 창조되었음을 말없이 선포하고 있다, 그 질서정연한 변화와 운동을 통해, 그리고 온갖 가시적 사물들로 이루어진 더없이 아름다운 형상을 통해. 말로 형언할 수 없고 눈으로 볼 수도 없이 위대한 하느님, 또한 말로 형언할 수 없고 눈으로 볼 수도 없이 아름다운 하느님에 의해서가 아니면 어느 누구에 의해서도 창조될 수 없었음을 선포하고 있다.[29] 그런가 하면 세계가 하느님에 의해 창조되었다는 사실은 인정하나, 세계가 시간의 시원이 있다는 사실은 부정하면서 자기 창조의 시원에 대해서만 인정하는 사람들이 있다.[30] 납득하기는 힘들지만 이렇게 보면 세계는 항상 창조되어 있었던 것으로 여겨진다. 그들이 이런 말을 하는 것은 하느님께 우발적 자의恣意가 있었던 게 아니냐는 힐문으로부터 하느님을 변호하려는 의도에서이다. 그전에는 한 번도 그런 생각이 떠오르지 않다가 하느님께 갑자기 세계를 창조하겠다는 생각이 떠오른 것이 아니냐, 그래서 절대로 변하는 분이 아닌데도 하느님께 새로운 의지가 발생한 것이 아니냐는 힐문으로부터 하느님을 변호하려는 의도에서이다. 나는 그 사람들이 다른 사안에 대해 이 이론을 어떻게 견지할 것인지 궁금하다. 특히 영혼에 대해서, 즉 영혼이 하느님과 더불어 영원한 것이라고 주장한다면, 어떻게 영혼에게 새로운 불행(전에는 영원으로부터 결코 없었던 불행이다)이 닥치게 되었는지 절대 설명할 수 없을 것이다. 만약 그들이 영혼의 행복과 불행은 항상 교차되어 왔다고 대답한다면, 그들은 또한 그런 교차는 앞으로도 계속될 것이라고 말할 수밖에 없다. 이렇게 보면 그들에게 영혼은, 행복할 때에도 미래의 불행과 치욕을 예견하고 있다는 점에서 또한 행복하지 않다는 모순이 따라나온다. 또 자신이 불행해지거나 비참해지리라는 것을 예견하지 못하고 항상 행복하리라고 여긴다면, 그것은 거짓 생각으로 행복한 것이다. 그러니 이보다 어리석은 생각은 도저히 할 수 없을 것이다.[31] 혹시 누군가 지나간 무한한 세기를 거치면서 영혼은 행복과 불행을 교차했다고 생각한다면, 그러나 이제 나머지 세기에는 이미 해방을 얻었으므로 다시는 불행하게 되지 않으리라고 생각한다면, 과거에 영혼은 결코 진정으로 행복한 적이 없었다는 말이며,

beatam, sed deinceps esse incipere noua quadam nec fallaci beatitudine; ac per hoc fatebuntur accidere illi aliquid noui, et hoc magnum atque praeclarum, quod numquam retro per aeternitatem accidisset. Cuius nouitatis causam si Deum negabunt in aeterno habuisse consilio, simul eum negabunt beatitudinis eius auctorem, quod nefandae impietatis est; si autem dicent etiam ipsum nouo consilio excogitasse, ut de cetero sit anima in aeternum beata, quo modo eum alienum ab ea, quae illis quoque displicet, mutabilitate monstrabunt? Porro si ex tempore creatam, sed nullo ulterius tempore perituram, tamquam numerum, habere initium, sed non habere finem fatentur, et ideo semel expertam miserias, si ab eis fuerit liberata, numquam miseram postea futuram: non utique dubitabunt hoc fieri manente incommutabilitate consilii Dei. Sic ergo credant et mundum ex tempore fieri potuisse, nec tamen ideo Deum in eo faciendo aeternum consilium uoluntatemque mutasse.

5. Deinde uidendum est, isti, qui Deum conditorem mundi esse consentiunt et tamen quaerunt de mundi tempore quid respondeamus, quid ipsi respondeant de mundi loco. Ita enim quaeritur, cur potius tunc et non antea factus sit, quem ad modum quaeri potest, cur hic potius ubi est et non alibi. Nam si infinita spatia temporis ante mundum cogitant, in quibus eis non uidetur Deus ab opere cessare potuisse, similiter cogitent extra

---

[32] tamquam numerum: 교부는 수들의 순열(順列)이 무한하다는 점에서 시작은 있으나 끝이 없음을 강조한다(12.18 참조). 다만 순열은 시간적 시작이나 끝이 아니다.

[33] 12.13 참조.

이제부터는 거짓 행복이 없는 새로운 행복이 시작된다는 말이다. 이렇게 보면 영원에 이르기까지 한 번도 생기지 않은 새로운 무엇, 참으로 위대하고 훌륭한 무엇이 영혼에게 생겼다고 그들은 말하는 것이다. 만약 그들이 하느님의 영원한 계획 속에 그 새로움의 원인이 간직되어 있었음을 부정한다면 그것은 동시에 하느님이 그 행복의 장본인이라는 사실도 부정하는 것이다. 이것은 참으로 입에 담지 못할 불경스런 생각이다. 만약 하느님이 새로운 결심을 하여 나머지 세기에는 영혼이 영원히 행복하도록 결정했다면, 하느님이 가변성에서 벗어나 존재한다는 사실을 어떻게 입증할 것인가? 그들 또한 하느님의 가변성은 수긍하지 못하는 처지다. 그러나 영혼은 시간 속에서 창조되었고 그렇지만 결코 시간 속에서 멸망하지 않으리라고 그들이 인식한다면, 수數가 그렇듯이[32] 시작은 있지만 종말은 없으리라고 말한다면, 그래서 한번 불행을 경험한 이상 그것으로부터 해방을 얻기만 한다면 이후에 다시는 불행해지지 않으리라고 한다면, 그렇게 말하는 사람들은 하느님이 갖고 있는 불변의 결심이 고스란히 유지된 채로 이 모든 것이 일어나리라는 것도 의심하지 않을 것이다. 그러므로 세계가 시간 속에서 생겨날 수 있었다고 믿을 만하며, 하느님이 창조를 행했더라도 영원한 계획과 의지를 변경하지 않았다고 믿을 만하다.

5. 세상이 창조되기 전에 무한한 시간이 흘렀다거나 세상 밖에 무한한 공간이 존재했다고 생각해서는 안 되니, 세상 전에는 어떤 시간도 없고 세상 밖에는 어떤 공간도 없기 때문이다

하느님이 세계의 창조주임에는 동의하지만 창조의 시간에 대해 의문을 제기하는 사람들에게 우리가 무엇이라고 답변할 것이며, 또 세계 창조의 공간에 대해 무엇이라고 답변할 것인지 살펴보자. 그들의 질문은 이렇다. 세계는 왜 하필 그때 만들어졌고 그 이전에는 만들어지지 않았는가?[33] 그리고 다음과 같은 질문도 나올 법하다. 세계는 왜 하필 지금 있는 이 자리에 만들어졌고 다른 곳에 만들어지지 않았는가? 그들은 세계가 존재하기 전에 무한한 시간의 확장을 상정하고, 또 그 시간 속에서 하느님이 결코 아무 일도 하지 않았을 리가 없다고 생각

mundum infinita spatia locorum, in quibus si quisquam dicat non potuisse uacare Omnipotentem, nonne consequens erit, ut innumerabiles mundos cum Epicuro somniare cogantur; ea tantum differentia, quod eos ille fortuitis motibus atomorum gigni asserit et resolui, isti autem opere Dei factos dicturi sunt, si eum per interminabilem inmensitatem locorum extra mundum circumquaque patentium uacare noluerint, nec eosdem mundos, quod etiam de isto sentiunt, ulla causa posse dissolui? Cum his enim agimus, qui et Deum incorporeum et omnium naturarum, quae non sunt quod ipse, creatorem nobiscum sentiunt; alios autem nimis indignum est ad istam disputationem religionis admittere, maxime quod apud eos, qui multis diis sacrorum obsequium deferendum putant, isti philosophos ceteros nobilitate atque auctoritate uicerunt, non ob aliud, nisi quia longo quidem interuallo, uerum tamen reliquis propinquiores sunt ueritati. An forte substantiam Dei, quam nec includunt nec determinant nec distendunt loco, sed eam, sicut de Deo sentire dignum est, fatentur incorporea praesentia ubique totam, a tantis locorum extra mundum spatiis absentem esse dicturi sunt, et uno tantum atque in comparatione illius infinitatis tam exiguo loco, in quo mundus est, occupatam? Non opinor eos in haec uaniloquia progressuros. Cum igitur unum mundum ingenti quidem mole corporea, finitum tamen et loco suo determinatum et operante Deo factum esse dicant: quod respondent de infinitis extra mundum locis, cur in eis ab opere Deus cesset, hoc sibi respondeant de infinitis ante mundum temporibus,

---

[34] infinita spatia temporis ante mundum 혹은 extra mundum infinita spatia: 공간은 물리적(형이하학적)인 것이어서 무한한 연장이 불가하지만 시간은 형이상학적인 것이어서 무한한 연장이 가능하다는 고대사상을 배경으로 토론에 임한다.

[35] innumerabiles mundi: 무한한 숫자의 세계에 관한 Epicurus의 사상(cf. Lucretius, *De rerum natura* 2.1048 이하)에 대해서는 교부가 *Epistula* 118.4.28에서 언급한다.

[36] propinquiores sunt veritati: 8.9; 8.10.1에서도 같은 호의를 갖고 말한다. Cf. *De vera religione* 4.7.

[37] substantia Dei ... incorporea praesentia *ubique tota*: 만물 안에 신의 현존을 설명하는 어법이다.

[38] unus mundus ingenti quidem mole ("거대한 물체적 덩어리로 된 이 세계"). 고대에 진공 없이 우주를 파악하던 개념이다. "덩어리"라면 당연히 unus, finitus et loco suo determinatus라고 정의되어야 한다.

한다. 그럴 경우 당연히 세계 밖에는 무한한 공간의 확장을 상정하고, 그 공간 속에서 전능한 분이 비워둘 수 있는 공간이 있으리라고는 아무도 생각할 수 없게 된다.[34] 그러면 자연히 에피쿠루스와 더불어 무한한 세계를 꿈꾸지 않으면 안 된다는 결론이 나오지 않겠는가? 차이가 있다면, 에피쿠루스는 무수한 세계들이 원자들의 우연한 운동에 의해 생겨나고 소멸한다는 것이고, 저들은 하느님의 작업에 의해 그 세계들이 만들어진다고 말한다는 점이다.[35] 세계 밖에 사방으로 퍼져 있는 무한한 공간을 통틀어 하느님이 한가하게 비워놓지 않으리라고 생각하는 사람들은, 현존하는 이 세계에 대해 느끼고 있듯이, 저 무수한 세계들 또한 하느님이 그 무슨 이유로도 소멸하지 않게 만들었으리라고 믿지 않겠는가? 우리는 지금, 하느님은 비물질적 존재이며 하느님 이외의 모든 자연본성의 창조자라고 우리와 똑같이 믿는 사람들을 상대로 토론하는 중이다. 그렇게 믿지 않는 다른 사람들을 종교적 토론에 끌어들이는 것은 너무 어색한 일이며, 특히 다수 신들에게 제의를 거행해야 한다고 주장하는 사람들을 상대로 하는 것은 너무도 부당하다. 여하튼 플라톤주의 철학자들은 존귀함에서나 권위에서나 여타의 철학자들을 능가했다. 그들은 여타의 철학자들에 비해 크나큰 간격을 두고 진리에 훨씬 가까이 접근해 있었기 때문이다.[36] 그들은 하느님의 실체를 공간에 내포시키지도 않고 공간에 한정시키지도 않고 공간으로 연장시키지도 않는다. 그리고 하느님의 실체가 비물질적 현존으로 어디든지 전일적全的으로 존재한다[37]고 믿는데 이것은 하느님에 대해 지각할 때 보이는 합당한 자세라 하겠다. 이렇게까지 말한 사람들이 세계 밖의 저 광활한 공간들에 하느님의 실체가 부재한다는 말을 할 수 있겠는가? 하느님의 실체는 오로지 한 공간, 저 무한에 비견한다면 참으로 하찮은 공간, 즉 현재의 세계가 자리잡은 이 공간만을 차지한다고 주장할 수 있겠는가? 나는 그들이 이런 망언까지 하리라고는 믿지 않는다. 따라서 그들은 거대한 물체적 덩어리로 된 이 세계는[38] 단일하고, 유한하고, 공간상으로 규정된 것이며, 하느님의 업적으로 만들어진 것이라고 말해야 할 것이다. 그들은 세계 밖에 무한한 공간을 설정하고서 왜 하느님이 그 공간에서 활동을 중단했느냐는 질문에 답변하듯이, 다른 질문, 곧 세계가 생기기 이전에 무한한 시간

cur in eis ab opere Deus cessauerit. Et sicut non est consequens, ut fortuito potius quam ratione diuina Deus non alio, sed isto in quo est loco mundum constituerit, cum pariter infinitis ubique patentibus nullo excellentiore merito posset hic eligi, quamuis eandem diuinam rationem, qua id factum est nulla possit humana conprehendere: ita non est consequens, ut Deo aliquid existimemus accidisse fortuitum, quod illo potius quam anteriore tempore condidit mundum, cum aequaliter anteriora tempora per infinitum retro spatium praeterissent nec fuisset aliqua differentia, unde tempus tempori eligendo praeponeretur. Quod si dicunt inanes esse hominum cogitationes, quibus infinita imaginantur loca, cum locus nullus sit praeter mundum: respondetur eis isto modo inaniter homines cogitare praeterita tempora uacationis Dei, cum tempus nullum sit ante mundum.

6. Si enim recte discernuntur aeternitas et tempus, quod tempus sine aliqua mobili mutabilitate non est, in aeternitate autem nulla mutatio est: quis non uideat, quod tempora non fuissent, nisi creatura fieret, quae aliquid aliqua motione mutaret, cuius motionis et mutationis cum aliud atque aliud, quae simul esse non possunt, cedit atque succedit, in breuioribus uel productioribus morarum interuallis tempus sequeretur? Cum igitur Deus, in cuius aeternitate nulla est omnino mutatio, creator sit temporum et ordinator: quo modo dicatur post temporum spatia mundum creasse non uideo, nisi dicatur ante mundum iam aliquam fuisse creaturam, cuius motibus tempora currerent. Porro si litterae sacrae maximeque ueraces ita

---

[39] 공간으로서의 세계가 단일하고 유한하고 규정된 것이라면 시간으로서의 세계도 유한하고 한정된 것이어서 de infinitis ante mundum temporibus(세계 이전의 무한한 시간)라는 힐문도 무의미해진다.

[40] 공간과 시간 사이의 유비 설정은 아리스토텔레스나 플라톤이 착안하지 못한 것이었다. 세계 밖에 공간이 없고 세계를 떠나서 시간이 존재하지 않는다는 것이 아우구스티누스의 답변이다. 12.8에서 확답을 내놓는다. Cf. *Confessiones* 11.13.15-16.

[41] 영원과 시간을 운동으로 구분함은 "존재는 항속함이다"(esse est manere: omne quod esse dicimus, in quantum manet dicamus: *Epistula* 18.2)라는 명제에서 기인한다. Cf. *Confessiones* 11.14.17: "어느 시간도 당신과 같이 영원할 수(tibi coaetrena) 없는 것이, 임은 항상 계시기 때문이니(quia tu permanes) 시간이 만일 항상되다면 이미 시간이 아닐 것이니이다"(cf. *Sermo* 117.10).

[42] tempora non fuissent, nisi creatura fieret: 창조의 시기에 관한 시비를 두고 교부가 착안한 근본사상이다. Cf. *De Genesi ad litteram* 5.5.12; *Confessiones* 11.24.31.

[43] in morarum intervallis tempus sequeretur: 시간이 운동의 간격이라면 운동(변화 생성을 포함한다)이 없는 한 시간이 없으므로 가변적인(= 운동하는) 피조물이 존재하지 않는 한 시간은 존재하지 않는다는 결론이 나온다.

[44] Deus, creator temporum et ordinator: 영원한 신은 시간의 창조자이지 시간에 예속된 사물이 아니다. 12.16.1 참조.

을 설정하고서 왜 그 시간에 하느님이 활동을 중단했느냐는 질문에도 그들이 나서서 답변을 해야 할 것이다.[39] 하느님이 다른 공간이 아니라 현재의 세계가 존재하는 바로 이 공간에서 세계를 창조한 것에 대해, 물론 동등하게 사방으로 무한히 펼쳐진 공간들 가운데 바로 이 공간이 다른 공간들에 비해 월등히 뛰어난 점이 있는 것도 아니므로, 하필 이 공간이 선택될 수 있었느냐를 두고 신적 이성에 의한 것이라기보다는 우발적인 것이었다고 말하는 것은 논리적이지 않다. 물론 그것을 만들어낸 신적 이성을 인간의 이성이 절대로 파악할 수는 없다. 이와 마찬가지로, 하느님이 이전 시간이 아닌 하필 그 시간에 세계를 창조한 것에 대해, 그 이전에 무한히 흘러갔을 동일한 시간들 가운데 하필 그 시간을 선택하고 우선시킬 그 어떤 차이도 없었으리라는 이유로, 하느님께 우발적인 무엇이 발생했다고 여긴다면 그것도 논리적이지 않다. 만일 그들이 세계 밖에 아무 공간이 없는데도 무한한 공간을 상상해내는 인간들의 생각을 허황하다고 말한다면, 그와 마찬가지로 세계 이전에 아무 시간이 없었음에도 하느님이 무위하게 보낸 지나간 시간들을 생각하는 일도 그만큼 허황하다고 대답하면 된다.[40]

6. 세상의 창조와 시간의 창조는 동일한 시점에 이루어졌으며, 하나가 다른 하나를 선행하지 않는다

영원과 시간을 올바로 구분한다면, 즉 시간은 운동이나 변화 없이 존재할 수 없고 반면에 영원은 어떤 변화도 없다는 사실을 인식한다면,[41] 피조물이 생겨나지 않는 한 시간은 존재하지 않으며, 피조물이란 어떤 운동에 의해 어떤 변화를 일으키는 것임을 누가 깨닫지 못하겠는가?[42] 그 운동과 변화를 보이는 두 실재는 동시에 존재할 수 없어서 하나가 하나에게 자리를 내주고 하나가 하나를 뒤따르는데, 시간은 이런 과정들 사이에 존재하는 더 길거나 더 짧은 간격 속에서 발생한다.[43] 그러므로 하느님의 영원성에서는 일체 어떤 변화도 없으며, 하느님은 시간의 창조자요 수여자다.[44] 그렇다면 시간의 일정한 기간이 지난 후에 하느님이 세계를 창조했으리라는 말을 어떻게 이해하겠는가? 내가 보기에 이런 말은 세계가 존재하기 전에 벌써 어떤 피조물이 있었고 그 사물의 운동에

dicunt, in principio fecisse Deum caelum et terram, ut nihil antea fecisse intellegatur, quia hoc potius in principio fecisse diceretur, si quid fecisset ante cetera cuncta quae fecit: procul dubio non est mundus factus in tempore, sed cum tempore. Quod enim fit in tempore, et post aliquod fit et ante aliquod tempus; post id quod praeteritum est, ante id quod futurum est; nullum autem posset esse praeteritum, quia nulla erat creatura, cuius mutabilibus motibus ageretur. Cum tempore autem factus est mundus, si in eius conditione factus est mutabilis motus, sicut uidetur se habere etiam ordo ille primorum sex uel septem dierum, in quibus et mane et uespera nominantur, donec omnia, quae his diebus Deus fecit, sexto perficiantur die septimoque in magno mysterio Dei uacatio commendetur. Qui dies cuius modi sint, aut perdifficile nobis aut etiam inpossibile est cogitare, quanto magis dicere.

7. Videmus quippe istos dies notos non habere uesperam nisi de solis occasu nec mane nisi de solis exortu; illorum autem priores tres dies sine sole peracti sunt, qui die quarto factus refertur. Et primitus quidem lux uerbo Dei facta atque inter ipsam et tenebras Deus separasse narratur et eandem lucem uocasse diem, tenebras autem noctem; sed qualis illa sit lux et quo alternante motu qualemque uesperam et mane fecerit, remotum est a sensibus nostris, nec ita ut est intellegi a nobis potest, quod tamen sine ulla haesitatione credendum est. Aut enim aliqua lux corporea est, siue in superioribus mundi partibus longe a conspectibus nostris siue unde

---

[45] 창세 1,1.

[46] in principio(태초에) : 시간적 개념이 아니고 형이상학적 개념으로 나타나는 시원(始原)이라면 시간이 그때부터 존재하기 시작했다는 해답이 되므로 뒤이어 나오는 non est mundus factus in tempore, sed cum tempore라는 명제가 성립한다.

[47] 히브 4,1-13 참조: 안식일이 구원의 의미를 갖는 신비로 떠오른다.

[48] 창조의 일곱 날을 상징적으로 해설한 것으로 별도의 저작이 있다: *De Genesi ad litteram* (4.1.1 - 20.37).

[49] 창세 1,3-4 참조.

의해 시간이 흘러가고 있었다는 얘기와 다를 바 없다. 바로 그래서 거룩하고도 극히 진실한 서책이 "태초에 하느님이 하늘과 땅을 만드셨다"[45]고 하여 그전에는 아무것도 만들지 않았음을 깨우쳐 준다. 만일 하늘과 땅을 만들기 전에 하느님이 무엇을 만들었다면, 바로 그것을 태초에 만들었다고 말해야 한다.[46] 그러므로 의심할 여지 없이 세계는 시간 속에서 만들어진 것이 아니고 시간과 더불어 만들어졌다. 시간 속에서 만들어진다는 것은 어느 시간 후에 만들어지고 어느 시간 전에 만들어진다는 것이다. 즉, 과거 후에, 미래 전에 만들어진다는 것이다. 그러나 창조 때는 어떤 것도 과거가 될 수 없으니 그 이유는 가변적 운동을 해서 시간을 유발할 피조물이 아무것도 존재하지 않았기 때문이다. 만약 변화와 운동이 세계가 창조될 때 만들어졌다면, 시간과 더불어 세계가 창조된 것이다. 가변적 운동을 가리켜 최초의 엿새 혹은 이레라는 저 순서가 나온 것으로 보인다. 날마다 아침과 저녁이 언급된다. 하느님이 이 엿새 동안 만든 모든 것이 엿샛날에 완성되고 이렛날에는 크나큰 신비를 담고[47] 하느님의 휴식이 언급되고 있다. 저 엿새 혹은 이레가 어떤 양상을 갖는지 우리는 생각해내기 참으로 어렵다 못해 차라리 불가능하며 말로 표현하기는 더욱 어렵다.[48]

7. 태양이 생기기 전에 밤과 낮이 있었다고 전하는, 창조 첫 사흘의 성격

보다시피 우리가 아는 날들은 일몰日沒이 없으면 저녁이 없고 일출日出이 없으면 아침이 없다. 그런데 최초의 사흘 동안은 태양이 없이 흘러갔고 태양은 넷째 날에 만들어졌다고 전한다. 맨 처음 하느님의 말씀으로 빛이 생겼고, 하느님이 빛과 어둠을 가르면서 빛을 낮이라 하고 어둠을 밤이라 불렀다고 전한다.[49] 하지만 그 빛이 어떤 빛이었는지, 어떤 운동으로 교차하여 어떤 성격의 아침과 저녁을 만들어냈는지 우리의 지각에는 너무도 먼 얘기다. 하여튼 우리가 이해할 수 있는 그런 것이 아니며, 그렇더라도 우리는 주저하지 않고 믿어야 한다. 그 빛은 아마도 어떤 물체적 빛이거나 그렇지 않으면 빛이라는 단어로 거룩한 도성을 상징했는지도 모른다. 물체적 빛이었다면 우리의 시선에서 멀리 떨어진, 세계의 상층부에 생겨난 빛이었거나 후일 태양이 밝혀진 어떤 곳

sol postmodum accensus est; aut lucis nomine significata est sancta ciuitas in sanctis angelis et spiritibus beatis, de qua dicit apostolus: *Quae sursum est Hierusalem, mater nostra aeterna in caelis*: ait quippe et alio loco: *Omnes enim uos filii lucis estis et filii diei; non sumus noctis neque tenebrarum*; si tamen et uesperam diei huius et mane aliquatenus congruenter intellegere ualeamus. Quoniam scientia creaturae in comparatione scientiae Creatoris quodam modo uesperascit, itemque lucescit et mane fit, cum et ipsa refertur ad laudem dilectionemque Creatoris; nec in noctem uergitur, ubi non Creator creaturae dilectione relinquitur. Denique scriptura cum illos dies dinumeraret ex ordine, nusquam interposuit uocabulum noctis. Non enim ait alicubi: facta est nox; sed: *Facta est uespera et factum est mane dies unus*. Ita dies secundus et ceteri. Cognitio quippe creaturae in se ipsa decoloratior est, ut ita dicam, quam cum in Dei sapientia cognoscitur, uelut in arte qua facta est. Ideo uespera quam nox congruentius dici potest; quae tamen, ut dixi, cum ad laudandum et amandum refertur Creatorem, recurrit in mane. Et hoc cum facit in cognitione sui ipsius, dies unus est; cum in cognitione firmamenti, quod inter aquas inferiores et superiores caelum appellatum est, dies secundus; cum in cognitione terrae ac maris omniumque gignentium, quae radicibus continuata sunt terrae, dies tertius; cum in cognitione luminarium maioris et minoris omniumque siderum, dies quartus; cum in cognitione omnium ex aquis animalium natatilium atque uolatilium, dies quintus; cum in cognitione omnium animalium terrenorum atque ipsius hominis, dies sextus.

---

[50] 갈라 4,26. 〔200주년: "하늘에 있는 예루살렘은 자유로우며 바로 우리의 어머니입니다."〕

[51] 1데살 5,5. 〔200주년: "무릇 여러분은 모두 빛의 자녀이며 대낮의 자녀입니다. 우리는 밤이나 어둠에 속하지 않습니다."〕

[52] 인간의 인식을 아침(in mane fit), 저녁(vesperascit), 밤(in noctem vergitur)으로 표상함은 교부가 즐겨 구사하는 직유다.

[53] 창세 1,5. "첫날"과 "하루"를 구분하는 설명이 11.9에 나온다.

[54] 피조물의 존재론적 자세와 인식론적 명암(明暗)으로 하루하루를 풀이하는 매우 특이한 창세기 주석이다(cf. *De Genesi ad litteram* 4.1). 창조가 피조물 편에서는 순서대로 연속하는 사건이고 하느님 편에서는 영원한 말씀에서 발생하는 무시간적 사건이며(11.9 참조) 인간의 인식에서도 시간성을 띠고 (discursive) 창조가 인식된다.

의 빛이었으리라. 빛이라는 단어로 거룩한 도성을 상징했다면 거룩한 천사들과 복된 영혼들 사이에 세워진 도성을 가리키는 것이리라. 이 도성에 관해 사도는 다음과 같이 말한다: "저 위에 있는 것은 예루살렘이니 하늘에 있는 우리의 영원한 어머니입니다."[50] 다른 곳에 이런 말도 있다: "실상 여러분은 모두 빛의 자녀이며 낮의 자녀입니다. 우리는 밤이나 어둠의 자녀가 아닙니다."[51] 그렇더라도 이날을 두고 저녁이니 아침이니 하는 말로 이해하는 것이 이치에 맞는지는 여전히 문제다. 왜냐하면 피조물의 지식은 창조주의 지식에 비할 때 희미하게 저물어 가는 저녁 빛과 같은 것이며, 피조물이 찬미와 사랑으로 창조주에게 향할 때마다 다시 밝아지면서 아침이 되기 때문이다. 그렇지만 피조물에 대한 사랑으로 창조주를 저버리는 경우가 아니라면 피조물의 지식이 밤으로까지 떨어지지는 않는다.[52] 따라서 성서는 최초의 날들을 순서대로 헤아리면서도 밤이라는 단어는 결코 포함시키지 않았다. 어디서도 "밤이 되었다"라고는 하지 않았고 "저녁이 되고 아침이 되니 하루였다"고 했다.[53] 이튿날도, 다른 날들에 대해서도 마찬가지였다. 피조물이 자기 자신 안에서 얻는 인식은 하느님의 지혜 안에서 얻는 인식에 비한다면 그야말로 탈색된 무엇이다(이 말이 무슨 뜻인지는 앞으로 이야기하겠다). 하느님의 지혜는 그 피조물이 창조받은 예술 자체에 해당한다. 그래서 인간의 인식은 아무것도 보이지 않는 밤이라기보다 사물이 천연색을 잃어가는 저녁이라고 하는 편이 더 적절하다. 그러다가 방금 내가 한 말대로, 창조주를 찬미하고 사랑하는 방향과 결부되면 아침이 돌아온다. 피조물이 자기 자신에 관한 인식에서 이처럼 저녁과 아침을 맞은 것이 첫째 날이다. 아래에 있는 물과 위에 있는 물 사이에 하늘이라고 일컫는 창공에 관한 인식에서 저녁과 아침을 맞은 것이 둘째 날이다. 땅과 바다와 그 안에 태어나 땅에 뿌리를 뻗고 돋아나는 모든 것들에 관한 인식에서 저녁과 아침을 맞은 것이 셋째 날이다. 큰 광체와 작은 광체에 대한 인식, 모든 성좌에 대한 인식에서 저녁과 아침을 맞은 것이 넷째 날이다. 물에서 헤엄치는 모든 생물과 모든 날짐승에 대한 인식에서 저녁과 아침을 맞은 것이 다섯째 날이다. 땅 위의 모든 생물과 인간 자신에 관한 인식에서 저녁과 아침을 맞은 것이 여섯째 날이다.[54]

8. Cum uero in die septimo requiescit Deus ab omnibus operibus suis et sanctificat eum, nequaquam est accipiendum pueriliter, tamquam Deus laborauerit operando, qui *dixit et facta sunt* uerbo intellegibili et sempiterno, non sonabili et temporali. Sed requies Dei requiem significat eorum qui requiescunt in Deo, sicut laetitia domus laetitiam significat eorum, qui laetantur in domo, etiamsi non eos domus ipsa, sed alia res aliqua laetos facit. Quanto magis, si eadem domus pulchritudine sua faciat laetos habitatores, ut non solum eo loquendi modo laeta dicatur, quo significamus per id quod continet id quod continetur; sicut «theatra plaudunt, prata mugiunt», cum in illis homines plaudunt, in his boues mugiunt; sed etiam illo, quo significatur per efficientem id quod efficitur; sicut laeta epistula dicitur, significans eorum laetitiam, quos legentes efficit laetos. Conuenientissime itaque, cum Deum requieuisse prophetica narrat auctoritas, significatur requies eorum, qui in illo requiescunt et quos facit ipse requiescere; hoc etiam hominibus, quibus loquitur et propter quos utique conscripta est, promittente prophetia, quod etiam ipsi post bona opera, quae in eis et per eos operatur Deus, si ad illum prius in ista uita per fidem quodam modo accesserint, in illo habebunt requiem sempiternam. Hoc enim et sabbati uacatione ex praecepto legis in uetere Dei populo figuratum est, unde suo loco diligentius arbitror disserendum.

---

[55] 시편 148,5. 창세기 1장에 여덟 번이나 반복되는 표현이다(3.6.9.11.15.20.24.30절).

[56] requies Dei ... eorum qui requiescunt in Deo: 하느님이 무엇 때문에 (지쳐서) 쉬어야 하느냐는 반문에 대한 예비적 답변이다. Cf. *De Genesi ad litteram* 4.8.15 - 12.23.

[57] 교부는 성서 해설이나 자기 철학사상의 설명에 수사학적 기법을 빈번하게 활용한다. 여기서는 환유법(換喩法: metonymia)의 두 사례를 들고 있다.

[58] bona opera quae in eis et per eos operatur Deus: 은총의 선행적 효과를 일컫기도 하고 만유의 제일 원인으로서 피조물들에게서 이루어지는 모든 작용의 제1 장본인(primus auctor)으로서의 하느님의 원인성도 가리킨다.

8. 엿새 일한 다음 이렛날 쉬었다는 하느님의 안식을 어떻게 이해할 것인가

하느님이 일곱째 날 모든 일에서 손을 떼고 쉬면서 이날을 거룩한 날로 정했을 때, 우리가 이 말을 유치하게 받아들여서는 안 된다. 하느님이 "말씀하시자 생겨났다"[55]고 되어 있고, 들을 수 있는 순간적 말씀이 아니라 인지할 수 있는 영원한 말씀으로 창조했는데도 하느님이 마치 일하면서 수고한 것처럼 유치하게 받아들여서는 안 된다. 오히려 하느님의 안식은 하느님 안에서 안식하는 자들의 안식을 의미한다.[56] 이것은 집안의 기쁨이 집안에서 기뻐하는 사람들의 기쁨을 의미하는 것과 비슷하다. 그 사람들을 기쁘게 하는 것이 집 자체가 아니라 다른 어떤 사물일 때도 집안의 기쁨이라는 표현을 사용한다. 집이 만약 고유한 아름다움으로 거주하는 사람들을 기쁘게 한다면 물론 더 좋은 일이다. 여하튼 이 경우에 내포된 사물이 그것을 내포하는 사물에 의해 지시되는 어법으로, 즉 "극장이 갈채를 보낸다"거나 "초원이 명동鳴動한다"라는 문장이 사실은 극장 안에서 사람들이 박수한다는 말이고 풀밭에서 소들이 운다는 뜻으로 이해되는 것처럼, 기쁨을 표현할 수 있다. 또한 원인이 결과에 의해 지시되는 어법으로, 예컨대 반가운 편지라고 할 때 그 편지는 읽는 사람들을 기쁘게 만들기 때문인데 이것도 기쁨을 나타내는 경우가 된다.[57] 그러므로 예언자의 저술에서 하느님이 쉬었다고 이야기할 때는 하느님 안에 안식하는 자들의 안식, 하느님이 안식하게 만든 자들의 안식을 의미한다고 보는 것이 타당하다. 이런 의미는 성서의 이 말씀을 듣고 쓰인 글을 읽는 사람들에게도 해당된다고 할 수 있다. 이 예언은 인간들도 선업을 한 후에는, 이승의 삶에서도 신앙으로 아무쪼록 하느님께 다가간다면, 하느님 안에서 영원한 안식을 누리리라고 약속하는 것이다. 물론 이 선업으로 말하면 하느님이 그들 안에서 그들을 위해 행하는 것이다.[58] 하느님의 옛 백성에게 율법의 계명으로 나타난 토요일의 안식은 바로 이 안식을 예표豫表했다. 이 점에 대해서는 적절한 곳에서 더 자세히 논해야 한다고 생각한다.[59]

---

[59] 22.30 참조. 교부가 해설하는 안식일의 표상적 의미(*De Genesi ad litteram* 4.11.16; *Confessiones* 13.35.50 - 17.52)는 다른 학자들도 착안한 바였다. Cf. Philo, *De posteritate Caini* 18.64; Pseudo-Aristobulus in Eusebius, *Praeparatio evangelica* 13.12.

9. Nunc, quoniam de sanctae ciuitatis exortu dicere institui et prius quod ad sanctos angelos adtinet dicendum putaui, quae huius ciuitatis et magna pars est et eo beatior, quod numquam peregrinata, quae hinc diuina testimonia suppetant, quantum satis uidebitur, Deo largiente explicare curabo. Vbi de mundi constitutione sacrae litterae loquuntur, non euidenter dicitur, utrum uel quo ordine creati sint angeli; sed si praetermissi non sunt, uel caeli nomine, ubi dictum est: *In principio fecit Deus caelum et terram*, uel potius lucis huius, de qua loquor, significati sunt. Non autem esse praetermissos hinc existimo, quod scriptum est, requieuisse Deum in die septimo ab omnibus operibus suis quae fecit, cum liber ipse ita sit exorsus: *In principio fecit Deus caelum et terram*; ut ante caelum et terram nihil aliud fecisse uideatur. Cum ergo a caelo et terra coeperit, atque ipsa terra, quam primitus fecit, sicut scriptura consequenter eloquitur, inuisibilis et incomposita nondumque luce facta utique tenebrae fuerint super abyssum, id est super quandam terrae et aquae indistinctam confusionem (ubi enim lux non est, tenebrae sint necesse est), deinde omnia creando disposita sint, quae per sex dies consummata narrantur: quo modo angeli praetermitterentur, tamquam non essent in operibus Dei, a quibus in die septimo requieuit? Opus autem Dei esse angelos hic quidem etsi non praetermissum, non tamen euidenter expressum est; sed alibi hoc sancta scriptura clarissima uoce testatur. Nam et in hymno trium in cami-

---

[60] 아우구스티누스는 하느님 도성을 선한 천사와 선한 인간들로 구성하므로 고유한 천사론을 전개한다(11.9-21; 12.1, 6, 9, 15 참조).

[61] 창세 1,1. 본서 11.11, 33-34; 12.15.2 참조.

[62] 신플라톤주의의 배종이성(胚種理性: rationes seminales)을 이용하여 아우구스티누스는 태초에 제일 질료(第一質料)가 창조되고(creatio simultanea) 거기에 만물의 배종이 간직되어 있으며 엿새 동안의 창조에서(그리고 그 이후 사물의 생성에서) 구체 사물의 형태를 취한다(*informatio*)는 사상을 전개한다(*De Genesi ad litteram liber imperfectus* 2.35; *De Trinitate* 3.8.13 - 9.16; *De Genesi ad litteram* 2.11.24; 5.34.54). 그럴 경우 천사를 창세 1,1의 원초적 창조("하늘")에 해당시키거나 1,3의 "빛"의 창조에 해당시킨다.

[63] 창세 1,1-2 참조: "한 처음에 하느님께서 하늘과 땅을 지어 내셨다. 땅은 아직 모양을 갖추지 않고 아무것도 생기지 않았는데, 어둠이 깊은 물 위에 뒤덮여 있었고 그 물 위에 하느님의 기운이 휘돌고 있었다."

제3부 (9-21)
선한 천사로 창조되었으나 타락한 존재들

9. 천사의 창조에 관한 신적 증언을 어떻게 받아들일 것인가

나는 거룩한 도성의 기원에 대해 말할 임무가 있고, 또 거룩한 천사들에 대해 먼저 얘기할 필요가 있다고 생각했다. 이 천사들은 거룩한 도성의 아주 중요한 부분을 이루며, 도성에서 벗어난 적이 없기 때문에 매우 축복받은 존재들이다.[60] 천사들에 대해서는 성서가 넉넉해 보일 정도로 충분히 증언하는만큼, 지금부터는 하느님의 보우에 힘입어 그 점을 해설해 보려 한다. 세계의 창조에 대해 이야기하는 성서 대목에서는 천사들이 과연 창조되었는지, 또 어떤 순서로 창조되었는지 분명하게 말하지 않는다. 그렇지만 천사들이 묵살되어 버린 것이 아니라면, "태초에 하느님이 하늘과 땅을 만드셨다"[61]는 말씀에서 하늘이라는 이름으로, 또는 내가 이야기하려는 빛의 이름으로 천사들이 지칭되고 있는 듯하다.[62] 하느님이 일곱째 날에는 당신이 하던 모든 일에서 손을 떼고 쉬었다고 기록된 대목을 보아도 천사들이 묵살된 것은 아니라고 생각한다. 그 성서는 다음과 같이 서두를 떼고 있기 때문이다: "태초에 하느님이 하늘과 땅을 만드셨다." 즉, 하늘과 땅 이전에는 아무것도 만들지 않았던 것으로 보인다. 창조가 하늘과 땅에서부터 시작했으므로 하느님이 최초로 저 땅을 만들었을 때는, 성서가 뒤이어 이야기하듯, 불가견하고 무형한 것이었다. 빛이 아직 만들어지지 않았기 때문에 어둠(빛이 없는 한 어둠이 있다는 것은 필연적이다)이 심연 위에, 다시 말해 땅과 물의 무분별한 혼합 위에 자리잡고 있었다.[63] 그 다음에 창조가 이루어지는 가운데 모든 것이 배열되고, 엿새에 걸쳐서 모든 것이 완성되었다고 이야기한다. 그러면 어쩌다 천사들이 하느님의 작품 속에 들어가지 않은 것처럼 빠져 있는 것일까? 일곱째 날에는 하느님이 모든 일에서 손을 떼고 쉬었다는데. 천사들이 하느님의 작품이라는 사실은 비록 확연하게 표현되지는 않았지만 전적으로 간과된 것도 아니었다. 다른 대목에서 성서는 이 점을 아주 분명한 어조로 증언하고 있다. 불가마에서 세 사나이가 부른 찬가에서

no uirorum cum praedictum esset: *Benedicite omnia opera Domini Dominum*, in executione eorundem operum etiam angeli nominati sunt; et in Psalmo canitur: *Laudate Dominum de caelis, laudate eum in excelsis; laudate eum omnes angeli eius, laudate eum omnes uirtutes eius; laudate eum sol et luna, laudate eum omnes stellae et lumen; laudate eum caeli caelorum, et aquae, quae super caelos sunt, laudent nomen Domini; quoniam ipse dixit, et facta sunt; ipse mandauit, et creata sunt.* Etiam hic apertissime a Deo factos esse angelos diuinitus dictum est, cum eis inter cetera caelestia commemoratis infertur ad omnia: *Ipse dixit, et facta sunt.* Quis porro audebit opinari post omnia ista, quae sex diebus enumerata sunt, angelos factos? Sed etsi quisquam ita desipit, redarguit istam uanitatem illa scriptura paris auctoritatis, ubi Deus dicit: *Quando facta sunt sidera, laudauerunt me uoce magna omnes angeli mei.* Iam ergo erant angeli, quando facta sunt sidera. Facta sunt autem quarto die. Numquidnam ergo die tertio factos esse dicemus? Absit. In promptu est enim, quid illo die factum sit. Ab aquis utique terra discreta est et distinctas sui generis species duo ista elementa sumpserunt et produxit terra quidquid ei radicitus inhaeret. Numquidnam secundo? Ne hoc quidem. Tunc enim firmamentum factum est inter aquas superiores et inferiores caelumque appellatum est; in quo firmamento quarto die facta sunt sidera. Nimirum ergo si ad istorum dierum opera Dei pertinent angeli, ipsi sunt illa lux, quae diei nomen accepit, cuius unitas ut commendaretur, non est dictus dies primus, sed dies unus. Nec alius est dies secundus aut tertius aut ceteri; sed idem ipse unus ad inplendum senarium uel septenarium numerum repetitus est propter septenariam cognitionem; senariam scilicet operum,

---

[64] 다니 3,58 참조: "주님의 천사들이여, 모두 주님을 찬미하여라!"   [65] 시편 148,1-5.

[66] ipse dixit et facta sunt: 불가타본에만 있고 마소라본에는 없어 공동번역과 새번역에는 안 나온다.

[67] 욥기 38,7. 〔공동번역: "그때 새벽별들이 떨쳐 나와 노래를 부르고 모든 하늘의 천사들이 나와서 합창을 불렀다."〕 〔새번역: "하느님의 아들들 모두가 환호할 때."〕

[68] 한때는 천사들은 위에 있는 물이라고 생각했으나(*De Genesi ad litteram liber imperfectus* 3.7) 후에는 생각을 진전시켜 태초의 "하늘"(caelum caelorum) 혹은 첫날의 "빛"이라고 결론짓는다(*Confessiones* 12.9.9).

[69] non dies primus, sed dies unus: 라틴어 단어 dies는 "날"도 되고 "낮"도 된다. 앞의 각주 62에 나오는 "태초에"(in principio) 동시적 창조(creatio simultanea)가 이루어졌다면, 첫날인 "하루"(dies unus)에다 천사들의 창조를 배당해야 한다는 설명이다.

[70] 피타고라스 수리학에 의하면 2, 3, 4, 5, 6은 1의 연속적 반복(1+1, 1+1+1 ...)이다(11.30-31 참조). 창조와 인식의 상관성은 앞의 11.7 각주 54 참조.

"주께서 만드신 만물이여, 주님을 찬미하여라!"는 구절 다음에 열거되는 하느님의 업적들 가운데 천사들이 언명되고 있기 때문이다.⁶⁴ 시편에도 이런 노래가 나온다: "주님을 찬양하라, 하늘로부터. 그분을 찬양하라, 높은 데에서. 그분을 찬양하라, 그분의 모든 천사들아. 그분을 찬양하라, 그분의 모든 군대들아. 그분을 찬양하라, 해와 달아. 그분을 찬양하라, 반짝이는 모든 별들아. 그분을 찬양하라, 하늘 위의 하늘아, 하늘 위에 있는 물들아. 주님의 이름을 찬양하라, 그분께서 말씀하시자 저들이 생겨났고, 그분께서 명하시자 저들이 창조되었으니."⁶⁵ 천사들이 하느님에 의해 만들어졌다는 것이 신적 말씀으로 아주 명백하게 언명되어 있다. 그밖의 천계 사물 가운데 천사들을 언급하고서 모든 사물을 가리켜 이렇게 말한다: "그분께서 말씀하시자 저들이 생겨났다."⁶⁶ 그러니 열거된 그 모든 것이 엿새 동안 만들어진 후에야 천사들이 생겨났다는 견해를 누가 감히 말하겠는가? 그러나 그런 말을 할 만큼 정신나간 사람이 있다 하더라도 성서는 대등한 권위로 그런 허황한 생각을 반박한다: "별들이 생겨났을 때에 나의 모든 천사들이 큰 소리로 나를 찬미했다."⁶⁷ 그러니까 별들이 생겨났을 때 이미 천사들이 존재했다는 것이고, 별들은 넷째 날에 생겼다. 그렇다면 천사들은 셋째 날에 생겼다고 해야 하는가? 절대 아니다! 그날 무엇이 생겼는지는 당장 나타난다. 그날 물에서 땅이 갈라졌고 물과 흙이라는 두 원소가 고유하게 구분되는 두 가지 형상을 얻게 되었다. 또 땅은 거기에 뿌리내린 온갖 것을 돋아나게 했다. 그러면 둘째 날이었을까? 그것도 아니다. 그때는 위에 있는 물과 아래 있는 물 사이에 창공이 생겼고 그것을 하늘이라고 부르게 되었다.⁶⁸ 그 창공에 별들이 생긴 것이 넷째 날이다. 천사들이 이 며칠간의 피조물 가운데 포함된다면 그들은 "낮"이라는 이름을 받은 바로 그 빛이다! 그리고 그날의 단일성을 강조하는 의미에서 "첫날"이라 하지 않고 "하루"라 했다.⁶⁹ 그러니까 이튿날이니 사흗날이니 하는 그밖의 날들이 이 하루와 다른 날이 아니었다. 똑같은 그 하루가 여섯과 일곱 수를 채우기 위해 거듭 반복된 것뿐이다. 그것은 일곱 가지 인식 때문이었다.⁷⁰ 다시 말해 그것은 하느님이 만든 작품에 관한 여섯 가지 인식과 하느님의 안식에 관한 일곱째 인식이다: "하느님께서

quae fecit Deus, et septimam quietis Dei. Cum enim dixit Deus: *Fiat lux, et facta est lux*, si recte in hac luce creatio intellegitur angelorum, profecto facti sunt participes lucis aeternae, quod est ipsa incommutabilis sapientia Dei, per quam facta sunt omnia, quem dicimus unigenitum Dei filium; ut ea luce inluminati, qua creati, fierent lux et uocarentur dies participatione incommutabilis lucis et diei, quod est uerbum Dei, per quod et ipsi et omnia facta sunt. *Lumen* quippe *uerum, quod inluminat omnem hominem uenientem in hunc mundum,* hoc inluminat et omnem angelum mundum, ut sit lux non in se ipso, sed in Deo; a quo si auertitur angelus, fit inmundus; sicut sunt omnes, qui uocantur inmundi spiritus, nec iam lux in Domino, sed in se ipsis tenebrae, priuati participatione lucis aeternae. Mali enim nulla natura est; sed amissio boni mali nomen accepit.

10. Est itaque bonum solum simplex et ob hoc solum incommutabile, quod est Deus. Ab hoc bono creata sunt omnia bona, sed non simplicia et ob hoc mutabilia. Creata sane, inquam, id est facta, non genita. Quod enim de simplici bono genitum est, pariter simplex est et hoc est quod illud de quo genitum est; quae duo Patrem et Filium dicimus; et utrumque hoc cum spiritu suo unus Deus est; qui spiritus Patris et Filii Spiritus sanctus propria quadam notione huius nominis in sacris litteris nuncupatur. Alius est autem quam Pater et Filius, quia nec Pater est nec Filius; sed «alius» dixi, non «aliud», quia et hoc pariter simplex pariterque incommutabile bonum est et coaeternum. Et haec trinitas unus est Deus; nec

---

[71] 창세 1,3.   [72] 요한 1,9.

[73] 천사들을 "빛"이라 할 경우 하느님의 말씀인 빛과 혼동될까 염려하여 participes lucis aeternae / ea luce illuminati, qua creati, fierent lux / lux non in se ipso, sed in Deo 같은 부연설명을 첨가한다.

[74] immundi spiritus: 신약성서에서 마귀들을 가리키는 형용이다(마태 12,43; 마르 1,27; 루가 4,33).

[75] mali nulla natura, sed amissio boni: 악한 사물이 존재한다는 이원론을 극복하는 데 초기의 노력을 바쳤고(예: *De vera religione* 13.26; *De natura boni* 5.5) 본서에서는 악을 선의 상실(amissio boni)로 정의하고(9.22; 11.22 참조) 악을 발생시키는 원인은 결함인(缺陷因: causa deficiens)으로 규정한다 (12.6-7 참조).

[76] 이하의 11.24와 더불어, 아우구스티누스의 삼위일체 신론(神論)을 훌륭하게 간추린 장으로 알려져 있다. 그의 「삼위일체론」(*De Trinitate*)을 완료할 즈음(417년경)의 글로 보인다.

[77] bonum simplex et incommutabile, quod est Deus: 교부의 신 정의(定義) 가운데 하나다(8.5; 11.2: immutabilis substantia; 12.15.2-3: immutabilis aeternitas). 신은 변화(mutari)와 운동(moveri)과 생성(fieri)을 일체 배제한다.

[78] 삼위일체를 옹호해야 하는 교부는 facta non genita 혹은 a Deo non de Deo를 천사 같은 피조물과 성자(Verbum)나 성령을 구분하는 용어로 삼는다.

[79] 교부는 실체(實體)를 "다른 것"(aliud, n.), 위격(位格)을 "다른 분"(alius, m.)이라고 표현해 본다.

'빛이 생겨라!' 하시자 빛이 생겨났다"[71]는 구절에 나오는 이 빛에서 천사들의 창조를 이해한다면, 천사들이야말로 영원한 빛에 참여하는 존재로 생겨난 것이다. 이 영원한 빛은 하느님의 불변하는 지혜이고, 이 지혜를 통해 만물이 생겨났으며, 우리는 그를 하느님의 외아들이라고 부른다. 따라서 천사들은 그들을 창조한 빛에 조명되어 빛 자체가 되고 낮이라 불리게 되었다. 이것은 하느님의 말씀인 빛과 낮, 불변하는 빛과 낮에 참여함으로써 이루어지고, 그 말씀을 통해 천사들과 만물이 생겨났기 때문이다: "말씀이 참된 빛이셨으니 그 빛이 세상에 오시어 모든 사람을 비추고 있다."[72] 또한 그 빛이 모든 정한 천사를 비추어 천사는 자기 안에서가 아니라 하느님 안에서 빛이 된다.[73] 그러나 천사가 하느님을 등지면 부정해진다. 더러운 영이라고 불리는 모든 천사들의 경우가 그렇다.[74] 그들은 주님 안에서 빛이 되지 못하고 자기 안에서는 어둠이며, 영원한 빛에 대한 참여를 박탈당하고 있다. 그러나 악한 자들은 누구도 자연본성에 의해 악한 것이 아니다. 선의 상실로 악의 이름을 얻게 되는 것이다.[75]

10. 성부 하느님과 성자 하느님과 성령 하느님은 단순하고 불변하는 삼위일체의 유일한 하느님이니, 그분께는 속성과 실체가 다르지 않다[76]

10. 1. 하느님은 한 분이고 삼위다

유일하게 단순한 선善, 그 점에서 유일하게 불변하는 선이 존재하니, 곧 하느님이다.[77] 이 선에 의해 모든 선한 것들이 창조되었지만 그들은 단순한 존재가 아니며 그때문에 가변적이다. 그들은 만들어진 것이지 출생한 것이 아니다.[78] 단순한 선으로부터 출생한 자는 똑같이 단순하며 그때문에 출생한 그 존재와 동일하다. 이 둘을 우리는 아버지와 아들이라 부른다. 그리고 이 양자가 성령과 더불어 한 분 하느님이다. 아버지의 영과 아들의 영에 대해 성서에서는 각별한 의미를 담아 성령이라 부른다. 성령은 아버지와 다른 분이고 아들과도 다른 분이다. 아버지도 아니고 아들도 아니기 때문이다. 나는 "다른 분"이라고 했지 "다른 것"이라고 하지 않았다.[79] 이 점에서 성령은 아버지와 아들과 동일하게 단순한 선이며, 동일하게 불변하는 선善이며, 또한 아버지와 아들과 더불어 영원한 선이다. 이 삼위가

ideo non simplex, quia trinitas. Neque enim propter hoc naturam istam boni simplicem dicimus, quia Pater in ea solus aut solus Filius aut solus Spiritus sanctus, aut uero sola est ista nominis trinitas sine subsistentia personarum, sicut Sabelliani haeretici putauerunt; sed ideo simplex dicitur, quoniam quod habet hoc est, excepto quod relatiue quaeque persona ad alteram dicitur. Nam utique Pater habet Filium, nec tamen ipse est Filius, et Filius habet Patrem, nec tamen ipse est Pater. In quo ergo ad semet ipsum dicitur, non ad alterum, hoc est quod habet; sicut ad se ipsum dicitur uiuus habendo utique uitam, et eadem uita ipse est.

Propter hoc itaque natura dicitur simplex, cui non sit aliquid habere, quod uel possit amittere; uel aliud sit habens, aliud quod habet; sicut uas aliquem liquorem aut corpus colorem aut aer lucem siue feruorem aut anima sapientiam. Nihil enim horum est id quod habet; nam neque uas liquor est nec corpus color nec aer lux siue feruor neque anima sapientia est. Hinc est quod etiam priuari possunt rebus, quas habent, et in alios habitus uel qualitates uerti atque mutari, ut et uas euacuetur umore quo plenum est, et corpus decoloretur et aer tenebrescat siue frigescat et anima desipiat. Sed etsi sit corpus incorruptibile, quale sanctis in resurrectione promittitur, habet quidem ipsius incorruptionis inamissibilem qualitatem, sed manente substantia corporali non hoc est, quod ipsa incorruptio. Nam illa etiam per singulas partes corporis tota est nec alibi maior, alibi minor; neque enim ulla pars est incorruptior quam altera; corpus uero ipsum maius est in toto quam in parte; et cum alia pars est in eo amplior, alia

---

[80] Sabelliani: Sabellius (220년 무렵)의 주장에 따라서 신의 단일성을 주장하느라 각위의 실체성과 위격성(subsistentia personarum)을 부정한 이단(10.24 참조).

[81] quod habet hoc est: "본질이 곧 존재이다"라고도 번역할 수 있다. 신의 본질(quod habet)과 존재(hoc est)가 동일함을 말하면서 속성과 실체가 동일한 신성을 표현한 문장이다. Cf. Dyson: it is what it has / Combes: que'elle est ce que'elle ha / Gentili: in lei essere ed avere si identificano.

[82] Pater *habet* Filium, nec tamen ipse *est* Filius: 각 위격에서 속성(habere)과 존재(esse)가 구분된다.

[83] in quo ergo ad semet ipsum dicitur, non ad alterum, hoc est quod habet: 하느님 자체("본체"라고 번역해 보았음)를 두고 언명하는 속성이면 신적 실체(實體)와 동일하고, 다른 위격(位格)과의 관계를 논할 때는 그 언명이 실체에 포함되는(따라서 세위에 동일한) 것이 아니고 각 위에 독자적인 무엇(relatio subsistens)이다. 그 대신 예거하는 생명이나 지혜, 권능, 정의 등의 속성은 그분의 본질과 동일하다.

[84] non hoc est, quod ipsa incorruptio: 삼위일체를 논하면서 신적 위격들 간의 관계(relatio)가 다른 우유(偶有)들처럼 실체의 한 양상으로만 그치지 않음을 설명하려고 (*De Trinitate* 5.4.5; 6.6.8; 7.5.10) 교부는 여기서 부활한 육체의 부패하지 않음(incorruptio)이 inamissibilis qualitas (상실되지 않는 성질) 라는 매개념을 설정한다. 그렇지만 incorruptio가 부활한 육체의 본질적 존재는 아니다.

한 분 하느님이다. 삼위라고 해서 단순하지 않은 것은 아니다. 이 선의 자연본성이 단순하다고 말하는 것은 그 본성에 아버지 혼자 있기 때문도 아니고 아들 혼자 있기 때문도 아니고 성령 혼자 있기 때문도 아니다. 또 사벨리우스를 따르는 이단자들이 생각했던 것처럼, 위격들의 실체가 없이 삼위가 오로지 명칭만의 무엇이기 때문도 아니다.[80] 단순하다고 말하는 이유는 속성이 곧 존재이기 때문이다.[81] 각 위位가 다른 위에 대해 갖는 관계에 의거해서 언표하는 바는 예외다. 아버지가 아들을 두고 있지만 당신이 아들은 아니며, 아들이 아버지를 두고 있지만 당신이 아버지는 아니다.[82] 세 위격 간의 관계에서가 아니라 당신 본체를 두고 말할 때 하느님에게는 속성이 곧 존재이다.[83] 하느님의 본체에 대해 "살아 계신" 분이라고 말하는데, 그분은 생명을 갖고 계시면서 생명 그 자체이기 때문이다.

10. 2. 그분의 본성은 단순하고 불변하다

삼위의 본성이 단순하다는 것은 상실할 수도 있는 무언가를 갖고 있지 않기 때문이며, 속성의 소유 주체와 소유 대상이 다른 무언가를 갖고 있지 않기 때문이다. 이것은 그릇이 용액을, 물체가 색채를, 공기가 빛이나 열을 갖고 있거나, 영혼이 지혜를 갖거나 하는 그런 경우가 아니라는 말이다. 이가운데 어느 것도 속성이 곧 존재는 아니다. 그릇이 곧 용액이 아니고 물체가 곧 색채는 아니며 공기가 빛이나 열이 아니고 영혼이 곧 지혜는 아니기 때문이다. 그래서 자신이 가진 속성을 상실하는 일이 가능하고, 또 그 속성이 다른 상태나 성질로 전환하거나 변할 수 있다. 마치 그릇이 가득 찼던 용액을 비우고 물체가 탈색하며 공기가 어두워지거나 차가워지고 영혼이 어리석어지는 일과 흡사하다. 부활 때 성도들에게 언약된 부패하지 않는 육체는 부패하지 않음이라는 그 성질을 상실되지 않는 성질로서 가진다. 그러나 물체적 실체로 남아있는 한, 부패하지 않음이 존재 자체는 아니다.[84] 부패하지 않음이 신체의 각 부분에 전체로 존재하는데, 어디서는 더 크고 어디서는 더 작고 한 것이 아니다. 또 신체의 어느 한 부분이 다른 부분보다 더 불변하거나 그렇지도 않다. 물론 전체에서 보는 신체는 부분에서 보는 신체보다 더 큰 것이 사실이다. 다만 신체에서도 어떤 부분은 더 넓고 어떤 부분은 더 좁지만 더 넓은 부분이 더 좁은 부분보다 더 불변하는 것은

minor, non ea quae amplior est incorruptior quam quae minor. Aliud est itaque corpus, quod non ubique sui totum est, alia incorruptio, quae ubique eius tota est, quia omnis pars incorruptibilis corporis etiam ceteris inaequalis aequaliter incorrupta est. Neque enim uerbi gratia, quia digitus minor est quam tota manus, ideo incorruptibilior manus quam digitus. Ita cum sint inaequales manus et digitus, aequalis est tamen incorruptibilitas manus et digiti. Ac per hoc quamuis a corpore incorruptibili inseparabilis incorruptibilitas sit, aliud est tamen substantia, qua corpus dicitur, aliud qualitas eius, qua incorruptibile nuncupatur. Et ideo etiam sic non hoc est quod habet. Anima quoque ipsa, etiamsi semper sit sapiens, sicut erit cum liberabitur in aeternum, participatione tamen incommutabilis sapientiae sapiens erit, quae non est quod ipsa. Neque enim si aer infusa luce numquam deseratur, ideo non aliud est ipse, aliud lux qua inluminatur. Neque hoc ita dixerim, quasi aer sit anima, quod putauerunt quidam qui non potuerunt incorpoream cogitare naturam. Sed habent haec ad illa etiam in magna disparilitate quandam similitudinem, ut non inconuenienter dicatur sic inluminari animam incorpoream luce incorporea simplicis sapientiae Dei, sicut inluminatur aeris corpus luce corporea; et sicut aer tenebrescit ista luce desertus (nam nihil sunt aliud quae dicuntur locorum quorumque corporalium tenebrae quam aer carens luce), ita tenebrescere animam sapientiae luce priuatam.

Secundum hoc ergo dicuntur illa simplicia, quae principaliter uereque diuina sunt, quod non aliud est in eis qualitas, aliud substantia, nec aliorum participatione uel diuina uel sapientia uel beata sunt. Ceterum dictus est in scripturis sanctis Spiritus sapientiae multiplex, eo quod multa in

---

[85] 진리를 지성의 내면생활에서 규범이자 빛으로 삼는 아우구스티누스의 사상은 플라톤주의의 참여론(參與論)에서 유래한다(예: Plato, *Phaedo* 66b). 진리라는 추구 대상은 결코 온전하게 향유할 수 없고 오직 참여할 뿐이다(*Soliloquia* 1.15.27; *De vera religione* 39.73; *De Trinitate* 9.6.10; *Confessiones* 12.25.34). 본서 5.16 참조.

[86] 원소인 불과 공기에 일종의 심리작용을 부여하던 스토아와 에피쿠로스 철학의 유물론(cf. Tertullianus, *De anima* 9)을 염두에 둔 말 같다(본서 8.5 참조).

[87] Cf. *De Genesi contra Manichaeos* 1.4.7 ("어둠이라는 무엇이 존재해서가 아니고 빛의 부재 자체가 어둠이라고 일컬어진다") ; *De Genesi ad litteram* 3.10; *Confessiones* 12.12.15.

[88] Spiritus sapientiae multiplex: 지혜 7,22 참조: "지혜 속에 있는 정신은 영리하며 거룩하고 유일하면서 다양하며 정묘하다."

아니다. 신체라는 것과 부패하지 않음은 별개의 것이다. 신체는 자기의 모든 부분에서 전체로 존재하는 것은 아니다. 그런데 부활한 인간의 부패하지 않음이라는 성질은 신체의 모든 부분에서 전체로 존재한다. 그러므로 그 이유는 부패하지 않는 신체의 모든 부분은 그밖의 다른 부분들과 똑같지 않음에도 똑같이 부패하지 않기 때문이다. 예를 들어 손가락이 손 전체보다 작은 것은 사실이나 그렇다고 손이 손가락보다 더 불변하는 것은 아니다. 이처럼 손과 손가락은 똑같지 않지만 손의 부패하지 않음과 손가락의 부패하지 않음은 똑같을 것이다. 그래서 부패하지 않음이라는 속성이 부패하지 않는 신체에서 분리될 수는 없지만, 실체라는 것과 실체의 성질이라는 것은 별개의 것이다. 실체에 의해 어떤 것이 신체라고 일컬어지고 성질에 의해 어떤 것이 부패하지 않는다고 언칭된다. 이렇게 해서 이 경우에도 속성이 곧 존재는 아니다. 영혼도 영원히 해방되고 나면 불변하는 지혜에 참여함으로써 지혜로워지기 때문에 항상 지혜로울 수는 있지만 그때도 지혜롭다는 속성이 곧 존재는 아니다.[85] 공기는 그것이 주입되는 빛과 결코 떨어지지 않더라도, 공기를 밝히는 빛과 공기는 같지 않다. 물론 나는 여기서 비물체적 자연본성에 대해 이해하지 못하는 사람들이 가정하는 것처럼 영혼은 공기와 같다고 말하는 것은 아니다.[86] 이것과 저것은 커다란 차이점이 있지만 모종의 유사성도 있다. 그래서 물체적 공기가 물체적 빛으로 비춰지는 것처럼, 비물체적 영혼이 하느님의 순일純一한 지혜라는 비물체적 빛으로 비춰진다고 말하더라도 전적으로 부적절한 것은 아니다. 또 공기가 빛을 등지면 어두워지는 것처럼(어떤 공간이나 어떤 물체의 어둠이라고 말하는 것은 사실 빛을 결한 공기 외에 딴것이 아니다),[87] 영혼이 지혜의 빛을 결하면 어두워지리라는 말을 하는 것도 전적으로 부적절한 것은 아니다.

10.3. 하느님 안에 만물의 이념이 있다

바로 이래서 사람들은 진실로 신적인 것을 가리켜 단순하다고 일컫는다. 어떤 사물에서 성질이라는 것 다르고 실체라는 것 다르고 하지 않을 때, 또 타자에 대한 참여에 의해 신적이거나 지혜롭거나 행복하거나 하지 않을 때 단순하다고 일컫는다. 이밖에도 성서에는 지혜의 영이 다양하다는 말이 나온다.[88] 그 자체

sese habeat; sed quae habet, haec et est, et ea omnia unus est. Neque enim multae, sed una sapientia est, in qua sunt infiniti quidam eique finiti thensauri rerum intellegibilium, in quibus sunt omnes inuisibiles atque incommutabiles rationes rerum etiam uisibilium et mutabilium, quae per ipsam factae sunt. Quoniam Deus non aliquid nesciens fecit, quod nec de quolibet homine artifice recte dici potest; porro si sciens fecit omnia, ea utique fecit quae nouerat. Ex quo occurrit animo quiddam mirum, sed tamen uerum, quod iste mundus nobis notus esse non posset, nisi esset; Deo autem nisi notus esset, esse non posset.

11. Quae cum ita sint, nullo modo quidem secundum spatium aliquod temporis prius erant spiritus illi tenebrae, quos angelos dicimus; sed simul ut facti sunt, lux facti sunt; non tamen tantum ita creati, ut quoquo modo essent et quoquo modo uiuerent; sed etiam inluminati, ut sapienter beateque uiuerent. Ab hac inluminatione auersi quidam angeli non obtinuerunt excellentiam sapientis beataeque uitae, quae procul dubio non nisi aeterna est aeternitatisque suae certa atque secura; sed rationalem uitam licet insipientem sic habent, ut eam non possint amittere, nec si uelint. Quatenus autem, antequam peccassent, illius sapientiae fuerint participes, definire quis potest? In eius tamen participatione aequales fuisse istos illis, qui propterea uere pleneque beati sunt, quoniam nequaquam de suae beatitudinis aeternitate falluntur, quo modo dicturi sumus? Quando quidem si aequales in ea fuissent, etiam isti in eius aeternitate mansissent pariter

---

[89] 플라톤주의의 이념들을 그리스도교 창조계 안에 흡수하는 조처다. 피조물들의 원리 내지 이념이 하느님 안에 존재한다. 이로써 창조의 모형인(模型因) 개념이 보완되고 창조행위를 신의 의지에 발생하는 변화로 보는 반론이 극복된다.

[90] ea utique fecit quae noverat: 하느님에 의해 인식론적으로 예지된 바가 창조로 실현된다. 배종이성(rationes seminales) 혹은 이념이라는 범형인(範型因)이라는 플라톤 사상을 전제한다면, 창조의 신적 원리 내지 이념은 하느님의 예지 속에 영원으로부터 현실태로 존재하고, 배종이성들 속에 가능태로 존재하며, 실재 세계에는 시간적으로 구현된다.

[91] 창조에 있어 신적 초월을 표명하는 원리 중의 하나다: "우리는 당신의 창조계가 존재하기에 봅니다. 그리고 당신이 보시기에 창조계가 존재하는 것입니다"(*Confessiones* 13.38.53).

[92] 12.9.1 이하 참조.

[93] aeternitatisque suae: 이하에 나오지만, 하느님 아닌 천사들에 해당하는 영원은 aevum이어서 시작(시간적 시작이 아니고 존재론적 시작)이 있지만 끝이 없는 존재상태이므로 "자기 나름"이라는 술어가 붙었다.

[94] 이성적 생명과 지혜로운 생명을 구분함은 자연본성과 은총을 구분함에서 비롯한다(12.9.2: condens naturam et largiens gratiam). 이성적 생명은 천사의 본성에 속하므로 버리고 싶어도 버리지 못한다.

안에 많은 속성을 간직하고 있다는 뜻이리라. 그러나 성령에게는 자신이 가진 속성, 그것이 곧 존재다. 그 모든 것이 한 분이다. 지혜가 여럿이 아니고 하나의 지혜가 있다. 그 지혜 안에 가지적 사물들의 무한한 보물이 있다(지혜 편에서 본다면 유한한 것들이다). 바로 그 가지적 사물들 속에 가시적이고 가변적인 사물들의 불가견하고 불변하는 이념들이 존재한다. 가시적이고 가변적인 사물들은 다름아닌 저 지혜를 통해 생겨난 것이다.[89] 하느님은 아무것도 모르고서 창조를 행한 분이 아니다. 이런 말은 인간 장인匠人에게도 함부로 말할 수 없다. 하느님이 알면서 모든 것을 만들었다면, 당신이 알고 있던 것을 또한 만들었다.[90] 여기서 놀랄 만한 참된 사실 하나가 우리 마음속에 떠오른다. 즉, 이 세계가 존재하지 않았다면 우리에게 알려질 수 없다. 그런데 하느님께 이 세계가 알려지지 않았더라면 이 세계는 존재하지 못했을 것이다.[91]

11. 거룩한 천사들이 창조된 순간부터 계속 누리던 하느님의 지복을 진리에 항구하지 못한 영들도 함께 누렸다고 믿어야 하는가

사실이 그렇다면 우리가 천사라고 부르는 저 영들이 어떤 일정한 시간 간격 동안 어둠인 적이 있었다는 것은 절대 불가능하다. 그들은 빛이 생겨날 때 동시에 생겨났다.[92] 그들은 아무렇게나 존재하고 아무렇게나 살아있는 상태로 창조된 것이 아니라, 비추임을 받아 지혜롭고 행복하게 살 수 있었다. 그런데 어떤 천사들은 이 빛을 등졌고, 그 탓에 지혜롭고 복된 생명의 탁월한 경지를 얻을 수 없었다. 이 생명은 의심없이 영원하고, 자기 나름의 영원성[93]을 확실하고 자신있게 보장하는 생명이었으리라. 그들은 어리석으면서도 여전히 이성적인 생명을 유지하고 있는데, 잃기를 원더라도 잃을 수 없기 때문이다.[94] 그러면 그들이 죄를 범하기 전에는 저 지혜에 참여하고 있었는지 누가 단정적으로 말할 수 있겠는가? 또 이 천사들도 다른 천사들과 동등하게 저 지혜에 참여하고 있었을까? 자기네 지복을 두고 기만을 당하지 않아 그 덕택에 참으로 또 충만하게 행복을 누리는 다른 천사들과 동등하게 저 지혜에 참여하고 있었을까? 우리는 뭐라고 말해야 할까? 만약 그들이 동등하게 다른 천사들처럼 저 지혜에 참여하고 있었다면, 그 영

beati, quia pariter certi. Neque enim sicut uita, quamdiucumque fuerit, ita aeterna uita ueraciter dici poterit, si finem habitura sit; si quidem uita tantummodo uiuendo, aeterna uero finem non habendo nominata est. Quapropter quamuis non, quidquid aeternum, continuo beatum sit (dicitur enim etiam poenalis ignis aeternus): tamen si uere perfecteque beata uita non nisi aeterna est, non erat talis istorum, quandoque desitura et propterea non aeterna, siue id scirent, siue nescientes aliud putarent; quia scientes timor, nescientes error beatos esse utique non sinebat. Si autem hoc ita nesciebant, ut falsis incertisue non fiderent, sed utrum sempiternum an quandoque finem habiturum esset bonum suum, in neutram partem firma adsensione ferrentur: ipsa de tanta felicitate cunctatio eam beatae uitae plenitudinem, quam in sanctis angelis esse credimus, non habebat. Neque enim beatae uitae uocabulum ita contrahimus ad quasdam significationis angustias, ut solum Deum dicamus beatum; qui tamen uere ita beatus est, ut maior beatitudo esse non possit, in cuius comparatione, quod angeli beati sunt summa quadam sua beatitudine, quanta esse in angelis potest, quid aut quantum est?

12. Nec ipsos tantum, quod adtinet ad rationalem uel intellectualem creaturam, beatos nuncupandos putamus. Quis enim primos illos homines in paradiso negare audeat beatos fuisse ante peccatum, quamuis sua beati-

---

[95] vita vivendo, aeterna finem non habendo: 하느님의 시작도 끝도 없는 영원(aeternitas)이 아니고 천사들에게는 시작은 있지만 끝이 없는 그 영원(aevum)을 가리킨다(16.26.2 참조).

[96] 12.13.1; 14.19; 14.20.1 참조.

[97] solum Deum dicamus beatum: 따라서 하느님을 모신 자만이 행복하다(Deum ... qui habet, beatus est: *De beata vita* 2.11).

원한 생명에 함께 남아있었을 것이다. 영원한 생명에 대해 똑같이 확실하게 생각했을 테니까 똑같이 행복하게 그 속에 남아있었을 것이다. 생명이 아무리 길더라도 끝이 있다면 그것은 진정으로 영원한 삶이라고 말할 수 없다. "생명"이라는 것은 "산다"는 말에서 왔을 뿐이고 "영원하다"는 것은 "끝이 없다"는 말에서 왔기 때문이다.[95] 물론 무엇이 영원하다고 해서, 당장 그것으로 지복에 이르는 것은 아니다(지옥 형벌의 불도 영원하다고 한다). 그러나 또한 영원하지 않다면 진정으로 또 완전하게 행복한 삶이라 할 수 없다.[96] 그러므로 저 악한 천사들의 생명은 언젠가 행복이 멈출 것이고 따라서 영원하지 않았던 생명이므로 복받았다고 할 수 없다. 그렇게 되리라는 사실을 그들이 알았든, 모르고 달리 생각했든 상관없다. 그렇게 되리라는 사실을 알았을 경우는 두려움, 또는 그 사실을 몰랐을 경우는 무지가 그들이 행복하게 놓아두지 않았을 것이다. 그들이 그 사실을 알지 못했을 경우에도 이런 가정을 해 보자. 그들은 거짓이나 불확실한 데다 함부로 믿음을 두지 않았고, 자기가 누리는 선이 영구할지 아니면 언젠가 끝이 날지 어느 편으로도 확실히 수긍하지 않은 채로 남겨놓은 상태였다고 해 보자. 그렇더라도 그 위대한 행복에 대한 망설임이 행복한 삶을 충만하게(우리는 거룩한 천사들에게 이 충만한 행복이 있다고 믿는다) 누리지 못하게 가로막았을 것이다. 우리는 "행복한 삶"이라는 단어를 아주 좁은 의미로 축소해서 쓰지는 않는다. 그렇게 축소하면 하느님 홀로 행복하다고 해야 할 것이다.[97] 실제로 하느님만이 진실로 행복하여 그의 행복보다 더 큰 행복은 있을 수 없다. 복된 천사들은 그들에게 가능한 최고의 행복을 나름대로 누리고 있다 하더라도, 하느님의 행복에 비한다면 그런 행복이 도대체 무엇이겠으며 도대체 얼마나 큰 행복이겠는가?

12. 하느님이 언약한 상급을 아직 얻지 못한 의인들의 지복과, 죄를 짓기 전 낙원에 있던 최초 인간들의 지복을 비교함

행복이 이성과 오성을 갖춘 피조물에 속하는 이상, 천사들만 행복하다고 말해야 한다고는 생각하지 않는다. 낙원에 있던 최초의 인간들이 죄를 짓기 전에는 행복했다는 사실을 누가 감히 부인하겠는가? 비록 그 행복이 얼마나 지속될 것

tudo quam diuturna uel utrum aeterna esset incertos (esset autem aeterna, nisi peccassent), cum hodie non inpudenter beatos uocemus, quos uidemus iuste ac pie cum spe futurae inmortalitatis hanc uitam ducere sine crimine uastante conscientiam, facile inpetrantes peccatis huius infirmitatis diuinam misericordiam. Qui licet de suae perseuerantiae praemio certi sint, de ipsa tamen perseuerantia sua reperiuntur incerti. Quis enim hominum se in actione prouectuque iustitiae perseueraturum usque in finem sciat, nisi aliqua reuelatione ab illo fiat certus, qui de hac re iusto latentique iudicio non omnes instruit, sed neminem fallit? Quantum itaque pertinet ad delectationem praesentis boni, beatior erat primus homo in paradiso, quam quilibet iustus in hac infirmitate mortali; quantum autem ad spem futuri, beatior quilibet in quibuslibet cruciatibus corporis, cui non opinione, sed certa ueritate manifestum est, sine fine se habiturum omni molestia carentem societatem angelorum in participatione summi Dei, quam erat ille homo sui casus incertus in magna illa felicitate paradisi.

13. Quocirca cuiuis iam non difficulter occurrit utroque coniuncto effici beatitudinem, quam recto proposito intellectualis natura desiderat, hoc est, ut et bono incommutabili, quod Deus est, sine ulla molestia perfruatur et in eo se in aeternum esse mansurum nec ulla dubitatione cunctetur nec ullo errore fallatur. Hanc habere angelos lucis pia fide credimus; hanc nec

---

[98] de suae perseuerantiae praemio certi sint, de ipsa perseuerantia sua incerti: 그리스도인은 누구나 온 인자중하는 자세를 가르침받는다. 1고린 10,12 참조: "서 있다고 생각하는 이는 넘어지지 않도록 조심하시오."

[99] 원조가 자기 죄를 예지하고 하느님의 징벌을 예지했더라면 행복하지 못했을 것이고, 몰라서 행복했다면 무지로 인한 행복이라 참 행복이 아니다(*De Genesi ad litteram* 11.18.22-24).

[100] 다시 말해 최고선의 향유와 영원한 향유다(12.9.2 참조). 영원한 향유만이 참 행복이라는 지론은 본서에서도 윤회설(10.30; 12.27; 13.19; 18.17-18)을 배제하는 논거가 된다.

인지, 과연 영원한 것인지에 대해 (죄를 짓지 않았더라면 영원했을지도 모른다) 그들은 확실하게 알지 못했을지라도 행복은 했으리라. 우리는 오늘날 미래의 불사불멸에 대한 희망을 품고 정의롭고 경건하게 현세의 삶을 영위하는 사람들을 볼 때, 또한 양심을 유린하는 죄를 범하지 않고 설혹 나약함으로 죄에 떨어지더라도 신적 자비를 쉽게 얻어내는 사람들을 볼 때, 그들을 행복한 사람이라고 부르며 그게 지나치다고는 생각하지 않는다. 그러나 그들은 자신이 항구했을 경우 그에 따르는 보상에 대해서는 확실함에도, 자기가 과연 항구할 수 있을지에 대해서는 확실하지 못하다.[98] 하느님이 내린 어떤 계시에 의해 자기가 항구하리라는 점이 확실해지지 않은 이상, 정의의 실행과 정진에서 자기가 끝까지 항구하리라는 것을 누가 알겠는가? 이 문제에 관한 한, 하느님은 당신의 정의롭고도 은밀한 판단에 따라서 누구에게나 가르쳐 주지 않으며, 그렇다고 어느 누구를 속이는 일도 없다. 현세의 선을 향락하는 면에서 본다면 낙원에 있던 최초의 인간이 사멸하는 취약한 인생에 처한 그 어떤 의인보다도 행복했다. 그러나 미래에 대한 희망에서 본다면, 지금 아무리 심한 육신의 고난을 겪고 있는 인간도 낙원의 저 인간보다 더 행복하다. 그에게는 지존한 하느님께 참여하면서 아무 시련 없이 천사들과의 교분을 끝없이 누리리라는 희망이 있고, 또 그것이 막연한 생각이 아니라 확실한 진리로 나타났기 때문이다. 그 대신 최초의 인간은 낙원의 큰 행복을 누리면서도 자신의 운명에 대해서는 불확실 상태였다.[99]

13. 모든 천사가 동일한 행복을 누리도록 창조되었고, 그래서 타락한 천사들은 자신들이 타락하리라는 것을 몰랐으며 항구한 천사들은 타락한 자들의 파멸 후에야 자기의 항구함을 예지하는 은혜를 받았을까

그리하여 지적 본성을 갖춘 존재가 올바른 자세로 염원하는 행복이 이루어지려면 두 가지 요소가 합치해야 한다는 사실을 어렵지 않게 알 수 있다. 하나는 하느님이라는 불변의 선을 계속해서 향유하는 것이다. 또 하나는 자신이 그 선에 영원히 머물 수 있으리라는 확신인데 그 확신은 어떤 의심으로 흔들려서도 안 되고 어떤 오판으로 기만당해서도 안 된다.[100] 우리는 빛의 천사들이 이런

antequam caderent habuisse angelos peccatores, qui sua prauitate illa luce priuati sunt, consequenti ratione colligimus; habuisse tamen aliquam, etsi non praesciam, beatitudinem, si uitam egerunt ante peccatum, profecto credendi sunt. Aut si durum uidetur, quando facti sunt angeli, alios credere ita factos ut non acciperent praescientiam uel perseuerantiae uel casus sui, alios autem ita ut ueritate certissima aeternitatem suae beatitudinis nossent, sed aequalis felicitatis omnes ab initio creati sunt, et ita fuerunt, donec isti, qui nunc mali sunt, ab illo bonitatis lumine sua uoluntate cecidissent: procul dubio multo est durius nunc putare angelos sanctos aeternae suae beatitudinis incertos, et ipsos de semet ipsis ignorare, quod nos de illis per scripturas sanctas nosse potuimus. Quis enim catholicus Christianus ignorat nullum nouum diabolum ex bonis angelis ulterius futurum, sicut nec istum in societatem bonorum angelorum ulterius rediturum? Veritas quippe in euangelio sanctis fidelibusque promittit, quod erunt aequales angelis Dei; quibus etiam promittitur, quod ibunt in uitam aeternam. Porro autem si nos certi sumus numquam nos ex illa inmortali felicitate casuros, illi uero certi non sunt: iam potiores, non aequales eis erimus. Sed quia nequaquam ueritas fallit et aequales eis erimus, profecto etiam ipsi certi sunt suae felicitatis aeternae. Cuius illi alii quia certi non fuerunt (non enim erat eorum aeterna felicitas cuius certi essent, quae finem fuerat habitura), restat, ut aut inpares fuerint, aut, si pares fuerunt, post istorum ruinam illis certa scientia suae sempiternae felicitatis accesserit. Nisi forte quis dicat id, quod Dominus ait de diabolo in euange-

---

[101] Cf. *De corruptione et gratia* 6.10; *De Genesi ad litteram* 11.16.21.

[102] 천사들의 단죄와 구원은 영구하고 결정적이라는 교의를 증빙하는 데 교부는 21권에서 많은 노력을 기울인다.

[103] 마태 22,30("부활 때는 … 하늘에 있는 천사들과 같습니다"); 25,46["의인들은 (천사들과 더불어) 영원한 생명을 누리러 갈 것입니다"] 참조.

[104] 타락한 천사들과 선한 천사들의 처지가 공평했느냐 아니냐는, 전자가 원래부터 악마(악한 본성, 곧 악한 사물)로 창조받았으리라는 이원론을 초래할 염려가 있으므로, 교부의 세심한 고찰 대상이 된다. Cf. *De Genesi ad litteram* 11.14-26; *De corruptione et gratia* 10.27; 본서 22.1.

행복을 누리고 있다는 것을 경건한 신앙으로 믿고 있다. 그리고 죄지은 천사들은 타락하기 이전에도 이런 행복을 누리지 못했으리라는 것이 우리의 믿음이고, 그들이 빛을 박탈당한 것은 자신의 악의 때문이었으리라는 것도 합리적 결론으로 받아들인다. 그런데 그들이 죄를 짓기 전에도 삶을 영위했다면, 어떤 행복이든 행복을 누리고 있었다고 믿어야 한다, 비록 영원함을 예지하는 행복은 아니더라도.[101] 그러나 천사들이 생겼을 때, 어떤 천사들은 자신의 항구함이나 운명에 대해 아무런 예지를 받지 못했는데, 또 다른 천사들은 자기 지복의 영원함을 아주 확실한 진리로 깨닫고 있었다고 믿는다면 퍽 모질다고 느껴진다. 오히려 처음부터 모든 천사들이 동등한 행복의 상태에서 창조되었으며, 지금 악한 천사가 된 자들이 자기 의지로 저 선성의 광명에서 벗어나 타락하기까지는 동일한 상태에 있었다고 생각할 수 있다. 그리고 거룩한 천사들이 자신들의 영원한 지복에 대해 확실히 알지 못했다거나, 우리가 지금 와서 천사들에 대해 성서를 통해서 알 수 있었던 것을 천사들 자신이 몰랐다고 생각하기는 어렵다. 선한 천사들 중에서 더는 새로운 악마가 생겨나지 않으리라는 것과, 악마 중의 누구도 선한 천사들과 다시 친해질 수 없으리라는 것을 가톨릭 신자라면 모르는 사람이 있겠는가?[102] 복음서를 보면 성도와 거룩한 신자들에게 하느님의 천사들과 똑같아지리라고 진리가 약속한다. 또한 영원한 생명으로 들어가리라는 것도 약속한다.[103] 그러나 우리는 저 불멸하는 행복으로부터 이탈하는 일이 없으리라고 확실히 알고 있는데 천사들은 그것을 알지 못했다면, 우리 인간은 천사들과 같아지는 것이 아니라 천사들보다 나은 존재가 되고 만다. 그러나 진리는 결코 기만하는 일이 없고, 우리가 천사들과 같아지리라고 하는 만큼, 천사들도 자신들의 영원한 행복에 대해 확실히 알고 있었음이 틀림없다. 다만 타락한 천사들은 영원한 행복에 대해 확실하지 못했으므로 (장차 끝을 보게 될 행복이었으므로 그들은 영원한 행복에 대해 확실하지는 못했다!) 두 종류 천사들의 처지는 불공평했을 것이다. 그렇지 않고 만일 공평했다면 선한 천사들이 자신들의 영원한 행복에 관한 확실한 지식에 도달한 것은 악한 천사들의 몰락 이후였을 것이다.[104] 어떤 사람은 복음서에서 주님이 악마를 두고 한

lio: *Ille homicida erat ab initio et in ueritate non stetit*, sic esse accipiendum, ut non solum homicida fuerit ab initio, id est initio humani generis, ex quo utique homo factus est, quem decipiendo posset occidere, uerum etiam ab initio suae conditionis in ueritate non steterit et ideo numquam beatus cum sanctis angelis fuerit, suo recusans esse subditus creatori et sua per superbiam uelut priuata potestate laetatus, ac per hoc falsus et fallax, quia nec quisquam potestatem Omnipotentis euadit, et qui per piam subiectionem noluit tenere quod uere est, adfectat per superbam elationem simulare quod non est, ut sic intellegatur etiam quod beatus Iohannes apostolus ait: *Ab initio diabolus peccat*, hoc est, ex quo creatus est, iustitiam recusauit, quam nisi pia Deoque subdita uoluntas habere non posset. Huic sententiae quisquis adquiescit, non cum illis haereticis sapit, id est Manichaeis, et si quae aliae pestes ita sentiunt, quod suam quandam propriam tamquam ex aduerso quodam principio diabolus habeat naturam mali; qui tanta uanitate desipiunt, ut, cum uerba ista euangelica in auctoritate nobiscum habeant, non adtendant non dixisse Dominum: A ueritate alienus fuit; sed: *In ueritate non stetit*, ubi a ueritate lapsum intellegi uoluit, in qua utique si stetisset, eius particeps factus beatus cum sanctis angelis permaneret.

14. Subiecit autem indicium, quasi quaesissemus, unde ostendatur, quod in ueritate non steterit, atque ait: *Quia non est ueritas in eo*. Esset autem in eo, si in illa stetisset. Locutione autem dictum est minus usitata.

---

[105] 요한 8,44.

[106] 교부는 굳이 felicitas(행복)와 영구적으로 하느님을 향유하는 지복(beatitudo)을 구분하기 때문에 마귀들이 창조의 시초에 다른 천사들과 동등하게 일종의 행복을 누리기는 했지만 참된 행복, 곧 지복(至福)은 누리지 못했으리라는 설명이 나올 법하다.

[107] falsus et fallax: 본서에서 삿된 정령이나 더러운 악령이나 마귀들의 수식어로 구사된다. 바로 이어서 그 내용을 "존재하는 것을 보존하지 않고 존재하지 않는 것을 꾸며내는"(non tenere quod vere est, simulare quod non est) 존재론적 범죄로 단정한다.

[108] 1요한 3,8. 〔200주년: "악마는 처음부터 죄를 지었습니다."〕

[109] ex quo creatus est: 그런 시점이 없다면 악마는 처음부터 악한 피조물(malus ex natura)로 창조받았다는 이원론으로 귀결된다.

[110] 아우구스티누스는 선악이원론의 마니교에 꾸준히 반론을 펴는 입장이므로 본서에서도 이들을 몇 차례 직접 언급한다(11.22; 11.34; 14.5 참조).

[111] Cf. *De Genesi ad litteram* 11.20-21.

[112] 요한 8,44.

말씀, "악마는 처음부터 살인자였으며 진리 안에 있지 않았습니다"[105]라는 말씀을 다음과 같은 의미로 이해해야 한다고 말하지는 않을까? 즉, 악마는 처음부터만, 즉 인류의 시작부터만 살인자였던 것은 아니다. 인간마저 생겨난 그 시초에만 인간을 기만함으로써 인간을 죽일 수 있었던 것이 아니다. 악마는 자신이 창조된 그 시초부터 진리 안에 있지 않았다. 따라서 거룩한 천사들과 더불어 지복을 누린 적이 결코 없었을 것이다.[106] 악마는 그를 만든 창조주에게 복종하기를 거부했고, 오만하게 자기의 권세를 사유화하여 향락하고 스스로 속고 또 속이는 자가 되었다.[107] 그것은 전능한 분의 권세를 벗어날 수 있는 사람이 아무도 없기 때문이며, 경건하게 복종하여 참되게 존재하는 것을 보존하려고 노력하지 않는 자는 오만하고 불순하게도 존재하지 않는 것을 꾸며내는 결과를 초래하기 때문이다. 그러므로 복된 사도 요한이 한 말, "악마는 처음부터 죄를 짓는다"[108]는 말도 다음과 같이 이해할 수 있다: 악마는 자기가 창조받은 당초에[109] 의로움을 거부했는데, 이 의로움은 하느님께 복속하는 경건한 의지가 없으면 지닐 수 없는 것이었다! 누구든지 이런 해석에 동조하는 사람은 저 이단자들, 즉 마니교도들과 생각을 함께하지 않을 것이다. 마니교나 전염병 같은 다른 종파들은 악마가 선과는 상반되는 원리에서, 악의 본성을 고유한 본성으로 지니고 있다고 생각한다. 주님은 악마가 진리와 무관하다고 말씀한 것이 아니라 "진리 안에 있지 않았다"고 말씀했는데도, 그들은 복음 말씀에 대해 우리와 마찬가지로 그 권위를 인정하면서도 허영심으로 어리석은 생각을 하고 있다.[110] 복음의 말씀이 의도한 바는 악마가 진리로부터 타락했다는 것을 이해시키려고 했던 것이다. 악마가 꾸준히 진리 안에 있었더라면 진리에 참여했을 것이고 거룩한 천사들과 더불어 지복에 이르러 존재했을 것이다.[111]

14. 악마가 항구하지 못함은 진리가 그에게 없기 때문이라 함은 무슨 뜻인가

악마가 진리 안에 있지 않았다는 것을 어떻게 증명할 수 있냐고 우리가 묻기라도 한 것처럼 주님은 이렇게 실마리를 제공한다: "그 속에는 진리가 없습니다."[112] 그가 진리 안에 있었더라면 진리가 그 속에 있었으리라. 여기에 나오는

Sic enim uidetur sonare: *In ueritate non stetit, quia ueritas non est in eo*, tamquam ea sit causa, ut in ueritate non steterit, quod in eo ueritas non sit; cum potius ea sit causa, ut in eo ueritas non sit, quod in ueritate non stetit. Ista locutio est et in Psalmo: *Ego clamaui, quoniam exaudisti me Deus*; cum dicendum fuisse uideatur: Exaudisti me Deus, quoniam clamaui. Sed cum dixisset: «*Ego clamaui*», tamquam ab eo quaereretur, unde se clamasse monstraret, ab effectu exauditionis Dei clamoris sui ostendit affectum; tamquam diceret: «Hinc ostendo clamasse me, quoniam exaudisti me.»

15. Illud etiam, quod ait de diabolo Iohannes: *Ab initio diabolus peccat*, non intellegunt, si natura talis est, nullo modo esse peccatum. Sed quid respondetur propheticis testimoniis, siue quod ait Esaias sub figurata persona principis BaByloniae diabolum notans: *Quo modo cecidit Lucifer, qui mane oriebatur*; siue quod Hiezechiel: *In deliciis paradisi Dei fuisti, omni lapide pretioso ornatus es*? Vbi intellegitur fuisse aliquando sine peccato. Nam expressius ei paulo post dicitur: *Ambulasti in diebus tuis sine uitio*. Quae si aliter conuenientius intellegi nequeunt, oportet etiam illud, quod dictum est: *In ueritate non stetit*, sic accipiamus, quod in ueritate fuerit, sed non permanserit; et illud, quod *ab initio diabolus peccat*, non ab initio, ex quo creatus est, peccare putandus est, sed ab initio peccati, quod ab ipsius superbia coeperit esse peccatum. Nec illud, quod scrip-

---

[113] 시편 16,6. 〔새번역 17,6: "하느님, 당신께서 제게 응답해 주시겠기에, 제가 당신께 부르짖나이다."〕

[114] *ex effectu exauditionis* Dei *clamoris* sui ostendit *affectum*: 대칭구조의 절묘한 수사학적 문장으로 기도할 마음도 하느님이 일으켜 주신다는 선행적 은총론을 편다.

[115] 11,9 참조: "악한 자들은 누구도 자연본성에 의해 악한 것이 아니다. 선의 상실로 악의 이름을 얻게 되는 것이다." 죄를 본성과 동일시하면 윤리악이나 책임이 발생할 여지가 없다.

[116] 이사 14,12. 〔공동번역: "웬일이냐, 너 새벽 여신의 아들 샛별아, 네가 하늘에서 떨어지다니!"〕

[117] 에제 28,13.

[118] 에제 28,14. 〔공동번역: "나는 빛나는 거룹을 너에게 붙여 보호자로 삼고 하느님의 산에 두어, 불붙은 돌들 사이를 거닐게 하였다."〕

[119] ab ipsius superbia coeperit esse peccatum: 천사가 최초의 피조물이라면 악한 천사(악마)의 범죄로 피조계에 죄가 존재하기 시작했다. 타락한 천사가 전혀 죄를 짓지 않았을 단계를 가정해야 모든 사물은 선하다(omne ens est bonum)는 명제가 살아남는다. Cf. *De Genesi ad litteram* 11.25.32.

발언은 예사로 쓰지 않는 어법이다. 예사로 들으면 "그 속에 진리가 없기 때문에 그는 진리 안에 있지 않았다"라고 들린다. 이것은 그가 진리 안에 있지 않았던 원인이 그 속에 애초부터 진리가 없었기 때문이라는 말 같다. 그러나 여기서는 악마 속에 진리가 없었던 원인이 그가 진리 안에 있지 않았기 때문이라고 한다. 같은 어법이 시편에도 나온다: "내가 부르짖었사오니 하느님이 내 기도를 들어주셨기 때문입니다."[113] 예사로 들으면 "내가 부르짖었더니 하느님이 내 기도를 들어주셨나이다"라는 말 같다. 그러나 "내가 부르짖었나이다"라고 하니까 그가 부르짖었는지를 무엇으로 증명할 수 있냐는 질문이 나오기라도 한 것처럼, 그는 결과를 내세운다. 하느님이 들어주셨다는 결과로부터 자기가 부르짖었다는 사실을 증명해내는 것이다.[114] 그러니까 "하느님 당신이 내 기도를 들어주셨다는 사실에서 내가 부르짖었음을 증명해 보이나이다"라는 말과 마찬가지다.

15. "악마는 처음부터 죄를 짓는다"는 말을 어떻게 이해할 것인가

요한이 악마에 대해 "악마는 처음부터 죄를 짓는다"고 한 말을, 악마의 본성이 원래 그래서라면 아예 죄가 안 된다는 사실을 사람들은 깨닫지 못하고 있다.[115] 그렇게 해석하고 나면 그들은 예언자들의 증언에 대해 어떻게 대답할 것인가? 예를 들어, 이사야가 바빌론의 군주를 악마로 표상하여 "웬일이냐, 아침에 떠오르는 루키페르가 하늘에서 떨어지다니!"[116]라고 한 구절이나, 에제키엘이 "너는 하느님의 감미로운 동산에 있었으며 온갖 보석들로 단장했었다"[117]라고 하는 구절에는 뭐라고 대답할 것인가? 이런 말로 미루어 악마가 한때는 죄가 없었음을 알 수 있다. 왜냐하면 조금 뒤에 더 노골적으로 '너는 너의 날에 과실 없이 거닐었느니라'[118]는 말을 하고 있기 때문이다. 이런 글귀를 더 적절하게 이해할 수 있는 방법이 따로 없다면, "그는 진리 안에 있지 않았습니다"라는 글귀에서 한 말을, 그는 한때 진리 안에 있었는데 그곳에 계속해서 남아있지 않았다는 의미로 이해해야 할 것이다. 그리고 "악마는 처음부터 죄를 짓는다"는 구절도 그가 창조된 시초부터 죄를 지었다고 생각할 것이 아니라, 죄를 짓기 시작한 시초, 즉 그의 오만에서 기인하여 죄가 존재하기 시작한 그 시초라고 생각할 수 있다.[119] 욥기에서

tum est in libro Iob, cum de diabolo sermo esset: *Hoc est initium figmenti Domini, quod fecit ad inludendum ab angelis suis* (cui consonare uidetur et Psalmus, ubi legitur: *Draco hic, quem finxisti ad inludendum ei*), sic intellegendum est, ut existimemus talem ab initio creatum, cui ab angelis inluderetur, sed in hac poena post peccatum ordinatum. Initium ergo eius figmentum est Domini; non enim est ulla natura etiam in extremis infimisque bestiolis, quam non ille constituit, a quo est omnis modus, omnis species, omnis ordo, sine quibus nihil rerum inueniri uel cogitari potest; quanto magis angelica creatura, quae omnia cetera, quae Deus condidit, naturae dignitate praecedit!

16. In his enim, quae quoquo modo sunt et non sunt quod Deus est a quo facta sunt, praeponuntur uiuentia non uiuentibus, sicut ea, quae habent uim gignendi uel etiam appetendi, his, quae isto motu carent; et in his, quae uiuunt, praeponuntur sentientia non sentientibus, sicut arboribus animalia; et in his, quae sentiunt, praeponuntur intellegentia non intellegentibus, sicut homines pecoribus; et in his, quae intellegunt, praeponuntur inmortalia mortalibus, sicut angeli hominibus. Sed ista praeponuntur naturae ordine; est autem alius atque alius pro suo cuiusque usu aestimationis modus, quo fit, ut quaedam sensu carentia quibusdam sentientibus praeponamus, in tantum, ut si potestas esset ea prorsus de natura rerum auferre uellemus, siue quem in ea locum habeant ignorantes, siue etiamsi sciamus nostris ea commodis postponentes. Quis enim non domui suae panem habere quam mures, nummos quam pulices malit? Sed quid mi-

---

[120] 욥기 40,19. 〔공동번역: "맨 처음에 하느님이 보인 솜씨다. 다른 짐승들을 거느리라고 만든 것이다."〕 Cf. *De Genesi ad litteram* 11.20.27.

[121] 시편 103,26. 〔새번역 104,26: "그곳에 배들이 돌아다니고 당신께서 만드신 레비아단이 노니나이다."〕 교부는 욥기의 베헤못(하마)이라는 괴물, 시편의 레비아단이라는 괴물을 악마의 표상으로 이해하고 있다.

[122] 척도(modus), 형상(species), 질서(ordo)는 아우구스티누스의 철학에서 사물의 존재를 구성하는 초월적 특성(transcendentalia)에 해당하며 이것들을 많이 갖춘 그만큼 더 선한 사물이 된다.

[123] 위에 인용한 성서 구절들이 흡사 본성적으로 악한 사물이 있는 것처럼 들리지만, 선한 하느님의 피조물인 이상 본성적으로 선하지 않은 사물은 아무것도 없다, 악마마저도!

[124] quae quoquo modo sunt et non sunt quod Deus est a quo facta sunt: 존재자들을 차등지으면서 그것들이 우선은 피조물임을 전제한다.

[125] natura는 일반 "사물"을 가리키므로(아우구스티누스는 ens를 철학적 의미로 사용한 바 없다) "자연본성"(自然本性)이라고 번역하지만 natura rerum은 라틴 문학에서 "대자연"(大自然)으로 번역될 만한 포괄적 개념을 담고 있다.

도 악마에 대한 말이 나오는데, "하느님의 처음 솜씨이다. 하느님은 천사들의 조롱거리로 악마를 만들었다"[120]라는 구절이 있다. (이 구절에 상응하는 시편의 다음 구절이 있다: "손수 지으신 용龍이 있지만 그것은 당신의 조롱거리입니다".)[121] 우리는 이 구절을 악마는 처음부터 천사들에게 조롱을 받으라고 만들어졌다고 이해하는 것이 아니라 죄를 지은 다음에 그런 벌에 처해졌다고 이해해야 한다. 그의 시초는 그래도 하느님의 솜씨였다. 극도로 하찮은 동물들의 경우에도 하느님이 창조하지 않은 자연본성은 하나도 없다. 하느님께는 사물의 모든 척도와 모든 형상과 모든 질서가 있으며, 이 세 가지가 없이는 어떤 사물도 생길 수 없고 존재하리라 생각할 수도 없다.[122] 그렇다면 하느님이 만든 그밖의 모든 사물들보다도 자연본성의 품위가 월등히 뛰어난 천사적 피조물은 말할 나위도 없다![123]

16. 피조물들의 등급과 그 차이는 유용성의 편익과 이성의 질서가 좌우한다

어떤 양상으로든 존재하면서 하느님이 아닌 것은 하느님에 의해 만들어진 것들이다.[124] 그가운데서도 살아있는 것은 살아있지 않은 것보다 우선한다. 생성하고 욕구하는 능력을 가진 것들이 이런 운동을 결한 것보다 우선하는 것도 마찬가지다. 살아있는 것들 가운데는 감각하는 것들이 감각하지 못하는 것들보다 우선한다. 나무보다 동물이 우선하는 것과 같다. 감각하는 것들 가운데서는 인식하는 것들이 인식하지 못하는 것들보다 우선한다. 사람이 짐승보다 우선하는 것과 같다. 인식하는 것들 가운데는 불멸하는 것들이 사멸하는 것들보다 우선한다. 천사가 사람보다 우선하는 것과 같다. 그런데 이런 것들이 무엇에 우선한다면 자연본성의 질서에 따른 것이다. 그런데 각 사물의 고유한 용도에 따라서 이런 가치 척도가 있고 저런 가치 척도가 따로 있다. 그 척도에 따라서 우리는 감각을 결한 사물을 감각하는 사물보다 앞세우기도 하며, 때로는 그럴 만한 능력이 우리한테 있다면 어떤 사물들을 대자연[125]에서 제거해 버리려는 생각마저 품는다. 그 이유는 그 사물이 대자연에서 차지하는 위치를 알지 못하기 때문일 수도 있고, 우리가 알더라도 그 사물을 우리의 편익보다 뒤에 놓기 때문일 수도 있다. 누가 자기 집에 쥐보다는 빵을, 벼룩보다는 돈을 더 두고 싶지 않겠는가? 따라서 인간들의

rum, cum in ipsorum etiam hominum aestimatione, quorum certe natura tantae est dignitatis, plerumque carius comparetur equus quam seruus, gemma quam famula? Ita libertate iudicandi plurimum distat ratio considerantis a necessitate indigentis seu uoluptate cupientis, cum ista quid per se ipsum in rerum gradibus pendat, necessitas autem quid propter quid expetat cogitat, et ista quid uerum luci mentis appareat, uoluptas uero quid iucundum corporis sensibus blandiatur spectat. Sed tantum ualet in naturis rationalibus quoddam ueluti pondus uoluntatis et amoris, ut, cum ordine naturae angeli hominibus, tamen lege iustitiae boni homines malis angelis praeferantur.

17. Propter naturam igitur, non propter malitiam diaboli, dictum recte intellegimus: *Hoc est initium figmenti domini.* Quia sine dubio, ubi est uitium malitiae, natura non uitiata praecessit. Vitium autem ita contra naturam est, ut non possit nisi nocere naturae. Non itaque esset uitium recedere a Deo, nisi naturae, cuius id uitium est, potius competeret esse cum Deo. Quapropter etiam uoluntas mala grande testimonium est naturae bonae. Sed Deus sicut naturarum bonarum optimus Creator est, ita malarum uoluntatum iustissimus ordinator; ut, cum illae male utuntur naturis bonis, ipse bene utatur etiam uoluntatibus malis. Itaque fecit, ut diabolus institutione illius bonus, uoluntate sua malus, in inferioribus ordinatus inluderetur ab angelis eius, id est, ut prosint temptationes eius sanctis, quibus eas obesse desiderat. Et quoniam Deus, cum eum conde-

---

[126] 사물의 존재론적 평가 기준(aestimationis modus)인 naturae ordo(자연본성의 질서) 외에 usus utilitatis(유용성의 편익)라는 기준도 있어 필요(necessitas indigentis)와 쾌락(voluptas cupientis)에 따른 평가를 가능케 한다.

[127] 존재론적 위계를 객관적 평가(ratio consideratis)와 주관적 평가(necessitas indigentis)로 나눔으로써 아우구스티누스는 사물의 도덕적 위계를 논할 여지를 마련한다.

[128] ubi est vitium malitiae, natura non vitiata praecessit: 교부의 *De natura boni* 전권이 이 문제를 다룬다. vitium("부패", "악덕", "결함"으로 번역된다)이 발생하려면 부패할 온전한 사물이 먼저 있어야 한다.

[129] 악은 "선의 결핍"(11.22 각주 165 참조)에 불과하지만 그의 미학적 해설에 의하면 악은 선의 위대함을 보여주는 증거이기도 하다. 악한 의지가 부패시키는 것은 선한 사물이요, 부패가 심할수록 그 사물이 원래 위대한 선임을 보여준다(corruptio optimi pessima).

[130] *illae male utuntur* naturis bonis, *ipse bene utatur* etiam voluntatibus *malis*: 완벽한 대구법이다. 신의 섭리와 악의 문제를 놓고 인간과 그 역사를 풀이하는 아우구스티누스 역사철학의 기조개념이다 (*Confessiones* 1.10.16; *De Genesi ad litteram* 3.14.37). 정의와 자비가 한데 발휘됨으로써, 악에 의해 신의 선성이 훼손당하거나 패배하지 않는다.

자연본성이야말로 참으로 높은 품위를 갖고 있음에도 흔히는 남자 노예보다 말이, 여자 노예보다 보석이 더 가치가 있다고 해도 이상하게 생각할 것이 없지 않은가?[126] 자유로운 판단에 비추어 볼 때, 사유하는 사람의 이성은 곤궁에 처한 사람의 필요나 욕구하는 사람의 쾌락과는 아주 거리가 멀다. 이성은 사물들의 위계位階에서 사물이 그 자체로 얼마나 중요한가를 헤아리고, 필요는 그 사물에 거는 기대가 무엇인가를 생각한다. 또 이성은 지성의 빛으로 보아서 무엇이 진리로 나타나는지를 고찰하고, 쾌락은 어떤 유쾌한 사물이 신체의 감관을 충족시켜 줄까를 기대한다. 그런데 이성을 갖춘 자연본성들에게도 의지와 사랑의 비중이 무척 크기 때문에, 자연본성의 질서에서는 천사들이 인간들보다 우선하지만, 정의의 법에 따르면 선한 인간들이 악한 천사들보다 우선해야 한다.[127]

17. 악의에서 오는 악덕은 타고난 자연본성이 아니라 자연본성에 상반되며, 피조물이 죄를 짓는 원인은 창조주가 아니라 피조물의 의지다

그러므로 천사들이 "하느님의 처음 솜씨다"라고 하는 말을 악마의 악의를 가리키는 것이 아니라 악마의 자연본성을 가리키는 말로 이해한다면, 우리는 이 구절을 올바로 이해한 것이다. 왜냐하면 의심없이 악의에 의한 부패가 발생하는 곳에는 부패되지 않은 자연본성이 선행하기 때문이다.[128] 부패는 자연본성을 해치기 때문에 자연본성과 상반된다. 그러므로 부패는 어디까지나 자연본성의 부패이고, 또 부패가 사물을 하느님으로부터 멀어지게 만드는 원인은 하느님과 함께하는 것이 자연본성에 합치하기 때문이다. 따라서 악한 의지마저 선한 본성을 보여주는 위대한 증거가 된다.[129] 그런데 선한 자연본성들에 대해 보면 하느님은 더없이 선한 창조주이며, 악한 의지들에 대해 보면 하느님은 더없이 정의로운 교도자다. 악한 의지가 선한 본성을 악하게 사용할 때 하느님은 악한 의지를 선하게 사용한다.[130] 그래서 악마는 하느님의 창조에서 보면 선하고, 자기 의지로는 악하며, 하급의 사물들로 자리매겨져 하느님의 천사들에게 조롱을 받는 것이다. 다시 말해 악마는 유혹으로 성도들에게 해를 끼치려고 하는데, 이런 악마의 유혹이 성도들에게는 도리어 이로운 것이 되어 악마가 조롱을 당하게 된다. 또 하

ret, futurae malignitatis eius non erat utique ignarus et praeuidebat quae bona de malo eius esset ipse facturus: propterea Psalmus ait: *Draco hic, quem finxisti ad inludendum ei*, ut in eo ipso quod eum finxit, licet per suam bonitatem bonum, iam per suam praescientiam praeparasse intellegatur quo modo illo uteretur et malo.

18. Neque enim Deus ullum, non dico angelorum, sed uel hominum crearet, quem malum futurum esse praescisset, nisi pariter nosset quibus eos bonorum usibus commodaret atque ita ordinem saeculorum tamquam pulcherrimum carmen etiam ex quibusdam quasi antithetis honestaret. Antitheta enim quae appellantur in ornamentis elocutionis sunt decentissima, quae Latine ut appellentur opposita, uel, quod expressius dicitur, contraposita, non est apud nos huius uocabuli consuetudo, cum tamen eisdem ornamentis locutionis etiam sermo Latinus utatur, immo linguae omnium gentium. His antithetis et Paulus apostolus in secunda ad Corinthios epistula illum locum suauiter explicat, ubi dicit: *Per arma iustitiae dextra et sinistra: per gloriam et ignobilitatem, per infamiam et bonam famam; ut seductores et ueraces, ut qui ignoramur et cognoscimur; quasi morientes, et ecce uiuimus, ut coherciti et non mortificati; ut tristes, semper autem gaudentes, sicut egeni, multos autem ditantes, tamquam nihil habentes et omnia possidentes*. Sicut ergo ista contraria contrariis opposita sermonis pulchritudinem reddunt: ita quadam non uerborum, sed rerum eloquentia contrariorum oppositione saeculi pulchritudo componitur. Apertissime hoc positum est in libro Ecclesiastico isto modo: *Contra malum bonum est et contra mortem uita; sic contra pium peccator. Et sic intuere in omnia opera Altissimi, bina bina, unum contra unum.*

---

[131] per suam bonitatem bonum, ... illo uteretur et malo: 악마의 존재를 들어 신의 창조의 실패를 따지는 사람들에게 명쾌한 답변이 된다.

[132] 교부가 즐겨 다루는 주제다. Cf. *Epistulae* 138.5; 166.13; *De ordine* 1.1.2; 2.19.51; *De libero arbitrio* 3.9.24; *Confessiones* 7.13.19; 13.28.43; 본서 11.22.

[133] Cf. *De doctrina Christiana* 4.20.44.

[134] antithesis와 contrapositio는 거의 동일하게 구사되지만 수사학에서는 셋으로 구분도 한다: antithesis 대구법("흑"↔"백", "젊은이"↔"늙은이" 등의 반의어를 배치), oppositio 대치법("외치다"-"소리치다"-"고함치다" 등의 동의어로 대체), contrapositio 대우법(對偶法)["모든 젊은이가 모였다" ↔ "늙은이는 아무도 오지 않았다"고 외연과 어의가 함께 상치되는 환질환위(換質換位) 수법]. Cf. Cicero, *De inventione* 1.42; *Rhetorica ad Herennium* 4.15.45; Quintilianus, *Institutiones oratoriae* 9.3.8.

[135] 2고린 6,7-10.

[136] 집회 33,14-15. 악에 대한 미학적 해설은 역사와 인생에 이미 실존하는 윤리악이 신의 전능으로 선용됨을 역설하는 것이지 자유의지의 악용을 변명해 주는 것은 아니다.

느님이 악마를 만들 때 그가 저지른 악행을 모를 리가 없었고, 따라서 당신이 그의 악에서 선을 만들어낼 것을 예비했다. 그래서 시편은 "손수 지으신 용龍이 있지만 그것은 당신의 조롱거리입니다"라고 했다. 악마를 만드는 솜씨에서 보면, 당신의 선성에 따라 악마는 선한 존재였고, 당신의 예지에 따라서는 악하더라도 그를 어떻게 이용할지 예비해 놓았다는 뜻으로 알아들어야 한다.[131]

18. 하느님의 안배에 의해 우주의 아름다움은 사물들의 대립으로 더욱 빛난다

또한 하느님은 인간이 장차 악해지리라는 것을 예지했으면서도 악인을 이용하여 선인들의 이익에 이바지하게 하고, 아주 아름다운 시가가 대구법으로 꾸며지듯이 세기의 질서를 일종의 대구법으로 한결 품위있게 꾸미기로 생각했을 것이다. 그렇지 않다면 하느님은 천사는커녕 어떤 인간도 만들지 않았을 것이다.[132] 수사학적 수식들 중에서도 가장 우아하다고 꼽히는 안티테타는 라틴어에서는 오포시타라고 일컬어지고 더 정확하게는 콘트라포시타라고 일컬어진다.[133] 우리에게는 이런 용어가 익숙하지 않으나 라틴어뿐 아니라 모든 민족의 언어가 사실상 이런 수식을 사용하고 있다.[134] 사도도 고린토인들에게 보낸 둘째 편지에서 이 대구법으로 한 대목을 우아하게 서술하고 있다: "오른손과 왼손에 의로움의 무기를 드는 경우에도, 또 영예를 얻거나 모욕을 당하거나, 악평을 받거나 호평을 받거나 그렇게 합니다. 우리는 속이는 자 같으나 진실합니다. 알려지지 않은 자 같으나 잘 알려져 있습니다. 죽은 자 같으나, 보시오, 우리는 살아있습니다. 처벌을 받은 자 같으나 처형되지 않았습니다. 슬퍼하는 자 같으나 늘 기뻐합니다. 가난한 자 같으나 많은 이를 부요하게 합니다. 아무것도 가지지 않은 자 같으나 모든 것을 차지하고 있습니다."[135] 반대말에 반대말을 대비시킴으로써 언어의 아름다움을 자아낸다. 이와 흡사하게 단어상의 수식이 아니라 사물의 수식으로 상반된 현상을 대치시킴으로써 세기의 아름다움이 이루어지는 것이다. 이것은 집회서에 아주 확실히 나와 있다: "악의 반대편에는 선이 있고 죽음의 반대편에는 생명이 있듯이, 죄인의 반대편에는 경건한 사람들이 있다. 지극히 높으신 분의 모든 업적을 살펴보아라. 모든 것은 서로 반대되는 것끼리 짝을 이루고 있다."[136]

19. Quamuis itaque diuini sermonis obscuritas etiam ad hoc sit utilis, quod plures sententias ueritatis parit et in lucem notitiae producit, dum alius eum sic, alius sic intellegit; ita tamen ut, quod in obscuro loco intellegitur, uel adtestatione rerum manifestarum uel aliis locis minime dubiis asseratur; siue, cum multa tractantur, ad id quoque perueniatur, quod sensit ille qui scripsit, siue id lateat, sed ex occasione tractandae profundae obscuritatis alia quaedam uera dicantur: non mihi uidetur ab operibus Dei absurda sententia, si, cum lux prima illa facta est, angeli creati intelleguntur, inter sanctos angelos et inmundos fuisse discretum, ubi dictum est: *Et diuisit Deus inter lucem et tenebras; et uocauit Deus lucem diem et tenebras uocauit noctem.* Solus quippe ille ista discernere potuit, qui potuit etiam priusquam caderent praescire casuros et priuatos lumine ueritatis in tenebrosa superbia remansuros. Nam inter istum nobis notissimum diem et noctem, id est inter hanc lucem et has tenebras, uulgatissima sensibus nostris luminaria caeli ut diuiderent imperauit: *Fiant,* inquit, *luminaria in firmamento caeli, ut luceant super terram et diuidant inter diem et noctem*; et paulo post: *Et fecit,* inquit, *Deus duo luminaria magna, luminare maius in principia diei, et luminare minus in principia noctis, et stellas; et posuit illa Deus in firmamento caeli lucere super terram et praeesse diei et nocti et diuidere inter lucem et tenebras.* Inter illam uero lucem, quae sancta societas angelorum est inlustratione ueritatis intellegibiliter fulgens, et ei contrarias tenebras, id est malorum angelorum auersorum a luce iustitiae taeterrimas mentes, ipse diuidere potuit, cui etiam futurum non naturae, sed uoluntatis malum occultum aut incertum esse non potuit.

---

[137] 특히 성서 해석에 이 방법을 도입한다: *De doctrina Christiana* 3.27.38; *Confessiones* 12.18.27; *Epistula* 137.3. 성서 저자가 의도하는 의미는 하나이더라도 이 방법들을 구사하면 진리의 더욱 풍부한 면모들(sensus litteralis, allegoricus, spiritalis)을 발견한다. 본서 11.32-33 참조.

[138] 창세 1,4-5.

[139] 11.11에서 시작한, 천사 창조에 관한 논의를 매듭짓는다. 기상(氣象)을 가리키는 낮과 밤은 창세 1,14의 넷째 날의 창조에서 별도로 언급되기 때문에 교부는 이런 주장을 내놓는다.

[140] 창세 1,14.16-18(자유인용).

[141] illam lucem, quae sancta societas angelorum est: 첫날 창조된 빛은 "천사들의 거룩한 사회"이며 거기에는 "진리의 조명"이 빛을 발한다.

[142] *futurum non naturae sed voluntatis* malum: 악은 사물의 자연본성에서 유래하지 않고 피조물의 의지로부터 연원함을 다시 강조하여 악한 천사들을 언급하면서도 존재론적 이원론을 피한다.

19. "하느님이 빛과 어둠을 갈라놓았다"는 말을 어떻게 이해할 것인가

이리하여 하느님의 말씀이 띤은 모호함도 이 점에서는 유익할 수도 있으니, 어떤 사람은 이렇게 어떤 사람은 저렇게 이해하는 가운데 진리에 관한 다수의 해석을 낳고 다양한 지식을 출현시킨다. 그렇지만 성서의 애매한 대목에 대한 이해는 확실한 사물에서 오는 증명을 이용하거나 의심의 여지가 가장 적은 다른 구절을 이용해야 한다. 그래서 많은 견해를 검토하는 가운데 글을 쓴 사람이 의도한 의미가 무엇인지에 도달하거나, 그렇지 못해 숨겨진 채 남겨지더라도 그 모호한 대목을 더욱 심원하게 검토하는 가운데 어떤 다른 진리를 발견하게 된다.[137] 그러므로 나는 다음과 같은 의견을 내놓으면서도 그것이 하느님의 활동에 모순된다고 생각지 않는다. 즉, 첫 번 빛이 생겼을 때 천사들이 창조되었다고 이해하고, "하느님께서 빛과 어둠을 나누시고, 빛을 낮이라, 어둠을 밤이라 부르셨다"[138]는 말씀도 거룩한 천사들과 부정한 천사들 사이에 분리가 있었다는 뜻으로 이해하자는 것이다.[139] 저분 홀로, 즉 악한 천사들이 타락하기 전에도 타락하리라고 예지할 수 있는 분, 진리의 광명이 없는 자들이 어두운 오만 속에 머물게 되리라고 예지할 수 있는 분 홀로 저들을 나누어 놓을 수 있었다. 하느님은 하늘의 광체들, 우리 감관에 너무도 잘 알려진 광체들에게 명령을 내려서 우리에게 아주 분명한 낮과 밤, 다시 말해 빛과 어둠 사이를 갈라놓게 했다: "하늘의 창공에 빛이 생겨 밤과 낮을 갈라놓고 … 땅을 환히 비추어라!"고 한 것이다. 조금 뒤에 이런 말씀이 나온다: "하느님께서 두 큰 빛을 만드셨다. 더 큰 빛은 낮을 다스리게 만드셨고 더 작은 빛은 밤을 다스리게 만드셨다. 또 별들도 만드셨다. 하느님께서 이 빛나는 것들을 하늘 창공에 걸어 놓고 땅을 비추게 하셨다. 그리하여 그것들이 낮과 밤을 다스리고 빛과 어둠을 갈라놓게 하셨다."[140] 저 빛과 어둠을 하느님 친히 갈라놓을 수 있었다. 천사들의 거룩한 사회에 해당하는 저 빛은 진리의 조명을 받아 가지적으로 빛나고 있었다.[141] 따라서 빛에 상치되는 어둠, 즉 정의의 빛을 등진 악한 천사들의 가공할 지성들을 따로 갈라놓을 수 있었던 것도 바로 그분이다. 장차 저질러질 의지의 악(자연본성의 악이 아니다)[142]이 하느님께 숨겨지거나 애매한 채 남는 일이 불가능하기 때문이다.

20. Denique nec illud est praetereundum silentio, quod, ubi dixit Deus: *Fiat lux, et facta est lux,* continuo subiunctum est: *Et uidit Deus lucem quia bona est*; non postea quam separauit inter lucem et tenebras et uocauit lucem diem et tenebras noctem, ne simul cum luce etiam talibus tenebris testimonium placiti sui perhibuisse uideretur. Nam ubi tenebrae inculpabiles sunt, inter quas et lucem istam his oculis conspicuam luminaria caeli diuidunt, non ante, sed post infertur: *Et uidit Deus quia bonum est. Posuit illa,* inquit, *in firmamento caeli lucere super terram et praeesse diei et nocti et separare inter lucem et tenebras. Et uidit Deus quia bonum est.* Vtrumque placuit, quia utrumque sine peccato est. Vbi autem dixit Deus: *Fiat lux, et facta est lux. Et uidit Deus lucem quia bona est*; et postmodum infertur: *Et separauit Deus inter lucem et tenebras; et uocauit Deus lucem diem et tenebras uocauit noctem*: non hoc loco additum est: Et uidit Deus quia bonum est, ne utrumque appellaretur bonum, cum esset horum alterum malum, uitio proprio, non natura. Et ideo sola ibi lux placuit Conditori: tenebrae autem angelicae, etsi fuerant ordinandae, non tamen fuerant adprobandae.

21. Quid est enim aliud intellegendum in eo, quod per omnia dicitur: *Vidit Deus quia bonum est,* nisi operis adprobatio secundum artem facti, quae sapientia Dei est? Deus autem usque adeo non, cum factum est, tunc didicit bonum, ut nihil eorum fieret, si ei fuisset incognitum. Dum ergo

---

[143] 창세 1,3-4.

[144] 창세 1,17-18.

[145] 같은 창세기를 주석하면서도 1,4는 우의적(偶意的)으로, 1,14-18은 자의적(字義的)으로 풀고 있다. 사실 어둠은 빛의 부재일 뿐이므로 신의 피조물이 아니다(본서 11.10.2; 12.7 참조).

[146] etsi ordinandae ... non approbandae: 악의 존재는 신에 의해 허용(許容)되기는 하지만 인정(認定)된 것은 아니라는 명제다.

[147] 이 장에서는 신의 지성에서 이루어지는 인식, 특히 시간적 피조물에 관한 인식을 유려하고도 날카롭게 관찰하고 있다.

[148] Cf. *De Genesi contra Manichaeos* 1.8.13: 존재하기 전에는 신도 알 수 없었으리라는 논변은 마니교도들의 것이었다(앞의 11.10.3 참조).

20. 빛과 어둠을 갈라놓은 다음 "하느님이 빛을 보시니 좋더라" 하는 말을 어떻게 이해할 것인가

끝으로, "하느님께서 '빛이 생겨라!' 하시자 빛이 생겨났다"는 말씀에 이어서 "그 빛이 하느님 보시기에 좋았다"[143]라는 말씀이 나오는 사실을 간과해서는 안 된다. 이 말씀을 한 것은 빛과 어둠을 나누고, 빛을 낮이라 부르고 어둠을 밤이라 부른 다음이 아니었다. 만약 그랬다면 빛과 더불어 어둠을 두고도 하느님 보시기에 좋았다는 말을 한 것이 된다. 어둠에 허물이 없었고, 어둠과 육안에 보이는 빛 사이를 빛나는 광채들이 갈라놓았을 때는 "하느님께서 보시니 참 좋았다"는 말씀이 나오기 전이 아니고 후였다. 성서 말씀은 이렇게 되어 있다: "하느님께서는 이 빛나는 것들을 하늘 창공에 걸어 놓고 땅을 비추게 하셨다. 이리하여 밝음과 어둠을 갈라놓으시고 낮과 밤을 다스리게 하셨다. 하느님께서 보시니 참 좋았다."[144] 양편 다 보기 좋았던 것은 둘다 죄가 없기 때문이었다. 그러니까 처음에는 "하느님께서 '빛이 생겨라!' 하시자 빛이 생겨났다. 그 빛이 하느님 보시기에 좋았다"고 되어 있다. 그다음에는 "하느님께서는 빛과 어둠을 나누시고 빛을 낮이라, 어둠을 밤이라 부르셨다"고 되어 있다. 여기에는 "하느님 보시기에 좋았다"라는 말씀이 덧붙여 있지 않다. 그가운데 하나가 악한 처지이므로(물론 본성에 의해 악한 것이 아니고 부패에 의해 악한 것이다) 둘다 좋다고 부르지 않으려는 뜻이다. 따라서 그때 하느님 보기에 좋았던 것은 빛뿐이었다.[145] 천사적 어둠은 비록 창조의 질서에 배열되기는 하겠지만 좋다고 인정받을 것은 아니었다.[146]

21. 하느님의 영원하고 불변하는 지식과 의지: 그에 입각하여 하느님이 만든 만물은 만들어지기 전에도 후에도 하느님의 마음에 들었다[147]

모든 것을 가리켜 "하느님 보시기에 좋았다"고 하는데, 하느님의 창조 예술, 하느님의 지혜에 따라 당신의 작품을 선하다고 인정하는 말씀이 아니라면 뭐라고 이해하겠는가? 하느님은 창조를 하고 나서야 무엇이 좋은지 배운 분이 아니다. 하느님께 알려지지 않았더라면 아무것도 생겨나지 못했을 것이다.[148] 하느님

uidet quia bonum est, quod, nisi uidisset antequam fieret, non utique fieret: docet bonum esse, non discit. Et Plato quidem plus ausus est dicere, elatum esse scilicet Deum gaudio mundi uniuersitate perfecta. Vbi et ipse non usque adeo desipiebat, ut putaret Deum sui operis nouitate factum beatiorem; sed sic ostendere uoluit artifici suo placuisse iam factum, quod placuerat in arte faciendum; non quod ullo modo Dei scientia uarietur, ut aliud in ea faciant quae nondum sunt, aliud quae iam sunt, aliud quae fuerunt; non enim more nostro ille uel quod futurum est prospicit, uel quod praesens est aspicit, uel quod praeteritum est respicit; sed alio modo quodam a nostrarum cogitationum consuetudine longe alteque diuerso. Ille quippe non ex hoc in illud cogitatione mutata, sed omnino incommutabiliter uidet; ita ut illa quidem, quae temporaliter fiunt, et futura nondum sint et praesentia iam sint et praeterita iam non sint, ipse uero haec omnia stabili ac sempiterna praesentia conprehendat; nec aliter oculis, aliter mente; non enim ex animo constat et corpore; nec aliter nunc et aliter antea et aliter postea; quoniam non sicut nostra, ita eius quoque scientia trium temporum, praesentis uidelicet et praeteriti uel futuri, uarietate mutatur, *apud quem non est inmutatio nec momenti obumbratio*. Neque enim eius intentio de cogitatione in cogitationem transit, in cuius incorporeo contuitu simul adsunt cuncta quae nouit; quoniam tempora ita nouit nullis suis temporalibus notionibus, quem ad modum temporalia mouet

---

[149] dum ergo videt quia bonum est: "하느님이 보고 있는 동안, 그것은 좋다". 신이 인식하여 사물이 존재하(기 시작하)고, 인간은 일반적으로 이미 존재하는 것을 인식할 따름이다. Cf. *Confessiones* 13.38.53.

[150] Cf. Cicero, *Timaeus* 3.9 (Plato, *Timaeus* 37d: "조물주 아버지는 조물이 움직이고 살아있음을 보고서 … 기뻤다"). Cf. Plotinus, *Enneades* 5.8.8.

[151] artifici suo iam factum ... in arte faciendum: 인식과 창조가 동시적인 신 인식은 장인(匠人)의 착상(faciendum)과 구현(factum)에서 유비적 추정을 할 수 있다.

[152] alio modo ... longe alteque diverso: 교부는 미래사에 대한 신의 예지(5.9-10)도 토론했지만 시간을 초월하는 신인식의 현재성에 대해 자주 다루었다. Cf. *Confessiones* 1.6.10; *De diversis quaestionibus 83*, 2.3.

[153] 야고 1,17. [200주년: "달라지는 법도 없고 운행하면서 어두워지는 일도 없으신 분."]

[154] temporalia movet nullis suis temporalibus motibus: 신은 비시간적이면서 가지적인 이성(intelligibiles incorporalesque rationes)으로 시간적 사물을 움직인다(*Confessiones* 11.14.17; 12.9.9; *De Genesi contra Manichaeos* 1.2.4; *De Trinitate* 12.14.23).

[155] ibi vidit bonum esse quod fecit, ubi bonum esse vidit ut faceret: 신에게는 만들기로 작정하는 시점과 결과를 보고서 좋다고 감탄하는 시점 사이에 시간적 간격이 없다. Ibi vidisti facta, ubi vidisti facienda ("당신은 내실 것을 보시는 거기에 이미 내신 것을 보시나이다": *Confessiones* 13.38.53).

이 보니까 좋다.¹⁴⁹ 그 사물들이 생기기 전에 하느님이 보지 않았으면 물론 생기지도 않았다. 하느님은 우리에게 사물이 좋다고 가르치는 분이지 사물이 좋다는 것을 새삼 배우는 분이 아니다. 한 걸음 더 나아가 플라톤은 감히 이런 말을 했다. 즉, 하느님이 우주를 완성하고 나서 기쁨에 겨웠다고.¹⁵⁰ 물론 플라톤은 하느님이 당신의 새로운 업적을 보고서 전보다 더 행복해졌다는 말을 할 정도로 어리석지는 않았다. 오히려 그는 창조할 예술이 하느님 마음에 들었던 것과 마찬가지로 이미 창조된 것이 예술가로서 당신의 마음에 들었음을 알리고 싶었던 것이다.¹⁵¹ 어떤 모양으로든 하느님의 지식에 변화가 생겼다는 말을 하려던 것이 아니다. 하느님의 지식에는 아직 존재하지 않아서 만들어야 할 것 다르고, 이미 존재하는 것 다르고, 과거에 존재했던 것 다르고 하지 않다. 하느님은 우리가 하는 방식처럼 미래에 올 것은 내다보고 현재 있는 것은 바라보고 지나간 것은 되돌아보고 그렇게 하지 않는다. 전혀 다른 방식으로, 우리의 사유 관습과는 멀고도 높은 다른 방식으로 인식한다.¹⁵² 하느님은 이 대상으로부터 저 대상으로 대상을 바꾸며 사유하는 분이 아니고 불변한 상태로 바라본다. 그래서 시간적으로 이루어지는 것, 말하자면 미래의 것은 아직 존재하지 않고 현재의 것은 이미 존재하고 과거의 것은 이미 존재하지 않지만 하느님은 이 모든 것을 고정되고 영원한 현재로서 파악한다. 하느님은 눈으로 보는 것이 다르고, 또 마음으로 보는 것이 다르고 하지 않는다. 그분은 정신과 육신으로 구성된 분이 아니다. 지금 보는 것 다르고 전에 보는 것 다르고 후에 보는 것 다르고 하지 않는다. 하느님은 우리의 지식처럼 세 가지 시간의 차이에 따라, 즉 현재나 과거나 미래의 차이에 따라 지식이 달라지는 것이 아니기 때문이다: "그분에게는 변화도 없고 움직임의 그림자도 없다."¹⁵³ 그분의 지향도 한 사유에서 다른 사유로 옮겨가는 그런 것이 아니다. 그분의 비물체적 직관에는 그분이 아는 모든 것이 동시에 현존한다. 시간을 알 때도 당신의 시간적 개념으로 아는 것이 절대 아니며, 당신의 시간적 운동을 일체 거치지 않으면서 모든 시간적 사물들을 움직인다.¹⁵⁴ 그래서 하느님은 당신이 사물을 만드는 것이 좋겠다고 하는 그 순간, 당신이 만든 것을 좋다고 보았다.¹⁵⁵ 또 당신이 만든 것을 보았을 때 지식이 배가되는 일도

nullis suis temporalibus motibus. Ibi ergo uidit bonum esse quod fecit, ubi bonum esse uidit ut faceret; nec quia factum uidit scientiam duplicauit uel ex aliqua parte auxit, tamquam minoris scientiae fuerit priusquam faceret quod uideret, qui tam perfecte non operaretur, nisi tam perfecta scientia, cui nihil ex eius operibus adderetur. Quapropter, si tantummodo nobis insinuandum esset quis fecerit lucem, sufficeret dicere, fecit Deus lucem; si autem non solum quis fecerit, uerum etiam per quid fecerit, satis esset ita enuntiari: *Et dixit Deus: Fiat lux, et facta est lux*; ut non tantum Deum, sed etiam per Verbum lucem fecisse nossemus. Quia uero tria quaedam maxime scienda de creatura nobis oportuit intimari, quis eam fecerit, per quid fecerit, quare fecerit: *Dixit Deus*, inquit: *Fiat lux, et facta est lux. Et uidit Deus lucem quia bona est*. Si ergo quaerimus, quis fecerit: *Deus est*; si per quid fecerit: *Dixit: fiat, et facta est*; si quare fecerit: *Quia bona est*. Nec auctor est excellentior Deo, nec ars efficacior Dei uerbo, nec causa melior quam ut bonum crearetur a Deo bono. Hanc etiam Plato causam condendi mundi iustissimam dicit, ut a bono Deo bona opera fierent; siue ista legerit, siue ab his qui legerant forte cognouerit; siue acerrimo ingenio inuisibilia Dei per ea, quae facta sunt, intellecta conspexerit, siue ab his qui ista conspexerant et ipse didicerit.

---

[156] 창세 1,3-4.

[157] 불가타본은 Et vidit Deus lucem quia bona est. "하느님께서 보시기에 좋았기 때문에" 만들었다고 해석할 만하다.

[158] auctor ... Deo, ars ... Dei Verbo, causa ut bonum crearetur a Deo bono: 창조의 작용인(Deus), 범형인(Dei Verbum), 목적인(bonum)을 한 문장으로 열거했다.

없고, 당신이 본 것을 만들기 전에는 지식이 적었다가 만든 후에는 어느 한 부분에서라도 지식이 증가되는 일도 없다. 그분은 당신이 행한 활동에 의해 그 무엇도 보태어 갖는 일이 없을 정도로 완전한 지식을 갖고 있으며, 그토록 완전한 지식이 없었더라면 그렇게 완전한 활동을 할 수 없었을 것이다. 누가 빛을 만들었는지만을 언급해야 한다면 하느님이 빛을 만들었다는 말로 충분할 것이다. 또한 누가 빛을 만들었는지만 아니라 무엇으로 만들었느냐는 것도 언급해야 한다면 "하느님께서 '빛이 생겨라!' 하시자 빛이 생겼다"는 문장으로 충분할 것이다. 이 문장으로 하느님이 만들었을 뿐 아니라 그분의 말씀을 통해 빛을 만들었음을 알 수 있다. 그러나 또한 피조계에 대해 세 가지의 위대한 진리를 알아야 하는데, 즉 누가 피조계를 만들었으며, 무엇으로 만들었으며, 왜 만들었느냐는 것이다. 성서에서는 "하느님께서 '빛이 생겨라!' 하시자 빛이 생겨났다. 그 빛이 하느님 보시기에 좋았다"[156]고 말하고 있다. 누가 만들었느냐고 우리가 묻는다면 "하느님께서 만들었다"고 답한다. 무엇으로 만들었느냐고 묻는다면 "'빛이 생겨라!' 하시자 빛이 생겨났다"고 답한다. 왜 만들었느냐고 묻는다면 "하느님 보시기에 좋았다"고 답한다.[157] 하느님보다 더 훌륭한 제작자가 없고 하느님의 말씀보다 더 훌륭한 제작 기술이 없고 선한 하느님으로부터 선한 것이 창조되는 것보다 더 좋은 제작 이유가 없다.[158] 플라톤 역시 선한 하느님에 의해 선한 작품이 생긴 이것이야말로 세계를 창조하는 가장 정당한 이유라고 말한다.[159] 플라톤이 성서를 읽고 이런 사실을 알았든, 성서를 읽은 사람들한테서 전해듣고 알았든, 아니면 아주 예리한 자신의 지성으로, 이미 만들어진 것을 통해 하느님의 눈에 보이지 않는 사물을 깨달아 통찰했든,[160] 그것도 아니면 그 사실을 미리 통찰한 사람들에게서 배웠든 그것은 상관없는 일이다.[161]

---

[159] Plato, *Timaeus* 28a(cf. Cicero, *Timaeus* 3.9: haec *gignendi*(교부는 *condendi*로 바꾸었다) mundi causa iustissima. nam cum constituisset Deus bonis omnibus explere mundum).

[160] 로마 1,20 참조(본서 8.6; 8.10.1; 8.12에 직접인용).

[161] 플로티누스의 해석을 통해 접한 플라톤의 사상이 그리스도교 사상과 흡사한 데 탄복한 나머지 플라톤이 구약성서를 읽었으리라는 추측이 교부들 사이에 통했다. 아우구스티누스도 한때 그렇게 추측하다 뒷날 취소한다(*Retractationes* 2.4.2). 본서 8.11 참조.

22. Hanc tamen causam, id est ad bona creanda bonitatem Dei, hanc, inquam, causam tam iustam atque idoneam, quae diligenter considerata et pie cogitata omnes controuersias quaerentium mundi originem terminat, quidam haeretici non uiderunt, quia egenam carnis huius fragilemque mortalitatem iam de iusto supplicio uenientem, dum ei non conueniunt, plurima offendunt, sicut ignis aut frigus aut fera bestia aut quid eius modi; nec adtendunt, quam uel in suis locis naturisque uigeant pulchroque ordine disponantur, quantumque uniuersitati rerum pro suis portionibus decoris tamquam in communem rem publicam conferant uel nobis ipsis, si eis congruenter atque scienter utamur, commoditatis adtribuant, ita ut uenena ipsa, quae per inconuenientiam perniciosa sunt, conuenienter adhibita in salubria medicamenta uertantur; quamque a contrario etiam haec, quibus delectantur, sicut cibus et potus et ista lux, inmoderato et inopportuno usu noxia sentiantur. Vnde nos admonet diuina prouidentia non res insipienter uituperare, sed utilitatem rerum diligenter inquirere, et ubi nostrum ingenium uel infirmitas deficit, ita credere occultam, sicut erant quaedam, quae uix potuimus inuenire; quia et ipsa utilitatis occultatio aut humilitatis exercitatio est aut elationis adtritio; cum omnino natura nulla sit malum nomenque hoc non sit nisi priuationis boni. Sed a terrenis usque ad caelestia et a uisibilibus usque ad inuisibilia sunt aliis alia bona

---

[162] 마니교도. 교부는 이 문제를 두고 그들을 상대로 *De Genesi contra Manichaeos*로부터 시작하여 *Contra Secundinum Manichaeum*에 이르기까지 많은 반박서를 집필했다.

[163] universitati rerum ... in communem rem publicam: 교부는 고대 사상가들처럼 삼라만상을 단일한 공화국처럼 파악하고 있다. Cf. Plato, *Respublica* 431e; Aristoteles, *Metaphysica* 985b; Cicero, *De natura deorum* 2.18.47 - 20.53; Plotinus, *Enneades* 4.3.25.

[164] Cf. *De Genesi contra Manichaeos* 1.16.25-26.

[165] (malum) nomenque hoc non sit nisi privationis boni: 앞의 각주 129 참조.

제4부 (22-34)
하느님의 창조와 삼위일체에 관한 오류 논박

22. 선한 창조주가 창조한 우주 만물 가운데 어떤 것을 보기 싫어하면서 어떤 자연본성은 그 자체로 악하다고 주장하는 사람들

그런데 바로 이 이유, 즉 하느님의 선함이 선한 것을 창조한다는 이유, 너무도 정당하고 너무도 적절한 이 이유, 사람들이 열심히 궁구해냈고 경건하게 착상해낸 이유, 세계의 기원을 따지는 모든 논쟁을 종식시키는 이 이유를 어떤 이단자들은 알아듣지 못한다.[162] 불과 추위, 그리고 사나운 맹수 등 이와 비슷한 수많은 것들이 있어서 그렇지 않아도 궁핍하고 취약한 이 육신의 죽을 처지, 이미 정당한 형벌로 덮쳐오는 죽을 처지를 덜어주지는 못할지언정 오히려 더 가혹하게 만든다는 것이 그들의 핑계다. 그들은 이런 사물들이 자기네 고유한 위치나 자연본성을 갖추어 번성하고 아름다운 질서에 따라 그 자리에 배치되어 있다는 사실이나, 이것들이 자기 나름의 비례로 우주에 이바지하고 마치 공동의 공화국을 이루듯이[163] 우아함을 제공한다는 사실, 우리가 알고서 적절하게 이용한다면 편익에 보탬이 된다는 사실을 주목하지 못하고 있다. 심지어 독조차 잘못 사용하면 해롭지만 올바로 사용한다면 건강에 좋은 약품으로 변한다는 사실을 알지 못한다. 이와는 반대로 그들이 좋다고 하는 사물들, 즉 음식이나 음료나 저 빛마저 절도없이 부적절하게 사용하면 해로울 수 있다는 사실을 그들은 생각하지 않는다.[164] 그리하여 신적 섭리는 사물들을 두고 어리석게 함부로 욕하지 말고 사물들의 유용성을 면밀하게 연구해 보라고 우리에게 권유한다. 우리 재능이 부족하고 나약하여 거기에 미치지 못할 경우에는 그 유용성이 아직 감추어져 있다고 믿어야 하며, 과거에도 그런 것이 숨겨져 있다가 우리가 어렵게 찾아낸 일과 마찬가지로 생각하라고 권유한다. 유용성이 감추어져 있으면 그것은 겸허한 탐구의 동기가 되거나 또는 만용을 삼가는 동기가 된다. 어느 자연본성도 악한 것이 아니며, 악이라는 명사는 선의 결핍 외에 다른 것이 아니다.[165] 하지만 지상 사물로부터 천상 사물에 이르기까지, 가시적 사물로부터 불가견한 사물에

meliora, ad hoc inaequalia, ut essent omnia; Deus autem ita est artifex magnus in magnis, ut minor non sit in paruis; quae parua non sua granditate (nam nulla est), sed artificis sapientia metienda sunt; sicut in specie uisibilis hominis, si unum radatur supercilium, quam propemodum nihil corpori, et quam multum detrahitur pulchritudini, quoniam non mole constat, sed parilitate ac dimensione membrorum! Nec sane multum mirandum est, quod hi, qui nonnullam malam putant esse naturam suo quodam contrario exortam propagatamque principio, nolunt accipere istam causam creationis rerum, ut bonus Deus conderet bona, credentes eum potius ad haec mundana molimina rebellantis aduersum se mali repellendi extrema necessitate perductum suamque naturam bonam malo cohercendo superandoque miscuisse, quam turpissime pollutam et crudelissime captiuatam et oppressam labore magno uix mundet ac liberet; non tamen totam, sed quod eius non potuerit ab illa inquinatione purgari, tegmen ac uinculum futurum hostis uicti et inclusi. Sic autem Manichaei non desiperent uel potius insanirent, si Dei naturam, sicuti est, incommutabilem atque omnino incorruptibilem crederent, cui nocere nulla res possit; animam uero, quae uoluntate mutari in deterius et peccato corrumpi potuit atque ita incommutabilis ueritatis luce priuari, non Dei partem nec eius naturae, quae Dei est, sed ab illo conditam longe inparem Conditori Christiana sanitate sentirent.

---

[166] Cf. *Sermo* 213.1.

[167] pulchritudini ... parilitate ac dimensione membrorum: 아우구스티누스의 미학 사상은 *De pulchro et apto*; *De vera religione* 32.59; *Epistulae* 3.4.; 18.2; 본서 22.19.2 참조.

[168] tegmen ac vinculum futurum hostis victi et inclusi: hostis가 목적 속으로 번역되어야 한다.

[169] 마니교 사상을 아주 간결하게 간추렸다. 그 사상을 명료하게 간추린 교부의 저작은 다음과 같다: *Contra Secundinum Manichaeum*; *De haeresibus* 46.

이르기까지 어떤 선들은 다른 선들보다 더 좋고 그래서 동일하지 않으며 동일하지 않기 때문에 만유가 존재한다. 그리하여 하느님은 위대한 사물에서 위대한 장인匠人으로 나타나지만 그렇다고 사소한 사물에서 덜 위대한 장인으로 나타나는 것은 아니다. 그 사소한 사물은 자체의 위대함(사실상 위대함이 전혀 없더라도)을 갖고 잴 것이 아니라 그것을 만든 장인의 지혜로 재야 한다.[166] 예를 들어 눈에 보이는 인간의 얼굴에서 눈썹 하나를 면도해 버리면 신체에서 거의 아무것도 제거한 것 같지 않으나 미용상으로는 많은 것을 제거한 셈이 된다. 미美라는 것은 덩치로 성립하지 않고 지체의 대칭과 조화에 의해 성립한다![167] 어떻든 악한 자연본성이 존재하고 그것이 선한 원리와는 상반되는 원리에 의해 발생하고 번창한다고 여기는 사람들은 만물의 창조 이유가 선한 하느님이 선한 것들을 창조하는 것임을 받아들이기 싫어한다. 크게 놀랄 일은 아니다. 그들이 믿기로는, 하느님은 당신에게 반역하는 악惡을 퇴치해야 하는 극단적 필요에 몰렸고 그래서 세계라는 이 골칫덩어리를 창조했으며, 그 악을 제압하고 극복하려다 보니 당신의 선한 자연본성을 악과 혼합시키고 말았다는 것이다. 그렇게 해서 하느님은 매우 추잡하게 오염된 자연본성, 아주 잔혹하게 악에 사로잡힌 자연본성, 크나큰 수고로 짓눌린 자연본성을 가까스로 정화해내고 해방시키느라 힘겨워하는 중이다. 아무리 그렇게 하더라도 하느님은 그 본성을 총체적으로 해방시키고 정화하지는 못한다. 따라서 오염汚染으로부터 정화되지 못하는 그 부분은 쇠사슬이나 굴레가 될 것이다. 하느님의 적은 패배하여 그 쇠사슬과 굴레에 갇히고 말 것이다.[168] 만약 마니교도들이 하느님의 본성을 있는 그대로 믿었더라면, 즉 불변하고 전혀 부패하지 않고 어떤 사물도 그분의 본성에 해를 끼칠 수 없음을 믿었더라면 저렇게 허튼 수작, 말하자면 저런 미친 소리를 하지는 않았을 것이다. 그 대신, 영혼은 의지로 더 나빠질 수 있고 죄로 부패할 수 있으며 불변하는 진리의 빛을 상실할 수도 있지만, 그 영혼이 하느님의 부분도 아니고 하느님의 본성(곧 하느님)의 일부분도 아니며, 그것은 어디까지나 하느님에 의해 창조된 것이고 창조주와는 도저히 동등할 수 없다는 사실을 그리스도교의 온건한 사상에 입각해서 감지했더라면 저런 생각은 하지 못했을 것이다.[169]

23. Sed multo est mirandum amplius, quod etiam quidam, qui unum nobiscum credunt omnium rerum esse principium, ullamque naturam, quae non est quod Deus est, nisi ab illo conditore esse non posse, noluerunt tamen istam causam fabricandi mundi tam bonam ac simplicem bene ac simpliciter credere, ut Deus bonus conderet bona et essent post Deum quae non essent quod est Deus, bona tamen, quae non faceret nisi bonus Deus; sed animas dicunt, non quidem partes Dei, sed factas a Deo, peccasse a Conditore recedendo et diuersis progressibus pro diuersitate peccatorum a caelis usque ad terras diuersa corpora quasi uincula meruisse, et hunc esse mundum eamque causam mundi fuisse faciendi, non ut conderentur bona, sed ut mala cohiberentur. Hinc Origenes iure culpatur. In libris enim quos appellat περὶ ἀρχῶν, id est de principiis, hoc sensit, hoc scripsit. Vbi plus quam dici potest miror hominem in ecclesiasticis litteris tam doctum et exercitatum non adtendisse, primum quam hoc esset contrarium scripturae huius tantae auctoritatis intentioni, quae per omnia opera Dei subiungens: *Et uidit Deus, quia bonum est*, completisque omnibus inferens: *Et uidit Deus omnia, quae fecit, et ecce bona ualde*, nullam aliam causam faciendi mundi intellegi uoluit, nisi ut bona fierent a bono Deo. Vbi si nemo peccasset, tantummodo naturis bonis esset mundus ornatus et plenus; et quia peccatum est, non ideo cuncta sunt impleta peccatis, cum bonorum longe maior numerus in caelestibus suae naturae ordinem seruet; nec mala uoluntas, quia naturae ordinem seruare noluit, ideo iusti Dei leges omnia bene ordinantis effugit; quoniam sicut pictura cum colore nigro loco suo posito, ita uniuersitas rerum, si quis possit

---

[170] *noluerunt ... causam tam bonam ac simplicem bene ac simpliciter credere*: 오리게네스에 대한 아우구스티누스의 비판은 단순한 사실을 믿지 않고 지나친 사변에 몰입하다 오류에 떨어진다는 점에 집중한다. 그러나 그의 저서(*Contra Priscillianistas et Origenistas*)를 보면 Hieronymus, Rufinus의 번역본에서 얻은 지식임이 드러난다.

[171] Origenes (185~253): 그리스 교부 가운데 가장 걸출하고 박학한 사상가.「원리론」은 당대의 신학을 집대성한 것으로 그의 대표작(220년)이지만 현존하는 것은 요약본(*Philocalia* (358년))뿐이다. 본서(12.13.2; 12.15; 13.20 참조)에서는 그의 창조 사상에 함의된 종속설(從屬說)이 지목되고 있다.

[172] 창세 1,31: 성서가 quia bonum est에서 더 나아가 ecce bona valde로 최상급을 쓴 사실에 유의한다.

[173] *longe maior numerus*: 예정설에 근거하여 교부는 인간들 가운데 구원받는 자가 적으리라는 노파심을 나타내지만(마태 7,14: "생명으로 인도하는 성문은 좁고 길은 비좁아서 그것을 발견하는 사람이 적습니다") 천사들에 대해서는 다수가 구원(suae naturae ordinem servare) 받았으리라고 추정한다.

[174] *cum colore nigro loco suo posito*: 우주가 아름답기 위해 죄인들이 필요한 것은 아니지만 하느님은 죄인들마저 파격(破格)으로서 우주의 아름다움에 기여하게 만든다. Cf. Origenes, *De principiis* 1.praef.8.

23. 오리게네스의 교리 중 비판받는 오류
23. 1. 영혼들이 하느님과 멀어지면서 물질세계가 출현한다는 오류

그런데 이보다 훨씬 이상한 일이 있다. 만물의 원리는 하나이며, 하느님이 아닌 어떤 자연본성도 창조주에 의해서가 아니면 존재하지 못한다고 우리와 똑같이 믿는 사람들마저도, 세계를 창조한 이유가 오로지 선하고 단순하다는 사실을 선하고 단순하게 믿으려 하지 않는다.[170] 선한 하느님이 선한 것들을 창조했고, 하느님이 아닌 모든 것들은 하느님 이후에 존재하며, 선한 것들은 오로지 선한 하느님이 아니면 만들지 못한다는 사실을 그들은 믿지 않으려고 한다. 그들의 말대로라면, 영혼들은 하느님의 부분이 아니며, 하느님에 의해 만들어진 것은 사실이지만 하느님으로부터 멀어지면서 죄를 지었다. 다양한 죄상에 따라 다양한 진행 정도로, 하늘에서 땅까지 다양한 신체들을 죗값으로 받았으며 신체는 마치 쇠사슬 같다고 한다. 바로 이것이 세계요, 세계를 창조한 이유라는 것이다. 선한 것들을 만들려고 세계를 창조한 것이 아니라 악을 제압하려고 세계를 만들었다는 것이다. 이 점 때문에 오리게네스는 비판을 받는데 그 비판은 당연하다. 「페리 아르혼」, 즉 「원리론」에서 그렇게 생각하고 그렇게 기록했다.[171] 교회 문헌에 그토록 박식하고 정통한 인물이 무엇보다도 먼저 자기 사상이 그처럼 권위있는 성서에 상치되리라는 사실에 주의를 기울이지 않았다는 점에 놀라서 나는 말문이 막힌다. 하느님의 모든 작품을 두고 일일이 덧붙이는, "하느님 보시기에 좋았다"는 말씀과, 모든 것을 완료한 다음에는 "이렇게 만드신 모든 것을 하느님께서 보시니 참 좋았다"[172]고 하는 말씀은 선한 하느님에 의해 선한 것들이 생기는 것 외에 세계 창조의 다른 이유가 없다는 의미로 알아듣기를 바라는 말씀이었다. 만일 아무도 죄를 짓지 않았다면 세계는 오로지 선한 자연본성들로 충만하고 그것들로 장식되어 있었으리라는 것은 말할 필요도 없다. 그러나 죄를 범한다고 해서 그밖의 모든 것이 죄로 가득 차는 것은 아니고, 천상에서는 훨씬 많은 선한 천사들이 그 자연본성의 질서를 보존하고 있다.[173] 다만 악한 의지는 자연의 질서를 보존하기 싫어하므로 만유를 선하게 안배하는 의로운 하느님의 법을 피할 길이 없다. 그림에서 제자리에 그려진 검정색이 그렇듯이[174] (누가 만

intueri, etiam cum peccatoribus pulchra est, quamuis per se ipsos consideratos sua deformitas turpet.

Deinde uidere debuit Origenes et quicumque ista sapiunt, si haec opinio uera esset, mundum ideo factum, ut animae pro meritis peccatorum suorum tamquam ergastula, quibus poenaliter includerentur, corpora acciperent, superiora et leuiora quae minus, inferiora uero et grauiora quae amplius peccauerunt, daemones, quibus deterius nihil est, terrena corpora, quibus inferius et grauius nihil est, potius quam homines etiam bonos habere debuisse. Nunc uero, ut intellegeremus animarum merita non qualitatibus corporum esse pensanda, aerium pessimus daemon, homo autem, et nunc licet malus longe minoris mitiorisque malitiae, et certe ante peccatum, tamen luteum corpus accepit. Quid autem stultius dici potest, quam istum solem, ut in uno mundo unus esset, non decori pulchritudinis uel etiam saluti rerum corporalium consuluisse artificem Deum, sed hoc potius euenisse, quia una anima sic peccauerat, ut tali corpore mereretur includi? Ac per hoc si contigisset, ut non una, sed duae; immo non duae, sed decem uel centum similiter aequaliterque peccassent, centum soles haberet hic mundus? Quod ut non fieret, non opificis prouisione mirabili ad rerum corporalium salutem decoremque consultum est, sed contigit potius tanta unius animae progressione peccantis, ut sola corpus tale mereretur. Non plane animarum, de quibus nesciunt quid loquantur, sed eorum ipsorum, qui talia sapiunt multum longe a ueritate,

---

[175] ergastulum: 강제노동에 종사하는 노예들이 밤을 새는 수용소를 지칭했다.

[176] Cf. Origenes, *De principiis* 2.8.3; Hieronymus, *Contra Ioannem Hierosolymitam* 7 (in hoc corpore quasi in carcere).

[177] aerium corpus: 천계(caelum)와 공중(aer) 그리고 지상(terra)으로 구분하여 정령에게도 "물체적" 몸(corpus)이 있으리라고 하여 일종의 기체(氣體)를 상정했다(8.15.2; 8.21.1 참조). 21.10.1에서는 신체가 없는 영적 존재임을 천명한다. 인간은 luteum corpus(진흙 몸)를 지녔다.

[178] quid stultius dici potest?: 물체에 대해 자칫 이원론에 기우는 사조(cf. *Epistula* 166.9.27; *Sermo* 241.6)에 대항하여 창조의 선성을 살리려다가 이처럼 거친 언사도 불사한다(본서 12.21.1 참조).

일 우주 전체를 조망할 수 있다면) 우주는 죄인들이 있더라도 아름답다. 물론 죄인들 자체를 놓고 본다면 그들의 기형은 추하기만 하다.

23. 2. 영혼들이 타락하여 육신을 입었다는 오류

그다음, 오리게네스나 그와 비슷한 생각을 하는 사람들은 다음 사실을 고려해야 했다. 만약 그들의 의견이 참이라면, 세계는 창조를 받았지만, 영혼들이 신체를 받은 것은 자기가 지은 죗값이다. 마치 벌을 받아 갇히는 것처럼 신체를 노예감옥[175]으로서 배당받았을 것이다.[176] 또 작은 죄를 범한 영혼들은 상위의 비교적 가벼운 신체를 받고 큰 죄를 지은 영혼들은 더 낮고 무거운 신체를 받았을 것이다. 그보다 더 못한 존재가 있을 수 없는 정령들은 당연히 지상 육신을 받는데, 그보다 낮고 그보다 무거운 신체는 있을 수 없을 것이다. 그런데 지상 육신으로 말하자면 모든 인간이 다 입고 있고, 선인들까지도 다 입고 있다! 그러므로 영혼들의 공적은 그들이 입고 있는 신체의 질質로 평가할 것이 아님을 깨달았어야 한다. 정령은 아주 악하면서도 공기로 된 신체[177]를 입었고, 사람은 비록 지금 악하더라도 악의로는 정령에 비하면 훨씬 적고 유한 편인데 진흙으로 된 신체를 입었다. 죄를 짓기 전부터 진흙으로 된 신체를 입었다는 말이다! 저 태양으로 말할 것 같으면 거장巨匠 하느님이 하나의 세계에 하나밖에 없는 태양을 아름다운 장식으로 생각해낸 것이거나 물질적 사물들의 건강을 보살피려고 생각해낸 것이 틀림없는데, 그게 아니라 어떤 영혼이 죄를 지어 저런 신체에 갇혔다고 한다면 그보다 멍청한 말이 어디 있겠는가?[178] 만에 하나라도 그 영혼이 하나가 아니고 둘, 둘이 아니고 열 혹은 백이었다고 하자. 그들이 다같이 죄를 지었다면 이 세계는 백 개의 태양을 지닌다는 말인가? 그들의 말대로 하자면 태양은 조물주의 신묘한 배려에 의해 물질적 사물들의 이익과 장식을 위해 만들어진 것이 아니라, 한 영혼이 죄를 짓는 거창한 과정에서 이런 일이 생겼고 단 하나의 영혼이 단 하나의 신체를 받았다고 해야 할 것이다. 여기서 누가 제동을 건다면 분명히 타락한 영혼들의 행로에 제동을 걸 것이 아니라(타락한 영혼들을 두고 저 사람들이 무슨 소리를 하는지 모르겠지만) 저런 생각을 하는 당사자들이 진리로부터 멀찌감치 떠나 있는 만큼 저들의 행로에 제동을

[et] merito est cohercenda progressio. Haec ergo tria, quae superius commendaui, cum in unaquaque creatura requirantur, quis eam fecerit, per quid fecerit, quare fecerit, ut respondeatur «Deus, per Verbum, quia bona est», utrum altitudine mystica nobis ipsa trinitas intimetur, hoc est Pater et Filius et Spiritus sanctus, an aliquid occurrat, quod hoc loco scripturarum id accipiendum esse prohibeat, multi sermonis est quaestio, nec omnia uno uolumine ut explicemus urgendum est.

24. Credimus et tenemus et fideliter praedicamus, quod Pater genuerit Verbum, hoc est sapientiam, per quam facta sunt omnia, unigenitum Filium, unus unum, aeternus coaeternum, summe bonus aequaliter bonum; et quod Spiritus sanctus simul et Patris et Filii sit Spiritus et ipse consubstantialis et coaeternus ambobus; atque hoc totum et trinitas sit propter proprietatem personarum et unus Deus propter inseparabilem diuinitatem, sicut unus Omnipotens propter inseparabilem omnipotentiam; ita tamen, ut etiam cum de singulis quaeritur unusquisque eorum et Deus et omnipotens esse respondeatur; cum uero de omnibus simul, non tres dii uel tres omnipotentes, sed unus Deus omnipotens; tanta ibi est in tribus inseparabilis unitas, quae sic se uoluit praedicari. Vtrum autem boni Patris et boni Filii Spiritus sanctus, quia communis ambobus est, recte bonitas dici possit amborum, non audeo temerariam praecipitare sententiam; uerum

---

[179] 태양에 대한 비난: cf. *Contra Priscillianistas et Origenistas* 8.9

[180] altitudine mystica ... ipsa Trinitas intimetur: 삼위일체가 창조에 관해 알려준 이 계시에 intimari라는 동사를 구사했는데 어원(intimus)으로 미루어 "심복에게 은밀하게 일러주다"라는 친숙한 의미를 담아 조건없는 "믿음"을 강조하려는 의도 같다.

[181] 창세 1,31 참조: "이렇게 만드신 모든 것을 하느님께서 보시니 참 좋았다."

[182] 이 부분(11.24-28)은 아우구스티누스의 창조철학에 해당한다. 모든 피조물에 삼위일체의 흔적을 보는 교부의 시각은 다른 저서에서도 자주 나타난다. Cf. *Epistula* 11.3; *De vera religione* 7.13; *Confessiones* 13.11.12; *De Genesi ad litteram* 1.5.11 - 7.13.

[183] unus unum: 플로티누스의 유출설(流出說)을 견제하는 문장이라면 "일자(一者)가 일자(一者)를 낳고"라고 번역할 만하다.

[184] Trinitas, propter proprietatem personarum et unus Deus propter inseparabilem divinitatem: 이 명제는 그리스도교 삼위일체 신학의 고전적 표현으로 채택된다. 앞의 11.10 참조.

[185] inseparabilis unitas: *De Trinitate*에서 상론하는 삼위일체론의 개요에 해당한다. 성령을 성부와 성자의 선성(bonitas amborum)이자 성성(sanctitas amborum)이라고 칭함이 특이하다.

[186] ipsum quoque substantiam et tertiam in Trinitate personam: 성령이 성부와 성자의 일개 속성이 아니고, 곧이어 나오듯이, "실체적 성성이자 양편과 실체를 함께하는 분"(sanctitas substantialis et consubstantialis amborum)임을 표명한다. 양위와 별도의 실체라는 뜻이 아니다.

걸어야겠다.¹⁷⁹ 여하튼 앞에서 내가 언급한 세 질문, 피조물 하나하나에 대해 사람들이 물음직한 질문, 즉 누가 무엇으로 왜 만들었느냐는 물음에 이렇게 답변해야 할 것이다: "하느님이, 말씀으로, 좋아서 만들었다!" 이 대답은 삼위일체가, 다시 말해 아버지와 아들과 성령이 심오한 신비로 우리에게 은밀히 알려 주는 바다.¹⁸⁰ 다른 한편으로, 성서의 이 구절¹⁸¹을 두고 이런 해석을 못하게 막는다면 그 토론에서는 많은 말이 필요할 것이다. 그 모든 것을 한 권으로 모두 설명하라고 조르는 것도 무리다.

24. 삼위일체는 당신 모든 활동에 삼위일체의 표징을 깔아놓았다¹⁸²

우리는 다음과 같이 믿고 주장하고 충실하게 설교한다: 아버지가 말씀 곧 지혜(생겨난 모든 것이 지혜를 통해 생겨났다)를 낳았다. 아버지가 외아들을 낳았고 유일한 분이 유일한 분을 낳고¹⁸³ 영원한 분이 함께 영원한 분을 낳고 최고로 선한 분이 동등하게 선한 분을 낳았다. 또 성령은 아버지의 영이자 동시에 아들의 영이며 두 분과 실체를 함께하고 함께 영원하다. 그리고 전체가 위격들의 고유함으로 인해 삼위일체이고, 불가분한 신성으로 인해 유일한 하느님이다.¹⁸⁴ 다만 각 위位에 대해 물을 때는 각자가 하느님이요 전능자라고 대답해야 한다. 하지만 모두에 대해 물을 때는 세 신이라거나 세 전능자라고 하지 않고 유일하고 전능한 하느님이라고 대답해야 한다. 세 위에는 불가분한 단일성이 있고 하느님은 당신이 이런 분으로 설교되기를 원했다.¹⁸⁵ 성령은 선한 아버지와 선한 아들 양편 모두의 성령이니, 양편에 공통되는 분이기 때문이다. 성령을 양편의 선성이라고 일컫는 것은 옳지만 나는 섣불리 그 이상의 대담한 의견을 내놓을 생각은 없다. 그 대신 성령은 양편의 성성聖性이라는 말은 감히 할 수 있고 이 말은 비교적 하기 쉽다. 하지만 성령이 양편의 속성이라고 말하려는 것은 아니고 성령도 실체이면서 삼위일체에서 제삼의 위격이라고 말하려는 것이다.¹⁸⁶ 내가 이것을 개연성이 있는 견해로 받아들이는 것은 아버지가 영이고 아들이 영이므로 아버지도 거룩하고 아들도 거룩하지만, 그분이 따로 거룩한 영이라고 일컬어진다는 점에서, 실체적 성성이자 양편과 실체를 함께하는

tamen amborum eum dicere sanctitatem facilius ausus fuero, non amborum quasi qualitatem, sed ipsum quoque substantiam et tertiam in trinitate personam. Ad hoc enim me probabilius ducit, quod, cum sit et Pater spiritus et Filius spiritus, et Pater sanctus et Filius sanctus, proprie tamen ipse uocatur Spiritus sanctus tamquam sanctitas substantialis et consubstantialis amborum. Sed si nihil est aliud bonitas diuina quam sanctitas, profecto et illa diligentia rationis est, non praesumptionis audacia, ut in operibus Dei secreto quodam loquendi modo, quo nostra exerceatur intentio, eadem nobis insinuata intellegatur trinitas, unamquamque creaturam quis fecerit, per quid fecerit, propter quid fecerit. Pater quippe intellegitur Verbi, qui dixit ut fiat; quod autem illo dicente factum est, procul dubio per Verbum factum est; in eo uero quod dicitur: *Vidit Deus, quia bonum est*, satis significatur Deum nulla necessitate, nulla suae cuiusquam utilitatis indigentia, sed sola bonitate fecisse quod factum est, id est, quia bonum est; quod ideo postea quam factum est dicitur, ut res, quae facta est, congruere bonitati, propter quam facta est, indicetur. Quae bonitas si Spiritus sanctus recte intellegitur, uniuersa nobis trinitas in suis operibus intimatur. Inde est ciuitatis sanctae, quae in sanctis angelis sursum est, et origo et informatio et beatitudo. Nam si quaeratur unde sit: Deus eam condidit; si unde sit sapiens: a Deo inluminatur; si unde sit felix: Deo fruitur; subsistens modificatur, contemplans inlustratur, inhaerens iucundatur; est, uidet, amat; in aeternitate Dei uiget, in ueritate Dei lucet, in bonitate Dei gaudet.

25. Quantum intellegi datur, hinc philosophi sapientiae disciplinam tripertitam esse uoluerunt, immo tripertitam esse animaduertere potuerunt (neque enim ipsi instituerunt ut ita esset, sed ita esse potius inuenerunt),

---

[187] sanctitas substantialis et *consubstantialis* amborum: 앞에서 성령을 substantia라고 표기했다가 이 문구로 수정하고 있다. 성성이 성령의 고유한 위격을 이루는 실제적 속성(substantialis)이면서도 성부와 성자에게도 공통된 속성(consubstantialis)임을 천명한다.

[188] ut in operibus Dei: opus는 피조물이라는 "작품"도 의미하고 피조물을 만들어내는 창조의 "작업"도 의미한다. 인간의 존재와 사유와 사랑에서 삼위일체를 보듯이(*Confessiones* 13.11.18), 창조 행위(성부)와 창조하는 말씀(성자)과 창조의 동기가 되는 선성(성령)이 삼위일체를 암시한다.

[189] est, videt, amat: 그의 「삼위일체론」에서 개진하는 대로, 천사만이 아니고 인간 본성에서도 삼위일체의 모상을 인간의 "존재"와 "인식"과 "사랑"에서 찾는다.

분이기 때문이다.[187] 그런데 신적 선성이 다름아닌 성성이라면, 하느님의 작업에서 나타난 삼위일체가 이해될 것이다.[188] 이것은 대담한 만용으로 발설할 일이 아니라 치밀한 이성으로 탐색할 문제다. 그리고 하느님의 작업에 나타난 삼위일체는 일종의 은밀한 어법과 같은 것으로서, 그런 어법으로 우리의 지향이 익숙해지고 나면, 각각의 피조물을 누가 무엇으로 왜 만들었느냐는 세 질문에 삼위일체가 암시되어 있음을 깨닫게 된다. "빛이 생겨라!"고 말하는 분은 "말씀"의 아버지다. 아버지가 말하여 생겨났다는 것은, 말씀을 통해 생겨난 것임에 틀림없다. "하느님 보시기에 좋았다!"는 구절에서 하느님이 어떤 필요에 의해서거나 당신이 사용할 무엇이 부족해서 만든 것이 아니라, 오로지 당신의 선함으로, 창조된 모든 것을 만들었음을 제대로 알게 된다. 다시 말해 그것은 좋아서 만들었다는 것이다. 저 말은 사물이 생겨난 다음에 한 것이어서, 생겨난 사물이 선성에 상응한다는 것이며 다름아닌 선성 때문에 생겨났음을 암시한다. 선성이 곧 성령이라고 이해하는 것이 옳다면, 하느님의 작업에서 삼위일체 전체가 우리에게 계시되는 것이다. 삼위일체는 거룩한 도성, 저 드높은 곳에서 거룩한 천사들 안에 자리잡고 있는 거룩한 도성의 기원이자 도성의 형성이자 도성의 행복이다. 그 도성이 어디서 왔느냐고 묻는다면 하느님이 그 도성을 세웠다고 하리라. 어디서 유래하여 현자가 되느냐고 묻는다면 하느님이 조명하기 때문이라고 답하리라. 어디서 유래하여 행복해지느냐고 묻는다면 하느님을 향유享有해서 행복해진다고 답하리라. 하느님 안에 존재함으로써 분수를 지니고 하느님을 직관함으로써 조명을 받고 하느님께 합일함으로써 열락을 얻는다. 피조물은 존재하고 인식하고 사랑한다. 하느님의 영원 안에서 융성하고 하느님의 진리 안에서 빛나며 하느님의 선성 안에서 기뻐한다.[189]

25. 철학 전체의 삼분법

우리가 알기로는, 바로 여기서 철학자들이 지혜의 학문이 3부가 되기를 원했고 적어도 3부로 나누어진다는 사실을 인지한 듯하다. (그렇게 나누어지도록 철학자들이 제정한 것이 아니라 그렇게 나누어진다는 사실을 발견한 것이다.)

cuius una pars appellaretur physica, altera logica, tertia ethica (quarum nomina Latina iam multorum litteris frequentata sunt, ut naturalis, rationalis moralisque uocarentur; quas etiam in octauo libro breuiter strinximus); non quo sit consequens, ut isti in his tribus aliquid secundum Deum de trinitate cogitauerint, quamuis Plato primus istam distributionem repperisse et commendasse dicatur, cui neque naturarum omnium auctor nisi Deus uisus est neque intellegentiae dator neque amoris, quo bene beateque uiuitur, inspirator. Sed certe cum et de natura rerum et de ratione indagandae ueritatis et de boni fine, ad quem cuncta quae agimus referre debemus, diuersi diuersa sentiant: in his tamen tribus magnis et generalibus quaestionibus omnis eorum uersatur intentio. Ita cum in unaquaque earum quid quisque sectetur multiplex discrepantia sit opinionum, esse tamen aliquam naturae causam, scientiae formam, uitae summam nemo cunctatur. Tria etiam sunt, quae in unoquoque homine artifice spectantur, ut aliquid efficiat: natura, doctrina, usus; natura ingenio, doctrina scientia, usus fructu diiudicandus est. Nec ignoro, quod proprie fructus fruentis, usus utentis sit, atque hoc interesse uideatur, quod ea re frui dicimur, quae nos non ad aliud referenda per se ipsa delectat; uti uero ea re, quam propter aliud quaerimus (unde temporalibus magis utendum est, quam fruendum, ut frui mereamur aeternis; non sicut peruersi, qui frui uolunt nummo, uti autem Deo; quoniam non nummum propter Deum inpendunt, sed Deum propter nummum colunt); uerum tamen eo loquendi modo, quem plus obtinuit consuetudo, et fructibus utimur et usibus fruimur; nam et fructus iam proprie dicuntur agrorum, quibus utique omnes temporaliter

---

[190] physica (philosophia naturalis), logica (ph. rationalis), ethica (ph. moralis) 삼분법을 이하에 삼위일체에서 유래된 것으로 논한다.

[191] 8.1-12는 고대철학 개론에 해당한다. 철학의 분류는 8.4에서 상론했다(Varro in Cicero, *Academia posterior* 1.5.19).

[192] naturarum omnium auctor, intellegentiae dator, amoris inspirator: 이 개념들을 이용하여 교부는 철학 주제를 신학으로 상승시킨다.

[193] naturae causa, scientiae forma, vitae summa: 각주 192대로 삼위일체에 대한 희미한 의식이 철학의 삼분을 초래했듯이, 철학의 삼분이 무의식중에 추구하는 대상도 삼위일체다.

[194] Cf. *De Trinitate* 10.11.17. 이 셋에서 삼분된 철학을 유도한다.

[195] frui와 uti의 구분은 아우구스티누스 윤리학의 기본개념이다: *De doctrina Christiana* 1.4.4; *De diversis quaestionibus 83*, 30; *De Trinitate* 10.10.13.

[196] fructus("결실", "열매", "향유")는 동사 frui("향유하다")에서 유래했다. 그의 윤리학에서는 사용에 그쳐야 할 사물을 궁극목적처럼 향유하지 않는다, "향유할 사물을 향유하고 사용할 사물을 사용한다"(fruendis frui et utendis uti).

철학의 첫째 부분은 자연학이라 일컫고 둘째는 논리학이라 일컬으며 셋째는 윤리학이라고 일컬어진다. (이것들의 라틴어 이름은 이미 많은 사람들의 글에서 빈번하게 사용되고 있는데, 자연철학, 이성철학, 도덕철학이라고 한다.[190] 이 점은 제8권[191]에서도 짤막하게 간추린 바 있다.) 비록 플라톤이 처음으로 이런 분류를 발견했고 추천했지만, 그렇다고 철학자들이 하느님의 삼위일체에 관해 어떤 생각을 이끌어낸 것이 이 삼분법을 통해서는 아니다. 여하튼 플라톤은 모든 자연본성의 창조자가 하느님 외에 다른 분일 수 없다고 생각했고, 오성의 수여자, 사랑(이것에 의해 선하고 행복하게 산다)의 감도자도 하느님 외에 다른 분일 수 없다고 생각했다.[192] 그렇지만 사물들의 본성에 대해, 진리를 탐구하는 이성에 대해, 선善의 목적(우리가 행하는 모든 것을 이 목적에 귀결시켜야 한다)에 대해서는 다양한 의견이 존재하지만, 다만 이 세 가지 중요하고 일반적인 문제에 대해서는 철학자들의 모든 관심이 집중되어 있다. 그 하나하나에서 각자가 무엇을 추구하는지에 대해서는 의견이 분분하지만, 그것이 자연본성의 원인이요 지식의 형상이요 삶의 요체임은 아무도 의심하지 않는다.[193] 인간 예술가가 무엇을 만들려고 할 때, 내다보는 것이 세 가지가 있다. 자연본성, 이론, 사용! 자연본성은 재능으로, 이론은 지식으로, 사용은 결과로 판단되어야 한다.[194] 향유享有는 향유하는 사람의 일이고 사용은 사용하는 사람의 일임을 내가 모르지 않으나 차이가 있다면, 그 사물을 다른 것과 연관시키지 않고 그 자체로 즐길 때에 그 사물을 향유한다고 하며, 사물을 사용한다는 것은 다른 것 때문에 그 사물을 찾을 때를 말한다. (그래서 현세적 사물들은 그 자체로 향유하기보다는 영원한 사물들을 향유하기 위해 사용하는 것이어야 한다. 돈은 향유하고 하느님은 사용하려는 자는 가치가 전도된 사람이다. 그런 사람들은 하느님 때문에 돈을 쓰는 것이 아니고 돈 때문에 하느님을 숭배하는 것이다.)[195] 하지만 더 일반화된 어법을 사용하여 표현하면, 우리는 "결실"을 사용하고 "사용"을 향유하기도 한다. 전답을 향유하는 일을 그냥 "결실"이라 부르고 모든 사람이 그 "결실"을 현세적으로 사용하고 있기 때문이다.[196] 나는 이런 방식을 이용하여 인간에게서 관찰할 만하다고 생각해낸 세 가지, 곧 자연본성, 이론,

utimur. Hoc itaque more usum dixerim in his tribus, quae in homine spectanda commonui, quae sunt natura, doctrina, usus. Ex his propter obtinendam beatam uitam tripertita, ut dixi, a philosophis inuenta est disciplina, naturalis propter naturam, rationalis propter doctrinam, moralis propter usum. Si ergo natura nostra esset a nobis, profecto et nostram nos genuissemus sapientiam nec eam doctrina, id est aliunde discendo, percipere curaremus; et noster amor a nobis profectus et ad nos relatus et ad beate uiuendum sufficeret nec bono alio quo frueremur ullo indigeret; nunc uero quia natura nostra, ut esset, Deum habet auctorem, procul dubio ut uera sapiamus ipsum debemus habere doctorem, ipsum etiam ut beati simus suauitatis intimae largitorem.

26. Et nos quidem in nobis, tametsi non aequalem, immo ualde longeque distantem, neque coaeternam et, quo breuius totum dicitur, non eiusdem substantiae, cuius Deus est, tamen qua Deo nihil sit in rebus ab eo factis natura propinquius, imaginem Dei, hoc est illius summae trinitatis, agnoscimus, adhuc reformatione perficiendam, ut sit etiam similitudine proxima. Nam et sumus et nos esse nouimus et id esse ac nosse diligimus. In his autem tribus, quae dixi, nulla nos falsitas ueri similis turbat. Non enim ea sicut illa, quae foris sunt, ullo sensu corporis tangimus, uelut colores uidendo, sonos audiendo, odores olfaciendo, sapores gustando, dura et mollia contrectando sentimus, quorum sensibilium etiam imagines eis simillimas nec iam corporeas cogitatione uersamus, memoria tenemus

---

[197] usus: "사용"으로도, (행동) "관습"으로도 번역되므로 윤리철학과 결부된다.

[198] 존재의 생성인 창조를 바탕으로 인식의 조명과 사랑의 지복이 뒤따라 나오고 셋 다 오로지 신으로부터 유래한다고 결론짓는다.

[199] non aequalem, neque coaeternam, non eiusdem substantiae: 모상(模像)은 의당히 원형(原型)과 거리가 있으나 신약성서에서 그리스도를 하느님의 모상으로 일컫기 때문에 그분과 인간을 차별을 두기 위함이다. 2고린 4,4 ("하느님의 모상이신 그리스도의 영광에 관한 복음의 빛을"); 골로 1,15 ("그분은 보이지 않는 하느님의 모상") 참조.

[200] *ut imago sit* etiam similitudine *proxima*: 교부의 인간학에서 선천적 "하느님의 모상" (imago Dei)과 하느님 은총과 인간의 노력으로 구현하는 "하느님과의 유사성" (similitudo Dei)은 구분된다. Cf. *De Trinitate* 9 - 15.

[201] et sumus et nos esse novimus et id esse ac nosse diligimus: 존재와 (존재에 대한) 인식과 (존재와 인식에 대한) 사랑은 인간에게 새겨진 삼위일체의 모상이다.

[202] quorum sensibilium etiam imagines: 존재론상으로는 "모상"이라고 하지만 인식론상으로는 "표상", 곧 뒤에 나오는 phantasiarum vel phantasmatum imaginatio다.

사용을 이야기하게 되었다. 또 내가 방금 말한 대로, 바로 이 세 가지에서 철학자들은 행복한 삶을 얻기 위해 3부로 된 학문을, 즉 자연본성 때문에 자연철학을, 이론 때문에 이성철학을, 사용[197] 때문에 도덕철학을 발견해냈던 것이다. 만약 자연본성이 우리에 의해 존재한다면 우리의 지혜도 틀림없이 우리가 생성할 것이지, 이론에 의해서, 다시 말해 다른 데서 배워서 지혜를 포착하려고 애쓰지 않을 것이다. 또 우리의 사랑도 우리에게서 발원하여 우리에게로 결부될 것이며 행복하게 살아가는 것에 스스로 만족하고, 우리가 향유할 다른 선善이 굳이 필요하지도 않을 것이다. 그런데 실제로 우리 본성이 존재하기 위해서는 하느님을 창조주로 모셔야 하고, 우리가 진실한 것을 알려면 하느님을 교사로 모셔야 하며, 우리가 지복에 이르려면 내밀한 감미로움을 베풀어 주는 분으로 하느님을 모셔야 한다.[198]

26. 지존한 삼위일체의 모상이 아직 지복에 이르지 못한 인간의 자연본성에서도 어느 정도 발견된다

그런데 우리는 우리 자신에게서도 하느님의 모상을, 아니 하느님의 지존한 삼위일체의 모상을 인지한다. 물론 그 모상은 하느님의 실체와 동등하지도 않고 아주 멀리 떨어져 있으며, 영원히 공존하지도 않고, 간단히 전체를 요약하자면, 하느님과 동일한 실체를 가진 존재도 아니다.[199] 그러나 그 모상으로 인해서, 하느님에 의해 만들어진 사물들 가운데 그 어떤 것도 자연본성상 인간보다 하느님께 더 가까운 것이 없다. 다만 하느님과 더없이 가까운 유사성에 도달하려면 여전히 쇄신하고 완전해져야 한다.[200] 우리는 존재하고, 우리가 존재함을 인식하며, 존재하고 인식함을 사랑한다.[201] 내가 말한 이 셋 중에서 참된 것과 유사한 허위가 있어서 우리를 혼란스럽게 하는 일은 없다. 이것들은 밖에 있는 사물들과는 달라서, 어떤 감관으로도 접할 수 없다. 바깥 사물은 색깔을 보고 소리를 듣고 냄새를 맡고 맛을 보고 단단한 것과 부드러운 것을 만져서 지각한다. 그런데 이렇게 지각하는 감각적 사물들의 모상[202]마저, 그 사물들과 아주 유사하면서도 더는 물질적이지 않아서 우리는 사유로 고찰하고 기억으로

et per ipsas in istorum desideria concitamur; sed sine ulla phantasiarum uel phantasmatum imaginatione ludificatoria mihi esse me idque nosse et amare certissimum est. Nulla in his ueris Academicorum argumenta formido dicentium: Quid si falleris? Si enim fallor, sum. Nam qui non est, utique nec falli potest; ac per hoc sum, si fallor. Quia ergo sum si fallor, quo modo esse me fallor, quando certum est me esse, si fallor? Quia igitur essem qui fallerer, etiamsi fallerer, procul dubio in eo, quod me noui esse, non fallor. Consequens est autem, ut etiam in eo, quod me noui nosse, non fallar. Sicut enim noui esse me, ita noui etiam hoc ipsum, nosse me. Eaque duo cum amo, eundem quoque amorem quiddam tertium nec inparis aestimationis eis quas noui rebus adiungo. Neque enim fallor amare me, cum in his quae amo non fallar; quamquam etsi illa falsa essent, falsa me amare uerum esset. Nam quo pacto recte reprehenderer et recte prohiberer ab amore falsorum, si me illa amare falsum esset? Cum uero et illa uera atque certa sint, quis dubitet quod eorum, cum amantur, et ipse amor uerus et certus est? Tam porro nemo est qui esse se nolit, quam nemo est qui non esse beatus uelit. Quo modo enim potest beatus esse, si nihil sit?

27. Ita uero ui quadam naturali ipsum esse iucundum est, ut non ob aliud et hi qui miseri sunt nolint interire et, cum se miseros esse sentiant,

---

[203] 인간 지성의 "사유", "기억", "욕망(혹은 사랑)"도 인간에게 있는 삼위일체의 모상이다.

[204] si enim fallor, sum! 아우구스티누스 인식론에서 회의론을 결정적으로 반박하는 문장으로서 여러 저서에 자주 쓰인다(*De beata vita* 2.2.7; *Soliloquia* 2.1.1; *De libero arbitrio* 2.3.7; *De vera religione* 39.73; *De Trinitate* 15.12.21; 10.10.14). 그는 진리의 존재, 자립하는 실체의 존재, 사고하는 자아의 존재 세 가지만은 방법론적 회의(懷疑)에 부치는 일이 결코 없다.

[205] nemo est qui non esse beatus velit: 4.23.1에도 나오듯이, 행복(felicitas) 그것도 지복(beatitudo)에 대한 희구는 교부의 호교론만 아니고 인간론의 기조어다. 여러 곳에서(*De moribus ecclesiae catholicae* 1.3.4-5; *De Trinitate* 13.20.25; *Confessiones* 10.21.31) 교부는 행복추구로부터 진리의 존재를 논증한다. 진리를 획득하지 못하면 인간이 행복하지 못한 까닭이다.

[206] esse beatus: "행복하다"를 라틴어 문법상으로는 "행복하게 존재하다"로 이해하는 일도 가능하다.

간직하며, 모상을 통해 그 사물들 자체에 대한 욕망을 품게 된다.[203] 그렇지만 내가 존재하고 내가 인식하고 또 그것을 사랑한다는 것은 나에게 더없이 확실하며, 여하한 상상이나 표상의 모형에 의해 우롱당하는 일이 없다. 이런 진리 앞에서 아카데미아 학파의 논리, "만일 그대가 속는다면 어떻게 할 것인가?"라고 묻는 사람들의 논리는 아무 소용이 없다. 내가 속는다면 나는 존재한다![204] 존재하지 않는 자는 속을 수도 없기 때문이다. 그래서 내가 속는다면, 나는 존재하는 것이다. 그러므로 내가 속는다면, 나는 존재하는 것이다. 내가 속을 때에 내가 존재한다는 것이 확실한데, 내가 존재한다고 가정하면서 어떻게 내가 속을 수 있겠는가? 만일 내가 속는다면 비록 속더라도 나는 존재하는데, 내가 존재한다는 사실을 아는 지식에는 내가 속지 않는다는 것은 의심의 여지가 없다. 그러므로 결론적으로 내가 인식함을 내가 안다는 그 점에서 나는 속지 않는다. 내가 존재한다는 것을 내가 아는 것과 같이 내가 안다는 것을 나는 안다. 내가 그 두 가지 사실을 사랑할 때, 나는 셋째 요소로 그들에 대한 나의 사랑을 추가한다. 그 사랑은 내가 아는 사물들에 가치상으로 뒤지지 않는다. 내가 사랑한다는 점에서도 나는 속지 않는다. 내가 사랑하는 것들을 내가 사랑한다는 것을 알면서 나는 속지 않기 때문이다. 그 두 가지가 거짓이더라도 내가 거짓된 것들을 사랑하고 있다는 사실만은 진실이리라. 거짓된 것들을 사랑하지 말라고 꾸지람받는 것도 옳고 금지당하는 것도 옳지만, 내가 그것들을 사랑한다는 사실마저 거짓일까? 그런데 만약 그것들이 참되고 확실한 것들이라면 그것들을 사랑하는 그 사랑도 참되고 확실하다는 것을 누가 의심하겠는가? 자기가 존재하지 않기를 원하는 사람은 아무도 없다. 행복하지 않기를 원하는 사람도 없다.[205] 아예 존재하지 않는다면 어떻게 행복할 수 있겠는가?[206]

27. 존재와 인식 그리고 양편의 사랑

27. 1. 만물은 존재하기를 원한다

어떤 자연적 충동에서인지는 몰라도 존재한다는 것 그 자체는 유쾌하다. 비참한 사람들도 죽는 것은 원하지 않고, 자기가 비참하다고 느끼면 세상에서 자기

non se ipsos de rebus, sed miseriam suam potius auferri uelint. Illis etiam, qui et sibi miserrimi apparent et plane sunt et non solum a sapientibus, quoniam stulti, uerum et ab his, qui se beatos putant, miseri iudicantur, quia pauperes atque mendici sunt, si quis inmortalitatem daret, qua nec ipsa miseria moreretur, proposito sibi quod, si in eadem miseria semper esse nollent, nulli et nusquam essent futuri, sed omni modo perituri, profecto exultarent laetitia et sic semper eligerent esse quam omnino non esse. Huius rei testis est notissimus sensus illorum. Vnde enim mori metuunt et malunt in illa aerumna uiuere, quam eam morte finire, nisi quia satis apparet quam refugiat natura non esse? Atque ideo cum se nouerint esse morituros, pro magno beneficio sibi hanc inpendi misericordiam desiderant, ut aliquanto productius in eadem miseria uiuant tardiusque moriantur. Procul dubio ergo indicant, inmortalitatem, saltem talem quae non habeat finem mendicitatis, quanta gratulatione susciperent. Quid? Animalia omnia etiam inrationalia, quibus datum non est ista cogitare, ab inmensis draconibus usque ad exiguos uermiculos nonne se esse uelle atque ob hoc interitum fugere omnibus quibus possunt motibus indicant? Quid? Arbusta omnesque frutices, quibus nullus est sensus ad uitandam manifesta motione perniciem, nonne ut in auras tutum cacuminis germen emittant, aliud terrae radicis adfigunt, quo alimentum trahant atque ita suum quodam modo esse conseruent? Ipsa postremo corpora, quibus non solum sensus, sed nec ulla saltem seminalis est uita, ita tamen uel exiliunt in superna uel in ima descendunt uel librantur in mediis, ut essentiam suam, ubi secundum naturam possunt esse, custodiant.

---

[207] non se ipsos ... sed miseriam suam auferre: 자살자도 피하는 것은 불행이지 생명이 아니다(cf. *De libero arbitrio* 3.6.18 - 8.22; Seneca, *Epistula* 101). 명예와 정조를 위한 자살은 1.17-26 참조.

[208] nulli et nusquam essent futuri: "(행복하거나 불행한) 어떤 인간으로 존재하지도 않고 어느 곳에 존재하지도 않고"라고 번역할 만하다.

[209] 용은 성서(시편 90[91],13; 묵시 12,3; 13,2 등)에 언급되는 동물이어서 별 뜻 없이 언급한 듯하다. Cf. *De Genesi ad litteram* 3.9: "용은 발이 없고 굴 속에 은둔하며 하늘로 용솟음쳐 올라가는 것으로 보인다. 어떤 동물인지 알기는 쉽지 않으나 우리나 모든 민족들의 문학에 그 종류의 생물을 그냥 넘어가지 않고 있다."

[210] custodire essentiam suam: essentia가 형이상학의 일반용어로는 "본질"로 번역되지만 아우구스티누스에게서는 esse 동사의 분사형 명사로서 "존재"로 번역할 만하다. 5.2.3 (substantia vel essentia)과 12.2 (Deus summa essentia, hoc est summe sit) 참조.

[211] 생물의 자기보존 본능과 무생물의 비중(比重)에 의한 존립에서 우주의 질서를 간파한다. 그 저력은 사물의 "자기 사랑"이다. 11.28 (corpus pondere, animus amore fertur) 참조(cf. *Confessiones* 13.9.10: amor meus, pondus meum). Cf. *De Trinitate* 9.12.18; 11.5.9; 14.10.13; 15.27.50.

가 없어지기를 바라는 것이 아니라 자신의 비참함이 없어지기를 바란다.[207] 자기 스스로에게도 가장 비참하다고 여겨질 뿐 아니라 실제로 그런 사람들이 있다고 하자. 그들을 어리석게 보는 현자들에게서만 비참한 인간이라고 판단될 뿐 아니라, 스스로 행복하다고 생각하는 사람들에게서까지 비참한 인간이라고 판단된다고 하자. 가난한 데다가 구걸하는 신세이니까. 그리고 그런 사람들에게 만일 누가 불사불멸을 선사한다고 가정하자. 그러면서도 그 비참함이 덜어지지는 않으리라고, 만일 영원히 그 비참함 속에 존재하기 싫으면, 어떤 사람으로 존재하고 어디에 존재할 것인가 고민하지 않고[208] 그냥 소멸해 버리면 된다고 말한다고 해 보자. 그럴 경우에도 그가 좋아라 뛰면서 선택할 것은 전혀 존재하지 않기보다는 그래도 존재하는 편이리라. 그처럼 비참한 사람들의 태도는 아주 분명하며, 그것만으로도 우리가 토론하는 주제에 반증이 되고 남는다. 사람들이 죽는 것을 그토록 두려워하고, 환난을 죽음으로 끝내기보다는 그런 환난에서나마 살아남기를 원하는 것을 볼 때, 자연본성이 비존재를 얼마나 기피하는지 충분히 명확하게 알 수 있지 않은가? 사람들이 자신이 죽게 되리라는 것을 알았을 때, 대단한 은혜로 간절히 바라는 자비가 무엇인가? 그 비참함 속에서나마 생명을 조금이라도 연장해서 사는 것이며 조금이라도 늦게 죽는 것이다! 가련한 거지 신세가 끝나지 않으리라는 것을 알면서도 저런 불사불멸이나마 매우 고맙게 받아들인다는 사실이 그것을 여실히 보여준다. 과연 그런가? 모든 생명체는, 저런 생각을 할 여지가 없는 비이성적 생명체까지도, 거대한 용龍으로부터[209] 시작해서 아주 하찮은 벌레에 이르기까지 자신이 존재하기를 원하고 그때문에 죽음을 피한다는 사실을, 할 만한 온갖 동작으로 드러내지 않던가? 과연 그런가? 관목이나 모든 덤불은 파멸을 피하려 한다는 두드러진 동작이나 조짐이 전혀 보이지 않지만, 꼭대기에서는 공중을 향해 당당하게 새싹을 내밀고 다른 쪽으로는 땅에다 뿌리를 박고 거기서 양분을 빨아들이면서 어떻게든 자기 존재를 보존하지 않던가? 끝으로 감각은커녕 적어도 종자를 내는 생명도 전혀 없는 물체들도 위로 오르거나 아래로 내려가거나 중간에 매달려 자신의 자연본성에 따라 존재할 만한 위치에서 자기 존재[210]를 고수한다.[211]

Iam uero nosse quantum ametur quamque falli nolit humana natura, uel hinc intellegi potest, quod lamentari quisque sana mente mauult quam laetari in amentia. Quae uis magna atque mirabilis mortalibus praeter homini animantibus nulla est, licet eorum quibusdam ad istam lucem contuendam multo quam nobis sit acrior sensus oculorum; sed lucem illam incoream contingere nequeunt, qua mens nostra quodam modo radiatur, ut de his omnibus recte iudicare possimus. Nam in quantum eam capimus, in tantum id possumus. Verum tamen inest in sensibus inrationalium animantium, etsi scientia nullo modo, at certe quaedam scientiae similitudo; cetera autem rerum corporalium, non quia sentiunt, sed quia sentiuntur, sensibilia nuncupata sunt. Quorum in arbustis hoc simile est sensibus, quod aluntur et gignunt. Verum tamen et haec et omnia corporalia latentes in natura causas habent; sed formas suas, quibus mundi huius uisibilis structura formosa est, sentiendas sensibus praebent, ut pro eo, quod nosse non possunt, quasi innotescere uelle uideantur. Sed nos ea sensu corporis ita capimus, ut de his non sensu corporis iudicemus. Habemus enim alium interioris hominis sensum isto longe praestantiorem, quo iusta et iniusta sentimus, iusta per intellegibilem speciem, iniusta per eius priuationem. Ad huius sensus officium non acies pupulae, non foramen auriculae, non spiramenta narium, non gustus faucium, non ullus corporeus tactus accedit. Ibi me et esse et hoc nosse certus sum, et haec amo atque amare me similiter certus sum.

---

[212] 아우구스티누스의 조명설(照明說)은 지성이 사물의 진선미를 판단하는 데는 비물체적인 빛을 받아서(혹은 원초적 이념과 비교해서) 판단한다고 설명한다. Cf. *De Trinitate* 12.15.24.

[213] sensibilia: 감각한다는 주체적 의미에서도, 감각된다는 대상적 의미에서도 똑같이 "감각적 사물"이라고 하는데 무생물들은 대상적·피동적 의미에서만 "감각적 사물"이라고 한다.

[214] 창조사상(esse creatum)에 입각해서 본다면 인간 외의 동식물 심지어 무생물까지도, 존재를 보존하고 소멸을 기피하며, 또 감각하지 못하나 감지되고, 인식하지 못하나 인식된다는 점에서, 상위존재의 감각과 인식에 참여하여 자체의 존재를 완성시키려는 성향을 가진 것으로 보인다. 진리에 대한 사랑은 만물의 공통된 성향이다. Cf. *Confessiones* 3.6.10; 10.23.33.

[215] sensus interioris hominis: 아우구스티누스는 지성을 가끔 "내적 인간의 감각"이라고 부른다. 지성도 사물과 진리를 형상(species)을 통해 인식한다는 사실이 그 이유다.

[216] intelligibilis species: "가지적 형상"은 달리는 "가지적 미(美)" (Combes: beaute intelligible; Dyson: intelligible idea)라고 번역할 수 있다(species → speciosus). "지성은 신체의 감관으로 물체적 사물의 인식을 얻는데, 비물체적 사물의 인식은 지성 자체로 얻는다. 그리고 지성 자체도 비물체적이므로 지성 자체로 인식한다": *De Trinitate* 9.3.3.

[217] 이 "내적 감각"(*De libero arbitrio* 2.3.8 - 5.12)은 존재와 인식과 사랑에 대한 확신이므로 오류가 불가능하다.

27.2. 모든 존재는 어느 모로든 인식을 한다

인간 본성이 인식하기를 얼마나 좋아하는지, 그리고 속는 것을 얼마나 싫어하는지 다음 사실에서 깨달을 수 있다. 즉, 누구든지 정신착란으로 마냥 즐거워하기보다는 비록 애통해더라도 온전한 정신으로 지내는 편이 더 낫다고 여긴다는 점이다. 인식이라는 이 엄청나고 놀라운 능력은 인간 이외에 사멸할 생명체들에게는 전혀 없는 것이다. 물리적 빛을 보는 데 있어 어떤 동물들에게는 우리보다도 훨씬 예리한 시각이 있다. 그 대신 그 동물들도 비물체적 빛에는 도달하지 못한다. 그 빛에 의해 우리 지성이 빛을 받고, 모든 사물들에 대해 판단을 내릴 수 있다. 그 빛을 받아들이는 능력이 크면 클수록 판단을 내리는 능력도 커진다.[212] 그런데 비이성적 생명체들의 감각에는 전혀 지식이라고 할 만한 것은 아니지만 지식과 유사한 무엇이 있긴 하다. 그밖의 다른 물체적 사물들도 감각적 사물이라 불리는데, 그것은 스스로 감각하기 때문이 아니고 다른 생명체들에 의해 감지되기 때문이다.[213] 초목들의 경우도 그들의 양육과 생식은 감각과 유사하다. 그러나 초목들과 모든 물체적 사물들은 그 자연본성에 숨은 원인을 갖고 있어서 자기의 형상을 감각하는 존재들의 감각에 제공하여 그것들에게 지각되고자 노력한다. 사실 물체들도 제각기 형상을 갖추고 그 형상 덕분에 이 가시적 세계의 구조가 아름다워지는 것이다. 그래서 비록 인식하지는 못하지만 인식되기를 바라는 것처럼 보인다.[214] 우리는 그것들을 신체의 감각으로 포착하되 포착한 내용에 대해서는 신체의 감각으로 판단하지 않는다. 우리는 이 감각보다 훨씬 훌륭한 내적 인간의 감각[215]을 갖추고 있으며 그 감각으로 의로운 것과 불의한 것을 감지한다. 다만 의로운 것은 가지적 형상을 통해 감지하고 불의한 것은 그 형상의 결핍을 통해 감지한다.[216] 그 감각의 임무를 맡은 것은 눈동자의 정곡正鵠도 아니고 귀의 열공裂空도 아니고 코의 기통氣通도 아니고 미각의 식도食道도 아니고 그 어떤 물체적 촉각도 아니다. 그 감각에 힘입어서 나는 내가 존재한다는 것과 그것을 인식한다는 것을 확실하게 안다. 또 이 두 가지 확신을 내가 사랑하고 내가 그것을 사랑한다는 사실을 똑같이 확신한다.[217]

28. Sed de duobus illis, essentia scilicet et notitia, quantum amentur in nobis, et quem ad modum etiam in ceteris rebus, quae infra sunt, eorum reperiatur, etsi differens, quaedam tamen similitudo, quantum suscepti huius operis ratio uisa est postulare, satis diximus; de amore autem, quo amantur, utrum et ipse amor ametur, non dictum est. Amatur autem; et hinc probamus, quod in hominibus, qui rectius amantur, ipse magis amatur. Neque enim uir bonus merito dicitur qui scit quod bonum est, sed qui diligit. Cur ergo et in nobis ipsis non et ipsum amorem nos amare sentimus, quo amamus quidquid boni amamus? Est enim et amor, quo amatur et quod amandum non est, et istum amorem odit in se, qui illum diligit, quo id amatur quod amandum est. Possunt enim ambo esse in uno homine, et hoc bonum est homini, ut illo proficiente quo bene uiuimus iste deficiat quo male uiuimus, donec ad perfectum sanetur et in bonum commutetur omne quod uiuimus. Si enim pecora essemus, carnalem uitam et quod secundum sensum eius est amaremus idque esset sufficiens bonum nostrum et secundum hoc, cum esset nobis bene, nihil aliud quaereremus. Item si arbores essemus, nihil quidem sentiente motu amare possemus, uerum tamen id quasi adpetere uideremur, quo feracius essemus uberiusque fructuosae. Si essemus lapides aut fluctus aut uentus aut flamma uel quid huius modi, sine ullo quidem sensu atque uita, non tamen nobis deesset quasi quidam nostrorum locorum atque ordinis adpetitus. Nam uelut amores corporum momenta sunt ponderum, siue deorsum grauitate siue sursum leuitate nitantur. Ita enim corpus pondere, sicut animus amore fertur, quocumque fertur. Quoniam igitur homines sumus ad nostri creatoris imaginem creati, cuius est

---

[218] utrum et ipse amor ametur: 그리스적 사유(nemo gnoscens peccat: "아무도 알면서 잘못하지는 않는다")의 주지주의(主知主義)에 대해 주의주의를 유도하는 질문이다: caritas novit veritatem ("사랑이 진리를 인식한다": *Confessiones* 7.10.16). 인간은 "궁극적" 사랑을 얻지 못하는 한 불안(inquietus)하고(*Confessiones* 1.1.3) 도덕적 선악은 사랑이 어느 방향(이하 참조)으로 가느냐에 따라서 정해지고 심지어 두 도성의 소속도 사랑의 성격에 따라 정해진다(본서 5.16 참조).

[219] vir bonus ... bonum qui diligit: 그리스도교 철학에서는 인식이 아니고 사랑이 윤리를 좌우한다. "선하거나 악한 행위를 자아내는 것은 선하거나 악한 사랑 외에 다른 것이 아니다" (nec faciunt bonos vel malos mores nisi boni vel mali amores: *Epistula* 155.4.130).

[220] ita enim corpus pondere, sicut animus amore fertur, quocumque fertur: "사랑에 해당하는, 물체의 중력." 사랑을 실존의 중력으로 보는 이론이다. Cf. *Confessiones* 13.9.10: pondus meum amor meus eo feror, quocumque feror; *Epistulae* 55.10.18; 157.25.

28. 우리가 존재와 인식을 사랑하는 사랑 그 자체도 사랑해야 하는가: 그 사랑으로 우리는 삼위일체의 모상에 더 가까이 접근한다

저 두 가지, 곧 존재와 인식이 우리에게 얼마나 사랑을 받는지, 그래서 인간보다 하등한 다른 사물들에게서도, 비록 다르기는 하지만, 저 두 가지의 유사상이 어떻게 발견되는지에 대해 우리는 충분히 논했다. 물론 이 저서의 명분상 요구된다고 보이는 범위 내에서만 논했다. 그러나 우리는 저 두 가지를 사랑하는 사랑, 사랑 그 자체도 사랑받는지는 아직 말하지 않았다.[218] 여하튼 사랑받는다. 올바로 사랑을 받는 인간들에게는 그 사랑이 더욱 많이 사랑받는다는 사실에서 그 점이 입증된다. 선이 있다는 것을 인식하는 사람이 아니라 선을 사랑하는 사람이 선한 인간이라 불리는 것은 마땅하다.[219] 그러니 사랑 자체를 사랑한다는 느낌이 우리에게 있어서 왜 안 되겠는가? 우리가 무슨 선을 사랑하든 다름아닌 그 사랑으로 사랑하는데. 사랑해서는 안 될 대상을 사랑하는 사랑이 있다. 사랑해야 할 대상을 사랑하는 사랑으로 사랑하는 사람은 자신의 그런 사랑을 미워한다. 동일한 사람에게 두 가지 사랑이 다 존재할 수도 있다. 그리고 선하게 살게 만드는 사랑이 진전하면서 악하게 살게 만드는 사랑이 사라진다면, 이것은 그 사람에게 좋은 일이다. 그리하여 그 사랑이 완전한 사랑으로 치유되어 우리가 살아가는 모든 것이 선으로 변한다면 참으로 좋은 일이다. 우리가 만약 짐승이라면 육체적 삶을 사랑할 것이고 육체의 감각에 따르는 것을 사랑할 것이다. 그것만으로 우리에게는 넉넉한 선일 것이고, 그것이 우리에게 선이 된다는 점에서 더는 다른 것을 추구하지 않을 것이다. 또한 우리가 초목이라면 무엇을 지각하는 운동으로는 아무것도 사랑하지 못할 것이고, 야생적으로 더 풍족하게 결실을 맺는 쪽을 추구하는 것처럼 보이리라. 우리가 만일 돌이나 물살이나 바람이나 불꽃이나 그와 흡사한 무엇이라면 아무 감각이나 생명이 없겠지만 우리 고유의 공간이나 질서를 향하는 어떤 충동만은 없지 않을 것이다. 사랑에 해당하는, 물체가 갖는 무게의 중력이 있어 하중(荷重)에 의해 아래로 향하고 경량(輕量)에 의해 위로 향할 것이다. 정신이 사랑에 의해 움직여지듯 물체는 중력에 의해 어디로든 끌고가는 데로 끌려갈 것이다.[220] 우리는 우리 창조주

uera aeternitas, aeterna ueritas, aeterna et uera caritas, estque ipse aeterna et uera et cara trinitas neque confusa neque separata: in his quidem rebus, quae infra nos sunt, quoniam et ipsa nec aliquo modo essent nec aliqua specie continerentur nec aliquem ordinem uel adpeterent uel tenerent, nisi ab illo facta essent, qui summe est, qui summe sapiens est, qui summe bonus est, tamquam per omnia, quae fecit mirabili stabilitate, currentes quasi quaedam eius alibi magis, alibi minus inpressa uestigia colligamus; in nobis autem ipsis eius imaginem contuentes tamquam minor ille euangelicus filius ad nosmet ipsos reuersi surgamus et ad illum redeamus, a quo peccando recesseramus. Ibi esse nostrum non habebit mortem, ibi nosse nostrum non habebit errorem, ibi amare nostrum non habebit offensionem. Nunc autem tria ista nostra quamuis certa teneamus nec aliis ea credamus testibus, sed nos ipsi praesentia sentiamus atque interiore ueracissimo cernamus aspectu, tamen, quamdiu futura uel utrum numquam defutura et quo si male, quo autem si bene agantur peruentura sint, quoniam per nos ipsos nosse non possumus, alios hinc testes uel quaerimus uel habemus; de quorum fide cur nulla debeat esse dubitatio, non est iste, sed posterior erit diligentius disserendi locus. In hoc autem libro de ciuitate Dei, quae non peregrinatur in huius uitae mortalitate, sed inmortalis semper in caelis est, id est de angelis sanctis Deo cohaerentibus, qui nec fuerunt umquam nec futuri sunt desertores, inter quos et illos, qui aeternam lucem deserentes tenebrae facti sunt, Deum primitus diuisisse iam diximus, illo adiuuante quod coepimus ut possumus explicemus.

---

[221] cuius est vera aeternitas, aeterna veritas, aeterna et vera caritas: 인간 정신의 삼위일체, 곧 존재와 인식과 사랑을 종합한 명문이다(Confessiones 7.10.16.: o aeterna veritas, vera caritas, cara aeternitas).

[222] Cf. Confessiones 7.10.16. 신의 영원(성부), 진리(성자), 사랑(성령)에서 삼위일체를 본다. 신에게는 속성이나 기능과 실체가 구분되지 않는 까닭이다.

[223] aliquo modo, aliqua specie, aliquem ordinem: modus, species, ordo가 교부의 존재론에서 차지하는 초월적 특성은 11.15(각주 122) 참조.

[224] 12.2 참조.

[225] 루가 15,11-32(잃었던 아들 비유. 18절: "일어나 아버지께 돌아가서 말씀드려야지"); Sermo 96.2 참조.

[226] 존재, 인식, 사랑은 인간의 본질이므로 인간이 사랑하지 않을 수 없는 세 가지 대상이며, 그에 대당되어 죽음과 오류와 미움이라는 인간의 수수께끼가 등장한다. 이 수수께끼는 하느님인 영원, 진리, 사랑 아니고는 풀리지 못한다.

[227] 이성만으로 풀리지 않는 인간 문제는 계시에 의한 신앙의 권위에 의존할 필요가 있다는 지론이다. 인간의 근본 물음을 신이 방치할 리 없으리라는 전제에서다. 12권은 이 문제를 다룬다.

[228] 11.13 참조. 천사 이야기는 본권의 나머지를 지나 12권까지 이어진다.

의 모상대로 만들어진 인간이고, 창조주께는 참된 영원과 영원한 진리와 영원하고 참된 사랑이 있다.[221] 창조주 당신은 영원하고 참되고 사랑스런 삼위일체이며 서로 혼동되거나 서로 분리되지 않는다.[222] 우리보다 밑에 있는 사물들이 최고로 존재하고 최고로 지혜롭고 최고로 선한 분에 의해 창조되지 않았다면, 스스로는 어떤 식으로도 존재하지 못했을 것이고 어떤 형상도 내포하지 못했을 것이고 어떤 질서도 추구하거나 보전하지 못했을 것이다.[223] 놀랍도록 확고한 모습으로 하느님이 창조한 만물을 통해 그분의 발자취를 발견하려고 달려나가자.[224] 물론 이 발자취는 어떤 곳은 더 많이, 또 어떤 곳은 더 적게 새겨져 있다. 그리고 우리 자신에게 있는 그분의 모상을 관조할 때에는 복음서에 나오는 작은 아들처럼 우리는 일어나서 우리 자신을 돌이키고 우리가 죄를 지어 떠나온 그분에게로 돌아가기로 하자.[225] 거기서라면 우리의 존재는 죽음이 없을 것이고, 거기서라면 우리의 인식은 오류가 없을 것이며, 거기서라면 우리의 사랑은 좌절이 없을 것이다.[226] 지금의 현세 생명에서는 우리가 이 세 가지를 확실한 것으로 견지하고 있다. 다른 증인을 내세워서 믿는 것이 아니다. 우리 스스로 그것이 현존하고 있음을 감지하고, 더없이 진실한 내면의 시선으로 그것을 식별하고 있기 때문이다. 다만 그것이 얼마나 오랫동안 갈 것인지, 아니면 결코 소멸하지 않을 것인지, 그것을 잘 혹은 잘못 다루는 경우에 어떤 결과가 도래할 것인지는 우리 스스로 알 수 없으므로 그때는 다른 증인을 채택하기로 하고 없으면 찾아보기로 하자. 이런 사안들에 관한 믿음에 있어서는 아무런 의심이 없어야 하는데 그 까닭이 무엇인지는 지금 이 자리가 아니라 후에 다른 기회에 더 철저하게 토론해야 할 것이다.[227] 본서의 바로 이 권에서 다루고 있는 하느님의 도성은 사멸할 인생에서 순례중인 도성이 아니고 하늘에서 항상 불멸하는 도성이다. 달리 말하면, 하느님께 귀의한 거룩한 천사들에 관해서, 한번도 하느님을 등지지 않았지만 앞으로도 결코 등지지 않을 천사들에 관해 다루고 있다. 하느님은 태초에 저 천사들과, 영원한 빛을 저버리고 어둠이 된 천사들을 갈라놓았다고 우리가 말한 바 있다.[228] 기왕 시작했으니 하느님의 보우를 입어, 할 수 있는 데까지 설명해 나가자.

29. Illi quippe angeli sancti non per uerba sonantia Deum discunt, sed per ipsam praesentiam inmutabilis ueritatis, hoc est Verbum eius unigenitum, et ipsum Verbum et Patrem et eorum Spiritum sanctum, eamque esse inseparabilem trinitatem singulasque in ea personas esse substantiam, et tamen omnes non tres deos esse, sed unum Deum, ita nouerunt, ut eis magis ista, quam nos ipsi nobis cogniti simus. Ipsam quoque creaturam melius ibi, hoc est in sapientia Dei, tamquam in arte, qua facta est, quam in ea ipsa sciunt; ac per hoc et se ipsos ibi melius quam in se ipsis, uerum tamen et in se ipsis. Facti sunt enim et aliud sunt quam ille qui fecit. Ibi ergo tamquam in diurna cognitione, in se ipsis autem tamquam in uespertina, sicut iam supra diximus. Multum enim differt, utrum in ea ratione cognoscatur aliquid, secundum quam factum est, an in se ipso; sicut aliter scitur rectitudo linearum seu ueritas figurarum, cum intellecta conspicitur, aliter cum in puluere scribitur; et aliter iustitia in ueritate incommutabili, aliter in anima iusti. Sic deinde cetera, sicut firmamentum inter aquas superiores et inferiores, quod caelum uocatum est; sicut deorsum aquarum congeries terraeque nudatio et herbarum institutio atque lignorum; sicut solis ac lunae stellarumque conditio; sicut ex aquis animalium, uolucrum scilicet atque piscium beluarumque natantium; sicut quorumque in terra gradientium atque repentium et ipsius hominis, qui cunctis in terra rebus excelleret. Omnia haec aliter in Verbo Dei cognoscuntur ab angelis, ubi habent causas rationesque suas, id est secundum quas facta sunt, incom-

---

[229] inseparabilem Trinitatem, singulasque in ea personas esse substantiam, non tres deos, sed unum Deum: 삼위일체 교리의 용어들이 거의 다 나왔다. 앞의 11.24(각주 184-87) 참조.

[230] in sapientia Dei, tamquam in arte: 인간의 감각에 의한 추론적 인식이 아닌 천사의 직관적 인식은, 이하에 설명하는 대로, 신의 지성에 있는 이념(rationes) 혹은 창조의 원인(ars 혹은 causa)을 직관하여 (in ea) 얻는다.

[231] 11.7 참조.

[232] in diurna cognitione ... in vespertina: 인식의 "낮"과 "저녁"은 11.7(각주 54) 참조.

[233] 11.10.2 참조.

29. 거룩한 천사들은 삼위일체를 신성 자체에서 인식하며, 피조물의 원인도 작품을 보고 직관하기보다 창조자가 예술에서 직관하는 방식으로 인식한다

저 거룩한 천사들이 하느님을 인식하는 것은 말소리를 통해서가 아니라 불변하는 진리의 현존 그 자체를 통해서다. 우리가 여기서 얘기하는 진리란 말씀이요, 하느님의 외아들이다. 천사들은 말씀과 아버지와 두 분의 성령을 인식하며, 삼위일체가 불가분함을 알며, 삼위일체 안에서 각각의 위격들이 단일한 실체임을 알며, 따라서 세 신이 아니라 유일한 하느님임을 안다.[229] 천사들은 이 모든 것을, 우리가 우리 자신을 인식하는 것보다, 더 잘 인식한다. 또 천사들은 피조계를 인식하더라도 하느님의 지혜 안에서 더 잘 인식한다. 즉, 피조계 그 자체 안에서보다는 창조가 이루어지는 예술 안에서 그 사물을 더 잘 인식한다. 심지어 천사들 자신을 인식하는 일까지도, 비록 자기 자신 안에 있는 그대로를 인식하기는 하지만, 자기 자신 안에서보다는 창조주의 예술 안에서 더 잘 인식한다.[230] 천사들은 창조되었고 따라서 창조한 분과는 다른 존재들이다. 위에서 말한 대로,[231] 천사들이 창조주의 예술 안에서 자신을 인식한다면 아침같이 밝은 인식으로 인식하며, 자기 자신 안에서 자신을 인식한다면 저녁같이 희미한 인식으로 인식한다.[232] 창조가 이루어진 신적 이념 안에서 무엇을 인식하는 것과 사물 그 자체 안에서 그것을 인식하는 것은 매우 다르다. 그것은 마치 직선과 도형에 관한 진리를 오성으로 관조하는 것과, 그것을 먼지 위에다 그려 보는 것처럼 다르다. 또 의덕義德이라는 것이 불변하는 진리에서 관조될 때와 의인의 영혼에서 관찰될 때가 매우 다른 것과 마찬가지다.[233] 그밖의 것들에 관해서도 마찬가지다. 윗물과 아랫물 사이에 있는 궁창穹蒼(그래서 하늘이라고 부른다)도 그렇고 물이 아래로 한데 모이는 것도 그렇고 헐벗은 땅도 그렇고 풀과 나무의 빚어짐도 그렇다. 해와 달과 별들의 창조도 그렇다. 물에서 나온 동물들, 즉 날짐승과 물고기와 헤엄쳐 다니는 괴물들의 창조도 그렇다. 무엇이든 땅에서 걷는 짐승들과 기는 짐승들, 땅에서 역시 다른 모든 사물보다 탁월한 사람의 창조도 그렇다. 이 모든 것이 하느님의 말씀 안에서 천사들에게 인식되는 것과 그 자체로 인식되는 것은 사뭇 다르다. 하느님의 말씀 안에는 사물들

mutabiliter permanentes, aliter in se ipsis; illa clariore, hac obscuriore cognitione, uelut artis atque operum; quae tamen opera cum ad ipsius Creatoris laudem uenerationemque referuntur, tamquam mane lucescit in mentibus contemplantium.

30. Haec autem propter senarii numeri perfectionem eodem die sexiens repetito sex diebus perfecta narrantur, non quia Deo fuerit necessaria mora temporum, quasi qui non potuerit creare omnia simul, quae deinceps congruis motibus peragerent tempora; sed quia per senarium numerum est operum significata perfectio. Numerus quippe senarius primus completur suis partibus, id est sexta sui parte et tertia et dimidia, quae sunt unum et duo et tria, quae in summam ducta sex fiunt. Partes autem in hac consideratione numerorum illae intellegendae sunt, quae quotae sint dici potest; sicut dimidia, tertia, quarta et deinceps ab aliquo numero denominatae. Neque enim exempli gratia quia in nouenario numero quattuor pars aliqua eius est, ideo dici potest quota eius sit; unum autem potest, nam nona eius est; et tria potest, nam tertia eius est. Coniunctae uero istae duae partes eius, nona scilicet atque tertia, id est unum et tria, longe sunt a tota summa eius, quod est nouem. Itemque in denario quaternarius est aliqua pars eius; sed quota sit dici non potest; unum autem potest; nam decima pars eius est. Habet et quintam, quod sunt duo; habet et dimidiam, quod sunt quinque. Sed hae tres partes eius, decima et quinta et dimidia, id est unum et duo et quinque, simul ductae non complent decem; sunt enim octo. Duodenarii uero numeri partes in summam ductae transeunt eum; habet enim duodecimam, quod est unum; habet sextam, quae sunt duo; habet quartam, quae sunt tria; habet tertiam, quae sunt quattuor; habet et dimidiam, quae sunt sex; unum autem

---

[234] 천사들의 인식이 물질적 사물로부터의 추상(抽象)이 아니고 사물의 본질에 대한 직관(直觀)인데 그것마저 사물 자체를 관찰하기보다도(저녁빛) 신의 이념을 직관하는 데서(아침빛) 얻어지는 지식이다(*De Genesi ad litteram* 4.23.30 - 31.48).

[235] 피타고라스 학파와 신플라톤 학파의 영향으로 아우구스티누스는 수의 상징적 형이상학적 의미(ratio numeri)를 자주 도입한다: *De musica* 5.8.16 - 10.20; *De Genesi ad litteram* 4.2.2-6.

[236] partes(분수: 6의 부분이 되는 숫자), quotae(약수), numerus(정수), denominatae(분자 ↔ denominatores 분모) 등의 용어가 현대수학의 그것과 정확하게 일치하지는 않는다.

의 원인과 이념이 불변하게 항존하고 있고 사물들은 이런 원인과 이념에 따라서 만들어진 것이다. 앞의 경우는 더 밝은 인식으로, 뒤의 경우는 더 어두운 인식으로 인식된다. 그러니까 흡사 예술에 대한 인식과 작품에 대한 인식처럼 다른 것이다. 다만 이 작품들이 창조주의 찬미와 공경으로 연관될 때 그것을 바라보는 자들의 지성에 아침같이 밝아진다.[234]

30. 여섯은 그 분수分數들을 총화로 내포하는 첫째 배수로서 완전수完全數다

6이라는 숫자의 완전함 때문에, 같은 날 여섯 번 반복된 것임에도 불구하고, 성서에서는 창조가 엿새 동안에 이루어진 것처럼 이야기한다. 그렇다고 하느님이 동시에 모든 것을 창조하지 못하여 적절한 운동에 따라서 시간이 흘러가는 것처럼 하느님께 시간의 간격이 필요했다는 말은 아니다. 그보다는 여섯이라는 완전수를 통해 창조 사업의 완전함을 상징한 것이다.[235] 숫자 6은 그 분수들을 총화로 내포하는 첫째 숫자다. 6의 6분의 1, 3분의 1, 그리고 2분의 1, 다시 말해 1과 2와 3을 총합하면 6이 된다. 여기서 말하는 분수들은 해당하는 숫자의 약수約數로 통하는 숫자로 이해해야 한다. 다시 말해 2분의 1, 3분의 1, 4분의 1 등등으로 나아가면서 어떤 정수整數로 지시되는 분자分子여야 한다.[236] 예를 들어서 9라는 수에서 4는 그 수의 일종의 분수이기는 하지만 9의 약수라고 하지는 않는다. 그 대신 1은 약수라고 할 수 있다. 그 수의 9분의 1이기 때문이다. 3도 약수가 된다. 그 수의 3분의 1이기 때문이다. 두 약수의 합을 만드는 경우, 곧 9분의 1과 3분의 1, 다시 말해 1과 3을 합하는 경우 본래의 총화, 즉 9와는 거리가 멀다. 10이라는 수에서 4라는 수는 일종의 분수가 된다. 그러나 약수라고는 할 수 없다. 1은 약수가 된다. 그 수의 10분의 1이기 때문이다. 10은 5분의 1, 즉 2라는 숫자도 거느린다. 2분의 1, 즉 5라는 숫자도 거느린다. 그러나 이 세 약수, 곧 10분의 1, 5분의 1, 2분의 1, 다시 말해 1과 2와 5를 합하는 경우 본래의 총화, 즉 10을 이루지 못하고 8이 된다. 12라는 수의 약수들을 총화로 합하면 그 수를 초과한다. 12분의 1, 즉 1이 있다. 6분의 1, 즉 2가 있다. 4분의 1, 즉 3이 있다. 3분의 1, 즉 4가 있다. 2분의 1, 즉 6이 있

et duo et tria et quattuor et sex non duodecim, sed amplius, id est sedecim, fiunt. Hoc breuiter commemorandum putaui ad commendandam senarii numeri perfectionem, qui primus, ut dixi, partibus suis in summam redactis ipse perficitur; in quo perfecit Deus opera sua. Vnde ratio numeri contemnenda non est, quae in multis sanctarum scripturarum locis quam magni aestimanda sit elucet diligenter intuentibus. Nec frustra in laudibus Dei dictum est: *Omnia in mensura et numero et pondere disposuisti*.

31. In septimo autem die, id est eodem die septiens repetito, qui numerus etiam ipse alia ratione perfectus est, Dei requies commendatur, in qua primum sanctificatio sonat. Ita Deus noluit istum diem in ullis suis operibus sanctificare, sed in requie sua, quae non habet uesperam; neque enim ulla creatura est, ut etiam ipsa aliter in Dei Verbo, aliter in se cognita faciat aliam uelut diurnam, aliam uelut uespertinam notitiam. De septenarii porro numeri perfectione dici quidem plura possunt; sed et liber iste iam prolixus est, et uereor ne occasione comperta scientiolam nostram leuiter magis quam utiliter iactare uelle uideamur. Habenda est itaque ratio moderationis atque grauitatis, ne forte, cum de numero multum loquimur, mensuram et pondus neglegere iudicemur. Hoc itaque satis sit admonere, quod totus inpar primus numerus ternarius est, totus par quaternarius; ex quibus duobus septenarius constat. Ideo pro uniuerso saepe ponitur, sicuti est: *Septiens cadet iustus, et resurget*; id est: quotienscumque ceciderit, non peribit; quod non de iniquitatibus, sed de tribulationibus ad humilitatem perducentibus intellegi uoluit; et: *Septiens in die laudabo te*; quod alibi alio modo dictum

---

[237] Cf. *De musica* 5.8.16; *De Genesi ad litteram* 4.2.2-6; *De Trinitate* 4.4.7-9.

[238] 수의 이념 (ratio numeri, ratio et veritas numeri ("수의 이치와 진리")) : *De libero arbitrio* 2.8.20]은 완전수(完全數)에서 보듯이 고유한 법칙(regulae numerorum)을 내포하고 있어서 신적 지혜의 법칙(regulae sapientiae)을 반영한다. 그러므로 감각적 수와 가지적 수 곧 사물에 깃들어 있는 척도(mensura, modus)를 보고 신에게 있는 "구원(久遠)의 수"(numerus sempiternus: *De libero arbitrio* 2.17.42)를 관조하기에 이르러야 한다.

[239] in mensura et numero et pondere: 지혜 11,20(공동번역: "주님은 모든 것을 잘 재고 헤아리고 달아서 처리하셨다")에 나오는 이 세 개념이 modus, species, ordo 등의 개념과 연관되어 (앞의 각주 223 참조) 사물의 본질 속에 들어 있는 신적 이념의 구현으로 여겨진다.

[240] 창세 2,2-3 참조: "하느님께서는 … 이렛날에는 모든 일에서 손을 떼고 쉬셨다. … 이날을 거룩한 날로 정하시어 복을 주셨다."

[241] quae non habet vesperam: 본서에서 "저녁"은 "끝", "인간적 인식"이라는 우의(寓意)가 있다(11.7 각주 52와 11.29 각주 234 참조).

[242] scientiola: 자기의 지식을 겸양하게 표현하는 수사학적 어법이다.   [243] 잠언 24,16.

[244] 시편 118[119],164. 교회 수도원들이 하루 일곱 번 기도하는 관습은 이 구절에서 유래했다 한다.

다. 그런데 1, 2, 3, 4, 6은 합쳐서 12가 아니고 더 많은 16이 된다.[237] 나는 6이라는 완전수를 설명하다 보니 짤막하게 이런 애기를 언급해야겠다고 생각했다. 위에서 말한 대로, 6이라는 수는 그 분수인 약수들을 총화로 삼아서 완성되는 첫째 숫자다. 그 숫자로 하느님은 당신의 사업을 완수했다. 그러므로 수의 이념을 가볍게 보아서는 안 된다.[238] 주의깊게 살펴보는 사람들은 성서의 많은 장절에 수가 얼마나 중요한지 잘 나타나 있음을 알 수 있다. 그래서 하느님을 찬양하여 다음과 같이 말한 것도 까닭이 없지 않았다. 주님은 "모든 것을 척도와 수와 무게로 처리했다".[239]

31. 충만과 안식이 이루어진 일곱째 날

일곱째 날에, 그러니까 같은 날을 일곱 번 반복하고서(이 숫자 역시 다른 이유로 완전한 숫자다) 하느님의 안식이 언급되고 있다. 그리고 처음으로 성화聖化라는 말이 나온다.[240] 하느님은 당신의 어떤 다른 사업으로 그날을 거룩하게 만들고자 한 것이 아니라 당신의 안식으로 거룩하게 만들고자 했다. 그날은 저녁이 없는 날이다.[241] 그날은 어떤 피조물이 아니다. 따라서 하느님의 말씀 안에서 인식하는 것이 다르고 그 자체에서 인식하는 것이 달라서 하나는 대낮 같은 지식이고 다른 하나는 저녁 같은 지식이거나 한 것도 아니다. 일곱이라는 수의 완전성에 대해서는 많은 말을 할 수 있다. 그런데 이 책권도 어지간히 길어졌고, 마치 기회를 잡았답시고 우리의 어설픈 지식[242]을 유익하게 제시하기보다는 경솔하게 과시하는 것처럼 보일까 두렵다. 혹시라도 수에 관해 많은 이야기를 하다가 척도와 중량을 소홀히 다루었다는 평가를 받지 않도록 겸양과 신중의 명분이 있어야겠다. 이것 하나만 상기하면 충분하다. 첫째 온전한 기수는 3이고 첫째 온전한 우수는 4이며 이 둘을 합하면 7이라는 수가 나온다. 그래서 흔히 그것은 전체를 가리키는 데 사용된다. "착한 사람은 일곱 번 넘어져도 다시 일어난다"[243]는 말이 그런 경우다. 넘어질 때마다 그것으로 아주 망하지는 않는다는 뜻이다. 다만 악한 짓으로 그렇다기보다는 겸손에로 인도하는 시련으로 그렇다는 것이다. 또 "하루에도 일곱 번 당신을 찬양하오니"[244]라는 구절도

est: *Semper laus eius in ore meo*; et multa huius modi in diuinis auctoritatibus reperiuntur, in quibus septenarius numerus, ut dixi, pro cuiusque rei uniuersitate poni solet. Propter hoc eodem saepe numero significatur Spiritus sanctus, de quo Dominus ait: *Docebit uos omnem ueritatem*. Ibi requies Dei, qua requiescitur in Deo. In toto quippe, id est in plena perfectione, requies; in parte autem labor. Ideo laboramus, quamdiu ex parte scimus, sed cum uenerit quod perfectum est, quod ex parte est euacuabitur. Hinc est quod etiam scripturas istas cum labore rimamur. Sancti uero angeli quorum societati et congregationi in hac peregrinatione laboriosissima suspiramus, sicut habent permanendi aeternitatem, ita cognoscendi facilitatem et requiescendi felicitatem. Sine difficultate quippe nos adiuuant, quoniam spiritalibus motibus puris et liberis non laborant.

32. Ne quis autem contendat et dicat non sanctos angelos esse significatos in eo quod scriptum est: *Fiat lux, et facta est lux*, sed quamlibet lucem tunc primum factam esse corpoream aut opinetur aut doceat; angelos autem prius esse factos non tantum ante firmamentum, quod inter aquas et aquas factum appellatum est caelum, sed ante illud de quo dictum est: *In principio fecit Deus caelum et terram*; atque illud, quod dictum est: *In principio*, non ita dictum tamquam primum hoc factum sit, cum ante fecerit angelos, sed quia omnia in sapientia fecit, quod est Verbum eius et ipsum scriptura principium nominauit (sicut ipse in euangelio Iudaeis quaerentibus quis esset respondit se esse principium): non e contrario referam contentionem, maxime quia hoc me delectat plurimum, quod etiam in summo exordio sancti libri Geneseos

---

[245] 시편 33[34],2. "일곱 번"(septiens)과 "늘"(semper)이 병용되었으니 7은 영원을 상징한다.

[246] 요한 16,13. 숫자 7이 성령을 상징한다는 이론은 *Sermo* 8.13 참조.

[247] 하느님의 안식은 인간이 하느님 안에서 누리는 안식이고, 따라서 하느님 안에 안식하기까지는 인간 실존이 부단히 "염려"와 "불안"에 허덕인다(*Confessiones* 1.1.1; 13.35.50 - 37.52).

[248] 1고린 13,9-10 참조: "… 온전한 것이 오면 부분에 지나지 않던 것들은 사라지고 맙니다."

[249] permanendi aeternitatem, cognoscendi facilitatem et requiescendi felicitatem: 존재와 인식과 사랑이 인간의 본질적 존재이므로 그것이 완결되는 상황을 가리킨다(앞의 각주 189 참조).

[250] 인간에 대한 천사들의 도움(10.26 참조)은 주님의 명으로 이루어지며 그들과 인간들에게 공통된 나라로 인간들을 이끌어가는 데 있다(*Enarrationes in Psalmos* 62.6).

[251] Cf. Origenes, *De principiis* praef.10: "천사들이 언제 만들어졌고, 그들이 어떤 존재로 어떻게 존재하는지는 제대로 분명하게 지적되어 있지 않다."

[252] se esse principium: 불가타본 요한 8,25에 의하면 tu quis es?("당신은 누구요?") principium, qui et loquor vobis("나는 태초요. 그리고 당신들에게 말을 건네고 있는 사람이오")라고 되어 있다. 200주년: "처음부터 내가 당신들에게 말하고 있는 그대로입니다."

있다. 다른 데서는 약간 달리 표현하여 "내 입에 늘 그분께 대한 찬양이 있으리라"²⁴⁵고 한다. 이밖에도 일곱이라는 숫자가 사물의 전체성을 대신하는 구절이 신적 권위를 띤 성서에서 많이 발견된다. 이런 이유로 그 숫자는 종종 성령을 상징하기도 하여 주님이 그분을 두고 "그분이 오시면 그대들을 모든 진리 안에 인도하실 것입니다"²⁴⁶라고 했다. 일곱째 날에 하느님의 안식이 왔으니 그 날 하느님 안에 안식이 이루어졌다.²⁴⁷ 말하자면 전체 속에, 다시 말해 충만한 완전 속에 안식이 있는 것이다. 부분 속에는 수고가 있을 따름이다. 따라서 우리가 단편적으로만 알고 있는 동안은 수고가 있으며, 완전한 것이 오면 단편적인 것은 물러가는 법이다.²⁴⁸ 바로 그래서 우리는 고생하며 성서를 연구하는 것이다. 우리는 이 나그네 여정에서 거룩한 천사들과 친하게 사귀기를 바라는데, 천사들은 영원한 항존성과 용이한 인식과 행복한 안식을 간직하고 있다.²⁴⁹ 따라서 천사들이 우리를 도와주는 데는 어려움이 없다.²⁵⁰ 그들은 영적이고 순수하고 자유로운 운동을 하므로 수고하지 않기 때문이다.

32. 천사가 세계보다 먼저 창조되었다고 주장하는 사람들의 견해

"'빛이 생겨라!' 하시자 빛이 생겨났다"고 한 기록에서, 이것이 거룩한 천사들을 가리킨 것이 아니라고 주장하는 사람들이 있을지 모르겠다. 그것은 그냥 그때 처음으로 생긴 보통 빛이고 물체적인 것이라고 주장하거나 그렇게 가르치는 사람이 있을지도 모르겠다.²⁵¹ 그런 사람들은 천사들이 물과 물 사이에 생겨나 "하늘"이라고 일컬어진 창궁보다 먼저 만들어졌을 뿐 아니라, "태초에 하느님께서 하늘과 땅을 만드셨다"고 한 그 사건보다도 먼저 만들어졌다는 말을 할지도 모른다. 그러므로 "태초에"라는 말이, 전에 천사들을 벌써 만들었으니까, 처음으로 하늘이 만들어진 그 시점을 가리키는 말이 아니라는 것이다. 여기서 "태초에"는 처음에 하느님이 당신의 말씀인 지혜 안에 만물을 창조했다는 사실을 가리키고, 바로 그것이 성서가 말하는 태초라는 것이다. (복음서에서도 당신이 누구냐고 묻는 유다인들에게 그분은 당신이 태초라고 대답한 바 있다.)²⁵² 이 주장에 내가 굳이 반론을 펴지는 않겠다. 나를 몹시 기쁘게

trinitas commendatur. Cum enim ita dicitur: *In principio fecit Deus caelum et terram*, ut Pater fecisse intellegatur in Filio, sicut adtestatur Psalmus, ubi legitur: *Quam magnificata sunt opera tua Domine! Omnia in sapientia fecisti*: conuenientissime paulo post commemoratur etiam Spiritus sanctus. Cum enim dictum esset, qualem terram Deus primitus fecerit, uel quam molem materiamue futurae constructionis mundi caeli et terrae nomine nuncupauerit subiciendo et addendo: *Terra autem erat inuisibilis et incomposita et tenebrae erant super abyssum*: mox ut trinitatis commemoratio compleretur: *Et spiritus*, inquit, *Dei superferebatur super aquam*. Proinde ut uolet quisque accipiat, quod ita profundum est, ut ad exercitationem legentium a fidei regula non abhorrentes plures possit generare sententias, dum tamen angelos sanctos in sublimibus sedibus non quidem Deo coaeternos, sed tamen de sua sempiterna et uera felicitate securos et certos esse nemo ambigat. Ad quorum societatem pertinere paruulos suos Dominus docens non solum illud ait: *Erunt aequales angelis Dei*; uerum ipsi quoque angeli qua contemplatione fruantur ostendit, ubi ait: *Videte, ne contemnatis unum ex pusillis istis; dico enim uobis, quia angeli eorum in caelis semper uident faciem Patris mei, qui in caelis est.*

33. Peccasse autem quosdam angelos et in huius mundi ima detrusos, qui eis uelut carcer est, usque ad futuram in die iudicii ultimam damnationem apostolus Petrus apertissime ostendit dicens, quod Deus angelis peccantibus non pepercerit, sed carceribus caliginis inferi retrudens tradiderit in iudicio puniendos reseruari. Inter hos ergo et illos Deum uel prae-

---

[253] 그리스도가 "태초"라고 자칭했다면, "태초에(in principio) 하느님께서 하늘과 땅을 만드셨다"는 말은 "성자 안에서"(in Filio) 하느님이 창조를 행했다는 의미가 된다.

[254] 시편 103,24. 〔새번역 104,24: "주님, 당신의 업적들이 얼마나 많사옵니까! 그 모든 것을 당신 슬기로 이루시어, 세상이 당신의 조물들로 가득하나이다."〕

[255] 창세 1,2. 〔공동번역: "땅은 아직 모양을 갖추지 않고 아무것도 생기지 않았는데 어둠이 깊은 물 위에 뒤덮여 있었고 그 물 위에 하느님의 기운이 휘돌고 있었다."〕 "태초에(in principio = in Filio), 하느님(Deus Pater)이 … 하느님의 영(Spiritus Dei)이 …" 이렇게 문장을 이으면 삼위일체가 모두 언급되었다는 풀이가 가능하다. Cf. *De Genesi ad litteram* 1.6.12.

[256] 성서가 다양한 의미(자구적·우의적·영성적·도덕적 의미)로 해석될 수 있고 따라서 학자마다 저자의 자구적 의미에서 크게 벗어나지 않는 한 달리 이해할 여지가 있음은 교부가 일찍부터 인정하고 있다. Cf. *De doctrina Christiana* 3.25.36 - 29.41; *Confessiones* 12.18.27, 20.29; *De Trinitate* 1.3.5; 본서 11.19, 33-34.

[257] 마태 22,30.   [258] 마태 18,10.

[259] 2베드 2,4 참조: "사실 하느님은 범죄한 천사들을 아끼지 않고 지옥의 어두운 구렁에 던져 가둔 채 심판에 넘기셨습니다."

하는 것은 창세기의 첫머리에서도 삼위일체가 언급되고 있다는 점이다. "태초에 하느님께서 하늘과 땅을 만드셨다"는 말은 아버지가 아들 안에서 창조를 행한 것으로 이해해야 한다.[253] "주님, 손수 만드신 것이 얼마나 위대합니까! 모든 것을 지혜 안에서 만드셨나이다"[254]라는 시편의 증언 그대로다. 그리고 매우 적절히 조금 뒤에 성령도 언명된다. 하느님이 태초에 도대체 어떤 땅을 만들었는지, 장차 세계를 축조할 때 하늘과 땅이라는 이름으로 어떤 덩어리나 질료質料를 명명하려고 한 것인지를 따진다면 다음 구절을 강조하여 첨가할 수 있다: "땅은 아직 불가견하고 모양을 갖추지 않고 있었는데, 어둠이 깊은 심연 위에 뒤덮여 있었다." 곧 이어서 삼위일체를 보충하려는 뜻에서인지 다음과 같이 언급하고 있다: "그 위에 하느님의 영이 휘돌고 있었다."[255] 참으로 심원한 내용을 담은 대목이므로 각자가 마음 내키면 받아들이도록 할 것이며, 읽는 사람들의 지적 훈련에 따라서, 신앙의 규범에 상충하지 않는 범위에서 많은 의견들을 내놓을 수 있겠다.[256] 다만 거룩한 천사들이 비록 지고한 위치에 자리잡고 있었다 할지라도 하느님과 함께 영원하지는 못했다는 점과, 그래도 자신들의 영구하고 참된 행복에 대해서는 안심하고 확신했으리라는 점은 누구도 의심하지 말았으면 한다. 주님은 어린이들이 천사들의 친교에 참여하리라는 가르침을 내렸다. 그리고 어린이들은 "하늘에 있는 천사들과 같습니다"[257]라는 말씀에 그치지 않고, 천사들이 무슨 관상을 누리고 있는지도 보여주면서 이렇게 말씀했다: "이 작은 이들 가운데 하나라도 업신여기지 않도록 주의하시오. 나는 말하거니와, 하늘에서 그들의 천사들이 하늘에 계신 내 아버지의 얼굴을 항상 보고 있습니다."[258]

33. 빛과 어둠이라고 불러도 무방한, 상이하고 분리된 천사들의 두 사회

일부 천사들이 죄를 지었고 이 세계의 가장 깊은 곳에 감옥처럼 갇혀 있으며, 심판의 날에 마지막 단죄를 받게 되리라는 사실은 사도 베드로가 아주 분명하게 보여주었다. 하느님은 죄를 지은 천사들을 아끼지 않고 지옥의 감옥에 가두어 둔 채 심판에 넘겨 벌을 받게 하리라고 말했기 때문이다.[259] 그러니 죄

scientia uel opere diuisisse quis dubitet? Illosque lucem merito appellari quis contradicat? Quando quidem nos adhuc in fide uiuentes et eorum aequalitatem adhuc sperantes, utique nondum tenentes iam lux dicti ab apostolo sumus: *Fuistis enim*, inquit, *aliquando tenebrae, nunc autem lux in Domino*. Istos uero desertores tenebras aptissime nuncupari profecto aduertunt, qui peiores esse hominibus infidelibus siue intellegunt siue credunt. Quapropter, etsi alia lux in isto huius libri loco intellegenda est, ubi legimus: *Dixit Deus: Fiat lux, et facta est lux*, et aliae tenebrae significatae sunt in eo quod scriptum est: *Diuisit Deus inter lucem et tenebras*: nos tamen has duas angelicas societates, unam fruentem Deo, alteram tumentem typho; unam cui dicitur: *Adorate eum omnes angeli eius*, aliam cuius princeps dicit: *Haec omnia tibi dabo, si prostratus adoraueris me*; unam Dei sancto amore flagrantem, alteram propriae celsitudinis inmundo amore fumantem; et quoniam, sicut scriptum est, *Deus superbis resistit, humilibus autem dat gratiam*, illam in caelis caelorum habitantem, istam inde deiectam in hoc infimo aerio caelo tumultuantem; illam luminosa pietate tranquillam, istam tenebrosis cupiditatibus turbulentam; illam Dei nutu clementer subuenientem, iuste ulciscentem, istam suo fastu subdendi et nocendi libidine exaestuantem; illam, ut quantum uult consulat, Dei bonitati ministram, istam, ne quantum uult noceat, Dei potestate frenatam; illam huic inludentem, ut nolens prosit persecutionibus suis, hanc illi inuidentem, cum peregrinos colligit suos, — nos ergo has duas societates angelicas inter se dispares atque contrarias, unam et natura bonam et uoluntate rectam, aliam uero natura bonam, sed uoluntate peruersam, aliis

---

[260] 에페 5,8.

[261] fruentem Deo ... tumentem typho: cf. *Confessiones* 3.3.6; 7.9.13.

[262] 시편 96,7. 〔새번역 97,7: "모든 신들이 그분께 경배하는도다."〕

[263] 마태 4,9.

[264] Dei sancto amore flagrantem, propriae celsitudinis immundo amore fumantem: 14.28에서 논하는 두 도성과 그 도성들에 속하는 인간들의 두 사랑(duo amores)을 연상시킨다.

[265] 야고 4,6.

[266] natura bonam, sed voluntate perversam: 앞에도 누차 나왔지만 악마들은 신의 선한 피조물들이요 자기 의지로 타락했을 따름이다.

를 지은 천사들과 거룩한 천사들을 갈라놓은 것은 하느님이 당신의 예지나 행동으로 했으리라는 것을 누가 의심하겠는가? 그리고 저 거룩한 천사들을 당연히 빛이라고 부른다고 해도 누가 반대하겠는가? 우리는 아직 신앙으로 살아가며 천사들과 같아지리라는 희망을 품고 있을 따름이며, 아직은 도달하지 못했는데도 사도는 우리를 빛이라고 불렀다. 사도는 "한때 여러분은 어둠이었으나 지금은 주님 안에 있는 빛입니다"[260]라고 했다. 반역한 천사들이 불신하는 인간들보다 더 나쁘다고 생각하거나 그렇게 믿는 사람들은 그 천사들이 어둠이라고 불리는 것이 당연하다고 느낀다. 그러므로 "하느님께서 '빛이 생겨라!' 하시자 빛이 생겨났다"는 구절에 나오는 빛을 다른 빛으로 이해하고, "하느님께서는 빛과 어둠을 나누시고"라는 구절에 나오는 어둠도 다른 어둠이라고 치자. 그렇더라도 우리는 그들에 대해 이렇게 생각하겠다: 천사들의 두 집단이 있어, 하나는 하느님을 향유하고 있고 다른 하나는 교만에 차 있다.[261] 하나는 "주님의 모든 천사들아, 주님을 찬미하라!"[262]는 말을 듣고, 다른 하나는 그 두목이 "내게 엎드려 절하면 이 모든 것을 주겠소"[263]라고 한다. 하나는 하느님에 대한 거룩한 사랑으로 불타오르고, 다른 하나는 자신의 드높은 지위에 대한 치사스런 사랑으로 연기를 뿜고 있다.[264] "하느님은 교만한 자들을 물리치고 겸손한 자들에게 은총을 베푸신다"[265]는 말씀이 기록되어 있는 까닭이다. 전자는 하늘 중의 하늘에 거처하고 후자는 가장 낮은 공중에 내침을 당해서 날뛴다. 전자는 빛나는 경건으로 평온하고 후자는 어두운 욕망으로 소란스럽다. 전자는 하느님의 끄덕임을 받아 관대하게 사람을 돕고 악인에게는 정의롭게 보복하지만 후자는 오만불손한 태도로 지배하고 해치려는 욕정에 들끓고 있다. 전자는 하느님의 선함에 봉사하여 인간들을 보우하고, 후자는 하느님의 권능에 제어당하여 인간들을 해치지 못한다. 전자는 후자가 가하는 박해로 인해 본의 아닌 선을 끼치는 모습을 보고 후자에게 웃음을 보낸다면, 후자는 전자가 자기 순례자들을 거두어들이는 모습을 보고 전자에게 질투를 느낀다. 이 천사들의 두 집단, 서로 다르고 서로 상반되는 두 집단, 하나는 본성이 선하고 의지가 바르며, 다른 하나는 본성은 선한데 의지가 비뚤어진[266] 두 집단이 있음이 성서의 확실한 증언

manifestioribus diuinarum scripturarum testimoniis declaratas quod etiam in hoc libro, cui nomen est Genesis, lucis tenebrarumque uocabulis significatas existimauimus, etiamsi aliud hoc loco sensit forte qui scripsit, non est inutiliter obscuritas huius pertractata sententiae, quia, etsi uoluntatem auctoris libri huius indagare nequiuimus, a regula tamen fidei, quae per alias eiusdem auctoritatis sacras litteras satis fidelibus nota est, non abhorruimus. Etsi enim corporalia hic commemorata sunt opera Dei, habent procul dubio nonnullam similitudinem spiritalium, secundum quam dicit apostolus: *Omnes enim uos filii lucis estis et filii diei, non sumus noctis neque tenebrarum.* Si autem hoc sensit etiam ille qui scripsit, ad perfectiorem disputationis finem nostra peruenit intentio, ut homo Dei tam eximiae diuinaeque sapientiae, immo per eum Spiritus Dei in commemorandis operibus Dei, quae omnia sexto die dicit esse perfecta, nullo modo angelos praetermisisse credatur, siue *in principio*, quia primo fecit, siue, quod conuenientius intellegitur, *in principio*, quia in Verbo unigenito fecit, scriptum sit: *In principio fecit deus caelum et terram*; quibus nominibus uniuersalis est significata creatura, uel spiritalis et corporalis, quod est credibilius, uel magnae duae mundi partes, quibus omnia quae creata sunt continentur, ut primitus eam totam proponeret ac deinde partes eius secundum mysticum dierum numerum exsequeretur.

34. Quamquam nonnulli putauerint aquarum nomine significatos quodam modo populos angelorum et hoc esse quod dictum est: *Fiat firma-*

---

[267] 아우구스티누스에게 성서 주석과 교리상의 토론은 "신앙의 규범"(regula fidei) 안에서 이루어져야 한다는 원칙이 있다(15.7.1 참조).

[268] 앞의 각주 256 참조. Cf. *De Genesi ad litteram* 11.15.20; *Enarrationes in Psalmos* 64.2.

[269] 1데살 5,5.

[270] "하늘과 땅"을 얼마나 다의적으로 풀이할 수 있는지 장황하게 제시하는 글도 있다: *Confessiones* 13.14.17 - 29.40.

[271] 혹자는 이것이 Origenes의 주장이라고 공격한 바 있다(Epiphanius, *Epistula* 51.5: dicente Origene de aquis quae super firmamentum sunt, non esse aquas sed fortitudines quasdam angelicae potestatis).

[272] 창세 1,6. 〔공동번역: "물 한가운데 창공이 생겨 물과 물 사이가 갈라져라!"〕

에 의해 확실하게 밝혀졌을 뿐 아니라, 창세기라는 이름이 붙은 이 책에서는 빛과 어둠이라는 단어로 그 두 집단이 지적되었다는 사실을 지금까지 고찰했다. 정작 그 대목을 기록한 사람은 그 대목에 다른 의미를 두었을지 모르지만, 이런 사상을 두고 모호한 점을 면밀하게 토론하는 것도 무익하지만은 않았다. 왜냐하면 설령 이 성서를 지은 저자의 본래 의도를 찾아내지 못했다 하더라도, 신앙의 규범[267]에서 벗어나지 않는 한, 우리가 그르칠 염려는 없었다.[268] 비록 이곳에 언급된 것들이 하느님의 물체적 작품들이기는 하지만 그것들도 영적 사물들에 대한 유사상類似像을 지니고 있음은 의심의 여지가 없다. 그래서 사도는 이런 말을 하고 있다: "무릇 여러분은 모두 빛의 자녀이며 대낮의 자녀입니다. 우리는 밤이나 어둠에 속하지 않습니다."[269] 성서의 저 대목을 기록한 저자가 만일 우리와 같은 생각을 했다면 우리의 의도는 더 완전한 결론에 도달한 것으로 볼 수 있다. 다시 말해, 저토록 출중하고 신적 지혜를 받은 하느님의 사람이 천사들을 간과했으리라고는 생각할 수 없다. 더구나 그 사람을 통해 하느님의 영이 하느님의 작품들(그 모두가 엿샛날에 완성되었다)을 언급하는 마당에. 그러니까 "태초에"라는 말이 처음에 천사들을 만들었다는 뜻이든, 혹은 더 적절하게 이해해서 "태초에"라는 말이 외아들인 말씀 안에서 만들었다는 뜻이든 "태초에 하느님께서 하늘과 땅을 만드셨다"라고 기록했기 때문이다. 하늘과 땅이라는 이름으로 영적이든 물체적이든 피조계 전체를 의미했다. 좀더 신빙성있는 말을 하자면, 하늘과 땅이 세계의 큰 두 부분이라고, 창조된 모든 것이 그 안에 내포된다고 하는 편이 낫다. 그래서 성서의 저자는 처음에 그 전체를 설정해 놓고서 그다음에 나날의 신비로운 숫자에 따라서 그 부분들을 집행하는 것처럼 기록한 것이다.[270]

34. 창공을 창조할 때, 위아래로 갈라진 물의 명칭으로 두 사회의 천사들을 가리킨다는 견해와 그 물은 창조된 것이 아니라는 견해

어떤 사람들은 물이라는 단어가 천사들의 무리를 의미한다고 생각할지도 모른다.[271] 그래서 "물과 물 사이에 창공이 생겨라!"[272]는 말이 나왔다는 것이다.

mentum inter aquam et aquam, ut supra firmamentum angeli intellegantur, infra uero uel aquae istae uisibiles uel malorum angelorum multitudo uel omnium hominum gentes. Quod si ita est, non illic apparet ubi facti sint angeli, sed ubi discreti; quamuis et aquas, quod peruersissimae atque impiae uanitatis est, negent quidam factas a Deo, quoniam nusquam scriptum est: Dixit Deus: Fiant aquae. Quod possunt simili uanitate etiam de terra dicere; nusquam enim legitur: Dixit Deus: Fiat terra. Sed, inquiunt, scriptum est: *In principio fecit Deus caelum et terram*. Illic ergo et aqua intellegenda est; uno enim nomine utrumque conprehensum est. Nam *ipsius est mare*, sicut in Psalmo legitur, *et ipse fecit illud, et aridam terram manus eius finxerunt*. Sed hi, qui in nomine aquarum, quae super caelos sunt, angelos intellegi uolunt, ponderibus elementorum mouentur et ideo non putant aquarum fluuidam grauemque naturam in superioribus mundi locis potuisse constitui; qui secundum rationes suas, si ipsi hominem facere possent, non ei pituitam, quod Graece $\phi\lambda\acute{\epsilon}\gamma\mu\alpha$ dicitur et tamquam in elementis corporis nostri aquarum uicem obtinet, in capite ponerent. Ibi enim sedes est phlegmatis, secundum Dei opus utique aptissime, secundum istorum autem coniecturam tam absurde, ut, si hoc nesciremus et in hoc libro similiter scriptum esset, quod Deus umorem fluuidum et frigidum ac per hoc grauem in superiore omnibus ceteris humani corporis parte posuerit, isti trutinatores elementorum nequaquam crederent, et si auctoritati eiusdem scripturae subditi essent, aliquid aliud ex hoc intellegendum esse censerent. Sed quoniam, si diligenter singula scrutemur atque tractemus, quae in illo diuino libro de constitutione mundi scripta sunt, et multa dicenda et a proposito instituti operis longe digrediendum est, iamque de duabus istis diuersis inter se atque contrariis

---

[273] 아우구스티누스도 한때 두 물을 영적인 무엇으로 생각하다가(*Confessiones* 13.15.18; 13.32.47) 취소한 바 있다(*Retractationes* 2.6.2).

[274] Cf. *De haeresibus* 75.

[275] 시편 94[95],5.

[276] 인간의 신체를 이루는 원소들의 배치에 관해서는 스토아(cf. Cicero, *De natura deorum* 1.14.37; Seneca, *Quaestiones naturales* 2.4.1), 필로(*De aeternitate mundi* 6.29-7.34) 등의 이론을 따르고 있다.

[277] trutinatores elementorum: 원소에 관한 자연학을 내세우는 사람들을 경멸하는 어투다.

창공 위에 있는 물은 천사들이고, 창공 아래 있는 것은 눈에 보이는 물이거나 악한 천사들의 무리거나 모든 인간의 족속이라고 생각하는 것이다.[273] 그렇다면 저 구절에서 드러나는 것은 언제 천사들이 생겼느냐가 아니라 언제 천사들이 갈라졌느냐다: "하느님께서 '물이 생겨라!' 하셨다"는 기록이 없기 때문에 물은 하느님이 창조한 것이 아니라고 부정하는 사람들도 있는데, 참으로 비뚤어지고 불경스럽고 맹랑한 생각이다.[274] 그렇다면 땅에 대해서도 그런 허망한 말을 할 수 있겠다. "하느님께서 '땅이 생겨라!' 하셨다"는 기록도 없기 때문이다. 이런 반박에 대해 그들은 "태초에 하느님께서 하늘과 땅을 만드셨다"고 기록되어 있지 않느냐고 대꾸한다. 그렇다면 저 말씀에서 물도 의미하는 것으로 이해해야 한다. 한 단어로 두 가지를 다 포함하기 때문이다. 시편에도 "바다도 그분 것, 몸소 만드시었네. 마른 땅도 그분 손수 빚으시었네"[275]라는 글이 나온다. 그런데 하늘 위에 있는 물이 천사를 의미한다고 주장하는 사람들은 원소들의 비중比重 때문에 마음이 흔들리는 듯하다. 액체인 물과 중량이 있는 자연본성이 세계의 상위 공간에 놓여있을 수는 없겠기 때문이다. 만일 그들이 자신들의 이념에 따라 인간을 창조할 수 있었다면 그들은 콧물을 머리에 넣어두지는 않았으리라. 콧물을 그리스어로 플레그마라 하는데 우리 몸에 있는 원소들 가운데 물을 대신하는 위치를 차지한다.[276] 하느님의 업적에 따르면 머리가 플레그마의 위치가 된 것은 지극히 합당하다. 그러나 원소들의 무게를 따지는 사람들에게 그것은 매우 불합리한 것으로 보인다. 하느님이 유동적이고 차디차고 무거운 액체를 인간 신체의 다른 어떤 부분보다 상위 부분에 배치했다는 사실이 유사하게나마 이 성서에 적혀 있다. 만약 이것을 우리가 몰랐다면, 원소를 두고 이리저리 달아보는 저 비평가들은[277] 우리의 말을 절대 믿지 않았을 것이다. 그들이 하는 수 없이 성서의 권위에 복종하는 처지에 몰린다면 그들은 이 구절을 전혀 다른 의미로 이해해야 한다고 우겼을 것이다. 세계의 창조에 대해 성서에 기록된 내용을 개별적으로 주의깊게 연구하고 분석한다면 우리는 참으로 많은 얘기를 해야 할 것이다. 그러다 보면 우리가 계획한 저술의 진도에서 멀리 벗어날 수도 있다. 적어도 천사들의 두 집단, 서로 이질적이고 상반되는 두 집단에 대

societatibus angelorum, in quibus sunt quaedam exordia duarum etiam in rebus humanis ciuitatum, de quibus deinceps dicere institui, quantum satis esse uisum est, disputauimus: hunc quoque librum aliquando claudamus.

해서는 충분하다고 여길 만큼 토론했다.[278] 인간사에서도 두 도성의 시원은 그 두 집단에서 유래한다. 나는 지금부터 인간 역사의 두 도성의 시원을 논하기로 작정했다. 그러니 이제 그만 이 책권을 닫기로 하자.

---

[278] 그러나 12권에서도 상당 부분(1-9장)은 천사의 두 집단을 논한다.

AUGUSTINUS
DE CIVITATE DEI
LIBER XII
DEUS BONOS ANGELOS ET SEMEL IN TEMPORE
HOMINEM CREAVIT

아우구스티누스
신 국 론
제12권
천사와 인간 창조

1. Antequam de institutione hominis dicam, ubi duarum ciuitatum, quantum ad rationalium mortalium genus adtinet, apparebit exortus, sicut superiore libro apparuisse in angelis iam uidetur: prius mihi quaedam de ipsis angelis uideo esse dicenda, quibus demonstretur, quantum a nobis potest, quam non inconueniens neque incongrua dicatur esse hominibus angelisque societas, ut non quattuor (duae scilicet angelorum totidemque hominum), sed duae potius ciuitates, hoc est societates, merito esse dicantur, una in bonis, altera in malis non solum angelis, uerum etiam hominibus constitutae.

Angelorum bonorum et malorum inter se contrarios adpetitus non naturis principiisque diuersis, cum Deus omnium substantiarum bonus auctor et conditor utrosque creauerit, sed uoluntatibus et cupiditatibus extitisse dubitare fas non est, dum alii constanter in communi omnibus bono, quod ipse illis Deus est, atque in eius aeternitate ueritate caritate persistunt; alii sua potestate potius delectati, uelut bonum suum sibi ipsi essent, a superiore communi omnium beatifico bono ad propria defluxerunt et habentes elationis fastum pro excelsissima aeternitate, uanitatis astutiam pro certissima ueritate, studia partium pro indiuidua caritate superbi fallaces inuidi effecti sunt. Beatitudinis igitur illorum causa est adhaerere Deo; quocirca istorum miseriae causa ex contrario est intellegenda, quod est non adhaerere Deo. Quam ob rem si, cum quaeritur, quare illi beati sint, recte

---

[1] rationalium mortalium genus: 아우구스티누스는 인간을 "사멸하는 이성적 동물"로 정의하는데 (9.13.3), 여기서는 사멸하는 이성적 존재 인간과 불멸하는 이성적 존재 천사를 나누어 후자를 다룬다.

[2] 11.9-15 참조.

[3] 선과 악, 질서있는 사랑과 무질서한 사랑이 두 도성을 가름하는 기준이다(14.28 참조).

[4] non naturis principiisque diversis: 마니교 등의 선악 이원론(二元論)을 염두에 둔 교부의 명제이며, 논거는 뒤이어 나오는 명제 Deus omnium substantiarum bonus auctor et conditor에 있다.

[5] non naturis ... sed voluntatibus: 선과 악은 "자연본성이 다른 데서가 아니고 자유의지가 다른 데서 유래한다". 선한 하느님이 만든 선한 세계에 도덕적 악의 존재를 해설하는 교부의 요강(要綱)이다.

[6] bonum commune ... bonum suum: 아우구스티누스의 윤리학은 하느님을 만유의 공동선(bonum commune)으로 개념하고, 이 공동선과 사사로운 선(bonum proprium)이 대립하게 될 때 신국과 지상국의 원리가 갈라지는 것으로 본다.

제1부 (1-9)
천사와 사물에서 무엇이 선이고 무엇이 악인가

1. 선한 천사와 악한 천사의 본성은 동일하다
1.1. 천사들과 인간들로 이루어진 사회와 도성이 있다

인간의 창조에서, 이성적이고 사멸하는 자들의 종류[1]에 해당하는 두 도성의 기원이 나타난다. 앞 권에서 천사들에게서 두 도성의 기원이 어떻게 나타났는지 이미 다룬 바 있다.[2] 그런데 나는 인간의 창조를 논하기 전에 천사들에 대해 몇 가지 더 얘기해야 할 것으로 보인다. 그렇게 함으로써 인간들과 천사들 사이에 결사結社가 있다는 사실이 부적절하거나 부당한 것이 아님을 최대한 입증해 볼 것이다. 그래야 (천사들의 도성이 둘, 또 인간들의 도성이 둘) 도성이 네 개가 되지 않고, 두 도성 또는 결사가 존재한다는 말이 합당해진다. 하나는 선한 존재들에게 자리잡은 도성이고 다른 하나는 악한 존재들에게 자리잡은 도성이며, 각기 천사들만이 아니고 인간들로도 구성된 도성이다.[3]

1.2. 이성적 자연본성만 유일하고 참되고 선한 하느님께 합일한다

선한 천사들과 악한 천사들의 욕구가 서로 상반된 것은 자연본성이 다르고 원리가 다른 데서 유래하는 것이 아니다.[4] 그것은 하느님이 모든 실체의 선한 창조주요 조성자이면서 양편을 다 창조했기 때문이다. 오히려 그것은 자유의지와 욕망이 다른 데서 유래한다.[5] 선한 천사들은 모든 이에게 공통된 선(그들에게는 하느님 자신이 곧 공동선이다)에 항구하고 그분의 영원과 진리와 사랑에 항구하다. 반면, 다른 천사들은 자신의 권능을 즐기면서 스스로 자신에게 자기의 선善이 되듯이 행동하여 모든 이들에게 공통되고 지복을 주는 상위의 선으로부터 자기 고유의 선으로 떨어져 내려갔으며, 오만한 허세를 지고한 영원으로, 교활한 허영을 확실한 진리로, 당파성을 개인적 사랑으로 여김으로써, 교만하고 기만적이고 시기심 많은 존재들이 되었다.[6] 전자의 천사들이 행복한 원인은 하느님께 합일함에 있다. 그리고 후자의 천사들이 비참한 원인은 전자와는 반대로 하느님께 합일하지 않는 데 있는 것으로 이해해야 한다. 그러므로 어째서

respondetur: Quia Deo adhaerent; et cum quaeritur, cur isti sint miseri, recte respondetur: Quia non adhaerent Deo: non est creaturae rationalis uel intellectualis bonum, quo beata sit, nisi Deus. Ita quamuis non omnis beata possit esse creatura (neque enim hoc munus adipiscuntur aut capiunt ferae ligna saxa et si quid huius modi est), ea tamen, quae potest, non ex se ipsa potest, quia ex nihilo creata est, sed ex illo, a quo creata est. Hoc enim adepto beata, quo amisso misera est. Ille uero qui non alio, sed se ipso bono beatus est, ideo miser non potest esse, quia non se potest amittere.

Dicimus itaque inmutabile bonum non esse nisi unum uerum beatum Deum; ea uero, quae fecit, bona quidem esse, quod ab illo, uerum tamen mutabilia, quod non de illo, sed de nihilo facta sunt. Quamquam ergo summa non sint, quibus est Deus maius bonum: magna sunt tamen ea mutabilia bona, quae adhaerere possunt, ut beata sint, inmutabili bono, quod usque adeo bonum eorum est, ut sine illo misera esse necesse sit. Nec ideo cetera in hac creaturae uniuersitate meliora sunt, quia misera esse non possunt; neque enim cetera membra corporis nostri ideo dicendum est oculis esse meliora, quia caeca esse non possunt. Sicut autem melior est natura sentiens et cum dolet quam lapis qui dolere nullo modo potest: ita rationalis natura praestantior etiam misera, quam illa quae rationis uel sensus est expers, et ideo in eam non cadit miseria. Quod cum ita sit, huic naturae, quae in tanta excellentia creata est, ut, licet sit ipsa mutabilis, inhaerendo tamen incommutabili bono, id est summo Deo, beatitudinem consequatur nec expleat indigentiam suam nisi utique beata sit eique explendae non sufficiat nisi Deus, profecto non illi adhaerere

---

[7] "창조의 이유"와 "행복의 이유"는 동일하므로 피조물의 참 행복은 피조물 자체 안에 있지 않고 창조주 안에 있다.

[8] ab illo non de illo sed de nihilo: 유한자는 하느님에 의해서(ab) 만들어졌고, 하느님으로부터(de) 출생한 것은 하느님의 아들뿐이요 모든 피조물은 무에서(de nihilo) 유래했다. 교부에게 사물의 가변성은 피조물로서의 우유성을 나타내는 가장 두드러진 표지다.

[9] 최고의 자연본성(신)에 참여하고 신을 인식하고 신과 합일할 수 있는 능력(capax summae naturae: De Trinitate 14.4.6)에 인간의 위대함이 있다.

[10] rationalis natura praestantior etiam misera: 인간의 불행이야말로 인간의 위대함을 나타내는 표징이다. 인간이 채우지 못해 불행한 대상은 신이고 신 없이 행복해질 수 없는(indigens Deo) 까닭이다.

선한 천사들이 행복하냐고 묻는다면 하느님께 합일하기 때문이라고 대답하는 것이 옳다. 또 어째서 악한 천사들이 비참하냐고 묻는다면 하느님께 합일하지 않기 때문이라고 대답하는 것이 옳다. 이성적 혹은 오성적 피조물의 선, 그 존재를 행복하게 만드는 선은 하느님이 아니고는 없다. 모든 피조물이 다 지복에 이를 수는 없으며, (맹수나 초목이나 돌멩이 등도 이런 선물을 향유하거나 획득하고 있지는 않다) 지복에 이른다 해도 자기 스스로 거기에 이르는 것이 아니다. 무無에서 창조되었기 때문이다. 오로지 자기를 창조한 분을 통해서만 지복에 이를 수 있다. 그분을 얻으면 행복하고 그분을 잃으면 비참하다. 다만 하느님처럼 타자에 의존하지 않고 오직 자기라는 선善에 의해 행복한 존재는 비참해질 여지가 없다. 자기를 잃을 수는 없기 때문이다.[7]

1.3. 이성적 자연본성의 선은 하느님과 함께 존재한다

그러므로 불변하는 선은 유일하고 참되고 지복한 하느님 외에 다른 것이 아니라는 점을 우리는 말하고자 한다. 그 대신 그분이 만든 것들은 그분에게서 창조되었다는 점에서 선한 존재이고, 그분으로부터 온 것이 아니라 무로부터 생겨났다는 점에서 가변적이다.[8] 하느님이 그것들보다 더 큰 선이므로, 그것들은 비록 최고선은 아니지만 그래도 불변하는 선에 합일할 수 있고 그래서 행복해지니까 그 가변적 선들도 나름대로 커다란 선이다.[9] 불변하는 선이야말로 그것들의 선이라고 하겠으니, 그 선이 없으면 필연적으로 비참해진다는 점에서 그렇다. 이 창조계 전체에서, 비참해질 수 없다는 이유만으로 다른 것들이 이것보다 더 좋다고 말하는 것은 아니다. 우리 몸의 여타 지체들이 눈처럼 머는 일이 없다고 해서 그 지체들이 눈보다 더 좋다고 말해서도 안 된다. 감각하는 자연본성은 비록 통증을 겪더라도 전혀 고통을 당하지 못하는 돌멩이보다 더 훌륭하다. 마찬가지로 이성적 자연본성은 비록 비참하더라도 이성과 감각을 결하여 고통이 아예 닥치지 않는 사물보다 더 탁월하다.[10] 사실이 그렇다면 저토록 탁월함을 갖추어 창조된 이 자연본성은 비록 가변적이기는 하지만 불변하는 선, 곧 지고한 하느님께 합일함으로써 지복을 얻게 되어 있다. 또 지복에 이르렀다는 사실이 아니면 가변적이라는 자신의 부족함을 결코 채우지 못하고, 하

uitium est. Omne autem uitium naturae nocet ac per hoc contra naturam est. Ab illa igitur, quae adhaeret Deo, non natura differt ista, sed uitio; quo tamen etiam uitio ualde magna multumque laudabilis ostenditur ipsa natura. Cuius enim recte uituperatur uitium, procul dubio natura laudatur. Nam recta uitii uituperatio est, quod illo dehonestatur natura laudabilis. Sicut ergo, cum uitium oculorum dicitur caecitas, id ostenditur, quod ad naturam oculorum pertinet uisus; et cum uitium aurium dicitur surditas, ad earum naturam pertinere demonstratur auditus: ita, cum uitium creaturae angelicae dicitur, quo non adhaeret Deo, hinc apertissime declaratur, eius naturae ut Deo adhaereat conuenire. Quam porro magna sit laus adhaerere Deo, ut ei uiuat, inde sapiat, illo gaudeat tantoque bono sine morte sine errore sine molestia perfruatur, quis digne cogitare possit aut eloqui? Quapropter etiam uitio malorum angelorum, quo non adhaerent Deo, quoniam omne uitium naturae nocet, satis manifestatur Deum tam bonam eorum creasse naturam, cui noxium sit non esse cum Deo.

2. Haec dicta sint, ne quisquam, cum de angelis apostaticis loquimur, existimet eos aliam uelut ex alio principio habere potuisse naturam, nec eorum naturae auctorem Deum. Cuius erroris impietate tanto quisque carebit expeditius et facilius, quanto perspicacius intellegere potuerit, quod per angelum Deus dixit, quando Moysen mittebat ad filios Israel: *Ego sum, qui sum*. Cum enim Deus summa essentia sit, hoc est summe sit, et

---

[11] non Deo adhaerere vitium est: 선하게 창조된 자연본성(natura)이 본래의 선함을 상실할 적에 결손(缺損) 혹은 부패(腐敗)라고 부르던 종전의 사상(cf. *De vera religione* 19.37 - 21.41)에서 한 걸음 더 나아가, 존재 본연의 목적(신과의 합일)에 도달하여 자기 완성을 보는데 그렇지 못할 경우에 이 결함인(缺陷因: causa defficiens)도 결손 또는 부패라고 부른다.

[12] 초기부터 교부는 악을 "선의 결핍"(privatio boni)이라고 규정한 고전 사상을 따랐다(*De natura boni* 5.5; *Enchiridion* 4.12).

[13] *ut ei vivat, inde sapiat, illo gaudeat*: 8.4 (ut in illo inveniatur et causa subsistendi et ratio intellegendi et ordo vivendi) 참조.

[14] omne vitium naturae nocet: 신의 속성이 영원, 진리, 사랑이므로 이성적 존재의 본질적 속성도 존재함, 인식함, 사랑함이고 그 존재를 손상시키는 결손 혹은 부패가 죽음, 오류 그리고 사랑하지 못하는 훼방이다.

[15] cui noxium sit non esse cum Deo: 신에게 합일함이 인간의 목적이라면, 하느님을 결하는 것이 인간의 가장 큰 불행이 된다. 결손은 자연본성을 해치면서 동시에 그 자연본성이 얼마나 위대한 것인지 보여주는 반증이기도 하다.

[16] 정령론에서 악한 천사 혹은 악마로 논의가 바뀌면 신에게 창조되지 않은 악의 원리를 설정하는 이원론이 등장할 우려가 있다.

느님이 아니고서는 그 무엇도 그 부족함을 채우기에 충분하지 못하다. 바로 이런 점에서 하느님께 합일하지 않는 것이 곧 부패가 되는 것이다.[11] 일체의 부패는 자연본성을 손상하고 따라서 자연본성에 상반된다. 그러므로 그대로의 자연본성과 하느님께 합일하는 자연본성은 차이가 있다. 자연본성으로 차이가 나는 것이 아니라 부패로 차이가 나는 것이다. 그런데 이 부패에 의해 오히려 자연본성은 대단히 위대하고 매우 칭송받을 가치가 있는 것으로 드러난다. 자연본성의 부패가 비난받고, 그 비난이 옳다면, 자연본성 자체는 칭송받고 있음이 틀림없다. 예를 들어, 맹목이 눈의 결손이라면, 눈의 자연본성은 보는 데 있음이 입증된다. 귀먹음이 귀의 결손이라면 귀의 자연본성은 듣는 데 있음이 증명되는 것이다.[12] 그와 흡사하게 하느님께 합일하지 않는 것이 천사적 피조물의 결손이라면, 하느님께 합일하는 것이야말로 천사의 자연본성에 적절하다는 점이 아주 분명하게 천명되는 것이다. 하느님께 합일하는 것이 얼마나 큰 영광인지를 과연 누가 제대로 헤아리고 누가 제대로 이야기할 수 있을까? 그분으로 살고 그분으로 인식하고 그분으로 즐거워하며,[13] 죽음 없이, 그르침 없이, 훼방 없이 이처럼 큰 선을 향유하다니 얼마나 큰 영광인가? 하느님께 합일하지 않는 악한 천사들의 부패를 보더라도, 하느님이 그들의 자연본성을 얼마나 선하게 창조했는지 매우 잘 드러난다고 하겠다. 모든 부패는 자연본성을 해치는 까닭이다.[14] 하느님과 더불어 존재하지 않는 바로 그것이 본성에 해로운 것이다.[15]

2. 하느님께 반대되는 자연본성은 존재하지 않으니, 최고로 항상 존재하는 분에게 전적으로 다르게 보이는 것은 존재하는 것이 아니기 때문이다

이런 말을 하는 이유는, 누가 반역한 천사들에 대해 이야기할 때 그들이 다른 본성을 지녔다거나 다른 원리로부터 유래한 것처럼 생각하지 않게 하려는 것이다. 그들의 본성을 창조한 분이 하느님이 아니라고 생각하지 못하게 하려는 것이다.[16] 하느님이 모세를 이스라엘의 자손들에게 보낼 때 천사를 시켜 한 말씀을 더 완벽하게 이해할 수 있다면, 그런 사람은 이따위 불손한 오류에서 훨씬 자유롭고 훨씬 쉽게 빠져나갈 수 있을 것이다: "나는 존재하는 자로다."

ideo inmutabilis sit: rebus, quas ex nihilo creauit, esse dedit, sed non summe esse, sicut est ipse; et aliis dedit esse amplius, aliis minus, atque ita naturas essentiarum gradibus ordinauit (sicut enim ab eo, quod est sapere, uocatur sapientia, sic ab eo, quod est esse, uocatur essentia, nouo quidem nomine, quo usi ueteres non sunt Latini sermonis auctores, sed iam nostris temporibus usitato, ne deesset etiam linguae nostrae, quod Graeci appellant οὐσίαν; hoc enim uerbum a uerbo expressum est, ut diceretur essentia); ac per hoc ei naturae, quae summe est, qua faciente sunt quaecumque sunt, contraria natura non est, nisi quae non est. Ei quippe, quod est, non esse contrarium est. Et propterea Deo, id est summae essentiae et auctori omnium qualiumcumque essentiarum, essentia nulla contraria est.

3. Dicuntur autem in scripturis inimici Dei, qui non natura, sed uitiis aduersantur eius imperio, nihil ei ualentes nocere, sed sibi. Inimici enim sunt resistendi uoluntate, non potestate laedendi. Deus namque inmutabilis est et omni modo incorruptibilis. Idcirco uitium, quo resistunt Deo qui eius appellantur inimici, non est Deo, sed ipsis malum, neque hoc ob

---

[17] 출애 3,14: Ego sum qui sum. 소위 "출애굽기 형이상학"(E. Gilson)의 단초가 되는 구절로 이 번역을 근거로 그리스도교 철학에 하느님이 최고 존재자(Deus summa essentia, summe esse)로 정의되는 존재론이 발생한다.

[18] esse dedit: 창조론은 피조물에 대한 "존재의 부여"로 설명하며 일체의 유출설(流出說)은 사물에 이미 갖춰진 존재에 "본질"(형상)을 부여하는 것으로 이해한다(*De immortalitate animae* 1.18: quae quoquo modo sunt, ab ea essentia sunt, quae summe maximeque est; *De moribus ecclesiae catholicae* 2.11: deus vero auctor essentiae est).

[19] essentia는 οὐσία(εἰμί 동사 현재분사의 명사화)를 번역한 신조어로서 "있는 것"(Seneca, *Epistula* 58.6-7: essentiam ... quomodo dicetur οὐσία ... τὸ ὄν ... ut dicam "quod est"), 혹은 "있느냐"에 대한 답변(Quintilianus, *Institutiones oratoriae* 3.6.23: οὐσίαν, quam Plautus essentiam vocat ... ea quaeritur an sit)이며 "존재자"를 가리키기도 한다(Apuleius, *De dogmate Platonis* 1.6: οὐσίας quas essentias dicimus ... primae substantiae vel essentiae primum deum esse et mentem formasque rerum et animam).

[20] 동사 sapere(알다)에서 "sapientia"(앎, 지혜)가 오듯이 동사 esse(있다)에서 명사 essentia(있음, 존재)가 온다는 해설이다(*In Ioannis Evangelium tractatus* 99.4: scientia qua scit, essentia qua est).

[21] Deo, id est summae essentiae: "존재"(esse)와 "본질"(essentia)을 구분하는 단계에 들어가지 않은 채 substantia(실체), natura(본서에서 "자연본성"이라 옮기지만 "자연사물")와 겸용하면서(*De moribus ecclesiae catholicae* 2.2.2: ab eo quod est esse, vocamus essentiam, quam plerumque substantiam etiam nominamus ... pro essentia et substantia naturam vocabant) 아풀레이우스의 용법대로(각주 18 참조) "사물" 혹은 "존재자"를 지칭한다(*Epistula* 166.2.4: si corpus est omnis substantia vel essentia). 삼위일체론에서는 "실체"로 한정한다(*De Trinitate* 5.8.10: μίαν οὐσίαν τρεῖς ὑποστάσεις latine unam essentiam tres substantias ...; 7.4.8: quemadmodum dicimus tres personas, unam essentiam vel substantiam).

[22] 신 개념을 최고 존재(summe esse) 혹은 최고 존재자(summa essentia)로 규정하면, 그 반대 개념은 비존재 곧 무(quae non est)밖에 없다.

하느님은 최고의 존재다. 다시 말해 최고로 존재하는 분이다.[17] 그러니까 불변하는 분이다. 하느님은 당신이 무無로부터 창조한 사물들에게 존재를 부여했다.[18] 그러나 당신이 존재하듯 최고 존재를 부여한 것은 아니다. 어떤 사물들에게는 더 큰 존재를 부여하고 어떤 사물들에게는 더 작은 존재를 부여했다. 그리하여 존재들의 자연본성을 계층으로 질서지어 놓았다. ("앎"이 "알다"에서 유래했듯이 "존재"는 "존재하다"에서 유래한다. 고대 라틴어 작가들은 사용하지 않았던 새 명사라고 하겠는데, 우리 시대에는 이미 사용하고 있으므로 우리말에 전혀 없는 것은 아니다.[19] 그리스인들은 우시아라 일컫는다. 이 말도 동사에서 파생된 것으로 에센시아에 상응한다.)[20] 그리고 최고로 존재하는 자연본성(존재하는 모든 것은 그가 창조함으로써 존재한다)에 상반되는 자연본성은 존재하지 않는다. 존재하지 않는 것 말고는 그 자연본성에 상반되는 것은 존재하지 않는다. 존재하는 것에 상반되는 것은 비존재非存在다. 그러므로 하느님, 다시 말해 최고 존재에게,[21] 그리고 일체 존재들의 창조자에게는 어떤 존재도 상치하지 못한다.[22]

3. 하느님께 대적하는 자들은 본성에 의해서가 아니라 그들의 의지로 대적하며, 그런 의지는 그들 자신을 해치고 선한 본성을 해치니, 부패가 본성을 해치지 않으면 이미 부패가 아니다

성서에서는 하느님의 원수라고 불리는 자들이 있는데[23] 그들은 본성으로 하느님의 통치권에 맞서는 것이 아니라 부패로 하느님의 통치권에 맞선다. 그러나 하느님께는 아무 해도 끼칠 능력이 없고 오로지 자기 자신을 해칠 따름이다. 그러니까 저항하려는 의지로 원수가 되는 것이지 해치는 능력으로 원수가 되는 것이 아니다. 하느님은 불변하는 분이요 따라서 어느 모로도 부패하지 않는다. 하느님의 원수라고 불리는 자들이 하느님께 저항하는 그 부패는 하느님께 악이

---

[23] inimici Dei: 루가 10,18-19 참조: "나는 사탄이 번갯불처럼 하늘에서 떨어지는 것을 보았습니다. … 원수의 모든 힘을 짓밟는 권능을 주었습니다." 그러나 사도 5,39(하느님의 적대자), 로마 5,10(하느님의 원수), 골로 1,21(그리스도와 원수)에 나오는 대상은 인간들을 가리킨다.

aliud, nisi quia corrumpit in eis naturae bonum. Natura igitur contraria non est Deo, sed uitium quia malum est, contrarium est bono. Quis autem neget Deum summe bonum? Vitium ergo contrarium est Deo, tamquam malum bono. Porro autem bonum est et natura quam uitiat; unde et huic bono utique contrarium est; sed Deo tantummodo tamquam bono malum, naturae uero, quam uitiat, non tantum malum, sed etiam noxium. Nulla quippe mala Deo noxia, sed mutabilibus corruptibilibusque naturis, bonis tamen ipsorum quoque testimonio uitiorum. Si enim bonae non essent, eis uitia nocere non possent. Nam quid eis nocendo faciunt, nisi adimunt integritatem pulchritudinem, salutem uirtutem et quidquid boni naturae per uitium detrahi siue minui consueuit? Quod si omnino desit, nihil boni adimendo non nocet ac per hoc nec uitium est. Nam esse uitium et non nocere non potest. Vnde colligitur, quamuis non possit uitium nocere incommutabili bono, non tamen posse nocere nisi bono, quia non inest, nisi ubi nocet. Hoc etiam isto modo dici potest, uitium esse nec in summo posse bono nec nisi in aliquo bono. Sola ergo bona alicubi esse possunt, sola mala nusquam; quoniam naturae etiam illae, quae ex malae uoluntatis initio uitiatae sunt, in quantum uitiosae sunt, malae sunt, in quantum autem naturae sunt, bonae sunt. Et cum in poenis est natura uitiosa, excepto eo, quod natura est, etiam hoc ibi bonum est, quod inpunita non est. Hoc enim est iustum et omne iustum procul dubio bonum. Non enim quisquam de uitiis naturalibus, sed de uoluntariis poenas luit. Nam etiam quod uitium consuetudine nimioue progressu roboratum uelut naturaliter inole-

---

[24] Cf. *Enchiridion* 2.17 (cum *magis facienti quam patienti* obsit omne peccatum: "모든 죄는 당하는 자보다 행하는 자를 해친다").

[25] *De natura boni* 1.1.

[26] nulla mala Deo noxia: 이원론 사고에서는 악의 원리 혹은 일반 악이 선 자체에 해를 끼치거나 선에 제약을 가한다고 보아 왔다.

[27] non posse nocere nisi bono: 부패시킨다는 것은, 선한 사물을 해치고 있다는 뜻이므로, 부패시킬 존재(存在)와 선(善)을 전제한다.

[28] sola mala nusquam: 최고 존재가 아니지만 존재하는 사물에만 악 또는 부패가 깃들 여지가 있다는 논지는 선악 이원론을 타파하는 기조 사상이다. "악한 사물이란 존재하지 않는다!" 부패의 여지는 "무로부터의 창조"에서 기인한다. Cf. *Contra Iulianum haeresis Pelagianae* 1.8.36-37.

[29] 자연의 질서가 고의적 범죄로 파괴된 경우, 이에 대한 징벌은 하느님 선성(善性)에 해당하고 자연의 질서의 회복에 이바지한다(9.9 참조). Cf. *De natura boni* 9.9; *Retractationes* 1.26.22.

[30] non de vitiis naturalibus sed de voluntariis poenas: 자연본성의 선이 존재하고 정의의 선이 존재하므로, 섭리는 정의의 질서에서 벌을 내리지 자연본성에서 오는 부패 탓에 악을 행하는 것이 아니다.

되는 것이 아니라 자기 자신들에게 악이 된다.[24] 그것은 다른 이유에서가 아니라 자기 자신에게서 자연본성의 선을 부패시키기 때문에 악이 되는 것이다. 하느님이 최고로 선한 분임을 누가 부인하겠는가? 그렇다면 부패는, 악이 선에 상반되듯, 하느님께 상반된다. 따라서 부패하는 자연본성 역시 선이다.[25] 따라서 부패는 이 선에도 상반된다. 부패가 하느님께 상반된다는 것은 선에 상반되는 악으로서 상반되는 것이다. 그러나 부패가 부패시키는 자연본성에는 단지 악으로 그치지 않고 해롭기까지 하다. 그 대신 어떤 악도 하느님께는 해를 끼치지 못한다.[26] 하지만 가변적이고 부패될 수 있는 자연본성들에는 악이 해를 끼칠 수 있다. 따라서 부패 자체는 그런 자연본성들이 선한 것임을 증명해 주는 셈이다. 선한 것이 아니라면 부패가 해를 끼치지 못할 것이다. 자연본성을 해친다는 것이 무엇인가? 자연본성의 온전함, 아름다움, 건강함, 기운을 빼앗고, 부패를 통해 그 사물의 좋은 점을 제거하고 감소시키는 것이 아니고 무엇인가? 그렇게 할 것이 전혀 없다면 아무런 선도 빼앗지 못할 테니까 아무 해도 끼치지 못할 것이고 따라서 아예 부패랄 것도 없다. 부패가 있으면서도 해를 끼치지 못하는 일은 있을 수 없다. 여기서 부패는 불변하는 선은 해치지 못하고 또한 선이 아니면 해치지 못한다[27]는 결론이 나온다. 부패는 자기가 해치는 것 속에서가 아니면 기생寄生하지 못하는 까닭이다. 다시 말하면 다음과 같은 표현이 가능하다. 부패는 최고선 속에도 존재할 수 없고, 또한 어떤 선善 속에서가 아니면 존재할 수 없다! 따라서 오로지 선하기만 한 사물은 어딘가에 존재할 수 있지만 오로지 악하기만 한 사물은 아무데도 존재할 수 없다![28] 악한 의지의 시도로 자연본성들이 부패했다 할지라도, 부패했다는 점에서는 악하고 자연본성이라는 점에서는 선하다. 부패한 자연본성이 벌을 받는 경우에도, 자연본성이라는 점에서는 선이라는 사실에 더하여, 자연본성이 벌을 받지 않을 수 없다는 점에서 역시 선이다. 벌을 받는다는 점에서는 의로운 것이며, 의로운 것은 또한 의심할 여지 없이 선한 것이기 때문이다.[29] 누구든지 자연적 부패에는 벌을 주지 않으며 자의적自意的 부패에는 벌을 내린다.[30] 부패가 습관적으로 지나치게 진행되고 지나치게 심해져서 마치 자연본성에서 나오는 것 같아도 그

uit, a uoluntate sumpsit exordium. De uitiis quippe nunc loquimur eius naturae, cui mens inest capax intellegibilis lucis, qua discernitur iustum ab iniusto.

4. Ceterum uitia pecorum et arborum aliarumque rerum mutabilium atque mortalium uel intellectu uel sensu uel uita omnino carentium, quibus eorum dissolubilis natura corrumpitur, damnabilia putare ridiculum est, cum istae creaturae eum modum nutu Creatoris acceperint, ut cedendo ac succedendo peragant infimam pulchritudinem temporum in genere suo istius mundi partibus congruentem. Neque enim caelestibus fuerant terrena coaequanda, aut ideo uniuersitati deesse ista debuerunt, quoniam sunt illa meliora. Cum ergo in his locis, ubi esse talia competebat, aliis alia deficientibus oriuntur et succumbunt minora maioribus atque in qualitates superantium superata uertuntur, rerum est ordo transeuntium. Cuius ordinis decus nos propterea non delectat, quoniam parti eius pro condicione nostrae mortalitatis intexti uniuersum, cui particulae, quae nos offendunt, satis apte decenterque conueniunt, sentire non possumus. Vnde nobis, in quibus eam contemplari minus idonei sumus, rectissime credenda praecipitur prouidentia Conditoris, ne tanti artificis opus in aliquo reprehendere uanitate humanae temeritatis audeamus. Quamquam et uitia rerum terrenarum non uoluntaria neque poenalia naturas ipsas, quarum nulla omnino est, cuius non sit auctor et conditor Deus, si prudenter adtendamus, eadem ratione commendant, quia et in eis hoc nobis per uitium

---

[31] cui mens inest capax intellegibilis lucis: 죄과 없는 벌 없고 자유의지 없이는 죄과가 없다는 것이 아우구스티누스의 윤리학이다.

[32] rerum ordo transeuntium: cf. Lucretius, *De rerum natura* 1.262-264 (nec ullam rem gigni patitur nisi morte adiuta aliena: "다른 것의 죽음으로 힘입지 않는 한 어느 한 사물의 태어남도 용납되지 않느니").

[33] parti eius intexti: 소멸과 쇠퇴라는 물리악에 대한 미학적(美學的) 해설이다.

[34] 우주사의 전체 화폭을 일목요연하게 바라볼 수 없는 인간 조건을 감안하여 교부는 악의 문제를 두고 신의 섭리에 의탁하는 종교적 자세를 견지한다.

것은 자유의지에서 발원한 것으로 여겨진다. 지금 우리가 말하고 있는 것은 가지적 빛을 수용할 수 있는 지성을 갖춘 자연본성의 부패이다.[31] 지성에 의해서만 의로운 자를 불의한 자들로부터 구분하는 일이 가능하다.

4. 비이성적 사물들이나 생명을 결한 사물들의 본성: 그들 자체의 종류와 질서에 있어 우주의 조화에 배치되지 않는다

다른 짐승과 초목과 여타의 가변적이고 사멸하는 사물들, 오성, 감각, 또는 생명을 결한 이런 사물들의 부패는 자연본성이 그 분해될 요소로 해체되는 것에 불과하기 때문에 그런 부패를 죄악시하는 것은 우습다. 피조물들은 창조주의 인정하에 그런 한계를 받아들였으며, 물러가고 뒤따라오고 하는 가운데 미약하게나마 시간의 아름다움을 연출하고 있다. 제각기 나름대로, 이 세계의 부분들에 상응하는 아름다움을 연출하고 있다. 지상 사물이 천상 사물과 동등하게 만들어졌어야 하는 것도 아니고, 천상 사물이 지상 사물보다 더 훌륭하다고 해서 지상 사물은 우주에서 빠졌어야 하는 것도 아니다. 사물이 존재하기로 정해진 그 공간에서 어떤 사물들은 소멸하고, 또 다른 사물들은 생기며, 더 큰 것들에 뒤이어 더 작은 것들이 따라나오고, 정복당한 것들은 정복한 것들의 속성으로 전환하게 마련이다. 변전하는 사물들의 질서가 이렇다.[32] 이런 질서의 아름다움이 우리를 기쁘게 하지 못하는 데는 까닭이 있다. 그것은 우리가 사멸하는 인간 조건으로 우주의 한 부분에 수놓아져 있으므로[33] 우주 전체를 한눈에 감상할 능력이 없기 때문이다. 우리의 마음에 들지 않는 분자分子들마저 우주 전체에 제격으로 아름답게 조화를 이루고 있는데도 우리는 그 전체를 감상할 수가 없다. 우리는 창조주의 섭리를 관조하기에 적합한 존재가 못 되므로 차라리 그 섭리를 믿으라는 계명이 우리에게 내려졌다. 그것은 인간적 만용의 허구에 사로잡혀 저토록 위대한 장인匠人의 업적을 시비하는 일을 막으려는 것이다.[34] 지상 사물들의 부패는 자의적自意的인 것도 아니고 죄벌도 아니지만, 그 자연본성들을 현명하게 관찰한다면 똑같은 이유로 그 자연본성들 가운데 어느 것도 하느님을 창조자와 조성자로 모시지 않는 것이 없음을 알 수 있다. 왜냐하

tolli displicet, quod in natura placet; nisi quia hominibus etiam ipsae naturae plerumque displicent, cum eis fiunt noxiae, non eas considerantibus, sed utilitatem suam, sicut illa animalia, quorum abundantia Aegyptiorum superbia uapulauit. Sed isto modo possunt et solem uituperare, quoniam quidam peccantes uel debita non reddentes poni a iudicibus iubentur ad solem. Non itaque ex commodo uel incommodo nostro, sed per se ipsam considerata natura dat artifici suo gloriam. Sic est et natura ignis aeterni sine ulla dubitatione laudabilis, quamuis damnatis impiis futura poenalis. Quid enim est igne flammante uigente lucente pulchrius? Quid calfaciente curante coquente utilius? Quamuis eo nihil sit urente molestius. Idem igitur ipse aliter adpositus perniciosus, qui conuenienter adhibitus commodissimus inuenitur. Nam eius in uniuerso mundo utilitates uerbis explicare quis sufficit? Nec audiendi sunt, qui laudant in igne lucem, ardorem autem uituperant, uidelicet non ex ui naturae, sed ex suo commodo uel incommodo. Videre enim uolunt, ardere nolunt. Sed parum adtendunt eam ipsam lucem, quae certe et illis placet, oculis infirmis per inconuenientiam nocere, et in illo ardore, qui eis displicet, nonnulla animalia per conuenientiam salubriter uiuere.

5. Naturae igitur omnes, quoniam sunt et ideo habent modum suum, speciem suam et quandam secum pacem suam, profecto bonae sunt; et

---

[35] 출애 8,16-20과 10,1-6에는 등에 떼와 메뚜기 떼의 소동이 나온다.

[36] *non ex commodo vel incommodo nostro, sed per se ipsam*: "창조자"(auctor: 역자에 따라 "창안자", "장인", "창조자"로 다양하게 번역한다)에게 인간본위의 편익을 기준으로 자연사물의 존재명분과 선악을 판단하는 유치한 경우에 대해 불을 예로 들어 반박한다. 동물의 경우도 있다. Cf. *De Genesi contra Manichaeos* 1.15.26.

[37] 21.4 참조.

[38] 사물은 고유한 척도(modus)와 형상(species)과 질서(ordo: 여기서는 평화)라는 형이상학적 특성(때로는 mensura, numerus, ordo)을 지녔으므로 선하다(예: *De Genesi ad litteram* 3.16.25). 아우구스티누스는 세계를 피조계(esse creatum)로 보므로, 자연사물의 온전한 존속과 신의 의지에 대한 의존을 동시에 살릴 수 있다.

면 우리가 정작 불만스럽게 생각하는 것들은 부패를 통해 자연본성에서 제거되어 버리고, 자연본성에 남아있는 것은 우리 마음에 드는 것들이기 때문이다. 사람들은 자신들에게 해롭다는 이유로 자연본성 자체를 싫어하는 경우가 종종 있는데, 그것은 사물 자체를 안중에 두기 때문이라기보다는 그 효용성을 안중에 두기 때문이다. 엄청나게 수가 많아져서 이집트인들의 오만을 혼내준 동물들의 경우가 그렇다.[35] 하지만 그런 식으로 하다가 사람들은 태양에 대해서도 시비를 걸지 모른다. 재판관들이 범행을 저질렀거나 빚을 갚지 않은 사람들을 뙤약볕에 세워놓으라는 판결을 내리기도 하는 까닭이다. 자연본성이 자신의 창조자에게 영광을 드리는 것은 우리의 편리나 불편에 따른 것이 아니라 그들 자체의 본성에 따르는 것이다.[36] 이와 마찬가지로 영원한 불의 자연본성도, 단죄를 받은 불경스런 자들에게는 장차 형벌이 되겠지만, 칭송할 만한 것임에 틀림없다. 사실 활활 타오르면서 빛을 내는 불보다 아름다운 것이 과연 무엇이던가? 따뜻하게 해주고 건강하게 만들고 음식을 익혀주는 불보다 유익한 것이 있던가? 하기야 불에 덴다면 이보다 귀찮은 것도 없으리라. 똑같은 불이라도 알맞게만 사용하면 더없이 편리한데 달리 놓이면 파멸을 가져온다. 온 세상에서 불이 차지하는 효용을 누가 말로 충분히 설명할 수 있겠는가? 불에서 나오는 빛에 대해서는 칭송하면서 거기서 나오는 열기에 대해서는 욕하는 사람들이 있다면, 그들의 말은 듣지 말아야 한다. 다시 말해 자연본성의 위력에 따라 칭찬하는 것이 아니라 편리와 불편에 따라 칭찬하는 사람들을 말하는 것이다. 그들은 보고는 싶은데 불에 타고 싶지는 않은가 보다. 그런 사람들은 자기들한테는 빛이 흡족하지만 시력이 약한 눈을 해친다는 것을 모르고, 또 그들은 열기를 싫어하지만 많은 생물들이 그 혜택으로 편리하게 살아간다는 점에 그다지 유의하지 않고 있다.[37]

5. 모든 자연본성의 형상과 척도를 두고 창조주는 찬미받을 만하다

모든 자연본성은 존재한다는 이유로, 또 자기 척도를 갖고 자기 형상을 갖고 나름대로 자기 평화를 갖고 있으므로 정말 선하다.[38] 자연본성의 질서에 따

cum ibi sunt, ubi esse per naturae ordinem debent, quantum acceperunt, suum esse custodiunt; et quae semper esse non acceperunt, pro usu motuque rerum, quibus Creatoris lege subduntur, in melius deteriusue mutantur, in eum diuina prouidentia tendentes exitum, quem ratio gubernandae uniuersitatis includit; ita ut nec tanta corruptio, quanta usque ad interitum naturas mutabiles mortalesque perducit, sic faciat non esse quod erat, ut non inde fiat consequenter quod esse debebat. Quae cum ita sint, Deus, qui summe est atque ob hoc ab illo facta est omnis essentia, quae non summe est (quia neque illi aequalis esse deberet, quae de nihilo facta esset, neque ullo modo esse posset, si ab illo facta non esset), nec ullorum uitiorum offensione uituperandus et omnium naturarum consideratione laudandus est.

6. Proinde causa beatitudinis angelorum bonorum ea uerissima reperitur, quod ei adhaerent qui summe est. Cum uero causa miseriae malorum angelorum quaeritur, ea merito occurrit, quod ab illo, qui summe est, auersi ad se ipsos conuersi sunt, qui non summe sunt; et hoc uitium quid aliud quam superbia nuncupetur? *Initium* quippe *omnis peccati superbia*. Noluerunt ergo ad illum custodire fortitudinem suam, et qui magis essent, si ei qui summe est adhaererent, se illi praeferendo id quod minus est praetulerunt. Hic primus defectus et prima inopia primumque uitium eius naturae, quae ita creata est, ut nec summe esset, et tamen ad beatitudinem habendam eo, qui summe est, frui posset, a quo auersa non quidem nulla, sed tamen minus esset atque ob hoc misera fieret. Huius porro malae

---

[39] faciat non esse *quod erat* ... non inde fiat *quod esse debebat*: 소멸과 더불어 생성이 발생하며 섭리에 따른 존재의 질서는 항상 유지되므로, 가변적 존재의 부패와 사멸성을 두고, 더구나 악한 천사의 창조를 두고(12.9.2 참조) 창조주를 시비할 것이 아니다.

[40] nec ullorum *vitiorum offensione vituperandus* et omnium *naturarum consideratione laudandus*: 창조계를 바라보는 시각을 대칭문장으로 표기했다.

[41] ei adhaerent qui summe est: 앞에서 인간에 대해서도 같은 말을 했다(12.1.3 각주 11 참조).

[42] 집회 10,13. 윤리악인 교만을 형이상학적 차원으로 확대하여 최고선을 등지고 하위선을 향하는, 유한자의 자의적 운동, "향유 대상을 사용하려 하고 사용 대상을 향유하려는"(fruendis uti velle atque utendis frui: *De diversis quaestionibus 83*, 30) 도착(倒錯)된 의지로 본다.

[43] qui *magis essent* ... quod *minus est* praetulerunt: 교부의 윤리학에 의하면, 자유의지의 잘못된 구사는 윤리의 차원에서 그치지 않고 존재의 차원으로 귀결된다.

라서 존재해야 하는 위치에 존재할 때, 그 사물은 받은 만큼의 자기 존재를 보전한다. 그리고 그 사물들은 항상 존재하도록 부여받지는 않았으므로, 창조주의 법이 사물의 일정한 필요와 운동에 따라 더 좋게 변하거나 더 나쁘게 변한다. 그런 가운데 신적 섭리에 의해 일정한 결말을 지향하고, 그 결말은 우주를 통치하는 계획 속에 포함된다. 파괴가 가변적이고 사멸하는 자연본성들을 소멸로 이끌어 가서 존재하던 것을 존재하지 않게 만들더라도, 존재하지 않으면 안 되는 사물이 아예 생겨나지 못한다는 결론은 따라나오지 않는다.[39] 사실이 이러하므로 무슨 일이 있어도 최고로 존재하는 하느님을 비난해서는 안 되고 오로지 찬미해야 마땅하다. 최고로 존재하지는 못하는 그 외의 모든 존재자가 그분에 의해 생겨났기 때문이다. (무無에서 생겨난 것이 감히 그분과 동등해서는 안 되었고, 만약 그분에 의해 만들어지지 않았더라면 아예 존재할 수도 없었을 것이다.) 따라서 사물에서 발생하는 부패의 침투를 봐도 창조주를 비난해서는 안 되고 모든 자연본성을 관찰하는 가운데 오로지 찬미해야 마땅하다.[40]

6. 선한 천사들이 행복하고 악한 천사들이 비참한 원인은 무엇인가

그래서 최고로 존재하는 분께 합일하는 것이 선한 천사들이 지복을 얻는 원인이 된다는 사실은 더없는 진리다.[41] 악한 천사들이 비참한 원인은 응당, 최고로 존재하는 분을 배향背向했고 최고로 존재하지 못하는 자기 자신에게 전향했기 때문이다. 이런 부패를 가리켜 교만 이외에 어떤 이름으로 부를 수 있겠는가? "오만은 죄의 시작이다."[42] 그들은 자신들의 힘을 그분에게로 향해 간직하기 싫어했다. 최고로 존재하는 분께 합일했다면 더 낫게 존재할 수 있었음에도 불구하고, 자기 자신을 그분보다 앞세움으로써 더 못하게 존재하는 길을 선택한 셈이다.[43] 이것이 바로 천사라는 자연본성의 첫 타락이요 첫 결함이며 첫 부패였다. 그는 최고로 존재하지 못하는 사물로 창조되었으면서도 최고로 존재하는 분을 향유함으로써 지복을 얻기로 되어 있었다. 그렇지만 그분을 등지고 말았는데, 비록 무無가 되지는 않았지만, 더 못한 존재가 되었고 그래서

uoluntatis causa efficiens si quaeratur, nihil inuenitur. Quid est enim quod facit uoluntatem malam, cum ipsa faciat opus malum? Ac per hoc mala uoluntas efficiens est operis mali, malae autem uoluntatis efficiens nihil est. Quoniam si res aliqua est, aut habet aut non habet aliquam uoluntatem; si habet, aut bonam profecto habet aut malam; si bonam, quis ita desipiat, ut dicat quod bona uoluntas faciat uoluntatem malam? Erit enim, si ita est, bona uoluntas causa peccati, quo absurdius putari nihil potest. Si autem res ista, quae putatur facere uoluntatem malam, ipsa quoque habet uoluntatem malam, etiam eam quae fecerit res consequenter interrogo, atque ita, ut sit aliquis inquirendi modus, causam primae malae uoluntatis inquiro. Non est enim prima uoluntas mala, quam fecit uoluntas mala; sed illa prima est, quam nulla fecit. Nam si praecessit a qua fieret, illa prior est, quae alteram fecit. Si respondetur quod eam nulla res fecerit et ideo semper fuerit: quaero utrum in aliqua natura fuerit. Si enim in nulla fuit, omnino non fuit; si autem in aliqua, uitiabat eam et corrumpebat eratque illi noxia ac per hoc bono priuabat. Et ideo in mala natura uoluntas mala esse non poterat, sed in bona, mutabili tamen, cui uitium hoc posset nocere. Si enim non nocuit, non utique uitium fuit, ac per hoc nec mala uoluntas fuisse dicenda est. Porro si nocuit, bonum auferendo uel minuendo utique nocuit. Non igitur esse potuit sempiterna uoluntas mala in ea re, in qua bonum naturale praecesserat, quod mala uoluntas nocendo posset

---

[44] minus esset atque ob hoc misera fieret: 참된 행복이 "최고로 존재하는 분" (summe esse)과의 합일이므로, 지성적 존재의 불행은 곧 존재의 감소(minus esse)로 규정된다.

[45] malae autem voluntatis efficiens (causa) nihil est: "악한 의지의 작용인은 아무것도 없다"라는 번역이 무난하다. 작용인이 있다면 "결함인" (causa deficiens: 12.7 참조)일 수밖에 없다.

[46] et ideo in mala natura voluntas mala esse non poterat: (선한 천사들에게 최초로) "악한 의지"를 발생시킨 "악한 사물"을 찾아내려는 이원론적 사고를 치밀한 논법으로 봉쇄했다.

비참해졌다.[44] 여기서 만약 이 악한 의지의 작용인作用因을 찾는다면 어떤 것도 발견하지 못할 것이다. 행위를 악하게 만드는 것은 의지 자체인데 따로 의지를 악하게 만드는 것이 무엇이겠는가? 악한 행위의 작용인은 악한 의지이지만 악한 의지의 작용인은 무다.[45] 어떤 사물이 있다면 어떤 의지를 지녔거나 지니지 못했을 것이다. 의지를 지녔다면 선한 의지를 지녔거나 악한 의지를 지녔을 것이다. 만일 선한 의지를 지녔을 경우, 선한 의지가 악한 의지를 만들어 낸다고 말할 정신나간 사람이 누가 있겠는가? 만일 그렇다면 선한 의지가 악의 원인이 될 텐데 그보다 모순된 생각은 있을 수 없을 것이다. 악한 의지를 만들어낸다고 여겨지는 사물이 스스로도 악한 의지를 지니고 있다면, 그렇다면 도대체 어떤 사물이 그 악한 의지를 만들어냈는지 묻게 된다. 더는 질문을 할 수 없는 한계에 오더라도 나는 여전히 최초의 악한 의지의 원인이 무엇이었는지 묻게 된다. 악한 의지가 만들어낸 악한 의지는 분명히 첫째 악한 의지는 아니다. 어떤 악한 의지도 만들어내지 않은 악한 의지가 있다면 그 의지야말로 첫째 악한 의지다. 그것을 악한 의지로 만든 무엇이 앞서 있었다면 그것이 악한 의지보다 먼저이고 그것이 의지를 악하게 만들었을 것이다. 만약 악한 의지를 만들어낸 사물은 아무것도 존재하지 않고 악한 의지가 항상 있었다는 대답이 나온다고 가정해 보자. 그러면 나는 그 악한 의지가 도대체 어떤 자연본성 안에 존재했던지를 묻고 싶다. 어떤 자연본성 안에도 존재하지 않았다면, 그것은 아예 존재하지 않았던 것이다. 만약 어떤 자연본성 안에 있었다면 그 자연본성을 부패시키고 손상시키고 해를 끼쳤을 것이므로 그 점에서는 선을 제거했을 것이다. 그렇다면 악한 자연본성에 악한 자유의지가 존재하는 일은 불가능했고,[46] 비록 가변적이라고 하더라도 선한 자연본성 안에 있었고, 악한 의지에 의한 부패는 선한 자연본성을 해치는 것이었다. 해를 끼치지 못했다면 거기에는 또한 부패도 없었고, 그 점에서 본다면 악한 의지도 존재하지 않았다고 말해야 한다. 그 대신 만약 해를 끼쳤다면 이미 있는 선을 박탈하거나 감소시킴으로써 해를 끼친 것이다. 어떤 사물 안에 자연본성적 선이 선행했고 악한 의지는 바로 그 선에 해를 끼치면서 선을 제거해 나갔다면, 어

adimere. Si ergo non erat sempiterna, quis eam fecerit quaero. Restat ut dicatur, quod ea res fecerit malam uoluntatem, in qua nulla uoluntas fuit. Haec utrum superior sit, requiro, an inferior, an aequalis. Sed superior utique melior; quo modo ergo nullius, ac non potius bonae uoluntatis? Hoc idem profecto et aequalis. Duo quippe quamdiu sunt pariter uoluntatis bonae, non facit alter in altero uoluntatem malam. Relinquitur ut inferior res, cui nulla uoluntas est, fecerit angelicae naturae, quae prima peccauit, uoluntatem malam. Sed etiam res ipsa quaecumque est inferior usque ad infimam terram, quoniam natura et essentia est, procul dubio bona est, habens modum et speciem suam in genere atque ordine suo. Quo modo ergo res bona efficiens est uoluntatis malae? Quo modo, inquam, bonum est causa mali? Cum enim se uoluntas relicto superiore ad inferiora conuertit, efficitur mala, non quia malum est, quo se conuertit, sed quia peruersa est ipsa conuersio. Idcirco non res inferior uoluntatem malam fecit, sed rem inferiorem praue atque inordinate, ipsa quia facta est, adpetiuit. Si enim aliqui duo aequaliter affecti animo et corpore uideant unius corporis pulchritudinem, qua uisa unus eorum ad inlicite fruendum moueatur, alter in uoluntate pudica stabilis perseueret, quid putamus esse causae, ut in illo fiat, in illo non fiat uoluntas mala? Quae illam res fecit in quo facta est? Neque enim pulchritudo illa corporis; nam eam non fecit in ambobus, quando quidem amborum non dispariliter occurrit aspectibus. An caro intuentis in causa est? Cur non et illius? An

---

[47] sempiterna voluntas mala in ea re (bona): 앞의 가설이 무너지면 선한 사물에 "영구적" 악한 의지의 존재를 가정할 수 있는데 이 가설도 곧 무너진다.

[48] 사물의 형이상학적 구성을 표기하는 개념들이 모조리 갖추어졌고(natura et essentia est ... modum et speciem suam in genere atque ordine suo) 따라서 아무리 하찮아도 그 사물은 선하다(procul dubio bona est).

[49] efficiens est malae voluntatis? "악한 의지를 만들어내겠는가?"라고 번역할 만하다.

[50] voluntas ... efficitur mala: 무엇이 악한 의지를 만드는 것이 아니고 "의지가 악해진다"는 문장으로 교부는 악한 의지의 기원을 묻는 의문에 마지막 답변을 내놓는다.

[51] perversa est ipsa conversio: 아우구스티누스는 악한 의지의 원인을 묻는 질문에 "의지의 전도된 가치추구" 외에 다른 답변을 내놓지 않음으로써 무한소급을 피한다.

[52] *prave atque inordinate* ... appetivit: 선한 의지가 선한 사물, 단 원해야 할 사물보다 하위의 사물(res inferior)을 "악하게" 의지함(velle male)에 악이 있으므로 악은 실체를 결코 갖지 않는다(*De libero arbitrio* 1.14.30: velle bene aut male).

떤 사물 안에 악한 의지가 영구적으로 존재하는 일도 불가능했을 것이다.[47] 그것이 영구한 의지가 아닐진대 나는 누가 그 악한 의지를 만들었을까 묻지 않을 수 없다. 남은 대답은 아무런 의지가 없었던 그 사물이 악한 의지를 만들어냈다는 말밖에 없다. 그렇다면 그 사물이 의지보다 상위냐 하위냐 그렇지 않으면 동등하냐고 묻게 된다. 상위라면 또한 더 선하다. 그러면 의지보다 더 선한 사물이 어떻게 해서 아무 의지도 갖추지 못했거나 또는 더 선한 의지를 갖추지 못했을까? 동등한 경우에도 똑같은 논리가 된다. 사물과 의지가 동등한 경지라면 선한 의지를 갖추었을 테고 따라서 하나가 다른 하나에 악한 의지를 만들어내지는 못했을 것이다. 사물이 의지보다 하위인 경우만 남는다. 이 경우는 아무런 의지가 갖추어지지 않은 사물, 최초로 죄를 지은 천사적 자연본성에다 악한 의지를 만들어 주었으리라는 것이다. 하지만 그 사물이 가장 낮은 땅에 닿을 만큼 아무리 하위의 사물이라고 하더라도, 하나의 자연본성이고 존재인 이상, 그리고 자기 고유한 종류와 질서 속에서 나름대로의 척도와 형상을 갖추고 있는 이상 의심의 여지 없이 선한 사물이다.[48] 그렇다면 선한 사물이 어떻게 악한 의지의 작용인이 되겠는가?[49] 의지 스스로 상위의 선을 버리고 하위의 것들로 전향할 때는 악해진다.[50] 그것은 전향하는 그 대상이 악이기 때문이 아니고 전향 자체가 전도된 것이기 때문이다.[51] 그러므로 하위의 사물이 의지를 악하게 만든 것이 아니라 의지 자체가 악해져서 사악하고 무질서하게 하위의 사물을 추구하게 된 것이다.[52] 똑같이 육체와 정신으로 만들어져 있는 두 사람이 어떤 아름다운 육체를 바라본다고 가정해 보자. 그것을 보고서 그가운데 한 사람은 부정하게라도 그 몸을 향락하려는 음심이 동하고 다른 사람은 정숙한 의지로 꾸준히 버티었다고 하자. 그렇다면 어떤 원인에 의해 한 사람에게는 악한 의지가 생기고 다른 한 사람에게는 생기지 않은 것인가? 악한 의지가 생긴 사람에게 과연 어떤 사물이 악한 의지를 만든 것일까? 아름다운 육체는 아니다. 아름다운 육체는 두 사람의 시선에 다르게 나타나지 않았음에도 두 사람 모두에게 악한 의지를 일으킨 것이 아니기 때문이다. 그렇다면 쳐다보는 당사자의 육신이 원인인가? 그럼 왜 다른 한 사람의

uero animus? Cur non utriusque? Ambos enim et animo et corpore aequaliter affectos fuisse praediximus. An dicendum est alterum eorum occulta maligni spiritus suggestione temptatum, quasi non eidem suggestioni et qualicumque suasioni propria uoluntate consenserit? Hanc igitur consensionem, hanc malam quam male suadenti adhibuit uoluntatem quae in eo res fecerit, quaerimus. Nam ut hoc quoque inpedimentum ab ista quaestione tollatur, si eadem temptatione ambo temptentur, et unus ei cedat atque consentiat, alter idem qui fuerat perseueret: quid aliud apparet, nisi unum noluisse, alterum uoluisse a castitate deficere? Vnde, nisi propria uoluntate, ubi eadem fuerat in utroque corporis et animi affectio? Amborum oculis pariter uisa est eadem pulchritudo, ambobus pariter institit occulta temptatio; propriam igitur in uno eorum uoluntatem malam res quae fecerit scire uolentibus, si bene intueantur, nihil occurrit. Si enim dixerimus quod ipse eam fecerit, quid erat ipse ante uoluntatem malam nisi natura bona, cuius auctor Deus, qui est inmutabile bonum? Qui ergo dicit eum, qui consensit temptanti atque suadenti, cui non consensit alius, ad inlicite utendum pulchro corpore, quod uidendum ambobus pariter adfuit, cum ante illam uisionem ac temptationem similes ambo animo et corpore fuerint, ipsum sibi fecisse uoluntatem malam, qui utique bonus ante uoluntatem malam fuerit: quaerat cur eam fecerit, utrum quia natura est, an quia ex nihilo facta est, et inueniet uoluntatem malam non ex eo esse incipere quod natura est, sed ex eo quod de nihilo facta natura est.

---

[53] 의지를 악하게 만든 원인을 찾을 적에 다른 악한 의지도, 대상도, 주체의 육체도, 주체의 정신도, 심지어 유혹하는 악령도 아니라면 본인의 의지 외에 원인이 없다는 결론에 이른다. 그러나 교부는 탐색을 계속한다.

육신은 악한 의지의 원인이 안 되었을까? 그러면 정신이? 그럼 왜 양쪽 다 악한 의지를 만들지 않았을까? 양쪽 다 똑같이 육체와 정신으로 만들어져 있었다고 이미 전제한 바 있다. 그가운데 한 사람은 악령의 은밀한 암시로 유혹을 받았다고 말해야 할까? 그렇다면 그런 암시나 다른 꼬임에 자기 의지로 동의한 것이 아니라는 말인가?[53] 우리는 무엇이 이 동의를 초래했으며, 악으로 꾀는 자에게 이 악한 의지를 행사하게 만든 사물이 도대체 무엇이었는지를 묻게 된다. 이런 질문에서 쓸데없는 장애를 제거하기 위해 둘다 같은 유혹을 받았다고 전제하기로 한다. 그래서 하나는 유혹에 져서 동의하고, 다른 사람은 전에 하던 대로 동일한 상태를 유지했다면, 후자는 정결을 깨뜨리기를 원하지 않고 전자는 깨뜨리기 좋아했다는 것 외에 다른 무엇을 끄집어내겠는가? 두 사람 모두에게 육체와 정신의 욕망이 동일한 이상, 각자의 의지를 제외하고 어디서 원인을 끄집어내겠는가? 양자의 눈에 똑같이 육체미가 비쳤고 양자에게 똑같이 은밀한 유혹이 닥쳤다. 그가운데 한 사람, 곧 유혹에 넘어간 사람에게서 본인의 의지를 악하게 만든 사물이 무엇이었는지 굳이 알고 싶은 사람들이 있어 잘 관찰해 본다 해도, 의지를 악하게 만든 사물을 아무것도 만나지 못할 것이다. 우리가 만일 그 본인이 자기 의지를 악한 것으로 만들었다고 말한다면, 악한 의지 이전의 본인은 선한 자연본성이었고 그 창조자는 하느님이며 하느님은 불변하는 선이라는 사실은 어떻게 되는가? 그 대신 유혹하고 꾀는 자에게 동의한 사람이 스스로 자기 의지를 악하게 만들었다고 말하는 사람은 다음과 같은 질문을 제기해야 한다. 유혹하고 꾀는 자가 두 사람에게 똑같이 다가와서 아름다운 몸을 부정하게 이용하라고 유혹했고, 아름다운 몸도 두 사람 모두에게 똑같이 보였으며, 그것을 보고 유혹을 받기 전에는 둘다 비슷하게 육체와 정신으로 되어 있었고, 그가운데 한 사람은 자기 의지를 악하게 만들었지만 그도 악한 의지를 갖기 전에는 선한 사람이었다! 그렇다면 그가 자기 의지를 악하게 만든 이유가 무엇인지 물어야 한다. 그가 하나의 자연본성이기 때문인가? 아니면 무에서 창조되었기 때문인가? 결국 악한 의지는 자연본성이 존재를 시작한 그 사실에서 유래하지 않고 자연본성이 무로부터 창

Nam si natura causa est uoluntatis malae, quid aliud cogimur dicere, nisi a bono fieri malum et bonum esse causam mali? Si quidem a natura bona fit uoluntas mala. Quod unde fieri potest, ut natura bona, quamuis mutabilis, antequam habeat uoluntatem malam, faciat aliquid mali, hoc est ipsam uoluntatem malam?

7. Nemo igitur quaerat efficientem causam malae uoluntatis; non enim est efficiens sed deficiens, quia nec illa effectio sed defectio. Deficere namque ab eo, quod summe est, ad id, quod minus est; hoc est incipere habere uoluntatem malam. Causas porro defectionum istarum, cum efficientes non sint, ut dixi, sed deficientes, uelle inuenire tale est, ac si quisquam uelit uidere tenebras uel audire silentium, quod tamen utrumque nobis notum est, neque illud nisi per oculos, neque hoc nisi per aures, non sane in specie, sed in speciei priuatione. Nemo ergo ex me scire quaerat, quod me nescire scio, nisi forte ut nescire discat, quod sciri non posse sciendum est. Ea quippe quae non in specie, sed in eius priuatione sciuntur, si dici aut intellegi potest, quodam modo nesciendo sciuntur, ut sciendo nesciantur. Cum enim acies etiam oculi corporalis currit per species corporales, nusquam tenebras uidet, nisi ubi coeperit non uidere. Ita etiam non ad aliquem alium sensum, sed ad solas aures pertinet sentire silentium, quod tamen nullo modo nisi non audiendo sentitur. Sic species intel-

---

[54] faciat aliquid mali, hoc est *(faciat) ipsam voluntatem malam*: 악한 의지를 갖지 않는 한 악한 의지를 행사하는 일이 모순이므로, 다시 한번 악한 의지는 그 자체에 원인이 있다는 결론에 귀착한다.

[55] *causa* malae voluntatis ... non est efficiens, sed *deficiens*: 존재의 유비를 쓰지 않고 무(non esse)를 개념할 수 없고 선의 유비를 쓰지 않고 악(privatio boni)을 개념할 수 없듯이, 의지의 능동적 작용(causa efficiens)이라는 유비 없이는 악한 의지(causa deficiens)를 개념할 수 없다.

[56] nec illa effectio sed defectio: 악을 선의 결핍으로 정의함은 플라톤 사상에서부터 정립된 것으로 교부가 마니교를 상대로 극력 강조한 바였다(*Confessiones* 3.7.12: malum ... nisi privationem boni usque ad quod omnino non est; *Enchiridion* 3.11).

[57] "어둠의 모습"이나 "침묵의 소리"는 "결함"(defectio)이므로 "형상의 결핍"(speciei privatio)일 따름, 적극적 형상을 띠지 못한다. Cf. *De Genesi ad litteram liber imperfectus* 4.12: tenebrae nihil aliud invenit quam lucis absentiam.

[58] 수사학적 변쇄가 엿보이는 문장으로 "악은 선의 결핍이므로 무(無)요, 없는 것은 알 수 없다. 모른다. 따라서 악의 원인은 모른다는 사실을 배워야 한다. 그럼에도 한사코 악의 원인(= 모르는 것)을 묻는 질문은 "모르기를 배우겠다(ut nescire discat)는 모순된 행위다"라는 뜻이다.

[59] nesciendo sciuntur, ut sciendo nesciantur: 뒤따르는 예처럼 "어둠을 보고" "침묵을 듣는" 행위는 아무것도 "못 보고" 아무것도 "못 듣는" 것이다. 즉, 못 봄으로써 보고 못 들음으로써 듣는 셈이다.

조되었다는 사실에서 유래했음을 알게 될 것이다. 만약 자연본성이 악한 의지의 원인이라면 선에서 악이 생긴다고 말해야 하고, 그것이 선이 곧 악의 원인이라는 말이 아니고 무엇이겠는가? 만에 하나라도 선한 자연본성에 의해 악한 의지가 생겼다고 우긴다면 하는 말이다. 선한 자연본성이 비록 가변적이긴 하지만, 악한 의지를 갖기 전에 이미 어떤 악을 행한다는 것, 곧 의지를 악하게 만든다는 것이 어떻게 가능하겠는가?[54]

7. 악한 의지의 작용인을 찾아서는 안 된다

그러므로 아무도 악한 자유의지의 작용인을 찾아서는 안 된다. 거기에는 작용인作用因이 존재하지 않고 결함인缺陷因이 존재한다.[55] 그것이 작용이 아니고 결함이기 때문이다.[56] 최고로 존재하는 자로부터 그보다 더 못하게 존재하는 사물로 떨어져나가는 것, 바로 그것으로부터 악한 의지를 갖기 시작한다. 내가 말한 대로 악한 의지는 작용인을 갖지 못하고 결함인만을 가진다고 할 때 만약 굳이 그 결함의 원인을 찾고자 한다면, 그것은 마치 어둠을 보고 싶어하고 침묵을 듣고 싶어하는 것과 흡사하다. 둘다 우리에게 잘 알려져 있고, 어둠은 눈을 통해, 침묵은 귀를 통해 알려지지만 그것들은 시청각의 형상을 통해 감지되지 않고 형상의 결핍을 통해 감지된다.[57] 그러니까 내가 알지 못한다고 내가 아는 것을 나한테서 알려고 하지 마시라, 굳이 모르기를 배우겠다면 모르겠지만! 알 수 없다는 사실을 알아야 한다는 것을 모르기를 배우겠다면 모르겠지만![58] 형상으로 인식되지 않고 형상의 결핍으로 인식되는 사물을 언표할 수 있거나 인식할 수 있다면, 그것은 어떤 면에서 모름으로써 아는 것과 흡사하다. 앎으로써 모르는 셈이기 때문이다.[59] 육안의 시선으로 물체적 형상들을 훑어볼 때, 눈이 아무것도 보지 못하기 시작하는 그 지점이 아니면 결코 어둠을 보지 못한다. 마찬가지로 침묵을 감지하는 것은 다른 어떤 감각에 해당하는 것이 아니라 귀에만 해당한다. 그리고 아무것도 듣지 못하는 상태가 아니라면 결코 침묵을 감지하지 못한다. 또한 우리 지성은 인식하는 가운데 가지적 형상들을 식별한다. 가지적 형상들이 결핍된 경우에는 인식하지 못하

legibiles mens quidem nostra intellegendo conspicit; sed ubi deficiunt, nesciendo condiscit. *Delicta* enim *quis intellegit?*

8. Hoc scio, naturam Dei numquam, nusquam, nulla ex parte posse deficere, et ea posse deficere, quae ex nihilo facta sunt. Quae tamen quanto magis sunt et bona faciunt (tunc enim aliquid faciunt), causas habent efficientes; in quantum autem deficiunt et ex hoc mala faciunt (quid enim tunc faciunt nisi uana?), causas habent deficientes. Itemque scio, in quo fit mala uoluntas, id in eo fieri, quod si nollet non fieret, et ideo non necessarios, sed uoluntarios defectus iusta poena consequitur. Deficitur enim non ad mala, sed male, id est non ad malas naturas, sed ideo male, quia contra ordinem naturarum ab eo quod summe est ad id quod minus est. Neque enim auri uitium est auaritia, sed hominis peruerse amantis aurum iustitia derelicta, quae incomparabiliter auro debuit anteponi; nec luxuria uitium est pulchrorum suauiumque corporum, sed animae peruerse amantis corporeas uoluptates neglecta temperantia, qua rebus spiritaliter pulchrioribus et incorruptibiliter suauioribus coaptamur; nec iactantia uitium est laudis humanae, sed animae peruerse amantis laudari ab hominibus spreto testimonio conscientiae; nec superbia uitium est dantis potestatem uel ipsius etiam potestatis, sed animae peruerse amantis potestatem suam potentioris iustiore contempta. Ac per hoc qui peruerse amat cuiuslibet naturae bonum, etiamsi adipiscatur, ipse fit in bono malus et miser meliore priuatus.

---

[60] *nesciendo condiscit*: 무(無), 악(惡), 어둠 같은 부정적 인식대상은 긍정적 인식대상인 존재, 선, 빛과 더불어 공지(共知)될 따름이다.

[61] 시편 18,13. 〔새번역 19,13: "뜻 아니 한 허물을 누가 알리이까?"〕

[62] posse deficere, quae ex nihilo facta sunt: 이상의 모든 논거로 악한 사물의 존재를 배제한 다음, 교부는 부패와 결손의 형이상학적 근거를 "무로부터"(ex nihilo) 창조된 사실에 둔다.

[63] deficitur *non ad mala, sed male*: 악의 실체 혹은 악한 사물(자연본성)은 존재하지 않으므로 일체의 부패(vitium) 또는 결손(defectio)은 선한 사물을 향하는 선한 의지에 발생하는 부수적(male velle) 현상이다. 아래에 나오는 대로 "비뚤게 사랑함"(perverse amat)이다.

[64] ab eo quod summe est ad id quod minus est: 의지의 오용(male velle)에서 오는 실제 결과는 "존재의 감소"가 된다(12.6 각주 43 참조).

[65] qui *perverse* amat: 사랑은 인간의 중력(重力)이므로 어차피 무엇이든 사랑하지 않을 수 없지만 (14.28 "두 사랑과 두 도성" 참조) "전도된"(perverse) 사랑이 악의 원천이고, 그런 사랑으로 사물을 획득하더라도 획득하는 "선한 사물 속에서 악한 자가 된다"(ipse fit *in bono malus*). 악의 자기모순이다.

고, 다만 그 형상들과 더불어 공지共知하는 셈이다.[60] "죄라는 것을 과연 누가 인식할 것인가?"[61]

8. 불변적 선에서 가변적 선으로 의지가 떨어져나감으로써 전도된 사랑

내가 아는 바로, 하느님의 자연본성은 결코, 어디서도, 어떤 부분에서도 결손되는 일이 있을 수 없으며, 무로부터 생긴 것은 결손될 수 있다는 것이다.[62] 그것들이 더 낫게 존재하고 또 선을 행하는 (그래서 뭔가 행하는) 점에서는 작용인을 가진다. 그 대신 결손되고, 그러니까 악을 행하는 (그러니 허망한 것 아니면 무엇을 행하겠는가?) 점에서는 결함인을 가진다. 또 내가 아는 바에 따르면 악한 의지가 발생하는 사물에서는, 당사자가 원하지 않는다면 일어나지 않을 일이 일어난다는 점에서, 필연적인 것이 아니라 자발적인 결함이 발생하고 있다는 사실이며, 거기에는 정당한 징벌이 따른다는 사실이다. 사물은 악한 것을 향해 결손되는 것이 아니고 악하게 결손된다.[63] 다시 말해 악한 자연본성을 향해 결손되는 것이 아니라 악하게, 즉 최고로 존재하는 분에 의해 설정된, 자연본성들의 질서를 위반하며 더 못하게 존재하는 일을 향해 결손된다.[64] 탐욕은 황금 자체의 부패가 아니고, 정의를 유린하면서 황금을 비뚤게 사랑하는 인간의 부패다. 정의는 황금과는 비교도 안 될 정도로 중시되어야 할 무엇이다. 방탕 역시 아름답고 감미로운 육체의 부패가 아니고, 절도를 무시하면서 육체적 쾌락을 탐닉하는 도착된 영혼의 부패다. 절도가 있으면 우리는 영적으로 훨씬 아름답고, 또한 부패하지 않아서 훨씬 감미로운 사물들을 즐기게 된다. 허영도 인간적 칭송 그 자체의 부패가 아니고, 양심의 소리를 묵살하면서 비뚤어질 정도로 사람들에게 칭찬받기를 좋아하는 영혼의 부패다. 교만도 권력을 부여하는 자의 부패이거나 권력 자체의 부패가 아니고, 더 권세있는 분의 더 정의로운 권력을 멸시하면서 자신의 권력을 그릇되게 사랑하는 영혼의 부패다. 이처럼 어떤 자연본성이든 그것의 선을 그릇되게 사랑하는 자는, 그 선을 획득하더라도, 그 선 속에서 악한 자가 되고, 더 큰 선을 결缺하므로 비참한 자가 된다.[65]

9. Cum ergo malae uoluntatis efficiens naturalis uel, si dici potest, essentialis nulla sit causa (ab ipsa quippe incipit spirituum mutabilium malum, quo minuitur atque deprauatur naturae bonum, nec talem uoluntatem facit nisi defectio, qua deseritur Deus, cuius defectionis etiam causa utique deficit): si dixerimus nullam esse efficientem causam etiam uoluntatis bonae, cauendum est, ne uoluntas bona bonorum angelorum non facta, sed Deo coaeterna esse credatur. Cum ergo ipsi facti sint, quo modo illa non esse facta dicetur? Porro quia facta est, utrum cum ipsis facta est, an sine illa fuerunt prius? Sed si cum ipsis, non dubium quod ab illo facta sit, a quo et ipsi; simulque ut facti sunt, ei, a quo facti sunt, amore, cum quo facti sunt, adhaeserunt; eoque sunt isti ab illorum societate discreti, quod illi in eadem bona uoluntate manserunt, isti ab ea deficiendo mutati sunt, mala scilicet uoluntate hoc ipso quod a bona defecerunt; a qua non defecissent, si utique noluissent. Si autem boni angeli fuerunt prius sine bona uoluntate eamque in se ipsi Deo non operante fecerunt: ergo meliores a se ipsis quam ab illo facti sunt? Absit. Quid enim erant sine bona uoluntate nisi mali? Aut si propterea non mali, quia nec mala uoluntas eis inerat (neque enim ab ea, quam nondum coeperant habere, defecerant), certe nondum tales, nondum tam boni quam esse cum bona uoluntate coeperunt. At si non potuerunt se ipsos facere meliores, quam eos ille

---

[66] malae voluntatis efficiens naturalis vel essentialis causa: "작용인"(causa efficiens)이라는 말에는 의지가 "사물에서 기인하는"(naturalis) 것이요 "존재에서 기인하는"(essentialis) 것임이 함의된다. "악한" 의지는 존재로부터 기원하지 못하므로 "결함인"(causa deficiens) 밖에 못 가진다. essentialis라는 단어는 교부가 여기서 단 한 번 사용한다.

[67] 앞의 6-8장을 간추린 문장이다.

[68] 악한 의지를 만들어낸 "작용인"이 없다면 선한 의지도 작용인이 없지 않겠느냐는 반문에, 여기에는 창조자의 제일 원인성이 엄연히 미친다고 주장한다. "악한 의지"도 의지작용(velle) 자체에는 제일 원인이 미치고 "악하게"(male) 원하는 점만 그 의지 자체에서 기인한다.

[69] Cf. *De Genesi ad litteram* 11.23.30. 시간의 차원이 없는 존재들이므로 천사들은 "창조되자마자"(simulque ut facti sunt), 곧 창조와 동시에 의지의 결단이 이루어졌다.

9. 거룩한 천사들이 하느님을 본성의 창조주로 모시듯, 성령을 통해 사랑이 주입되는 가운데 또한 그 하느님을 선한 의지의 조성자로 모시는가

  9. 1. 하느님은 천사들에게 선한 의지를 만들어 주었다

그러므로 악한 의지의 자연적 작용인, 혹은 이런 말을 할 수 있다면, 존재적 작용인[66]이라는 것은 결코 없다. 가변적 영들의 악이 악한 의지로부터 비롯되고, 그 악에 의해 자연본성의 선이 감소되거나 박탈되는데, 하느님을 저버리는 결함이 아니고서는 그런 의지가 만들어지지 않는다. 그런 결함의 원인은 역시 결함인이다.[67] 만일 우리가 선한 의지도 작용인이 없다고 말한다면, 선한 천사들의 선한 의지가 창조된 것이 아니라 하느님과 더불어 영원한 것으로 믿는다는 말이 되므로 조심해야 한다.[68] 천사들 자신이 창조된 것인데, 그 의지가 창조되지 않았다는 말이 어찌 가능하겠는가? 그 의지가 창조되었다면 천사들 자신과 더불어 창조되었을까? 그렇지 않으면 그런 의지가 없이 천사들이 먼저 창조되었을까? 천사들 자신과 더불어 창조되었다면 의심없이 천사들을 창조한 바로 그분에 의해 창조된 것이다. 그들은 창조되자마자 자기들을 창조한 그분에게, 자신들이 창조받은 그 사랑으로 합일했다.[69] 만일 다른 천사들이 그들의 집단에서 갈라져나갔다면, 그들은 바로 그 선한 의지로 머물러 있었음에 반해, 갈라져나간 천사들은 선한 의지로부터 떨어져나가면서 변했다. 말하자면 선한 의지로부터 떨어져나간 순간부터 악한 의지로 변했다. 물론 자신들이 원하지 않았더라면 선한 의지로부터 떨어져나가지도 않았을 것이다. 선한 의지 없이 먼저 선한 천사들이었다면 하느님의 창조 활동 없이도 자신들이 그 내부에 선한 의지를 만들어냈을 것이다. 그렇다면 하느님께 창조된 것보다 자기 자신에 의해 더 훌륭하게 창조되었다는 말인가? 말도 안 된다. 선한 의지가 없다면 악한 천사 아니고 무엇이겠는가? 악한 의지가 아직 없었으니까 악한 천사는 아니었다고 해 보자. 또 아직 선한 의지를 받기 전이니까 선한 의지로부터 결손되는 일도 물론 없었을 것이다. 그러니 아직 악한 천사도 아니었을 것이고, 선한 의지를 갖추어 존재하기 시작했을 때처럼 선한 천사도 아니었을 것이다. 아무도 하느님보다 잘할 수는 없으므로 하느님이 만든 것보다 자신들이 자기를 더

fecerat, quo nemo melius quicquam facit: profecto et bonam uoluntatem, qua meliores essent, nisi operante adiutorio Creatoris habere non possent. Et cum id egit eorum uoluntas bona, ut non ad se ipsos, qui minus erant, sed ad illum, qui summe est, conuerterentur eique adhaerentes magis essent eiusque participatione sapienter beateque uiuerent: quid aliud ostenditur nisi uoluntatem quamlibet bonam inopem fuisse in solo desiderio remansuram, nisi ille, qui bonam naturam ex nihilo sui capacem fecerat, ex se ipso faceret inplendo meliorem, prius faciens excitando auidiorem?

Nam et hoc discutiendum est, si boni angeli ipsi in se fecerunt bonam uoluntatem, utrum aliqua eam an nulla uoluntate fecerunt. Si nulla, utique nec fecerunt. Si aliqua, utrum mala an bona? Si mala, quo modo esse potuit mala uoluntas bonae uoluntatis effectrix? Si bona, iam ergo habebant. Et istam quis fecerat nisi ille, qui eos cum bona uoluntate, id est cum amore casto, quo illi adhaererent, creauit, simul eis et condens naturam et largiens gratiam? Vnde sine bona uoluntate, hoc est Dei amore, numquam sanctos angelos fuisse credendum est. Isti autem, qui, cum boni creati essent, tamen mali sunt (mala propria uoluntate, quam bona natura non fecit, nisi cum a bono sponte defecit, ut mali causa non sit bonum, sed

---

[70] bonam voluntatem, qua meliores essent: 존재론적 차원에서 보더라도 선한 의지 혹은 의지의 선용(善用)은 신적 조력하에(operante adiutorio Creatoris) 발생한다. 펠라기우스 논쟁중에 교부가 고수하는 사상이다.

[71] voluntatem quamlibet bonam *inopem fuisse*: 피조물의 의지가 띠는 한계와 위대함을 뒤에 나오는 문구(ex nihilo sui capacem: "무로부터 만들어내어 당신을 향유할 능력을 넣어준")와 더불어 간결하고 극명하게 표현됐다.

[72] 천사들을 상대로 하는 은총론으로서, 신을 향유하려는 본성과 능력(capax sui)을 창조해준 이상 그 목적을 달성케 하는 일도 신의 은총에 속한다.

[73] simul eis et condens naturam et largiens gratiam: 무시간적 존재들에게는 창조 자체를 은총으로 풀이해도 무리가 없다.

잘 만들어낼 수는 없다. 사실 선한 의지에 의해 더 나은 존재가 된다는 점에서, 창조주가 보우하는 작업이 아니면 그들이 선한 의지를 갖는 것은 불가능했을 것이다.[70] 또 창조주가 그렇게 했다면, 그것은 선한 의지가 그들 자신을 향해서, 더 못하게 존재하는 자들을 향해 전향하게 하기 위한 것은 아니었을 것이다. 도리어 최상위에 존재하는 그분을 향해 전향하고, 그분께 합일하고, 그분께 참여함으로써 더 낫게 존재하며, 지혜롭고 행복하게 살아가기 위함이었을 것이다. 그러니 선한 의지는 여전히 궁핍한 상태였으리라는 사실[71] 외에 다른 무엇을 더 입증해 보여야 하겠는가? 하느님이 선한 의지를 무無로부터 만들어 내어 당신을 향유할 능력을 넣어준 이상, 그 의지를 당신으로 충만하게 하여 더 나은 존재로 만들어 주지 않는다면 그 의지는 오로지 뭔가를 갈망하는 처지에만 머물러 있게 되리라는 사실 말이다. 더구나 먼저 그를 충동질하여 더 큰 욕심을 갖게 만든 분이 하느님인데.[72]

9.2. 천사들은 선의로 하느님께 합일하거나 스스로 결손될 수 있었다

선한 천사들이 과연 스스로 선한 의지를 만들었는지에 대해서도 토론에 부쳐야 한다. 그리고 그 천사들이 어떤 의지로 그것을 만들었는지, 아무런 의지 없이 그것을 만들었는지도 토론에 부쳐야 한다. 아무 의지도 없었다면 아무 의지도 만들지 않았을 것이다. 그들에게 어떤 의지가 있었다면 선한 의지일까, 악한 의지일까? 만일 악한 의지가 있었다면, 어떻게 해서 악한 의지가 선한 의지를 만들어내는 효력이 있었을까? 만일 선한 의지라면 이미 그것을 갖고 있었을 것이다. 그리고 천사들을 선한 의지와 더불어, 순결한 사랑으로 창조해준 분, 그 의지와 사랑으로 하느님께 합일하라고 창조해준 분이 아니면 누가 선한 의지를 만들어주었겠는가? 그분은 천사들에게 동시에 자연본성을 만들어주고 은총을 베풀어주었다.[73] 따라서 거룩한 천사들이 선한 의지를 갖추지 않은 채로, 다시 말해 하느님의 사랑 없이 존재했던 적은 결코 없었다고 믿어야 한다. 그러나 저 타락한 천사들은 선하게 창조되었음에도 지금은 악하다. 악한 의지로 그렇게 되었는데, 악한 의지는 선한 자연본성이 만든 것이 아니며 자연본성이 자발적으로 선으로부터 결손되어 감으로써 생긴 것이다. 그렇다고 선이 악의 원인은 아니며

defectus a bono), aut minorem acceperunt diuini amoris gratiam quam illi, qui in eadem perstiterunt, aut si utrique boni aequaliter creati sunt, istis mala uoluntate cadentibus illi amplius adiuti ad eam beatitudinis plenitudinem, unde se numquam casuros certissimi fierent, peruenerunt; sicut iam etiam in libro, quem sequitur iste, tractauimus. Confitendum est igitur cum debita laude Creatoris non ad solos sanctos homines pertinere, uerum etiam de sanctis angelis posse dici, quod caritas Dei diffusa sit in eis per Spiritum sanctum, qui datus est eis; nec tantum hominum, sed primitus praecipueque angelorum bonum esse, quod scriptum est: *Mihi autem adhaerere Deo bonum est.* Hoc bonum quibus commune est, habent et cum illo cui adhaerent et inter se sanctam societatem et sunt una ciuitas Dei eademque uiuum sacrificium eius uiuumque templum eius. Cuius pars, quae coniungenda inmortalibus angelis ex mortalibus hominibus congregatur et nunc mutabiliter peregrinatur in terris uel in eis, qui mortem obierunt, secretis animarum receptaculis sedibusque requiescit, eodem Deo creante quem ad modum exorta sit, sicut de angelis dictum est, iam uideo esse dicendum. Ex uno quippe homine, quem primum Deus condidit, humanum genus sumpsit exordium secundum sanctae scripturae fidem, quae mirabilem auctoritatem non inmerito habet in orbe terrarum atque in omnibus gentibus, quas sibi esse credituras inter cetera uera, quae dixit, uera diuinitate praedixit.

---

[74] aut (mali) minorem acceperunt gratiam ... aut (boni) amplius adiuti. 아우구스티누스의 후기 은총론의 논제 가운데 하나다. "선한 천사들은 하느님의 보우를 더 받아(amplius adiuti) 충만한 지복에 이르렀다"는 표현은 후대에 gratia efficax 이론으로 발전한다. Cf. *De corruptione et gratia* 32.

[75] 11.13 참조. 5.12.4; 8.23.2에서도 언급했다.

[76] 시편 72[73],28. 본서 10권 3.2; 6; 18; 25장에도 인용된다.

[77] 하느님을 공동선(bonum commune)으로 함이 천사와 인간이 하느님의 도성을 이루는 근간이다. Cf. *De Trinitate* 6.7; *Contra Iuliani responsionem* 67; *Epistulae* 137.17; 140.70.

선으로부터의 결함이 그 원인이다. 저 천사들이 악한 것은, 하느님의 은총에 항구한 천사들보다 하느님의 은총을 덜 받았거나, 그렇지 않으면 양편이 동등하게 선한 천사로 창조된 이상, 악한 천사들은 악한 의지로 타락하고 선한 천사들은 하느님의 보우를 더 받아 충만한 지복에 이르렀고 그곳으로부터 자신들이 결코 타락하지 않으리라는 것을 확실히 알고 있었거나 둘 중의 하나다.[74] 이것은 본서의 앞 권에서 우리가 다룬 바 있다.[75] 창조주께 합당한 찬미를 드리면서, 우리는 그들에게 선물로 주어진 성령을 통해 하느님의 사랑이 그들에게 주입되었다는 애기가 거룩한 인간들에게만 해당되는 것이 아니라, 거룩한 천사들에 대해서도 서술할 수 있는 애기라고 고백하지 않으면 안 된다. 성서에 "하느님께 합일(귀의)함이 내게는 선이다"[76]라고 기록된 대로, 그런 합일은 인간들에게만 선이 아니고 무엇보다도 우선적으로 천사들의 선이다. 이 선을 공동선으로 갖춘 존재들은 자기들이 합일하는 분과 더불어, 또 자기들 사이에서도 거룩한 결사를 이루고, 단일한 하느님의 도성이 되며, 하느님의 살아있는 제사요 살아있는 성전이 된다.[77] 이 도성의 일부는 사멸하는 인간들로 소집되는데 그들은 비록 불멸하는 천사들과 결속되기는 하지만 사멸하는 운명이다. 이 도성은 지금 가변적 모습을 띠고 지상에서 순례의 길을 가고 있거나, 이미 죽음을 만나 영혼의 비밀스런 수용소 내지 처소에[78] 도달한 사람들 안에서 안식을 누린다. 천사들에 대해 했던 말처럼, 이 도성도 하느님이 창조하여 발생한 것이라고 말해야 할 것 같다. 성서의 믿음에 따르면 하느님이 최초 인간으로 창조한 한 사람으로부터 인류가 그 시원을 가진다.[79] 성서는 온 세상과 모든 민족에게 놀라운 권위를 갖는데 이는 합당한 것이다. 하느님은 참된 신성을 내세워 당신이 말씀한 여러 가지 진리 가운데서도 민족들이 응당 믿어야 할 진리들을 미리 말씀했다.[80]

---

[78] secretis animarum receptaculis sedibusque: 그리스도인들은 구원을 얻었으나 부활을 기다리며 대기하는 공간을 상정하고 있었다(*Enchiridion* 9.29; 29.109; *Sermo* 280.5).

[79] 교부는 인류 단원설(人類單元說)을, 성서를 전거로 하여 굳게 믿었다(16.8.1: nullus fidelium dubitaverit).

[80] 교부는 회심 당초부터 성서의 전거가 갖는 권위를 굳게 믿었고(*Confessiones* 6.11.19) 이 권위가 이성을 정화하여 인생의 중요한 진리에 대한 철학적 성찰을 가능케 한다고 보았다.

10. Omittamus igitur coniecturas hominum nescientium quid loquantur de natura uel institutione generis humani. Alii namque, sicut de ipso mundo crediderunt, semper fuisse homines opinantur. Vnde ait et Apuleius, cum hoc animantium genus describeret: «Singillatim mortales, cuncti tamen uniuerso genere perpetui.» Et cum illis dictum fuerit, si semper fuit humanum genus, quonam modo uerum eorum loquatur historia narrans qui fuerint quarumque rerum inuentores, qui primi liberalium disciplinarum aliarumque artium institutores, uel a quibus primum illa uel illa regio parsque terrarum, illa atque illa insula incoli coeperit, respondent diluuiis et conflagrationibus per certa interualla temporum non quidem omnia, sed plurima terrarum ita uastari, ut redigantur homines ad exiguam paucitatem, ex quorum progenie rursus multitudo pristina reparetur; ac sic identidem reperiri et institui quasi prima, cum restituantur potius, quae fuerant illis nimiis uastationibus interrupta et extincta; ceterum hominem nisi ex homine existere omnino non posse. Dicunt autem quod putant, non quod sciunt.

11. Fallunt eos etiam quaedam mendacissimae litterae, quas perhibent in historia temporum multa annorum milia continere, cum ex litteris sacris ab institutione hominis nondum completa annorum sex milia compute-

---

[81] Apuleius, *De deo Socratis* 4.

[82] 세상이 대화재(conflagratio)나 대홍수로 소멸하리라는 스토아 학파의 견해가 있었다. Cf. Seneca, *Quaestiones naturales* 3.27-28; Diogenes Laertius, *Vitae philosophorum* 7.141-142.

[83] 교부는 초시간적 윤회나 시간적 순환과 회귀를 논거로 인간존재가 영구적이었다고 주장하는 견해를 반박하고 있다(12.14.1 참조).

[84] 여기서부터 장(章)의 구분이 간행본에 따라서 차이가 난다. Dombart-Kalb CCSL본은 여기서부터 11장으로 보고 28장으로 12권을 끝내는 데 비해(Thimme, Alicci, Dyson 역본), Textus Maurinus를 따르는 NBA는 10장의 2절로 분류하여 27.2로 종료한다(Gentili, Dods 역본).

[85] 이교세계의 연대계산법(cf. Cicero, *De divinatione* 1.19.36-38; Lactantius, *Divinae Institutiones* 7.14)을 제쳐두고 아우구스티누스는 히에로니무스가 번역한 에우세비우스의 저서(*Chronicon*)를 따르고 있다(본서 16.16; 18.8 참조).

제2부 (10-14)
인류 창조와 시간

10. 인류가 세계처럼 항상 존재해 왔다고 믿는 사람들의 견해

인류의 본성과 창조에 대해 무슨 말을 해야 할지 아예 모르는 사람들의 억측은 여기서 생략하기로 한다. 그런데 어떤 사람들은 세계 자체에 대해서도 그렇게 믿었지만 인간들도 항상 존재해 왔으리라는 견해를 내놓는다. 그래서 아풀레이우스도 생명체들의 종류에 대해 묘사하면서 한 말이 있다. 인류는 "개별적으로는 사멸하는 존재들이지만, 종種 전체로 보면 모든 이들이 영구하다".[81] 그들끼리 통하는 말처럼 만약 인류가 항상 존재해 왔다면, 그들의 역사가 전하는 그 모든 얘기가 어떻게 진실이 될까? 누가 무슨 일을 처음으로 발명했는지, 누가 처음으로 자유학예와 다른 기술을 만들어냈는지, 지상의 이 지방 혹은 저 지역에 누가 처음으로 거주했으며, 이 섬 혹은 저 섬에 누가 처음으로 거주하기 시작했는지에 대해 전해주는 역사는 뭐가 되는 것일까? 그들은 아마 이렇게 대답할지 모르겠다. 일정한 시간적 주기로 돌아오는 홍수나 재앙으로 지상 전부는 아니더라도 많은 지역이 철저하게 황폐해져서 인간들이 극소수로 줄어드는 일이 생겼으며 그 극소수의 인간을 원조로 삼아 애초의 많은 인구가 다시 회복되곤 했을 것이다.[82] 너무 심한 파괴로 전멸되거나 멸종되다시피 한 무리가 다시 회복되면서 마치 최초로 창조되고 최초로 발견되는 것처럼 여겨졌을 것이다. 파괴된 것이 회복되는 것임에도 처음으로 창조되는 것처럼 보였을 것이다. 그밖에도 인간은 인간에게서 존재하게 되지 다른 수는 없다! 하여튼 그들은 생각나는 대로 말하는 것이지 학문적으로 알아낸 바를 말하는 것 같지는 않다.[83]

11.[84] 과거 시기에 수천 년을 할당하는 역사의 허위

허위에 찬 몇몇 문전文典들이 그들을 기만한다. 이 문전들은 시간의 역사가 여러 천년을 포함하는 것처럼 제시하고 있다. 그러나 우리는 성서에 근거해서 인간이 창조된 이래 아직 6,000년이 되지 않은 것으로 계산한다.[85] 수천 년보다

mus. Vnde ne multa disputem quem ad modum illarum litterarum, in quibus longe plura annorum milia referuntur, uanitas refellatur et nulla in illis rei huius idonea reperiatur auctoritas: illa epistula Alexandri Magni ad Olympiadem matrem suam, quam scripsit narrationem cuiusdam Aegyptii sacerdotis insinuans, quam protulit ex litteris quae sacrae apud illos haberentur, continet etiam regna, quae Graeca quoque nouit historia; in quibus regnum Assyriorum in eadem epistula Alexandri quinque milia excedit annorum; in Graeca uero historia mille ferme et trecentos habet ab ipsius Beli principatu, quem regem et ille Aegyptius in eiusdem regni ponit exordio; Persarum autem et Macedonum imperium usque ad ipsum Alexandrum, cui loquebatur, plus quam octo annorum milia ille constituit, cum apud Graecos Macedonum usque ad mortem Alexandri quadringenti octoginta quinque reperiantur, Persarum uero, donec ipsius Alexandri uictoria finiretur, ducenti et triginta tres computentur. Longe itaque hi numeri annorum illis Aegyptiis sunt minores, nec eis, etiamsi ter tantum computarentur, aequarent. Perhibentur enim Aegyptii quondam tam breues annos habuisse, ut quaternis mensibus finirentur; unde annus plenior et uerior, qualis nunc et nobis et illis est, tres eorum annos complectebatur antiquos. Sed ne sic quidem, ut dixi, Graeca Aegyptiae numero temporum concordat historia. Et ideo Graecae potius fides habenda est, quia ueritatem non excedit annorum, qui litteris nostris, quae uere sacrae sunt, continentur. Porro si haec epistula Alexandri, quae maxime innotuit, multum abhorret in spatiis temporum a probabili fide rerum: quanto minus credendum est illis litteris, quas plenas fabulosis uelut antiquitatibus proferre uoluerint contra auctoritatem notissimorum diuinorumque librorum, quae totum orbem sibi crediturum esse praedixit, et cui totus orbis, sicut ab ea praedictum est, credidit; quae uera se narrasse praeterita ex his, quae futura praenuntiauit, cum tanta ueritate inplentur, ostendit.

---

[86] 8.5, 27.2에도 언급되지만 실은 대왕의 신격(神格)을 돋보이려고 만든 위서(僞書)다.

[87] Belus: 아시리아의 건국자요 니누스의 부왕으로 전해온다(16.17; 18.2.2-3 참조). Cf. Vergilius, *Aeneis* 1.729; Herodotus, *Historiae* 1.7; Hieronymus, *Chronicon (Eusebii)* praefatio [Helm ed.] 14.

[88] 4.7 참조.

[89] 15.12 참조. 한 해의 길이에 대한 추정은 고전 작가들이 다루었다(예: Plinius, *Historia Naturalis* 7.48; Lactantius, *Divinae Institutiones* 2.13).

[90] cui totus orbis credidit: 이 논거는 18.41.1; 22.5 등에 동원된다. Cf. *Sermo* 258.3.

[91] 칠십인역본에 의한 연대계산을 교부가 우선시하는 이유는 예언과 그 성취로 확인된 성서의 권위 때문이고 외교인들의 연대기가 허황하다는 이유다.

훨씬 오랜 햇수가 나오는 저런 문전에 대해 시비하는 데 오랜 시간을 들이지 않고, 또 허황한 생각을 몰아내고 이 사안에 관한 한 저런 생각에 권위가 전혀 없음을 보여주는 뜻에서, 알렉산데르 대제가 모친 올림피아스에게 보낸 서간을 예로 들겠다.[86] 그는 어느 이집트인 제관의 이야기라면서 편지를 썼다. 그들 나름대로 거룩한 경전에 해당하는 책에서 나온 이야기인데 그리스 역사를 통해 알려진 왕국들도 나와 있다. 알렉산데르의 편지에 의하면 아시리아인들의 왕국은 5,000년이 넘는데 그리스 역사에서는 그 왕국이 벨루스[87]의 통치로 시작해서 1,300년쯤 된다. 이집트인 제관도 그 왕국의 기원을 그때로 여기고 있다. 페르시아인들과 마케도니아인들의 제국이 알렉산데르에 이르기까지는 무려 8,000년 이상으로 설정했는데, 그리스인들이 보기에는 알렉산데르의 죽음에 이르기까지 마케도니아인들의 제국은 485년이고 페르시아인들의 제국은 알렉산데르의 승리로 종식되기까지 233년으로 계산된다.[88] 이 햇수는 이집트인들의 햇수에 비하면 훨씬 적은데 이런 연대를 무려 세 배로 치다라도 이집트인들의 연대와 같아지지 않는다. 아마도 이집트인들은 한때 일년이 무척 짧아서 넉 달로 한 해를 마쳤던 것 같다. 지금 와서 우리에게나 그들에게나 똑같이 통하는, 진정한 의미의 꽉 찬 한 해는 그들의 옛날 햇수로 계산하면 세 해가 포함되는 것 같다.[89] 그러나 나도 말한 바 있지만, 그리스 역사가 이집트의 연대계산에 맞아들어간다는 것은 아니었다. 어떻든 그리스 역사가 이집트 역사보다 더 신빙성있는 것으로 보아야 한다. 그것은 정말 거룩한 서책인 우리 문전에 나와 있는, 연대에 관한 진실을 크게 초과하지 않기 때문이다. 하여튼 알렉산데르의 이 서간이 아주 널리 알려져 있기는 하지만 시대 간격에 관한 한 개연적 신빙성에서 너무 동떨어져 있다. 하물며 설화 같은 고사古事들로 가득 찬 저 다른 문전들은 더욱 믿을 것이 못 된다. 더구나 널리 알려진 신성한 서책의 권위에 도전하여 내세우려는 문전들이라는 점에서 더욱 그렇다. 성서의 권위로 말할 것 같으면 온 세상이 그 권위를 믿게 되리라고 예언했을뿐더러, 예언한 그대로 실제 온 세상이 그 권위를 믿게 되었다.[90] 장차 일어나리라고 예고한 것들이 진실로 이루어졌음을 내세워 성서가 사실 그대로 과거사를 이야기했음을 보여주고 남는다.[91]

12. Alii uero, qui mundum istum non existimant sempiternum, siue non eum solum, sed innumerabiles opinentur, siue solum quidem esse, sed certis saeculorum interuallis innumerabiliter oriri et occidere, necesse est fateantur hominum genus prius sine hominibus gignentibus extitisse. Neque enim ut alluuionibus incendiisque terrarum, quas illi non putant toto prorsus orbe contingere, et ideo paucos homines, ex quibus multitudo pristina reparetur, semper remanere contendunt, ita et hi possunt putare, quod aliquid hominum pereunte mundo relinquatur in mundo; sed sicut ipsum mundum ex materia sua renasci existimant, ita in illo ex elementis eius genus humanum ac deinde a parentibus progeniem pullulare mortalium, sicut aliorum animalium.

13. Quod autem respondimus, cum de mundi origine quaestio uerteretur, eis, qui nolunt credere non eum semper fuisse, sed esse coepisse, sicut etiam Plato apertissime confitetur, quamuis a nonnullis contra quam loquitur sensisse credatur: hoc etiam de prima hominis conditione responderim, propter eos, qui similiter mouentur, cur homo per innumerabilia atque infinita retro tempora creatus non sit tamque sero sit creatus, ut minus quam sex milia sint annorum, ex quo esse coepisse in sacris litteris inuenitur. Si enim breuitas eos offendit temporis, quod tam pauci eis uidentur anni, ex quo institutus homo in nostris auctoritatibus legitur: considerent

---

[92] 8.5; 18.41.2 참조. Cf. Lactantius, *Divinae Institutiones* 2.9: Epicurus의 이론처럼 소개된다.

[93] 8.5 참조. 히에로니무스는 오리게네스가 스토아의 이 견해를 채택했다고 공격한 바 있다. Cf. *Epistula* 124.5.

[94] Cf. Heraclitus in Diogenes Laertius, *Vitae philosophorum* 9.1.8.

[95] 11.4.2 참조.

[96] Cf. Plato, *Timaeus* 28a-b. 세계의 영원한 창조, 윤회설 등은 플라톤의 견해가 아니라 주석가들의 견해라는 것이 아우구스티누스의 호의적 해석이다(본서 10.31 참조).

12. 세계가 영구하다고 생각지는 않지만 무수한 세계가 존재한다거나 동일한 세계가 세기들의 순환 속에 생성소멸한다고 생각하는 사람들

또 어떤 사람들은 이 세계가 영구하다고 생각하지는 않지만, 세계는 하나밖에 없는 것이 아니라 무수한 세계들이 있다고 생각하거나,[92] 이 세계가 하나밖에 없더라도 세기의 일정한 간격을 두고 무수하게 발생하고 소멸한다는 의견을 갖고 있다.[93] 그래서 그 사람들은 인류가 시초에 다른 인간들에게서 태어나지 않은 상태로 존재했다고 단언하지 않을 수 없게 된다. 지상의 홍수나 화재가 온 세상을 다 뒤덮을 수는 없다고 여기고 있으므로, 재앙에서 살아남은 소수의 인간들이 항상 존속하여 그들로부터 원래의 다수 인류가 재생된다고 보지도 않는다. 그들은 세계 자체가 멸망하는 마당에 인간들의 일부가 세계에 살아남는다는 생각을 할 수가 없다. 그들은 세계 자체가 질료로부터 재생된다고 생각하듯이, 세계 안에서 인류가 세계의 원소들로부터 재생되고, 그 후에는 다른 동물과 마찬가지로 부모로부터 사멸하는 자들의 후손이 번식된다고 생각한다.[94]

13. 최초 인간의 창조가 늦었던 것에 대해 문제를 제기하는 사람들에게 무엇이라고 답변할 것인가

세계의 기원에 대한 문제가 제기될 때 세계는 항상 존재한 것이 아니고, 또 시작이 있었다는 사실을 믿기 싫어하는 사람들에게 우리가 한 대답이 있다.[95] 이것은 플라톤까지도 아주 확실하게 고백한 바 있었는데 어떤 인사들은 플라톤이 자기의 입으로 말한 것과는 생각이 달랐다고 믿고 있다.[96] 최초 인간의 창조에 대한 질문에도 나는 같은 답변을 내놓겠다. 앞의 경우와 같은 명분을 내세우며 의심을 품고서 물어오는 사람들에게, 어째서 인간이 무수한 시간, 거의 무한한 시간이 흐르는 동안에는 창조되지 않다가 그토록 뒤늦게야 창조되었느냐고, 성서에서 세계가 시작되었다고 나오는 말을 따르더라도 인간의 창조는 6,000년이 못 되지 않았느냐고 묻는 사람들에게 나는 같은 답변을 내놓겠다. 시간이 그토록 짧아서 서운하다면, 인간이 창조된 이래 햇수가 그토록 적다는 얘기를 우리의 권위있는 성서에서 읽고 서운하다면 그들은 다음 사실을 유념하

nihil esse diuturnum, in quo est aliquid extremum, et omnia saeculorum spatia definita, si aeternitati interminae comparentur, non exigua existimanda esse, sed nulla. Ac per hoc si non quinque uel sex, uerum etiam sexaginta milia siue sescenta, aut sexagiens aut sescentiens aut sescentiens miliens dicerentur annorum, aut itidem per totidem totiens multiplicaretur haec summa, ubi iam nullum numeri nomen haberemus, ex quo Deus hominem fecit: similiter quaeri posset, cur ante non fecerit. Dei quippe ab hominis creatione cessatio retrorsus aeterna sine initio tanta est, ut, si ei conferatur quamlibet magna et ineffabilis numerositas temporum, quae tamen fine conclusa certi spatii terminatur, nec saltem tanta uideri debeat, quanta si umoris breuissimam guttam uniuerso mari, etiam quantum oceanus circumfluit, comparemus; quoniam istorum duorum unum quidem perexiguum est, alterum incomparabiliter magnum, sed utrumque finitum; illud uero temporis spatium, quod ab aliquo initio progreditur et aliquo termino cohercetur, magnitudine quantacumque tendatur, comparatum illi, quod initium non habet, nescio utrum pro minimo an potius pro nullo deputandum est. Hinc enim si a fine uel breuissima singillatim momenta detrahantur, decrescente numero licet tam ingenti, ut uocabulum non inueniat, retrorsum redeundo (tamquam si hominis dies ab illo, in quo nunc uiuit, usque ad illum, in quo natus est, detrahas) quandoque ad initium illa detractio perducetur. Si autem detrahantur retrorsus in spatio, quod a nullo coepit exordio, non dico singillatim minuta momenta uel horarum aut dierum aut mensum aut annorum etiam quantitates, sed tam magna spatia, quanta illa summa conprehendit annorum, quae iam dici a quibuslibet computatoribus non potest, quae tamen momentorum minutatim detractione consumitur, et detrahantur haec tanta spatia non semel

---

[97] 11.4.2; 13.15 참조.

[98] 천지 창조 혹은 인간 창조의 시각을 두고 시비가 있을 경우, 그 연대가 중요하지 않음을 보여주려고 시간과 영원을 대조했다. 이 주제의 전개는 다음을 참조: *Confessiones* 1.11; 1.6.10; 7.10.16; *De Trinitate* 15.5.8; *Enarrationes in Psalmos* 101.10.

기 바란다. 어떤 한계를 갖는 것은 그 어떤 것도 오래가지 않으며, 세기들의 모든 간격도 그것이 한정된 간격인 이상, 한계가 없는 영원에 비한다면 하찮다고 여길 것이 아니라 아예 허무나 마찬가지라고 여겨야 한다! 또 한편으로, 5,000년이 6,000년이 아니고, 60,000년이나 600,000년, 아니 그 숫자에 60배, 600배, 6,000배를 곱한다 하더라도, 심지어 하느님이 인간을 창조한 이후로 우리에게 더는 써먹을 숫자 이름이 없을 정도로 많은 시간이 흘렀다고 하자. 그렇더라도 왜 그 이전에 인간을 만들지 않았느냐는 시비는 여전히 나올 것이다.[97] 인간 창조 이전의 하느님의 안식安息으로 보자면, 어떤 시초도 없이 우리로부터 거슬러올라가면 영원한 안식이 매우 크므로 창조 이후의 시간의 숫자가 아무리 크고 헤아릴 수 없을 정도라고 하더라도 영원한 안식에 비한다면 대단한 것으로 볼 게 못 된다. 시간의 숫자는 결국 시간 간격의 어떤 끝으로 종결되게 마련이니까. 이것은 아주 작은 물방울을 바다 전체에 비하는 것과도 비교가 안 될 정도이다. 대양大洋이 아무리 넓은 바다를 품는다고 하더라도 마찬가지다. 왜냐하면 이 둘 가운데 물방울은 매우 작고 대양은 비할 데 없이 크다고 하더라도 둘다 결국 유한한 것이기 때문이다. 시간의 간격 역시 어느 시작에서 출발하여 어떤 종말에 의해 한정되기 때문에 아무리 외연이 크다 하더라도, 아예 시작이 없는 것과 비교한다면 아주 미미한 것이나 아예 허무로 보아야 한다.[98] 여기서 종말로부터 시작하여 아주 짧은 순간들을 하나씩 제除한다고 해보자. 그러면 아무리 큰 숫자라고 하더라도 조금씩 줄어들 것이며 그렇게 거슬러올라가면 그 뺄셈은 결국 시초로 거슬러올라갈 것이다. (한 사람의 수명도 지금 살아있는 날짜에서 출발하여 당신이 하루씩 제해 나간다면 결국 그가 출생한 날까지 거슬러올라갈 것이다.) 그러나 어떠한 시초에 의해서도 시작된 바 없는 시간의 간격에서는 뒤로 거슬러올라가면서 아무리 감한다고 해도 그렇게 되지 않는다. 아주 짧은 순간을 하나씩 감하거나 시간이나 날이나 달이나 해처럼 일정한 단위로 감하는 것이 아니라, 어떤 산술가도 형언할 수 없을 정도의 큰 단위로 감하되 일정한 시간 간격으로 세세하게 뺄셈으로 제해 나갈 수 있다면, 또 이 엄청나게 큰 단위를 한 번만 제하는 것이 아니라 여러 번, 또는

atque iterum saepiusque, sed semper: quid fit, quid agitur, quando numquam ad initium, quod omnino nullum est, peruenitur? Quapropter quod nos modo quaerimus post quinque milia et quod excurrit annorum, possent et posteri etiam post annorum sescentiens miliens eadem curiositate requirere, si in tantum haec mortalitas hominum exoriendo et occubando et inperita perseueraret infirmitas. Potuerunt et qui fuerunt ante nos ipsis recentibus hominis creati temporibus istam mouere quaestionem. Ipse denique primus homo uel postridie uel eodem die postea quam factus est potuit inquirere, cur non ante sit factus; et quandocumque antea factus esset, non uires tunc alias et alias nunc uel etiam postea ista de initio rerum temporalium controuersia reperiret.

14. Hanc autem se philosophi mundi huius non aliter putauerunt posse uel debere dissoluere, nisi ut circuitus temporum inducerent, quibus eadem semper fuisse renouata atque repetita in rerum natura atque ita deinceps fore sine cessatione adseuerarent uolumina uenientium et praetereuntium saeculorum; siue in mundo permanente isti circuitus fierent, siue certis interuallis Oriens et Occidens mundus eadem semper quasi noua, quae transacta et uentura sunt, exhiberet. A quo ludibrio prorsus inmortalem animam, etiam cum sapientiam perceperit, liberare non possunt, euntem sine cessatione ad falsam beatitudinem et ad ueram miseriam sine cessatione redeuntem. Quo modo enim uera beatitudo est, de cuius numquam aeternitate confiditur, dum anima uenturam miseriam aut inperi-

---

[99] quando numquam ad initium, quod omnino nullum est: 시작이 없는 영역에 시작을 상정하는 일은 무리다.

[100] 구사되는 용어가 다양하다: circuitus temporum(시간의 순환), temporum volumen(시간의 회귀), certa intervalla(일정한 주기), revolutio incessabilis(유전: 21.1).

[101] 순환 혹은 영원회귀설은 고대는 물론 교부가 접한 문헌에도 renovatio mundi라는 주제로 자주 등장했다. 예: Plato, *Meno* 81b-c; *Phaedo* 72a-c; Cicero, *De natura deorum* 2.42.118; Marcus Aurelius, *Meditationes* (= *Ad se ipsum*) 11.1.3.

끊임없이 제한다고 가정해 보자. 결국 어떻게 되겠는가? 어떤 결과가 오겠는가? 시초라는 것이 아예 존재하지 않는데, 결국 시초에 도달할 수 없지 않겠는가?[99] 그러니까 5,000년하고 몇 년이 더 지나서 우리가 지금 묻고 있는 물음을, 우리 후손들도 600,000년이 지나도 똑같은 호기심에서 제기할 것이다. 태어나고 사라지고 하는, 인간들의 사멸하는 운명, 미숙하고 취약한 이 운명이 지속되는 한. 우리보다 먼저 존재했던 사람들도, 인간 창조로부터 최근 시대에 사는 사람들까지 같은 질문에 시달렸을지 모른다. 심지어는 최초의 인간마저 창조된 이튿날이나 아니면 창조된 그 당일에, 왜 자기가 그보다 먼저 창조되지 않았느냐는 의문을 던졌을지도 모른다. 인간들이 실제로 생겨난 시점보다 먼저 생겨났을지라도 시간적 사물의 시원에 관한 토론은 달라지지 않을 것이다. 과거에는 토론의 열기가 달랐고 지금은 또 열기가 다르고 미래에는 또 다른 식으로 나타나지는 않을 것이다.

14. 세기의 순환: 어떤 철학자들은 일정한 세기가 끝나면 만유가 똑같은 순서와 똑같은 형상으로 되돌아오리라고 믿었다

14. 1. 시간의 순환을 도입하는 사람들

이 세상의 철학자들은 시간의 순환[100]을 도입하지 않는 한 이런 토론을 달리 해소할 수 없고 또 해소해서도 안 된다고 생각했다. 그 순환 속에 대자연은 항상 동일한 것으로 새로워지고 반복되어 왔다고 주장하고, 그리하여 앞으로 오는 세기들과 지나가는 세기들의 순환이 차례로 중단없이 이루어지리라고 주장했다. 세계가 지속되는 가운데 계속해서 순환이 일어나는 것인지, 그렇지 않으면 일정한 주기로 세계가 다시 생성되고 소멸하면서 지나간 것들과 장차 올 것들이 동일하고 항상 새로운 것으로 보이는 것인지는 모를 일이다.[101] 이런 운명의 장난에서는 불멸의 영혼도(심지어 지혜를 깨우쳤을 경우에도) 해방되는 일이 불가능하며, 영혼은 끊임없이 거짓 행복과 진짜 불행을 향해 되돌아오는 셈이다. 그 행복의 영원성에 대해 도무지 신뢰할 수 없는데, 어떻게 그것이 참된 행복이 되겠는가? 영혼이 진리에 아주 미숙하여 다가올 불행을 전혀 모르거나, 또는 행복

tissime in ueritate nescit aut infelicissime in beatitudine pertimescit? At si ad miserias numquam ulterius reditura ex his ad beatitudinem pergit: fit ergo aliquid noui in tempore, quod finem non habet temporis. Cur non ergo et mundus? Cur non et homo factus in mundo? Vt illi nescio qui falsi circuitus a falsis sapientibus fallacibusque comperti in doctrina sana tramite recti itineris euitentur.

Nam quidam et illud, quod legitur in libro Salomonis, qui uocatur Ecclesiastes: *Quid est quod fuit? Ipsum quod erit. Et quid est quod factum est? Ipsum quod fiet; et non est omne recens sub sole. Qui loquetur et dicet: Ecce hoc nouum est: iam fuit saeculis quae fuerunt ante nos*, propter hos circuitus in eadem redeuntes et in eadem cuncta reuocantes dictum intellegi uolunt; quod ille aut de his rebus dixit, de quibus superius loquebatur, hoc est de generationibus aliis euntibus, aliis uenientibus, de solis anfractibus, de torrentium lapsibus; aut certe de omnium rerum generibus, quae oriuntur atque occidunt. Fuerunt enim homines ante nos, sunt et nobiscum, erunt et post nos; ita quaeque animantia uel arbusta. Monstra quoque ipsa, quae inusitata nascuntur, quamuis inter se diuersa sint et quaedam eorum semel facta narrentur, tamen secundum id, quod generaliter miracula et monstra sunt, utique et fuerunt et erunt, nec recens et nouum est, ut monstrum sub sole nascatur. Quamuis haec uerba quidam sic intellexerint, tamquam in praedestinatione Dei iam facta fuisse omnia sapiens ille uoluisset intellegi, et ideo nihil recens esse sub sole. Absit

---

[102] 직선적 시간관이 아니면 "영원한 행복"은 불가능하다는 지론으로 아우구스티누스는 영원회귀설을 극복하고자 한다. 회귀설은 인생에서 희망과 사랑을 박탈하는 허위(falsi circuitus a falsis fallacibusque comperti: "거짓되고 남을 기만하는 자들이 착상해낸 거짓 순환")라고 단언한다.

[103] 다음 성서 구절을 들어 만유회복설(ἀποκάταστασις)을 주창한 사람은 오리게네스였다: *De principiis* 1.4.5; 3.9.3.

[104] 전도 1,9-10.

[105] 이 구절을 예정이나 회귀 이론으로 해석한 인물이 누군지는 밝혀지지 않는다.

하면서도 매우 불행해지리라는 예감으로 두려워하는데 어떻게 참된 행복이 되겠는가? 그러나 영혼이 불행에서 행복으로 넘어가고, 더는 불행으로 되돌아오지 않는다고 해 보자. 그러면 시간 속에 새로운 무엇인가가 발생하기는 하는데 시간의 끝을 갖지 않는 무엇이 발생하는 것이다. 세계 역시 그렇게 되지 말라는 법이 있겠는가? 세계 속에 생겨난 인간 역시 그렇게 되지 말라는 법이 있겠는가? 이렇게 본다면 건실한 이론의 곧바른 여정을 통해서, 사람들은 거짓되고 남을 기만하는 자들이 착상해낸 거짓 순환을 피할 수 있을 것이다.[102]

14. 2. 전도서가 순환을 이야기한 것은 아니다

혹자는 솔로몬의 전도서에 나오는 구절을 제시할지도 모르겠다:[103] "과거에 있었던 것이 무엇인가? 앞으로 있을 일이다. 과거에 생긴 일은 무엇인가? 앞으로 생길 일이다. 하늘 아래 새로운 것은 전혀 없다. '보아라, 이것은 새로운 것이다!' 라고 말하더라도 그런 일은 우리보다 앞선 여러 세기에 있었던 일이다."[104] 모두가 똑같은 것으로 되돌아오는 순환 때문에, 모두가 똑같은 것을 상기시키는 순환 때문에 이 구절이 나온 것으로 이해하고 싶어하는 것이다. 내가 보기에 성서의 저자는 자기가 조금 전에 논했던 대로, 가는 세대들과 오는 세대들, 태양의 회귀, 또는 강물의 흐름에 대해 이런 말을 했거나, 그러지 않으면 생기하고 소멸하는 온갖 종류의 만물에 대해 이런 말을 했거나 둘 중의 하나다. 우리 전에도 사람들이 있었고, 지금 우리와 함께하는 사람들도 있으며, 또 우리 다음에도 사람들이 있을 것이다. 동물과 초목도 마찬가지다. 비정상적으로 태어나는 기형도 그렇다. 그것들은 다른 사물들과 매우 다르고, 또 어떤 것은 생전 처음 생긴 것이라는 말도 있지만, 그것들이 기적 혹은 기형이라고 일컫는 점에서 본다면 서로서로 일반적으로 유사하고, 이런 의미에서 기형이었다고 혹은 기형이라고 일컫는 일반적 현상에 해당한다. 그러니 태양 아래서 기형이 태어나더라도 새삼스럽고 새로운 일은 아니다. 물론 어떤 사람들은 성서의 그 구절에 대해 만사가 하느님의 예정에 의해 이미 이루어져 있고, 태양 아래 새로운 것은 아무것도 없다는 의미로 이해하고자 할지도 모른다.[105] 하지만 솔로몬의 그 말에 대해 동일한 사물이 시간과 시간을 통해 반복되는 순환을 의미한

autem a recta fide, ut his Salomonis uerbis illos circuitus significatos esse credamus, quibus illi putant sic eadem temporum temporaliumque rerum uolumina repeti, ut uerbi gratia, sicut isto saeculo Plato philosophus in urbe Atheniensi et in ea schola, quae Academia dicta est, discipulos docuit, ita per innumerabilia retro saecula multum quidem prolixis interuallis, sed tamen certis, et idem Plato et eadem ciuitas et eadem schola idemque discipuli repetiti et per innumerabilia deinde saecula repetendi sint. Absit, inquam, ut nos ista credamus. Semel enim Christus mortuus est pro peccatis nostris; *surgens* autem *a mortuis iam non moritur, et mors ei ultra non dominabitur*; et nos post resurrectionem semper cum Domino erimus, cui modo dicimus, quod sacer admonet Psalmus: *Tu, Domine, seruabis nos et custodies nos a generatione hac et in aeternum.* Satis autem istis existimo conuenire quod sequitur: *In circuitu impii ambulabunt*; non quia per circulos, quos opinantur, eorum uita est recursura, sed quia modo talis est erroris eorum uia, id est falsa doctrina.

다고 믿는다면, 바른 신앙에 비추어볼 때, 그런 믿음은 옳지 않다! 예를 들어, 어떤 세기에 철학자 플라톤이 아테네 도시의 아카데미아라고 불리는 학교에서 제자들을 가르쳤다. 그런데 무수한 세기를 거슬러올라가면, 물론 크고 일정한 시간 간격에서,[106] 동일한 플라톤, 동일한 도시, 동일한 학교, 동일한 제자들이 반복해서 나타난 적이 있으며, 또 무수한 세기를 사이에 두고 다시 반복해서 나타난다는 것이다. 내 말하거니와 우리가 이런 견해를 믿는다는 것은 당치도 않다.[107] 그리스도는 우리의 죄 때문에 한 번 죽었고 "죽은 이 가운데서 부활하신 그리스도께서 다시는 죽지 않으시며, 죽음이 더는 그분을 지배하지 못합니다."[108] 그리고 우리도 부활한 다음에는 "언제나 주님과 함께 있게 될 것입니다."[109] 우리가 지금 하는 말은 거룩한 시편에서도 언명하는 말이다: "주님, 당신께서 저희를 지켜주시고 저희를 이 세대로부터 영원히 보호하시리이다."[110] 뒤이어 나오는 "순환의 굴레 속은 불경스런 사람들이나 거닐 것입니다"[111]라는 구절은 그 사람들에게 딱 들어맞는 말이다. 그들이 상상하는 순환의 바퀴를 통해 그들의 삶이 되돌아오리라는 뜻에서 하는 말이 아니고, 지금 현재 그들이 걷는 오류의 길, 즉 거짓 학설이 바퀴처럼 순환논리에 걸린다는 뜻이다.[112]

---

[106] prolixis intervallis, sed tamen certis: 플라톤은 시간이 영원의 모상이고 수학적 가지성을 띤다고 보았으므로, 세대가 바뀌거나 세계가 다시 올 적에도 혼동이나 불확실성이 개입할 여지가 없는, 수학적으로 정확한 순환이 이루어지리라고 여겼다(*Timaeus* 38b).

[107] absit ut nos ista credamus: 앞에서와는 달리 논의 자체를 철학적으로 논구하지 않고 신앙의 명제, 그리스도가 "단 한 번" 죽었다는 구원사건의 일회성을 언급하는 것으로 그친다.

[108] 로마 6,9.

[109] 1데살 4,17.

[110] 시편 11[12],8.

[111] 시편 11,9: in circuitu impii ambulabunt. 〔새번역 12,9: "비록 악인들이 사방으로 쏘다니고 …."〕

[112] 아우구스티누스는 시편 구절에서 오히려 역사순환론자들이 빠지는 "순환의 바퀴"(per circulos) 혹은 "순환논리"(per circulos erroris)를 발견한다. 진리는 단순하여 직선적이고 오류는 왜곡으로 인해 순환의 쳇바퀴를 돈다.

15. Quid autem mirum est, si in his circuitibus errantes nec aditum nec exitum inueniunt? Quia genus humanum atque ista nostra mortalitas nec quo initio coepta sit sciunt, nec quo fine claudatur; quando quidem altitudinem Dei penetrare non possunt, qua, cum ipse sit aeternus et sine initio, ab aliquo tamen initio exorsus est tempora et hominem, quem numquam antea fecerat, fecit in tempore, non tamen nouo et repentino, sed inmutabili aeternoque consilio. Quis hanc ualeat altitudinem inuestigabilem uestigare et inscrutabilem perscrutari, secundum quam Deus hominem temporalem, ante quem nemo umquam hominum fuit, non mutabili uoluntate in tempore condidit et genus humanum ex uno multiplicauit? Quando quidem Psalmus ipse cum praemisisset atque dixisset: *Tu, Domine, seruabis nos et custodies nos a generatione hac et in aeternum*, ac deinde repercussisset eos, in quorum stulta impiaque doctrina nulla liberationis et beatitudinis animae seruatur aeternitas, continuo subiciens: *In circuitu impii ambulabunt*: tamquam ei diceretur: «Quid ergo tu credis, sentis, intellegis? Numquidnam existimandum est subito Deo placuisse hominem facere, quem numquam antea infinita retro aeternitate fecisset, cui nihil noui accidere potest, in quo mutabile aliquid non est?» Continuo respondit ad ipsum Deum loquens: *Secundum altitudinem tuam multiplicasti filios hominum*. Sentiant, inquit, homines quod putant, et quod eis placet opinentur et disputent: *Secundum altitudinem tuam*, quam nullus

---

[113] altitudinem Dei penetrare non possunt: 유한자인 인간 지성에 교부는 언제나 신비의 여지를 인정한다. 로마 11,33-35 참조.

[114] non tamen novo et repentino, sed immutabili aeternoque consilio: 시간의 창조와 더불어 신의 의지에서 발생하는 "변화" 역시 시비가 되었으므로 교부의 해명이 뒤따른다.

[115] Deus hominem temporalem condidit: "시간 속에서 만들었다"(hominem fecit in tempore)는 명제를 해명하여 시간이 인간의 한 차원임을 가리켜 "인간을 시간적 존재"라고 명명했다.

[116] 시편 11[12],8.

[117] 시편 11[12],8-9에 이어서 나오는 이 구절은 불가타본에만 나온다.

제3부 (15-28)
회귀설 논박: 인간의 유일회성과 원초적 선성

15. 시간 속의 인류 창조: 하느님은 새로운 계획이나 의지의 변화로 이 창조를 착상한 것이 아니다

　이런 순환에 걸려 방황하는 사람들이 입구ㅅㅁ도 출구ㅃㅁ도 찾아내지 못한들 무엇이 이상한가? 그들은 인류와 우리의 이 사멸할 운명이 어느 시원에서 비롯했고 어떤 종말로 결말을 볼지 알지 못한다. 사람들은 하느님의 깊이를 들여다 볼 수 없다.[113] 하느님은 영원하고 시작이 없는 분이면서도 당신의 깊은 뜻에서 시간이 어떤 시작을 갖고 생겨나게 했고, 전에는 만든 적이 없는 인간을 시간 속에서 만들었다. 그것도 새롭고 갑작스런 결심이 아니라 불변하고 영원한 결심으로.[114] 탐색할 수 없는 이 깊이를 누가 탐색하며 헤아릴 수 없는 이 깊이를 누가 헤아릴 수 있겠는가? 그 깊은 뜻으로 하느님은 인간을 시간적 존재로 만들었고,[115] 그 인간 이전에는 아무 인간도 존재하지 않았으며, 변하지 않는 의지로 시간 속에서 만들었고, 한 인간에게서 인류가 불어나게 했다. 앞서 인용한 시편 "주님, 당신께서 저희를 지켜주시고 저희를 이 세대로부터 영원히 보호하시리이다"[116]라는 구절에 뒤이어, 어리석고 불경스런 교설로 영혼에 영원한 해방과 행복을 지켜주지 못하는 사람들을 지탄하며 덧붙이는 말이 있다: "순환의 굴레 속은 불경스런 사람들이나 거닐 것입니다." 시편 작가는 마치 이런 질문을 받은 듯하다: "그래 당신은 어떻게 믿고 지각하고 이해하는가? 무한한 영원 속에서 이전에는 결코 만든 적이 없던 인간을 만들고 싶은 생각이 돌연히 하느님께 생겼다고 보아야 한다는 말인가? 그분에게는 새로운 일이 아무것도 일어날 수 없고, 그분에게는 가변적인 것이 아무것도 없는데." 이런 물음에 시편 작가는 하느님께 말씀드리는 듯한 말투로 즉각 이렇게 대답한다: "당신의 깊은 뜻에 따라 당신은 사람의 아들들이 많아지게 했나이다."[117] 그의 말은 이렇다: 인간들은 마음 내키는 대로 생각하도록 하라! 마음에 드는 대로 의견을 내놓고 토론도 하시라! 그러나 주님은 "당신의 깊은 뜻에 따라 사람의 아들들이 많아지게 했다".

potest nosse hominum, *multiplicasti filios hominum.* Valde quippe altum est et semper fuisse, et hominem, quem numquam fecerat, ex aliquo tempore primum facere uoluisse, nec consilium uoluntatemque mutasse.

16. Ego quidem sicut Dominum Deum aliquando dominum non fuisse dicere non audeo, ita hominem numquam antea fuisse et ex quodam tempore primum hominem creatum esse dubitare non debeo. Sed cum cogito cuius rei dominus semper fuerit, si semper creatura non fuit, adfirmare aliquid pertimesco, quia et me ipsum intueor et scriptum esse recolo: *Quis hominum potest scire consilium Dei, aut quis poterit cogitare quid uelit Dominus? Cogitationes enim mortalium timidae et incertae adinuentiones nostrae. Corruptibile enim corpus adgrauat animam, et deprimit terrena inhabitatio sensum multa cogitantem.* Ex his igitur, quae in hac terrena inhabitatione multa cogito (ideo utique multa, quia unum, quod ex illis uel praeter illa, quod forte non cogito, uerum est, inuenire non possum), si dixero semper fuisse creaturam, cuius dominus esset, qui semper est dominus nec dominus umquam non fuit; sed nunc illam, nunc aliam per alia atque alia temporum spatia, ne aliquam Creatori coaeternam esse dicamus, quod fides ratioque sana condemnat: cauendum est, ne sit absurdum et a luce ueritatis alienum mortalem quidem per uices temporum semper

---

[118] 영원한 창조(creatio ab aeterno)에 맞서 시간 속의 창조(creatio in tempore)를 12.18.2에서 다시 거론한다.

[119] 앞과는 다른 질문이 제기된다. 하느님이 항상 "주님"(주인은 거느릴 가솔이 있어야 한다)이라면 천사와 인간 같은 피조물이 항상 존재하지 않았다는 것이 어찌 가능한가? 교부는 역사 순환론을 사변적으로 정확하게 붕괴시키지 못하더라도, 어느 피조물도 신과 더불어 영원하지는(coaeterna) 못하다는 전제는 고수한다.

[120] 지혜 9,13-15.

그 깊은 뜻은 어떤 인간도 알 길이 없다. 참으로 깊고 항상 그러하다. 하느님은 전에는 결코 만든 적이 없었는데 어떤 시간에 최초의 인간을 만들기를 원했다. 그렇다고 당신의 결심과 의지를 바꾼 것은 절대 아니다.[118]

16. 하느님은 항상 주님이기 때문에 그분이 지배할 피조물이 존재하지 않던 때란 없었다고 믿어야 하는가: 항상 창조되어 있었다면서도 하느님과 함께 영원하지는 않았다는 설명이 어떻게 가능한가

16. 1. 하느님은 항상 주님이다

나는 주 하느님이 어느 시점에서는 주님이 아니었다는 말은 감히 하지 못한다. 그와 마찬가지로 나는 인간이 전에는 결코 존재하지 않다가 어느 시점에 최초의 인간이 창조되었다는 것을 의심하지 않는다. 그런데 피조물이 항상 존재하지 않았는데도 하느님이 항상 어떤 사물의 주님이었을까를 생각하면 선뜻 이런 주장을 내놓기가 염려스러워진다.[119] 나 자신을 들여다보면 다음과 같이 기록된 말씀이 떠오르는 까닭이다: "누가 하느님의 의도를 알 수 있으며, 누가 주님이 무엇을 원하시는지 헤아릴 수 있겠습니까? 사멸할 인간들의 생각은 망설여지며 우리의 의도는 확실치 않습니다. 썩어 없어질 육체는 영혼을 내리누르고 이 세상살이는 온갖 생각을 일으켜 마음을 내리누릅니다."[120] 이 세상살이에서 내가 일으키는 온갖 생각 가운데서(생각은 많지만 그것들 중에서 하나나 그것들 외에 어느 하나, 또는 아마도 내가 생각하지도 못하는 어느 하나가 참일 텐데 그 하나가 무엇인지 나는 발견하지 못하고 있다!) 하나를 꼽아 피조물이 항상 존재해 왔다고 말해 보자. 그러면 마땅히 항상 주님이었고 한 번도 주님이 아니었던 적이 없는 분이 그 피조물의 주님이어야 한다. 시간의 이러저런 배당에 준해서 이때는 이 피조물이 존재하고 저때는 저 피조물이 존재한다고 해야 한다. 그가운데 어느 것도 창조주와 더불어 영원하다고 말해서는 안 되겠는데, 신앙도 건전한 이성도 그 점을 배척하는 바이다. 이럴 경우에 다음과 같은 생각을 해서 자가당착에 빠지는 일이 없도록, 또 진리의 빛에서 멀어지는 일이 없도록 조심해야 한다. 즉, 한편으로는, 시간이 번갈아 오는 가운데 사멸하는

fuisse creaturam, decedentem aliam, aliam succedentem; inmortalem uero non esse coepisse, nisi cum ad nostrum saeculum uentum est, quando et angeli creati sunt, si eos recte lux illa primum facta significat aut illud potius caelum, de quo dictum est: *In principio fecit Deus caelum et terram*, cum tamen non fuerint, antequam fierent, ne inmortales, si semper fuisse dicuntur, Deo coaeterni esse credantur. Si autem dixero non in tempore creatos angelos, sed ante omnia tempora et ipsos fuisse, quorum Deus dominus esset, qui numquam nisi dominus fuit: quaeretur a me etiam, si ante omnia tempora facti sunt, utrum semper potuerint esse qui facti sunt. Hic respondendum forte uideatur: Quo modo non semper, cum id, quod est omni tempore, non inconuenienter semper esse dicatur? Vsque adeo autem isti omni tempore fuerunt, ut etiam ante omnia tempora facti sint; si tamen a caelo coepta sunt tempora, et illi iam erant ante caelum. At si tempus non a caelo, uerum et ante caelum fuit; non quidem in horis et diebus et mensibus et annis (nam istae dimensiones temporalium spatiorum, quae usitate ac proprie dicuntur tempora, manifestum est quod a motu siderum coeperint; unde et Deus, cum haec institueret, dixit: *Et sint in signa et in tempora et in dies et in annos*), sed in aliquo mutabili motu, cuius aliud prius, aliud posterius praeterit, eo quod simul esse non possunt; — si ergo ante caelum in angelicis motibus tale aliquid fuit et ideo tempus iam fuit atque angeli, ex quo facti sunt, temporaliter moue-

---

[121] semper est, quod omni tempore est: aeternus(영원한), sempiternus(영원무궁한), perpetuus(영구한: "시작은 있고 끝은 없는"), semper("모든 시간에 존재하는") 등의 용어가 본서에 혼재한다.

[122] 창세 1,14. 〔공동번역: "절기와 나날과 해를 나타내는 표가 되어라!"〕

[123] 아리스토텔레스 이래로 시간은 운동의 측정기준으로 "먼저"와 "다음"의 개념을 포함했다(*Physica* 219b - 220a). 그런데 신의 창조행위에는 "먼저"라는 개념이 없고, 불사불멸의 존재들이 영원으로 들어가는 데는 "다음"이라는 개념이 없다.

[124] si in angelicis motibus tale aliquid fuit: 시간의 "먼저"와 "다음"을 포함한 가변적 운동이 천사들에게 있었을 경우를 가정한다. Cf. *De Genesi ad litteram* 8.20.39.

피조물이 항상 존재했다고, 한 피조물이 물러가고 다른 피조물이 뒤를 이으면서 사멸하는 피조물이 항상 존재했다고 생각하는 일이다. 다른 한편은, 우리 세기에 도달하여 천사들이 창조된 그 세기에 오기까지는 불사불멸하는 피조물이 존재한 적이 없다고 생각하는 것이다. 최초로 창조된 저 빛이 천사들을 의미한다는 말이 옳다면, 혹은 "태초에 하느님께서 하늘과 땅을 만드셨다"는 구절에 나오는 저 하늘이 천사들을 의미한다는 말이 옳다면, 천사는 창조받기 전에는 결코 존재하지 않았을 것이다. 그래야 천사가 불사불멸하는 존재로서 항상 존재했다고 하더라도 하느님과 더불어 영원하다고 믿는 일이 없게 된다. 그 대신 천사들이 시간 속에 창조된 것이 아니고 모든 시간에 앞서 존재했다고 말한다 해도, 그렇더라도 한 번도 주님이 아니었던 적이 없는 분이 여전히 그들의 주님이었을 것이다. 그러면 천사들이 모든 시간에 앞서 창조되었다 하더라도, 일단 창조된 이상, 과연 그들이 항상 존재할 수 있었겠느냐는 질문이 나에게 제기될 법하다.[121] 이때는 혹시 이렇게 대답해야 할지 모르겠다. 모든 시간에 걸쳐 존재하는 사물에 대해 항상 존재한다고 말하는 것이 부적합하지 않다면, 그들이 항상 존재해 왔다고 말하지 못할 이유가 없지 않은가? 천사들은 모든 시간에 걸쳐 존재했으므로, 모든 시간에 앞서 창조되었을 것이다. 만일 하늘과 더불어 시간이 시작되었다면 그들은 하늘에 앞서 이미 존재했을 것이다. 그러나 시간이 하늘과 더불어 시작하지 않고 하늘보다 앞서 존재했다고 해 보자. 그러면 내가 말하는 시간이란 시각, 날, 달 그리고 해 같은 단위에 의해 구성되는 것이 아니리라. (시간적 간격의 이 단위들은 관습에 따라 또 그냥 시간이라고 부르는 것들이다. 그런데 이런 단위들은 성좌의 운동에서 시작된 것이 분명하다. 하느님이 성좌들을 창조할 때 한 말씀이 있기 때문이다: "시간과 나날과 해를 나타내는 표가 되어라!")[122] 오히려 어떤 가변적인 운동과 결부된 시간이리라. 그 운동에서는 어느 것은 먼저, 어느 것은 다음에 지나가게 되어 있으며 결코 동시에 함께 존재할 수 없다.[123] 따라서 만일 하늘이 생기기 전에 천사적 운동에 무언가가 있었다면,[124] 그래서 시간이 이미 있었다면, 시간에서 창조된 천사들은 시간적으로 움직이고 있었을 것이다. 그렇다면 천사들과 더불어

bantur: etiam sic omni tempore fuerunt, quando quidem cum illis facta sunt tempora. Quis autem dicat: Non semper fuit, quod omni tempore fuit?

Sed si hoc respondero, dicetur mihi: Quo modo ergo non coaeterni creatori, si semper ille, semper illi fuerunt? Quo modo etiam creati dicendi sunt, si semper fuisse intelleguntur? Ad hoc quid respondebitur? An dicendum est et semper eos fuisse, quoniam omni tempore fuerunt, qui cum tempore facti sunt, aut cum quibus facta sunt tempora, et tamen creatos? Neque enim et ipsa tempora creata esse negabimus, quamuis omni tempore tempus fuisse nemo ambigat. Nam si non omni tempore fuit tempus, erat ergo tempus, quando nullum erat tempus. Quis hoc stultissimus dixerit? Possumus enim recte dicere: Erat tempus, quando non erat Roma; erat tempus, quando non erat Hierusalem; erat tempus, quando non erat Abraham; erat tempus, quando non erat homo, et si quid huius modi; postremo si non cum initio temporis, sed post aliquod tempus factus est mundus, possumus dicere: Erat tempus, quando non erat mundus; at uero: Erat tempus, quando nullum erat tempus, tam inconuenienter dicimus, ac si quisquam dicat: Erat homo, quando nullus erat homo, aut: Erat iste mundus, quando iste non erat mundus. Si enim de alio atque alio intellegatur, potest dici aliquo modo, hoc est: Erat alius homo, quando non erat iste homo; sic ergo: Erat aliud tempus, quando non erat hoc tempus, recte possumus dicere; at uero: Erat tempus, quando nullum erat tempus, quis uel insipientissimus dixerit? Sicut ergo dicimus creatum

---

[125] erat tempus, quando nullum erat tempus: "아무 시간도 존재하지 않던 때가 있었다"는 우리 문장이 라틴어상으로는 "시간이 존재하지 않던 때 시간은 존재하고 있었다"로 되어 논리적 모순이 더 선명해진다.

시간이 생겼을 테니까 천사들은 모든 시간에 존재한 셈이다. 모든 시간에 걸쳐 존재했던 것이 항상 존재한 것은 아니라는 말을 누가 할 수 있겠는가?

16. 2. 천사들은 항상 주님을 섬겼다, 다만 시간 속에서

그런데 내가 이렇게 대답하면 나에게 다음과 같은 반문이 제기될 수 있다: "창조주가 항상 존재했고 천사들도 항상 존재했다면 왜 천사들이 창조주와 더불어 영원하지 않다는 말인가? 또 항상 존재했던 것으로 이해한다면 어째서 천사들에 대해 창조되었다고 말해야 하는가? 이런 물음에는 뭐라고 답할 것인가? 시간과 더불어 창조되기는 했지만 그들이 모든 시간에 있었으니까 항상 있었다고 말해야 하는가? 그렇지 않으면 천사들과 더불어 시간이 창조되었으므로 그들도 창조되었다고 말해야 하는가?" 모든 시간에 시간이 존재했음은 아무도 의심하지 않겠지만, 시간 자체도 창조되었음을 부인하지는 않겠다. 모든 시간에 시간이 존재하지 않았다면, 아무 시간도 존재하지 않던 때 시간이 존재했다는 말이 된다. 사람이 얼마나 어리석으면 이런 말까지 하겠는가? 그러므로 우리가 "로마가 존재하지 않던 때 시간은 존재했다. 예루살렘이 존재하지 않던 때 시간은 존재했다. 아브라함이 존재하지 않던 때 시간은 존재했다. 인간이 존재하지 않던 때 시간은 존재했다" 등등 말한다면 그것은 지극히 옳은 말이다. 시간의 시작과 더불어가 아니고 어느 정도 시간이 지난 다음에 세계가 창조되었다고 한다면 우리는 이런 말까지 할지 모른다: "세계가 존재하지 않던 때도 시간은 존재했다!" 하지만 "아무 시간도 존재하지 않던 때 시간은 존재했다"라고 한다면 무척 어색한 말이 된다.[125] 이것은 마치 "사람이 아무도 존재하지 않던 때 사람은 존재했다"라거나, "이 세계가 존재하지 않던 때 이 세계는 존재했다"라는 말과 같다. 물론 이 개체와 저 개체 각각에 대해 이해할 수 있는 말이라면 말을 다른 식으로 바꾸어 얘기할 수는 있다: "이 사람이 존재하지 않던 때 다른 사람은 존재했다." 이와 똑같이 "이 시간이 존재하지 않던 때 다른 시간은 존재했다"는 말도 괜찮다. 그렇지만 "아무 시간도 존재하지 않던 때 시간은 존재했다"는 말은 사람이 아무리 어리석어도 할 수 없는 말이 아닌가? 그러므로 시간이 창조되었다고 하면서도 모든 시간에 걸쳐 시간이 존재했으므로 시간은 항

tempus, cum ideo semper fuisse dicatur, quia omni tempore tempus fuit: ita non est consequens, ut, si semper fuerunt angeli, ideo non sint creati, ut propterea semper fuisse dicantur, quia omni tempore fuerunt, et propterea omni tempore fuerunt, quia nullo modo sine his ipsa tempora esse potuerunt. Vbi enim nulla creatura est, cuius mutabilibus motibus tempora peragantur, tempora omnino esse non possunt; ac per hoc etsi semper fuerunt, creati sunt, nec si semper fuerunt, ideo Creatori coaeterni sunt. Ille enim semper fuit aeternitate inmutabili; isti autem facti sunt; sed ideo semper fuisse dicuntur, quia omni tempore fuerunt, sine quibus tempora nullo modo esse potuerunt; tempus autem quoniam mutabilitate transcurrit, aeternitati inmutabili non potest esse coaeternum. Ac per hoc etiamsi inmortalitas angelorum non transit in tempore, nec praeterita est quasi iam non sit, nec futura quasi nondum sit: tamen eorum motus, quibus tempora peraguntur, ex futuro in praeteritum transeunt, et ideo Creatori, in cuius motu dicendum non est uel fuisse quod iam non sit, uel futurum esse quod nondum sit, coaeterni esse non possunt.

Quapropter si Deus semper dominus fuit, semper habuit creaturam suo dominatui seruientem; uerum tamen non de ipso genitam, sed ab ipso de nihilo factam nec ei coaeternam; erat quippe ante illam, quamuis nullo tempore sine illa; non eam spatio transcurrente, sed manente perpetuitate praecedens. Sed hoc si respondero eis qui requirunt, quo modo semper creator, semper dominus fuit, si creatura seruiens non semper fuit; aut quo modo creata est et non potius creatori coaeterna est, si semper fuit: uereor

---

[126] ubi nulla creatura ... tempora omnino esse non possunt. 교부가 보는 시간은 피조물의 존재론적 차원에 해당한다(앞의 각주 115 참조). 조금 아래 나오듯이 "시간이란 (피조물의) 가변성을 타고 흐르는 것"(tempus autem mutabilitate transcurrit)이다.

[127] immortalitas angelorum non transit in tempore: 천사들이 피조물이고, 피조계와 더불어 시간이 존재했으므로 천사들이 시간 속에 존재한다고 하더라도 천사들이 시간의 선후를 타고 변전하는 것은 아니다.

[128] "항상 존재했다면 신과 더불어 영원했다(coaeternum)"는 논리에 교부는 불변하는 사물만 신과 더불어 영원하다고 답한다. 천사들은 불멸하지만 가변적 피조물이다.

[129] 영원은 시간 밖의 개념이지만 모든 시간을 내포한다. 시간의 모든 순간이 영원 속에 동시적으로 존재하는 까닭에(Confessiones 1.6.10) 주님에게는 항상 거느릴 피조물이 있었다고 해야 한다.

상 있었다고 말할 수 있다. 따라서 천사들이 항상 존재했더라도 그들은 창조된 것이 아니라는 결론은 나오지 않는다. 다만 천사들이 모든 시간에 존재하고 있었으므로 천사들은 항상 존재하고 있었다고는 말할 수 있다. 또한 천사들 없이는 아무 시간도 존재할 수 없었으므로 천사들은 모든 시간에 존재하고 있었다고도 말할 수 있다. 아무 피조물도 존재하지 않는 곳에 시간은 전혀 존재할 수 없다![126] 그 피조물의 가변적 운동에 의해 시간이 전개되기 때문이다. 바로 그래서 천사들이 항상 존재했더라도 그들은 창조되었다! 그리고 항상 존재했더라도 창조주와 더불어 영원한 것은 아니다! 창조주는 불변하는 영원성 안에서 항상 존재했다. 천사들은 창조되었다. 그러면서도 항상 존재했다고 말하는데 그것은 모든 시간에 존재했기 때문이고, 그들 없이 시간이란 도저히 존재할 수 없기 때문이다. 무릇 시간이란 가변성을 타고 흐르는 것이므로 불변하는 영원성과 더불어 영원할 수는 없다. 그렇다고 천사들의 불사불멸성이 시간 속에 유전하는 것은 아니다.[127] 과거에 이미 지나가서 더는 존재하지 않는다거나 미래에 닥칠 것이라 아직 존재하지 않는 그런 존재가 아니다. 그렇지만 천사들의 운동은 (그 운동에 의해 시간이 전개되므로) 미래에서 과거로 지나간다. 따라서 천사들은 창조주와 더불어 영원할 수 없다. 창조주의 운동에서는 이미 존재하지 않는 것이 존재했다거나 아직 존재하지 않는 것이 존재하리라는 언어를 사용해서는 안 되기 때문이다.[128]

16. 3. 인간 이성은 시간을 영원과 비교하지 못한다

그러므로 만일 하느님이 항상 주님이었다면 당신의 주권을 섬길 피조물을 항상 거느리고 있었을 것이다.[129] 하지만 피조물은 그분으로부터 출생出生한 것이 아니고 그분에 의해 무에서 창조되었으며 그분과 더불어 영원하지 않다. 그분은 피조물보다 먼저 존재하고 있었다. 피조물이 없었으므로 아무 시간도 없었고 따라서 시간 없이 존재하고 있었다. 시간 간격으로 피조물을 초월하여 존재한 것이 아니고 항구한 영속성으로 피조물에 앞서 존재하고 있었다. 당신을 섬길 피조물이 항상 존재하지 않았다면 하느님이 어떻게 항상 창조주였고 항상 주님이었느냐, 또 천사 같은 피조물이 항상 존재했다면 창조되었으면서도 왜 창조

ne facilius iudicer adfirmare quod nescio, quam docere quod scio. Redeo igitur ad id, quod creator noster scire nos uoluit; illa uero, quae uel sapientioribus in hac uita scire permisit uel omnino perfectis in alia uita scienda seruauit, ultra uires meas esse confiteor. Sed ideo putaui sine adfirmatione tractanda, ut qui haec legunt uideant a quibus quaestionum periculis debeant temperare, nec ad omnia se idoneos arbitrentur potiusque intellegant quam sit apostolo obtemperandum praecipienti salubriter, ubi ait: *Dico autem per gratiam Dei quae data est mihi omnibus qui sunt in uobis, non plus sapere quam oportet sapere, sed sapere ad temperantiam, unicuique sicut Deus partitus est mensuram fidei.* Si enim pro uiribus suis alatur infans, fiet, ut crescendo plus capiat; si autem uires suae capacitatis excedat, deficiet antequam crescat.

17. Quae saecula praeterierint antequam genus instrueretur humanum, me fateor ignorare; non tamen dubito nihil omnino creaturae Creatori esse coaeternum. Dicit etiam apostolus tempora aeterna, nec ea futura, sed, quod magis est mirandum, praeterita. Sic enim ait: *In spem uitae aeternae, quam promisit non mendax Deus ante tempora aeterna; manifestauit autem temporibus suis uerbum suum.* Ecce dixit retro quod fuerint tempora aeterna, quae tamen non fuerint Deo coaeterna, si quidem ille ante tem-

---

[130] 시간이라는 난해한 주제를 두고 교부는 진중하고 겸손한 태도를 보인다.

[131] 로마 12,3.

[132] 여기서 교부는 "이해하고 싶으면 믿으라!"(crede ut intellegas)는 유명한 명제를 도입할 것이다 (12.18.2 참조).

[133] 디도 1,2-3. 불가타본에는 tempora saecularia라고 나온다.

[134] tempora aeterna: 신의 영원과 대조하여 "영원한 시간"이란 모순된 개념이지만, "모든 시간에 앞서" 혹은 "이전에 아무 시간도 없었다"는 의미로 교부에 의해 구사된다(*De Genesi contra Manichaeos* 1.2.4; *Contra Priscillianistas et Origenistas* 5.6; *De diversis quaestionibus 83,* 72).

주와 더불어 영원해서는 안 되느냐고 나에게 묻는 사람들이 있다. 이렇게 묻는 사람들에게 이리저리 답변하다가 나는 아는 바를 가르치는 사람이라기보다는 본인이 알지도 못하는 것을 주장하는 사람으로 여겨질까 두렵다.[130] 그래서 나는 우리 창조주가 우리에게 알려주고 싶어했던 그 가르침으로 돌아가겠다. 이승에서 좀더 지혜로운 사람들만 알도록 허락된 사안이라든가, 완성에 이른 사람들이 다음 생에 가서야 알도록 유보된 사안들은 내가 다루기에는 힘에 부치는 문제라고 자백하는 바이다. 나는 단지 나의 글을 읽는 사람들이 이런 문제들이 안고 있는 위험성을 깨닫고, 자기 자신이 아무 문제나 죄다 다루기에 적합한 인물이라고 여기는 일이 없게 하려는 뜻에서 뚜렷한 주장을 내세우지 않고 그냥 문제들을 서술하는 데 그쳐야겠다고 생각했다. 그리고 다음과 같이 명하는 사도의 말에 순종하는 것이 매우 유익한 것임을 깨달았으면 한다: "나에게 주어진 은총에 힘입어 여러분 모두에게 말합니다. 마땅히 생각해야 할 것을 벗어나 분수에 넘치는 생각을 하지 말고 하느님이 각자에게 나누어 주신 믿음의 몫에 따라 건전한 생각을 품으시오."[131] 어린이가 자기 힘에 맞게 양육된다면 자라면서 더 많은 것을 파악하게 될 것이다. 하지만 그의 힘에 부치도록 지나치게 한다면 자라기 전에 탈진해 버릴 것이다.[132]

17. 영원한 시간 전에 하느님이 인간에게 언약한 영원한 생명을 어떻게 이해할 것인가

인류가 창조되기 전에 얼마나 많은 세기가 흘러갔는지는 나도 모른다. 내가 의심하지 않는 것은 피조물의 그 무엇도 창조주와 더불어 영원하지는 않다는 점이다. 사도도 영원한 시간을 언급하는데, 그것도 미래의 시간이 아니고 놀랍게도 과거의 시간이다. 그는 이런 말을 한다: "이것은 영원한 생명에 대한 희망에 의거한 것입니다. 이 생명은 거짓이 없으신 하느님께서 영원한 시간에 앞서 약속하신 것입니다. 마침내 하느님께서는 당신의 때에 당신의 말씀을 드러내셨습니다."[133] 과거로 돌이켜 영원한 시간이 있다고 말한 것이다.[134] 다만 그것이 하느님과 더불어 영원한 것은 아니다. 그분은 영원한 시간 이전에 존재했을

pora aeterna non solum erat, uerum etiam promisit uitam aeternam, quam manifestauit temporibus suis, id est congruis, quid aliud quam Verbum suum? Hoc est enim uita aeterna. Quo modo autem promisit, cum hominibus utique promiserit, qui nondum erant ante tempora aeterna, nisi quia in eius aeternitate atque in ipso Verbo eius eidem coaeterno iam praedestinatione fixum erat, quod suo tempore futurum erat?

18. Illud quoque non dubito, antequam homo primus creatus esset, numquam quemquam fuisse hominem; nec eundem ipsum nescio quibus circuitibus nescio quotiens reuolutum, nec alium aliquem natura similem. Neque ab hac fide me philosophorum argumenta deterrent, quorum acutissimum illud putatur, quod dicunt nulla infinita ulla scientia posse conprehendi; ac per hoc Deus, inquiunt, rerum quas facit omnium finitarum omnes finitas apud se rationes habet; bonitas autem eius numquam uacua fuisse credenda est, ne sit temporalis eius operatio, cuius retro fuerit aeterna cessatio, quasi paenituerit eum prioris sine initio uacationis ac propterea sit operis adgressus initium; et ideo necesse est, inquiunt, eadem semper repeti eademque semper repetenda transcurrere, uel manente mundo mutabiliter, qui licet numquam non fuerit et sine initio temporis tamen factus est, uel eius quoque ortu et occasu semper illis circuitibus repetito

---

[135] 피타고라스나 아리스토텔레스의 이론에서 "무한자"(ἄπειρον, infinitum)는 (아직) "규정되지 않은"(indeterminatum) 소극적 개념이었고, 바실리우스 이래의 그리스도교 철학은 "제한을 받지 않는" 적극적 개념으로 통했다(11.30; 12.18 참조).

[136] 신 안에도 유한자들의 유한한 이념들만 존재하므로, 영원한 시간 속에서라면 유한자들의 무한한 반복이 있어야 한다는 결론이 나온다.

뿐 아니라 영원한 생명을 언약했고, 당신의 때, 즉 적절한 때에 그 생명을 드러냈는데, 그것은 당신의 말씀이 아니고 무엇이겠는가? 이 말씀이 영원한 생명이다. 그 약속은 응당 사람들에게 했을 약속인데 영원한 시간 이전에 사람들은 아직 존재하지도 않았으니까 그럼 어떻게 약속을 했겠는가? 당신의 영원 속에서, 당신과 더불어 영원한 그 말씀 안에서 예정豫定에 의거하여 확정되었고, 그것은 당신의 때가 되면 장차 이루어질 것이 아니었을까?

18. 하느님의 업적은 영원으로부터 반복되며 동일한 순환을 거쳐 항상 되돌아온다고 주장하는 사람들의 논리에 맞서서, 하느님의 불변하는 계획과 의지에 대한 건실한 신앙을 어떻게 지킬 것인가

18. 1. 회귀하는 시간의 순환

최초의 인간이 창조되기 전에 결코 어떤 인간도 존재하지 않았다는 사실을 나는 의심하지 않는다. 동일한 인간이 어떤 순환들을 거쳤는지, 몇 번이나 회귀했는지, 그 인간과 유사한 본성을 갖춘 다른 존재가 존재하는지 등에 대해 나는 믿지 않는다. 철학자들의 논지도 내가 이런 신념을 갖는 것을 막지는 못한다. 그 논지들 가운데 무한자는 어떠한 지식에도 포함될 수 없다는 논리는 아주 예리한 것으로 여겨지고 있다.¹³⁵ 그들은 이렇게 말한다: 하느님이 만드는 모든 유한한 사물들에 대해 당신 안에 간직하고 있는 것들은 어디까지나 모두 유한한 이념들이다. 하지만 그분의 선성善性이 무위無爲한 상태로 있었던 적은 한 번도 없었다고 믿어야 한다. 그래야 그분의 작업이 시간적 작업이 되지 않을 것이다. 그분의 작업 이전에는 영원한 무위가 있었고, 그러다가 시작도 없는 이전의 한가함을 마치 후회라도 하듯 작업을 개시했다는 식으로 말해서는 안 된다는 것이다. 그들의 말에 따르면, 똑같은 일이 항상 반복되고, 그 똑같은 일이 영원히 반복되면서 흘러가는 것은 필연적이다.¹³⁶ 이런 경우는 둘 중의 하나인데, 하나는 세계가 이런 변전을 겪으면서도 그대로 항속하는 경우다. 이런 경우, 세계는 존재하지 않았던 적이 결코 없어야 하고, 시간의 시작이 없으면서도 창조되었어야 한다. 다른 하나는 순환들 속에서 세계의 생성과 소멸이

semperque repetendo; ne uidelicet, si aliquando primum Dei opera coepta dicuntur, priorem suam sine initio uacationem tamquam inertem ac desidiosam et ideo sibi displicentem damnasse quodam modo atque ob hoc mutasse credatur; si autem semper quidem temporalia, sed alia atque alia perhibetur operatus ac sic aliquando etiam ad hominem faciendum, quem numquam antea fecerat, peruenisse, non scientia, qua putant non posse quaecumque infinita conprehendi, sed quasi ad horam, sicut ueniebat in mentem, fortuita quadam inconstantia uideatur fecisse quae fecit. Porro si illi circuitus admittantur, inquiunt, quibus uel manente mundo uel ipso quoque reuolubiles ortus suos et occasus eisdem circuitibus inserente eadem temporalia repetuntur, nec ignauum otium, praesertim tam longae sine initio diuturnitatis, Deo tribuitur, nec inprouida temeritas operum suorum; quoniam si non eadem repetantur, non possunt infinita diuersitate uariata ulla eius scientia uel praescientia conprehendi.

Has argumentationes, quibus impii nostram simplicem pietatem, ut cum illis in circuitu ambulemus, de uia recta conantur auertere, si ratio refutare non posset, fides inridere deberet. Huc accedit, quod in adiutorio Domini Dei nostri hos uolubiles circulos, quos opinio confingit, ratio manifesta confringit. Hinc enim maxime isti errant, ut in circuitu falso ambulare quam uero et recto itinere malint, quod mentem diuinam omnino inmutabilem, cuiuslibet infinitatis capacem et innumera omnia sine cogitationis alternatione numerantem, de sua humana mutabili angustaque metiuntur;

---

[137] 유한자들이 영원한 시간에 들어가려면 숫자가 무한해야 하고, 무한자는 인식되지 않으므로 신도 일정한 지식을 갖고서 만물을 창조한 것이 아니라는 궤변이 나온다.

[138] "이해하기 위해 믿는다"고 하더라도 먼저 믿어야 한다. 신앙의 직관으로 신의 불변성과 사물의 "새로운" 창조를 파악하면 그것이 아주 합리적이라는 깨달음에 이를 것이다.

[139] infinitatis capacem et innumera omnia sine cogitationis alternatione numerantem: 상대방의 견해와는 반대로, 긍정적 "무한자"는 신의 고유한 인식대상이다. 인간 지성의 경우 정수(整數) 하나하나마다 사유가 옮겨가면서 사고해야 하지만 신의 지성은 무한수를 단번에 파악한다.

항상 반복되는 경우이다. 그렇지 않고 어느 시점에서 하느님의 사업이 시작되었다고 말한다면, 하느님이 이전의 한가함(그것은 시작도 없는 것이었다)을 나태하고 안일한 짓으로 보고 당신의 마음에 들지 않아 여러 면에서 못마땅하게 생각하여 마음을 바꾸었다고 믿어야 한다. 이와는 달리 하느님이 항상 시간적 사물들을 만들어낸다고 가정해 보자. 그리하여 하나 다음에 다른 하나를 만드는 식으로 작업을 했고, 그러다가 전에는 한 번도 만들지 않았던 인간을 만들기에 이르렀다고 가정해 보자. 그렇더라도 하느님이 일정한 지식을 갖고 인간을 창조한 것은 아닐 것이다. 철학자들 말대로 무한자는 어떠한 지식에도 포함되지 않기 때문이다.[137] 따라서 당신이 만든 것들은 그냥 어떤 시각에 아무렇게나 머리에 떠오르는 대로 만들었거나, 우발적으로 일관성 없이 만들었을 것이다. 다른 한편으로 그들은 이렇게 말한다: 만일 순환을 인정한다면 세계가 항속하면서 시간적 사물들이 반복되든, 또는 세계가 유전하는 생기와 소멸을 나름대로 그 순환 속에 도입하는 가운데 시간적 사물들이 반복되든, 적어도 나태하고 게으른 무위의 책임을 하느님께 돌리지 않아도 된다. 그 무위의 기간이 시작도 없고 매우 오래 지속된 경우라면 더욱 그렇다. 또 하느님이 당신 작업을 돌연히 자의恣意로 시작했다는 비난도 면할 수 있다. 동일한 것들이 반복되는 현상이 아니라면, 무한히 다양하게 바뀌는 현상들은 하느님의 지식이나 예지豫知로도 포착할 수 없었을 것이기 때문이다.

18.2. 하느님의 지성은 불변하므로 시간의 회귀는 배격되어야 한다

불경스런 자들이 우리의 소박한 신심信心을 바른 길에서 벗어나게 만들어 우리를 자기들과 더불어 순환의 굴레 속에서 거닐게 만들려고 애쓰는 이 논리들을 설령 이성이 반박하지는 못하더라도 적어도 신앙은 이를 비웃고 넘어가야 한다. 여기서 우리 주 하느님의 도움으로 그들의 사상이 꾸며낸, 이 회귀하는 바퀴들을 확연한 이성으로 파괴하기에 이른다.[138] 그들은 똑바른 직로直路를 거닐기보다는 거짓 회로回路 속을 거니는 것을 더 좋아할 만큼 크게 잘못하고 있다. 신적 지성은 불변하는 것이므로 어떠한 무한성도 수용할 능력이 있고 사유의 시간적 교차 없이 모든 무한수를 계산할 수 있는데도[139] 그들은 자신들의 가변

et fit illis quod ait apostolus: *Comparantes* enim *semet ipsos sibimet ipsis non intellegunt*. Nam quia illis quidquid noui faciendum uenit in mentem, nouo consilio faciunt (mutabiles quippe mentes gerunt): profecto non Deum, quem cogitare non possunt, sed semet ipsos pro illo cogitantes, non illum, sed se ipsos, nec illi, sed sibi comparant. Nobis autem fas non est credere, aliter affici Deum cum uacat, aliter cum operatur; quia nec affici dicendus est, tamquam in eius natura fiat aliquid, quod ante non fuerit. Patitur quippe qui afficitur, et mutabile est omne quod aliquid patitur. Non itaque in eius uacatione cogitetur ignauia desidia inertia, sicut nec in eius opere labor conatus industria. Nouit quiescens agere et agens quiescere. Potest ad opus nouum non nouum, sed sempiternum adhibere consilium; nec paenitendo, quia prius cessauerat, coepit facere quod non fecerat. Sed et si prius cessauit et posterius operatus est (quod nescio quem ad modum ab homine possit intellegi): hoc procul dubio, quod dicitur prius et posterius, in rebus prius non existentibus et posterius existentibus fuit; in illo autem non alteram praecedentem altera subsequens mutauit aut abstulit uoluntatem, sed una eademque sempiterna et inmutabili uoluntate res, quas condidit, et ut prius non essent egit, quamdiu non fuerunt, et ut posterius essent, quando esse coeperunt, hinc eis, qui talia uidere possunt, mirabiliter fortassis ostendens, quam non eis indiguerit, sed eas gratuita bonitate condiderit, cum sine illis ex aeternitate initio carente in non minore beatitate permansit.

---

[140] 2고린 10,12. 〔200주년: "우리는 자기 자신을 내세우는 어떤 사람들과 견주거나 비교할 생각은 감히 하지 않습니다."〕

[141] 이하 간략하게 신의 지성에 일어나는 작용의 특징을 열거한다.

[142] 어떤 "상태가 된다"(affici)는 것은 (피동적으로) "당한다"(pati)는 것이요 무엇을 (피동적으로) 당하는 모든 사물은 결국 가변적(mutabile)이다. 그러므로 하느님께 "상태가 된다"는 말을 적용해서는 안 된다.

[143] quiescens agere et agens quiescere: 신에게 안식과 활동을 "먼저"와 "다음"이라는 시간 개념으로 이해하려는 사람들에게 교부는 영원이 갖는 "동시성"을 강조한다.

[144] ut prius non essent egit ... : "먼저"와 "다음" 혹은 "새로움"은 신에게 해당하는 것이 아니고 피조물에게 해당한다. 새로 존재하기 시작하는 피조물과 영원한 신 사이에 "새로운" 관계가 시작함은 사실이나 피조물에게 발생하는 변화에 이 관계가 "새롭지" 변화가 없는 신에게는 새롭지 않다.

[145] non eis indigerit sed eas gratuita bonitate condiderit: 신과 인간의 관계는 쌍방적이 아니고 피조물이 신에게 존재론적으로 의존하는 일방적 관계다.

적이고 왜소한 지성으로 신적 지성을 판단하고 있다. 사도가 "자기를 자신과 비교하는 사람들은 결코 깨닫지 못한다"140고 한 말이 바로 그들에게 해당한다. 사람들은 어떤 새로운 일을 하겠다는 생각이 지성에 들어오면 새로운 결심으로 이를 수행한다(지성들이 가변적으로 발휘되는 것이다). 그러니까 그들은 하느님을 생각할 수 없으므로 하느님을 생각하지 않고 그분 대신 자기 자신을 생각하며, 그분을 그분에게 비교해서 생각해야 하는데 자기를 자신에게 비교해서 생각하고 있다.141 우리는 하느님이 일하지 않는 상태가 다르고 일하는 상태가 다르다고 믿어서는 안 된다. 마치 이전에 있지 않았던 것이 그분의 본성에 생겨나는 것처럼 하느님께 "상태가 된다"는 말을 적용해서는 안 된다. 어떤 상태가 된다는 것은 피동적으로 당한다는 것이고, 무엇을 피동적으로 당하는 모든 사물은 결국 가변적이다.142 따라서 그분의 무위를 두고 무기력과 안일과 나태를 생각해서는 안 되듯이 그분의 작업을 두고도 수고와 노력과 근면을 생각해서는 안 된다. 그분은 쉬면서 활동할 줄 알고 활동하면서 쉴 줄 안다.143 그분은 새로운 일에 대해 새로운 결심을 하는 것이 아니라 영원한 결심을 발휘할 줄 안다. 전에 일하지 않았던 사실을 후회하지 않고도 하지 않았던 일을 하기 시작한다. 하느님이 먼저 일하지 않았고 다음에 일했다고·말할 경우(인간들이 이것을 어떻게 이해할 수 있을지 나는 모르겠다) "먼저" 또는 "다음"이라는 말은, 먼저는 존재하지 않고 다음에는 존재하는 사물들에 해당했음을 뜻한다는 것은 의심의 여지가 없다. 그런데 그분에게는 선행하는 의지를 후속하는 다른 의지가 변화시키거나 제거하는 일이 결코 없으며, 하나이면서 동일하고 영원하면서 불변하는 의지를 갖고, 당신이 창조한 사물들이 존재하지 않는 동안은 먼저 존재하지 않게 했고, 존재하기 시작했을 때는 다음에 존재하게 했다.144 그리하여 하느님은 그런 사실들을 통찰할 능력이 있는 사람들에게는 다음과 같은 신비로운 사실을 보여주었다. 즉, 당신이 피조물을 필요로 하지 않았고, 대가 없이 베푸는 선성善性으로 그것들을 창조했으며, 그 사물들 없이도 영원으로부터, 시작이 없이, 창조 이후에 비해 조금도 덜하지 않은 지복 속에 머물러 있었음을 보여주었다.145

19. Illud autem aliud quod dicunt, nec Dei scientia quae infinita sunt posse conprehendi: restat eis, ut dicere audeant atque huic se uoragini profundae inpietatis inmergant, quod non omnes numeros Deus nouerit. Eos quippe infinitos esse, certissimum est; quoniam in quocumque numero finem faciendum putaueris, idem ipse, non dico uno addito augeri, sed quamlibet sit magnus et quamlibet ingentem multitudinem continens, in ipsa ratione atque scientia numerorum non solum duplicari, uerum etiam multiplicari potest. Ita uero suis quisque numerus proprietatibus terminatur, ut nullus eorum par esse cuicumque alteri possit. Ergo et dispares inter se atque diuersi sunt, et singuli quique finiti sunt, et omnes infiniti sunt. Itane numeros propter infinitatem nescit omnes Deus, et usque ad quandam summam numerorum scientia Dei peruenit, ceteros ignorat? Quis hoc etiam dementissimus dixerit? Nec audebunt isti contemnere numeros et eos dicere ad Dei scientiam non pertinere, apud quos Plato Deum magna auctoritate commendat mundum numeris fabricantem. Et apud nos Deo dictum legitur: *Omnia in mensura et numero et pondere disposuisti*; de quo et propheta dicit: *Qui profert numerose saeculum*, et Saluator in euangelio: *Capilli*, inquit, *uestri omnes numerati sunt*. Absit itaque ut dubitemus, quod ei notus sit omnis numerus, *cuius intellegentiae*, sicut in Psalmo canitur, *non est numerus*. Infinitas itaque numeri, quamuis infinitorum numerorum nullus sit numerus, non est tamen inconprehensibilis ei, cuius intellegentiae non est numerus. Quapropter si, quidquid scientia conprehenditur, scientis conprehensione finitur: profecto et omnis infinitas quodam ineffabili modo Deo finita est, quia scientiae ipsius inconprehensibilis non est. Quare si infinitas numerorum scientiae Dei, qua conprehenditur, esse non potest infinita: qui tandem nos sumus

---

[146] Cf. Plato, *Timaeus* 34b 이하.

[147] 지혜 11,20. 〔공동번역: "주님은 모든 것을 잘 재고, 헤아리고, 달아서 처리하셨다."〕 본서 11.30에 인용.

[148] 이사 40,26(LXX).

[149] 마태 10,30. 〔200주년: "그분은 그대들 머리카락까지도 다 세어 놓고 계십니다."〕

[150] 시편 146,5. 〔새번역 147,5: "그 지혜는 헤아릴 길 없도다."〕

[151] infinitas numeri, infinitorum numerorum numerus, non est numerus: 관습상으로 "무한한 수"(numerus infinitus)라는 말과 "수 없는"(non est numerus)이라는 말이 같다. 신의 지성이 일정한 수라면 그 수만을 파악하지만 "수 없는" 지성이면 모든 수를 파악한다.

[152] 라틴어 comprehendere(손 안에 쥐다, 파악하다)의 어의에 따르면 무한한 수도 하느님의 지성에 "파악되는"(따라서 "한계지어지는") 이상 무한할 수 없다.

19. 무한한 것은 하느님의 지식으로도 파악되지 않는다는 주장을 반박함

하느님의 지식마저 무한한 것을 포착할 수 없다고 말하는 또 다른 이론이 남아있다. 그들은 하느님이 모든 수數를 알지 못한다고 감히 말하면서 저 깊숙한 불경의 나락으로 스스로 떨어지고 있다. 수들이 무한하다는 것은 확실하다. 당신이 어느 수에든지 한계를 지어야겠다고 생각한다면 똑같은 그 수가 얼마든지 커질 수 있다. 그 수에 그냥 하나를 더하여 늘어날 수 있다는 말이 아니다. 그것이 아무리 큰 수, 아무리 거대한 수량을 내포하는 수라도 수학과 계산에 입각해서 얼마든지 배가할 수 있을 뿐 아니라 얼마든지 곱할 수 있다. 또 모든 수는 자기 고유의 성질에 의해 규정되어 있으므로 그 어느 수도 다른 수와 동등할 수 없다. 그리하여 수들이 서로 부등하고 상이하므로 개별 수들은 유한하지만 전체 수는 무한하다. 그들은 이 무한 때문에 하느님이 모든 수를 인식하지 못한다고 말하는 것인가? 그럼 수의 어느 총합까지는 하느님의 지식이 도달하고 그 이상의 수들은 모른다는 말인가? 아무리 정신나간 사람이라도 감히 그런 말을 하겠는가? 그들은 수를 무시한 것은 아니며 수가 하느님의 지식에 해당하지 않는다고 말한 것은 아닐 것이다. 그들 가운데서도 권위가 큰 플라톤은 하느님이 수를 갖고 세계를 조성하는 것으로 진술하고 있다.[146] 우리도 성서에서 하느님에 대해 이렇게 말하는 것을 읽을 수 있다: 주님은 "모든 것을 척도와 수와 무게로 처리했다".[147] 이에 대해서는 예언자도 "그는 수를 세어 세기를 이끌어낸다"[148]고 했고, 구세주도 복음서에서 "여러분의 머리카락까지도 다 수로 세어져 있습니다"[149]라고 했다. 그러니 그분에게 모든 수가 알려져 있음을 의심하는 것은 절대 불가하다. 시편에서 노래하고 있듯이 "그분의 지성에는 수가 없다".[150] 비록 무한한 수들을 재는 수는 결코 없지만 수의 무한은 그분이 파악하지 못할 무엇이 아니니, 그분의 지성에는 수가 없기 때문이다.[151] 무릇 무엇이든 지식에 내포되는 것은 인식하는 자의 파악에 의해 한정된다. 그렇다면 모든 무한이 형언할 수 없는 방식으로 하느님에 의해 한정되는 것이니, 하느님의 지식에는 그 무한이 파악 불가능한 무엇이 아니기 때문이다. 수의 무한이 하느님의 지식에 의해 파악되는 이상 무한할 수 없다.[152] 그럼에도 우리 같은

homunculi, qui eius scientiae limites figere praesumamus, dicentes quod, nisi eisdem circuitibus temporum eadem temporalia repetantur, non potest Deus cuncta quae facit uel praescire ut faciat, uel scire cum fecerit? Cuius sapientia simpliciter multiplex et uniformiter multiformis tam inconprehensibili conprehensione omnia inconprehensibilia conprehendit, ut, quaecumque noua et dissimilia consequentia praecedentibus si semper facere uellet, inordinata et inprouisa habere non posset, nec ea prouideret ex proximo tempore, sed aeterna praescientia contineret.

20. Quod utrum ita faciat, et continuata sibi conexione copulentur quae appellantur saecula saeculorum, alia tamen atque alia ordinata dissimilitudine procurrentia, eis dumtaxat, qui ex miseria liberantur, in sua beata inmortalitate sine fine manentibus; an ita dicantur saecula saeculorum, ut intellegantur saecula in sapientia Dei inconcussa stabilitate manentia istorum, quae cum tempore transeunt, tamquam efficientia saeculorum, definire non audeo. Fortassis enim possit dici saeculum, quae sunt saecula, ut nihil aliud perhibeatur saeculum saeculi quam saecula saeculorum, sicut nihil aliud dicitur caelum caeli quam caeli caelorum. Nam caelum Deus uocauit firmamentum super quod sunt aquae; et tamen Psalmus: *Et aquae*, inquit, *quae super caelos, laudent nomen Domini*. Quid ergo istorum duorum sit, an praeter haec duo aliquid aliud de saeculis saeculorum possit intellegi, profundissima quaestio est, neque hoc quod nunc agimus inpedit, si indiscussa interim differatur; siue aliquid in ea definire ualeamus, siue nos faciat cautiores diligentior ipsa tractatio, ne in tanta obscuritate rerum adfirmare temere aliquid audeamus. Nunc enim contra opinio-

---

[153] tam incomprehensibili comprehensione omnia incomprehensibilia comprehendit: "수는 무한하다", "일체의 파악은 일종의 한정이다"라는 철학적 전제에 대해 아우구스티누스는 신이 "모든 것을 수로 처리했다"(numero disposuit)는 명제와, "신의 인식은 수가 없으므로(무수하다 = 무한하다), 모든 수, 무한한 수를 파악할 수 있다"는 명제로 답했다.

[154] "따라서 인간 지성은 (시간과 영원의 관계라는) 파악 불가능한 것들을 파악할 수 있는 양으로 날뛰지 말고 (어떤 모양으로든) 그것에 참여할 수 있다는 신념으로 겸허하게 임하여야 한다"(*Enarrationes in Psalmos* 146.11).

[155] saecula saeculorum: "무궁한 세기들". "항상"(恒常)을 의미하는 히브리 어법(우리말 성서에서는 "세세대대로", "영원토록"으로 번역된다)인데 교부는 이 상투어가 영원회귀로 해석됨을 반박한다.

[156] 그냥 "항상"을 가리키는 성서 용어지만 saeculum이 그리스어 *aiών*의 번역어로서 전세(前世), 현세(現世), 후세(後世)를 지칭하는 광범위한 시간 개념을 함의하고 있어 그 속에 숨어 있을 형이상학적 의미를 탐구해 보고자 한다.

[157] 시편 148,4.

소인小人들이 감히 하느님의 지식에 한계선을 긋겠다고 대들면서, 동일한 시간적 사물들이 동일한 시간의 순환에 의해 반복되지 않는다면 하느님은 당신이 만든 것을 모두 알 수 없고, 당신이 하려는 것을 예지할 수도 없고, 당신이 한 것을 인지할 수도 없다는 말을 하고 있으니 어찌된 일인가? 그분의 지혜는 단순하면서도 복합적이고 획일적이면서도 다양하며, 파악 불가능한 파악력으로 파악 불가능한 모든 것을 파악하고 있다.[153] 선행하던 것과는 다른 새로운 후속적 사물을 만들어내고 싶을 경우, 하느님은 그것이 무엇이든 질서를 벗어나서 갑작스럽게 만들어내지는 않는다. 또 그것을 안배하더라도 가장 가까운 시간에 하는 것이 아니라 영원한 예지로 그 사물들을 내포하고 있을 것이다.[154]

20. 무궁한 세기

"세기들의 세기들"[155]이라고 일컬어지는 것들이 그 사이에 지속적 연쇄를 이루며 이어져 있고, 세기와 세기가 질서를 갖추고 다양성을 띠며 흘러가고, 그래서 적어도 불행에서 해방된 사람들은 자신의 행복한 불사불멸을 끝없이 누리며 지내고 있을까? 아니면 저 세기들이 하느님의 지혜에 의해 확고한 부동성을 갖추어 지속되면서 세기들의 세기들이라고 불리고, 그 세기들이 시간으로 유전하는 다른 세기들의 항속적 작용인作用因이 된다는 말일까?[156] 나는 어느 것이 옳다고 감히 단정하고 싶지 않다. 또는 "하늘들의 하늘들"이나 "하늘의 하늘"이 아무런 차이가 없듯이 "세기들의 세기들"이나 "세기의 세기"가 차이가 없으니까 "세기들"도 그냥 "세기"를 말한다고 볼 수 있을지 모르겠다. 사실 하느님은 하늘을 창궁이라 부르고 그 위에 물이 있었는데 시편은 "하늘 위의 물들도 주님의 이름을 찬양하라"[157]고 한다. 앞에 나오는 두 가지 해석을 두고 무슨 얘기를 할까? 이 두 가지 해석 외에도 세기들의 세기들을 또 다른 의미로 이해해도 되는가? 문제는 생각보다 매우 심원하다. 따라서 우리가 지금 다루는 이 문제를 토론하지 않은 채로 잠시 뒤로 미루는 것도 무방하겠다. 이후의 토론에서 다른 정의를 내릴 수도 있겠고, 더 진지한 토론으로 우리가 좀더 신중해져서 이토록 모호한 상황에서 무엇을 섣불리 주장하지 않을 수도 있겠다. 지금은 순

nem disputamus, qua illi circuitus asseruntur, quibus semper eadem per interualla temporum necesse esse repeti existimantur; quaelibet autem illarum sententiarum de saeculis saeculorum uera sit, ad hos circuitus nihil pertinet; quoniam siue saecula saeculorum sint non eadem repetita, sed alterum ex altero contextione ordinatissima procurrentia, liberatorum beatitudine sine ullo recursu miseriarum certissima permanente, siue saecula saeculorum aeterna sint temporalium tamquam dominantia subditorum, circuitus illi eadem reuoluentes locum non habent, quos maxime refellit aeterna uita sanctorum.

21. Quorum enim aures piorum ferant post emensam tot tantisque calamitatibus uitam (si tamen uita ista dicenda est, quae potius mors est, ita grauis, ut mors, quae ab hac liberat, mortis huius amore timeatur), post tam magna mala tamque multa et horrenda tandem aliquando per ueram religionem atque sapientiam expiata atque finita ita peruenire ad conspectum Dei atque ita fieri beatum contemplatione incorporeae lucis per participationem inmutabilis inmortalitatis eius, cuius adipiscendae amore flagramus, ut eam quandoque necesse sit deseri et eos, qui deserunt, ab illa aeternitate ueritate felicitate deiectos Tartareae mortalitati, turpi stultitiae, miseriis exsecrabilibus implicari, ubi Deus amittatur, ubi odio ueritas habeatur, ubi per inmundas nequitias beatitudo quaeratur, et hoc itidem atque itidem sine ullo fine priorum et posteriorum certis interuallis et

---

[158] 영원한 행복은 세기들의 교차로 중단되어서도 안 되고, 중단되리라는 불안감에 흔들리는 것이어서는 안 된다는 지론이 이하에 개진된다.

[159] *mors mortis* huius *amore* timeatur: 그리스와 로마 비극에서 자주 쓰는 대사였다. Cf. Plato, *Phaedo* 64c; Cicero, *De republica* 3.14 (*Somnium Scipionis*).

환을 주장하는 의견에 맞서 토론하는 중이다. 순환에 의해 동일한 사물들이 일정한 시간 간격으로 반복된다고 여기는 것이다. 세기들의 세기들에 관한 이런 의견들 가운데 어느 것이 옳든 이 순환과는 아무런 상관이 없다. 세기들의 세기들이 동일하게 반복되지 않고, 한 세기가 다른 세기에 의해 질서정연한 연쇄로 이어져 흐르고, 그동안 해방된 존재들의 지복이 아주 확실하여 다시는 불행으로 되돌아가지 않고 지속될 수도 있다. 아니면 세기들의 세기들이 영원하여 시간적 사물들을 종속시키면서 그 사물들의 지배자로 임하더라도 동일한 세기들을 회귀시키는 저 순환들이 차지할 공간은 없다고 할 수 있으니, 성인들의 영원한 행복이 이런 순환을 철저하게 배격하는 까닭이다.[158]

21. 최고의 참된 지복에 참여하는 영혼들도 시간의 윤회를 통해 거듭거듭 불행과 수고로 되돌아온다고 주장하는 사람들의 불경스러움

21.1. 하느님은 순환 속에서 일하거나 인식하지 않는다

그렇다면 경건한 인간들의 귀가 다음과 같은 말을 과연 참고서 들어줄까? 그토록 빈번하고 그토록 혹심한 재앙에 시달린 삶을 살고 나서, (이승의 삶만을 두고 말하자면 차라리 죽음, 그것도 혹독한 죽음이나 마찬가지라서 정작 이런 죽음에서 놓여나는 죽음을 두려워한다면 그것은 아마도 이런 죽음에 대한 사랑 때문에 죽음을 두려워하는 것이리라)[159] 참으로 엄청난 악, 참으로 소름끼치는 악을 겪은 다음에, 어쩌다 참다운 종교와 지혜를 통해 그 악이 속죄되고 끝장나서 드디어 하느님 대전에 이르렀다. 그리하여 그분의 불변하는 영원, 지금 우리가 획득하고 싶어 사랑에 불타는 그 영원에 참여하는 가운데 비물체적 빛을 관조하면서 행복해졌다. 그런데 저 사람들 말에 따르면 우리가 언젠가 필히 그것을 버려야 한다는 것이다. 그 불사불멸을 저버리고, 영원과 진리와 행복으로부터 제외당한 채 지옥 같은 사멸성과 추루한 어리석음과 역겨운 비참함을 무릅써야 한다는 것이다. 거기서는 하느님을 잃고 거기서는 진리를 증오하고 거기서는 더러운 악의를 품은 채로 지복을 추구하게 된다. 더구나 그런 상태는 종말이 전혀 없이, 즉 앞선 세기들과 뒤에 오는 세기들의 일정한 주기와 단위

dimensionibus saeculorum factum et futurum; et hoc propterea, ut possint Deo circuitibus definitis euntibus semper atque redeuntibus per nostras falsas beatitudines et ueras miserias alternatim quidem, sed reuolutione incessabili sempiternas nota esse opera sua, quoniam neque a faciendo quiescere neque sciendo potest ea, quae infinita sunt, indagare? Quis haec audiat? Quis credat? Quis ferat? Quae si uera essent, non solum tacerentur prudentius, uerum etiam (ut quo modo ualeo dicam quod uolo) doctius nescirentur. Nam si haec illic in memoria non habebimus et ideo beati erimus, cur hic per eorum scientiam grauatur amplius nostra miseria? Si autem ibi ea necessario scituri sumus, hic saltem nesciamus, ut hic felicior sit expectatio quam illic adeptio summi boni; quando hic aeterna uita consequenda expectatur; ibi autem beata, sed non aeterna, quandoque amittenda cognoscitur.

Si autem dicunt neminem posse ad illam beatitudinem peruenire, nisi hos circuitus, ubi beatitudo et miseria uicissim alternant, in huius uitae eruditione cognouerit: quo modo ergo fatentur, quanto plus quisque amauerit Deum, tanto eum facilius ad beatitudinem peruenturum, qui ea docent, quibus amor ipse torpescat? Nam quis non remissius et tepidius amet eum, quem se cogitat necessario deserturum et contra eius ueritatem sapientiamque sensurum, et hoc cum ad eius plenam pro sua capacitate notitiam beatitudinis perfectione peruenerit? Quando nec hominem amicum possit quisque amare fideliter, cui se futurum nouit inimicum. Sed absit ut uera sint, quae nobis minantur ueram miseriam numquam finiendam, sed interpositionibus falsae beatitudinis saepe ac sine fine rumpen-

---

[160] falsas beatitudines et veras miserias alternatim: 교부의 수사학적 기교가 출중하게 드러나는 장(章)으로서, 영원회귀설에 의하면 후세의 행복은 가짜가 되고 윤회에 걸린 인생의 비참은 진짜로 확인된다고 주장한다.

[161] tacerentur prudentius, doctius nescirentur (더 박식하게 몰랐으면 좋겠다): 영원회귀설에 대한 교부의 반감을 수사학적 역설로 표현했다. 영원하지 못하면 참된 지복이 아니므로, 차라리 윤회를 모르면 그 현세(現世)에서나마 행복할 수 있다.

[162] 영원회귀설은 사멸할 인생의 근간인 "사랑"을 훼손한다는 방증이다.

[163] Cf. Cicero, *De amicitia* 6.59.

를 두고서 거듭 일어나며 과거에도 일어났고 미래에도 일어날 것이다. 항상 가고 항상 되돌아오는 일정한 순환 속에 우리는 거짓 행복과 진짜 불행을 번갈아 거치게 되는데, 부단한 유전으로 무궁한 지복과 불행을 겪는다.[160] 그래야 하느님이 당신의 업적을 인식한다는 것이다! 왜냐하면 한편 하느님은 창조하는 일손을 놓고 쉴 수도 없는 분이고, 다른 한편 하느님이 인식을 하더라도 무한에 이르는 당신의 작품들을 파악하지 못하기 때문이란다. 누가 이런 말을 듣겠는가? 누가 믿겠는가? 누가 잠자코 듣겠는가? 그것이 설령 진실이라 하더라도 차라리 입을 다물고 있는 편이 더 현명하겠고, 그뿐 아니라 (괜찮다면 내가 하고 싶은 말을 하겠다) 차라리 모르는 편이 더 박식하겠다.[161] 우리가 저 후세에서 이따위 사실을 기억하지 못하고 그래서 행복하다면, 무엇 때문에 이승에서 이따위 사실을 미리 알아서 그나마 가련한 우리의 불행을 더욱더 가중시켜야 한다는 말인가? 만약 저기서 필히 이것을 알게 된다면 적어도 여기서만은 모르고 지내자! 그래서 저기서 얻을 최고선의 획득보다도 여기서 품는 우리의 기대나마 더 짜릿하게 간직해 두자. 거기 가면 비록 지복한 삶이지만 영원하지는 못하고 언젠가 상실해야 한다는 사실을 어차피 알게 될 테니까.

21.2. 순환의 바퀴에서 인간은 결코 지복을 얻지 못한다

행복과 불행이 번갈아드는 이 순환을 이승의 배움을 통해 깨닫지 못한다면 아무도 지복에 이르지 못한다고 그들이 말했다고 가정해 보자. 하느님을 사랑하면 할수록 더 쉽게 지복에 이를 수 있을 것인데, 그들이 가르치는 것은 이 사랑 자체를 마비시킬 뿐이다. 이에 대해서는 뭐라고 할까? 필히 버려야 할 대상이라고 스스로 생각한다면, 그리고 언젠가 자기가 그분의 진리와 지혜에 맞설 것을 예감한다면, 그 사랑이 훨씬 소홀해지고 약해지지 않을 사람이 누가 있겠는가?[162] 더구나 자기 능력이 미치는 한에서, 완전한 지복으로 그분에 대한 완벽한 지식에 도달한 후에 그렇게 되리라고 예감한다면 어떻게 될까? 사람에 대해서도 장차 자기에게 원수가 되리라는 사실을 안다면 누가 그를 친구로 충실하게 사랑할 수 있겠는가?[163] 진짜 비참, 그것도 결코 끝나지 않을 비참을 내세워 우리를 위협하는 말, 빈번하게 또 끊임없이, 사라질 거짓 행복을 중간에 내

dam. Quid enim illa beatitudine falsius atque fallacius, ubi nos futuros miseros aut in tanta ueritatis luce nesciamus aut in summa felicitatis arce timeamus? Si enim uenturam calamitatem ignoraturi sumus, peritior est hic nostra miseria, ubi uenturam beatitudinem nouimus; si autem nos illic clades inminens non latebit, beatius tempora transigit anima misera, quibus transactis ad beatitudinem subleuetur, quam beata, quibus transactis in miseriam reuoluatur. Atque ita spes nostrae infelicitatis est felix et felicitatis infelix. Vnde fit, ut, quia hic mala praesentia patimur, ibi metuimus inminentia, uerius semper miseri quam beati aliquando esse possimus.

Sed quoniam haec falsa sunt clamante pietate, conuincente ueritate (illa enim nobis ueraciter promittitur uera felicitas, cuius erit semper retinenda et nulla infelicitate rumpenda certa securitas): uiam rectam sequentes, quod nobis est Christus, eo duce ac saluatore a uano et inepto impiorum circuitu iter fidei mentemque auertamus. Si enim de istis circuitibus et sine cessatione alternantibus itionibus et reditionibus animarum Porphyrius Platonicus suorum opinionem sequi noluit, siue ipsius rei uanitate permotus siue iam tempora Christiana reueritus, et, quod in libro decimo commemoraui, dicere maluit animam propter cognoscenda mala traditam mundo, ut ab eis liberata atque purgata, cum ad Patrem redierit, nihil

---

[164] spes nostrae infelicitatis est felix et felicitatis infelix: "지금 우리는 불행한 삶을 영위하고 있으나 행복한 삶을 바라는 희망이 있다. 후세에서는 행복한 삶을 영위하나 그것이 끝나리라는 불행한 삶을 내다본다(= 희망을 가진다)" (*Sermo* 241.6).

[165] 영원회귀설에 의하면, "현세에서는 영혼이 육체에 결합되어 있으므로, (육체로부터 해방되어 행복에 도달하리라는 희망을 품고 있어도) 영혼은 불행하다". "후세에서는 불행으로 다시 돌아가리라는 사실을 알아도, (영혼은 육체로부터 벗어나 있으니까) 행복하다." 그런데 둘째 명제는 모순이다. 결론: "인간은 현세도 후세도 항상 불행하다." 현세도 후세도 항상 불행하리라는 결론은 인생의 목적을 행복에 두는 철학 일반에 상반된다.

[166] 행복을 갈구하는 본성과 그것을 획득하리라는 신념에 모든 합리적 철학과 올바른 종교의 근간이 있다. 이 점에서 신앙과 이성은 전적으로 합치한다. Cf. *Contra Academicos* 3.20.43; *De ordine* 2.9.26; *De moribus ecclesiae catholicae* 1.2.3.

[167] 요한 14,6 참조: "나는 길이요 진리요 생명입니다. 나를 통하지 않고서는 아무도 아버지께로 갈 수 없습니다."

[168] 10.30 참조.

[169] 포르피리우스도 후세의 경지가 완전한 행복(nihil ulterius tale patiatur)이라고 설파했다는 방증이다.

세워서 위협하는 이런 말이 참일 리 없다. 저렇게 위대한 진리의 빛 속에서도 우리가 불행해지리라는 것을 알지 못하거나, 행복의 절정에서 불행해지지나 않을까 하는 두려움을 품어야 한다면, 이런 행복보다 더 잘못되고 더 기만적인 행복이 또 무엇이 있을까? 만약 우리가 후세에 올 재난을 알지 못한다면 이곳에서의 우리의 불행이 차라리 더 바람직한 것이다. 그래도 여기서는 후세에 행복이 올 것으로 알고 있기 때문이다. 만약 저기서 그다음 후세에 임박한 불행이 우리에게 숨겨지지 않을 것이라면, 행복한 영혼보다는 불행한 영혼이 오히려 더 행복해하면서 그 세상의 시간을 보낼 것이다. 왜냐하면 불행한 영혼은 그 비참한 시간이 지나면 언젠가는 지복으로 올라갈 것이고, 행복한 영혼은 그 시간이 지나면 불행으로 회귀하는 처지가 될 것이기 때문이다. 그리하여 우리의 불행 속에서 품는 희망은 행복하고 행복 속에서 품는 희망은 불행한 것이 된다.[164] 그러면 여기서는 현존하는 악을 당하면서 살고 저기서는 다음 세기에 임박할 악을 두려워하면서 사는 셈이니까 우리가 언젠가는 행복할 수 있으리라기보다 항상 불행하다는 말이 더 그럴듯하다.[165]

21. 3. 새로움이 있을 수 없다는 주장은 모순이다

그러나 이런 이론이 허위라는 사실은 경건한 종교심이 소리치고 진리가 입증하는 바이다. (우리에게는 참된 행복이 진실로 약속되어 있고 그 행복이 항상 보전되고 어떤 불행으로도 부서지지 않으리라는 확실한 다짐이 있다.)[166] 우리는 곧바른 길(우리에게는 그리스도가 그 길이다)[167]을 따르면서, 그분을 길잡이요 구세주로 삼아 불경스런 자들의 허황되고도 어리석은 순환의 바퀴로부터 신앙의 여로와 지성을 돌이켜보기로 한다. 영혼들의 순환, 그리고 끊임없이 교차하는 퇴거와 회귀에 대해 플라톤 학파 포르피리우스는 동료학자들의 견해를 따르지 않았다. 그들 견해의 황당함에 충격을 받았거나 이미 도래한 그리스도교 시대에 경의를 품었기 때문이리라. 여하튼 본서 제10권에서 내가 언급한 대로,[168] 영혼은 자기가 범한 악을 깨달으라고 세상에 넘겨졌고, 그래서 그 악으로부터 해방되고 정화되어 아버지께로 돌아올 때 더는 그런 고통을 당하지 않으리라고 포르피리우스는 말하고 싶었다.[169] 이럴진대 하물며 우리야 그리스도교 신앙의

제12권 1313

ulterius tale patiatur: quanto magis nos istam inimicam Christianae fidei falsitatem detestari ac deuitare debemus! His autem circuitibus euacuatis atque frustratis nulla necessitas nos compellit ideo putare non habere initium temporis ex quo esse coeperit genus humanum, quia per nescio quos circuitus nihil sit in rebus noui, quod non et antea certis interuallis temporum fuerit et postea sit futurum. Si enim liberatur anima non reditura ad miserias, sicut numquam antea liberata est: fit in illa aliquid, quod antea numquam factum est, et hoc quidem ualde magnum, id est quae numquam desinat aeterna felicitas. Si autem in natura inmortali fit tanta nouitas nullo repetita, nullo repetenda circuitu: cur in rebus mortalibus fieri non posse contenditur? Si dicunt non fieri in anima beatitudinis nouitatem, quoniam ad eam reuertitur, in qua semper fuit, ipsa certe liberatio noua fit, cum de miseria liberatur in qua numquam fuit, et ipsa miseriae nouitas in ea facta est quae numquam fuit. Haec autem nouitas si non in rerum, quae diuina prouidentia gubernantur, ordinem uenit, sed casu potius euenit, ubi sunt illi determinati dimensique circuitus, in quibus nulla noua fiunt, sed repetuntur eadem quae fuerunt? Si autem et haec nouitas ab ordinatione prouidentiae non excluditur, siue data sit anima siue lapsa sit: possunt fieri noua, quae neque antea facta sint nec tamen a rerum ordine aliena sint. Et si potuit anima per inprudentiam facere sibi nouam miseriam, quae non esset inprouisa diuinae prouidentiae, ut hanc quoque in rerum ordine includeret et ab hac eam non inprouide liberaret: qua tandem temeritate humanae uanitatis audemus negare diuinitatem facere posse res, non sibi, sed mundo nouas, quas neque antea fecerit nec

---

[170] 창조에서 발생하는 "새로움"이 사물에 해당하지 신에게 해당하지 않는다면, 영원회귀의 이론이 필요없고 따라서 인간의 창조와 만물의 생성변화에 따르는 "새로움"이 이론상 가능해진다.

[171] 영혼들이 육체로 하강하더라도 "세계혼"과의 유대는 유지되어 가능태로 행복을 누리다가 그리로 회귀한 다음에는 현실태로 행복을 누리므로 새로울 것이 없다는 견해가 있었다(Plotinus, *Enneades* 1.2.4-6; 2.8).

[172] 문장 배경이 애매하여 번역이 다양하다: "영혼이 원래부터 육체에 맡겨졌거나 육체로 타락했거나"(Alici, Combes), "영혼에 비참이 본래부터 주어졌거나 비참에 떨어졌거나"(Dyson).

원수라고 할 저 영원회귀의 허위를 얼마나 더 혐오하고 기피하겠는가! 일단 이따위 순환에 환멸을 느껴 그런 생각에서 벗어나면 우리는 굳이 시간의 시작이 없다고 생각할 필요가 없다. 인류는 시간에서 존재하기 시작했다. 또 무슨 순환인지는 나도 모르겠지만, 순환으로 인해 사물에는 새로운 것이 전혀 없고, 일정한 시간 간격을 두고 과거에도 새로운 것이 없었고 따라서 미래에도 없으리라고 생각할 필요도 없다.[170] 영혼이 해방된다면, 전에는 결코 해방을 보지 못했던 것처럼, 앞으로 다시는 불행으로 돌아가지 않을 것이다. 영혼에는 전에 한 번도 일어난 적이 없는 새로운 어떤 일이 일어난다. 영원한 행복이 결코 그치지 않으리라는 이 점 또한 대단한 무엇이다. 불사불멸하는 자연본성에는 결코 반복된 적이 없는, 그리고 어떠한 순환에 의해서도 반복되지 않을 새로운 일, 그처럼 대단히 새로운 일이 일어난다면, 어째서 사멸할 사물들에게는 그런 일이 일어날 수 없다고 억지를 쓰는가? 그들이 영혼에 새로운 행복이 발생한 것이 아니라, 그저 항상 누리던 행복으로 돌아간 것뿐이라고 우긴다고 해 보자.[171] 그렇더라도 그 해방만은 새로 발생한 것임이 분명하다. 전에는 한 번도 없던 불행으로부터 해방되는 일이기 때문이다. 그 불행으로 말하자면 전에는 한 번도 없다가 영혼에 새롭게 발생한 것이다. 만일 이 새로움이 신적 섭리로 통치되는 사물의 질서에서 온 것이 아니고 우연히 발생한 것이라면, 일정하게 고정되고 측정된 순환들은 어디에 있다는 말인가? 그들 자신의 입으로 순환 속에서는 새로운 것이 아무것도 일어나지 않는다고, 이전에 존재했던 동일한 것들이 반복될 따름이라고 말하지 않았던가? 만일 불행과 해방이라는 이 새로움도 섭리의 안배에서 제외된 것이 아니라면, 그렇다면 영혼은 새로이 생겨났거나 전에 있다가 타락했거나 둘 중의 하나다.[172] 전자라면 이전에는 생기지 않았던 새로운 일이 생길 수 있고, 새롭다고 해서 사물의 질서에 안 맞는 것도 아니다. 만일 영혼이 경솔함으로 인해 자신에게 새로운 불행을 자초했고, 그러나 그것이 신적 섭리로 예측 못한 일이 아니었고 그 일마저 사물의 질서에 포함되며, 또 거기서 해방될 수 있는 방안도 마련된 상태라고 하자. 그렇다면 인간적 편견이 아무리 방자한들 신성이 새로운 일을 할 수 있다는 것을 도대체 어떻게

umquam habuerit inprouisas? Si autem dicunt liberatas quidem animas ad miseriam non reuersuras, sed cum hoc fit in rebus nihil noui fieri, quoniam semper aliae atque aliae liberatae sunt et liberantur et liberabuntur: hoc certe concedunt, si ita est, nouas animas fieri, quibus sit et noua miseria et noua liberatio. Nam si antiquas eas esse dicunt et retrorsum sempiternas, ex quibus cotidie noui fiant homines, de quorum corporibus, si sapienter uixerint, ita liberentur, ut numquam ad miserias reuoluantur, consequenter dicturi sunt infinitas. Quantuslibet namque finitus numerus fuisset animarum, infinitis retro saeculis sufficere non ualeret, ut ex illo semper homines fierent, quorum essent animae ab ista semper mortalitate liberandae, numquam ad eam deinceps rediturae. Nec ullo modo explicabunt, quo modo in rebus, quas, ut Deo notae esse possint, finitas uolunt, infinitus sit numerus animarum.

Quapropter quoniam circuitus illi iam explosi sunt, quibus ad easdem miserias necessario putabatur anima reditura: quid restat conuenientius pietati quam credere non esse inpossibile Deo et ea, quae numquam fecerit, noua facere et ineffabili praescientia uoluntatem mutabilem non habere? Porro autem utrum animarum liberatarum nec ulterius ad miserias rediturarum numerus possit semper augeri, ipsi uiderint, qui de rerum infinitate cohibenda tam subtiliter disputant; nos uero ratiocinationem

---

[173] 교부는 사람이 생겨날 때마다 영혼이 새로 창조되는지(창조설), 원죄를 전제로 한 인간 아담에게서 영혼이 전수되는지(유전설), 플라톤의 생각대로 영원으로부터 한번에 창조되어 선재하는지(선재설) 확답을 내리지 않았다. Cf. *De libero arbitrio* 3.20.56 - 21.59.

[174] 영원회귀설은 결과적으로 무수한 세기와 무한한 숫자의 영혼을 필요로 하게 되어, 하느님은 무한수를 알지 못한다는 자기네 주장과 모순을 일으킨다.

[175] 신이 전에는 안 했던 새로운 행동을 하는데도 의지가 변하는 것이 아니라는 설명은 철학적으로는 확연한 설명이 어렵다. 그러나 창조론에 입각한 이 가르침은 영원회귀와 윤회의 강박관념에서 벗어나게 돕고 도덕적 책임감을 부여한다는 것이 아우구스티누스의 지론이다.

부정하겠는가? 그것은 하느님에게는 새롭지 않으나 세계에는 새로우며, 이전에는 행하지 않았지만 그렇다고 절대 예측하지 못한 일도 아니다. 그러면 그들은 해방을 얻은 영혼들이 다시 불행으로 돌아가지는 않는다는 것은 비록 사실이나, 그런 일이 일어나도 새로운 일은 전혀 일어나지 않았다고 우길지 모르겠다. 제각기 다른 영혼들이 항상 해방되었고 해방되고 있고 앞으로도 해방될 것이니까. 하지만 만일 그렇다면 영혼들이 새로 생긴다는 것, 영혼들에게 새로 불행이 생기고 새로 해방이 생긴다는 것을 그들도 인정하는 셈이다. 그들은 또다시 그 영혼들은 아주 오래된 영혼들이고 과거로 돌이켜보면 영속하는 영혼들이라고 할 것이다. 과거에서부터 영속하는 영혼들 중에서 날마다 새로운 인간들이 생겨나고, 그리고 그 사람들이 현명하게 살았을 경우에는 그들의 육체에서 해방되어 다시는 불행으로 회귀하지 않는다고 할 것이다.[173] 그러다 보면 그들은 영혼들이 숫자상으로 무한하다는 말을 하게 된다. 실제로 영혼들의 숫자가 아무리 많다 해도 그 수는 어디까지나 유한하다. 따라서 그 유한한 숫자로는 과거의 무한한 세기들을 채우기에 충분하지 않다. 그 숫자에서 항상 인간들이 생겨나서 그들의 영혼이 사멸성에서 해방되어 다시는 그리로 돌아가지 않는다면 영혼들의 수는 무한해야 한다. 그러니 사물들이 하느님께 알려질 수 있으려면 사물들이 유한해야 한다고 주장했으면서 이제는 영혼들의 수가 무한하다고 하니 그들은 도대체 이것을 어떻게 설명할 작정인가?[174]

21.4. 영혼들의 숫자는 무한히 증가하는가

영혼은 필연적으로 동일한 불행으로 돌아간다고 여기는 순환 이론을 이미 살펴보았다. 그러니 하느님께는 불가능이 없다고 믿고, 하느님이 한 번도 행하지 않았던 것을 새로 행하지만 불가형언한 예지로 인해 그분의 의지는 가변적인 것이 아니라고 믿는 일보다 신심에 합당한 일이 또 무엇이 있겠는가?[175] 그러면, 영혼들에게 있어 이미 해방을 보았고 따라서 다시는 불행으로 돌아가지 않게 된 그들의 숫자가 항상 증가하느냐 하는 문제가 남아있다. 이 문제는 사물들의 무한과 그 범위에 대해 그토록 치밀하게 토론을 해대는 사람들더러 생각하라고 맡겨두자. 우리는 이 논의를 양단간에 결말을 내는 양도논법으로 끝내

nostram ex utroque latere terminamus. Si enim potest, quid causae est, ut negetur creari potuisse quod numquam antea creatum esset, si liberatarum animarum numerus, qui numquam antea fuit, non solum factus est semel, sed fieri numquam desinet? Si autem oportet ut certus sit liberatarum aliquis numerus animarum, quae ad miseriam numquam redeant, neque iste numerus ulterius augeatur: etiam ipse sine dubio, quicumque erit, ante utique numquam fuit; qui profecto crescere et ad suae quantitatis terminum peruenire sine aliquo non posset initio; quod initium eo modo antea numquam fuit. Hoc ergo ut esset, creatus est homo, ante quem nullus fuit.

22. Hac igitur quaestione difficillima propter aeternitatem Dei noua creantis sine nouitate aliqua uoluntatis, quantum potuimus, explicata non est arduum uidere multo fuisse melius quod factum est, ut ex uno homine, quem primum condidit, multiplicaret genus humanum, quam si id incohasset a pluribus. Nam cum animantes alias solitarias et quodam modo soliuagas, id est, quae solitudinem magis adpetant, sicuti sunt aquilae milui, leones lupi et quaecumque ita sunt, alias congreges instituerit, quae congregatae atque in gregibus malint uiuere, ut sunt columbi sturni, cerui dammulae et cetera huius modi: utrumque tamen genus non ex singulis propagauit, sed plura simul iussit existere. Hominem uero, cuius naturam quodam modo mediam inter angelos bestiasque condebat, ut, si Creatori suo tamquam uero domino subditus praeceptum eius pia oboedientia custodiret, in consortium transiret angelicum, sine morte media beatam inmortalitatem absque ullo termino consecutus; si autem Dominum Deum

---

[176] 교부는 타락한 천사들의 위치를 구원된 인간들이 대체한다는 전제로 그 영혼들의 숫자가 한정되어 있다고 생각했다.

[177] 이 양도논법에서 그는 후자를 편들지만 어느 것이든 사물의 시초가 있었음을 부인하지 못한다.

[178] 인류다원설(人類多元說)과 단원설(單元說)을 두고 교부는 성서를 근거로 단원설을 지지하는데 이론적 증명도 시도한다.

[179] 창세 1,25 참조: iumenta et reptilia et bestias secundum species suas. "집짐승, 길짐승, 들짐승"에 복수 단어들을 구사한 사실에서 교부의 이런 해석이 가능했다(*De Genesi ad litteram* 3.9.17).

[180] sine morte media: 아우구스티누스는 펠라기우스와 달리 죽음을 자연스런 현상으로 보지 않고 어디까지나 죄벌로 단정한다(*De haeresibus* 88; *De Genesi ad litteram* 6.12.33; *De peccatorum meritis et remissione* 1.2).

겠다. 영혼들의 숫자가 무한히 증가할 수 있다면, 어떤 이유로 전에 한 번도 창조되지 않았던 것이 창조될 수 있다는 사실을 부인하는가? 해방된 영혼들의 수(이 수는 전에 한 번도 존재하지 않았을 것이다)가 이미 만들어졌을 뿐 아니라 한 번도 중지되지 않고 계속 만들어지고 있다면 무언가가 새로 창조된다는 사실을 굳이 부인할 필요가 없다. 그런데 만일 해방된 영혼들의 숫자가 일정해야 한다면,[176] 그러면서도 그들이 다시는 불행으로 돌아가지 않아야 한다면, 그 숫자는 증가되지 않아야 한다. 하지만 이 숫자 역시, 어떤 수이든, 그 이전에는 한 번도 존재하지 않았으리라는 점에는 의심의 여지가 없다. 그 수가 증가하고 어떤 일정한 수량에 다다르려면 어떻든 어떤 시작이 없어서는 안 된다. 또 그 시작은 이전에는 결코 존재할 수 없었다. 만약 시작이 그 이전에 존재했다면, 인간은 창조되었고 그 이전에는 어떤 인간도 존재하지 않았어야 한다.[177]

22. 하나인 첫 인간의 창조와 그 안에서 이루어진 인류의 창조

의지에 어떤 새로운 변화가 없이 새로운 것을 창조하는 하느님의 영원성, 그것으로 인해 발생하는 극히 난감한 문제를 우리는 힘닿는 대로 설명해 보았다. 그러고 나니 여러 사람들이 있어 그로부터 인류가 시작되었다기보다는 최초로 창조된 한 사람으로부터 인류를 증가시키는 것이 훨씬 낫겠다는 생각이 드는데, 이 문제를 살펴보는 일은 그다지 힘들어 보이지 않는다.[178] 하느님은 동물들을 만들면서 어떤 것들은 고립된 것으로, 어떤 면에서 독거獨居하는 것으로, 말하자면 고독을 더 좋는 것으로 만들었으니 독수리, 솔개, 사자, 늑대 등이 그러하다. 그 대신 어떤 것들은 군거群居하는 것으로, 말하자면 모여서 무리를 이루어 사는 것을 더 좋아하는 것들로 만들었으니 비둘기, 찌르레기, 사슴, 영양羚羊 등이다. 단지 하느님은 두 종류 다 한 마리에서 퍼뜨리지 않고 여러 마리가 동시에 존재하라고 명했다.[179] 그러나 하느님이 인간의 그 본성을 천사들과 짐승들의 중간으로 창조했다. 자신의 창조주를 진정한 주인으로 섬기고, 경건한 순종으로 하느님의 계명을 준수하며, 천사들과 공동운명으로 옮겨가서 중간의 죽음을 거치지 않고 한없이 행복한 불사불멸을 획득하게 만들었다.[180] 만

suum libera uoluntate superbe atque inoboedienter usus offenderet, morti addictus bestialiter uiueret, libidinis seruus aeternoque post mortem supplicio destinatus, unum ac singulum creauit, non utique solum sine humana societate deserendum, sed ut eo modo uehementius ei commendaretur ipsius societatis unitas uinculumque concordiae, si non tantum inter se naturae similitudine, uerum etiam cognationis affectu homines necterentur; quando ne ipsam quidem feminam copulandam uiro sicut ipsum creare illi placuit, sed ex ipso, ut omnino ex homine uno diffunderetur genus humanum.

23. Nec ignorabat Deus hominem peccaturum et morti iam obnoxium morituros propagaturum eoque progressuros peccandi inmanitate mortales, ut tutius atque pacatius inter se rationalis uoluntatis expertes bestiae sui generis uiuerent, quarum ex aquis et terris plurium pullulauit exordium, quam homines, quorum genus ex uno est ad commendandam concordiam propagatum. Neque enim umquam inter se leones aut inter se dracones, qualia homines, bella gesserunt. Sed praeuidebat etiam gratia sua populum piorum in adoptionem uocandum remissisque peccatis iustificatum Spiritu sancto sanctis angelis in aeterna pace sociandum, nouissima inimica morte destructa; cui populo esset huius rei consideratio profutura, quod ex uno homine Deus ad commendandum hominibus, quam ei grata sit etiam in pluribus unitas, genus instituisset humanum.

---

[181] 그가 인류단원설을 내세우는 이유는 인류사회의 단일성이 공통된 자연본성만이 아니라 공통된 기원을 갖고 있음을 강조하고, 첫 인간(아담)과 둘째 인간(그리스도) 사이의 구원론적 유대를 살려내기 위함이다(*De moribus ecclesiae catholicae* 1.30.63; *De Genesi ad litteram* 3.12.20).

[182] 전쟁을 한탄하면서(15.4 참조) 그는 맹수들보다 잔혹한 인간성 역시 천성이라기보다 타락한 윤리의 결과(tam discordiosum vitio quam sociale natura: 12.28.1)라고 보았다. 그는 의로운 전쟁(iustum bellum)에도 단죄를 늦추지 않는다(*Quaestiones in Heptateuchum* 6.10).

[183] 1고린 15,26 참조: "마지막으로 없어질 원수는 죽음입니다."

[184] 그의 평화 사상에는 "다수 안에서 일치"(in pluribus unitas)가 신의 뜻에 가상하다는 사실, 그리스도가 그것을 성취했다는 사실(*De Trinitate* 4.7.11: haereamus Uni, fruamur Uno, permaneamus Unum)로 귀결된다.

일 자유의지를 오만하고 불손하게 사용하여 자신의 주 하느님을 상심시켜 드린다면, 죽음에 처해지고 짐승처럼 살며 정욕의 노예가 되고 죽은 다음에는 형벌을 당하며 단죄를 받을 것이었다. 하느님은 그 인간을 한 개인만 창조했다. 그것은 인간적 교제가 없이 버려두기 위한 것은 아니었고, 도리어 인간 교제의 단결과 화합의 결속을 더 철저히 추구하도록 권장했고, 자연본성의 유사성뿐 아니라 혈연의 애정으로 인간들이 서로 맺어지게 만들었다. 남자에게 맺어질 여자도 따로 창조하기를 꺼려서 다름아닌 남자로부터 창조했으며, 이렇게 하여 오로지 단일한 인간으로부터 인류가 퍼지게 했다.[181]

23. 하느님은 최초로 창조한 인간이 죄를 지으리라는 것을 예견했고, 동시에 당신 은총으로 인류에서 얼마나 많은 경건한 백성이 천사들과의 공동운명에 들어올지를 예견했다

하느님은 인간이 죄를 지으리라는 것을 모르지 않았고, 죽음에 단죄받은 인간이 역시 죽을 인간들을 낳으리라는 것도 모르지 않았다. 또한 이 사멸할 존재들이 야만스런 죄상에 너무 깊이 들어갔기 때문에, 인간들보다 이성적 의지가 없는 짐승들이, 종류마다 물과 뭍에서 다수로서 발생했으면서도 그 짐승들이 화합을 이루라는 목적으로 한 사람에게서 번식하게 한 인류보다 차라리 서로서로 더 안전하고 더 평화롭게 살아갈 정도까지 되리라는 것도 모르지 않았다. 사자들이나 용들마저 사람들이 하듯이 자기네끼리 그런 전쟁을 하는 일은 결코 없었다.[182] 하지만 하느님은 당신의 은총으로 경건한 인간들로 이루어진 백성을 양자養子로 삼아 불러들이리라는 것, 또 그 백성이 속죄하고 성령으로 의화義化되어 마지막 원수인 죽음을 물리치고서[183] 거룩한 천사들과 더불어 영원한 평화로 결속되리라는 것도 예견했다. 그리고 백성들이 다음의 사실을 숙고하는 것이 유익하리라는 것, 즉 다수 안에서 일치하는 것이 하느님께 얼마나 흡족한 일인지를 인간들에게 가르치려고 하느님이 한 사람에게서 인류를 만들었다는 사실을 숙고하는 것이 유익하리라는 것도 그분은 예견했다.[184]

24. Fecit ergo Deus hominem ad imaginem suam. Talem quippe illi animam creauit, qua per rationem atque intellegentiam omnibus esset praestantior animalibus terrestribus et natatilibus et uolatilibus, quae mentem huius modi non haberent. Et cum uirum terreno formasset ex puluere eique animam qualem dixi siue quam iam fecerat sufflando indidisset siue potius sufflando fecisset eumque flatum, quem sufflando fecit (nam quid est aliud sufflare quam flatum facere?), animam hominis esse uoluisset, etiam coniugem illi in adiutorium generandi ex eius latere osse detracto fecit, ut Deus. Neque enim haec carnali consuetudine cogitanda sunt, ut uidere solemus opifices ex materia quacumque terrena corporalibus membris, quod artis industria potuerint, fabricantes. Manus Dei potentia Dei est, qui etiam uisibilia inuisibiliter operatur. Sed haec fabulosa potius quam uera esse arbitrantur, qui uirtutem ac sapientiam Dei, qua nouit et potest etiam sine seminibus ipsa certe facere semina, ex his usitatis et cotidianis metiuntur operibus; ea uero, quae primitus instituta sunt, quoniam non nouerunt, infideliter cogitant, quasi non haec ipsa, quae nouerunt de humanis conceptibus atque partubus, si inexpertis narrarentur, incredibiliora uiderentur; quamuis et ea ipsa plerique magis naturae corporalibus causis quam operibus diuinae mentis adsignent.

25. Sed cum his nullum nobis est in his libris negotium, qui diuinam mentem facere uel curare ista non credunt. Illi autem qui Platoni suo credunt non ab illo summo Deo, qui fabricatus est mundum, sed ab aliis

---

[185] 창세 1,26-28 참조: "하느님의 모습대로 사람을 지어내셨다". 그리고 신의 모상은 "영혼의 불사불멸하는 실체 속에 불멸하게 인각되어 있다": *De Trinitate* 14.4.6.

[186] quam iam fecerat sufflando indidisset sive eumque flatum ... animam hominis esse: 영혼의 선재 혹은 유전설(*De Genesi ad litteram* 7.24.35: anima creata lateret in operibus Dei donec suo tempore sufflando corpori insereret)과 창조설을 택일하지 않고 나란히 제시한다. 앞의 12.21.3 각주 173 참조.

[187] 창세 2,21-24 참조.

[188] 어느 시대나 생명현상을 물리적 원인만으로 설명하는 형이하학적 입장과 신적 지성의 창조적 작업으로 해석하는 형이상학적 입장이 공존한다.

[189] divinam mentem facere vel curare: 특히 두 도성을 주관하는 역사의 추동력인 섭리에 관해서는 5.11 참조.

24. 하느님의 모상에 따라 창조된 인간 영혼의 본성

하느님은 당신 모상대로 사람을 만들었다.[185] 사람에게는 영혼을 창조해 주었는데 그것으로 인해 인간은 이성과 오성을 갖고, 그런 지성을 갖지 못한 모든 육지 동물과 헤엄치는 동물과 날아다니는 동물보다 뛰어나도록 만들어 주었다. 그리고 땅의 먼지로 남자를 빚을 때는 내가 방금 말한 영혼을 주었는지, 이미 만든 것을 입김으로 불어넣어 주었는지, 입김을 불어서 입김을 만들었고 (입김을 불어넣는다는 것은 입김을 만든다는 것이 아니면 무엇이겠는가?) 당신이 불어넣은 그 입김이 인간의 영혼이 되기를 바랐는지는 모를 일이다.[186] 그리고 생식하는 데 도움이 되라고 남자에게 배필을 만들어 주었는데, 하느님답게 배필도 그의 옆구리에서 뽑아낸 뼈로 만들었다.[187] 이런 일들을 하느님의 육체적 작업으로 생각해서는 안 된다. 우리가 흔히 보듯이, 장인들이 자기 몸의 지체를 써서 지상의 재료를 갖고 무엇이든 제작하는 것처럼, 기술을 발휘하여 할 수 있는 데까지 만들어내는 것처럼 그렇게 생각해서는 안 된다. 하느님의 손은 하느님의 능력이다. 하느님은 가시적인 일도 비가시적으로 이루어낸다. 하지만 종자 없이도 종자를 만들어낼 수 있는 하느님의 위력과 지혜에 대해 관습적이고 일상적인 작업으로 판단하는 사람들은 하느님이 인간을 빚어낸 일을 사실보다는 설화로 여긴다. 이것은 그들이 태초에 창조된 것들을 알지 못하고, 또 불신하는 마음으로 사유하기 때문이다. 이것은 마치 인간의 수태와 출산에 대해 그들이 아는 이치를 얘기할 때, 만일 무식한 사람들에게 그것을 이야기한다면 그들이 믿지 않는 것과 흡사하다. 하기야 생명의 이치도 신적 지성의 작업으로 보기보다는 자연본성의 신체적 원인으로 돌리는 사람들이 다수이긴 하다.[188]

25. 아주 하찮은 피조물에 대해서라면 천사를 창조자라고 할 수 있는가

그러나 이 책에서 우리는, 신적 지성이 그런 일을 행하거나 보살핀다는 사실을 아예 믿지 않는 사람들과는 볼일이 없다.[189] 그런데 한편으로 자기네 스승 플라톤의 말을 믿어서, 사멸할 모든 동물들은 세계를 조성한 저 지존한 하느님에 의해서가 아니라 다른 미소한 신들에 의해 만들어졌다고 생각하는 사람들이

minoribus, quos quidem ipse creauerit, permissu siue iussu eius animalia facta esse cuncta mortalia, in quibus homo praecipuum diisque ipsis cognatum teneret locum, si superstitione careant, qua quaerunt unde iuste uideantur sacra et sacrificia facere quasi conditoribus suis, facile carebunt etiam huius opinionis errore. Neque enim fas est ullius naturae quamlibet minimae mortalisque creatorem nisi Deum credere ac dicere, et antequam possit intellegi. Angeli autem, quos illi deos libentius appellant, etiamsi adhibent uel iussi uel permissi operationem suam rebus quae gignuntur in mundo, tam non eos dicimus creatores animalium, quam nec agricolas frugum atque arborum.

26. Cum enim alia sit species, quae adhibetur extrinsecus cuicumque materiae corporali, sicut operantur homines figuli et fabri atque id genus opifices, qui etiam pingunt et effingunt formas similes corporibus animalium; alia uero, quae intrinsecus efficientes causas habet de secreto et occulto naturae uiuentis atque intellegentis arbitrio, quae non solum naturales corporum species, uerum etiam ipsas animantium animas, dum non fit, facit: supra dicta illa species artificibus quibusque tribuatur; haec autem altera non nisi uni artifici, creatori et conditori Deo, qui mundum ipsum et angelos sine ullo mundo et sine ullis angelis fecit. Qua enim ui diuina et, ut ita dicam, effectiua, quae fieri nescit, sed facere, accepit speciem, cum mundus fieret, rutunditas caeli et rutunditas solis: eadem ui diuina et effectiua, quae fieri nescit, sed facere, accepit speciem rutunditas oculi et rutunditas pomi et ceterae figurae naturales, quas uidemus in re-

---

[190] Cf. Plato, *Timaeus* 41a - 43b.

[191] 창조행위는 전적으로 신에게만 귀속한다(*De Trinitate* 3.9.18; *Quaestiones in Heptateuchum* 2.21). 다음 장에 나오듯이 교부의 저작에는 "태초에" 제일 질료가 창조되는 단계와, 질료와 형상으로 개개 사물의 자연본성을 구성하는 단계를 구분한다(예: *Confessiones* 12.29.40).

[192] species, quae intrinsecus efficientes causas habet de secreto et occulto arbitrio: 신을 "형상"(species: 다수 역자들이 "제일 형상"으로 번역한다)이라고 일컫는 것은 "선의 이데아"를 반영하는 표현이다.

[193] species ... animas dum non fit, facit: dum non fit은 스토아 철학자들이 말하는 "세계혼"(anima mundi)을 염두에 두는 문구다.

[194] 사물이 본성적으로 갖고 있는 형상(形相: forma) 또는 형상(形像: species)은 "창조되는 일 없고 오로지 창조하는 능력"(*vis effectiva* quae nescit fieri sed facere) 곧 신에 의해 부여되어 그 사물의 본질을 이룬다. 인간의 창작은 신의 모상으로서의 모방작업으로 해석된다.

있다.¹⁹⁰ 비록 그 미소한 신들을 하느님이 창조하기는 했지만 하느님의 허락이나 명령으로 그들이 사멸할 모든 동물들을 만들었다는 것이다. 이 동물들 가운데 인간이 가장 중요하고 신들과 가까운 위치를 차지하고 있다. 이런 미소한 신들을 자기네 창조자로 여기고, 그들에게 의례와 제사를 바치는 일이 얼마나 온당한지를 따지는 미신만 없다면 이런 견해가 담고 있는 오류도 쉽게 없어질 것이다. 아무리 미소하고 사멸할 자연본성이라 할지라도 그 창조자를 하느님이 아닌 다른 존재로 믿는다거나 미처 깨닫지도 못하면서 그렇다고 말하는 것은 불합리하다. 그들은 천사들을 거침없이 신이라고 부르는데, 설령 천사들이 하느님의 허락과 명을 받고 세상에 발생하는 사물들에게 어떤 작용을 미친다고 할지라도, 우리는 곡식과 초목을 가꾸는 농부를 창조자라고 하지 않듯이 천사들을 생물의 창조자라고 하지 않는다.¹⁹¹

26. 창조계의 모든 자연본성과 형상이 하느님의 업적에 의해서만 생성되는가

사물을 만들어내는 데 있어 어떤 물체적 질료를 외부로부터 첨가하는 형상이 다르고 내부로부터 작용인作用因을 갖는 형상이 다르다. 전자는 옹기장이나 목수나 이와 비슷한 장인들이 일하듯이, 동물의 신체와 비슷한 형상을 그리거나 조각하는 일에 해당한다. 후자는 작용인을 갖되 생명이 있고 지성이 있는 자연본성의 내밀하고 신비로운 자의에서 기인하는 그런 작용인을 갖는 형상으로서,¹⁹² 이 형상은 물체의 자연본성적 형상들을 창조할 뿐 아니라 살아있는 생명체들의 영혼들 자체를 만들며, 그렇다고 이 형상 자체가 영혼이 되지는 않는다.¹⁹³ 앞에 말한 저 형상은 어디까지나 장인匠人들에게 귀속시키지만, 후자의 형상은 유일무이한 장인, 창조주요 조물주인 하느님께만 귀속된다. 그분은 아무 세계도 없이 세계를 만들었고 아무 천사들도 없이 천사들을 만들었다. 말하자면 창조되는 일은 모르고 오로지 창조하는 신적 능력, 즉 생산적 능력에 의해서¹⁹⁴ 세계가 창조될 때, 하늘의 둥근 모양과 태양의 둥근 모양이 그 형상을 띠게 되었다. 동일하게 신적이고 생산적인 능력, 창조되는 일은 모르고 오로지 창조하는 능력에 의해 눈의 둥근 모양과 과일의 둥근 모양과 다

bus quibusque nascentibus non extrinsecus adhiberi, sed intima Creatoris potentia, qui dixit: *Caelum et terram ego impleo*, et cuius sapientia est, quae *adtingit a fine usque ad finem fortiter et disponit omnia suauiter*. Proinde facti primitus angeli cuius modi ministerium praebuerint Creatori cetera facienti nescio; nec tribuere illis audeo quod forte non possunt, nec debeo derogare quod possunt. Creationem tamen conditionemque omnium naturarum, qua fit ut omnino naturae sint, eis quoque fauentibus illi Deo tribuo, cui se etiam ipsi debere quod sunt cum gratiarum actione nouerunt. Non solum igitur agricolas non dicimus fructuum quorumque creatores, cum legamus: *Neque qui plantat est aliquid neque qui rigat, sed qui incrementum dat Deus*; sed ne ipsam quidem terram, quamuis mater omnium fecunda uideatur, quae germinibus erumpentia promouet et fixa radicibus continet, cum itidem legamus: *Deus illi dat corpus quo modo uoluerit et unicuique seminum proprium corpus*. Ita nec feminam sui puerperii creatricem appellare debemus, sed potius illum qui cuidam famulo suo dixit: *Priusquam te formarem in utero, noui te*. Et quamuis anima sic uel sic affecta praegnantis ualeat aliquibus uelut induere qualitatibus fetum, sicut de uirgis uariatis fecit Iacob, ut pecora colore uaria gignerentur: naturam tamen illam, quae gignitur, tam ipsa non fecit, quam nec ipsa se fecit. Quaelibet igitur corporales uel seminales causae gignendis rebus adhibeantur, siue operationibus angelorum aut hominum aut quorumque animalium siue marium feminarumque mixtionibus; quaelibet etiam desideria motusue animae matris ualeant aliquid liniamentorum aut

---

[195] 예레 23,24. 〔공동번역: "하늘과 땅 어디를 가나 내가 없는 곳은 없다."〕

[196] 지혜 8,1.

[197] 사물의 본질을 이루는 형상은 "진리의 모상"(imago veritatis: *Soliloquia* 2.18.32)으로서 창조를 이룩한 영원한 지혜의 흔적이며, 신의 지성에 있는 "배종(胚種) 이념"(rationes seminales, seminariae)의 반영이다. Cf. *Quaestiones in Heptateuchum* 2.21: "Deus vero solus unus creator est, qui causas ipsas et rationes seminarias rebus insevit(오로지 유일한 하느님이 창조주로서 원인들 자체와 배종 이념들을 사물들에게 주입했다).

[198] 존재를 시작하는 일은 오로지 창조주의 작업이지만, 플라톤 학파의 말처럼 (예: *Timaeus* 41a - 43b) 배종 이념에 따라 사물이 발전하도록 조성하는 일은 천사들의 개입이 신에게서 허용되었으리라는 추정이 가능하다.

[199] 1고린 3,7.

[200] 1고린 15,38.

[201] 예레 1,5. 〔공동번역: "내가 너를 점지해 주기 전에 나는 너를 뽑아 세웠다."〕

[202] 창세 30,31-43 참조: 야곱은 줄무늬가 있는 가지들을 놓았고 "양들은 그 나뭇가지들 앞에서 교미하고는 줄무늬가 있거나 얼룩진 새끼를 낳았다".

른 자연 사물들의 모양이 그 형상을 띠게 되었다. 이런 형상들은 생성하는 모든 사물에서 볼 수 있는 것으로 외부로부터 부여되는 무엇이 아니고 오직 창조주의 내적 권능에 의해 부여된 것이다. 하느님은 "내가 하늘과 땅을 가득 채우노라"[195]라고 했고, "지혜는 세상 끝에서 끝까지 힘차게 펼쳐지며 모든 것을 훌륭하게 다스린다"[196]라고 했는데, 그 지혜는 바로 그분의 지혜다.[197] 그런데 최초로 만들어진 천사들이 창조주가 그밖의 다른 것들을 만드는 일에 어떤 식으로 봉사를 했는지는 나도 알지 못한다. 하지만 행할 능력이 안 되는 것을 천사들에게 감히 부여하고 싶지도 않고, 또 천사들이 할 수 있는 무엇을 그들에게서 박탈해서도 안 되겠다. 다만 나는 모든 자연본성들의 창조와 조성을, 자연본성이 되어 존재하게 되는 그것을 저 하느님께만 돌리며 이것은 천사들도 수긍하리라 생각한다.[198] 천사들도 자신들이 존재한다는 사실에 대해 오직 하느님께 의존하고 있음을 잘 알고 또한 감사를 드리고 있다. 우리는 농부들이 어떤 과실을 내놓더라도 그들을 과실의 창조자라고 말하지 않는다. "심는 이도 물주는 이도 별것 아니며 오직 자라게 하시는 하느님만이 중합니다"[199]라는 말씀을 읽은 까닭이다. 심지어 땅이 비록 만물의 비옥한 어머니로 보이고 씨앗에 싹을 틔우고 그 뿌리를 단단히 붙잡아 주지만 땅을 창조자라고 부르지 않는다. "하느님은 당신이 원하시는 대로 씨앗 하나하나에 고유한 몸을 지어 주십니다"[200]라는 말씀이 있는 까닭이다. 마찬가지로 여자도 자기 자식의 창조자라고 불러서는 안 된다. 차라리 하느님이 당신 종에게 한 말씀대로다: "내가 너를 모태에 빚어내기 전에 나는 너를 알았다."[201] 수태한 여자의 영혼이 이러저런 심경에서 태아에게 어떤 일정한 성격을 주입할 수는 있다. 야곱이 나뭇가지의 색깔을 달리 만들어 색깔이 다른 양들을 낳게 조작한 것처럼.[202] 하지만 태아의 자연본성은 여자가 창조한 것이 아니다. 여자가 자신을 창조하지 않은 것처럼. 사물이 출생하는 데 있어 어떠한 신체적 또는 종자적 원인이 발휘되었든, 또 그 자리에 천사의 작용이든 인간의 작용이든 어떤 동물의 작용이든 무슨 작용이 미쳤든, 심지어 수컷과 암컷의 교합이 어떻게 이루어졌든, 자연본성 그 자체는 지존한 하느님 외에 아무도 만들지 못한다. 모체의

colorum aspergere teneris mollibusque conceptibus: ipsas omnino naturas, quae sic uel sic in suo genere afficiantur, non facit nisi summus Deus, cuius occulta potentia cuncta penetrans incontaminabili praesentia facit esse quidquid aliquo modo est, in quantumcumque est; quia nisi faciente illo non tale uel tale esset, sed prorsus esse non posset. Quapropter si in illa specie, quam forinsecus corporalibus opifices rebus inponunt, urbem Romam et urbem Alexandriam non fabros et architectos, sed reges, quorum uoluntate consilio imperio fabricatae sunt, illam Romulum, illam Alexandrum habuisse dicimus conditores: quanto potius non nisi Deum debemus conditorem dicere naturarum, qui neque ex ea materia facit aliquid, quam ipse non fecerit, nec operarios habet, nisi quos ipse creauerit; et si potentiam suam, ut ita dicam, fabricatoriam rebus subtrahat, ita non erunt, sicut ante quam fierent non fuerunt. Sed ante dico aeternitate, non tempore. Quis enim alius creator est temporum, nisi qui fecit ea, quorum motibus currerent tempora?

27. Ita sane Plato minores et a summo Deo factos deos effectores esse uoluit animalium ceterorum, ut inmortalem partem ab ipso sumerent, ipsi uero mortalem adtexerent. Proinde animarum nostrarum eos creatores noluit esse, sed corporum. Vnde quoniam Porphyrius propter animae

---

[203] 태아의 신체와 정신의 형성에 모친이 끼치는 영향은, 같은 창세기를 들어가며 다른 데서도 언급한다(*De Trinitate* 3.8.15).

[204] 사물의 본질(aliquo modo est, tale vel tale esset)은 존재(inquantum est, prorsus esse)를 전제하고, 신의 창조는 단적으로 "있게 함"(facit esse)이다. Cf. *De Trinitate* 3.8.13 - 9.16.

[205] 존재는 신에게 근거하더라도 그 사물(자연본성)이 존속하고 작용함은 사물 고유의 능력이라는 이신론(理神論)에 대해서, 그 사물의 창조는 항상 지속하고 있다(semper ab illo fieri debemus: *De Genesi ad litteram* 8.12.27). 예컨대 신은 "빛나는 태양을 만들었다"는 표현보다는 "태양이 빛나게 만들었다"는 표현이 적절하다.

[206] 사물의 선후를 따지는데(*Confessiones* 12.29.40) 영원에 입각하여, 시간상으로, 가치로, 순서로 따진다. "영원에 입각하여" 시간상의 선후를 따지기는 개념상 쉽지 않다(*Confessiones* 1.6.19).

[207] Cf. Plato, *Timaeus* 41c. 아우구스티누스는 키케로의 번역본을 이용한 것으로 추정된다.

영혼이 갖고 있는 소망이나 작용이 연약하고 예민한 태아들에게 용모나 색깔과 관련하여 아무리 큰 영향을 미칠 수 있다 하더라도,[203] 또 자신의 종류 속에서 이러저런 영향을 받는다 하더라도, 자연본성 그 자체를 만드는 분은 최고신 외에 아무도 없다. 그분의 내밀한 능력이 범접할 수 없는 현존으로 만사에 침투하여, 무엇이든 그것이 존재하는 한 어느 일정한 모양으로 존재하게 만든다. 그분이 만들지 않으면 이러저런 모양으로 존재하지 못하는 것에 그치는 것이 아니라 아예 존재하지 못한다.[204] 물체적 사물에 장인(匠人)들이 부여하는 형상에 대해 말할 경우에도, 우리는 로마와 알렉산드리아를 목수들과 건축가들이 만들었다고 하지 않고, 의지와 계획과 통치권으로 그 도시를 창건한 군왕들이 그 도시를 만들었다고 한다. 그래서 로마는 로물루스가, 알렉산드리아는 알렉산데르가 그 창건자라고 말한다. 그러니 더구나 자연본성들의 창조자가 하느님 외에 어떤 다른 분이라고 말해서는 안 된다. 하느님은 당신이 만들지 않은 어떤 재료에서 무엇을 만들어내는 분이 아니고, 당신이 몸소 창조한 자들이 아닌 다른 일꾼을 거느리는 분도 아니다. 그리하여 말하자면, 만에 하나라도 하느님이 사물들에서 당신의 창조 능력을 거두어들이면, 그 사물들이 창조되기 이전에는 존재하지 않았던 것처럼 더는 존재하지 않게 된다.[205] 다만 내가 말하는 "이전"이라는 말은 시간상의 이전이 아니고 영원에 입각해서 하는 말이다. 사물들의 운동으로 시간이 흐르는데 그 사물을 만든 분이 아니면 시간의 창조주가 누구이겠는가?[206]

27. 천사들은 하느님이 창조했지만 인간 신체는 천사들이 창조했다고 생각한 플라톤 학파의 견해

플라톤은 하급신들, 즉 최고신에 의해 창조된 신들을 다른 생명체들의 조성자로 삼고 싶어했다. 그렇게 보면 생명체들의 불사불멸하는 부분은 하느님으로부터 취한 것이고, 사멸하는 부분은 그 외의 신들이 엮어낸 것이다. 그의 의도는 하급신들은 우리 영혼의 창조자가 아니라 오직 육체의 창조자임을 강조하는 데 있었다.[207] 바로 그래서 포르피리우스는 영혼의 정화를 위해 모든 육체를 피

purgationem dicit corpus omne fugiendum simulque cum suo Platone aliisque Platonicis sentit eos, qui inmoderate atque inhoneste uixerint, propter luendas poenas ad corpora redire mortalia, Plato quidem etiam bestiarum, Porphyrius tantummodo ad hominum: sequitur eos, ut dicant deos istos, quos a nobis uolunt quasi parentes et conditores nostros coli, nihil esse aliud quam fabros compedum carcerumue nostrorum, nec institutores, sed inclusores adligatoresque nostros ergastulis aerumnosis et grauissimis uinculis. Aut ergo desinant Platonici poenas animarum ex istis corporibus comminari, aut eos nobis deos colendos non praedicent, quorum in nobis operationem, ut quantum possumus fugiamus et euadamus, hortantur, cum tamen sit utrumque falsissimum. Nam neque ita luunt poenas animae, cum ad istam uitam denuo reuoluuntur, et omnium uiuentium siue in caelo siue in terra nullus est conditor, nisi a quo facta sunt caelum et terra. Nam si nulla causa est uiuendi in hoc corpore nisi propter pendenda supplicia: quo modo dicit idem Plato aliter mundum fieri non potuisse pulcherrimum atque optimum, nisi omnium animalium, id est et inmortalium et mortalium, generibus impleretur? Si autem nostra institutio, qua uel mortales conditi sumus, diuinum munus est: quo modo poena est ad ista corpora, id est ad diuina beneficia, remeare? Et si Deus, quod adsidue Plato commemorat, sicut mundi uniuersi, ita omnium animalium species aeterna intellegentia continebat: quo modo non ipse cuncta condebat? An aliquorum esse artifex nollet, quorum efficiendorum artem ineffabilis eius et ineffabiliter laudabilis mens haberet?

---

[208] Cf. Porphyrius, *De regressu animae* fr.5; 본서 10.9.2; 22.26. 인간 본성을 구성하는 육체와, 영혼에 짐이 되는, 타락한 인간의 육체를 구분함으로써 교부는 플라톤주의의 이 입장을 탈피한다.

[209] 10.30 참조.

[210] 육체를 무덤으로($\sigma\hat{\omega}\mu\alpha$-$\sigma\epsilon\mu\alpha$) 혹은 감옥으로 형용한 것은 플라톤에게서도 유래한다. Cf. *Cratylus* 400a; *Gorgias* 493a; *Phaedo* 82d-e.

[211] 아우구스티누스는 영과 육의 이원론이 플라톤에게서 기원함을 명백히 한다. 그것이 청교도적 도덕을 유지하지만 선악이원론을 초래하고 종교적으로는 정령숭배라는 중개사상을 장려한다는 것이 본서의 반박 요지다.

[212] Cf. *Timaeus* 30d, 92c.

[213] 이 논제는 22권의 부활 논쟁에서 길게 다루어진다.

[214] Cf. *Timaeus* 30b; *Respublica* 597b.

해야 한다는 말을 하고,[208] 또 자기 스승 플라톤이나 그밖의 플라톤 학파와 견해를 같이하여, 절제 없이 부정직하게 살았던 자들은 벌을 받기 위해 사멸하는 육체로 되돌아온다고 말한다. 플라톤의 말대로 하면 짐승의 육체로 돌아올 수도 있지만, 포르피리우스는 인간의 육체로 돌아올 뿐이라고 한다.[209] 그렇다면 그들은 자기들이 신이라고 부르는 자들이 우리의 조상 내지는 창조자로 숭배받기를 원했던 것인데, 결국 그 신들이 한 짓이라고는 겨우 우리의 족쇄와 감옥을 제작한 일 외에 아무것도 없다. 또한 그 신들은 우리를 창조한 자들이 아니라 오히려 괴로운 노예감옥과 아주 무거운 쇠사슬로 우리를 투옥하고 포박하는 자들에 불과하다는 결론이 나온다.[210] 따라서 플라톤 학파는 육체를 내세워 영혼을 벌준다고 위협하는 짓을 그만두거나, 우리에게 저런 존재들을 신처럼 숭배하라고 설교하는 짓을 그만두거나 해야 한다. 플라톤 학파가 훈계하는 바는 다름아닌 그 신들이 우리에게 만들어준 업적, 곧 육체를 할 수 있는 데까지 회피하거나 기피하라는 말이기 때문이다. 이 모두 더할 나위 없는 거짓이다.[211] 하늘에서든 땅에서든 모든 생명체의 창조자는 하늘과 땅을 창조한 분 외에 다른 누구도 아닌 이상, 영혼들이 현세의 생명으로 다시 회귀하더라도 대단한 벌을 받는 것은 아니다. 형벌을 받는 것 외에는 이 육체 속에 살아야 할 이유가 전혀 없다고 하자. 그렇다면 플라톤이 똑같은 입으로, 이 세계가 모든 생명체, 다시 말해 불사불멸하는 생명체들과 사멸하는 생명체들의 온갖 종류로 가득하지 않았더라면 세계가 그토록 아름답고 훌륭하지 못했으리라는 말은 왜 하는가?[212] 우리가 창조받은 인간 구조가, 사멸할 존재로 창조된 것이요 그것이 신적 선물이라면, 그 육체로 되돌아오는 일, 신적 은덕에로 되돌아오는 일이 어떻게 죄벌이라는 말인가?[213] 그리고 플라톤이 강력히 주장한 대로[214] 하느님이 온 세계의 형상만이 아니라 모든 생명체의 형상마저 영원한 지성으로 내포하고 있었다면, 왜 하느님이 모든 것을 창조하지 않았겠는가? 다른 작품들에 대해서는 당신이 장인이 되고 싶지 않았다는 말인가? 그분의 불가형언한 지성, 이루 형언할 수 없이 찬미받아 마땅한 지성마저 그것들을 만드는 데는 기술이 없었다는 말인가?

28. Merito igitur uera religio, quem mundi uniuersi, eum animalium quoque uniuersorum, hoc est et animarum et corporum, conditorem agnoscit et praedicat. In quibus terrenis praecipuus ab illo ad eius imaginem homo propter eam causam, quam dixi, et si qua forte alia maior latet, factus est unus, sed non relictus est solus. Nihil enim est quam hoc genus tam discordiosum uitio, tam sociale natura. Neque commodius contra uitium discordiae uel cauendum ne existeret, uel sanandum cum extitisset, natura loqueretur humana, quam recordationem illius parentis, quem propterea Deus creare uoluit unum, de quo multitudo propagaretur, ut hac admonitione etiam in multis concors unitas seruaretur. Quod uero femina illi ex eius latere facta est, etiam hic satis significatum est quam cara mariti et uxoris debeat esse coniunctio. Haec opera Dei propterea sunt utique inusitata, quia prima. Qui autem ista non credunt, nulla facta prodigia debent credere; neque enim et ipsa, si usitato naturae curriculo gignerentur, prodigia dicerentur. Quid autem sub tanta gubernatione diuinae prouidentiae, quamuis eius causa lateat, frustra gignitur? Ait quidam Psalmus sacer: *Venite et uidete opera Domini, quae posuit prodigia super terram.* Cur ergo ex latere uiri femina facta sit, et hoc primum quodam modo prodigium quid praefigurauerit, dicetur alio loco, quantum me Deus adiuuerit.

Nunc quoniam liber iste claudendus est, in hoc [primo] homine, qui primitus factus est, nondum quidem secundum euidentiam, iam tamen

---

[215] et animarum et corporum conditorem: 이상의 논증으로 영적인 것만 아니라 물체적인 것도 신의 피조물임을 결론지어 이원론 철학을 봉쇄한다.

[216] hoc genus tam discordiosum vitio, tam sociale natura: 앞의 12.23 각주 182 참조.

[217] 교부는 혼인의 사랑과 신의를 극구 강조했다. Cf. *De bono coniugali* 1.1.

[218] 시편 45,9.

[219] 22.17 참조: 여성의 신기한 창조는 인류의 단일성을 상징하고, 십자가에서 죽어가는 그리스도의 옆구리에서 교회가 탄생하는 예형이라고 풀이한다(*Contra Faustum Manichaeum* 12.8; *In Ioannis Evangelium* 9.10; 15.8; 120.2).

28. 첫 인간 안에 인류가 전적으로 충만하게 존재했으니, 그 충만함 속에서 하느님은 인류의 어느 부분이 상받는 영예를 얻을 것인지, 어느 부분이 죄를 지어 벌받을 것인지를 예견했다

28. 1. 하느님은 한 사람을 창조하여 인류의 화합을 도모했다

그러므로 참다운 종교는 당연히 하느님을 온 세계의 창조주일 뿐 아니라 모든 생명체의 창조주, 곧 영혼들과 육체들의 창조주로 인정하고 선포한다.[215] 지상 생명체들 가운데는 인간이 으뜸가는 존재로서, 그분에 의해 그분의 모상대로 만들어졌다. 한 사람이 창조되었지만 혼자 버려두지는 않았다. 아마도 생명체들 가운데 인류만큼 악덕으로는 그토록 불화하고 본성으로는 그토록 사회적인 종류가 없을 것이다.[216] 인간의 본성에 대해 말할 때 불화의 악덕에 대항하려면, 그런 악덕이 존재하지 않도록 조심하는 점에서나 기존의 악덕을 치유하는 점에서나, 인류의 조상을 기억하기보다 유익한 일이 없으리라. 하느님이 인류의 조상을 한 사람으로 창조했고, 그 한 사람으로부터 많은 무리가 퍼져나가 다수 가운데서도 단일한 화합을 보존하게 했다는 사실을 상기해야 한다. 여자가 그의 옆구리에서 만들어졌다는 사실도 남편과 아내의 결합이 얼마나 사랑스런 것이어야 하는지에 대해 제대로 상징하고 남는다.[217] 여자를 만든 하느님의 이 작업은 물론 이례적이다. 최초의 작업이기 때문이리라. 그런데 그 사실을 안 믿는 사람은 그 어떤 기사(奇事)도 믿어서는 안 된다. 또 자연의 통상적 과정으로 생성하는 것을 기이한 일이라고 불러서도 안 된다. 비록 그 원인이 숨겨져 있다 하더라도 신적 섭리의 저 위대한 통치하에 생성되는 일치고 과연 무엇이 까닭없이 생성되겠는가? 그런데 저 거룩한 시편은 이렇게 말한다: "와서 보아라, 주님의 업적을, 세상에 놀라운 일을 이루신 그분의 업적을."[218] 왜 남자의 옆구리에서 여자가 만들어졌는지, 어느 모로 최초의 기사에 해당하는 이 사건이 과연 무엇을 가리키는 예형인지에 대해서는, 하느님이 나를 보우한다면, 딴 기회에 논하기로 한다.[219]

28. 2. 최초의 인간에게서 두 도성이 기원한다

이제 이 권을 닫을 때가 되었다. 다만 아직 분명하지는 않지만 하느님의 예지에 따라서, 최초로 창조된 이 첫 인간에게서 인류에게 두 사회 혹은 두 도성이

secundum Dei praescientiam exortas fuisse existimemus in genere humano societates tamquam ciuitates duas. Ex illo enim futuri erant homines, alii malis angelis in supplicio, alii bonis in praemio sociandi, quamuis occulto Dei iudicio, sed tamen iusto. Cum enim scriptum sit: *Vniuersae uiae Domini misericordia et ueritas*: nec iniusta eius gratia nec crudelis potest esse iustitia.

기원한 것으로 여길 것이다. 그 한 사람에게서 인간들이 장차 올 터인데 어떤 사람들은 악한 천사들과 더불어 형벌을 함께하고 어떤 사람들은 선한 천사들과 더불어 상급을 함께하기에 이를 것이다. 이것은 하느님의 판단에 따라 이루어질 것이며 그 판단은 비록 감추어져 있지만 의로운 판단이다. 성서에 "주님의 길은 모두 자애와 진실이로다"[220]라고 기록되어 있다. 그분의 은총이 불의한 것일 수 없듯이 그분의 정의도 가혹한 것일 수 없다.[221]

---

[220] 시편 24[25],10.

[221] nec iniusta eius gratia nec crudelis potest esse iustitia: 후기 저서에 이 교부의 사상으로 여겨지는, 예정설을 간추린 명제다. 받은 바 은총이 부당하지 않다면 자기의 죄벌로 정의가 내려도 가혹하다고 불평하지 못한다. Cf. *Contra Iulianum haeresis Pelagianae* 4.8.45.

AUGUSTINUS
DE CIVITATE DEI
LIBER XIII

REDEMPTUS HOMO IN VITAM AETERNAM
RESTITUITUR

아우구스티누스
신 국 론
제13권
영원한 생명의 복원인 인간의 구속

1. Expeditis de nostri saeculi exortu et de initio generis humani difficillimis quaestionibus nunc iam de lapsu primi hominis, immo primorum hominum, et de origine ac propagine mortis humanae disputationem a nobis institutam rerum ordo deposcit. Non enim eo modo, quo angelos, condiderat Deus homines, ut etiam si peccassent mori omnino non possent; sed ita ut perfunctos oboedientiae munere sine interuentu mortis angelica inmortalitas et beata aeternitas sequeretur; inoboedientes autem mors plecteret damnatione iustissima; quod etiam in libro superiore iam diximus.

2. Sed de ipso genere mortis uideo mihi paulo diligentius disserendum. Quamuis enim anima humana ueraciter inmortalis perhibeatur, habet tamen quandam etiam ipsa mortem suam. Nam ideo dicitur inmortalis, quia modo quodam quantulocumque non desinit uiuere atque sentire; corpus autem ideo mortale, quoniam deseri omni uita potest nec per se ipsum aliquatenus uiuit. Mors igitur animae fit, cum eam deserit Deus, sicut corporis, cum id deserit anima. Ergo utriusque rei, id est totius hominis, mors est, cum anima Deo deserta deserit corpus. Ita enim nec ex Deo uiuit ipsa nec corpus ex ipsa. Huius modi autem totius hominis mortem

---

[1] de nostri saeculi exortu: saeculum 원래 한 세대(世代)의 연한을 가리키는 말이었지만 그리스어 αἰών과 합쳐져 (시간의 차원에서 말하는) 세계 혹은 현세(nostrum saeculum)를 가리키기에 이르렀다 (12.20 각주 156 참조).

[2] 인간과 천사의 본성이 다르므로 양자의 구원경륜도 달라야 했다. Cf. Theophilus Antiochiae, *Ad Autolycum* 2.24-27.

[3] sine interventu mortis: 12.22 각주 180 (sine morte media) 참조. 낙원의 인간은 "죽음을 겪지 않을 수 있는"(posse non mori) 상태였다는 것이 교부의 주장이다.

[4] 교부는 영혼의 불멸성을 적극 옹호하면서도(예: *Soliloquia* 2; *Epistula* 3.4), 영혼도 어느 면에서 죽을 수 있음을 논한다. "영혼이 육체의 생명이듯이, 하느님은 영혼의 생명이므로"(*Sermo* 180.8), 하느님으로부터 분리됨(죄)은 곧 영혼의 죽음을 의미한다는 취지에서다(본서 19.8, 26 참조).

[5] 육체는 시공간적으로 가변적이고 영혼은 시간적으로만 가변적이며 하느님은 시공간 어느 편으로도 가변적이 아니다. 가변적 영혼이 은총으로 덕스럽게 살아가지 못함은 존재 자체인 분으로부터의 유리(遊離)이기 때문에 그것은 형이상학적 의미의 죽음이 된다.

[6] secunda mors: 이 "둘째 죽음"이 여기 13권과 나중에 21권에서 상세하게 거론된다. 묵시 2,11; 21,8 참조.

[7] 마태 10,28.

제1부 (1-11)
죽음의 양상

1. 원조들의 타락과 그로 인한 죽음에의 종속

우리는 현세의 개벽¹과 인류의 시원이라는 가장 난해한 문제들을 취급해 왔고, 이제는 우리가 정한 대로 최초 인간의 타락 혹은 원조들의 타락에 대해, 그리고 인간 죽음의 확산에 대해 토론하는 것이 사리에 맞겠다. 하느님은 천사들을 지은 것과 같은 모양으로 인간을 짓지 않았다. 천사들은 죄를 짓더라도 전혀 죽을 수 없었다.² 인간들은 순종의 본분을 수행함으로써 죽음의 개입을 거치지 않고 천사와 같은 불사불멸과 영원한 행복이 따르게 되어 있었다. 그러나 만약 불순종한다면 지극히 당연하게 단죄를 받아 죽음이 그들을 처벌하게 되어 있었다. 이 점은 앞 권에서 우리가 이미 말했다.³

2. 영혼이 항상 살아있다 해도 그 영혼에 닥칠 죽음이 있고, 또 육체가 당할 죽음이 있다

그런데 그들이 겪을 죽음의 종류가 어떤 것이냐에 대해서는 좀더 신중한 토론을 해야 할 것으로 여겨진다. 비록 인간 영혼은 참으로 불멸하는 것으로 여겨지지만 그것도 나름대로 어떤 죽음을 지니고 있다.⁴ 살아있고 지각하기를 어떤 순간에도 결코 중단하지 않는다는 점에서 우리는 영혼을 불멸하다고 말한다. 육체는 모든 생명으로부터 버림받을 수 있고 그 스스로 한순간도 살아있을 수 없으므로 사멸한다고 말한다. 그러므로 영혼이 육체를 버리면 육체의 죽음이 되듯이, 하느님이 영혼을 버리면 영혼의 죽음이 된다. 따라서 하느님께 버림받은 영혼이 육체를 버릴 때, 그것은 양편 곧 전인全人의 죽음이다.⁵ 왜냐하면 영혼도 하느님으로 살지 않고 육체도 영혼으로 살지 않는 상태이기 때문이다. 이런 형태의 전인의 죽음에 뒤이어, 권위있는 신적 말씀이 둘째 죽음이라고 일컫는 죽음이 발생한다.⁶ 구세주도 다음과 같은 말씀에서 바로 이 죽음을 의미했던 것이다: "영혼도 육신도 지옥에서 멸망시킬 수 있는 분을 두려워하시오."⁷

illa sequitur, quam secundam mortem diuinorum eloquiorum appellat auctoritas. Hanc Saluator significauit, ubi ait: *Eum timete, qui habet potestatem et corpus et animam perdere in gehenna*. Quod cum ante non fiat, quam cum anima corpori sic fuerit copulata, ut nulla diremptione separentur: mirum uideri potest quo modo corpus ea morte dicatur occidi, qua non anima deseritur sed animatum sentiensque cruciatur. Nam in illa ultima poena ac sempiterna, de qua suo loco diligentius disserendum est, recte mors animae dicitur, quia non uiuit ex Deo; mors autem corporis quonam modo, cum uiuat ex anima? Non enim aliter potest ipsa corporalia, quae post resurrectionem futura sunt, sentire tormenta. An quia uita qualiscumque aliquod bonum est, dolor autem malum, ideo nec uiuere corpus dicendum est, in quo anima non uiuendi causa est, sed dolendi? Viuit itaque anima ex Deo, cum uiuit bene; non enim potest bene uiuere nisi Deo in se operante quod bonum est; uiuit autem corpus ex anima, cum anima uiuit in corpore, seu uiuat ipsa seu non uiuat ex Deo. Impiorum namque in corporibus uita non animarum, sed corporum uita est; quam possunt eis animae etiam mortuae, hoc est Deo desertae, quantulacumque propria uita, ex qua et inmortales sunt, non desistente, conferre. Verum in damnatione nouissima quamuis homo sentire non desinat, tamen, quia sensus ipse nec uoluptate suauis nec quiete salubris, sed dolore poenalis est, non inmerito mors est potius appellata quam uita. Ideo autem secunda, quia post illam primam est, qua fit cohaerentium diremptio naturarum, siue Dei et animae siue animae et corporis. De prima igitur corporis morte dici potest, quod bonis bona sit, malis mala; secunda uero sine dubio sicut nullorum bonorum est, ita nulli bona.

---

[8] 13.21; 21.9-11 참조.

[9] 플라톤의 영향 아래 있어서인지 아우구스티누스는 간혹 영혼과 육체를 두 사물(duae naturae)로 보는 듯한 표현을 사용한다. 후대에 토마스가 "영혼은 육체의 형상이다"(anima forma corporis)는 단일체 사상을 확립한 것은 아리스토텔레스의 질료형상론(質料形相論)에 힘입어서였다.

[10] 이하에 상론되는 대로, 죽음은 만인에게 죄벌이요 따라서 악이지만(본권의 5-6장) 선인에게는 죽음이라는 악한 사물을 선하게 사용하는 일, 곧 "선한 죽음"(bona mors)이 가능하다(8장). Cf. *Sermo* 56.7; 65.3-7.

그런데 이 둘째 죽음은 어떠한 파괴로도 분리되지 않을 만큼 영혼이 육체에 강력하게 결합되기 전에는 일어나지 않는다. 다만 영혼이 육체를 버리지 않은 채로, 육체가 영혼에게 깃들어 있는 채로 지각을 하면서 형벌에 시달리는 경우가 있는데, 어떻게 육체가 그런 죽음에 의해 죽게 된다는 말을 할 수 있는지 의아할지도 모른다. 이 최후의 영원한 벌에 대해서는 적절한 기회에 더 상세하게 토론해야겠지만,[8] 영혼이 하느님으로 살지 않기 때문에 곧 영혼의 죽음이라고 말하는 것은 옳다. 그러나 영혼으로 살아있는데 어떻게 육체의 죽음을 말할 수 있는가? 그렇지만 부활 후에 닥쳐올 육체적 형벌을 육체가 지각하리라는 사실을 달리는 설명할 길이 없다. 아니면, 생명은 어떤 것이든 선이고 온갖 고통은 어떤 것이든 악이라고 전제하고, 육체 속에서 영혼이 생명의 원인이 되지 못하고 오로지 고통의 원인이 되고 있을 경우에 그런 육체는 살아있다고 말할 수 없다고 보아야 할 것인가? 그러니까 영혼은 선하게 살 때에 하느님으로 사는 것이다. 그리고 하느님으로 사는 것이 아니면, 즉 영혼 안에 하느님이 활동함으로써(바로 그것이 선^善이다) 살아가는 것이 아니면 선하게 살 수 없다. 그 대신 영혼이 하느님으로 살든 하느님으로 살지 않든, 영혼이 육체 안에 사는 한 육체는 영혼으로 산다. 그렇다면 불경스런 사람들의 육체에 깃들어 있는 것은 영혼의 삶이라기보다는 육체의 삶이다. 그런 삶은 죽은 영혼들, 다시 말해 하느님께 버림받은 영혼들도 제공할 수 있다. 영혼들이 스스로 불멸하다는 바로 그 고유한 생명을 멈추지 않는 한, 육체들에게 그런 삶을 제공할 수 있다. 다만 종말의 단죄를 받고 나서 인간은 지각하는 것을 멈추지는 않지만 감관 자체가 쾌락으로 감미로워지고 안식으로 유쾌해지는 것이 아니라 도리어 고통으로 벌을 받는 것이므로 그런 것은 삶이라기보다는 죽음이라 불려도 부당하지 않다. 그래서 둘째 죽음이다. 첫째 죽음, 즉 상합시키는 두 자연본성, 그것이 하느님과 영혼이든, 영혼과 육신이든 두 자연본성의 분리가 이루어지는 죽음 다음에 오기 때문이다.[9] 육체의 첫째 죽음에 대해 말하자면 선인들에게는 선한 죽음이요 악인들에게는 악한 죽음이라고 할 수 있다. 하지만 둘째 죽음은 의심없이 어느 선인들의 죽음도 아니고 어느 누구에게도 선한 죽음일 수 없다.[10]

3. Non autem dissimulanda nascitur quaestio, utrum re uera mors, qua separantur anima et corpus, bonis sit bona; quia si ita est, quo modo poterit obtineri, quod etiam ipsa sit poena peccati? Hanc enim primi homines, nisi peccauissent, perpessi utique non fuissent. Quo pacto igitur bona esse possit bonis, quae accidere non posset nisi malis? Sed rursus si non nisi malis posset accidere, non deberet bonis bona esse, sed nulla. Cur enim esset ulla poena in quibus non essent ulla punienda? Quapropter fatendum est primos quidem homines ita fuisse institutos, ut, si non peccassent, nullum mortis experirentur genus; sed eosdem primos peccatores ita fuisse morte multatos, ut etiam quidquid de eorum stirpe esset exortum eadem poena teneretur obnoxium. Non enim aliud ex eis, quam quod ipsi fuerant, nasceretur. Pro magnitudine quippe culpae illius naturam damnatio mutauit in peius, ut, quod poenaliter praecessit in peccantibus hominibus primis, etiam naturaliter sequeretur in nascentibus ceteris. Neque enim ita homo ex homine, sicut homo ex puluere. Puluis namque homini faciendo materies fuit; homo autem homini gignendo parens. Proinde quod est terra, non hoc est caro, quamuis ex terra facta sit caro; quod est autem parens homo, hoc est et proles homo. In primo igitur homine per feminam in progeniem transiturum uniuersum genus humanum fuit, quando illa coniugum copula diuinam sententiam suae damnationis excepit; et quod homo factus est, non cum crearetur, sed cum peccaret et puniretur, hoc genuit, quantum quidem adtinet ad peccati et mortis originem. Non enim ad infantilem hebetudinem et infirmitatem animi et corporis, quam uide-

---

[11] 이것은 히에로니무스도 다루던 의문이었다. Cf. Hieronymus, *Epistula ad Marcellam de exitu Leae*; *Epistula ad Paulam de morte Blesillae*.

[12] 교부는, 원조에게는 본성 아닌 형벌로 발생한(poenaliter) 바가 후손들에게는, 생식으로 전달되는 본성에까지 영향을 끼쳤다(naturaliter)는 이론을 내놓고 있다.

[13] in primo igitur homine ... universum genus humanum fuit: 교부의 원죄사상을 비롯하여 인류의 연대성을 천명하는 명제다.

[14] 부모로서든 자손으로서든 인간이 갖는 연대성의 원리는 아우구스티누스 인간학의 토대가 된다. 영혼이 유전된다(traductionismus)고까지 오해받는, 이 연대성만이 죄와 죽음의 보편성은 물론, 그리스도 안에서 이루어지는 전 인류의 구속(救贖)을 설명한다는 견해다.

3. 원조의 죄로 인해 모든 사람에게 전수된 죽음은 성인들에게도 죄의 형벌로 닥치는가

죽음으로 영혼과 육체가 분리되는데 그것이 과연 선인들에게 선한 것이 될 수 있느냐는 물음 역시 묵살해서는 안 된다. 만약 그렇다면 죽음 그 자체가 형벌이라는 주장이 어떻게 성립하겠는가? 원조들이 만일 죄를 짓지 않았다면, 형벌은 당연히 당하지 않았을 것이다. 그러니 악인들이 아니라면 닥치지 않았을 그 형벌이 어떻게 선인들에게는 선한 것이 될 수 있다는 말인가? 다시 말해, 악인들이 아니라면 닥치지 않았을 형벌이 선인들에게 선한 것이 될 수는 없는 노릇이고 선인들에게는 죽음이 아예 닥치지 말아야 한다. 벌할 것이 전혀 없는 사람들에게 도대체 무슨 벌이 닥친다는 말인가?[11] 그러므로 원조들이 죄를 짓지 않았다면 어떤 종류의 죽음도 겪지 않도록 만들어져 있었다고 말하는 것이 옳다. 그렇지만 원조들은 죄인이 됨으로써 죽음이라는 벌을 받았고, 그들의 혈통에서 나온 것은 무엇이나 같은 형벌로 해를 입기에 이르렀다. 그들이 처해 있던 처지와는 다른 무엇이 그들로부터 태어나도록 되어 있지 않았다는 말이다. 죄과의 막중함 때문에 그들에게 내린 단죄가 자연본성을 더 나쁘게 변질시켰으며, 그 결과 죄를 지은 원조들에게는 형벌로 발생하던 것이 그들에게서 태어나는 여타 인간들에게는 본성적으로 발생하게 되었다.[12] 그러니까 먼지에서 인간이 나오던 식으로 인간에게서 인간이 나오는 것은 아니다. 먼지는 인간이 창조될 때 질료였다. 그런데 인간은 다른 인간이 출생하는 부모이다. 따라서 비록 먼지에서 육신이 만들어지기는 했지만 흙이 곧 육신은 아니다. 그러나 부모인 그가 인간이듯이 자손인 그도 인간이다. 최초의 인간에게는 여자를 통해 후손으로 생산될 전 인류가 깃들어 있었다.[13] 한 쌍의 부부가 자기들을 단죄하는 신적 판결을 받았을 때 그 일이 생겼다. 적어도 죄의 기원과 죽음의 기원이라는 관점에서 본다면, 최초의 인간으로 만들어진 존재가 후손에게 낳아준 것은, 그가 창조될 때가 아니라 바로 죄를 짓고 형벌을 받을 때 낳아준 그런 모습이다.[14] 그렇다고 죄나 벌로 인해 우리가 어린이들에게서 보는 유치한 정신과 유약한 신체로 그가 전락한 것은 아니다. (어린이들의 처지가 짐승 새끼의 초기

mus in paruulis, peccato uel poena ille redactus est (quae Deus uoluit esse tamquam primordia catulorum, quorum parentes in bestialem uitam mortemque deiecerat; sicut enim scriptum est: *Homo in honore cum esset, non intellexit; comparatus est pecoribus non intellegentibus et similis factus est eis*; nisi quod infantes infirmiores etiam cernimus in usu motuque membrorum et sensu adpetendi atque uitandi, quam sunt aliorum tenerrimi fetus animalium; tamquam se tanto adtollat excellentius supra cetera animantia uis humana, quanto magis impetum suum, uelut sagitta cum arcus extenditur, retrorsum reducta distulerit); — non ergo ad ista infantilia rudimenta praesumptione inlicita et damnatione iusta prolapsus uel inpulsus est primus homo; sed hactenus in eo natura humana uitiata atque mutata est, ut repugnantem pateretur in membris inoboedientiam concupiscendi et obstringeretur necessitate moriendi, atque ita id, quod uitio poenaque factus est, id est obnoxios peccato mortique generaret. A quo peccati uinculo si per Mediatoris Christi gratiam soluuntur infantes, hanc solam mortem perpeti possunt, quae animam seiungit a corpore; in secundam uero illam sine fine poenalem liberati a peccati obligatione non transeunt.

4. Si quem uero mouet, cur uel ipsam patiantur, si et ipsa peccati poena est, quorum per gratiam reatus aboletur: iam ista quaestio in alio nostro opere, quod scripsimus de baptismo paruulorum, tractata ac soluta est; ubi dictum est ad hoc relinqui animae experimentum separationis a corpore, quamuis ablato iam criminis nexu, quoniam, si regenerationis sacramentum continuo sequeretur inmortalitas corporis, ipsa fides eneruaretur,

---

[15] 시편 48,13. 〔새번역 49,13: "사람은 영화 속에 오래가지 못하여 도살되는 짐승들과 같도다."〕

[16] 펠라기우스의 낙관론에 맞서서 교부는 원죄와 본죄로 인간의 본성이 부패하고 변질되어(vitiata atque mutata) 필연적으로 구원의 은총을 요구함을 강조한다. 예: *De peccatorum meritis et remissione* 1.36.67.

[17] 다른 데서는 책명을 *De peccatorum meritis et remissione et de baptismo parvulorum*이라고 소개한다 (*Retractationes* 2.33).

처럼 되도록 하느님이 원한 까닭은 하느님이 그들의 조상을 짐승과 같은 삶과 죽음으로 내쳤기 때문이었다. "인간은 영화 속에 있으면서도 깨닫지 못했다. 그래서 깨닫지 못하는 짐승들에 견주어졌고 그들과 비슷하게 되고 말았다"[15]고 기록된 그대로다. 우리가 알다시피, 사지를 부리는 데 있어서나 동작에서나, 또 무엇을 욕구하고 회피하는 감각에서나 아기들은 다른 동물들의 가장 연약한 새끼들보다도 훨씬 나약하다. 다만 인간의 능력은, 마치 활을 팽팽하게 잡아당길수록 화살이 뒤로 당겨지는 것처럼, 그 충동을 억제하면 할수록 그만큼 다른 짐승들보다도 탁월하게 자신을 향상시킬 수 있다는 점이 다르다.) 그러므로 원조는 분수에 맞지 않는 오만과 그에 따른 분수에 맞는 단죄를 받았지만 그렇다고 유치한 원시상태로까지 추락하거나 그리로 추방당한 것은 아니었다. 단지 그 사람에게는 부패하고 변질된 인간 본성이 깃들게 되었고, 그 일로 본의 아니게 자기 지체로부터 탐욕어린 불순명을 겪을 수밖에 없었으며, 죽어야 한다는 필연에 사로잡혀 있을 뿐 아니라, 타락과 형벌로 인해 자신의 변해버린 모습을 자녀로 출산하게 되었다. 다시 말해 죄와 죽음의 해를 입는 자들을 생산하게 되었던 것이다.[16] 만일 아기들이 중개자 그리스도의 은총을 통해 죄의 사슬에서 풀려난 경우에는, 영혼을 육체로부터 분리시키는 그 죽음을 겪는 것으로 그칠 수 있다. 그 대신 죄의 속박에서 풀려난 사람들은 둘째 죽음, 곧 저 끝없는 형벌의 죽음으로까지 넘어가지는 않는다.

4. 재생의 은총으로 면죄된 사람들에게도 죄의 형벌인 죽음이 벗겨지지 않은 까닭은 무엇인가

첫째 죽음이 죄에 대한 벌이고 사람들의 죄상이 은총을 통해 사면되는 것이라면, 어째서 그런 죽음이라도 겪어야 되느냐는 의문으로 혹자의 마음이 흔들릴지도 모르겠다. 바로 이 문제는 우리의 다른 저서 「유아 세례」에서 다루어졌고 해결을 보았다.[17] 거기서 죄악의 속박이 이미 풀렸는데도 영혼이 육체에서 분리되는 이런 경험이 영혼에 남아있는 까닭을 다음과 같이 말했다. 즉, 재생의 성사에 바로 뒤이어 불사불멸이 따른다면 신앙이 나약해질 것인데, 신

quae tunc est fides, quando expectatur in spe, quod in re nondum uidetur. Fidei autem robore atque certamine, in maioribus dumtaxat aetatibus, etiam mortis fuerat superandus timor, quod in sanctis martyribus maxime eminuit; cuius profecto certaminis esset nulla uictoria, nulla gloria (quia nec ipsum omnino posset esse certamen), si post lauacrum regenerationis iam sancti non possent mortem perpeti corporalem. Cum paruulis autem baptizandis quis non ad Christi gratiam propterea potius curreret, ne a corpore solueretur? Atque ita non inuisibili praemio probaretur fides, sed iam nec fides esset, confestim sui operis quaerendo et sumendo mercedem. Nunc uero maiore et mirabiliore gratia Saluatoris in usus iustitiae peccati poena conuersa est. Tunc enim dictum est homini: Morieris, si peccaueris: nunc dicitur martyri: Morere, ne pecces. Tunc dictum est: Si mandatum transgressi fueritis, morte moriemini; nunc dicitur: Si mortem recusaueritis, mandatum transgrediemini. Quod tunc timendum fuerat, ut non peccaretur, nunc suscipiendum est, ne peccetur. Sic per ineffabilem Dei misericordiam et ipsa poena uitiorum transit in arma uirtutis, et fit iusti meritum etiam supplicium peccatoris. Tunc enim mors est adquisita peccando, nunc inpletur iustitia moriendo. Verum hoc in sanctis martyribus, quibus alterutrum a persecutore proponitur, ut aut deserant fidem aut sufferant mortem. Iusti enim malunt credendo perpeti, quod sunt primi iniqui non credendo perpessi. Nisi enim peccassent illi, non morerentur; peccabunt autem isti, nisi moriantur. Mortui sunt ergo illi, quia peccauerunt; non peccant isti, quia moriuntur. Factum est per illorum culpam, ut ueniretur in poenam; fit per istorum poenam, ne ueniatur in culpam; non quia mors bonum aliquod facta est, quae antea malum fuit; sed tantam

---

[18] 교부는 이 책(*De peccatorum meritis et remissione* 3.49, 55)에서 신앙은 희망에 의해 열리고 지탱됨을 역설한다.

[19] 디도 3,5 참조: "그분은 우리를 구원하셨으니 … 재생의 목욕과 성령에 의한 쇄신으로 구원하셨습니다."

[20] 창세 2,17 참조: "그것을 따먹는 날, 너는 반드시 죽는다."

[21] quod *tunc timendum* fuerat, ut non peccaretur, *nunc suscipiendum* est, ne peccetur: 문장의 압운이라든가 fit *iusti meritum* etiam *supplicium peccatoris* 문장의 대칭은 죽음이라는 악도 하느님의 섭리 아래 있다는 교부의 신념을 유려하게 표현하고 있다.

[22] nunc impletur iustitia moriendo: 악의 현존과 횡포 앞에서, 특히 무죄한 그리스도인들의 학살을 두고 의문을 제기할 때(Ubi est Deus eorum?), 교부는 악을 용서하는 신적 자비의 원리로 죽음을 내세우는 역설을 구사한다.

[23] *per illorum culpam*, ut veniretur in poenam, fit *per istorum poenam*, nec veniatur in culpam: culpa와 poena를 앞뒤로 대칭시켜 두 죽음의 차이를 부각시켰다.

앙이라는 것은 어디까지나 아직 실제로 보이지 않는 바를 희망 속에서 기대하는 것이기 때문이다.[18] 신앙의 위력과 투쟁에 힘입어서, 오직 더 성숙한 연령에 이르러서야 죽음의 공포도 극복될 것이다. 이 점은 거룩한 순교자들에게서 탁월하게 나타났다. 만약 재생의 목욕 이후에[19] 성도들이 육체적 죽음을 당할 수 없다면 (신앙의 투쟁 자체가 아예 있을 수 없을 테니까) 그런 투쟁의 승리라는 것도 아예 없고 영광도 없으리라. 만약 세례로 죽음을 면한다면 육체로부터 풀려나지 않기 위해서라도, 세례받을 어린이들을 데리고 그리스도의 은총을 향해 달려오지 않을 사람이 누가 있겠는가? 그럴 경우에 신앙은 눈에 보이지 않는 상급으로 시험을 받는 그런 것이 아니며 아예 신앙이랄 것도 없으리라. 신앙 행위의 상급을 당장 요구하고 당장 받을 것이기 때문이다. 그러나 이제 구세주의 더 위대하고 더 놀라운 은총에 힘입어, 죄의 벌이 도리어 의덕의 수단으로 전환되었다. 저때는 사람들에게 죄를 지으면 죽으리라[20]고 했으나 지금은 순교자에게 죄를 짓지 않으려면 죽으라고 한다. 저때는 계명을 어긴다면 죽음으로 죽으리라고 했으나, 지금은 죽음을 거부한다면 계명을 어기게 되리라고 한다. 저때는 죄를 짓지 않으려면 두려워 피해야 했던 죽음이 지금은 죄를 짓지 않으려면 받아들여야 하는 무엇이 되었다. 이렇게 해서 하느님의 형언할 수 없는 자비에 힘입어 악덕의 형벌도 덕성의 무기로 전환되고 죄인의 형벌도 의인의 상급이 된다.[21] 저때는 죄지어 죽음을 받았지만 지금은 죽어서 의화가 얻어진다.[22] 거룩한 순교자들에게 이 일이 사실로 닥쳐오는데 그들은 박해자로부터 신앙을 버리겠느냐 아니면 죽음을 선택하겠느냐 양자택일하라는 제안을 받는다. 첫째 악인들은 믿지 않아 죽음을 당하지만 의인들은 믿어서 그 죽음을 당하기로 선택한다. 전자는 죄를 짓지 않았다면 죽지 않았을 것이다. 그런데 후자는 죽지 않으면 죄를 짓게 된다. 그런데 전자는 죄를 지어서 죽었다. 후자는 죽으므로 죄를 짓지 않는다. 전자가 저지른 죄과 때문에 죽음이 죄벌로 오는 결과를 빚었음에 비해, 후자가 죽음이라는 형벌을 겪음으로써 죽음이 죄과로서 오는 것은 아니라는 결과를 낳는다.[23] 죽음이 전에는 악이었는데 이제는 어떤 선이 되었기 때문은 아니다. 단지 하느님이 신앙에 그토록

Deus fidei praestitit gratiam, ut mors, quam uitae constat esse contrariam, instrumentum fieret, per quod transiretur ad uitam.

5. Apostolus cum uellet ostendere, quantum peccatum gratia non subueniente ad nocendum ualeret, etiam ipsam legem, qua prohibetur peccatum, non dubitauit dicere uirtutem esse peccati. *Aculeus,* inquit, *mortis est peccatum, uirtus autem peccati lex.* Verissime omnino. Auget enim prohibitio desiderium operis inliciti, quando iustitia non sic diligitur, ut peccandi cupiditas eius delectatione uincatur. Vt autem diligatur et delectet uera iustitia, non nisi diuina subuenit gratia. Sed ne propterea lex putaretur malum, quoniam uirtus est dicta peccati: ideo ipse alio loco uersans huius modi quaestionem: *Itaque,* inquit, *lex quidem sancta et mandatum sanctum et iustum et bonum. Quod ergo bonum est,* inquit, *mihi factum est mors? Absit. Sed peccatum, ut appareat peccatum, per bonum mihi operatum est mortem, ut fiat super modum peccator aut peccatum per mandatum. Super modum* dixit, quia etiam praeuaricatio additur, cum peccandi aucta libidine etiam lex ipsa contemnitur. Cur hoc commemorandum putauimus? Quia scilicet, sicut lex non est malum, quando auget peccantium concupiscentiam, ita nec mors bonum est, quando auget patientium gloriam, cum uel illa pro iniquitate deseritur et efficit praeuaricatores, uel ista pro ueritate suscipitur et efficit martyres. Ac per hoc lex quidem bona est, quia prohibitio est peccati; mors autem mala, quia stipendium est peccati; sed quem ad modum iniustitia male utitur non tantum malis, uerum

---

[24] 1고린 15,56.

[25] 이런 역설적 심리는 이교세계의 철인들도 절감하던 바였다: "우리는 금지된 바를 하려 애쓰고 안 된다는 것을 탐하게 마련이다" (nitimur in vetitum semper cupimusque negata: Ovidius, *Amores* 3.4.17).

[26] 로마 7,12-13. 마지막 구절은 "죄가 계명을 통해 철저히 죄답게 되려고 말입니다"라고 번역된다 (200주년). 죄가 죄로서 드러나지 않고 숨겨져 있는데 율법이 그것을 죄로 밝혀낸다는 말이다. 은총이 함께하지 않으면 선한 것을 가르치는 율법이 아무 선익을 끼치지 못하고 되레 죄를 짓고 죽음을 당하는 기회가 될 따름이라는 것이 로마서의 사상이다.

[27] 사실 교부는 행동의 율법과 신앙의 율법을 구분한다(*De spiritu et littera* 13.21; *De gestis Pelagii* 7.20).

대단한 은총을 내렸으므로 생명과 상극임이 분명한 죽음이 생명으로 건너가는 도구가 되는 것뿐이다.

5. 악인들이 선한 율법을 악용하듯이 의인들은 악한 죽음도 선용한다

은총이 북돋아 주지 않을 때 죄가 해를 끼치는 힘이 얼마나 강한지를 보여주려는 뜻에서, 사도는 죄를 금하는 율법마저 죄의 권세가 된다는 말을 서슴지 않았다: "죽음의 독침은 죄요 죄의 권세는 율법입니다."[24] 전적으로 옳은 말이다. 금지는 부당한 행위를 저지르고 싶다는 욕망을 북돋우기 때문이다. 의덕을 진정으로 사랑해서 그 덕이 주는 쾌감이 죄를 지으려는 욕망을 극복하지 못하는 한 죄를 짓지 말라는 금지는 죄를 짓고 싶은 욕망을 북돋울 뿐이다.[25] 그런데 신적 은총이 붙들어 주지 않으면, 의덕이 진실로 사랑을 받거나 우리에게 쾌감까지 주거나 하지 못한다. 율법이 죄의 권세라고 말한다고 해서 그때문에 율법을 곧 악이라고 생각해서는 안 된다. 그래서 사도는 다른 대목에서 바로 이 문제를 다루면서 다음과 같은 말을 한다: "그런데 율법은 거룩하며, 계명도 거룩하고 의롭고 좋은 것입니다. 그렇다면 그 좋은 것이 나에게 죽음이 되었다는 말입니까? 결코 그렇지 않습니다. 오히려 죄를 죄로서 드러내려고 그 선한 것을 통하여 내게 죽음을 가져왔습니다. 그것은 죄인이나 죄가 계명을 통하여 정도 이상으로 죄인과 죄가 되게 하려는 것이었습니다."[26] "정도 이상으로"라고 말한 것은 죄를 지으려는 욕망이 커져서 율법 자체가 멸시당하는 경우 범법이 가중되기 때문이다. 우리가 왜 이 점을 굳이 상기시켜야 한다고 생각하는가? 그 이유는 율법은 악이 아니면서도 죄를 짓는 사람들의 욕망을 가중시키고, 죽음 또한 선은 아니지만 당하는 사람들의 인내를 증대시키며, 그래서 사악을 위해 율법이 유린당하고 유린한 그 사람들을 범법자로 만들듯이, 진리를 위해 죽음이 받아들여지고 죽음을 당한 그 사람들을 순교자로 만들기 때문이다.[27] 그러니까 율법은 죄에 대한 금지이므로 선하고, 죽음은 죄에 따르는 값이므로 악하다. 그러나 불의가 악한 것만 악하게 사용하지 않고 선한 것도 악하게 사용하듯이, 정의는 선한 것만 선하게 사용할 뿐 아니라 악한 것도 선하게 사용한

etiam bonis: ita iustitia bene non tantum bonis, sed etiam malis. Hinc fit, ut et mali male lege utantur, quamuis sit lex bonum, et boni bene moriantur, quamuis sit mors malum.

6. Quapropter quod adtinet ad corporis mortem, id est separationem animae a corpore, cum eam patiuntur, qui morientes appellantur, nulli bona est. Habet enim asperum sensum et contra naturam uis ipsa, qua utrumque diuellitur, quod fuerat in uiuente coniunctum atque consertum, quamdiu moratur, donec omnis adimatur sensus, qui ex ipso inerat animae carnisque complexu. Quam totam molestiam nonnumquam unus ictus corporis uel animae raptus intercipit nec eam sentiri praeueniente celeritate permittit. Quidquid tamen illud est in morientibus, quod cum graui sensu adimit sensum, pie fideliterque tolerando auget meritum patientiae, non aufert uocabulum poenae. Ita cum ex hominis primi perpetuata propagine procul dubio sit mors poena nascentis, tamen si pro pietate iustitiaque pendatur, fit gloria renascentis; et cum sit mors peccati retributio, aliquando inpetrat, ut nihil retribuatur peccato.

7. Nam quicumque etiam non percepto regenerationis lauacro pro Christi confessione moriuntur, tantum eis ualet ad dimittenda peccata, quantum si abluerentur sacro fonte baptismatis. Qui enim dixit: *Si quis non renatus fuerit ex aqua et spiritu, non intrabit in regnum caelorum*, alia sententia istos fecit exceptos, ubi non minus generaliter ait: *Qui me confessus fuerit coram hominibus, confitebor et ego eum coram Patre*

---

[28] iniustitia male utitur etiam bonis, ita iustitia bene (utitur) etiam malis: "생명"이라는 선도, "죽음"이라는 악도 덕성에 따라 전혀 다른 가치를 가진다. Cf. *De diversis quaestionibus 83*, 30; *De doctrina Christiana* 1.3.3; 4.4; 22.20; 23.22; 32.35.

[29] 그렇지만 플라톤 학파를 염두에 두고 다음 장에서 주장하듯이, 죽음이 여전히 인간 본성에는 일종의 죄벌임을 교부는 잊지 않는다.

[30] mors nulli bona: 19.6.5 참조.

[31] sit mors poena nascentis ... fit gloria renascentis: 그리스도인에게 죽음이 갖는 신비로움을 압운(押韻)으로 수식한 구절이다.

[32] retributio(긍정적 "보답"과 부정적 "응보"를 함께 나타낸다): 하느님의 구원 경륜에 따르면 순교자의 경우에 죽음이 모든 죄를 사하는 도구가 되므로 죄에 아무런 대가도 치르지 않은 셈이 된다.

[33] 요한 3,5.

다.[28] 그리하여 율법은 선한 것임에도 악인들이 악하게 사용하는 일이 있고, 마찬가지로 죽음은 악한 것임에도 선인들이 선하게 죽는 일이 생긴다.[29]

6. 죽음의 일반적 해악은 영혼과 육신의 결합이 분리되는 것이다

비록 그렇더라도 육체의 죽음, 곧 육체로부터 영혼이 분리되는 죽음은, 사람들이 정작 그 죽음을 당할 때(그들을 임종자라고 일컫는다) 누구에게도 좋을 것이 없다.[30] 산 사람에게 그토록 철저하게 결속되고 융합되어 있던 것을 양편으로 갈라놓는 힘 자체는 단말마의 감각을 일으키고 자연본성을 정면으로 엄습해 온다. 영혼과 육신의 결속에 의해 내재하던 감각, 그 모든 감각이 완전히 스러지기까지는 그 힘이 단단히 지속된다. 물론 때로는 단 한 번의 육체적 충격이나 단 한 번의 영혼의 탈혼이 일체의 단말마를 일시에 제거하기도 하고, 그런 일이 너무 신속하게 닥쳐와 느낄 틈도 주지 않는다. 여하튼 죽어가는 사람들에게 일어나는 일이 막상 무엇이든, 지독한 중압감으로 모든 감각을 박탈하는 죽음을 경건하게 또 진술하게 받아들임으로써 인종의 공로를 증대시키기는 하지만, 그러나 죽음이 형벌이라는 명목만은 없애주지 않는다. 하기야 최초의 인간으로부터 길이길이 내려오는 후손이라는 점에서, 죽음은 태어나는 자의 형벌임에는 의심의 여지가 없지만 만일 신심과 의덕으로 감내한다면 죽음은 또한 재생하는 자의 영광이 된다.[31] 그래서 죽음은 죄의 대가이면서도 때로는 죄에 아무런 대가도 치르지 않는 경우도 있다.[32]

7. 세례로 재생을 입지 못한 자들이 그리스도를 고백함으로써 당하는 죽음

그래서 누군가 비록 재생再生의 욕조浴槽에 받아들여지지는 않았지만 그리스도를 고백한 이유로 죽는다면, 그 죽음은 세례의 거룩한 샘에서 씻겨지는 것과 똑같이 죄를 용서받는 위력을 가진다. "누구든지 물과 영으로부터 다시 나지 않으면 하느님 나라에 들어갈 수 없습니다"[33]라고 말씀한 분이 다른 구절에서는 이와 유사한 일반적 말씀으로 그런 사람들을 예외로 삼고 있다: "누구든지 사람들 앞에서 나를 인정하면 나도 하늘에 계신 내 아버지 앞에서 그를 인정할

meo qui in caelis est; et alio loco: *Qui perdiderit animam suam propter me, inueniet eam.* Hinc est quod scriptum est: *Pretiosa in conspectu Domini mors sanctorum eius.* Quid enim pretiosius quam mors, per quam fit ut et delicta omnia dimittantur et merita cumulatius augeantur? Neque enim tanti sunt meriti, qui, cum mortem differre non possent, baptizati sunt deletisque omnibus peccatis ex hac uita emigrarunt, quanti sunt hi, qui mortem, cum possent, ideo non distulerunt, quia maluerunt Christum confitendo finire uitam quam eum negando ad eius baptismum peruenire. Quod utique si fecissent, etiam hoc eis in illo lauacro dimitteretur, quod timore mortis negauerant Christum, in quo lauacro et illis facinus tam inmane dimissum est, qui occiderant Christum. Sed quando sine abundantia gratiae Spiritus illius, qui ubi uult spirat, tantum Christum amare possent, ut eum in tanto uitae discrimine sub tanta spe ueniae negare non possent? Mors igitur pretiosa sanctorum, quibus cum tanta gratia est praemissa et praerogata mors Christi, ut ad eum adquirendum suam non cunctarentur inpendere, in eos usus redactum esse monstrauit, quod ad poenam peccati antea fuerat constitutum, ut inde iustitiae fructus uberior nasceretur. Mors ergo non ideo bonum uideri debet, quia in tantam utilitatem non ui sua, sed diuina opitulatione conuersa est, ut, quae tunc metuenda proposita est, ne peccatum committeretur, nunc suscipienda proponatur, ut peccatum non committatur commissumque deleatur magnaeque uictoriae debita iustitiae palma reddatur.

---

[34] 마태 10,32.

[35] 마태 16,25.

[36] 시편 115,6. 〔새번역 116,15: "당신께 성실한 이들의 죽음이 주님의 눈에는 소중하네."〕

[37] 요한 3,8 참조: "바람은 불고 싶은 곳으로 붑니다. … 영으로부터 난 이는 모두 이와 같습니다". 라틴어 spiritus는 "바람", "영"(靈), (대문자로 쓰이면) "성령"을 의미한다.

[38] 여기서는 아직 세례를 받지 않고서도 그리스도를 믿고 생명을 바친 사람들, 배교를 하면서까지 죄 사함의 세례를 받아야겠다는 집념보다는 세례받지 않은 채로 목숨을 바친 용기를 칭송한다. 그리스도교는 이런 경우를 화세(火洗)라고 불러왔다.

[39] magnaeque victoriae debita iustitiae palma reddatur: 해석이 난해하여 번역도 다양하다: "하느님의 위대한 승리에 어울리는, 정의의 종려가지를 바치도록"(Dyson); "하느님의 정의에 대해 위대한 승리의 종려가지를 바치도록"(Combes / Alici / Gentili).

[40] quae *tunc metuenda proposita* est, <u>ne peccatum committeretur</u> …, *nunc suscipienda proponatur*, <u>ut peccatum non committatur</u> … : 죄벌인 죽음이 은총에 힘입어 받아들이면 위대한 선으로 변하는, 죽음의 이중적 성격을 시제(時制)상의 대구와 접속사(ne, ut non)의 미묘한 차이로 부각시켰다.

것입니다."³⁴ 또 다른 데서는 "나 때문에 목숨을 잃는 사람은 얻을 것입니다"³⁵ 라고 했다. "주님 대전에 소중하여라, 그 성도들의 죽음이여!"³⁶라는 기록도 그런 데서 유래했다. 죽음을 무릅씀으로써 모든 죄악을 용서받고 공덕을 가득 쌓을 만큼 늘일 수 있다면, 그런 죽음보다 소중한 것이 무엇이겠는가? 죽음을 더는 미룰 길이 없는 처지에서야 세례를 받고 모든 죄를 용서받고 이승의 생명을 떠나간 사람들의 공덕이 대단한 것도 아니다. 그리스도를 부인하면서까지 살아남아서 그분의 세례에 도달하기보다는 차라리 그리스도를 고백하고서 세례를 받지 못한 채로 삶을 끝마치기를 더 원했던 탓으로, 죽음을 피할 수 있었으면서도 죽음을 피하지 않았던 사람들이 있다면 그들의 공덕이 더 클 것이다. 만약 누가 세례받기까지 살아남겠다는 생각에서 그리스도를 부인하는 행동을 했다면, 그 세례의 목욕에서는 죽음의 공포 때문에 그리스도를 부인한 일까지도 용서는 받을 것이다. 그 세례의 목욕에서는 설령 그리스도를 죽인 사람들까지도 그 엄청난 죄악조차 용서받을 것이기 때문이다. 하지만 불고 싶은 대로 부는 저 성령³⁷의 풍성한 은총이 없다고 한다면, (비록 죄를 용서받으리라는 대단한 희망을 품었다고는 할지라도) 생명이 경각에 달린 자리에서도 그리스도를 부인하지 못할 만큼 그리스도를 사랑하는 일이 어찌 가능했겠는가?³⁸ 성도들의 죽음은 귀중하다. 그들에게는 크나큰 은총이 마련되어 있고 그리스도의 죽음이 담보물이 되었기 때문이다. 그들은 그리스도를 얻기 위해 자신의 죽음을 주저하지 않았던 것이다. 그리하여 전에는 죄에 대한 벌로 설정되었던 죽음이 의덕의 열매를 풍성하게 소출하는 그런 사례로 바뀌었음을 입증한 셈이다. 그렇다고 죽음 자체를 선으로 보아서는 안 된다. 죽음이 그토록 유익한 무언가로 변한 것은 죽음 자체의 힘으로 된 것이 아니라 어디까지나 신적 보우保佑로 그렇게 된 것이다. 전에는 죄를 짓지 못하게 하려는 뜻에서 두려워할 대상으로 죽음이 제시되었다. 그런데 지금은 죽음을 무릅씀으로 인해 죄를 짓지 않고, 죄를 지었으면 오히려 용서받고, 순교자들의 위대한 승리에 합당한 정의의 종려가지가 수여된다는 점에서,³⁹ 흡사 받아들여져야 할 무엇처럼 죽음이 제시되고 있다.⁴⁰

8. Si enim diligentius consideremus, etiam cum quisque pro ueritate fideliter et laudabiliter moritur, mors cauetur. Ideo quippe aliquid eius suscipitur, ne tota contingat et secunda insuper, quae numquam finiatur, accedat. Suscipitur enim animae a corpore separatio, ne Deo ab anima separato etiam ipsa separetur a corpore, ac sic totius hominis prima morte completa secunda excipiat sempiterna. Quocirca mors quidem, ut dixi, cum eam morientes patiuntur cumque in eis ut moriantur facit, nemini bona est, sed laudabiliter toleratur pro tenendo uel adipiscendo bono; cum uero in ea sunt, qui iam mortui nuncupantur, non absurde dicitur et malis mala et bonis bona. In requie sunt enim animae piorum a corpore separatae, impiorum autem poenas luunt, donec istarum ad aeternam uitam, illarum uero ad aeternam mortem, quae secunda dicitur, corpora reuiuescant.

9. Sed id tempus, quo animae a corpore separatae aut in bonis sunt aut in malis, utrum post mortem potius an in morte dicendum est? Si enim post mortem est, iam non ipsa mors, quae transacta atque praeterita est, sed post eam uita praesens animae bona seu mala est. Mors autem tunc eis mala erat, quando erat, hoc est quando eam patiebantur, cum morerentur, quoniam grauis et molestus eius inerat sensus; quo malo bene utuntur boni. Peracta autem mors quonam modo uel bona uel mala est, quae iam

---

[41] *ne tota (mors)* contingat et secunda accedat ... / ac *sic totius hominis prima morte* completa secunda excipiat ... : 화려한 수사법으로 두 문장을 대비한다.

[42] 13.6 참조.

[43] 마태 8,22 참조: "죽은 이 장사는 죽은 이들이 치르도록 내버려 두시오". 죽음 자체가 악이 아니라는 플라톤주의(예: *Apologia Socratis* 40c - 41a; Plotinus, *Enneades* 1.4.7)에 대답하면서 순교자가 일정한 의도를 갖고서 감내하는(morientes) 죽음과, 도덕적으로 이미 죽은 자(mortui)에게 닥치는 죽음을 구분한다.

[44] 선인에게든 악인에게든 첫째 죽음은 결정적 종말이며 (*In Ioannis Evangelium* 49.10), 육신의 부활은 그 행복과 형벌을 증대시키되 정도만 아니라 본질적으로 증폭시키리라는 것(*Sermo* 280.5; *Enchiridion* 109)이 교부의 입장이다(본서 21 - 22권 참조).

[45] utrum post mortem an in morte: 숨지지 않는 한 죽음은 아직 도래하지 않았고 숨진 다음에는 죽음이 이미 닥치지 못한다는 견유학파의 궤변을 의식하면서 죽음의 순간에 관한 상세한 언어분석을 시도한다.

8. 성인들이 진리를 위해 당하는 첫 죽음은 둘째 죽음을 면하는 길이기도 하다

　더 주의깊게 관찰해 볼 때, 만일 누가 충실하게 또 칭송받을 만하게 진리를 위해 죽는다면 그는 죽음을 피하는 셈이다. 그러니까 죽음의 일부를 받아들임으로써 총체적 죽음이 일어나지 않게 하는 것이며 더구나 결코 끝나지 않는 둘째 죽음이 닥치지 않게 막는 것이다. 육체로부터 영혼의 분리를 받아들임으로써, 하느님이 영혼으로부터 분리된 채 영혼이 육체로부터 분리되는 일이 없게 하려는 것이다. 그래서 전인소人의 첫째 죽음을 완결함으로써 영원한 둘째 죽음을 면하려는 것이다.[41] 그리고 내가 방금 말한 대로,[42] 죽어가는 이들이 당하고 있는 죽음으로 본다면, 그리고 그들을 죽게 만든다는 면에서 본다면 죽음은 아무에게도 선이 될 수가 없다. 하지만 선을 보존하려는 뜻으로, 선을 성취하려는 뜻으로 그 죽음을 감내하는 것은 칭송받을 만하다. 그러나 이미 죽은 자라고 일컬어지는 사람들 편에서[43] 죽음은 악인들에게는 악한 죽음이요 선인들에게는 선한 죽음이라는 말을 하더라도 그것이 모순되는 것은 아니다. 육체로부터 분리된 의인들의 영혼은 안식중에 있으며 불의한 사람들의 영혼은 형벌을 받고 있는데, 각 육체가 부활해서 전자들의 육체가 영원한 생명을 받고 후자들의 육체는 둘째 죽음이라고 일컬어지는 영원한 죽음을 받을 때까지 그러할 것이다.[44]

9. 생명의 의식이 사라지는 죽음의 순간은 죽어가는 사람에게 일어난다고 해야 하는가, 죽은 사람에게 일어난다고 해야 하는가

　한편, 선인이든 악인이든 영혼이 육체로부터 분리되는 시각은 죽음 이후라고 말해야 하는가, 아니면 죽음중이라고 말해야 하는가?[45] 만약 죽음 이후라고 한다면, 죽음을 선이라거나 악이라고 말할 수 없다. 죽음은 이미 경과되었고 지나갔을 것이기 때문이다. 그렇다면 단지 죽음 이후에 현존하는 생명이 영혼에게 선이거나 악이거나 할 것이다. 따라서 죽음이 사람들에게 악이 되는 것은 죽음이 아직 있었을 때, 다시 말해 죽어가면서 죽음을 당하고 있었을 때다. 그때는 엄청나고도 고통스런 죽음의 감각이 내재하기 때문이다. 그런데 선인들은 바로 이 악을 선용하는 것이다. 죽음이 경과하고 나면, 죽음이 이미 존재하지 않는 터에

non est? Porro si adhuc diligentius adtendamus, nec illa mors esse apparebit, cuius grauem ac molestum in morientibus diximus sensum. Quamdiu enim sentiunt, adhuc utique uiuunt, et si adhuc uiuunt, ante mortem quam in morte potius esse dicendi sunt; quia illa, cum uenerit, aufert omnem corporis sensum, qui ea propinquante molestus est. Ac per hoc quo modo morientes dicamus eos, qui nondum mortui sunt, sed inminente morte iam extrema et mortifera adflictione iactantur, explicare difficile est, etiamsi recte isti appellantur morientes, quia, cum mors quae iam inpendet aduenerit, non morientes, sed mortui nuncupantur. Nullus est ergo moriens nisi uiuens, quoniam, cum in tanta est extremitate uitae, in quanta sunt quos agere animam dicimus, profecto qui nondum anima caruit adhuc uiuit. Idem ipse igitur simul et moriens est et uiuens, sed morti accedens, uita cedens; adhuc tamen in uita, quia inest anima corpori; nondum autem in morte, quia nondum abscessit a corpore. Sed si, cum abscesserit, nec tunc in morte, sed post mortem potius erit: quando sit in morte quis dixerit? Nam neque ullus moriens erit, si moriens et uiuens simul esse nullus potest. Quamdiu quippe anima in corpore est, non possumus negare uiuentem. Aut si moriens potius dicendus est, in cuius iam corpore agitur ut moriatur, nec simul quisquam potest esse uiuens et moriens: nescio quando sit uiuens.

10. Ex quo enim quisque in isto corpore morituro esse coeperit, numquam in eo non agitur ut mors ueniat. Hoc enim agit eius mutabilitas toto

---

[46] 죽음에 대한 공포야말로 모든 악의 뿌리라는 에피쿠루스 학파의 입장(Epicurus, *Epistula ad Menoeceum*; Lucretius, *De rerum natura* 3.37 이하)을 염두에 두고 하는 말이다.

[47] moriens(죽고 있는 사람, 죽어가는 사람)와 esse in morte(죽음 속에 있는 사람)의 세밀한 구분에서 교부는 인간 실존 전체에 삶과 죽음이 공존함(simul esse vivens et moriens)을 본다.

[48] numquam in eo non agitur ut mors veniat: 인간 실존에 새겨진 죽음의 상시성(常時性)을 일찍이 간파한 문장이다. 교부는 이 주제를 즐겨 다루었다. Cf. *De peccatorum meritis et remissione* 1.16.21; *In Ioannis Evangelium* 21.5; 38.10; *Enarrationes in Psalmos* 38.7; 57.16; 62.6; 127.15; *Confessiones* 4.10.15.

무슨 수로 선하거나 악하겠는가?[46] 그밖에도 우리가 더 주의깊게 관찰한다면, 죽어가는 사람들을 무겁게 내리누르는 중압감이라고 부르는 바로 그것을 곧 죽음으로 보지는 않는다. 죽어가는 사람들도 무엇을 지각하는 한 아직 살아있는 것이고, 아직 살아있다면 죽음 속에 있다기보다는 죽음 이전에 있다고 말하는 것이 옳다. 그리고 죽음에 도달했을 때는 육체의 모든 감각, 죽음이 다가오는 동안 그를 괴롭히던 모든 감각을 박탈당한다. 따라서 죽음이 임박하여 최후의 치명적 단말마에 시달리고 있을지라도 아직 죽지 않은 사람들을 가리켜 어떻게 죽어가는 사람이라고 단정을 지을지 설명하기 어렵다. 관례상으로야 그들을 죽어가는 사람이라고 부르는 것이 옳다. 왜냐하면 그들을 위협하던 죽음에 일단 당도하고 나면 그들은 죽어가는 사람이 아니고 이미 죽은 사람이기 때문이다. 그러므로 살아있는 사람이 아니라면 누구든 죽어가는 사람일 수 없다. 왜냐하면 우리는 우리가 영혼이 작용한다고 말하는 사람들에 대해서만, 그들이 생명의 마지막 극단에 도달해 있다는 말을 하기 때문이다. 영혼이 없어지지 않는 한 사람은 아직 살아있다. 동일한 인물이 죽어가는 동시에 살아있다. 죽음에는 다가가고 생명에서는 떠나가는 것이다. 하지만 영혼이 육체에 내재해 있는 이상 그는 아직 생명 속에 있다. 그런데 영혼이 아주 떠나갔다면 그때는 죽음 속에 있지 않고 차라리 죽음 이후에 있는 것이다. 그렇다면 인간이 언제 죽음 속에 있는지 누가 말할 수 있겠는가? 만일 아무도 죽어가는 사람인 동시에 살아있는 사람일 수 없다면, 죽어가는 사람이라고 말할 사람은 아무도 없다. 영혼이 육체 속에 있는 한 그가 살아있는 사람임을 부정할 수는 없기 때문이다. 누군가의 육체 속에서 죽는 일이 일어나고 있는 사람을 차라리 죽어가는 사람이라고 불러야 한다면, 또 어떤 사람도 죽어가는 사람이자 동시에 살아있는 사람일 수 없다면, 사람이 과연 언제 살아있다고 해야 할지 나도 모르겠다.[47]

10. 사멸할 자들의 생명은 삶이라기보다 죽음이라고 말해야 하는가

누군가 결국은 죽을 육체 속에 존재하기 시작한 이상, 죽음이 도래하지 않고 작용하지 않는 순간은 결코 없을 것이다.[48] 이 삶(이것을 굳이 삶이라고 불러야

tempore uitae huius (si tamen uita dicenda est), ut ueniatur in mortem. Nemo quippe est, qui non ei post annum sit, quam ante annum fuit, et cras quam hodie, et hodie quam heri, et paulo post quam nunc, et nunc quam paulo ante propinquior; quoniam, quidquid temporis uiuitur, de spatio uiuendi demitur, et cotidie fit minus minusque quod restat, ut omnino nihil sit aliud tempus uitae huius, quam cursus ad mortem, in quo nemo uel paululum stare uel aliquanto tardius ire permittitur; sed urgentur omnes pari motu nec diuerso inpelluntur accessu. Neque enim, cui uita breuior fuit, celerius diem duxit quam ille, cui longior; sed cum aequaliter et aequalia momenta raperentur ambobus, alter habuit propius, alter remotius, quo non inpari uelocitate ambo currebant. Aliud est autem amplius uiae peregisse, aliud tardius ambulasse. Qui ergo usque ad mortem productiora spatia temporis agit, non lentius pergit, sed plus itineris conficit. Porro si ex illo quisque incipit mori, hoc est esse in morte, ex quo in illo agi coeperit ipsa mors, id est uitae detractio (quia, cum detrahendo finita fuerit, post mortem iam erit, non in morte): profecto, ex quo esse incipit in hoc corpore, in morte est. Quid enim aliud diebus horis momentisque singulis agitur, donec ea consumpta mors, quae agebatur, impleatur, et incipiat iam tempus esse post mortem, quod, cum uita detraheretur, erat in morte? Numquam igitur in uita homo est, ex quo est in isto corpore moriente potius quam uiuente, si et in uita et in morte simul non potest esse.

---

[49] tempus vitae, cursus ad mortem: 삶을 곧 죽음을 향하는 경주로 보거나 만사를 돌이킬 수 없이 날아가 버리는 강물로 보는 교부의 관점은 세네카의 글(*De brevitate vitae; Epistula ad Marciam de consolatione*)을 연상시킨다. 그러나 교부는 죽음을 구원의 차원에서 바라보는 새 지평을 열면서 시간이 죽음의 허무를 향한 질주가 아니고 영원을 향하는 문이라는 데로 시선을 돌리게 한다(11장).

[50] 삶의 질에 따라서 심리적으로 시간의 간격이 달리 감지된다는 것을 교부도 모르지는 않았다(창세 29,20 참조: "그로부터 야곱은 라헬에게 장가들 생각으로 일을 했다. 칠 년이라는 세월도 며칠밖에 안 되듯이 지나갔다. 그만큼 그는 라헬을 좋아했던 것이다").

[51] Cf. Seneca, *Epistula ad Marciam de consolatione* 21.6: "(태어나서) 첫 빛을 본 순간부터 인간은 이미 죽음의 여로에 들어섰으며 (죽음의) 운명에 가까이 가는 중이다. 청춘에 다가갈수록 생명의 연륜은 줄어든다". 죽음의 현시성(現時性)에 대한 혜안이다.

[52] tempus post mortem, quod erat in morte: 죽음의 예기성(豫期性)을 간파한 고전적 관점이다.

한다면)의 시간 전체를 통해 인간을 죽음으로 향하게 만드는 것은 인간의 가변성이다. 한 해 전보다 한 해 후, 오늘보다는 내일, 어제보다는 오늘, 지금보다는 조금 후, 조금 전보다는 지금 죽음에 더 가까워지지 않은 사람은 아무도 없다. 시간을 살아가는 이상 무엇이든지 삶의 간격에 의해 감소되게 마련이며, 남은 것은 나날이 점점 줄어들게 되어 있다. 그리하여 이 인생의 시간이라는 것은 죽음을 향한 경주 외에 다른 것이 절대 아니며, 이 경주에서는 잠깐이라도 멈추어 서거나 약간 늦게 가는 일이 누구에게도 허락되지 않는다.[49] 오히려 모든 사람이 같은 움직임으로 떠밀려 가고, 똑같은 밀물에 떠밀려 가고 있다. 생이 짧았던 사람이 더 길었던 사람보다 하루를 더 빨리 영위한 것도 아니었다. 두 사람 모두에게서 동등하게 동등한 순간들이 삭감된 것뿐이며, 하나는 종점에 더 가까이서, 하나는 더 멀리서 다가가는데 두 편 다 다름없는 속도로 그곳을 향해 달려가고 있었을 따름이다. 더 긴 폭의 삶을 영위했다는 것과 삶을 더 느리게 걸었다는 것은 서로 다른 얘기다.[50] 그렇다면 죽음에 이르기까지 더 긴 시간 간격을 살아가는 사람은 더 느리게 삶을 영위하는 것이 아니고 더 오랜 여정을 걷는 것뿐이다. 따라서 누구 안에서든지 죽음이 작동하기 시작한다는 사실, 다시 말해 삶이 감소되기 시작한다는 사실(감소되다가 끝난다면 이미 죽음 이후에 있는 것이지 아직 죽음 속에 있는 것이 아니다)로 인해 그가 누구이든 사람은 죽기 시작한다. 달리 말해 죽음 속에 있는 것이다. 이 육체 속에 존재하기 시작했다는 사실로 인해 인간은 이미 죽음 속에 있다.[51] 낱낱의 날과 시와 분에 작용하고 있는 것은 죽음이 아니고 무엇이겠는가? 거기서 작동하던 죽음이 완료될 때까지 죽음은 여전히 작동할 것이며, 이미 죽음 이후의 시간이 존재하기 시작하는 것이다. 죽음 이후의 시간이라는 것은 생명이 감소되는 가운데 이미 죽음 속에 자리잡고 있었다.[52] 그렇다면 인간은 결코 생명 속에 있지 못한 셈이다. 살아있는 육체라기보다는 죽어가는 육체 속에 있다는 것이며, 또 만일 생명 속에 있으면서 동시에 죽음 속에 있는 일이 불가능하다면, 인간은 결국 생명 속에 있는 것이 아니라고 말해야 한다. 하기야 인간이 생명 속에 있으면서 동시에 죽음 속에 있다고도 할 것인가? 생명이 온전히 소진하는

An potius et in uita et in morte simul est; in uita scilicet, in qua uiuit, donec tota detrahatur; in morte autem, quia iam moritur, cum uita detrahitur? Si enim non est in uita, quid est quod detrahitur, donec eius fiat perfecta consumptio? Si autem non est in morte, quid est uitae ipsa detractio? Non enim frustra, cum uita fuerit corpori tota detracta, post mortem iam dicitur, nisi quia mors erat, cum detraheretur. Nam si ea detracta non est homo in morte, sed post mortem: quando, nisi cum detrahitur, erit in morte?

11. Si autem absurdum est, ut hominem, antequam ad mortem perueniat, iam esse dicamus in morte (cui enim propinquat peragendo uitae suae tempora, si iam in illa est?), maxime quia nimis est insolens, ut simul et uiuens esse dicatur et moriens, cum uigilans et dormiens simul esse non possit: quaerendum est quando erit moriens. Etenim antequam mors ueniat, non est moriens, sed uiuens; cum uero mors uenerit, mortuus erit, non moriens. Illud ergo est adhuc ante mortem, hoc iam post mortem. Quando ergo in morte? Tunc enim est moriens, ut, quem ad modum tria sunt cum dicimus «ante mortem, in morte, post mortem», ita tria singulis singula «uiuens, moriens mortuusque» reddantur. Quando itaque sit moriens, id est in morte, ubi neque sit uiuens, quod est ante mortem, neque mortuus, quod est post mortem, sed moriens, id est in morte, difficillime definitur. Quamdiu quippe est anima in corpore, maxime si etiam sensus

---

[53] quando, nisi cum detrahitur, erit in morte?: 안정과 운동, 존재와 생성, 즉 존재와 비존재를 철학적 소재로 삼던 플라톤주의(*Sophista* 249d - 262e)와 스토아의 사고(Seneca, *Epistula ad Marciam de consolatione* 21.7: mors sub ipso vitae nomine latet)를 염두에 두고서 죽음에 매인 인간 존재를 묘사한다.

[54] 라틴어로는 정확하게 ante mortem, vivens; in morte, moriens; post mortem, mortuus라고 표기되지만 "죽음중에 있다"(죽어가는 사람)는 시간은 표상으로 포착되지 않는다.

순간까지는 살아있으니까 살아있는 그 생명 속에 있고, 생명이 소진하고 있는 한 이미 죽어가고 있으니까 죽음 속에 있기도 하다. 만약 그가 생명 속에 있지 않다면 생명의 완전한 소진에 이르기까지 그에게서 소진되고 있는 것은 과연 무엇이란 말인가? 또 만약 그가 죽음 속에 있지 않다면 생명의 소진 자체는 과연 무엇인가? 생명이 육체에서 완전히 소진되었을 때를 이미 죽음 이후라고 말하는 것도 빈말은 아니다. 생명이 소진되고 있는 동안에 죽음이 존재하고 있기 때문이다. 그래서 생명이 소진되고 나면 인간은 죽음 속에 있는 것이 아니고 죽음 이후에 있다고 할 경우, 죽음 속에 있는 것은 생명이 소진되는 동안이 아니고 언제이겠는가?[53]

11. 한 사람이 살아있으면서 동시에 죽었다고 할 수 있는가

11.1. 죽어가는 사람이 죽음 속에 있는가

인간이 죽음에 도달하기 전에 이미 죽음 속에 있다는 말이 모순이라면(이미 죽음 속에 있다면, 생명의 시간이 경과하면서 죽음에 가까이 간다는 일이 어떻게 가능하겠는가?), 또 사람이 깨어 있으면서 동시에 잠들어 있는 일이 불가능한 이상, 살아있는 동시에 죽어간다는 말이 참으로 기이하다면, 언제 인간이 죽어간다고 해야 하는지를 물어야 한다. 죽음이 오기 전에는 죽어가는 것이 아니고 살아있는 것이기 때문이며, 죽음이 왔을 때는 이미 죽은 사람이지 죽어가는 사람이 아니기 때문이다. 전자는 죽음 이전이고 후자는 죽음 이후이다. 그렇다면 언제 인간이 죽음 속에 있는 것일까? 죽음 속에 있을 때라야 죽어가는 사람이다. 이래서 우리는 "죽음 전, 죽음 중, 죽음 후" 이 세 가지로 말을 한다. 그리고 각각의 시점에 각각 "살아있는 자, 죽어가는 자, 죽은 자"를 해당시킨다.[54] 따라서 죽어가는 사람, 다시 말해 죽음중에 있는 경우가 언제인지, 살아있는 사람, 즉 죽음 이전의 경우도 아니고 죽은 사람, 즉 죽음 이후의 경우도 아닌, 죽어가는 사람, 곧 죽음 속에 있는 경우가 언제인지 참으로 정의하기 어렵다. 영혼이 아직 육체 속에 있는 동안은, 더구나 감각마저 현존하고 있다면 사람은 살아있음에 의심의 여지가 없다. 그 인간은 분명히 영혼과 육체로 구성되어 있

adsit, procul dubio uiuit homo, qui constat ex anima et corpore, ac per hoc adhuc ante mortem, non in morte esse dicendus est; cum uero anima abscesserit omnemque abstulerit corporis sensum, iam post mortem mortuusque perhibetur. Perit igitur inter utrumque, quo moriens uel in morte sit; quoniam si adhuc uiuit, ante mortem est; si uiuere destitit, iam post mortem est. Numquam ergo moriens, id est in morte, esse conprehenditur. Ita etiam in transcursu temporum quaeritur praesens, nec inuenitur, quia sine ullo spatio est, per quod transitur ex futuro in praeteritum. Nonne ergo uidendum est, ne ista ratione mors corporis nulla esse dicatur? Si enim est, quando est, quae in ullo et in qua ullus esse non potest? Quando quidem si uiuitur, adhuc non est, quia hoc ante mortem, non in morte; si autem uiuere iam cessatum est, iam non est, quia et hoc post mortem est, non in morte. Sed rursus si nulla mors est ante quid uel post, quid est quod dicitur ante mortem siue post mortem? Nam et hoc inaniter dicitur, si mors nulla est. Atque utinam in paradiso bene uiuendo egissemus, ut re uera nulla mors esset. Nunc autem non solum est, uerum etiam tam molesta est, ut nec ulla explicari locutione possit nec ulla ratione uitari.

Loquamur ergo secundum consuetudinem (non enim aliter debemus) et dicamus «ante mortem», priusquam mors accidat; sicut scriptum est: *Ante mortem ne laudes hominem quemquam*. Dicamus etiam cum acciderit: Post mortem illius uel illius factum est illud aut illud. Dicamus et de praesenti tempore ut possumus, uelut cum ita loquimur: Moriens ille testatus est, et: Illis atque illis illud atque illud moriens dereliquit; quamuis hoc

---

[55] numquam ergo moriens, id est in morte, esse comprehenditur: "죽어간다는 것, 다시 말해 죽음 속에 있다는 것은 결코 존재하지 않는 것으로 파악된다"라고 해석해도 무방하다. 교부는 곧이어 「고백록」(11.10-31)에서 "현재"라는 순간의 불가분(不可分)을 분석하던 때를 회상한다.

[56] Cf. *Confessiones* 11.14.17 - 18.23. 헤라클리투스의 역동(SVF 22 fr.91)과 파르메니데스의 부동(SVF 28 fr.8) 사이에서 시간을 부동하는 영원의 수적 흐름으로 보던 플라톤(*Timaeus* 37d-e)과 처음과 다음 사이에 운동의 척도로 보는 아리스토텔레스(*Physica* 219b), 과거와 미래는 무한정하지만 현재만이 유한하다는 스토아(Diogenes Laertius, *Vitae philosophorum* 7.141)를 교부는 염두에 두고 있다.

[57] 12.22 참조.

[58] 집회 11,28. 〔공동번역: "누구를 막론하고 죽기 전에는 행복하다고 말하지 말아라."〕 성서에 용례가 나오는 만큼 이런 표현들이 가능하다는 말이다.

으므로 바로 그 점에서 아직 죽음 이전에 있으며 죽음 속에 있다고 말해서는 안 된다. 그런데 영혼이 떠나버렸고 육체의 감각을 전적으로 빼앗겨버렸다면 그는 벌써 죽음 이후에 있으며 죽은 사람으로 나타난다. 그렇다면 죽어가는 사람 혹은 죽음중에 있는 사람은 양자의 중간에서 소멸하고 있는 셈이다. 아직 살아있으면 죽음 이전에 있고, 살기를 멈추었다면 벌써 죽음 이후에 있기 때문이다. 그러므로 죽어가는 사람이라는 것, 다시 말해 죽음 속에 있다는 것은 결코 파악되지 않는다.[55] 마찬가지로 시간의 경과 속에서 현재라는 것을 따져보더라도 현재는 결코 발견되지 않는다. 미래에서 과거로 흘러가는 것은 아무런 연장이 없기 때문이다.[56] 이런 이치에서 육체의 죽음은 결코 존재하지 않는다고 보아야 하지 않을까? 죽음이 아무에게도 있을 수 없고 아무도 죽음 속에 있을 수 없는 터에, 만일 존재한다면 과연 언제 존재하는가? 살아있는 동안에는 죽음 이전에 존재하고 죽음 속에 존재하지 않으므로 죽음이 아직 존재하지 않는다. 이미 살기를 멈추었다면, 그것 역시 죽음 이후에 있고 죽음 속에 있지 않으므로, 죽음은 이미 존재하지 않는다. 어떤 것 이전에도 이후에도 죽음이 없다면 죽음 이전 혹은 죽음 이후라는 표현은 도대체 무엇인가? 하지만 죽음이라는 것이 아예 존재하지 않는다면 이런 표현을 쓰는 것도 헛된 일이다. 낙원에서 우리가 잘 살고 옳게 행동했더라면, 그래서 죽음이 정말로 존재하지 않았더라면 얼마나 좋았을까![57] 그렇지만 지금 죽음은 엄연히 존재할 뿐 아니라, 그러면서도 무슨 언사로도 해명을 할 수 없고 무슨 사유로도 회피할 수 없는 만큼 참으로 번민스럽다.

11.2. 그래도 죽어가는 자는 생명 안에 있다

그러므로 관례에 따라 말을 하기로 하고 (또 달리 말해서는 안 되므로) "죽음 이전", "죽음이 도달하기 전"이라는 표현을 쓰기로 하자. 성서에도 "누구를 두고도 죽기 전에는 칭찬하지 말라"[58]고 기록되어 있다. 그리고 죽음이 닥쳤을 때는 "이 사람 혹은 저 사람의 죽음 이후에 이런 일 혹은 저런 일이 일어났다" 이렇게 말하기로 하자. 또 현재의 시점을 두고도 가능하다면, 우리는 "그는 죽어가면서 유언을 했다"고 말한다. 그리고 "그는 죽어가면서 이 사람들 혹은 저

nisi uiuens omnino facere non posset et potius hoc ante mortem fecerit, non in morte. Loquamur etiam sicut loquitur scriptura diuina, quae mortuos quoque non post mortem, sed in morte esse non dubitat dicere. Hinc enim est illud: *Quoniam non est in morte, qui memor sit tui.* Donec enim reuiuescant, recte esse dicuntur in morte, sicut in somno esse quisque, donec euigilet, dicitur; quamuis in somno positos dicamus dormientes, nec tamen eo modo possumus dicere eos, qui iam sunt mortui, morientes. Non enim adhuc moriuntur, qui, quantum adtinet ad corporis mortem, de qua nunc disserimus, iam sunt a corporibus separati. Sed hoc est, quod dixi explicari aliqua locutione non posse, quonam modo uel morientes dicantur uiuere uel iam mortui etiam post mortem adhuc esse dicantur in morte. Quo modo enim post mortem, si adhuc in morte? Praesertim cum eos nec morientes dicamus, sicuti eos, qui in somno sunt, dicimus dormientes, et qui in languore, languentes, et qui in dolore, utique dolentes, et qui in uita, uiuentes; at uero mortui, priusquam resurgant, esse dicuntur in morte, nec tamen possunt appellari morientes. Vnde non inportune neque incongrue arbitror accidisse, etsi non humana industria, iudicio fortasse diuino, ut hoc uerbum, quod est moritur, in Latina lingua nec grammatici declinare potuerint ea regula qua cetera talia declinantur. Namque ab eo quod est oritur, fit uerbum praeteriti temporis «ortus est»; et si qua similia sunt, per temporis praeteriti participia declinantur. Ab eo uero, quod est moritur, si quaeramus praeteriti temporis uerbum, respon-

---

[59] 시편 6,6. 〔새번역: "죽으면 아무도 당신을 기억할 수 없나이다."〕

[60] 영혼과 육체의 결합이 풀리는 시간적 사건으로서의 신체적 죽음이 존재한다. 또 피조물의 유한하고 시간적 존재로서의 사멸성이 있는데 이런 뜻에서는 살아있는 자 모두가 자신의 사멸성을 의식하는 이상 이미 죽어가는 자이기도 하다. 마지막으로 영혼이 하느님으로부터 결정적으로 버림받고 분리되는 영혼의 죽음, 둘째 죽음이 있다.

[61] moriens: 현재분사인만큼 "잠자고 있는"과 흡사하게 "죽고 있는"이라는 뜻과, "잠들어가는"과 흡사하게 "죽어가는" 뜻을 겸하므로 이런 언급이 가능하다.

사람들에게 이것 혹은 저것을 남겼다"고도 한다. 실상 이것은 살아있지 않으면 결코 할 수 없는 일이며, 따라서 죽음 이전에 했지 죽음 속에서 한 것은 아닌데 말은 그렇게 한다. 그래서 우리도 성서가 말하는 식대로 말을 하기로 하자. 성서는 죽은 사람들이 죽음 이후에 있다고만 하지 않고 죽음 속에 있다는 말도 주저하지 않는다. 그래서 이런 구절이 나온다: "당신을 기억할 수 있는 자라면 죽음 속에 있지 않나이다."[59] 누구든지 깨어날 때까지는 잠 속에 있다고 말하듯이, 다시 살아날 때까지는 죽음 속에 있다는 것도 옳은 말이다. 물론 우리는 잠 속에 빠져 있는 사람들을 자고 있는 사람이라고 말하지만 같은 방식으로 벌써 죽은 사람들을 죽어가는 사람이라고 말하지는 않는다. 우리가 지금 논하고 있는 육체의 죽음에 관한 한, 벌써 육체로부터 분리된 사람들이라면 여태껏 죽고 있는 과정에 있는 것은 아니다. 내가 죽음을 어떤 언사로도 설명할 수 없다고 말한 이유가 이것이다. 죽어가는 사람들을 살아있다고 말하는가 하면, 이미 죽어서 죽음 이후에 있는 사람들도 죽음 속에 있다고 말하는 것이다. 그런데 아직도 죽음 속에 있다고 말한다면 죽음 이후라는 말이 어떻게 가능한가?[60] 특히 우리가 잠 속에 있는 사람을 잠자는 사람이라고 하고 병중에 있는 사람을 병약한 사람이라고 하고 고통 속에 있는 사람을 고통받는 사람이라고 하고 생명 속에 있는 사람을 살아있는 사람이라고 하지만, 같은 뜻으로 저 사람들을 죽어가는 사람이라고 말하지는 않는다.[61] 그러니까 죽은 사람들을 두고, 부활하기 전에는 죽음 속에 있다고 말은 하지만, 그들을 죽어가는 사람이라고 부를 수는 없는 것이다. "죽는다"라는 의미의 모리투르라는 이 단어만은 라틴어에서 문법학자들마저 그밖의 다른 단어들이 어미변화를 하는 그 규칙대로 어미변화를 시킬 수 없었던 것 같은데, 이런 일이 생기는 것도 부적절하거나 부적합하다고는 생각하지 않는다. 이 일 역시 인간적 노력으로 된 것이 아니라 아마도 신적 판단에 의해 이루어진 듯하다. 왜냐하면 오리투르라는 말은 과거시제의 동사가 오르투스 에스트로 된다. 그와 비슷한 동사들도 과거시제의 분사로 어미변화를 한다. 그렇지만 모리투르라는 동사는 우리가 과거시제의 동사를 찾는다면 모르투우스 에스트라는 대답이 나온다. 모음 우가 이중 문자로 나온다.

deri adsolet «mortuus est», u littera geminata. Sic enim dicitur mortuus, quo modo fatuus, arduus, conspicuus et si qua similia, quae non sunt praeteriti temporis, sed quoniam nomina sunt, sine tempore declinantur. Illud autem, quasi ut declinetur, quod declinari non potest, pro participio praeteriti temporis ponitur nomen. Conuenienter itaque factum est, ut, quem ad modum id quod significat non potest agendo, ita ipsum uerbum non posset loquendo declinari. Agi tamen potest in adiutorio gratiae Redemptoris nostri, ut saltem secundam mortem declinare possimus. Illa est enim grauior et omnium malorum pessima, quae non fit separatione animae et corporis, sed in aeternam poenam potius utriusque complexu. Ibi e contrario non erunt homines ante mortem atque post mortem, sed semper in morte; ac per hoc numquam uiuentes, numquam mortui, sed sine fine morientes. Numquam enim erit homini peius in morte, quam ubi erit mors ipsa sine morte.

그러니까 파투우스, 아르두우스, 콘스피쿠우스와 비슷한 단어들처럼[62] 모르투우스로 활용하며, 과거시제가 아니라 일종의 형용사[63]로서 시제가 없이 어미변화를 한다. 그러니까 이것은 마치 어미변화가 될 수 없는 것을 어미변화 시키려는 것처럼 보이며 과거시제의 분사 대신에 형용사를 대체하는 셈이다. "죽는다"라는 동사가 의미하는 바와 같이 벗어나려고 몸부림치면서도 해낼 수 없는 그것처럼, 동사 자체가 말을 하면서도 어미변화를 시킬 수 없다는 것은 매우 적절하다.[64] 그러나 우리 구속주救贖主의 은총을 받는 보우保佑를 입으면 벗어날 수 있으며, 우리는 적어도 둘째 죽음은 벗어날 수 있을 것이다. 그 죽음이야말로 더 지독한 것이며 모든 악 중에 최악이며, 영혼과 육체의 분리로 이루어지는 것이 아니라 양편을 다 포함한 채로 영원한 형벌로 떨어지는 것이다. 거기서는 정반대로 사람들이 죽음 이전이나 죽음 이후에 있지 않을 것이고 언제나 죽음 속에 있을 것이다. 그래서 결코 살아있는 사람도 아니고 결코 죽은 사람도 아니며 끝없이 죽어가는 사람이리라. 거기서는 죽음 자체가 죽음 없는 것이므로 죽음에 있어 인간에게 이보다 더 나쁜 것이 결코 있을 수 없으리라.[65]

---

[62] fatuus("정신나간" for, fatus "말하다"), arduus("드높은, 힘겨운" ad-oleo "올려 바치다"), conspicuus("눈에 띄는" conspicio "바라보다"): 당시에 어원(語源)이 파악되지 않고 형용사화한 분사(分詞)만 존재하여 과거완료("죽고 없는")보다는 현재를 가리키므로("죽어 있는") 교부의 논지에 원용된다.

[63] nomina(명사): 당대의 품사론은 nomina(명사와 형용사), verba(동사), particula(불변화사)로 삼분하기도 했다.

[64] 아우구스티누스는 declinari라는 어휘가 "어미변화를 하다"라는 문법적 의미와 "(죽음으로부터) 벗어나다"라는 일반 의미를 갖는 이중성을 이용하고 있다. 본래 라틴어 문법에서 명사의 어미변화(declinatio)와 동사의 어미활용(coniugatio)을 달리 칭했다.

[65] 교부의 설명은 다음과 같이 이해할 만하다: 인간 사멸성에서 오는 신체적 죽음은 육체의 부활이라는 "이후"(post mortem)를 갖는 셈이며, 그런 뜻에서는 "죽음 속에 있다"(esse in morte)는 표현이 가능한데 그렇다고 "죽어가는"(moriens) 처지, 죽음에 단죄된 처지는 아니다. 하지만 영혼의 영원한 죽음은 시간성과 연관된 무엇이 아니고 그 경우에 영원한 죽음의 "상태", 곧 "죽음 없는 죽음"(mors ipsa sine morte) 속에 있으므로 인간은 "죽음 속에 있으면서" 또한 "죽어가는" 자라는 언표가 가능하다.

12. Cum ergo requiritur, quam mortem Deus primis hominibus fuerit comminatus, si ab eo mandatum transgrederentur acceptum nec oboedientiam custodirent, utrum animae an corporis an totius hominis an illam quae appellatur secunda: respondendum est: Omnes. Prima enim constat ex duabus, [secunda] ex omnibus tota. Sicut enim uniuersa terra ex multis terris et uniuersa ecclesia ex multis constat ecclesiis: sic uniuersa mors ex omnibus. Quoniam prima constat ex duabus, una animae, altera corporis; ut sit prima totius hominis mors, cum anima sine Deo et sine corpore ad tempus poenas luit; secunda uero, ubi anima sine Deo cum corpore poenas aeternas luit. Quando ergo dixit Deus primo illi homini, quem in paradiso constituerat, de cibo uetito: *Quacumque die ederitis ex illo, morte moriemini*: non tantum primae mortis partem priorem, ubi anima priuatur Deo, nec tantum posteriorem, ubi corpus priuatur anima, nec solam ipsam totam primam, ubi anima et a Deo et a corpore separata punitur; sed quidquid mortis est usque ad nouissimam, quae secunda dicitur, qua est nulla posterior, comminatio illa complexa est.

13. Nam postea quam praecepti facta transgressio est, confestim gratia deserente diuina de corporum suorum nuditate confusi sunt. Vnde etiam foliis ficulneis, quae forte a perturbatis prima comperta sunt, pudenda

---

[66] mors animae: 영혼은 신령하므로(spiritus) 죽음을 겪을 수 없으나, 죄를 지어 영혼의 생명이라고 할 하느님으로부터 소외되면 영혼도 죽은 것이나 마찬가지다.

[67] 창세 2,17. [공동번역: "그것을 따 먹는 날, 너는 반드시 죽는다" (morte moriemini).]

[68] 다른 곳(*De peccatorum meritis et remissione* 1.2.2)에서는 펠라기우스 파가 논란을 일삼던 낙원에서의 육체적 죽음의 가능성을 두고 토론한 바 있다.

제2부 (12-18)
죽음은 죄에서 온다

12. 하느님은 원조가 당신 계명을 어길 경우 어떤 죽음을 내리겠다고 했는가

 원조元祖가 하느님이 내린 계명을 어기고 순명을 준수하지 않을 경우 하느님이 그들에게 어떤 죽음을 내리겠다고 위협했을까를 묻는다면, 다시 말해 영혼의 죽음이냐 육체의 죽음이냐 전인全人의 죽음이냐 그렇지 않으면 둘째 죽음이라고 일컬어지는 그런 죽음이냐고 묻는다면 이렇게 대답해야 한다: 그 모든 죽음이었다! 첫째 죽음은 두 가지 죽음으로 성립되지만 둘째 죽음은 전부로 성립되는 총체적 죽음이다. 온 땅이 많은 땅들로 이루어지고 보편 교회가 많은 교회들로 이루어지듯이 보편 죽음은 모든 죽음들로 이루어진다. 첫째 죽음은 두 가지 죽음, 곧 하나는 영혼의 죽음으로,[66] 다른 하나는 육체의 죽음으로 이루어진다. 첫째 죽음은 전인全人의 죽음인데 영혼이 하느님 없이, 그리고 육체 없이 일시적으로 형벌을 당하는 것이다. 둘째 죽음은 영혼이 하느님 없이 육체와 더불어 영원한 형벌을 받는 것이다. 그러므로 하느님이 낙원에 만들어 둔 저 최초의 인간에게 금지된 음식을 가리켜 "거기서 따 먹는 날, 너희는 죽음으로 죽으리라"[67]고 말씀했을 때 단지 첫째 죽음의 앞부분, 그러니까 영혼이 하느님을 결한 죽음만 가리킨 것이 아니고, 첫째 죽음의 뒷부분, 그러니까 육체가 영혼을 결한 죽음만 가리킨 것도 아니며, 첫째 죽음 전체, 그러니까 영혼이 하느님과 육체로부터 분리되어 벌을 받는 죽음만 가리킨 것도 아니었다. 오히려 그 위협은 죽음에 해당하는 모든 것, 둘째 죽음이라고 말하는 최후의 죽음(그다음에는 아무 죽음도 없다)에 이르기까지의 모든 것을 망라한 것이었다.[68]

13. 원조들의 반역과 처음으로 당한 형벌

 그리하여 원조가 계명을 위반한 다음 신적 은총이 떠나자마자 그들은 당장 자기 신체의 벌거벗음으로 인해 곤혹스러워했다. 그래서 무화과나무 잎으로, 아마도 그들이 당황하다 맨 처음 발견한 그 이파리로 부끄러운 데를 가렸다.

texerunt; quae prius eadem membra erant, sed pudenda non erant. Senserunt ergo nouum motum inoboedientis carnis suae, tamquam reciprocam poenam inoboedientiae suae. Iam quippe anima libertate in peruersum propria delectata et Deo dedignata seruire pristino corporis seruitio destituebatur, et quia superiorem dominum suo arbitrio deseruerat, inferiorem famulum ad suum arbitrium non tenebat, nec omni modo habebat subditam carnem, sicut semper habere potuisset, si Deo subdita ipsa mansisset. Tunc ergo coepit caro concupiscere aduersus spiritum, cum qua controuersia nati sumus, trahentes originem mortis et in membris nostris uitiataque natura contentionem eius siue uictoriam de prima praeuaricatione gestantes.

14. Deus enim creauit hominem rectum, naturarum auctor, non utique uitiorum; sed sponte deprauatus iusteque damnatus deprauatos damnatosque generauit. Omnes enim fuimus in illo uno, quando omnes fuimus ille unus, qui per feminam lapsus est in peccatum, quae de illo facta est ante peccatum. Nondum erat nobis singillatim creata et distributa forma, in qua singuli uiueremus; sed iam erat natura seminalis, ex qua propagaremur; qua scilicet propter peccatum uitiata et uinculo mortis obstricta iusteque damnata non alterius condicionis homo ex homine nasceretur. Ac per hoc a liberi arbitrii malo usu series calamitatis huius exorta est, quae humanum genus origine deprauata, uelut radice corrupta, usque ad secundae mortis exitium, quae non habet finem, solis eis exceptis qui per Dei gratiam liberantur, miseriarum conexione perducit.

---

[69] 창세 3,7 참조: "그러자 두 사람은 눈이 밝아져 자기들이 알몸인 것을 알고 무화과나무 잎을 엮어 앞을 가렸다."

[70] cum carne controuersia: 인간의 삶에서 체험하는 선악의 갈등, 영육의 충돌을 죄의 결과로 의식하는 것은 그리스도교 전통에 해당한다. 갈라 5,17 참조: "육은 영을 거슬러 욕정을 일으키고 영은 육을 거슬러 일어납니다"(15.5; 19.4.3; 21.15; 22.23에도 인용될 만큼 교부는 이 갈등에 예민했다).

[71] originem mortis ... vitiataque natura: cf. *Enchiridion de fide, spe et caritate* 8.26: "원조는 죄를 지음으로써 인류라는 족속을 뿌리에서부터 부패시키고(in radice vitiaverat) 죽음과 단죄의 벌로 옮아맸다."

[72] omnes enim *fuimus in illo uno*, quando *omnes fuimus ille unus*: 만인이 원조와 갖는 연대성과 원죄론을 표현한 명구로 꼽힌다.

[73] natura seminalis: 플라톤의 이데아론에서 후대에 존재론적 배종(胚種: spermata) 이론이 등장했는데 아우구스티누스는 단일 인류의 연대성과 원죄의 전수를 해설하는 데 이 이론을 원용한다(11.9 각주 62 참조). 전 인류가 아담 안에 씨앗처럼 존재했으므로 아담의 도덕적 행위와 그 결과를 물려받게 되었다고 설명한다. Cf. *De Genesi ad litteram* 6.6.10; 8.3.7; 9.1.1; *De Trinitate* 3.8.13; 3.9.16.

[74] 교부는 원조로부터 "타락한 본성"(radice corrupta)을 물려받는다는 사실과, 부패한 본성에 따라 개개인이 "자유의지를 악용한다"(liberi arbitrii malo usu)는 사실 두 가지로 원죄를 설명하고 있다.

그곳은 전에도 똑같은 지체였지만 부끄러운 곳이 아니었다.[69] 그들은 자기 육신으로부터 불복하는 충동을 새로 느꼈고 이것은 마치 자신들의 불복에 상응하는 형벌 같은 것이었다. 영혼이 자기의 자유를 행사하여 전도된 것을 즐겼고 하느님을 섬기는 일을 거부했는데, 그러자마자 영혼은 육체에 예속되는 처지로 전락한 것이다. 상위의 선물을 자기 자의自意로 저버림으로써 하위의 종마저 자의로 제어할 수 없게 되었다. 이제는 도저히 육신을 자기 밑에 두지 못하게 되었다. 전에는 영혼 자체가 하느님께 복속하여 머물렀으므로 그 일이 항상 가능했다. 그러나 육이 영을 거슬러 욕망을 품기 시작했고, 우리는 육과 갈등 속에 태어났다.[70] 저 최초의 반역으로부터 우리는 죽음의 기원을 끌어들였고, 우리 지체와 부패한 본성에 육의 도전과 압도를 안은 채 태어났다.[71]

14. 하느님에 의해 만들어진 것은 어떤 인간이었으며, 자유의지를 행사하여 어떤 운명에 떨어지게 되어 있었는가

하느님은 인간을 바르게 창조했다. 하느님은 만물의 창조자이지 악덕의 창조자가 아니기 때문이다. 그러나 인간은 자발적으로 타락하여 온당하게도 단죄를 받았고, 더구나 타락하고 단죄받은 자들을 낳기에 이르렀다. 저 한 사람이 우리 모두였을 때 우리 모두가 저 한 사람 안에 있었다.[72] 저 한 사람은 여자를 통해 죄로 물들었고 여자는 죄를 짓기 전에 저 사람으로부터 만들어졌다. 그때는 우리가 개인으로서 생명을 누리는 형상形相이 아직 우리에게 하나씩 창조되고 배급되지는 않았다. 그렇지만 배종적 본성[73]이 이미 존재했고 그 본성에서 우리가 번식하게 되어 있었다. 바로 그 본성, 그러니까 죄악으로 타락하고 죽음의 사슬에 얽매이고 온당하게 단죄를 받을 본성에 입각해서 인간으로부터 인간이 태어나는데, 저 최초의 인간과 처지가 다르지 않은 인간이 태어나게 되어 있었다. 또 바로 이 점 때문에 후손들에게도 자유의지의 악용으로 재앙이 연달아 발생했고, 인류가 마치 뿌리가 썩듯이 기원에서부터 부패한 채로, 오직 하느님의 은총으로 풀려난 사람들만을 제외하고는, 모두가 불행에 연좌되어 끝이 없는 둘째 죽음이라는 결말로까지 이끌려가고 있다.[74]

15. Quam ob rem etiamsi in eo quod dictum est: *Morte moriemini*, quoniam non est dictum: Mortibus, eam solam intellegamus, quae fit cum anima deseritur sua uita, quod illi Deus est (non enim deserta est ut desereret, sed ut desereretur deseruit; ad malum quippe eius prior est uoluntas eius; ad bonum uero eius prior est uoluntas Creatoris eius; siue ut eam faceret, quae nulla erat, siue ut reficiat, quia lapsa perierat), — etiamsi ergo hanc intellegamus Deum denuntiasse mortem in eo quod ait: *Qua die ederitis ex illo, morte moriemini*; tamquam diceret: Qua die me deserueritis per inoboedientiam, deseram uos per iustitiam: profecto in ea morte etiam ceterae denuntiatae sunt, quae procul dubio fuerant secuturae. Nam in eo, quod inoboediens motus in carne animae inoboedientis exortus est, propter quem pudenda texerunt, sensa est mors una, in qua deseruit animam Deus. Ea significata est uerbis eius, quando timore dementi sese abscondenti homini dixit: *Adam, ubi es?* non utique ignorando quaerens, sed increpando admonens, ut adtenderet ubi esset, in quo Deus non esset. Cum uero corpus anima ipsa deseruit aetate corruptum et senectute confectum, uenit in experimentum mors altera, de qua Deus peccatum adhuc puniens homini dixerat: *Terra es et in terram ibis*; ut ex his duabus mors illa prima, quae totius est hominis, compleretur, quam secunda in ultimo sequitur, nisi homo per gratiam liberetur. Neque enim corpus, quod de terra est, rediret in terram nisi sua morte, quae illi accidit, cum deseritur

---

[75] non deserta *ut desereret*, sed *ut desereretur* deservit: 인간 의지와 신의 의지 사이에 미묘한 선후관계를 접속법으로 절묘하게 표명한 문장이다.

[76] ad malum quippe eius *prior est voluntas eius*, ad bonum vero eius *prior est voluntas Creatoris* eius: 피조물과 창조주 두 의지가 범죄와 구원에 있어서 어느 편이 선행하는지 단언하는 유명한 글귀다.

[77] 창세 3,9.

[78] 창세 3,19.

15. 아담이 죄를 짓는 것은 하느님께 버림받기 전에 하느님을 버리는 것이며, 하느님으로부터 떠나간 것이 영혼의 첫째 죽음이 되었다

여하튼 "너희는 죽음으로 죽으리라"라고 한 말씀에서 "죽음들로 죽으리라"고 하지 않았다는 사실로 볼 때, 우리는 영혼이 영혼에게 생명이 되는 하느님으로부터 버림받아 생기는 죽음만을 생각한다. (다만 영혼이 하느님께 버림받아서 하느님을 버리는 것이 아니고 하느님께 버림받으려고 하느님을 버린 것이다.[75] 그의 악에 당면해서 본다면 그의 의지가 선행한다. 그리고 그의 선에 당면해서 본다면 그의 창조주의 의지가 선행한다.[76] 허무였던 그를 창조할 때도, 타락하여 멸망하게 된 그를 되살릴 때도 그의 창조주의 의지가 선행한다.) 그러므로 "거기서 따 먹는 날, 너희는 죽음으로 죽으리라"는 말씀에서 하느님이 죽음을 예고한 것으로 그 말씀을 이해한다고 할지라도, 그리하여 너희가 불복종으로 나를 버리는 날 나는 정의로 너희를 버리리라고 말씀한 것처럼 이해한다고 할지라도, 그 죽음에 뒤따라왔던 그밖의 다른 죽음들마저 그 죽음 속에 예고되어 있었다는 사실은 의심할 여지가 없다. 불복하는 영혼의 육체 속에서 영혼에 불복하는 움직임이 일어났다는 사실에서 그런 죽음이 감지되었고, 육체의 움직임 때문에 그들이 부끄러운 데를 가렸을 때도 하느님이 영혼을 버렸다는 그 죽음이 감지되었던 것이다. 어리석게도 두려움 때문에 숨어 있는 인간에게 "아담아, 너 어디 있느냐?"[77]라고 한 분의 말씀에서 그 죽음이 상징되었다. 아담이 있는 곳을 몰라서 찾은 것이 아니고, 하느님이 계시지 않는 곳에 가 있으므로, 그를 꾸짖어, 자신이 과연 어디 있는지 살펴보라고 타이른 말씀이었다. 그런데 나이로 허물어지고 노령으로 쇠진한 육체를 영혼이 버릴 즈음에 인간은 또 다른 죽음을 경험하기에 이른다. 그 죽음에 대해 하느님은 범한 죄를 벌주면서 "너는 흙이니 흙으로 돌아가리라"[78]고 사람에게 말씀했다. 이 두 가지 죽음에 의해 전인全人의 죽음인 첫째 죽음이 완결되며, 마지막에 가서는 인간이 은총을 통해 해방되지 않는 한, 둘째 죽음이 첫째 죽음을 뒤따른다. 흙에서 난 육체가 흙으로 돌아가는 것은 육체의 죽음에서가 아니면 일어나지 않는다. 또 이 죽음은 육체의 생명 곧 영혼이 육체를 버리고 떠날 때 일어난다. 그러므로 진정으로 가톨릭 신앙을 견지하는

sua uita, id est anima. Vnde constat inter Christianos ueraciter catholicam tenentes fidem etiam ipsam nobis corporis mortem non lege naturae, qua nullam mortem homini Deus fecit, sed merito inflictam esse peccati, quoniam peccatum uindicans Deus dixit homini, in quo tunc omnes eramus: *Terra es et in terram ibis.*

16. Sed philosophi, contra quorum calumnias defendimus ciuitatem Dei, hoc est eius ecclesiam, sapienter sibi uidentur inridere, quod dicimus animae a corpore separationem inter poenas eius esse deputandam, quia uidelicet eius perfectam beatitudinem tunc illi fieri existimant, cum omni prorsus corpore exuta ad Deum simplex et sola et quodam modo nuda redierit. Vbi si nihil, quo ista refelleretur opinio, in eorum litteris inuenirem, operosius mihi disputandum esset, quo demonstrarem non corpus esse animae, sed corruptibile corpus onerosum. Vnde illud est quod de scripturis nostris in superiore libro commemorauimus: *Corpus enim corruptibile adgrauat animam.* Addendo utique *corruptibile* non qualicumque corpore, sed quale factum est ex peccato consequente uindicta, animam perhibuit adgrauari. Quod etiamsi non addidisset, nihil aliud intellegere deberemus. Sed cum apertissime Plato deos a summo Deo factos habere inmortalia corpora praedicet eisque ipsum Deum, a quo facti sunt, inducat pro magno beneficio pollicentem, quod in aeternum cum suis corporibus per-

---

[79] non lege naturae ... sed merito peccati: 낙원의 원조도 자연이치에 따라 필연적으로 죽었으리라는 펠라기우스의 주장은 죽음이 생명 자체인 하느님에게서 만들어졌다는 결론을 낳는다. 교부는 원조들이 자연본성을 초월하는(praeternaturalis) 신적 배려로 죽음을 겪지 않게 만들어졌는데 형벌로 죽음이 왔다는 견해를 대안으로 내놓는다.

[80] 육과 영의 이원론 사고(omne corpus est fugiendum)에서라면 의당히 나오는 귀결이다(12.27 각주 210 참조).

[81] 교부는 불사불멸의 경지에서 육체를 회복하리라는 그리스도교 신앙을 조소하는 포르피리우스 (*Contra Christianos* fr.94; cf. Plotinus, *Enneades* 9.6.9.)의 반(反)물질주의를 공격한다.

[82] 지혜 9,15. 본서 12.16.1 참조.

[83] 이하에 플라톤의 입을 빌려, 육체를 지녔더라도 자연본성에 의해서가 아니고 "신의 결연한 의지" (propter Dei invictissimam voluntatem) 때문에 낙원의 원조에게 불사불멸이 가능했다는 지론을 편다 (10.29.2 참조).

그리스도인들 사이에 통하는 믿음에 따르면 우리에게는 육체의 죽음마저 자연본성의 이법理法에서 나온 것이 아니다. 하느님은 그 어떤 죽음도 자연본성의 이법에 따라 만든 것이 아니며 죽음은 오로지 죄의 값으로 닥쳐온 것이다.[79] 왜냐하면 하느님은 죄를 벌하면서, 우리 모두가 그 속에 들어있던 그 사람에게 "너는 흙이니 흙으로 돌아가리라"고 말씀했기 때문이다.

16. 영혼이 육체에서 분리되는 것은 형벌이 아니라고 생각하는 철학자들, 그러나 플라톤은 최고신이 하급 신들을 육체에서 박탈되는 일이 없으리라고 약속한 것으로 설명한다

16. 1. 영혼에 관한 플라톤의 학설

우리는 일부 철학자들의 허위진술에 맞서서 하느님의 도성 곧 그분의 교회를 옹호하는 중이다. 그런데 어떤 철학자들은 영혼이 육체로부터 분리되는 일은 하느님의 형벌 가운데 들어 있는 것으로 보아야 한다는 우리의 말을 비웃으며, 자신들의 처사가 지혜롭다고 여기는 듯하다. 그 철학자들은 영혼이 육체로부터 완전히 벗어나서 단순하게, 단독으로 또 어떻게 보면 벌거벗은 상태로 하느님께 돌아갈 때에만 하느님의 완전한 행복이 자기들에게 이루어진다고 여긴다.[80] 만약 이런 의견을 논박하는 자료를 다름아닌 저 사람들의 글에서 내가 찾아내지 못했더라면, 나는 육체 자체가 영혼에게 짐이 되는 것이 아니고 어디까지나 부패할 육체가 짐이 된다는 점을 입증하고 토론하는 데 대단히 힘이 들었을지도 모르겠다.[81] 우선 앞의 서책에서 인용한 성서에 "썩어 없어질 육체는 영혼을 내리누른다"는[82] 유명한 구절이 나온다. 이 구절에 "썩어 없어질"이라는 말을 덧붙임으로써 영혼이 육체의 짐에 내리눌리는 것은 아무 육체나 그런 것이 아니고 죄에 따르는 징벌을 받아서 부패하게 된 육체이기 때문임이 드러난다. 이 말 한마디가 덧붙여지지 않았더라도 우리가 성서 구절을 달리 이해해서는 안 된다.[83] 그런데 다름아닌 플라톤은 최고신에게서 만들어진 신들이 불사불멸하는 신체를 갖고 있다는 것을 극히 명백하게 단언한다. 더구나 하느님이 자신으로부터 만들어진 이 신들에게 커다란 특전처럼 언약하는 말이, 이 신들은 영원히 자기네 신체와 더불어 지내리

manebunt nec ab eis ulla morte soluentur: quid est quod isti ad exagitandam Christianam fidem fingunt se nescire quod sciunt, aut etiam sibi repugnantes aduersum se ipsos malunt dicere, dum nobis non desinant contradicere? Nempe Platonis haec uerba sunt, sicut ea Cicero in Latinum uertit, quibus inducit summum deum deos quos fecit adloquentem ac dicentem: «Vos, qui deorum satu orti estis, adtendite: quorum operum ego parens effectorque sum, haec sunt indissolubilia me inuito, quamquam omne conligatum solui potest; sed haudquaquam bonum est ratione uinctum uelle dissoluere. Sed quoniam estis orti, inmortales uos quidem esse et indissolubiles non potestis; ne utiquam tamen dissoluemini, neque uos ulla mortis fata perimerit, nec erunt ualentiora quam consilium meum, quod maius est uinculum ad perpetuitatem uestram quam illa quibus estis tum, cum gignebamini, conligati.» Ecce deos Plato dicit et corporis animaeque conligatione mortales, et tamen inmortales dei a quo facti sunt uoluntate atque consilio. Si ergo animae poena est in qualicumque corpore conligari, quid est quod eos adloquens deus tamquam sollicitos, ne forte moriantur, id est dissoluantur a corpore, de sua facit inmortalitate securos; non propter eorum naturam, quae sit compacta, non simplex, sed propter suam inuictissimam uoluntatem, qua potens est facere, ut nec orta occidant nec conexa soluantur, sed incorruptibiliter perseuerent?

Et hoc quidem utrum Plato uerum de sideribus dicat, alia quaestio est. Neque enim ei continuo concedendum est globos istos luminum siue

---

[84] 키케로가 번역한 Plato, *Timaeus* 41a (*Timaeus* 32c. 본서 22.26 참조). "결합된 것" (omne colligatum) 혹은 "합성된 것"은 해체되게 마련이고 그것이 생명체의 죽음인데 물질적 신체에 결합된 신들에게 불사불멸을 부여하는 신의 언질을 플라톤이 했다는 주장이다.

[85] Cf. Plato, *Timaeus* 41b: "너희는 불사불멸하게 만들어진 것이지 스스로 불사불멸한 존재는 아니다!" 제신이 영원한 불사불멸을 향유하는 것은 자체의 본질 때문이 아니고 최고신에 참여하기 때문이라는 것이 플라톤의 지론이다.

[86] nec orta occidant nec connexa solvantur: 교부는 창조되지 않은 것, 단순한 것만 부패하지 않는다는 플라톤 사상에서 예외적 관점을 뽑아냈다.

라고, 어떤 죽음으로도 그 신체에서 풀려나는 일이 없으리라고 약속한 것으로 되어 있다. 오로지 그리스도교 신앙을 뒤흔들어 놓을 생각에서, 어떻게 하다가 저 사람들은 자기들이 알고 있는 바까지 모르는 척하는 것일까? 또 우리에게 반대하는 말을 멈추지 않다 보니 자기들 스스로 모순을 범하면서까지 결국 자신에게 반대하는 말까지 서슴지 않게 되었을까? 키케로가 라틴어로 번역한 바에 의하면 플라톤의 말은 다음과 같다. 신들을 창조한 최고신이 그 신들에게 이런 연설을 하고 발언을 하는 것으로 되어 있다: "신들의 혈통에서 생겨난 너희는 귀담아 들으라! 이 작품들의 어버이요 창조자는 바로 나다! 그런데 이것들은 내가 싫어하더라도 해체될 수 없다. 결합된 온갖 것들은 해체될 수 있느니라. 그러나 이성으로 결합된 것이 해체되기 바라는 일은 결코 좋지 않느니라. 너희는 생겨났다는 그 사실만으로 너희가 불사불멸할 수는 없고, 해체될 수 없는 자가 되지 못하느니라. 하지만 나의 결의로 너희는 결코 해체되지 않을 것이며, 여하한 죽음의 운명도 너희를 파괴하지 못하리라. 죽음의 운명이 나의 결의보다 더 힘세지 못하리라. 너희를 영속永續에 묶어두는 나의 결의는 너희가 탄생할 적에 너희를 결합시킨 그것들보다 훨씬 위대한 사슬이니라."[84] 보시라, 신들도 신체와 영혼의 결합으로 인해 사멸하는 존재라는 말을 플라톤이 하고 있다! 그런데 그들을 만든 하느님의 의지와 결의에 의해 불멸하는 존재가 되었다는 것이다.[85] 만일 어떤 신체 속에 결합된다는 사실이 영혼에 형벌이 된다면, 죽지 않으면 어떻게 될까, 다시 말해 신체로부터 풀려나지 않으면 어떻게 될까 걱정하고 있는 그 신들에게 연설을 하면서 하느님이 그들에게 자신의 불사불멸에 대해 확신을 갖게 만들었다니 이 무슨 말인가? 그들의 본성, 즉 단순하지 않고 합성된 본성에 의해서가 아니라 하느님의 굽히지 않는 의지에 따라서 신들이 불사불멸하는 존재가 되었다. 그런 의지를 발휘하여 하느님은 생겨난 것이 소멸하지 않게 만들고 합성된 것이 해체되지 않게 만들며, 부패하지 않고 항속하게 만들 능력이 있다.[86]

16.2. 비지상적 신체에 관한 플라톤의 학설

플라톤이 성체星體에 대해 바른 말을 하는가는 다른 문제다. 플라톤은 저 빛나는 원형체圓形體 혹은 밤이나 낮에 지구 위에서 빛을 발하는 저 작은 타원형체들

orbiculos luce corporea super terras seu die seu nocte fulgentes suis quibusdam propriis animis uiuere eisque intellectualibus et beatis, quod etiam de ipso uniuerso mundo, tamquam uno animali maximo, quo cuncta cetera continerentur animalia, instanter adfirmat. Sed haec, ut dixi, alia quaestio est, quam nunc discutiendam non suscepimus. Hoc tantum contra istos commemorandum putaui, qui se Platonicos uocari uel esse gloriantur, cuius superbia nominis erubescunt esse Christiani, ne commune illis cum uulgo uocabulum uilem faciat palliatorum tanto magis inflatam, quanto magis exiguam paucitatem; et quaerentes, quid in doctrina Christiana reprehendant, exagitant aeternitatem corporum, tamquam haec sint inter se contraria, ut et beatitudinem quaeramus animae et eam semper esse uelimus in corpore, uelut aerumnoso uinculo conligatam; cum eorum auctor et magister Plato donum a deo summo diis ab illo factis dicat esse concessum, ne aliquando moriantur, id est a corporibus, quibus eos conexuit, separentur.

17. Contendunt etiam isti terrestria corpora sempiterna esse non posse, cum ipsam uniuersam terram dei sui, non quidem summi, sed tamen magni, id est totius huius mundi, membrum in medio positum et sempiternum esse non dubitent. Cum ergo deus ille summus fecerit eis alterum quem putant deum, id est istum mundum, ceteris diis, qui infra eum sunt,

---

[87] Cf. Plato, *Timaeus* 41d - 42a.

[88] 시간의 순환 운동 속에서 영원히 성체들과 태양이 태어나고 소멸한다는 순환론에 입각하여 우주를 거대한 생명체 내지 순환의 표본으로 보는 플라톤의 설명(*Timaeus* 30c-f; 37e - 39s; 92c)에 대해 교부는 유보적 입장을 취한다.

[89] palliati: "pallium(그리스식 외투로서 지적 귀족을 자처하는 철학자들은 로마에서도 그것을 입고 다녔다)을 제복으로 입고 다니는 사람들". 이들이 그리스도인을 무식쟁이로 취급하던 태도를 상기시킨다. Cf. Tertullianus, *De pallio* 3; Iustinus, *Dialogus cum Tryphone* 9.2.

[90] 그리스계 지성인들은 인간의 불멸성에 관한 그리스도교 교리에는 동조했으나 부활에 뒤이은 육신의 영원한 존속에는 상당한 저항을 보였다. Cf. Porphyrius, *De regressu animae*; 사도 17,32: "죽은 이들이 다시 살아난다는 말을 듣고 더러는 비웃었다."

[91] 우주를 생명체로 보는 관점은 논의에서 제외하면서, 적어도 물체를 악의 원천으로 보고서 죽음을 육체로부터 해방되는 바람직한 일로 보는 포르피리우스 입장은 반박된 것으로 자부한다(10.9.2; 10.29.2; 10.31 참조).

[92] corpus: "물체"로도, "육체"로도 번역되는 말이므로, 신플라톤 학파가 "육체"는 영구할 수 없다면서 "땅이라는 물체"는 신의 몸체로서 영구하다고 주장하고, 또 "지상적 육체"(terrestria corpora)는 영속하지 못하지만 "천상적 육체"(caelestia corpora)는 영속한다는 모순되는 주장을 한다는 지적이다.

이 자기 나름대로 어떤 혼령에 힘입어 살아있으며, 그것들은 지적이고 행복한 사물들이라고 말하는데 우리는 그의 말을 곧이들어서는 안 된다.[87] 더구나 우주 전체에 대해서도 그는 그것이 마치 거대한 생물인 것처럼 말하는가 하면, 그밖의 모든 생물들이 바로 그 안에 내포되어 있는 것처럼 강력히 주장한다.[88] 그러나 내가 방금 말한 대로 이것은 별도의 문제이기 때문에 우리는 지금 바로 토론할 소재로 채택하지는 않겠다. 그럼에도 내가 이 문제를 이 자리에서 언급할 만하다고 생각한 까닭은 플라톤 학파로 불리거나 플라톤 학파임을 자랑으로 삼는 사람들을 반박하려는 의도에서였다. 그들은 그 명칭에서 오는 자만심 때문에 그리스도인이 된다는 것을 수치스럽게 생각한다. 희소성이 큰 만큼 뽐낼 만한 칭호라고 여겨서인지는 몰라도 그들은 플라톤 학파라는 그 칭호를 하층민과 공유하기를 꺼렸는데, 그러다 망토를 입고 다니는 사람들[89]의 칭호를 천박하게 만들지 않을까 우려한 듯하다. 그들은 그리스도교 교리에서 비난할 만한 뭔가를 찾다 보니 육체의 영원성을 혹평하기에 이르렀다. 그리고 우리가 영혼의 행복을 추구하는 일이나 영혼이 육체 안에 항상 존재하기를 희구하는 일은 결국 비참한 사슬로 영혼을 육체에 묶는 짓이라면서, 마치 모순되는 짓이라고 비판한다.[90] 그런데 그들의 시조요 스승인 플라톤은 신들(그들은 최고신에 의해 창조되었다)이 결코 죽지 않으리라고 말하고, 최고신이 그들을 묶어놓았던 신체로부터 분리되지 않으리라고 하면서 그것이 그 최고신으로부터 신들에게 하사되는 선물이라고 한다.[91]

17. 지상적 육체는 부패하지 않는 영원한 육체가 될 수 없다는 주장을 반박함
  17. 1. 철학자들이 육신과 영혼에 관한 학설에 기만당하고 있다
그들은 또한 지상적 육체는 영구永久할 수 없다고 주장한다. 그렇게 말하면서도 온 땅이 자기네 신의 지체라고 믿고, 비록 최고신은 아니더라도 곧 이 세계 전체이기도 한 대신大神의 지체로서 중앙에 자리잡고 있으며 따라서 영구하다는 점은 의심하지 않을 것이다.[92] 그들이 또한 신이라고 여기는 다른 존재, 즉 이 세계를 최고신이 그들에게 만들어 주었으므로, 그들은 저 신 곧 이 세계를 그

praeferendum, eundemque esse existiment animantem, anima scilicet, sicut asserunt, rationali uel intellectuali in tam magna mole corporis eius inclusa, ipsiusque corporis tamquam membra locis suis posita atque digesta quattuor constituerit elementa, quorum iuncturam, ne umquam deus eorum tam magnus moriatur, insolubilem ac sempiternam uelint: quid causae est, ut in corpore maioris animantis tamquam medium membrum aeterna sit terra, et aliorum animantium terrestrium corpora, si Deus sicut illud uelit, aeterna esse non possint? Sed terrae, inquiunt, terra reddenda est, unde animalium terrestria sumpta sunt corpora; ex quo fit, inquiunt, ut ea sit necesse dissolui et emori et eo modo terrae stabili ac sempiternae, unde fuerant sumpta, restitui. Si quis hoc etiam de igne similiter adfirmet et dicat reddenda esse uniuerso igni corpora, quae inde sumpta sunt, ut caelestia fierent animalia: nonne inmortalitas, quam talibus diis, uelut deo summo loquente, promisit Plato, tamquam uiolentia disputationis huius intercidet? An ibi propterea non fit, quia Deus non uult, cuius uoluntatem, ut ait Plato, nulla uis uincit? Quid ergo prohibet, ut hoc etiam de terrestribus corporibus Deus possit efficere, quandoquidem, ut nec ea quae orta sunt occidant nec ea quae sunt uincta soluantur nec ea quae sunt ex elementis sumpta reddantur atque ut animae in corporibus constitutae nec umquam ea deserant et cum eis inmortalitate ac sempiterna beatitudine perfruantur, posse Deum facere confitetur Plato? Cur ergo non possit, ut nec terrestria moriantur? An Deus non est potens quo usque Christiani credunt, sed quo usque Platonici uolunt? Nimirum quippe consilium Dei et potestatem potuerunt philosophi, nec potuerunt

.

---

[93] Cf. Plato, *Timaeus* 30b.

[94] Cf. Plato, *Timaeus* 32c.

[95] terra: 세계를 구성하는 요소로는 "땅"이지만 4원소론에서는 "흙"이기도 하다. 그리고 "지상적"(terrestris)이라는 단어도 "흙에서 온, 땅에서 온"이라는 의미가 있다. 흙이 영원한 원소라면 흙에서 온 육체(신체)가 영원할 수 없다는 주장은 성립하지 않는다.

[96] 흙이 흙으로 돌아가야 한다면, 불(신령이나 천체를 이루는 원소)도 불로 돌아가야 하니까 천체나 세계 같은 신들도 분리되어야야(= 죽어야) 하지 않느냐는 반문이다.

[97] Cf. Plato, *Timaeus* 32c - 33d.

밑에 있는 다른 신들보다도 앞세워야 한다고 여긴다. 또 이 세계는 살아있는 존재라고 여긴다. 그들이 주장하는 대로, 저 거대한 물체의 덩어리 속에 이성혼 혹은 오성혼이 깃들어 있다는 것이다. 또 최고신이 세계라는 신의 신체의 지체로 삼아 네 원소元素를 조성해 주었으며 이 원소들은 일정한 공간에 배치되어 작용하고 있다고 생각하고 있다.[93] 그토록 위대한 그들의 신이 결코 죽지 않는다는 뜻에서, 그 네 원소들의 배합이 절대로 해체되지 않고 영구하기를 바랄 것이다.[94] 그렇다면 거대한 생명체의 신체 속에서 가운데 지체를 이루는 땅[95]은 영원하면서도 다른 지상적 생명체들의 신체만은, 비록 하느님이 그렇게 원하더라도, 영원할 수 없다는 것은 무슨 이유인가? 그들은 이런 말을 한다: 흙은 흙으로 돌아가야 하고 생명체들의 지상적 신체는 흙에서 취한 것이다! 무릇 사물은 구성된 그것으로 필연적으로 분해되고 소멸되어야 하듯이, 땅은 확고하고 영구한 것이므로 땅에서 취한 것들은 땅으로 돌아가는 일이 필연이라는 것이 그들의 주장이다. 그런데 만약 불에 대해서도 누군가 같은 주장을 내세운다고 하자. 그래서 천상 생물체들처럼 불에서 취한 물체들은 결국 우주적 불로 돌아가야 한다고 말한다고 하자. 그렇게 된다면, 이 막강한 논지 때문에 플라톤이 최고신의 입을 빌려 저 신들에게 약속한 불사불멸이 무산된다는 말인가? 그렇게 되지 않는다면 하느님이 원하지 않기 때문이 아닐까? 플라톤이 말한 대로, 어떤 세력도 하느님의 뜻을 꺾지 못한다니까.[96] 그렇다면 지상적 신체들에 대해서도 하느님은 똑같이 분리되지 않게 하는 이 일을 이루어낼 수 있을 텐데 무엇이 못하게 가로막는다는 말인가? 하느님이 생겨난 것은 소멸하지 않게 하고, 합성된 것은 분해되지 않게 하며, 원소들로부터 취해진 것은 원소로 돌아가지 않게 하고, 신체 안에 구성되어 있는 영혼들이 신체를 버리지 않고 불멸과 영구한 행복을 향유하게 할 수 있다고 플라톤이 고백하고 있는 터에[97] 왜 지상적 사물들은 죽지 않게 못한다는 말인가? 하느님은 그리스도인들의 믿음을 이루어줄 만큼은 능하지 못하고 플라톤 학파가 원하는 것만은 이루어줄 만큼 능하다는 것인가? 하느님의 계획과 능력에 대해 철학자들은 알아낼 수 있었는데 예언자들은 알아내지 못했다고 우기는 것은 너무 지나치다. 그보다는, 아니 그와는

nosse prophetae; cum potius e contrario Dei prophetas ad enuntiandam eius, quantum dignatus est, uoluntatem Spiritus eius docuerit, philosophos autem in ea cognoscenda coniectura humana deceperit.

Verum non usque adeo decipi debuerunt, non solum ignorantia, uerum etiam peruicacia, ut et sibi apertissime refragentur magnis disputationum uiribus adserentes animae, ut beata esse possit, non terrenum tantum, sed omne corpus esse fugiendum, et deos rursus dicentes habere beatissimas animas et tamen aeternis corporibus inligatas, caelestes quidem igneis, Iouis autem ipsius animam, quem mundum istum uolunt, omnibus omnino corporeis elementis, quibus haec tota moles a terra in caelum surgit, inclusam. Hanc enim animam Plato ab intimo terrae medio, quod geometrae centron uocant, per omnes partes eius usque ad caeli summa et extrema diffundi et extendi per numeros musicos opinatur, ut sit iste mundus animal maximum beatissimum sempiternum, cuius anima et perfectam sapientiae felicitatem teneret et corpus proprium non relinqueret, cuiusque corpus et in aeternum ex illa uiueret et eam quamuis non simplex, sed tot corporibus tantisque conpactum hebetare atque tardare non posset. Cum igitur suspicionibus suis ista permittant, cur nolunt credere, diuina uoluntate atque potentia inmortalia corpora fieri posse terrena, in quibus animae nulla ab eis morte separatae, nullis eorum oneribus adgrauatae sempiterne ac feliciter uiuant, quod deos suos posse adserunt in corporibus igneis Iouemque ipsum eorum regem in omnibus corporeis elementis? Nam si ani-

---

[98] 교부가 아는(*Soliloquia* 1.14.24; 본서 10.9.2; 12.27) 포르피리우스의 명제(omne corpus est fugiendum: "모든 육체(물체)를 피해야 한다")를 두고 물질적이고 부패할 육체와 부패하지 않고 사멸하지 않는 육체의 구분이 가능하다는 주장을 펴고자 한다.

[99] Cf. *Timaeus* 34a-f.

[100] Cf. *Timaeus* 35b - 36e.

[101] 아우구스티누스는 플라톤이 우주를 하나의 거대한 생명체로 보고(mundus animal maximum) 그 영혼이 우주를 생성해내고 온갖 생명체를 내포해야 하기 때문에 우주에 원형을 부여한다는 설명(*Timaeus* 33b-c)을 염두에 두고 있다.

[102] Cf. Augustinus, *De Genesi ad litteram* 6.25.36: "범죄 이전의 아담의 육체는 어떤 이유에 의해서는 사멸하는 것이었고 다른 이유에 의해서는 불멸하는 것이었다고 말할 수 있다. 죽을 수 있었다는 점에서는 사멸하는 것이고(mortale quia poterat mori) 죽지 않을 수도 있었다는 점에서는 불멸하는 것이었다(immortale quia poterat non mori)."

정반대로 하느님의 영으로서는, 당신이 합당하다고 여기는 한도 내에서 하느님의 예언자들을 가르쳐 하느님의 뜻을 선포하게 했다. 그렇지만 철학자들이 그것을 알고자 노력할 때에는 자칫 인간적 추측이 철학자들을 기만하기 쉽다.

17. 2. 불멸하는 물체들에 관해 발언하는 사람들

아무튼 저 사람들이 무지함에 스스로 속는 일은 없어야 하며, 더구나 완고함 때문에 아주 노골적으로 자가당착에 빠지면서까지 스스로 속아서는 더욱 안 되었다. 그들은 엄청난 토론의 기세로 몰아붙이면서, 영혼이 행복할 수 있으려면 지상적 물체뿐 아니라 모든 물체를 피해야 한다고 주장한다.[98] 그러면서도 그들은 다음과 같이 주장한다: 신들은 극히 행복한 영혼을 지녔지만 영원한 신체와 결속되어 있고, 또 천상 영혼들은 불타는 신체와 결속되어 있으며, 더구나 유피테르 신은 이 세계이기도 한데 유피테르의 영혼은 모든 물체적 원소들 속에 포함되어 있으며 그 원소들에 힘입어서 저 거대한 덩어리가 땅으로부터 하늘로 뻗쳐 있다.[99] 플라톤은 바로 이 영혼이 지리학자들이 중심(中心)이라고 일컫는 땅의 한가운데로부터 땅의 모든 부분들을 거쳐서 하늘 꼭대기까지 음악적 수리(數理)를 통해 두루 확산되고 두루 뻗쳐 있다는 생각을 갖고 있다.[100] 따라서 이 세계는 거대하고도 지극히 행복하고 영구한 생명체이며, 세계의 영혼은 지혜로부터 오는 완전한 행복을 견지하면서도 절대로 자기 신체를 남겨두고 떠나지 않을 뿐 아니라, 세계의 신체는 영원히 영혼에 의해 살아남으며, 비록 신체는 순일하지 않고 많고많은 온갖 물체들로 집약되어 있으면서도 영혼을 무기력하게 만들거나 우둔하게 만들 수 없다는 견해를 피력하고 있다.[101] 이처럼 플라톤 학파는 전적으로 자신들의 추측에 의존해서 물체가 영속한다는 주장을 하면서도, 신적 의지와 능력에 의해 지상적 물체가 영원한 것이 될 수 있다는 사실은 굳이 믿으려 하지 않는 까닭이 무엇인가? 지상적 물체들에 있어서도, 어떠한 죽음에 의해서도 영혼이 신체로부터 분리되지 않으며, 신체라는 짐에 의해 무거워지는 일이 없이 영원히 또 행복하게 살 수 있다는 것을 왜 믿지 않으려는 것인가?[102] 그러면서도 그들은 자기네 신들이 불로 된 신체 속에서 영구히 살 수 있고, 신들의 임금인 유피테르는 모든 물체적 원소들 속에서 영구히 살 수 있

mae, ut beata sit, corpus est omne fugiendum, fugiant dii eorum de globis siderum, fugiat Iuppiter de caelo et terra; aut si non possunt, miseri iudicentur. Sed neutrum isti uolunt, qui neque a corporibus separationem audent dare diis suis, ne illos mortales colere uideantur, nec beatitudinis priuationem, ne infelices eos esse fateantur. Non ergo ad beatitudinem consequendam omnia fugienda sunt corpora; sed corruptibilia molesta, grauia moribunda; non qualia fecit primis hominibus bonitas Dei, sed qualia esse compulit poena peccati.

18. Sed necesse est, inquiunt, ut terrena corpora naturale pondus uel in terra teneat uel cogat ad terram et ideo in caelo esse non possint. Primi quidem illi homines in terra erant nemorosa atque fructuosa, quae paradisi nomen obtinuit; sed quia et ad hoc respondendum est uel propter Christi corpus cum quo ascendit in caelum uel propter sanctorum qualia in resurrectione futura sunt, intueantur paulo adtentius pondera ipsa terrena. Si enim ars humana efficit, ut ex metallis, quae in aquis posita continuo submerguntur, quibusdam modis uasa fabricata etiam natare possint: quanto credibilius et efficacius occultus aliquis modus operationis Dei, cuius omnipotentissima uoluntate Plato dicit nec orta interire nec conligata posse dissolui, cum multo mirabilius incorporea corporeis quam quaecumque corpora quibuscumque corporibus copulentur, potest moli-

---

[103] 앞의 13.17.1과 각주 96 참조. 아우구스티누스가 생각하는 지구의 개념은 16.9(대척인간 antipodae)에 비친다.

[104] 앞의 13.16.1 각주 84 참조.

다고 주장하고 있다. 영혼이 행복하기 위해 모든 신체를 피해야 한다면 먼저 그들의 신들부터 성좌의 구체球體를 피하는 것이 마땅하고, 유피테르 또한 하늘과 땅으로부터 피해가야 마땅하리라. 피해갈 수 없다면 그들이야말로 가련한 존재로 여겨져야 하리라. 하지만 그들은 두 가지를 다 싫어한다. 자기의 신들이 신체로부터 분리되는 것도 싫으며(그러면 자기들이 사멸하는 자들을 신으로 섬기는 것처럼 보이게 된다), 그렇다고 자기네 신들에게 지복至福이 없다는 말도 감히 하지 못한다(그러면 그 신들이 불행하다고 말하는 셈이 된다). 따라서 지복을 얻으려면 모든 신체를 피해야 한다는 말은 성립하지 않는다. 정작 피해야 하는 것은 부패하고 짐스러우며 무겁고 죽어갈 신체다. 하느님의 선함이 원조들에게 만들어준 육체를 피할 것이 아니라 죄의 벌이 저렇게 만들어 버린 그 육체를 피해야 할 것이다.

18. 지상적 사물은 자연본성적 중력으로 인해 지상으로 다시 끌려오기 때문에 지상적 육체가 천상에서 존속하는 일이 불가능하다고 주장하는 철학자들

    그러나 그들은 지상적 물체들은 필히 자연적 중력이 땅에 잡아두거나 땅으로 끌어당기기 때문에 천상에 있을 수 없다고 말한다.[103] 원조들은 숲이 우거지고 소출이 풍부한 땅에 있었으며 그래서 그곳은 낙원이라는 이름을 얻었다. 하지만 그리스도가 갖고 하늘로 승천한 그의 육체 때문에, 그리고 부활에서 이루어질 성도들의 육체 때문에라도 이 문제에 대한 대답이 있어야 하고, 저 지상적 중력重力이라는 것을 좀더 주의깊게 살펴보아야겠다. 금속은 물에 넣으면 즉시 가라앉는데도 인간 기술이 금속을 갖고 어떤 특유한 방식으로 그릇을 제작하면 물에 떠다닐 수도 있게 된다. 하물며 하느님 나름의 어떤 숨은 방식이 있다면 이보다 훨씬 믿을 만하고 효과적인 결과를 낼 것이 아니겠는가? 플라톤이 말한 대로, 하느님이 지극히 전능한 의지를 발휘하여, 생겨난 것은 소멸하지 않게 하고 합성된 것은 분해되지 않게 한다면[104] 이게 훨씬 믿을 만하고 효과적인 것이 아니겠는가? 그래서 어떤 물체가 다른 물체에 결합하는 것보다 제신이나 유피테르의 경우처럼 비물체적인 것이 물체적인 것에 결합하는 일이 훨씬 놀라운

bus praestare terrenis, ut nullo in ima pondere deprimantur, ipsisque animis perfectissime beatis, ut quamuis terrena, tamen incorruptibilia iam corpora ubi uolunt ponant et quo uolunt agant, situ motuque facillimo! An uero si hoc angeli faciant et quaelibet animalia terrestria rapiant unde libet constituantque ubi libet, aut eos non posse aut onera sentire credendum est? Cur ergo sanctorum perfectos et beatos diuino munere spiritus sine ulla difficultate posse ferre quo uoluerint et sistere ubi uoluerint sua corpora non credamus? Nam cum terrenorum corporum, sicut onera in gestando sentire consueuimus, quanto maior est quantitas, tanto sit maior et grauitas, ita ut plura pondo quam pauciora plus premant: membra tamen suae carnis leuiora portat anima cum in sanitate robusta sunt quam in languore cum macra sunt. Et cum aliis gestantibus onerosior sit saluus et ualidus quam exilis et morbidus, ipse tamen ad suum corpus mouendum atque portandum agilior est, cum in bona ualetudine plus habet molis, quam cum in peste uel fame minimum roboris. Tantum ualet in habendis etiam terrenis corporibus, quamuis adhuc corruptibilibus atque mortalibus, non quantitatis pondus, sed temperationis modus. Et quis uerbis explicat, quantum distet inter praesentem quam dicimus sanitatem et inmortalitatem futuram? Non itaque nostram fidem redarguunt philosophi de ponderibus corporum. Nolo enim quaerere, cur non credant terrenum esse posse corpus in caelo, cum terra uniuersa libretur in nihilo. Fortassis enim de ipso medio mundi loco, eo quod in eum coeant quaeque grauiora, etiam argumentatio ueri similior habeatur. Illud dico: si dii minores, quibus inter animalia terrestria cetera etiam hominem faciendum

---

[105] 교부는 다니 14,36("주님의 천사는 그(하바꾹)의 머리털을 휘어잡고 그를 번쩍 들어서 거센 입김으로 바빌론까지 날려 보내어 사자굴 가장자리에 내려놓았다"), 마태 4,5("악마가 예수를 거룩한 도시로 데려가서 성전 꼭대기에 세우고") 등을 염두에 두고 있다.

[106] terra universa libretur in nihilo: "온 땅이 허공에 (저울에 매달리듯) 매달려 있는데". 욥기 26,7 참조: "북녘에 있는 당신의 거처를 공허 위에 세우시고 땅덩어리를 허공에 달아 놓으신 이."

[107] 땅덩어리 전체가 그 엄청난 무게에도 불구하고 허공에 매달려 있다면 신체가 그 비중 때문에 하늘에 오를 수 없다는 논리는 성립되지 않는다. 오히려 땅이 우주의 중심이 되어 중력을 가진 모든 사물을 끌어당긴다는 설명이 더 맞지 않느냐는 반문이다.

것이라면, 하느님의 숨은 방식대로 지상적 물체에다 어떠한 중력에 의해서도 아래로 끌려가지 않는 힘을 부여할 수도 있고, 비록 지상적 육체이더라도 완전 무결하게 행복한 영혼들에게 부패하지 않을 육체를 부여하여 그 영혼들이 지극히 원활한 위치와 운동으로 원하는 곳에 마음대로 위치하며 원하는 곳으로 움직일 수 있는 힘을 부여할 수도 있다. 만일 천사들이 이렇게 하고, 원하는 곳에서 지상적 생명체들을 데려가고 원하는 곳에 데려다 놓는다면,[105] 천사들은 그런 일을 못한다고 믿어야 옳은가, 그렇지 않으면 천사들이 그 생명체들의 무게를 느끼지 않는다고 믿어야 옳은가? 그렇다면 성도들의 영靈이 신적 선물을 받아 행복하고 완전한 상태에서 아무런 어려움 없이 자기 육체를 자기가 원하는 데로 옮겨갈 수 있다거나 자기가 원하는 곳에 세워 둘 수 있다는 것을 왜 믿어서는 안 되는가? 지상적 물체들의 무게는 짐을 들어 나르면서 느끼듯이, 부피가 크면 중력도 그만큼 크고 또 부피가 작은 것에 비해 훨씬 무겁게 내리누르게 마련이다. 이에 비해 영혼은 신체가 질병중에 체소할 때보다 건강중에 장대할 때 자기 육신의 지체들을 더 가볍게 지니고 다닌다. 물론 다른 사람들이 그의 신체를 들어 나르는 경우, 온전하고 건장한 사람이 허약하고 병든 사람보다 더 무거울 것이다. 하지만 본인이 자기 신체를 움직이고 감당해야 한다면, 전염병이나 굶주림으로 기력이 미미한 경우보다는 좋은 건강 상태에서 몸집이 더 큰 경우가 훨씬 더 민첩하다. 부패하며 사멸할 육체라 말하더라도 지상적 육체를 지니는 데는 몸체의 중량보다 체질의 상태가 그만큼 중요하다. 우리가 현재의 건강이라고 부르는 것과 미래의 불사불멸이라고 부르는 것 사이의 엄청난 거리를 누가 언설로 표현할 수 있겠는가? 따라서 철학자들은 물체의 무게를 평계로 우리 신앙을 논박할 수는 없다. 온 땅이 허공에 매달려 있는데[106] 지상적 신체가 하늘에 존재할 수 있음을 그들은 어째서 믿으려 하지 않는지 굳이 따지고 싶지도 않다. 그들에게는 아마도 땅이 중력을 가진 모든 것이 모여드는 우주의 중심적 위치라는 사실이 더 그럴듯한 논거가 될 것 같다.[107] 나는 차라리 이렇게 말하겠다: 만일 플라톤이 여타의 지상적 생명체들 가운데 인간을 만드는 능력까지 하위의 신들에게 부여했다면, 그가 말한 대로 하위의 신들

commisit Plato, potuerunt, sicut dicit, ab igne remouere urendi qualitatem, lucendi relinquere quae per oculos emicaret: itane Deo summo concedere dubitabimus, cuius ille uoluntati potestatique concessit, ne moriantur quae orta sint, et tam diuersa, tam dissimilia, id est corporea et incorporea, sibimet conexa nulla possint dissolutione seiungi, ut de carne hominis, cui donat inmortalitatem, corruptionem auferat, naturam relinquat, congruentiam figurae membrorumque detineat, detrahat ponderis tarditatem? Sed de fide resurrectionis mortuorum, et de corporibus eorum inmortalibus diligentius, si Deus uoluerit, in fine huius operis disserendum est.

은 불꽃에서 태우는 성질은 제거하고 빛을 발하는 성질만 남겨둘 수도 있었다. 그래서 눈에서 빛이 나오는 것이다.[108] 저 플라톤은 생겨난 것들을 사멸하지 않게 하고, 그토록 상이하고 그토록 이질적인 것들이, 다시 말해 물체적인 것들과 비물체적인 것들이 서로 합성되었을지라도 그것들이 어떠한 분리로도 서로 해체되지 않게 하는 능력을 최고신의 의지와 권능에 부여한 바 있다. 그런 마당에 인간의 육신을 두고 최고신이 인간에게 불사불멸을 선물로 주고, 부패함을 제거하며, 자연본성을 남겨두고, 그러면서도 형태와 지체들의 균형은 보존하되, 번거로운 중력을 말소시켜 버릴 수 있다면, 우리가 굳이 최고신에게만 이런 능력을 부여하지 않고 망설일 이유가 무엇인가? 하지만 죽은 사람들의 부활에 관한 신앙과 그들의 불멸하는 육체에 대해서는 하느님이 원하신다면 본서의 종장에 가서 더 진지하게 토론하기로 한다.[109]

---

[108] per oculos emicaret: 스토아 인식론에서 인식의 능동적 지향성(指向性)을 설명하는 전거로 안광(眼光)을 예거하는 전통이 있다. 플라톤도 불이 눈을 태우지 않고 빛이 되어 준다는 사실(Plato, *Timaeus* 45b; 58c-d)을 지적한 바 있다.

[109] 22.11-21 참조.

19. Nunc de corporibus primorum hominum quod instituimus explicemus; quoniam nec mors ista, quae bona perhibetur bonis nec tantum paucis intellegentibus siue credentibus, sed omnibus nota est, qua fit animae a corpore separatio, qua certe corpus animantis, quod euidenter uiuebat, euidenter emoritur, eis potuisset accidere, nisi peccati meritum sequeretur. Licet enim iustorum ac piorum animae defunctorum quod in requie uiuant dubitare fas non sit, usque adeo tamen eis melius esset cum suis corporibus bene ualentibus uiuere, ut etiam illi, qui omni modo esse sine corpore beatissimum existimant, hanc opinionem suam sententia repugnante conuincant. Neque enim quisquam audebit illorum sapientes homines, siue morituros siue iam mortuos, id est aut carentes corporibus aut corpora relicturos, diis inmortalibus anteponere, quibus Deus summus apud Platonem munus ingens, indissolubilem scilicet uitam, id est aeternum cum suis corporibus consortium, pollicetur. Optime autem cum hominibus agi arbitratur idem Plato, si tamen hanc uitam pie iusteque peregerint, ut a suis corporibus separati in ipsorum deorum, qui sua corpora numquam deserunt, recipiantur sinum,

      Scilicet inmemores supera ut conuexa reuisant
      Rursus et incipiant in corpora uelle reuerti;
quod Vergilius ex Platonico dogmate dixisse laudatur (ita quippe animas

---

[110] Cf. Augustinus, *De Genesi ad litteram* 12.35.68: "그때 천사들과 똑같아진 영혼은 생물적 육체가 아니라 장차 올 변화를 거쳐서 영적 육체를 받을 것이며 육체의 본성의 완전한 모습을 지니게 될 것이다(perfectum habebit naturae suae modum)".

[111] Cf. Plato, *Phaedrus* 248a-b.

[112] Vergilius, *Aeneis* 6.750-751. 본서 10.30 참조.

제3부 (19-24)
은총으로 인간은 죄와 죽음에서 구속된다

19. 원조들이 죄를 짓지 않았다면 불사불멸했으리라는 사실을 믿지 않고 영혼들의 영원성은 육체가 없어야 한다고 여기는 학설을 반박함

　지금은 우리가 처음에 마음먹은 대로 원조들의 육체에 대해 설명하기로 하자. 죽음은 선인들에게는 선한 것이기는 하지만, 죽음으로 영혼이 육체로부터 분리된다는 사실은 지성 있고 믿음을 가진 소수 인간들뿐 아니라 모든 인간들에게 알려져 있다. 이 죽음으로 확실한 생명체의 신체, 분명하게 살아있던 신체가 분명하게 죽어간다. 그런데 죄의 응보가 따르지 않았더라면 바로 이 죽음이 일어나지 않을 수도 있었다. 비록 의롭고 경건한 망자들의 영혼이 안식중에 살아있다는 것을 의심하는 것은 불가하지만, 그들마저 아주 건강한 자기네 신체를 갖고 살아 있는 편이 더 나으리라. 신체 없이 존재하는 것이 가장 행복하다고 여기는 사람들마저도, 자기 의견에 모순을 범하면서까지 이런 견해에 동조할 것이다.[110] 사실 그들 가운데 어느 누구도 감히 현명한 사람들을 불멸하는 신들보다 더 낫게 여기려 하지는 않을 것이다. 플라톤의 말에 의하면 최고신은 불멸하는 신들에게 거창한 직책을, 즉 풀려날 수 없는 삶을, 다시 말해 자기네 신체와의 영원한 공동운명을 부여했다. 그런데 현자들은 죽을 사람들이거나 벌써 죽은 사람들이고, 다시 말해 육체를 겸하고 있는 사람들이나 육체를 벗어버릴 사람들이다. 그렇다고 현자들이 사후에 신체 없이 지낸다고 해서, 영원히 신체와 더불어 사는 신들보다 낫다고 여기지는 않을 것이다. 그런데도 플라톤은 사람들이 이승의 삶을 경건하고 의롭게 영위했다면 자기 신체로부터 분리되어 저 신들의 품에 받아들여지는 것, 그것이 인간을 대하는 최고의 대우라고 여기고 있다.[111] 그런데 바로 저 신들은 자기 신체를 결코 벗어버리지 않는다. 심지어 지하의 망령들조차,

　　과거를 망각한 채 창공을 다시 쳐다보고서
　　몸으로 되돌아가고 싶은 마음이 다시 생기기 시작하리라.[112]

베르길리우스는 플라톤의 교설에 입각해서 이 말을 한 것으로 칭송받고 있다.

mortalium nec in suis corporibus semper esse posse existimat, sed mortis necessitate dissolui, nec sine corporibus durare perpetuo, sed alternantibus uicibus indesinenter uiuos ex mortuis et ex uiuis mortuos fieri putat); ut a ceteris hominibus hoc uideantur differre sapientes, quod post mortem feruntur ad sidera, ut aliquanto diutius in astro sibi congruo quisque requiescat atque inde rursus miseriae pristinae oblitus et cupiditate habendi corporis uictus redeat ad labores aerumnasque mortalium; illi uero, qui stultam duxerint uitam, ad corpora suis meritis debita siue hominum siue bestiarum de proximo reuoluantur. In hac itaque durissima condicione constituit etiam bonas atque sapientes animas, quibus non talia corpora distributa sunt, cum quibus semper atque inmortaliter uiuerent, ut neque in corporibus permanere neque sine his possint in aeterna puritate durare. De quo Platonico dogmate iam in libris superioribus diximus Christiano tempori erubuisse Porphyrium et non solum ab animis humanis remouisse corpora bestiarum, uerum etiam sapientium animas ita uoluisse de corporeis nexibus liberari, ut corpus omne fugientes beatae apud Patrem sine fine teneantur. Itaque ne a Christo uinci uideretur uitam sanctis pollicente perpetuam, etiam ipse purgatas animas sine ullo ad miserias pristinas reditu in aeterna felicitate constituit; et ut Christo aduersaretur, resurrectionem incorruptibilium corporum negans non solum sine terrenis, sed sine ullis omnino corporibus eas adseruit in sempiternum esse uicturas. Nec tamen ista qualicumque opinione praecepit saltem ne diis corporatis religionis obsequio subderentur. Quid ita, nisi quia eas, quamuis nulli corpori sociatas, non credidit illis esse meliores? Quapropter, si non aude-

---

[113] 윤회사상(Plotinus, *Enneades* 2.9.6.13)은 플라톤에게서도 "엘리시움"의 신화 흔적이 보이는데 (Plato, *Phaedrus* 248 - 249; *Respublica* 614e - 620d) 실패한 인생은 "운명"에게 대가를 지불하면서도 인간이 자기를 완성하는 가능성을 영구하게 보존하리라는 주장에 본뜻이 있었다.

[114] 이 플라톤 학파가 그리스도교의 영향을 입었을지 모른다는 암시가 있었다. Cf. Augustinus, *Sermo* 241.7.7.

[115] 10.30 참조.

[116] 이 문제는 22.27에서 상론한다.

(그러니까 베르길리우스는 사멸할 존재들의 영혼이 자기 육체 속에 항상 존재할 수는 없으며 죽음의 필연에 의해 육체로부터 해탈된다고 생각하면서 동시에 또한 육체 없이 영구히 존속하는 것도 불가능하며 그래서 끊임없이 번갈아 죽은 이들 가운데서 살아나는 사람들이 생기고 살아있는 사람들 가운데서 죽은 사람들이 생긴다고 여긴다.) 현자들은 여타의 사람들과는 이 점이 다른 것으로 보인다. 그들은 사후에 성좌로 옮겨가며, 각자가 자기에게 적합한 천체에서 더 오래 안식을 누리다가, 전생의 불행을 또다시 잊어버리고 육체를 지니려는 욕망에 굴복하여 결국 사멸할 존재들의 수고와 번뇌로 되돌아온다는 것이다. 그 대신 어리석은 삶을 영위한 사람들은 자기 업보에 응분한 신체로 곧 되돌아오는데 그것은 인간의 신체일 수도 있고 짐승의 신체일 수도 있다는 것이다.[113] 플라톤은 선하고 지혜로운 영혼들마저 지독하고 가혹한 이 조건에 포함시켰다. 그들에게 항상 그리고 영원히 함께 살 육체가 배당되는 것이 아니어서, 육체 속에서 항존할 수 없을뿐더러 육체 없이 영원한 정화 속에서도 존속할 수 없도록 만들어 놓았다. 플라톤의 이 사상에 대해서는 이미 그리스도교 시대에 와서 포르피리우스가 이상하다고 생각했다.[114] 그래서 인간 영혼에 짐승의 육신이 배당될 가능성을 배제했을 뿐 아니라, 적어도 현자들의 영혼만은 일체의 육체를 피해 아버지 앞에서 끝없이 행복하게 지낼 정도로, 육체적 연분에서 철저하게 해방시키기를 원했다. 이 점에 대해서는 우리가 앞에서 이야기한 바 있다.[115] 또 성도들에게 영원한 생명을 언약한 그리스도에게 뒤떨어지는 것처럼 보이기 싫어서 포르피리우스 본인도 정화된 영혼들에게 영원한 행복의 자리를 정해 주고 장차 비참한 지경으로 되돌아가는 일이 결코 없다는 이론을 설정했다. 그러면서도 그리스도를 반박하는 뜻에서인지 그는 인간이 부패하지 않는 육체로 부활하리라는 것을 부정했으며, 영혼들에게는 지상적 육체가 없을 뿐 아니라 아무 육체도 없이 영원하게 살아가리라는 주장을 내놓았다.[116] 포르피리우스 본인의 의견이 어떤 것이었든, 그는 신체를 지닌 신들에게 종교 행사를 바치지 말라는 명은 내리지 않았다. 결국 영혼들이 아무 신체와도 결합하지 않았음에도 불구하고, 신체를 지닌 저 신들보다 훌륭하다고는 믿지 않았다는 말이 아니고

bunt isti, sicut eos ausuros esse non arbitror, diis beatissimis et tamen in aeternis corporibus constitutis humanas animas anteponere: cur eis uidetur absurdum, quod fides Christiana praedicat, et primos homines ita fuisse conditos, ut, si non peccassent, nulla morte a suis corporibus soluerentur, sed pro meritis oboedientiae custoditae inmortalitate donati cum eis uiuerent in aeternum; et talia sanctos in resurrectione habituros ea ipsa, in quibus hic laborauerunt, corpora, ut nec eorum carni aliquid corruptionis uel difficultatis nec eorum beatitudini aliquid doloris et infelicitatis possit accidere?

20. Proinde nunc sanctorum animae defunctorum ideo non habent grauem mortem, qua separatae sunt a corporibus suis, quia caro eorum requiescit in spe, quaslibet sine ullo iam sensu contumelias accepisse uideatur. Non enim, sicut Platoni uisum est, corpora obliuione desiderant, sed potius, quia meminerunt quid sibi ab eo sit promissum, qui neminem fallit, qui eis etiam de capillorum suorum integritate securitatem dedit, resurrectionem corporum, in quibus multa dura perpessi sunt, nihil in eis ulterius tale sensuri desiderabiliter et patienter expectant. Si enim carnem suam non oderant, quando eam suae menti infirmitate resistentem spiritali iure cohercebant, quanto magis eam diligunt etiam ipsam spiritalem futuram! Sicut enim spiritus carni seruiens non incongrue carnalis, ita caro spiritui seruiens recte appellabitur spiritalis, non quia in spiritum conuertetur, sicut nonnulli putant ex eo quod scriptum est: *Seminatur corpus animale, surget corpus spiritale*, sed quia spiritui summa et mira-

---

[117] Cf. Plato, *Respublica* 620d - 621d: 레테의 강물을 마심으로써 망자들은 지상의 경험을 망각한다. 그래서 엘리시움은 지상으로 돌아와야 했고 운명으로부터 이 물을 마시지 못하도록 저지당하므로 망각 속에 빠지지 않는다.

[118] 루가 21,18 참조: "머리카락 하나도 잃지 않을 것입니다."

[119] 에페 5,29 참조: "아무도 자기 육신을 미워하지 않으며 오히려 기르고 돌봅니다."

[120] 1코린 15,44. 〔200주년: "자연적인 몸으로 묻히지만 영적인 몸으로 부활합니다."〕

무엇인가? 그렇다면 플라톤 학파는 지복 속에 있지만 영원한 신체와 결합해 있는 신들보다도 신체를 벗은 인간 영혼들이 더 낫다고는 여기지 않을 것이며, 나도 그들이 감히 그렇게까지는 생각하리라 믿지 않는다. 그리스도교 신앙이 설파하기를, 원조들이 만약 죄를 짓지 않았다면 그 어떤 죽음으로도 자기 육체로부터 벗어나지 않았을 것이고 순종을 준수한 공덕으로 불사불멸이 주어지고 육체를 지닌 채로 영원히 살도록 그렇게 만들어졌으리라고 하는데, 그들에게는 이것이 왜 모순으로 보이는 것일까? 또 성도들이 부활하여 지니게 될 육체는 이승에서 지니고 고생했던 바로 그 육체이지만 그들의 육신에는 어떤 부패나 곤란의 여지가 없고 그들의 지복에도 어떤 고통이나 불행의 여지가 생겨날 수 없다고 하는데, 그들에게 이것이 왜 모순으로 보이는 것일까?

20. 성도의 육신은 지금 희망 속에 안식을 누리고 있는데, 원조들이 죄를 짓기 전에 지녔던 육신보다 나은 성품을 취할 것이다

그러므로 사망한 성도들의 영혼은 자신의 육체로부터 분리되는 그 죽음을 험한 죽음으로 겪는 것이 아니다. 이미 아무런 감각이 없는 상태에서 어떤 능욕을 받은 것처럼 보이더라도 그들의 육신은 희망 속에 안식을 누리고 있기 때문이다. 플라톤이 생각했듯이 육체는 망각을 희구하는 것이 아니다.[117] 그것들은 아무도 속이지 않는 분이 자신들에게 언약한 바가 무엇인지 잘 기억하고 있다. 머리카락 하나도 다치지 않고 성하게 남아있으리라고 그분이 안전을 보장했으므로,[118] 비록 그 육체를 지니고 험한 일을 많이 당했지만 육체에 더는 그런 것을 느끼지 않으리라는 생각으로 육체의 부활을 간절하게 또 인내로이 고대하고 있다. 사람들이 자신의 육신을 미워하지 않는 이상,[119] 그리고 육신이 그 허약함으로 인해 자기 지성에 저항하는 것을 영적 법도(法道)로 제어해 온 터에, 육신 자체가 영적인 것이 되고 나면 그 육신을 얼마나 끔찍이 사랑하겠는가? 영이 육을 섬길 때 육적 영이라고 불러도 어색하지 않듯이 육이 영을 섬길 때는 영적 육이라고 부르는 것이 옳다. "생물적인 몸으로 씨 뿌려지지만 영적인 몸으로 일어납니다"[120]라는 구절을 핑계로 적지 않은 사람들이 육이 영으로 변하기 때문이라고 믿고 있지만, 실은

bili obtemperandi facilitate subdetur usque ad implendam inmortalitatis indissolubilis securissimam uoluntatem, omni molestiae sensu, omni corruptibilitate et tarditate detracta. Non solum enim non erit tale, quale nunc est in quauis optima ualetudine, sed nec tale quidem, quale fuit in primis hominibus ante peccatum, qui licet morituri non essent, nisi peccassent, alimentis tamen ut homines utebantur, nondum spiritalia, sed adhuc animalia corpora terrena gestantes. Quae licet senio non ueterescerent, ut necessitate perducerentur ad mortem (qui status eis de ligno uitae, quod in medio paradiso cum arbore uetita simul erat, mirabili Dei gratia praestabatur), tamen et alios sumebant cibos praeter unam arborem, quae fuerat interdicta, non quia ipsa erat malum, sed propter commendandum purae et simplicis oboedientiae bonum, quae magna uirtus est rationalis creaturae sub Creatore domino constitutae. Nam ubi nullum malum tangebatur, profecto, si prohibitum tangeretur, sola inoboedientia peccabatur. Agebatur ergo aliis quae sumebant, ne animalia corpora molestiae aliquid esuriendo ac sitiendo sentirent; de ligno autem uitae propterea gustabatur, ne mors eis undecumque subreperet uel senectute confecta decursis temporum spatiis interirent; tamquam cetera essent alimento, illud sacramento; ut sic fuisse accipiatur lignum uitae in paradiso corporali, sicut in spiritali, hoc est intellegibili, paradiso sapientia Dei, de qua scriptum est: *Lignum uitae est amplectentibus eam.*

21. Vnde nonnulli totum ipsum paradisum, ubi primi homines parentes generis humani sanctae scripturae ueritate fuisse narrantur, ad intellegibi-

---

[121] 스토아 철학(Diogenes Laertius, *Vitae philosophorum* 7.156)에도 생명을 주는 영(靈)과 육과 상충하면서 영생을 보장하는 영 개념이 공존한다. 바울로는 하느님의 영에 참여함으로써 육신에도 불멸이 부여되는 경지를 추가한다.

[122] 생명의 나무(lignum vitae)와 선과 악을 알게 한다는 금지된 나무(arbor vetita)가 별개의 나무라는 해석이 그의 모든 창세기 주석에 나타난다. 낙원에서 원조는 생명의 나무에서 열매를 따먹어 "죽지 않을 수 있는" 특전을 입었다는 설명이다.

[123] 자유의지가 선의 선택에는 물론 (피조물로서의 인간에게는) 계명의 준수에도 관련된다는 데서 종교적 순종(順從) 개념이 나온다.

[124] 잠언 3,18.

[125] 영과 육의 대비개념은 낙원에 대해서도 원조가 있었던 육적 낙원(paradisus corporalis)과 영적 낙원(paradisus spiritalis), 곧 하느님의 도성을 착안하게 만든다. 지적인(intellegibilis) 낙원이 첨가된 것은 "지혜"와 결부시키려는 의도다.

[126] intelligibilia: "우의"(寓意 allegoria: Trapé), "영적 의미"(sens spirituel: Combes), "표상"(表象: figurative: Dyson) 등으로 번역된다.

그것 때문이 아니다. 그보다는 최고로 또 경이로울 만큼 용이하게 육을 제어함으로써 육이 영에 복속하기 때문이다. 그리하여 육은 괴로움에 대한 감각에서 일체 벗어나고 부패함과 아둔함에서 벗어나, 결코 소멸되지 않는 불사불멸을 희구하는 의지를 아주 안전하게 성취하는 경지에 이른다.[121] 그때 지닐 육체는 지금 최선의 건강 상태에 있는 그런 육체가 아니며 범죄 이전에 원조들에게 있었던 그런 육체도 아닐 것이다. 원조들은 죄를 짓지 않았다면 죽지 않을 사람들이었는데, 그러면서도 사람으로서 음식을 이용하고 있었으므로 아직은 영적 육체를 지니지는 못했고 지상적이고 생물적 육신을 영위하고 있었던 것이다. 원조들의 육체는 노령으로 늙어 필히 죽음으로 끌려가는 그런 것도 아니었다. (그런 상태는 금지된 나무와 더불어 낙원 한가운데 심겨져 있던 생명의 나무로부터, 하느님의 놀라운 은총에 의해서, 제공되고 있었다.)[122] 그들은 금지된 나무 한 그루 외에 다른 음식은 다 먹었다. 그 나무가 금지된 것은 나무 자체가 악이기 때문은 아니고 순수하고 단순한 순종의 계명이 선이었기 때문이었다. 창조자인 주님의 권하(權下)에 놓인 이성적 피조물에게 순종은 커다란 미덕이다. 악한 것은 아무것도 건드리지 않고, 만약 금지된 것을 건드린다면 불순종을 범할 따름이다.[123] 하여튼 생물적 육체가 굶주리고 목말라서 곤란을 겪지 않게 하려고 그들은 다른 음식을 취했으며, 생명의 나무에서 맛을 본 것은 죽음이 자신들을 덮치지 않게 하려는 것이었고 또한 시간의 간격이 경과하면서 노령으로 소멸하지 않기 위함이었다. 그러니까 그밖의 다른 나무의 음식들이 양식이었다면 이 생명 나무의 음식은 성사(聖事)였다고 할 수 있으니, 그렇게 해서 육적 낙원에서 생명의 나무가 주어지듯이 영적인, 다시 말해 지적 낙원에서는 하느님의 지혜가 주어지는 것이다. 그래서 "그를 끌어안는 사람들에게 생명의 나무가 되어 주리라"[124]고 씌어 있다.[125]

21. 원조들의 낙원은 의미상 다른 영적인 무엇을 가리킨다고 이해할 수도 있지만 물리적 장소를 가리키는 역사적 설화의 진리를 살려야 한다

그런데 어떤 사람들은 성서의 진리에 의거하여 인류의 조상인 최초의 인간들에 대해 이야기하는 낙원 전체를 단순히 가지적 표상[126]으로 연관시키는가 하면,

lia referunt arboresque illas et ligna fructifera in uirtutes uitae moresque conuertunt; tamquam uisibilia et corporalia illa non fuerint, sed intellegibilium significandorum causa eo modo dicta uel scripta sint. Quasi propterea non potuerit esse paradisus corporalis, quia potest etiam spiritalis intellegi; tamquam ideo non fuerint duae mulieres, Agar et Sarra, et ex eis duo filii Abrahae, unus de ancilla, alius de libera, quia duo testamenta in eis figurata dicit apostolus; aut ideo de nulla petra Moyse percutiente aqua defluxerit, quia potest illic figurata significatione etiam Christus intellegi, eodem apostolo dicente: *Petra autem erat Christus*. Nemo itaque prohibet intellegere paradisum uitam beatorum, quattuor eius flumina quattuor uirtutes, prudentiam, fortitudinem, temperantiam atque iustitiam, et ligna eius omnes utiles disciplinas et lignorum fructus mores piorum et lignum uitae ipsam bonorum omnium matrem sapientiam et lignum scientiae boni et mali transgressi mandati experimentum. Poenam enim peccatoribus bene utique, quoniam iuste, constituit Deus, sed non suo bono experitur homo. Possunt haec etiam in ecclesia intellegi, ut ea melius accipiamus tamquam prophetica indicia praecedentia futurorum; paradisum scilicet ipsam ecclesiam, sicut de illa legitur in cantico canticorum; quattuor autem paradisi flumina quattuor euangelia, ligna fructifera sanctos, fructus autem eorum opera eorum, lignum uitae sanctum sanctorum utique Christum, lignum scientiae boni et mali proprium uoluntatis arbitrium. Nec se ipso quippe homo diuina uoluntate contempta nisi perniciose uti potest atque ita discit, quid intersit, utrum inhaereat communi omnibus bono an proprio delectetur. Se quippe amans donatur sibi, ut inde timori-

---

[127] 교부는 알렉산드리아의 필로나 오리게네스의 영향으로 창세기 서장의 여러 부분을 우의적으로 해석하고 자구적 해석을 기피하는 학자들을 염두에 두고 있다(*De Genesi ad litteram* 8.1.1; *De Genesi contra Manichaeos* 2.2.3).

[128] 갈라 4,22-24 참조.

[129] 1고린 10,4.

[130] 필로의 해석(Philo, *Legum allegoriae* 1.14.43-61)을 예거하고 있다: Cf. Origenes, *De principiis* 4.3.1; Ambrosius, *De paradiso* 1.6 - 3.14.

[131] 아가 4,12-13 참조: "나의 누이, 나의 신부는 울타리 두른 동산이요 … 이 낙원에서는 석류 같은 맛있는 열매가 나고 …". 아우구스티누스는 창세기에서도 예형적 해석(typologia)을 많이 내놓는다.

[132] commune omnibus bonum: 12.1.2 각주 6과 12.9.2 각주 77 참조. 교부가 보는 공동선은 "하느님"인데 그것을 등지고 "자기의 선을 향유함"(bono proprio delectari)에 악의 발원이 있다.

낙원의 나무들과 과일나무들을 삶의 덕목과 행습을 가리키는 것으로 전의시켜 버리기도 한다.[127] 그들은 낙원에 있는 것들은 가시적이고 물체적인 것들이 아니라 표상적인 것들을 의미하려는 뜻에서 그렇게 서술되고 기록되었다고 해석한다. 그러니까 영적 낙원으로 이해될 수도 있다는 이유로 낙원은 지상적인 것일 수 없다고 말하는 셈이다. 따라서 하갈과 사라라는 두 여자가 존재했던 것이 아니다. 그들에게서 아브라함의 두 아들이 나왔고 하나는 여종에게서 났고 하나는 자유로운 여자에게서 났는데, 사도가 그들에게서 두 계약이 표상되었다고 했으므로[128] 결국 두 여자는 실존하지 않은 셈이다. 같은 이유로 모세가 바위를 쳐서 물이 나오게 한 일도 없어진다. 같은 사도가 "그 바위는 그리스도였습니다"[129]라고 말한 대로 거기서도 표상적 의미로 그리스도를 인식하는 일이 가능하기 때문이다. 낙원을 가리켜 지복에 이른 사람들의 삶으로 이해하지 말라는 법도 없고, 낙원에 있었다는 네 강을 네 덕목, 곧 현덕賢德, 용덕勇德, 절덕節德, 의덕義德으로 이해하지 말라는 법도 없으며, 낙원의 나무들이 유익한 학문들을 가리키고 나무의 열매들은 경건한 사람들의 행습을 가리키고 생명의 나무는 온갖 선의 모체인 지혜를 가리키고 선과 악을 알게 하는 나무는 계명을 어기는 실험을 가리킨다고 해석하지 말라는 법도 없다.[130] 물론 하느님은 죄인들에게 벌을 정해 두었고 그 조처는 정당한 것이었으므로 선했다. 단지 인간은 그 벌을 선한 무엇으로 겪지는 않는다. 이런 표상적 해석은 교회 안에서도 통용된다. 그것들을 미래 사건들에 선행하는 예언적 표징으로 받아들일 때 성서를 더 잘 이해하는 셈이기 때문이다. 다시 말해 아가에 나오는 것처럼 낙원을 교회로 이해하고,[131] 낙원의 네 강은 네 복음서를, 열매 맺는 나무들은 성인聖人들을, 그 나무의 열매들은 성인들의 행적을, 생명의 나무는 의당히 성인들의 성인인 그리스도를, 선과 악을 알게 하는 나무는 각자의 자유의지를 가리키는 것으로 이해할 수도 있다. 인간이 신적 의지를 경멸한 후에 자기 의지를 사용한다면 해롭게 사용할 수밖에 없고, 그리하여 모든 이에게 공통된 선[132]에 귀의할 것이냐 그렇지 않으면 자기 나름의 선에 애착할 것이냐가 어떻게 다른지를 배우게 된다. 누구든 자신을 사랑하는 사람은 자신에게 애착할 것이고, 그래서 두려움과 비탄으로 가득 차서 자신의

bus maeroribusque completus cantet in Psalmo, si tamen mala sua sentit: *Ad me ipsum turbata est anima mea*; correctusque iam dicat: *Fortitudinem meam ad te custodiam*. Haec et si qua alia commodius dici possunt de intellegendo spiritaliter paradiso nemine prohibente dicantur, dum tamen et illius historiae ueritas fidelissima rerum gestarum narratione commendata credatur.

22. Corpora ergo iustorum, quae in resurrectione futura sunt, neque ullo ligno indigebunt, quo fiat ut nullo morbo uel senectute inueterata moriantur, neque ullis aliis corporalibus alimentis, quibus esuriendi ac sitiendi qualiscumque molestia deuitetur; quoniam certo et omni modo inuiolabili munere inmortalitatis induentur, ut non nisi uelint, possibilitate, non necessitate uescantur. Quod angeli quoque uisibiliter et tractabiliter adparentes, non quia indigebant, sed quia uolebant et poterant, ut hominibus congruerent sui ministerii quadam humanitate, fecerunt (neque enim in phantasmate angelos edisse credendum est, quando eos homines hospitio susceperunt), quamuis utrum angeli essent ignorantibus simili nobis indigentia uesci uiderentur. Vnde est quod ait angelus in libro Tobiae: *Videbatis me manducare, sed uisu uestro uidebatis*; id est necessitate reficiendi corporis, sicut uos facitis, me cibum sumere putabatis. Sed si forte de angelis aliud credibilius disputari potest, certe fides Christiana de ipso Saluatore non dubitat, quod etiam post resurrectionem, iam quidem in spiritali carne, sed tamen uera, cibum ac potum cum discipulis sumpsit. Non enim potestas, sed egestas edendi ac bibendi talibus corporibus

---

[133] 시편 41,7 〔새번역 42,7: "제 영혼이 안에서 녹아내리며 … 당신을 생각하나이다."〕

[134] 시편 58,10. 〔새번역 59,10: "저의 힘이시여, 당신만을 바라오니."〕

[135] 아우구스티누스는 결국 우의(寓意)를 일체 거부하던 바실리우스의 창세기 주석(*Hexaemeron*)과, 오리게네스(*De principiis* 4.11)와 클레멘스(*Stromata* 5.9.556-557)를 따르는 암브로시우스의 우의적 주석 사이에서 중도적 입장을 취한다.

[136] 부활한 예수가 음식을 들었다는 설화(루가 24,41-43; 요한 21,9-14) 때문에 부연되는 설명이다.

[137] 창세 18,8; 토비 12,19 등에는 천사들이 음식을 먹는 설화가 나온다.

[138] 토비 12,19. 〔공동번역: "당신들은 내가 먹고 마시는 것을 보았지만 내가 정말 먹은 것은 아닙니다. 그저 그렇게 보였을 뿐입니다."〕

[139] 천사들이 천상에서도 음식을 먹고 "만나"가 그들의 평소 음식이라고 말하는 교부들이 없지 않았다(Iustinus, *Dialogus* 57.2; Clemens, *Paedagogus* 1.6.41; Tertullianus, *De carne Christi* 6). 천사들에게 신체, 적어도 영적 신체가 있느냐에 대해서는 아우구스티누스도 끝까지 단언을 내리지 않았다.

악을 느낀다면 시편에서처럼 "나 자신 안으로 들어오더니 나의 영혼이 혼겁했도다"[133]라고 노래하기에 이를 것이다. 그러나 그가 자신을 바로잡는다면 그때는 "나의 힘을 당신께 두리이다"[134]라고 말하리라. 낙원의 의미를 영적으로 해석하는 것을 아무도 말리지 않으므로 이런 식으로나 달리 더욱 편하게 말해도 좋을 것이다. 다만 낙원의 역사에 관한 지극히 충실한 진실성은 역사적 사건들을 들려주는 설화에 의해 담보된 것으로 믿도록 할 것이다.[135]

22. 부활한 성인들의 육체는 영적 육체가 되지만, 몸이 영으로 되는 것은 아니다

그러므로 부활에서 생겨날 의인들의 육체는 아무 나무도 필요하지 않을 것이다. 나무에서 열매를 먹으면 어떤 질병이나 쇠약해가는 노령으로도 안 죽는 그런 나무가 따로 필요하지 않을 것이다. 왜냐하면 그 육체는 확실하게 또 절대적으로 불가침한 불사불멸의 선물을 입을 것이며, 필요에 의해 음식을 취하는 일은 없고 다만 본인이 원하는 경우에는 음식을 취할 가능성이 남아있을 것이다.[136] 천사들도 눈에 보이고 손으로 만질 수 있게 나타나는 일이 있는데 그럴 필요가 있어서가 아니라 그들이 원하고 또 할 수 있기 때문에 그러는 것이며, 인간들에게 맞추기 위함이요 자신의 봉사직을 어떤 면에서 인간적으로 수행하기 위함이었다. (인간들이 천사들을 손님으로 환대했을 경우에도 천사들이 음식을 먹는 것처럼 착각했다고 믿을 것도 아니다.)[137] 그들이 천사들인지 몰라보는 사람들에게는 우리와 흡사한 필요에서 음식을 드는 것처럼 보이더라도. 그래서 토비트서에는 천사가 이렇게 말하는 것으로 나와 있다: "당신들은 내가 먹는 것을 보았지만 당신들이 보기에 그렇게 보았을 뿐입니다."[138] 다시 말해 당신들은 당신들이 하듯이 몸을 회복할 필요에서 내가 음식을 먹는 것처럼 여겼으리라는 뜻이다. 그러나 천사들에 대해 더 신빙성있게 다른 무엇을 논의할 수 있을지 모르겠지만,[139] 적어도 그리스도교 신앙은 구세주 본인에 대해서는 의심을 품지 않는다. 그분은 부활 이후에도, 즉 영적 몸이자 진짜인 몸속에 있으면서도 제자들과 더불어 음식과 음료를 들었던 것이다. 이런 육체에서는 먹고 마실 필요성이 사라지는 것이지 그럴 능력까지 사라지는 것은 아니다. 말하

auferetur. Vnde et spiritalia erunt, non quia corpora esse desistent, sed quia spiritu uiuificante subsistent.

23. Nam sicut ista, quae habent animam uiuentem, nondum spiritum uiuificantem, animalia dicuntur corpora, nec tamen animae sunt, sed corpora: ita illa spiritalia uocantur corpora; absit tamen ut spiritus ea credamus futura, sed corpora carnis habitura substantiam, sed nullam tarditatem corruptionemque carnalem spiritu uiuificante passura. Tunc iam non terrenus, sed caelestis homo erit; non quia corpus, quod de terra factum est, non ipsum erit; sed quia dono caelesti iam tale erit, ut etiam caelo incolendo non amissa natura, sed mutata qualitate conueniat. Primus autem homo de terra terrenus in animam uiuentem factus est, non in spiritum uiuificantem, quod ei post oboedientiae meritum seruabatur. Ideo corpus eius, quod cibo ac potu egebat, ne fame adficeretur ac siti, et non inmortalitate illa absoluta atque indissolubili, sed ligno uitae a mortis necessitate prohibebatur atque in iuuentutis flore tenebatur, non spiritale, sed animale fuisse non dubium est, nequaquam tamen moriturum, nisi in Dei praedicentis minantisque sententiam delinquendo conruisset et alimentis quidem etiam extra paradisum non negatis, a ligno tamen uitae prohibitus traditus esset tempori uetustatique finiendus, in ea dumtaxat uita, quam in corpore licet animali, donec spiritale oboedientiae merito fieret, posset in paradiso nisi peccasset habere perpetuam. Quapropter etiamsi mortem istam manifestam, qua fit animae a corpore separatio,

---

[140] 교부가 여기서 견지하려는 바는 부활한 인간의 전인성(全人性)이며(1고린 15,44-49 참조) 따라서 플라톤의 환생설(*Parmenides* 130e - 131e)과 다르다.

[141] corpus animale: "생물로서의 몸". 어원상으로는 anima(혼, 영혼 animalis "생물의", "동물의")에서 유래하는데 spiritalis("영적인" spiritus "영", "신령)와 대당되는 고로 "동물적인 몸"(우리말 성서는 "자연적인 몸"이라고 번역한다)보다는 "생물적인 몸"이라고 옮겨본다.

[142] anima vivens[생명 있는(= 살아있는) 혼]와 spiritus vivificans(생명을 주는 영)를 대조하므로 전자가 "생물적인 몸"을 이루듯 후자는 부활 후에 "영적인 몸"을 이룬다는 표현이다.

[143] corpora carnis habitura substantiam: corpus가 "물체"와 "육체"를 함의하기 때문에 "물체가 (생물적인) '육체'로서의 실체를 지니리라"는 뜻이 된다.

[144] terra(흙, 땅)에서 형용사 terrestris, terrenus(흙으로 된, 지상적)가 유래하므로 "천상적 인간"(caelestis homo) 등의 표현과 대조될 수 있다.

[145] primus autem *homo* de terra terrenus *in animam* viventem factus est, non *in spiritum* vivificantem: 1고린 15,47 참조: "첫 사람은 땅에서 나서 흙으로 빚어졌지만 둘째 사람(그리스도)은 하늘에서 났습니다."

자면 육체이기를 중단하기 때문에 영적 육체가 되는 것이 아니고 그것을 살리는 영에 의해 실존하기 때문에 그렇게 된다.[140]

23. 생물적 육체와 영적 육체에 대해 어떻게 이해할 것이며, 아담 안에서 죽지만 그리스도 안에서 살아날 사람들은 어떤 사람들인가
 23. 1. 천상적 신체와 지상적 신체가 어떻게 다른가
생명 있는 혼을 지닌 것이 아직 생명을 주는 영을 지니지 못해도 생물적인 몸[141]이라고 일컬어지는데, 그렇더라도 영혼이라고 하지 않고 신체라고 한다. 부활한 몸들이 영적 몸이라고 일컬어지는 것도 같은 이유에서다.[142] 그렇다고 육체가 영이 된다는 것이 아니라 신체가 육의 실체를 지닌다는 것이며[143] 그러면서도 생명을 주는 영 덕분에 아둔함이나 육적 부패를 전혀 겪지 않으리라는 뜻이다. 그러고 나면 인간은 지상적 인간이 아니라 천상적 인간이 될 것이다. 이것은 육체, 즉 흙에서 만들어진 육체가 더는 육체가 아니기 때문은 아니다.[144] 오로지 천상 선물에 힘입어 천상에 머물면서도 자연본성을 잃지 않은 채로 그 성질만 변하는 그런 육체가 되는 것이다. 최초의 인간은 땅에서 온 지상적 인간으로서 생명 있는 혼으로 창조되었지 생명을 주는 영으로 창조되지는 않았다.[145] 생명을 주는 영으로 창조되는 일은 최초의 인간이 순종을 하면 그 이후에 상급으로 주어지기로 유보되어 있었다. 따라서 그의 육체가 굶주림과 목마름으로 시달리지 않으려면 먹을 것과 마실 것이 필요했으며, 그러면서도 죽음의 필연으로부터 보호되고 청춘의 꽃다움을 간직하고 있었던 것은 절대적이고 해소되지 않는 불사불멸에 의해서가 아니라 생명의 나무 덕분이었다. 여하튼 그의 육체는 영적 육체가 아니라 생물적 육체였음에는 의심의 여지가 없다. 단 하느님이 예고하고 위협하는 말씀을 저버리면서 그 심판을 무릅쓰지 않았다면 죽지 않을 몸이었다. 어떻든 그의 육체는 낙원 밖에서도 양식을 거부당하지는 않았다. 다만 생명의 나무에서 먹는 것만은 금지된 채 생명 속에 있으면서 시간과 노쇠에 넘겨져 끝마쳐야 했다. 생명은 비록 생물적 육체에 깃들어 있었더라도, 만약 죄를 짓지 않았더라면 순종에 대한 상급으로 영적 육체가 되기까지는 낙원에서도 죽지 않고 영속할 수

intellegamus simul significatam in eo quod Deus dixerat: *Qua die ederitis ex illo, morte moriemini*: non ideo debet absurdum uideri, quia non eo prorsus die a corpore sunt soluti, quo cibum interdictum mortiferumque sumpserunt. Eo quippe die mutata in deterius uitiataque natura atque a ligno uitae separatione iustissima mortis in eis etiam corporalis necessitas facta est, cum qua nos necessitate nati sumus. Propter quod apostolus non ait: corpus quidem moriturum est propter peccatum; sed ait: *Corpus quidem mortuum est propter peccatum, spiritus autem uita est propter iustitiam*. Deinde subiunxit: *Si autem spiritus eius, qui suscitauit Christum a mortuis, habitat in uobis: qui suscitauit Christum a mortuis uiuificabit et mortalia corpora uestra per inhabitantem spiritum eius in uobis*. Tunc ergo erit corpus in spiritum uiuificantem, quod nunc est in animam uiuentem; et tamen mortuum dicit apostolus, quia iam moriendi necessitate constrictum est. Tunc autem ita erat in animam uiuentem, quamuis non in spiritum uiuificantem, ut tamen mortuum dici non recte posset, quia nisi perpetratione peccati necessitatem moriendi habere non posset. Cum uero Deus et dicendo: *Adam, ubi es?* mortem significauerit animae, quae facta est illo deserente, et dicendo: *Terra es et in terram ibis* mortem significauerit corporis, quae illi fit anima discedente: propterea de morte secunda nihil dixisse credendus est, quia occultam esse uoluit propter dispensationem testamenti noui, ubi secunda mors apertissime declaratur; ut prius ista mors prima, quae communis est omnibus, proderetur ex illo uenisse peccato, quod in uno commune factum est omnibus; mors uero secunda

---

[146] 창세 2,17.

[147] 로마 8,10. 〔200주년: "몸은 비록 죄로 말미암아 죽은 것이지만 영은 의로움에 이르는 생명입니다."〕 Cf. *De diversis quaestionibus 83*, 76.2.

[148] 로마 8,11.

[149] corpus in spiritum *vivificantem* ... in animam *viventem*: 교부에게 인간은 육(corpus), 혼(anima) 그리고 영(spiritus)으로 구성되어 있다(*De fide et symbolo* 10.23; 본서 19.4). 육체에 생명을 주는 혼(vivens)은 모든 생명체에 다 있지만 사유하는 능력(vivificans)은 영에 해당한다.

[150] 낙원에 있던 인간의 죽음의 성격은 다음을 참조: *De peccatorum meritis et remissione* 1.2.2 - 7.7.

[151] 창세 3,9; 3,19; 앞의 13.15 참조.

[152] 묵시 2,11; 21,8 참조.

있었다. 그러므로 우리는 하느님이 "거기에서 따 먹는 날, 너희는 죽음으로 죽으리라"[146]고 한 말씀에서 저 확실한 죽음, 육체로부터 영혼의 분리가 이루어지는 죽음을 인식하기에 이른다. 그런데 단지 금지만 된 것이 아니고 죽음까지 몰고 오는 음식을 먹은 바로 그날, 원조들이 당장 육체로부터 분리되지 않았다고 해서 이를 터무니없는 일이라고 보아서는 안 된다. 사실 바로 그날부터 그들의 본성이 더 나빠졌고 타락했으며, 또 극히 당연한 일이지만, 생명의 나무로부터 격리되었고 그들에게도 육체적 죽음의 필연이 생겨났으며 우리도 바로 그 필연을 안고 태어나게 되었다. 바로 그래서 사도도 "몸은 죄 때문에 죽을 것입니다"라고 말하지 않았다. 오히려 "몸은 비록 죄 때문에 죽은 몸이지만 영은 의로움 때문에 생명입니다"[147]라고 했던 것이다. 그리고 이렇게 덧붙였다: "예수를 죽은 이 가운데서 일으키신 분의 영이 여러분 안에 사신다면 그리스도를 죽은 이 가운데서 일으키신 분이 여러분 안에 사시는 당신 영을 통해 여러분의 죽은 몸도 살리실 것입니다."[148] 말하자면 지금은 생명 있는 혼 속에 깃들어 있는 육체가 그때는 생명을 주는 영 속으로 깃들 것이다.[149] 그런데도 사도가 그 육체를 죽은 몸이라고 하는 것은 이미 죽음의 필연에 속박되어 있기 때문이다. 실상 그때는 생명 있는 혼 속에 깃들어 있었고 아직 생명을 주는 영 속에 깃들어 있지는 않았지만 죽은 몸이라고 말하는 것은 온당하지 않았으니, 죄를 자행하지 않았더라면 죽어야 할 필연이 닥치지 않았을 것이기 때문이다.[150] 하지만 정작 하느님이 "아담아, 너 어디 있느냐?"라고 말씀할 때, 그것은 영혼의 죽음을 의미했고 그 죽음은 하느님이 떠나감으로써 생긴 것이었다. 또 "너는 흙이니 흙으로 돌아가리라"고 말씀할 때, 그것은 육체의 죽음을 가리켰고[151] 그 죽음은 그에게서 영혼이 떠나감으로써 생기는 것이었다. 그러므로 둘째 죽음에 대해서는 아무것도 말씀하지 않았다고 믿어야 하는데, 그것은 신약의 경륜 때문에 하느님이 그 죽음이 드러나지 않고 감추어져 있기를 원했기 때문이다. 둘째 죽음은 신약에서 명명백백하게 선언될 것이었다.[152] 그래야 첫째 죽음, 만인에게 공통된 그 죽음이 죄로부터 온 것임이 밝혀지고, 그 죄는 한 사람으로부터 비롯하여 만인에게 공통된 죄가 되었음이 밝혀질 것이었다. 그 대신 "하느님 결정대로 부르심을 받은

non utique communis est omnibus propter eos, *qui secundum propositum uocati sunt, quos* ante *praesciuit et praedestinauit*, sicut ait apostolus, *conformes imagines filii sui, ut sit ipse primogenitus in multis fratribus*, quos a secunda morte per Mediatorem Dei gratia liberauit.

In corpore ergo animali primum hominem factum sic apostolus loquitur. Volens enim ab spiritali, quod in resurrectione futurum est, hoc quod nunc est animale discernere: *Seminatur*, inquit, *in corruptione, surget in incorruptione; seminatur in contumelia, surget in gloria; seminatur in infirmitate, surget in uirtute; seminatur corpus animale, surget corpus spiritale*. Deinde ut hoc probaret: *Si est*, inquit, *corpus animale, est et spiritale*. Et ut quid esset animale corpus ostenderet: *Sic*, inquit, *et scriptum est: Factus est primus homo in animam uiuentem*. Isto igitur modo uoluit ostendere quid sit corpus animale, quamuis scriptura non dixerit de homine primo, qui est appellatus Adam, quando illi anima flatu Dei creata est: Et factus est homo in corpore animali; sed: *Factus est homo in animam uiuentem*. In eo ergo quod scriptum est: *Factus est primus homo in animam uiuentem*, uoluit apostolus intellegi corpus hominis animale. Spiritale autem quem ad modum intellegendum esset, ostendit addendo: *Nouissimus Adam in spiritum uiuificantem*, procul dubio Christum significans, qui iam ex mortuis ita resurrexit, ut mori deinceps omnino non possit. Denique sequitur et dicit: *Sed non primum quod spiritale est, sed quod animale, postea spiritale*. Vbi multo apertius declarauit se animale corpus insinuasse in eo quod scriptum est factum esse primum hominem in animam uiuentem, spiritale autem in eo quod ait: *Nouissimus Adam in spiritum uiuificantem*. Prius est enim animale corpus, quale habuit primus

---

[153] 로마 8,29.

[154] 1고린 15,42-44. 〔200주년: "썩을 것으로 묻히지만 썩지 않는 것으로 부활합니다. 천한 것으로 묻히지만 영광스러운 것으로, 약한 것으로 심어지지만 강한 것으로 부활합니다. 자연적인 몸으로 묻히지만 영적인 몸으로 부활합니다."〕

[155] 1고린 15,44.

[156] 1고린 15,45. anima vivens는 "살아있는 혼"이지만 spiritus vivificans ("살리는 영, 생명을 주는 영")와 대조하여 "생명 있는 혼"으로 번역해 본다. 〔200주년: "'첫 사람 아담은 자연적 생명체가 되었다' 고 성서에 쓰어 있습니다."〕

[157] 1고린 15,45.

[158] 1고린 15,46.

이들" 때문에 둘째 죽음은 만인에게 공통된 것은 아니었을 것이다. 사도가 말한 대로 "하느님은 미리 알아 두신 이들을 당신 아드님의 모습과 한 모양이 되도록, 그래서 이 아드님이 많은 형제 가운데 맏아들이 되도록"[153] 하느님의 은총이 중개자를 통해 그들을 둘째 죽음에서 구원했기 때문이다.

23. 2. 생물적인 몸과 영적인 몸에 대해 바울로는 어떻게 생각했는가

그러니까 사도가 하는 말은 최초의 사람은 생물적인 몸속에서 만들어졌다는 것이다. 그는 부활 때 이루어질 영적인 몸으로부터 지금 있는 이 생물적인 몸을 구분하고 싶었으므로 다음과 같은 말을 했다: "부패 속에서 씨 뿌려지지만 불후 속에서 일어납니다. 천대 속에서 씨 뿌려지지만 영광 속에서 일어납니다. 약함 속에 씨 뿌려지지만 강함 속에서 일어납니다. 생물적인 몸으로 씨 뿌려지지만 영적인 몸으로 일어납니다."[154] 그리고 이 말을 입증하려는 생각에서인지 곧이어 다음과 같은 말을 한다: "생물적인 몸이 있다면 영적인 몸도 있습니다."[155] 또 생물적인 몸이 어떤 것인지 보여주겠다는 듯이 이렇게 말한다: "성서에도 최초의 사람 아담은 생명 있는 혼이 되었다고 기록되어 있습니다."[156] 이런 식으로 사도는 생물적인 몸이 무엇인지 보여주고 싶어했다. 하느님의 입김으로 그에게 혼이 창조되었을 때 아담이라고 불린 최초의 사람이 나왔다. 그렇지만 성서는 아담이라고 불린 최초의 사람에 대해 "생물적인 몸속에 사람이 되었다"고는 말하지 않았다. 도리어 "최초의 사람은 생명 있는 혼이 되었다"고 했고 그렇게 기록된 글에서 사도는 그 문구가 인간의 생물적인 몸을 말하는 것으로 이해하고 싶었던 것이다. 영적인 몸으로 이해해야 하는 경우로 "마지막 아담은 생명을 주는 영이 되었습니다"[157]라는 말을 덧붙여 보여준다. 여기서는 의심없이 그리스도를, 죽은 이들 가운데서 부활하여 다시는 죽을 수 없는 분을 가리킨다. 끝으로, 뒤따라 이런 말을 한다: "그러나 영적인 것이 먼저가 아니라 생물적인 것이 먼저입니다. 영적인 것은 그다음입니다."[158] 이렇게 그는 최초의 사람이 생명 있는 혼이라고 말한 글에서는 생물적인 몸을 의중에 두었고, "마지막 아담은 생명을 주는 영이 되었습니다"라고 한 말에서는 영적인 몸을 의중에 두었음을 더 명확히 단언한 것이다. 따라서 최초의 사람인 아담이 지니고 있던 생물적인 몸이 먼저였

Adam, quamuis non moriturum, nisi peccasset; quale nunc habemus et nos, hactenus eius mutata uitiataque natura, quatenus in illo, postea quam peccauit, effectum est, unde haberet iam moriendi necessitatem (tale pro nobis etiam Christus primitus habere dignatus est, non quidem necessitate, sed potestate); postea uero spiritale, quale iam praecessit in Christo tamquam in capite nostro, secuturum est autem in membris eius ultima resurrectione mortuorum.

Adiungit deinde apostolus duorum istorum hominum euidentissimam differentiam dicens: *Primus homo de terra terrenus, secundus homo de caelo. Qualis terrenus, tales et terreni; qualis caelestis, tales et caelestes. Et quo modo induimus imaginem terreni, induamus et imaginem eius, qui de caelo est.* Hoc apostolus ita posuit, ut nunc quidem in nobis secundum sacramentum regenerationis fiat, sicut alibi dicit: *Quotquot in Christo baptizati estis, Christum induistis*; re autem ipsa tunc perficietur, cum et in nobis, quod est animale nascendo, spiritale factum fuerit resurgendo. Vt enim eius itidem uerbis utar: *Spe salui facti sumus.* Induimus autem imaginem terreni hominis propagatione praeuaricationis et mortis, quam nobis intulit generatio; sed induemus imaginem caelestis hominis gratia indulgentiae uitaeque perpetuae, quod nobis praestat regeneratio, non nisi per mediatorem Dei et hominum, hominem Christum Iesum; quem caelestem hominem uult intellegi, quia de caelo uenit, ut terrenae mortalitatis corpore uestiretur, quod caelesti inmortalitate uestiret. Caelestes uero ideo appellat et alios, quia fiunt per gratiam membra eius, ut cum illis sit unus Christus, uelut caput et corpus. Hoc in eadem epistula euidentius ita ponit:

---

[159] 교부는 생물로서의 몸(생명 있는 혼으로서의 인간)과 영적인 몸(생명을 주는 영으로서의 인간)을 구분한다. Cf. *De Genesi contra Manichaeos* 2.8.10: "우리는 먼저 생물적 인간을 다루게 된다. 우리 모두가 범죄 이후에 그로부터 태어났기 때문이다. 또 영적 아담 곧 우리 주 예수 그리스도를 얻기까지는 그렇게 태어난다."

[160] 1고린 15,48-49.

[161] 갈라 3,27.

[162] 로마 8,24. [200주년: "우리는 희망을 향해 구원받았습니다."]

[163] 영적인 몸으로의 변화는 형이상학적 차원의 "깨달음"으로 획득되는 무엇이 아니고 그리스도의 "역사적 행적"에 힘입어 구원받은 인간의 도덕적·종교적 노력과 종말론적 사건에서 실현된다.

다. 그 몸은 비록 그가 죄를 짓지 않았다면 죽지 않았을 몸이고 우리가 지금까지 지니고 있는 몸이기도 하다. 아담이 죄를 지은 다음에 아담 안에서 죽어야 할 필연성이 생기는 결과를 본 이상, 그 몸의 본성은 그만큼 변질되고 타락한 본성이다. (그리스도도 우리를 생각해서 바로 이런 몸을 지니기로 작정했는데 그것은 필연이 아니라 당신의 권능으로 한 일이었다.) 우리도 다음에는 영적인 몸을 지닐 터인데, 그 몸은 우리 머리인 그리스도에게서 선례가 있었던 몸이며 죽은 이들의 마지막 부활로 인해 그분의 지체들에게도 뒤따라올 몸이다.[159]

23.3. 지상적 인간과 천상적 인간

뒤이어 사도는 두 인간 사이의 아주 확연한 차이를 다음과 같은 말로 덧붙이고 있다: "첫째 사람은 땅에서 나서 지상적이지만 둘째 사람은 하늘에서 났습니다. 지상적인 사람이 이렇다면 지상적인 다른 사람들도 그럴 것이고 천상적인 그분이 이렇다면 천상적인 다른 사람들도 그럴 것입니다. 우리가 지상적인 그 사람의 모상을 입었듯이 장차는 하늘에서 오신 그분의 모상도 입을 것입니다."[160] 사도는 지금 우리에게 재생再生의 세례에 의거해서 그 일이 이루어지는 것으로 제시했다. 다른 데서도 이렇게 말한다: "그리스도 안에서 세례를 받은 여러분은 모두가 그리스도를 새 옷으로 입었습니다."[161] 이런 사실은 생물적인 몸으로 태어나 부활한 다음 영적인 몸이 되는 일이 우리에게서도 일어날 때에 실현된다. 같은 사도의 말을 인용하자면 "우리는 희망으로 구원을 받았기"[162] 때문이다. 우리는 범죄와 죽음의 유전으로 지상적 인간의 형상을 입었고 그 유전은 출생으로 우리에게 내려오는 것이다. 하지만 우리는 하느님의 관서와 영원한 생명의 은총 덕택에 천상적 인간의 형상을 입게 될 것인데, 그것은 재생再生이 우리에게 제공하는 것이며 하느님과 인간들 사이의 중개자, 인간 예수 그리스도를 통해 이루어진다.[163] 다만 사도가 바라는 바는 그분이 천상적 인간임을 깨달으라고, 그분이 지상적 사멸성을 띤 육체를 입으려고 하늘에서 왔는데, 이것은 결국 그 지상적 육체에 천상적 불멸성을 입혀주기 위한 것임을 우리가 깨달으라는 것이다. 사도가 다른 사람들도 천상적 인간이라고 일컫는다면, 그것은 은총을 통해 그분의 지체가 되기 때문이고 그래서 마치 머리와 몸처럼 그들과 더불어 한 분 그리

Per hominem mors, et per hominem resurrectio mortuorum. Sicut enim in Adam omnes moriuntur, sic et in Christo omnes uiuificabuntur; iam utique in corpore spiritali quod erit in spiritum uiuificantem; non quia omnes, qui in Adam moriuntur, membra erunt Christi (ex illis enim multo plures secunda in aeternum morte plectentur); sed ideo dictum est *omnes* atque *omnes*, quia, sicut nemo corpore animali nisi in Adam moritur, ita nemo corpore spiritali nisi in Christo uiuificatur. Proinde nequaquam putandum est nos in resurrectione tale corpus habituros, quale habuit homo primus ante peccatum; nec illud, quod dictum est: *Qualis terrenus, tales et terreni*, secundum id intellegendum, quod factum est admissione peccati. Non enim existimandum est eum prius, quam peccasset, spiritale corpus habuisse et peccati merito in animale mutatum. Vt enim hoc putetur, parum adtenduntur tanti uerba doctoris, qui ait: *Si est corpus animale, est et spiritale; sic et scriptum est: Factus est primus homo Adam in animam uiuentem.* Numquid hoc post peccatum factum est, cum sit ista hominis prima conditio, de qua beatissimus Paulus ad corpus animale monstrandum hoc testimonium legis adsumpsit?

24. Vnde et illud parum considerate quibusdam uisum est, in eo quod legitur: *Inspirauit Deus in faciem eius spiritum uitae, et factus est homo in*

---

[164] 1고린 15,21-22. 〔200주년: "한 사람을 통해 죽음이 왔으니 역시 한 사람을 통해 죽은 이들의 부활이 옵니다."〕

[165] quod erit *in spiritum* vivificantem: 육체에 영혼이 깃든다는 사고에 대해 정반대로 영적인 몸은 영에 의해 내포된다는 개념을 담은 문장이다.

[166] multo plures: 아우구스티누스에게서 예정설 특히 대다수 멸망설(massa damnationis)을 끄집어내는 전거처럼 인용되는 구절이다. 교부는 여기서 "아담 안에서 죽고 그리스도 안에서 살아나는" 사람들을 구원받는 사람들이라고 좁혀 해석하고 있다.

[167] Cf. *Epistula* 166.21; *De gratia Christi et de peccato originali* 24.28; *De Genesi ad litteram* 10.16.29.

[168] Cf. Origenes, *Contra Celsum* 4.40; Gregorius Nazianzenus, *Oratio* 38.12; Gregorius Nyssenus, *Oratio catechetica* 8.4.

[169] 1고린 15,44-45. 앞의 23.2에서 거듭 인용. 바울로의 글에 의하면 혼(anima)이 생명의 자연적 원리이지만 인간이 신적 생명으로 재생하는 순간 영(spiritus)이 혼의 역할을 마저 하고 그때부터 육(corpus)은 불사불멸하는 존재가 된다는 해석을 가능케 한다.

[170] 일부 그리스 교부들(Origenes, Gregorius Nyssenus)은 원조의 인간 육체는 "영기의 몸"(corpus aethereum)이었는데 타락하여 "육적인 몸"(corpus carnale), "동물과 같은 몸"(corpus animale)을 덧입었다("하느님께서는 가죽옷을 만들어 아담과 그의 아내에게 입혀 주셨다": 창세 3,21)는 해석을 내놓았다. 아우구스티누스는 "생물적인 몸"(corpus animale)은 애당초 혼(anima)이라는 생명원리로부터 왔고, 부패하고 사멸할 수밖에 없었다면 질료로부터 생물로서의 몸을 받았기 때문이라고 답변한다.

[171] 창세 2,7. 〔공동번역: "하느님께서 … 코에 입김을 불어넣으시니 사람이 되어 숨을 쉬었다."〕

스도가 되기 때문이다. 그는 동일한 서간에서 더 뚜렷하게 이 사실을 제시한다: "사람으로 말미암아 죽음이 왔으니 역시 사람으로 말미암아 죽은 자들의 부활도 이루어질 것입니다. 아담 안에서 모든 이가 죽듯이, 그와 마찬가지로 그리스도 안에서 모든 이가 살아나게 될 것입니다."[164] 물론 이것은 영적인 몸에서 이루어지는 일이며 그 몸은 생명을 주는 영으로서 존재하게 될 것이다.[165] 아담 안에서 죽는 사람들 모두가 그리스도의 지체가 되기 때문은 아니다. (그들 가운데 훨씬 더 많은 수가 영원히 둘째 죽음을 겪게 될 것이다.)[166] 여하튼 앞 문장에서 "모든 이"가 죽고 "모든 이"가 살아난다고 말했다. 그 이유는 아담 안에서가 아니면 아무도 생물적인 몸에서 죽는 일이 없고 그리스도 안에서가 아니면 아무도 영적인 몸에서 사는 일이 없을 것이기 때문이다.[167] 그러므로 우리가 부활해서 최초의 사람이 범죄 이전에 지녔던 그런 몸을 지니리라고 생각할 것은 결코 아니다. 또 "지상적인 사람이 이렇다면 지상적인 다른 사람들도 그럴 것이고"라는 첫머리의 구절에 대해 육체라는 것이 마치 죄를 저질러서 생겨난 것처럼 이해해야 하는 것도 아니다.[168] 또한 최초의 사람이 죄를 짓기 전에는 영적인 몸을 지녔고 죄의 값으로 생물적인 몸으로 변했다고 생각할 것도 아니다. 이렇게 잘못 생각하게 되는 이유는 위대한 박사의 다음 말씀을 더 주의깊게 살피지 않았기 때문이다: "생물적인 몸이 있다면 영적인 몸도 있습니다. 성서에도 최초의 사람 아담은 생명 있는 혼이 되었다고 기록되어 있습니다."[169] 그것이 저 사람의 원초적 조건이었는데도 범죄 이후에 그런 몸이 되었다는 주장이 말이 되는가? 지극히 복된 바울로가 저 원초적 조건에 관한 율법의 증언을 끌어다 댄 것은 생물적인 몸을 설명하기 위함이 아니던가?[170]

24. 첫 인간을 생명으로 만든 하느님의 입김과, 주님이 "성령을 받아라!" 하면서 제자들에게 불어넣은 입김을 어떤 의미로 이해할 것인가

24. 1. 첫 사람은 과연 어떤 인간이었을까

그런데 "하느님께서 그의 얼굴에 생명의 영을 불어넣으시니 그 사람이 생명 있는 혼이 되었다"[171]는 구절을 읽고 어떤 사람들은 깊이 숙고하지 않은 채로, 그

animam uiuentem, non tunc animam primo homini datam, sed eam, quae iam inerat, Spiritu sancto uiuificatam. Mouet enim eos, quod Dominus Iesus, postea quam resurrexit a mortuis, insufflauit dicens discipulis suis: *Accipite Spiritum sanctum*. Vnde tale aliquid factum existimant, quale tunc factum est, quasi et hic secutus euangelista dixerit: Et facti sunt in animam uiuentem. Quod quidem si dictum esset, hoc intellegeremus, quod animarum quaedam uita sit Spiritus Dei, sine quo animae rationales mortuae deputandae sunt, quamuis earum praesentia uiuere corpora uideantur. Sed non ita factum, quando est conditus homo, satis ipsa libri uerba testantur, quae ita se habent: *Et formauit Deus hominem puluerem de terra*. Quod quidam planius interpretandum putantes dixerunt: *Et finxit Deus hominem de limo terrae*, quoniam superius dictum fuerat: *Fons autem ascendebat de terra et inrigabat omnem faciem terrae*; ut ex hoc limus intellegendus uideretur, umore scilicet terraque concretus. Vbi enim hoc dictum est, continuo sequitur: *Et formauit Deus hominem puluerem de terra*, sicut Graeci codices habent, unde in Latinam linguam scriptura ipsa conuersa est. Siue autem *formauit* siue *finxit* quis dicere uoluerit, quod Graece dicitur ἔπλασεν, ad rem nihil interest; magis tamen proprie dicitur *finxit*. Sed ambiguitas uisa est deuitanda eis, qui *formauit* dicere maluerunt, eo quod in Latina lingua illud magis obtinuit consuetudo, ut hi dicantur fingere, qui aliquid mendacio simulante componunt. Hunc igitur formatum hominem de terrae puluere siue limo (erat enim puluis umec-

---

[172] 원래부터 "생명 있는 혼"(anima vivens)이었느냐, 성령으로 "생명을 받은 혼"(anima vivificata)이 되었느냐는 토론에서 교부는 창세기 이 구절에서 하느님이 성령을 주입시키는 것으로 이해하는 주석(예: Origenes, *De principiis* 1.3.6; Tertullianus, *De baptismo* 5)에 반대한다.

[173] 요한 20,22.

[174] 영혼의 창조에 대해 교부는 유보적 입장을 취했으며(*De libero arbitrio* 20.55 - 21.59), 영혼이 선재하다 잉태의 순간에 배급된다는 이론(예: Origenes, *De principiis* 1.2.10)도 알고 있었다.

[175] et formavit Deus hominem pulverem de terra: 창세 2,7. 〔공동번역: "하느님께서 진흙으로 사람을 빚어 만드셨다."〕

[176] et finxit Deus hominem de limo terrae: 조금 아래에 "빚다"(finxit), "형성하다"(formavit)의 차이를 논한다.

[177] 창세 2,6.

[178] 먼저 교부는 구약의 번역본들에 따른 pulverem de terra(흙에서 먼지를)와 de limo terrae〔땅(흙)의 진흙으로〕를 비교한다. 구약 칠십인역본은 "먼지"(xoun)라는 어휘를 쓴다.

[179] 히에로니무스의 수정본 불가타는 formavit을 썼고 칠십인역본으로 불리는 라틴어 번역본(아우구스티누스가 사용하고 있었다)은 finxit(fecit, plasmavit도 병용되었다)을 쓰고 있었다. 후자는 옹기장이(fictor)가 진흙 덩어리에서 형태를 빚어내는 작업에 쓰이던 일상어였다.

순간에 최초의 사람에게 혼이 주어진 것이 아니라 그에게 이미 내재하고 있던 혼이 성령에 의해 생명을 갖게 되었을 뿐이라고 해석한다.[172] 그 사람들은 주 예수가 죽은 이들 가운데서 부활한 다음 숨을 불어넣으면서 당신의 제자들에게 "성령을 받으시오!"[173]라고 말씀한 사실에 감동을 받은 것이다. 예수 부활의 시점에 이루어진 일을 창조의 그 시점에서 이루어진 것처럼 생각하는 것이므로, 그들의 말을 따른다면 복음사가는 "그리하여 사도들은 생명있는 혼으로 되었다"고 말한 셈이다. 만일 그렇게 말한 것이라면 우리는 하느님의 영이 곧 영혼들의 생명이라고 이해해야 한다. 또 하느님의 영이 없으면 이성혼들은 죽은 것으로 여겨야 한다. 실상은 그 혼들의 현존으로 육체들이 살아있는 것처럼 보이는데도.[174] 그러나 사람이 처음 창조되었을 때에 그렇게 만들어진 것은 아니라는 사실을 성서의 말씀이 제대로 증언하고 있으니, 이를테면 "또 하느님께서 흙에서 먼지를 사람으로 형성하셨다"[175]고 한 것이다. 혹자는 이 말씀을 더 분명하게 해석해야 한다는 뜻에서 "또 하느님께서 진흙에서 사람을 빚으셨다"[176]고 번역했다. 왜냐하면 바로 앞의 구절에서 "마침 땅에서 물이 솟아 온 땅을 적셨다"[177]고 했기 때문에 그것을 진흙이라고, 다시 말해 물기와 흙으로 갠 것을 진흙으로 이해해야 한다고 본 듯하다. 그런데 사실 이 말씀에 곧이어 뒤따르는 구절은, 그리스어 사본에 나오는 것처럼 "또 하느님께서 흙에서 먼지를 사람으로 형성하셨다"고 되어 있다. 성서는 그리스어에서 라틴어로 번역된 것이다.[178] 그리스어로 에플라센이라고 하는 말을 혹자가 "형성하셨다"로 이해하든 "빚으셨다"로 이해하든 사실 그 자체와는 전혀 상관이 없다.[179] "빚으셨다"라는 말이 더 적절하기는 하다. 단지 "형성하셨다"고 말하는 편이 더 낫다고 하는 사람들은 애매성을 피해야 한다는 뜻에서 그렇게 했을 것이다. 왜냐하면 라틴어에서는 단어의 용례로 미루어 무엇을 거짓말로 그럴듯하게 꾸며내는 사람들을 가리켜 "시늉하다"라고 하는 관습이 있기 때문이다.[180] 요컨대 내가 좀더 명료하게 말하고자 하는 바는 이것이다. 사도가 가르치는 것은, 땅의 먼지든

---

[180] fingere 동사는 전의(轉義)로 "시늉하다", "… 체하는 거짓" (fictio), 좋게는 "시적 창작"으로 확대된다.

tus) — hunc, inquam, ut expressius dicam, sicut scriptura locuta est, *puluerem de terra* animale corpus factum esse docet apostolus, cum animam accepit: «*Et factus est* iste *homo in animam uiuentem*», id est, formatus iste puluis factus est in animam uiuentem.

Iam, inquiunt, habebat animam, alioquin non appellaretur homo, quoniam homo non est corpus solum uel anima sola, sed qui et anima constat et corpore. Hoc quidem uerum est, quod non totus homo, sed pars melior hominis anima est; nec totus homo corpus, sed inferior hominis pars est; sed cum est utrumque coniunctum simul, habet hominis nomen; quod tamen et singula non amittunt, etiam cum de singulis loquimur. Quis enim dicere prohibetur cotidiani quadam lege sermonis: Homo ille defunctus est et nunc in requie est uel in poenis, cum de anima sola possit hoc dici, et: Illo aut illo loco homo ille sepultus est, cum hoc nisi de solo corpore non possit intellegi? An dicturi sunt sic loqui scripturam non solere diuinam? Immo uero illa ita nobis in hoc adtestatur, ut etiam cum duo ista coniuncta sunt et uiuit homo, tamen etiam singula hominis uocabulo appellet, animam scilicet interiorem hominem, corpus autem exteriorem hominem uocans, tamquam duo sint homines, cum simul utrumque sit homo unus. Sed intellegendum est, secundum quid dicatur homo ad imaginem Dei et homo terra atque iturus in terram. Illud enim secundum animam rationalem dicitur, qualem deus insufflando uel, si commodius dicitur, inspirando indidit homini, id est hominis corpori; hoc autem secundum corpus, qualem hominem Deus finxit ex puluere, cui data est anima, ut fieret corpus animale, id est homo in animam uiuentem.

---

[181] "지상적 존재"라고 해서 인간의 존엄성이 훼손되지 않음과 말씀의 육화를 옹호하는데 교부들이 중시하던 인간 개념이었다(예: Origenes, *Contra Celsum* 1.32). 아우구스티누스도 그의 저작에서 항상 이 개념을 채택하고 있다(예: *De moribus ecclesiae catholicae* 1.4.6).

[182] 앞절 말미에 "형체를 갖춘 그 먼지"(formatus iste pulvis)를 "사람"이라고 명명한 데서 나오는 이의에 대한 답변이다.

[183] 2고린 4,16 참조: "우리의 겉사람은 썩어 가고 있지만 속사람은 나날이 새로워집니다." Cf. *Contra Faustum Manichaeum* 24.2; *In Ioannis Evangelium tractatus* 86.1; *De diversis quaestionibus 83*, 51.1.

[184] 교부는 하느님이 입김을 불어넣는 행위에서 창조행위와 영혼의 존재 개시가 불가분하다는 학설을 염두에 두고 있다. Cf. Origenes, *De principiis* 1.2.9.

진흙(물기를 섞은 먼지니까)이든 거기서 형성된 사람, 바로 그 사람이, 성서가 말하는 대로 "흙에서 나온 먼지가" 영혼을 받아 생물적 육체가 되었다는 것이다. 바로 그 사람이 "생명 있는 혼이 되었다". 다시 말해, 형체를 갖춘 그 먼지가 생명 있는 혼이 되었다는 말이다.

24.2. 어떻게 인간이 영혼 혹은 육체가 되는가

그러면 혹자는 이렇게 말한다: 최초의 사람은 이미 영혼을 갖고 있었다. 그렇지 않다면 사람이라고 부를 수 없을 테니까. 즉, 사람은 육체만도 아니고 영혼만도 아니고 영혼과 육체로 구성된 존재니까 그렇다는 것이다.[181] 영혼이 인간 전체는 아니며 단지 인간의 더 나은 부분이고, 또 육체가 인간 전체는 아니며 단지 인간의 더 낮은 부분이라는 이 말은 진실이다. 그러므로 양자가 동시에 결합되었을 때 인간의 이름을 갖게 된다. 그렇지만 우리가 각각의 요소에 대해 따로 설명하더라도 그때문에 각각의 요소가 배제되는 것은 아니다. 일상 언어의 용법에 따라 "저 사람은 사망했으며 지금은 안식중에 있다(혹은 죄벌중에 있다)"라고 말할 때, 이미 죽은 후이므로 실상 영혼에 대해서만 안식이나 죄벌 중에 있다는 말을 할 수 있는데도, 이런 어법을 누가 말리겠는가? 그리고 "이곳(혹은 그곳)에 그 사람이 묻혀 있다"고 말할 때 육체에 대해서가 아니면 이해할 수 없는 말인데도 이런 어법을 누가 말리겠는가?[182] 그러면 신적 성서는 일상적으로 이런 식의 말을 쓰지 않는다고 대꾸할 셈인가? 도리어 성서가 우리의 어법을 입증해 주지 않던가? 두 가지가 한데 결합하여 사람으로 살고 있는데도 각각의 요소를 인간이라 부르게 되는데, 예컨대 영혼을 내적 인간이라 하고 육체를 외적 인간이라고 불러 양자가 동시에 한 인간임에도 마치 인간 둘이 있는 것처럼 얘기한다.[183] 그러면 무엇에 근거하여 사람을 하느님의 모상이라고 하고, 또 사람은 흙이니 흙으로 돌아가리라고 하는지 이해해야 한다. 전자는 이성혼에 근거해서 하는 말인데 하느님이 이성혼을 넣어주어, 더 간단히 말하면 인간에게 불어넣어, 인간의 육체에 들여보냈다. 후자는 육체에 근거해서 하는 말인데 하느님이 먼지에서 사람을 빚어 만들었고 거기에 영혼을 불어넣어 생물적 몸이 되게, 다시 말해 생명 있는 영혼으로서 사람이 되게 했다.[184]

Quapropter in eo, quod Dominus fecit, quando insufflauit dicens: *Accipite Spiritum sanctum*, nimirum hoc intellegi uoluit, quod Spiritus sanctus non tantum sit Patris, uerum etiam ipsius Vnigeniti Spiritus. Idem ipse quippe Spiritus et Patris et Filii, cum quo est trinitas Pater et Filius et Spiritus sanctus, non creatura, sed Creator. Neque enim flatus ille corporeus de carnis ore procedens substantia erat Spiritus sancti atque natura, sed potius significatio, qua intellegeremus, ut dixi, Spiritum sanctum Patri esse Filioque communem, quia non sunt eis singulis singuli, sed unus amborum est. Semper autem iste Spiritus in scripturis sanctis Graeco uocabulo πνεῦμα dicitur, sicut eum et hoc loco Iesus appellauit, quando eum corporalis sui oris flatu significans discipulis dedit; et locis omnibus diuinorum eloquiorum non mihi aliter umquam nuncupatus occurrit. Hic uero, ubi legitur: *Et finxit Deus hominem puluerem de terra et insufflauit* siue *inspirauit in faciem eius spiritum uitae*, non ait Graecus πνεῦμα, quod solet dici Spiritus sanctus, sed πνοήν, quod nomen in creatura quam in Creatore frequentius legitur; unde nonnulli etiam Latini propter differentiam hoc uocabulum non spiritum, sed flatum appellare maluerunt. Hoc enim est in Graeco etiam illo loco apud Esaiam, ubi Deus dicit: *Omnem flatum ego feci*, omnem animam sine dubitatione significans. Quod itaque Graece πνοή dicitur, nostri aliquando flatum, aliquando spiritum, aliquando inspirationem uel aspirationem, quando etiam Dei dicitur, interpretati sunt; πνεῦμα uero numquam nisi spiritum, siue hominis (de quo ait apos-

---

[185] 13.24.1 참조.

[186] Patri esse Filioque communem: "실체를 함께함"(consubstantialem)이라는 전통적 신학용어를 연상시킨다. 입김을 내쉬는 예수의 행동이 성령강림을 예고하는 상징(significatio)이라면 창조 때 하느님의 입김도 오리게네스처럼 해석할 여지가 없어진다.

[187] non sunt eis singulis singuli, sed unus amborum est: 성령의 존재론적 위상에 관한 아우구스티누스의 규정이다.

[188] 아우구스티누스는 히브리어 성서를 다룰 수 없었으므로 칠십인역본을 사용하여 πνεῦμα(영)와 πνοή(숨결)를 구분한다.

[189] spiritus("입김" → "영")는 이미 그리스어를 거쳐 우주 원리들(νοῦς, ψυχή, πνεῦμα) 가운데 하나로 정립되었으나 flatus는 단순히 "숨"이었다.

[190] 이사 57,16. 〔공동번역: "사람은 나에게서 … 생명의 숨결을 받는다."〕

[191] 신약에 나오는 πνοή는 불가타본에서 flatus〔"숨" 혹은 "입김": 요한 20,22: "숨을 불어넣어 주시며"(insufflavit) …〕로도, spiritus("바람": 사도 2,2: "갑자기 하늘에서 세찬 바람이 부는 듯한 소리가 나더니")로도, inspiratio("호흡": 사도 17,25: "그분이 모든 이에게 생명과 호흡과 모든 것을 주십니다")로도 번역된다.

24. 3. 영은 무엇을 가리키는가

주님이 행한 일, 곧 사도들에게 숨을 불어넣으면서 "성령을 받으시오"라고 한 말씀에서 분명 주님이 원한 것은, 성령은 단지 아버지의 영만이 아니라 또한 외아들의 영이기도 하다는 사실을 알리는 것이었다. 바로 그 영이 아버지의 영이요 아들의 영이며, 그분과 더불어 아버지와 아들이 삼위일체이며, 따라서 성령은 피조물이 아니라 창조주이다. 또 그리스도의 육의 입에서 나오는 신체적 입김은 성령의 실체도 아니고 본성도 아니며, 오히려 하나의 상징이다. 내가 방금 말한 대로,[185] 그 상징에 의해 우리는 성령이 아버지와 아들에게 공동의 존재임을[186] 깨닫게 된다. 성령이 아버지와 아들 각자에게 각각 있는 것이 아니라 한 분으로서 양편의 성령인 것이다.[187] 바로 그 영을 성서에서는 그리스어로 프네우마라고 한다. 성서의 이 대목에서 예수가 일컬은 그대로다. 그분은 당신 신체의 입에서 나오는 기운으로 성령을 상징하면서 제자들에게 성령을 주었다. 그리고 내가 보기에는 신적 말씀을 담은 모든 대목에서도 그를 달리 호칭하는 사례를 만나지 못한다. 그런데 이 대목, 즉 "또 하느님께서 흙에서 먼지를 사람으로 빚으시고 그의 얼굴에 생명의 영을 넣어주셨다 (또는) 불어넣으셨다"는 구절에서는 통상적으로 성령을 호칭하는 그리스어 프네우마라고 하지 않고 프노에라고 한다. 이 명사는 창조주보다는 피조물에게 더 자주 쓰인다.[188] 이 차이점 때문에 어떤 라틴 학자들은 이 단어를 스피리투스보다 플라투스라고 부르는 편이 낫다고 생각했다.[189] 이 단어는 이사야서의 그리스어본에서 하느님이 "모든 숨은 내가 만들었다"[190]라고 말씀하는 대목에서도 모든 영혼을 가리킴에 의심의 여지가 없다. 그리스어로 프노에라고 하는 것을 우리 학자들은 때로 플라투스라고 하는가 하면 때로 스피리투스라고도 하고,[191] 하느님의 숨결을 이야기할 적에도 때로는 인스피라시오로, 때로는 아스피라시오로 해석한다.[192] 그런데 프네우마는 스피리투스 외에 달리 번역되는 일이 없다. 사람의 것이든 (이에

---

[192] inspiratio(들숨), aspiratio(날숨): 성서의 이 구절을 "어떤 사본들은 '숨을 내쉬다'(spiravit), 또는 '숨을 불어넣다'(inspiravit)라고 한다. 그리스인들이 ἐνεφύσησεν이라고 하므로 '불다'(flavit) 또는 '불어넣다'(inflavit)라고 말해야 함이 틀림없다"(*De Genesi ad litteram* 7.1.2).

tolus: *Quis enim scit hominum quae sunt hominis, nisi spiritus hominis qui in ipso est?*) siue pecoris (sicut in Salomonis libro scriptum est: *Quis scit si spiritus hominis ascendat susum in caelum et spiritus pecoris descendat deorsum in terram?*) siue istum corporeum, qui etiam uentus dicitur, (nam eius hoc nomen est, ubi in Psalmo canitur: *Ignis grando, nix glacies, spiritus tempestatis*) siue iam non creatum, sed Creatorem, sicut est de quo dicit Dominus in euangelio: *Accipite Spiritum sanctum*, eum corporei sui oris flatu significans, et ubi ait: *Ite, baptizate omnes gentes in nomine Patris et Filii et Spiritus sancti*, ubi ipsa trinitas excellentissime et euidentissime commendata est, et ubi legitur: *Deus spiritus est*, et aliis plurimis sacrarum litterarum locis. In his quippe omnibus testimoniis scripturarum, quantum ad Graecos adtinet, non πνοήν uidemus scriptum esse, sed πνεῦμα; quantum autem ad Latinos, non flatum, sed spiritum. Quapropter in eo, quod scriptum est: *Inspirauit*, uel si magis proprie dicendum est: *Insufflauit in faciem eius spiritum uitae*, si Graecus non πνοήν, sicut ibi legitur, sed πνεῦμα posuisset, nec sic esset consequens, ut Creatorem Spiritum, qui proprie dicitur in trinitate spiritus sanctus, intellegere cogeremur; quando quidem πνεῦμα, ut dictum est, non solum de Creatore, sed etiam de Creatura dici solere manifestum est.

Sed cum dixisset, inquiunt, *spiritum*, non adderet *uitae*, nisi illum sanctum Spiritum uellet intellegi; et cum dixisset: *Factus est homo in animam*, non adderet *uiuentem*, nisi animae uitam significaret, quae illi diuinitus inpertitur dono Spiritus Dei. Cum enim uiuat anima, inquiunt, proprio suae uitae modo, quid opus erat addere *uiuentem*, nisi ut ea uita intellegeretur,

---

[193] 1고린 2,11.

[194] 전도 3,21.

[195] 시편 148,8.

[196] "그 사람의 영"(spiritus hominis), "짐승의 숨"(spiritus pecoris), "거센 바람"(spiritus tempestatis), 그리고 "성령"(Spiritus Sanctus)으로 번역되지만 라틴어상으로는 "영", "숨", "바람", "성령"의 구분이 없이 spiritus로만 나온다.

[197] 마태 28,19.

[198] 요한 4,24.

[199] 창세 2,7. Cf. *De Genesi ad litteram* 7.1.2: "성서 사본들은 spiravit, inspiravit이라고 하지 않는다. 그리스어에 따라 flavit, insufflavit이라고 해야 하리라."

[200] spiritus vitae(생명의 영)와 anima vivens(생명 있는 혼)를 구분한 의도를 추측하는 말이다.

관해서는 사도가 하는 말이 있다: "사람 속에 있는 그의 영이 아니고서야 사람들 가운데 누가 그 사람의 생각을 알겠습니까?"),[193] 짐승의 것이든 (솔로몬의 책에 이렇게 기록되어 있다: "사람의 숨은 위로, 하늘로 올라가고 짐승의 숨은 땅 속으로 내려간다고 누가 장담하랴!"),[194] 바람이라고도 말하는 물체적인 것이든 (이 명사가 나오는 것은 시편에서 다음과 같이 노래할 때다: "불이며 우박, 눈이며 안개, 그분 말씀을 수행하는 거센 바람아"),[195] 심지어 피조물이 아닌 창조자이든 마찬가지다.[196] 창조주의 경우는 주님이 복음서에서 당신 육신의 입의 숨결로 성령을 상징하면서 "성령을 받으시오"라고 말씀하는 경우가 있다. 또 "그대들은 가서 모든 민족을 제자로 삼아, 아버지와 아들과 성령의 이름으로 세례를 베푸시오"[197]라고 말씀하는 경우가 있는데, 이 말씀으로 삼위일체가 아주 탁월하고 아주 명확하게 표명되었다. 또 "하느님은 영이십니다"[198]라고 말씀하는 경우나 그밖의 성서의 무수한 대목에서 그렇게 나온다. 성서의 이 모든 증거로 미루어 그리스인들에게 해당되는 한, 프노에라고 쓰이지 않고 프네우마라고 쓰여 있음을 보며, 라틴인들에게도 플라투스라 하지 않고 스피리투스라 한다는 것을 알게 된다. 그러므로 하느님께서 "그의 얼굴에 생명의 영을 불어 넣으셨다."[199] 또는 더 적절한 어법을 써서 "넣어 주셨다"는 말이 기록되어 있을 경우, 지금 읽듯이 프노에라 하지 않고 설령 프네우마라 한다 해도 이때문에 굳이 창조주인 영, 정확히 말해 삼위일체 안에 있는 성령으로 이해하도록 강제한다는 결론은 나오지 않는다. 물론 프네우마라는 단어는, 이미 말한 대로, 창조주에게만 통용되지 않고 피조물에 대해서도 통용되는 것이 상례다.

24.4. 생명의 영과 생명 있는 혼이란 무엇인가

그렇지만 저 사람들은 성서에서 스피리투스라 했을 때, 그것을 성령으로 이해하기를 바라지 않았다면 구태여 비테라는 말을 첨부하지 않았으리라는 주장을 내놓는다. 마찬가지로 "그리하여 사람은 혼이 되었다"라고 했을 때에도 영혼의 생명을 의미하려고 하지 않았다면, 즉 하느님의 영의 선물로서 생명이 신적으로 그 혼에 베풀어진다는 뜻이 아니었다면, 비벤스라는 말을 덧붙이지 않았으리라는 것이다.[200] 그들의 말에 따르면, 혼이 살아있고 곧 자체 생명의 고유한 방식으로 살

quae illi per sanctum Spiritum datur? Hoc quid est aliud nisi diligenter pro humana suspicione contendere et scripturas sanctas neglegenter adtendere? Quid enim magnum erat non ire longius, sed in eodem ipso libro paulo superius legere: *Producat terra animam uiuentem*, quando animalia terrestria cuncta creata sunt? Deinde aliquantis interpositis, in eodem tamen ipso libro quid magnum erat aduertere quod scriptum est: *Et omnia, quae habent spiritum uitae, et omnis, qui erat super aridam, mortuus est*, cum insinuaret omnia quae uiuebant in terra perisse diluuio? Si ergo et animam uiuentem et spiritum uitae etiam in pecoribus inuenimus, sicut loqui diuina scriptura consueuit, et cum hoc quoque loco, ubi legitur: *Omnia quae habent spiritum uitae*, non Graecus πνεῦμα, sed πνοήν dixerit: cur non dicimus: Quid opus erat ut adderet *uiuentem*, cum anima nisi uiuat esse non possit? Aut quid opus erat ut adderet *uitae*, cum dixisset *spiritum*? Sed intellegimus *animam uiuentem* et *spiritum uitae* scripturam suo more dixisse, cum animalia, id est animata corpora, uellet intellegi, quibus inesset per animam perspicuus iste etiam corporis sensus. In hominis autem conditione obliuiscimur, quem ad modum loqui scriptura consueuerit, cum suo prorsus more locuta sit, quo insinuaret hominem etiam rationali anima accepta, quam non sicut aliarum carnium aquis et terra producentibus, sed Deo flante creatam uoluit intellegi, sic tamen factum, ut in corpore animali, quod fit anima in eo uiuente, sicut illa animalia uiueret, de quibus dixit: *Producat terra animam uiuentem*, et quae itidem dixit habuisse in se spiritum uitae; ubi etiam in Graeco non dixit πνεῦμα, sed πνοήν, non utique Spiritum sanctum, sed eorum animam tali exprimens nomine.

---

[201] *diligenter* pro humana suspicione *contendere* et Scripturas sanctas *neglegenter attendere*: 앞운을 아름답게 구사하고 있다. 성령의 발출을 창조행위와 직결시키면서, 하느님의 창조행위는 선재하고 있던 이성적 영혼과 새로 빚은 물체적 육신을 결합(societas vel propinquitas)시키는 것이었다는 오리게네스의 주장(*De principiis* 2.2.1-2)을 반박하고 있다.

[202] 창세 1,24.

[203] 창세 7,22.

[204] 적어도 spiritus에 vitae를 첨가한 것은 하느님의 영(성령)을 가리키는 어법이라는 주장에 대해, 짐승을 가리켜서도 anima vivens, spiritus vitae를 혼용하는 전거를 들어 반박한다.

[205] animalia, id est animata corpora: 우리가 corpus spiritale(영적인 몸)에 대당시켜 corpus animale를 굳이 "생물적인 몸"이라고 번역한 사실을 뒷받침해 준다.

[206] 첫 사람의 영혼은 하느님에 의해 창조되었지 육체로부터 발생한 것이 아니다. 단 후손들의 영혼들이 그 첫째 영혼으로부터 유전되는지(traductionismus spiritalis) 직접 창조되는지(creationismus)는 아우구스티누스도 분명한 입장을 취하지 못했다.

아니라면, 무엇 때문에 굳이 비벤스라는 말을 덧붙일 필요가 있었겠는가? 이것은 성령을 통해 혼에 주어지는 그 생명으로 이해하라는 것이 아니겠느냐는 것이다. 하지만 이것은 인간적 추측에 대해서는 용의주도하게 주장을 펴는 대신 성스러운 책에 대해서는 주의를 소홀히한 것이 아니고 무엇인가?[201] 멀리 갈 것도 없이 똑같은 그 책 바로 조금 위에서 온갖 지상 동물이 창조되던 때에 "땅은 생명 있는 혼을 내어라!"[202]고 한 말씀을 읽는 데 무슨 대단한 노력이 든다는 말인가? 그다음 얼마쯤 띄우고서 똑같은 그 책에서 "생명의 영을 가지고 있던 모든 것이, 마른 땅 위에 있던 모든 것이 다 죽고 말았다"[203]라고 기록된 구절을 주의깊게 살피는 데 무슨 대단한 노력이 든다는 말인가? 그러므로 만일 짐승들에게서도 생명 있는 혼과 생명의 영을 발견한다고 하자. 성서가 항상 말하듯이, 바로 여기서도 "생명의 영을 가지고 있던 모든 것"이라는 구절에 그리스 말로 프네우마가 아니고 프노에가 나온다고 하자. 그렇다면 우리는 왜 다음과 같이 반문하지 않는가? 혼이라는 것은 살아있지 않는 한 존재할 수 없는데, 비벤스라는 단어를 굳이 덧붙일 필요가 무엇인가? 또 스피리투스를 언급할 때 비테라는 단어를 굳이 덧붙일 필요가 무엇인가?[204] 하지만 우리가 이해하기로 성서는 그 나름의 어법으로 "생명 있는 혼"이니 "생명의 영"이니 하고 말하면서 동물들 곧 혼 있는 신체들[205]로 이해하기를 바란다. 동물들에게는 다름아닌 혼을 통해 육체의 뛰어난 감각이 생긴다. 그러면서도 인간의 창조에 있어서 성서가 관례상으로 어떤 어법을 구사하는지를 우리는 잊고 있는 듯하다. 인간에게 이성혼이 주어졌는데 그 이성혼은 다른 육신들의 혼처럼 물과 흙으로 생산해낸 것이 아니라 오직 하느님의 숨결로 만들어졌음을 알기 바란다고 성서는 넌지시 일러준다.[206] 그렇지만 인간은 다른 동물들과 마찬가지로 생물적인 몸속에서 살게 되어 있고, 그 몸은 그 속에 영혼이 살아있음으로 해서 생물적인 몸이 되었음을 알려 준다. 다른 동물들에 대해 하느님은 "땅은 생명 있는 혼을 내어라!"는 말씀을 했고, 그것들이 자체 안에 생명의 영을 지니고 있었다는 말씀도 했다. 바로 그래서 생명의 영을 그리스어로 프네우마라고 하지 않고 프노에라고 했다. 따라서 그런 명사로 성령을 가리키는 것이 아님이 분명하고, 그것은 생물들의 혼을 가리킨다.

Sed enim Dei flatus, inquiunt, Dei ore exisse intellegitur, quem si animam crediderimus, consequens erit, ut eiusdem fateamur esse substantiae paremque illius sapientiae, quae dicit: *Ego ex ore Altissimi prodii.* Non quidem dixit sapientia ore Dei efflatam se fuisse, sed ex eius ore prodisse. Sicut autem nos possumus non de nostra natura, qua homines sumus, sed de isto aere circumfuso, quem spirando ac respirando ducimus ac reddimus, flatum facere cum sufflamus: ita omnipotens Deus non de sua natura neque subiacenti creatura, sed etiam de nihilo potuit facere flatum, quem corpori hominis inserendo inspirasse uel insufflasse conuenientissime dictus est, incorporeus incorporeum, sed inmutabilis mutabilem, quia non creatus creatum. Verum tamen ut sciant isti, qui de scripturis loqui uolunt et scripturarum locutiones non aduertunt, non hoc solum dici exire ex ore Dei, quod est aequalis eiusdemque naturae, audiant uel legant quod Deo dicente scriptum est: *Quoniam tepidus es et neque calidus neque frigidus, incipiam te reicere ex ore meo.*

Nulla itaque causa est, cur apertissime loquenti resistamus apostolo, ubi ab spiritali corpore corpus animale discernens, id est ab illo in quo futuri sumus hoc in quo nunc sumus, ait: *Seminatur corpus animale, surget corpus spiritale; si est corpus animale, est et spiritale; sic et scriptum est:*

---

[207] 집회 24,3.

[208] *non de natura sua ... sed de nihilo* facere flatum: 진흙으로 빚어진 육체에 불어넣은 하느님의 숨결, 곧 인간의 "혼"은 신격(神格)을 갖춘 무엇("지혜인 성자"나 "성령")이 아니고 무로부터 창조된 피조물이다.

[209] 영원한 지혜가 하느님의 입에서 튀어나왔지(prodire), 내쉬어진(efflari) 것이 아니라는 점에서, 하느님의 입에서 나왔다고 해서 최초의 사람의 영혼이 신적인 본성을 띠었으리라는 가설을 교부는 받아들이지 않는다. Cf. *De Genesi ad litteram* 7.1-4.

[210] 창세기의 "하느님의 숨결"을 성령의 주입으로 해석하는 오리게네스(*De principiis* 1.3.7-8)와 반대 입장이다(앞의 각주 201 참조).

[211] 묵시 3,16. 하느님의 입에서 나오더라도(reicere) 신적인 것이 아닐 수 있음을 방증하는 인용이다.

24. 5. 하느님이 생명을 불어넣으시는 그 숨결이 곧 하느님은 아니다

그래도 그들은 하느님의 숨결은 하느님의 입에서 나온 것으로 이해한다고 말한다. 그 숨결을 혼이라고 믿는다면, 그 영혼은 "나는 지존하신 분의 입에서 나왔노라"[207]라고 하는 바로 그 지혜와 동일한 실체를 띠고 따라서 그 지혜와 동등해진다는 결론이 나온다. 하지만 그 지혜는 자기가 하느님의 입에서 내쉬어졌다고 말하지 않고 그분의 입에서 나왔다고 했다. 우리가 숨을 내쉬고 들이쉴 때는 우리 주변에 흩어져 있는 공기를 들였다 내놓았다 하는 것이지, 우리 본성, 즉 우리가 인간이 되는 본성으로부터 무엇을 내놓는 것이 아니다. 우리는 숨을 내쉴 때에 숨결을 만들어낸다. 마찬가지로 전능한 하느님도 당신의 본성에서 무엇을 내놓는 것이 아니며 당신의 수하에 있는 어떤 피조물로부터 내놓는 것도 아니다. 그분은 무無에서도 숨결을 만들어낼 수 있었던 것이다.[208] 그 숨결을 인간의 몸에 넣어줌으로써 숨결을 불어넣었다거나 숨결을 내쉬었다는 말을 하고 그게 아주 적절한 표현이기도 했다. 신체가 없는 분이 신체 없는 숨결을 내쉬었는데 그러면서도 불변적인 분이 가변적인 숨결을 내쉬었으니, 이것은 창조되지 않은 분이 창조된 숨결을 내쉬었기 때문이다.[209] 여하튼 저 사람들도 성서를 근거로 토론을 하고 싶고 성서의 말씀을 배척할 생각이 없는 이상, 이 점을 염두에 두어야 할 것이다.[210] 무엇이 하느님의 입에서 나온다고 할 때 그것은 하느님과 동등하고 동일한 본성을 띠게 되지만, 반드시 거기에 국한되지 않고 하느님이 말씀한 것으로 기록된 구절도 듣거나 읽었으면 좋겠다: "이렇게 미지근하여 뜨겁지도 차지도 않으니 나는 너를 입에서 뱉어내련다."[211]

24. 6. 천상에서 내려온 둘째 인간

그러므로 우리는 사도가 다음 구절에서 영적인 몸으로부터 생물적인 몸을 구별한 것에 대해 그 의미가 아주 분명한 만큼 사도의 말에 굳이 반대할 이유가 전혀 없다. 전자는 우리가 장차 그 속에서 존재하게 될 몸이요 후자는 우리가 지금 그 속에서 존재하고 있는 몸이다. 사도는 이렇게 말한다: "생물적인 몸으로써 뿌려지지만 영적인 몸으로 일어납니다. 생물적인 몸이 있다면 영적인 몸도

Factus est primus homo Adam in animam uiuentem, nouissimus Adam in spiritum uiuificantem. Sed non primum quod spiritale est, sed quod animale, postea spiritale. Primus homo de terra terrenus, secundus homo de caelo. Qualis terrenus, tales et terreni, et qualis caelestis, tales et caelestes. Et quo modo induimus imaginem terreni, induamus et imaginem eius qui de caelo est. De quibus omnibus apostolicis uerbis superius locuti sumus. Corpus igitur animale, in quo primum hominem Adam factum esse dicit apostolus, sic erat factum, non ut mori omnino non posset, sed ut non moreretur, nisi homo peccasset. Nam illud, quod spiritu uiuificante spiritale erit et inmortale, mori omnino non poterit, sicut anima creata est inmortalis, quae licet peccato mortua perhibeatur carens quadam uita sua, hoc est dei Spiritu, quo etiam sapienter et beate uiuere poterat, tamen propria quadam, licet misera, uita sua non desinit uiuere, quia inmortalis est creata; sicut etiam desertores angeli, licet secundum quendam modum mortui sint peccando, quia fontem uitae deseruerunt, qui Deus est, quem potando sapienter et beate poterant uiuere, tamen non sic mori potuerunt, ut omni modo desisterent uiuere atque sentire, quoniam inmortales creati sunt; atque ita in secundam mortem post ultimum praecipitabuntur iudicium, ut nec illic uita careant, quando quidem etiam sensu, cum in doloribus futuri sunt, non carebunt. Sed homines ad Dei gratiam pertinentes, ciues sanctorum angelorum in beata uita manentium, ita spiritalibus corporibus induentur, ut neque peccent amplius neque moriantur; ea tamen inmortalitate uestiti, quae, sicut angelorum, nec peccato possit auferri; natura quidem manente carnis, sed nulla omnino carnali corruptibilitate uel tarditate remanente.

---

[212] 1고린 15,44-49.

[213] 13.23 참조.

[214] tamen propria quadam vita sua non desinit vivere: 영이 혼의 역할을 겸하더라도 영의 고유한 생명 기능은 대체되지 않는다. 13.24.1 각주 169 참조.

있습니다. 성서에도 최초의 사람 아담은 생명 있는 혼이 되었다고 기록되어 있습니다. 마지막 아담은 생명을 주는 영이 되었습니다. 그러나 영적인 것이 먼저가 아니라 생물적인 것이 먼저입니다. 영적인 것은 그 다음입니다. 첫째 사람은 땅에서 나서 지상적이지만 둘째 사람은 하늘에서 났습니다. 지상적인 사람이 이렇다면 지상적인 다른 사람들도 그럴 것이고 천상적인 그분이 이렇다면 천상적인 다른 사람들도 그럴 것입니다. 우리가 지상적인 그 사람의 형상을 지녔듯이 장차는 천상적인 그분의 형상을 지니게 될 것입니다."[212] 사도의 이 모든 말에 대해서는 우리가 위에서 이미 논했다.[213] 사도는 최초의 사람 아담이 생물적인 몸으로 창조되었다고 하는데 이 몸이 아예 죽을 수 없게 창조된 것은 아니지만 사람이 죄를 짓지 않았다면 죽지 않을 몸이었다. 그 대신 생명을 주는 영으로 인해 생기는 몸은 영적이고 불사불멸할 것이며 아예 죽을 수 없을 것이다. 영혼은 불사불멸하는 것으로 창조되었는데도 죄로 인해 죽은 영혼으로 나타날 수 있는데, 이것은 하느님의 영이라는 자기 생명을 결하기 때문이다. 영혼은 하느님의 영이 있으면 지혜롭고 행복하게 살 수 있었다. 그렇더라도 자기 고유한 생명은 살기를 멈출 수 없다.[214] 비록 불행하더라도. 영혼은 불사불멸하게 창조되었기 때문이다. 이것은 배반한 천사들과 처지가 비슷하다. 그들에게는 하느님이 생명의 원천이고 그분을 마심으로써 지혜롭고 행복하게 살 수 있었는데 죄를 지음으로써 생명의 원천을 저버렸기 때문에 어떤 면에서 본다면 죽었다고 할 수 있다. 그렇지만 천사들은 살거나 지각하는 것이 전적으로 중단될 정도로 죽는 일은 불가능했다. 불멸하게 창조되었기 때문이다. 그래서 그들은 최후의 심판 이후에 둘째 죽음으로 떨어질 것인데, 거기서는 고통 속에 처해진다는 점에서 보더라도 생명이나 지각이 없는 것이 아니다. 그러나 하느님의 은총에 참여하는 사람들은, 행복한 삶 속에 존속하는 거룩한 천사들의 동료 시민이 되어서 영적인 몸들을 입을 것이며, 그래서 다시는 죄도 짓지 않고 죽지도 않을 것이다. 그 불사불멸을 입고 나면 천사들의 불사불멸과 똑같이 죄로 박탈당하는 일도 없을 것이다. 육의 본성은 존속하지만 육적 부패나 아둔함은 전혀 남지 않을 것이다.

Sequitur autem quaestio necessario pertractanda et Domino Deo ueritatis adiuuante soluenda: Si libido membrorum inoboedientium ex peccato inoboedientiae in illis primis hominibus, cum illos diuina gratia deseruisset, exorta est; unde in suam nuditatem oculos aperuerunt, id est eam curiosius aduerterunt, et quia inpudens motus uoluntatis arbitrio resistebat, pudenda texerunt: quo modo essent filios propagaturi, si, ut creati fuerant, sine praeuaricatione mansissent. Sed quia et liber iste claudendus est nec tanta quaestio in sermonis angustias coartanda, in eum qui sequitur commodiore dispositione differtur.

24. 7. 아담이 죄짓지 않았다면 어찌 되었을지는 다음 권에서 다루겠다

그러면 다른 의문이 따라오는데 이것은 꼭 다루어야 하고 진리의 주 하느님의 보우에 힘입어 반드시 해결해야 할 문제다. 원조들이 불순종의 죄를 짓자 신적 은총이 그들을 버렸고, 그러자마자 그들 안에서 지체들이 불순종하여 그 지체들의 정욕이 생겨났다고 하자. 그러자 눈이 열려 자신들이 벌거벗었음을 발견했고, 다시 말해 파렴치한 충동이 자유의지에 반항하고서 호기심으로 알몸을 쳐다보게 되었으므로 그들은 부끄러운 데를 가렸다고 하자. 만일 그들이 계명을 위반하지 않은 채 창조된 그대로였다면 어떻게 자식들이 태어났을까? 하지만 이 권을 닫을 때가 되었고 이처럼 대단한 문제를 옹색한 몇 마디 말로 간추릴 수도 없으므로 뒤따를 권에서 더 폭넓게 다루기로 하고 일단 미루겠다.

AUGUSTINUS
DE CIVITATE DEI
LIBER XIV

EX MORIBUS HOMINIS POST PECCATUM DUAE
CIVITATES

아우구스티누스
신 국 론
제14권
범죄 후 인간의 행태에서 나온 두 도성

1. Diximus iam superioribus libris ad humanum genus non solum naturae similitudine sociandum, uerum etiam quadam cognationis necessitudine in unitatem concordem pacis uinculo conligandum ex homine uno Deum uoluisse homines instituere, neque hoc genus fuisse in singulis quibusque moriturum, nisi duo primi, quorum creatus est unus ex nullo, altera ex illo, id inoboedientia meruissent, a quibus admissum est tam grande peccatum, ut in deterius eo natura mutaretur humana, etiam in posteros obligatione peccati et mortis necessitate transmissa. Mortis autem regnum in homines usque adeo dominatum est, ut omnes in secundam quoque mortem, cuius nullus est finis, poena debita praecipites ageret, nisi inde quosdam indebita Dei gratia liberaret. Ac per hoc factum est, ut, cum tot tantaeque gentes per terrarum orbem diuersis ritibus moribusque uiuentes multiplici linguarum armorum uestium sint uarietate distinctae, non tamen amplius quam duo quaedam genera humanae societatis existerent, quas ciuitates duas secundum scripturas nostras merito appellare possemus. Vna quippe est hominum secundum carnem, altera secundum spiritum uiuere in sui cuiusque generis pace uolentium et, cum id quod expetunt adsequuntur, in sui cuiusque generis pace uiuentium.

---

[1] naturae similitudine ... quadam cognationis necessitudine: 교부가 인류단원설(人類單元說)을 고수하는 사회학적 명분을 밝힌다. 12.22, 28 참조.

[2] 아우구스티누스는 다른 곳(Contra adversarium Legis et Prophetarum 1.14.18)에서 "원죄와 그 결과에 관해서는 다른 곳 특히 「신국론」 제14권에서 풍부하게 토론한 바 있다"고 언급한다.

[3] poena debita ... nisi indebita Dei gratia: 구원을 두고 인간과 신의 관계를 정립하는 교부의 기본도식이 나타난 문구다. 13.23.3 참조.

[4] 이하에 상론되지만 시편 45[46],5; 47[48],2.9; 86[87],3; 마태 6,19-24; 12,25-45; 요한 1,10-13; 3,17-21; 15,16-18; 1요한 2,13-23; 5,17-20 등이 전거가 된다.

제1부 (1-9)
육에 따른 감정과 영에 따른 감정

1. 첫 사람이 불순종했기 때문에, 만약 하느님의 은총이 많은 사람을 구원하지 않았다면, 모든 사람이 파멸하여 영영 죽음에 처할 뻔했다

　우리는 앞의 여러 권에서 사람들이 단일한 인간으로부터 유래했고, 따라서 본성의 유사성에 의해 한 인류로 결속할 뿐 아니라 혈연의 유대에 의해서도 조화로운 일치로 평화의 사슬을 이루는 것이 하느님의 원하는 바였다는 말을 했다.[1] 최초의 두 사람이 하나는 무無에서 창조되었고 다른 하나는 그 한 사람에게서 창조되었는데, 그들이 불순종으로 죽음을 불러들이지 않았다면 이 인류 또한 각자에게 죽음이 닥치는 일도 없었을 것이다. 그 두 사람에 의해 범해진 죄는 너무 커서 인간 본성이 죄로 더 나쁘게 변했을 뿐 아니라, 죄의 부채와 죽음의 필연을 고스란히 지닌 채로 후손들에게까지 전달되기에 이르렀다.[2] 죽음의 왕국이 인간들을 얼마나 철저히 지배하느냐 하면, 만약 하느님께는 아무런 책무가 없는데도 하느님의 은총이 인간들을 구원하지 않는다면, 모두가 응분의 형벌로 둘째 죽음, 도무지 끝이 없는 죽음에 떨어질 것이었다.[3] 온 세상에 무수한 백성이 있어 다양한 종교와 습속에 따라 살아가고 있는데, 그 민족들은 언어와 무기와 의복에 있어 엄청나게 다채로울 만큼 차이가 나기에 이르렀다. 그렇더라도 세상에는 두 가지 인간 사회밖에 존재하지 않는다고 단언할 수 있으니, 우리 성서에 의하면[4] 이를 두 도성이라고 부를 수 있다.[5] 하나는 육肉에 따라 사는 인간들의 도성이고 다른 하나는 영靈에 따라 사는 인간들의 도성인데,[6] 둘다 그 나름의 평화 속에 살고 싶어하며 기대하던 바를 획득하는 한 그 나름의 평화 속에서 살아가는 사람들의 도성이다.[7]

---

[5] 두 도성 이론이 마니교의 이원론에서 비롯된 것이라는 주장을 일소하고 인류 역사와 개인의 인생에서 작용하는 선악의 힘을 표상하는 성서적 개념임을 확인시키는 대목이다. 15.11; 19.11 참조.

[6] secundum carnem ... secundum spiritum vivere: 신국과 지상국의 실존 양식을 개인생활의 차원에서 고찰하는 관점이다.

[7] in pace: 19.10-20에서는 두 도성의 정치적 목표라고 할 평화를 상론한다.

2. Prius ergo uidendum est, quid sit secundum carnem, quid secundum spiritum uiuere. Quisquis enim hoc quod diximus prima fronte inspicit, uel non recolens uel minus aduertens quem ad modum scripturae sanctae loquantur, potest putare philosophos quidem Epicureos secundum carnem uiuere, quia summum bonum hominis in corporis uoluptate posuerunt, et si qui alii sunt, qui quoquo modo corporis bonum summum bonum esse hominis opinati sunt, et eorum omne uulgus, qui non aliquo dogmate uel eo modo philosophantur, sed procliues ad libidinem nisi ex uoluptatibus, quas corporeis sensibus capiunt, gaudere nesciunt; Stoicos autem, qui summum bonum hominis in animo ponunt, secundum spiritum uiuere, quia et hominis animus quid est nisi spiritus? Sed sicut loquitur scriptura diuina, secundum carnem uiuere utrique monstrantur. Carnem quippe appellat non solum corpus terreni atque mortalis animantis (ueluti cum dicit: *Non omnis caro eadem caro; alia quidem hominis, alia autem caro pecoris, alia uolucrum, alia piscium*), sed et aliis multis modis significatione huius nominis utitur, inter quos uarios locutionis modos saepe etiam ipsum hominem, id est naturam hominis, carnem nuncupat, modo locutionis a parte totum, quale est: *Ex operibus legis non iustificabitur omnis caro*. Quid enim uoluit intellegi nisi omnis homo? Quod apertius paulo post ait: *In lege nemo iustificatur*, et ad Galatas: *Scientes autem quia non iustificatur homo ex operibus legis*. Secundum hoc intellegitur: *Et uerbum caro factum est*, id est homo; quod non recte accipientes quidam putaue-

---

[8] 8.5 참조. 교부가 알고 있던 에피쿠루스 학파 사상은 키케로(*De finibus bonorum et malorum* 1.7 등)의 소개 때문인지 쾌락주의처럼 단정되고 있다. Cf. Epicurus in Diogenes Laertius, *Vitae philosophorum* 2.8.87-88; 10.128-129.

[9] 스토아 학파(Zenon, Chrysippus, Cleanthes)가 자연과의 조화를 이루는 삶에 덕이 있다고 했으니 영에 따라 사는 삶을 천거한 것은 아니다(Diogenes Laertius, *Vitae philosophorum* 7.1.87).

[10] 1고린 15,39.

[11] 로마 3,20. [200주년: "율법을 지키는 행업으로는 어느 인간도 하느님 앞에서 의롭게 되지 못합니다."]

[12] 갈라 3,11. 아우구스티누스는 자기가 바로 뒤이어 인용하는 갈라디아서 구절과 구분해서 로마서로 착각했던 것 같다.

[13] 갈라 2,16.

[14] 요한 1,14.

2. 육적 삶이란 육체의 악습에서만이 아니라 영혼의 악습에서도 유래하는 것으로 이해해야 한다

2.1. 육에 따라 산다 함이 무엇인가

그러면 먼저 육에 따라 산다 함이 무엇이고 영에 따라 산다 함이 무엇인지 살펴보겠다. 우리가 한 말을 피상적으로 듣는 사람이라면, 성서가 말하는 바를 유의하지 않거나 조금밖에 주의하지 않은 채로, 에피쿠루스 학파도 육에 따라 사는 것이려니 어림잡을 수도 있다. 그들은 육체의 안락을 최고선으로 설정했기 때문이다.[8] 그밖에도 이와 비슷한 다른 사람들이 있다면 어느 모로든 육체의 선을 인간의 최고선으로 본 사람들이나, 어떤 학설이나 그와 유사한 방식으로 철학을 하지는 않지만 정욕에 기울어서 육체적 감관으로 포착하는 쾌락이 아니면 무엇을 즐긴다는 법을 도통 알지 못하는 사람들이 거느리는 모든 무리가 여기에 해당한다고 생각할지 모른다. 그렇다면 스토아 학파는 인간의 최고선을 정신에 두고 있으므로, 또 인간의 정신은 영 이외에 다른 것일 수 없으므로, 영에 따라 산다고 할 것인가?[9] 하지만 성서가 하는 말대로라면 양편 다 육에 따라 산다는 것이 드러난다. 왜냐하면 육(肉)이란 단지 지상적이고 사멸하는 생명체의 육체만을 가리키지는 않기 때문이다. (성서에도 "살이라고 해서 다 같은 살이 아닙니다. 사람의 살이 다르고 가축의 살이 다르며, 새의 살이 다르고 물고기의 살이 다릅니다"[10]라는 말이 있다.) 사실 이 단어는 매우 다른 의미로 다양하게 사용된다. 그 용례 가운데는 인간 자체, 다시 말해 인간 본성을 육이라고 일컫는 경우도 있으니 부분으로 전체를 가리키는 어법으로서, "모든 살이 율법의 행업으로는 의롭게 되지 못할 것입니다"[11]라는 예를 들 수 있다. 여기서 사도는 "모든 살"이라는 말을 "모든 사람"이 아니면 다른 무슨 뜻으로 이해하기를 바랐는가? 그 점은 바로 조금 뒤에 훨씬 분명하게 "아무도 율법으로는 하느님 앞에 의롭게 되지 못한다는 것은 분명한 사실입니다"[12]라고 하는 말에서 드러난다. 그리고 갈라디아서에는 "누구도 율법을 지키는 행실로써는 의롭게 될 수 없습니다"[13]라는 구절이 나온다. 그러므로 "말씀이 육신이 되셨다"[14]는 구절도 곧 사람이 되었다는 어법으로 이해하게 된다. 이 구절을 올바로 이해하지

runt Christo humanam animam defuisse. Sicut enim a toto pars accipitur, ubi Mariae Magdalenae uerba in euangelio leguntur dicentis: *Tulerunt Dominum meum et nescio ubi posuerunt eum,* cum de sola Christi carne loqueretur, quam sepultam de monumento putabat ablatam: ita et a parte totum carne nominata intellegitur homo, sicuti ea sunt quae supra commemorauimus.

Cum igitur multis modis, quos perscrutari et colligere longum est, diuina scriptura nuncupet carnem: quid sit secundum carnem uiuere (quod profecto malum est, cum ipsa carnis natura non sit malum) ut indagare possimus, inspiciamus diligenter illum locum epistulae Pauli apostoli quam scripsit ad Galatas, ubi ait: *Manifesta autem sunt opera carnis, quae sunt fornicationes, inmunditiae, luxuria, idolorum seruitus, ueneficia, inimicitiae, contentiones, aemulationes, animositates, dissensiones, haereses, inuidiae, ebrietates, comisationes et his similia; quae praedico uobis, sicut praedixi, quoniam qui talia agunt regnum Dei non possidebunt.* Iste totus epistulae apostolicae locus, quantum ad rem praesentem satis esse uidebitur, consideratus poterit hanc dissoluere quaestionem, quid sit secundum carnem uiuere. In operibus namque carnis, quae manifesta esse dixit eaque commemorata damnauit, non illa tantum inuenimus, quae ad uoluptatem pertinent carnis, sicuti sunt fornicationes, inmunditiae, luxuria, ebrietates, comisationes; uerum etiam illa, quibus animi uitia demonstrantur a uoluptate carnis aliena. Quis enim seruitutem, quae idolis exhibetur, ueneficia, inimicitias, contentiones, aemulationes, animositates, dissensiones, haereses, inuidias non potius intellegat animi uitia esse quam carnis? Quando quidem fieri potest, ut propter idololatriam uel haeresis alicuius errorem a uoluptatibus corporis temperetur; et tamen etiam tunc homo, quamuis carnis libidines continere atque cohibere uideatur, secundum carnem uiuere hac apostolica auctoritate conuincitur, et in

---

[15] 4세기 아폴로나리스(390년경)에게서 비롯된 이단사상(Apollonarianismus)을 가리키며, 그리스도는 육신만을 취했고 말씀의 신성(Nous)이 영혼의 역할을 했다는 주장이다. Cf. *De haeresibus* 55; *De agone Christiano* 21.23.

[16] 요한 20,13.

[17] 교부는 수사학자였으므로 부분으로 전체를 가리키거나 전체로 부분을 가리키는 환유법(換喩法: metonymia, traductio, denominatio)이라든가 제유법(提喩法: synecdoche, intellectio)이라는 전문 기교에 능숙했다.

[18] 갈라 5,19-21.

못하고 혹자들은 그리스도에게 인간 영혼이 없었다고 생각했다.[15] 전체로 부분을 가리키는 어법도 있으니 복음서에서 "사람들이 우리 주님을 빼돌렸습니다. 어디에다 옮겨놓았는지 모르겠습니다"[16]라고 말하는 마리아 막달레나의 말이 그것이다. 여기서는 그리스도의 육신에 대해서만 언급하여 묻은 육신을 누군가 무덤에서 빼돌렸다고 생각했던 것이다. 이와 마찬가지로 육신을 명칭하여 인간을 가리킨다면 부분으로 전체를 가리키는 것이니 이에 대해서는 앞에서 언급한 바 있다.[17]

2.2. 바울로가 말하는 육의 행실은 무엇인가

성서가 육(肉)이라고 칭하는 바는 아주 다양하므로 그 용례들을 일일이 수집하고 연구하는 일은 지루할 것이다. 육에 따라서 사는 것이 무엇인지를 (육의 본성 자체는 비록 악하지 않지만 육에 따라 사는 것은 분명히 악이다) 연구하는 뜻에서 바울로 사도가 갈라디아인들에게 보낸 편지의 한 대목을 주의깊게 살펴보기로 하자: "육의 행실들이란 뻔하지 않습니까? 음행, 부정, 방탕, 우상숭배, 마술, 원한, 싸움, 시샘, 분노, 모략, 불목, 분열, 질투, 주정, 폭음 폭식, 그밖에 비슷한 것들입니다. 전에도 경고했듯이 거듭 경고하거니와, 이런 짓 하는 자들은 하느님 나라를 상속받지 못할 것입니다."[18] 사도서간의 이 대목이 현안 문제에 관한 한 충분하다고 보고 이를 제대로 고찰한다면, 육에 따라 사는 것이 무엇을 의미하느냐는 질문을 해소할 수 있을 듯하다. 사도는 육의 행실들이 뻔하다고 하면서 일일이 언급하고 단죄했는데 우리는 육의 행실 가운데 육신의 쾌락에 해당하는 것, 이를테면 음행, 부정, 방탕, 주정, 폭음 폭식 같은 행실만 발견하는 게 아니다. 육신의 쾌락과는 상관없는, 정신의 악덕을 드러내는 것들도 발견된다. 우상들에게 보이는 숭배, 마술, 원한, 싸움, 시샘, 분노, 모략, 불목, 분열, 질투가 육의 악덕이라기보다는 정신의 악덕이라고 생각하지 않을 사람이 누가 있겠는가? 어떤 사람이 우상숭배 때문에나 어떤 이단의 오류 때문에 육체의 정욕을 억제할 수는 있다. 그런데 그 사람이 비록 육의 정욕을 삼가고 절제하는 것처럼 보일지라도, 사도의 권위있는 말에 의하면, 육에 따라 산다는 확신이 생기고, 육의 쾌락을 절제하는 바로

eo, quod abstinet a uoluptatibus carnis, damnabilia opera carnis agere demonstratur. Quis inimicitias non in animo habeat? Aut quis ita loquatur, ut inimico suo uel quem putat inimicum dicat: «Malam carnem», ac non potius: «Malum animum habes aduersus me»? Postremo sicut carnalitates, ut ita dicam, si quis audisset, non dubitaret carni tribuere, ita nemo dubitat animositates ad animum pertinere. Cur ergo haec omnia et his similia doctor gentium in fide et ueritate opera carnis appellat, nisi quia eo locutionis modo, quo totum significatur a parte, ipsum hominem uult nomine carnis intellegi?

3. Quod si quisquam dicit carnem causam esse in malis moribus quorumcumque uitiorum, eo quod anima carne affecta sic uiuit, profecto non uniuersam hominis naturam diligenter aduertit. Nam «*corpus* quidem *corruptibile adgrauat animam.*» Vnde etiam idem apostolus agens de hoc corruptibili corpore, de quo paulo ante dixerat: *Etsi exterior homo noster corrumpitur: Scimus,* inquit, *quia, si terrena nostra domus habitationis resoluatur, aedificationem habemus ex Deo, domum non manu factam aeternam in caelis. Etenim in hoc ingemescimus, habitaculum nostrum quod de caelo est superindui cupientes; si tamen et induti, non nudi inueniamur. Etenim qui sumus in hac habitatione, ingemescimus grauati, in quo nolumus exspoliari, sed superuestiri, ut absorbeatur mortale a uita.*

---

[19] "육체성", "육욕"이라고 번역할 만하다. 이 용어에 양해를 구하는(ut ita dicam) 점으로 미루어 아우구스티누스의 신조어(新造語)로 추정된다.

[20] "정신력"이라고 번역할 수 있다.

[21] 지혜 9,15.

[22] 2고린 4,16.

[23] 2고린 5,1-4.

그 행위에서 되레 단죄받을 육의 행실을 저지르고 있음이 밝혀진다. 원한을 마음속에 품지 않는 사람이 누가 있겠는가? 자기 원수에게나, 원수라고 생각하는 사람에게 "너는 나에게 악한 마음을 품고 있다"고 말하기보다는 "너는 나에게 악한 육을 갖고 있다"고 말할 사람이 누가 있겠는가? 이런 말이 가능하다면 하는 말이지만, 카르날리타스[19]라는 말을 누가 듣는다면 그것이 카로에 해당한다는 것은 아무도 의심하지 않을 것이다. 또 아니모시타스[20]라는 말을 누가 듣는다면 그것이 아니무스에 해당한다는 것도 아무도 의심하지 않을 것이다. 신앙과 진리에 있어서 이방인의 교사가 이 모든 것과 이에 유사한 것들을 육의 행실이라고 일컫는 까닭이 무엇일까? 부분으로 전체를 의미하는 그런 어법을 써서 육이라는 명사로 인간 자체를 지시한다는 것을 이해시키려는 의도가 아니고 무엇이겠는가?

3. 죄의 원인은 육신에서가 아니라 영혼에서 기인하며, 죄로 인해 묶인 부패는 죄 자체가 아니고 죄에 대한 벌이다

3.1. 육체도 불사불멸을 입을 수 있다

만일 누군가 어떠한 악습에서 오는 악행에 대해서도 그 원인이 되는 것은 육이라고 한다면, 다시 말해 영혼이 육에 휘둘리며 살기 때문이라고 한다면, 그는 인간의 전반적 본성을 면밀하게 관찰하지 않고 있음에 틀림없다. 사실 "썩어 없어질 육체는 영혼을 내리누르고"[21]라는 구절이 있다. 그리고 같은 사도마저 썩어 없어질 육체를 다루면서 조금 앞에 나오는 구절에서 "우리의 겉사람은 썩어가고"[22] 있다고 했고, 이어서 다음과 같이 주장하고 있다: "사실 우리는 알거니와, 우리의 지상 장막 집이 허물어지면 하늘에서 하느님으로부터 건물을, 손으로 짓지 않은 영원한 집을 얻을 것입니다. 그래서 우리는 천상 거처를 덧입기를 갈망하며 신음하고 있습니다. 덧입어야 벌거숭이가 되지 않겠기 때문입니다. 과연 장막 속에 있는 우리는 무겁게 짓눌려 신음하고 있습니다. 벌거벗기가 아니라 덧입기를 바라고 있기 때문입니다. 죽을 것이 생명에 삼켜지도록 말입니다."[23] 그러나 우리가 비록 썩어 없어질 육체로 무겁게 짓눌

Et adgrauamur ergo corruptibili corpore, et ipsius adgrauationis causam non naturam substantiamque corporis, sed eius corruptionem scientes nolumus corpore spoliari, sed eius inmortalitate uestiri. Et tunc enim erit, sed quia corruptibile non erit, non grauabit. *Adgrauat* ergo nunc *animam corpus corruptibile, et deprimit terrena inhabitatio sensum multa cogitantem.* Verum tamen quia omnia mala animae ex corpore putant accidisse, in errore sunt.

Quamuis enim Vergilius Platonicam uideatur luculentis uersibus explicare sententiam dicens:

    Igneus est ollis uigor et caelestis origo
    Seminibus, quantum non noxia corpora tardant
    Terrenique hebetant artus moribundaque membra,

omnesque illas notissimas quattuor animi perturbationes, cupiditatem timorem, laetitiam tristitiam, quasi origines omnium peccatorum atque uitiorum uolens intellegi ex corpore accidere subiungat et dicat:

    Hinc metuunt cupiuntque, dolent gaudentque, nec auras
    Suspiciunt, clausae tenebris et carcere caeco:

tamen aliter se habet fides nostra. Nam corruptio corporis, quae adgrauat animam, non peccati primi est causa, sed poena; nec caro corruptibilis animam peccatricem, sed anima peccatrix fecit esse corruptibilem carnem. Ex qua corruptione carnis licet existant quaedam incitamenta uitiorum et ipsa desideria uitiosa, non tamen omnia uitae iniquae uitia tribuenda sunt carni, ne ab his omnibus purgemus diabolum, qui non habet carnem. Etsi enim diabolus fornicator uel ebriosus uel si quid huius modi

---

[24] non corpore spoliari, sed eius immortalitate vestiri: 방금 인용한 성서 구절(nolumus exspoliari, sed supervestiri)대로, 그리스도인의 희망은 육체를 벗는 것이 아니고 육체 위에 불사불멸을 덧입는 것이므로 신령주의(spiritualismus)에 떨어지지 않는다.

[25] 지혜 9,15.

[26] 플라톤의 동굴의 비유(*Respublica* 514a - 517a), 플로티누스의 글(*Enneades* 4.8.1)에 따라 물질과 육체를 악으로 보고 모든 악이 육체로부터 유래한다는 플라톤주의에 대해 교부는 물질과 육체도 선한 하느님의 선한 피조물임을 변호한다.

[27] Vergilius, *Aeneis* 6.730-732.

[28] 스토아의 도덕에 나오는 목록(예: Cicero, *Tusculanae disputationes* 3.11.24; 4.6.11)으로 5장과 8장에서 상세히 언급된다.

려 있기는 하지만 그 무겁게 짓눌리는 원인이 육체의 본성이나 실체 때문이 아니라 육체의 부패임을 알기 때문에, 그 육체를 벗어버리는 것은 싫어하고 육체의 불멸성을 덧입기를 바랄 뿐이다.[24] 그때도 육체는 있겠지만 썩어 없어질 것이 아니기 때문에 무겁게 짓누르지는 않을 것이다. 그래서 지금은 "썩어 없어질 육체는 영혼을 내리누르고 지상의 거처는 온갖 생각을 일으키어 마음을 무겁게 만든다".[25] 그러므로 모든 악이 육체로부터 유래한다고 여기는 사람들은 오류에 빠져 있다.[26]

3.2. 모든 악이 육에서 유래하는 것은 아니다

베르길리우스는 화려한 시구로 플라톤의 사상을 표현한 것으로 보인다:

> 저 씨앗에 있는 정기精氣는 불덩이요 그 기원은 천상적이어서
> 죄 많은 육체들마저 더디게 만들지 못하고 지상적 지체들이며
> 죽어가는 사지들도 그것을 얼빠지게 만들지 못하느니라.[27]

그는 널리 알려진 지성의 저 네 가지 동요, 곧 탐욕, 두려움, 기쁨, 슬픔[28]을 온갖 죄와 악덕의 기원으로, 그것이 육체에서 유래하는 것으로 이해하고 싶어 다음과 같은 말을 덧붙였다:

> 육체로 인해 사람들은 두려워하고 탐하고 아파하고 즐거워하느니
> 하늘을 쳐다보지 않고 응달에 갇힌 채, 캄캄한 옥에 갇힌 채로니라.[29]

그렇지만 우리 신앙은 다르게 생각한다. 육체의 부패, 영혼을 무겁게 짓누르는 육체의 부패는 첫 범죄의 원인이 아니라 형벌이다. 마찬가지로 부패할 육이 영혼을 죄짓게 만든 것이 아니라 죄지은 영혼이 육을 부패하게 만들었다. 육의 부패로 인해 악습의 어떤 충동들이 존재하고 흠있는 욕망들이 존재한다는 것은 맞는 말이지만, 그렇다고 사악한 생활의 모든 악덕을 육에 돌리는 것은 온당하지 않으며, 악마가 비록 육을 갖지 않았다고 해서 우리가 악마를 이 모든 악덕으로부터 정화해 주는 것은 아니다. 물론 악마가 숨어서 음행이나 주정 같은

---

[29] Vergilius, *Aeneis* 6.733-734. metuunt cupiuntque, dolent gaudentque: 날개 달린 이두마차를 들어, 마차를 끄는 이성혼, 끌려가지 않으려는 탐욕혼, 마부를 달래는 기피혼을 거명하거나(Plato, *Respublica* 439a - 440b), 탐욕에 욕정과 기쁨, 기피에 두려움과 슬픔을 두는 스토아(Cicero, *Tusculanae disputationes* 4.6.11-12)의 감정 분류를 시인은 알고 있었다.

mali est, quod ad carnis pertinet uoluptates, non potest dici, cum sit etiam talium peccatorum suasor et instigator occultus: est tamen maxime superbus atque inuidus. Quae illum uitiositas sic obtinuit, ut propter hanc esset in carceribus caliginosi huius aeris aeterno supplicio destinatus. Haec autem uitia, quae tenent in diabolo principatum, carni tribuit apostolus, quam certum est diabolum non habere. Dicit enim inimicitias, contentiones, aemulationes, animositates, inuidias opera esse carnis; quorum omnium malorum caput atque origo superbia est, quae sine carne regnat in diabolo. Quis autem illo est inimicior sanctis? Quis aduersus eos contentiosior, animosior et magis aemulus atque inuidus inuenitur? At haec omnia cum habeat sine carne, quo modo sunt ista opera carnis, nisi quia opera sunt hominis, quem, sicut dixi, nomine carnis appellat? Non enim habendo carnem, quam non habet diabolus, sed uiuendo secundum se ipsum, hoc est secundum hominem, factus est homo similis diabolo; quia et ille secundum se ipsum uiuere uoluit, quando in ueritate non stetit, ut non de Dei, sed de suo mendacium loqueretur, qui non solum mendax, uerum etiam mendacii pater est. Primus est quippe mentitus, et a quo peccatum, ab illo coepit esse mendacium.

4. Cum ergo uiuit homo secundum hominem, non secundum Deum, similis est diabolo; quia nec angelo secundum angelum, sed secundum Deum uiuendum fuit, ut staret in ueritate et ueritatem de illius, non de suo mendacium loqueretur. Nam et de homine alio loco idem apostolus ait: *Si autem ueritas Dei in meo mendacio abundauit*. Nostrum dixit menda-

---

[30] "우리가 싸울 상대는 피와 살을 가진 인간이 아니라, … 하늘에 있는 악한 영들입니다"(에페 6,12)라는 성서 구절에 근거하여, 아우구스티누스는 지상(terra)과 별들의 천계(caelum) 사이에 있는 공중을 악령들이 벌받는 곳으로까지 본다. Cf. *De agone Christiano* 3.3.5; *De natura boni* 33.

[31] vitia in diabolo principatum: 악덕이 악마에게서 가장 맹위를 떨친다는 의미도 되고, 악마에게 기원을 둔다는 의미로도 이해할 수 있다.

[32] 악마의 기본전략이 인간 존엄성을 파괴하는 것임은 교부들이 즐겨 다룬 소재였다. Cf. Irenaeus, *Adversus haereses* 5.24.3; Tertullianus, *Apologeticum* 22.1-8; Origenes, *Homiliae in Lucam* 12.68.

[33] non habendo carnem … sed vivendo secundum se ipsum: 교부는 영지주의를 염두에 두고서 악의 원천을 그리스도교적으로 규정하고 있다.

[34] non de Dei, sed de suo mendacium loqueretur: 전반부(non de Dei)의 해석이 어렵다. 4.1 ("하느님의 본성대로 진리를 말하지 자기의 근성대로 거짓말을 하지 않았을")에 유사한 구절이 나온다.

[35] 요한 8,44 참조: "악마는 처음부터 살인자였으며 진리 안에 있지 않았습니다. 그 속에는 진리가 없습니다. 그는 거짓말을 할 때 자기 근성대로 말합니다. 과연 거짓말쟁이요 거짓말의 아비입니다."

[36] 로마 3,7. (200주년: "만일 나의 거짓을 통해 하느님의 진실이 그분의 영광으로 넘쳐흘렀다면 …")

죄들을 충동하며 유인하는 자라고 하더라도, 악마를 두고 음행하는 자라거나 주정하는 자라거나 그밖에 육신의 정욕에 해당하는 무엇을 해당시켜서 말할 수는 없다. 그렇다고는 하지만 악마는 극도로 오만하고 극도로 시샘하는 자다. 악덕이 그를 얼마나 철저하게 사로잡았느냐 하면, 저 악덕 때문에 그는 이 천공天空의 암울한 감옥에서 영원한 형벌을 받아야 하는 운명에 처해졌을 정도다.[30] 악마에게서 최고 세력을 갖는 이 악덕들[31]을 사도는 육에 돌렸지만 악마는 육을 갖지 않음이 분명하다. 사도는 원한, 싸움, 시샘, 분노, 질투가 육의 행실이라고 하는데 이런 악들의 머리이자 뿌리는 오만이며, 오만은 육 없이도 악마에게 군림하고 있다. 또 성도에게 악마보다 더한 원수가 누구겠는가? 성도를 거슬러 악마보다 더 많은 원한을 품고 싸움을 걸고 시샘이 크고 질투가 심한 자가 누구겠는가?[32] 악마가 육 없이도 이 모든 악덕을 갖고 있는 터에, 내가 말한 대로 육이라는 명사로 사람을 일컫는다는 점에서, 사람의 행실이라는 뜻이 아니면 어떻게 이것을 육의 행실이라고 하겠는가? 따라서 육을 갖고 있어서가 아니라(악마는 육을 갖고 있지 않다!) 자기 자신에 따라 삶으로써, 다시 말해 인간에 따라 삶으로써, 인간이 악마와 비슷해진 것이다.[33] 왜냐하면 악마는 자기 자신에 따라 살기를 원했으므로, 그가 진리 안에 서 있지 않는 한은 하느님의 본성에 따라서가 아니라 자기의 근성대로 거짓말을 한다.[34] 그는 거짓말쟁이이며 사실 거짓말의 아비이다.[35] 악마는 최초로 거짓말을 한 자였으며, 죄가 비롯된 바로 그자에게서 거짓말이 비롯되었던 것이다.

4. 사람에 따라 산다 함은 무엇이며 하느님에 따라 산다 함은 무엇인가

4.1. 모든 죄는 거짓이다

인간이 하느님에 따라 살지 않고 사람에 따라서 살 때 악마와 비슷해진다. 천사도 천사에 따라 살지 않고 하느님에 따라서 살아야 했다. 그래야 진리 안에 서 있었고, 하느님의 본성대로 진리를 말하지 자기의 근성대로 거짓말을 하지 않았을 것이다. 실상 사람에 대해서는 같은 사도가 다른 곳에서 "만일 나의 거짓 때문에 하느님의 진리가 더 뚜렷하게 드러난다면"[36]이라는 말을 한다. 사도

cium, ueritatem Dei. Cum itaque uiuit homo secundum ueritatem, non uiuit secundum se ipsum, sed secundum Deum. Deus est enim qui dixit: *Ego sum ueritas*. Cum uero uiuit secundum se ipsum, hoc est secundum hominem, non secundum Deum, profecto secundum mendacium uiuit; non quia homo ipse mendacium est, cum sit eius auctor et creator Deus, qui non est utique auctor creatorque mendacii, sed quia homo ita factus est rectus, ut non secundum se ipsum, sed secundum eum, a quo factus est, uiueret, id est illius potius quam suam faceret uoluntatem: non ita uiuere, quem ad modum est factus ut uiueret, hoc est mendacium. Beatus quippe uult esse etiam non sic uiuendo ut possit esse. Quid est ista uoluntate mendacius? Vnde non frustra dici potest omne peccatum esse mendacium. Non enim fit peccatum nisi ea uoluntate, qua uolumus ut bene sit nobis uel nolumus ut male sit nobis. Ergo mendacium est, quod, cum fiat ut bene sit nobis, hinc potius male est nobis, uel cum fiat, ut melius sit nobis, hinc potius peius est nobis. Vnde hoc, nisi quia de deo potest bene esse homini, quem delinquendo deserit, non de se ipso, secundum quem uiuendo delinquit?

Quod itaque diximus, hinc extitisse duas ciuitates diuersas inter se atque contrarias, quod alii secundum carnem, alii secundum spiritum uiuerent: potest etiam isto modo dici quod alii secundum hominem, alii secundum Deum uiuant. Apertissime quippe Paulus ad Corinthios dicit: *Cum enim sint inter uos aemulatio et contentio, nonne carnales estis et secundum hominem ambulatis?* Quod ergo est ambulare secundum hominem, hoc est esse carnalem, quod a carne, id est a parte hominis, intellegitur homo.

---

[37] 요한 14,6.

[38] non ita vivere, quem ad modum est factus ut viveret, hoc est mendacium. 허위를 존재론적으로 정의한 구절이다(5.12.4 참조).

[39] voluntate, qua volumus: 라틴어로는 velle("원하다, 의지하다") 동사에서 voluntas("원함, 의지")가 왔으므로 동어반복으로 들린다.

[40] volumus ut bene sit nobis vel nolumus ut male sit nobis: 원래는 "우리에게 잘되기를 원하고 우리에게 잘못되지 않기를 원한다"는 뜻이지만, 교부는 선과 악이라는 것을 velle bene aut male (*De libero arbitrio* 1.14.30)로 정의했으므로(본서 12.6 각주 52 참조) "선"과 "악"으로 의역했다.

[41] 앞의 14.1 참조.

[42] 1고린 3,3. (200주년 끝구절: "속된 사람과 마찬가지로 살아가는 육적 인간들이 아니겠습니까?")

[43] 13.23.3에서 1고린 15,44-45를 전거로 "영적인 몸"에 대당되는 "생물의 몸"(corpus animale: "동물과 같은 몸"이라고 옮길 수도 있다)을 언급했으며, pneuma(영)보다는 psyche(혼)에 따라 사는 사람들을 가리키므로 "생물적 인간"으로 표현해 본다.

는 우리의 거짓을 언급하고 하느님의 진리를 언급했다. 그래서 사람이 진리에 따라서 산다면 자기 자신에 따라 살지 않고 하느님에 따라 사는 것이다. 하느님은 "나는 진리다"[37]라고 말씀한 분이다. 그 대신 자기 자신에 따라 산다면, 곧 하느님에 따라 살지 않고 사람에 따라 산다면, 그는 분명히 거짓에 따라 사는 것이다. 그것은 인간 자체가 거짓이기 때문이 아니라 그의 조물주요 창조주가 하느님이기 때문이며, 하느님이 거짓의 조물주나 창조주가 아님은 물론이다. 그보다는 인간이 자기 자신에 따라 살지 않고 자신을 창조한 그분에 따라 살아야 옳게 살도록 창조되었기 때문이다. 다시 말해 자신의 뜻보다는 그분의 뜻을 행해야 옳게 살도록 창조되었기 때문이다. 자기가 살도록 창조된 그대로 살지 않음은 곧 거짓이다.[38] 인간은 행복해질 수 있게 살지는 않으면서도 행복하기를 바라는데 그런 의지보다 더한 거짓이 무엇이 있겠는가? 그래서 모든 죄가 거짓이라고 하는 말은 괜한 소리가 아니다. 다름아닌 의지에 의해서가 아니면 죄가 생겨나지 않는다. 우리는 바로 그 의지를 갖고서 우리에게 선이 되고 악이 되지 않기를 원한다.[39] 그러므로 우리에게 선이 되라고 원하는데 실상 악이 되거나, 우리에게 더 나은 선이 되라고 원하는데 실상 더 못한 악이 된다면 그것은 거짓이다.[40] 따라서 인간에게 선이 되는 것은 자기 자신에 의해 비롯되는 것이 아니라 하느님에 의해 비롯되는 길밖에 없으며, 인간은 죄를 지음으로써 하느님을 저버리고, 자기 자신에 따라 삶으로써 범죄를 저지른다.

4.2. 사람은 육에 따라 살거나 영에 따라 살거나 한다

어떤 사람들은 육에 따라 살고 어떤 사람들은 영에 따라 살며, 다름아닌 바로 여기서 서로 상이하고 상반되는 두 도성이 존재한다는 말은 이미 언급했다.[41] 똑같은 식으로 어떤 사람들은 인간에 따라 살고 어떤 사람들은 하느님에 따라 산다고 할 수 있겠다. 이 점에 대해 바울로는 고린토인들에게 아주 분명한 말을 한다: "사실 여러분 가운데서 시샘과 싸움이 계속되는 한, 여러분은 육적 인간들이 아니겠습니까? 사람에 따라서 거니는 것이 아니겠습니까?"[42] 사람에 따라서 거니는 그것은 곧 육적 인간이 되는 것이며, 육으로, 다시 말해 인간의 한 부분으로 인간 전체를 의미한다. 바로 그들을 사도는 앞에서 생물적 인간[43]이라고 했

Eosdem ipsos quippe dixit superius animales, quos postea carnales, ita loquens: *Quis enim scit,* inquit, *hominum, quae sunt hominis, nisi spiritus hominis, qui in ipso est? Sic et quae Dei sunt, nemo scit nisi spiritus Dei. Nos autem,* inquit, *non spiritum huius mundi accepimus, sed spiritum qui ex Deo est, ut sciamus quae a Deo donata sunt nobis; quae et loquimur, non in sapientiae humanae doctis uerbis, sed doctis spiritu, spiritalibus spiritalia comparantes. Animalis autem homo non percipit quae sunt spiritus Dei; stultitia est enim illi.* Talibus igitur, id est animalibus, paulo post dicit: *Et ego, fratres, non potui loqui uobis quasi spiritalibus, sed quasi carnalibus*; et illud et hoc eodem loquendi modo, id est a parte totum. Et ab anima namque et a carne, quae sunt partes hominis, potest totum significari, quod est homo; atque ita non est aliud animalis homo, aliud carnalis, sed idem ipsum est utrumque, id est secundum hominem uiuens homo; sicut non aliud quam homines significantur, siue ubi legitur: *Ex operibus legis non iustificabitur omnis caro,* siue quod scriptum est: *Septuaginta quinque animae descenderunt cum Iacob in Aegyptum.* Et ibi enim per omnem carnem omnis homo, et ibi per septuaginta quinque animas septuaginta quinque homines intelleguntur. Et quod dictum est: *Non in sapientiae humanae doctis uerbis,* potuit dici: «Non in sapientiae carnalis»; sicut quod dictum est: *Secundum hominem ambulatis,* potuit dici: «Secundum carnem». Magis autem hoc apparuit in his quae subiunxit: *Cum enim quis dicat: Ego quidem sum Pauli, alius autem: Ego Apollo, nonne homines estis?* Quod dicebat: *Animales estis,* et: *Carnales*

---

[44] 1고린 2,11-14. 200주년에서는 마지막 구절에서 animalis homo만 "생물적 인간" 대신에 "자연적 인간"으로 번역되어 있다.

[45] 1고린 3,1. 인간이 육과 혼으로 구성되어 있는 이상, "육적"(carnalis) 인간이나 "생물적"(animalis) 인간이나 같은 뜻이다.

[46] 로마 3,20. 앞의 14.2.1 참조.

[47] 창세 46,27. [공동번역: "이집트에 간 야곱 가문의 식구는 모두 칠십 명이 되었다."]

[48] non in sapientiae humanae doctis verbis: "인간적 지혜의 박식한 언어로."

[49] 1고린 3,3.

[50] 1고린 3,4.

고 뒤에는 그들을 육적 인간이라고 일컬으며 이렇게 말했다: "사람 속에 있는 그의 영이 아니고서야 사람들 가운데 누가 그 사람의 생각을 알고 있겠습니까? 이와같이 하느님의 생각도 하느님의 영이 아니고서는 아무도 깨닫지 못합니다. 그런데 우리는 세상의 영을 받은 것이 아니라 하느님으로부터 오는 영을 받았습니다. 그것은 하느님이 우리에게 베푸신 은혜로운 선물을 우리가 알아보도록 하려는 것입니다. 또한 우리가 말하는 내용은 인간적 지혜로부터 배운 언어가 아니라 영으로부터 배운 언어로 말하는 것입니다. 이를테면 영적인 것을 영적으로 설명하는 일입니다. 그러나 생물적 인간은 하느님의 영으로부터 오는 것을 받아들이지 않습니다. 그에게는 그것이 어리석음이기 때문입니다."[44] 그리고 조금 뒤에 그들에게, 즉 생물적 인간들에게 이런 말을 한다: "형제 여러분, 나 역시 여러분에게는 영적 인간을 대하듯이 말할 수 없었고 육적 인간을 대하듯이 말할 수밖에 없었습니다."[45] 여기서도 똑같은 어법을 써서 곧 부분으로 전체를 가리키는 어법을 써서 바로 그 점을 표현하고 있다. 왜냐하면 인간의 부분들에 해당하는 혼으로 또는 육으로 인간이라는 전체를 의미할 수 있기 때문이다. 그러니까 생물적 인간이 다르고 육적 인간이 다른 것이 아니고 양편 다 똑같은 바로 그것을 의미하므로 곧 사람에 따라 사는 인간이다. 마찬가지로 "모든 살이 율법의 행업으로는 의롭게 되지 못할 것입니다"[46]라는 글에서도 살은 모든 사람 외에 다른 것을 의미하지 않고, "일흔다섯 혼이 야곱과 더불어 이집트에 내려갔소"[47]는 글에서도 혼은 사람들 외에 다른 것을 의미하지 않는다. 전자에서는 "모든 살"이라는 말로 모든 사람을 의미하고, 후자에서는 "일흔다섯 혼"이라는 말로 일흔다섯 사람을 의미한다. 또 "인간적 지혜로부터 배운 언어로 말하지 않는다"[48]는 구절도 육적 지혜의 언어로 말하는 것이 아니라고 달리 표현할 수 있다. 그리고 "사람에 따라서 거니는 것이 아니겠습니까?"[49]라고 한 말도 "육에 따라서"라고 표현할 수 있다. 그리고 그가 덧붙이는 다음 말에서 이런 생각이 더 잘 드러난다: "사실 어떤 이는 '나는 바울로 편이다' 하고 다른 이는 '나는 아폴로 편이다' 하고 말한다면 여러분은 사람들이 아니겠습니까?"[50] 사도가 말하던 바는 "여러분은 생물적입니다"라고 하거나 "여러분은 육적입니다"라고 하거나 더 분명히

estis, expressius dixit: *Homines estis*, quod est: «Secundum hominem uiuitis, non secundum Deum, secundum quem si uiueretis, dii essetis.»

5. Non igitur opus est in peccatis uitiisque nostris ad Creatoris iniuriam carnis accusare naturam, quae in genere atque ordine suo bona est; sed deserto Creatore bono uiuere secundum creatum bonum non est bonum, siue quisque secundum carnem siue secundum animam siue secundum totum hominem, qui ex anima constat et carne (unde et nomine solius animae et nomine solius carnis significari potest) eligat uiuere. Nam qui uelut summum bonum laudat animae naturam et tamquam malum naturam carnis accusat, profecto et animam carnaliter adpetit et carnem carnaliter fugit, quoniam id uanitate sentit humana, non ueritate diuina. Non quidem Platonici sicut Manichaei desipiunt, ut tamquam mali naturam terrena corpora detestentur, cum omnia elementa, quibus iste mundus uisibilis contrectabilisque compactus est, qualitatesque eorum Deo artifici tribuant; uerum tamen ex terrenis artubus moribundisque membris sic affici animas opinantur, ut hinc eis sint morbi cupiditatum et timorum et laetitiae siue tristitiae; quibus quattuor uel perturbationibus, ut Cicero appellat, uel passionibus, ut plerique uerbum e uerbo Graeco exprimunt, omnis humanorum morum uitiositas continetur. Quod si ita est, quid est quod Aeneas apud Vergilium, cum audisset a patre apud inferos animas rursus ad corpora redituras, hanc opinionem miratur exclamans:

---

[51] *et animam carnaliter appetit et carnem carnaliter fugit*: 이원론자들의 사상적 허점 내지 허영심 (vanitate sentit humana, non veritate divina)을 예리하게 간파한 문장이다.

[52] Cf. Cicero, *Tusculanae disputationes* 4.4.10: πάτη vel perturbationes quam morbos ... ita esse quattuor ... libidinem et laetitiam ... metum et aegritudinem. 교부(본서 14.3.2 참조)는 libido(정욕) 대신 cupiditas(탐욕), aegritudo(근심) 대신 tristitia(슬픔)라는 용어를 사용한다. 혹자(Plotinus, *Enneades* 3.2; 3.3)는 정염을 여섯으로 꼽기도 한다.

표현해서 "여러분은 사람들입니다"라고 하는 말은 "여러분은 하느님에 따라서 살지 않고 사람에 따라서 살고 있습니다"는 뜻이라는 것이다. 즉, "여러분이 만일 하느님에 따라서 산다면 신들이 될 것입니다"는 뜻이다.

5. 육체와 영혼의 본성에 대해 마니교도보다 플라톤 학파의 견해가 용납할 만하지만, 후자도 모든 악덕의 원인을 육신의 본성으로 돌린다는 점에서는 비판받아야 한다

우리는 죄와 악습을 대하면서, 육의 본성에 대해 그것이 창조주의 불의인 것처럼 규탄해서는 안 된다. 그 본성은 고유한 종류에서 보거나 그 질서에서 보거나 선하다. 그렇지만 선한 창조주를 저버리고 선한 피조물에 따라서 산다는 것은 선한 일이 아니다. 사람은 누구나 육에 따라 살지, 혼에 따라 살지, 아니면 혼과 육으로 구성된 전체 인간(그 인간이 혼이라는 명사만으로 지칭될 수도 있고 육이라는 명사만으로 지칭될 수도 있다)에 따라 살지를 선택해야 한다. 영혼의 본성을 최고선처럼 칭송하고 육의 본성을 악으로 비난하는 사람은 분명히 혼을 육적으로 탐하면서 육을 육적으로 피하고 있는 것인데, 이것은 신적 진실에 입각하여 생각하지 않고 인간적 허영에 입각하여 생각하기 때문이다.[51] 플라톤 학파는 지상적 육체들이 악의 본성이나 되는 것처럼 혐오하는 마니교도들만큼은 정신나간 사람들은 아니다. 플라톤 학파는 가시적이고 감촉되는 세계가 모든 원소들로 응결되어 있다고 여길 뿐 아니라, 그 원소들의 성질을 만든 장인을 하느님으로 보고 있기 때문이다. 그런데도 그들은 영혼이 지상적 지체와 사멸할 사지들로부터 몹시 휘둘린다고 상상하며, 탐욕과 두려움, 기쁨과 슬픔의 질병이 육신으로 인해 영혼에 생긴다고 여기고, 키케로가 일컫는 대로 동요 또는 정염 혹은 다수 인사들이 그리스어에서 유래한 단어로 표명하는 용어에 인간 행습의 모든 악덕이 다 포함되는 것처럼 생각한다.[52] 사실이 그렇다면 베르길리우스의 글에도 나오듯이, 아이네아스가 지옥에서 영혼들이 다시 육체로 돌아가게 된다는 이야기를 부친에게서 듣고서 그런 생각을 이상하게 여겨 외치는 말은 어찌된 것인가:

> O pater, anne aliquas ad caelum hinc ire putandum est
> Sublimes animas iterumque ad tarda reuerti
> Corpora? Quae lucis miseris tam dira cupido?

Numquidnam haec tam dira cupido ex terrenis artubus moribundisque membris adhuc inest animarum illi praedicatissimae puritati? Nonne ab huius modi corporeis, ut dicit, pestibus omnibus eas asserit esse purgatas, cum rursus incipiunt in corpora uelle reuerti? Vnde colligitur, etiamsi ita se haberet, quod est omnino uanissimum, uicissim alternans incessabiliter euntium atque redeuntium animarum mundatio et inquinatio, non potuisse ueraciter dici omnes culpabiles atque uitiosos motus animarum eis ex terrenis corporibus inolescere, si quidem secundum ipsos illa, ut locutor nobilis ait, dira cupido usque adeo non est ex corpore, ut ab omni corporea peste purgatam et extra omne corpus animam constitutam ipsa esse compellat in corpore. Vnde etiam illis fatentibus non ex carne tantum afficitur anima, ut cupiat metuat, laetetur aegrescat, uerum etiam ex se ipsa his potest motibus agitari.

6. Interest autem qualis sit uoluntas hominis; quia si peruersa est, peruersos habebit hos motus; si autem recta est, non solum inculpabiles, uerum etiam laudabiles erunt. Voluntas est quippe in omnibus; immo omnes nihil aliud quam uoluntates sunt. Nam quid est cupiditas et laetitia nisi uoluntas in eorum consensione quae uolumus? Et quid est metus atque tristitia nisi uoluntas in dissensione ab his quae nolumus? Sed cum consentimus appetendo ea quae uolumus, cupiditas; cum autem consentimus fruendo his quae uolumus, laetitia uocatur. Itemque cum dissentimus ab

---

[53] Vergilius, *Aeneis* 6.719-721.

[54] 베르길리우스가 망령들이 현세로 돌아오고 싶어하는 것을 "끔찍한 욕망"(dira cupido)이라고 표현한 점을 지적하는 말이다.

[55] 플라톤 학파도 영혼의 충동은 영혼 자체에서 일어난다고 인정하지 않느냐는 것이 교부의 주장이다. 예: Plotinus, *Enneades* 3.2.5.

[56] omnes nihil aliud quam voluntates sunt: 그의 주의론(主意論)을 표방하는 문장이다.

> 오, 아버님, 어떤 혼들이 여기서 하늘로 가서는 그 고귀한 자들이
> 또다시 우둔한 육체로 돌아간다고 여긴단 말입니까? 그렇다면
> 이 가련한 자들에게 빛을 갈구하는 욕망일랑 얼마나 끔찍한 것입니까?[53]

그런데 지상적 지체와 사멸할 사지에서 유래하는 그처럼 끔찍한 욕망이, 영혼들의 순수함을 극도로 칭송하는 그 경지에서도 과연 아직 남아있을까? 오히려 시인은 영혼들이 이런 육체적 각고로부터 일체 정화되었다고 주장하면서, 바로 그 시점에서 영혼들이 육체로 돌아가고 싶어하기 시작한다는 모순된 주장을 하고 있는 것이 아닌가? 참으로 허황한 얘기지만 설령 영혼들이 끊임없이 가고 오고 하면서 정화淨化와 부정不淨을 번갈아 되풀이한다고 하더라도, 영혼들의 죄스럽고 부패한 움직임이 모조리 저 지상적 육체로부터 발원한다는 말만은 진정으로 할 수가 없었다. 만약 저 플라톤 학파의 고매한 대변자가 말하는 바와 같이,[54] 끔찍한 욕망이 육체로부터 오는 것은 아닌 듯싶다. 영혼이 온갖 육체적 각고로부터 정화된 처지이고 일체의 육체로부터 벗어나 있게 된 처지임에도 불구하고, 그 영혼으로 하여금 다시 육체 속에 들어가 있도록 강요할 정도는 아닌 듯하다. 그러므로 저 사람들도 하는 말이지만, 영혼이 욕망하고 두려워하고 기뻐하고 번뇌하는 것은 오로지 육에 휘둘리기 때문만은 아니고 영혼 스스로도 이런 동요에 의해 흔들리는 것이다.[55]

6. 인간 의지의 성격, 그 판단에 따라 마음의 감정들이 사악하거나 올바르게 된다

여기서 인간의 의지가 어떤 것이냐가 문제된다. 의지가 비뚤어져 있다면 비뚤어진 움직임을 할 것이다. 만약 올바르다면 그 움직임도 탓할 일이 없고 도리어 칭찬받을 만할 것이다. 어떤 면에서 모든 움직임에는 의지가 있다. 아니, 차라리 모든 움직임이 의지 외에 다른 것이 아니라고 해도 과언이 아니다.[56] 욕망이니 기쁨이니 하는 것이 우리가 원하는 바에 동의하는 의지가 아니고 무엇이겠는가? 또 두려움이니 슬픔이니 하는 것이 우리가 싫어하는 바에 저항하는 의지가 아니고 무엇이겠는가? 우리가 원하는 바를 추구하면서 동의할 때, 그것이 욕망이다. 우리가 원하는 바를 향유하면서 동의할 때, 그것이 기쁨이다. 마찬가지

eo quod accidere nolumus, talis uoluntas metus est; cum autem dissentimus ab eo quod nolentibus accidit, talis uoluntas tristitia est. Et omnino pro uarietate rerum, quae appetuntur atque fugiuntur, sicut allicitur uel offenditur uoluntas hominis, ita in hos uel illos affectus mutatur et uertitur. Quapropter homo, qui secundum Deum, non secundum hominem uiuit, oportet ut sit amator boni; unde fit consequens ut malum oderit. Et quoniam nemo natura, sed quisquis malus est, uitio malus est: perfectum odium debet malis, qui secundum Deum uiuit, ut nec propter uitium oderit hominem nec amet uitium propter hominem, sed oderit uitium, amet hominem. Sanato enim uitio totum quod amare, nihil autem quod debeat odisse remanebit.

7. Nam cuius propositum est amare Deum et non secundum hominem, sed secundum Deum amare proximum, sicut etiam se ipsum: procul dubio propter hunc amorem dicitur uoluntatis bonae, quae usitatius in scripturis sanctis caritas appellatur; sed amor quoque secundum easdem sacras litteras dicitur. Nam et amatorem boni apostolus dicit esse debere, quem regendo populo praecipit eligendum, et ipse Dominus Petrum apostolum interrogans cum dixisset: *Diligis me plus his?* ille respondit: *Domine, tu scis quia amo te*; et iterum Dominus quaesiuit, non utrum amaret, sed utrum diligeret eum Petrus; at ille respondit iterum: *Domine, tu scis quia amo te*; tertia uero interrogatione et ipse Iesus non ait: «Diligis me?» Sed: *Amas me?* ubi secutus ait euangelista: *Contristatus est Petrus, quia dixit ei tertio: amas me?* cum Dominus non tertio, sed semel dixerit: *Amas me?*

---

[57] 아우구스티누스의 이런 정의는 키케로(*Tusculanae disputationes* 4.6.11-15)에 근거한다.

[58] qui secundum Deum vivit, oportet ut sit amator boni: "하느님에 따라서 삶"이 곧 "선을 사랑함"으로 정의된다. 하느님만이 인간의 참다운 선이기 때문이다.

[59] perfectum odium debet malis: 시편 138[139],22 참조(perfecto odio oderam illos: "더할 수 없는 미움으로 그들을 미워하나이다"). 미움의 대상이 "악한 사물들"일 수도 있고 "악한 사람들"일 수도 있으나 교부는 사물에 국한시킨다.

[60] 교부는 아래 14.8.2에 언명되듯이 루가 2,14(불가타본) et in terra pax hominibus bonae voluntatis("땅에서는 선한 의지의 인간들에게 평화")를 염두에 두고 있다.

[61] 그리스도교에 친숙히 사용되는 용어들, caritas(애덕), amor(사랑), dilectio(좋아함)를 굳이 구별하는 사람들을 상대로 해설하고 있다.

[62] 디도 1,8 참조: "선행을 좋아하고"[amator boni ← φιλάγαθος → benignus (Vulgata)].

[63] 아우구스티누스는 불가타역 요한 21,15-17에 주님과 베드로 사이에서 diligere(좋아하다)와 amare(사랑하다)라는 단어가 별도로 쓰임을 예거하여 실마리를 풀고 있다.

[64] 요한 21.17. [200주년: "세 번이나 '나를 사랑합니까?' 하고 물으시는 바람에 걱정이 되었다."]

로 닥치기 싫어하는 바에 저항할 때 그런 의지가 두려움이고, 싫어하는 사람들에게 닥치는 바에 저항할 때 그런 의지가 슬픔이다.[57] 추구하고 기피하는 사물들이 다름에 따라 인간의 의지가 추동되거나 저지당하며, 그에 따라서 의지가 이런 움직임 혹은 저런 움직임으로 움직이거나 향하는 법이다. 그래서 인간에 따라 살지 않고 하느님에 따라 사는 사람은 선을 사랑하는 자가 될 수밖에 없으며 결과적으로 악을 미워하기에 이른다.[58] 또 그 누구도 자연본성으로 악인이 되지는 않는다. 누구든 악한 사람은 악덕에 의해 악인이 된다. 따라서 하느님에 따라 사는 사람은 악한 것들에 대해 완전한 미움을 지녀야 마땅한데,[59] 악덕 때문에 사람을 미워하는 일이 없고 사람 때문에 악덕을 사랑하는 일이 없이, 악덕은 미워하고 사람은 사랑하는 그것이 완전한 미움이다. 악덕이 치유되면 전체가 사랑해야 할 것이고 미워해야 할 것은 아무것도 남지 않는다.

7. 성서에서 사랑 혹은 좋아함은 선과 악에 차별없이 서술된다

7.1. 사랑하고 좋아한다 함이 무엇인가

하느님을 사랑하기로 결심하고, 이웃을 자기 몸처럼 사랑하되 인간에 따라 하지 않고 하느님에 따라 하기로 결심했다고 하자. 의심할 나위 없이 바로 이 사랑 때문에 그는 선한 의지의 인간이다.[60] 성서에서는 더 일반적으로 애덕이라고 하는데 같은 성서에서도 사랑이라고도 한다.[61] 그런가 하면 사도의 명대로, 백성을 다스리는 자리에 뽑혀야 할 사람은 선을 좋아하는 사람[62]이어야 한다는 말을 사도가 하고, 주님 친히 베드로 사도에게 "당신은 이 사람들보다 더 나를 좋아합니까?"라고 물었고 그는 "주님, 제가 주님을 좋아하는 것을 주님께서는 아십니다"라고 대답하기도 한다. 또 주님은 다시 베드로가 당신을 사랑하느냐고 묻지 않고 당신을 좋아하느냐고 물었다. 베드로는 다시 "주님, 제가 주님을 좋아하는 것을 주님께서는 아십니다"라고 대답한다.[63] 하지만 세 번 물음에서 예수는 나를 좋아하느냐고 묻지 않고 "나를 사랑합니까?"라고 했으며 그에 뒤이어 복음사가는 이런 말을 하고 있다: "세 번째 나를 사랑하느냐고 말씀하시는 바람에 걱정이 되었다."[64] 실상 주님은 세 번이나 물은 것이 아니라 오직 한 번 "나를 사랑

bis autem dixerit: *Diligis me?* Vnde intellegimus, quod etiam cum dicebat Dominus: *Diligis me?* nihil aliud dicebat quam: *Amas me?* Petrus autem non mutauit huius unius rei uerbum, sed etiam tertio: *Domine*, inquit, *tu omnia scis, tu scis quia amo te.*

Hoc propterea commemorandum putaui, quia nonnulli arbitrantur aliud esse dilectionem siue caritatem, aliud amorem. Dicunt enim dilectionem accipiendam esse in bono, amorem in malo. Sic autem nec ipsos auctores saecularium litterarum locutos esse certissimum est. Sed uiderint philosophi utrum uel qua ratione ista discernant; amorem tamen eos in bonis rebus et erga ipsum Deum magni pendere, libri eorum satis loquuntur. Sed scripturas religionis nostrae, quarum auctoritatem ceteris omnibus litteris anteponimus, non aliud dicere amorem, aliud dilectionem uel caritatem, insinuandum fuit. Nam et amorem in bono dici iam ostendimus. Sed ne quis existimet amorem quidem et in malo et in bono, dilectionem autem non nisi in bono esse dicendam, illud adtendat quod in Psalmo scriptum est: *Qui autem diligit iniquitatem, odit animam suam*, et illud apostoli Iohannis: *Si quis dilexerit mundum, non est dilectio Patris in illo*. Ecce uno loco dilectio et in bono et in malo. Amorem autem in malo (quia in bono iam ostendimus) ne quisquam flagitet, legat quod scriptum est: *Erunt enim homines se ipsos amantes, amatores pecuniae*. Recta itaque uoluntas est bonus amor et uoluntas peruersa malus amor. Amor ergo inhians habere quod amatur, cupiditas est, id autem habens eoque fruens laetitia; fugiens quod ei aduersatur, timor est, idque si acciderit sentiens

---

[65] ἔρος (amor)와 φιλία (dilectio)를 구분하는 전통은 전자가 상대를 쾌락의 수단으로, 후자는 상대를 목표로 삼는다는 차이를 두었다. Cf. Plato, *Lysis* 219c - 221d; Plotinus, *Enneades* 6.7.34.

[66] 로마의 통속문학에서도 주로 amor(사랑, 애정, 연애)를 사용하고 교부들 이전에는(예: *De diversis quaestionibus 83*, 35.2) dilectio, caritas (ἀγαπή)를 좋은 의미로만 사용한 적이 있지만 그런 구분이 육체적 지상적 사물과 그에 대한 사랑을 죄악시하는 경향으로 흐르지 않게 하려고 본서에서는 용어상의 구분을 없애고자 노력한다.

[67] 시편 10.5. 불가타본에서 동사 diligere가 쓰이고 있다. [새번역 11,5: "그분의 얼은 폭행을 사랑하는 자를 미워하시는도다."]

[68] 1요한 2,15. [200주년: "누구든지 세상을 사랑하면 아버지의 사랑이 없습니다."]

[69] 2디모 3,2. [200주년: "사람들이 이기적이고 돈을 탐내며 …."]

[70] recta itaque voluntas est bonus amor et voluntas perversa malus amor: 의지의 본질을 사랑으로 규정한 명언이다.

합니까?"라고 물었고 두 번은 "나를 좋아합니까?"라고 물었다. 여기서 우리가 이해해야 할 것은 주님이 "나를 좋아합니까?"라고 물을 때도 "나를 사랑합니까?" 외에 다른 뜻이 아니라는 점이다. 베드로는 이 유일한 사실을 나타내는 단어를 바꾸지 않은 채 세 번째에도 이렇게 대답한다: "주님, 주님께서는 모든 것을 아십니다. 제가 주님을 사랑하는 것을 주님께서 알고 계십니다."

7.2. 사랑은 마음의 네 가지 동요에도 사용된다

내가 이 점을 굳이 주지시켜야겠다고 생각한 까닭은 혹자들이 좋아함과 애덕과 사랑이 다르다고 여기기 때문이다.[65] 그들의 말대로 하면 좋아함은 선한 사물에 해당하고 사랑은 나쁜 사물에 해당한다는 것이다. 그런데 통속문학 작가들마저 그런 식의 어법을 쓰지 않았다는 것은 아주 확실하다.[66] 하지만 철학자들이라면 그런 구분이 있는지, 있다면 무슨 명분인지 따져볼 만하다. 그들의 서책들을 보더라도 선한 사물들에 대한 사랑과 하느님에 대한 사랑이 그들에게도 아주 큰 비중을 차지한다는 것은 충분하리만큼 언명하고 있다. 하지만 우리 종교의 성서, 우리가 다른 모든 문학서보다 그 권위를 앞세우는 성서는 사랑이 의미하는 것이 다르지 않고 좋아함이나 애덕이 의미하는 것이 다르지 않다는 사실을 일러둘 만하다. 사랑도 좋은 의미로 쓰인다는 것은 이미 보여주었다. 그렇다고 사랑은 좋은 뜻이든 나쁜 뜻이든 다 해당하지만 좋아함은 좋은 뜻이 아니면 해당하지 않는다고 생각하는 사람은 없었으면 좋겠다. 그런 사람은 시편에 적힌 "악을 좋아하는 자는 자기 영혼을 미워하는 것이다"[67]라는 말을 유념해야 하고, 요한 사도의 "누가 세상을 좋아하면 그에게는 아버지를 좋아함이 없습니다"[68]라는 글귀에 유의해야 할 것이다. 보다시피 같은 구절에서 좋은 뜻으로나 나쁜 뜻으로나 좋아한다는 말이 쓰이고 있다. 사랑이 나쁜 뜻으로 쓰인다는 사실에 대해 (좋은 것에 대한 사랑은 벌써 인용했으니까) 누가 따진다면 다음 구절을 읽어 보도록 하라: "자기 자신을 사랑하는 사람들, 돈을 사랑하는 자들이 있으리라."[69] 그러므로 올바른 의지는 곧 올바른 사랑이며 비뚤어진 의지는 곧 나쁜 사랑이다.[70] 따라서 사랑하는 바를 갖고자 탐하는 사랑이 탐욕이다. 또 사랑하는 바를 소유하고 향유하는 사랑은 기쁨이다. 자기에게 상반되는 바를 기피하

tristitia est. Proinde mala sunt ista, si malus amor est; bona, si bonus. Quod dicimus, de scripturis probemus. Concupiscit apostolus dissolui et esse cum Christo; et: *Concupiuit anima mea desiderare iudicia tua*, uel si accommodatius dicitur: *Desiderauit anima mea concupiscere iudicia tua*; et: *Concupiscentia sapientiae perducit ad regnum*. Hoc tamen loquendi obtinuit consuetudo, ut, si cupiditas uel concupiscentia dicatur nec addatur cuius rei sit, non nisi in malo possit intellegi. Laetitia in bono est: *Laetamini in Domino et exultate iusti*; et: *Dedisti laetitiam in cor meum*; et: *Adimplebis me laetitia cum uultu tuo*. Timor in bono est apud apostolum, ubi ait: *Cum timore et tremore uestram ipsorum salutem operamini*; et: *Noli altum sapere, sed time*; et: *Timeo autem, ne, sicut serpens Euam seduxit astutia sua, sic et uestrae mentes corrumpantur a castitate, quae est in Christo*. De tristitia uero, quam Cicero magis aegritudinem appellat, dolorem autem Vergilius, ubi ait: «Dolent gaudentque», (sed ideo malui tristitiam dicere, quia aegritudo uel dolor usitatius in corporibus dicitur), scrupulosior quaestio est, utrum inueniri possit in bono.

8. Quas enim Graeci appellant εὐπαθείας, Latine autem Cicero constantias nominauit, Stoici tres esse uoluerunt pro tribus perturbationibus in animo sapientis, pro cupiditate uoluntatem, pro laetitia gaudium, pro

---

[71] 고통과 두려움을 "인종하라"(sustine!), 열망과 기쁨을 "삼가라"(abstine!)고 가르치는 스토아의 냉철한 달관(ἀπαθεία: cf. Cicero, *De finibus bonorum et malorum* 3.10.35; *Tusculanae disputationes* 4.18.37-38)보다 사랑의 성격에 따라 그 정염을 긍정적으로 받아들이게 유도한다. 본서 11.28 참조.

[72] 필립 1,23 참조: "나는 세상을 떠나 그리스도와 함께 있기를 원합니다(cupio)."

[73] 시편 118,20. 〔공동번역 119,20: "자나깨나 당신의 결정을 갈망하다가(concupivit) 내 영혼이 지쳤사옵니다."〕

[74] 지혜 6,21: concupiscentia sapientiae.

[75] 시편 31[32],11.   [76] 시편 4,8.   [77] 시편 15[16],11.

[78] 필립 2,12.   [79] 로마 11,20.   [80] 2고린 11,3.

[81] Cf. Cicero, *De finibus bonorum et malorum* 3.10.35 (aegritudo: 번뇌) ; Vergilius, *Aeneis* 6.734 (앞의 14.3.2에 인용됨).

[82] Cf. Diogenes Laertius, *Vitae philosophorum* 7.115 (스토아 학파) ; 7.116 (에피쿠로스 학파) ; Plato, *Leges* 404; Cicero, *Tusculanae disputationes* 4.6.11-14.

[83] 키케로(*Tusculanae disputationes* 4.6.11-13)의 전언에 의하면 스토아 학파는 현자의 마음에 일어나는 동요가 있다면, 탐욕 대신에 voluntas (βούλεσις), 기쁨 대신에 gaudium (χαρά), 두려움 대신에 cautela (εὐλάβεια)가 있다고 꼽는다.

는 사랑은 두려움이다. 그것이 자기에게 닥칠 때 느끼는 사랑이 슬픔이다. 여하튼 사랑이 나쁘면 이것들이 나쁘고 사랑이 좋으면 이것들도 좋다.[71] 그러면 우리가 하는 말을 성서로 입증해 보자. 사도는 육에서 풀려나 그리스도와 함께 있기를 탐하며[72] "내 영혼이 당신의 결정을 갈망하기를 탐했습니다"[73] 또는 더 무난하게 표현한다면 "내 영혼이 당신의 결정을 탐하여 갈망했습니다"라고 하고 있다. 또 "지혜에 대한 탐욕이 왕국으로 인도하느니라"[74]라는 말도 있다. 다만 관습상 이런 어법은 다른 말을 수식하지 않고, 탐욕이니 욕망이니 하는 말들은 나쁜 뜻으로가 아니면 달리 이해할 수 없게 되었다. 기쁨 역시 좋은 뜻으로 나온다: "의인들아, 주님 안에서 기뻐하고 즐거워하여라."[75] 또 "당신은 내 마음에 기쁨을 주셨나이다"[76]라고 하는가 하면, "당신의 얼굴로 내게 기쁨을 채워주셨나이다".[77] 두려움 역시 사도의 말에서 보면 좋은 뜻으로 쓰인다: "두렵고 떨리는 마음으로 구원을 위해 힘쓰시오."[78] 또 "높은 것을 알려고 하지 말고 오히려 두려워하시오".[79] 또 "다만 나는 뱀이 그 간계로 하와를 속였듯이 행여나 여러분의 생각을 썩게 하여 그리스도께 대한 일편단심과 순결을 저버리게 하지 않을까 두렵습니다".[80] 슬픔에 대해, 키케로는 근심이라고 부르고, 베르길리우스는 "아파하고 즐거워하느니"라며 아픔이라고 일컫는데,[81] (나는 차라리 슬픔이라고 부르고 싶은데 근심이니 아픔이니 하는 말은 흔히 육체에 대해 더 많이 사용되기 때문이다) 그것이 과연 선한 뜻으로도 쓰이는지는 더 섬세한 문제가 아닐 수 없다.

8. 스토아 학자들은 현자의 마음에도 세 가지 동요가 있다고 보는데, 덕성스런 마음은 고통과 슬픔을 느끼지 않아야 한다며 이것들을 배척했다

8.1. 스토아 학자들은 마음의 동요를 어떻게 생각하는가

그리스인들이 에우파테이아이라고 부르고 라틴어로는 키케로가 콘스탄티에라고 명명한 바에 대해서인데,[82] 스토아 학자들은 위에 말한 세 가지 동요 대신에 현자의 마음에는 다음과 같은 세 가지가 있는 것으로 보고 싶어했다. 탐욕에 대해서는 의지가, 기쁨에 대해서는 희열이, 두려움에 대해서는 신중함이 그것이다.[83]

metu cautionem; pro aegritudine uero uel dolore, quam nos uitandae ambiguitatis gratia tristitiam maluimus dicere, negauerunt esse posse aliquid in animo sapientis. Voluntas quippe, inquiunt, appetit bonum, quod facit sapiens; gaudium de bono adepto est, quod ubique adipiscitur sapiens; cautio deuitat malum, quod debet sapiens deuitare; tristitia porro quia de malo est, quod iam accidit, nullum autem malum existimant posse accidere sapienti, nihil in eius animo pro illa esse posse dixerunt. Sic ergo illi loquuntur, ut uelle gaudere cauere negent nisi sapientem; stultum autem non nisi cupere laetari, metuere contristari; et illas tres esse constantias, has autem quattuor perturbationes secundum Ciceronem, secundum autem plurimos passiones. Graece autem illae tres, sicut dixi, appellantur $\varepsilon \dot{v} \pi \acute{a} \theta \varepsilon \iota \alpha \iota$; istae autem quattuor $\pi \acute{a} \theta \eta$. Haec locutio utrum scripturis sanctis congruat, cum quaererem quantum potui diligenter, illud inueni quod ait propheta: *Non est gaudere impiis, dicit Dominus*; tamquam impii laetari possint potius quam gaudere de malis, quia gaudium proprie bonorum et piorum est. Item illud in euangelio: *Quaecumque uultis ut faciant uobis homines, haec et uos facite illis*, ita dictum uidetur, tamquam nemo possit aliquid male uel turpiter uelle, sed cupere. Denique propter consuetudinem locutionis nonnulli interpretes addiderunt «bona» et ita interpretati sunt: «Quaecumque uultis ut faciant uobis homines bona.» Cauendum enim putauerunt, ne quisquam inhonesta uelit sibi fieri ab hominibus, ut de turpioribus taceam, certe luxuriosa conuiuia, in quibus se, si et ipse illis faciat, hoc praeceptum existimet impleturum. Sed in Graeco euangelio, unde in Latinum translatum est, non legitur «bona»,

---

[84] 로마 사회의 지성인들에게는 constantiae(항심), perturbationes(동요), passiones(정염)라는 용어 차이가 통용되고 있었다.

[85] 이사 57,21. 〔공동번역: "그러니 악인들에게 무슨 평화가 있으랴?"〕

[86] 마태 7,12.

[87] *nemo* possit aliquid male vel turpiter *velle, sed cupere.* 의지는 자체가 선하므로 "악하고 추하게 원하는(velle voluntas)" 일은 있을 수 없으리라는 해석이 가능하다는 말이다.

[88] 그리스어 원본에는 없는 bona (ἀγαθά)라는 단어가 첨가된 불가타 사본들(현존하는 L, Q.R, W)이 유포되고 있음을 아우구스티누스는 알고 있었지만 일단 번역자들의 선의로 해석한다.

다만 근심 혹은 아픔, 우리가 애매함을 피하려는 뜻에서 차라리 슬픔이라고 부르는 것에 대해서는 현자의 마음에 다른 무엇이 있을 수 있다는 사실을 부인했다. 그들이 말하는 대로 의지는 선을 욕구하며 현자는 그 선을 실행한다. 희열은 선을 성취하는 데 대한 감정이며 현자는 어디서나 그 선을 욕구한다. 신중함은 악을 기피하는데 현자라면 당연히 악을 피해야 할 것이다. 그런데 슬픔은 그에게 이미 닥친 악에 대해 일어나는 것인데, 현자에게는 아무런 악도 닥칠 수 없다는 것이 그들의 생각이므로, 현자의 마음에 슬픔을 대신할 무엇은 있을 수 없다고 했다. 그리하여 그들은 의지하고 즐거워하고 신중을 기하는 일은 오로지 현자가 아니면 해당하지 않고, 어리석은 자는 오직 탐하고 기뻐하고 두려워하고 슬퍼할 뿐이라는 말도 한다. 그래서 앞의 셋은 항심이고 뒤의 넷은 키케로 말대로는 동요이고 다른 다수 학자들의 말대로는 정염이다.[84] 이미 말했지만, 그리스 말로 앞의 셋은 에우파테이아이이고 뒤의 넷은 파테다. 이런 어법이 성서에 맞는지 할 수 있는 데까지 주의깊게 살펴본 결과 예언서에서 다음과 같은 구절이 발견된다: "'악인들에게는 즐거움이 없다'. 주님께서 말씀하신다."[85] 이 말씀은 마치 악인들은 악을 두고 기뻐할 수는 있지만 즐거워할 수는 없다는 뜻으로 보이는데, 즐거움은 선인들과 경건한 사람들의 고유한 몫이기 때문이다. 복음서에도 유명한 구절이 나온다: "그러므로 여러분은 무엇이든지 사람들이 여러분을 위해 해주기 원하는 것을 그대로 그들에게 해주시오."[86] 이 말씀은 마치 아무도 무엇을 악하고 추하게 원할 수 없고 오직 탐할 뿐이라는 뜻으로 보인다.[87] 마지막으로 어떤 해석자들은 관습상의 어법 때문에 보나라는 단어를 덧붙이고서 "여러분은 무엇이든지 선한 것을 사람들이 여러분을 위해 해주기 바라는 것을"이라고 해석했다.[88] 그들은 사람들이 자기에게 부정한 짓을 해주기 바라는 사람이 없도록 조심해야 한다고 생각했던 것이다. 더 추한 행동에 대해서는 나도 입을 다물겠지만, 방탕한 연회석상에서 남들이 자기에게 부정한 언행을 했으니까 만일 자기도 남들에게 그렇게 한다면 이 계명이 실천된다고 여기는 일이 없도록 하려는 뜻이다. 하지만 라틴어로 옮겨진 그리스어 복음서에는 보나가 없고 "그러므로 여러분은 무엇이든지 사람들이 여러분을 위해 해주기 바라는 것을 그대로 그

sed: *Quaecumque uultis ut faciant uobis homines, haec et uos facite illis*; credo propterea, quia in eo quod dixit *uultis*, iam uoluit intellegi «bona». Non enim ait «cupitis».

Non tamen semper his proprietatibus locutio nostra frenanda est, sed interdum his utendum est; et cum legimus eos, quorum auctoritati resultare fas non est, ibi sunt intellegendae, ubi rectus sensus alium exitum non potest inuenire; sicut ista sunt, quae exempli gratia partim ex propheta, partim ex euangelio commemorauimus. Quis enim nescit impios exultare laetitia? Et tamen: *Non est gaudere impiis, dicit Dominus*. Vnde, nisi quia gaudere aliud est, quando proprie signateque hoc uerbum ponitur? Item quis negauerit non recte praecipi hominibus, ut quaecumque ab aliis sibi fieri cupiunt, haec eis et ipsi faciant; ne se inuicem turpitudine inlicitae uoluptatis oblectent? Et tamen saluberrimum uerissimumque praeceptum est: *Quaecumque uultis ut faciant uobis homines, eadem et uos facite illis*. Et hoc unde, nisi quia hoc loco modo quodam proprio uoluntas posita est, quae in malo accipi non potest? Locutione uero usitatiore, quam frequentat maxime consuetudo sermonis, non utique diceretur: *Noli uelle mentiri omne mendacium*, nisi esset et uoluntas mala, a cuius prauitate illa distinguitur, quam praedicauerunt angeli dicentes: *Pax in terra hominibus bonae uoluntatis*. Nam ex abundanti additum est «bonae», si esse non potest nisi bona. Quid autem magnum in caritatis laudibus dixisset apostolus, quod non gaudeat super iniquitate, nisi quia ita malignitas gaudet? Et apud auctores saecularium litterarum talis istorum uerborum indifferentia

---

[89] 라틴어로 "탐욕"(cupiditas) 혹은 "탐하다"(cupere)를 대신하는 "의지"(voluntas) 혹은 "원하다"(velle)는 어휘를 사용했다는 것 자체가 현자는 "선한 것을 바란다"고 전제했으리라는 설명이다.

[90] 교부는 의지에 관해 스토아의 정의(voluntas est quae quid cum ratione desiderat "의지란 무엇을 이치에 따라서 열망하는 것": Cicero, *Tusculanae disputationes* 4.6.12)를 따르지만, "악한 의지"(male velle)라는 것이 가능하다는 성서의 암시를 유념하고 있다.

[91] 집회 7,13. 〔공동번역: "어떠한 거짓말도 입에 담지 말아라."〕

[92] "거짓말하기를 원하다"(velle mentiri)는 문구는 의지가 악을 원하므로 악한 의지가 존재함을 전제한다.

[93] 루가 2,14. 〔200주년: "땅에서는 사랑받는 사람들에게 평화!"〕

[94] 1고린 13,6 참조: "사랑은 불의를 기뻐하지 않고 진리를 기뻐합니다."

들에게 해주시오"라고만 되어 있다. 그러므로 나는 "여러분은 사람들이 해주기 원하는 것을"이라고 한 말에서 "선한 것"이라는 뜻으로 이해하기 바랐다고 믿고 싶다. "여러분이 탐하는 것을"이라고 하지 않았기 때문이다.[89]

8.2. 이 구절을 어떻게 해석할 것인가

하지만 우리 언어를 항상 이런 특정한 어법에 한정시켜서는 안 되고, 간간이 그런 어법을 구사할 것이다. 우리가 작가들의 글을 읽고 또 그들의 권위를 무시하는 것이 온당하지 않을 경우에, 올바로 이해한 글의 의미가 달리 해석될 여지를 찾아낼 수 없다면 이런 어법에 준해서 이해해야 할 것이다. 우리가 앞에서 일부는 예언서에서, 일부는 복음서에서 예를 들었던 것처럼. 악인들이 기쁨으로 용약한다는 것을 누가 모르랴마는 "'악인들에게는 즐거움이 없다'. 주님께서 말씀하신다"는 구절도 있다. 그렇다면 이 단어가 특유한 의미를 갖고 여기 배치되어 있는 점으로 미루어볼 때, 즐거워한다는 것은 뭔가 다르기 때문이 아니겠는가? 또 사람들이 서로 추잡하고 부당한 쾌락으로 즐기려 한다면, 다른 사람들이 자기에게 해주기 바라는 것을 본인도 그대로 다른 사람들에게 해주라는 계명이 사람들에게 내려진다는 것이 옳지 않음을 누가 부인하겠는가? 하지만 "그러므로 여러분은 무엇이든지 사람들이 여러분을 위해 해주기 원하는 것을 그대로 그들에게 해주시오"라는 계명이야말로 참으로 유익하고 참으로 올바른 계명임에 틀림없다. 이 구절에서 무엇을 바라는 의지라는 말은 나쁜 의미로는 쓰일 수 없는 특별한 어법으로 채택되어 있지 않은가?[90] 어법상으로 매우 흔히 쓰는 더 일상적인 말투에서는 "온갖 거짓말을 거짓으로 말하기를 원하지 말아라"[91]는 표현을 쓰지 않는다. 이런 어투를 쓰는 경우는 악한 의지라는 것이 존재하는 것처럼 전제하고 있으며,[92] 그런 악한 의지는 천사가 예수의 탄생을 알리면서 "땅에서는 선한 의지의 인간들에게 평화!"[93]라고 하는 말과 대조된다. 의지가 선한 의지일 수밖에 없다면 여기서 의지라는 말에 보네라는 낱말을 보충하는 일은 지나치다. 만일 악의도 무엇을 두고 즐거워하는 경우가 아니라면, 사도가 애덕을 칭송하여 악을 두고 즐거워하지 않는다고 한 말은 무엇인가?[94] 그리고 세속문학 작가들의 글에서도 이런 낱말들이 아무런 차이 없이 쓰임을

reperitur. Ait enim Cicero orator amplissimus: «Cupio, patres conscripti, me esse clementem.» Quia id uerbum in bono posuit, quis tam peruerse doctus existat, qui non eum «Cupio», sed «Volo» potius dicere debuisse contendat? Porro apud Terentium flagitiosus adulescens insana flagrans cupidine:

>Nihil uolo aliud, inquit, nisi Philumenam.

Quam uoluntatem fuisse libidinem responsio, quae ibi serui eius sanioris inducitur, satis indicat. Ait namque domino suo:

>Quanto satius est,
>Te id dare operam, qui istum amorem ex animo amoueas tuo,
>Quam id loqui, quo magis libido frustra accendatur tua?

Gaudium uero eos et in malo posuisse ille ipse Vergilianus testis est uersus, ubi has quattuor perturbationes summa breuitate complexus est:

>Hinc metuunt cupiuntque, dolent gaudentque.

Dixit etiam idem auctor:

>Mala mentis gaudia.

Proinde uolunt cauent gaudent et boni et mali; atque ut eadem aliis uerbis enuntiemus, cupiunt timent laetantur et boni et mali; sed illi bene, isti male, sicut hominibus seu recta seu peruersa uoluntas est. Ipsa quoque tristitia, pro qua Stoici nihil in animo sapientis inueniri posse putauerunt, reperitur in bono et maxime apud nostros. Nam laudat apostolus Corinthios, quod contristati fuerint secundum Deum. Sed fortasse quis dixerit illis apostolum fuisse congratulatum, quod contristati fuerint paenitendo, qualis tristitia, nisi eorum qui peccauerint, esse non potest. Ita enim dicit:

---

[95] Cicero, *Orationes in Catilinam* 1.2.4: cupio ... me esse clementem.

[96] "의지"(voluntas)가 "원하다"(volo: velle)라는 동사에서 유래함을 전제하는 해설이다.

[97] Terentius, *Andria* 2.1.306-309.

[98] Vergilius, *Aeneis* 6.733: metuunt (timor) cupiuntque (cupido), dolent (dolor) gaudentque (gaudium).

[99] Vergilius, *Aeneis* 6.278: mala gaudia mentis.

[100] sicut hominibus seu recta seu perversa voluntas est: 본서에서도 이미 (11.17, 23; 12.6) mala voluntas라는 용어를 사용했고(cf. *De libero arbitrio* 1.15.31; 2.19.53), 이 14권에서도 (8; 11; 13장) 누차 사용한다.

[101] "슬픔"(aegritudo "근심, 번뇌", λύπη)은 닥치지도 않은 일에 대한 "근거없는 동의"(imbecilla adsensio)라는 이유로 스토아들이 그 존재를 부정했다. Cf. Cicero, *Tusculanae disputationes* 4.7.15.

알 수 있다. 아주 해박한 연설가 키케로도 "원로원 의원 여러분, 나도 이 사안을 두고 관대해지기를 탐합니다"라고 했다.[95] 그는 이 단어를 좋은 뜻으로 사용했는데, 학식있는 사람치고 키케로가 쿠피오 대신 볼로를 사용해야 했다고 시비를 걸 만큼 정신나간 사람이 있겠는가? 그런가 하면 테렌티우스의 글에는 건전치 못한 정욕에 안달하는 방탕한 젊은이가 이런 말을 한다:

    난 필루메나밖엔 딴 걸 아무것도 원치 않아.

여기서는 의지라는 것이 욕심이었음을,[96] 정신이 그래도 성한 몸종이 그에게 대꾸하는 말에서 알아듣게 잘 드러난다. 종은 자기 주인한테 이런 말을 한다:

    제발 도련님이 노력을 좀 하셔서 그따위 사랑일랑
    당신 마음에서 털어버리는 편이 얼마나 더 좋으리까?
    그걸 말씀하면 할수록 당신의 욕심만 헛되이 타오르는데 말입죠.[97]

작가들이 즐거움 또한 나쁜 뜻으로 사용했음은 베르길리우스의 글귀가 증명해 준다. 앞의 네 동요를 극히 간결하게 간추려 놓은 구절이다:

    육체로 인해 사람들은 두려워하고 탐하고 아파하고 즐거워하느니.[98]

같은 저자가 한 말이 또 있다:

    지성의 사악한 즐거움이여![99]

8.3. 특히 슬픔에 관하여

그러니까 선인도 악인도 의지意志하고 신중하고 즐거워한다. 또한 똑같은 그 일을 단어를 달리 써서 언표하자면, 선인이든 악인이든 탐하고 두려워하고 기뻐한다. 단지 선인들은 그것들을 잘하고 악인들은 그것들을 잘못할 뿐이다. 마치 사람들에게 바른 의지가 있거나 비뚤어진 의지가 있듯이.[100] 슬픔에 관한 한, 스토아 학파는 현자의 마음에는 아무것도 있을 수 없다고 생각했지만,[101] 이 슬픔도 좋은 뜻으로 나타나며, 특히 우리네 작가들의 글에서 그렇게 나타난다. 사도는 고린토인들이 어떤 일에 있어 하느님의 뜻에 맞게 슬퍼했다고 해서 칭찬하고 있다. 그런데 사도가 그들이 슬퍼하는 것을 보고 잘한다고 말했다면, 즉 뉘우치면서 슬퍼했다고 해서 잘했다고 한다면, 아무래도 그것은 죄지은 사람들의 슬픔일 수밖에 없다고 따질 사람이 있을지도 모르겠다. 실상

Video quod epistula illa, etsi ad horam, contristauit uos; nunc gaudeo, non quia contristati estis, sed quia contristati estis in paenitentiam. Contristati enim estis secundum Deum, ut in nullo detrimentum patiamini ex nobis. Quae enim secundum Deum est tristitia, paenitentiam in salutem inpaenitendam operatur; mundi autem tristitia mortem operatur. Ecce enim id ipsum secundum Deum contristari, quantam perfecit in uobis industriam. Ac per hoc possunt Stoici pro suis partibus respondere, ad hoc uideri utilem esse tristitiam, ut peccasse paeniteat; in animo autem sapientis ideo esse non posse, quia nec peccatum in eum cadit, cuius paenitentia contristetur, nec ullum aliud malum, quod perpetiendo et sentiendo sit tristis. Nam et Alcibiadem ferunt (si me de nomine hominis memoria non fallit), cum sibi beatus uideretur, Socrate disputante et ei quam miser esset, quoniam stultus esset, demonstrante fleuisse. Huic ergo stultitia fuit causa etiam huius utilis optandaeque tristitiae, qua homo esse se dolet, quod esse non debet. Stoici autem non stultum, sed sapientem aiunt tristem esse non posse.

9. Verum his philosophis, quod ad istam quaestionem de animi perturbationibus adtinet, iam respondimus in nono huius operis libro, ostendentes eos non tam de rebus, quam de uerbis cupidiores esse contentionis quam ueritatis. Apud nos autem iuxta scripturas sanctas sanamque doctrinam ciues sanctae ciuitatis Dei in huius uitae peregrinatione secundum Deum uiuentes metuunt cupiuntque, dolent gaudentque, et quia rectus est

---

[102] 2고린 7,8-11.

[103] Cf. Plato, *Alcibiades* 118b-d; Cicero, *Tusculanae disputationes* 3.32.77.

[104] 9.4-5 참조.

[105] quia rectus est amor eorum, istas omnes affectiones rectas habent: 스토아의 정염론에 대해 그리스도교 정염론은 "올바른" 사랑에서 우러난 감정들은 다 올바르다고 답변한다. 성서에 감정을 표출하는 단어들이 무수히 사용되고 있음이 이를 방증한다.

사도가 한 말은 이렇다: "그 편지가 잠시나마 여러분을 슬프게 한 것을 알지만 지금은 기쁩니다. 여러분이 슬퍼했기 때문이 아니라 슬퍼하여 마침내 회개했기 때문입니다. 사실 여러분은 하느님 뜻에 맞게 슬퍼했으니 우리 때문에 손해본 것은 아무것도 없는 셈입니다. 하느님 뜻에 맞는 슬픔은 회개를 자아내어 구원받게 하니 후회할 필요가 없습니다. 그러나 세상의 슬픔은 죽음을 빚어냅니다. 보시오. 바로 그 하느님 뜻에 맞는 슬픔이 얼마나 많은 것을 여러분에게 불러일으켰습니까!"[102] 이런 말에 대해 스토아 학파는 자기들 나름대로 답변할 말이 있을 것이다. 적어도 죄지은 것을 후회하는 한 슬픔은 유익한 것으로 보인다. 그렇지만 현자의 마음에는 그것이 있을 수 없다. 왜냐하면 그에게는 후회할 만한 죄가 닥칠 수도 없고, 뉘우치거나 절감하면서 슬퍼할 아무런 악도 있을 수 없기 때문이다. 하지만 알키비아데스라는 사람도(내 기억에 사람 이름이 틀리지 않는다면) 스스로 자기는 행복하다고 생각했는데, 소크라테스가 토론을 하여 그는 어리석기 때문에 불쌍한 사람이라는 점을 입증해 보이자 서럽게 울었다는 얘기가 있다.[103] 이 인물에게는 어리석음이 슬픔의 원인이었고 그런 슬픔이라면 유익하고도 바람직한 것이니, 그 슬픔으로 사람은 자기가 되어서는 안 될 그런 인간이 되었음을 마음아파하기 때문이다. 스토아 학파가 사람은 슬퍼할 수 없다고 말하는데, 그들이 말하는 대상은 어리석은 자가 아니라 현자다.

9. 마음의 동요: 의인들의 삶은 그 올바른 감정만 간직한다
9. 1. 성도에게 감정이란 어떤 것인가

마음의 동요에 대한 문제에 관한 한 본서 제9권에서 철학자들에게 우리가 이미 대답을 했다.[104] 우리는 그들이 사실보다는 언어에, 진리보다는 논쟁에 탐닉하고 있음을 보여주었다. 그런데 우리에게 있는 성서와 거룩한 가르침에 입각해 보건대, 하느님의 거룩한 도성의 시민들은 현세생활의 나그네살이에서도 하느님에 따라 살면서 두려워하고 탐하고 아파하고 즐거워하면서 지낸다. 그들의 사랑이 올바르기 때문에 그 모든 감정을 올바르게 간직하는 것이다.[105] 그들은

amor eorum, istas omnes affectiones rectas habent. Metuunt poenam aeternam, cupiunt uitam aeternam; dolent in re, quia ipsi in semet ipsis adhuc ingemescunt adoptionem expectantes, redemptionem corporis sui; gaudent in spe, quia fiet *sermo, qui scriptus est: Absorta est mors in uictoriam.* Item metuunt peccare, cupiunt perseuerare; dolent in peccatis, gaudent in operibus bonis. Vt enim metuant peccare, audiunt: *Quoniam abundabit iniquitas, refrigescet caritas multorum*; ut cupiant perseuerare, audiunt quod scriptum est: *Qui perseuerauerit usque in finem, hic saluus erit*; ut doleant in peccatis, audiunt: *Si dixerimus quia peccatum non habemus, nos ipsos seducimus, et ueritas in nobis non est*; ut gaudeant in operibus bonis, audiunt: *Hilarem datorem diligit Deus.* Item sicuti se infirmitas eorum firmitasque habuerit, metuunt temptari, cupiunt temptari; dolent in temptationibus, gaudent in temptationibus. Vt enim metuant temptari, audiunt: *Si quis praeoccupatus fuerit in aliquo delicto, uos, qui spiritales estis, instruite huius modi in spiritu mansuetudinis, intendens te ipsum, ne et tu tempteris*; ut autem cupiant temptari, audiunt quendam uirum fortem ciuitatis Dei dicentem: *Proba me, Domine, et tempta me; ure renes meos et cor meum*; ut doleant in temptationibus, uident Petrum flentem; ut gaudeant in temptationibus, audiunt Iacobum dicentem: *Omne gaudium existimate, fratres mei, cum in temptationes uarias incideritis.*

Non solum autem propter se ipsos his mouentur affectibus, uerum etiam propter eos, quos liberari cupiunt et ne pereant metuunt, et dolent si pereunt et gaudent si liberantur. Illum quippe optimum et fortissimum uirum,

---

[106] 1고린 15,54.

[107] 마태 24,12. 〔200주년: "무법이 늘어나 사람들의 사랑이 식을 것입니다."〕

[108] 마태 10,22.

[109] 1요한 1,8.

[110] 2고린 9,7.

[111] 갈라 6,1.

[112] 시편 25,2. 〔새번역 26,2: "주님, 저를 시험하시고 살펴보시며 제 속과 마음을 달구어 보소서."〕

[113] 마태 26,75 참조: "베드로는 … 밖으로 나가 슬피 울었다."

[114] 야고 1,2. 〔200주년: "형제 여러분, 온갖 시련에 싸일 때 그것을 큰 기쁨으로 여기시오."〕

영원한 벌을 두려워하고 영원한 생명을 탐낸다. 그들은 자기 자신에 대해 아직도 신음하고 하느님의 양자로 입양되기를 기다리며, 자기 육체의 구속을 기다리면서 실제로 아파한다. 그들은 "그때 성서에 씌어 있는 말씀이 이루어질 것입니다. '죽음을 삼키고 승리를 얻었다'"[106]라는 말 때문에 희망을 걸고 즐거워한다. 또한 그들은 죄짓는 것을 두려워하고 참고 견디기를 탐낸다. 죄에 대해 아파하고 선행에 대해 즐거워한다. 그들이 죄짓기를 두려워하는 것은 "사악이 가득해지고 많은 사람들의 애덕이 식을 것입니다"[107]라는 말씀을 듣기 때문이다. 참고 견디기를 탐하는 것은 "끝까지 참고 견디는 사람이야말로 구원받을 것입니다"[108]라는 말씀을 듣기 때문이다. 죄에 대해 아파하는 것은 "우리가 죄 없다고 말한다면 자신을 속이는 것이며 우리 안에 진리가 없습니다"[109]라는 말씀을 듣기 때문이다. 선행에 대해 즐거워하는 것은 "하느님은 기꺼이 주는 이를 사랑하십니다"[110]라는 말씀을 듣기 때문이다. 또한 그들의 나약함이 자신을 사로잡음과 동시에 강인함이 자신을 사로잡기도 하기 때문에 그들은 유혹받기를 두려워하는가 하면 유혹받기를 탐낸다. 유혹에 대해 아파하는가 하면 유혹에 대해 즐거워한다. 유혹받기를 두려워하는 것은 "누가 무슨 잘못을 저질렀거든 여러분은 영으로 사는 사람들이니 온유한 마음으로 그를 바로잡아 주시오. 아울러 그대 자신도 유혹에 떨어질세라 스스로 살피시오"[111]라는 말씀을 듣기 때문이다. 그러면서도 유혹받기를 탐낸다면 하느님 도성의 어느 강한 사나이가 하는 말을 듣기 때문이다: "주님, 나를 시험하소서. 나를 유혹하소서. 나의 간장과 나의 심장을 태우소서."[112] 유혹에 대해 아파하는 것은 통곡하는 베드로를 보기 때문이다.[113] 유혹에 대해 즐거워하는 것은 야고보의 말을 듣기 때문이다: "나의 형제 여러분, 갖가지 유혹에 싸일 때 여러분은 그것을 온갖 즐거움으로 여기시오."[114]

9.2. 바울로에게 감정이란 어떤 것인가

그들은 본인 자신을 위해서만 이런 감정에 움직이는 것이 아니고, 다른 사람들이 자유로워지기를 탐하고 남들이 멸망하지 않을까 두려워하고, 남들이 멸망한다면 아파하고 자유로워진다면 즐거워하는 면에서도 감정에 움직인다고 하겠

qui in suis infirmitatibus gloriatur, ut eum potissimum commemoremus, qui in ecclesiam Christi ex gentibus uenimus, doctorem gentium in fide et ueritate, qui et plus omnibus suis coapostolis laborauit et pluribus epistulis populos Dei, non eos tantum, qui praesentes ab illo uidebantur, uerum etiam illos, qui futuri praeuidebantur, instruxit; illum, inquam, uirum, athletam Christi, doctum ab illo, unctum de illo, crucifixum cum illo, gloriosum in illo, in theatro huius mundi, cui spectaculum factus est et angelis et hominibus, legitime magnum agonem certantem et palmam supernae uocationis in anteriora sectantem, oculis fidei libentissime spectant gaudere cum gaudentibus, flere cum flentibus, foris habentem pugnas, intus timores, cupientem dissolui et esse cum Christo, desiderantem uidere Romanos, ut aliquem fructum habeat et in illis, sicut et in ceteris gentibus, aemulantem Corinthios et ipsa aemulatione metuentem, ne seducantur eorum mentes a castitate, quae in Christo est, magnam tristitiam et continuum dolorem cordis de Israelitis habentem, quod ignorantes Dei iustitiam et suam uolentes constituere iustitiae Dei non essent subiecti; nec solum dolorem, uerum etiam luctum suum denuntiantem quibusdam, qui ante peccauerunt et non egerunt paenitentiam super inmunditia et fornicationibus suis.

Hi motus, hi affectus de amore boni et de sancta caritate uenientes si uitia uocanda sunt, sinamus, ut ea, quae uere uitia sunt, uirtutes uocentur. Sed cum rectam rationem sequantur istae affectiones, quando ubi oportet

---

[115] 사도 바울로를 가리킨다. 2고린 12,5 참조: "나 자신에 대해서는 약점들밖에 자랑할 것이 없습니다". 이하에 그리스도인의 표본인 사도가 얼마나 정감이 풍부한 인물이었던가를 사도의 서간을 간접 인용하며 묘사한다.

[116] 1고린 15,10 참조.

[117] 갈라 1,12; 2,19; 1고린 4,9; 2디모 4,7-8; 필립 3,14 참조.

[118] 로마 12,15 참조.

[119] 2고린 7,5; 필립 1,23 참조.

[120] 2고린 11,2-3 참조.

[121] 로마 9,2 참조.

[122] 로마 10,3 참조.

[123] 2고린 12,21 참조.

[124] hi affectus de amore boni et de sancta caritate venientes: "선한" 정염들은 곧 덕이요, 스토아가 기피하는 정신의 병고(morbi)나 타락한 정염(vitiosae passiones)과 구분되는 기준이 나타난다.

다. 우리가 기억하기로도 자신의 약함에 대해 자랑하는 사람을 우리는 가장 훌륭하고 가장 용감한 사나이로 기억하고 있으며, 또한 이방인 출신으로 그리스도의 교회에 들어온 우리는 신앙과 진리에 있어서 이방인들의 박사인 분을 제일가는 사나이로 기억하고 있다.[115] 그는 자기의 모든 동료 사도들 가운데 누구보다 더 많은 수고를 했고 수많은 서간으로 하느님의 백성들을, 그것도 임석하여 그를 직접 만나본 사람들만 아니라 장차 올 사람들까지도 가르친 바 있다.[116] 내가 그를 사나이라고 칭한 것은 그리스도의 경기선수이기 때문인데, 그는 그분에게서 가르침을 받았고 그분에게서 기름을 받았고, 그분과 더불어 십자가에 처형되었으며 그분 안에서 영광스러워졌고, 이 세상의 극장에서 천사들과 사람들 앞에서 구경거리가 되었으며, 그는 크나큰 싸움을 하고 위로부터 부르면서 내거는 종려가지를 얻으려고 앞으로 나아갔던 것이다.[117] 사람들은 신앙의 눈으로 그가 즐거워하는 이들과 함께 즐거워하고 우는 이들과 함께 우는 모습을 바라보며 흡족해했다.[118] 또한 그를 밖으로는 싸움, 안으로는 두려움을 품은 사람으로, 세상을 떠나 그리스도와 함께 있기를 탐하는 사람으로, 로마인들을 보고 싶어하는 열망이 간절했고 다른 이방인들에게서와 마찬가지로 그들에게서도 약간의 열매를 거두고자 했던 사람으로,[119] 고린토인들에 대한 열정이 지극하여 바로 그 열정 때문에 누가 그들의 생각을 썩게 하여 그리스도에 대한 순결을 저버리지나 않을까 두려워하는 사람으로,[120] 자기 동족인 이스라엘인들 때문에 크나큰 슬픔이 있고 자기 마음에 끊임없는 아픔이 있는 사람으로,[121] 이스라엘인들이 하느님의 의로움을 보지 못해 저 나름의 의로움을 세우려고만 했지 하느님의 의로움에는 복종하지 않은 것을 가슴 아파하는 사람으로[122] 바라본다. 그는 이전에 죄를 짓고도 그 더러운 짓과 음란과 방탕에서 회개하지 않고 있는 이들을 한탄하면서 단지 아픔만 느끼지 않고 애통해하는 사람으로 본다.[123]

9.3. 주 그리스도에게 감정이란 어떤 것인가

선에 대한 사랑에서 유래하고 거룩한 애덕에서 유래하는 이 움직임,[124] 이 감정을 악덕이라고 불러야 한다면, 우리는 진짜 악덕 또한 덕목이라고 부르도록 내버려 두자. 하지만 그런 감정이 올바른 이성을 따르는 한, 그리고 필요한 곳에

adhibentur, quis eas tunc morbos seu uitiosas passiones audeat dicere? Quam ob rem etiam ipse Dominus in forma serui agere uitam dignatus humanam, sed nullum habens omnino peccatum adhibuit eas, ubi adhibendas esse iudicauit. Neque enim, in quo uerum erat hominis corpus et uerus hominis animus, falsus erat humanus affectus. Cum ergo eius in euangelio ista referuntur, quod super duritia cordis Iudaeorum cum ira contristatus sit, quod dixerit: *Gaudeo propter uos, ut credatis*, quod Lazarum suscitaturus etiam lacrimas fuderit, quod concupiuerit cum discipulis suis manducare pascha, quod propinquante passione tristis fuerit anima eius: non falso utique referuntur. Verum ille hos motus certae dispensationis gratia ita cum uoluit suscepit animo humano, ut cum uoluit factus est homo.

Proinde, quod fatendum est, etiam cum rectas et secundum Deum habemus has affectiones, huius uitae sunt, non illius, quam futuram speramus, et saepe illis etiam inuiti cedimus. Itaque aliquando, quamuis non culpabili cupiditate, sed laudabili caritate moueamur, etiam dum nolumus flemus. Habemus ergo eas ex humanae condicionis infirmitate; non autem ita Dominus Iesus, cuius et infirmitas fuit ex potestate. Sed dum uitae huius infirmitatem gerimus, si eas omnino nullas habeamus, tunc potius non recte uiuimus. Vituperabat enim et detestabatur apostolus quosdam, quos etiam esse dixit sine affectione. Culpauit etiam illos sacer psalmus, de quibus ait: *Sustinui qui simul contristaretur, et non fuit*. Nam omnino non dolere, dum sumus in hoc loco miseriae, profecto, sicut quidam etiam apud saeculi huius litteratos sensit et dixit, 'non sine magna mercede contingit inmanitatis in animo, stuporis in corpore'. Quocirca illa, quae

---

[125] 마르 3,5 참조.

[126] 요한 11,15. 〔200주년: "그대들을 위해서는 오히려 잘된 일입니다. 이 일로 말미암아 그대들이 믿게 될 것입니다."〕

[127] 요한 11,35 참조.

[128] 루가 22,15 참조.

[129] 마태 26,38 참조.

[130] 스토아의 냉철하고 달관적인 태도에 대해 교부는 바울로와 그리스도의 "인간적인" 자세를 대조시켜 따뜻하고 인간다운 심성을 부각시킨다.

[131] 로마 1,31 참조.

[132] 시편 68[69],21.

[133] Cicero, *Tusculanae disputationes* 3.6.12. 아카데미아 학파 인물(Crantor: BC 330~370)의 글귀로 감정에 흔들림보다도 냉담한 무감각을 더욱 지탄했다.

서 발휘된다면 그땐 감히 누가 그것을 병고라거나 타락한 정염이라고 부르겠는 가? 그래서 주님 친히 종의 모습으로 인간생활을 하기로 작정했으며, 아무 죄가 없으면서도 그 감정을 표명해야 한다고 판단하는 경우에는 주저없이 표명했다. 따라서 그분은 육체도 진짜고 정신도 진짜인데 인간 감정만은 가짜였다는 것은 말이 안 된다. 그래서 그분의 복음서에서 전하기를, 그분은 유다인들의 마음이 완고한 것에 대해 분개하며 슬퍼했고,[125] "당신들이 믿도록 하기 위해 … 당신들 때문에 기뻐합니다"[126]라는 말씀을 했으며, 라자로를 부활시킬 때에는 눈물을 흘렸고,[127] 당신 제자들과 함께 해방절 음식을 나누기를 참으로 간절히 바랐으며,[128] 수난이 다가오자 그분의 영혼이 근심에 싸여 죽을 지경이었다.[129] 물론 거짓으로 전하는 말들이 아니다. 그분은 응당 이런 동요를 확실하게 조정한 덕택에, 당신이 원하는 대로 사람이 되었듯이 당신이 원하는 대로 인간적인 마음에 이런 감정을 받아들였다.[130]

9. 4. 스토아 학파의 달관에 대해 어떻게 생각할 것인가

그런데 우리가 이런 감정을 올바로 지니고, 또 하느님에 따라 지니더라도 그것이 장차 올 것으로 희망하는 삶에서 느낄 감정이 아니고 단지 이승의 것임을 안다면, 본의 아니게 종종 이 감정들에 밀리고 만다는 사실을 자백해야 하리라. 그리하여 탓할 만한 탐욕에 의한 움직임이 아니라 칭송할 만한 애덕에 의한 움직임인데도 본의 아니게 울 때가 있다. 이런 감정은 아무래도 우리가 인간 조건의 허약함에서 비롯하여 품는 것이다. 주 예수는 그렇지 않았는데, 그분의 연약함도 그분의 능력에서 비롯되는 것이다. 그러나 현세생활의 허약함을 영위하는 동안에도 우리가 그런 감정을 일체 지니고 있지 않다면 우리는 올바로 살고 있지 못한 셈이다. 사도 역시 어떤 사람들이 몰인정하다고 해서 꾸짖고 몹시 싫어한 적이 있다.[131] 거룩한 시편도 그런 사람들을 질책하고 손가락질하면서 자기를 "위로해 줄 이들을 바랐건만 찾지 못하였나이다"[132]라고 했다. 우리가 이 비참한 땅에 자리잡고 있으면서도 아무런 아픔을 느끼지 않는다면 이는 필시 이 속세의 문학가들 가운데 혹자가 느끼고 말한 그대로 "마음에 지독한 냉혹함이 도사리고 몸에 지독한 아둔함이 도사리고 있는 탓이리라".[133] 그

ἀπάθεια Graece dicitur (quae si Latine posset inpassibilitas diceretur), si ita intellegenda est (in animo quippe, non in corpore accipitur), ut sine his affectionibus uiuatur, quae contra rationem accidunt mentemque perturbant, bona plane et maxime optanda est, sed nec ipsa huius est uitae. Non enim qualiumcumque hominum uox est, sed maxime piorum multumque iustorum atque sanctorum: *Si dixerimus, quia peccatum non habemus, nos ipsos seducimus et ueritas in nobis non est.* Tunc itaque ἀπάθεια ista erit, quando peccatum in homine nullum erit. Nunc uero satis bene uiuitur, si sine crimine; sine peccato autem qui se uiuere existimat, non id agit, ut peccatum non habeat, sed ut ueniam non accipiat. Porro si ἀπάθεια illa dicenda est, cum animum contingere omnino non potest ullus affectus, quis hunc stuporem non omnibus uitiis iudicet esse peiorem? Potest ergo non absurde dici perfectam beatitudinem sine stimulo timoris et sine ulla tristitia futuram; non ibi autem futurum amorem gaudiumque quis dixerit, nisi omni modo a ueritate seclusus? Si autem ἀπάθεια illa est, ubi nec metus ullus exterret nec angit dolor, auersanda est in hac uita, si recte, hoc est secundum Deum, uiuere uolumus; in illa uero beata, quae sempiterna promittitur, plane speranda est.

Timor namque ille, de quo dicit apostolus Iohannes: *Timor non est in caritate, sed perfecta caritas foras mittit timorem, quia timor poenam habet; qui autem timet, non est perfectus in caritate*, non est eius generis timor, cuius ille, quo timebat apostolus Paulus, ne Corinthii serpentina seducerentur astutia; hunc enim timorem habet caritas, immo non habet

---

[134] 아우구스티누스 당시에는 라틴어로 사용되지 않던 용어였다.

[135] 1요한 1,8.

[136] 펠라기우스 논쟁에서 impeccantia(죄짓지 않음)라는 개념이 시비가 되었는데 죄를 짓지 않는다는 자부심은 남에게, 하느님께도 용서받을 마음이 없노라는 오만이라는 것이 교부의 해석이었다.

[137] 1요한 4,18.

[138] 2고린 11,2-3 참조.

리하여 그리스어로 아파테이아라고 하는 것(라틴어로는 임파시빌리타스[134]라고 부를 만하다)을 발생하는 것도 이성에 상치되고 지성을 교란시키는 그런 감정 없이 산다는 뜻으로 이해해야 한다면(육체가 아니라 마음에 해당하는 것으로 이해해야 한다면), 그것이야말로 확실히 좋고 가장 바람직한 무엇이리라. 하지만 그것은 이승의 것이 아니다. 아래에 나오는 말은 평범한 사람들의 목소리가 아니고 참으로 경건하고 아주 의롭고 성스러운 사람들의 소리다: "우리가 죄 없다고 말한다면 자신을 속이는 것이며 우리 안에 진리가 없습니다."[135] 그러니까 사람에게 죄가 전혀 없을 때만 저 아파테이아는 스토아 학파가 말하는 그런 경지가 될 것이다. 지금으로서는 죄만 없이 산다면 그런대로 잘 사는 것이다. 하지만 자기는 죄 없이 사노라고 자부하는 사람은 죄를 짓지 않으려고 그런다기보다는 남에게 용서를 받을 생각이 없어서 그러는 것이다.[136] 만약 아무런 감정도 마음을 사로잡지 않는 그것을 아파테이아라고 말해야 한다면 이렇게 둔한 심성이야말로 온갖 악덕보다 더 나쁘다고 판단하지 않을 사람이 누가 있겠는가? 완전한 행복이야말로 두려움의 자극도 없으며 아무런 슬픔도 없으리라고 말한다 해도 자가당착은 아니겠지만, 전적으로 진리로부터 차단당한 사람이 아니고서야 거기에는 사랑도 없고 즐거움도 없으리라는 말을 누가 감히 하겠는가? 만약 아파테이아가 어떤 두려움도 겁을 주지 않고 어떤 아픔도 번민하게 만들지 않는 처지이고 우리가 올바로 살기를 원한다면, 다시 말해 하느님에 따라 살기를 원한다면 현세에서는 아파테이아에 반대해야 마땅하리라. 그 대신 영구하리라고 약속된 저 행복한 삶에서는 아파테이아를 전적으로 희구할 만하리라.

9.5. 애덕에도 두려움이 있을 수 있다

두려움에 대해 사도 요한이 하는 말이 있다: "사랑에는 두려움이 없으며, 완전한 사랑은 두려움을 내쫓습니다. 두려움은 벌을 생각합니다. 두려워하는 이는 사랑에 완전하지 못합니다."[137] 그런데 고린토인들이 뱀 같은 간교함에 속을까 걱정하는 사도 바울로의 두려움은 이와 똑같은 두려움이 아니다.[138] 여기서는 애덕이 두려움을 품으며, 한 걸음 나아가 애덕이 아니면 두려움을 품지 않는

nisi caritas; sed illius generis est timor qui non est in caritate, de quo ipse apostolus Paulus ait: *Non enim accepistis spiritum seruitutis iterum in timore.* Timor uero ille castus permanens in saeculum saeculi, si erit et in futuro saeculo, (nam quo alio modo potest intellegi permanere in saeculum saeculi?) non est timor exterrens a malo quod accidere potest, sed tenens in bono quod amitti non potest. Vbi enim boni adepti amor inmutabilis est, profecto, si dici potest, mali cauendi timor securus est. Timoris quippe casti nomine ea uoluntas significata est, qua nos necesse erit nolle peccare, et non sollicitudine infirmitatis, ne forte peccemus, sed tranquillitate caritatis cauere peccatum. Aut si nullius omnino guneris timor esse poterit in illa certissima securitate perpetuorum feliciumque gaudiorum, sic est dictum: *Timor Domini castus permanens in saeculum saeculi,* quem ad modum dictum est: *Patientia pauperum non peribit in aeternum.* Neque enim aeterna erit ipsa patientia, quae necessaria non est, nisi ubi toleranda sunt mala; sed aeternum erit, quo per patientiam peruenitur. Ita fortasse timor castus in saeculum saeculi dictus est permanere, quia id permanebit, quo timor ipse perducit.

Quae cum ita sint, quoniam recta uita ducenda est, qua perueniendum sit ad beatam, omnes affectus istos uita recta rectos habet, peruersa peruersos. Beata uero eademque aeterna amorem habebit et gaudium non solum rectum, uerum etiam certum; timorem autem ac dolorem nullum. Vnde iam apparet utcumque, quales esse debeant in hac peregrinatione ciues ciuitatis Dei, uiuentes secundum spiritum, non secundum carnem, hoc est secundum Deum, non secundum hominem, et quales in illa, quo

---

[139] 로마 8,15.

[140] 시편 18,10. 〔새번역 19,10: "주님을 경외함은 순수하니 영원히 이어지고."〕

[141] mali cavendi timor securus est. "두려움"과 "안전함"이라는 상극의 단어를 병치한 역설이다.

[142] 시편 9,19. 〔새번역: "가련한 이들의 희망은 영원토록 헛되지 않으리로다."〕

[143] 시편 18[19],10과 9,19를 자구적으로 해석할 때의 난점을 교부는 결과론적으로 풀어본다.

[144] omnes affectus istos vita recta rectos habet: 앞의 각주 105에 지적한 "올바른 사랑" (amor rectus) 처럼 "올바른 삶"이 감정의 성격을 좌우한다.

다. 이에 비해 위에서 말한 두려움은 애덕 안에 존재하는 종류의 두려움이 아니며, 그런 것에 대해서는 바울로 사도도 "여러분은 또다시 불안에 떨게 하는 종의 영을 받은 것이 아닙니다"[139]라고 했다. 그러나 저 "순수한 두려움은 세세대대로 남으리라".[140] 다음 세상에도 두려움이 있다면(어느 면에서 두려움이 세세대대로 남으리라고 생각할 수도 있으니까) 닥쳐올지 모르는 악에 대해 무서워 떨게 하는 두려움은 아닐 것이다. 그것은 상실할 수 없는 선 가운데 간직되는 그런 두려움이리라. 획득한 선에 대한 사랑이 불변하는 곳에서라면, 정말 이런 말이 가능하다면, 악을 조심하는 두려움이 안전할 것이다.[141] 순수한 두려움이라는 단어로 지시되는 의미는 의지, 죄짓기를 필연적으로 싫어하는 의지이며, 그것은 나약함에 대한 초조감에서 혹시 우리가 죄를 짓지 않을까 하는 격정이기보다는 평온한 애덕으로 죄를 조심하는 것이다. 그렇지 않고 영속하고 행복한 즐거움에 대해 그토록 확실하고 안전한 처지에서 아무런 종류의 두려움도 존재할 수 없다면, 그때는 "순수한 두려움은 세세대대로 남으리라"는 구절이 "가난한 사람들의 인내는 영원히 멸하지 않으리라"[142]는 구절에 상응하는 내용이 될 것이다. 인내는 악을 견디는 일이 아니면 필요하지 않을 것이므로 가난한 사람들의 인내가 영원히 가지는 않을 것이고 오직 인내를 통해 도달한 그 경지만이 영원하리라는 말이다. 그와 마찬가지로 저 두려움이 인도해 주는 경지가 영원히 남으리라는 이유에서 순수한 두려움은 세세대대로 남으리라고 한 것이다.[143]

9.6. 사실 이 감정에서 두 도성이 비롯한다

사정이 그렇다면 올바른 삶을 영위해야 하는 이유는 그런 삶으로 행복한 삶에 도달하기 위한 것이므로, 바른 삶은 모든 감정을 바르게 가지고 비뚤어진 삶은 비뚤게 가지게 된다.[144] 그리하여 행복하고 동시에 영원한 삶은 사랑을 품을 것이고 즐거움, 그것도 바른 즐거움이자 또한 확고한 즐거움을 지닐 것이다. 다만 두려움과 아픔은 아무것도 없을 것이다. 그리하여 하느님 도성의 시민들이 이 지상의 순례에서 어떠한 인간들이 되어야 하는가가 잘 드러난다. 곧 영에 따라서 살되 육에 따라 살지 않고, 하느님에 따라서 살되 사람에 따라서 살지

tendunt, inmortalitate futuri sint. Ciuitas porro, id est societas, impiorum non secundum Deum, sed secundum hominem uiuentium et in ipso cultu falsae contemptuque uerae diuinitatis doctrinas hominum daemonumue sectantium his affectibus prauis tamquam morbis et perturbationibus quatitur. Et si quos ciues habet, qui moderari talibus motibus et eos quasi temperare uideantur, sic impietate superbi et elati sunt, ut hoc ipso sint in eis maiores tumores, quo minores dolores. Et si nonnulli tanto inmaniore, quanto rariore uanitate hoc in se ipsis adamauerint, ut nullo prorsus erigantur et excitentur, nullo flectantur atque inclinentur affectu: humanitatem totam potius amittunt, quam ueram adsequuntur tranquillitatem. Non enim quia durum aliquid, ideo rectum, aut quia stupidum est, ideo sanum.

않는 사람이 되어야 한다는 점이다. 또 그들이 지향하는 저 영원에서는 어떠한 인간들이 될 것인지도 드러난다. 그 대신에 불의한 사람들, 곧 하느님에 따라 살지 않고 사람에 따라 사는 사람들, 거짓 신성을 숭배하고 참된 신성을 경멸하면서 인간들과 악마들의 교설을 따르는 사람들의 도성 내지 사회는 질병이나 동요에 가까운 사악한 감정에 사정없이 휘말린다. 그 도성을 거느리는 시민들이 그런 움직임을 절제하고 거의 제어하는 것처럼 보일지라도, 그들은 불경스럽게 오만하고 한껏 부풀어 있어서 그런 사람들에게는 고통이 적은 그만큼 자만심이 커지는 결과를 낳는다. 또 어떤 사람들은 아주 보기 드물고도 깊숙이 뿌리박힌 허영심에 사로잡힌 채, 자기 내심에 이룩된 그런 상태에 스스로 반하여 어떠한 감정에 의해서도 고양되거나 자극을 받지 않고 어떠한 감정에 의해서도 흔들리거나 쏠리지 않을 지경에 있다고 해보자. 그런 사람들은 진정한 평정을 획득하고 있다기보다는 인간성 전체를 상실하고 있다.[145] 강직함이란 모진 무엇이 아니고 건전함이란 우둔한 무엇이 아니기 때문이다.

---

[145] *humanitatem totam amittunt quam veram assequuntur tranquilitatem*: 사랑(caritas)을 알지 못하는 스토아적 달관에 대한 교부의 최종 평가를 담은 문장이다.

10. Sed utrum primus homo uel primi homines (duorum erat quippe coniugium) habebant istos affectus in corpore animali ante peccatum, quales in corpore spiritali non habebimus omni purgato finitoque peccato, non inmerito quaeritur. Si enim habebant, quo modo erant beati in illo memorabili beatitudinis loco, id est paradiso? Quis tandem absolute dici beatus potest, qui timore afficitur uel dolore? Quid autem timere aut dolere poterant illi homines in tantorum tanta afluentia bonorum, ubi nec mors metuebatur nec ulla corporis mala ualetudo, nec aberat quicquam, quod bona uoluntas adipisceretur, nec inerat quod carnem animumue hominis feliciter uiuentis offenderet? Amor erat inperturbatus in Deum atque inter se coniugum fida et sincera societate uiuentium, et ex hoc amore grande gaudium, non desistente quod amabatur ad fruendum. Erat deuitatio tranquilla peccati, qua manente nullum omnino alicunde malum, quod contristaret, inruebat. An forte cupiebant prohibitum lignum ad uescendum contingere, sed mori metuebant, ac per hoc et cupiditas et metus iam tunc illos homines etiam in illo perturbabat loco? Absit ut hoc existimemus fuisse, ubi nullum erat omnino peccatum. Neque enim nullum peccatum est ea quae lex Dei prohibet concupiscere atque ab his abstinere timore poenae, non amore iustitiae. Absit, inquam, ut ante omne peccatum iam ibi fuerit tale peccatum, ut hoc de ligno admitterent, quod de muliere Dominus ait: *Si quis uiderit mulierem ad concupiscendum*

---

[146] "감정"(affectus)을 "… 에 영향받음"(affici)으로 이해하고 이 논변을 전개한다.

제2부 (10-28)
원조 범죄 후의 감정과 정욕

10. 원조들은 낙원에서 타락하기 전에 감정의 동요를 느끼게 만들어져 있었을까

　최초의 사람 혹은 원조들(배우자 두 사람이었다)은 범죄 이전에도 생물의 몸에 그런 감정들을 지니고 있었는지, 즉 온갖 죄에서 정화되고 끝장난 다음 우리가 영적인 몸에 있을 때는 결코 지니지 않을 그런 감정들을 지니고 있었는지 질문하는 것은 부당하지 않다. 만약 그런 감정을 지니고 있었다면 저 기억에 길이 남을 지복의 장소 곧 낙원에서 어떻게 그들이 행복할 수 있었겠는가? 두려움이나 고통에 영향을 받는[146] 사람이 어떻게 절대 행복에 있다고 말할 수 있는가? 그토록 많은 선들이 넘쳐나는 경지에서 그들은 도대체 무엇을 두려워하고 무엇을 괴로워할 수 있었을까? 거기서는 죽음을 두려워하지 않았고, 육체의 건강이 나빠질까 두려워하지도 않았고, 선한 의지가 추구하는 무엇이 멀리 떨어져 있지도 않았고, 행복하게 살아가는 인간의 육신과 마음을 손상시키는 무엇이 내재해 있지도 않았으니까. 하느님을 향하는 사랑이 전혀 동요하지 않았고, 믿음 있고 신실한 유대로 살아가는 이상 배우자들 사이의 사랑도 흔들림이 없었으며, 그 사랑으로부터 크나큰 즐거움이 유래했고, 사랑하여 향유하는 바가 소진되는 일도 없었다. 평온하게 죄를 피했고, 그렇게 피하고 있는 한, 다른 곳에서부터 무슨 통탄할 만한 악이 엄습할 일도 없었다. 혹시 그들은 금지된 나무를 탐내어 나무 열매를 먹고 싶었고 그러면서도 죽기는 두려웠을 테니까 탐욕과 두려움이 그때 그곳에서도 그 사람들을 혼란스럽게 만들지나 않았을까? 그러나 그곳에는 전혀 죄가 없었으므로 이런 일이 있었으리라 생각하는 것은 절대 불가하다. 아무 죄도 없었으므로 하느님의 율법이 금하는 바를 탐하는 일도 없었고, 그런 행위를 자제하는 일도 의덕에 대한 사랑에서 우러난 것이 아니라 죄벌에 대한 두려움에서 우러나서 행하는 일은 없었을 것이다. 내가 말하거니와 어떤 죄도 범해지기 이전인데 이미 그곳에 어떤 죄가 있었다는 얘기는 절대 불가하다. 주님이 여자에 대해 말씀한, "누구든지 남의 아내를 탐내어 바라보는 사람은 이미

eam, iam moechatus est eam in corde suo. Quam igitur felices erant et nullis agitabantur perturbationibus animorum, nullis corporum laedebantur incommodis: tam felix uniuersa societas esset humana, si nec illi malum, quod etiam in posteros traicerent, nec quisquam ex eorum stirpe iniquitate committeret, quod damnatione reciperet; atque ista permanente felicitate, donec per illam benedictionem, qua dictum est: *Crescite et multiplicamini,* praedestinatorum sanctorum numerus compleretur, alia maior daretur, quae beatissimis angelis data est, ubi iam esset certa securitas peccaturum neminem neminemque moriturum, et talis esset uita sanctorum post nullum laboris doloris mortis experimentum, qualis erit post haec omnia in incorruptione corporum reddita resurrectione mortuorum.

11. Sed quia Deus cuncta praesciuit et ideo quoque hominem peccaturum ignorare non potuit: secundem id, quod praesciuit atque disposuit, ciuitatem sanctam debemus adserere, non secundum illud, quod in nostram cognitionem peruenire non potuit, quia in Dei dispositione non fuit. Neque enim homo peccato suo diuinum potuit perturbare consilium, quasi Deum quod statuerat mutare conpulerit; cum Deus praesciendo utrumque praeuenerit, id est, et homo, quem bonus ipse creauit, quam malus esset futurus, et quid boni etiam sic de illo esset ipse facturus. Deus enim etsi dicitur statuta mutare (unde tropica locutione in scripturis etiam paenituisse legitur Deum), iuxta id dicitur, quod homo sperauerat uel naturalium causarum ordo gestabat, non iuxta id, quod se Omnipotens facturum

---

[147] 마태 5,28.

[148] nullis perturbationibus ... nullis incommodis: 현세 처지의 감정들과는 달리 낙원의 인간들에게는 사후의 구원받은 이들과 마찬가지로 부정적 감정의 "동요"와 "불편"이 전무했으리라는 추정이다.

[149] 당대의 여러 논란을 무릅쓰면서 교부들은 범죄 이전과 이후의 상태를 근거로 구속론(救贖論)을 옹호해야 했다. 예: Irenaeus, *Adversus haereses* 3.23.5; 5.10.1; Tatianus, *Oratio ad Graecos* 15.

[150] 원조가 죄를 짓지 않았을 경우나 구원을 안배하지 않았을 경우를 가정한 창세기 해설은 무의미하다는 입장이다.

[151] 아우구스티누스는 하느님의 창조와 섭리가 하느님의 의지와 인간의 의지를 배제하지 않는다는 이론을 고수한다(5.8-10 참조).

[152] 창세 6,6("야훼께서는 왜 사람을 만들었던가 싶어 마음이 아프셨다"); 1열왕[1사무] 15,11 ("나는 사울을 왕으로 삼은 것을 후회한다") 참조.

마음으로 간음한 사람입니다"[147]는 말씀을 저 나무에 적용시켜 탐내는 죄를 가정하는 일은 절대 불가하다. 그들은 참으로 행복했고 어떤 마음의 동요로 흔들리는 일이 없었고 어떤 육체의 불편함으로 고생하는 일도 없었다.[148] 만일 그들이 악을 범하지 않았더라면, 또 사람들이 단죄되어 물려받을 죄악을 그들의 후손 가운데 누군가 범하지 않았더라면, 이런 행복을 인류사회 전체가 고스란히 누렸을 것이다. 그리하여 그런 행복이 지속되면서 "낳아서 번식하여라!"는 말씀대로 축복이 이루어져서 예정된 성도聖徒의 숫자가 채워지고, 지극히 복된 천사들에게 주어진 것보다 더 큰 다른 행복이 베풀어졌을 것이고, 아무도 죄를 짓지 않고 아무도 죽음에 처해지지 않는 확고한 안정이 있었을 것이다. 우리가 육체의 부패 속에서 이 모든 수고와 고통과 죽음을 겪은 뒤 죽은 이들의 부활이 달성된 후에 이루어질 삶과 마찬가지로, 낙원에 있는 성도의 삶도 수고나 고통이나 죽음을 일체 겪지 않은 채로 이루어질 것이었다.[149]

11. 첫 인간의 타락: 선하게 창조된 본성이 그 타락으로 인해 부패했으니, 그의 창조주에 의해서가 아니면 복원되지 못한다

11. 1. 하느님은 인간의 죄를 예지하면서 구원하기로 작정했다

그러나 하느님은 모든 것을 예지했으므로 사람이 죄를 지으리라는 것을 몰랐을 리가 없다. 하느님이 예지하고 안배한 바에 준해서 우리는 거룩한 도성을 논해야 한다. 하느님의 안배 속에 없었던 것은 우리의 인식이 도달할 수 없었으므로 그것에 준해 하느님의 도성을 논해서는 안 된다.[150] 실제로 인간이 자기 범죄로 신적 계획을 흩뜨려 놓을 수는 없었으며, 하느님이 작정했던 바를 하느님 스스로 바꿀 수 없게 만든 것도 아니었다. 하느님은 예지로써 둘다 예비했는데, 즉 당신이 선하게 창조한 인간이 얼마나 나쁜 사람이 될 것인지를 예지하기도 하고 그런 나쁜 사람에게 당신이 장차 무엇을 할지를 예비하기도 했다.[151] 하느님도 당신이 작정한 바를 바꾼다는 말이 나오는데(그래서 성서에는 하느님이 무엇을 후회했다는 전의적 어법이 나온다)[152] 이런 말은 인간이 기대하던 바에 준해서 하는 말이거나 자연적 원인들의 질서가 수행하던 바에 준해서 하는 말이지 전능한 분

esse praesciuerat. Fecit itaque Deus, sicut scriptum est, hominem rectum ac per hoc uoluntatis bonae. Non enim rectus esset bonam non habens uoluntatem. Bona igitur uoluntas opus est Dei; cum ea quippe ab illo factus est homo. Mala uero uoluntas prima, quoniam omnia opera mala praecessit in homine, defectus potius fuit quidam ab opere Dei ad sua opera quam opus ullum, et ideo mala opera, quia secundum se, non secundum Deum; ut eorum operum tamquam fructuum malorum uoluntas ipsa esset uelut arbor mala aut ipse homo in quantum malae uoluntatis. Porro mala uoluntas quamuis non sit secundum naturam, sed contra naturam, quia uitium est, tamen eius naturae est, cuius est uitium, quod nisi in natura non potest esse: sed in ea, quam creauit ex nihilo, non quam genuit Creator de semet ipso, sicut genuit Verbum, per quod facta sunt omnia; quia, etsi de terrae puluere Deus finxit hominem, eadem terra omnisque terrena materies omnino de nihilo est, animamque de nihilo factam dedit corpori, cum factus est homo. Vsque adeo autem mala uincuntur a bonis, ut, quamuis sinantur esse ad demonstrandum quam possit et ipsis bene uti iustitia prouidentissima Creatoris, bona tamen sine malis esse possint, sicut Deus ipse uerus et summus, sicut omnis super istum caliginosum aerem caelestis inuisibilis uisibilisque creatura; mala uero sine bonis esse non possint, quoniam naturae, in quibus sunt, in quantum naturae sunt, utique bonae sunt. Detrahitur porro malum non aliqua natura, quae accesserat, uel ulla eius parte sublata, sed ea, quae uitiata ac deprauata fuerat, sanata atque correcta. Arbitrium igitur uoluntatis tunc est uere liberum, cum uitiis peccatisque non seruit. Tale datum est a Deo; quod amissum

---

[153] defectus potius quam opus ullum: 교부는 악을 행하는 의지[의지 자체는 선하지만 편의상 "악한 의지"(mala voluntas)라고 부른다]를 성취 원인(causa perfecta) 아닌 결손 원인(causa defectiva: 결함 인)이라고 명명하고, 선행이 완성(perfectio)이라면 악행은 결핍(defectus)이라고 명명한다(*De libero arbitrio* 3.15.42 - 19.54 참조).

[154] "악한 의지"에서 나오는 행위는 적극적 "업적"(opus)이 아니고 부정적 "결손"(vitium)이라는 점과, 선한 하느님의 선한 창조물로서의 자유의지에서 그런 결손이 발생하는 이유는 그것이 하느님에 의해(a Deo) 창조되었지만 하느님의 본성으로부터(de Deo) 오지 않고 무로부터(de nihilo) 왔기 때문이라는 설명이다.

[155] natura ... vitiata ac depravata ... sanata atque correcta: 교부는 부정한 사물이 따로 있고 그것과 접촉하여 온전한 사물이 부정하게 된다는 이원론적 금기(禁忌) 사상을 염두에 두고 있다(*Confessiones* 3.5.10 - 7.12; *Enchiridion* 4.13).

[156] arbitrium voluntatis tunc est vere liberum: "자유의지"의 기본 기능은 선의 선택에 있다. 피조물의 의지는 원칙적으로 선(善)에 동의(同意)하는 자유밖에 없기 때문이다(*Enchiridion* 9.32; *Contra Iuliani responsionem* 6.11). 악을 행하는 의지는 스스로를 파괴할 따름이다.

이 스스로 할 바를 예지했다는 사실에 준해서 하는 말은 아니다. 성서에 기록된 대로 하느님은 인간을 바르게 창조했으며 따라서 선한 의지를 갖춘 인간을 창조했다. 선한 의지를 갖추지 않은 인간은 바른 인간이 아닐 것이다. 따라서 선한 의지는 하느님의 업적이며 인간은 선한 의지를 갖추어 하느님으로부터 창조되었다. 그러므로 인간의 모든 악한 업적들에 선행하는 첫 악한 의지에 대해 말한다면 그것은 하느님의 업적으로부터 인간 자신의 업적을 향하는 결핍이지 아무런 업적도 아니다.[153] 하느님을 따르지 않고 자신을 따르기 때문에 악한 업적이 된다. 그러므로 나무가 나빠서 나쁜 열매를 맺듯이, 그런 나쁜 업적들을 내는 것은 악한 의지이거나 악한 의지를 지닌 인간이거나 둘 중의 하나다. 즉, 악한 의지라는 것은 자연본성에 의거하는 것이 아니라 자연본성에 상반되는 것인데, 그 까닭은 악한 의지는 일종의 결손이기 때문이다. 물론 그 결손은 그 자연본성의 것이고 그 자연본성의 결손임에 틀림없으며 그 자연본성 속에서가 아니면 존재할 수 없는 것이다. 물론 그 자연본성은 창조주가 무無에서 창조한 것이지 말씀 (그를 통해 만물이 생겨났다)을 낳듯이 당신 자신으로부터 낳은 것은 아니다. 하느님이 땅의 먼지로 인간을 빚기는 했지만 바로 그 땅과 모든 지상적 물질은 무로부터 온 것이며 사람이 만들어졌을 때 하느님은 영혼도 무로부터 만들어 육체에 주었다.[154] 여하튼 악은 선에 의해 극복되며 비록 악이 존재하도록 허용되고는 있지만, 그것은 어디까지나 창조주의 섭리에 충만한 정의가 그 악마저 얼마나 훌륭하게 선용할 수 있는가를 보여주기 위한 것이다. 선은 악 없이도 존재할 수 있으며, 참되고 지존한 하느님과 저 불타는 천공 위에 눈에 보이거나 보이지 않는 모든 피조물이 존재하듯이 존재할 수 있다. 그렇지만 악은 선 없이 존재할 수 없다. 왜냐하면 악은 자연본성들 안에 깃드는데 그것이 자연본성이라는 점에서는 응당 선한 것이기 때문이다. 따라서 악이 제거된다고 해서 악이 붙어 있던 어떤 자연본성이나 자연본성의 어떤 부분이 제거되는 일은 없으며, 오로지 결손되고 타락했던 자연본성이 온건해지고 교정될 따름이다.[155] 그러므로 의지가 악습과 죄악에 예속되지 않을 때 의지의 선택은 참으로 자유롭다.[156] 그런 자유의지는 하느님으로부터 주어졌으며, 악덕으로 그것을 상실한 경우 그것을 줄 수 있

proprio uitio, nisi a quo dari potuit, reddi non potest. Vnde Veritas dicit: *Si uos Filius liberauerit, tunc uere liberi eritis.* Id ipsum est autem, ac si diceret: «Si uos Filius saluos fecerit, tunc uere salui eritis.» Inde quippe liberator, unde Saluator.

Viuebat itaque homo secundum Deum in paradiso et corporali et spiritali. Neque enim erat paradisus corporalis propter corporis bona et propter mentis non erat spiritalis; aut uero erat spiritalis quo per interiores et non erat corporalis quo per exteriores sensus homo frueretur. Erat plane utrumque propter utrumque. Postea uero quam superbus ille angelus ac per hoc inuidus per eandem superbiam a Deo ad semet ipsum conuersus et quodam quasi tyrannico fastu gaudere subditis quam esse subditus eligens de spiritali paradiso cecidit (de cuius lapsu sociorumque eius, qui ex angelis Dei angeli eius effecti sunt, in libris undecimo et duodecimo huius operis satis, quantum potui, disputaui), malesuada uersutia in hominis sensum serpere affectans, cui utique stanti, quoniam ipse ceciderat, inuidebat, colubrum in paradiso corporali, ubi cum duobus illis hominibus, masculo et femina, animalia etiam terrestria cetera subdita et innoxia uersabantur, animal scilicet lubricum et tortuosis anfractibus mobile, operi suo congruum, per quem loqueretur, elegit; eoque per angelicam praesentiam praestantioremque naturam spiritali nequitia sibi subiecto et tamquam instrumento abutens fallacia sermocinatus est feminae, a parte scilicet inferiore illius humanae copulae incipiens, ut gradatim perueniret ad totum, non existimans uirum facile credulum nec errando posse decipi, sed dum alieno cedit errori. Sicut enim Aaron erranti populo ad idolum fabricandum non consensit inductus, sed cessit obstrictus nec Salomonem

---

[157] 온갖 형태의 결정론(決定論)에 맞서서 인간에게 선택의 자유가 있음을 강조하면서도(5.1-8), 악을 행하지 않을 자유, 혹은 죄로 손상된 자유의지의 회복은 한사코 은총의 문제임을 암시한다.

[158] 요한 8,36.

[159] in paradiso et corporali et spiritali: 교부는 낙원을 영적 낙원과 지상적 낙원으로 구분하던 사람들을 염두에 두고 있다.

[160] 교부는 천사들이 원초에 있던 영적 낙원과 인간 원조들이 있던 영적이고 지상적인 낙원을 따로 상정하고 있었다. Cf. *De Genesi ad litteram* 12.34.65-67.

[161] 11.13-21; 12.6-9 참조.

[162] 윤리악이 인간의 자유의지에서 비롯되고 물리악이 그 죄벌임을 입증하면서도 아우구스티누스는 악마의 유혹이 아니고서는 인간의 선한 자유의지가 원초에 계명위반으로 기울어진 계기를 해명할 수 없다는 성서의 입장을 받아들였다.

[163] 출애 32,3-5 참조.

었던 분에 의해서가 아니면 다시 주어질 수 없다.[157] 그래서 진리인 분의 말씀이 있다: "그러므로 여러분은 아들이 자유롭게 하면 참으로 자유롭게 될 것입니다."[158] 이 말씀은 아들이 여러분을 구원한다면 여러분은 참으로 구원받을 것이라는 뜻이다. 구세주라는 점에서 그분은 자유를 주는 분이기도 하다.

11.2. 원조들이 지은 죄는 제각기 다르다

사람은 지상적이고 영적인 낙원에서 하느님에 따라 살고 있었다.[159] 낙원은 육체의 선익으로 인한 육적 낙원이거나, 지성의 선익으로 인한 영적 낙원이 아니었다. 낙원은 인간이 내적 감관으로 향유한다는 점에서 영적이거나, 외적 감관으로 향유한다는 점에서 육적이거나 하지도 않았다. 양편 다 때문에 양편 다였다. 그러다가 저 오만한 천사, 그때문에 또한 질투심 많은 자, 바로 그 오만으로 인해 하느님으로부터 자신에게로 전향한 자, 하느님께 복속하기보다는 폭군 같은 오만불손함으로 자기 자신에게 복속하는 자들을 두고 즐거워함을 선택함으로써 영적 낙원으로부터 추락한 자[160](그와 그의 동료들, 곧 하느님의 천사들이었다가 그의 천사로 바뀐 자들의 타락에 관해서는 본서의 제11권과 제12권에서 내가 할 수 있는 데까지 토론한 바 있다)[161]가 악질적인 교활함을 품고 사람의 감각 속으로 스며들어 흔들어 놓았다. 자기는 넘어졌는데 인간은 서 있는 것을 질투했기 때문이었다. 그는 육체적 낙원, 저 두 남녀 인간들과 더불어 지상의 유순하고 무해한 동물들이 돌아다니던 낙원에서 뱀, 매끄러운 동물, 꼬불꼬불 몸을 꼬면서 움직일 수 있는 동물, 자기 일을 해내기에 적격한 동물을 골라서 그들을 시켜 저 두 사람에게 말을 건넸다. 그는 천사다운 위력과 더없이 출중한 본성을 이용하고, 또 영적 사악함으로 뱀을 자기에게 종속시킨 다음 그것을 도구로 악용하여 여자에게 말을 걸었던 것이다.[162] 저 한 쌍 인간 중 더 낮은 편에게 접근했으니 그렇게 해서 점차적으로 전체를 장악하려는 것이었다. 그는 남자라는 인간이 쉽게 믿으리라고는 생각하지 않았고, 또 남자가 실수하여 속아넘어갈 수 있다고도 생각하지 않았는데, 그 남자가 다른 사람의 실수에는 물러서게 되리라고 생각했던 것이다. 아론이 비틀거리는 백성에게 우상을 만들어 준 것은 설득당하여 동조했기 때문이 아니고 강요당해 물러섰기 때문이다.[163] 마찬가지로 솔

credibile est errore putasse idolis esse seruiendum, sed blanditiis femineis ad illa sacrilegia fuisse conpulsum: ita credendum est illum uirum suae feminae, uni unum, hominem homini, coniugem coniugi, ad Dei legem transgrediendam non tamquam uerum loquenti credidisse seductum, sed sociali necessitudine paruisse. Non enim frustra dixit apostolus: *Et Adam non est seductus, mulier autem seducta est*, nisi quia illa quod ei serpens locutus est, tamquam uerum esset, accepit, ille autem ab unico noluit consortio dirimi nec in communione peccati; nec ideo minus reus, si sciens prudensque peccauit. Vnde et apostolus non ait: «Non peccauit», sed: *Non est seductus*; nam utique ipsum ostendit, ubi dicit: *Per unum hominem peccatum intrauit in mundum*, et paulo post apertius: *In similitudine*, inquit, *praeuaricationis Adae*. Hos autem seductos intellegi uoluit, qui id, quod faciunt, non putant esse peccatum; ille autem sciuit. Alioquin quo modo uerum erit: *Adam non est seductus?* Sed inexpertus diuinae seueritatis in eo falli potuit, ut ueniale crederet esse commissum. Ac per hoc in eo quidem, quo mulier seducta est, non est ille seductus, sed eum fefellit, quo modo fuerat iudicandum quod erat dicturus: *Mulier, quam dedisti mecum, ipsa mihi dedit, et manducaui*. Quid ergo pluribus? Etsi credendo non sunt ambo decepti, peccando tamen ambo sunt capti et diaboli laqueis inplicati.

12. Si quem uero mouet, cur aliis peccatis sic natura non mutetur humana, quem ad modum illa duorum primorum hominum praeuaricatione

---

[164] 3[1]열왕 11,4 참조.

[165] 1디모 2,14.

[166] 로마 5,12-14 참조. 라틴어로 homo("사람")는 남자인 아담을 지칭하게 된다.

[167] 그렇다면 1디모 2,14의 저 구절은 "아담은 속은 것이 아니라 오히려 잘 알고서 죄를 범했다"는 풀이가 된다.

[168] 창세 3,12.

로몬도 실수로 우상들을 섬겨야 한다는 생각을 품었을 리는 없고 여자들의 아첨으로 인해 그런 독성행위에 떠밀려 갔다고 볼 수 있다.[164] 그러나 남자가 자기 여자의 말을 믿어, 그러니까 하나가 하나의 말을 믿고 사람이 사람의 말을 믿고 배우자가 배우자의 말을 믿어 하느님의 율법을 어겨야 하고, 그것을 진실로 믿었기 때문에 속았다고 생각할 것은 아니다. 오히려 결혼이라는 사회적 인연에 순종했기 때문에 그랬다고 보아야 한다. 따라서 사도가 "아담이 속은 것이 아니라 여자가 속아넘어갔습니다"[165]라고 한 말도 괜한 소리는 아니다. 곧 여자는 뱀이 한 말을 진실로 받아들인 데 반해, 남자는 결혼이라는 유일한 공동운명에서 떨어져 나오기 싫었고 죄의 연대에서마저 빠져나오기 싫었던 것이다. 하지만 그가 알고서 신중히 헤아리고 죄를 지었다고 해서 여자보다 죄가 덜한 것은 아니다. 그래서 사도도 아담이 죄를 지은 것이 아니라고는 하지 않았고, 아담이 뱀에게 속은 것이 아니라는 말만 했다. 따라서 "한 사람으로 말미암아 죄가 세상에 들어왔다"고 하는 말에서는 분명히 그를 가리키고 있으며 조금 뒤에는 더 뚜렷하게 "아담이 위반한 것과 같은 모양으로"라고 언명하고 있다.[166] 죄라고 여기지 않고 무엇을 저지르는 경우에 대해 사도는 사람이 속은 것으로 보려고 했다. 그런데 아담은 알았다. 그렇지 않았더라면 "아담은 속은 것이 아니다"라는 말이 어떻게 가능하겠는가?[167] 하지만 신적 엄격함을 겪어 보지 못한 그로서 자기가 저지른 죄가 용서받을 만하다고 믿었다면, 그 점에서는 기만당할 수 있었다. 여자가 속은 그 점에서 남자가 속은 것은 아니다. 그러나 곧 이어서 그가 "당신께서 저에게 짝지어 주신 여자가 주기에 먹었을 따름입니다"[168]라고 한 말로 미루어볼 때, 그는 자기가 저지른 짓을 어떻게 판단해야 할지 그 점에서 기만당한 것 같다. 더 무슨 말을 할까? 비록 둘다 잘못 믿어서 속은 것은 아니지만 그래도 죄를 지음으로써 둘다 사로잡혔고 악마의 덫에 걸려들었음은 분명하다.

12. 원조들이 범한 죄의 성격

두 원조들의 위반으로 그들의 자연본성이 변질되었다면, 어째서 인간 본성이 다른 죄들에 의해서는 변질되지 않느냐고 묻고 싶은 마음이 생길지 모르겠다.

mutata est, ut tantae corruptioni, quantam uidemus atque sentimus, et per hanc subiaceret et morti ac tot et tantis tamque inter se contrariis perturbaretur et fluctuaret affectibus, qualis in paradiso ante peccatum, licet in corpore animali esset, utique non fuit – si quis hoc mouetur, ut dixi, non ideo debet existimare leue ac paruum illud fuisse commissum, quia in esca factum est, non quidem mala nec noxia, nisi quia prohibita; neque enim quicquam mali Deus in illo tantae felicitatis loco crearet atque plantaret. Sed oboedientia commendata est in praecepto, quae uirtus in creatura rationali mater quodam modo est omnium custosque uirtutum; quando quidem ita facta est, ut ei subditam esse sit utile; perniciosum autem suam, non eius a quo creata est facere uoluntatem. Hoc itaque de uno cibi genere non edendo, ubi aliorum tanta copia subiacebat, tam leue praeceptum ad obseruandum, tam breue ad memoria retinendum, ubi praesertim nondum uoluntati cupiditas resistebat, quod de poena transgressionis postea subsecutum est, tanto maiore iniustitia uiolatum est, quanto faciliore posset obseruantia custodiri.

13. In occulto autem mali esse coeperunt, ut in apertam inoboedientiam laberentur. Non enim ad malum opus perueniretur, nisi praecessisset uoluntas mala. Porro malae uoluntatis initium quae potuit esse nisi superbia? *Initium* enim *omnis peccati superbia est*. Quid est autem superbia nisi peruersae celsitudinis appetitus? Peruersa enim est celsitudo deserto

---

[169] 앞장에서 veniale commissum에 뒤이어 leve ac parvum commissum이라는 표현을 쓰지만 가톨릭의 "소죄"(小罪) 개념은 아닌 듯하다.

[170] oboedientia ... mater omnium custosque virtutum: 인간을 피조물로 규정하면 "겸손한 순종"이 "악한 의지의 시원인 오만"(13장)에 맞서는 근본 덕목이 된다: *De vera religione* 20.38.

[171] perniciosum suam ... facere voluntatem: 교부는 하느님 뜻에 대한 순종과 위반이 덕이냐 죄냐를 넘어서서 섭리적 계획의 실현 여부와 관련되고 피조물 자체의 선익으로 결부됨을 강조한다(13.20 참조). Cf. *Contra Faustum Manichaeum* 22.27; *De bono coniugali* 24.32.

[172] 집회 10,13. 교부는 초기 저작부터 의지에 의한 고의적 타락을 "오만"과 결부시켰다(*Contra Academicos* 2.8.21; *De quantitate animae* 34.78; *De moribus ecclesiae catholicae* 1.12.20; *De Genesi contra Manichaeos* 2.5.6).

[173] superbia, perversae celsitudinis appetitus: "전도된 우월감" 혹은 "뒤집힌 높이"라는 조롱에 찬 반어법은 원죄가 오만을 본질로 하고 하느님께 대한 의지의 반역이요 스스로 최고선을 자처한 행위(*De libero arbitrio* 2.19.53)라는 아우구스티누스의 관점을 나타낸다.

그렇게 변질되어 우리가 감지하고 목격하는 엄청난 부패, 그 부패로 인해 죽음을 겪게 되고 숱한 감정, 서로 상충되는 그 엄청난 감정들에 의해 혼잡하고 휘둘리게 되었는데, 낙원에서 죄를 짓기 전에는 자연본성이 비록 생물의 몸속에 있기는 했지만, 저런 자연본성은 아니었을 것이 아니냐는 물음이다. 만일 누가 이런 의문에 마음이 흔들린다고 하더라도, 그 잘못이 먹지 말라고 금한 음식에서 왔고 그 음식이란 것이 따로 금지되지만 않았더라면 그 자체가 나쁜 것도 아니고 해로운 것도 아니라는 이유로, 아담이 범한 바는 틀림없이 경미하거나 하찮은 잘못이었다고 여겨야 하는 것은 아니며, 그 점은 내가 이미 말한 바 있다.[169] 더구나 하느님이 저런 행복의 처소에다 악한 무엇을 창조하여 심었을 리가 만무하다. 하지만 계율에는 순명이 권장되어 있었고 그 순명이야말로 이성적 피조물에게는 어느 면에서 모든 덕의 모체이며 보호가 되는 덕이다.[170] 이성적 피조물은 그 계율에 순종하는 것이 본인에게 이롭고, 자신을 창조한 분의 의지를 행하지 않고 자신의 의지를 행하는 것은 그 자신에게 해롭게 만들어져 있었다.[171] 그리고 이것은 다른 음식들이 얼마든지 풍성하게 널려 있는 상황에서 단 한 가지 음식을 먹지 말라는 문제와 관련되는 것이었으므로 준수하기에 너무도 가벼운 것이었고 기억에 새겨 두기에 너무도 간단한 계명이었다. 더욱이 탐욕이 의지에 저항하지 않던 시점이었다. 이런 여건에서 위반에 대한 징벌이 후에 뒤따라왔던 것이다. 준수하기 쉽고 실행하기 쉬웠다는 것은 그것을 위반한 불의가 그만큼 크다는 말이 된다.

13. 아담의 범죄에 있어, 악한 의지가 악한 행위를 선행했는가
13. 1. 오만과 겸손으로 두 도성이 구분된다

하여튼 원조들은 은연중에 나쁜 사람이 되기 시작하여 노골적으로 불순종으로 타락하기에 이르렀다. 악한 의지가 선행하지 않았더라면 악한 행위에 도달하지 않았을 것이다. 그러니 악한 의지의 시원은 오만 외에 무엇이 있을 수 있겠는가? "오만은 모든 죄의 시작이다."[172] 그리고 오만이란 것은 전도된 우월감에 대한 욕구가 아니고 무엇이겠는가?[173] 마음이 의지해야 할 원리를 저버리

eo, cui debet animus inhaerere, principio sibi quodam modo fieri atque esse principium. Hoc fit, cum sibi nimis placet. Sibi uero ita placet, cum ab illo bono inmutabili deficit, quod ei magis placere debuit quam ipse sibi. Spontaneus est autem iste defectus, quoniam, si uoluntas in amore superioris inmutabilis boni, a quo inlustrabatur ut uideret et accendebatur ut amaret, stabilis permaneret, non inde ad sibi placendum auerteretur et ex hoc tenebresceret et frigesceret, ut uel illa crederet uerum dixisse serpentem, uel ille Dei mandato uxoris praeponeret uoluntatem putaretque se uenialiter transgressorem esse praecepti, si uitae suae sociam non desereret etiam in societate peccati. Non ergo malum opus factum est, id est illa transgressio, ut cibo prohibito uescerentur, nisi ab eis qui iam mali erant. Neque enim fieret ille fructus malus nisi ab arbore mala. Vt autem esset arbor mala, contra naturam factum est, quia nisi uitio uoluntatis, quod contra naturam est, non utique fieret. Sed uitio deprauari nisi nihilo facta natura non posset. Ac per hoc ut natura sit, ex eo habet quod a Deo facta est; ut autem ab eo quod est deficiat, ex hoc quod de nihilo facta est. Nec sic deficit homo, ut omnino nihil esset, sed ut inclinatus ad se ipsum minus esset, quam erat, cum ei qui summe est inhaerebat. Relicto itaque Deo esse in semet ipso, hoc est sibi placere, non iam nihil esse est, sed nihilo propinquare. Vnde superbi secundum scripturas sanctas alio nomine appellantur sibi placentes. Bonum est enim sursum habere cor; non tamen ad se ipsum, quod est superbiae, sed ad Dominum, quod est oboe-

---

[174] 최고선을 등지는 행위는 의지를 완성하는(perficit) 행위가 아니고 의지 자체를 결손하게 되는(deficit) 파괴 행위다. 앞의 각주 153, 154 참조. 교부는 vitium, vitiari (부패, 결손), defectus, defici (결함, 결손), depravari (타락) 등의 용어를 별다른 구분 없이 사용한다.

[175] 마태 7,18 참조: "좋은 나무가 나쁜 열매를 맺을 수 없고 나쁜 나무가 좋은 열매를 맺을 수 없습니다."

[176] 선한 사물이 결손(deficit)을 자초함은 그 사물의 본성을 부패시켜 타락하는(vitio depravari) 짓이라는 것이 초대교부들의 일관된 관점이었다. Cf. Philo, *De opificio mundi* 15; Origenes, *De principiis* 2.9.2; Augustinus, *Contra Iuliani responsionem* 3.206.

[177] inclinatus ad se ipsum minus esset, quam erat: 인간의 윤리를 존재론적 차원으로 해설하여 범죄를 가리켜 "덜 존재함"(minus esse)이라고 정의한 명구다.

[178] sibi placentes (2베드 2,10 참조)는 현대 번역본에서 그냥 "거만한 자들"로 번역된다.

[179] sursum habere cor / sursum faciat cor: 지금도 가톨릭 미사의 감사송에서 화답하는 "마음을 드높이"(Sursum corda), "주님께 올립니다"(Habemus ad Dominum)는 아우구스티누스 이래의 아프리카 교회의 전례에서 유래한 것이다.

고 어떤 면에서 자신이 스스로 원리가 되고 원리일 때 그것이 전도된 우월감이다. 자기가 자신에게 너무 흡족해할 때 이런 일이 일어난다. 불변하는 다른 선으로부터 결손될 때[174] 자기가 자신에게 너무 흡족해하는 일이 생긴다. 자기 자신보다는 불변하는 선이 마음에 들어야 하는데도. 그런 결손缺損은 자발적인 것인데, 만일 의지가 불변하는 상위의 선(그 선에 비춰져 인간이 볼 수 있고 그 선에 불타올라 사랑할 수 있는 법이다)에 대한 사랑에 확고하게 머물렀다면, 자기가 자신에게 흡족해하는 쪽으로 의지가 돌아서는 일도 없고, 그것 때문에 어두워져서 차게 식는 일도 없을 것이기 때문이다. 또 저 여자가 뱀이 한 말을 진실이라고 믿는 일도 없었을 테고, 저 남자가 하느님의 계명보다 아내의 말을 앞세우는 일도 없었을 테고, 계명을 어기고서도 그것을 대수롭지 않게 여기는 일도 없었을 것이다. 그래서 남자는 죄의 연대를 무릅써 가면서까지 자기 생애의 반려의 말을 떨쳐버리지 않았던 것이다. 그러니까 만약 이미 나쁜 인간이 되어 그 음식을 먹지 않았다면, 금지된 음식을 먹었다는 위반이 나쁜 행위가 되지는 않았다. 나쁜 나무에서 열린 것이 아니라면 그 열매가 나쁜 열매가 되지 않는 것처럼.[175] 나무가 나쁜 나무가 되었다면 나무의 자연본성에 반反해서 그렇게 된 것이니, 의지의 부패에 의해서가 아니면(의지의 부패는 자연본성에 반하는 현상이다) 그렇게 되지 않았을 것이기 때문이다. 부패에 의해 비뚤어지는 일은 허무로부터 만들어진 자연본성이 아니고서는 생겨나지 않는다. 그것이 자연본성이라는 점에서는 하느님에 의해 만들어졌다는 사실에서 기인하고, 그것이 결손된다는 점에서는 허무로부터 만들어졌다는 사실에서 기인한다.[176] 마찬가지로 인간이 아예 허무였다면 결손되는 일도 없었을 텐데 자기 자신에게로 기울어짐으로써 그 이전에 최고로 존재하는 분에게 의지할 때 존재하던 것보다도 덜한 상태로 존재하기에 이르렀다.[177] 하느님을 저버리고 자기 안에 존재한다는 것, 다시 말해 자신에게 흡족해한다는 것은 아직 허무가 되는 것은 아니지만 허무에 가까워지는 것이다. 그래서 성서에 따르면 오만한 사람들은 다른 이름으로 말하면 자기에게 흡족한 자라고 불린다.[178] 마음을 고양시키는 것은 좋은 일이다.[179] 그러나 자기 자신에게로 돌리는

dientiae, quae nisi humilium non potest esse. Est igitur aliquid humilitatis miro modo quod sursum faciat cor, et est aliquid elationis quod deorsum faciat cor. Hoc quidem quasi contrarium uidetur, ut elatio sit deorsum et humilitas sursum. Sed pia humilitas facit subditum superiori; nihil est autem superius Deo; et ideo exaltat humilitas, quae facit subditum Deo. Elatio autem, quae in uitio est, eo ipso respuit subiectionem et cadit ab illo, quo non est quicquam superius, et ex hoc erit inferius et fit quod scriptum est: *Deiecisti eos, cum extollerentur*. Non enim ait: «Cum elati fuissent», ut prius extollerentur et postea deicerentur; sed cum extollerentur, tunc deiecti sunt. Ipsum quippe extolli iam deici est. Quapropter quod nunc in ciuitate Dei et ciuitati Dei in hoc peregrinanti saeculo maxime commendatur humilitas et in eius rege, qui est Christus, maxime praedicatur contrariumque huic uirtuti elationis uitium in eius aduersario, qui est diabolus, maxime dominari sacris litteris edocetur: profecto ista est magna differentia, qua ciuitas, unde loquimur, utraque discernitur, una scilicet societas piorum hominum, altera impiorum, singula quaeque cum angelis ad se pertinentibus, in quibus praecessit hac amor Dei, hac amor sui.

Manifesto ergo apertoque peccato, ubi factum est quod Deus fieri prohibuerat, diabolus hominem non cepisset, nisi iam ille sibi ipsi placere coepisset. Hinc enim et delectauit quod dictum est: *Eritis sicut dii*. Quod melius esse possent summo ueroque principio cohaerendo per oboedien-

---

[180] ut elatio sit deorsum et humilitas sursum: 수사학적 반어법으로 피조물로서의 인간에게서 표출되는 오만과 겸손의 역설적 길항(拮抗) 관계를 표명하고 있다. Cf. *Confessiones* 3.8.16.

[181] 시편 72,18. 〔새번역 73,18: "정녕 당신께서는 그들을 미끄러운 길에 세우시고 그들을 멸망으로 떨어지게 하셨나이다."〕 루가 1,52 참조: "권세 부리는 자들은 권좌에서 내치시고(deposuit potentes de sede) 비천한 이들은 들어올리셨으며(exsaltavit humiles)."

[182] ipsum quippe extolli iam deici est: 오만의 본질을 갈파한 표현이다. 곧이어 원조들이 몸을 숨긴 행위에서 이미 하느님께로부터 멀어져서 자신을 향하는 실존자세를 드러내는 상징을 본다(*De Genesi contra Manichaeos* 2.16.24).

[183] 필립 2,6-8 참조: "자신을 낮추시어, 죽음에까지, 십자가의 죽음에까지 순종하셨도다". 하느님의 도성이 겸손 및 오만과 갖는 길항 관계는 1권 서언에서부터 명기되었다.

[184] 루가 4,5-8 참조.

[185] amor Dei, amor sui: 겸손과 오만이 14.28에서도 duo amores 이론으로 다시 명기된다. Cf. *De Genesi ad litteram* 11.15.20.

[186] sibi ipsi placere: 앞의 각주 178 참조. 첫 인간이 저지른 "의지의 악용"에 앞서 "악마의 유혹"을 설정하고, 유혹의 틈새가 될 인간의 "자기 만족"이라는 심리 상태로 가정했다. 이런 단계를 이하에 "은연중에 이루어지는 파멸"(ruina in occulto)이라고 명명한다.

[187] 창세 3,5: "… 하느님처럼 선과 악을 알게 될 줄을 …."

것은 오만의 행태이고 주님께로 돌리는 것은 순종의 행태인데, 이것은 겸손한 사람들이 아니고는 취할 수 없는 행태이다. 따라서 참으로 오묘한 일이기는 하지만 마음을 위로 고양하는 것은 겸손한 무엇이고 우쭐한 무엇은 마음을 아래로 비하시킨다. 우쭐함은 아래로 향하고 겸손함은 위로 향한다는 이것은 과연 모순된 것처럼 보인다.[180] 그렇지만 경건한 겸손은 높은 분에게 복종하게 만든다. 또 그 무엇도 하느님보다 높지 못하다. 따라서 겸손은 하느님께 복종하게 만듦으로써 사람을 높여준다. 우쭐함은 이미 악덕 속에 자리잡고 있다는 그 사실만으로도 종속을 거부하며 그보다 더 높은 존재가 아무것도 없는, 바로 그분으로부터 떨어져나가게 만들고, 그로 인해 자신은 더 낮아지기만 하며, "그들이 우쭐해질 때 당신은 그들을 거꾸러뜨리셨습니다"[181]라고 한 말씀이 이루어진다. "그들이 우쭐해졌을 때"라고 하지 않았다. 마치 그들이 먼저 우쭐해지고 그다음에 거꾸러지는 것처럼 말씀하지 않았다. "그들은 우쭐해지다가" 당장 거꾸러졌던 것이다. 말하자면 우쭐함 그 자체가 벌써 거꾸러짐이다.[182] 바로 그래서 지금 하느님의 도성 안에서는, 또 순례하는 이 시대에 하느님의 도성에서는 겸손함이 극구 칭송을 받고 있으며 그 도성의 임금 곧 그리스도도 이것을 설교하고 있다.[183] 그 대신 우쭐함은 이와 정반대되는 악덕으로 꼽히며, 성서의 가르침에 의하면 그분의 원수인 악마에게서 최고도로 발휘되고 있다.[184] 바로 이것이 큰 차이점이 되어 우리가 지금 논하는 도성이 서로 구별되는데, 하나는 경건한 사람들의 사회이고 다른 하나는 불측한 사람들의 사회이다. 또 각각의 사회가 자기에게 소속된 천사들과 더불어 존재하는데 그 천사들에게서 전자의 경우는 하느님 사랑이 우선하고 후자의 경우는 자신의 사랑이 우선한다.[185]

13.2. 오만은 파멸을 초래한다

하느님이 금한 바를 행함으로써 생겨난 저 죄, 분명하고 노골적인 저 죄에 대해 악마가 인간을 사로잡았지만, 인간이 자기 자신에게 흡족해하기 시작하지만 않았더라면 악마가 인간을 사로잡지는 못했을 것이다.[186] 바로 그래서 인간은 "너희가 하느님처럼 되리라"[187]는 말을 놓고 좋아했던 것이다. 그들은 순종을

tiam, non suum sibi existendo principium per superbiam. Dii enim creati non sua ueritate, sed Dei ueri participatione sunt dii. Plus autem appetendo minus est, qui, dum sibi sufficere deligit, ab illo, qui ei uere sufficit, deficit. Illud itaque malum; quo, cum sibi homo placet, tamquam sit et ipse lumen, auertitur ab eo lumine, quod ei si placeat et ipse fit lumen – illud, inquam, malun praecessit in abdito, ut sequeretur hoc malum quod perpetratum est in aperto. Verum est enim quod scriptum est: *Ante ruinam exaltatur cor et ante gloriam humiliatur.* Illa prorsus ruina, quae fit in occulto, praecedit ruinam, quae fit in manifesto, dum illa ruina esse non putatur. Quis enim exaltationem ruinam putat, cum iam ibi sit defectus, quo est relictus Excelsus? Quis autem ruinam esse non uideat, quando fit mandati euidens atque indubitata transgressio? Propter hoc Deus illud prohibuit, quod cum esset admissum, nulla defendi posset imaginatione iustitiae. Et audeo dicere superbis esse utile cadere in aliquod apertum manifestumque peccatum, unde sibi displiceant, qui iam sibi placendo ceciderant. Salubrius enim Petrus sibi displicuit, quando fleuit, quam sibi placuit, quando praesumpsit. Hoc dicit et sacer psalmus: *Imple facies eorum ignominia, et quaerent nomen tuum, Domine,* id est, ut tu eis placeas quaerentibus nomen tuum, qui sibi placuerant quaerendo suum.

---

[188] 교부는 하느님께 나아감을 "더 낫게 존재함"(melius esse)으로, 인간 자아에게로 집착함을 "덜 존재함"(minus esse: 앞의 각주 177 참조)으로 규정한다.

[189] 요한 10,34 ("당신네 율법에 '내가 너희를 신이라 하였다'고 씌어 있지 않습니까?"); 시편 81[82],6 참조.

[190] 잠언 16,18. [공동번역: "거만엔 재난이 따르고 불손엔 멸망이 따른다."]

[191] exaltatio ("자랑")와 excelsus ("지존한 분")가 두운(頭韻)으로 반어법을 이룬다.

[192] 교부는 좀더 명시적으로 "오만한 의인보다도 겸허한 죄인이 차라리 낫다"(*Sermo* 170.7)는 말을 서슴지 않았다. Cf. *De natura et gratia* 24.26; 25.28; *Contra Iuliani responsionem* 2.97.

[193] 마태 26,33.75 참조.

[194] 시편 82,17. [새번역 83,17: "그들의 얼굴을 수치로 가득 채우시어 그들이 주님의 이름을 찾게 하소서."]

통해 참답고 최고의 원리인 분에게 귀의함으로써, 또 오만을 통해 자기가 자기 자신에게 원리가 되는 일을 피함으로써, 더 나은 존재가 될 수 있었다.[188] 인간들이 비록 창조된 신들이라고 하더라도[189] 인간들은 자신들의 진리에 의거하여 존재하는 것이 아니고 참된 하느님께 참여함으로써 존재한다. 자기 스스로에게 만족하기를 좋아하는 자는 인간을 진실로 충족시키는 분으로부터 결별하여 결국 더 많은 것을 추구하다가 더 적게 존재하게 된다. 그리하여 바로 저 악, 말하자면 인간이 스스로 흡족하여 마치 자기 자신이 빛이 되는 것처럼 행세하게 만드는 저 악이 참 빛을 등지게 된다. 인간이 그 빛에 흡족해한다면 그 존재는 인간에게 빛이 되어 줄 텐데. 내가 말하려는 바는 바로 그런 악이 은밀하게 선행했다는 것이며, 노골적으로 자행된 이 악은 그다음에 뒤따라 나왔다는 것이다. 그래서 "멸망을 앞두고 마음이 우쭐해지고 영광을 앞두고 마음이 겸손해진다"[190]고 기록된 말씀은 진실이다. 그러니까 저 파멸, 은밀하게 이루어지는 저 파멸이 노골적으로 이루어지는 파멸에 선행한다는 것이다. 앞의 것이 파멸이라고 여겨지지 않을지라도, 어떤 결손이 이미 발생하여 지존한 분을 저버리는 터에 누가 자랑이라는 것을 파멸이라고 생각하겠는가?[191] 그러나 계명의 위반이 분명하고 의심의 여지가 없는데 그것을 파멸로 보지 못할 사람이 누가 있겠는가? 하느님이 그것을 금한 까닭은, 그것이 만약 허용된다면 여하한 정의의 표상으로도 지켜낼 수 없기 때문이었다. 또 내 감히 말하거니와 오만한 사람들은 차라리 분명하고 노골적인 어떤 죄악에 떨어지는 편이 더 유익할지도 모른다. 스스로에게 흡족하여 이미 타락한 사람들이니까 그렇게 해서라도 스스로에게 불만스런 결과에 도달했으면 하는 생각에서다.[192] 베드로는 당초에 자신만만하여 스스로에게 흡족했던 일보다도 통곡을 하면서 스스로에게 불만스러웠던 사실이 그의 구원에 더 보탬이 되었으리라.[193] 거룩한 시편이 말해주는 바도 바로 이것이다: "그들의 얼굴에 부끄러움을 씌워주소서. 주님, 그러면 저들이 당신의 이름을 찾으리이다."[194] 말하자면 "자기 이름을 찾으면서 스스로 흡족했던 사람들이 당신의 이름을 찾으면서 당신이 자신들에게 흡족한 분이 되게 하소서"라는 뜻이다.

제14권 1493

14. Sed est peior damnabiliorque superbia, qua etiam in peccatis manifestis suffugium excusationis inquiritur; sicut illi primi homines, quorum et illa dixit: *Serpens seduxit me, et manducaui,* et ille dixit: *Mulier, quam dedisti mecum, haec mihi dedit a lingo, et edi.* Nusquam hic sonat petitio ueniae, nusquam inploratio medicinae. Nam licet isti non sicut Cain quod commiserunt negent, adhuc tamen superbia in aliud quaerit referre quod perperam fecit: superbia mulieris in serpentem, superbia uiri in mulierem. Sed accusatio potius quam excusatio uera est, ubi mandati diuini est aperta transgressio. Neque enim hoc propterea non fecerunt, quia id mulier serpente suadente, uir muliere inpertiente commisit, quasi quicquam Deo, cui uel crederetur uel cederetur, anteponendum fuit.

15. Quia ergo contemptus est Deus iubens, qui creauerat, qui ad suam imaginem fecerat, qui ceteris animalibus praeposuerat, qui in paradiso constituerat, qui rerum omnium copiam salutisque praestiterat, qui praeceptis nec pluribus nec grandibus nec difficilibus onerauerat, sed uno breuissimo atque leuissimo ad oboedientiae salubritatem adminiculauerat, quo eam creaturam, cui libera seruitus expediret, se esse Dominum commonebat: iusta damnatio subsecuta est, talisque damnatio, ut homo, qui custodiendo mandatum futurus fuerat etiam carne spiritalis, fieret etiam mente carnalis et, qui sua superbia sibi placuerat, Dei iustitia sibi donaretur; nec sic, ut in sua esset omnimodis potestate, sed a se ipse quoque dis-

---

[195] 창세 3,12.13.

[196] 창세 4,9 참조: "제가 아우를 지키는 사람입니까?"

[197] cui vel *crederetur* vel *cederetur*: 범죄자의 자기변명에 담긴 유혹자의 위상을 두 단어로 절묘하게 표현했다.

[198] libera servitus (자유로운 종살이) : 피조물로서 인간이 창조주에게 갖는 관계를 역설적으로 지칭하는 언표다. 불복한 결과는 dura miseraque servitus (가혹하고 불행한 노예처지)임을 이하에 역설한다.

[199] fuerat etiam *carne spiritalis* ... fieret etiam *mente carnalis*: 범죄 이전과 이후 인간조건을 아름다운 대구로 묘사한다.

14. 위반자의 오만이 위반 자체보다 더 나쁜 것이었다

하여튼 오만이 훨씬 악하고 단죄받아야 할 것이며, 분명한 죄상에 대해 변명할 구실을 찾는 것도 그 오만 때문이다. 원조들이 바로 그러했으니 그 가운데 여자는 "뱀에게 속아서 따먹었습니다"고 했고 남자는 "당신께서 저에게 짝지어 주신 여자가 그 나무에서 열매를 따 주기에 먹었을 따름입니다"[195]라고 했다. 여기서 용서를 청하는 말은 도무지 들리지 않고 처방을 애걸하는 소리도 도무지 들리지 않는다. 그들은 카인처럼[196] 자기들이 범한 짓을 부인하지는 않았지만 아직도 오만 때문에 저지른 잘못을 딴 데다 결부시킬 궁리를 하고 있었다. 여자의 오만은 뱀에게, 남자의 오만은 여자에게 탓을 돌리려 한다. 그러나 신적 계명의 위반이 뚜렷한 상황에서는 변명보다는 차라리 고발이 진실한 법이다. 뱀이 꾀어서 여자가 그 짓을 범했고 여자가 졸라서 남자가 그 짓을 범했다고 하더라도 그들이 그 짓을 안 한 것은 아니다. 그렇다고 믿었든 그렇게 하도록 떠밀렸든 어떤 것을 하느님보다 앞세울 수밖에 없었다는 말은 성립하지 않는다.[197]

15. 원조가 자신들의 불순종으로 받은 응보의 정당함

15. 1. 불순종은 중대한 것이었으므로 단죄받음이 정당했다

그러므로 명령을 내린 하느님이 경멸을 당한 것이다. 그들을 창조한 분, 당신의 모상대로 그들을 만든 분, 다른 동물들을 다스리게 한 분, 낙원에 데려다 놓은 분, 모든 물건을 풍성하게 베풀고 건강을 풍족하게 베풀어준 분이 경멸을 당했다. 수많은 계명이나 거창한 계명이나 어려운 계명을 지우지 않은 분, 오히려 지극히 간단하고 지극히 가벼운 계명 하나로 구원에 유익한 순명을 지탱해 준 분, 당신의 그 피조물에게는 자유로운 종살이가 타당하여 그 계명 하나로 당신이 주님임을 일깨워주던 분이 경멸을 당했다.[198] 따라서 단죄가 뒤따른 것은 정당했다. 계명을 지킴으로써 육으로도 영적이었을 인간이 단죄받아서 지성으로도 육적 존재가 되기에 이른다.[199] 자신의 오만으로 스스로에게 흡족했으므로, 하느님의 정의로 스스로에게 맡겨지는 신세가 되었다. 그렇다고 자신이 전적으로 자기 능력에 맡겨진 처지도 되지 못하고, 자기 자신과도 불화한 채로, 죄를 지음

sentiens sub illo, cui peccando consensit, pro libertate, quam concupiuit, duram miseramque ageret seruitutem, mortuus spiritu uolens et corpore moriturus inuitus, desertor aeternae uitae etiam aeterna, nisi gratia liberaret, morte damnatus. Quisquis huius modi damnationem uel nimiam uel iniustam putat, metiri profecto nescit, quanta fuerit iniquitas in peccando, ubi tanta erat non peccandi facilitas. Sicut enim Abrahae non inmerito magna oboedientia praedicatur, quia, ut occideret filium, res difficillima est imperata: ita in paradiso tanto maior inoboedientia fuit, quanto id, quod praeceptum est, nullius difficultatis fuit. Et sicut oboedientia secundi hominis eo praedicabilior, quo factus est oboediens usque ad mortem: ita inoboedientia primi hominis eo detestabilior, quo factus est inoboediens usque ad mortem. Vbi enim magna est inoboedientiae poena proposita et res a Creatore facilis imperata, quisnam satis explicet, quantum malum sit non oboedire in re facili et tantae potestatis imperio et tanto terrente supplicio?

Denique, ut breuiter dicatur, in illius peccati poena quid inoboedientiae nisi inoboedientia retributa est? Nam quae hominis est alia miseria nisi aduersus eum ipsum inoboedientia eius ipsius, ut, quoniam noluit quod potuit, quod non potest uelit? In paradiso enim etiamsi non omnia poterat ante peccatum, quidquid tamen non poterat, non uolebat, et ideo poterat omnia quae uolebat; nunc uero sicut in eius stirpe cognoscimus et diuina scriptura testatur, *homo uanitati similis factus est*. Quis enim enumerat, quam multa quae non potest uelit, dum sibi ipse, id est uoluntati eius ipse animus eius eoque inferior caro eius, non obtemperat? Ipso namque inuito et animus plerumque turbatur et caro dolet et ueterescit et moritur, et quidquid aliud patimur, quod non pateremur inuiti, si uoluntati nostrae

---

[200] *mortuus spiritu* volens et *corpore moriturus* invitus ... *aeterna morte damnatus*: 원죄에 뒤따른 "죽음"의 세 양상을 제시한다.

[201] 창세 22장 참조.

[202] oboediens usque ad mortem ... inoboediens usque ad mortem: 필립 2,8과 로마 5,17을 연결하여 첫째 인간과 둘째 인간을 대비시킨다.

[203] 창조주에 대한 인간의 불순종은 인간 내부에서 정염이 이성에 불순종하는 사태를 초래했다. Cf. *Confessiones* 1.1.1.

[204] 교부는 로마 희극의 유명한 문장을 염두에 두고 있었으리라: "그대가 바라는 바는 이루어질 수 없는 것이니 그대가 이룰 수 있는 것이나 바라게나"(Quoniam non potest id fieri quod vis / Id velis quod possis: Terentius, *Andria* 2.1.305-306).

[205] 시편 143,4. 〔새번역 144,4: "사람이란 한낱 숨결과도 같은 것."〕

으로써 동의를 바쳤던 상대 밑에 가서 노예가 되었다. 그래서 본인이 염원하던 자유 대신 가혹하고 불행한 노예 처지로 지내게 되었다. 그는 스스로 원하여 영으로 죽은 자가 되었고, 본인이 싫은데도 육으로 죽을 자가 되었으며, 영원한 생명을 저버리고, 은총이 구해주지 않는 한, 영원한 죽음에로 단죄받는 자가 되었다.[200] 만일 누가 이런 단죄가 지나치다거나 불합리하다고 여긴다면, 그것은 죄를 짓지 않기가 그토록 쉬웠던 만큼 죄를 지음으로써 죄상이 얼마나 큰지를 정말 헤아릴 줄 모르는 소치이다. 아브라함의 순종이 컸다고 칭송받는 것은 까닭이 없지 않으니 아들을 죽이라는 극히 어려운 일이 명령으로 떨어졌기 때문이다.[201] 그런데 낙원에서 내려진 명령은 조금도 어렵지 않았으므로 불순종은 그만큼 중했다. 죽음에 이르기까지 순종했으므로 둘째 사람의 순종이 그토록 칭송받는 것처럼, 죽음에 이르기까지 불순종했으므로 첫 사람의 불순종은 그토록 가증스런 것이었다.[202] 불순종에 대해 그만큼 큰 벌이 주어졌고 창조주로부터 그만큼 쉬운 명령을 받은 이상, 그토록 쉬운 일에 복종하지 않고 그토록 위대한 권력으로부터 오는 명령에 복종하지 않고 그토록 전율할 형벌이 부과될 일임에도 복종하지 않았다는 사실이 얼마나 큰 악인지를 과연 누가 제대로 설명하겠는가?

15. 2. 불순종은 인간을 감정의 동요에 예속시켰다

마지막으로 짤막하게 말해서 저 죄에 대한 벌로, 불순종에 대해 불순종 외에 무엇이 부과되었던가? 본인 자신의 불순종이 본인 자신을 거슬러서 발생한다면 인간에게 다른 불행은 또 없을 것이다. 자기가 할 수 있던 것을 바라지 않았던 탓에 이제는 할 수 없는 것을 바라는 처지가 되었다.[203] 낙원에서 죄를 짓기 전에도 모든 것을 해낼 능력은 없었지만 할 수 없는 것은 바라지 않았다. 따라서 바라던 바는 무엇이든 해낼 수 있었다.[204] 그러나 이제는 그의 족속을 통해 우리가 인지하고, 성서가 증언하듯이 "인간이란 허영과도 같이 만들어졌다".[205] 자기가 자신에게 순종하지 않을 때, 자신의 마음 자체와 그보다 낮은 자신의 육신이 자기 의지에 순종하지 않을 때, 인간은 이루어질 수 없는 일을 얼마나 많이 바라게 되는지 누가 헤아리겠는가? 본인은 원하지 않는데도 마음은 무척이나 흔들리고 육신은 아파하고 노쇠하고 죽어간다. 우리가 당하는 모든 것은 사실 우리 자

nostra natura omni modo atque ex omnibus partibus oboediret. At enim aliquid caro patitur, quo seruire non sinitur. Quid interest unde, dum tamen per iustitiam dominantis Dei, cui subditi seruire noluimus, caro nostra nobis, quae subdita fuerat, non seruiendo molesta sit, quamuis nos Deo non seruiendo molesti nobis potuerimus esse, non illi? Neque enim sic ille nostro, ut nos seruitio corporis indigemus, et ideo nostra est quod recipimus, non illius poena quod fecimus. Dolores porro, qui dicuntur carnis, animae sunt in carne et ex carne. Quid enim caro per se ipsam sine anima uel dolet uel concupiscit? Sed quod concupiscere caro dicitur uel dolere, aut ipse homo est, sicut disseruimus, aut aliquid animae, quod carnis afficit passio, uel aspera, ut faciat dolorem, uel lenis, ut uoluptatem. Sed dolor carnis tantum modo offensio est animae ex carne et quaedam ab eius passione dissensio, sicut animi dolor, quae tristitia nuncupatur, dissensio est ab his rebus, quae nobis nolentibus acciderunt. Sed tristitiam plerumque praecedit metus, qui et ipse in anima est, non in carne. Dolorem autem carnis non praecedit ullus quasi metus carnis, qui ante dolorem in carne sentiatur. Voluptatem uero praecedit appetitus quidam, qui sentitur in carne quasi cupiditas eius, sicut fames et sitis et ea, quae in genitalibus usitatius libido nominatur, cum hoc sit generale uocabulum omnis cupiditatis. Nam et ipsam iram nihil aliud esse quam ulciscendi libidinem ueteres definierunt; quamuis nonnumquam homo, ubi uindictae nullus est sensus, etiam rebus inanimis irascatur, et male

---

[206] Deo non serviendo molesti nobis esse non illi: 교부의 사색을 통해 인류는 인간의 자유가 선을 마음대로 행할 수 있다는 자유스러움(libertas)으로부터 선과 악 사이에서 자율적 결정을 해야 하는 자유선택(liberum arbitrium)의 차원으로 옮겨갔고, 이 선택이 두 도성을 가르기에 이른다.

[207] 14.2 참조.

[208] dolor carnis ... offensio animae ex carne et quaedam eius passione dissensio: 영육의 신비로운 상관관계를 통찰한 문장이다. 또 passio라는 단어는 (육신의) "정염"과 "피동성"을 동시에 함의한다.

[209] 고대부터 학자들은 "탐욕"(cupiditas)과 "성욕" 또는 "정욕"(libido)을 구분해서 지칭했다.

[210] Cf. Cicero, *Tusculanae disputationes* 3.5.11: ipsa iracundia ... ulciscendi libido.

연본성이 우리 의지에 전적으로 또 모든 측면에서 순종한다면 어쩔 수 없이 당하지 않아도 되는 것이다. 하지만 육신은 무엇인가 늘 고통을 당하게 마련이며, 그래서 의지에 복속하도록 허용되지 않는다고 변명할지 모르겠다. 그렇다면 우리가 하느님께 종속하여 그를 섬기기 싫어했다는 사실과, 우리 육신이 전에는 우리에게 종속되어 있었는데 이제는 하느님이 지배하는 정의에 따라서 육신이 우리에게 종속되지 않고 우리에게 힘겨운 존재가 되고 있다는 사실 사이에는 어떤 관계가 있는 것일까? 우리가 하느님께 종속하지 않을 때에는 우리가 하느님께 힘겨운 존재가 되는 것이 아니고 우리가 우리 자신에게 힘겨운 존재가 되고 만다.[206] 그렇다고 해서 우리가 우리 육체의 봉사를 필요로 하듯이 하느님이 우리의 봉사를 필요로 하는 것은 아니다. 따라서 우리가 얻은 것은 우리에게 벌이 되지만, 우리가 행한 바가 그분에게 무슨 벌이 되는 것은 아니다. 고통 역시 육신의 고통이라고 말들 하지만 실상은 영혼의 고통이며 육신 안에서, 육신으로부터 받는 고통이다. 육신이 과연 영혼 없이 스스로 무엇을 괴로워하고 무엇을 탐할 수 있겠는가? 육신이 무엇을 탐한다거나 괴로워한다고 할 때, 우리가 이미 밝힌 대로[207] 사실은 인간이 탐하거나 괴로워하는 것이며, 그렇지 않으면 영혼의 어떤 것이 탐하거나 괴로워하는 것이다. 육신의 정염이 그를 사로잡아 쓰리게 하여 고통을 자아내거나, 또는 나긋나긋하게 하여 쾌락을 자아내거나 한다. 하지만 육신의 고통은 육신으로부터 오는 영혼의 손상이며, 육신의 피동성에서 말미암은 일종의 갈등이니,[208] 마치 슬픔이라고 일컬어지는 마음의 고통이 우리에게 닥치지 말았으면 하는 사물들에게서 초래되는 갈등과 같다. 그래도 흔히는 두려움이 슬픔에 앞서는 법인데 두려움 자체도 영혼에 있는 것이지 육신에 있는 것이 아니다. 하지만 육신의 고통에 관한 한, 고통에 앞서 육신에 느껴질 수 있는 그 어떤 육신의 두려움이 선행하는 일은 없다. 단 쾌락에는 어떤 욕구가 선행하는데, 이것은 흡사 쾌락에 대한 탐욕처럼 육신에 느껴진다. 예를 들어 배고픔, 목마름, 또 성기에서 느껴지므로 흔히 정욕이라고 불리는 것 등이 있는데 이 모두를 탐욕이라는 일반 명사로 지칭한다.[209] 또 옛사람들은 분노도 복수하려는 욕정 외에 다른 것이 아니라고 정의했다.[210] 하기야 때로는 사람이 복수의 의

scribentem stilum conlidat uel calamum frangat iratus. Verum et ista licet inrationabilior, tamen quaedam ulciscendi libido est, et nescio qua, ut ita dixerim, quasi umbra retributionis, ut qui male faciunt, mala patiantur. Est igitur libido ulciscendi, quae ira dicitur; est libido habendi pecuniam, quae auaritia; est libido quomodocumque uincendi, quae peruicacia; est libido gloriandi, quae iactantia nuncupatur. Sunt multae uariaeque libidines, quarum nonnullae habent etiam uocabula propria, quaedam uero non habent. Quis enim facile dixerit, quid uocetur libido dominandi, quam tamen plurimum ualere in tyrannorum animis etiam ciuilia bella testantur?

16. Cum igitur sint multarum libidines rerum, tamen, cum libido dicitur neque cuius rei libido sit additur, non fere adsolet animo occurrere nisi illa, qua obscenae partes corporis excitantur. Haec autem sibi non solum totum corpus nec solum extrinsecus, uerum etiam intrinsecus uindicat totumque commouet hominem animi simul affectu cum carnis appetitu coniuncto atque permixto, ut ea uoluptas sequatur, qua maior in corporis uoluptatibus nulla est; ita ut momento ipso temporis, quo ad eius peruenitur extremum, paene omnis acies et quasi uigilia cogitationis obruatur. Quis autem amicus sapientiae sanctorumque gaudiorum coniugalem agens uitam, sed, sicut apostolus monuit, *sciens suum uas possidere in sanctificatione et honore, non in morbo desiderii, sicut et gentes, quae ignorant Deum*, non mallet, si posset, sine hac libidine filios procreare, ut etiam in hoc serendae prolis officio sic eius menti ea, quae ad hoc opus creata sunt, quem ad modum cetera suis quaeque operibus distributa

---

[211] 로마인들은 철필(stilus)이나 갈대로 만든 목필(calamus)이나 새의 깃털로 만든 깃촉(penna)을 필기도구로 썼다.

[212] Cf. Cicero, *Tusculanae disputationes* 4.9.21: ut ira sit libido poeniendi eius qui videatur laesisse iniuria ("분노란 불의로 손상을 당한 사람이 그에 대해서 응징하려는 욕정이다").

[213] Cf. Cicero, *Tusculanae disputationes* 4.9.20: iactatio est voluptas gestiens et se efferens insolentius ("자만심이란 과도하게 뽐내고 자기를 과시하고 싶은 욕정이다").

[214] paene omnis acies et quasi vigilia cogitationis obruatur: 아우구스티누스는 열여섯 살부터 서른 살까지 여성과 동거해 성생활 경험이 있다. Cf. *Confessiones* 4.2; 6.12-15.

[215] 1데살 4,4-5. [200주년: "저마다 거룩하고 존중하는 마음으로 자신의 그릇을 얻을 줄 알아야 합니다. 하느님을 모르는 이방인처럼 격한 욕정에 사로잡히지 마시오."]

도가 전혀 없이, 생명 없는 사물들에도 분노를 쏟는 일이 있는데, 예를 들어 글씨가 잘 안 써진다고 화를 내어 철필을 찧거나 목필을 부러뜨리기도 한다.[211] 비록 비이성적이기는 하지만 이것도 일종의 앙갚음하려는 욕정임은 사실이고, 방금 말한 대로 그것이 과연 어떤 형태의 보복인지는 나도 모르겠지만, 그렇게 해서라도 나한테 못되게 한 자들이 피해를 당하게 하려는 것이다.[212] 그러므로 복수하려는 욕정이 있어 분노라고 일컫는다. 돈을 차지하려는 욕정이 있어 탐욕이라고 일컫는다. 어떻게 해서든지 이기려는 욕정이 있어 완강함이라고 일컫는다. 자랑하고 싶은 욕정이 있어 자만심이라고 부른다.[213] 그밖에도 다채로운 수많은 욕정이 있는데 그가운데 어떤 것은 고유한 명칭이 있고 어떤 것은 없다. 지배하려는 욕정을 어떻게 정의할지 누가 함부로 말하겠는가? 전제자들의 마음에 이것이 얼마나 강력하게 자리잡고 있는지는 숱한 내란이 증언하고 남는다.

16. 정욕이라는 말은 여러 악덕에 해당하지만 특히 부끄러운 정염의 동요에 해당하며 여기에 정욕의 악이 있다

수많은 사물들에 대해 정욕이 있지만, 정작 정욕이라는 말을 쓰고 어떤 사물에 대한 정욕이냐는 말을 따로 보태지 않는다면, 대개 육체의 치부들을 자극하는 그 정욕이 마음에 떠오르는 것이 예사다. 이 정욕은 육체 전체를, 그것도 외적으로만 차지하는 것이 아니고 내면까지 차지하며, 그뿐 아니라 육의 욕망과 결부되고 혼합되어 마음의 감정으로 인간 전체를 뒤흔든다. 이것에서 바로 쾌락이 뒤따르는데 육체의 쾌락들 가운데 정욕보다 큰 것은 아무것도 없을 정도다. 그 절정에 도달하는 순간에는 정신의 모든 정곡과 사유의 모든 경계가 거의 사라져 버리다시피 한다.[214] 지혜와 성스러운 즐거움을 사랑하는 사람치고 가능하기만 하다면 이런 정욕 없이 자녀를 생산할 수 있었으면 하고 바라지 않을 사람이 있겠는가? 비록 부부생활을 할지라도 사도가 일깨우는 바와 같이 "하느님을 모르는 이방인처럼 욕정의 질병에 끌리지 않고 자기 그릇을 성덕과 영예로 간직할 줄 알아야"[215] 한다. 그럼으로써 자식을 낳는 임무에 있어서도 그 목적으로 이 지체가 창조된 의도를 따르며, 고유한 기능을 갖는 다른 지체

membra seruirent, nutu uoluntatis acta, non aestu libidinis incitata? Sed neque ipsi amatores huius uoluptatis siue ad concubitus coniugales siue ad inmunditias flagitiorum cum uoluerint commouentur; sed aliquando inportunus est ille motus poscente nullo, aliquando autem destituit inhiantem, et cum in animo concupiscentia ferueat, friget in corpore; atque ita mirum in modum non solum generandi uoluntati, uerum etiam lasciuiendi libidini libido non seruit, et cum tota plerumque menti cohibenti aduersetur, nonnumquam et aduersus se ipsa diuiditur commotoque animo in commouendo corpore se ipsa non sequitur.

17. Merito huius libidinis maxime pudet, merito et ipsa membra, quae suo quodam, ut ita dixerim, iure, non omni modo ad arbitrium nostrum mouet aut non mouet, pudenda dicuntur, quod ante peccatum hominis non fuerunt. Nam sicut scriptum est: *Nudi erant, et non confundebantur*, non quod eis sua nuditas esset incognita, sed turpis nuditas nondum erat, quia nondum libido membra illa praeter arbitrium commouebat, nondum ad hominis inoboedientiam redarguendam sua inoboedientia caro quodam modo testimonium perhibebat. Neque enim caeci creati erant, ut inperitum uulgus opinatur; quando quidem et ille uidit animalia, quibus nomina inposuit, et de illa legitur: *Vidit mulier quia bonum lignum in escam et quia placet oculis ad uidendum.* Patebant ergo oculi eorum, sed ad hoc non erant aperti, hoc est non adtenti, ut cognoscerent quid eis indumento gratiae praestaretur, quando membra eorum uoluntati repugnare nesciebant. Qua gratia remota, ut poena reciproca inoboedientia plecteretur,

---

[216] 여기서부터 아우구스티누스는 혼인생활과 자녀생산을 정욕과 어떻게 연결시켜야 할지에 관해 자신의 특유한 견해를 본서 끝까지 길게 피력한다.

[217] 아우구스티누스는 자신의 체험을 바탕으로, 성생활에서 심리와 생리간의 미묘한 부조화 역시 죄로 분열된 인간실존의 한 측면으로 해석하고 있다.

[218] 창세 2,25.

[219] Cf. *De Genesi ad litteram* 11.1.3.

[220] 창세 3,6.

들과 마찬가지로 의지의 지시에 따라서 움직이고 정욕의 기갈에 허덕이지 않을 것이 아닌가?[216] 하지만 쾌락을 즐기는 사람들도, 부부 동침을 향하든 파렴치한 추행을 향하든, 반드시 자신이 원하는 대로 행동하지는 못한다. 그래서 때로는 아무런 욕구도 없는데 그런 충동이 난데없이 생기기도 하고, 때로는 본인은 흥분하고 있는데 충동이 슬그머니 사라지는가 하면 마음에는 욕정이 타오르는데 몸에서는 냉담하게 식기도 한다. 그래서 참으로 이상한 일이기는 하지만 정욕이 자녀를 생산하려는 의지에만 복종하지 않는 게 아니라 방종을 좇는 색욕에도 복종하지 않는다. 또 절제하려는 지성에 정욕이 완강하게 반발하는 일이 자주 있는가 하면, 어떤 때는 정욕이 둘로 갈라져서 마음을 충동하여 흔들어 놓고서는 정작 몸까지 충동하는 데까지는 따라오지 않는 경우도 있다.[217]

17. 원조의 벌거벗음은 범죄 후에야 추하고 부끄러운 것으로 드러났다

응당 이 정욕은 몹시 부끄러운 것이고 그 지체들은 부끄러워하는 것이 마땅하다고들 한다. 그 지체들은 말하자면 그 나름의 법칙대로 움직이거나 움직이지 않거나 하는 것이지 우리의 자의에 맡겨져 있는 것이 아니다. 인간의 범죄 이전에는 그렇지 않았다. 성서에 기록된 대로 "그들은 알몸이면서도 서로 부끄러운 줄을 몰랐다".[218] 자기들이 벌거벗고 있음을 눈치채지 못했다는 말이 아니고 벌거벗는 것이 아직 추한 일이 아니었다는 뜻이다. 아직은 정욕이 자의를 벗어나서 그 지체들을 멋대로 움직이지 않았기 때문이다. 아직은 육신이 스스로 불순종함으로써 인간의 불순종을 고발하여 그 증인처럼 행세하는 상태가 아니었다는 말이다. 또 무식한 대중이 생각하듯이, 그들은 장님으로 창조된 것도 아니었다.[219] 과연 남자는 동물들을 눈으로 보았고 그것들에 이름을 지어주었다. 여자에 관해서는 이렇게 나온다: "여자가 그 나무를 쳐다보니 과연 먹음직하고 보기에 탐스러웠다."[220] 말하자면 그들의 눈은 열려 있었지만 이 방면에는 아직 눈을 뜨지 못했던 것이다. 그들의 지체가 의지에 항거하는 것을 아직 모르는 동안은, 은총의 복장服裝 덕분에, 자기들에게 과연 무엇이 베풀어지고 있는지에 주의를 기울이지 않았던 것이다. 그 은총이 사라지자 상응한 징벌로 불순종을 처벌하는 뜻에서,

extitit in motu corporis quaedam inpudens nouitas, unde esset indecens nuditas, et fecit adtentos reddiditque confusos. Hinc est quod, postea quam mandatum Dei aperta transgressione uiolarunt, scriptum est de illis: *Et aperti sunt oculi amborum et agnouerunt quia nudi erant, et consuerunt folia fici et fecerunt sibi campestria. Aperti sunt*, inquit, *oculi amborum*, non ad uidendum, nam et antea uedebant, sed ad discernendum inter bonum quod amiserant et malum quo ceciderant. Vnde et ipsum lignum, eo quod istam faceret dinoscentiam, si ad uescendum contra uetitum tangeretur, ex ea re nomen accepit, ut appellaretur lignum sciendi boni et mali. Experta enim morbi molestia euidentior fit etiam iucunditas sanitatis. *Cognouerunt* ergo *quia nudi erant*, nudati scilicet ea gratia, qua fiebat ut nuditas corporis nulla eos lege peccati menti eorum repugnante confunderet. Hoc itaque cognouerunt, quod felicius ignorarent, si Deo credentes et oboedientes non committerent, quod eos cogeret experiri infidelitas et inoboedientia quid noceret. Proinde confusi inoboedientia carnis suae, tamquam teste poena inoboedientiae suae, *consuerunt folia fici et fecerunt sibi campestria*, id est succinctoria genitalium. Nam quidam interpretes «succinctoria» posuerunt. Porro autem «campestria» Latinum quidem uerbum est, sed ex eo dictum, quod iuuenes, qui nudi exercebantur in campo, pudenda operiebant; unde qui ita succincti sunt, campestratos uulgus appellat. Quod itaque aduersus damnatam culpa inoboedientiae uoluntatem libido inoboedienter mouebat, uerecundia pudenter tegebat. Ex hoc omnes gentes, quoniam ab illa stirpe procreatae sunt, usque adeo tenent insitum pudenda uelare, ut quidam barbari illas corporis partes nec in balneis nudas habeant, sed cum earum tegimentis lauent. Per opacas quoque Indiae solitudines, cum quidam nudi philosophentur, unde gymnosophistae nominantur, adhibent tamen genitalibus tegmina, quibus per cetera membrorum carent.

---

[221] 창세 3,7. 〔공동번역: "그러자 두 사람은 눈이 밝아져 자기들이 알몸인 것을 알고 무화과나무 잎을 엮어 앞을 가리웠다."〕

[222] "앞치마"(campestre): 원래 야영장(Campus Martis, campester)에서 훈련하는 젊은이들이 아랫도리를 가리던 천조각으로 로마 남성들이 팬티로 착용했다(예: Horatius, *Epodi* 1.11.17-18). 이하에 나오는 대로 겉옷(toga) 없이 팬티 바람의 남자를 campestratus라고 했다.

[223] succinctoria: 허리에 두르는(sub-cingo: "허리에 두르다") 앞치마. Cf. *De Genesi ad litteram* 11.34.46.

[224] gymnosophista("나체의 현자"): Plinius, *Historia naturalis* 7.2.22; Diogenes Laertius, *Vitae philosophorum* 9.61(인도의 고행승들을 언급한다). Cf. Herodotus, *Historiae* 1.10(리디아인들이 옷벗기를 완강히 거부한다는 습속을 소개한다).

육체의 움직임에 어떤 수치심이 새로 생겨났다. 그래서 알몸이 부끄러워지고 그들이 알몸에 주의를 기울이게 되고 그들을 당혹스럽게 만들었다. 노골적 위반으로 그들이 하느님의 명령을 거스른 후에 그들에 대해 다음과 같은 구절이 기록되었다: "그러자 두 사람 다 눈이 뜨여 자기들이 알몸인 것을 알고 무화과나무 잎을 엮어 앞치마를 둘렀다."[221] "두 사람 다 눈이 뜨였다"고 했다. 전에도 보고는 있었으니까 보게 되었다는 말은 아니다. 자기들이 상실한 선과 자기들에게 떨어진 악을 구분할 만큼 눈이 뜨였다는 말이다. 그 결과 이런 것을 식별하게 만들어준 나무, 금지를 어기고 손대어 따먹으려 했던 나무는 이 일로 인해 선과 악을 알게 하는 나무라고 불리게 되었다. 질병의 고생을 겪어보면 그로 인해 건강의 상쾌함이 새삼 돋보이는 법이다. 또 "자기들이 알몸인 것을 알았다"고 하는데, 그것은 은총이 벗겨진 몸이 되었다는 뜻이다. 은총 덕분에 지금까지 육체의 벌거벗음이 그들을 당황하게 만들지 않았으며 죄의 율법이 그들의 정신에 반항하는 일이 없었던 것이다. 드디어 그들은 몰랐더라면 차라리 더 행복했을 것, 만일 하느님을 믿고 하느님께 복종했더라면 범하지 않았을 것을 알게 되었다. 불충不忠과 불복종이 과연 어떤 해를 끼치는지를 그들로 하여금 체험하게 만들었다. 그래서 자기 육신의 불복종으로 혼란해진 그들은 불순종의 형벌을 받은 증거라도 되는 양 "무화과나무 잎을 엮어 앞치마를 둘렀다". 곧 국부의 가리개를 말한다.[222] 여기에 어떤 성서 번역가들은 숙킹크토리아라는 단어를 놓았다.[223] 또한 캄페스트리아라는 라틴어가 있는데 젊은이들이 야영장에서 나체로 훈련을 받으면서 치부를 가리던 물건이다. 그래서 앞만을 가린 사람들을 세인들은 캄페스트라티라고 부른다. 불순종의 죄과로 단죄받은 의지를 거슬러 정욕이 순종하지 않고 움직였으므로 수치심에서 부끄러운 데를 가렸던 것이다. 그리하여 만민이 바로 저 혈통에서 나온 소생들이기에 지금까지도 부끄러운 데를 가리는 짓이 심성에 박혀 있고 심지어 어떤 야만인들은 목욕탕에서마저 신체의 그 부위를 드러내지 않고 그곳을 덮은 의복과 함께 씻는다. 더욱이 인도의 오지에서도 어떤 사람들은 나체로 철학을 하므로 나체의 현자라는 이름이 붙어 있다는데, 그들마저 다른 모든 지체는 드러내놓고서 국부는 덮개로 가린다고 한다.[224]

18. Opus uero ipsum, quod libidine tali peragitur, non solum in quibusque stupris, ubi latebrae ad subterfugienda humana iudicia requiruntur, uerum etiam in usu scortorum, quam terrena ciuitas licitam turpitudinem fecit, quamuis id agatur, quod eius ciuitatis nulla lex uindicat, deuitat tamen publicum etiam permissa atque inpunita libido conspectum, et uerecundia naturali habent prouisum lupanaria ipsa secretum faciliusque potuit inpudicitia non habere uincla prohibitionis, quam inpudentia remouere latibula illius foeditatis. Sed hanc etiam ipsi turpes turpitudinem uocant, cuius licet sint amatores, ostentatores esse non audent. Quid? Concubitus coniugalis, qui secundum matrimonialium praescripta tabularum procreandorum fit causa liberorum, nonne et ipse quamquam sit licitus et honestus, remotum ab arbitris cubile conquirit? Nonne omnes famulos atque ipsos etiam paranymphos et quoscumque ingredi quaelibet necessitudo permiserat, ante mittit foras, quam uel blandiri coniux coniugi incipiat? Et quoniam, sicut ait etiam quidam «Romani maximus auctor eloquii», omnia recte facta in luce se conlocari uolunt, id est appetunt sciri: Hoc recte factum sic appetit sciri, ut tamen erubescat uideri. Quis enim nescit, ut filii procreentur, quid inter se coniuges agant? Quando quidem ut id agatur, tanta celebritate ducuntur uxores; et tamen cum agitur, unde filii nascantur, nec ipsi filii, si qui inde iam nati sunt, testes fieri permittuntur. Sic enim hoc recte factum ad sui notitiam lucem appetit animorum, ut tamen refugiat oculorum. Vnde hoc, nisi quia sic geritur quod deceat ex natura, ut etiam quod pudeat comitetur ex poena?

---

[225] Cf. Hieronymus, *Epistula* 77.3: per lupanaria et ancillulas libido permittitur (카이사르의 법률에는 매음굴과 창녀촌을 통해 정욕을 풀도록 허용된다).

[226] impudicitia (매춘을 합법화하는 "파렴치")와 impudentia (남 앞에서 그 짓을 하는 "뻔뻔스러움")로 압운(押韻)을 이루는 문장으로 성행위에 대한 수치심이 성행위 자체를 제어하는 일보다 뿌리깊다는 사실에서 원죄의 흔적을 설명하고 있다.

[227] 로마 풍습에서 신랑은 법무관 앞에서 십이동판법에 따라 "자녀를 얻기 위하여" (liberum quaesendum causa) 혼인한다는 서약을 했다 (Aulus Gellius, *Noctes Atticae* 4.3.2).

[228] arbiter: 이 단어는 "목격자"라는 일반 의미에 민사적 분쟁의 "중재자", 혹은 "배심원", 나아가서는 "심판"으로 확대되었다.

[229] 6.9.3 참조.

[230] Lucanus, *Pharsalia* 7.62-63.

[231] Cicero, *Tusculanae disputationes* 2.26.64. 원문에는 recte facta 아닌 bene facta로 나온다.

18. 성교는 저속한 것만은 아니지만 부부의 행위조차 남보기에는 부끄럽다

여하튼 그 행위, 즉 정욕에서 이루어지는 행위는 음란한 짓인 경우뿐 아니라 (그럴 때는 인간적 평판을 피할 만한 숨을 곳을 찾는다) 창녀들을 사는 경우까지도(추행인데도 지상 도성이 합법적으로 만들었다)[225] 사람들은 공중의 눈에 띄기를 피한다. 그 행위는 도시국가의 어떤 법률도 금하지 않고 허용될 뿐 아니라 징벌이 없는 정욕인데도 매매춘을 하면서 사람들은 공중의 시선을 기피한다. 천성적 수치심에서 우러나서인지 심지어 창녀촌도 비밀을 보장해 준다. 그러니까 인간의 타고난 음욕과 매춘을 법률상 금지하는 사슬을 없애버리는 입장과, 드러내놓고 매매춘을 할 만큼 뻔뻔스러워 그런 음행의 장소가 은폐되지 않게 공공연히 드러나게 만드는 입장 둘 중에서 전자가 더 쉬웠다는 말이다.[226] 이 일에 더없이 음탕한 사람들조차 그런 짓을 추행이라 부르고, 자기는 그런 짓을 좋아한다거나 누구 앞에서 과시하는 말은 감히 하지 않는다. 왜? 부부간의 방사는 혼인에 관한 동판법의 규정에 따라 자녀를 생산하는 명분에서 이루어지는데,[227] 그토록 정당하고 영예로운 행위인데도 그들은 목격자[228]들로부터 떨어진 침상을 찾지 않던가? 신랑이 신부를 애무하기 시작하기 전에 모든 가솔들과 심지어 들러리들마저,[229] 또 어떤 필요로 침방에 들어가도록 허락된 자들마저 밖으로 내보내지 않던가? 또 혹자도 말하지만 "로마 웅변의 가장 위대한 창시자"[230]가 강변하듯이, "로마인들은 올바로 이루어진 일이면 매사가 밝히 드러나기 바란다"[231]고 했다. 다시 말해 그들은 알고 싶어했다. 저 일을 두고도 사람들은 결혼식에 수행하여 올바로 이루어지는지를 알고 싶어하지만 정작 구경하는 것은 부끄러운 짓이었다. 자녀를 낳으려고 부부가 자기들끼리 무엇을 하는지 누가 모르겠는가? 그것을 하겠다고 엄청나게 성대한 의식을 치러 아내를 맞는다. 그런데 자녀를 낳으려고 정작 그것을 할 때는, 자녀들마저(거기서 태어난 자녀가 있는 경우) 증인으로 입회하도록 허락되지 않는다. 그 일이 올바로 이루어지는지 훤히 드러나야 하는데, 마음으로는 알도록 하지만 눈으로까지 아는 것만은 기피한다. 그러니까 자연본성에 의해 정당하게 이루어지는 일인데도, 원죄라는 형벌에 의해 남부끄러워하는 마음이 따르기에 이른 것이다.

19. Hinc est quod et illi philosophi, qui ueritati propius accesserunt, iram atque libidinem uitiosas animi partes esse confessi sunt, eo quod turbide atque inordinate mouerentur ad ea etiam, quae sapientia perpetrari uetat, ac per hoc opus habere moderatrice mente atque ratione. Quam partem animi tertiam uelut in arce quadam ad istas regendas perhibent conlocatam, ut illa imperante, istis seruientibus possit in homine iustitia ex omni animi parte seruari. Hae igitur partes, quas et in homine sapiente ac temperante fatentur esse uitiosas, ut eas ab his rebus, ad quas iniuste mouentur, mens conpescendo et cohibendo refrenet ac reuocet atque ad ea permittat, quae sapientiae lege concessa sunt (sicut iram ad exerendam iustam cohercitionem, sicut libidinem ad propagandae prolis officium) – hae, inquam, partes in paradiso ante peccatum uitiosae non erant. Non enim contra rectam uoluntatem ad aliquid mouebantur, unde necesse esset eas rationis tamquam frenis regentibus abstinere. Nam quod nunc ita mouentur et ab eis, qui temperanter et iuste et pie uiuunt, alias facilius, alias difficilius, tamen cohibendo et repugnando modificantur, non est utique sanitas ex natura, sed languor ex culpa. Quod autem irae opera aliarumque affectionum in quibusque dictis atque factis non sic abscondit uerecundia, ut opera libidinis, quae fiunt genitalibus membris, quid causae est, nisi quia in ceteris membra corporis non ipsae affectiones, sed, cum eis consenserit, uoluntas mouet, quae in usu eorum omnino dominatur? Nam quisquis uerbum emittit iratus uel etiam quemquam percutit, non posset hoc facere, nisi lingua et manus iubente quodam modo uoluntate mouerentur; quae membra, etiam cum ira nulla est, mouentur eadem

---

[232] animus: 아우구스티누스에게서는 "영혼"을 지칭한다(1.21-26; 14.2.1, 23.2; 16.23.2; 21.3.2 참조).

[233] 단일한 영혼에 "이성적" 부분이 있어 지혜가 군림하고, "비이성적" 부분이 있어 적극적으로 욕구하고, "심리적" 부분이 있어서 소극적으로 기피하는 성향이 있다는 플라톤의 심리학을 전제로 하고 있다. 예: *Phaedrus* 248; 253c - 254e; *Respublica* 580.

[234] non utique sanitas ex natura, sed languor ex culpa: 강력한 성욕이 본성의 건장함(sanitas)이라기보다는 인간 통솔의 무기력(languor)이라는 해석은 원죄를 전제한다.

19. 분노와 정욕이라는 부분은 인간에게서 매우 소란스레 움직이므로 지혜의 재갈을 물릴 필요가 있는데, 범죄 전의 건전한 본성에는 이런 것이 없었다

그래서 진리에 그래도 가까이 다가선 철학자들도 분노와 정욕이 마음[232]의 타락한 부분임을 고백했다. 지혜가 저지르지 말라고 금하는 일로 마음이 소란스럽고 무질서하게 동요하는 것도 그때문이고, 바로 그래서 지성과 이성이 이 부분을 견제할 필요가 있다. 마음의 셋째 부분은 이런 것들을 다스리라는 듯이 정곡에 위치하여 명령을 내리고, 만약 복종한다면 사람 마음의 모든 부분에 정의가 확립되기에 이른다.[233] 이 부분들, 지혜롭고 절조있는 사람마저 타락한 부분이라고 지칭한 바 있는 이 부분들이 그릇 지향하는 사물들로 가지 않도록 지성이 이 부분들을 억누르고 통제하여 제어하는 한, 그리하여 지혜의 법도가 허용하는 사물들을 향하도록 유도하는 것을 본다면(예를 들어 분노는 부당한 것에 정당한 제재를 가하도록 만들고, 정욕은 자녀생산의 본분을 행하도록 만든다), 낙원에서, 곧 범죄 이전에는 이 부분들도 타락한 것이 아니었다고 나는 말하고 싶다. 그때는 이 부분들이 바른 의지에 역행하여 다른 것에로 움직여 나가는 일이 없었고, 말하자면 이성의 재갈이 통솔하는 가운데 필히 자제되었던 것이다. 그러던 것이 지금은 달리 움직이는데, 그 까닭은 본성에서 유래하는 건장함이 아니고 죄과에서 오는 무기력이 원인이다.[234] 물론 절조있고 의롭고 경건하게 사는 사람들에게 있어서는, 때로는 용이하게 때로는 어렵게 이것들이 제어되고 거부당하고 하는 가운데 조절이 되기는 한다. 그렇다면 수치심이라는 것은 국부에서 이루어지는 정욕의 작용은 철저하게 감추려는 데 반해, 말이나 행동으로 나타나는 분노나 다른 감정들의 작용은 철저하게 감추지 않는데 그 이유가 무엇인가? 아마도 다른 언행에서는 감정 자체가 육체의 지체들을 움직이기보다는 의지가 그 감정에 동조함으로써 지체들을 움직이기 때문이고, 그 지체의 사용을 전적으로 지배하는 것도 의지이기 때문이리라. 누구든 분노하여 함부로 말을 내뱉거나 누구를 두들겨팬다고 할 때, 의지가 명령을 내려 혀나 손이 움직이지 않는 한, 그런 짓을 할 수 없지 않은가? 그 지체로 말할 것 같으면 분노라는 것을 전혀 품고 있지 않으나 의지에 의해 분노를 발휘하여 움

uoluntate. At uero genitales corporis partes ita libido suo iuri quodam modo mancipauit, ut moueri non ualeant, si ipsa defuerit et nisi ipsa uel ultro uel excitata surrexerit. Hoc est quod pudet, hoc est quod intuentium oculos erubescendo deuitat; magisque fert homo spectantium multitudinem, quando iniuste irascitur homini, quam uel unius aspectum, et quando iuste miscetur uxori.

20. Hoc illi canini philosophi, hoc est Cynici, non uiderunt, proferentes contra humanam uerecundiam quid aliud quam caninam, hoc est inmundam inpudentemque sententiam? Ut scilicet, quoniam iustum est quod fit in uxore, palam non pudeat id agere nec in uico aut platea qualibet coniugalem concubitum deuitare. Vicit tamen pudor naturalis opinionem huius erroris. Nam etsi perhibent, hoc aliquando gloriabundum fecisse Diogenem, ita putantem sectam suam nobiliorem futuram, si, in hominum memoria insignior eius inpudentia figeretur, postea tamen a Cynicis fieri cessatum est, plusque ualuit pudor, ut erubescerent homines hominibus, quam error, ut homines canibus esse similes affectarent. Vnde et illum uel illos, qui hoc fecisse referuntur, potius arbitror concumbentium motus dedisse oculis hominum nescientium quid sub pallio gereretur, quam humano premente conspectu potuisse illam peragi uoluptatem. Ibi enim philosophi non erubescebant uideri se uelle concumbere, ubi libido ipsa erubesceret surgere. Et nunc uidemus adhuc esse philosophos Cynicos; hi enim sunt, qui non solum amiciuntur pallio, uerum etiam clauam ferunt;

---

[235] 견유학파(cynici)라는 이름이 창시자 안티스테네스(Antisthenes)의 저택이 있던 키노스아르게(Cynosarge) 언덕에서 유래했는지, 개를 창피한 줄 모르는 짐승으로 보던 그리스인들의 습속에서 왔는지, 디오게네스가 스스로 개를 자칭했는지는 불분명하다. Cf. Diogenes Laertius, *Vitae philosophorum* 6.13; 6.60-69.

[236] Cf. Herodotus, *De stoicorum repugnantiis* 1044; Diogenes Laertius, *Vitae philosophorum* 6.60, 69.

[237] 제국시대 말엽에 견유학파가 일시 부흥했고, 식자연하여 그리스식 외투(pallium: 13.16 각주 89 참조)는 물론 헤르쿨레스를 모방한답시고 몽둥이도 들고 다녔다(Diogenes Laertius, *Vitae philosophorum* 6.13.71). Cf. *Contra Academicos* 3.8.17.

직인다. 그렇지만 육체의 음부로 말하자면 정욕이 나름대로 그것을 자기 권하에 장악하고 있어서 정욕이 없으면 그 지체가 움직일 힘이 없고, 정욕이 일거나 자극을 받지 않는 한 발기하지 않게 되어 있다. 바로 이 점이 수치스럽고 바로 이 점이 바라보는 사람의 시선을 부끄럽게 하여 다른 데로 눈을 돌리게 만든다. 사람은 터무니없이 화를 내고서도 다른 사람들이 무리를 이루어 화내는 모습을 구경하는 것은 견뎌내지만, 정정당당하게 아내와 어우르면서도 단 한 사람만 구경하고 있어도 그것을 견디지 못한다.

20. 견유학파의 허황하기 이를 데 없는 추태

그런데 저 개 같은 철학자들,[235] 즉 견유학파는 이렇게 생각하지 않았다. 그들이 인간적 수치심에 맞서 불결하고 파렴치한 사상을 퍼뜨렸다면 그야말로 개 같은 사상이 아니고 무엇이겠는가? 말하자면 아내에게 하는 짓이 정당한 이상, 그 짓을 공공연하게 해도 부끄러울 게 없다고, 곧 골목에서나 무대에서도 부부의 방사를 피할 필요가 없다고 했다. 하지만 타고난 수치심이 이 그릇된 견해를 이겨냈다. 사람들 말로는 디오게네스는 자기가 그렇게 행동함으로써 자기 학파가 더 유명해지리라고 여겨 허세를 부리느라고 그런 언행을 했다고 전한다.[236] 만일 사람들의 기억 속에 그의 몰염치한 언행이 인상깊게 박혔을지는 모르겠으나, 후일에 가서는 견유학파도 그런 언행을 중단했다. 사람이 개와 비슷하게 행동하는 오류보다는, 인간이 인간에게 부끄러움을 느끼는 수치심이 더 우세했던 셈이다. 하여튼 내가 생각하기에, 그런 행동을 보였다고 전해지는 저 인물 디오게네스 혹은 그 부류들은, 걸치고 있는 외투 밑에서 실제로 무슨 일이 벌어지는지 알지 못하는 사람들의 눈앞에서 성행위하는 사람들의 동작을 해 보였을지 모르지만, 사람들의 시선이 쏟아지는 앞에서 성행위의 쾌락까지 맛보지는 못했을 것이다. 아무튼 정욕 자체가 고개를 쳐드는 것도 수치스러워하는 마당에 저 철학자들은 자기가 성행위를 하고 싶다는 것을 내보이면서도 남부끄럽지 않았던가 보다. 우리는 요즘도 견유학파 철학자들이 여전히 존재하고 있음을 목도한다. 그들은 외투를 두르고 다닐뿐더러 몽둥이까지 들고 다닌다.[237] 그러나 그들 가운데 누구도

nemo tamen eorum audet hoc facere, quod si aliqui ausi essent, ut non dicam ictibus lapidantium, certe conspuentium saliuis obruerentur. Pudet igitur huius libidinis humanam sine ulla dubitatione naturam, et merito pudet. In eius quippe inoboedientia, quae genitalia corporis membra solis suis motibus subdidit et potestati uoluntatis eripuit, satis ostenditur, quid sit hominis illi primae inoboedientiae retributum; quod in ea parte maxime oportuit apparere, qua generatur ipsa natura, quae illo primo et magno in deterius est mutata peccato; a cuius nexu nullus eruitur, nisi id, quod cum omnes in uno essent, in communem perniciem perpetratum est et Dei iustitia uindicatum, Dei gratia in singulis expietur.

21. Absit itaque, ut credamus illos coniuges in paradiso constitutos per hanc libidinem, de qua erubescendo eadem membra texerunt, impleturos fuisse quod in sua benedictione Deus dixit: *Crescite et multiplicamini et replete terram*. Post peccatum quippe orta est haec libido; post peccatum eam natura non inpudens amissa potestate, cui corpus ex omni parte seruiebat, sensit adtendit, erubuit operuit. Illa uero benedictio nuptiarum, ut coniugati crescerent et multiplicarentur et implerent terram, quamuis et in delinquentibus manserit, tamen antequam delinquerent data est, ut cognosceretur procreationem filiorum ad gloriam conubii, non ad poenam pertinere peccati. Sed nunc homines, profecto illius quae in paradiso fuit felicitatis ignari, nisi per hoc, quod experti sunt, id est per libidinem, de qua uidemus etiam ipsam honestatem eurbescere nuptiarum, non potuisse

---

[238] *in communem* perniciem ... <u>Dei iustitia</u> vindicatum, <u>Dei gratia</u> *in singulis* expietur: 타락과 구원을 대구법으로 간추린 문장이다.

[239] 창세 1,28.

[240] 12.23에서 교부는 낙원에서도 인류가 증식될 수 있었으리라고 추정하고 있지만 새 인간의 출생 방식에 관해서는 확고한 견해를 확립하지 못하고 있다.

[241] procreatio ... ad gloriam connubii non ad poenam peccati: 이원론 사상에 물든 영지주의자들이 혼인과 출산을 타락한 죗값으로 보는 데 대한 교부의 답변이다.

이제 와서 그런 짓을 감히 하려고 하지는 않는다. 만일 어떤 사람들이 감히 그런 짓을 한다면 돌팔매질하는 사람들의 공격은 아니더라도 침 뱉는 사람들의 침으로 뒤범벅이 되었을 게 틀림없다. 따라서 인간 본성이 이런 정욕을 수치스러워한다는 점은 의심의 여지가 없고, 또 수치스러워하는 게 당연하다. 따라서 최초 인간의 불순종으로 육체의 국부가 오로지 자체의 움직임으로만 좌우되고 의지의 권하에서 벗어났으니, 이것만으로도 인간의 첫 번 불순종에 내린 응보가 무엇이었는지 드러나고도 남는다. 불순종의 응보는 다름아니라 인간의 자연본성이 태어나는 바로 그 부분에서 가장 심하게 나타나야 했고, 인간의 자연본성이 첫 번 큰 죄로 인해 더 나쁘게 변질되었다는 말이다. 모든 인간이 아담이라는 한 인간 안에 있었으므로 아무도 그 응보의 연좌에서 벗어나지 못하고 공동의 파멸 속으로 추락했으며, 하느님의 정의에 입각해서 벌을 받은 이상, 하느님의 은총으로만 개별적으로 속량될 처지가 되었다.[238]

21. 인간을 낳아 번식하라는 축복은 범죄 전에 주어졌고 범죄도 그 축복을 앗아가지 않았는데, 다만 정욕의 병폐가 덧붙여졌다

그러므로 낙원에 데려다 놓은 저 부부에게, 그들을 축복하면서 하느님이 "자식을 낳고 번성하여 온 땅에 퍼져라"[239]고 한 말씀을 이루어낸 것이 다름아닌 바로 정욕 덕택이라고 우리가 믿는다면 그것은 말도 안 된다.[240] 그들은 정욕에 대해 수치를 느껴 그 지체를 가렸으니까. 따라서 정욕은 범죄 이후에 발생했다. 범죄 이후에 육체는 모든 부분에서 복종하던 힘을 잃었지만 자연본성마저 뻔뻔스러워지지는 않아서 이 정욕을 감지하고 조심스러워하고 남부끄러워하고 감추었던 것이다. 저 혼인의 축복, 부부들이 자식을 낳고 번성하여 온 땅을 채우라는 축복은 타락한 사람들에게도 남아있었지만, 그것은 원래 타락 이전에 주어졌으므로 자녀들의 생산은 결혼의 영광에 해당하는 것이지 죄에 대한 징벌에 해당하는 것이 아님을 인식시켰다.[241] 하지만 사람들, 특히 낙원의 행복을 알지 못하는 사람들은 자기들이 체험한 대로, 우리가 논하고 있는 정욕을 통해서가 아니면 자녀를 낳을 수 없었으리라고 주장하고, 심지어 혼인의 영예 자체

gigni filios opinantur, alii scripturas diuinas, ubi legitur post peccatum puduisse nuditatis et pudenda esse contecta, prorsus non accipientes, sed infideliter inridentes; alii uero quamuis eas accipiant et honorent, illud tamen quod dictum est: *Crescite et multiplicamini*, non secundum carnalem fecunditatem uolunt intellegi, quia et secundum animam legitur tale aliquid dictum: *Multiplicabis me in anima mea in uirtute*, ut id, quod in genesi sequitur: *Et implete terram et dominamini eius*, terram intellegant carnem, quam praesentia sua implet anima eiusque maxime dominatur, cum in uirtute multiplicatur; carnales autem fetus sine libidine, quae post peccatum exorta inspecta, confusa uelata est, nec tunc nasci potuisse, sicut neque nunc possunt, nec in paradiso futuros fuisse, sed foris, sicut et factum est. Nam postea quam inde dimissi sunt, ad gignendos filios coierunt eosque genuerunt.

22. Nos autem nullo modo dubitamus secundum benedictionem Dei crescere et multiplicari et implere terram donum esse nuptiarum, quas Deus ante peccatum hominis ab initio constituit, creando masculum et feminam, qui sexus euidens utique in carne est. Huic quippe operi Dei etiam benedictio ipsa subiuncta est. Nam cum scriptura dixisset: *Masculum et feminam fecit eos*, continuo subdidit: *Et benedixit eos Deus dicens: Crescite et multiplicamini et implete terram et dominamini eius*, et cetera. Quae omnia quamquam non inconuenienter possint etiam ad intellectum spiritalem referri, masculum tamen et feminam non sicut simile aliquid etiam in homine uno intellegi potest, quia uidelicet in eo aliud est quod

---

[242] 아래 22장 이하와 21.26에서는 좀더 긍정적 시각으로 혼인을 보도록 설득한다.

[243] 구약을 인정하지 않았으므로 창세기에 언급된 혼인과 자녀의 생산마저 단죄하는 것은 마니교도들의 태도였다. Cf. *De utilitate credendi* 2.4.

[244] 시편 137,3. 〔새번역 138,3: "제가 부르짖던 날 제게 응답하시고 저를 당당하게 만드시어 제 영혼에 힘이 솟았나이다."〕

[245] 그리스계 교부들에게서는 원조가 죄를 짓지 않았더라면 육적 출산이 아닌 소위 "영적 출산"으로 낙원과 땅이 채워졌으리라는 해석이 있었다. 예: Gregorius Nyssenus, *De opificio hominis* 17; Ioannes Chrysostomus, *De virginitate* 14 - 17.

[246] 아우구스티누스도 한때 이 구절을 우의(寓意)로 해석할 여지가 있음을 인정한 적이 있다(*Confessiones* 13.24.37; *De bono coniugali* 2.2; *De Genesi contra Manichaeos* 1.19.30).

[247] 창세 1,27-28.

[248] intellectus spiritalis: "우의"(寓意: sensus allegoricus)로 번역되는 일이 잦다.

[249] simile aliquid를 대개 이렇게 번역한다.

도 부끄러워해야 할 무엇이라는 주장까지 한다.[242] 또 다른 사람들은 성서를 읽으면서, 범죄 후에 알몸인 것이 부끄러웠고 부끄러운 데를 가렸다는 글을 보고 받아들이지 않을 뿐 아니라 불신하여 비웃기조차 한다.[243] 그런가 하면 또 다른 사람들은 혼인을 인정하고 영예롭게 생각하지만, "자식을 낳고 번성하여라"는 말씀을 육적 출산에 따른 것으로 해석하려 하지 않고, 심지어 "당신은 나를 번성케 하여 내 영혼에서 힘을 북돋아 주시리이다"[244]는 다른 구절을 원용하여 출산을 영혼에 따른 것으로 풀이하기도 한다.[245] 그리고 창세기에 "온 땅에 퍼져서 땅을 정복하여라"는 말씀이 뒤이어 나오는데, 이 말씀에서 땅이라는 것은 육을 가리키며 따라서 영이 자체의 현존으로, 또 영의 힘이 번성할 때에 육을 완벽하게 다스린다는 의미로 이해하고 싶어한다.[246] 그리하여 육적 손孫들은 그때도 정욕 없이 생겨날 수도 없었고 지금도 정욕 없이 생겨날 수 없는 데다가, 정욕은 범죄 이후에 일어나서 원조들을 새삼 깨닫게 하고 당황스럽게 만들고 그래서 가리기까지 한 점으로 미루어, 낙원에서는 자손이 생길 수 없었고 오직 낙원 밖에서만 생길 수 있었다고 주장한다. 실제 일어난 그대로 자식이 생긴 것은 낙원 밖에서였다. 그들이 결합한 것은 낙원에서 쫓겨난 다음이었고 거기서 자녀들을 낳았던 것이다.

22. 부부 결합은 하느님이 제정하고 축복한 것이다

하느님의 축복대로 자식을 낳고 번성하여 온 땅에 퍼지는 것이 혼인의 선물임을 우리는 의심하지 않는다. 하느님은 남자와 여자를 창조했고, 인간의 범죄 이전에 혼인을 제정했으며, 성의 차이는 육신에 분명히 나타나 있다. 또 하느님의 이 작업에는 축복이 덧붙여지기도 했다. 성서는 "사람을 지어 내시되 남자와 여자로 지어 내셨다"라고 말하고 곧이어 "하느님께서는 그들에게 복을 내려주시며 말씀하셨다. '자식을 낳고 번성하여 온 땅에 퍼져서 땅을 정복하여라'"는 등의 말씀을 덧붙였기 때문이다.[247] 물론 이 모든 말씀을 영적 의미[248]로 연관시키는 것도 부적절하지는 않지만, 남자와 여자라는 말은 한 인간에게 있는 우의적인 무엇[249]으로 이해할 수 있는 것이 아니다. 즉, 단일한 인간에게서

regit, aliud quod regitur; sed sicut euidentissime apparet in diuersi sexus corporibus, masculum et feminam ita creatos, ut prolem generando crescerent et multiplicarentur et implerent terram, magnae absurditatis est reluctari. Neque enim de spiritu qui imperat et carne quae obtemperat, aut de animo rationali qui regit et inrationali cupiditate quae regitur, aut de uirtute contemplatiua quae excellit et de actiua quae subditur, aut de intellectu mentis et sensu corporis, sed aperte de uinculo coniugali, quo inuicem sibi uterque sexus obstringitur, Dominus interrogatus utrum liceret quacumque causa dimittere uxorem, quoniam propter duritiam cordis Israelitarum Moyses dari permisit libellum repudii, respondit atque ait: *Non legistis, quia, qui fecit ab initio, masculum et feminam fecit eos et dixit: Propter hoc dimittet homo patrem et matrem et adhaerebit uxori suae, et erunt duo in carne una? Itaque iam non sunt duo, sed una caro. Quod ergo Deus coniunxit, homo non separet.* Certum est igitur masculum et feminam ita primitus institutos, ut nunc homines duos diuersi sexus uidemus et nouimus, unum autem dici uel propter coniunctionem uel propter originem feminae, quae de masculi latere creata est. Nam et apostolus per hoc primum, quod Deo instituente praecessit, exemplum singulos quosque admonet, ut uiri uxores suas diligant.

23. Quisquis autem dicit non fuisse coituros nec generaturos, nisi peccassent, quid dicit, nisi propter numerositatem sanctorum necessarium hominis fuisse peccatum? Si enim non peccando soli remanerent, quia,

---

[250] 창세기 2장에 나오듯이 태초에는 남자만 창조되었으며, 1,27의 남자와 여자란 단일한 인간 속에 있는 지성과 정욕을 상징한다는 우의적 해석이 있었다(Origenes, *Homiliae in Genesim* 1.14).

[251] 마태 19,4-6.

[252] 에페 5,21-33 참조.

통솔하는 바 다르고 통솔당하는 바 다르다는 의미로 이해할 것이 아니다.²⁵⁰ 이성異性의 육체에 아주 분명히 나타나듯이 남자와 여자는 본래 그렇게 창조되었으며 자식을 낳고 번성하여 온 땅에 퍼지게 되어 있었다. 이것에 반대하여 시비를 건다는 것은 커다란 자가당착이다. 그러니까 남녀의 창조는 영이 명령하고 육이 복종한다거나, 이성적 영혼이 통솔하고 비이성적 탐욕이 통솔당한다거나, 관상적 덕목이 탁월하고 활동적 덕목이 그 밑에 속한다는 가르침이 아니고, 지성의 인식과 육체의 감각에 관한 가르침도 아니며, 분명하게 혼인의 인연에 관한 가르침이다. 바로 그 인연에 의해 두 성性은 서로 마주 끌어안는다. 주님도 어떤 이유로든 아내를 내보내는 것이 타당하냐는 물음을 받고서, 이스라엘 사람들의 완고한 마음 때문에 모세가 이혼장을 써주라고 허락했다는 말을 들으면서 이렇게 대답했다: "읽어 보지 못했습니까? 창조주께서 시초부터 사람을 남자와 여자로 만드셨고 그래서 사람이 아버지와 어머니를 떠나서 아내와 합하여 둘이 한 몸이 되리라고 하셨습니다. 그들은 이제 둘이 아니라 한 몸입니다. 하느님이 짝지어 주신 것을 사람이 갈라 놓아서는 안 됩니다."²⁵¹ 그러니 처음부터 남자와 여자가 그렇게 정해진 것이 확실하고, 그래서 지금 우리가 보고 아는 대로 두 이성의 인간들이 존재한다. 우리가 그 둘을 한 몸이라고 일컫는 것은 그들의 결합 때문이기도 하고 여자의 기원 때문이기도 한데, 그것은 여자가 남자의 옆구리에서 창조되었기 때문이다. 바로 그래서 사도도 하느님이 세워 모든 것에 앞서는 바로 이 원초적 모형을 들어 각 사람들에게 훈계를 내리면서 남편은 자기 아내를 사랑해야 한다고 가르친다.²⁵²

23. 아무도 죄를 짓지 않았다면 낙원에서도 자녀를 생산했을까, 아니면 낙원에서도 정욕의 격정과 순결의 명분이 충돌하게 되었을까

23. 1. 죄를 짓지 않았더라도 자녀를 생산할 수 있었다

만일 원조들이 죄를 짓지 않았다면 성교도 하지 않았을 것이고 자녀도 생산하지 않았으리라는 말을 누가 한다면 그것은 마치 성도의 숫자를 많게 하기 위해 인간의 범죄가 필요했다는 말이 아니고 무엇인가? 만약 죄를 짓지 않았으면 원

sicut putant, nisi peccassent, generare non possent: profecto ut non soli duo iusti homines possent esse, sed multi, necessarium peccatum fuit. Quod si credere absurdum est, illud potius est credendum, quod sanctorum numerus quantus conplendae illi sufficit beatissimae ciuitati, tantus existeret, etsi nemo peccasset, quantus nunc per Dei gratiam de multitudine colligitur peccatorum, quo usque filii saeculi huius generant et generantur.

Et ideo illae nuptiae dignae felicitate paradisi, si peccatum non fuisset, et diligendam prolem gignerent et pudendam libidinem non haberent. Sed quo modo id fieri posset, nunc non est quo demonstretur exemplo. Nec ideo tamen incredibile debet uideri etiam illud unum sine ista libidine uoluntati potuisse seruire, cui tot membra nunc seruiunt. An uero manus et pedes mouemus, cum uolumus, ad ea, quae his membris agenda sunt, sine ullo renisu, tanta facilitate, quanta et in nobis et in aliis uidemus, maxime in artificibus quorumque operum corporalium, ubi ad exercendam infirmiorem tardioremque naturam agilior accessit industria; et non credimus ad opus generationis filiorum, si libido non fuisset, quae peccato inoboedientiae retributa est, oboedienter hominibus ad uoluntatis nutum similiter ut cetera potuisse illa membra seruire? Nonne Cicero in libris de re publica, cum de imperiorum differentia disputaret et huius rei similitudinem ex natura hominis adsumeret, ut filiis dixit imperari corporis membris propter oboediendi facilitatem; uitiosas uero animi partes ut seruos asperiore imperio coherceri? Et utique ordine naturali animus anteponitur

---

[253] 아우구스티누스는 인간을 사로잡는 정욕이 원죄의 결과라고 하면서도, 마니교와 맞서서 여러 저서에서(예: *De bono coniugali*; *De nuptiis et concupiscentia*) 혼인이 원초적 제도임을 고수한다.

[254] "아마 그때는 순결한 현덕(賢德)이 성교가 필요하다고 말하면, 의지가 승낙하는 범위에서 정욕이 일어났거나, 몸의 모든 지체들이 아무런 어려움 없이 작용하듯이 성기도 본인들의 명령대로 아무 어려움 없이 작용을 했을지 모른다"(*Contra duas epistulas Pelagianorum* 1.17.34).

[255] Cf. Cicero, *De republica* 3.25.37. 아우구스티누스에게서만 인용, 전수되는 구절이다.

조 둘만 남았을 것이다. 왜냐하면 그 사람들 생각대로, 그들이 죄를 짓지 않았다면 자녀를 낳지 못했을 것이기 때문이다. 따라서 의인이 저 두 사람만 있지 않고 많이 있으려면 아무래도 죄가 필요했다는 말이 된다. 이런 생각을 믿는다는 것이 어처구니없는 일이라면, 설령 아무도 죄를 짓지 않았더라도 지상에는 저 지극히 복된 도성을 채우기에 넉넉할 만큼 성도의 숫자가 많았으리라고 믿는 편이 낫겠다. 지금도 이 세상의 아들들이 태어나고 또 자식을 낳고 있는 한, 또 지금도 무수한 죄인들 가운데 하느님의 은총을 통해 하느님 도성의 시민들이 뽑히고 있는 한, 비록 아무도 죄를 짓지 않았더라도 성도가 그만큼 많았으리라고 믿는 편이 낫겠다.

23. 2. 그때는 마음에 부끄러운 정욕을 느끼지 않고도 자녀를 낳았을 것이다
그러므로 혼인은 낙원의 행복에 어울리는 것이었고, 따라서 원조는 죄가 없었더라도 자손을 낳아서 사랑했을 것이고 부끄러운 정욕을 품지 않았을 것이다.[253] 그럼 과연 어떻게 그것이 가능했을까. 지금은 예를 들어 증명할 길이 없다.[254] 지금 다른 모든 지체들이 의지에 봉사하고 있듯이, 그때는 이 특이한 지체도 저런 정욕 없이 의지에 봉사할 수 있었으리라고 여기는 것도 믿지 못할 일은 아닌 듯싶다. 지금 우리는 하고 싶은 대로 손발을 움직여서 아무런 저항 없이 그토록 능숙하게 손발이 해내야 할 일을 해내고 있고, 이것은 우리 자신과 남들에게서 목격하는 바다. 특히 갖가지 육체적 작업을 하는 장인들에게서는 매우 나약하고 서툴렀던 천성을 훈련하여 아주 능란한 솜씨가 갖추어지는 모습을 볼 수 있다. 불순종의 죄에 대한 응보로 정욕이 내려졌다면, 그 정욕이 없었던 시점에서는 자녀 생산의 작업에 임하여 몸의 여타 지체들처럼 저 지체들도 인간들에게 순응하여 의지의 뜻에 복종했으리라고 믿지 말라는 법이 어디 있는가? 키케로도 「국가론」에서 통치권의 차이를 논하면서 인간의 자연본성에서 이 사실을 비유로 들어 육체의 지체들에 명령을 내릴 때에는 원만하게 순종하는 자세 때문에 마치 아들들에게 내리듯이 하고, 정신의 타락한 부분들은 노예를 대하듯이 더 근엄한 명령을 내려 강제를 띤다고 하지 않았던가?[255] 자연본성의 차원에서는 응당 정신이 신체에 우선함에도 불구하고, 정신

corpori, et tamen ipse animus imperat corpori facilius quam sibi. Verum tamen haec libido, de qua nunc disserimus, eo magis erubescenda extitit, quod animus in ea nec sibi efficaciter imperat, ut omnino non libeat, nec omni modo corpori, ut pudenda membra uoluntas potius quam libido commoueat; quod si ita esset, pudenda non essent. Nunc uero pudet animum resisti sibi a corpore, quod ei natura inferiore subiectum est. In aliis quippe affectionibus cum sibi resistit, ideo minus pudet, quia, cum a se ipso uincitur, ipse se uincit; etsi inordinate atque uitiose, quia ex his partibus, quae rationi subici debent, tamen a partibus suis ac per hoc, ut dictum est, a se ipso uincitur. Nam cum ordinate se animus uincit, ut inrationabiles motus euis menti rationique subdantur, si tamen et illa Deo subdita est, laudis atque uirtutis est. Minus tamen pudet, cum sibi animus ex uitiosis suis partibus non obtemperat, quam cum ei corpus, quod alterum ab illo est atque infra illum est et cuius sine illo natura non uiuit, uolenti iubentique non cedit.

Sed cum alia membra retinentur uoluntatis imperio, sine quibus illa, quae contra uoluntatem libidine concitantur, id quod appetunt implere non possunt, pudicitia custoditur, non amissa, sed non permissa delectatione peccati. Hunc renisum, hanc repugnantiam, hanc uoluntatis et libidinis rixam uel certe ad uoluntatis sufficientiam libidinis indigentiam procul

---

[256] 이 난삽한 문단은, 정신(마음)의 일반감정이 정신의 통솔을 받지 않을 경우와 육체와 그 지체(특히 국부)가 정신의 통솔을 받지 않고 수시로 발기하는 현상을 비교하여 정욕이라는 것이 원조의 불복종에 대한 죄벌임을 부각시키고 있다.

[257] pudicitia custoditur, *non amissa, sed non permissa* delectatione peccati: 죄악의 심리를 예리하게 간파한 문장이다.

이 자신에게 명령을 내리기보다는 신체에 명령을 내리기가 더 수월하다. 하지만 우리가 지금 논하고 있는 이 정욕은 그 점에서 우리를 더욱 부끄럽게 만든다. 그 이유를 말하자면, 정신은 정욕에 휘둘려서 자신에게 효율적 명령을 내려 전적으로 정욕을 용납할 수 없게 만들지도 못하고, 육체에다 명령을 내려 정욕 아닌 의지가 저 치부를 마음대로 움직일 수 있게 만들지도 못하기 때문이다. 사실 그 국부가 그런 식으로 통솔된다면야 굳이 치부라고 부를 것도 없겠다. 정신이 정말 부끄러운 점은, 본성상 정신보다 하위여서 정신에 종속되어 있어야 할 육체로부터 반항을 당하고 있다는 것이다. 다른 감정들에 있어서는 정신이 자기에게 저항하더라도 정신으로서는 덜 수치스럽다. 왜냐하면 자기에 의해 패한다는 것은 결국 자기가 자기를 이기는 셈이기 때문이다. 그 부분들이 이성에 종속되어 있는 것이 마땅하므로 그런 승리가 비록 질서가 무너지고 결함이 있는 승리임은 사실이지만, 그런 부분들에게 진다는 것은 결국은 자기의 부분들에게 패배를 당하는 일이기 때문에, 말하자면 자기한테 패배를 당하는 셈이다. 정신이 정상적으로 자기를 이길 경우, 즉 정신의 비이성적 움직임들이 지성과 이성에 복종하게 될 경우, 나아가서 만약 이성도 하느님께 복종하고 있다면 그것은 당연히 칭송받을 만한 덕성의 승리다. 그렇더라도 정신이 자신의 결함으로 인해 자기에게 복종하지 않는 경우가 있다면, 그런 일은 육체가 정신에 복종하지 않을 때보다 덜 부끄럽다. 육체라는 것은 정신과 별개이고 정신 밑에 있는 것이기 때문이기도 하고, 한편으론 육체의 자연본성은 정신이 없이는 살아있지 못하는데도 그 육체가 정신이 원하고 명하는 대로 따르지 않기 때문이기도 하다.[256]

23.3. 이런 글을 읽을 때는 정숙한 마음으로 읽어야 한다

다른 지체들은 의지의 명령에 순종하고, 의지를 거슬러 정욕으로 충동받는 지체들도 그런 지체들이 없다면 욕구하는 바를 채우지 못한다. 사정이 그러하므로 정숙함은 향락이라는 것을 아예 박탈하기 때문에 보전되는 것이 아니라 죄의 향락을 허락하지 않기 때문에 보전된다고 볼 수 있다.[257] 이런 갈등, 이런 저항, 의지와 정욕의 이 충돌을 낙원에서의 혼인은 겪지 않았음에 틀림없다. 원

dubio, nisi culpabilis inoboedientia poenali inoboedientia plecteretur, in paradiso nuptiae non haberent, sed uoluntati membra, ut cetera, ita cuncta seruirent. Ita genitale aruum uas in hoc opus creatum seminaret, ut nunc terram manus, et quod modo de hac re nobis uolentibus diligentius disputare uerecundia resistit et compellit ueniam honore praefato a pudicis auribus poscere, cur id fieret nulla causa esset, sed in omnia, quae de huius modi membris sensum cogitantis adtingerent, sine timore obscenitatis liber sermo ferretur, nec ipsa uerba essent, quae uocarentur obscena, sed quidquid inde diceretur, tam honestum esset, quam de aliis cum loquimur corporis partibus. Quisquis ergo ad has litteras inpudicus accedit, culpam refugiat, non naturam; facta denotet suae turpitudinis, non uerba nostrae necessitatis; in quibus mihi facillime pudicus et religiosus lector uel auditor ignoscit, donec infidelitatem refellam, non de fide rerum inexpertarum, sed de sensu expertarum argumentantem. Legit enim haec sine offensione qui non exhorret apostolum horrenda feminarum flagitia reprehendentem, quae *inmutauerunt naturalem usum in eum usum, qui est contra naturam*, praecipue quia nos non damnabilem obscenitatem nunc, sicut ille, commemoramus atque reprehendimus, sed in explicandis, quantum possumus, humanae generationis effectibus uerba tamen, sicut ille, obscena uitamus.

---

[258] nisi *culpabilis inoboedientia poenali inoboedientia* plecteretur: 원죄와 타락한 정욕의 상관관계를 병치하여 제시한다.

[259] genitale arvum ("생식하는 토양"): 베르길리우스의 표현이다. Cf. Vergilius, *Georgica* 3.136: genitali arvo et sulcos oblimet inertis ("생식하는 토양이며 … 물기 촉촉한 이랑을 덮어 …").

[260] 교부는 성문제를 지나치게 금기시하여 그에 관한 언급조차도 눈살을 찌푸리는 경건주의자들을 상대로 자기의 논의가 너무 상세한 데까지 나아갔음을 변명하고 있다.

[261] 로마 1,26. [200주년: "그들의 여자들은 자연스런 성관계를 부자연스런 관계로 바꾸었습니다."]

[262] 교부는 사도가 usus ("용도", 드물게는 "관계")라는 점잖은 단어(chresis)를 사용한 점을 든다.

조가 불순종으로 인해 육체의 정욕이 정신에 저항하는 불순종, 징벌로서의 불순종이라는 벌을 받지 않았더라면 그런 일은 없었을 것이다.[258] 의지는 충분하리만큼 강하고 정욕은 아예 없었을 테고, 다른 모든 지체들과 마찬가지로 이 지체들도 의지에 복종했을 테니까. 그리하여 마치 지금도 손으로 땅에다 씨를 뿌리듯이, 성기도 그 일을 하라고 만들어진 그릇을 생식하는 토양으로 삼아[259] 씨를 뿌렸으리라. 사정이 그렇기만 했더라면, 이런 일에 대해서는 체면을 생각해서라도 너무 세세하게 따지는 것은 삼가라는 말도 나오지 않을 테고, 앞서 말한 체면 때문에라도 순진한 귀를 가진 이들에게는 미리 양해를 구하라고 떠다미는 일도 없었을지 모르겠다. 사실 그렇게 할 이유가 전혀 없었을 것이니, 이런 지체에 대해서도 생각하는 사람의 감관에 짚이는 것이라면 거리낌없이 입에 올리고, 혹시 음탕하다고 할까 염려하지도 않았을 것이다. 우리로서는 음탕하다고 꼬집을 말이 따로 없었을 것이며, 국부를 두고 무슨 말을 하든 모두가 점잖은 말이고 우리가 신체의 다른 부분들에 대해 하는 말과 조금도 다르지 않았을 것이다. 그러니 누구든지 성기의 갑작스런 발기를 세세하게 논하는 이 글을 보고서 불순하게 대하는 사람이 있다면, 그들은 인간의 천성을 피하려고 하지 말고 잘못을 피하려고 노력하시라. 자신의 추잡한 행사에 대해 각성할 것이지 우리처럼 필요에서 나오는 언사를 피하려 하지 마시라. 정숙하고 경건하게 이 글을 읽거나 듣는 사람이라면 이런 일에 대해 나를 무난히 용서하리라. 나는 성의 자연스런 가치와 정욕의 기원에 대한 불신감을 논박하고 있기 때문이다. 저 사람들의 불신감은 경험을 떠난 사실들에 대한 믿음에 근거해서 따지지 않고, 경험적 사실들에 대한 감각에 근거해서 시비를 걸고 있는 것이다.[260] 그러니 사도가 어떤 여자들의 가공할 행악에 대해 질책하는 말, "그 여자들은 자연스러운 관계를 자연을 거스르는 관계로 뒤바꾸었습니다"[261]라는 구절을 읽고서도 혐오감이 일어나지 않는 사람이라면 이 글을 읽더라도 불쾌감을 품지 않을 것이다. 더구나 우리는 사도가 하듯이 단죄받을 음행을 열거하거나 규탄하고 있는 것이 아니고, 하는 데까지 인간 생식의 과정을 해설하고 그러면서도 사도가 하듯이 음란한 단어는 가급적 피하고 있다.[262]

24. Seminaret igitur prolem uir, susciperet femina genitalibus membris, quando id opus esset et quantum opus esset, uoluntate motis, non libidine concitatis. Neque enim es sola membra mouemus ad nutum, quae conpactis articulata sunt ossibus, sicut manus et pedes et digitos, uerum etiam illa, quae mollibus remissa sunt neruis, cum uolumus, mouemus agitando et porrigendo producimus et torquendo flectimus et constringendo duramus, sicut ea sunt, quae in ore ac facie, quantum potest, uoluntas mouet. Pulmones denique ipsi omnium, nisi medullarum, mollissimi uiscerum et ob hoc antro pectoris communiti, ad spiritum ducendum ac remittendum uocemque emittendam seu modificandam, sicut folles fabrorum uel organorum, flantis, respirantis, loquentis, clamantis, cantantis seruiunt uoluntati. Omitto quod animalibus quibusdam naturaliter inditum est, ut tegmen, quo corpus omne uestitur, si quid quocumque loco eius senserint abigendum, ibi tantum moueant, ubi sentiunt, nec solum insidentes muscas, uerum etiam haerentes hastas cutis tremore discutiant. Numquid quia id non potest homo, ideo Creator quibus uoluit animantibus donare non potuit? Sic ergo et ipse homo potuit oboedientiam etiam inferiorum habere membrorum, quam sua inoboedientia perdidit. Neque enim Deo difficile fuit sic illum condere, ut in eius carne etiam illud non nisi eius uoluntate moueretur, quod nunc nisi libidine non mouetur.

Nam et hominum quorundam naturas nouimus multum ceteris dispares et ipsa raritate mirabiles nonnulla ut uolunt de corpore facientium, quae

---

[263] 수의근(隨意筋)과 불수의근의 구별이 없던 때지만 교부는 원죄가 없었을 경우 신체의 모든 지체가 의지에 복종했으리라고 가정한다.

24. 무죄한 인간들이 순종 덕으로 낙원에 머물렀어도 자녀 생산에는 성기를 사용했겠지만, 이 지체도 다른 지체처럼 자유의지에 의해 사용했을 것이다

24. 1. 정욕은 의지에 의해 제어된다

그러므로 낙원에서도 성기를 써서 남자는 자식을 얻기 위해 정액을 뿌리고 여자는 그것을 받아들였을 것이다. 필요할 때마다, 필요한 만큼, 정욕에 충동받지 않고 의지로 움직여서 그렇게 했을 것이다. 또 우리는 손발이나 손가락처럼 단단한 뼈로 관절이 이루어진 지체들만 마음대로 움직이는 것은 아니다. 부드러운 힘살로 엮어진 지체들도 우리가 하고 싶은 대로 흔들어 움직이고 쭉 뻗어 내밀며 비틀어 접는가 하면 힘주어 빳빳하게 만들기도 한다. 입속이나 얼굴에 있는 지체들도 의지가 하는 데까지 움직여 나간다. 골수를 제외한다면 내장 가운데 허파가 가장 부드럽고 그런 이유로 흉곽 속에 안치해 놓은 기관인데 숨을 들이쉬거나 내쉴 때, 소리를 내거나 다듬을 때, 마치 장인匠人들의 풀무나 오르간의 풀무처럼 본인의 의지에 복종한다. 숨쉬는 사람, 내쉬는 사람, 말하는 사람, 소리를 지르는 사람, 노래하는 사람의 의지에 복종한다.[263] 그리고 어떤 짐승들은 온몸을 덮는 살갗에서, 살갗의 어떤 곳에서든 떨쳐버려야 할 무엇을 느끼면, 귀찮게 덤비는 파리들뿐 아니라 박혀있는 창 같은 것도, 피부가 느껴지는 그곳만을 움직여서 살갗을 부르르 떨어서 떨쳐버린다. 짐승들에게 이것이 본성적으로 박혀 있다는 점은 말하지 않겠다. 사람에게 그럴 능력이 없다고 해서 창조주가 주고 싶은 동물들에게 그런 능력을 제공할 수 없었다는 말인가? 인간도 그처럼 하위의 지체들을 순종시키는 힘을 간직할 수 있었는데 자신의 불순종으로 말미암아 그 힘을 잃어버린 것이다. 지금 인간의 육신에서 정욕에 의하지 않으면 움직이지 않는 그 지체를 인간의 의지대로 움직이도록 인간을 창조하는 일이 하느님께는 어렵지 않았다.

24. 2. 아주 드물지만 놀라운 본성의 작용

또한 어떤 인간들은 다른 사람들과 달리 아주 특출한 본성들을 갖고 있고 그 희귀함으로 말미암아 놀라움을 자아내는 사람들이 있음을 우리는 알고 있다. 즉, 그들은 자기 몸으로 하고 싶은 대로 무엇을 하는데 남들은 절대로 못할뿐

alii nullo modo possunt et audita uix credunt. Sunt enim, qui et aures moueant uel singulas uel ambas simul. Sunt qui totam caesariem capite inmoto, quantum capilli occupant, deponunt ad frontem reuocantque cum uolunt. Sunt qui eorum quae uorauerint incredibiliter plurima et uaria paululum praecordiis contrectatis tamquam de sacculo quod placuerit integerrimum proferunt. Quidam uoces auium pecorumque et aliorum quorumlibet hominum sic imitantur atque exprimunt, ut, nisi uideantur, discerni omnino non possint. Nonnulli ab imo sine paedore ullo ita numerosos pro arbitrio sonitus edunt, ut ex illa etiam parte cantare uideantur. Ipse sum expertus sudare hominem solere, cum uellet. Notum est quosdam flere, cum uolunt, atque ubertim lacrimas fundere. Iam illud multo est incredibilius, quod plerique fratres memoria recentissima experti sunt. Presbyter fuit quidam Restitutus nomine in paroecia Calamensis ecclesiae. Quando ei placebat (rogabatur autem ut hoc faceret ab eis, qui rem mirabilem coram scire cupiebant), ad imitatas quasi lamentantis cuiuslibet hominis uoces ita se auferebat a sensibus et iacebat simillimus mortuo, ut non solum uellicantes atque pungentes minime sentiret, sed aliquando etiam igne ureretur admoto sine ullo doloris sensu nisi postmodum ex uulnere; non autem obnitendo, sed non sentiendo non mouere corpus eo probabatur, quod tamquam in defuncto nullus inueniebatur anhelitus; hominum tamen uoces, si clarius loquerentur, tamquam de longinquo se audire postea referebat. Cum itaque corpus etiam nunc quibusdam, licet in carne corruptibili hanc aerumnosam ducentibus uitam, ita in plerisque motionibus et affectionibus extra usitatum naturae modum mirabiliter seruiat: quid causae est, ut non credamus ante inoboedientiae peccatum

---

[264] 원래 호기심이 많던 아우구스티누스는 독자들의 흥미를 끌기 위해선지 16.8.1; 21.4-7; 22.8.1-21 등에서도 논지를 벗어나 자기가 보고 듣거나 읽은 기사(奇事)들을 퍽 길게 열거한 다음(excursus) 본론으로 돌아가는 일이 자주 있다.

[265] fratres: 아우구스티누스 주변에 모여 수도원을 이루고 살던 수도자들을 가리킨다. 그의 정신과 규칙(Regula Augustiniana)을 계승한 남녀 수도회들이 지금도 다수 존재한다.

[266] 칼라마(Calama)는 누미디아의 마을로 아우구스티누스가 그곳 주교(Megalius)에게 주교서품을 받았고 교부의 친우(Possidius)도 그곳 주교가 되었다. Cf. Contra litteras Petiliani 2.323.

[267] mirabiliter: 교부는 기적(奇蹟)이라는 것이 자연에 반하는 현상이 아니고 자연의 통상적 질서를 벗어나는 것이라는 관념을 갖고 있었다(16.5 참조). Cf. Contra Faustum Manichaeum 26.3.

더러 그런 얘기를 들어도 거의 믿지 못할 정도다. 귀를 움직이는데 하나씩 움직이거나 동시에 둘다 움직이거나 하는 사람들이 있다. 그런가 하면 머리를 움직이지 않는 채로 머리카락이 흘러내려오는 데까지 머리털 전체를 마음대로 이마로 쏠리게 하거나 그것을 다시 올려보내는 사람들이 있다. 또 앞가슴을 잠깐 쓸어내리고 나면 자기가 삼킨 것들을 믿지 않을 정도로 마치 포대에서 끄집어내듯이, 수도 많고 종류도 다양하게 마음대로 고스란히 끄집어내는 사람들도 있다. 어떤 사람들은 새 소리와 가축 소리를 흉내내고 딴 사람들의 목소리를 흉내내어 표현하는데 직접 보지 않으면 진짜와 구분을 못할 정도다. 혹자는 악취를 뿜지 않으면서도 밑으로 여러 가지 소리를 마음대로 내기 때문에 그 쪽으로 노래를 하는 것처럼 보이기도 한다.[264] 사람이 자기가 하고 싶을 때마다 땀을 흘리는 사람을 나는 직접 만난 적이 있다. 어떤 사람은 마음 내킬 때마다 우는데 눈물도 펑펑 쏟아낸다는 것은 잘 알려진 사실이다. 다음 사실도 정말 믿기지 않는데, 다수 형제들이[265] 겪어 최근까지 기억하고 있는 사건이다. 레스티투투스라는 사람은 칼라마 교회의 어느 본당 사제였다.[266] 그는 마음이 내키면(눈앞에서 신기한 일을 보고 싶어하는 사람들이 그에게 부탁을 했다) 누가 애통해하는 음성을 흉내내는 소리만 듣고도 정신을 잃고 까무러쳐서 죽은 사람과 아주 흡사할 정도로 뻣뻣해지는 것이었다. 그런가 하면 사람들이 찌르거나 꼬집어도 전혀 느끼지 못할뿐더러 불에 데고서도 아무런 통증을 못 느끼는데, 화상火傷 때문이 아니면 그런 사실이 있었음을 알아채지도 못하는 경우도 있다. 그러니까 이 사람이 쓰러져 있을 때는 죽은 사람처럼 숨결이 전혀 느껴지지 않는다는 사실로 미루어 그는 고의로 노력해서가 아니라 아예 느끼지 못해서 몸을 움직이지 않는다는 것이 입증되었다. 단지 사람들의 목소리만, 그것도 분명하게 들려주면, 까마득하게 먼 데서 들리더라는 말을 후에 언급했다. 그러니까 어떤 사람들은 지금도, 즉 썩어 없어질 육신으로 이 고통에 찬 삶을 보내면서도 여러 동작에 있어서 본성에서 오는 평범한 기능 이상으로 기적적으로[267] 육체를 다스릴 줄 아는데, 하물며 불순종의 죄를 범하기 전이라면, 또 몸이 썩어 없어지리라는 형벌을 받기 전이라면, 자녀를 생산하는 데 어떤 정욕도 없었고

제14권 1527

corruptionisque supplicium ad propagandam prolem sine ulla libidine seruire uoluntati humanae humana membra potuisse? Donatus est itaque homo sibi, quia deseruit Deum placendo sibi, et non oboediens Deo non potuit oboedire nec sibi. Hinc euidentior miseria, qua homo non uiuit ut uult. Nam si ut uellet uiueret, beatum se putaret; sed nec sic tamen esset, si turpiter uiueret.

25. Quamquam si diligentius adtendamus, nisi beatus non uiuit ut uult, et nullus beatus nisi iustus. Sed etiam ipse iustus non uiuet ut uult, nisi eo peruenerit, ubi mori falli offendi omnino non possit eique sit certum ita semper futurum. Hoc enim natura expetit, nec plene atque perfecte beata erit nisi adepta quod expetit. Nunc uero quis hominum potest ut uult uiuere, quando ipsum uiuere non est in potestate? Viuere enim uult, mori cogitur. Quo modo ergo uiuit ut uult, qui non uiuit quamdiu uult? Quod si mori uoluerit, quo modo potest ut uult uiuere, qui non uult uiuere? Et si ideo mori uelit, non quo nolit uiuere, sed ut post mortem melius uiuat: Nondum ergo ut uult uiuit, sed cum ad id quod uult moriendo peruenerit. Verum ecce uiuat ut uult, quoniam sibi extorsit sibique imperauit non uelle quod non potest, atque hoc uelle quod potset (sicut ait Terentius:

> Quoniam non potest id fieri quod uis.
> Id uelis quod possis):

num ideo beatus est, quia patienter miser est? Beata quippe uita si non amatur, non habetur. Porro si amatur et habetur, ceteris omnibus rebus

---

[268] donatus itaque homo sibi: "임 위해 우리를 내시었기(fecisti nos ad te) 임 안에 쉬기까지는 우리 마음이 참참하지 않삽나이다"(Confessiones 1.1.1)라는 인간관에서 본다면 이런 처지는 멸망 자체다.

[269] non oboediens Deo non potuit oboedire nec sibi: 그 결과는 범죄의 의도와는 달리 non vivit ut vult("원대로 살지 못하는")로 나타난다. 이 구절의 의미는 곧이어 나온다.

[270] nullus beatus nisi iustus: 교부의 저서 전반에 나타나는 명제이다(4.23.1 참조). Cf. *Contra Academicos* 1.2.5; *De beata vita* 2.10; *De moribus Ecclesiae catholicae* 1.3.4; *De libero arbitrio* 2.13.35; *De vera religione* 55.110.

[271] adepta quod expetit: 이것이 고대의 행복관이었다. 예: Plato, *Theaetetus* 175b - 176e; Aristoteles, *Ethica Nicomachea* 1176a - 1177a; Plotinus, *Enneades* 1.4.1-3.

[272] Terentius, *Andria* 2.1.305-306. 앞의 14.15.2(각주 204)에 간접 인용됨.

인간 지체들이 인간 의지에 철저히 복종했으리라고 믿지 못할 이유가 무엇인가? 여하튼 인간이 자신에게 흡족해하느라고 하느님을 저버린 탓에 인간은 자기 자신에게 넘겨져 버렸고,[268] 하느님께 복종하지 않음으로써 인간은 자신에게도 순종할 수 없게 되었다. 사람이 자신이 원하는 대로 살 수 없다는 것, 바로 여기서 불행이 더 두드러진다. 자신이 원하는 대로 산다면야 자기는 행복하다고 여길 것이다. 하지만 부끄럽게 산다면 그렇지도 못할 것이다.[269]

25. 참된 행복은 현세생활에서 얻지 못한다

아무리 곰곰이 헤아려 보더라도, 행복한 사람만 자신의 소원대로 살고 있다. 또 사람이 의롭지 않으면 아무도 행복하다고 할 수 없다.[270] 하지만 의로운 사람마저 자기가 죽고 그르치고 고통당하는 일이 결코 없고 앞으로도 결코 없으리라는 확실한 경지에 이르지 않는 이상, 자신의 원대로 사는 것이 아니다. 자연본성이 이것을 희구하는데, 그 희구하는 바가 달성되지 않는 한 충만하게 또 완전하게 행복할 수는 없다.[271] 그런데 지금 과연 그 누가 원하는 대로 살 수 있는가? 살아가는 그 자체가 자기 능력에 맡겨져 있지 않은데. 살기를 원하는데 억지로 죽어야 한다. 원하는 만큼 살지 못하는데 어떻게 원하는 대로 산다는 말인가? 누가 차라리 죽고 싶어한다면, 살고 싶지 않은 사람이 어떻게 원하는 대로 살 수 있겠는가? 또 그래서 죽고 싶어한다면, 그것은 살고 싶지 않은 것이라기보다는 죽은 후에 더 잘 살고 싶은 것이다. 그러니 아직은 원하는 대로 사는 것이 아니고 죽어서 원하는 바에 도달할 때야 원대로 사는 셈이다. 하기야 자신을 고문하여 할 수 없는 바는 바라지도 말고 자신에게 명령하여 할 수 있는 것만 바라라고 명령한다면야 그는 원하는 대로 사는 건지도 모르겠다. (테렌티우스가 하는 말 그대로다:

> 그대가 바라는 바는 이루어질 수 없는 것이니
> 그대가 이룰 수 있는 것이나 바라게나.)[272]

그럼 불행을 인종忍從하면 행복하다고 할 것인가? 행복한 삶을 사랑하지 않는다면 행복한 삶을 갖고 있지 못하다. 따라서 행복한 삶을 사랑하고 행복한 삶을

excellentius necesse est ametur, quoniam propter hanc amandum est quidquid aliud amatur. Porro si tantum amatur, quantum amari digna est (non enim beatus est, a quo ipsa beata uita non amatur ut digna est): Fieri non potest, ut eam, qui sic amat, non aeternam uelit. Tunc igitur beata erit, quando aeterna erit.

26. Viuebat itaque homo in paradiso sicut uolebat, quamdiu hoc uolebat quod Deus iusserat; uiuebat fruens Deo, ex quo bono erat bonus; uiuebat sine ulla egestate, ita semper uiuere habens in potestate. Cibus aderat ne esuriret, potus ne sitiret, lignum uitae ne illum senecta dissolueret. Nihil corruptionis in corpore uel ex corpore ullas molestias ullis eius sensibus ingerebat. Nullus intrinsecus morbus, nullus ictus metuebatur extrinsecus. Summa in carne sanitas, in animo tota tranquillitas. Sicut in paradiso nullus aestus aut frigus, sic in eius habitatore nulla ex cupiditate uel timore accidebat bonae uoluntatis offensio. Nihil omnino triste, nihil erat inaniter laetum. Gaudium uerum perpetuabatur ex Deo, in quem flagrabat *caritas de corde puro et conscientia bona et fide non ficta*, atque inter se coniugum fida ex honesto amore societas, concors mentis corporisque uigilia et mandati sine labore custodia. Non lassitudo fatigabat otiosum, non somnus premebat inuitum. In tanta facilitate rerum et felicitate hominum absit ut suspicemur non potuisse prolem seri sine libidinis morbo, sed eo uo-

---

[273] si tantum amatur, quantum amari digna est: "그만큼 사랑할 가치가 있는 것이라야 그토록 사랑하게 된다"라고 번역할 수도 있다. Cf. *Sermo* 357.2.

[274] 교부의 지론인, 영원한 삶만이 행복하다는 명제에 도달하는 특유하고 치밀한 논법이 시선을 끈다. Cf. *De vera religione* 18.36; *De Trinitate* 13.8.11; *Sermo* 254.8.

[275] vivebat fruens Deo: 원초의 상태가 그러했듯이 아우구스티누스 철학이 내다보는 인생의 궁극목표 역시 "신의 향유"(frui Deo)다.

[276] 1디모 1,5.

[277] 교부가 하느님 나라의 여정을 삼분하여 범죄 이전, 범죄 이후 그리고 지상여정 이후로 나누는 첫단계를 목가적으로 묘사하고 있다. Cf. *De Genesi contra Manichaeos* 2.9.12.

갖고 있다면, 이 삶을 다른 모든 사물들보다 훨씬 더 사랑할 필요가 있다. 우리가 사랑하는 다른 무엇이든지 바로 행복한 삶을 바라고서 사랑해야 하는 까닭이다. 그토록 사랑한다면, 그만큼 사랑할 가치가 있는 것이라야 한다.[273] (행복한 삶을 그만큼 가치있는 것으로 사랑하지 않는 사람은 행복한 사람이 아니다.) 그렇다면 자기가 그토록 사랑하는 삶이 영원하기를 바라지 않는다는 것은 있을 수 없다. 따라서 삶이 영원할 때에만 그 삶은 행복할 것이다.[274]

26. 낙원에 살던 사람들의 행복으로 미루어볼 때, 부끄러운 정염 없이도 자녀를 생산하는 임무를 수행하게 만들 수 있었으리라고 믿을 만하다

그러므로 인간은 낙원에서 자기가 원하는 대로 살고 있었다. 하느님이 명한 바를 원하는 한에서는 그랬다. 하느님을 향유하면서 살고 있었다.[275] 선한 하느님에 의해 인간이 선했다. 아무런 부족함도 없이 살고 있었고, 항상 그렇게 살 능력이 있었다. 배고프지 않게 음식이 있었고 목마르지 않게 마실 것이 있었고 누구도 늙지 않게 생명의 나무가 있었다. 신체에 아무런 부패도 없었고 신체에서 아무런 부패도 유래하지 않았으며, 그의 어떤 감관을 손상시킬 만한 성가신 일도 없었다. 내부로는 어떤 질병도 걱정하지 않았고 외부로는 어떤 충격도 두려워하지 않았다. 육신에는 최고의 건강, 마음에는 최고의 평안이 있었다. 낙원에 아무 더위도 추위도 없었듯이, 낙원의 주민에게도 탐욕이나 두려움에서 비롯하여 그의 선한 의지를 손상할 만한 것은 아무것도 없었다. 아무것도 슬프지 않았고 괜히 기쁜 일도 전혀 없었다. 참다운 즐거움이 하느님으로부터 와서 영속하고 있었다. 그야말로 "깨끗한 마음과 고운 양심과 거짓없는 믿음"[276]에서 우러난 애덕으로 하느님을 향해 불타고 있었다. 부부 사이에는 솔직한 사랑에서 오는 신실한 유대가 있었고 지성과 육체가 합심하는 경각심이 있었고 하느님의 계명을 준수하는 일에도 수고가 들지 않았다. 피로가 휴식을 방해하는 일도 없었고 마음은 그렇지 않은데 잠이 쏟아지는 일도 없었다.[277] 만사가 그토록 원만하고 인간들의 행복이 그토록 크던 때였는데도, 인간이 정욕의 병폐 없이는 자녀를 낳을 수 없었으리라고 함부로 추측하는 일은 절대 불가하다. 오히려

luntatis nutu mouerentur membra illa quo cetera, et sine ardoris inlecebroso stimulo cum tranquillitate animi et corporis nulla corruptione integritatis infunderetur gremio maritus uxoris. Neque enim quia experientia probari non potest, ideo credendum non est, quando illas corporis partes non ageret turbidus calor, sed spontanea potestas, sicut opus esset, adhiberet, ita tunc potuisse utero coniugis salua integritate feminei genitalis uirile semen inmitti, sicut nunc potest eadem integritate salua ex utero uirginis fluxus menstrui cruoris emitti. Eadem quippe uia posset illud inici, qua hoc potest eici. Vt enim ad pariendum non doloris gemitus, sed maturitatis inpulsus feminea uiscera relaxaret, sic ad fetandum et concipiendum non libidinis appetitus, sed uoluntarius usus naturam utramque coniungeret. De rebus loquimur nunc pudendis et ideo, quamuis, antequam earum puderet, quales esse potuissent coniciamus ut possumus, tamen necesse est, ut nostra disputatio magis frenetur ea, quae nos reuocat, uerecundia, quam eloquentia, quae nobis parum suppetit, adiuuetur. Nam cum id quod dico nec ipsi experti fuerint, qui experiri potuerunt (quoniam praeoccupante peccato exilium de paradiso ante meruerunt, quam sibi in opere serendae propaginis tranquillo arbitrio conuenirent), quo modo nunc, cum ista commemorantur, sensibus occurrit humanis nisi experientia libidinis turbidae, non coniectura placidae uoluntatis? Hinc est quod inpedit loquentem pudor, etsi non deficiat ratio cogitantem. Verum tamen omnipotenti Deo, summo ac summe bono creatori omnium naturarum, uoluntatum autem bonarum adiutori et remuneratori, malarum autem relictori et

---

[278] 베르길리우스의 글귀를 번안하고 있다(Aeneis 8.405-406: placidumque petivit / coniugis infusus gremio per membra soporem: 불카누스는 "아내의 품속에 포근히 안겨 사지에 달콤한 잠을 청했다").

[279] 이 문단부터 14권의 결론에 해당한다. 예: Combès.

[280] voluntatum bonarum adiutori et remuneratori, malarum relictori et damnatori: 신은 모든 선한 사물들의 창조주요 우발적 악한 의지를 규제하는 분이다(11.17 참조).

의지의 승낙에 따라, 다른 지체들을 움직이는 그 승낙에 따라 그 지체들도 움직였을 것이고, 정염의 유혹적 자극도 없이, 마음과 몸의 평온중에 몸의 온전함을 조금도 무너뜨리지 않은 채 남편은 아내의 품에 안겼을 것이다.[278] 지금 우리의 경험으로 입증할 수 없다고 해서, 낙원에서 필요에 따라 육체의 저 지체를 움직이던 것이 격렬한 정염이 아니라 자발적 능력이었으리라는 점이 믿어지지 않는다는 것은 말도 안 된다. 지금도 여성의 몸을 온전하게 놓아둔 채로 처녀의 자궁에서 월경의 출혈이 흘러나올 수 있듯이 그때도 여성의 성기를 온전하게 놓아둔 채로 배우자의 자궁에 남자의 정액을 주입할 수 있었을지 모른다. 월경을 내보내는 통로와 남자의 정액을 들여보내는 통로가 같기 때문이다. 출산을 하는데도 여성의 장기가 늘어나는 것은 고통의 비명이 아니라 아기가 성숙한 데서 오는 압력 때문이었을지 모른다. 마찬가지로 자녀를 임신하고 수태하는 데도 정욕의 욕구에 의해서가 아니라 의지의 자발적 필요에 의해 남녀 두 본성이 한데 결합했을 것이다. 지금에 와서는 입에 담기조차 쑥스러운 사실들에 대해 우리가 이야기를 나누는 중인데, 그런 일들을 수치스럽게 여기기 이전에는 과연 어떠했을지를 힘닿는 데까지 추측해 보고 있을 따름이다. 다만 염치가 우리더러 삼가라고 하는 내용은 우리에게 별다른 소득도 되지 않을 다변多 辯을 쏟아 무슨 도움을 얻으려고 할 것이 아니라 우리의 논의를 차라리 제어하는 편이 낫겠다. 왜냐하면 내가 말하는 것은 저 원조들마저 결국 체험해 보지 못한 것이기 때문이다. 그들은 그것을 경험해 볼 수 있었지만 (이미 죄를 먼저 지었으므로 자녀를 출산하는 작업을 위해 평온한 의지로 결합을 가져보기 이전에 낙원으로부터 추방당하는 벌을 받았기 때문에) 지금 와서 그런 일들을 회고하더라도 평온한 의지가 상상되는 것이 아니라 격렬한 정욕이 느껴지는 마당인데 어떻게 그런 추측이 인간 감관에 와 닿겠는가? 바로 그래서 사변을 전개하는 사람에게는 명분이 없지 않으나 염치가 화자話者를 그만두자고 말리는 것이다. 그러나[279] 전능한 하느님은 모든 자연본성들의 최고의 창조주요 최고로 선한 창조주이고, 선한 의지들을 보우하고 상주는 분이요, 악한 의지들을 저버리고 단죄하는 분이며, 그러면서도 두 의지의 질서를 잡는 분이다.[280] 그분에게는

damnatori, utrarumque ordinatori, non difuit utique consilium, quo certum numerum ciuium in sua sapientia praedestinatum etiam ex damnato genere humano suae ciuitatis impleret, non eos iam meritis, quando quidem uniuersa massa tamquam in uitiata radice damnata est, sed gratia discernens et liberatis non solum de ipsis, uerum etiam de non liberatis, quid eis largiatur, ostendens. Non enim debita, sed gratuita bonitate tunc se quisque agnoscit erutum malis, cum ab eorum hominum consortio fit inmunis, cum quibus illi iuste esset poena communis. Cur ergo non crearet Deus, quos peccaturos esse praesciuit, quando quidem in eis et ex eis, et quid eorum culpa mereretur, et quid sua gratia donaretur, posset ostendere, nec sub illo creatore ac dispositore peruersa inordinatio delinquentium rectum peruerteret ordinem rerum?

27. Proinde peccatores, et angeli et homines, nihil agunt, quo inpediantur *magna opera Domini, exquisita in omnes uoluntates eius*, quoniam qui prouidenter atque omnipotenter sua cuique distribuit, non solum bonis, uerum etiam malis bene uti nouit. Ac per hoc propter meritum primae malae uoluntatis ita damnato atque obdurato angelo malo, ut iam bonam uoluntatem ulterius non haberet, bene utens Deus cur non permitteret, ut ab illo primus homo, qui rectus, hoc est bonae uoluntatis, creatus fuerat, temptaretur? Quando quidem sic erat institutus, ut, si de adiutorio Dei fideret bonus homo, malum angelum uinceret; si autem creatorem atque adiutorem Deum superbe sibi placendo desereret, uinceretur; meritum bonum habens in adiuta diuinitus uoluntate recta, malum uero in deseren-

---

[281] 역사에 대한 사변적 해석을 시도한 지성들 가운데 신의 섭리가 만사를 "역사의 종국"을 향해 안배한다는 개념을 확립한 최초의 철학적 시도라고 하겠다.

[282] 아담은 "죄를 지음으로써 마치 뿌리에서 하듯이 자기 족속 전체를 타락시켰고 죽음과 단죄의 벌에 가두어 넣었다"(*Enchiridion* 8.26). Cf. *De corruptione et gratia* 7.16.

[283] "예정"(numerus praedestinatus)이라는 단어를 언급했으므로, 교부는 그것이 구원으로부터 배제된 사람들에 대한 단죄 개념이 아니고 구원받은 사람들이 자기 처지[non debita sed gratuita bonitas ... ab (damnationis) consortio immunis]를 이해하는 사은(謝恩)의 개념임을 다시 한번 주지시킨다.

[284] 역사를 합리적으로 해석하려면 역사의 목적이 설정되고 악과 무질서에도 불구하고 그 목적이 실현되리라는 신념이 전제된다. "누구의 죄악도 당신을 해치거나 당신 나라의 질서를 절대로 어지럽힐 수 없나이다"(*Confessiones* 12.11.11).

[285] 시편 110,2. 〔새번역 111,2: "주님께서 하신 일들 크기도 하여, 그것들을 좋아하는 이들 모두가 깨우치는도다."〕

비록 단죄받은 인류이지만 당신 도성 시민들의 일정한 숫자를 당신의 지혜로 예정하여 그 인류 가운데서라도 채울 계획이 없지 않았다.[281] 마치 썩은 뿌리에서 나오듯이 무리 전체가 단죄를 받았기 때문에[282] 그분은 공적에 따라 그들을 골라내는 것이 아니라 오로지 은총으로 구분해낸다. 그리고 구원된 자들에게는 당신이 과연 무엇을 베풀어 주는지, 그 본인들만 아니라 구원받지 못한 사람들에 대해서도 당신이 과연 무엇을 베풀어 주는지를 보여준다. 그때는 자신이 악에서 구제된 것은 응당 받아야 하는 선함이 아니라 거저 베풀어준 선함 덕택이었음을 누구나 인정하기에 이른다. 자기도 의당 함께 벌을 받아야 할 저 사람들의 공동운명으로부터 자기만 면제되었기 때문이다.[283] 그렇다면 인간들이 죄를 지으리라고 하느님이 예지했다고 하더라도 왜 그들을 창조하지 않았겠는가? 그들 안에서, 또 그들에게서 그들의 잘못이 과연 무엇인가를 보여줌과 동시에 당신의 은총이 무엇을 베풀었던가도 보여줄 수 있었을 텐데. 저 위대한 창조주요 섭리자인 하느님 밑에서는 죄를 짓는 인간들의 뒤틀린 무질서가 사물의 올바른 질서를 전복시키지 못할 것이었다.[284]

27. 천사든 인간이든 죄지은 자들의 악행이 섭리를 훼손하지는 못한다

그러므로 죄지은 자들이 천사든 인간이든, "주님의 일들은 위대하고 그분의 모든 의지들에 있어 훌륭하시다"[285]고 말하는 그 일을 훼손하는 짓은 어떤 것도 할 수 없다. 그분은 섭리와 전능으로 당신 것을 각자에게 나누어 주었을 뿐 아니라 선한 자들과 더불어 악한 자들까지도 선하게 이용할 줄 안다. 바로 그래서 첫 번 악한 의지에 대한 응보로 선한 의지라곤 간직하지 못할 만큼 철저히 단죄받고 완고해진 천사를 하느님이 선하게 이용하지 않을 이유가 없고, 올바로 창조된 사람, 곧 선한 의지를 갖추어 창조된 첫 사람이 그에게서 유혹을 받게 허락하지 않을 이유가 없지 않을까? 인간이 그렇게 작정되어 있었던 만큼 선한 인간이 하느님의 도우심을 신뢰했다면 악한 천사를 이길 수 있었다. 그렇지만 오만하게도 스스로 만족하여 창조주요 보우자인 하느님을 저버린다면 패배하게 되어 있었다. 신적 도움을 받아 선한 의지로 행동하면 선한

te Deum uoluntate peruersa. Quia et ipsum fidere de adiutorio Dei non quidem posset sine adiutorio Dei, nec tamen ideo ab his diuinae gratiae beneficiis sibi placendo recedere non habebat in potestate. Nam sicut in hac carne uiuere sine adiumentis alimentorum in potestate non est, non autem in ea uiuere in potestate est, quod faciunt qui se ipsos necant: ita bene uiuere sine adiutorio Dei etiam in paradiso non erat in potestate; erat autem in potestate male uiuere, sed beatitudine non permansura et poena iustissima secutura. Cum igitur huius futuri casus humani Deus non esset ignarus, cur eum non sineret inuidi angeli malignitate temptari? Nullo modo quidem quod uinceretur incertus, sed nihilo minus praescius quod ab eius semine adiuto sua gratia idem ipse diabolus fuerat sanctorum gloria maiore unicendus. Ita factum est, ut nec Deum aliquid futurorum lateret, nec praesciendo quemquam peccare conpelleret et, quid interesset inter propriam cuiusque praesumptionem et suam tuitionem, angelicae et humanae rationali creaturae consequenti experientia demonstraret. Quis enim audeat credere aut dicere, ut neque angelus neque homo caderet, in Dei potestate non fuisse? Sed hoc eorum potestati maluit non auferre atque ita, et quantum mali eorum superbia et quantum boni sua gratia ualeret, ostendere.

28. Fecerunt itaque ciuitates duas amores duo, terrenam scilicet amor sui usque ad contemptum Dei, caelestem uero amor Dei usque ad contemptum sui. Denique illa in se ipsa, haec in Domino gloriatur. Illa enim

---

[286] ipsum fidere de adiutorio Dei non quidem posset sine adiutorio: 펠라기우스 논쟁 혹은 반(半)펠라기우스 논쟁의 핵심 명제가 된다.

[287] nec praesciendo quemquam peccare compelleret: 하느님의 예지와 인간의 자유의 공존가능성은 5.9-10에서 이미 다루었다.

[288] Cf. *De libero arbitrio* 3.17.47 - 19.54.

[289] 이 장은 「신국론」 후반부 제1부(11-14권)를 종결짓는 아가(雅歌)다. 아우구스티누스는 모든 정염을 사랑으로 귀착시키고(14.7) 사랑을 인간의 중력(重力)으로 정의한 다음(11.27-28) 드디어 두 사랑으로 두 도성을 정의하고(duo amores, duae civitates) 인류사(人類史)마저 이 두 사랑에 입각해서 규정한다(19.24 참조).

[290] 이 명구의 병행구는 다음 저서에도 나온다: *Enarrationes in Psalmos* 64.2; *De Genesi ad litteram* 11.15.20.

상급을, 하느님을 저버리고 비뚤어진 의지로 행동하면 악한 응보를 받게 되어 있었다. 그리고 하느님의 보우를 믿는 그 자체가 하느님의 보우 없이는 이루어질 수 없지만[286] 신적 은총의 이 혜택을 등지고 스스로 만족하여 멀어져가는 일이 불가능한 것은 아니다. 이것은 마치 음식의 도움 없이 이 육 안에서 사는 일은 가능하지 않지만, 자기 스스로를 살해하는 사람들이 하듯이, 육 안에서 살지 않기로 하는 일은 가능한 것과 같다. 마찬가지로 하느님의 보우 없이 선하게 사는 일은 낙원에서도 가능하지 않았으나 악하게 사는 일은 자신의 능력으로 가능했으며, 단지 거기에는 행복이 지속되지 않았을 것이고 지극히 정당한 징벌이 따라올 것이었다. 인간의 이런 미래의 운명을 하느님이 모르지 않았을 텐데, 어째서 시기심 많은 천사의 악의로 인간이 시험받지 않게 하느님이 가로막지 않았을까? 인간이 패하리라는 것은 하느님에게 조금도 모호하지 않았다. 그렇지만 하느님은 이에 못지않게 예지했다, 당신 은총으로 도움을 받은 인간의 후손에 의해 바로 그 악마가 패하리라는 것을! 성도의 더 큰 영광 속에 그자가 패하리라는 것을! 미래의 어떤 일에 대해서도 하느님께 감추어지는 것이 없었고, 하느님이 예지한다고 해서 누군가 죄를 짓도록 강요하는 것도 아니게 일이 이루어졌다.[287] 다만 하느님은 천사든 인간이든 이성적 피조물에게 각자의 고유한 오만방자함과 당신의 보우하심 사이에 차이나는 점이 무엇인지를 후속적 경험으로 증명해 주었다. 천사도 인간도 타락하지 않게 하는 능력이 하느님께 없었다고 감히 믿거나 말할 사람이 누군가? 그러나 하느님은 그 일로 그들의 능력을 빼앗지 않았고, 악인들에게는 그들의 오만이 얼마나 힘있는가를 보게 만들고 선인들에게는 당신의 은총이 얼마나 힘있는가를 보게 만들기로 작정했다.[288]

28. 두 도성, 곧 지상 도성과 천상 도성의 성격[289]

두 사랑이 두 도성을 이루었다. 하느님을 멸시하면서까지 이르는 자기 사랑이 지상 도성을 만들었고, 자기를 멸시하면서까지 이르는 하느님 사랑이 천상 도성을 만들었다.[290] 전자는 스스로 자랑하고 후자는 주님 안에서 자랑한다. 전

quaerit ab hominibus gloriam; huic autem Deus conscientiae testis maxima est gloria. Illa in gloria sua exaltat caput suum; haec dicit Deo suo: *Gloria mea et exaltans caput meum.* Illi in principibus eius uel in eis quas subiugat nationibus dominandi libido dominatur; in hac seruiunt inuicem in caritate et praepositi consulendo et subditi obtemperando. Illa in suis potentibus diligit uirtutem suam; haec dicit Deo suo: *Diligam te, Domine, uirtus mea.* Ideoque in illa sapientes eius secundum hominem uiuentes aut corporis aut animi sui bona aut utriusque sectati sunt, aut qui potuerunt cognoscere Deum, *non ut Deum honorauerunt aut gratias egerunt, sed euanuerunt in cogitationibus suis, et obscuratum est insipiens cor eorum; dicentes se esse sapientes* (id est dominante sibi superbia in sua sapientia sese extollentes) *stulti facti sunt et inmutauerunt gloriam incorruptibilis Dei in similitudinem imaginis corruptibilis hominis et uolucrum et quadrupedum et serpentium* (ad huiusce modi enim simulacra adoranda uel duces populorum uel sectatores fuerunt), *et coluerunt atque seruierunt creaturae potius quam Creatori, qui est benedictus in saecula*; in hac autem nulla est hominis sapientia nisi pietas, qua recte colitur uerus Deus, id expectans praemium in societate sanctorum non solum hominum, uerum etiam angelorum, *ut sit Deus omnia in omnibus.*

자는 사람들에게서 영광을 찾고 후자는 양심의 증인인 하느님이 가장 큰 영광이 된다. 전자는 자기 영광에 겨워 자기 머리를 쳐들고, 후자는 자기 하느님께 "당신이 나의 영광이십니다. 내 머리를 쳐들어 주십니다"[291]라고 말씀드린다. 전자에서는 그 제후들과, 그들이 멍에를 씌운 민족들 모두에게도 지배욕이 군림하고 있다. 후자에서는 지도자가 훈계하고 아랫사람이 복종하는 가운데 애덕으로 서로 섬긴다. 전자는 그 세도가들이 자기 세력을 사랑한다. 후자는 자기 하느님께 이렇게 말씀드린다: "저는 당신을 사랑하나이다, 주님, 저의 힘이시여."[292] 그리하여 전자에서는 현자들이 인간에 따라 살면서 자기 육체의 선익을 좇건 정신의 선익을 좇건 양편의 선익을 좇건 하느님을 알 수 있으면서도 "찬미와 감사를 드리지 않고 생각이 허망하게 되어 어리석은 마음이 어두워졌고, 지혜롭다고 자처하지만(다시 말해 자신들의 지혜를 오만이 지배하여 스스로 잘난 체하고 있지만) 바보가 되었으며 불멸하는 하느님의 영광을 썩어 없어질 사람과 날짐승과 네발짐승과 길짐승의 형상으로 바꾸어 버렸다(이따위 우상들을 섬기려고 그들은 백성들의 영도자가 되거나 추종자가 되었던 것이다). 그들은 영원히 찬송받는 분인 창조주 대신 피조물을 받들어 섬겼다".[293] 그런데 후자에서는 신심信心이 아니고는 인간의 지혜란 아예 없다.[294] 그 신심에 따라 참된 하느님을 올바로 섬기고, 인간들만이 아니라 천사들로도 이루어진 성도의 사회에서 얻을 상급을 기다리는데, 거기서는 "하느님이 모든 것 안에서 모든 것이 되실 것이다".[295]

---

[291] 시편 3,4.

[292] 시편 17[18],2.

[293] 로마 1,21-23.25. 본서 8.10.1, 23.2에도 인용됨.

[294] 욥기 28,28 (ecce pietas est sapientia: "주님을 두려워하는 것이 곧 지혜다") 참조. Cf. *Confessiones* 5.5.8; *De Trinitate* 12.14.22; *Enchiridion* 2.1; *De spiritu et littera* 12.19.

[295] 1고린 15,28.

AUGUSTINUS
DE CIVITATE DEI
LIBER XV

DUARUM CIVITATUM A CAIN ET ABEL AD
DILUVIUM QUI FUERIT EXCURSUS

아우구스티누스
신국론
제15권
두 도성의 전개: 카인과 아벨부터 대홍수까지

1. De felicitate paradisi uel de ipso paradiso et de uita ibi primorum hominum eorumque peccato atque supplicio multi multa senserunt, multa dixerunt, multa litteris mandauerunt. Nos quoque secundum scripturas sanctas uel quod in eis legimus uel quod ex eis intellegere potuimus earum congruentes auctoritati de his rebus in superioribus libris diximus. Enucleatius autem si ista quaerantur, multiplices atque multimodas pariunt disputationes, quae pluribus intexendae sint uoluminibus, quam hoc opus tempusque deposcit, quod non ita largum habemus, ut in omnibus, quae possunt requirere otiosi et scrupulosi, paratiores ad interrogandum quam capaciores ad intellegendum, nos oporteat inmorari. Arbitror tamen satis nos iam fecisse magnis et difficillimis quaestionibus de initio uel mundi uel animae uel ipsius generis humani, quod in duo genera distribuimus, unum eorum, qui secundum hominem, alterum eorum, qui secundum Deum uiuunt; quas etiam mystice appellamus ciuitates duas, hoc est duas societates hominum, quarum est una quae praedestinata est in aeternum regnare cum Deo, altera aeternum supplicium subire cum diabolo. Sed iste finis est earum, de quo post loquendum est. Nunc autem quoniam de exortu earum siue in angelis, quorum numerus ignoratur a nobis, siue in duobus primis hominibus satis dictum est, iam mihi uidetur earum adgrediendus excursus, ex quo illi duo generare coeperunt, donec homines generare cessabunt. Hoc enim uniuersum tempus siue saeculum, in quo cedunt morientes succeduntque nascentes, istarum duarum ciuitatum, de quibus disputamus, excursus est.

---

¹ 알렉산드리아의 필로와 그리스도교의 오리게네스로부터 암브로시우스에게 이르기까지 교부들 가운데 창세기 주석(Hexaemeron)을 집필한 학자가 많았다.

² 「신국론」 후반부의 제1부(11 - 14권)가 두 도성의 초역사적 시원을 다루었음은 독자들이 주지하는 사실이다. 시공간을 넘어서는 차원에서 이루어진 하느님의 창조행위, 천사들의 세계와 두 도성의 발원, 인간의 창조와 타락과 섭리적 안배 등을 다루면서 유출설, 이원론, 결정론 같은 철학 사조를 반박한 바 있다. Cf. *De Genesi contra Manichaeos*; *De Genesi ad litteram*.

³ 앞의 14권에서 두 사랑(duo amores)을 기준으로(14.4.2; 14.28), 육과 영에 따른 삶의 방식(vivere secundum carnem, secundum spiritum 14.2.1) 그리고 오만과 겸손(superbia - humilitas 14.13.1)을 식별 기준으로 제시한 바 있다.

⁴ 두 도성의 영원한 운명은 19 - 22권에서 상론한다.   ⁵ 앞의 각주 2 참조.

⁶ universum tempus vel saeculum: 간격으로서의 시간(tempus)과 한 세대가 사는 시간(saeculum)을 전체적으로 다루겠다고 선언한다. 15 - 18권의 내용에 해당한다.

제1부 (1-8)
최초의 두 도성

1. 인간 세대의 두 계보와 처음부터 다른 종말을 향하는 진로

1.1. 이 책권의 내용

낙원의 행복에 대해서나 낙원 자체에 대해서, 또 그곳에서 이루어진 원조의 생활과 그들의 죄와 벌에 대해서는 많은 사람들이 많은 생각을 했고 많은 말을 했고 많은 것을 글로 전해주었다.[1] 우리로서도 이런 사실들에 대해 앞의 여러 권에서 논했는데, 가급적이면 성서를 따랐고 우리가 거기서 읽은 것과 거기서 이해할 수 있었던 바를 성서의 권위와 보조를 맞추면서 논했다.[2] 만약 그런 사실들을 깊이 파고들어 연구한다면 다양하고 다채로운 토론이 일어날 텐데, 그런 내용은 수많은 책권으로 엮어야 할지도 모르겠다. 하지만 이 저작과 시간이 허용하는 범위가 있고 시간적 여유가 그다지 많지 않으므로, 한가하고 소심한 사람들, 알아들을 능력은 별로 없으면서 걸핏하면 시비조의 물음이나 내뱉으려는 자세로 임하는 사람들이 질문하는 모든 사안에 답변하기 위해 일일이 걸음을 멈출 필요는 없겠다. 내 생각에는 세계의 기원이나 영혼의 발원 또는 인류 자체의 시원에 관한 중대하고도 아주 어려운 문제들을 우리는 충분히 다루었다고 본다. 우리는 인류를 두 종류로 나누고, 하나는 사람에 따라 사는 사람들의 부류요 다른 하나는 하느님에 따라 사는 사람들의 부류라 했다.[3] 우리는 그 둘을 신비적으로는 두 도성 또는 인간들의 두 사회라고 부르는데, 하나는 하느님을 모시고 영원히 군림하기로 예정되어 있고 다른 하나는 악마와 더불어 영원한 형벌을 받기로 예정되어 있다.[4] 천사들에게 있어서든(그들의 숫자는 우리에게 알려져 있지 않다) 두 원조들에게 있어서든 두 도성이 어떻게 출현했는지에 대해서는 현재까지 충분할 만큼 논의되었기 때문에,[5] 이후에는 저 두 사람이 출산을 시작한 때부터 인간들이 출생을 멈출 때까지 이루어질 두 도성의 전개에 대해 거론해야 할 것으로 보인다. 여기서는 죽은 사람들이 물러가고 태어나는 사람들이 뒤를 잇는 모든 시대 혹은 모든 세기가, 우리가 논하는 두 도성의 전개에 해당한다.[6]

Natus est igitur prior Cain ex illis duobus generis humani parentibus, pertinens ad hominum ciuitatem, posterior Abel, ad ciuitatem Dei. Sicut enim in uno homine, quod dixit apostolus, experimur, quia *non primum quod spiritale est, sed quod animale, postea spiritale* (unde unusquisque, quoniam ex damnata propagine exoritur, primo sit necesse est ex Adam malus atque carnalis; quod si in Christum renascendo profecerit, post erit bonus et spiritalis): sic in uniuerso genere humano, cum primum duae istae coeperunt nascendo atque moriendo procurrere ciuitates, prior est natus ciuis huius saeculi, posterius autem isto peregrinus in saeculo et pertinens ad ciuitatem Dei, gratia praedestinatus gratia electus, gratia peregrinus deorsum gratia ciuis sursum. Nam quantum ad ipsum adtinet, ex eadem massa oritur, quae originaliter est tota damnata; sed tamquam figulus Deus (hanc enim similitudinem non inpudenter, sed prudenter introducit apostolus) ex eadem massa fecit aliud uas in honorem, aliud in contumeliam. Prius autem factum est uas in contumeliam, post uero alterum in honorem, quia et in ipso uno, sicut iam dixi, homine prius est reprobum, unde necesse est incipiamus et ubi non est necesse ut remaneamus, posterius uero probum, quo proficientes ueniamus et quo peruenientes maneamus. Proinde non quidem omnis homo malus erit bonus, nemo tamen erit bonus qui non erat malus; sed quanto quisque citius mutatur in melius, hoc in se facit nominari, quod adprehendit, celerius et posteriore cooperit uocabulum prius. Scriptum est itaque de Cain, quod condiderit ciuitatem; Abel autem tamquam peregrinus non condidit. Superna est enim sanctorum ciuitas, quamuis hic pariat ciues, in quibus

---

[7] 창세 4,1-2 참조.

[8] 1고린 15,46. 본서 13.22-24 참조.

[9] massa: 진흙의 "덩어리"도 되고 인류의 "집단"도 된다.

[10] 로마 9,21 참조: "옹기장이가 같은 흙덩이를 가지고 어떤 것은 귀한 데 쓰는 그릇으로, 다른 것은 천한 데 쓰는 그릇으로 만들 권리가 없다는 말입니까?"

[11] 운동의 앞뒤로 시간을 개념하는 아리스토텔레스의 용어인 "먼저"(prius)와 "다음"(posterius)을 구사하여 카인과 아벨의 선후, 지상국과 신국의 선후, 악인과 선인의 선후관계를 뒤집을 수 있다고 설명하고 있다.

[12] 창세 4,17 참조.

1.2. 카인과 아벨로부터 두 도성이 비롯된다

인류의 저 두 원조로부터 형인 카인이 태어났는데 그는 인간의 도성에 속하고 아우인 아벨이 태어났는데 그는 하느님의 도성에 속한다.[7] 그러니까 사도가 말한 대로 단일한 인간에게서 "영적인 것이 먼저가 아니라 생물적인 것이 먼저이고 영적인 것은 그다음"[8]이라는 사실을 우리가 경험하는 셈이다(그러므로 누구든지 단죄받은 종족에서 출생한다는 사실로 인해 필히 아담에게서 먼저 태어나고, 그나마도 악하고 육적인 존재로 태어나는 것은 필연이다). 그다음에야, 만약 그리스도 안으로 다시 태어나는 데 성공한다면, 선하고 영적인 존재가 될 것이다. 마찬가지로 인류 전체를 볼 때도 사람들이 태어나고 죽으면서 두 도성이 이어지기 시작하는데, 거기서도 이 세상의 시민이 먼저 태어났고 하느님 도성의 시민은 그다음이었다. 후자는 이 세상에서 순례자이면서 하느님의 도성에 속하는 사람이고, 은총으로 예정되었으며 은총으로 간선되었고, 하계에서는 은총으로 순례자가 되고 상계에서는 은총으로 시민이 되었다. 그 자체로 본다면 같은 한 덩어리[9]에서 나왔고, 원래부터 통째로 단죄받은 덩어리이지만, 하느님은 옹기장이처럼(이 비유는 내가 불손하게 끄집어낸 것이 아니라 사도가 현명하게 도입한 것이다) 같은 덩어리에서 어떤 그릇은 귀하게 만들었고 어떤 그릇은 천하게 만들었다.[10] 먼저 만들어진 것은 천한 그릇이고 다음에 만들어진 것은 귀한 그릇이다. 그 까닭은 내가 말한 것처럼, 단일한 인간에게 더 못한 쪽이 먼저 있는데 우리는 어쩔 수 없이 거기서 시작해야 하지만 거기에 머물러 있을 필요는 없으며, 그다음에는 더 나은 쪽이 있는데 우리는 완성을 도모하면서 거기에 도달해야 하고 일단 도달하면 거기에 머물러 있어야 마땅하기 때문이다. 그러니까 악한 인간 모두가 선해지지는 않겠지만 선해진 인간치고 이전에 악한 인간이 아니었던 사람은 아무도 없는 셈이다. 누구든지 더 신속하게 더 나은 쪽으로 변한다면 자신에게 선한 인간이라는 이름을 붙일 수 있을 것인데, 그만큼 빨리 "다음"을 갖고 "먼저"라는 단어를 덮게 될 것이다.[11] 그래서 카인에 대한 기록을 보면 그가 도성을 세웠다고 했다.[12] 아벨은 나그네로서 도성을 세우지 않았다. 성도들의 도성은 위에 있다. 이 도성은 비록 현세에서 시민

peregrinatur, donec regni eius tempus adueniat, cum congregatura est omnes in suis corporibus resurgentes, quando eis promissum dabitur regnum, ubi cum suo principe rege saeculorum sine ullo temporis fine regnabunt.

2. Vmbra sane quaedam ciuitatis huius et imago prophetica ei significandae potius quam praesentandae seruiuit in terris, quo eam tempore demonstrari oportebat, et dicta est etiam ipsa ciuitas sancta merito significantis imaginis, non expressae, sicut futura est, ueritatis. De hac imagine seruiente et de illa, quam significat, libera ciuitate sic apostolus ad Galatas loquitur: *Dicite mihi*, inquit, *sub lege uolentes esse legem non audistis? Scriptum est enim, quod Abraham duos filios habuit, unum de ancilla et unum de libera. Sed ille quidem, qui de ancilla, secundum carnem natus est; qui autem de libera, per repromissionem; quae sunt in allegoria. Haec enim sunt duo testamenta, unum quidem a monte Sina in seruitutem generans, quod est Agar; Sina enim mons est in Arabia, quae coniuncta est huic quae nunc est Hierusalem; seruit enim cum filiis suis. Quae autem sursum est Hierusalem, libera est, quae est mater nostra. Scriptum est enim: Laetare sterilis, quae non paris, erumpe et exclama, quae non parturis; quoniam multi filii desertae, magis quam eius quae habet uirum. Nos autem, fratres, secundum Isaac promissionis filii sumus. Sed sicut tunc, qui secundum carnem natus fuerat, persequebatur eum, qui secundum spiritum: ita et nunc. Sed quid dicit scriptura? Eice ancillam et filium eius; non enim heres erit filius ancillae cum filio liberae. Nos autem, fratres, non sumus ancillae filii, sed*

---

[13] regnum: "왕권"과 "왕국"을 둘다 의미한다.

[14] rex saeculorum: 모든 세기들을 통치하는 임금.

[15] significandae servivit: "상징하는 역할을 했다". 동사 servire가 "종살이하다"라는 뜻과 "역할을 하다"는 뜻을 아울러 갖고 있기 때문에 뒤이어 나오는 해설이 가능해진다.

들을 낳고, 그 왕국의 시대가 오기까지는 시민들에 에워싸여 순례의 여정을 걷고 있지만, 결국 각자의 몸으로 부활을 본 사람들을 모두 한데 모으게 될 것이다. 그래서 그들에게 약속한 왕권[13]이 주어지면 그들은 거기서 자신들의 군주며 세기의 임금인[14] 분을 모시고 끝없는 시간을 통치하게 될 것이다.

2. 육의 자식과 약속의 자식

물론 이 도성에 대해서도 그림자와 예언적 표상이 있었는데, 그 표상은 이 도성을 제공한다기보다는 이 도성의 존재가 드러나야 할 시간이 오기까지 이 도성을 상징하면서 세상에서 종살이를 했다.[15] 그 표상도 거룩한 도성이라고도 불렸는데, 그것이 상징하는 표상으로서의 역할 때문에 그렇게 불린 것이지 장차 이루어질 것과 똑같은 명확한 진면모이기 때문에 그렇게 불린 것은 아니었다. 표상의 역할을 하여 이바지하는 이 도성에 대해서, 그리고 그것이 상징하는 자유로운 도성에 대해 사도는 갈라디아인들에게 이렇게 말하고 있다: "율법 아래 살고 싶어하는 여러분, 대답해 보시오. 율법을 들을 줄도 모릅니까? 실상 아브라함에게 두 아들이 있었는데 하나는 종인 여자에게서 났고 하나는 자유인인 여자에게서 났다고 씌어 있습니다. 그러나 종에게서 난 아들은 육을 따라 태어났고 자유인에게서 난 아들은 약속을 좇아 태어났습니다. 이는 비유로 말한 것이니, 두 여자는 두 계약입니다. 하나는 시나이 산으로부터 유래하며 종살이를 위해 아기를 낳았으니, 하갈이 바로 그 여자입니다. 시나이 산은 아라비아에 있지만, 하갈은 지금의 예루살렘에 해당합니다. 오늘날 예루살렘이 그 자손들과 함께 종살이를 하고 있기 때문입니다. 그러나 하늘에 있는 예루살렘은 자유로우며 바로 우리의 어머니입니다. 성서에도 이렇게 씌어 있습니다. '기뻐하라, 아이 못 낳는 여인아! 환호하라, 산고 모르는 여인아! 외로운 여인의 자손이 남편 가진 여인의 자손보다 더 많으니라.' 형제 여러분, 여러분은 이사악과 같은 약속의 자손들입니다. 그러나 전에 육을 따라 난 자가 영을 따라 난 이를 박해했듯이 지금도 그렇습니다. 그런데 성서는 무엇이라고 말합니까? '종과 그 아들을 내쫓아라! 종의 아들이 자유인의 아들과 함께 상속받아서

liberae, qua libertate Christus nos liberauit. Haec forma intellegendi de apostolica auctoritate descendens locum nobis aperit, quem ad modum scripturas duorum testamentorum, ueteris et noui, accipere debeamus. Pars enim quaedam terrenae ciuitatis imago caelestis ciuitatis effecta est, non se significando, sed alteram, et ideo seruiens. Non enim propter se ipsam, sed propter aliam significandam est instituta, et praecedente alia significatione et ipsa praefigurans praefigurata est. Namque Agar ancilla Sarrae eiusque filius imago quaedam huius imaginis fuit; et quoniam transiturae erant umbrae luce ueniente, ideo dixit libera Sarra, quae significabat liberam ciuitatem, cui rursus alio modo significandae etiam illa umbra seruiebat: *Eice ancillam et filium eius; non enim heres erit filius ancillae cum filio meo Isaac*, quod ait apostolus: *Cum filio liberae.* Inuenimus ergo in terrena ciuitate duas formas, unam suam praesentiam demonstrantem, alteram caelesti ciuitati significandae sua praesentia seruientem. Parit autem ciues terrenae ciuitatis peccato uitiata natura, caelestis uero ciuitatis ciues parit a peccato naturam liberans gratia; unde illa uocantur uasa irae, ista uasa misericordiae. Significatum est hoc etiam in duobus filiis Abrahae, quod unus de ancilla, quae dicebatur Agar, secundum carnem natus est Ismael, alter est autem de Sarra libera secundum repromissionem natus Isaac. Vterque quidem de semine Abrahae; sed illum genuit demonstrans consuetudo naturam, illum uero dedit promissio significans gratiam; ibi humanus usus ostenditur, hic diuinum beneficium commendatur.

---

[16] 갈라 4,21 - 5,1.

[17] 구약에 신약이 감추어져 있다는 설명은 4.33-34; 5.18.3; 10.25에서도 언급되었다.

[18] imago caelestis civitatis: 수사학에서는 모상(imago)과 표상(figura)을 구분하지 않지만 전자는 어떤 사물과 그 원형의 관계, 후자는 어떤 사물과 그것이 예표(豫表)하는 사물과의 관계를 전제한다.

[19] et ipsa praefigurans praefigurata est: 지금의 예루살렘은 천상 예루살렘의 예형이 되면서도(praefigurans) 일찍이 여종 하갈이 또한 지상 예루살렘의 예형이 되었다. 역으로 하느님 도성은 역사 속에서 전개되면서도 초역사적 궁극 목적에로 역사를 규정하는, 고로 하나의 상징이면서도 상징이 지시하는 대상체이기도 하다.

[20] 앞의 갈라 4,30; 창세 21,10 참조.

[21] 교부는 imago, figura와 더불어 여기서는 forma(species(形像)와 구분하여 形相이라는 한자로 표기한다)라는 수사학 용어를 사용한다.

[22] 로마 9,22-23 참조: "멸망하게 되어 있는 진노의 그릇들을 … 영광을 받도록 미리 마련하신 자비의 그릇들에게 …."

[23] demonstrans consuetudo naturam ... promissio significans gratiam / humanus usus ... divinum beneficium: 두 문구 다 은총과 자연을 선명하게 대비시킨다. usus는 "성관계"를 가리키는 점잖은 표현이기도 했다(14.23.3 각주 262 참조).

는 안 된다' 하였습니다. 그러므로 형제 여러분, 우리는 종의 자손이 아니라 자유인의 자손입니다. 자유를 위해 그리스도께서 우리를 해방하셨습니다."[16] 이런 식의 이해는 사도의 권위에서 유래한 것으로서, 우리가 두 계약, 곧 구약과 신약의 성서들을 어떻게 받아들여야 할지 그 여지를 제공한다.[17] 지상 도성의 한 부분이 천상 도성의 표상이 된 것이다.[18] 그것은 지상 도성이라는 그 자체를 상징하는 것이 아니라 다른 도성을 상징하는 것이며, 따라서 다른 도성을 위해 종노릇을 하고 있었던 셈이다. 그렇게 말하는 이유는 이 지상 도성이 자체를 위해 세워진 것이 아니라 다른 도성을 상징하기 위해 세워진 것이기 때문이고, 그 자체가 다른 것의 예형豫型이 되면서도 선행하는 다른 상징에 의해 예형되었기 때문이다.[19] 사라의 여종 하갈과 그 여자의 아들은 이 표상에 대한 일종의 표상이었다. 빛이 도래하면 그림자는 사라지는 법이다. 자유인 사라는 자유로운 도성을 상징했다. 그리고 비록 방식은 다르지만 저 그림자 같은 하갈 역시 이 자유로운 도성을 상징하는 역할을 하고 있었다. 여하튼 사라가 "종과 그 아들을 내쫓아라! 종의 아들이 내 아들 이사악과 함께 상속받아서는 안 된다"라고 말했다(사도가 "자유인의 아들과 함께"라고 한 말을 우리는 "내 아들 이사악과 함께"라고 바꾸어 보았다).[20] 그러므로 우리는 지상 도성에서 두 형상形相을 발견한다.[21] 두 형상 중의 하나는 자신의 존재를 입증하고, 다른 하나는 자신의 현존으로 천상 도성을 상징하는 데 이바지한다. 죄로 타락한 자연본성은 지상 도성의 시민들을 낳아준다. 그 대신 천상 도성의 시민들을 낳아주는 것은 죄로부터 자연본성을 구하는 은총이다. 그래서 전자는 분노의 그릇이라 불리고 후자는 자비의 그릇이라 불린다.[22] 이것은 아브라함의 두 아들에게도 상징적으로 나타났는데, 하나는 하갈이라는 이름이 붙은 여종에게서 육에 따라 태어난 이스마엘이고, 다른 하나는 자유인 사라에게서 약속에 따라 태어난 이사악이다. 둘다 아브라함의 혈통에서 왔으나, 전자는 자연본성이 무엇인지 보여주면서 관습이 낳아주었고, 후자는 하느님의 은총을 상징하면서 언약이 선사해 주었다. 전자에서는 인간적 관계가 무엇인지가 드러나고 후자에서는 신적 은덕이 무엇인지가 입증된다.[23]

3. Sarra quippe sterilis erat et desperatione prolis saltem de ancilla sua concupiscens habere, quod de se ipsa non se posse cernebat, dedit eam fetandam uiro, de quo parere uoluerat nec potuerat. Exegit itaque etiam sic debitum de marito utens iure suo in utero alieno. Natus est ergo Ismael, sicut nascuntur homines, permixtione sexus utriusque, usitata lege naturae. Ideo dictum est: *Secundum carnem*; non quod ista beneficia Dei non sint aut non illa operetur Deus, cuius opifex sapientia *adtingit*, sicut scriptum est, *a fine usque ad finem fortiter et disponit omnia suauiter*; sed ubi significandum fuerat Dei donum, quod indebitum hominibus gratis gratia largiretur, sic oportuit dari filium, quem ad modum naturae non debebatur excursibus. Negat enim natura iam filios tali commixtioni maris et feminae, qualis esse poterat Abrahae et Sarrae in illa iam aetate, etiam mulieris accedente sterilitate, quae nec tunc parere potuit, quando non aetas fecunditati, sed aetati fecunditas defuit. Quod ergo naturae sic affectae fructus posteritatis non debebatur, significat quod natura generis humani peccato uitiata ac per hoc iure damnata nihil uerae felicitatis in posterum merebatur. Recte igitur significat Isaac, per repromissionem natus, filios gratiae, ciues ciuitatis liberae, socios pacis aeternae, ubi sit non amor propriae ac priuatae quodam modo uoluntatis, sed communi eodemque inmutabili bono gaudens atque ex multis unum cor faciens, id est perfecte concors oboedientia caritatis.

---

[24] 창세 16,1-3 참조. 당시 부인 여종의 몸에서 난 남편의 소생은 본부인의 소유가 되는 권리(ius suum in utero alieno)를 행사하여, 부인이 남편에게서 임신할 권리를 행사했다는 뜻이다.

[25] 지혜 8,1.

[26] filii gratiae, cives civitatis liberae, socii pacis aeternae: 하느님 도성의 시민들을 호칭하는 삼중 언표다.

[27] non amor propriae ac privatae voluntatis, sed communi ... bono gaudens: 개인과 집단의 실존적 자세를 "사사로운 사랑"(amor privatus)과 "사회적 사랑"(amor socialis)으로 나누는, 교부의 중심사상(cf. *De Genesi ad litteram* 11.15.20: "두 사랑이 있어 (두 도성을 건설하는데) 하나는 사회적 사랑이요 하나는 사사로운 사랑이다 …")을 상기시킨다.

3. 하느님의 은총으로 회임한 사라의 불임

사라는 불임이었고 자식을 낳는 데 절망해서 자기 몸종에게서라도 자식을 얻으려고 욕심을 냈다. 자기한테서는 자식을 얻을 가망이 없다고 여겼던 것이다. 그래서 임신을 시키려고 그 여자를 남편에게 주었다. 자신이 남편에게서 자식을 낳고 싶었지만 결국 이루지 못했던 것이다. 그리하여 다른 여자의 자궁에 대한 자신의 권리를 행사함으로써 사라는 남편이 자기에게 짊어진 본분을 다하도록 요구한 셈이다.[24] 으레 그렇게 해서 사람들이 태어나듯이 양성의 결합으로, 자연 본성의 법도를 행사하여 이스마엘이 태어났다. 그래서 "육을 따라 났다"고 한 것이다. 그렇다고 이 일이 하느님의 축복이 아니었다거나 하느님이 이 일을 이룬 것이 아니었다는 뜻은 아니다. 하느님의 활발한 지혜는, 성서에 기록된 대로 "끝에서 끝까지 힘차게 펼쳐지며 모든 것을 훌륭하게 다스리는"[25] 까닭이다. 하지만 사람들에게 베풀어 줄 책무가 없는데도 은총으로 거저 베푸는 바가 곧 하느님의 선물이라는 의미를 가진다면, 자연본성의 진행進行에 얽매이지 않은 채로 아들이 점지되어야 했다. 과연 자연본성은 남편과 아내의 결합에다 자식들을 태워주기를 거부하고 있었으며, 아브라함과 사라는 그런 나이에다가 여자의 불임까지 겹쳐 있었으니 더욱 그랬다. 제 나이에도 출산이 없었던 터라 출산할 나이가 아닌 때는 이미 자식을 낳을 수 없었던 것이다. 자연본성이 이런 처지에 있었고 후손이라는 소생이 없었다는 사실은, 인류의 본성이 죄로 타락했고 그에 대한 응분의 결과로 단죄를 받아서 후손에게 참된 행복을 아무것도 내려주지 못함을 상징적으로 나타낸다. 따라서 언약에 의해 이사악이 태어났을 때, 그는 의당히 은총의 자식들을 상징하고 자유로운 도성의 시민들을 상징하며 영원한 평화의 동지들을 상징하기에 이른다.[26] 거기에는 자기중심적이고 어떤 면에서 사사로운 의지의 사랑이 존재하지 않고, 동일하고 불변하는 공동의 선을 두고 즐거워하는 사랑,[27] 많은 사람들을 한 마음으로 만드는 사랑, 다시 말해 애덕에서 우러나 완전하게 화합을 도모하는 순종이 존재할 것이다.[28]

---

[28] perfecte concors oboedientia caritatis: 아우구스티누스의 수도적 이상으로 여겨진다.

4. Terrena porro ciuitas, quae sempiterna non erit (neque enim, cum extremo supplicio damnata fuerit, iam ciuitas erit), hic habet bonum suum, cuius societate laetatur, qualis esse de talibus laetitia rebus potest. Et quoniam non est tale bonum, ut nullas angustias faciat amatoribus suis, ideo ciuitas ista aduersus se ipsam plerumque diuiditur litigando, bellando atque pugnando et aut mortiferas aut certe mortales uictorias requirendo. Nam ex quacumque sui parte aduersus alteram sui partem bellando surrexerit, quaerit esse uictrix gentium, cum sit captiua uitiorum; et si quidem, cum uicerit, superbius extollitur, etiam mortifera; si uero condicionem cogitans casusque communes magis quae accidere possunt aduersis angitur, quam eis quae prouenerunt secundis rebus inflatur, tantummodo mortalis est ista uictoria. Neque enim semper dominari poterit permanendo eis, quos potuerit subiugare uincendo. Non autem recte dicitur ea bona non esse, quae concupiscit haec ciuitas, quando est et ipsa in suo humano genere melior. Concupiscit enim terrenam quandam pro rebus infimis pacem; ad eam namque desiderat peruenire bellando; quoniam si uicerit et qui resistat non fuerit, pax erit, quam non habebant partes in uicem aduersantes et pro his rebus, quas simul habere non poterant, infelici egestate certantes. Hanc pacem requirunt laboriosa bella, hanc adipiscitur quae putatur gloriosa uictoria. Quando autem uincunt qui causa iustiore pugnabant, quis dubitet gratulandam esse uictoriam et prouenisse optabilem pa-

---

[29] 본서의 전반부(2; 4; 6권, 특히 3.14와 4.6)에서도 전쟁을 혐오하고 경멸하는 표현을 주저하지 않았지만 여기서부터 교부는 전쟁이란 결코 영웅시할 무엇이 아니고 권력과 탐욕에서 우러난 죄악상이라고 비판한다. 로마제국 특히 아프리카에서 수차례 전쟁을 목격한 교부는 로마인들의 긍지(virtus Romana)였던 전쟁의 승리를 mortifera(죽음을 몰고 오는), mortalis(죽어 없어지는) 두 단어로 폄하해 버린다.

[30] quaerit esse victrix gentium, cum sit captiva vitiorum: 교부가 신앙의 눈으로 본 전쟁의 본질이다.

[31] 교부의 평화론은 19권 참조.

[32] iustum bellum(정당한 전쟁)에 관한 토론은 19.17 참조. Cf. *Quaestiones in Heptateuchum* 6.10.

4. 지상 도성의 갈등과 평화

지상 도성은 영원하지 않겠지만(최후의 형벌로 단죄를 받을 즈음에는 하나의 도성도 아닐 것이므로) 이곳에서도 그 나름대로 선善이 갖추어져 있다. 이 도성에서는 그 선을 놓고 결속하고 기뻐하며, 그런 사물들에 대해 나름대로 기쁨이 있을 수 있다. 하지만 그 선을 사랑하는 사람들 모두에게 아무런 궁핍도 끼치지 않을 만큼의 선이 못 되기 때문에, 이 도성은 스스로를 거슬러 분열되는 일이 빈번하며 다투고 전쟁하고 싸우고, 기껏 추구한다는 승리는 죽음을 몰고 오는 승리 혹은 분명히 소멸하고 말 승리뿐이다.[29] 그 도성의 일부에서 자체의 어떤 부분에 대항하여 전쟁을 걸어 봉기했든 전쟁을 일으킨 부분은 스스로 온갖 악덕의 포로이면서도 온갖 민족의 승자가 되고 싶어한다.[30] 만약 어떤 사람이 승리했다 하더라도 결국 더욱 오만하게 우쭐대다 보니 그것 또한 죽음을 몰고 오는 승리에 불과하다. 그 대신 그 승리를 얻기까지의 조건을 생각하거나 피아간의 공통된 운명을 생각한다면, 승리를 통해 자기들에게 도래한 순경에 대해 으스대기보다는 자기들에게도 닥쳐올지 모르는 역경에 대해 불안해하기에 이르고 그만큼 승리도 시들해진다. 설령 누군가를 굴복시켜 승리했다 할지라도 자기들이 영속하여 상대방을 항상 지배하는 것은 불가능할 것이다. 물론 이 도성이 추구하는 것들이 선하지 않다는 말은 옳지 않다. 이 도성도 하나의 도성을 이룬다는 점에서 인간적 차원에서는 더 나은 선이기 때문이다. 이 도성도 비록 하찮은 사물들을 겨냥한 평화이기는 하지만 지상적 평화를 추구한다. 전쟁을 치르면서 도달하고 싶어하는 바는 그 평화다. 왜냐하면 만약 전쟁에서 이긴다면 저항하던 자가 없어질 테니까 결과적으로 평화가 올 것이다. 양편이 가련한 궁핍 속에서 서로 다투고, 함께 갖지 못할 사물을 두고 서로 적대시하는 동안에는 결코 가질 수 없었던 것이 바로 이 평화다. 저 고생스런 전쟁들이 한결같이 희구하는 바가 바로 이 평화다. 바로 이 평화를 염원하므로 자기들이 거둔 것을 영광스런 승리라고 여기는 것이다.[31] 승리를 거둘 때, 더구나 더 정당한 명분으로 싸운 사람들이라면,[32] 승리를 뽐낼 만하다는 것을 누가 의심하겠으며 소기의 평화가 도래했다고 생각하지 않을 사람이 누가 있겠는가? 이런 것들은

cem? Haec bona sunt et sine dubio Dei dona sunt. Sed si neglectis melioribus, quae ad supernam pertinent ciuitatem, ubi erit uictoria in aeterna et summa pace secura, bona ista sic concupiscuntur, ut uel sola esse credantur uel his, quae meliora creduntur, amplius diligantur: necesse est miseria consequatur et quae inerat augeatur.

5. Primus itaque fuit terrenae ciuitatis conditor fratricida; nam suum fratrem ciuem ciuitatis aeternae in hac terra peregrinantem inuidentia uictus occidit. Vnde mirandum non est, quod tanto post in ea ciuitate condenda, quae fuerat huius terrenae ciuitatis, de qua loquimur, caput futura et tam multis gentibus regnatura, huic primo exemplo et, ut Graeci appellant, ἀρχετύπῳ quaedam sui generis imago respondit. Nam et illic, sicut ipsum facinus quidam poeta commemorauit illorum,

   Fraterno primi maduerunt sanguine muri.

Sic enim condita est Roma, quando occisum Remum a fratre Romulo Romana testatur historia; nisi quod isti terrenae ciuitatis ambo ciues erant. Ambo gloriam de Romanae rei publicae institutione quaerebant; sed ambo eam tantam, quantam si unus esset, habere non poterant. Qui enim uolebat dominando gloriari, minus utique dominaretur, si eius potestas uiuo consorte minueretur. Vt ergo totam dominationem haberet unus, ablatus est

---

[33] 전쟁과 평화, 승리와 패배, 정치적 패권(覇權)과 예속, 자유니 정의니 번영이니 하는 현세적 이념의 실현에는 사회정의의 엄청난 유린이 수반됨이 지상국의 역사를 특징짓는다는 것이 이하에서 개진하는 교부의 관점이다.

[34] 라틴어는 fratricida(형제살해자), parricida(존속살해자), tyrannicida(폭군살해자) 등의 법률용어를 사용한다.

[35] Lucanus, *Pharsalia* 1.95.

[36] Cf. Livius, *Ab Urbe condita* 1.7.2; 본서 2.14.2; 3.6, 12, 14.3.

선한 것이며 의심없이 하느님의 선물이다. 하지만 그 승리라는 것이 더 큰 선들을 소홀히했다고 해보자. 영원한 최고의 평화중에 확보되는 선들, 저 상위의 도성에 속하는 더 큰 선들을 소홀히했다고 해보자. 또는 전쟁에서 얻는 선들을 유일무이한 것처럼 믿는다거나, 또는 다른 선들이 더 훌륭하다고 믿으면서도 그보다는 전쟁에서 얻은 선들을 훨씬 더 사랑하면서 그 선들에 탐닉한다고 해보자. 그러면 필히 불행이 뒤따를 것이고, 그 속에 이미 내재하고 있던 불행은 더욱 커지기만 할 것이다.[33]

5. 지상 도성의 창건자는 형제살해자였으며, 로마 시의 창건자도 쌍둥이 형제를 살해하여 이에 호응했다

지상 도성의 최초의 창건자는 형제살해자[34]였다. 그는 시기심에 사로잡혀 자기 아우를, 그러니까 영원한 도성의 시민을, 이 지상을 순례하고 있던 사람들을 죽이고 말았다. 그러니 훨씬 훗날에 다름아닌 저 도성이 세워질 때도 이 최초의 본보기(그리스인들은 이런 것을 아르케튀포스라고 부른다)에 마치 꼭 닮은 초상처럼 화답했다고 해서 이상할 것이 없다. 내가 하는 말은 머잖아, 우리가 지금 논하고 있는 이 지상 도성의 우두머리가 될 도성, 참으로 많은 민족들을 다스리게 될 도성이다. 거기서도 바로 그 죄악이 발생했고 어떤 시인이 그들을 가리켜 이렇게 회상한 바 있다:

   첫 성벽은 형제의 피로 젖었느니라.[35]

이렇게 해서 세워진 것이 로마였다. 레무스가 형제 로물루스에게 피살당한 것은 로마 역사가 증언하는 바이며,[36] 차이가 있다면 레무스와 로물루스 둘다 지상 도성의 시민들이었다는 점이다. 둘다 로마 공화국을 건국하는 영광을 추구했다. 단지 그 둘 모두 그 영광을 너무도 탐했는데, 한 사람이었다면 몰라도, 그 영광을 도무지 둘이서 함께 차지할 수는 없는 처지였다. 누군가 통치를 함으로써 영광을 얻고 싶은데, 그의 권력이 동료에 의해 축소된다면 그만큼 조금밖에 통치를 못하는 셈이 된다. 그래서 한 사람이 통치권 전체를 장악하고자 동료를 제거했다. 그래서 범죄로 비록 권력은 더 커졌지만 더 나쁜 쪽으로 커

socius, et scelere creuit in peius, quod innocentia minus esset et melius. Hi autem fratres Cain et Abel non habebant ambo inter se similem rerum terrenarum cupiditatem, nec in hoc alter alteri inuidit, quod eius dominatus fieret angustior, qui alterum occidit, si ambo dominarentur (Abel quippe non quaerebat dominationem in ea ciuitate, quae condebatur a fratre), sed inuidentia illa diabolica, qua inuident bonis mali, nulla alia causa, nisi quia illi boni sunt, illi mali. Nullo enim modo fit minor accedente seu permanente consorte possessio bonitatis, immo possessio bonitas, quam tanto latius, quanto concordius indiuidua sociorum possidet caritas. Non habebit denique istam possessionem, qui eam noluerit habere communem, et tanto eam reperiet ampliorem, quanto amplius ibi potuerit amare consortem. Illud igitur, quod inter Remum et Romulum exortum est, quem ad modum aduersus se ipsam terrena ciuitas diuidatur, ostendit; quod autem inter Cain et Abel, inter duas ipsas ciuitates, Dei et hominum, inimicitias demonstrauit. Pugnant ergo inter se mali et mali; item pugnant inter se mali et boni: boni uero et boni, si perfecti sunt, inter se pugnare non possunt. Proficientes autem nondumque perfecti ita possunt, ut bonus quisque ex ea parte pugnet contra alterum, qua etiam contra semet ipsum; et in uno quippe homine *caro concupiscit aduersus spiritum et spiritus aduersus carnem.* Concupiscentia ergo spiritalis contra alterius potest pugnare carnalem uel concupiscentia carnalis contra alterius spiritalem, sicut inter se pugnant boni et mali; uel certe ipsae concupiscentiae carnales inter se duorum bonorum, nondum utique perfectorum, sicut inter se pugnant mali et mali, donec eorum, qui curantur, ad ultimam uictoriam sanitas perducatur.

---

[37] tanto ampliorem (possessionem bonitatis), quanto amplius amare consortem: 권력의 소유와 선의 소유가 갖는 상반되는 도덕성을 극명하게 표명하고 있다.

[38] 교부는 이 두 쌍의 인간에게서 지상 도성 내부에서 발생하는 폭력과 천상 도성과 지상 도성 사이에서 발생하는 폭력의 상징과 변증법적 긴장을 본다.

[39] 갈라 5,17. 〔200주년: "육은 영을 거슬러 욕정을 일으키고 영은 육을 거슬러 일어납니다."〕 앞의 13.13에서도 인용됨.

[40] concupiscentia spiritalis / concupiscentia carnalis: 권력의 소유와 선의 소유를 concupiscentia ("탐욕" 혹은 "열망")라는 동일한 어휘를 구사하여 대조했다.

졌으니, 차라리 무죄하게 행동했더라면 비록 권력은 더 작았겠지만 그런대로 더 좋았을 것이다. 그 대신 카인과 아벨 형제는 지상 사물에 대해 둘다 비슷한 탐심을 품지는 않았고, 그 일로 서로 시기심을 품지도 않았다. 둘다 지배권을 장악하고 싶어 탐을 내거나 그래서 자기 지배권이 줄어들까봐 다른 하나를 죽인 것도 아니었다(아벨은 형의 손에 세워진 저 도성에서 지배권을 도모한 것이 아니었다). 오히려 저 악마적 질투, 악인들이 선인들을 시기하는 질투, 저 사람들은 선하고 자기들은 악하다는 것 외에 전혀 다른 이유가 없는 그런 질투가 있었다. 선을 소유하는 데 있어서는 동료가 끼어든다거나 존속한다고 해서 조금도 줄어드는 일이 없다. 오히려 선을 소유하는 것은, 동료들의 개별적 사랑이 서로 화합하여 함께 소유할수록 더욱 널리 소유하기에 이른다. 그것을 공동으로 소유하기 싫어하는 자는 결코 선을 소유하지 못할 것이다. 선의 소유에서는 동료를 더 널리 사랑할수록 그만큼 그 소유가 넓어지는 것을 발견할 것이다.[37] 레무스와 로물루스 사이에 일어난 일은 지상 도성이 어떻게 내부로부터 스스로 분열되는지를 보여주었고, 카인과 아벨 사이에 일어난 일은 두 도성 사이의 적대관계, 곧 하느님의 도성과 인간들의 도성 사이에 존재하는 적대관계를 보여주었다.[38] 그러므로 악인들과 악인들이 서로 싸우고 또한 악인들과 선인들도 서로 싸운다. 다만 선인들과 선인들은, 만약 그들이 완전한 사람들이라면, 서로 싸우는 일은 불가능하다. 단지 정진하고 있는 동안은 아직 완전해지지 않은 상태이므로, 선인이 자기 자신을 거슬러 싸움을 하는 것과 동일한 측면에서 다른 사람을 거슬러 싸우는 일도 가능하다. 왜냐하면 한 사람 내부에서도 "육은 영을 거슬러 탐하고 영은 육을 거슬러 탐하기"[39] 때문이다. 그러니까 마치 선인과 악인이 서로 싸우는 것처럼, 한 사람의 영적 열망이 다른 사람의 육적 열망을 거슬러 싸울 수 있고, 또 한 사람의 육적 열망이 다른 사람의 영적 열망을 거슬러 싸울 수 있다.[40] 그런가 하면 아직 완전해지지 못한 사람들의 경우도 마치 악인과 악인이 서로 싸우듯이, 두 선인의 육적 열망들이 서로 싸우는 수가 있다. 치료를 받고 있는 사람들인 만큼 그 건강이 최후의 승리에 도달하기까지는 싸움이 계속된다.

6. Languor est quippe iste, id est illa inoboedientia, de qua in libro quarto decimo disseruimus, primae inoboedientiae supplicium, et ideo non natura, sed uitium; propter quod dicitur proficientibus bonis et ex fide in hac peregrinatione uiuentibus: *In uicem onera uestra portate, et sic adimplebitis legem Christi*; item alibi dicitur: *Corripite inquietos, consolamini pusillanimes, suscipite infirmos, patientes estote ad omnes; uidete ne quis malum pro malo alicui reddat*; item alio loco: *Si praeoccupatus fuerit homo in aliquo delicto, uos, qui spiritales estis, instruite huius modi in spiritu mansuetudinis, intendens te ipsum, ne et tu tempteris*; et alibi: *Sol non occidat super iracundiam uestram*; et in euangelio: *Si peccauerit in te frater tuus, corripe eum inter te et ipsum*; item de peccatis, in quibus multorum cauetur offensio, apostolus dicit: *Peccantes coram omnibus argue, ut ceteri timorem habeant*. Propter hoc et de uenia in uicem danda multa praecipiuntur et magna cura propter tenendam pacem, sine qua nemo poterit uidere Deum; ubi ille terror, quando iubetur seruus decem milium talentorum reddere debita, quae illi fuerant relaxata, quoniam debitum denariorum centum conseruo suo non relaxauit; qua similitudine proposita Dominus Iesus adiecit atque ait: *Sic et uobis faciet Pater uester caelestis, si non dimiseritis unusquisque fratri suo de cordibus uestris*. Hoc modo curantur ciues ciuitatis Dei in hac terra peregrinantes et paci supernae patriae suspirantes. Spiritus autem sanctus operatur intrinsecus, ut ualeat aliquid medicina, quae adhibetur extrinsecus. Alioquin etiamsi

---

[41] 특히 14.1-5 참조.

[42] non natura sed vitium: 사물 혹은 자연본성 자체가 악하다는 이원론에 맞서서 악을 선의 부재 혹은 선한 자연본성의 결함으로 보는 것은 이 교부의 기조 사상이다(14.11.2 각주 155 참조).

[43] 갈라 6,2.

[44] 1데살 5,14-15.

[45] 갈라 6,1(14.9.1에서도 인용).

[46] 에페 4,26.

[47] 마태 18,15.

[48] 1디모 5,20.

[49] 히브 12,14 참조: "모든 사람과 평화롭게 살도록 애쓰고 … 거룩해지지 않고서는 아무도 주님을 뵙지 못할 것입니다."

[50] 마태 18,35.

6. 하느님 도성의 시민이 죄벌로 인해 이승의 순례중에 겪는 허약함: 이 허약함은 하느님의 보살핌으로 치유된다

그러므로 저 허약함, 다시 말해 우리가 본서 제14권에서 논한 바 있는[41] 그 불순종은 최초의 불순종에 대한 죄벌이며, 따라서 본래 타고난 본성本性이라기보다는 일종의 결함이다.[42] 바로 그래서 정진하고 있는 선인들에게도 신앙을 갖고 이 순례의 여정을 살아가는 사람들에게도 하는 말이 있다: "서로 남의 짐을 져 주시오. 그리하여 그리스도의 법을 이루시오."[43] 다른 곳에서는 이런 말이 나온다: "무질서하게 지내는 이들을 훈계하고 소심한 이들을 격려하며 약한 이들을 돌보고 모든 이를 참을성있게 대하시오. 아무도 다른 이에게 악을 악으로 갚지 않도록 주의하시오."[44] 또 다른 대목에 나오는 말이 있다: "여러분 가운데 누가 무슨 잘못을 저질렀거든 여러분은 영으로 사는 사람들이니 온유한 마음으로 그를 바로잡아 주시오. 아울러 그대 자신도 유혹에 떨어질세라 스스로 살피시오."[45] 그런가 하면 "화를 낸 채 하루해가 저물지 않도록 하시오"[46]라는 말씀도 있다. 복음서에는 "교우가 죄를 짓거든 단둘이 마주하여 꾸짖으시오"[47]라는 구절이 있다. 그렇지만 많은 사람들을 상심하게 한 죄에 대해서는 사도가 "다른 사람들도 두려워하도록 잘못한 사람들을 모든 이 앞에서 나무라시오"[48]라고 한다. 이런 이치에서 서로 용서를 베풀어야 한다는 점에 대해 많은 계명이 내려지고, 평화를 보전하는 데 크나큰 관심을 기울이도록 하고 있으니, 평화가 없이는 아무도 하느님을 뵙지 못하기 때문이다.[49] 일만 달란트나 되는 빚을 탕감받고서도 겨우 백 데나리온을 빚진 자기 동료에게 빚을 탕감해 주지 않은 탓으로 저 종이 일만 달란트의 빚을 모조리 갚으라는 명령을 받은 무시무시한 공포가 있어 주 예수는 이렇게 덧붙여 말씀했다: "그대들이 교우를 진심으로 용서하지 않으면 하늘에 계신 내 아버지께서도 그대들에게 그와 같이 하실 것입니다."[50] 하느님 도성의 시민들은 이런 식으로 치유를 받으면서 이 지상에서 나그네살이를 하고 있으며 천상 조국의 평화를 염원하고 있다. 내면에서 성령이 작용하여 외부에서 투약하는 어떤 약이든 효험을 발하게 만든다. 그렇지 않으면 설령 하느님이 당신에게 복속하는 어떤 피조물을 이용해서 인간의

Deus ipse utens creatura sibi subdita in aliqua specie humana sensus adloquatur humanos, siue istos corporis siue illos, quos istis simillimos habemus in somnis, nec interiore gratia mentem regat atque agat, nihil prodest homini omnis praedicatio ueritatis. Facit autem hoc Deus a uasis misericordiae irae uasa discernens, dispensatione qua ipse nouit multum occulta, sed tamen iusta. Ipso quippe adiuuante mirabilibus et latentibus modis, cum peccatum quod habitat in membris nostris, quae potius iam poena peccati est, sicut apostolus praecipit, non regnat in nostro mortali corpore ad oboediendum desideriis eius nec ei membra nostra uelut iniquitatis arma exhibemus, conuertitur ad mentem non sibi ad mala, Deo regente, consentientem et eam regentem tranquillius nunc habebit, postea sanitate perfecta atque inmortalitate percepta homo sine ullo peccato in aeterna pace regnabit.

7. Sed hoc ipsum, quod sicut potuimus exposuimus, cum Deus locutus esset ad Cain eo more, quo cum primis hominibus per creaturam subiectam uelut eorum socius forma congrua loquebatur, quid ei profuit? Nonne conceptum scelus in necando fratre etiam post uerbum diuinae admonitionis impleuit? Nam cum sacrificia discreuisset amborum, in illius respiciens, huius despiciens, quod non dubitandum est potuisse cognosci signo

---

[51] 환청이나 꿈을 계시의 통로로 이해하던 당대에 교부는 성령의 내면적 인도와 해석만이 진리의 전수를 가능케 한다고 바로잡는다.

[52] 로마 9,19-24 (앞의 각주 22) 참조.

[53] dispensatio occulta sed tamen iusta: "진노의 그릇"이라는 표현이 멸망에 예정된 사람들을 떠올릴 수 있으므로 교부는 이 구절을 첨부한다.

[54] 로마 6,12-13 참조: "죄가 죽을 몸 안에 왕노릇하여 그 욕정에 여러분을 복종시키는 일이 없도록 하시오. 여러분 자신을 불의의 무기로서 죄에 내맡기지 말고 …."

[55] Cf. *De Genesi ad litteram* 8.18.37; 9.2.3-4 등에서 교부는 하느님이 직접 말씀하지 않고 천사나 꿈이나 환영 같은 피조물을 통해 말씀한다는 신념을 고수한다.

형상으로 인간의 감관에 말씀을 건넨다 할지라도, 즉 육체의 감관이라든가 우리가 꿈에서도 보는 것과 아주 흡사한 그런 감관에 말씀을 건넨다고 할지라도 아무런 유익함을 주지 못할 것이다. 성령이 내적 은총으로 인간의 지성을 고양시키고 계도해 주지 않으면, 진리의 그 모든 선포도 인간에게 아무런 유익함을 주지 못할 것이다.[51] 바로 여기서 하느님은 진노의 그릇으로부터 자비의 그릇을 가려내고,[52] 당신이 아는 경륜에 따라, 참으로 신비스러우면서도 더없이 의로운 경륜에 따라 그들을 가려낸다.[53] 그러면 그분의 보우에 힘입어 참으로 놀랍고 참으로 신비스럽게도 다음과 같은 일이 생긴다: 죄가 우리 지체들 속에 깃들어 있고, 사도가 가르치는 대로 그 일 자체가 이미 죄의 벌이라고 할 만한데도, 우리가 죄의 욕망에 순종하여 그 죄가 우리의 죽을 육신 안에 군림하는 일이 없어지고, 우리 지체를 죄악에 내맡김으로써 마치 불의의 무기처럼 쓰는 일이 없어진다.[54] 그러면 인간은 이지理智를 향해 돌아서며, 하느님의 지배를 받아 그 이지는 악에 동조하는 일을 스스로 허용하지 않는다. 그래서 지금은 이지가 더 평온하게 군림하는 경지에 이르는 것으로 그치지만, 후에는 완전한 치유와 불사불멸을 얻어 인간이 죄를 짓지 않고 영원한 평화 속에 군림하기에 이를 것이다.

7. 카인이 죄지은 원인과 그 완고함: 그가 품은 죄악은 하느님의 말씀도 돌이키지 못했다

7. 1. 카인은 질투에 이끌려 죄를 지었다

하느님은 원조들에게 말씀을 건넬 때 당신에게 복속하던 피조물을 통해서, 마치 원조들의 동무처럼, 그들에게 어울리는 형태로 했다. 우리는 그런 방식에 대해 우리의 힘이 닿는 데까지 설명을 해 본 적이 있다.[55] 그런데 하느님이 원조들과 하던 똑같은 방식으로 카인에게 말씀을 건넸지만 과연 무슨 소용이 있었던가? 그는 아우를 죽이겠다는 흑심을 마음에 품었고, 신적 경고의 말씀을 들은 다음에도, 기어코 일을 저지르지 않았던가? 하느님이 둘의 희생제사를 차별하여 하나의 제사는 돌아보고 다른 하나의 제사는 무시했을 때, 그의 행실이 악했고 그

aliquo adtestante uisibili, et hoc ideo fecisset Deus, quia mala erant opera huius, fratris uero eius bona: contristatus est Cain ualde et concidit facies eius. Sic enim scriptum est: *Et dixit Dominus ad Cain: Quare tristis factus es et quare concidit facies tua? Nonne si recte offeras, recte autem non diuidas, peccasti? Quiesce; ad te enim conuersio eius, et tu dominaberis illius.* In hac admonitione uel monitu, quem Deus protulit ad Cain, illud quidem quod dictum est: *Nonne si recte offeras, recte autem non diuidas, peccasti?* quia non elucet cur uel unde sit dictum, multos sensus peperit eius obscuritas, cum diuinarum scripturarum quisque tractator secundum fidei regulam id conatur exponere. Recte quippe offertur sacrificium, cum offertur Deo uero, cui uni tantummodo sacrificandum est. Non autem recte diuiditur, dum non discernuntur recte uel loca uel tempora uel res ipsae quae offeruntur uel qui offert et cui offertur uel hi, quibus ad uescendum distribuitur quod oblatum est, ut diuisionem hic discretionem intellegamus; siue cum offertur, ubi non oportet aut quod non ibi, sed alibi oportet, siue cum offertur, quando non oportet aut quod non tunc, sed alias oportet, siue cum offertur, quod nusquam et numquam penitus debuit, siue cum electiora sibi eiusdem generis rerum tenet homo, quam sunt ea, quae offert Deo, siue eius rei, quae oblata est, fit particeps profanus aut quilibet quem fas non est fieri. In quo autem horum Deo displicuerit Cain, facile non potest inueniri. Sed quoniam Iohannes apostolus, cum de his fratribus loqueretur: *Non sicut Cain*, inquit, *ex maligno erat et occidit fratrem suum; et cuius rei gratia occidit? Quia opera illius maligna fuerunt, fratris autem eius iusta*: datur intellegi propterea Deum non respexisse in munus eius, quia hoc ipso male diui-

---

[56] 창세 4,6-7. 〔공동번역: "너는 왜 그렇게 화가 났느냐? 왜 고개를 떨어뜨리고 있느냐? 네가 잘했다면 왜 얼굴을 쳐들지 못하느냐? 그러나 네가 만일 마음을 잘못 먹었다면, 죄가 네 문 앞에 도사리고 앉아 너를 노릴 것이다. 그러므로 너는 그 죄에 굴레를 씌워야 한다."〕

[57] regula fidei: 11.31, 33과 아래 15.26에도 나오는 용어다. 칠십인역을 따르느냐 마소라본을 따르느냐에 따라 카인의 죄상이 무엇이었는지에 대한 해석이 사뭇 달라진다. Cf. Hieronymus, *Quaestiones haebraicarum in Genesim* (Lag 8-9); Ambrosius, *De Cain et Abel* 2.6-7.

[58] 1요한 3,12.

의 아우의 행실이 선했기 때문에 하느님이 그렇게 하셨다는 사실과, 가시적으로 입증되는 어떤 표징에 의해 카인이 그 사실을 인지할 수 있었음은 의심할 여지가 없다. 그래서 카인은 몹시 상심하여 고개를 떨어뜨렸던 것이다. 이렇게 씌어 있다: "주께서 카인에게 말씀하셨다. '너는 왜 그렇게 상심하고 있느냐? 왜 고개를 떨어뜨리고 있느냐? 네가 올바로 제사를 올리더라도 올바로 나누지 않는다면 너는 죄를 지은 것이 아니냐? 안심하여라. 그가 너에게 되돌아온다면 너도 그를 지배하게 될 것이다.'"[56] 하느님이 카인에게 건넨 이 훈계 내지 경고에는 "네가 올바로 제사를 올리더라도 올바로 나누지 않는다면 너는 죄를 지은 것이 아니냐?"는 구절이 있다. 그런데 왜, 어째서 그런 말씀을 했는지 확실하지 않기 때문에 그 모호함이 많은 해석을 낳았다. 성서를 다루는 사람은 누구든지 신앙의 규범[57]에 의거하여 해설하려고 노력하기 때문이다. 참 하느님께 바쳐지는 이상 올바로 제사를 올리는 것이다. 그분 한 분에게만 희생제사가 바쳐져야 하기 때문이다. 그 대신 제사를 바칠 장소나 시간이나 봉헌되는 제물이나 봉헌하는 사람이나 봉헌되는 대상이나 봉헌된 것을 음복하라고 나누어 주는 대상들을 올바로 분별해내지 않는다면 올바로 나누는 것이 아니다. 우리는 여기서 나눈다는 말을 분별한다는 말로 이해한다. 봉헌되더라도 봉헌되지 말아야 할 곳에 봉헌되거나 봉헌될 곳이 아닌 다른 곳에 봉헌될 때, 봉헌되더라도 봉헌되지 말아야 할 시각이나 봉헌될 시각이 아닌 다른 때에 봉헌될 때, 봉헌되더라도 어느 때 어느 곳에서도 절대 봉헌되어서는 안 될 것을 봉헌하거나 같은 종류의 사물에서도 정말 고를 만한 것은 사람이 자신의 몫으로 차지하고 하느님께는 다른 것을 봉헌하거나 봉헌하는 그 행사에 속인이나 또는 합당하지 못한 사람이 참석할 때, 그런 일이 생긴다. 이 가운데 어떤 사유로 카인이 하느님의 마음에 들지 못했는지는 쉽사리 파악할 수 없다. 그러나 요한이 이 형제들에 대해 언급하는 가운데 "악한 자에게서 태어나 아우를 죽인 카인처럼 되지 마시오. 그가 왜 아우를 죽였겠습니까? 자기가 하는 일은 악하고 아우가 하는 일은 의로웠기 때문입니다"[58]라고 한 말이 있다. 그렇다면 하느님이 카인의 제물을 돌아보지 않은 것은 그가 제물을 잘못 나누었기 때문이니, 하느님께는 자기 것의 일부를 바치고 자기 자

debat, dans Deo aliquid suum, sibi autem se ipsum. Quod omnes faciunt, qui non Dei, sed suam sectantes uoluntatem, id est non recto, sed peruerso corde uiuentes, offerunt tamen Deo munus, quo putant eum redimi, ut eorum non opituletur sanandis prauis cupiditatibus, sed explendis. Et hoc est terrenae proprium ciuitatis, Deum uel deos colere, quibus adiuuantibus regnet in uictoriis et pace terrena, non caritate consulendi, sed dominandi cupiditate. Boni quippe ad hoc utuntur mundo, ut fruantur Deo; mali autem contra, ut fruantur mundo, uti uolunt Deo; qui tamen eum uel esse uel res humanas curare iam credunt. Sunt enim multo deteriores, qui ne hoc quidem credunt. Cognito itaque Cain quod super eius germani sacrificium, nec super suum respexerat Deus, utique fratrem bonum mutatus imitari, non elatus debuit aemulari. Sed contristatus est et concidit facies eius. Hoc peccatum maxime arguit Deus, tristitiam de alterius bonitate, et hoc fratris. Hoc quippe arguendo interrogauit dicens: *Quare contristatus es, et quare concidit facies tua?* Quia enim fratri inuidebat, Deus uidebat et hoc arguebat. Nam hominibus, quibus absconditum est cor alterius, esse posset ambiguum et prorsus incertum, utrum illa tristitia malignitatem suam, in qua se Deo displicuisse didicerat, an fratris doluerit bonitatem, quae Deo placuit, cum in sacrificium eius aspexit. Sed rationem reddens Deus, cur eius oblationem accipere noluerit, ut sibi ipse potius merito quam ei frater inmerito displiceret, cum esset iniustus non recte diuidendo, hoc est non recte uiuendo, et indignus cuius adprobaretur oblatio, quam esset iniustior, quod fratrem iustum gratis odisset, ostendit.

---

[59] dans Deo aliquid suum, sibi autem se ipsum: 제사는 하느님께 자신을 바치는 종교행위로 제물을 자신의 희생을 대신할 따름인데, 카인은 제물(suum)을 바치는데 자신(se ipsum)은 바치지 않았다면서 카인의 제사 문제를 존재론적으로 해석한다.

[60] 하느님에 대한 향유(frui)와 지상 사물에 대한 사용(uti)을 구분하는 것은 아우구스티누스의 윤리학의 기조 사상이다. 예: *De doctrina Christiana* 1.1; *De diversis quaestionibus 83,* 10; 본서 19.10.

신에게 자기를 바쳤던 것이라고[59] 이해할 만하다. 이것은 하느님의 의지가 아니라 자신의 의지를 추종하는 사람들, 바른 마음으로 살지 않고 비뚤어진 마음으로 사는 사람들 모두가 하는 짓이니, 하느님께 예물은 바치지만 그 예물로 하느님의 마음을 사서 그것으로 자신의 사악한 욕정을 치유받으려는 것이 아니라 오히려 그 욕정을 채우려고 한다. 바로 이것이 지상 도성의 특징이다. 하느님이나 제신을 섬기되 그들의 보우를 입어 승리와 지상적 평화를 통해 군림하려고 하지만, 훈유하는 애덕으로 하는 것이 아니라 지배욕으로 하려고 든다. 선한 사람들은 하느님을 향유享有하려는 목적으로 세상을 이용하는데, 악한 사람들은 세상을 향유하기 위해 하느님을 이용하려고 한다.[60] 그래도 그들은 하느님이 존재하는 것을 믿고 그분이 인간사를 보살핀다고는 믿는다. 그런가 하면 이것도 믿지 않는 훨씬 못한 사람들도 있다. 카인이 자기 아우의 희생제사는 하느님이 돌아보고 자기의 희생제사는 돌아보지 않은 것을 깨달았을 때, 그는 착한 동생을 본받기로 마음을 바꾸어야 했고 오만하게 질투해서는 안 되었다. 하지만 그는 마음이 상했고 고개를 떨어뜨렸다. 하느님은 이 죄에 대해, 즉 다른 사람 곧 아우의 선을 두고 상심하는 슬픔을 아주 심하게 꾸짖었다. 그래서 하느님은 이 문제를 따지면서 힐문했다: "너는 왜 그렇게 상심하고 있느냐? 왜 고개를 떨어뜨리고 있느냐?" 아우를 시기하고 있었으므로 하느님은 그 점을 보고 힐책한 것이다. 사람들에게는 카인의 마음이 감추어져 있어서, 하느님이 형제의 희생제사를 굽어보았을 때 그의 슬픔이 과연 본인의 악의를 마음아파한 것이었는지(그 악으로 인해 자기가 하느님의 마음에 들지 않았음을 배워야 했다), 아니면 형제의 선(그 선은 하느님의 마음에 드는 것이었다)에 대해 마음아파한 것인지 모호하고 불분명했다. 하느님은 왜 그의 제물을 받아들이기 싫어했는지 이유를 대면서, 카인 본인이 마음에 들지 않은 것은 당연한 노릇이지만 아우가 카인의 마음에 들지 않았다는 것은 부당하다는 사실을 보여주었다. 그는 올바로 나누지 않았으므로, 다시 말해 올바로 살지 않았으므로 불의한 인간이었고, 따라서 그의 봉헌이 가납되기에는 부당한 인물이었으며, 더구나 의로운 아우를 공연히 미워함으로써 더욱 불의한 인간이 되었음을 보여주었다.

Non tamen eum dimittens sine mandato sancto, iusto et bono: *Quiesce*, inquit; *ad te enim conuersio eius, et tu dominaberis illius*. Numquid fratris? Absit. Cuius igitur, nisi peccati? Dixerat enim: *Peccasti*, tum deinde addidit: *Quiesce; ad te enim conuersio eius, et tu dominaberis illius*. Potest quidem ita intellegi ad ipsum hominem conuersionem esse debere peccati, ut nulli alii quam sibi sciat tribuere debere quod peccat. Haec est enim salubris paenitentiae medicina et ueniae petitio non incongrua, ut, ubi ait: *Ad te enim conuersio eius*, non subaudiatur «erit», sed «sit»; praecipientis uidelicet, non praedicentis modo. Tunc enim dominabitur quisque peccato, si id sibi non defendendo praeposuerit, sed paenitendo subiecerit; alioquin et illi seruiet dominanti, si patrocinium adhibuerit accidenti. Sed ut peccatum intellegatur concupiscentia ipsa carnalis, de qua dicit apostolus: *Caro concupiscit aduersus spiritum*, in cuius carnis fructibus et inuidiam commemorat, qua utique Cain stimulabatur et accendebatur in fratris exitium: bene subauditur «erit», id est: *Ad te enim conuersio eius erit, et tu dominaberis illius*. Cum enim commota fuerit pars ipsa carnalis, quam peccatum appellat apostolus, ubi dicit: *Non ego operor illud, sed quod habitat in me peccatum* (quam partem animi etiam philosophi dicunt esse uitiosam, non quae mentem debeat trahere, sed cui mens debeat imperare eamque ab inlicitis operibus ratione cohibere); — cum ergo commota fuerit ad aliquid perperam committendum, si quiescatur et obtemperetur dicenti apostolo: *Nec exhibueritis membra uestra arma iniquitatis peccato*, ad mentem domita et uicta conuertitur, ut subditae

---

⁶¹ ad te enim conversio eius: 라틴어로는 eius가 남성 명사(frater)인지 중성 명사(peccatum)인지 분명하지 않으므로 이런 논란이 가능하다.

⁶² 원문에 나오는 대로[conversio sit(erit이 아님)] 접속법은 단순히 미래를 예고하는 사람의 말투가 아니고 명령하는 사람의 말투다. 이하 문장 참조.

⁶³ 갈라 5,17.

⁶⁴ 갈라 5,17-23에는 육의 열매와 영의 열매가 열거되고 있다.

⁶⁵ 라틴어로는 conversio erit(sit이 아님).

⁶⁶ 로마 7,17.

⁶⁷ 아우구스티누스 인간학의 주요 용어 animus(영혼), mens(지성), ratio(이성)의 용법이 구분되어 나타난다.

⁶⁸ 로마 6,13(앞의 각주 54 참조).

⁶⁹ 교부는 "그가 너에게 되돌아올 것이다"(ad te conversio eius erit)는 성서 구절에 "지성에로 되돌아온다"(ad mentem convertitur)라는 철학적 색채를 부여하여 사물과 자신을 주재하는 인간의 지성과 의지를 강조한다.

7.2. 하느님이 카인에게 안심하라는 충고를 내렸다

하지만 하느님은 무턱대고 그를 저버리지 않고 그에게 성스럽고 의롭고 선한 충고를 내렸다: "안심하여라. 그가 너에게 되돌아온다면 너도 그를 지배하게 될 것이다." 아우가 돌아온다는 말일까? 천만의 말씀이다. 죄가 아니면 무엇이 돌아온다는 말이겠는가?[61] 왜냐하면 하느님은 "너는 죄를 지은 것이 아니냐?"라고 말씀했고 그다음에 "안심하여라. 그것이 너에게 되돌아온다면 너도 그것을 지배하게 될 것이다"라고 했기 때문이다. 다름아닌 그에게 죄가 되돌아와야 한다는 뜻으로 이해할 수 있다. 죄지은 사실에 대해 자기 자신에게만 죄과를 돌려야지 다른 누구에게 돌릴 수 있는 것이 아님을 알기 때문이다. 이런 일은 구원에 유익한 참회의 의약醫藥이고 용서를 구하는 부당하지 않은 애원이기 때문이다. "그가 너에게 되돌아온다"는 구절에서 알아야 할 것은 "되돌아오리라"가 아니고 "되돌아오기 바란다"이다.[62] 죄를 비호하여 죄가 자신을 지배하게 만드는 것이 아니라 뉘우치면서 죄를 굴복시킨다면, 그렇게 되면 누구나 죄를 지배하게 될 것이다. 자기에게 다가오는 죄에 보호를 베풀어 준다면 결국은 죄의 지배를 받으면서 본인은 죄의 종살이를 하게 될 것이다. 그러나 만약 육적 욕망 자체를 죄로 생각한다고 하자. 사도가 이 욕망에 대해 "육은 영을 거슬러 탐한다"[63]고 말하고 곧이어 그 육의 열매들 가운데 질투라는 것을 열거한 바 있으며,[64] 카인이 자극을 받고 불타올라 형제를 죽이게 된 것도 바로 이 질투였다. 그렇다면 저 구절에서 알아들어야 할 것은 "되돌아오리라"가 되며,[65] 따라서 "그가 너에게 되돌아올 것이고, 너도 그를 지배하게 될 것이다"라는 문장이 된다. 바로 그래서, 사도가 죄라고 부르는 육적 부분이 들고일어나는 것이다: "그것을 행하는 자는 내가 아니라 내 안에 사는 죄입니다."[66] 철학자들도 영혼의 이 부분을 타락했다고 일컫는데, 이 부분이 지성을 끌고 다녀서는 안 되고, 지성이 그것을 통솔하고 부당한 행실을 못하게 이성으로 통제해야 하는 것이다.[67] 만약 그것이 들고일어나서 무슨 그릇된 짓을 저지르려 하면 안정시켜야 하고, "여러분 자신을 불의의 무기로서 죄에 내맡기지 마시오"[68]라고 하는 사도의 말에 따라야 하며, 순치되고 정복되어 지성에로 되돌아오고[69] 그렇게 종속된 부분을 이성이 다스리

ratio dominetur. Hoc praecepit Deus huic, qui facibus inuidiae inflammabatur in fratrem et, quem debuerat imitari, cupiebat auferri. *Quiesce*, inquit; manus ab scelere contine, non regnet peccatum in tuo mortali corpore ad oboediendum desideriis eius, nec exhibeas membra tua iniquitatis arma peccato. *Ad te enim conuersio eius*, dum non adiuuatur relaxando, sed quiescendo frenatur; *et tu dominaberis illius*, ut, cum forinsecus non permittitur operari, sub potestate mentis regentis et beneuolentis adsuescat etiam intrinsecus non moueri. Dictum est tale aliquid in eodem diuino libro et de muliere, quando post peccatum Deo interrogante atque iudicante damnationis sententias acceperunt, in serpente diabolus et in se ipsis illa et maritus. Cum enim dixisset et: *Multiplicans multiplicabo tristitias tuas et gemitum tuum*, et *in tristitiis paries filios*, deinde addidit: *Et ad uirum tuum conuersio tua, et ipse tui dominabitur*. Quod dictum est ad Cain de peccato uel de uitiosa carnis concupiscentia, hoc isto loco de peccatrice femina; ubi intellegendum est uirum ad regendam uxorem animo carnem regenti similem esse oportere. Propter quod dicit apostolus: *Qui diligit uxorem suam, se ipsum diligit; nemo enim umquam carnem suam odio habuit*. Sananda sunt enim haec sicut nostra, non sicut aliena damnanda. Sed illud Dei praeceptum Cain sicut praeuaricator accepit. Inualescente quippe inuidentiae uitio fratrem insidiatus occidit. Talis erat terrenae conditor ciuitatis. Quo modo autem significauerit etiam Iudaeos, a quibus Christus occisus est pastor ouium hominum, quem pastor ouium pecorum praefigurabat Abel, quia in allegoria prophetica res est, parco nunc dicere, et quaedam hinc aduersus Faustum Manichaeum dixisse me recolo.

---

[70] Quiesce!: "평정시켜라!"는 의미도 갖기 때문에 다음 문장의 해설이 가능하다.

[71] 창세 3,16. 〔공동번역: "너는 아기를 낳을 때 몹시 고생하리라. 고생하지 않고는 아기를 낳지 못하리라. 남편을 마음대로 주무르고 싶겠지만, 도리어 남편의 손아귀에 들리라."〕

[72] 에페 5,28-29. 본서 13.20 참조.

[73] sananda sunt enim haec sicut nostra, non sicut aliena damnanda: 육체적 욕망에 관한 교부의 사상이 비관적이라는 비판이 많지만 그의 온건한 인간관이 이 대칭문장에 잘 드러난다.

[74] *Contra Faustum Manichaeum* 12.9에서 카인이 유다인들을, 아벨이 그리스도 신자들을 상징하는 것으로 풀이한다.

기에 이르러야 한다. 아우를 본받아야 할 터인데 도리어 아우에 대한 질투에 사로잡히고 불타올라 아우를 제거하려 마음먹고 있던 사람에게 하느님이 명하는 바가 바로 이것이었다. 하느님은 "안심하여라!"[70]고 말씀했다. 범죄에서 손을 떼라! 너의 죽을 몸에서 죄가 군림하여 몸의 욕망에 굴복하는 일이 없도록 하라! 너의 지체를 불의의 무기로 죄에 내맡기지 말라! 욕망의 재갈이 풀려 부추겨지는 일이 없고 재갈이 물려 평정되는 한에서 "그가 너에게 되돌아올 것이다". 그러면 "너도 그를 지배하게 될 것이며", 욕망이 겉으로 뻗쳐 나오게 허용하지 않을 것이고, 지성이 통치하고 지성이 호의를 베푸는 권세 밑에 들어가 길들여져 안에서도 함부로 준동하는 일이 없을 것이다. 같은 성서에서 여자에게도 이와 비슷한 말씀이 건네졌다. 원조들이 죄를 지은 후 하느님의 문초와 심판을 받고 단죄의 선고를 받을 때, 곧 악마는 뱀 안에서 선고를 받고 여자와 그 남편은 본인에게 선고가 떨어질 때였다. 하느님은 여자에게 "나는 너의 슬픔과 너의 신음이 무척이나 많아지게 하리라. 그리고 너는 슬픔 속에 자식을 낳으리라"라고 말씀하고서는 바로 덧붙여 "너의 남편에게로 너는 돌아올 것이고 그가 너를 지배하리라"[71]고 말씀했다. 카인에게는 죄에 대해, 혹은 육의 타락한 욕망에 대해 한 말씀을 이 자리에서는 죄를 지은 여자에게 한 것이다. 여기서는 남편이 아내를 지배하는 이치가 정신이 육신을 지배하는 이치와 비슷해야 한다는 뜻으로 이해할 수 있다. 그래서 사도는 말한다: "아내를 사랑하는 사람은 자기 자신을 사랑하는 사람입니다. 아무도 자기 육신을 미워하지 않습니다."[72] 그러므로 이런 죄상을 우리 일로 생각해서 나아지도록 힘써야지 남의 일처럼 생각해서 단죄해서는 안 된다.[73] 하지만 카인은 하느님의 저 계명을 마치 간섭하는 말처럼 받아들였다. 사람을 무력하게 만드는 질투의 악덕에 유인당해 결국 아우를 죽이고 말았다. 지상 도성의 창건자는 바로 이런 인물이었다. 그는 어떤 면에서 유다인들을 상징하기도 한다. 인간 양들의 목자인 그리스도가 그들의 손에 죽임을 당했다. 또 어떤 면에서 가축 양들의 목자인 아벨은 그리스도를 예표했다. 이것은 예언적 은유에 해당하는 사안인데 지금은 이야기하지 않겠지만 「마니교인 파우스투스 논박」[74]이라는 책에서 이 문제를 얼마간 이야기했다고 기억한다.

8. Nunc autem defendenda mihi uidetur historia, ne sit scriptura incredibilis, quae dicit aedificatam ab uno homine ciuitatem eo tempore, quo non plus quam uiri quattuor uel potius tres, postea quam fratrem frater occidit, fuisse uidentur in terra, id est primus homo pater omnium et ipse Cain et eius filius Enoch, ex cuius nomine ipsa ciuitas nuncupata est. Sed hoc quos mouet, parum considerant non omnes homines, qui tunc esse potuerunt, scriptorem sacrae huius historiae necesse habuisse nominare, sed eos solos, quos operis suscepti ratio postulabat. Propositum quippe scriptoris illius fuit, per quem sanctus Spiritus id agebat, per successiones certarum generationum ex uno homine propagatarum peruenire ad Abraham ac deinde ex eius semine ad populum Dei, in quo distincto a ceteris gentibus praefigurarentur et praenuntiarentur omnia, quae de ciuitate, cuius aeternum erit regnum, et de rege eius eodemque conditore Christo in Spiritu praeuidebantur esse uentura; ita ut nec de altera societate hominum taceretur, quam terrenam dicimus ciuitatem, quantum ei commemorandae satis esset, ut ciuitas Dei etiam suae aduersariae conparatione clarescat. Cum igitur scriptura diuina, ubi et numerum annorum, quos illi homines uixerunt, commemorat, ita concludat, ut dicat de illo, de quo loquebatur: *Et genuit filios et filias, et fuerunt omnes dies* illius uel illius quos uixit anni tot, *et mortuus est*: numquid quia eosdem filios et filias non nominat, ideo intellegere non debemus per tam multos annos, quibus tunc in saeculi huius prima aetate uiuebant, nasci potuisse plurimos homines, quorum coetibus condi possent etiam plurimae ciuitates? Sed pertinuit ad Deum, quo ista inspirante conscripta sunt, has duas societates suis diuersis gene-

---

[75] defendenda historia: 성서의 역사적 진실성(Dyson)을 해명해야 하는 처지라는 말이다.

[76] 창세 5,4-31 참조.

8. 인류의 시초에 카인이 도성을 건설한 명분은 무엇인가
   8. 1. 카인이 최초의 도성을 세웠다

이제 나는 역사歷史를 옹호해야 할 것으로 보인다.[75] 그래야 기껏 사람이 넷 아니, 형제가 형제를 죽인 다음이라서 지상에는 정확하게 세 사람밖에 없던 시대에 한 사람에 의해 도성이 세워졌다고 이야기하는 성서가 믿지 못할 책이 되지 않을 것이다. 그러니까 만인의 어버이인 최초의 사람, 그리고 카인 본인, 그의 아들 에녹밖에 없었는데 에녹의 이름으로 도성의 이름을 붙였다. 이것이 이상하다고 생각하는 사람들은, 이 거룩한 역사를 기록한 사람은 그 당시에 존재할 수도 있었던 사람들의 이름을 모조리 댈 필요가 없었고, 또 성서의 저자가 착수한 작품의 명분상 요구되는 인물들만을 거명했다는 사실을 제대로 고려하지 않은 것이다. 성서의 저자가 그 일을 하도록 움직인 것은 성령인데, 성서의 저자가 의도한 바는 다음과 같았다: 단일한 인간에게서 퍼져나간 몇몇 세대世代들의 승계를 통해 아브라함에게 도달하고, 그다음 아브라함의 혈통에서 하느님의 백성에 이르며, 여타의 민족들과 구분되는 이 백성이 하느님의 도성에 관한 모든 것을 예표豫表하고 예고豫告하며 드디어 그 나라가 도래하리라는 것을 예견豫見하려는 데 의도가 있었다. 그 나라의 왕권이 영원하리라는 것을 예견하고, 성령에 힘입어 그 영원한 도성의 임금이며 창건자인 그리스도에 대해서도 예견하는 일이다. 그렇다고 우리가 지상 도성이라고 일컫는 다른 인간 사회에 대해 묵살하고 넘어가는 것은 아니다. 그 적수와 대조되면서 하느님의 도성이 더 분명히 드러나는 범위 내에서 지상 도성에 대해서도 충분히 언급할 만큼은 언급했다. 그러므로 성서에서 그때 살았던 사람들의 나이를 언급할 때는 "그는 아들들과 딸들을 낳았고, 그가 산 날짜 혹은 햇수에 대해 이만큼 살다가 죽었다"라고 말하는 어법을 써서 결론을 맺고 있다.[76] 그 아들들과 딸들의 이름을 언급하지 않았고, 저 초세기의 시대에 사람들이 참으로 많은 햇수를 살았다는 사실로 미루어, 그만큼 많은 사람들이 태어났을 수도 있고 그들을 무리로 하여 여러 도성을 세웠으리라는 뜻으로 이해해서는 안 된다는 법이 있을까? 하지만 하느님의 영감으로 기록된 저 책들에서 이 두 사회를 처음부터 제각기 다른 세대들로 엮어내고

rationibus primitus digerere atque distinguere, ut seorsum hominum, hoc est secundum hominem uiuentium, seorsum autem filiorum Dei, id est hominum secundum Deum uiuentium, generationes contexerentur usque diluuium, ubi ambarum societatum discretio concretioque narratur; discretio quidem, quod ambarum separatim generationes commemorantur, unius fratricidae Cain, alterius autem qui uocabatur Seth; natus quippe fuerat et ipse de Adam pro illo, quem frater occidit; concretio autem, quia bonis in deterius declinantibus tales uniuersi facti fuerant, ut diluuio delerentur, excepto uno iusto, cui nomen erat Noe, et eius coniuge et tribus filiis totidemque nuribus, qui homines octo ex illa omnium uastatione mortalium per arcam euadere meruerunt.

Quod igitur scriptum est: *Et cognouit Cain uxorem suam, et concipiens peperit Enoch; et erat aedificans ciuitatem in nomine filii sui Enoch*: non est quidem consequens, ut istum primum filium genuisse credatur. Neque enim hoc ex eo putandum est, quia dictus est cognouisse uxorem suam, quasi tunc se illi primitus concumbendo miscuisset. Nam et de ipso patre omnium Adam non tunc solum hoc dictum est, quando conceptus est Cain, quem primogenitum uidetur habuisse; uerum etiam posterius eadem scriptura: *Cognouit*, inquit, *Adam Euam uxorem suam, et concepit et peperit filium, et nominauit nomen illius Seth*. Vnde intellegitur ita solere illam scripturam loqui, quamuis non semper cum in ea legitur factos hominum fuisse conceptus, non tamen solum cum primum sibi sexus uterque miscetur. Nec illud necessario est argumento, ut primogenitum patri existimemus Enoch, quod eius nomine illa ciuitas nuncupata est. Non enim ab re est, ut propter aliquam causam, cum et alios haberet,

---

[77] discretio concretioque: 교부의 문전에서는 discretio는 단죄받을 자로 "분리됨"(예: *In Ioannis Evangelium tractatus* 52.6: non damnationis sed discretionis), concretio는 육체에로 "응고됨" (delimitazione: Gentili; confusion: Combes; consolidarsi: Alice; combination: Dyson)을 의미한다(예: *De consensu Evangelistarum* 2.71: corporae concretionis labe).

[78] 창세 4,17. 〔공동번역: "카인이 아내와 한 자리에 들었더니 ….")

[79] 창세 4,25. 〔공동번역: "아담이 다시 아내와 한 자리에 들었더니 ….")

구분해내는 일은 하느님의 소관이다. 그러니까 사람들의 세대, 즉 사람에 따라서 살아가는 사람들의 세대들과, 하느님 아들들의 세대, 즉 하느님에 따라서 살아가는 사람들의 세대들이 따로 엮어졌고, 그렇게 하여 대홍수에까지 이른다. 그때 가서 두 도성의 구분과 집결이라는 말이 언명된다.[77] 구분이라는 말은, 두 도성의 세대들이 별도로 기록되었기 때문인데, 하나는 형제살해자 카인의 세대이고 다른 하나는 셋이라고 부르는 사람들의 세대다. 그 셋도 아담에게서 태어났으며, 형이 죽여버린 자를 대신해서 태어났다. 집결이라는 말은, 선인들이 갈수록 나쁜 쪽으로 기울어져 대홍수로 모조리 멸망할 정도로 굳어지고 말았기 때문이다. 의로운 인간 단 한 사람, 노아라는 사람과 그의 아내와 세 아들들과 그만한 숫자의 며느리들만 빼놓고는 다 멸망했고, 저 사멸할 인간들 모두가 파멸하는 상황에서 그 여덟 명만 방주로 피신할 자격이 있었던 것이다.

8.2. 그리고 도성에 아들의 이름을 붙였다

그런데 기록은 다음과 같다: "카인이 아내를 알았더니, 아내가 임신하여 에녹을 낳았다. 카인은 자기가 세운 고을을 아들의 이름을 따서 에녹이라고 불렀다."[78] 그렇다고 해서 그가 그때서야 첫아들을 낳은 것으로 믿어야 한다고 결론을 내는 것은 아니다. 또 그가 자기 아내를 알았다고 말한다고 해서, 마치 그가 처음으로 아내와 동침하여 결합했다고 생각할 필요는 없다. 왜냐하면 만인의 아버지 아담에 대해서도 같은 말이 나오는데, 맏아들로 둔 것처럼 보이는 카인이 잉태되었을 때도 그렇지만 좀 뒤에도 같은 성서에 다음과 같은 말이 나오고 있다: "아담이 다시 자기 아내를 알았더니 아내가 아들을 낳고는 이름을 셋이라고 지어 주었다."[79] 그렇다면 성서에서는 "아내를 알았다"는 식으로 말하는 것이 관례였다는 점은 이해할 만하다. 그렇다고 해서 그런 글에서 말하듯이 반드시 인간들의 수태가 이루어졌다는 뜻도 아니고, 반드시 양성이 처음으로 서로 결합했다는 말도 아니다. 따라서 저 도성에 에녹의 이름이 붙여졌다고 해서 에녹이 자기 아버지에게 꼭 맏아들이었으리라고 생각할 필연적 논거도 우리에게는 전혀 없다. 다른 아들들도 두었는데 어떤 이유로든 아버지가 다른 아들들보다 그를 훨씬 더 사랑하여 그렇게 되었으리라는 것도 사실무근한 얘기가

diligeret eum pater ceteris amplius. Neque enim et Iudas primogenitus fuit, a quo Iudaea cognominata est et Iudaei. Sed etiamsi conditori ciuitatis illius iste filius primus est natus, non ideo putandum est tunc a patre conditae ciuitati nomen eius inpositum, quando natus est, quia nec constitui tunc ab uno poterat ciuitas, quae nihil est aliud quam hominum multitudo aliquo societatis uinculo conligata; sed cum illius hominis familia tanta numerositate cresceret, ut haberet iam populi quantitatem, tunc potuit utique fieri, ut et constitueret et nomen primogeniti sui constitutae inponeret ciuitati. Tam longa quippe uita illorum hominum fuit, ut illic memoratorum, quorum et anni taciti non sunt, qui uixit minimum ante diluuium, ad septingentos quinquaginta tres perueniret. Nam plures nongentos annos etiam transierunt, quamuis nemo ad mille peruenerit. Quis itaque dubitauerit per unius hominis aetatem tantum multiplicari potuisse genus humanum, ut esset unde constituerentur non una, sed plurimae ciuitates? Quod ex hoc conici facillime potest, quia ex uno Abraham non multo amplius quadringentis annis numerositas Hebraeae gentis tanta procreata est, ut in exitu eiusdem populi ex Aegypto sescenta hominum milia fuisse referantur bellicae iuuentutis; ut omittamus gentem Idumaeorum non pertinentem ad populum Israel, quam genuit frater eius Esau, nepos Abrahae, et alias natas ex semine ipsius Abrahae non per Sarram coniugem procreato.

아니기 때문이다. 유다도 장자가 아니었지만 그에게서 유다 나라 이름이 유래하고 유다인이라는 이름도 나왔다. 설혹 저 도성의 창건자에게 에녹이 맏아들로 태어났다고 하더라도, 그가 태어나자마자 아버지가 창건한 도성에 당장 그의 이름이 붙여졌으리라고 생각할 필요는 없다. 도시국가라는 것은 일종의 사회의 결사로 묶인 인간 집단[80]외에 다른 것이 아니므로 단 한 사람에 의해 도시국가가 성립될 수는 없기 때문이다. 하지만 그의 가족이 엄청난 숫자로 불어나서 한 백성을 이룰 만큼 많은 수량에 도달했다면 도성을 건설할 수도 있었을 테고, 또 건설된 도성에 맏아들의 이름을 붙일 수도 있었을 것이다. 왜냐하면 저 사람들의 생애가 엄청나게 길어서 성서에 기록된 사람들로 말하자면, 그들의 나이도 묵과하고 넘어가지 않았는데, 대홍수 이전에 제일 짧게 산 사람이 무려 753세에 이르렀기 때문이다.[81] 1,000세까지 산 사람은 아무도 없었지만 사실 여러 사람이 900세를 넘겼다. 그러니 한 사람의 나이만으로도 인류의 숫자가 엄청나게 많아질 수 있었고, 그래서 그 사람들로도 도성 하나만이 아니라 여러 개의 도성을 세울 수 있었으리라는 점을 누가 의심하겠는가? 이것은 아브라함 한 사람에게서 불과 400년도 못 되어 히브리 민족이 너무 불어나서 그 백성이 이집트에서 탈출할 때만 해도 전쟁을 할 수 있는 젊은이들의 수가 60만 명이었다고 전하는 사실로 미루어볼 때 아주 쉽게 추산할 수 있다.[82] 이스라엘의 형제 에사오, 곧 아브라함의 손자에게서 나온 이두매아 사람들을 빼놓고, 또 아브라함이 아내 사라를 통해 낳지 않은 다른 혈육에서 나온 다른 민족들을 빼놓고.[83]

---

[80] civitas ... hominum multitudo aliquo societatis vinculo colligata. 아우구스티누스의 국가 개념 중의 하나이다(1.15.2 참조).

[81] 칠십인역 창세 5,31에 나오는 라멕의 나이. 마소라본에는 777년으로 나온다. 창세기 기록으로도 에녹은 365년밖에 안 살았는데 "하느님이 데려가신" 까닭에 자연사(自然死)가 아니어서 제외된 듯하다.

[82] 그렇다면 국민수는 250만 명쯤으로 추산해야 한다. 출애 12,37; 38,26; 민수 1.46; 2,32; 11,21; 26,51 등에 숫자들이 다채롭게 윤색되어 나왔다.

[83] 하갈(창세 25,12-18)과 크투라(25,1-6)에게서 태어난 것으로 전해오는 후손들 참조.

9. Quam ob rem nullus prudens rerum existimator dubitauerit Cain non solum aliquam, uerum etiam magnam potuisse condere ciuitatem, quando in tam longum tempus protendebatur uita mortalium; nisi forte infidelium quispiam ex ipsa numerositate annorum nobis ingerat quaestionem, qua uixisse tunc homines scriptum est in auctoritatibus nostris, et hoc neget esse credendum. Ita quippe non credunt etiam magnitudines corporum longe ampliores tunc fuisse quam nunc sunt. Vnde et nobilissimus eorum poeta Vergilius de ingenti lapide, quem in agrorum limite infixum uir fortis illorum temporum pugnans et rapuit et cucurrit et intorsit et misit:

      Vix illum (inquit) lecti bis sex ceruice subirent,
      Qualia nunc hominum producit corpora tellus,

significans maiora tunc corpora producere solere tellurem. Quanto magis igitur temporibus recentioribus mundi ante illud nobile diffamatumque diluuium! Sed de corporum magnitudine plerumque incredulos nudata per uetustatem siue per uim fluminum uariosque casus sepulcra conuincunt, ubi apparuerunt uel unde ceciderunt incredibilis magnitudinis ossa mortuorum. Vidi ipse non solus, sed aliquot mecum in Vticensi litore molarem hominis dentem tam ingentem, ut, si in nostrorum dentium modulos minutatim concideretur, centum nobis uideretur facere potuisse. Sed illum gigantis alicuius fuisse crediderim. Nam praeter quod erant omnium multo quam nostra maiora tunc corpora, gigantes longe ceteris anteibant; sicut aliis deinde nostrisque temporibus rara quidem, sed numquam ferme defuerunt, quae modum aliorum plurimum excederent. Plinius Secundus, doctissimus homo, quanto magis magisque praeterit saeculi excursus,

---

[84] 로마 문인(Lucretius, *De rerum natura* 5.923-1010; Vergilius, *Georgica* 1.121-159)이나 자연학자(Plinius, *Historia naturalis* 7.49-50)들의 기록도 있었으므로 교부는 성서의 장수(長壽)나 거인(巨人)에 관한 기록을 사실처럼 받아들이면서 우의적 해석도 염두에 둔다(본서 15.27 참조).

[85] Vergilius, *Aeneis* 12.899-900.

[86] 그것이 인간의 치아였는지를 교부가 과학적으로 검증할 처지가 아니었으리라.

제2부 (9-21)
두 계보: 셋과 카인부터 대홍수까지

9. 대홍수 전 사람들의 장수와 신체의 거구

그러므로 사실을 신중하게 검토하는 사람이라면, 죽을 인생들의 생명이 그토록 오랜 세월을 이어 나가던 상황에서 카인이 도성을 건설할 수 있었을 뿐 아니라 제법 커다란 도성도 건설할 수 있었다는 것을 의심하지 않을 것이다. 신앙인이 아닌 사람들 가운데서 그 많은 햇수에 대해 우리에게 이의를 제기하고, 그 당시 사람들이 그토록 오래 살았다고 성서에 기록되어 있는 사실을 도저히 믿을 수 없다고 부정한다면 우리는 할 말이 없다. 그들은 그 당시 사람들의 체구가 지금보다 훨씬 우람한 거구였다는 사실도 믿지 않는다.[84] 실상 그들의 고명한 시인 베르길리우스도 전답의 경계에 박혀 있던 거대한 돌에 대해 이야기하는데, 그 시대에 용감한 사나이 하나가 싸움을 하는 도중에 그 돌을 빼들고 내달려 힘껏 던져 굴려 보냈다고 한다:

> 지금 대지大地가 일구어낼 수 있는 가장 큰 체구라 할지라도
> 그 돌은 장정 열둘이서 어깨로 겨우 지탱할까 말까 했느니라.[85]

그러니까 시인은 당시에는 대지가 으레 훨씬 큰 체구들을 일구어냈다는 말을 하려는 것이다. 그러니 저 대대적이고도 널리 소문난 대홍수가 나기 이전 세계인 까마득한 상고시대에는 어떠했겠는가? 적어도 신체의 거구에 대해 말하자면, 아주 오랜 시간이 흘러 강물의 힘으로나 또는 우연하게 드러나는 무덤들이 우리를 설득하고 남는다. 거기서는 죽은 사람들의 뼈가 드러나거나 쏟아져 나왔는데 믿기지 않을 만큼 장대하다. 우티카 해변에서 내가 직접 보았을 뿐 아니라 나와 더불어 여러 사람이 본 일이 있는데 엄청나게 큰 어금니였고, 그것을 우리 이빨의 크기로 잘게 부순다면 족히 100개는 만들어낼 만했다. 나 같으면 그것이 어떤 거인의 것이었다고 믿겠다.[86] 그 시대에는 모든 사람들의 체구가 우리 것보다 훨씬 컸다는 사실 말고도, 그가운데 거인들은 그밖의 다른 사람들을 훨씬 능가했다. 플리니우스 세쿤두스는 아주 박식한 인물로서 세기의

minora corpora naturam ferre testatur; quod etiam Homerum commemorat saepe carmine fuisse conquestum, non haec uelut poetica figmenta deridens, sed in historicam fidem tamquam miraculorum naturalium scriptor adsumens. Verum, ut dixi, antiquorum magnitudines corporum inuenta plerumque ossa, quoniam diuturna sunt, etiam multo posterioribus saeculis produnt. Annorum autem numerositas cuiusque hominis, quae temporibus illis fuit, nullis nunc talibus documentis uenire in experimentum potest. Nec tamen ideo fides sacrae huic historiae deroganda est, cuius tanto inpudentius narrata non credimus, quanto impleri certius praenuntiata conspicimus. Dicit tamen etiam idem Plinius esse adhuc gentem, ubi ducentos annos uiuitur. Si ergo humanarum uitarum diuturnitates, quas experti non sumus, hodie habere creduntur incognita nobis loca, cur non habuisse credantur et tempora? An uero credibile est alicubi esse quod hic non est, et incredibile est aliquando fuisse quod nunc non est?

10. Quocirca etsi inter Hebraeos et nostros codices de ipso numero annorum nonnulla uidetur esse distantia, quod ignoro qua ratione sit factum: non tamen tanta est, ut illos homines tam longaeuos fuisse dissentiant. Nam ipse homo primus Adam, antequam gigneret filium, qui est appellatus Seth, ducentos triginta uixisse annos reperitur in codicibus nostris, in Hebraeis autem centum triginta perhibetur; sed postea quam eum genuit, septingentos uixisse legitur in nostris, octingentos uero in illis; atque ita in utrisque uniuersitatis summa concordat. Ac deinde per consequentes generationes antequam gignatur, qui gigni commemoratur, minus uixisse apud Hebraeos pater eius inuenitur centum annos; sed postea quam est genitus idem ipse, centum minus quam in Hebraeis

---

[87] Cf. Plinius Secundus (23~79), *Historia naturalis* 7.48. 이 박물지(博物誌)는 본서에서 30여회 간접 인용된다.

[88] Cf. *Historia naturalis* 7.16; Homerus, *Ilias* 5.302-304.

[89] 교부는 성서의 "예언"이 사실로 성취되었다는 점에서 성서에 기록된 "역사"도 사실이었으리라고 추정한다.

[90] Cf. *Historia naturalis* 7.49.

[91] 성서의 거인은 지상의 쾌락을 탐하는 인간군상을 표하는 상징이라거나(Philo, *De gigantibus* 58 - 61), 폭력적 인간군상의 상징이었을 따름이라는(Hieronymus, *Quaestiones haebraicarum in Genesim*) 우의적 해석이 당대에 더 강했다.

[92] 아우구스티누스에게는 칠십인역 그리스어본에서 라틴어로 옮겨진 구약성서를 히에로니무스가 히브리어에서 직접 옮긴 번역본(Vulgata)보다 낫게 여기던 시기가 있었다. 그러다 보면 다음 11장에 나오듯이 므두셀라의 나이에 관한 해석이 복잡해진다.

[93] 이 장의 연령 계산은 창세 5,1-32에 나오는 족보를 대상으로 하고 있다.

흐름이 가면 갈수록 자연이 왜소한 신체를 만들어낸다는 증언을 하고 있다.[87] 그는 호메루스도 자신의 시가에서 인간의 이 퇴화를 번번이 탄식했다고 기록하고 있는데,[88] 자연의 기사奇事를 기록한 플리니우스는 그것을 단순히 시적 창작으로 웃어넘기지 않고 거기에 역사적 신빙성을 부여하는 것이다. 하지만 내가 말한 것처럼, 유골들이 자주 발견되고 뼈는 아주 오래가는 점으로 미루어, 고대인들의 거대한 체구는 후대의 세기에도 오랫동안 이어졌다. 다만 저 시대에 살았던 어떤 인물의 고령 장수든 지금은 문헌으로 확증할 길이 없다. 그렇다고 이 성스러운 역사에 대한 믿음을 포기해야 한다는 말은 아니다. 거기서 예고된 바가 실제로 성취되었음을 우리가 확실히 목격하고 있는만큼, 거기에 기술된 바를 믿지 않는다면 뻔뻔스런 짓이 되고 만다.[89] 저 플리니우스마저 아직까지도 200세를 사는 족속이 있다는 말을 하고 있다.[90] 오늘날에도 우리가 알지 못하는 곳에서는 인간 수명의 길이가 무척 오래간다는 점과, 우리는 그것을 경험할 수 없을 정도라는 사실을 믿는다면, 저 시대에도 그랬으리라는 것을 왜 못 믿는다는 말인가? 여기는 없지만 다른 곳에서 일어나는 일은 믿을 만한데, 지금은 없지만 다른 시대에 일어났음직한 일은 믿기지 않는다는 말인가?[91]

10. 히브리어 경전과 우리 경전에 나타나는 연대 계산의 차이

저 연세에 대해서는 히브리어 경전과 우리 경전 사이에도 상당한 거리가 있는 것처럼 보이는데, 무슨 이유로 그렇게 되었는지는 나도 모르겠다. 그렇지만 그들이 무척 장수했다는 사실에까지 의견이 다를 정도는 아니다.[92] 우리 경전에는 최초의 인간 아담이 셋을 낳기 전에 230세였다고 하는데 히브리 경전에는 130세였다고 한다. 또한 그를 낳은 이후에 우리 경전에는 아담이 700세를 살았다고 나오는데 히브리 경전에는 800세를 산 것으로 나온다. 그러나 합계상으로는 양쪽이 합치한다.[93] 또 그다음에 오는 세대들에 있어서도 성서에 기록된 자식이 태어나기 전에 그의 부친이 히브리 경전에서는 우리 경전에서보다 나이가 100세가 적은 것으로 되어 있다. 그렇지만 당사자가 태어난 다음에는 우리 경전에서는 히브리 경전보다 100세를 덜 산 것으로 나온다. 그러다 보면 이쪽

inueniuntur in nostris; atque ita et hinc et inde numeri uniuersitas consonat. In sexta autem generatione nusquam utrique codices discrepant. In septima uero, ubi ille qui natus est Enoch non mortuus, sed quod Deo placuerit translatus esse narratur, eadem dissonantia est, quae in superioribus quinque de centum annis antequam gigneret eum, qui ibi commemoratus est, filium, atque in summa similis consonantia. Vixit enim annos, antequam transferretur, secundum utrosque codices trecentos sexaginta quinque. Octaua generatio habet quidem nonnullam diuersitatem, sed minorem ac dissimilem ceteris. Mathusalam quippe, quem genuit Enoch, antequam gigneret eum, qui in ipso ordine sequitur, secundum Hebraeos non centum minus, sed uiginti amplius uixit annos; qui rursus in nostris, postea quam eum genuit, reperiuntur additi, et in utrisque sibi summa uniuersi numeri occurrit. In sola nona generatione, id est in annis Lamech, filii Mathusalae, patris autem Noe, summa uniuersitatis discrepat, sed non plurimum. Viginti enim et quattuor annos plus uixisse in Hebraeis quam in nostris codicibus inuenitur. Namque antequam gigneret filium, qui uocatus est Noe, sex minus habet in Hebraeis quam in nostris; postea uero quam eum genuit, triginta amplius in eisdem quam in nostris. Vnde sex illis detractis restant uiginti quattuor, ut dictum est.

11. Per hanc autem discrepantiam Hebraeorum codicum atque nostrorum exoritur illa famosissima quaestio, ubi Mathusalam quattuordecim annos uixisse post diluuium conputatur, cum scriptura ex omnibus, qui in terra tunc fuerant, solos octo homines in arca exitium commemoret euasisse diluuii, in quibus Mathusalam non fuit. Secundum codices enim nostros Mathusalam priusquam gigneret illum, quem uocauit Lamech, uixit annos centum sexaginta septem; deinde ipse Lamech, antequam ex illo natus esset Noe, uixit annos centum octoginta octo, qui fiunt simul trecenti quinquaginta quinque; his adduntur sescenti Noe, quoto eius anno

---

[94] 창세 7,1; 1베드 3,20 참조. 신앙의 근간을 좌우하는 문제가 아니지만 여러 교부들이 언급한 의문점이어서 아우구스티누스도 다루지 않을 수 없었다.

이나 저쪽이나 숫자상의 합계는 일치한다. 여섯째 세대에서는 양편 경전에 아무런 차이가 없다. 다만 일곱째 세대에 에녹이 태어나고 그는 하느님의 마음에 들었으므로 죽지 않은 채로 옮겨갔다는 이야기가 나오는데, 거기서도 의견의 불일치가 나타난다. 이때에도 경전에 이름이 나오는 아들을 낳기 이전 시기에 대해서는 앞의 다섯 세대에서처럼 100세의 차이가 나는데, 합계에서는 앞과 비슷하게 서로 일치한다. 그러니까 양편 경전에 의하면 그가 딴 데로 옮겨가기 전에 365년을 살았다. 여덟째 세대에서는 약간 차이가 나는데, 다른 세대에 비해 약소하고 경우도 다르다. 즉, 에녹이 아들 므두셀라를 낳기 전에, 히브리 경전에 의하면 우리 경전에 비해 백 살을 덜 먹은 것이 아니라 되레 스무 살을 더 먹은 것으로 나타난다. 하지만 우리 경전에서는 그가 아들을 낳은 이후에 그 햇수가 보태어져 있으므로 결국 전부 합하면 양편 나이가 같아진다. 오직 아홉째 세대, 곧 므두셀라의 아들이자 노아의 부친이 되는 라멕에서만은 합계가 다른데 이는 대수롭지 않은 차이다. 라멕은 우리 경전에서보다 히브리 경전에서 스물네 살을 더 산 것으로 되어 있다. 라멕이 노아라는 이름의 아들을 낳기 전을 따져보면 히브리 경전에서는 우리 경전에서보다 여섯 살이 적다. 그렇지만 아들을 낳은 다음에는 우리 경전에서보다 히브리 경전에서 30년을 더 산 것으로 되어 있다. 그래서 6년을 빼면 앞서 말한 대로 24년이 남는다.

11. 므두셀라의 나이는 대홍수 후에도 14년을 더 산 것으로 추산된다

히브리 경전과 우리 경전 사이의 이 차이 때문에, 므두셀라가 대홍수 이후에도 무려 14년을 더 살았다는 그 유명한 문제가 생겨난다. 성서에서는 그 당시 지상에 있던 모든 인간들 가운데 오직 방주에 들어간 여덟 명만 대홍수의 파멸을 면했다고 언명하고 있기 때문이다. 그리고 므두셀라는 그가운데 들어 있지 않았다.[94] 우리 경전에 의하면 므두셀라는 라멕이라는 아들을 낳기 전에 167세를 살았고, 라멕은 노아를 낳기 전에 188세를 살았으니까 므두셀라의 나이는 합쳐서 355세가 되는 셈이다. 여기에다 대홍수가 일어난 해까지 노아가 살았다는 600년을 더해야 한다. 그러면 므두셀라는 태어난 해부터 대홍수의 해까지만

diluuium factum est: qui fiunt nongenti quinquaginta quinque, ex quo Mathusalam natus est, usque ad annum diluuii. Omnes autem anni uitae Mathusalam nongenti sexaginta nouem conputantur, quia, cum uixisset annos centum sexaginta septem et genuisset filium, qui est appellatus Lamech, post eum genitum uixit annos octingentos duo; qui omnes, ut diximus, nongenti sexaginta nouem fiunt. Vnde detractis nongentis quinquaginta quinque ab ortu Mathusalae usque ad diluuium remanent quattuordecim, quibus uixisse creditur post diluuium. Propter quod eum nonnulli, etsi non in terra, ubi omnem carnem, quam uiuere in aquis natura non sinit, constat fuisse deletam, cum patre suo qui translatus fuerat aliquantum fuisse atque ibi, donec diluuium praeteriret, uixisse arbitrantur, nolentes derogare fidem codicibus, quos in auctoritatem celebriorem suscepit ecclesia, et credentes Iudaeorum potius quam istos non habere quod uerum est. Non enim admittunt, quod magis hic esse potuerit error interpretum, quam in ea lingua esse falsum, unde in nostram per Graecam scriptura ipsa translata est, sed inquiunt non esse credibile septuaginta interpretes, qui uno simul tempore unoque sensu interpretati sunt, errare potuisse aut ubi nihil eorum intererat uoluisse mentiri; Iudaeos uero, dum nobis inuident, quod lex et prophetae ad nos interpretando transierint, mutasse quaedam in codicibus suis, ut nostris minueretur auctoritas. Hanc opinionem uel suspicionem accipiat quisque ut putauerit; certum est tamen non uixisse Mathusalam post diluuium, sed eodem anno fuisse defunctum, si uerum est quod de numero annorum in Hebraeis codicibus inuenitur. De illis autem septuaginta interpretibus quid mihi uideatur, suo loco diligentius inserendum est, cum ad ipsa tempora, quantum necessitas huius operis postulat, commemoranda adiuuante Domino uenerimus. Praesenti enim sufficit quaestioni secundum utrosque codices tam longas habuisse uitas illius aeui homines, ut posset aetate unius, qui de duobus,

---

[95] 히에로니무스의 계산에 의하면 므두셀라가 라멕을 낳은 것은 187세, 라멕이 노아를 낳기까지 182세, 그리고 노아의 나이 600세를 합치면 969세가 되어, 홍수가 나던 해에 죽은 것으로 맞아떨어진다 (*Quaestiones haebraicarum in Genesim* 5.25-27).

[96] 18.42-44 참조. 교부는 히브리어본을 원칙적으로 존중하고 칠십인역은 그리스어 번역본들 가운데서 그래도 낫다는 입장을 취한다.

도 무려 955년을 산 것이 된다. 므두셀라 평생의 나이는 969세로 계산된다. 먼저 167년을 살고 나서 라멕이라는 아들을 낳았고, 그를 낳은 다음에 802년을 살았으니까 방금 우리가 말한 대로 969세가 된다. 거기서 므두셀라의 출생부터 대홍수까지 955년을 빼면 14년이 남는데, 이 나이 동안 므두셀라가 대홍수 이후에 살았던 것으로 여겨지는 것이다.[95] 그래서 혹자들은 본성상 물속에서 살지 못하는 모든 육체가 지상에서 소멸되었음이 분명하므로, 므두셀라가 이 지상에서 14년을 더 산 것이 아니라 어디론가 옮겨간 자기 부친과 더불어 있었고, 그곳에서 대홍수가 지나가기까지 살았다고 생각했다. 교회가 탁월한 권위를 부여하는 경전에 대한 믿음을 훼손시키지 않으려고 그런 말을 한 것인데, 그들은 이 문제에 관한 한 진리를 간직하지 못한 책은 우리 경전이 아니라 히브리인들의 경전이라고 믿고 있는 것이다. 그들은 이런 문제에 대해 언어 자체에 거짓이 있다기보다는 번역자들에게 오류가 있을 수 있음을 인정하려고 하지 않는다. 언어로 말하자면 성서 자체는 히브리어에서 그리스어를 거쳐 우리말로 번역되었다. 더구나 70인 번역자들이 동시에 한꺼번에, 단일한 의미로 번역을 했기 때문에 그들이 범할 수 있는 오류에 대해 믿을 수 없다고 생각한다. 또 비록 아무런 흥미를 끌지 못하는 사안이라 하더라도 그들에게 거짓말을 하려는 의도가 있었으리라는 얘기도 믿을 수 없다고 생각한다. 한편으로 유다인들은 율법과 예언이 우리에게 전수되는 일에 대해 우리를 시기하고 있었으므로 자기네 경전을 약간 변경하여 우리 경전보다 권위가 실추되게 만들었으리라는 해석을 내놓는다. 누군가 그럴듯하다고 생각한다면 이런 의견 내지 의혹을 받아들여도 무방할 것이다. 하지만 확실한 것은 므두셀라가 대홍수 이후에 살아남지 못했으리라는 점이고, 히브리 경전에서 햇수에 대해 하는 말이 맞다면 홍수가 나던 바로 그해에 죽었으리라는 점이다. 70인의 번역자들에 대해 내가 어떤 견해를 갖고 있는지를 본서의 필요상 꼭 다루어야 한다면, 주님의 도우심에 힘입어 적절한 기회에 그 시대를 논하면서 더 치밀하게 다루어야 할 것이다.[96] 현재로서는 양편의 경전에 모두 의거해 보더라도 저 시대의 인간들은 무척이나 장수했으며, 따라서 당시 지상에 존재하던 단 두 명의 부모로부터 맏아들이 태어

quos solos terra tunc habuit, parentibus primus est natus, ad constituendam etiam ciuitatem multiplicari genus humanum.

12. Neque enim ullo modo audiendi sunt, qui putant aliter annos illis temporibus conputatos, id est tantae breuitatis, ut unus annus noster decem illos habuisse credatur. Quapropter, inquiunt, cum audierit quisque uel legerit nongentos annos quemque uixisse, debet intellegere nonaginta; decem quippe illi anni unus est noster et decem nostri centum illi fuerunt. Ac per hoc, ut putant, uiginti trium annorum fuit Adam, quando genuit Seth, et ipse Seth uiginti agebat et sex menses, quando ex illo natus est Enos, quos appellat scriptura ducentos et quinque annos; quoniam sicut isti suspicantur, quorum exponimus opinionem, unum annum, qualem nunc habemus, in decem partes illi diuidebant et easdem partes annos uocabant; quarum partium habet una quadratum senarium, eo quod sex diebus Deus perfecerit opera sua, ut in septimo requiesceret (de qua re in libro undecimo, sicut potui, disputaui); sexiens autem seni, qui numerus quadratum senarium facit, triginta sex dies sunt; qui multiplicati deciens ad trecentos sexaginta perueniunt, id est duodecim menses lunares. Propter quinque dies enim reliquos, quibus solaris annus impletur, et diei quadrantem, propter quem quater ductum eo anno, quo bissextum uocant, unus dies adicitur, addebantur a ueteribus postea dies, ut occurreret numerus annorum, quos dies Romani intercalares uocabant. Proinde etiam Enos, quem genuit Seth, decem et nouem agebat annos, quando ex illo natus est filius eius Cainan, quos annos dicit scriptura centum nonaginta. Et deinceps per omnes generationes, in quibus hominum anni commemorantur ante diluuium, nullus fere in nostris codicibus inuenitur, qui, cum

---

[97] 11.8 참조.

[98] dies intercalares: 양력과 음력의 차이를 메우려고 2년마다 삽입하던 윤달(mensis intercalaris)이 있었는데 율리우스 카이사르의 위촉으로 수학자 소시게네스가 이월에다 닷새하고 4분의 1을 첨가하여 "윤일"(閏日)이라고 했다. Cf. Plinius, *Historia naturalis* 18.25.211; Macrobius, *Saturnalia* 1.14.

[99] 창세 5,9(칠십인역) 참조.

났고, 그 한 사람의 나이만으로도 도성을 세울 만큼 인류가 늘어났으리라는 사실로도 현안 문제에 충분한 답이 되겠다.

12. 성서에 기록된 것처럼 초기 인간들의 장수를 믿지 않는 사람들의 견해
12. 1. 당시의 한 해는 360일이었을까

그 시대에는 한 해를 달리 계산했으리라고 생각하는 사람들의 말은 전혀 귀담아들을 필요가 없다. 다시 말해 그때는 한 해가 아주 짧아서 지금 우리의 한 해가 당시로 따지면 10년은 족히 되었으리라고 믿는 것이다. 그래서 그들은 누군가 900세를 살았다는 말을 듣거나 그런 글을 읽으면 90세로 이해해야 한다고 생각한다. 그러니까 우리의 한 해가 그때는 10년이었고 우리의 10년이 그때는 100년이었다는 것이다. 따라서 아담이 셋을 낳은 것은 23세 때였고, 셋에게서 에노스가 태어난 것도 셋의 나이가 20세하고 6개월이었던 때였다고 믿는다. 성서에서는 205세라고 말하고 있다. 우리는 그들의 의견을 소개하는 것에서 그치지만, 그 사람들이 의심하는 대로 말하자면 우리가 지금 아는 한 해를 저 옛사람들은 열로 나누었고 그 부분을 모조리 한 해로 쳤다는 것이다. 더구나 그 한 부분들은 6의 제곱수에 해당한다는 것이다. 6을 헤아리는 것은 하느님이 당신의 창조 사업을 6일에 마쳤고 일곱째 날에는 쉬었다는 데서 유래하는 산수다. (이 문제에 관해 나는 본서 제11권에서 힘닿는 데까지 논의를 했다.)[97] 6 곱하기 6은 36으로 6의 제곱수에 해당하는 날은 36일이고 그것을 열 배하면 360일이 된다. 다시 말하자면 음력으로 열두 달이다. 그러면 닷새가 남는데 그것을 합쳐야 양력으로 일년이 채워진다. 여기서도 하루에 4분의 1이 남는데, 그것을 네 곱으로 하여 윤년이라고 일컫는 해에는 하루가 된다. 옛사람들은 후대에 한 해의 날수를 채우는 데 필요한 만큼 날들을 보탰고 로마인들은 그런 날들을 모조리 윤일閏日이라고 했다.[98] 그러니까 그 사람들 말대로라면 셋이 낳은 에노스가 케난이라는 아들을 낳은 것은 19세였고, 성서는 그것을 190세라고 한 셈이다.[99] 또 대홍수 이전에 사람들의 나이가 언급되어 있는 모든 세대들은, 적어도 우리의 경전상으로는, 100세가 약간 안 되고 120세가 약간 더 된

esset centum annorum uel infra uel etiam centum uiginti aut non multo amplius, genuerit filium; sed qui minima aetate genuerunt, centum sexaginta, et quod excurrit, fuisse referuntur; quia nemo, inquiunt, decem annorum homo potest gignere filios, qui numerus centum appellabantur anni ab illis hominibus; sed in annis sedecim est matura pubertas et proli iam idonea procreandae, quos centum et sexaginta annos illa tempora nuncupabant. Vt autem aliter annum tunc fuisse conputatum non sit incredibile, adiciunt quod apud plerosque scriptores historiae reperitur, Aegyptios habuisse annum quattuor mensum, Acarnanas sex mensum, Lauinios tredecim mensum. Plinius Secundus cum commemorasset relatum fuisse in litteras quendam uixisse centum quinquaginta duos, alium decem amplius, alios ducentorum annorum habuisse uitam, alios trecentorum, quosdam ad quingentos, alios ad sescentos, nonnullos ad octingentos etiam peruenisse, haec omnia inscitia temporum accidisse arbitratus est. «Alii quippe, inquit, aestate determinabant annum et alterum hieme, alii quadripertitis temporibus, sicut Arcades, inquit, quorum anni trimenstres fuerunt.» Adiecit etiam aliquando Aegyptios, quorum paruos annos quaternorum mensum fuisse supra diximus, lunae fine limitasse annum. «Itaque apud eos, inquit, et singula milia annorum uixisse produntur.»

His uelut probabilibus argumentis quidam non destruentes fidem sacrae huius historiae, sed astruere nitentes, ne sit incredibile quod tam multos annos uixisse referuntur antiqui, persuaserunt sibi, nec se suadere inpudenter existimant, tam exiguum spatium temporis tunc annum uocatum, ut illi decem sint unus noster et decem nostri centum illorum. Hoc autem esse falsissimum documento euidentissimo ostenditur. Quod antequam

---

[100] Acarnanes (Acarnan): 그리스 서쪽 끝지방 Acarnania 사람들.

[101] Lavinii: 아이네아스가 세웠다는 라티움 도시 Lavinium의 주민들.

[102] Cf. Lactantius, *Divinae institutiones* 2.12; Censorinus, *De die natali* 19 - 22.

[103] Plinius, *Historia naturalis* 7.48.155.

[104] 바로 다음 14장에서 본격적으로 논증한다.

나이에 아들을 낳은 인물은 아무도 없다. 성서에 나오는 바에 의하면 가장 연소한 나이에 아들을 낳은 사람들이 160세였다고 보고되어 있다. 그들이 하는 말로는 아무도 열 살(그 숫자가 그 당시 사람들에 의해 백 살로 불리었다니까)의 나이에 자식을 낳을 수는 없는 법이고, 열여섯 살이면 숙성한 사춘기여서 자식을 생산하기에는 적합한 나이라고 한다. 이 나이를 그 시대에는 160세라고 일컬었다고 한다. 그 당시는 한 해를 달리 계산했으리라는 점이 못 믿을 일은 아니라는 뜻에서, 그들은 역사를 기록하는 여러 인물들에 의하면 이집트인들은 한 해가 넉 달이었고, 아카르나니아 사람들은[100] 여섯 달을 두고 있었으며, 라비니움 사람들은[101] 열석 달을 한 해로 셈하고 있었다는 사실을 첨가하기도 한다.[102] 플리니우스 세쿤두스는 문자로 보고된 바에 의하면, 어떤 사람은 152세를 살았고 또 다른 사람은 그보다 10년을 더 살았으며, 다른 사람들은 200세가 넘게 살았고 어떤 사람들은 300세, 또 누구는 무려 500세, 또는 600세까지, 심지어 어떤 사람은 800세까지 이르렀다고 하는데, 이 모두가 시간에 대해 셈할 줄 모르기 때문에 일어난 일이라고 보았다. 그의 말대로 "어떤 사람들은 여름으로 한 해를 정하고 어떤 사람들은 겨울로 한 해를 정하고 또 다른 사람들은 아르카디아인들처럼 사분법을 써서 한 해가 석 달이었다". 그리고 이집트인들은 방금 우리가 한 말처럼, 넉 달씩 자그마하게 햇수를 만들었는데 달의 기울어짐으로 한 해를 마감했다는 말까지 한다: "그리하여 그들에게서는 사람이 수천 년을 산 것으로 연령이 늘어난다."[103]

12.2. 한 해가 그처럼 짧았다는 것은 거짓 추측이다

이처럼 더 개연성있는 논리를 내세우면서도 어떤 사람들은 이 거룩한 역사에 대한 신앙을 저버리지 않을뿐더러, 고대인들이 그토록 오랜 세월 동안 살았다는 전승도 못 믿을 것은 아님을 입증해 보이려고 노력한다. 그들은 당대에는 아주 작은 시간 간격을 1년이라고 불렀으므로 그때의 10년은 우리의 1년에 해당하고 우리의 10년은 그들의 100년에 해당한다고 스스로 확신하고, 또 그것이 무모한 생각이라고 여기지도 않는다. 그렇지만 그런 견해가 그릇되었다는 것은 매우 확실한 문헌으로 입증된다. 내가 논의에 들어가기 이전이라 해도[104]

faciam, non mihi tacendum uidetur, quae credibilior possit esse suspicio. Poteramus certe hanc adseuerationem ex Hebraeis codicibus redarguere atque conuincere, ubi Adam non ducentorum triginta, sed centum triginta annorum fuisse reperitur, quando tertium genuit filium; qui anni si tredecim nostri sunt, procul dubio, primum quando genuit, undecim uel non multo amplius annorum fuit. Quis potest hac aetate generare usitata ista nobisque notissima lege naturae? Sed hunc omittamus, qui fortasse etiam quando creatus est potuit; non enim eum tam paruum, quam infantes nostri sunt, factum fuisse credibile est. Seth filius eius non ducentorum quinque, sicut nos legimus, sed centum quinque fuit, quando genuit Enos; ac per hoc secundum istos nondum habebat undecim annos aetatis. Quid dicam de Cainan eius filio, qui cum apud nos centum septuaginta reperiatur, apud Hebraeos septuaginta legitur fuisse, quando genuit Maleleel? Quis generat homo septennis, si tunc anni septuaginta nuncupabantur, qui septem fuerunt?

13. Sed cum hoc dixero, continuo referetur illud Iudaeorum esse mendacium, de quo superius satis actum est; nam septuaginta interpretes laudabiliter celebratos uiros non potuisse mentiri. Vbi si quaeram, quid sit credibilius, Iudaeorum gentem tam longe lateque diffusam in hoc conscribendum mendacium uno consilio conspirare potuisse et, dum aliis inuident auctoritatem, sibi abstulisse ueritatem, an septuaginta homines, qui etiam ipsi Iudaei erant, uno in loco positos, quoniam rex Aegyptius Ptolomaeus eos ad hoc opus asciuerat, ipsam ueritatem gentibus alienigenis inuidisse et communicato istuc fecisse consilio: quis non uideat

---

[105] 초기의 성서주석가들은 아담이 성년(成年)으로 창조되었으리라는 가설을 내세웠다.
[106] 셋, 에노스, 마할랄렐의 족보는 창세 5,3-17 참조.
[107] 앞의 15.11과 각주 96 참조.

어떤 추측이 더 신빙성있을지에 대해 굳이 입을 다물 필요는 없다고 생각한다. 우리는 히브리 경전에 근거해서 이런 주장을 확실하게 반박하고 상대방을 설득할 수 있었다. 거기에서는 아담이 셋째 아들을 낳았을 때가 230세가 아니라 130세였다고 한다. 만약 그 나이가 우리 나이로 열세 살을 의미한다고 본다면, 첫째 아들을 낳았을 때 아담은 열 살이었거나 그보다 훨씬 지난 나이는 아니었을 것이다. 통상적으로 우리에게 너무도 잘 알려진 자연의 이치로 미루어볼 때, 그 나이에 자식을 낳을 수 있었겠는가? 창조되자마자 자식을 낳을 수 있었을지도 모를 그 사람은 빼놓고 이야기하자. 갓 창조된 인간은 우리 아기들처럼 어린 사람으로 만들어지지 않았으리라고 믿을 수도 있다.[105] 하지만 그의 아들 셋이 에노스를 낳았을 때는, 우리가 경전에서 읽은 바에 의하면 205세가 아니라 105세였다. 그들의 말대로 하면 열한 살도 채 안 된 나이다. 그의 아들 케난을 두고는 또 뭐라고 할 것인가? 그가 마할랄렐을 낳은 것은 우리 경전상으로 170세이며 히브리 경전상으로는 70세다. 그 당시 70세는 지금의 일곱 살에 해당한다고 치면 도대체 누가 일곱 살에 자식을 낳았겠는가?[106]

13. 연대 계산에서 칠십인역보다 히브리 해석가들의 권위를 따라야 하는가

13. 1. 유다인들의 경전과 칠십인역 경전을 대조한다

하지만 내가 이런 말을 하려고 하면 유다인들의 경전이 날조되었다는 견해가 즉각 제시되는데, 이 문제에 대해서는 위에서 충분히 논의했다.[107] 저 사람들 말에 따르면 70인 번역자들은 칭송을 받을 만한 명사名士들이어서 아무것도 날조할 수 없었다는 것이다. 내가 이 문제에 대해 어느 편이 더 신빙성이 있느냐를 따진다면 다음과 같은 양자택일에 직면하게 된다. 한 가지 가설은 유다 민족이 그토록 멀리 또 넓게 분산되어 있으면서도 날조된 글을 작성하기로 한 뜻으로 음모를 꾸밀 수 있었고, 다른 경전들에 부여되는 권위를 시기하여 스스로 진리를 왜곡시켰으리라는 것이다. 그렇지 않으면 70명의 인사들이 한군데 소집되었고 이집트 국왕 프톨로마이우스가 이 사람들을 이 임무에 참가시켰지만, 자기들도 유다인이었으므로 저 진리가 이민족들에게 전달되는 것을 시기한

quid procliuius faciliusque credatur? Sed absit ut prudens quispiam uel Iudaeos cuiuslibet peruersitatis atque malitiae tantum potuisse credat in codicibus tam multis et tam longe lateque dispersis, uel septuaginta illos memorabiles uiros hoc de inuidenda gentibus ueritate unum communicasse consilium. Credibilius ergo quis dixerit, cum primum de bibliotheca Ptolomaei describi ista coeperunt, tunc aliquid tale fieri potuisse in codice uno, sed primitus inde descripto, unde iam latius emanaret; ubi potuit quidem accidere etiam scriptoris error, sed hoc in illa quaestione de uita Mathusalae non absurdum est suspicari, et in illo alio, ubi superantibus uiginti quattuor annis summa non conuenit. In his autem, in quibus continuatur ipsius mendositatis similitudo, ita ut ante genitum filium, qui ordini inseritur, alibi supersint centum anni, alibi desint; post genitum autem ubi deerant supersint, ubi supererant desint, ut summa conueniat; et hoc in prima, secunda, tertia, quarta, quinta, septima generatione inuenitur: uidetur habere quandam, si dici potest, error ipse constantiam nec casum redolet, sed industriam.

Itaque illa diuersitas numerorum aliter se habentium in codicibus Graecis et Latinis, aliter in Hebraeis, ubi non est ista de centum annis prius additis et postea detractis per tot generationes continuata parilitas, nec malitiae Iudaeorum nec diligentiae uel prudentiae septuaginta interpretum, sed scriptoris tribuatur errori, qui de bibliotheca supradicti regis codicem describendum primus accepit. Nam etiam nunc, ubi numeri non faciunt intentum ad aliquid, quod facile possit intellegi uel quod appareat

---

[108] scriptoris error: 당대에도 만연하던 유다인 배척사상을 의식하면서 교부는 이 문제를 사본을 옮겨 쓰는 동안 일어났음직한 필사자의 오류로 해석한다. Cf. *De doctrina Christiana* 2.15.22; 본서 18.44-45.

까닭에 합심하여 그것을 날조하는 짓을 저질렀으리라는 것이다. 이렇게 본다면 어느 편이 더 그럴듯하고 더 쉽게 믿을 만한가를 깨닫지 못할 사람이 누가 있겠는가? 하지만 조금이라도 신중한 사람이라면, 유다인들이 아무리 완고하고 악의가 많다 할지라도 그토록 많은 경전들에, 또 그토록 멀리 또 널리 퍼져 있던 경전들에 그런 짓을 저질렀으리라고 믿거나, 70인 번역자들이 그토록 고명한 인사들인데도 이방인들에게 진리가 전수되는 것을 질투하여 획일적 생각으로 그런 짓에 관여했으리라고 믿는 일만은 삼가야 할 것이다. 차라리 누군가 프톨로마이우스의 도서관에서 저 번역된 경전을 필사하기 시작했을 때 한 사본에서 그런 일이 생겨날 수 있었는데, 그것이 처음에 잘못 필사되었다가 나중에는 아주 널리 퍼졌으리라고 믿는 편이 훨씬 개연성이 있는 듯하다. 요는 필사자의 오류가 생길 수 있었다는 것이다.[108] 그러나 므두셀라의 수명에 관한 문제나 다른 대목에서 히브리 경전과 그리스도교가 따르던 칠십인역 두 경전상의 나이 합계가 스물네 살 이상 어긋나는 경우에는 그런 의혹이 생기는 것도 무리는 아니다. 다른 경우에도 이런 유사한 착오가 계속되는데, 예컨대 계보상의 순서가 들어 있으면서 아들을 낳기 전의 나이가 한 곳에서는 100년이 남고 다른 곳에서는 100년이 부족한 경우이며, 부족하던 햇수가 아들을 낳은 후에 더 남고, 남던 햇수가 아들을 낳은 후에는 부족하여 합계는 맞아떨어지는 경우다. 아담으로부터 첫째, 둘째, 셋째, 넷째, 다섯째, 그리고 일곱째 세대에 이런 계산이 발견된다. 이런 착오가 꾸준히 지속되었으므로, 이런 말이 가능하다면, 그것은 우연한 것이 아니라 고의적인 것이라는 냄새를 풍긴다고 볼 만도 하다.

13.2. 그 차이를 어떻게 해명할 것인가

그러니까 그리스어 및 라틴어 사본과 히브리어 사본에 나타나는 이런 숫자상의 차이에서, 먼저 100년이 덧붙고 다음에 100년이 빠지면서 모든 세대에 걸쳐 합산이 동일한 경우, 이런 경우에 대해 유다인들의 악의나 70인 번역자들의 용의주도함 내지 신중함에 그 책임을 돌릴 것은 아니다. 오히려 방금 말한 국왕의 도서관에서 베낄 사본을 처음으로 받아든 필사자의 실수로 돌려야 한다. 왜냐하면 어떤 숫자가 쉽게 알아들을 만하거나, 꼭 배우는 것이 유익하다고 생각

utiliter disci, et neglegenter describuntur et neglegentius emendantur. Quis enim sibi existimet esse discendum, quot milia hominum tribus Israel singillatim habere potuerunt? Quoniam prodesse aliquid non putatur; et quotus quisque hominum est, cui profunditas utilitatis huius appareat? Hic uero, ubi per tot contextas generationes centum anni alibi adsunt, alibi desunt, et post natum, qui commemorandus fuerat, filium desunt ubi adfuerunt, adsunt ubi defuerunt, ut summa concordet, nimirum cum uellet persuadere, qui hoc fecit, ideo numerosissimos annos uixisse antiquos, quod eos breuissimos nuncupabant, et hoc de maturitate pubertatis, qua idonea filii gignerentur, conaretur ostendere, atque ideo in illis centum annis decem nostros insinuandos putaret incredulis, ne homines tamdiu uixisse recipere in fidem nollent, addidit centum, ubi gignendis filiis habilem non inuenit aetatem, eosdemque post genitos filios, ut congrueret summa, detraxit. Sic quippe uoluit credibiles facere idonearum generandae proli conuenientias aetatum, ut tamen numero non fraudaret uniuersas aetates uiuentium singulorum. Quod autem id in sexta generatione non fecit, hoc ipsum est quod magis monet ideo illum fecisse, cum res, quam dicimus, postulauit, quia non fecit, ubi non postulauit. Inuenit namque in eadem generatione apud Hebraeos uixisse Iared, antequam genuisset Enoch, centum sexaginta duos, qui secundum illam rationem breuium annorum fiunt anni sedecim et aliquid minus quam menses duo; quae iam aetas apta est ad gignendum, et ideo addere centum annos breues, ut nostri uiginti sex fierent, necesse non fuit, nec post natum

---

[109] 예를 들어 민수 1 - 4장의 내용이 전부가 숫자의 나열이다.

될 정도로 저자가 의도하는 목적에 필수적인 경우가 아니라면 함부로 옮겨 쓰거나 심지어 함부로 고쳐 쓰는 일은 지금도 얼마든지 가능하기 때문이다. 이스라엘의 각 지파를 이룬 사람들의 숫자가 몇천 명이었는지 꼭 배워야겠다고 생각하는 사람이 누가 있겠는가?[109] 그것을 배워서 무슨 소용이 있겠느냐고 여기기 때문이 아니다. 사람들 가운데 그 숫자에 심원한 유용성이 있다고 보는 자가 몇이나 되겠으며 과연 그렇게 보는 사람이 누가 있겠는가? 여기에 연속되는 모든 세대들을 통틀어 어떤 때는 100세가 보태지기도 하고 어떤 때는 100세가 빠지는가 하면, 거기 이름이 나와야 했던 아들이 태어난 다음에는 앞서 빠진 100세가 보태지는가 하면 앞서 보태진 100세가 빠지기도 하는데 그래도 합계는 잘 맞아떨어진다. 이렇게 의도적으로 숫자를 맞춘 사람은 아마도, 고대인들이 살았다는 엄청나게 긴 해가 사실은 아주 짧은 해였다는 주장으로 사람들을 설득하고 싶었는지도 모른다. 또한 자식들이 태어날 정도로 적절한 성년의 사춘기에 대해서도 숫자를 맞추어 내보이려고 노력했다. 그래서 경전에 나오는 저 100년이 우리의 10년이었다는 말을 믿지 않으려는 사람들을 상대로, 적어도 고대인들이 그처럼 오래 살았다고는 믿지 않기를 바랐던 것이다. 그리하여 자식을 낳기에 합당한 연령이 아닐 경우에는 100년을 보태어 넣었고, 똑같은 사람들을 상대로 자식을 낳은 다음에는 합계를 맞추려고 100년을 뺐던 것이다. 이렇게 해서 그 인물은 자녀를 낳기에 알맞은 연령들의 합치점이 신빙성있는 것으로 만들고 싶었던 것이다. 그렇다고 해서 숫자상으로 고대에 살았던 개인들의 연령 전체를 속일 생각은 없었다. 그런데 여섯째 세대에는 그 작업을 되풀이하지 않았다. 바로 이 점이 우리에게 깨우쳐 주는 한 가지 사실은, 우리가 얘기하는 사안이 그런 작업을 요할 경우에 그 인물은 그 작업을 했고, 요하지 않을 때는 그런 작업을 하지 않았다는 점이다. 히브리 경전에 의하면 바로 그 여섯째 세대에서 야렛이 에녹을 낳기 전에 162년을 살았고, 소위 저 짧은 햇수의 계산에 의하면 16세가 되는데 거기에 두 달이 채 못 되는 세월이 보태져 있다는 점을 그가 알아챘기 때문이다. 그 나이면 자식을 낳기에 적령이었으므로 거기에 짧은 햇수로 100년을 첨가해서 우리 나이로 스물여섯 살을 만들 필요가

Enoch eos detrahere, quos non addiderat ante natum. Sic factum est ut hic nulla esset inter codices utrosque uarietas. Sed rursus mouet, cur in octaua generatione, antequam de Mathusalam nasceretur Lamech, cum apud Hebraeos legantur centum octoginta duo anni, uiginti minus inueniuntur in codicibus nostris, ubi potius addi centum solent, et post genitum Lamech conplendam restituuntur ad summam, quae in codicibus utrisque non discrepat. Si enim centum septuaginta annos propter pubertatis maturitatem decem et septem uolebat intellegi, sicut nihil addere, ita nihil detrahere iam debebat, quia inuenerat aetatem idoneam generationi filiorum, propter quam in aliis centum illos annos, ubi eam non inueniebat, addebat. Hoc autem de uiginti annis merito putaremus casu mendositatis accidere potuisse, nisi eos, sicut prius detraxerat, restituere postea curaret, ut summae conueniret integritas. An forte astutius factum existimandum est, ut illa, qua centum anni prius solent adici et postea detrahi, occultaretur industria, cum et illic, ubi necesse non fuerat, non quidem de centum annis, uerum tamen de quantulocumque numero prius detracto, post reddito, tale aliquid fieret? Sed quomodolibet istuc accipiatur, siue credatur ita esse factum siue non credatur, siue postremo ita siue non ita sit: recte fieri nullo modo dubitauerim, ut, cum diuersum aliquid in utrisque codicibus inuenitur, quando quidem ad fidem rerum gestarum utrumque esse non potest uerum, ei linguae potius credatur, unde est in aliam per interpretes facta translatio. Nam in quibusdam etiam codicibus Graecis tribus et uno Latino et uno etiam Syro inter se consentientibus inuentus est Mathusalam sex annis ante diluuium fuisse defunctus.

---

[110] 창세 5,18-20 참조.

[111] 실제로 칠십인역에는 167년으로 나와 있다.

[112] Cf. Hieronymus, *Quaestiones haebraicarum in Genesim* 1.2. 앞의 각주 95 참조.

없었던 것이다. 또 에녹이 태어난 다음에도 100년을 뺄 필요가 없었으니, 그가 태어나기 전에 햇수를 보탠 일이 없기 때문이다.[110] 그리하여 이번 경우에는 양편 경전 사이에 아무런 차이가 생기지 않는 사태가 발생했다. 하지만 여덟째 세대, 즉 므두셀라에게서 라멕이 태어나기 전의 기간에 대해 히브리 경전에는 182년으로 기록되어 있고 우리 경전에는 그보다 20년이 더 적은 것으로 나오는데 그 까닭이 무엇인지 다시 의심스러워진다.[111] 상례적으로 본다면 히브리 경전은 우리 사본에 비해 100년이 더 합쳐지고 라멕이 태어난 다음에는 합계를 맞추기 위해 100년이라는 숫자를 돌려주어 양쪽 사본에 차이가 나지 않는다. 만약 거기 나오는 170세를 성년의 사춘기로 생각해서 우리네 17세로 이해했다면, 거기에 아무것도 보태지 않았으니까 아무것도 빼지 말았어야 한다. 왜냐하면 므두셀라가 이미 자녀를 생산하기에 적절한 나이가 되었고, 다른 세대들에서는 그런 성년기에 이르지 못했기 때문에 100년을 보태어 넣었던 것이다. 그렇다면 이 20년에 대해서는 우발적 착오가 일어날 수 있었으리라는 생각을 할 만하다. 그렇지 않다면 먼저 그 숫자를 뺐던 것처럼 다음에는 그 숫자를 채워 넣어서 합계가 맞아떨어지게 했을 테니까. 또 그것도 아니라면 으레 먼저 100년을 보탰다가 그다음에 빼는 그 수법을 숨기려고 더욱 교묘한 수작을 부려서, 그런 가감이 소용되지 않는 곳에서마저, 이번에는 100년을 두고 하는 것이 아니라 아무 햇수나 먼저 빼고 다음에 집어넣다가 그런 일이 생겼으리라고 여길 만하지 않을까? 여하튼 그것을 어떻게 받아들이든 상관없이, 그러니까 우리가 추측하는 대로 숫자상의 가감이 이루어졌다고 믿든 믿지 않든, 또 궁극에 가서 사실이 그렇든 그렇지 않든, 나는 다음 한 가지 사실만은 의심하지 않고 믿겠다. 즉, 양편 사본에 어떤 상이점이 발견된다면, 역사적 사실에 대한 믿음에 관한 한 양편 다 진리일 수는 없으며, 차라리 번역자들을 통해 그 언어로부터 다른 언어로 번역이 이루어진 원어에다 신빙성을 두어야 한다는 점이다. 사실상 그리스어 사본 세 편과 라틴어 사본 한 편, 그리고 시리아어 사본 한 편이 서로 합치하는데, 거기서는 므두셀라가 대홍수가 나기 6년 전에 죽은 것으로 나온다.[112]

14. Nunc iam uideamus quonam modo euidenter possit ostendi, non tam breues, ut illi decem unus esset noster, sed tantae prolixitatis annos, quantae nunc habemus (quos utique circuitus conficit solis), in illorum hominum uita prolixissima conputatos. Sescentensimo nempe anno uitae Noe scriptum est factum esse diluuium. Cur ergo ibi legitur: *Et aqua diluuii facta est super terram sescentensimo anno in uita Noe, secundi mensis, septima et uicensima mensis,* si annus ille minimus, quales decem faciunt unum nostrum, triginta sex habebat dies? Tantillus quippe annus, si antiquo more hoc nomen accepit, aut non habet menses, aut mensis eius est triduum, ut habeat duodecim menses. Quo modo igitur hic dictum est: *Sescentensimo anno, secundi mensis, septima et uicensima mensis,* nisi quia tales; quales nunc sunt, etiam tunc erant menses? Nam quo pacto aliter uicensimo et septimo die secundi mensis diceretur coeptum esse diluuium? Deinde postea in fine diluuii ita legitur: *Et sedit arca in mense septimo septima et uicensima mensis super montes Ararat. Aqua autem minuebatur usque ad undecimum mensem; in undecimo autem mense prima die mensis paruerunt capita montium.* Si igitur tales menses erant, tales profecto et anni erant, quales nunc habemus. Menses quippe illi triduani uiginti et septem dies habere non poterant. Aut si pars tricensima tridui tunc appellabatur dies, ut omnia proportione minuantur: ergo nec toto quadriduo nostro factum est illud tam grande diluuium, quod memoratur factum quadraginta diebus et noctibus. Quis hanc absurditatem et uanitatem ferat? Proinde remoueatur hic error, qui coniectura falsa ita uult astruere scripturarum nostrarum fidem, ut alibi destruat. Prorsus tantus etiam tunc dies fuit, quantus et nunc est, quem uiginti quattuor horae diurno curriculo nocturnoque determinant; tantus mensis, quantus et nunc

---

[113] 창세 7,11.

[114] 창세 8,5-6.

14. 초세기에도 1년은 지금과 똑같은 간격으로 흘렀고 지금과 동등했다
14. 1. 짧은 햇수 계산법의 오류

그러면 이제는 저때의 10년이 우리의 1년에 해당할 정도로 짧은 햇수가 아니었고 오히려 지금 우리가 겪는 것과 똑같은 길이였다는 사실이 어떻게 해서 분명하게 입증되는지 살펴보기로 하자. (그때나 지금이나 태양의 순환이 한 해를 정한다.) 그러므로 저 옛사람들의 기나긴 일생에서도 같은 길이로 셈을 했으리라. 노아의 나이가 600세 되던 해에 대홍수가 일어났다고 기록되어 있다. 만약 그 당시 10년이 우리네 1년에 해당할 만큼 한 해가 무척이나 짧아 서른엿새에 불과했다고 하자. 그러면 그 대목에 "노아가 600세 되던 해 2월 17일, 바로 그 날 … 땅 위에 폭우가 쏟아졌다"[113]고 달수와 날짜까지 나오는 일은 어찌된 것인가? 옛 습속대로 아주 짧은 기간에 일년이라는 이름이 붙었다면, 그 일년은 달수가 없었거나, 그래도 열두 달을 지녔다면 그 당시의 한 달은 사흘에 불과했을 것이다. 따라서 지금 있는 것처럼, 그때에는 달수가 없었다면 무슨 수로 "노아가 600세 되던 해 2월 17일"이라는 말을 할 수 있겠는가? 무슨 수로 2월 17일에 대홍수가 시작되었다는 말을 할 수 있었겠는가? 그다음 대홍수의 끝말에 관해서는 이런 글이 나온다: "7월 17일에 배는 마침내 아라랏 산 등마루에 머물렀다. 물은 10월이 오기까지 계속 줄어서 마침내 10월 초하루에 산봉우리가 드러났다."[114] 그 당시 달수가 그러했다면 햇수도 우리가 겪는 것과 같았을 것이다. 사흘씩 간다는 달이 스무이레까지 갈 리가 없다. 만일 그 당시에 사흘의 30분의 1을 하루라고 불렀다면 모든 것이 같은 비율로 줄어들었을 것이다. 그렇다면 40일 밤낮으로 쏟아졌다고 기록된 것도 전부 합치면 우리네 나흘 동안에 이루어진 것인데, 그렇다면 홍수는 그리 대단한 것도 아니었으리라. 이런 모순과 허황한 소리를 누가 받아들이겠는가? 그러므로 거짓된 추정을 내세워 우리 성서에 대한 믿음을 보전해 보려는 이 오류는 배제되어야 한다. 결국은 다른 면에서 신앙을 파괴할 것이기 때문이다. 따라서 그때의 하루도 지금 우리의 하루만큼은 되었던 것으로 봐야 한다. 그때나 지금이나 밤과 낮 스물네 시간의 순환으로 하루를 정한다. 그때의 한 달도 지금과 마찬가지로 달이 차고

est, quem luna coepta et finita concludit; tantus annus, quantus et nunc est, quem duodecim menses lunares additis propter cursum solarem quinque diebus et quadrante consummant, quanti anni sescentensimi uitae Noe secundus erat mensis eiusque mensis uicensimus et septimus dies, quando coepit esse diluuium, in quo dies quadraginta continuatae ingentes pluuiae memorantur, qui dies non binas ac paulo amplius horas habebant, sed uicenas et quaternas die noctuque transactas. Ac per hoc tam magnos annos uixerunt illi antiqui usque amplius quam nongentos, quantos postea uixit Abraham centum septuaginta et post eum filius eius Isaac centum octoginta et filius eius Iacob centum quinquaginta, et quantos interposita aliquanta aetate Moyses centum uiginti, et quantos etiam nunc uiuunt homines septuaginta uel octoginta uel non multo amplius, de quibus dictum est: *Et amplius eis labor et dolor.*

Illa uero numerorum uarietas, quae inter codices Hebraeos inuenitur et nostros, neque de hac antiquorum longaeuitate dissentit, et si quid habet ita diuersum, ut uerum esse utrumque non possit, rerum gestarum fides ab ea lingua repetenda est, ex qua interpretatum est quod habemus. Quae facultas cum uolentibus ubique gentium praesto sit, non tamen uacat, quod septuaginta interpretes in plurimis, quae diuersa dicere uidentur, ex Hebraeis codicibus emendare ausus est nemo. Non enim est illa diuersitas putata mendositas; nec ego ullo modo putandam existimo: sed ubi non est scriptoris error, aliquid eos diuino spiritu, ubi sensus esset consentaneus ueritati et praedicans ueritatem, non interpretantium munere, sed prophetantium libertate aliter dicere uoluisse credendum est. Vnde merito non solum Hebraeis, uerum etiam ipsis, cum adhibet testimonia de scripturis,

---

[115] 성조들의 나이에 관한 기록은 창세 25,7; 35,28; 47,28; 신명 34,7 참조.

[116] 시편 89,10. 〔새번역 90,10: "저희의 햇수는 칠십 년. 근력이 좋으면 팔십 년, 그가운데 자랑거리라 해도 고생과 고통이며 …."〕

기울어 매듭을 지었다. 그때의 1년도 지금과 마찬가지로 음력 열두 달이었는데, 태양의 순환으로 닷새하고 4분의 1을 더하여 채워졌다. 대홍수가 시작된 것은 노아의 나이 600세 되던 해의 둘째 달이었고 그 달의 스무이렛날이었다. 그 홍수 때 연달아 40일간 엄청난 큰비가 내렸던 것으로 기억하고 있는데, 40일이라는 그 하루하루는 두 시간씩하고 조금 더 되는 길이가 아니고 밤낮없이 이어지는 24시간씩이었다. 바로 그래서 저 고대인들은 900세가 넘도록 무척이나 많은 햇수를 살았는데, 후대에 아브라함은 겨우 170세를 살고 그의 아들 이사악은 180세를 살았으며 그의 아들 야곱은 150세 가량 살았다. 그리고 얼마가 지난 뒤 모세는 120세를 살았는데,[115] 지금 와서 사람들은 70세나 80세나 그 이상 훨씬 오래 살지는 못한다. 그나마 이 모든 인생들을 두고 "더 길다 해도 고생과 고통"이라고 했다.[116]

14. 2. 칠십인역본의 번역자들은 틀리지 않았다

그런데 히브리 경전과 우리 경전 사이에 숫자상의 차이가 존재하면서도 고대인들의 이 장수에 대해서는 이의가 없다. 하지만 그런 차이가, 만일 양편 다 참일 수는 없을 정도의 차이라면, 역사적 사실에 관한 한 우리가 소지하고 있는 번역본이 나온 원래의 언어에 믿음을 두는 것이 마땅하다. 번역을 하는 능력이야 어느 민족이나 마음만 먹으면 당장 하겠지만, 히브리 경전과 칠십인역본 사이에 여러 점에서 차이 나는 것에 대해 70인 번역자들이 히브리 경전으로부터 그 많은 것을 아무도 감히 수정하지 않았으리라는 말도 없지는 않다. 물론 경전상의 차이점이 꼭 착오로만 생각되지는 않는다. 나로서도 그것을 착오로 여겨야 한다고는 결코 생각하지 않는다. 그러나 필사자의 잘못이 없다면, 아마도 그 번역자들은 신적 영에 따라 기록된 내용을 다르게 말하고 싶어했을 것으로 생각해 볼 수 있다. 그 의미가 진리에 상응하기만 하면 그럴 수 있고, 그 번역자들이 신적 영에 따라서 번역자로서의 직책보다는 차라리 예언자로서의 자유로움을 갖고 진리를 선포하면서 그렇게 했을지도 모른다. 따라서 신약을 기록하는 사도적 권위가 구약성서에서 전거를 찾아내 인용할 때에도 히브리 경전만 사용하는 것이 아니라 칠십인역 경전도 사용하는데, 이것도 당연하다. 다만 나

uti apostolica inuenitur auctoritas. Sed hinc me oportuniore loco, si Deus adiuuerit, promisi diligentius locuturum; nunc quod instat expediam. Non enim ambigendum est ab homine, qui ex primo homine primus est natus, quando tamdiu uiuebant, potuisse constitui ciuitatem, sane terrenam, non illam, quae dicitur ciuitas Dei, de qua ut scriberemus, laborem tanti huius operis in manus sumpsimus.

15. Dicet ergo aliquis: «Itane credendum est hominem filios generaturum nec habentem propositum continentiae centum et amplius, uel secundum Hebraeos non multo minus, id est octoginta, septuaginta, sexaginta annos a concumbendi opere uacuisse, aut si non uacaret, nihil prolis gignere potuisse?» Haec quaestio duobus modis soluitur. Aut enim tanto serior fuit proportione pubertas, quanto uitae totius maior annositas; aut, quod magis uideo esse credibile, non hic primogeniti filii commemorati sunt, sed quos successionis ordo poscebat, ut perueniretur ad Noe, a quo rursus ad Abraham uidemus esse peruentum, ac deinde usque ad certum articulum temporis, quantum oportebat signari etiam generationibus commemoratis cursum gloriosissimae ciuitatis in hoc mundo peregrinantis et supernam patriam requirentis. Quod enim negari non potest, prior omnibus Cain ex coniunctione maris et feminae natus est. Neque enim illo nato dixisset Adam, quod dixisse legitur: *Adquisiui hominem per Deum*, nisi illis duobus ipse fuisset homo nascendo additus primus. Hunc

---

[117] 15.11 참조. 칠십인역에 대한 교부의 입장은 18.43-44에 나온다.

[118] 창세 4,1. 〔공동번역: "주님께서 나에게 아들을 주셨구나!"〕

는 이 문제에 대해 하느님의 보우하심이 있다면, 더 적절한 기회에 더 상세하게 논하기로 약속한 바 있다.[117] 단 지금은 현안 문제를 서둘러 다루기로 한다. 곧, 사람들이 그토록 오래 살다 보니, 첫 사람으로부터 처음으로 태어난 바로 그 사람에 의해 도성이 세워질 수도 있었다는 점은 의심하지 말아야 한다. 물론 그가 세운 것은 지상의 도성이지 하느님의 도성이라 일컫는 그 도성이 아니다. 그리고 우리가 이처럼 엄청난 집필 작업에 착수한 것도 바로 이 하느님의 도성에 대해 저술하기 위한 것이다.

15. 초세기 남자들이 자식을 낳았다고 성서에 기록된 그 연령까지 성교를 삼갔으리라고 믿을 수 있는가

15. 1. 두 도성의 세대들을 어떻게 계산하는가

어떤 사람은 이런 말을 한다: 사람이 성서에 기록된 그 나이에 자식들을 낳게 되어 있었고 절제하기로 작정한 사람도 아닌 터에, 100세나 그 이상으로, 더구나 히브리 경전에 의하더라도 아주 적지는 않은 나이인 80세, 70세, 60세가 되도록 방사房事를 갖지 않았으리라고 믿을 수 있는가? 만일 방사를 하지 않은 것이 아니라면 그 나이까지 자식을 낳지 못했다고 믿을 수 있는가? 이 질문은 두 가지로 풀린다. 그 당시 인생 전체의 길이가 그토록 길었던 만큼 그에 비례해서 사춘기도 그만큼 늦었을지 모른다. 그렇지 않으면 성서에는 맏자식들이 기록되어 있는 것이 아니라 노아에 이르기까지 계보상의 순서로 필요한 사람만 기록되어 있을지도 모른다(내게는 이것이 더 신빙성이 있는 것으로 보인다). 그다음에는 노아에게서 다시 아브라함에 이르는 것을 우리가 보는데 그 뒤로도 일정한 시대적 간격을 두고, 바로 이런 식으로 기록된 계보를 거치면서, 지극히 영화로운 저 도성의 발전을 표시하는 데 필요한 만큼 나아간다. 이 도성은 이 세상에서는 단지 나그네살이하는 도성일 뿐이고, 위에 있는 본향을 찾아가는 중이다. 여기서 부인할 수 없는 바는 남자와 여자의 결합에서 가장 먼저 카인이 태어났다는 사실이다. 카인이 태어나자 아담이 "하느님을 통해 사람을 얻었구나"[118]라는 말을 했다는데, 저 두 사람에게서 태어난 자식으로서 카인이 첫

secutus Abel, quem maior frater occidit, praefigurationem quandam peregrinantis ciuitatis Dei, quod ab impiis et quodam modo terrigenis, id est terrenam originem diligentibus et terrenae ciuitatis terrena felicitate gaudentibus, persecutiones iniquas passura fuerat, primus ostendit. Sed quot annorum erat Adam, cum eos genuit, non apparet. Exinde digeruntur generationes aliae de Cain, aliae de illo, quem genuit Adam in eius successionem, quem frater occidit, et appellauit nomen illius Seth dicens, ut scriptum est: *Suscitauit enim mihi Deus semen aliud pro Abel, quem occidit Cain.* Cum itaque istae duae series generationum, una de Seth, altera de Cain, has duas, de quibus agimus, distinctis ordinibus insinuent ciuitates, unam caelestem in terris peregrinantem, alteram terrenam terrenis tamquam sola sint gaudiis inhiantem uel inhaerentem: nullus de progenie Cain, cum dinumerata sit connumerato Adam usque ad octauam generationem, quot annorum fuisset expressus est, quando genuit eum, qui commemoratur post eum. Noluit enim Spiritus Dei in terrenae ciuitatis generationibus tempora notare ante diluuium, sed in caelestis maluit, tamquam essent memoria digniores. Porro autem Seth quando natus est, non quidem taciti sunt anni patris eius, sed iam genuerat alios; et utrum solos Cain et Abel, adfirmare quis audeat? Non enim quia soli nominati sunt propter ordines generationum quas commemorare oportebat, ideo consequens uideri debet solos fuisse tunc generatos ex Adam. Cum enim silentio coopertis omnium nominibus ceterorum legatur eum genuisse filios et filias: quota fuerit ista proles eius, quis praesumat adserere, si

---

[119] ab impiis et quodammodo *terrigenis*, id est *terrenam* originem diligentibus et *terrenae* civitatis *terrena* felicitate gaudentibus: 지상 도성의 지상적 기원을 유난히 부각시키는 문장이다.

[120] 창세 4,25. 아래 나오는 것과 달리 히브리본에서는 아담 아닌 하와가 이 발언을 하는 것으로 되어 있다.

[121] 창세 5,3 참조: "아담은 백삼십 세에 자기 모습을 닮은 아들을 낳고 이름을 셋이라 하였다". 교부는 하느님 도성의 역사에 대해 인물의 이름과 계보와 연대를 굳이 밝힌 성서 저자의 의도가 그 사건의 사실성(史實性)에 있으리라고 추측한다.

[122] 창세 5,4 참조: "셋을 낳은 다음 아담은 800년 동안 살면서 아들딸을 더 낳았다."

사람이 아니었다면, 그런 말을 했을 리가 없다. 그 뒤를 이어 아벨이 태어났고, 형이 아벨을 죽이고 말았지만 아벨은 어떤 면에서 순례하는 하느님 도성의 예형豫型을 보여주었다. 왜냐하면 이 도성은 부당한 박해를 받게 되어 있었기 때문이다. 악하고 어떤 면에서 땅에서 난 자들에게서, 다시 말해 지상적 기원에 애착을 갖고 지상적 도성의 지상적 행복을 즐기는 인간들에게서[119] 부당한 박해를 받게 될 것인데, 아벨은 이 도성의 예형을 보여준 최초의 사람이었다. 그렇지만 아담이 그들을 낳을 때가 몇 살이었는지는 나타나지 않는다. 다만 즉시 세대들이 제각기 달리 전개된다. 곧, 카인에게서 비롯하는 세대들이 달리 전개되고, 형이 죽인 사람을 뒤이어 아담이 낳아준 사람에게서 비롯하는 세대들이 달리 전개된다. 그의 이름은 셋이라고 했는데, 성서에는 "하느님께서 카인이 죽인 아벨 대신 이제 또 다른 자손을 나에게 일으키셨구나"[120]라고 하는 말이 기록되어 있다. 그러므로 세대들의 이 두 가지 다른 계보, 한 계보는 셋에게서 비롯하고 다른 계보는 카인에게서 비롯하는데, 이 두 계보가 바로 우리가 논하고 있는 저 두 도성을 상이한 순서로 설정하고 있다. 한 도성은 지상에서 순례하는 천상 도성이고, 다른 하나는 오로지 지상적 쾌락만을 유일한 것인 양 탐하고 애착하는 지상 도성이다. 카인의 후손에 관한 한, 아담을 합산하여 여덟째 세대에 이르기까지 셈하면서도 그다음에 이름이 나오는 사람을 낳았을 때 그가 과연 몇 살이었는지를 기록하는 일은 없다. 말하자면 대홍수 이전의 지상 도성의 세대들에 대해서는 하느님의 영이 연대를 밝히기 싫어한 것이다. 하지만 천상 도성의 세대들에 대해서는, 그들이 기억에 남을 자격이 있는 사람들이라는 듯이 시대를 밝히기를 원했다. 그리하여 셋이 태어났을 적에는, 그의 부친의 나이를 묵과하고 넘어가지 않았다.[121] 그 전에 부친이 이미 다른 자식들을 낳았겠지만, 꼭 카인과 아벨만 낳았다고 누가 감히 주장할 수 있겠는가? 응당 기억해야 할 사람으로 그들만 계보에 이름이 남았다고 해서 아담에게서 그들만 태어났다고 봐야 할 것은 아니다. 다른 모든 자녀들의 이름이 침묵에 가려져 있긴 하지만 그가 아들과 딸들을 더 낳았다는 글이 나온다.[122] 무모하다는 질타를 받고 싶지 않다면, 그 자손들이 얼마나 되었는지 누가 함부로 어림잡을

culpam temeritatis euitat? Potuit quippe Adam diuinitus admonitus dicere, postea quam Seth natus est: *Suscitauit enim mihi Deus semen aliud pro Abel*, quoniam talis erat futurus, qui impleret illius sanctitatem, non quod ipse prior post eum temporis ordine nasceretur. Deinde quod scriptum est: *Vixit autem Seth quinque et ducentos annos* (uel secundum Hebraeos *quinque et centum annos*), *et genuit Enos*: quis possit nisi inconsideratus adseuerare hunc eius primogenitum fuisse? Vt admirantes merito requiramus, quo modo per tot annos inmunis fuerit a conubio sine ullo proposito continentiae uel non genuerit coniugatus; quando quidem etiam de ipso legitur: *Et genuit filios et filias, et fuerunt omnes dies Seth duodecim et nongenti anni, et mortuus est.* Atque ita deinceps, quorum anni commemorantur, nec filios filiasque genuisse reticentur. Ac per hoc non apparet omnino, utrum, qui nominatur genitus, ipse fuerit primogenitus; immo uero, quoniam credibile non est patres illos aetate tam longa aut inpuberes fuisse aut coniugibus caruisse uel fetibus, nec illos eorum filios primos eis natos fuisse credibile est. Sed cum sacrae scriptor historiae ad ortum uitamque Noe, cuius tempore diluuium factum est, per successiones generationum notatis temporibus intenderet peruenire, eas utique commemorauit, non quae primae suis parentibus fuerint, sed quae in propagationis ordinem uenerint.

Exempli gratia, quo id fiat apertius, aliquid interponam, unde nullus ambigat fieri potuisse quod dico. Euangelista Matthaeus generationem dominicae carnis per seriem parentum uolens commendare memoriae, ordiens a patre Abraham atque ad Dauid primitus ut perueniret intendens:

---

[123] 창세 5,6.
[124] 창세 5,7.

수 있겠는가? 여하튼 아담은 셋이 태어난 다음에 신적 훈유를 받고 "하느님께서 카인이 죽인 아벨 대신 이제 또 다른 자손을 나에게 일으키셨구나"라는 말을 했다. 이런 말을 한 것은 셋이 시간상의 순서로 아벨 다음에 태어난 첫 인물이기 때문이 아니고 셋이 아벨의 성덕을 채울 인물이 될 것이었기 때문에 아담이 그런 말을 한 것이다. 그다음에는 이렇게 씌어 있다: "셋은 205세를 살았고(히브리 경전에 의하면 105세) 그리고 에노스를 낳았다."[123] 사리를 모르는 사람이 아니고서야 그가 셋의 맏아들이었다고 누가 단언하겠는가? 우리도 이상하게 생각하여 으레 이런 질문을 하게 된다: 절제를 하기로 결심을 한 상황이 아니라면 어떻게 셋이 그토록 오랫동안 동침을 삼갔겠으며, 동침을 했다면 왜 자식을 낳지 않았겠는가? 이에 대해서는 이렇게 나온다: "셋은 아들 딸을 더 낳았다. 셋은 912년을 살고 죽었다."[124] 이렇게 시작해서 그들의 나이를 기록하면서 아들과 딸들을 더 낳았다는 말은 숨기지 않는다. 이런 기록으로 보더라도, 거기에 태어난 것으로 이름이 나오는 인물이 바로 맏아들이었느냐는 점은 전혀 밝혀지지 않는다. 도리어 그 성조聖祖들이 그토록 오랜 연세에 이르도록 미성년이었거나 배우자를 두지 않았거나 소생이 없었으리라고는 믿기지 않으며, 이름이 거명되는 그 아들들이 첫아들들이었으리라는 것도 믿기지 않는다. 하지만 역사서를 기록한 거룩한 저자는 연대가 밝혀진 세대들의 계승을 거치면서 당대에 대홍수가 일어난 노아의 출생과 생애에까지 도달하려는 데 의도가 있었던 것으로 보인다. 그러니까 여기에 언급된 자들이 그 부모들에게서 처음으로 출생한 자식들이라는 사실을 밝히는 일보다는 그들이 세대들의 계보에 들어간다는 것을 보이는 데 성서 저자의 의도가 있었다.

15. 2. 그러면 마태오 복음서의 족보는 어떻게 받아들일 것인가

내 말을 더 명백하게 밝히려는 뜻에서 다른 얘기를 하나 삽입하고자 한다. 내가 말하는 바가 실제로 발생할 수 있었다는 점에 대해서는 아무도 이의를 제기하지 않을 것이다. 복음사가 마태오는 주님의 육신상의 족보를 부모들의 계보에 따라 기념하고 소개하고자 한다. 일차적으로는 선조 아브라함으로부터 시작하여 다윗에 이르는 계보를 염두에 둔다. 거기서는 "아브라함은 이사악을 낳았

Abraham, inquit, *genuit Isaac*; cur non dixit Ismael, quem primitus genuit? *Isaac autem*, inquit, *genuit Iacob*; cur non dixit Esau, qui eius primogenitus fuit? Quia scilicet per illos ad Dauid peruenire non posset. Deinde sequitur: *Iacob autem genuit Iudam et fratres eius*; numquid Iudas primogenitus fuit? *Iudas*, inquit, *genuit Phares et Zarat*; nec istorum geminorum aliquis fuit primogenitus Iudae, sed ante illos iam tres genuerat. Eos itaque tenuit in ordine generationum, per quos ad Dauid atque inde quo intenderat perueniret. Ex quo intellegi potest, ueteres quoque homines ante diluuium non primogenitos, sed eos fuisse commemoratos, per quos ordo succedentium generationum ad Noe patriarcham duceretur, ne serae pubertatis illorum obscura et non necessaria quaestio nos fatiget.

16. Cum igitur genus humanum post primam copulam uiri facti ex puluere et coniugis eius ex uiri latere marium feminarumque coniunctione opus haberet, ut gignendo multiplicaretur, nec essent ulli homines, nisi qui ex illis duobus nati fuissent: uiri sorores suas coniuges acceperunt; quod profecto quanto est antiquius conpellente necessitate, tanto postea factum est damnabilius religione prohibente. Habita est enim ratio rectissima caritatis, ut homines, quibus esset utilis atque honesta concordia, diuersarum necessitudinum uinculis necterentur, nec unus in uno multas haberet, sed singulae spargerentur in singulos ac sic ad socialem uitam

---

[125] 마태 1,2-3 참조.

[126] caritas: 이 단어가 본래 혈육에 대한 정(예: caritas liberorum)을 가리키던 라틴어 어법을 교부가 구사하고 있다.

[127] 근친혼을 금하는 사회적·종교적 금기를 관찰하면서 아우구스티누스는 이 금기로 혈연의 사랑(caritas)이 그만큼 폭넓고 다양해지지 않느냐는 윤리신학적 명분을 제시해 본다.

다"고 했는데, 왜 먼저 낳은 이스마엘을 낳았다고 하지 않았을까? 또 "이사악은 야곱을 낳았다"고 했는데, 그의 맏아들이었던 에사오를 낳았다고 말하지 않은 까닭은 무엇인가? 그 이유는 이스마엘이나 에사오를 거쳐서는 족보가 다윗에게 도달하지 않기 때문이었으리라. 그다음에는 "야곱은 유다와 그의 형제들을 낳았다"고 한다. 유다가 장자이기라도 했다는 말인가? "유다는 베레스와 제라를 낳았다"고 하는데, 그 쌍둥이 가운데 누구도 유다의 맏아들은 아니고 그들에 앞서 유다는 이미 다른 아들을 셋이나 두고 있었다.[125] 성서의 저자는 그들을 족보에 올리고, 그들을 거쳐 다윗에게 이르고, 다윗으로부터 그가 의도하는 인물에게 도달하고자 했던 것이다. 이 모든 사실로 미루어 대홍수 이전의 옛사람들도 꼭 장자들을 기록에 남긴 것이 아니고 그 인물들을 거쳐서 성조 노아에게 계보가 이르는 자들을 기록으로 남겼다고 이해할 수 있다. 그들이 사춘기에 늦게 이르렀던 것이 아니냐는 모호하고도 불필요한 문제를 갖고서 괜히 우리를 피곤하게 만들지 않았으면 한다.

16. 후대의 결혼과는 달랐다는 초세기 혼인의 법도

16. 1. 당시 사람들은 인척의 인연이 다양했을 것이다

인류의 첫 쌍, 곧 남자는 먼지에서 만들어지고 여자는 남자의 옆구리에서 만들어진 그 한 쌍 이후로 인류가 자식을 낳아 번성하려면 남자와 여자의 결합을 필요로 했다. 또 저 두 사람에게서 자식이 태어나지 않았다면 그 어떤 사람도 존재하지 않았을 것이다. 남자들은 자기 누이들을 배필로 취했을 것이다. 이 관습은 오래될수록 어쩔 수 없는 필요에서 강요되었고, 또 그만큼 후대에 가서는 종교에 의해 단죄받을 짓으로 엄금되었다. 이런 금지는 혈육에 대한 사랑[126]에서 오는 극히 온당한 이치라고 여겨지는데, 그 이치에 의하면 사람들 사이에 유익하고 또 선량한 화친이 이루어지려면 아무래도 다양한 인척의 인연으로 사람들이 맺어져야 할 것이다.[127] 그러니까 한 사람이 한 사람에게 중복된 여러 친척관계를 맺는 것보다는 각각의 친척관계들이 각각의 인간들을 맺어주고, 그래서 사회생활에 더 열성적으로 결속하기 위해서는 최대로 많은 친척관계들이

diligentius conligandam plurimae plurimos obtinerent. Pater quippe et socer duarum sunt necessitudinum nomina. Vt ergo alium quisque habeat patrem, alium socerum, numerosius se caritas porrigit. Vtrumque autem unus Adam esse cogebatur et filiis et filiabus suis, quando fratres sororesque conubio iungebantur. Sic et Eua uxor eius utrique sexui filiorum fuit et socrus et mater; quae si duae feminae fuissent, mater altera et socrus altera, copiosius se socialis dilectio conligaret. Ipsa denique iam soror, quod etiam uxor fiebat, duas tenebat una necessitudines; quibus per singulas distributis, ut altera esset soror, altera uxor, hominum numero socialis propinquitas augeretur. Sed hoc unde fieret tunc non erat, quando nisi fratres et sorores ex illis duobus primis nulli homines erant. Fieri ergo debuit quando potuit, ut existente copia inde ducerentur uxores, quae non erant iam sorores, et non solum illud ut fieret nulla necessitas esset, uerum etiam si fieret nefas esset. Nam si et nepotes primorum hominum, qui iam consobrinas poterant accipere coniuges, sororibus matrimonio iungerentur: non iam duae, sed tres in homine uno necessitudines fierent, quae propter caritatem numerosiore propinquitate nectendam disseminari per singulos singulae debuerunt. Esset enim unus homo filiis suis, fratri scilicet sororique coniugibus, et pater et socer et auunculus; ita et uxor eius eisdem communibus filiis et mater et amita et socrus; idemque inter se filii eorum non solum essent fratres atque coniuges, uerum etiam consobrini, quia et fratrum filii. Omnes autem istae necessitudines, quae uni homini tres homines conectebant, nouem conecterent, si essent in singulis singulae, ut unus homo haberet alteram sororem, alteram uxorem,

---

[128] 라틴어에서 socer와 socrus는 장인과 시아버지, 장모와 시어머니를 한데 통칭한다.

[129] 로마인들은 propinquitas(친지), necessitudo(친인척), cognatio(혈족), agnatio(부계 혈족), affinitas(인척) 등을 구분해서 사용했다.

최대로 많은 인간들을 맺어주는 것이 좋을 것이다. 예를 들어 부친과 장인은 두 가지 다른 친척의 이름이다. 따라서 아버지가 다르고 장인이 다르다면 혈연의 사랑이 그만큼 더 넓게 퍼지는 셈이다. 형제들이 자매들을 혼인으로 맞아들인 경우에는 아담 혼자서 부친과 장인(혹은 시아버지) 양편의 역할을 다하는 수밖에 없고, 자기 아들들이나 딸들에게도 양편의 역할을 하는 수밖에 없었을 것이다. 마찬가지로 그의 아내 하와도 양성의 자식들에게 장모(혹은 시어머니)이자 모친이 되었다. 그런데 만약 두 여자가 있었더라면 어머니가 다르고 장모(혹은 시어머니)가 달랐을 것이고, 그러면 사회적 혈연의 사랑이 더 풍부하게 사람들을 결속시켰을 것이다.[128] 다름아닌 누이가 또한 아내가 된다면 한 여자가 두 친척관계를 지니게 되는 것이다. 하지만 그 두 친척관계가 각자에게 분담되어 누이인 여자가 다르고 아내인 여자가 다르다면 인간들의 사회적 인연이 숫자상으로도 증가할 것이다.[129] 그런데 응당 이렇게 이뤄져야 할 일이 그때는 안 되었다. 두 사람의 원조에서 나온 형제들과 누이들을 빼놓고는 아무 인간도 없었기 때문이다. 따라서 이런 미풍양속은 실천이 가능해졌을 때 비로소 시행될 수 있었다. 그리하여 인구가 많이 존재하게 되었을 때 누이가 아닌 여자를 아내로 맞아들이게 되었고 누이를 아내로 맞아들일 절박한 사정이 전혀 없었으며, 만약 그런 일을 한다면 오히려 무도한 짓이 되었다. 원조들의 손자들은 그래도 친누이가 아닌 이종사촌 누이들을 아내로 맞을 수 있었지만, 여전히 친누이들에게 장가를 든 경우라면, 그때는 한 사람에게 친척이 둘이 아니라 셋이 되었을 것이다. 그러면 숫자가 더 많은 친척으로 맺어져야 할 혈연의 사랑이 각자에게 각각으로 중복되게 된다. 따지자면 한 사람이 자기 자식들에게, 곧 오라비나 누이들을 배필로 맞은 자식들에게 아버지도 되고 장인(또는 시아버지)도 되고 삼촌(혹은 외삼촌)도 되는 셈이다. 그의 아내 역시 같은 자식들에게 어머니이자 숙모(혹은 외숙모)이자 장모(혹은 시어머니)가 되는 셈이다. 그러다 보면 그들의 자식들마저 자기들끼리 형제자매요 배필이며, 형제자매들의 자식들이므로 사촌형제자매도 되는 격이다. 한 인간에게 세 사람의 역할을 묶어주는 이 모든 친척들은, 만약 각자에게 따로따로 맺어주어 한 사람이 누이로 두는 여자 다르고 아내로 두는 여자

alteram consobrinam, alterum patrem, alterum auunculum, alterum socerum, alteram matrem, alteram amitam, alteram socrum; atque ita se non in paucitate coartatum, sed latius atque numerosius propinquitatibus crebris uinculum sociale diffunderet.

Quod humano genere crescente et multiplicato etiam inter impios deorum multorum falsorumque cultores sic obseruari cernimus, ut, etiamsi peruersis legibus permittantur fraterna coniugia, melior tamen consuetudo ipsam malit exhorrere licentiam, et cum sorores accipere in matrimonium primis humani generis temporibus omnino licuerit, sic auersetur, quasi numquam licere potuerit. Ad humanum enim sensum uel adliciendum uel offendendum mos ualet plurimum; qui cum in hac causa inmoderationem concupiscentiae coherceat, eum dissignari atque corrumpi merito esse nefarium iudicatur. Si enim est iniquum auiditate possidendi transgredi limitem agrorum, quanto est iniquius libidine concumbendi subuertere limitem morum! Experti autem sumus in conubiis consobrinarum etiam nostris temporibus propter gradum propinquitatis fraterno gradui proximum quam raro per mores fiebat, quod fieri per leges licebat, quia id nec diuina prohibuit et nondum prohibuerat lex humana. Verum tamen factum etiam licitum propter uicinitatem horrebatur inliciti et, quod fiebat cum consobrina, paene cum sorore fieri uidebatur; quia et ipsi inter se propter tam propinquam consanguinitatem fratres uocantur et paene germani sunt. Fuit autem antiquis patribus religiosae curae, ne ipsa propinquitas se paulatim propaginum ordinibus dirimens longius abiret et propinquitas esse desisteret, eam nondum longe positam rursus matrimonii uinculo conligare et quodam modo reuocare fugientem. Vnde iam pleno hominibus

---

[130] 오비디우스 작품(*Metamorphoses* 1.348-361)에는 대홍수에서 살아남은 주인공(Deucalion)이 자기 배필(Pyrrha)이 누이이자 사촌이자 아내라는 사실을 한탄하는 장면이 나온다.

[131] 아우구스티누스가 알기로 로마제국에서도 사촌간의 혼인을 금한 것은 테오도시우스 1세 (379~395)였다. Cf. Ambrosius, *Epistula* 60.5.

다르고 사촌누이로 두는 여자가 다르다면, 또 아버지가 다르고 삼촌이 다르고 장인(또는 시아버지)이 제각기 다른 사람이라면, 또 어머니가 다르고 숙모(또는 외숙모)가 다르고 장모(혹은 시어머니)가 제각기 다른 사람이라면 한 사람에게 무려 아홉 사람을 연결시키기에 이른다. 이렇게 하면 사회적 유대가 소수로 한정되지 않을 것이고, 폭도 넓어지고 수도 많아져 빈번한 친지관계로 퍼져나갈 것이다.[130]

16.2. 친척관계는 질서에 따라 중복을 면했다

인류가 늘어나고 많아지면서, 다수의 거짓 신들을 섬기는 불경스런 사람들마저 다음과 같은 규범은 준수하고 있었음이 관찰된다. 타락한 법률에 의해 형제간의 혼인이 허용된 상황에서도 그런 방종한 예외를 혐오하는 편이 차라리 미풍으로 여겨지고 있다. 비록 인류의 초기 시대에는 누이를 맞아들이는 것이 허용되었겠지만 그 뒤로는 그런 일이 결코 허용된 적이 없거나 한 것처럼, 그런 습속을 철저하게 혐오하고 있다. 풍속이 인간 감정에 크나큰 영향을 미쳐 그런 경우를 욕하거나 혐오하게 만든다. 이리하여 누가 정욕에 무절제하게 사로잡혀 그런 결혼을 한다면, 풍속은 절도를 넘어서거나 타락한 짓을 한 것으로 판단하여 사악하다고 말한다. 소유욕 때문에 전답의 경계를 넘는 짓이 악행이라면, 여자와 동침하려는 욕정 때문에 풍속의 한계를 뒤집어엎는 짓이야 얼마나 더 악하겠는가? 우리 시대에 와서 우리도 사촌누이들과의 혼인을 목격한 바 있고, 비록 매우 드물기는 해도 친척의 촌수로 따지자면 형제간의 아주 가까운 촌수끼리도 혼인이 이루어져 왔다. 그렇게 하는 것이 법률로도 허용되었으니 신법도 이를 금하지 않았고 인정법도 이를 금하지 않았기 때문이다.[131] 하지만 합법화된 경우에도 근친이라는 이유로 그런 혼인은 불법이나 되는 양 기피되어 왔다. 또 사촌누이와의 혼인이 이루어지기는 했지만 사실상 친누이와 하는 것처럼 여겨질 정도였다. 왜냐하면 그들 사이에는 혈연이 너무 가까워 친형제간과 똑같이 형제자매로 불리기 때문이다. 고대 선조들은 같은 혈족이 후손으로 내려갈수록 촌수가 늘어나서 점점 멀어지지만 그러다가 혈연이 끊어지는 일이 없도록 종교심에 가까운 열성을 기울였다. 그래서 혈연이 너무 멀어지기 전에 결혼의 인연으로 다시 묶어 멀어져 가는 혈연을 다시 살려내곤 했다. 그러다 보

orbe terrarum, non quidem sorores ex patre uel matre uel ex ambobus suis parentibus natas, sed tamen amabant de suo genere ducere uxores. Verum quis dubitet honestius hoc tempore etiam consobrinorum prohibita esse coniugia? Non solum secundum ea, quae disputauimus, propter multiplicandas adfinitates, ne habeat duas necessitudines una persona, cum duae possint eas habere et numerus propinquitatis augeri; sed etiam quia nescio quo modo inest humanae uerecundiae quiddam naturale atque laudabile, ut, cui debet causa propinquitatis reuerendum honorem, ab ea contineat, quamuis generatricem, tamen libidinem, de qua erubescere uidemus et ipsam pudicitiam coniugalem.

Copulatio igitur maris et feminae, quantum adtinet ad genus mortalium, quoddam seminarium est ciuitatis; sed terrena ciuitas generatione tantummodo, caelestis autem etiam regeneratione opus habet, ut noxam generationis euadat. Vtrum autem aliquod fuerit, uel si fuit, quale fuerit corporale atque uisibile regenerationis signum ante diluuium, sicut Abrahae circumcisio postea est imperata, sacra historia tacet. Sacrificasse tamen Deo etiam illos antiquissimos homines non tacet; quod et in duobus primis fratribus claruit, et Noe post diluuium, cum de arca fuisset egressus, hostias Deo legitur immolasse. De qua re in praecedentibus libris iam diximus, non ob aliud daemones arrogantes sibi diuinitatem deosque se credi cupientes sibi expetere sacrificium et gaudere huius modi honoribus, nisi quia uerum sacrificium uero Deo deberi sciunt.

---

[132] 성서 몇 군데(예: 창세 13,8; 14,16; 1역대 23,21-22)에 조카마저 "형제간"(fratres)이라고 부르는 관례(공동번역은 "골육")를 교부는 염두에 두고 있다.

[133] copulatio maris et femina ... seminarium civitatis: 혼인에 대한 전통 관념이었다.

[134] 창세 17,10-11 참조. 교부는 할례가 제정되기 이전에도 재생을 상징하는 의례가 있었으리라고 생각했다(*Contra Iulianum haeresis Pelagianae* 5.11.45).

[135] 창세 8,20 참조.

[136] 10.4-6 참조.

[137] 교부가 본서에서 참으로 많은 분량을 할애하여 정령숭배를 비판하는 동기는 그것들이 신을 자처하고 신처럼 숭배받는 점이다(2.24.1; 4.16-29; 8.22).

니 온 세상에 사람이 가득해진 다음에도 아버지 쪽에서 난 누이나 어머니 쪽에서 난 누이, 심지어 양편 부모에게서 난 누이를 아내로 맞았을 뿐 아니라 되도록이면 자기네 부족 내에서 아내를 맞이하고자 했다. 하지만 지금 와서는 사촌들과의 혼인이 금지되었고[132] 그것이 한결 건전하다는 점을 의아스러워하는 사람이 누가 있겠는가? 물론 명분으로 말하자면 우리가 이미 따진 대로, 친척을 널리 확대해야 한다는 이유, 곧 한 사람이 부친이자 장인이 되는 따위의 이중 관계가 발생하지 않도록 두 사람이 부친과 장인의 역할을 제각기 따로 가진다면 친척이 그만큼 널리 확대된다는 이유만 있는 것은 아니다. 그 외에도 인간적 염치에 자연스럽고 또 칭송받을 만한 무엇이 있어서, 비록 음욕이 자손을 낳는 데 역할을 하기는 하지만, 근친이라는 이유로 예의를 갖추어야 할 상대에게 음욕을 품지 않고 삼가게 만드는 명분도 있다. 우리는 부부간에도 염치가 있어서 그런 음욕을 스스로 부끄러워하는 것을 목격할 수 있다.

16.3. 출생은 재생을 필요로 한다

사멸할 인류에게 해당하는 얘기지만, 남자와 여자의 결합은 어떻게 보면 도시국가의 못자리나 마찬가지다.[133] 그런데 지상 도성은 출생만을 필요로 하지만 천상 도성은 출생의 과실을 벗어나는 뜻에서 재생再生도 필요로 한다. 대홍수 이전에도 재생을 가리키는 물질적이고 가견적인 표지가 과연 있었는지, 있었다면 어떤 것이었는지에 관해서는 성서가 입을 다물고 있다. 후대에 아브라함에게 할례가 의무로 부과된 것처럼.[134] 저 아주 오랜 옛날의 인간들도 하느님께 희생제사를 올렸다는 사실에 대해서는 성서가 침묵하고 넘어가지 않는다. 아벨과 카인이라는 첫 형제들에게서 분명히 그런 일이 있었지만, 노아도 대홍수 후에 방주에서 나왔을 때 하느님께 희생물을 드렸다고 기록되어 있다.[135] 앞에 나온 여러 권에서 우리가 이야기한 바 있지만,[136] 오만방자한 정령들은 자기들에게 신성이 있다고, 자기들이 신이라고 믿어주기를 바라면서 자신들에게 희생제사를 바치도록 요구하고 그런 영예를 스스로 즐긴다. 그 이유는 참다운 희생제사는 참 하느님께만 바치는 것이 마땅하다는 사실을 그 정령들도 알고 있기 때문이다.[137]

17. Cum ergo esset Adam utriusque generis pater, id est et cuius series ad terrenam, et cuius series ad caelestem pertinet ciuitatem, occiso Abel atque in eius interfectione commendato mirabili sacramento facti sunt duo patres singulorum generum, Cain et Seth, in quorum filiis, quos commemorari oportebat, duarum istarum ciuitatum in genere mortalium euidentius indicia clarere coeperunt. Cain quippe genuit Enoch, in cuius nomine condidit ciuitatem, terrenam scilicet, non peregrinantem in hoc mundo, sed in eius temporali pace ac felicitate quiescentem. Cain autem interpretatur possessio; unde dictum est, quando natus est, siue a patre siue a matre eius: *Adquisiui hominem per deum.* Enoch uero dedicatio; hic enim dedicatur terrena ciuitas, ubi conditur, quoniam hic habet eum, quem intendit et appetit, finem. Porro ille Seth interpretatur resurrectio et Enos filius eius interpretatur homo; non sicut Adam. Et ipsum enim nomen homo interpretatur; sed commune perhibetur esse in illa lingua, id est Hebraea, masculo et feminae. Nam sic de illo scriptum est: *Masculum et feminam fecit illos et benedixit illos et cognominauit nomen eorum Adam.* Vnde non ambigitur sic appellatam fuisse feminam Euam proprio nomine, ut tamen Adam, quod interpretatur homo, nomen esset amborum. Enos autem sic interpretatur homo, ut hoc non posse feminam nuncupari periti linguae illius adseuerent, tamquam filius resurrectionis, ubi *non nubent neque uxores ducent.* Non enim erit ibi generatio, cum illuc perduxerit regeneratio. Quare et hoc non incassum notandum arbitror, quod in eis generationibus, quae propagantur ex illo qui est appellatus Seth, cum genuisse filios filiasque dicantur, nulla ibi genita nominatim femina expres-

---

[138] 15권의 내용, 특히 히브리 인명 풀이는 Hieronymus, *De nominibus hebraicis*를 따르고 있다. 예: 4.2: Cain possessio vel acquisitio.

[139] 창세 4,1 참조. "얻었다" (acquisivi)는 "소득" (acquisitio)을 거쳐 "소유" (possessio)로 연상된다.

[140] Cf. Hieronymus, *De nominibus hebraicis* 5.17: Enoch dedicatio. 이 "봉헌"은 곧이어 (세상 것에 대한) "몰두"로 연결된다.

[141] Cf. Hieronymus, *De nominibus hebraicis* 10.16: Seth ... resurrectio.

[142] Cf. Hieronymus, *De nominibus hebraicis* 5.17: Enos homo.

[143] 창세 5,2.

[144] 루가 20,35. 교부는 에노스가 "남자" 이름이므로 하느님의 도성, 혹은 부활 후의 인간조건을 상징한다고 설명하려 한다. 그러나 히에로니무스는 "가망없는 사람 혹은 난폭한 사람" (Enos homo sive desperatus vel violentus)이라는 단서를 붙인다(*De nominibus hebraicis* 5.9).

17. 한 부친에게서 태어난 두 인물이 성조이자 군주가 되었다

그러므로 아담이 두 인류의 아버지가 되었으니, 다시 말하면 한 인류의 계보는 지상 도성에 속하고 다른 인류의 계보는 천상 도성에 속하게 된다. 그러나 아벨이 죽임을 당하고, 그의 피살에는 기이한 비사(秘事)가 서려 있어서 결국 각각 인류의 두 파당, 곧 카인과 셋이 생겨난 것이다. 그 두 사람의 자식들 가운데 이름을 기록해서 남겨야 했던 인물들에게서 두 도성, 사멸할 자들의 인류에 나타나는 저 두 도성의 표징이 갈수록 선명하게 밝혀지기 시작했다. 우선 카인이 에녹을 낳았고 아들의 이름을 따서 고을을, 곧 지상 도성을 세웠다. 이 세상에 나그네로 지나가는 도성이 아니고 세상의 현세적 평화와 행복에 안주하는 도성을 세운 것이다. 카인이라는 이름도 "소유"라는 뜻으로 풀이된다.[138] 그가 태어나자 그의 아버지인지 어머니인지 모르겠으나 "하느님을 통해 사람을 얻었구나"[139]라고 했던 것이다. 에녹이라는 이름은 "봉헌"이라는 뜻인데, 지상 도성이 세워진 바로 여기에 그 도성이 봉헌된 까닭이다. 그 도성이 지향하고 추구하는 목적이 다름아닌 이곳에 있기 때문이다.[140] 그 대신 셋이라는 인물은 "부활"이라는 뜻을 담고 있고,[141] 그의 아들 에노스는 "인간"이라는 뜻을 나타낸다.[142] 그렇지만 아담과 같은 의미의 말은 아니다. 아담이라는 말도 사람을 가리키지만 히브리어로는 남자와 여자에게 공통으로 쓰인다. 바로 그래서 성서의 기록에 의하면 "남자와 여자로 지어내시고 그들에게 복을 내려 주시며 그들의 이름을 아담이라 지어 주셨다"[143]고 했다. 여자가 하와라는 고유한 이름으로 불렸고 "사람"이라는 뜻을 가진 아담은 남녀 양편의 명사였다는 데는 의심의 여지가 없다. 그러나 에노스는 "사람"이라는 뜻이지만, 그 언어에 밝은 사람들은 여자에게는 에노스라는 이 명사를 쓸 수 없다고 한다. 마치 "장가들지도 시집가지도 않는"[144] 부활의 아들들이 처한 처지와 흡사하다고 할 수 있다. 그때는 출생이 없을 것이고 따라서 재생으로 이끌어갈 일도 없을 것이다. 바로 그래서 셋이라고 불린 사람으로부터 퍼져나온 세대들에 대해서는 누가 아들 딸을 낳았다는 말은 하면서도 거기서 태어난 여자에 대해서는 그 누구도 이름이 거명된 적이 없었던 것 같다. 그 대신 카인으로부터 퍼져나온 세대들에서는 그 끝무렵

sa est; in his autem, quae propagantur ex Cain, in ipso fine, quo usque pertendunt, nouissima femina genita nominatur. Sic enim legitur: *Mathusael genuit Lamech; et sumpsit sibi Lamech duas uxores, nomen uni Ada et nomen secundae Sella, et peperit Ada Iobel; hic erat pater habitantium in tabernaculis pecuariorum. Et nomen fratris eius Iobal; hic fuit qui ostendit psalterium et citharam. Sella autem peperit et ipsa Tobel; et erat malleator et aerarius aeramenti et ferri. Soror autem Tobel Noemma.* Hoc usque porrectae sunt generationes ex Cain, quae sunt omnes ab Adam octo adnumerato ipso Adam, septem scilicet usque ad Lamech, qui duarum maritus uxorum fuit, et octaua est generatio in filiis eius, in quibus commemoratur et femina. Vbi eleganter significatum est terrenam ciuitatem usque in sui finem carnales habituram generationes, quae marium feminarumque coniunctione proueniunt. Vnde et ipsae, quod praeter Euam nusquam reperitur ante diluuium, nominibus propriis exprimuntur uxores illius hominis, qui nominatur hic nouissimus pater. Sicut autem Cain, quod interpretatur possessio, terrenae conditor ciuitatis, et filius eius, in cuius nomine condita est, Enoch, quod interpretatur dedicatio, indicat istam ciuitatem et initium et finem habere terrenum, ubi nihil speratur amplius, quam in hoc saeculo cerni potest: ita Seth, quod interpretatur resurrectio, cum sit generationum seorsus commemoratarum pater, quid de filio eius sacra haec historia dicat, intuendum est.

18. *Et Seth*, inquit, *natus est filius, et nominauit nomen eius Enos; hic sperauit inuocare nomen Domini Dei.* Nempe clamat adtestatio ueritatis. In spe igitur uiuit homo filius resurrectionis; in spe uiuit, quamdiu peregrinatur hic, ciuitas Dei, quae gignitur ex fide resurrectionis Christi. Ex

---

[145] 창세 4,18-22.

[146] 창세 4,26. 〔공동번역: "셋도 아들을 얻고 이름을 에노스라고 지어 불렀다. 그때 에노스가 비로소 야훼의 이름을 불러 예배하였다."〕 아래의 해설은 칠십인역본에 근거한다.

에 가서 막내로 태어난 여자의 이름이 거명된다. 그 내용은 다음과 같다: "므두사엘은 라멕을 낳았다. 라멕은 두 아내를 데리고 살았는데, 한 아내의 이름은 아다요, 또 한 아내의 이름은 실라였다. 아다가 낳은 야발은 장막에서 살며 양을 치는 목자들의 조상이 되었고, 그의 아우 유발은 거문고를 뜯고 퉁소를 부는 악사의 조상이 되었으며, 실라가 낳은 두발카인은 구리와 쇠를 다루는 대장장이가 되었다. 두발카인에게는 나아마라는 누이가 있었다."[145] 여기에는 카인으로부터 나온 세대들이 열거되고 있는데 아담을 포함해서 아담으로부터 여덟 세대가 거명되고 일곱째 라멕까지 오면 그는 두 아내의 남편이었고 여덟째 세대인 그의 자식들 가운데는 여자의 이름도 거명되고 있다. 여기서는 지상 도성은 그 종말까지 사내와 계집의 결합에서 오는 육적 세대들을 두게 되리라는 사실이 내밀하게 암시되어 있다. 이런 연유로 하와 이외에는 대홍수 이전까지 여자가 나오는 법이 결코 없었는데, 여기서 여자들이 거명되고 카인의 후손으로서는 마지막 어버이로 거명되는 저 사람의 아내들이 고유한 이름으로 거명되고 있는 것이다. 그리하여 "소유"를 의미하는 카인이 지상 도성의 건설자였듯이, 그의 이름을 따서 그 도성이 세워진, 카인의 아들 에녹은 "봉헌"을 의미함으로써 바로 그 도성이 어디까지나 지상적 시원과 지상적 종말을 갖게 되리라는 점을 의미하고 있다. 그 이상 어떤 것에도 희망을 두는 일이 없는데 그 점은 우리 세대에서도 간파할 수 있다. 바로 그래서 셋은 별도로 기록되는 세대들의 조상이면서 "부활"이라는 의미를 갖는데, 이제 거룩한 역사가 그의 아들에 대해 무엇이라고 하는지 살펴봐야겠다.

18. 아벨과 셋과 에노스는 그리스도의 몸인 교회와 관련하여 무슨 의미가 있는가

"셋도 아들이 태어나자 이름을 에노스라 지어 불렀다. 이 사람이 비로소 주 하느님의 이름을 부르려는 희망을 품었다."[146] 진리를 참으로 극명하게 입증해 주는 말이다. 부활의 아들인 인간은 정녕 희망으로 살아간다. 하느님의 도성이 이곳에서 나그넷길을 가는 동안은 희망으로 살아간다. 그리고 이 도성은 그리스도의 부활에 대한 신앙에서 탄생한다. 그러므로 저 두 사람에게서, 곧

duobus namque illis hominibus, Abel, quod interpretatur luctus, et eius fratre Seth, quod interpretatur resurrectio, mors Christi et uita eius ex mortuis figuratur. Ex qua fide gignitur hic ciuitas Dei, id est homo, qui sperauit inuocare nomen Domini Dei. *Spe enim salui facti sumus*, ait apostolus. *Spes autem quae uidetur, non est spes. Quod enim uidet quis, quid et sperat? Si autem quod non uidemus speramus, per patientiam expectamus.* Nam quis uacare hoc existimet ab altitudine sacramenti? Numquid enim Abel non sperauit inuocare nomen Domini Dei, cuius sacrificium scriptura tam acceptum Deo fuisse commemorat? Numquid ipse Seth non sperauit inuocare nomen Domini Dei, de quo dictum est: *Suscitatuit enim mihi Deus semen aliud pro Abel?* Cur ergo huic proprie tribuitur, quod piorum omnium intellegitur esse commune, nisi quia oportebat in eo, qui de patre generationum in meliorem partem, hoc est supernae ciuitatis, separatarum, primus commemoratur exortus, praefigurari hominem, id est hominum societatem, quae non secundum hominem in re felicitatis terrenae, sed secundum Deum uiuit in spe felicitatis aeternae? Nec dictum est: «Hic sperauit in Dominum Deum», aut: «Hic inuocauit nomen Domini Dei», sed: *Sperauit*, inquit, *inuocare nomen Domini Dei*. Quid sibi hoc uult *Sperauit inuocare*, nisi quia prophetia est exorturum populum, qui secundum electionem gratiae inuocaret nomen Domini Dei? Hoc est, quod per alium prophetam dictum apostolus de hoc populo intellegit ad Dei gratiam pertinente: *Et erit, omnis qui inuocauerit nomen Domini saluus erit*. Hoc ipsum enim quod dicitur: *Et nominauit nomen eius Enos, quod interpretatur homo*, ac deinde additur: *Hic sperauit inuocare nomen Domini Dei*, satis ostenditur, quod non in se ipso spem ponere

---

[147] Cf. Hieronymus, *De nominibus hebraicis* 2.18: Abel, luctus sive vanitas; 10.12: Seth, semen seu resurrectio.

[148] 로마 8,24-25.

[149] 창세 4,25.

[150] 창세 4,26은 야훼 숭배가 이미 에노스 시대부터 비롯했음을 강조하는 야휘스트 문서였지만, 교부는 칠십인역본을 따라 읽으므로 하느님 도성과 새 백성에 대한 예언적 표상을 거기서 본다.

[151] 요엘 2,32 참조: "그때 야훼의 이름을 부르는 사람마다 구원을 받으리라."

[152] 로마 10,13.

[153] 창세 4,26(LXX). 불가타본에 따라 마지막 구절을 이탤릭에서 삭제하는 역자들이 있다.

"애도"라는 의미를 갖는 아벨과 "부활"이라는 의미를 갖는 그의 아우 셋에게서[147] 그리스도의 죽음, 죽은 이들 가운데서 살아난 그분의 생명이 상징되고 있다. 다름아닌 그 믿음에서 비롯하여 이승에 하느님의 도성이 탄생한 것이다. 다시 말해, 주 하느님의 이름을 부르려는 희망을 품었던 인간이 출현한 것이다. 사도가 하는 말이 있다: "우리는 희망을 향해 구원받았습니다. 그러나 눈에 보이는 희망은 희망이 아닙니다. 눈에 보이는 것을 누가 희망합니까? 눈에 보이지 않는 것을 희망한다면 참을성있게 기다립시다."[148] 여기에 깊은 비의가 깃들어 있다고 느끼지 못할 사람이 누가 있겠는가? 성서에 아벨의 제사가 하느님께 받아들여졌다고 기록된 이상, 아벨이 주 하느님의 이름을 부르려는 희망을 품지 않았겠는가? 셋에 대해서도 "하느님께서 카인이 죽인 아벨 대신 이제 또 다른 자손을 나에게 일으키셨구나"[149]라는 말이 기록되어 있는 터에 셋이 주 하느님의 이름을 부르려는 희망을 품지 않았겠는가? 그렇다면 어째서 모든 경건한 인간들에게 공통된 희망의 덕을 바로 이 인물에게 돌릴까? 그가 더 나은 쪽, 즉 따로 분리될 세대들, 천상 도성의 세대들의 조상이기 때문이고, 그런 세대들의 어버이로서 가장 먼저 등장한 인물이기 때문이 아니겠는가? 그가 다른 인간, 즉 다른 인간 사회를 예표하기 때문이 아니겠는가? 인간에 따라 지상 행복의 물질에 몰두하여 살지 않고 하느님에 따라 영원한 행복에 대한 희망으로 살아가는 그런 사회 말이다.[150] 여기서도 "이 사람은 주 하느님께 희망을 품었다"거나 "이 사람은 주 하느님의 이름을 불렀다"고 하지 않고, "주 하느님의 이름을 부르려는 희망을 품었다"고 했다. 그러면 "부르려는 희망을 품었다"는 말이 의미하는 바는 무엇인가? 그것은 한 백성, 즉 은총의 선택에 따라서 주 하느님의 이름을 부를 백성이 출현하리라는 예언이 아니고 무엇이겠는가? 다른 예언자를 통해 한 이 말씀을[151] 사도는 하느님의 은총에 속하는 바로 그 백성에 해당하는 것으로 이해하고 있다: "과연 주님의 이름에 호소하는 이는 누구나 구원받을 것입니다."[152] 창세기에는 "그의 이름을 에노스라고 지어 불렀는데 사람이라는 뜻이다"[153]는 말씀이 있고 거기에 덧붙여 "주 하느님의 이름을 부르려는 희망을 품었다"고 했다. 그것은 사

debeat homo; *maledictus* enim *omnis* (sicut alibi legitur), *qui spem suam ponit in homine*, ac per hoc nec in se, ut sit ciuis alterius ciuitatis, quae non secundum filium Cain dedicatur hoc tempore, id est mortalis huius saeculi labente transcursu, sed in illa inmortalitate beatitudinis sempiternae.

19. Nam et ista propago, cuius est pater Seth, in ea generatione habet dedicationis nomen, quae septima est ex Adam adnumerato Adam. Septimus enim ab illo natus est Enoch, quod interpretatur dedicatio. Sed ipse est ille translatus, quoniam placuit Deo, et insigni numero in ordine generationum, quo sabbatum consecratum est, septimo scilicet ab Adam. Ab ipso autem patre istarum generationum, quae discernuntur a progenie Cain, id est a Seth, sextus est; quoto die factus est homo et consummauit Deus omnia opera sua. Sed huius Enoch translatio nostrae dedicationis est praefigurata dilatio. Quae quidem iam facta est in Christo capite nostro, qui sic resurrexit, ut non moriatur ulterius, sed etiam ipse translatus est; restat autem altera dedicatio uniuersae domus, cuius ipse Christus est fundamentum, quae differtur in finem, quando erit omnium resurrectio non moriturorum amplius. Siue autem domus Dei dicatur siue templum Dei siue ciuitas Dei, id ipsum est nec abhorret a Latini eloquii consuetudine. Nam et Vergilius imperiosissimam ciuitatem domum appellat Assaraci, Romanos uolens intellegi, qui de Assaraco per Troianos orginem ducunt; et domum Aeneae eosdem ipsos, quia eo duce Troiani cum Italiam uenissent ab eis condita est Roma. Imitatus namque est poeta ille

---

[154] 예레 17,5. 〔공동번역: "사람을 믿는 자들, 힘이 되어 주려니 하고 믿는 자들은 천벌을 받으리라."〕

[155] 집회 44,16 참조: "에녹은 주님을 기쁘게 해 드리고 하늘로 불려 올라갔다. 그래서 후대를 위하여 회개의 모범이 되었다."

[156] Enoch translatio nostrae dedicationis praefigurata dilatio: 교부는 에녹의 승천은 그리스도의 승천을 예표하여, 그리스도의 몸인 교회의 봉헌(altera dedicatio universae domus)이 세말로 "미루어짐"을 예표한다고 해설한다.

[157] domus Assaraci: 아싸라쿠스는 트로야의 창건자 트로스의 아들이다. Cf. Vergilius, *Aeneis* 1.283-285.

[158] Vergilius, *Aeneis* 3.97: Hic domus Aeneae cunctis dominabitur oris("이곳에서 아이네아스의 집안이 사해(四海)를 통치하리라").

람이 자기 자신에게 희망을 두어서는 안 된다는 뜻을 충분히 보여주는 것으로, 다른 데서 "사람에게 희망을 두는 자는 모두 저주를 받으리라"[154]고 한 말씀과 비슷하다. 그리하여 인간은 다른 도성(그 도성은 카인의 아들에 따라서 이 시대에 몰두하는 일이 없다)의 시민이 되려면 자신에게 희망을 두어서는 안 된다. 사멸하는 이 세기의 무상한 흐름에 희망을 두지 말고 오히려 항구한 지복의 저 불사불멸에 희망을 두어야 한다.

19. 에녹의 이름이 갖는 전의(轉義)

그런데 셋을 아버지로 둔 저 후손도, 아담을 포함해서 아담으로부터 일곱째가 되는 세대에서 "봉헌"이라는 똑같은 이름을 갖게 된다. 아담으로부터 일곱째 손(孫)으로 에녹이 태어났고 그 의미는 "봉헌"이다. 그는 하느님의 마음에 들어 하늘로 옮겨진 바로 그 인물이다.[155] 그가 옮겨진 일은 세대들의 순서로 볼 때 의미심장한 숫자, 아담으로부터 일곱째가 되는 숫자, 곧 안식일로 축성되는 숫자에서 이루어졌다. 에녹은 카인의 후손으로부터 구분되는 저 세대들의 조상, 곧 셋으로부터 여섯째 인물이다. 바로 그 여섯째 날에 사람이 만들어졌고, 그 날은 하느님이 당신의 모든 일을 완성한 날이기도 하다. 그런데 에녹이 하늘로 옮겨간 것은 우리 봉헌의 지연을 나타내는 예표다.[156] 사실 우리의 봉헌은 우리의 머리인 그리스도 안에서 이미 이루어졌고, 그리스도는 부활하여 다시는 죽지 않고 그분 역시 하늘로 옮겨졌다. 남은 일은 집 전체의 봉헌인데, 그리스도는 이 집의 기초이기도 하다. 집 전체의 봉헌은 모든 이가 부활하여 더는 죽지 않을 종말로 미루어지고 있다. 하느님의 집이 봉헌된다고 하든, 하느님의 성전이 봉헌된다고 하든, 하느님의 도성이 봉헌된다고 하든, 그 어느 것이든 라틴어 어법상으로 어긋나지 않는다. 그 이유인즉, 베르길리우스마저 막강한 도시국가를 그냥 아싸라쿠스의 집안이라고 부르며[157] 그 말로 로마인들을 가리키고자 했다. 로마인들은 트로야인들을 거쳐서 아싸라쿠스에게서 자기네 기원을 끄집어낸다. 또 로마인들을 아이네아스의 집안이라고도 하는데 그의 영도하에 트로야인들이 이탈리아로 왔고 그들에 의해 로마가 창건되었기 때문이다.[158]

litteras sacras, in quibus dicitur domus Iacob iam ingens populus Hebraeorum.

20. Dicet aliquis: «Si hoc intendebat scriptor huius historiae in commemorandis generationibus ex Adam per filium eius Seth, ut per illas perueniret ad Noe, sub quo factum est diluuium, a quo rursus contexeretur ordo nascentium, quo perueniret ad Abraham, a quo Matthaeus, euangelista incipit generationes, quibus ad Christum peruenit aeternum regem ciuitatis Dei: Quid intendebat in generationibus ex Cain et quo eas perducere uolebat?» Respondetur: Vsque ad diluuium, quo totum illud genus terrenae ciuitatis absumptum est, sed reparatum est ex filiis Noe. Neque enim deesse poterit haec terrena ciuitas societasque hominum secundum hominem uiuentium usque ad huius saeculi finem, de quo Dominus ait: *Filii saeculi huius generant et generantur*. Ciuitatem uero Dei peregrinantem in hoc saeculo regeneratio perducit ad alterum saeculum, cuius filii nec generant nec generantur. Hic ergo generari et generare ciuitati utrique commune est; quamuis Dei ciuitas habeat etiam hic multa ciuium milia, quae ab opere generandi se abstineant; sed habet etiam illa ex imitatione quadam, licet errantium. Ad eam namque pertinent etiam, qui deuiantes ab huius fide diuersas haereses condiderunt; secundum hominem quippe uiuunt, non secundum Deum. Et Indorum gymnosophistae, qui nudi perhibentur philosophari in solitudinibus Indiae, ciues eius sunt, et a generando se cohibent. Non est enim hoc bonum, nisi cum fit secundum fidem summi boni, qui Deus est. Hoc tamen nemo fecisse ante diluuium repe-

---

[159] 아우구스티누스는 바로(*De lingua Latina*)가 민간설화에서 채취하는 어원을 이용하여 자유롭게 우의적 해석으로 옮겨가는 수사학적 기법을 따른다.

[160] 루가 20,34. [200주년: "이 세상 사람들은 장가도 들고 시집도 갑니다."]

[161] gymnosophista: 어원상으로는 "나체 철학자"이고 관용어로는 "체육단련을 하는 철학자"를 가리키며 인도의 요가승을 지칭한 용어다. 14.17(각주 224)에도 언급된다.

그러니까 저 시인은 성서를 모방한 셈인데, 성서에서도 히브리인들의 거대한 백성이 야곱의 집안이라고 일컬어진다.[159]

20. 카인의 계보는 아담부터 8대에 끊기는데, 노아는 10대에 해당한다는 사실
20. 1. 이 세상의 지상 도성

혹자는 이런 말을 한다: "이 거룩한 역사를 기록한 사람은 아담으로부터 시작하여 그의 아들 셋을 통해 내려오는 계보를 거쳐 대홍수가 일어난 노아에게까지 도달하려고 했고, 그에게서 비롯해서 다시 아브라함에 이르는 출생의 순서를 엮어내려고 했으며, 복음사가 마태오는 아브라함으로부터 족보를 시작하여 하느님의 영원한 도성이 그리스도에게 도달하게 하려는 의도를 갖고 있었다고 하자. 그렇다면 카인부터 시작하는 계보에서는 무엇을 의도했고 어디로 그 계보를 끌고 가고 싶었던가?" 대답은 이렇다: 그 계보는 대홍수까지이며 대홍수로 지상 도성의 저 족속은 모조리 전멸했다가 노아의 아들들에게서 지상 도성이 다시 발생했다! 이 세상의 끝까지 이 지상 도성, 혹은 인간에 따라서 살아가는 인간들의 사회가 소멸할 수는 없으리라. 그 일에 대해 주님은 "이 세상의 아들들은 자식을 낳고 또 태어납니다"[160]라고 했다. 그 대신 재생再生은 이 세상에 나그네살이하는 하느님의 도성을 다른 세상으로 인도하며, 그 세상의 아들들은 자식을 낳지도 않고 태어나지도 않는다. 이곳에서는 자식을 낳고 또 태어나는 일이 두 도성 모두에 공통되는 현상이다. 하느님의 도성은 이곳에서도 자식 낳는 일을 스스로 포기하는 시민들을 수천 명이나 거느리고 있다. 물론 저 지상의 도성도 어떻게 흉내를 냈는지 모르겠으나 자식 낳기를 포기하는 사람들이 있기는 하지만 그들은 오류에 빠져서 그렇게 하는 것이다. 하느님 도성의 신앙에서 벗어나 이단을 만들어내는 사람들도 저 지상 도성에 속하는 셈이다. 그들은 하느님에 따라 살지 않고 사람에 따라 살기 때문이다. 또 인도의 나체철인[161]들도 인도의 외딴 곳에서 나체로 철학하는 것이 예사인데 그들도 자녀 생산을 절제한다. 그런데 이런 일이 하느님이라는 최고선에 대한 신앙에 근거하여 이루어지는 것이 아니라면 좋을 것이 없다. 대홍수 이전에는 아무도 이런 절제생활을 한 사례가

ritur; quando quidem etiam ipse Enoch septimus ab Adam, qui translatus refertur esse, non mortuus, genuit filios et filias antequam transferretur; in quibus fuit Mathusalam, per quem generationum memorandarum ordo transcurrit.

Cur ergo tanta paucitas successionum commemoratur in generationibus ex Cain, si eas usque ad diluuium perduci oportebat, nec erat diuturna aetas praeueniens pubertatem, quae centum uel amplius annos uacaret a fetibus? Nam si non intendebat auctor libri huius aliquem, ad quem necessario perduceret seriem generationum, sicut in illis, quae ueniunt de semine Seth, intendebat peruenire ad Noe, a quo rursus ordo necessarius sequeretur: Quid opus erat praetermittere primogenitos filios, ut perueniretur ad Lamech, in cuius filiis finitur illa contextio, octaua generatione scilicet ex Adam, septima ex Cain, quasi esset inde aliquid deinceps conectendum, unde perueniretur uel ad Israeliticum populum, in quo caelesti ciuitati etiam terrena Hierusalem figuram propheticam praebuit, uel ad Christum *secundum carnem, qui est super omnia Deus benedictus in saecula,* supernae Hierusalem fabricator atque regnator, cum tota progenies Cain diluuio sit deleta? Vnde uideri potest in eodem ordine generationum primogenitos fuisse commemoratos. Cur ergo tam pauci sunt? Non enim usque ad diluuium tot esse potuerunt, non uacantibus usque ad centenariam pubertatem patribus ab officio generandi, si non erat tunc proportione longaeuitatis illius etiam sera pubertas. Vt enim peraeque triginta annorum fuerint, cum filios generare coeperunt, octiens triceni (quoniam octo sunt generationes cum Adam et cum eis quos genuit Lamech) ducenti et quadraginta sunt anni: Num itaque toto deinde tempore

---

[162] 로마의 습속과 법제에 익숙했던 아우구스티누스는 "세보"(series generationum 또는 ordo generationum), "혈통"(contextio), "계보"(connexio)라는 전문용어를 구분해서 구사하고 있다.

[163] 로마 9,5.

발견되지 않는다. 아담으로부터 일곱째 후손에 해당하는 에녹, 죽지 않고 다른 곳으로 옮겨졌다고 전해지는 이 인물도 옮겨지기 전에는 아들딸을 낳았다. 그 가운데 므두셀라도 있는데 그 인물 덕분에 기록에 남길 족보가 이어진다.

20.2. 카인의 후손은 소수밖에 없다

카인에게서 나오는 계보로 말하자면, 어째서 그토록 세대의 숫자가 적은 것처럼 기록되어 있을까? 카인의 후대도 대홍수까지 이어졌을 것이고, 또 사춘기에 앞선 연령이 너무도 길어서 100년이나 그 이상으로 오랜 세월을 자식 없이 지낸 것도 아닐 텐데 왜 세대의 수가 적을까? 창세기라는 이 책의 저자는 필히 세보(世譜)를 이어 가면서 어떤 인물에게 도달하기로 마음을 먹고 있었다. 셋의 자손으로부터 시작하여 노아에 이르고, 또 그 인물로부터 필히 세보가 따라오기로 되어 있었다. 그런데 카인의 후손에 대해서는 성서의 저자가 그럴 의도가 없었고, 라멕의 자식들에게서, 그러니까 아담으로부터는 여덟째 세대요 카인으로부터는 일곱째 세대인 그곳에서 혈통이 끝나고 마는데, 라멕에 이르기까지 맏아들들을 일일이 꼽았던 어떤 이유가 따로 있었을까? 그것은 혹시 거기서부터 다시 어떤 계보가 이어짐을 암시하는 것인지도 모르겠다.[162] 다시 말해 거기서부터 이스라엘 백성에게 이르렀고, 그 백성에게서 지상 예루살렘이 천상 도성에 예언적 표상을 제공했던 것이다. 그렇지 않으면 그 세보가 그리스도에게까지 도달하고, 그리스도는 상위 예루살렘의 창건자이며 통치자가 되는 것이다: "그리스도께서도 혈연으로는 그들에게서 태어나셨습니다. 그분은 만물 위에 계시는 하느님으로서 영원히 찬양받으소서."[163] 그런데 카인의 후손은 대홍수로 전멸하지 않았던가? 바로 그런 이유에서 카인의 세보에서는 세대들의 맏아들이 기록에 오른 것으로 생각된다. 그런데 왜 맏아들들의 숫자가 그렇게 적은가? 그 시기의 장수에 비례해서 사춘기도 그만큼 늦어져야 했던 것은 아니므로 아버지들이 100세가 되어서야 사춘기에 이를 정도로 자식을 생산하는 일에 뒤처진 것도 아니었고, 따라서 대홍수에 이르기까지 그들이 그처럼 소수에 그칠 수는 없는 노릇이다. 자식을 생산하기 시작하는 나이가 평균적으로 보아서 30세라고 하면, 30 곱하기 8(라멕이 낳은 자식들을 모두 포함해서 8세대니까)

usque ad diluuium non generauerunt? Qua tandem causa, qui haec scripsit, generationes commemorare noluit quae sequuntur? Nam ex Adam usque ad diluuium conputantur anni secundum codices nostros duo milia ducenti sexaginta duo; secundum Hebraeos autem mille sescenti quinquaginta sex. Vt ergo istum numerum minorem credamus esse ueriorem, de mille sescentis quinquaginta sex annis ducenti quadraginta detrahantur: Numquid credibile est per mille quadringentos, et quod excurrit, annos, qui restant usque diluuium, progeniem Cain a generationibus uacare potuisse?

Sed qui ex hoc mouetur, meminerit, cum quaererem, quo modo credendum sit antiquos illos homines per tam multos annos a gignendis filiis cessare potuisse, duobus modis istam solutam esse quaestionem: Aut de sera pubertate, proportione tam longae uitae, aut de filiis qui commemorantur in generationibus, quod non fuerint primogeniti, sed hi, per quos ad eum, quem intendebat auctor libri, poterat perueniri, sicut ad Noe in generationibus Seth. Proinde in generationibus Cain, si non occurrit qui deberet intendi, ad quem praetermissis primogenitis per eos, qui commemorati sunt, perueniri oportebat, sera pubertas intellegenda restabit, ut aliquanto post centum annos puberes habilesque ad gignendum facti fuerint, ut ordo generationum per primogenitos curreret et usque diluuium ad numerum annorum tantae quantitatis occurreret. Quamuis fieri possit, ut propter aliquam secretiorem causam, quae me latet, usque ad Lamech et eius filios generationum perueniente contextu commendaretur haec ciuitas, quam dicimus esse terrenam, ac deinde cessaret scriptor libri commemorare ceteras, quae usque ad diluuium esse potuerunt. Potest et illa esse causa, cur non ordo generationum per primogenitos duceretur, ut necesse non sit

---

[164] 고대인들의 장수라든가 그 연세에 별다른 의미를 두지 않는 현대와는 달리 당대에 자구적으로 창세기를 해석하는 풍조에서는 숫자상의 무리한 차이가 해명되어야 했다.

[165] 아벨을 죽인 살인죄도 7대 이상으로 죄벌이 내려가지 않는다는 이유에서 7대손까지만 이름이 기록되었으리라는 해석도 없지 않았다(Iosephus Flavius, *Antiquitates Iudaicae* 1.2.1).

은 240년이 된다. 그다음 대홍수에 이르기까지 그 긴 세월 동안 그들은 자식을 전혀 낳지 않았다는 말인가? 이런 일을 기록한 사람은 무슨 이유로 그 뒤에 오는 세대들을 기록하려고 하지 않았을까? 왜 내가 이런 말을 하느냐 하면 아담으로부터 대홍수까지는, 우리 경전에 의하면, 무려 2,262년으로 계산되기 때문이다. 히브리 경전으로는 1,656년으로 계산된다. 더 적은 숫자가 신빙성이 있다고 치고 1,656년에서 240년을 뺀다고 하자. 그렇다면 대홍수까지 남은 1,400년 동안 카인의 후예는 자식을 전혀 낳지 않았다는 말인데, 과연 그것을 믿을 수 있는가?

20.3. 몇 가지 가설을 제시한다

내가 저 고대인들이 어떻게 해서 그 많은 햇수 동안 자식 낳는 일을 중단하고 살 수 있었으며, 그것을 과연 믿어야 하느냐 하는 의문을 제기하는 것에 마음이 거북한 사람이 있다면, 이 물음에 두 가지로 해답이 제시되었다는 사실을 상기하기 바란다.[164] 사람들이 장수한 만큼 그에 비례해서 사춘기가 늦었거나, 그렇지 않으면 족보에 기록된 아들들이 맏아들이 아니고 단지 그들을 통해 성서 저자가, 마치 셋의 족보에서 노아에게 도달하는 것과 똑같이, 자기가 당도하려고 의도한 인물을 의중에 두고 있었거나 둘 가운데 하나이리라는 것이다. 그렇다면 카인의 족보에서는 맏아들들을 거치면서 거기 거명된 사람들에 대해 저자가 도달하려고 의중에 둔 인물이 따로 없었을 것이므로 그 당시 사람들의 생식력이 늦었으리라고 이해하는 길만 남는다. 즉, 백 살이 넘어서야 사춘기가 되고 자식을 낳을 능력이 생겼으리라는 말이다. 그러면 맏아들들을 거쳐서 세보는 대홍수까지 이어지고 그만큼 많은 햇수를 필요로 하는 저 세월을 충당할 수도 있다. 하지만 여기는 으레 그럴 수 있듯이, 나로서도 알지 못하는 더욱 내밀한 이유가 있어서, 성서의 저자는 라멕과 그의 아들들에게 혈통이 내려온 이상 그들에게서 우리가 지상적이라고 칭하는 도성이 출현한 사실을 부각시켰고, 일단 그렇게 한 다음에는 대홍수에 이르기까지 지속되었을지도 모르는 다른 세대들을 기록하는 일에 대해서는 아예 중단해 버렸는지도 모른다.[165] 바로 이것이 이유가 된다면, 왜 카인의 세보는 맏아들들을 거쳐서 내려오지 않았는

in illis hominibus tam seram credere pubertatem, quod scilicet eadem ciuitas, quam Cain in nomine Enoch filii sui condidit, longe lateque regnare potuerit et reges habere non simul plures, sed suis aetatibus singulos, quos genuissent sibi successuros quicumque regnassent. Horum regum primus esse potuit ipse Cain, secumdus filius eius Enoch, in cuius nomine, ubi regnaretur, condita est ciuitas; tertius Gaidad, quem genuit Enoch; quartus Meuia, quem genuit Gaidad; quintus Mathusael, quem genuit Meuia; sextus Lamech, quem genuit Mathusael, qui est septimus ab Adam per Cain. Non autem erat consequens, ut primogeniti regum regnantibus succederent patribus, sed quos regnandi meritum propter uirtutem terrenae utilem ciuitati uel sors aliqua reperiret, uel ille potissimum succederet parti hereditario quodam iure regnandi, quem prae ceteris filiis dilexisset. Potuit autem uiuente adhuc Lamech atque regnante fieri diluuium, ut ipsum cum allis omnibus hominibus, exceptis qui in arca fuerunt, quem perderet inueniret. Neque enim mirandum est, si uaria quantitate numerositatis annorum interposita per tam longam aetatem ab Adam usque diluuium non aequalis numeri generationes habuit utraque progenies, sed per Cain septem, per Seth autem decem; septimus est enim, ut iam dixi, ab Adam Lamech, decimus Noe; et ideo non unus filius Lamech, sicut in ceteris superius, sed plures commemorati sunt, quia incertum erat quis ei fuisset mortuo successurus, si regnandi tempus inter ipsum et diluuium remansisset.

Sed quoquo modo se habeat siue per primogenitos siue per reges ex Cain generationum ordo decurrens, illud mihi nullo pacto praetereundum

---

[166] 창세 4,17-18 참조. 아우구스티누스가 칠십인역 라틴어본에 따라 본서에서 사용하는 인명(Cain, Enoch, Gaidad, Mevia, Mathusael, Lamech)과 히에로니무스의 불가타본에 근접한 공동번역본(카인, 에녹, 이랏, 므후야엘, 므두사엘, 라멕) 사이에 차이가 나지만 일단 공동번역의 표기를 따른다.

[167] 현대 성서학계의 연구로 야휘스트 문헌(창세 5,17 이하)과 제관계 문헌(창세 5,12 이하)이 같은 내용을 따로 번안한 것임을 밝혀냈지만 그것을 모르던 아우구스티누스는 자구적 해석의 범위에서 합리적 해명을 시도하고 있다.

지에 대한 해명이 되며, 그 이유대로라면 그 사람들에게는 자녀 생산력이 그토록 때늦게 도달했다고 믿을 필요도 없겠다. 그러면 카인이 아들 에녹의 이름을 따서 세운 도성도 오랫동안 또 널리 통치할 수 있었을 테고, 국왕들을 두더라도 한꺼번에 여러 명이 나오지 않고 그 연대마다 누구든 당시 군림하던 사람이 낳은 국왕이 뒤를 이어서 제각각 다스렸을 것이다. 그 국왕들 가운데 첫 임금은 카인이었을 수 있고, 둘째 임금은 그의 아들 에녹으로서 다름아닌 그의 이름을 따서 그가 군림하는 그 도시국가가 건설되었을지도 모른다. 셋째 임금은 에녹이 낳은 이랏이었고, 넷째 군왕은 이랏이 낳은 므후야엘이었고, 다섯째 군왕은 므후야엘이 낳은 므두사엘이었으며, 여섯째 군왕은 므두사엘이 낳은 라멕이었을 것이며 그는 아담으로부터 카인을 거쳐 내려온 7대손이 된다.[166] 그렇다고 군왕의 맏아들들이 부친이 아직 왕위에 있는 동안에 자동적으로 왕권을 계승했다는 결론은 나오지 않는다. 후계자는 지상 도성에 유익한 능력을 갖춘 통치상의 공적이 많은 사람이나 또는 일종의 제비뽑기로 정하기도 했을 것이고, 부왕이 다른 아들들보다 더 총애하던 아들이 통치권을 갖고 부왕을 계승하기도 했을 것이다. 라멕이 아직 살아서 군림하고 있을 때 대홍수가 닥쳤을 수도 있다. 그래서 방주 안에 있던 사람들 외에 다른 모든 인간들과 더불어 그도 멸망했을 수 있다. 그러니 아담으로부터 대홍수에 이르는 동안에 엄청난 장수로 인해 햇수의 차이가 그토록 다르다고 하더라도, 양편 족보가 세대수를 달리 하여 카인 쪽으로는 7대손인데 셋 쪽으로는 10대손에 이른다고 하더라도 이상하게 생각할 것은 아니다. 내가 말한 대로 라멕은 아담으로부터 7대손이고 노아는 10대손이 된다. 또 바로 그래서 라멕에서는 먼저 나온 인물들의 경우처럼 아들 하나만 기록되지 않고 여러 명이 기록되어 있다. 라멕과 대홍수 사이에 아직도 통치 기간이 남아있었다고 한다면, 라멕이 죽고 나서 누가 왕위를 계승하기로 되어 있었는지 불확실했기 때문이다.[167]

20. 4. 11이라는 숫자는 죄를 상징한다

그런데 세보가 카인으로부터 맏아들들을 통해 내려갔든 국왕들을 통해 내려갔든 나는 다음 한 가지 사실은 그냥 묵살하고 넘어갈 수 없다. 아담으로부터 7

silentio uidetur, quod, cum Lamech septimus ab Adam fuisset inuentus, tot eius adnumerati sunt filii, donec undenarius numerus impleretur, quo significatur peccatum. Adduntur enim tres filii et una filia. Vxores autem aliud possunt significare, non hoc quod nunc commendandum uidetur. Nunc enim de generationibus loquimur; illae uero unde sint genitae, tacitum est. Quoniam ergo lex denario numero praedicatur, unde est memorabilis ille decalogus, profecto numerus undenarius, quonaim transgreditur denarium, transgressionem legis ac per hoc peccatum significat. Hinc est quod in tabernaculo testimonii, quod erat in itinere populi Dei uelut templum ambulatorium, undecim uela cilicina fieri praecepta sunt. In cilicio quippe recordatio est peccatorum propter haedos ad sinistram futuros; quod confitentes in cilicio prosternimur tamquam dicentes quod in Psalmo scriptum est: *Et peccatum meum ante me est semper*. Progenies ergo ex Adam per Cain sceleratum undenario numero finitur, quo peccatum significatur; et ipse numerus femina clauditur, a quo sexu initium factum est peccati, per quod omnes morimur. Commissum est autem, ut et uoluptas carnis, quae spiritui resisteret, sequeretur. Nam et ipsa filia Lamech Noemma uoluptas interpretatur. Per Seth autem ab Adam usque ad Noe denarius insinuatur legitimus numerus. Cui Noe tres adiciuntur filii, unde uno lapso duo benedicuntur a patre, ut remoto reprobo et probatis filiis ad numerum additis etiam duodenarius numerus intimetur, qui et in patriarcharum et in apostolorum numero insignis est, propter septenarii partes alteram per alteram multiplicatas. Nam ter quaterni uel quater terni ipsum faciunt. His ita se habentibus uideo considerandum et commemorandum, ista utraque progenies, quae distinctis generationibus duas insinuat ciuitates, unam terrigenarum, alteram regeneratorum, quo modo postea sic

---

[168] "11은 10을 넘어선(= 십계명을 위반한) 숫자라는 뜻에서 율법의 위반을 의미한다"(*Sermo* 83,7).

[169] 출애 26,7 참조: "성막 위에 씌울 천막은 염소털로 짠 피륙으로 열한 폭이 되게 만들어라."

[170] cilicium: 원래는 "염소 가죽"이다.

[171] 마태 25,33의 최후심판의 말씀과 우의적으로 결부시키고 있다.

[172] 시편 50[51],5.

[173] Cf. Hieronymus, *De nominibus hebraicis* 9.10: Noemma, decus sive voluptas vel fides.

[174] 피타고라스 학파의 해설에 의하면, 10은 최초의 네 정수(tetractys: 1, 2, 3, 4)의 총화에 해당하므로 완전수(完全數)이고 12는 3수(trias)와 4수(tetras)라는 완전수들이 곱해진 결과이며, 11은 10과 12라는 두 완전수 사이에 끼어 있는 불완전수다.

대손인 라멕이 출현했을 때, 거기 기록된 자식들을 모조리 꼽는다면 11이라는 숫자가 채워진다는 점이다. 그 수는 죄를 상징한다.[168] 아들 세 명과 딸 하나가 보태진 숫자를 말한다. 아내들은 다른 의미를 띠는데 지금은 그것을 주석할 자리가 아닌 듯하다. 우리는 지금 세대들의 숫자에 대해 얘기하는 중이며, 그 여자들이 누구에게서 태어났는지를 말하려는 것이 아니다. 율법이 10이라는 숫자로 선포되었고 거기서 저 유명한 십계명이 유래한다. 바로 그래서 11이라는 숫자는 10이라는 숫자를 넘어섰다는 이유에서 율법의 위반을 의미하고 또 그래서 죄를 의미한다. 하느님의 백성이 겪는 여정중에 움직이는 성전과 마찬가지였던 계약의 장막에서 염소털로 짠 피륙 열한 폭을 만들라는 명이 내린 것도 그런 이유에서였다.[169] 염소털로 짠 피륙[170]에는 죄에 대한 기억이 들어 있으니, 염소는 왼편에 세우는 까닭이다.[171] 우리는 죄를 고백할 때 염소털로 짠 천 위에 엎드리며, 이것은 마치 "저의 잘못이 늘 제 앞에 있나이다"[172]라고 시편에 기록된 말씀을 드리는 것과 흡사하다. 그러므로 아담으로부터 죄지은 카인을 통해 나온 후손들은 죄를 상징하는 11이라는 숫자로 끝나는 것이다. 또 그 숫자에는 여성이 포함되어 있는데, 바로 그 성性에 의해 우리 모두가 죽게 되는 죄의 시발始發이 있었던 까닭이다. 죄를 범함으로써 육의 쾌락이 뒤따르고 그 육은 영에 반항하기에 이른다. 과연 라멕의 딸 나아마는 "쾌락"이라는 뜻으로 풀이된다.[173] 그 대신 아담으로부터 셋을 통해 나온 후손들은 노아에게 이르기까지 10이라는 숫자, 율법에 부합한 숫자를 이룬다. 그 숫자에 노아의 세 아들들이 덧붙여지는데, 하나는 타락하고 둘은 아버지에게 축복을 받는다. 말하자면 하나는 꾸지람을 듣고 떨어져 나가고 나머지 둘은 인정을 받아 10이라는 숫자에 합쳐짐으로써 12라는 숫자가 된다. 이 숫자는 성조들의 숫자요 사도들의 숫자로 유명하다. 그리고 12라는 숫자는 7을 이루는 두 부분들을 서로 곱하여 나온다. 3 곱하기 4, 혹은 4 곱하기 3으로 그 숫자가 생기는 연고다.[174] 사정이 이러하므로 다음 사실을 숙고하고 기억해 두어야 할 것이다. 즉, 저 양편의 후손들은 각기 다른 세대들을 거치면서 두 도성을 대표하고 있는데, 하나는 땅에서 태어난 인간들의 도성을 대표하고 다른 하나는 재생된 사람들의 도성을 대표한다.

commixta fuerit atque confusa, ut uniuersum genus humanum exceptis octo hominibus diluuio perire mereretur.

21. Primo autem intuendum est, quem ad modum, cum ex Cain generationes enumerarentur, commemorato ante ceteros posteros eius illo, in cuius nomine condita est ciuitas, id est Enoch, contexti sunt ceteri usque ad illum finem, de quo locutus sum, donec illud genus atque uniuersa propago diluuio deleretur; cum uero filius Seth unus commemoratus fuisset Enos, nondum usque ad diluuium additis ceteris articulus quidam interponitur et dicitur: *Hic liber natiuitatis hominum, qua die fecit Deus Adam, ad imaginem Dei fecit illum. Masculum et feminam fecit illos, et benedixit illos, et cognominauit nomen eorum Adam, qua die fecit illos.* Quod mihi uidetur ad hoc interpositum, ut hinc rursus inciperet ab ipso Adam dinumeratio temporum, quam noluit facere, qui haec scripsit, in ciuitate terrena; tamquam eam Deus sic commemoraret, ut non conputaret. Sed quare hinc reditur ad istam recapitulationem, postea quam commemoratus est filius Seth, homo qui sperauit inuocare nomen Domini Dei, nisi quia sic oportebat istas duas proponere ciuitates, unam per homicidam usque ad homicidam (nam et Lamech duabus uxoribus suis se perpetrasse homicidium confitetur), alteram per eum, qui sperauit inuocare nomen Domini Dei? Hoc est quippe in hoc mundo peregrinantis ciuitatis Dei totum atque summum in hac mortalitate negotium, quod per unum

---

[175] 창세 5,1-2.

[176] 각주 167 참조. 창세 5,1부터 제관계 문서(P)가 다시 편집되고 하느님의 이름도 "야훼"에서 "엘로힘"으로 바뀐다. 교부는 Dominus Deus라는 호칭이 거기서 끝나는 데 그다지 주목하지 않고 있다.

[177] 앞의 15.19 각주 146 참조. 불가타본은 iste coepit invocare nomen Domini("그가 주님(야훼)의 이름을 부르기 시작했다")라고 되어 있다.

[178] 창세 4,24 참조: "카인을 해친 사람이 일곱 갑절로 보복을 받는다면, 라멕을 해치는 사람은 일흔 일곱 갑절로 보복받으리라."

그럼에도 이 둘이 후대에 어떻게 섞이고 또 혼합되었는지 모르겠지만 결국 여덟 사람을 빼놓고는 전인류가 대홍수로 멸망하기에 이른다.

21. 에녹은 카인의 아들인데 대홍수까지 그의 계보가 이어진 까닭과, 에노스는 셋의 아들인데 거기서 인류의 시원으로 소급하는 까닭

그런데 여기서 먼저 따져봐야 할 점이 하나 있다. 성서의 저자는 카인으로부터 세대를 세어 가는데 다른 후손들에 앞서서, 그의 이름을 따서 도성을 세웠다는 인물, 곧 에녹을 거명하고는 거기서부터 그밖의 세대들의 혈통을 이으면서 저 종말까지 곧장 내려간다. 내가 이야기한 대로 전인류와 카인의 모든 후손이 대홍수로 멸망하는 종말까지 곧장 내려간다. 하지만 셋의 아들로는 에노스 하나가 있었던 것으로 거명하면서 대홍수까지 이어지는 다른 세대들을 덧붙이기 전에 갑작스럽게 한 대목을 삽입하여 이런 말을 한다: "아담의 계보는 이러하다. 하느님께서 사람을 지어내시던 날, 하느님께서는 당신 모습대로 사람을 만드시되 남자와 여자로 지어내셨다. 그날 하느님께서는 그들에게 복을 주시며 그 이름을 아담이라 지어 주셨다."[175] 성서의 저자가 이렇게 한 까닭이 무엇인지 살펴봐야겠다. 내가 보기에 이 구절이 삽입된 것은 여기서 아담으로부터 시대 계산을 다시 시작하려는 의도가 있었으며, 이것을 기록한 인물은 지상 도성에 대해서는 그렇게 할 생각이 없었던 것으로 여겨진다. 성서의 저자는 하느님이 마치 지상 도성을 거명은 하지만 계산에는 넣지 않은 것처럼 기록하고 있다.[176] 셋의 아들, 곧 비로소 주 하느님의 이름을 부르려는 희망을 품었다는 사람을 거명하면서[177] 처음부터 다시 간추리는 것은 이렇게 해서 두 도성을 제시하는 편이 적절하다고 여긴 것이 아니라면 어떤 다른 이유가 있었겠는가? 한 도성은 살인자에서 시작하여 살인자로 이어지고(라멕이 자기 두 아내들에게 하는 말을 보면 자기도 살인을 저질렀노라고 자백하는 셈이다),[178] 다른 한 도성은, 비로소 주 하느님의 이름을 부르려는 희망을 품었다는 사람을 통해 이어졌다는 것을 제시하려는 생각이 아니었겠는가? 이 지상에서 순례하는, 하느님의 도성이 이 사멸하는 인간 조건에서 갖는 유일무이한 최상의 임무가 한 사람을

hominem, quem sane occisi resurrectio genuit, commendandum fuit. Homo quippe ille unus totius supernae ciuitatis est unitas, nondum quidem conpleta, sed praemissa ista prophetica praefiguratione conplenda. Filius ergo Cain, hoc est filius possessionis, (cuius nisi terrenae?) habeat nomen in ciuitate terrena, quia in eius nomine condita est. De his est enim, de quibus cantatur in Psalmo: *Inuocabunt nomina eorum in terris ipsorum*; propter quod sequitur eos quod in alio Psalmo scriptum est: *Domine, in ciuitate tua imaginem eorum ad nihilum rediges*. Filius autem Seth, hoc est filius resurrectionis, speret inuocare nomen Domini Dei; eam quippe societatem hominum praefigurat quae dicit: *Ego autem sicut oliua fructifera in domo Dei speraui in misericordia Dei*; uanas autem glorias famosi in terra nominis non requirat; *beatus* est enim *uir, cuius est nomen Domini spes eius, et non respexit in uanitates et insanias mendaces*. Propositis itaque duabus ciuitatibus, una in re huius saeculi, altera in spe Dei, tamquam ex communi, quae aperta est in Adam, ianua mortalitatis egressis, ut procurrant et excurrant ad discretos proprios ac debitos fines, incipit dinumeratio temporum; in qua et aliae generationes adiciuntur, facta recapitulatione ex Adam, ex cuius origine damnata, ueluti massa una meritae damnationi tradita, facit Deus alia in contumeliam uasa irae, alia in honorem uasa misericordiae, illis reddens quod debetur in poena,

---

[179] 창세 4,25 ("하느님께서 카인이 죽인 아벨 대신 이제 또 다른 자손을 나에게 일으키셨구나")의 마지막 라틴어 *suscitavit*이 신약에서 하느님이 예수를 "부활시키셨다"는 의미로 사용되므로, 셋(각주 147 참조)을 살해된 아벨의 부활로 받아들이는 아담의 언사를 받아서, "살해당한 사람의 부활이 탄생시켰다" (occisi resurrectio genuit)는 연상(聯想)이 가능하다.

[180] *homo ille unus* totius supernae *civitatis* est *unitas*: "저 단일한 인간은 곧 상위 도성 전체의 단일성이기도 하다"라고도 번역된다.

[181] 셋이 그리스도, 곧 자기 일신에 온 인류를 총괄하는 그리스도의 예형(praefigura)이라는 말이다.

[182] 시편 48,12. [새번역 49,12: "그들이 … 땅을 제 이름따라 부르지만 …."]

[183] 시편 72,20. [새번역 73,20: "주님께서 일어나실 때 당신께서는 그들의 모습을 업신여기시나이다."]

[184] 시편 51,10. [새번역 52,10: "나는 하느님 집에 있는 푸른 올리브나무 같노라. 영영세세 나는 하느님의 자애에 의지하노라."]

[185] 시편 39,5. [새번역 40,5: "행복하여라, 주님께 신뢰를 두며 오만한 자들과 거짓된 변절자들에게 돌아서지 않는 사람!"]

[186] incipit dinumeratio temporum: 창세기와 일반역사를 단일한 역사로 보는 교부는 이하에서 자기가 터득한 지식을 모두 동원하여 연대 계산을 시도한다.

[187] facta recapitulatione ex Adam: "recapitulatio"는 오리게네스의 *ἀποκατάστασις*의 번역어로 사용되는 신학용어였지만 아우구스티누스는 단순히 "이미 얘기한 내용의 요점 개괄"이라는 의미로 쓴다.

통해서, 그것도 살해당한 사람의 부활이 탄생시킨 사람[179]을 통해 이루어졌다는 것을 부각시키려는 것이 아니겠는가? 그리하여 저 한 사람으로 상위 도성 전체가 하나임을 상징하게 된다.[180] 물론 그 하나임은 아직 완성된 것이 아니고 예언적 표징에 의해 완성될 것이었다.[181] 카인의 아들, 즉 "소유"의 아들(지상 도성의 아들이 아니고 누구겠는가?)은 지상 도성에 자기 이름을 붙이게 될 것이다. 그의 이름으로 도성이 건설되었기 때문이다. 이 사람들에 대해 시편에 이런 노래가 나온다: "그들은 그들의 땅에서 그들의 이름을 부르리라."[182] 그래서인지 다른 시편에는 그들에 대해 이런 말이 적혀 있다: "주님, 당신의 도성에서 그들의 모습을 허무로 돌아가게 하시리이다."[183] 그 대신 셋의 아들, 즉 "부활"의 아들은 비로소 주 하느님의 이름을 부르려는 희망을 품게 될 것이다. 그가 이룰 인간들의 사회를 표상하여 다음과 같은 말씀이 있다: "나는 하느님 집에 있는 열매 푸진 올리브나무와 같이 하느님의 자비에 희망을 두었나이다."[184] 지상에서 유명한 이름에서 비롯하는 허황한 영광을 찾지 않게 된다: "행복하여라, 주님의 이름이 그의 희망이 되고 허황한 짓과 어리석은 거짓을 돌아보지 않는 사람!"[185] 그러니까 두 도성이 출현하여 하나는 이 세상의 사물에 의지하고 다른 하나는 하느님의 희망에 의지하는데, 둘다 공통되게 아담에게서 열린 죽음의 문을 나간다. 그리고 제각기 고유하고 서로 뚜렷이 갈라지는 목적을 향해 달려나가고 뻗어나가는데 여기서부터 시대의 계산이 시작된다.[186] 그 계산 속에 아담으로부터 시작하여 시대를 개괄하고 나서[187] 다른 세대들이 덧붙여진다. 아담으로부터 시작하여 개괄된 족속은 그로부터 기원하여 단죄받은 족속이요, 응분의 단죄에 넘겨진 집단이라고 하겠는데,[188] 그 족속에서 하느님은 어떤 것은 진노의 멸시를 받게 될 그릇들로 만들고 어떤 것은 자비의 영광을 받게 될 그릇으로 만든다.[189] 저자들에게는 죄벌로 응분의 것을 돌려주고, 이 사람들

---

[188] massa damnationi tradita ("단죄에 넘겨진 집단"): 13.23.3 각주 166 (multo plures secunda in aeternum morte plectentur) 참조. recapitulatio가 그리스도 안에서라면 "총괄갱신"(總括更新)이라고 하겠지만, 아담 안에서라면 인류는 단죄받은(ex cuius origine damnata) 처지여서 "총괄단죄"다.

[189] 로마 9,22-23 참조. 본서 15.2에도 인용.

istis donans quod non debetur in gratia; ut ex ipsa etiam conparatione uasorum irae superna ciuitas discat, quae peregrinatur in terris, non fidere libertate arbitrii sui, sed speret inuocare nomen Domini Dei. Quoniam uoluntas in natura, quae facta est bona a Deo bono, sed mutabilis ab inmutabili, quia ex nihilo, et a bono potest declinare, ut faciat malum, quod fit libero arbitrio, et a malo, ut faciat bonum, quod non fit sine diuino adiutorio.

에게는 은총으로 분수에 맞지 않는 바를 베풀어 준다. 그렇게 진노의 그릇들과 비교함으로써 천상 도성은 배우게 될 것이다. 지상에서 나그네살이하는 동안에 자신의 자유의지를 신뢰할 것이 아니라 주 하느님의 이름을 부르려는 희망을 품어야 하리라는 것을 배우게 될 것이다.[190] 그 이유는 다음과 같다: 의지는 자연본성상 선한 하느님으로부터 선한 것으로 만들어지기는 했지만, 불변하는 분으로부터 만들어진 가변적인 것이다. 무無에서 왔기 때문이다. 이것이 선에서 빗나가서 악을 행할 수 있다. 그렇지만 어디까지나 자유의지에 의해 행해지는 것이다. 악에서 벗어나는 일도 선을 행하는 일도 자유의지에 의해 행해지는데, 다만 선을 행하는 것은 신적 보우가 없이는 이루어지지 않는다.[191]

---

[190] 로마 9,22-23 참조: "멸망하게 되어 있는 진노의 그릇들을 큰 인내로 참아 주셨습니다. 그리고 그것은 영광을 받도록 미리 마련하신 자비의 그릇들에게 당신 영광의 풍부함을 알리시기 위해서였습니다."

[191] 짧은 문장에 아우구스티누스의 「자유의지론」 전후기 사상이 간추려져 있다(*De libero arbitrio*; *Contra Iulianum opus imperfectum* 5.39).

22. Hoc itaque libero uoluntatis arbitrio genere humano progrediente atque crescente facta est permixtio et iniquitate participata quaedam utriusque confusio ciuitatis. Quod malum a sexu femineo causam rursus inuenit; non quidem illo modo quo ab initio (non enim cuiusquam etiam tunc fallacia seductae illae feminae persuaserunt peccatum uiris;) sed ab initio quae prauis moribus fuerant in terrena ciuitate, id est in terrigenarum societate, amatae sunt a filiis Dei, ciuibus scilicet peregrinantis in hoc saeculo alterius ciuitatis, propter pulchritudinem corporis. Quod bonum Dei quidem donum est; sed propterea id largitur etiam malis, ne magnum bonum uideatur bonis. Deserto itaque bono magno et bonorum proprio lapsus est factus ad bonum minimum, non bonis proprium, sed bonis malisque commune; ac sic filii Dei filiarum hominum amore sunt capti, atque ut eis coniugibus fruerentur, in mores societatis terrigenae defluxerunt, deserta pietate, quam in sancta societate seruabant. Sic enim corporis pulchritudo, a Deo quidem factum, sed temporale carnale infimum bonum, male amatur postposito Deo, aeterno interno sempiterno bono, quem ad modum iustitia deserta et aurum amatur ab auaris, nullo peccato auri, sed hominis. Ita se habet omnis creatura. Cum enim bona sit, et bene amari potest et male: Bene scilicet ordine custodito, male ordine pertur-

---

[192] permixtio ... utriusque confusio civitatis: 창세기의 신화적 텍스트를 들어 "두 도성의 혼합"을 예거한다.

[193] bene (amari) ordine custodito, male ordine perturbato: 본서에서 교부는 어떤 사물 자체가 악하다는 이원론으로 떨어지는 일이 없게 하려고 의지의 방향, 사물의 질서 여부에서 악의 발원을 강조한다. 14.9.1 각주 105 (rectus amor) 참조.

제3부 (22-27)
대홍수에서 일어난 일들이 예표하는 것

22. 하느님의 아들들이 이방인 여자들의 사랑에 사로잡혀 타락했기 때문에 여덟 사람 말고는 모두가 대홍수로 멸망할 만했다

　인류가 발전하고 증가하면서, 이 자유의지에 의해, 혼잡이 이루어지고 서로 악에 물들어 가면서 두 도성의 혼합이 온다.[192] 다시 한번 그 악의 원인은 여성에게 있는 것처럼 드러난다. 다만 태초에 일어났던 것과 같은 모양은 아니었다 (누군가의 거짓말에 속아서 여자들이 남자들에게 죄를 지으라고 꼬드긴 것은 아니었기 때문이다). 여하튼 처음부터 지상 도성, 곧 땅에서 나온 사람들의 사회에는 악한 행실로 물든 여자들이 있었는데, 그 여자들은 육체의 아름다움으로 인해 하느님의 아들들에게, 다시 말해 이 세상에 나그네살이하는 다른 도성의 시민들에게 사랑을 받았던 것이다. 육체의 아름다움은 하느님이 주신 선한 선물이다. 그런데 그것이 악한 사람들에게도 주어지는 까닭은 사람들이 그것을 대단한 선처럼 여기는 일이 없도록 하기 위한 것이었다. 어떻든 그래서 대단한 선, 정말 선한 사람들의 고유한 선을 저버리고 하찮은 선으로 타락하는 일이 생겼다. 하찮은 선은 선한 사람들에게만 고유한 무엇이 아니고 선인들에게나 악인들에게나 공통된 무엇이다. 어쨌든 하느님의 아들들이 사람의 딸들에 대한 사랑에 사로잡혔고, 그들과 혼인을 누리려고 지상에서 유래한 사회의 풍속에 휩싸여 들어갔으며, 거룩한 사회에서 준수하던 경건심을 잃어버린 것이다. 이처럼 육체의 아름다움은 하느님에 의해 만들어진 선이지만 현세적이고 육적이고 아주 낮은 선이며, 이처럼 영원하고 내적이고 항속하는 선인 하느님을 뒷전에 두고 사랑하는 것은 잘못 사랑하는 것이다. 그것은 마치 욕심 많은 사람들이 정의를 저버린 채 황금을 사랑할 때, 그것이 황금의 죄가 아니고 사람의 죄인 것과 흡사하다. 모든 피조물이 그렇다. 피조물은 선한 것이기는 하지만 선하게 사랑할 수도 있고 악하게 사랑할 수도 있다. 질서가 준수되는 한, 선하게 사랑하는 것이고 질서가 무너지면 악하게 사랑하는 것이다.[193] 이것을 나는 어

bato. Quod in laude quadam cerei breuiter uersibus dixi:
> Haec tua sunt, bona sunt, quia tu bonus ista creasti.
> Nil nostrum est in eis, nisi quod peccamus amantes
> Ordine neglecto pro te, quod conditur abs te.

Creator autem si ueraciter ametur, hoc est si ipse, non aliud pro illo quod non est ipse, ametur, male amari non potest. Nam et amor ipse ordinate amandus est, quo bene amatur quod amandum est, ut sit in nobis uirtus qua uiuitur bene. Vnde mihi uidetur, quod definitio breuis et uera uirtutis ordo est amoris; propter quod in sancto cantico canticorum cantat sponsa Christi, ciuitas Dei: *Ordinate in me caritatem*. Huius igitur caritatis, hoc est dilectionis et amoris, ordine perturbato Deum filii Dei neglexerunt et filias hominum dilexerunt. Quibus duobus nominibus satis ciuitas utraque discernitur. Neque enim et illi non erant filii hominum per naturam; sed aliud nomen coeperant habere per gratiam. Nam in eadem scriptura, ubi dicti sunt dilexisse filias hominum filii Dei, idem dicti sunt etiam angeli Dei. Vnde illos multi putant non homines fuisse, sed angelos.

23. Quam quaestionem nos transeunter commemoratam in tertio huius operis libro reliquimus insolutam, utrum possint angeli, cum spiritus sint, corporaliter coire cum feminis. Scriptum est enim: *Qui facit angelos suos spiritus*, id est eos, qui natura spiritus sunt, facit esse angelos suos, iniungendo eis officium nuntiandi. Qui enim Graece dicitur ἄγγελος, quod

---

[194] laus cerei: 부활 전야 예식에서 그리스도를 상징하는 부활초를 밝히고 부르는 찬미가. 지금의 부활찬가(*Exsultet*: Praeconium paschale)는 아우구스티누스의 작품과 결부되고 있다.

[195] *Anthologia latina*라는 선집(選集)과 *Laus Cerei* (PL 46.187)에 부분적으로 전해오는 *De anima*라는 시가의 첫머리다.

[196] definitio virtutis ordo est amoris: "덕"의 간결한 정의다. 질서의 구체적 내용은 바로 앞 문장에 나오는 대로 "사랑해야 할 것을 선하게 사랑하는 것"(bene amatur quod amandum est)이다.

[197] 아가 2,4.

[198] filii Dei, filiae hominum(혹은 filii hominum)이 구약에서 두 도성의 명칭이었다는 주장이다.

[199] 외경(外經)인 에녹서와 외교 신앙의 영향으로 하느님의 천사들도 피조물답게 일종의 육체를 갖고 있고 따라서 사람의 딸들과 결혼하여 거인들을 낳았다는 전설을 받아들이는 경향이 초대 교부들에게 없지 않았다(Tertullianus, *De carne Christi* 6; Iustinus, *Dialogus cum Tryphone* 57.2; Clemens Alex., *Paedagogus* 1.6.41). 아우구스티누스도 천사의 육체적 요소에 관해서는 확신이 없었다(*Sermo* 12.9; 362.17; *Epistulae* 95.8; 9.3).

[200] 3.5 참조: "우리네 성서에 관해서도 제기되는 것으로서, 번역하는 천사들이 과연 사람의 딸들과 동침하여 거기서 거인들이 태어나서 그야말로 이 거대하고 용맹한 사람들로 당시의 땅이 가득 찼느냐는 시비가 나오는 까닭이다."

[201] 시편 103,4. [새번역 104,4: "바람을 당신 사자로, 타오르는 불을 당신 시종으로 삼으시는 분."]

떤 「밀초의 찬가」[194]에서 몇 구절로 간단하게 표현한 바 있다:
>이것은 당신의 것이자 선한 것이니 당신은 선한 분으로 이것을 창조했나이다.
>우리들의 것치고 우리가 죄지은 것 말고는 아무것도 없으며
>당신 대신에 당신이 지으시는 것을 사랑한 연유로소이다.[195]

만일 창조주를 진실로 사랑한다면, 다시 말해 창조주 대신에 그분 아닌 다른 것을 사랑하지 않고 바로 그분을 사랑한다면, 악하게 사랑하는 것은 불가능하다. 이런 말을 하는 이유는 사랑 자체도 질서있게 사랑해야 하며, 그렇게 함으로써 사랑해야 할 것을 선하게 사랑하게 되고, 그렇게 해야 선하게 살아가는 덕성이 우리에게는 생기기 때문이다. 내가 보기에, 덕성에 관한 정확하고 간결한 정의定義가 있다면 그것은 사랑의 질서다.[196] 그래서 거룩한 아가에서는 그리스도의 신부, 곧 하느님의 도성이 이렇게 노래한다: "애덕을 내 안에서 질서지으라!"[197] 이 애덕, 다시 말해 애정 혹은 사랑의 질서를 무너뜨리고 하느님의 아들들이 하느님을 소홀히했고 사람의 딸들을 사랑한 것이다. 이 두 명칭으로 두 도성이 확연히 구별된다.[198] 하느님의 아들들도 자연본성으로는 사람의 아들이 아닌 것은 아니나 은총으로 다른 명칭을 갖기 시작한 것이다. 하느님의 아들들이 사람의 딸들을 사랑했다는 구절이 나오는 바로 그 성서에서도 동일한 하느님의 아들들을 하느님의 천사들이라고 부르기도 하는 연고다. 그래서 그들이 사람이 아니었고 천사였으리라고 생각하는 사람들이 많다.[199]

23. 영적 실체를 지닌 천사들이 아리따운 여자들의 사랑에 사로잡혀 혼인을 했고 그들 사이에서 거인들이 생겨났다는 이야기는 믿을 만한가

23. 1. 하느님의 아들들이 아리따운 여자들을 사랑했다

이 문제는 본서 제3권에서 지나가며 언급한 바 있었지만, 천사들이 영靈인데도 과연 여자들과 육체적으로 어울릴 수 있느냐에 대해서는 우리가 해결을 하지 않고 남겨둔 문제였다.[200] 왜 그런가 하면 성서에는 "당신 천사들을 영으로 만드신다"[201]고, 다시 말해 본성적으로 영인 존재들을 당신의 사신으로 만들었으며, 당신의 말씀을 전하는 임무를 그들에게 결부시켰다고 기록되어 있다. 그리

nomen Latina declinatione angelus perhibetur, Latina lingua nuntius interpretatur. Sed utrum eorum corpora consequenter adiunxerit dicendo: *Et ministros suos ignem ardentem*, an quod caritate tamquam igne spiritali feruere debeant ministri eius, ambiguum est. Apparuisse tamen hominibus angelos in talibus corporibus, ut non solum uideri, uerum etiam tangi possent, eadem ueracissima scriptura testatur. Et quoniam creberrima fama est multique se expertos uel ab eis, qui experti essent, de quorum fide dubitandum non esset, audisse confirmant, Siluanos et Panes, quos uulgo incubos uocant, inprobos saepe extitisse mulieribus et earum appetisse ac peregisse concubitum; et quosdam daemones, quos Dusios Galli nuncupant, adsidue hanc inmunditiam et temptare et efficere, plures talesque adseuerant, ut hoc negare inpudentiae uideatur: non hinc aliquid audeo definire, utrum aliqui spiritus elemento aerio corporati (nam hoc elementum etiam cum agitatur flabello sensu corporis tactuque sentitur) possint hanc etiam pati libidinem, ut, quo modo possunt, sentientibus feminis misceantur. Dei tamen angelos sanctos nullo modo illo tempore sic labi potuisse crediderim; nec de his dixisse apostolum Petrum: *Si enim Deus angelis peccantibus non pepercit, sed carceribus caliginis inferi retrudens tradidit in iudicio puniendos reseruari*; sed potius de illis, qui primum apostatantes a Deo cum zabulo suo principe ceciderunt, qui primum hominem per inuidiam serpentina fraude deiecit. Angelos autem fuisse etiam Dei homines nuncupatos eadem scriptura sancta locupletissima testis est. Nam et de Iohanne scriptum est: *Ecce mitto angelum meum ante faciem tuam, qui praeparabit uiam tuam*, et Malachiel propheta propria quadam, id est proprie sibi inpertita gratia dictus est angelus.

---

[202] "사신"(使臣). 그리스어에서 유래한 angelus는 뜻 그대로 nuntius, 곧 "사신"이다.

[203] 로마 대중신화와 문학에서 Silvanus는 숲에 사는 반신(半神)이고 Pan은 농경과 목축의 반신(半神)이다. Faunus, Lupercus, Satyrus 등과 혼동되거나 유사한 존재로 취급받는데 교부는 그들을 "도깨비"(incubi)라고 통칭해 버린다. 4.9.2, 23.1 참조.

[204] dusii: 샘이나 개천이 신성시되어 정령으로 불리는 존재들.

[205] 2베드 2,4.

[206] diabolus라는 단어 대신 zabulus라는 속어를 쓰고 있다.

[207] 마르 1,2. [200주년: "보라, 내 심부름꾼을 먼저 보내니 그가 네 길을 닦아 놓으리라."]

[208] 말라 3,1 참조: "사제들은 이 만군의 야훼가 보낸 천사[공동번역: '특사']라, 사람들은 그 입술만 쳐다보면서 인생을 바르게 사는 법을 배우려고 했다."

스어로 앙겔로스라고 하는 단어를 라틴어 명사변화로는 앙겔루스라는 명사로 표기하는데, 라틴어로는 눈시우스[202]로 번역된다. 그런데 바로 덧붙여서 나오는 "당신 시종들을 불로 만드신다"라는 말이 그들의 신체를 말하는 것인지, 그렇지 않으면 그분의 시종들이 영적인 불처럼 사랑으로 타올라야 한다는 의미인지는 불확실하다. 다만 천사들이 사람들에게 나타날 때에는 신체로 나타났고, 그것은 눈에 보일 뿐 아니라 만져지기도 한다는 사실은 진실하기 이를 데 없는 성서가 증언하는 바이다. 다음과 같은 사실을 겪었다고 하거나 겪은 사람들에게 들었다고 주장하는 사람들이 무척 많다는 것은 아주 널리 퍼져 있는 소문이다. 속된 말로는 도깨비들[203]이 여자들에게 못되게 굴었고 여자들을 뒤쫓아 다녔고 교접을 했다는 얘기인데, 그렇게 말하는 사람들의 믿음을 굳이 의심할 일도 아닌 듯하다. 또 갈리아인들이 두시우스[204]라고 일컫는 정령들도 끈질기게 이런 음탕한 짓을 시도하고 해친다고 허다한 사람들이 주장하기 때문에 그것을 아예 부정하는 것마저 불손해 보일 정도다. 나로서도 여기서 어떤 영들이 영기적靈氣 원소를 신체로 입고 있어서 (이런 원소라면 부채로 흔들기만 해도 신체 감관과 촉각으로 감지되기 때문이다) 이런 정염을 겪을 수 있는지, 그래서 어떻게든 할 수만 있으면, 여자들이 느끼게끔 어우르기도 하는지 어떤 단정적인 말은 감히 못하겠다. 하지만 하느님의 거룩한 천사들이라면 아무리 그렇더라도 그 당시 그 정도로 타락할 수 있었으리라고는 도저히 믿을 수 없다. 베드로 사도의 다음 말도 이들을 두고 한 것은 아닐 것이다: "사실 하느님은 범죄한 천사들을 아끼지 않고 지옥의 어두운 구렁에 던져 가둔 채 심판에 넘기셨습니다."[205] 오히려 최초로 하느님께 배역하고 자기네 두목 마귀[206]와 더불어 추락한 자들, 시기심 때문에 뱀 같은 간교함으로 첫 사람을 타락시킨 자들에 대해 한 말일 것이다. 구약의 저 대목에서 말하는 천사란 하느님의 사람들을 일컬었다는 사실은 같은 성서가 웅변적으로 증거가 되어 준다. 왜 그런가 하면 요한을 두고도 "보라, 내 천사를 네 면전에 보내니 그가 네 길을 마련하리라"[207]고 씌어 있고, 말라기 예언자 본인도 고유한 은총, 즉 그에게 특별히 부여된 은총에 의거해서 천사라고 불린 바 있다.[208]

Verum hoc mouet quosdam, quod ex illis, qui dicti sunt angeli Dei, et ex mulieribus, quas amauerunt, non quasi homines generis nostri, sed gigantes legimus esse natos. Quasi uero corpora hominum modum nostrum longe excedentia, quod etiam supra commemoraui, non etiam nostris temporibus nata sunt. Nonne ante paucos annos, cum Romanae urbis quod a Gothis factum est adpropinquaret excidium, Romae fuit femina cum suo patre et sua matre, quae corpore quodam modo giganteo longe ceteris praemineret? Ad quam uisendam mirabilis fiebat usquequaque concursus. Et hoc erat maxime admirationi, quod ambo parentes eius nec saltem tam longi homines erant, quam longissimos uidere consueuimus. Potuerunt igitur gigantes nasci, et prius quam filii Dei, qui et angeli Dei dicti sunt, filiabus hominum, hoc est secundum hominem uiuentium, miscerentur; filii scilicet Seth filiis Cain. Nam et canonica scriptura sic loquitur, in quo libro haec legimus, cuius uerba ista sunt: *Et factum est, postquam coeperunt homines multi fieri super terram, et filiae natae sunt illis; uidentes autem angeli Dei filias hominum, quia bonae sunt, sumpserunt sibi uxores ex omnibus quas elegerunt. Et dixit Dominus Deus: Non permanebit spiritus meus in hominibus his in aeternum, propter quod caro sunt. Erunt autem dies eorum centum uiginti anni. Gigantes autem erant super terram in diebus illis et post illud, cum intrarent filii Dei ad filias hominum, et generabant sibi; illi erant gigantes a saeculo homines nominati.* Haec libri uerba diuini satis indicant iam illis diebus fuisse gigantes super terram, quando filii Dei acceperunt uxores filias hominum, cum eas amarent bonas, id est pulchras. Consuetudo quippe scripturae huius est, etiam speciosos corpore bonos uocare. Sed et postquam hoc factum est, nati sunt gigantes. Sic enim ait: *Gigantes autem erant super terram in diebus illis et post illud, cum intrarent filii Dei ad filias hominum.* Ergo et ante illis

---

[209] 지중해 신화의 거인족(Titani)을 연상했음인지 "하느님의 아들들"이란 타락한 천사들이었으리라는 해석이 교부들에게 우세했다. 예: Iustinus, *Apologia* 2.5; Ambrosius, *De Noe et arca* 4.

[210] 15.9 참조.

[211] 창세기 편집자는 민수 13,30-33(공동번역 33절: "거기에는 키가 장대 같은 사람들이 있더라. … 우리는 스스로 보기에도 메뚜기 같았지만 그 사람들 보기에도 그랬을 것이다")에 나오는 거인의 일화와 연관시켜 거인족의 유래를 언급하고 지나갔을 텐데 교부들에게는 난감한 토론감이 되었다.

[212] 창세 6,1-4. (공동번역 3절: "사람은 동물에 지나지 않으니 나의 입김이 사람들에게 언제까지나 머물러 있을 수는 없다. 사람은 120년밖에 살지 못하리라".)

23.2. 거인들은 어느 시대에나 태어날 수 있었다

하느님이 천사라고 부르는 자들과 그들이 사랑한 여자들 사이에서 우리와 같은 종류의 인간이 아니라 거인들이 태어났다는 글을 읽을 때 어떤 사람들은 이것 때문에 마음이 동요한다.[209] 나도 위에서 언급한 바 있지만[210] 그들은 사람들의 체구가 우리의 키를 훨씬 초과하는 경우가 우리 시대에도 있다는 사실을 모르는 듯하다. 로마 도성이 고트인들에 의해 파괴되는 사건이 닥치기 몇 해 전, 로마에는 그 몸집이 거인에 가까워 다른 사람들보다 엄청나게 큰 여자가 자기 아버지, 어머니와 함께 산 적이 있지 않았던가? 그 여자를 보려고 대단한 무리가 몰려다니는 일까지 생겼다. 또 참으로 이상한 것은 그 여자의 부모 양편 다 우리가 정말 크다고 여기던 사람들처럼 큰 것도 아니었다는 사실이다. 그러니까 거인들은 언제고 태어날 수 있었고, 하느님의 천사들이라고 불리는 하느님의 아들들이 사람의 딸들, 곧 사람에 따라서 살아가는 자들의 딸들과 어우르기 전에도 거인들은 태어날 수 있었다. 셋의 아들들이 카인의 딸들과 어울리기 이전에도.[211] 성서 정전正典도 이렇게 말하는데 그 책에서 우리가 읽기로는 다음과 같은 말이 나온다: "땅 위에 사람이 불어나면서부터 그들의 딸들이 태어났다. 하느님의 천사들이 그 사람의 딸들을 보고 마음에 드는 대로 아리따운 여자를 골라 아내로 삼았다. 그래서 주 하느님께서는 '나의 입김이 이 사람들에게 영원히 머물러 있을 수는 없다. 그래서 그들은 살이다. 그들의 날들은 120년밖에 되지 않으리라' 하셨다. 그때 그리고 그 뒤에도 세상에는 거인족이 있었는데 하느님의 아들들이 사람의 딸들에게 들어갔을 때 자기를 위해 낳은 자들이었다. 그들은 거인으로서 대대로 이름난 사람들이었다."[212] 성서의 이 말씀은 하느님의 아들들이 사람의 딸들을 아내로 맞았을 때, 그 여자들을 좋은 여자로, 다시 말해 아리따운 여자로 사랑했을 때, 이미 지상에 거인들이 있었음을 가리키는 것으로 충분하다. 육체적으로 예쁜 사람들을 좋은 사람이라고 부르는 것이 이 성서의 관례였다. 하여튼 이런 일이 있은 다음에도 거인들은 태어났다. 그래서 "그때 그리고 그 뒤에도 세상에는 거인족이 있었는데 하느님의 아들들이 사람의 딸들에게 들어갔을 적이었다"라고 한다. 따라서 저런 시절 이전에도

diebus et post illud. Quod autem ait: *Et generabant sibi*, satis ostendit, quod prius, antequam sic caderent filii Dei, Deo generabant, non sibi, id est non dominante libidine coeundi, sed seruiente officio propagandi; non familiam fastus sui, sed ciues ciuitatis Dei, quibus adnuntiarent tamquam angeli Dei, ut ponerent in Deo spem suam, similes illius, qui natus est de Seth, filius resurrectionis, et sperauit inuocare nomen Domini Dei; in qua spe essent cum suis posteris coheredes aeternorum bonorum et sub Deo patre fratres filiorum.

Non autem illos ita fuisse angelos Dei, ut homines non essent, sicut quidam putant, sed homines procul dubio fuisse, scriptura ipsa sine ulla ambiguitate declarat. Cum enim praemissum esset, quod *uidentes angeli Dei filias hominum, quia bonae sunt, sumpserunt sibi uxores ex omnibus quas elegerunt*, mox adiunctum est: *Et dixit Dominus Deus: Non permanebit spiritus meus in hominibus his in aeternum, propter quod caro sunt.* Spiritu Dei quippe fuerant facti angeli Dei et filii Dei, sed declinando ad inferiora dicuntur homines nomine naturae, non gratiae; dicuntur et caro desertores spiritus et deserendo deserti. Et septuaginta quidem interpretes et angelos Dei dixerunt istos et filios Dei; quod quidem non omnes codices habent, nam quidam nisi filios Dei non habent. Aquila autem, quem interpretem Iudaei ceteris anteponunt, non angelos Dei, nec filios Dei, sed filios deorum interpretatus est. Vtrumque autem uerum est. Nam et filii

---

[213] *cum suis posteris* coheredes, *sub Deo patre* fratres filiorum: 하느님의 영원한 도성에서는 조상들이 후손들과 공동상속인이요, 부모가 자녀들의 형제가 될 만큼 혈연을 초월한다는 수사학적 표현이다.

[214] spiritus: "입김"도 되고 "영"도 된다. 그러므로 사람에게 "하느님의 입김"이 머물지 않으면 "영"이 없는 "살"이 되고 만다는 표현이 가능하다.

[215] et caro *desertores* spiritus et *deserendo deserti*: 수사학적 수식으로, 인간이 영이나 은총을 저버림으로써 저버림당한다는 역설적 처지를 탁월하게 언표하고 있다.

[216] Aquila: 2세기에 칠십인역본의 미비점을 채운다면서 구약의 그리스어 번역을 내놓았다. 그리스도 신자들은 초기부터 칠십인역본을 사용하고 있었으므로 이 번역본에 친숙하지 않았다.

[217] filii deorum: 아퀼라가 Elohim을 자구대로 복수 단어 dei로 썼거나 하느님의 성도(聖徒)와 천사들을 "신들"(dei)이라고 칭하는 성서의 관례를 따른 것으로 풀이된다(Hieronymus, *Quaestiones hebraicarum in Genesim* 6.2).

그 이후에도 거인들은 있었다. 또 "자기를 위해 낳은 자들이었다"는 말이 나오는데, 이 말은 하느님의 아들들이 그토록 타락하기 전에는 자기를 위해서가 아니라 하느님을 위해 자식을 낳았다는 사실을 가리키는 것이다. 즉, 성교하려는 정욕에 지배당하는 것이 아니라 자녀를 생산하는 본분에 이바지하면서 자식을 낳았다는 것이다. 자기를 과시하는 가족을 낳은 것이 아니고 하느님 도성의 시민들을 낳았다는 말이다. 그리고 그들에게 하느님의 천사들처럼 하느님께 자신의 희망을 두라고 전했다. 그렇게 함으로써, 셋에게서 태어난 자가 "부활"의 아들로서 주 하느님의 이름을 부르려는 희망을 품었던 것처럼, 그와 비슷한 사람들이 되는 것이다. 그 희망에 의거하여 그들은 자기 후손들과 더불어 영원한 선을 공동으로 상속하고 아버지 하느님 슬하에서 아들들의 형제가 되기에 이르는 것이다.[213]

23.3. 어떤 사람들은 하느님의 천사라고 불린다

그러므로 그들은, 혹자들이 생각하는 것처럼, 하느님의 천사들이 아니라 다름 아닌 사람들임에 의심의 여지가 없으며, 이 점은 성서 자체가 애매한 점이 전혀 없이 단언하는 바이기도 하다. 그리하여 "하느님의 천사들이 그 사람의 딸들을 보고 마음에 드는 대로 아리따운 여자를 골라 아내로 삼았다"는 구절에 바로 이어서 "주 하느님께서는 '나의 입김이 이 사람들에게 영원히 머물러 있을 수는 없다. 그래서 그들은 살이다'"라고 하는 말씀이 덧붙여졌다. 하느님의 입김으로 하느님의 천사들과 하느님의 아들들이 만들어졌다. 그렇지만 하찮은 것들에게로 기울어짐으로써 은총의 이름에 의해서가 아니라 자연본성의 이름으로 "사람들"이라고 불리게 되었다. 그리고 영[214]을 저버린 자들로서 "살"이라고 불리며, 영을 버림으로써 영에 버림받는 처지가 되었다.[215] 또 70인 번역자들도 그 사람들을 하느님의 천사들이라고도 하고 하느님의 아들들이라고도 한다. 모든 사본들이 그렇지는 않은데, 어떤 사본들은 하느님의 아들들이라고만 하기도 한다. 유다인들이 다른 번역자들보다 앞세우는 아퀼라[216]는 하느님의 천사들이라거나 하느님의 아들들이라 하지 않고, 신들의 아들들[217]이라고 번역했다. 그런데 둘다 맞다. 그들은 하느님의 아들들이었으며 하느님을 아버지로 했으므로

Dei erant, sub quo patre suorum patrum etiam fratres erant; et filii deorum, quoniam diis geniti erant, cum quibus et ipsi dii erant iuxta illud psalmi: *Ego dixi: Dii estis et filii Excelsi omnes*. Merito enim creduntur septuaginta interpretes accepisse propheticum spiritum, ut, si quid eius auctoritate mutarent atque aliter quam erat quod interpretabantur dicerent, neque hoc diuinitus dictum esse dubitaretur. Quamuis hoc in Hebraeo esse perhibeatur ambiguum, ut et filii Dei et filii deorum posset interpretari.

Omittamus igitur earum scripturarum fabulas, quae apocryphae nuncupantur, eo quod earum occulta origo non claruit patribus, a quibus usque ad nos auctoritas ueracium scripturarum certissima et notissima successione peruenit. In his autem apocryphis etsi inuenitur aliqua ueritas, tamen propter multa falsa nulla est canonica auctoritas. Scripsisse quidem nonnulla diuine illum Enoch, septimum ab Adam, negare non possumus, cum hoc in epistula canonica Iudas apostolus dicat. Sed non frustra non sunt in eo canone scripturarum, qui seruabatur in templo Hebraei populi succedentium diligentia sacerdotum, nisi quia ob antiquitatem suspectae fidei iudicata sunt, nec utrum haec essent, quae ille scripsisset, poterat inueniri, non talibus proferentibus, qui ea per seriem successionis reperirentur rite seruasse. Vnde illa, quae sub eius nomine proferuntur et continent istas de gigantibus fabulas, quod non habuerint homines patres, recte a prudentibus iudicantur non ipsius esse credenda; sicut multa sub nominibus et aliorum prophetarum et recentiora sub nominibus apostolorum ab haereticis proferuntur, quae omnia nomine apocryphorum ab auctoritate

---

[218] 시편 81[82],6.

[219] patres: 이스라엘 역사를 승계하는 성조들을 가리키는 것이 아니고 그리스도교 성서학과 신학을 수립한 교부들을 가리키는 것으로 보인다.

[220] 유다 14절("이런 자들을 두고 아담의 7대손 에녹이 예언했습니다") 때문에 교부들 가운데서는 에녹서(*Liber Enoch*)도 정전이었으리라는 추측이 나왔다.

[221] 393년의 히포 회의와 397년의 카르타고 회의에서 성서 정전을 작성하는 데 아우구스티누스의 활약이 컸다. 로마교회의 정전목록이 일차적으로 확정된 카르타고 공의회(418년)는 15권 집필연대 이후였다.

그들은 자기 아버지와 형제간이 되기도 한다. 또 그들은 신들에게서 태어났으므로 신들의 아들들이며, 자기 어버이와 형제간이 되기도 한다. 또 "내가 이르노니 너희는 신들이며 모두 지존의 아들들이로다"[218]라고 하는 시편의 말씀대로, 자기 어버이들과 더불어 그들도 신들이기 때문이다. 그러므로 70인 역자들이 예언자의 영을 받았다고 믿는 것은 합당하며, 그들이 그 영의 권위에 의거하여 무엇을 바꾸었고 또 이전에 번역되던 바와는 다르게 언표를 했다면, 이것 역시 신적으로 언표된 것임을 의심할 여지가 없다. 하지만 히브리어에서 하느님의 아들들이 신들의 아들들로 번역될 가능성이 있는지는 애매해 보인다.

23. 4. 위경에서는 거인들에 대해 무엇이라고 하는가

위경僞經이라고 일컫는 경전들의 이야기는 제쳐두기로 하자. 그 경전들의 출처가 교부들[219]에게 확실하지 않았기 때문이다. 교부들에 의해 정경正經들의 권위가 지극히 확실하고 명료한 전승을 거쳐 우리에게까지 도달했던 것이다. 저런 위경들에도 모종의 진리가 발견되기는 하지만 거기 실려 있는 허다한 거짓 때문에 정경으로서의 권위는 전혀 없다. 유다 사도가 정경인 서간에서 그런 언급을 한 이상, 아담으로부터 7대손이 되는 에녹이 신적 영감을 받아 무엇인가 기록했다는 사실을 우리는 부인할 수 없다.[220] 하지만 히브리 백성의 성전에 제관들이 대를 이어 열성으로 보전해 오던 성서 목록에는 에녹의 기록이 들어 있지 않은데, 여기엔 까닭이 없지 않다.[221] 에녹의 기록은 너무 오래되었기 때문에 신빙성에 의심이 간다고 판단되었으며, 그가 기록했다는 것이 바로 이 내용인지도 알아낼 방도가 없었으며, 전수 과정에서 그 내용을 정성껏 보존한 것으로 알려진 사람들이 이 기록에 대해 언급한 바가 없었기 때문이다. 그리하여 현명한 사람들이 그의 이름으로 전해지는 기록과 거인에 대해 거기 포함되어 있는 설화들, 즉 거인들은 인간 부모를 두지 않았다고 하는 얘기들은 그의 글이 아니라고 믿어야 한다는 판단은 옳은 판단이다. 이것은 사람들이 다른 예언자들의 이름을 내걸어 많은 얘기를 끄집어냈고, 최근에는 이단자들이 사도들의 이름을 내걸어 얘기를 끄집어내는 것과 마찬가지인데, 정경의 권위가 이것들을 면밀하게 검토하여 모두 위경이라는 이름으로 배척하게 되었다. 어떻든 히브리인들과 그리스도인들

canonica diligenti examinatione remota sunt. Igitur secundum scripturas canonicas Hebraeas atque Christianas multos gigantes ante diluuium fuisse non dubium est, et hos fuisse ciues terrigenae societatis hominum; Dei autem filios, qui secundum carnem de Seth propagati sunt, in hanc societatem deserta iustitia declinasse. Nec mirandum est, quod etiam de ipsis gigantes nasci potuerunt. Neque enim omnes gigantes, sed magis multi utique tunc fuerunt, quam post diluuium temporibus ceteris. Quos propterea creare placuit Creatori, ut etiam hinc ostenderetur non solum pulchritudines, uerum etiam magnitudines et fortitudines corporum non magni pendendas esse sapienti, qui spiritalibus atque inmortalibus longe melioribus atque firmioribus et bonorum propriis, non bonorum malorumque communibus beatificatur bonis. Quam rem alius propheta commendans ait: *Ibi fuerunt gigantes illi nominati, qui ab initio fuerunt staturosi, scientes proelium. Non hos elegit Dominus, nec uiam scientiae dedit illis; sed interierunt, quia non habuerunt sapientiam, perierunt propter inconsiderantiam.*

24. Qoud autem dixit Deus: *Erunt dies eorum centum uiginti anni*, non sic accipiendum est, quasi praenuntiatum sit post haec homines centum uiginti annos uiuendo non transgredi, cum et post diluuium etiam quingentos excessisse inueniamus; sed intellegendum est hoc Deum dixisse, cum circa finem quingentorum annorum esset Noe, id est quadringentos octoginta uitae annos ageret, quos more suo scriptura quingentos uocat, nomine totius maximam partem plerumque significans; sescentensimo quippe anno uitae Noe, secundo mense factum est diluuium; ac sic centum uiginti anni praedicti sunt futuri uitae hominum periturorum, quibus transactis diluuio delerentur. Nec frustra creditur sic factum esse diluui-

---

[222] 바룩 3,26-28.

[223] 창세 6,3.

[224] 500이라고 하면 480은 자연히 내포되어 있다는 뜻이다.

의 정전 성서들에 의거하더라도 대홍수 이전에 많은 거인들이 존재했다는 사실과, 그들이 인간들의 지상 도성의 시민들이었다는 사실에는 의심이 가지 않는다. 그리고 혈육에 따르자면 셋에게서 퍼져나온 하느님의 아들들이 정의를 저버리고 이 사회로 기울어졌다는 사실도 그렇다. 또 그들에게서 거인들이 태어날 수 있었다는 사실도 이상하게 여길 일은 아니다. 모든 인간이 거인들이었다는 말은 아니고 대홍수 이후의 나머지 시대에 비해 훨씬 많았다는 것뿐이다. 창조주도 그들을 창조한 것이 마음에 들었을 것이니, 지혜로운 사람은 육체의 아름다움은 물론 그 크기와 힘셈도 대수롭게 여길 것이 아님을 그들을 통해 보여주었던 것이다. 지혜로운 사람은 영적이고 불멸하는 선익에 대해 행복해하며, 이런 선익은 훨씬 좋고 훨씬 튼튼하며, 또 선인들에게만 고유한 선익이지 선인과 악인에게 공통되는 그런 선익이 아니다. 그런 이유로 예언자는 이렇게 훈계한다: "거기에서 몸집이 크고 전쟁에 능한 옛날부터 이름난 거인들이 태어났다. 주님은 그들을 선택하지 않으셨고 그들에게 지혜의 길을 나타내 보이지도 않으셨다. 그래서 그들은 지혜가 없어 멸망했고 생각이 모자라 파멸했다."[222]

24. 대홍수로 멸망할 사람들에 대해 주님이 "사람은 120년밖에 살지 못하리라"고 한 말씀을 어떻게 이해할 것인가

그렇다면 하느님이 "사람은 120년밖에 살지 못하리라"[223]고 한 말씀을 이렇게 받아들일 것은 아니다. 이 말씀 이후로 사람은 120년 이상은 살 수 없다는 것을 예고한 뜻으로 받아들일 것은 아니다. 대홍수 이후에도 그보다 무려 500년을 초과한 경우를 우리는 알고 있기 때문이다. 하느님이 이 말씀을 한 이유에 대해 다음과 같이 이해해야 한다. 그때는 노아가 500세를 다할 즈음, 그러니까 480세의 수명을 누리던 때였고, 성서는 가장 큰 부분을 가리킬 때 전체의 명칭을 쓰는 것이 관례이므로[224] 성서는 나름대로 그 나이를 500세로 불렀던 것이었다. 그런데 대홍수가 일어난 것은 노아가 600세 되던 해 둘째 달이었다. 그렇다면 예고된 120년이라는 것은 장차 대홍수로 멸망할 사람들의 인생에 닥칠 연한이었으리라. 그 연한이 지나고 그들은 대홍수로 몰살할 것이었다. 땅 위에서

um, iam non inuentis in terra qui non erant digni tali morte defungi, qua in impios uindicatum est; non quo quicquam bonis quandoque morituris tale genus mortis faciat aliquid, quod eis possit obesse post mortem; uerum tamen nullus eorum diluuio mortuus est, quos de semine Seth propagatos sancta scriptura commemorat. Sic autem diuinitus diluuii causa narratur: *Videns*, inquit, *Dominus Deus, quia multiplicatae sunt malitiae hominum super terram, et omnis quisque cogitat in corde suo diligenter super maligna omnes dies, et cogitauit Deus, quia fecit hominem super terram, et recogitauit, et dixit Deus: Deleam hominem, quem feci, a facie terrae, ab homine usque ad pecus et a repentibus usque ad uolatilia caeli, quia iratus sum, quoniam feci eos.*

25. Ira Dei non perturbatio animi eius est, sed iudicium quo inrogatur poena peccato. Cogitatio uero eius et recogitatio mutandarum rerum est inmutabilis ratio. Neque enim sicut hominem, ita Deum cuiusquam facti sui paenitet, cuius est de omnibus omnino rebus tam fixa sententia quam certa praescientia. Sed si non utatur scriptura talibus uerbis, non se quodam modo familiarius insinuabit omni generi hominum, quibus uult esse consultum, ut et perterreat superbientes et excitet neglegentes, et exerceat quaerentes et alat intellegentes; quod non faceret, si non se prius inclinaret et quodam modo descenderet ad iacentes. Quod autem etiam interitum omnium animalium terrenorum uolatiliumque denuntiat: magnitudinem futurae cladis effatur, non animantibus rationis expertibus, tamquam et ipsa peccauerint, minatur exitium.

---

[225] 창세 6,5-7.

[226] cogitatio et recogitatio mutandarum rerum immutabilis ratio: 방금 인용한 창세기 구절에 "하느님이 생각하셨다(cogitavit). 그리고 다시 생각하셨다(recogitavit)"는 구절이 나오므로 하느님의 생각에 변화가 있었느냐는 의문이 제기될 만하다.

[227] se prius inclinaret et descenderet ad iacentes: 성서의 의인화(擬人化)된 어법을 인류의 지성에 맞게 자신을 숙이는 하느님의 지혜(condescendentia)로 해명한다.

는 그런 죽음을 면하기에 합당한 사람이 발견되지 않았으므로 대홍수가 그런 식으로 일어났다고 믿어도 근거가 없지는 않다. 그 죽음으로 악인들에게는 보복이 내려졌기 때문이다. 선인들도 언젠가는 죽게 마련이지만 여하튼 대홍수에 의한 그런 종류의 죽음이 사후에 선인들에게 손해가 될 만한 일을 끼치지는 않았다. 또 실제로 선인들 가운데서는 아무도 대홍수로 죽지 않았다. 성서가 셋에게서 퍼진 후손으로 기록하는 사람은 아무도 죽지 않았다. 대홍수의 이유에 대해서는 성서에 이렇게 나와 있다: "주 하느님께서는 땅 위에 사람의 악행이 많아졌고, 모두가 자기 마음속으로 날마다 부지런히 못된 짓만을 생각하는 것을 보셨다. 그리고 하느님은 왜 땅 위에 사람을 만들었던가 생각하셨다. 그리고 다시 생각하시고 하느님이 말씀하셨다. '내가 만든 사람을 내가 땅 위에서 쓸어 버리리라. 사람으로부터 시작해서 짐승에 이르기까지, 땅 위를 기는 것에서부터 하늘의 날짐승까지 모조리 없애 버리리라. 내가 왜 그것들을 만들었는지 화가 난다.'"[225]

25. 하느님의 분노가 변하지 않는 그분의 평정을 흥분으로 흔들지는 못한다

하느님의 분노는 마음의 동요가 아니다. 도리어 죄에 벌을 내리는 심판이다. 변해가는 사물들에 대한 그분의 생각함과 다시 생각함은 불변하는 원리[226]일 따름이다. 사람처럼 하느님이 당신의 어떤 행위를 뉘우치는 일은 없다. 모든 사물에 대해 그분의 예지가 확실한 만큼 그분의 생각도 전적으로 확고하다. 그런데도 성서가 저런 언사를 쓰지 않는다면, 훈계를 내리고자 하는 인류 전체에 더 친숙하게 다가가지 못할 것이다. 성서는 이런 훈계로 오만한 자들을 두렵게 만들고 태만한 자들을 독려하며 탐구하는 자들을 단련하고 깨닫는 사람들을 훈육하고자 한다. 성서의 말씀이 먼저 몸을 숙이고 어떻게 해서든지 넘어져 있는 사람들에게 내려가지 않는다면[227] 그 일을 달성하지 못할 것이다. 또 저 말씀은 모든 지상 동물과 날짐승들의 멸망을 선고하고 있다. 이것은 닥쳐올 재앙이 대단하리라는 사실을 발설한 것인데, 그렇다고 마치 동물들마저 죄를 짓거나 한 것처럼 이성을 갖추지 못한 생명체들에게까지 파멸을 위협하는 말씀은 아니다.

26. Iam uero quod Noe homini iusto et, sicut de illo scriptura ueridica loquitur, in sua generatione perfecto (non utique sicut perficiendi sunt ciues ciuitatis Dei in illa inmortalitate, qua aequabuntur angelis Dei, sed sicut esse possunt in hac peregrinatione perfecti) imperat Deus, ut arcam faciat, in qua cum suis, id est uxore, filiis et nuribus, et cum animalibus, quae ad illum ex Dei praecepto in arcam ingressa sunt, liberaretur a diluuii uastitate: procul dubio figura est peregrinantis in hoc saeculo ciuitatis Dei, hoc est ecclesiae, quae fit salua per lignum, in quo pependit mediator Dei et hominum, homo Christus Iesus. Nam et mensurae ipsae longitudinis et altitudinis et latitudinis eius significant corpus humanum, in cuius ueritate ad homines praenuntiatus est uenturus, et uenit. Humani quippe corporis longitudo a uertice usque ad uestigia sexiens tantum habet quam latitudo, quae est ab uno latere ad alterum latus, et deciens tantum quam altitudo, cuius altitudinis mensura est in latere a dorso ad uentrem; uelut si iacentem hominem metiaris supinum seu pronum, sexiens tantum longus est a capite ad pedes, quam latus a dextra in sinistram uel a sinistra in dextram, et deciens, quam altus a terra. Vnde facta est arca trecentorum in longitudine cubitorum et quinquaginta in latitudine et triginta in altitudine. Et quod ostium in latere accepit, profecto illud est uulnus, quando latus crucifixi lancea perforatum est; hac quippe ad illum uenientes ingrediuntur, quia inde sacramenta manarunt, quibus credentes initiantur. Et quod de lignis quadratis fieri iubetur, undique stabilem uitam sanctorum significat; quacumque enim ueteris quadratum, stabit; et cetera, quae in eiusdem arcae contructione dicuntur, ecclesiasticarum signa sunt rerum.

---

[228] 창세 6,9 참조: "그 당시에 노아만큼 올바르고 흠없는 사람이 없었다."

[229] 루가 20,35-38 참조.   [230] 창세 6,14-21 참조.   [231] 1디모 2,5.

[232] mensura: 측량의 "척도"이자 (예술작품의) "조화"와 "비례"를 의미했다.

[233] 방주의 여러 척도에서 아래 나오는 인체의 상징성을 본 것은 알렉산드리아의 필로(*Quaestiones in Genesim* 2.5)였고, 그 이래로 교부들의 전통이 되었는데 아우구스티누스(*Contra Faustum Manichaeum*)는 그 상징성에서 그리스도까지 내다보았다.

[234] 요한 19,34 참조.

[235] sacramenta, quibus credentes initiantur: 성사(聖事) 혹은 비사(秘事)로 번역되는 sacramenta는 본래 여러 밀교(密教)에서 신도의 입문(入門)에 연관되는 의식들과 교리를 가리켰다.

[236] 창세 6,14가 불가타본에 "전나무로(de lignis cupressinis) 배 한 척을 만들어라"라고 번역되지만 아우구스티누스나 필로가 사용한 번역본은 "각목으로(de lignis quadratis) 만들어라"라고 되어 있었고 이에 관한 해설이 필요해졌다.

[237] Cf. Philo, *Quaestiones in Genesim* 2.2: "왜 각목으로 방주를 만들었을까? 무엇보다도 사각형(quadrati figura)은 어디 놓이든 안전하기 때문이다. 사각형은 모두 직각(直角)으로 이루어져 있다."

26. 노아가 명령받고 만든 방주는 모든 면에서 그리스도와 교회를 상징한다
    26. 1. 방주의 규모가 상징하는 것
진실을 말하는 성서가 이 인물에 대해 얘기하듯이 자기 세대의 인간들 가운데 의롭고 완전한 사람 노아에게[228](그렇다고 해서 하느님 도성의 시민들이 하느님의 천사들처럼 되는 저 불사불멸의 경지에서 완전해야 할 정도로 완전했다는 말은 아니다.[229] 그보다는 이 지상 여정에서 도달할 수 있는 정도의 완전한 사람들과 같은 정도였을 것이다) 하느님이 방주를 만들라고 명령한다. 그 속에서 자기 가족, 말하자면 아내, 아들들과 며느리들과 더불어, 또 그에게 내린 하느님의 계명에 의해 방주에 들어간 짐승들과 더불어 대홍수의 파멸로부터 벗어나라는 것이었다.[230] 의심없이 그것은 이 세상에서 나그네살이하는 하느님 도성, 다시 말해 교회의 예형豫型이었다. 교회는 나무로, 하느님과 인간 사이의 중개자인 인간 그리스도 예수[231]가 매달린 나무로 구원받게 된다. 왜냐하면 방주의 길이와 높이와 너비의 척도[232]가 인체人體를 상징하기 때문이다.[233] 그 진리에서 장차 올 분, 그리고 이미 온 분이 사람들에게 예고되었던 것이다. 인체의 길이는 누웠을 때 머리에서부터 발바닥까지가 한 편 옆구리에서 다른 편 옆구리까지 너비의 정확히 여섯 배가 되고, 등에서부터 배까지 높이의 정확히 열 배가 된다. 바로 눕든 엎드려 있든 드러누운 사람을 잰다면 머리에서 발까지는 오른편 옆구리에서 왼편 옆구리까지, 또는 왼편 옆구리에서 오른편 옆구리까지의 폭에 비해 여섯 배로 길고, 땅에서부터의 높이에 비해 열 배로 길다. 그래서 방주도 길이가 300자, 너비가 50자, 높이가 30자였다. 옆구리에는 출입문을 냈는데 그것은 다름아닌, 십자가에 달린 분의 옆구리가 창으로 뚫린 바로 그 상처다.[234] 그분에게 오는 사람들이 바로 이리로 해서 들어간다. 여기서 성사聖事들이 흘러나오고 그 성사로 인해 신앙인들이 입문하는 연고다.[235] 또 방주는 사각의 각목角木으로 만들라는 명이 있었다.[236] 그것으로 성도들의 안정된 삶을 의미한다. 사각형은 어디로 굴리든 똑바로 선다.[237] 그 밖에도 저 방주의 건조에 대해 하는 말들은 모조리 교회라는 사물을 나타내는 표지들이다.

Sed ea nunc persequi longum est; et hoc iam fecimus in opere, quod aduersus Faustum Manichaeum scripsimus, negantum in Hebraeorum libris aliquid de Christo esse prophetatum. Et fieri quidem postest, ut et nobis quispiam et alius alio exponat haec aptius, dum tamen ea, quae dicuntur, ad hanc de qua loquimur Dei ciuitatem in hoc saeculo maligno tamquam in diluuio peregrinantem omnia referantur, si ab eius sensu, qui ista conscripsit, non uult longe aberrare, qui exponit. Exempli gratia, uelut si quispiam, quod hic scriptum est: *Inferiora bicamerata et tricamerata facies eam*, non quod ego in illo opere dixi uelit intellegi, quia ex omnibus gentibus ecclesia congregatur, bicameratam dictam propter duo genera hominum, circumcisionem scilicet et praeputium, quos apostolus et alio modo dicit Iudaeos et Graecos; tricameratam uero eo, quod omnes gentes de tribus filiis Noe post diluuium reparatae sunt; sed aliud dicat aliquid, quod a fidei regula non sit alienum. Nam quoniam non solas in inferioribus mansiones habere arcam uoluit, uerum etiam in superioribus (et haec dixit bicamerata) et in superioribus superiorum (et haec appellauit tricamerata), ut ab imo sursum uersus tertia consurgeret habitatio: possunt hic intellegi et tria illa, quae commendat apostolus, fides spes, caritas; possunt etiam multo conuenientius tres illae ubertates euangelicae, tricena, sexagena, centena, ut in infimo habitet pudicitia coniugalis, supra uidualis atque hac superior uirginalis, et si quid melius secundum fidem ciuitatis huius intellegi et dici potest. Hoc etiam de ceteris, quae hic exponenda sunt, dixerim, quia, etsi non uno disseruntur modo, ad unam tamen catholicae fidei concordiam reuocanda sunt.

---

[238] Cf. *Contra Faustum Manichaeum* 12.14.

[239] Cf. Origenes, *Homiliae in Genesim* 2; Ambrosius, *De Noe et arca*.

[240] 창세 6,16.

[241] Cf. *Contra Faustum Manichaeum* 12.16. 교부가 말한 뜻은 이하에 나온다.

[242] "할례받은 자들과 할례받지 않은 자들 때문에."

[243] 원래는 "이중 천장으로 된"(bicamerata), "삼중 천장으로 된"(tricamerata) 건물이라는 뜻이지만, 천장의 수에 따라 바깥에서 아치나 창이 이층과 삼층으로 보였다.

[244] 1고린 13,13 참조.

[245] 마태 13,4-9(씨 뿌리는 사람 비유) 참조.

[246] 아우구스티누스는 씨앗의 소출과 신도의 생활신분을 잇는 특이한 착상으로, 30세(tricenarii)는 정조를 지키는 시기, 60세(sexagenarii)는 육의 욕망을 극복하는 시기, 100세(centenarii)는 순교자가 살아남는 한계라고 설명한 바 있다(*Quaestiones evangeliorum* 1.9).

26.2. 방주의 공간배치가 상징하는 것

하지만 이런 얘기를 계속하는 것은 지루한 일이겠다. 이 얘기는 내가 「마니교인 파우스투스 논박」이라고 쓴 저서에서 이미 다룬 바 있다.[238] 그 사람은 히브리인들의 경전에 그리스도에 관한 예언이 있다는 사실을 부인한 인물이다. 혹자가 우리보다 적절하게 해설하기도 하고 다른 사람은 달리 해설하기도 한다.[239] 다만 해설을 하는 사람이 그것을 기록한 사람의 의도에서 멀리 벗어나지 않으려면, 거기서 하는 말들은 모두 우리가 지금 논하고 있는 하느님의 도성, 마치 대홍수 같은 이 악한 세상에서 나그네살이하는 하느님의 도성과 연관된다는 사실을 놓치지 않으면 된다. 예를 들어 만일 누군가 "너는 그것을 아래층과 이층과 삼층으로 만들어라"[240]라고 기록된 구절에 대해 내가 그 저작[241]에서 말한 뜻으로 이해하고 싶어하지 않는다면 신앙의 규범에서 소외되는 것이 아닌 한, 다른 해설을 내놓거나 각기 다른 말을 해도 상관없다. 나는 교회가 모든 민족들이 모이는데 이층이라는 말을 한 것은 할례와 포경 때문인데,[242] 다르게는 사도가 지칭하듯이 유다인들과 그리스인들, 즉 인간들의 종류가 둘이기 때문인 것으로 보았고, 삼층은 대홍수 후에 모든 민족들이 노아의 세 아들에게서 복원되었다는 사실을 가리킨 것으로 해설했던 것이다. 그 이유인즉 방주가 아래층만 방들을 갖도록 하라는 말씀이 아니고 위층(이 부분을 하느님은 비카메라타라고 말씀했다)에도, 또 위층보다 더 높은 위층(이 부분을 하느님은 트리카메라타라고 불렀다)[243]에도 방들이 있어서 맨 밑에서부터 위를 향해 삼층 거처가 솟아오르게 했기 때문이다. 여기서 사도가 훈계한 저 세 가지, 믿음과 희망과 사랑으로 이해할 수도 있다.[244] 그렇지 않으면 복음에 나오는 저 풍요한 소출, 곧 30배, 60배, 100배를 가리킬 수도 있고 이게 훨씬 적합한 해설인지도 모른다.[245] 이렇게 볼 경우 혼인의 순결은 맨 아래이고 과부의 순결은 그 위이며 동정의 순결은 그보다 위라고 해설해도 된다.[246] 이 하느님의 도성에 대한 신앙에 입각해서 어떻든 더 나은 의미로 이해할 수 있고 또 발언할 수 있다. 여기서 해설을 내놓을 만한 그밖의 다른 사안에 대해서도 나는 같은 말을 하고 싶은데, 비록 통일된 방식으로 논의하지 않더라도 결국 가톨릭 신앙의 단일한 조화로 수렴되어야 하는 까닭이다.

27. Non tamen quisquam putare debet aut frustra haec esse conscripta, aut tantummodo rerum gestarum ueritatem sine ullis allegoricis significationibus hic esse quaerendam, aut e contrario haec omnino gesta non esse, sed solas esse uerborum figuras, aut quidquid illud est nequaquam ad prophetiam ecclesiae pertinere. Quis enim nisi mente peruersus inaniter scriptos esse contendat libros per annorum milia tanta religione et tam ordinatae successionis obseruantia custoditos aut solas res gestas illic intuendas, ubi certe, ut alia omittam, si numerositas animalium cogebat arcae tantam fieri magnitudinem, inmunda bina et munda septena intromitti animalia quid cogebat, cum aequalis numeri possent utraque seruari? Aut uero Deus, qui propter genus reparandum seruanda praecepit, eo modo illa, quo instituerat, restituere non ualebat?

Qui uero non esse gesta, sed solas rerum significandarum figuras esse contendunt, primum opinantur tam magnum fieri non potuisse diluuium, ut altissimos montes quindecim cubitis aqua crescendo transcenderet, propter Olympi uerticem montis, supra quem perhibent nebes non posse concrescere, quod tam sublime iam caelum sit, ut non ibi sit aer iste crassior, ubi uenti nebulae imbresque gignuntur; nec adtendunt omnium elementorum crassissimam terram ibi esse potuisse. An forte negant esse terram uerticem montis? Cur igitur usque ad illa caeli spatia terris exaltari licuisse, et aquis exaltari non licuisse contendunt, cum isti mensores et

---

[247] 아우구스티누스는 성서 주석에서 알렉산드리아 학파의 우의적 해석과 안티오키아 학파의 자의적 해석을 모두 포용하는 입장을 보인다.

[248] 올림푸스 산은 영계(靈界)까지 솟아올라 있어서 그 산정에는 구름이나 바람이 도달하지 못한다는 전설이 있었다. 예: Herodotus, *Historiae* 7.128.

27. 방주와 대홍수에 대해 우의적 의미 없이 역사만 받아들이거나 역사적 진리를 배척하면서 표상만 옹호하는 사람들에게 동조해서는 안 된다

27. 1. 대홍수에서는 역사와 표상을 함께 탐색해야 한다

하지만 누구든지 이런 것이 기록된 일부터가 쓸데없다고 생각하거나, 우의적 의미는 일체 없고 여기서는 그냥 역사적 사실만 탐구해야 한다고 생각하거나, 정반대로 이런 기록은 역사적 사실이 아니라 언어의 표상에 불과하다고 생각하거나, 또는 그것이 무엇이든 교회에 대한 예언에는 해당하지 않는다는 생각을 하면 안 된다.[247] 지성이 도착된 사람이 아니라면 이런 책들이 쓸데없이 기록되어 수천 년간 그토록 경건하게 보전되고 질서정연하게 전수되어 간수되었다거나, 여기서는 역사적 사실만을 보아야 한다고 우길 사람은 없을 것이다. 다른 것은 제외하더라도, 만약 동물들의 숫자 때문에 방주가 엄청난 크기를 갖추어야 했다고 한다면, 무엇 때문에 부정한 동물은 두 쌍씩인데 정한 동물은 일곱 쌍씩 들여보냈겠는가? 같은 수라도 부정하든 정하든 양편 다 보전하기는 마찬가지일 텐데. 종자를 퍼뜨리기 위해 그것들을 보전하라고 명령하는 하느님이라면 그것들을 만들어내던 방법과 똑같이 그것들을 재생시킬 수 없었다는 말인가?

27. 2. 물이 산들을 다 잠글 수 있었다

이런 것이 역사적 사실이 아니고 상징적 사물들의 표상일 따름이라고 주장하는 사람들은 먼저 홍수가, 물이 제일 높은 산들을 다 잠그고도 열다섯 자나 넘을 정도로 엄청난 것이었을 리가 없다는 의견을 내놓는다. 그 이유는 올림푸스 산의 꼭대기 때문인데 그 너머로는 구름도 모이지 못한다고 하면서, 너무 높아서 그곳은 이미 천계나 다름이 없고 거기서는 바람이나 안개나 비가 생겨날 수 있을 만큼 공기가 빽빽하지 않다는 것이다.[248] 그 사람들은 올림푸스 산 꼭대기에도 흙이 있을 수 있다는 사실과 흙은 원소들 가운데 밀도가 가장 크다는 사실을 유념하지 않는다. 그렇지 않으면 어떤 산꼭대기가 흙으로 되어 있음을 혹시 부정하는 것은 아닌가? 흙이 천계의 그 지경까지 솟아오를 수 있다면서 물은 거기까지 오를 수 없다고 우기는 이유는 무엇인가? 재고 달고 하는 사람들은

pensores elementorum aquas terris perhibeant superiores atque leuiores? Quid itaque rationis adferunt, quare terra grauior et inferior locum caeli tranquillioris inuaserit per uolumina tot annorum, et aqua leuior ac superior permissa non sit hoc facere saltem ad tempus exiguum?

Dicunt etiam non potuisse capere arcae illius quantitatem animalium genera tam multa in utroque sexu, bina de inmundis, septena de mundis. Qui mihi uidentur non conputare nisi trecenta cubita longitudinis et latitudinis quinquaginta, nec cogitare aliud tantum esse in superioribus itemque aliud tantum in superioribus superiorum, ac per hoc ter ducta illa cubita fieri nongenta per centum quinquaginta. Si autem cogitemus quod Origenes non ineleganter astruxit, Moysen scilicet hominem Dei *eruditum*, sicut scriptum est, *omni sapientia Aegyptiorum*, qui geometricam dilexerunt, geometrica cubita significare potuisse, ubi unum quantum sex nostra ualere adseuerant, quis non uideat quantum rerum capere illa potuit magnitudo? Nam illud quod disputant tantae magnitudinis arcam non potuisse conpingi, ineptissime calumniantur, cum sciant inmensas urbes fuisse constructas, nec adtendunt centum annos, quibus arca illa est fabricata; nisi forte lapis lapidi adhaerere potest sola calce coniunctus, ut murus per tot milia circumagatur, et lignum ligno per suscudines, epiros, clauos, gluten bituminis non potest adhaerere, ut fabricetur arca non curuis, sed rectis lineis longe lateque porrecta, quam nullus in mare mittat conatus hominum, sed leuet unda, cum uenerit, naturali ordine ponderum, magisque diuina prouidentia quam humana prudentia natantem gubernet, ne incurrat ubicumque naufragium.

---

[249] 사도 7,22. 〔200주년: "모세는 이집트인의 모든 지혜를 배워 말과 행동에 힘이 있었습니다."〕

[250] Cf. Origenes, *Homiliae in Genesim* 2.2.

[251] 오리게네스(*Contra Celsum* 4.41)의 말이다.

원소들 가운데 물이 흙보다 상위이며 더 가볍다고 내세우지 않던가? 어째서 더 무겁고 더 하위에 있는 흙이 무수한 햇수를 거쳐 더 평온한 천계의 지점에 침범할 수 있는 데 비해 더 가볍고 더 상위에 있는 물은 그것이 허용되지 않는다는 말인가? 적어도 보잘것없이 짧은 시간 동안만이라도 그럴 수 없다고 주장하는 논거는 무엇인가?

27.3. 방주의 너비는 제대로 계산해야 한다

또 저 방주가 그 많은 동물들을 다 실을 수는 없었으리라고 말하는 사람들이 있다. 그 많은 종류의 짐승들을 암컷과 수컷으로, 더구나 부정한 짐승은 두 쌍씩인데 정한 짐승은 무려 일곱 쌍씩이나 실을 수는 없었으리라는 말이다. 내가 보기에 그 사람들은 길이가 300자, 너비가 50자라는 것만 계산하지, 2층에 그만한 공간이 있고 그 위의 3층에 그만한 공간이 있어서 세 곱을 하여 전체로 말하자면 900자 곱하기 150자가 된다는 사실은 생각하지 않은 것 같다. 오리게네스가 한 가지 사실을 더 보태준 것도 까닭이 없지 않았다고 우리가 생각한다면, 즉 모세는 하느님의 사람으로서 성서에 기록된 대로, 기하학을 좋아하는 "이집트인들의 모든 지혜를 배운 사람이었다"[249]는 점과, 모세가 의미한 것은 기하학의 척도였을 수 있고 그 한 자가 우리네 여섯 자에 미친다는 사실을 안다면,[250] 그런 크기로 얼마나 많은 사물을 실을 수 있었는지 누가 모르겠는가? 저런 엄청난 크기의 방주를 건설하기가 불가능했으리라고 시비하는 사람들은 광대한 도시들이 세워진 사실을 알고 있을 테니까 참으로 어처구니없는 모함을 하는 셈이다. 또 그들은 방주가 100년에 걸쳐 건조되었다는 점을 간과하고 있다.[251] 석회만 넣어서 돌에다 돌을 붙일 수 있었고 그렇게 해서 여러 마장이 되는 성벽을 둘러쌓을 수 있었다면, 꺾쇠와 빗장과 못과 역청으로 나무에 나무를 붙여서 방주를, 그것도 길이든 너비든 곡선이 아니고 일직선으로 뻗은 방주를 건조하지 못했겠는가? 더구나 사람들이 그 큰 방주를 바다로 진수시키려 힘쓸 것도 아니었고 물결이 닥치면 부력浮力의 자연 이치로 떠오르게 되어 있었으며, 떠다니는 방주를 어딘가에 좌초하지 않게 하는 것에도 인간적 지식이 배를 모는 것이 아니라 신적 섭리가 모는 것이었다.

Quod autem scrupulosissime quaeri solet de minutissimis bestiolis, non solum quales sunt mures et stelliones, uerum etiam quales lucustae, scarabei, muscae denique et pulices, utrum non amplioris numeri in arca illa fuerint, quam qui est definitus, cum hoc imperaret Deus, prius admonendi sunt, quos haec mouent, sic accipiendum esse quod dictum est: *Quae repunt super terram*, ut necesse non fuerit conseruari in arca, quae possunt in aquis uiuere, non solum mersa, sicut pisces, uerum etiam supernatantia, sicut multae alites. Deinde cum dicitur: *Masculus et femina erunt*, profecto intellegitur ad reparandum genus dici; ac per hoc nec illa necesse fuerat ibi esse, quae possunt sine concubitu de quibusque rebus uel rerum corruptionibus nasci; uel si fuerunt, sicut in domibus esse consuerunt, sine ullo numero definito esse potuisse; aut si mysterium sacratissimum, quod agebatur, et tantae rei figura etiam ueritate facti aliter non posset impleri, nisi ut omnia ibi certo illo numero essent, quae uiuere in aquis natura prohibente non possent, non fuit ista cura illius hominis uel illorum hominum, sed diuina. Non enim ea Noe capta intromittebat, sed uenientia et intrantia permittebat. Ad hoc enim ualet quod dictum est: *Intrabunt ad te*: non scilicet hominis actu, sed Dei nutu; ita sane, ut non illic fuisse credenda sint, quae sexu carent. Praescriptum enim atque definitum est: *Masculus et femina erunt*. Alia sunt quippe quae de quibusque rebus sine concubitu ita nascuntur, ut postea concumbant et generent, sicut muscae; alia uero in quibus nihil sit maris et feminae, sicut apes. Ea porro quae sic habent sexum, ut non habeant fetum, sicut muli et mulae,

---

[252] 대홍수는 민간설화로도 전해오지만, 대홍수에 대한 기록을 두고 그리스도교를 조롱하는 뜻에서 세세한 시비조의 힐문을 던져오는 지식인들(Celsus, Apelles)이 있었지만 가능한 모든 면에서 합리적 설명을 제공하려는 교부의 노력이 유념할 만하다.

[253] 창세 6,20.

[254] 창세 6,19; 7,2.3.9.

[255] 당대의 생물지식에 따라 교부도 파리(구더기)는 동물의 사체에서 태어난다고 믿었다.

[256] 교회를 통한 인류의 구원이라는 우의적(allegoricus) 혹은 신비적(mysticus) 의미는 노아 홍수라는 사건의 역사적(litteralis) 의미에 토대를 둔다는 것이 교부의 입장이다.

[257] 창세 6,20: "두 마리씩 너한테로 올 터이니 그것들을 살려 주어라."

[258] non scilicet hominis actu, sed Dei nutu: 창세기의 설화적 사건을 구세사(救世史)의 시각으로 성찰하면서 교부는 신적 섭리에 주도권을 부여한다.

27.4. 짐승들을 먹여 살리는 데 대한 몇 마디

그런가 하면 아주 작은 짐승들, 쥐나 도마뱀뿐 아니라 메뚜기, 풍뎅이, 파리와 심지어 벼룩 같은 것들에 대해서도 시시콜콜 이의를 제기하는 사람들이 있다.[252] 하느님이 방주에 실으라고 명령한 지정된 수보다도 이런 것들의 수가 더 많지 않았겠느냐는 것이다. 이런 말에 흔들리는 사람들은 "땅 위를 기어 다니는 길짐승들"[253]이라고 한 말씀에서 그런 유들은 물고기들처럼 물속에서 살 수 있었거나, 또 수많은 날짐승들처럼 물 위로 헤엄쳐 다니는 것들은 굳이 방주 안에다 보존해야 할 필요가 없었다는 뜻으로 받아들여야 한다는 점을 먼저 깨달아야 한다. 그다음에는 "암컷과 수컷으로" 데리고 들어가라는 말씀이 나오는데,[254] 이는 종자를 번식시키기 위해 말씀하신 것으로 이해해야 한다. 따라서 교미가 없이도 다른 사물에서 태어날 수 있거나 사물들의 부패에서 태어날 수 있는 것은 방주 속에 있을 필요가 없었다.[255] 만에 하나라도 그것들이 방주 속에 있었다면 으레 그런 것들이 집에 깃들듯이 거기 있었을 것이고 정해진 숫자에는 들지 않았을 것이다. 물론 거기에는 지극히 성스러운 비의秘義가 이루어지고 있었으며, 위대한 사건의 예형豫型이 거기서 이루어지고 있었다. 다만 본성상으로 물에서 살기가 불가능하여 그 숫자에 들어 있던 모든 동물들이 인간 혹은 방주에 탄 인간들의 보살핌으로 살아남았다기보다는 신적인 보살핌으로 살아남았다는 역사적 사실에 의하지 않는다면 그런 비의와 예형이 달리 성립하지 못한다.[256] 그 동물들을 노아가 포획하여 방주 안으로 들여보낸 것이 아니었고 스스로 찾아오는 것을 들어가게 놓아두었을 따름이다. 그것들이 "너한테로 올 터이니"[257]라고 한 말씀이 바로 여기에 해당한다. 즉, 인간의 활동에 의해서가 아니라 하느님의 뜻에 의해[258] 그 일이 이루어졌던 것이다. 그러므로 성性이 없는 것들은 그 속에 포함되지 않았다고 믿어야 한다. "암컷과 수컷으로"라고 규정되고 확정되어 있었기 때문이다. 어떤 동물은 교미가 없이 다른 사물로부터 태어나서 그다음에 교미하고 새끼를 낳는다. 파리가 그렇다. 어떤 것들은 암컷과 수컷이 아예 따로 없는데, 벌이 그런 종류다. 만약 암노새와 수노새처럼 성은 있지만 새끼를 낳지 못하는 것들이 거기 있었다면 이상한 일일 것이다. 차

mirum si fuerunt ibi, ac non potius parentes eorum ibi fuisse suffecerit, equinum uidelicet atque asininum genus; et si qua alia sunt, quae commixtione diuersi generis genus aliquod gignunt. Sed si et hoc ad mysterium pertinebat, ibi erant. Habet enim et hoc genus masculum et feminam.

Solet etiam mouere nonnullos, genera escarum, quae illic habere poterant animalia, quae non nisi carne uesci putantur, utrum praeter numerum ibi fuerint sine transgressione mandati, quae aliorum alendorum necessitas illic coegisset includi; an uero, quod potius est credendum, praeter carnes aliqua alimenta esse potuerunt, quae omnibus conuenirent. Nouimus enim quam multa animalia, quibus caro cibus est, frugibus pomisque uescantur et maxime fico atque castaneis. Quid ergo mirum, si uir ille sapiens et iustus, etiam diuinitus admonitus, quid cuique congrueret, sine carnibus aptam cuique generi alimoniam praeparauit et condidit? Quid est autem, quo uesci non cogeret fames? Aut quid non suaue ac salubre facere posset Deus, qui etiam, ut sine cibo uiuerent, diuina facilitate donaret, nisi ut pascerentur etiam hoc inplendae figurae tanti mysterii conueniret? Non autem ad praefigurandam ecclesiam pertinere tam multiplicia rerum singa gestarum, nisi fuerit contentiosus, nemo permittitur opinari. Iam enim gentes ita ecclesiam repleuerunt, mundique et inmundi, donec certum ueniatur ad finem, ita eius unitatis quadam compagine continentur, ut ex hoc uno manifestissimo etiam de ceteris, quae obscurius aliquanto dicta sunt et difficilius agnosci queunt, dubitare fas non sit. Quae cum ita sint, [si] nec inaniter ista esse conscripta putare quisquam uel durus audebit,

라리 거기에는 그것들의 부모가 되는 것들, 곧 말 종류와 당나귀 종류가 있었다면 그것으로 족한 것이다. 종류가 다른 것들의 교접에서 이종異種이 태어나는 경우가 있다면 그 역시 마찬가지다. 하지만 그런 종류의 짐승들도 방주가 표상하는 신비에 관련된다면 거기에 있었을 것이다. 그것들은 암컷과 수컷이라는 종을 띠고 있기 때문이다.

27. 5. 모두에게 먹이가 있었다

어떤 사람들은 거기서 살코기만 먹었다고 여겨지는 동물들이 먹을 수 있었던 먹이의 종류에 대해서도 당황해하는 것이 예사다. 다른 동물들을 기르기 위해 하느님의 명을 어기지 않는 범위 내에서 정해진 숫자 외에 다른 동물들을 방주 속에 더 들일 수 있었겠느냐는 것이다. 그렇지 않다면 살코기 외에 모든 동물에게 통하는 다른 먹이로 사육하는 일이 가능했었다고 믿어야 한다는 것이다. 우리는 살코기를 먹이로 하는 동물들 가운데 얼마나 많은 동물들이 곡식과 열매도 먹으며 특히 무화과나 밤 같은 것을 먹는지는 모른다. 그러나 노아라는 인물은 현명하고 의로운 사람이었고, 어느 동물에 무엇이 맞는지 하느님의 가르침을 듣는 사람이었으므로, 살코기가 없어도 각각의 종류에 알맞은 식량을 마련했고 또 먹였다고 해서 이상할 것이 무엇인가? 배가 고프면 못 먹을 것이 무엇이던가? 하느님은 무엇이든 그것들에게 맛있고 몸에 좋은 것으로 만들 수 있지 않은가? 또 음식을 먹는 일이 위대한 신비의 표상을 이루는 데 적합하지 않는 경우라면, 음식이 없이도 살 수 있게 하는 것도 신적 능력으로는 용이한 일이 아니던가? 무작정 시비만 일삼는 사람이 아니라면, 저 역사적 사건들의 무수한 표지들이 교회를 예형하는 데 해당하지 않는다는 의견을 용납하지 못할 것이다. 지금 벌써 온갖 민족들이 교회를 채웠고, 깨끗하든 깨끗하지 못하든 사람들이 교회의 단일한 조직 속에 들어와 있다. 확실한 종말이 올 때까지는 그들이 한데 섞여 있을 것이다. 약간 모호하게 언표되어 있고 파악하기가 더 힘든 기타 여러 사건들을 제쳐두고 이 한 가지 명백한 사실만으로도 이 사건을 의심하는 것은 불가하다. 사정이 이러하므로 아무리 완고한 사람일지라도 감히 저런 이야기가 기록된 것 자체가 쓸데없는 일이라 생각하거나, 저런 이야기는

nec nihil significare cum gesta sint, nec sola dicta esse significatiua non facta, nec aliena esse ab ecclesia significanda probabiliter dici potest; sed magis credendum est et sapienter esse memoriae litterisque mandata, et gesta esse, et significare aliquid, et ipsum aliquid ad praefigurandam ecclesiam pertinere. Iam usque ad hunc articulum perductus liber iste claudendus est, ut ambarum ciuitatum cursus, terrenae scilicet secundum hominem uiuentis et caelestis secundum Deum, post diluuium et deinceps in rebus consequentibus requiratur.

어디까지나 역사적 사건이지 다른 무엇을 상징하는 것은 전혀 아니라고 하거나, 사실에서 유래한 것이 아니라 단지 의미 깊은 언표에 불과하다고 하거나, 개연적으로나마 교회를 상징하는 일과는 전혀 관련이 없다는 말은 못할 것이다. 오히려 이 모든 일이 사람들의 기억과 문자로 전수된 것은 지혜로운 처사라고 믿고, 실제로 일어났다고 믿으며, 다른 무엇을 상징한다고 믿고, 그 자체가 교회를 표상하는 다른 무엇을 내포하고 있다고 믿는 편이 차라리 낫다. 얘기를 이 항목까지 끌어왔으니 홍수 이후 그리고 그에 뒤이은 사건들에서 양편 도성의 과정, 곧 지상 도성 또는 사람에 따라 사는 도성과, 천상 도성 또는 하느님에 따라 사는 도성의 과정을 살펴보기 위해 이 책권은 여기서 닫아야겠다.

AUGUSTINUS
DE CIVITATE DEI
LIBER XVI

CIVITATIS DEI QUAE FUERINT PRIMORDIA
HISTORICA A NOE AD DAVID

아우구스티누스
신국론
제16권
하느님 도성의 초기사: 노아부터 다윗까지

1. Post diluuium procurrentis sanctae uestigia ciuitatis utrum continuata sint an intercurrentibus impietatis interrupta temporibus, ita ut nullus hominum ueri unius Dei cultor existeret, ad liquidum scripturis loquentibus inuenire difficile est, propterea quia in canonicis libris post Noe, qui cum coniuge ac tribus filiis totidemque nuribus suis meruit per arcam uastatione diluuii liberari, non inuenimus usque Abraham cuiusquam pietatem euidenti diuino eloquio praedicatam, nisi quod Noe duos filios suos Sem et Iapheth prophetica benedictione commendat, intuens et praeuidens quod longe fuerat post futurum. Vnde factum est etiam illud, et filium suum medium, hoc est primogenito iuniorem ultimoque maiorem, qui peccauerat in patrem, non in ipso, sed in filio eius suo nepote malediceret his uerbis: *Maledictus Chanaan puer, famulus erit fratribus suis*. Chanaan porro natus fuerat ex Cham, qui patris dormientis nec texerat, sed potius prodiderat nuditatem. Vnde etiam quod secutus adiunxit benedictionem duorum maximi et minimi filiorum dicens: *Benedictus Dominus Deus Sem, et erit Chanaan puer illius; latificet Deus Iapheth, et habitet in domibus Sem*, sicut ipsa eiusdem Noe et uineae plantatio et ex eius fructu inebriatio et dormientis enudatio, et quae ibi cetera facta atque conscripta sunt, propheticis sunt grauidata sensibus et uelata tegminibus.

---

[1] *De Genesi contra Manichaeos* 1.35-41에 의하면 하느님 도성의 역사는 다음과 같이 나누어진다. ① 아동기(infantia): 아담부터 노아까지(14 - 15권). ② 소년기(pueritia): 노아부터 바벨까지(16.1-11). ③ 청년기(adolescentia): 아브라함부터 다윗까지[본서에서는 청장년기가 한데 모아짐(16.12-43)]. ④ 장년기(iuventus): 다윗부터 유배까지(17권). ⑤ 노장기(senior aetas): 유배부터 그리스도의 출현까지(18권). ⑥ 노년기(senectus): 그리스도부터 새인간(homo novus) 출현까지(19 - 20권). ⑦ 안식기(requies): 그리스도의 재림 이후(21 - 22권). 연령 구분의 의의 참조: *De vera religione* 48 - 50.

[2] 창세 9,25-27.

제1부 (1-11)
하느님 도성의 아동기[1] : 노아부터 아브라함까지

1. 대홍수 후 노아부터 아브라함까지, 하느님 따라 사는 집안들이 있는가

대홍수가 있은 다음에 거룩한 도성이 이어졌다는 어떤 자취가 있는지, 그렇지 않으면 불경不敬의 시대가 덮쳐와서 그 도성의 자취가 끊어지고 유일하고 참된 하느님을 경배하는 사람이 한 명도 존재하지 않았는지, 성서가 하는 말만으로는 알아내기 힘들다. 왜냐하면 정전正典에서는 노아가 아내와 자기 세 아들 그리고 자기 며느리들과 더불어 방주 덕분에 대홍수의 파멸을 벗어난 은덕을 입은 이후, 아브라함에게 이르기까지 유일하고 참된 하느님을 경배한 인물을 우리는 아무도 발견하지 못하기 때문이다. 아브라함의 신심信心에 대해서는 하느님의 분명한 말씀으로도 칭송을 받은 바 있다. 그러나 노아가 먼 장래에 일어날 일을 꿰뚫어보고 예견하면서 자기 두 아들 셈과 야벳에게 예언자 같은 축복을 내리면서 훈계한 일을 제외하면 그런 언급을 발견할 수 없다. 그리고 노아는 가운데아들, 그러니까 맏아들보다는 어리고 막내아들보다는 나이가 많은 그 아들이 부친에게 불손한 죄를 지었다 하여 저주를 내린 일이 있었다. 그것도 가운데아들 본인에게 저주를 내리는 것이 아니라 그의 아들, 곧 손자에게 저주를 내렸는데, 그 말은 이렇다: "어린 가나안은 저주를 받아라. 자기 형제들에게 종이 되리라." 가나안은 함에게서 태어난 아들이었는데, 잠든 아버지의 벌거벗은 모습을 덮어 드리지도 않았을 뿐 아니라 도리어 발각되게 만든 사람이 바로 가나안의 아버지 함이었다. 그리하여 노아는 큰아들과 막내아들 둘을 축복하는 말에 이런 말을 덧붙인다: "셈의 하느님이신 주님은 찬양받으소서. 가나안은 그의 아이가 되리라. 하느님께서 야벳을 즐겁게 하시어 셈의 집안에서 살게 하소서."[2] 하지만 노아가 포도나무를 심은 일, 그 열매를 먹고 취한 일, 벌거벗고 잠잔 일, 그밖에 그때 벌어지고 기록된 온갖 일들도 예언적 의미를 간직하고 있으며 예언의 너울을 쓰고 있다.

2. Sed nunc rerum effectu iam in posteris consecuto, quae operta fuerant, satis aperta sunt. Quis enim haec diligenter et intellegenter aduertens non agnoscat in Christo? Sem quippe, de cuius semine in carne natus est Christus, interpretatur nominatus. Quid autem nominatius Christo, cuius nomen ubique iam fragrat, ita ut in cantico canticorum etiam ipsa praecedente prophetia unguento conparetur effuso; in cuius domibus, id est ecclesiis, habitat gentium latitudo? Nam Iapheth latitudo interpretatur. Cham porro, quod interpretatur calidus, medius Noe filius, tamquam se ab utroque discernens et inter utrumque remanens, nec in primitiis Israelitarum nec in plenitudine gentium, quid significat nisi haereticorum genus calidum, non spiritu sapientiae, sed inpatientiae, quo solent haereticorum feruere praecordia et pacem perturbare sanctorum? Sed haec in usum cedunt proficientium, iuxta illud apostoli: *Oportet et haereses esse, ut probati manifesti fiant in uobis.* Vnde etiam scriptum est: *Filius eruditus sapiens erit, inprudente autem ministro utetur.* Multa quippe ad fidem catholicam pertinentia, dum haereticorum calida inquietudine exagitantur, ut aduersus eos defendi possint, et considerantur diligentius et intelleguntur clarius et instantius praedicantur, et ab aduersario mota quaestio discendi existit occasio. Quamuis non solum qui sunt apertissime separati, uerum omnes, qui Christiano uocabulo gloriantur et perdite uiuunt, non absurde possunt uideri medio Noe filio figurati; passionem quippe Christi, quae

---

[3] 다른 데(*De doctrina Christiana* 4.21.45; *Contra Faustum Manichaeum* 12.22)서도 교부는 이 사건의 그리스도적 예표를 다룬 바 있다.

[4] Cf. Hieronymus, *De nominibus hebraicis* 10.16: Sem, nomen vel nominatus.

[5] 아가 1,3 참조(공동번역): "임의 향내 그지없이 싱그럽고 임의 이름 따라 놓은 향수 같아 아가씨들이 사랑한다오."

[6] Cf. Hieronymus, *De nominibus hebraicis* 7.11: Iapheth (Iafet) latitudo.

[7] Cf. Hieronymus, *De nominibus hebraicis* 4.7: Cham calidus.

[8] 노아의 세 아들을 상징적으로 풀이하면서 막내아들 야벳은 이방인으로서 그리스도 신앙인이 되고 이스라엘인들이 버린 빈자리를 보충하는("충만케 만드는") 사람들을 상징한다는 해석이 있었다(Hieronymus, *Quaestiones hebraicarum in Genesim* 9.27: De Sem Hebraei, de Iafeth populus gentium nascitur). 아우구스티누스는 셈을 유다 민족 혹은 그리스도교, 야벳을 그리스도교에 입교한 이방인들, 함을 그리스도교 이단으로 비유한다.

[9] 1코린 11,19. (200주년: "하기는 분쟁도 있어야 시련을 견딘 이들이 밝히 드러날 것입니다.")

[10] 잠언 10,4(LXX).

2. 노아의 아들들에게서 예언적으로 표상되는 바는 무엇인가
　2.1. 셈, 야벳, 함은 무엇을 상징하는가
그러나 그때 감추어졌던 사실들은 훗날에 뒤따라 이루어진 결과로 볼 때 어지간히 드러난 셈이다. 진지하고 지적으로 이 문제에 임하는 사람이라면 그리스도에게서 그 사실들이 실현되었다는 것을 알아보지 못할 리가 있겠는가?³ 셈으로 말하자면, 그의 후손에서 그리스도가 육신으로 태어났는데, 셈이라는 이름은 "이름난 사람"이라고 풀이된다.⁴ 그런데 그리스도보다 더 이름난 존재가 누가 있겠는가? 그분의 이름은 이미 어디서나 향기를 발하고 있으며, 사실 아가에서도 이전의 예언에 따라 그분을 따라 놓은 향유香油에 견주고 있다.⁵ 그리고 셈의 집에서, 다시 말해 교회 안에서는 광대한 민족들이 살고 있었다. 왜냐하면 야벳은 "광대함"이라고 풀이되기 때문이다.⁶ 단지 함의 이름은 "열기 있는 자"라고 풀이되는데,⁷ 그는 노아의 가운데아들로서 결국 양편에서 떨어져나가는 모습을 하고 있다. 다시 말해 양편 사이에 있으면서도 이스라엘인들의 맏물에도 참여하지 못하고 이방인들의 충만한 숫자에도 참여하지 못하고 있으니,⁸ 그야말로 이단자들의 열기있는 무리가 아니면 무엇을 상징하겠는가? 지혜의 얼이 아니라 조급한 얼에 움직여 감정에 들끓고 성도들의 평화를 교란하는 것이 이단자들의 특징이 아닌가? 하지만 이것마저 정진하는 사람들에게는 유익이 되는데 사도의 저 유명한 말 때문이다: "여러분 가운데서 시련을 견뎌낸 이들이 드러나려면 이단들도 있어야겠습니다."⁹ 그래서 이런 말씀도 기록되어 있다: "배운 자식은 지혜로워지고 어리석은 자마저 머슴처럼 부리게 되리라."¹⁰ 그러니까 이단자들의 열기 어린 준동에 휘둘리다 보면, 보편적 신앙에 해당하는 많은 사안들이 더 진지하게 고찰되고 더 명확하게 인식되며 더 생동감 있게 설교되는 법이다. 그래야 이단자들에게 대항해서 그것들이 옹호될 수 있기 때문이다. 또 논적에게 휘둘려야 문제점을 배울 기회가 생기는 법이다. 그리고 아주 노골적으로 갈라져 나간 사람들뿐 아니라, 그리스도 신자라는 명칭을 자랑하면서 방탕하게 살아가는 모든 사람들마저 노아의 가운데아들로 표상된다고 해서 무리한 말 같지는 않다. 그런 사람들은 그리스도의 수난, 곧 저 노아

illius hominis nuditate significata est, et adnuntiant profitendo, et male agendo exhonorant. De talibus ergo dictum est: *Ex fructibus eorum cognoscetis eos*. Ideo Cham in filio suo maledictus est, tamquam in fructu suo, id est in opere suo. Vnde conuenienter et ipse filius eius Chanaan interpretatur motus eorum; quod aliud quid est quam opus eorum? Sem uero et Iapheth tamquam circumcisio et praeputium, uel sicut alio modo eos appellat apostolus, Iudaei et Graeci, sed uocati et iustificati, cognita quoquo modo nuditate patris, qua significabatur passio Saluatoris, sumentes uestimentum posuerunt supra dorsa sua et intrauerunt auersi et operuerunt nuditatem patris sui, nec uiderunt quod reuerendo texerunt. Quodam enim modo in passione Christi et quod pro nobis factum est honoramus et Iudaeorum facinus auersamur. Vestimentum significat sacramentum, dorsa memoriam praeteritorum, quia passionem Christi eo scilicet iam tempore, quo habitat Iapheth in domibus Sem et malus frater in medio eorum, transactam celebrat ecclesia, non adhuc prospectat futuram.

Sed malus frater in filio suo, hoc est, in opere suo, puer, id est seruus est fratrum bonorum, cum ad exercitationem patientiae uel ad prouectum sapientiae scienter utantur malis boni. Sunt enim teste apostolo, qui Christum adnuntiant non caste; sed *siue occasione*, inquit, *siue ueritate Christus adnuntietur*. Ipse quippe plantauit uineam, de qua dicit propheta: *Vinea Domini Sabaoth domus Israel est*, et bibit de uino eius (siue ille calix

---

[11] 마태 7,20. 〔200주년: "그러니 열매로 그들을 알아보시오."〕

[12] "… 안에서 축복을 받다" 혹은 "… 안에서 저주를 받다"라는 히브리식 어법은 "그리스도 안에서 (in Christo) 구원받다"라는 바울로의 어법으로 이어진다.

[13] Cf. Hieronymus, *De nominibus hebraicis*: Chanaan motus (4.7), quasi moventes (17.26), erubescens sive negotiator (41.62).

[14] 1고린 10,32 참조: "유다인에게도 그리스인에게도 하느님의 교회에도 걸림이 되는 일이 없도록 하시오."

[15] 그리스인들을 비롯한 이민족들이 유다교의 후신인 그리스도교 안에 들어와 살고 있었는데 이단자들은 이교도 사상과 그리스도교 사상 중간에서, 양자에 영합하는 입장을 취하고 있다는 비유다.

[16] 로마인들은 노예를 puer("애야!")라고 낮추어 호칭하는 풍습을 갖고 있었으므로 "가나안은 셈의 아이가 되리라"는 구절을 셈의 노예가 된다는 뜻으로 해석하는 일이 가능하다.

[17] 필립 1,18. 〔200주년: "동기야 거짓되건 참되건 그리스도께서 전해지는 것만은 사실입니다."〕

[18] 이사 5,7.

의 벌거벗은 모습이 상징하는 수난을 떠벌리고 다니면서 소문내지만, 행동은 못되게 하여 창피스럽게 만든다. "그러므로 여러분은 그들의 열매로 그들을 알아볼 것이오"[11]라는 말씀은 바로 저런 사람들을 두고 한 것이다. 이리하여 함은 자기 아들 안에서[12] 저주를 받았는데, 이것은 그의 열매를 보고 그의 행실을 보고 그가 무슨 저주를 받았는지 알게 하려는 것이다. 그래서 그의 아들 가나안의 이름이 "그들의 움직임"이라고 풀이되는 것도 무리가 아니다.[13] 이것은 이단자들의 못된 행실이 아니고 무엇이겠는가? 하지만 셈과 야벳은 할례받은 자들과 포경인 자들을 상징하는데, 사도는 이들을 좀 다르게 일컬어 유다인들과 그리스인들이라 한다.[14] 달리 말하면 불린 사람들과 의화된 사람들이라고 말할 수도 있겠다. 그들은 구세주의 수난을 상징하는 아버지의 벌거벗음을 알고 의복을 집어 등에 걸치고 등을 돌린 채 뒷걸음으로 들어가 자기 아버지의 벌거벗은 모습을 덮어드렸고, 공경심으로 자신들이 덮어드린 그 모습조차 보지 못했다. 어떤 면에서 볼 때, 그리스도의 수난에서 우리를 위해 이루어진 점에 대해서는 영예를 드리지만 유다인들의 행악에 대해서는 등을 돌리게 된다. 저 의복은 성사를 상징하고 등은 과거사에 대한 기억을 상징한다. 교회는 그리스도의 수난을 이미 저때 이루어진 일로 기념하지, 앞으로 닥쳐올 일로 기다리지는 않는다. 저때부터 야벳은 셈의 집에서 살고 못된 형제는 그들의 중간에서 떨어져 살고 있다.[15]

2.2. 벌거벗은 노아는 십자가에 달린 그리스도를 예고한다

그렇지만 못된 형제는 자기 아들에게서, 곧 자기 행실에서 종이 된다. 선한 형제들의 종이 된다.[16] 선한 사람들은 악인들을 겪으면서 인내심을 단련할 때나 지혜에 정진할 때 의식적으로 악인들을 이용한다는 뜻이다. 사도도 증언하는 말이지만, 그리스도를 선포하면서도 순수하지 않게 하는 사람들이 있다. 하지만 사도가 말하듯이, "위선으로든 진실로든 그리스도께서 전해지는 것만은 사실"이다.[17] 그리스도 그분도 포도원을 가꾸었으며 예언자는 그 포도원에 대해 이렇게 말했다: "만군의 주님의 포도밭은 이스라엘 가문이다."[18] (또 그분의 포도주를 마시게 된다. 이 말은 두 가지 의미를 담고 있다. 우선

hic intellegatur, de quo dicit: *Potestis bibere calicem, quem ego bibiturus sum?* et: *Pater, si fieri potest, transeat calix iste,* quo suam sine dubio significat passionem; siue, quia uinum fructus est uineae, hoc potius illo significatum est, quod ex ipsa uinea, hoc est ex genere Israelitarum, carnem pro nobis et sanguinem, ut pati posset, adsumpsit), *et inebriatus est,* id est passus est, *et nudatus est*; ibi namque nudata est, id est apparuit, eius infirmitas, de qua dicit apostolus: *Etsi crucifixus est ex infirmitate.* Vnde idem dicit: *Infirmum Dei fortius est hominibus, et stultum Dei sapientius est hominibus.* Quod uero cum dictum esset: *Et nudatus est,* addidit scriptura: *In domo sua,* eleganter ostendit, quod a suae carnis gente et domesticis sanguinis sui, utique Iudaeis, fuerat crucem mortemque passurus. Hanc passionem Christi foris in sono tantum uocis reprobi adnuntiant; non enim quod adnuntiant intellegunt. Probi autem in interiore homine habent tam grande mysterium atque honorant intus in corde infirmum et stultum Dei, quia fortius et sapientius est hominibus. Huius rei figura est, quod Cham exiens hoc nuntiauit foris; Sem uero et Iapheth, ut hoc uelarent, id est honorarent, ingressi sunt, hoc est interius id egerunt.

 Haec scripturae secreta diuinae indagamus, ut possumus, alius alio magis minusue congruenter, uerum tamen fideliter certum tenentes non ea sine aliqua praefiguratione futurorum gesta atque conscripta neque nisi ad

---

[19] 마태 20,22.

[20] 마태 26,39.

[21] 창세 9,21. 라틴어로 inebriatus est는 inebrio(취하게 만들다, 만취시키다)라는 동사의 수동태이므로 "취하지 않을 수 없게 당했다"는 의미로 받아들여져 passus est(수동으로 당했다), 곧 "수난했다"로 비약하는 말장난이 가능하다.

[22] 2고린 13,4.

[23] 1고린 1,25.

[24] 창세 9,21 참조: "하루는 포도주를 마시고 취하여 벌거벗은 채로 천막 안에 누워 있었다."

[25] 앞의 각주 7 참조.

그분이 말씀하는 저 잔에 대한 것으로 이해할 수도 있는데, "내가 마시려는 잔을 마실 수 있습니까?"[19]라는 말씀이나 "아버지, 하실 수만 있다면 이 잔이 저를 비켜가게 하소서"[20]라는 말씀이 있다. 그 잔은 의심의 여지 없이 당신의 수난을 의미한다. 그런가 하면 포도주는 포도원의 산물이므로 이 말로 다른 것을 상징할 수도 있다.) 저 포도원에서, 다시 말해 당신이 우리를 위해 수난을 겪으려고 이스라엘 족속으로부터 살과 피를 취한 그 사실을 상징할 수도 있다. 그래서 "그는 취하게 되었고(즉, 수난당했고) 벌거벗겨졌다".[21] 거기서는 그분의 약함이 벌거벗겨졌다. 즉, 벌거숭이로 드러났다. 이 약함에 대해 사도는 "그분은 약해서 십자가에 처형되셨다"[22]고 말했다. 그러면서도 같은 사도는 이런 말을 한다: "하느님의 약한 것이 사람들보다 더 강하며, 하느님의 어리석은 것이 사람들보다 더 지혜롭다."[23] 노아에 대해 "그는 벌거벗겨졌다"고 하는 말에 덧붙여 성서는 "자기 집에서"라고 했다.[24] "자기 집에서"라는 말은 그리스도가 자기 육신의 족속에게, 즉 자기 혈통의 가문인 유다인들에게 십자가형과 죽음을 당하리라는 사실을 우아하게 표현한 것이다. 못된 인간들은 그리스도의 이 수난을 밖에서 커다란 소리로 알린다. 그런데 정작 자기들이 알리는 바를 깨닫지는 못한다. 정직한 사람들은 내적 인간들 안에서 참으로 위대한 신비를 간직하고 있으며, 내면에서 마음으로 하느님의 약한 면과 어리석은 면에 공경을 표한다. 하느님의 약한 면과 어리석은 면은 사람들보다 더 강하고 더 지혜롭기 때문이다. 함에게서 표상된 것이 바로 이것이다. 그는 밖에 나가서 하느님의 약한 면과 어리석은 면을 퍼뜨리고 다녔던 것이다. 그 대신 셈과 야벳은 이것을 덮으려고, 곧 공경을 표하려고 안으로 들어갔다. 안으로 들어갔다는 말은 내면에서 그것을 행동으로 옮겼다는 말이다.[25]

2.3. 역사적 사실이 반드시 다른 무엇을 예표하는가

신성한 서책이 담고 있는 이 비밀에 대해 우리는 알 수 있는 데까지 탐색해 보기로 하자. 이 일을 누구는 남보다 더 적절하게 해내고 누구는 덜 해낼 것이다. 그렇지만 한번 일어났고 기록된 것들치고 장차 올 일에 대해 아무런 예

Christum et eius ecclesiam, quae ciuitas Dei est, esse referenda; cuius ab initio generis humani non defuit praedicatio, quam per omnia uidemus impleri. Benedictis igitur duobus filiis Noe atque uno in medio eorum maledicto deinceps usque ad Abraham de iustorum aliquorum, qui pie Deum colerent, commemoratione silentium est per annos amplius quam mille. Nec eos defuisse crediderim, sed si omnes commemorarentur, nimis longum fieret, et esset haec historica magis diligentia quam prophetica prouidentia. Illa itaque exequitur litterarum sacrarum scriptor istarum uel potius per eum Dei Spiritus, quibus non solum narrentur praeterita, uerum etiam praenuntientur futura, quae tamen pertinent ad ciuitatem Dei; quia et de hominibus, qui non sunt ciues eius, quidquid hic dicitur, ad hoc dicitur, ut illa ex comparatione contraria uel proficiat uel emineat. Non sane omnia, quae gesta narrantur, aliquid etiam significare putanda sunt; sed propter illa, quae aliquid significant, etiam ea, quae nihil significant, adtexuntur. Solo enim uomere terra proscinditur; sed ut hoc fieri possit, etiam cetera aratri membra sunt necessaria; et soli nerui in citharis atque huius modi uasis musicis aptantur ad cantum; sed ut aptari possint, insunt et cetera in compagibus organorum, quae non percutiuntur a canentibus, sed ea, quae percussa resonant, his conectuntur. Ita in prophetica historia dicuntur et aliqua, quae nihil significant, sed quibus adhaereant quae significant et quodam modo religentur.

---

[26] 역사를 구세사(救世史)로 보면 모든 사건이 예언적이고 종말론적인 내용을 함의하고 교회론적 색채를 띤다. 따라서 성서 해석에서도 실재와 상징(figuratio: 표상, praefiguratio: 예표, significatio: 상징, allegoria: 우의 등 다양한 용어로 표현한다) 사이에 균형을 취한다.

[27] quidquid hic dicitur, ad hoc dicitur: 성서에서 전의(轉意)나 표의(表意)를 해석해내는 원칙을 나타내는 문장으로 내용은 뒤이어 설명한다.

[28] in prophetica historia: 교부는 구약의 거의 모든 설화에 "예형적 해석"(lectio figurativa)을 도입하면서 "역사"와 "예언"을 아예 "예언적 역사"라는 개념으로 통합시키고 있다.

표도 간직하지 않은 것은 없으며, 무엇을 예표한다면 필히 그리스도와 그분의 교회(곧, 하느님의 도성)에 연관되어야 한다는 사실에 대해 믿음을 갖고 확실하게 견지해야 할 것이다. 인류의 시초부터 이 도성에 대한 예고가 없었던 적이 없고, 모든 일을 통해 그 예고가 성취되고 있음을 오늘날 우리는 목격하고 있다.[26] 노아의 두 아들들이 축복받고 두 사람의 중간에서 가운데아들이 저주를 받은 이래로 성서는 아브라함에 이르기까지 무려 천 년이 넘게 경건하게 하느님을 섬기는 어떤 의인도 거명하지 않은 채로 침묵을 지킨다. 물론 나도 그런 사람들이 없지 않았다고 믿는 바이지만, 아마도 그런 사람들을 거명하기에는 명단이 너무 길었을지도 모르겠고, 또 그런 명단을 작성하는 일은 예언적 배려보다는 역사적 충실성에 해당하는지도 모르겠다. 그런데 거룩한 문서의 저자, 혹은 더 적절하게 표현해서 하느님의 영이 그 인물을 통해 진술하는 바는 단지 과거사를 이야기하는 내용만이 아니라 미래사를 예고하는 내용이기도 했다. 다만 그 미래사는 하느님의 도성에 해당하는 것들이다. 하느님 도성의 시민이 아닌 사람들에 대해 여기서 무엇인가 서술된다면, 그것을 서술하는 의도는[27] 상반된 대조로 말미암아 저 도성이 이익을 얻게 되거나 빛을 발하게 하기 위한 것이다. 물론 성서에 역사적 행적으로 서술되는 모든 내용이 또한 다른 무언가를 반드시 상징한다고 여길 필요는 없다. 그렇지만 아무런 상징도 없는 내용이 거기 엮여 있는 것은 다른 무언가를 상징하는 내용들 때문이다. 정작 땅을 가르는 것은 쟁기날뿐이지만 그 작업이 이루어지려면 쟁기의 여타 부속들이 필요한 법이다. 마찬가지로 거문고나 이와 비슷한 악기에서도 소리를 내기에 적합한 것은 현(絃)뿐이다. 그렇지만 그것이 소리를 내기에 적합하려면 악기의 부속품에 들어가는 여타의 것들, 노래를 하는 사람이 튕기는 부분은 아니지만 튕겨져서 소리를 내는 부분과 이어진 부속들이 들어 있는 법이다. 마찬가지로 예언적 역사에서도[28] 아무것도 상징하지 않는 어떤 내용이 서술되기도 하는데, 다른 것을 상징하는 내용들이 바로 이런 내용에 결부됨으로써, 어떻게 보면 상징성을 띠지 않는 내용들이 상징적으로 재해석될 여지가 생긴다.

3. Generationes ergo filiorum Noe deinceps intuendae, et quod de his dicendum uidetur, adtexendum est huic operi, quo ciuitatis utriusque, terrenae scilicet et caelestis, per tempora procursus ostenditur. Coeptae sunt enim commemorari a minimo filio, qui uocatus est Iapheth, cuius filii octo nominati sunt, nepotes autem septem de duobus filiis eius, tres ex uno, quattuor ex altero; fiunt itaque omnes quindecim. Filii autem Cham, hoc est medii filii Noe, quattuor et nepotes quinque ex uno eius filio, pronepotes duo ex nepote uno; fit eorum summa undecim. Quibus enumeratis reditur tamquam ad caput et dicitur: *Chus autem genuit Nebroth; hic coepit esse gigans super terram. Hic erat gigans uenator contra Dominum Deum. Propter hoc dicunt: Sicut Nebroth gigans uenator contra Dominum. Et factum est initium regni eius Babylon, Orech, Archad et Chalanne in terra Sennaar. De terra illa exiuit Assur et aedificauit Nineuen et Roboth ciuitatem et Chalach et Dasem inter medium Nineuae et Chalach: haec ciuitas magna*. Iste porro Chus, pater gigantis Nebroth, primus nominatus est in filiis Cham, cuius quinque filii iam fuerant computati et nepotes duo. Sed istum gigantem aut post nepotes suos natos genuit, aut, quod est credibilius, seorsum de illo propter eius eminentiam scriptura locuta est; quando quidem et regnum eius commemoratum est, cuius initium erat illa nobilissima Babylon ciuitas, et quae iuxta commemoratae sunt siue ciuitates siue regiones. Quod uero dictum est de terra illa, id est de terra Sennaar, quae pertinebat ad regnum Nebroth, exisse Assur et aedificasse Nineuen et alias quas contexuit ciuitates, longe postea factum est, quod ex hac occasione perstrinxit propter nobilitatem regni Assyriorum, quod mirabiliter dilatauit Ninus, Beli filius, conditor Nineuae ciuita-

---

[29] 칠십인역본 창세 10,2-5 참조. 히브리 경전에서 아들은 일곱으로 나오며 "엘리사야"라는 이름은 야완의 아들로, 곧 셈의 손주로 등장한다.

[30] 창세 10,6-8 참조.

[31] 창세 10,8-12. 아우구스티누스는 문장도 고유명사도 칠십인역의 라틴어 번역본을 따르지만 본서의 번역에서 역자는 마소라본에 의거한 우리말 공동번역본에서 인명과 지명을 따르고 있다.

[32] 성서의 인명 아시리아와 일반 역사서에서 나오는 니누스, 니느웨라는 도시명과 르호봇 성의 차이를 고심한 히에로니무스는 아시리아가 니느웨를 창건하고 니누스가 확장했으며 르호봇은 니느웨 시의 한 광장이었다는 설명을 내놓았다(*Quaestiones hebraicarum in Genesim* 10.11).

3. 노아의 세 아들의 계보
 3.1. 셈과 함의 계보를 숫자로 센다
그러면 노아의 아들들의 계보를 살펴볼 차례다. 그 계보에 대해 하는 얘기들이 이 저서에 들어가는데, 이 저서는 시간의 흐름을 타고 양편 도성, 즉 지상 도성과 천상 도성의 전개를 보여주고 있다. 성서는 막내아들 야벳을 회고하는 데서 시작한다. 그의 아들들 여덟 명의 이름이 나오고, 그가운데 두 아들에게서 손자 일곱 명이 태어났는데, 한 아들에게서 세 명이, 다른 아들에게서 네 명이 태어났다. 그래서 모두 열다섯 명이 된다.[29] 함, 즉 노아의 가운데아들인 셈의 아들들은 네 명, 손자들은 그가운데 한 아들에게서 난 다섯 명, 한 손자에게서 나온 증손자 두 명, 도합 열한 명이 거명된다.[30] 이 이름들이 꼽히고 나서 성서는 마치 첫머리로 돌아가듯이 말한다: "구스에게서 니므롯이 났는데 그는 세상에 처음 나타난 장사였다. 그는 주 하느님께 맞서는 거인 사냥꾼이었다. 그래서 '주님께 맞서는 니므롯 같은 거인 사냥꾼'이라는 속담까지 생겼다. 그의 나라는 시날 지방인 바벨과 에렉과 아깟과 갈네에서 시작되었다. 그는 그 지방을 떠나 아시리아로 나와서 니느웨와 르호봇 성과 갈라를 세우고, 니느웨와 갈라 사이에 레센이라는 아주 큰 성을 세웠다."[31] 저 구스라는 사람, 말하자면 거인 니므롯의 아버지가 함의 아들들 가운데 가장 먼저 거명되었고, 그의 다섯 아들들과 두 손자는 앞서 거명되었다. 순서가 이처럼 바뀐 것은 손자들이 태어난 다음에 함이 저 거인을 낳았거나, 그렇지 않으면 좀더 신빙성있는 얘기로, 거인의 뛰어남 때문에 뒤늦게야 거인에 대해 성서가 이야기했거나 둘 중의 하나다. 성서에는 그의 왕국도 거명되고 있는데, 그 시작은 참으로 유명한 저 바빌론 도성이고 그와 나란히 다른 도성들이나 지방들이 거명되었다. 그다음 저 지방, 즉 니므롯의 왕국에 속하는 시날 지방에서 아시리아로 나왔고 니느웨를 세웠으며 다른 곳들을 도성으로 만들어 세웠다는 말이 나온다. 이것은 아주 후대에 이루어진 일임에도 여기서 언급한 까닭은 아시리아인들의 왕국이 유명하기 때문이다. 거대한 니느웨 도성을 창건한 벨루스의 아들 니누스가 이 왕국을 놀랍게 확장한 바 있다.[32] 또 이 도성의 이름도 그의 이름에서 유래했는데, 니누

tis magnae; cuius ciuitatis nomen ex illius nomine deriuatum est, ut a Nino Nineue uocaretur. Assur autem, unde Assyrii, non fuit in filiis Cham, medii filii Noe, sed in filiis Sem reperitur, qui fuit Noe maximus filius. Vnde apparet de progenie Sem exortos fuisse, qui postea regnum gigantis illius obtinerent et inde procederent atque alias conderent ciuitates, quarum prima est a Nino appellata Nineue. Hinc reditur ad alium filium Cham, qui uocabatur Mesraim, et commemorantur quos genuit, non tamquam singuli homines, sed nationes septem. Et de sexta, uelut de sexto filio, gens commemoratur exisse, quae appellatur Philistiim; unde fiunt octo. Inde iterum ad Chanaan reditur, in quo filio maledictus est Cham, et quos genuit undecim nominantur. Deinde usque ad quos fines peruenerint commemoratis quibusdam ciuitatibus dicitur. Ac per hoc filiis nepotibusque computatis de progenie Cham triginta unus geniti referuntur.

Restat commemorare filios Sem, maximi filii Noe; ad eum quippe gradatim generationum istarum peruenit a minimo exorta narratio. Sed unde incipiunt commemorari filii Sem, habet quiddam obscuritatis, quod expositione inlustrandum est, quia et multum ad rem pertinet, quam requirimus. Sic enim legitur: *Et Sem natus est, et ipsi patri omnium filiorum, Heber, fratri Iapheth maiori.* Ordo uerborum est: et Sem natus est Heber, etiam ipsi, id est ipsi Sem, natus est Heber, qui Sem pater est omnium filiorum. Sem ergo patriarcham intellegi uoluit omnium, qui de stirpe eius exorti sunt, quos commemoraturus est, siue sint filii, siue nepotes et pronepotes et deinceps indidem exorti. Non sane istum Heber genuit Sem, sed ab illo quintus in progenitorum serie reperitur. Sem quippe inter alios filios genuit Arphaxat, Arphaxat genuit Cainan, Cainan genuit Sala, Sala genuit Heber. Non itaque frustra ipse primus est nominatus in progenie ueniente de Sem et praelatus etiam filiis, cum sit quintus nepos, nisi quia uerum est, quod

---

[33] 마소라본은 그 아들을 메스라임(Mesraim)이라고 하는 대신에 곧바로 "이집트"라고 호칭한다.

[34] 창세 10,6-20 참조.

[35] 창세 10,21. 〔공동번역: "셈에게서도 아들이 태어났다. 에벨의 모든 후손이 그에게서 나왔는데, 그는 또한 야벳의 맏형이기도 하다."〕

[36] 아우구스티누스가 인용한 라틴어본을 따르자면 "셈에게서도 후손이 태어났다. 에벨의 모든 후손들의 조상이요 또한 야벳의 맏형이기도 하다"라는 애매한 해석이 나온다.

[37] 루가 3,36에 근거하는 족보다. 마소라본의 창세 10,21-26에는 케난이 등장하지 않으므로 에벨이 셈의 4대손이 된다.

스라는 이름을 따서 니느웨라고 부르게 되었던 것이다. 아시리아인들이 나온 아시리아는 노아의 가운데아들인 함의 아들들 속에는 들어 있지 않고 노아의 큰아들이었던 셈의 아들들 속에 그 이름이 나온다. 그렇다면 후대에 저 거인의 왕국을 차지하고 거기서 더 나아가 다른 도성들을 건설한 인물들은 셈의 후손에서 나왔음이 분명해진다. 그 도성들 가운데 첫째가 니누스에게서 이름을 딴 니느웨였음도 분명하다. 여기서 얘기는 함의 다른 아들, 이름이 메스라임이라는 인물에게로 돌아간다. 그런데 그 인물이 낳은 자들은 개별 인간으로 언급되지 않고 대신 일곱 민족으로 거명된다. 또 여섯째 민족 또는 여섯째 아들에게서 불레셋이라고 부르는 민족이 나왔다고 언급한다. 그러면 그 인물에게서 나온 민족의 수는 여덟이 된다.[33] 그러고는 함이 자기 부친 노아의 저주를 뒤집어 쓰게 한 아들 가나안으로 돌아오며, 그가 낳은 열한 명의 이름이 나온다. 이어서 거명된 도성들의 경계가 어디까지 미치는지 얘기한다. 이렇게 거명된 아들들과 손자들을 세면서 함의 자손에서 서른한 명이 태어난 것으로 보고된다.[34]

3.2. 노아의 계보 중 에벨은 누구인가

이제 노아의 맏아들인 셈의 아들들을 거명하는 일이 남았다. 막내아들에게서 시작된 저 계보들의 묘사가 서서히 그에게로 접근하는 것이다. 하지만 셈의 아들들을 거명하기 시작하면서부터 애매한 데가 나타난다. 이 부분은 우리가 연구하는 문제에 상당한 비중을 갖기 때문에 해설을 하여 밝히게 된다. 본문은 이렇다: "셈에게서도 에벨이 태어났다. 그는 모든 후손들의 어버이요 또한 야펫의 맏형이 된다."[35] 단어들의 순서로는 이렇다: 셈에게서도 에벨이 태어났다. 그에게도, 즉 셈에게도 에벨이 태어났다. 셈으로 말하자면 모든 후손들의 어버이다.[36] 그러니까 셈이라는 인물을, 셈에게서 생겨난 것으로 거명하게 될 모든 사람들, 그것이 아들이든 손자든 증손자든, 차후로 그에게서 생겨나는 모든 사람들의 성조_{聖祖}로 이해하기를 바란 것이다. 셈이 곧바로 에벨을 낳은 것은 결코 아니다. 에벨은 그로부터 나오는 세보_{世譜}에서 5대손으로 등장한다. 말하자면 셈은 여러 아들들 가운데서도 특히 아르박삿을 낳았고 아르박삿은 케난을 낳았고 케난은 셀라를 낳았고 셀라는 에벨을 낳았다.[37] 그러니 에벨은 셈으로부터 나오

traditur, ex illo Hebraeos esse cognominatos, tamquam Heberaeos; cum et alia possit esse opinio, ut ex Abraham tamquam Abrahaei dicti esse uideantur; sed nimirum hoc uerum est, quod ex Heber Heberaei appellati sunt, ac deinde una detrita littera Hebraei, quam linguam solus Israel populus potuit obtinere, in quo Dei ciuitas et in sanctis peregrinata est et in omnibus sacramento adumbrata. Igitur filii Sem prius sex nominantur, deinde ex uno eorum nati sunt quattuor nepotes eius, itemque alter filiorum Sem genuit eius nepotem, atque ex illo itidem pronepos natus est atque inde abnepos, qui est Heber. Genuit autem Heber duos filios, quorum unum appellauit Phalech, quod interpretatur diuidens. Deinde scriptura subiungens rationemque huius nominis reddens: *Quia in diebus*, inquit, *eius diuisa est terra*. Hoc autem quid sit, post apparebit. Alius uero, qui natus est ex Heber, genuit duodecim filios; ac per hoc fiunt omnes progeniti de Sem uiginti septem. In summa igitur omnes progeniti de tribus filiis Noe, id est quindecim de Iapheth, triginta unus de Cham, uiginti septem de Sem fiunt septuaginta tres. Deinde sequitur scriptura dicens: *Hi filii Sem in tribubus suis secundum linguas suas in regionibus suis et in gentibus suis*; itemque de omnibus: *Haec*, inquit, *tribus filiorum Noe secundum generationes eorum, secundum gentes eorum. Ab his dispersae sunt insulae gentium super terram post diluuium.* Vnde colligitur septuaginta tres uel potius (quod postea demonstrabitur) septuaginta duas gentes tunc fuisse, non homines. Nam et prius, cum fuissent commemorati filii Iapheth, ita conclusum est: *Ex his segregatae sunt insulae gentium in terra sua, unus quisque secundum linguam in tribubus suis et in gentibus suis.*

---

[38] Hebraeos tamquam Heberaeos: 사본에 따라서 Eber로 나오지만 아우구스티누스는 Heber이라는 표기를 쓰며 이 어원은 그의 「재론고」(*Retractationes* 2.16)에서도 거듭 확인한다.

[39] Abrahaei: 교부가 다른 저서(*De consensu Evangelistarum* 3.2)에서 시도해 본 해석이었다. Hebraei-Abrahaei는 유사하게 들린다는 것이다.

[40] Heberaei에서 둘째 모음 e가 탈락되어 Hebraei가 되었으리라는 추측이다. 히브리어가 에벨의 언어라는 주장은 11장에서 재론한다.

[41] Cf. Hieronymus, *De nominibus hebraicis* 6.14: Faleg dividens.

[42] 창세 10,25. 〔공동번역: "그의 시대에 인종이 갈라졌다고 해서 그렇게 부른 것이다."〕

[43] 창세 10,31. 바벨탑 사건 이전에 갈려 나간 모습으로 보인다.

[44] 창세 10,32. 〔공동번역: "각 부족의 계보를 따라 나누어진 노아 후손들의 씨족은 위와 같다. 그들에게서 부족들이 세상에 갈라져 나간 것은 홍수가 있은 뒤의 일이었다."〕

[45] 창세 10,5. 〔공동번역: "이들에게서 바다를 끼고 사는 백성들이 갈라져 나왔다."〕 히브리본이나 불가타본에는 insulae gentium(민족들의 섬들) 대신 gentes만 나온다. "섬들"(insulae)은 "(섬의) 주민들"을 거쳐 "주민들"로 의미가 변한다.

는 후손들 가운데 첫째로 이름이 거명되고, 족보상으로는 셈의 5대 손자에 불과함에도 셈의 아들들보다 먼저 거명되는 것도 이상한 것은 아니다. 전하는 바에 의하면, 바로 그에게서 히브리인들이 이름을 얻어 마치 헤베르인들처럼 되었다고 하는데, 그것은 사실이다.[38] 물론 다른 의견에 의하면, 아브라함에게서 이름을 얻어 마치 아브라하인들로 된 것처럼 보이기도 한다.[39] 하지만 분명히 그들은 에벨에게서 이름을 얻어 헤베르인들이라고 불렸고 글자 하나가 탈락되어 히브리인들이 된 것이 분명하다. 이스라엘 백성만이 그 언어를 간직할 수 있었다.[40] 그 백성 안에서 하느님의 도성이 성도들 틈에서 나그넷길을 걷게 되며, 만민에게는 이 사실이 그동안 비사秘事로 가려져 있게 된다. 여하튼 셈의 아들들 가운데 먼저 여섯 명이 거명되고, 그다음 그 아들 중 한 사람에게서 셈의 손자 네 명이 태어났다. 이어서 셈의 아들들 가운데 하나가 셈의 손자를 낳았으며 그 사람에게서 증손자와 고손자가 태어났는데, 그가 바로 에벨이다. 에벨은 아들 둘을 낳았는데, 그가운데 하나를 벨렉이라고 불렀으며 이는 "가르는 사람"이라는 의미다.[41] 성서는 이 이름의 근거를 보충 설명하며 이런 말을 한다: "그의 시대에 땅이 갈라졌다고 해서 그렇게 부른 것이다."[42] 이 말이 무슨 뜻인지는 뒤에 가서 밝혀진다. 에벨에게서 태어난 다른 사람은 열두 아들을 낳았다. 그렇게 해서 셈에게서 나온 소생들은 모두 스물일곱 명이다. 합계를 내보면, 노아의 세 아들의 소생들, 즉 야벳에게서 열다섯, 함에게서 서른하나, 셈에게서 스물일곱이 났으며 이를 합치면 일흔셋이 된다. 이어서 성서는 이렇게 말한다: "이상이 언어에 따른 씨족과 자기 지방과 자기 부족에로 갈려 나간 셈의 후손들이다."[43] 그리고 이들 전부에 대해 이런 말을 한다: "이것이 세대에 따라서, 그리고 그들의 부족에 따라서 나누어진 노아의 아들들의 씨족이다. 이들로부터 대홍수가 있은 뒤에 땅 위에 민족들의 섬들이 갈라져 나간 것이다."[44] 그리하여 당시 지상에 있던 일흔셋, 아니면 뒤에 증명해 보이겠지만 일흔둘은 부족들의 숫자이지 사람들의 숫자가 아니다. 왜냐하면 그에 앞서 야벳의 후손들을 열거하다가 이렇게 매듭을 짓고 있기 때문이다: "이들에게서 자기 땅에 사는 민족들의 섬들이 갈라져 나왔다. 각자가 언어에 따른 자기 씨족과 자기 부족으로 갈려 나갔다."[45]

Iam uero in filiis Cham quodam loco apertius gentes commemoratae sunt, sicut superius ostendi. *Mesraim genuit eos, qui dicuntur Ludiim*; et eodem modo ceterae usque ad septem gentes. Et enumeratis omnibus postea concludens: *Hi filii Cham*, inquit, *in tribubus suis secundum linguas suas in regionibus suis et in gentibus suis*. Propterea ergo multorum filii non sunt commemorati, quia gentibus aliis nascendo accesserunt, ipsi autem gentes facere nequiuerunt. Nam qua alia causa, cum filii Iapheth octo enumerentur, ex duobus eorum tantum filii nati commemorantur, et cum filii Cham quattuor nominentur, ex tribus tantum qui nati sunt adiciuntur, et cum filii Sem nominentur sex, duorum tantum posteritas adtexitur? Numquid ceteri sine filiis remanserunt? Absit hoc credere; sed gentes, propter quas commemorari digni essent, non utique fecerunt, quia, sicut nascebantur, aliis gentibus addebantur.

4. Cum ergo in suis linguis istae gentes fuisse referantur, redit tamen narrator ad illud tempus, quando una lingua omnium fuit, et inde iam exponit, quid acciderit, ut linguarum diuersitas nasceretur. *Et erat*, inquit, *omnis terra labium unum et uox una omnibus. Et factum est, cum mouerent ipsi ab Oriente, inuenerunt campum in terra Sennaar, et habitauerunt ibi. Et dixit homo proximo: Venite, faciamus lateres et coquamus illos igni. Et facti sunt illis lateres in lapidem, et bitumen erat illis lutum, et dixerunt: Venite, aedificemus nobismetipsis ciuitatem et turrem, cuius caput erit usque ad caelum, et faciamus nostrum nomen antequam dispergamur in faciem omnis terrae. Et descendit Dominus uidere ciuitatem et turrem, quam aedificauerunt filii hominum. Et dixit Dominus Deus: Ecce genus unum et labium unum omnium; et hoc inchoauerunt facere, et nunc non deficient ex illis omnia quae conati fuerint facere; uenite, et descen-*

---

[46] 창세 10,13. 〔공동번역: "이집트에게서 리디아족, 아남족, 르합족, 납두족 … 이 나왔다."〕 "구스"와 "메스라임"은 에티오피아족과 이집트족을 별도로 일컫는 구약의 명칭들이다.

[47] 창세 10,20. 〔공동번역: "이것이 씨족과 언어와 지방과 부족을 따라서 갈려 나간 함의 후손들이다."〕

[48] in tribubus suis secundum linguas suas: 노아의 아들마다 그 족보를 이 문구로 매듭짓고 있다.

[49] 시날(Sennaar) 지방은 곧 바빌론으로 알려져 있다. 다니 1,2 참조: "느부갓네살은 (유다에서 약탈한) 그 물건들을 시날 땅에 있는 자기 신전으로 가지고 가 그곳 곳간에 넣어 두었다."

3.3. 다른 부족들의 이름

이미 함의 후손들에서도 앞에 나온 것처럼 어디에선가 부족들의 이름이 거명된 바 있다. "메스라임은 루디임족이라고 하는 사람들을 낳았다"라고 하면서 그밖의 일곱 부족을 열거한다.[46] 모든 부족을 열거하고 나서 이렇게 매듭을 짓는다: "이것이 언어에 따른 자기 씨족과 자기 지방과 자기 부족으로 갈려 나간 함의 후손들이다."[47] 이런 식으로 허다한 후손들이 모조리 거명되지 않은 것은 그들이 태어나면서 다른 부족에 소속되기 때문에 스스로 부족을 이루지는 않았기 때문이다. 야벳의 여덟 아들들을 꼽으면서 그가운데 두 아들에게서만 후손들이 태어난 것으로 거명하고 있고, 함의 네 아들을 거명하면서 그가운데 셋에게서만 후손들이 태어난 것으로 덧붙이고 있으며, 셈의 아들들 여섯이 거명되었는데 그가운데 둘의 후손만 엮어져 나오는 것은 이런 이유 외에 다른 무슨 이유가 있겠는가? 그밖의 다른 아들들은 자식이 없이 그치고 말았다는 것인가? 그것은 믿을 것이 못 된다. 부족들을 이루면 거명될 만하지만 그들은 부족을 이루지 않았던 것이다. 그들은 태어나면서 다른 부족에 합병되었던 것이다.

4. 언어의 다양함과 바빌론의 기원

부족들이 자기 언어에 따라 갈려 나갔다고[48] 말하면서, 화자話者는 만민의 언어가 하나였던 시대로 돌아가 다양한 언어가 발생할 때 무슨 사건이 일어났는지를 제시한다: "온 세상이 한 입술을 갖고 모든 이에게 소리도 하나였다. 사람들은 동쪽에서 옮아 오다가 시날 지방[49] 한 들판에 이르러 거기 자리를 잡았다. 그리고 사람이 이웃에게 말했다. '오너라. 벽돌을 빚어 그것을 불에 구워내자.' 이리하여 그들에게 벽돌이 돌이 되었고 흙으로는 역청을 쓰게 되었다. 또 그들은 말했다. '오너라. 우리에게 도시를 세우고 탑을 세우자. 탑의 꼭대기가 하늘에 닿아 우리가 사방으로 흩어지기 전에 우리 이름을 날리자.' 주님이 사람의 아들들이 세운 도시와 탑을 보러 내려오셨다. 그리고 주 하느님이 말씀하셨다. '모든 사람들의 종족이 하나고 말이 하나여서 안 되겠구나. 이것은 그들이 하려는 일의 시작에 지나지 않다. 앞으로는 하려고만 하면 못하는 짓이 없겠구나. 오너

dentes confundamus ibi linguam eorum, ut non audiant unusquisque uocem proximi. Et dispersit eos Dominus inde super faciem omnis terrae, et cessauerunt aedificantes ciuitatem et turrem. Propter hoc appellatum est nomen illius confusio, quia ibi confudit Dominus labia omnis terrae; et inde dispersit illos Dominus Deus super faciem omnis terrae. Ista ciuitas, quae appellata est confusio, ipsa est Babylon, cuius mirabilem constructionem etiam gentium commendat historia. Babylon quippe interpretatur confusio. Vnde colligitur, gigantem illum Nebroth fuisse illius conditorem, quod superius breuiter fuerat intimatum, ubi, cum de illo scriptura loqueretur, ait initium regni eius fuisse Babylonem, id est quae ciuitatum ceterarum gereret principatum, ubi esset tamquam in metropoli habitaculum regni; quamuis perfecta non fuerit usque in tantum modum, quantum superba cogitabat impietas. Nam nimia disponebatur altitudo, quae dicta est usque in caelum, siue unius turris eius, quam praecipuam moliebantur inter alias, siue omnium turrium, quae per numerum singularem ita significatae sunt, ut dicitur miles et intelleguntur milia militum; ut rana et lucusta; sic enim appellata est multitudo ranarum ac lucustarum in plagis, quibus Aegyptii percussi sunt per Moysen. Quid autem factura fuerat humana et uana praesumptio, cuiuslibet et quantumlibet in caelum aduersus Deum altitudinem molis extolleret, quando montes transcenderet uniuersos, quando spatium nebulosi aeris huius euaderet? Quid denique noceret Deo quantacumque uel spiritalis uel corporalis elatio? Tutam ueramque in caelum uiam molitur humilitas, sursum leuans cor ad Dominum, non contra Dominum, sicut dictus est gigans iste *uenator contra Dominum.* Quod non intellegentes nonnulli ambiguo Graeco falsi sunt, ut non interpretarentur *contra Dominum,* sed *ante Dominum;* ἐναντίον

---

[50] 창세 11,1-9. Hieronymus, *De nominibus hebraicis* 3.18: Babylon vel Babel confusio.

[51] 교부는 성서의 구세사(historia sacra)와 세속사의 "제민족의 역사"(gentium historia)를 구분한다.

[52] 출애 10,4-5 참조.

[53] 창세 10,9. 앞의 16.3.1 참조.

라. 우리 땅에 내려가자. 그래서 그들의 말을 뒤섞어 놓아 각자가 이웃의 말을 알아듣지 못하게 하자.' 그러고 나서 주님께서는 거기에서 사람들을 온 땅으로 흩어지게 했다. 그리하여 사람들은 도시와 탑을 세우던 일을 그만두었다. 주님이 거기서 온 세상의 말을 뒤섞어 놓고 주 하느님이 그들을 온 땅에 흩어 놓았기 때문에 그 도시는 '혼동'이라고 불리게 되었다."[50] "혼동"이라고 불리게 된 그 도성이 바로 바빌론이다. 그 도성의 놀라운 건축은 제민족의 역사도[51] 기억하고 있다. 그러니까 바빌론은 "혼동"으로 풀이된다. 이것과 결부되어 저 거인 니므롯이 그곳의 건설자였다고 앞에서 간략하게 말한 바 있다. 성서에서도 그 인물에 대해 말하면서 그의 왕국의 출발은 바빌론이었다고 한다. 바빌론은 다른 도성들의 주군主君으로 행세했으며 수도首都로서 거기에 왕궁王宮이 있었다. 그렇지만 바빌론은 불경스럽고 오만하게 염원하던 그 완성의 경지에는 도달하지 못했다. 그것은 높이를 너무 크게 잡았으며 하늘에까지 닿고자 했기 때문이다. 하늘까지 닿겠다는 그 높이가 단지 탑 하나의 높이여서 다른 탑들 사이에 우뚝 솟게 만들겠다는 것이든, 아니면 비록 단수單數를 쓰지만 모든 탑들의 높이를 다 지칭하는 것이든 상관없다. 이것은 어법상으로 "군사"軍士라는 말로 수천 명의 군인들을 지칭할 수도 있고, 심지어 "개구리"와 "메뚜기"라고 하면 모세를 통해 이집트인들에게 내린 열 가지 재앙 가운데 나오는 개구리떼와 메뚜기떼를 모두 가리킬 수 있는 것과 같다.[52] 인간적이고 허황한 야심이 과연 무슨 일을 저지를까? 하느님께 맞서서 하늘로 얼마나 높이 솟아오르겠으며, 그토록 높이 올라 과연 무슨 일을 저지르겠다는 것일까? 하느님은 모든 산들보다 높고 구름낀 공중의 거리를 까마득히 초월하는 분인데. 영적으로든 물질적으로든 아무리 부풀어 오른다 할지라도 과연 무엇이 하느님께 해를 끼칠 수 있겠는가? 그 대신 겸손함은 하늘로 오르는 안전하고도 참다운 길을 솟게 만든다. 겸손은 마음을 들어 주님께 오르게 만들지, 저 거인이 "주님께 맞서는 사냥꾼"[53]이었다고 말하는 식으로 주님께 맞서게 만들지 않는다. 그리스어 단어의 애매함 때문에 혹자는 이 말을 제대로 이해하지 못하고 속고 말았다. 그래서 "주님께 맞서는"이라는 말을 "주님 앞에서"라고 해석한 것이다. 물론 그리스어 에난티온은 "맞서서"라는 의

quippe et contra et ante significat. Hoc enim uerbum est in Psalmo: *Et ploremus ante Dominum qui nos fecit*; et hoc uerbum est etiam in libro Iob, ubi scriptum est: *In furorem erupisti contra Dominum*. Sic ergo intellegendus est gigans iste *uenator contra Dominum*. Quid autem hic significatur hoc nomine, quod est *uenator*, nisi animalium terrigenarum deceptor oppressor extinctor? Erigebat ergo cum suis populis turrem contra deum, qua est impia significata superbia. Merito autem malus punitur affectus, etiam cui non succedit effectus. Genus uero ipsum poenae quale fuit? Quoniam dominatio imperantis in lingua est, ibi est damnata superbia, ut non intellegeretur iubens homini, qui noluit intellegere ut oboediret Deo iubenti. Sic illa conspiratio dissoluta est, cum quisque ab eo, quem non intellegebat, abscederet nec se nisi ei, cum quo loqui poterat, adgregaret; et per linguas diuisae sunt gentes dispersaeque per terras, sicut Deo placuit, qui hoc modis occultis nobisque inconprehensibilibus fecit.

5. Quod enim scriptum est: *Et descendit Dominus uidere ciuitatem et turrem, quam aedificauerunt filii hominum*, hoc est non filii Dei, sed illa societas secundum hominem uiuens, quam terrenam dicimus ciuitatem: non loco mouetur Deus, qui semper est ubique totus, sed descendere dicitur, cum aliquid facit in terra, quod praeter usitatum naturae cursum mirabiliter factum praesentiam quodam modo eius ostendat; nec uidendo discit ad tempus, qui numquam potest aliquid ignorare, sed ad tempus uidere et cognoscere dicitur, quod uideri et cognosci facit. Non sic ergo uidebatur

---

[54] 시편 94,6. 〔새번역 95,6: "우리를 만드신 주님 앞에 무릎을 꿇으세."〕

[55] 욥기 15,13.

[56] malus *punitur affectus*, etiam cui *non succedit effectus*: 그리스도교 윤리의 내면성과 의향(意向)의 범죄성을 드러내는 문장으로 꼽힌다.

[57] 바빌론 축성(築城)에 전세계로부터 기술자들이 동원되었고 높이는 물론 길이가 365 스타디움(7Km)이나 되는 성벽을 쌓았다는 기록(Diodorus Siculus, *Bibliotheca* 2.7.2)이, 바벨탑 건축을 인간 오만의 상징으로 해석하는 성서와 뒤섞여 교부들에게 이른다.

[58] Deus, qui *semper est ubique totus*: 하느님의 현존 방식. 바벨탑 설화에 의인적(擬人的) 묘사가 많으므로 교부는 합리적 해설의 필요성을 느낀다.

[59] videre et cognoscere dicitur, quod videri et cognosci facit: 아우구스티누스 인식론의 조명설(照明說)을 간단하게 표현한다.

미도 되고 "앞에서"라는 의미도 된다. 시편에 "우리를 만드신 주님 앞에 읍소泣 訴하세"⁵⁴라는 문장의 단어가 그렇고, "어찌하여 하느님과 맞서 화를 뿜어내느 냐?"⁵⁵고 기록된 욥기에 나오는 단어가 그렇다. 저 거인이 "주님께 맞서는 사냥 꾼"이었다는 말은 후자의 뜻으로 이해해야 한다. 여기서 "사냥꾼"이라는 이름은 지상 동물들을 포획하고 뒤쫓고 몰살시키는 자가 아니면 대체 무엇을 상징한단 말인가? 그래서 그자는 자기 백성들과 더불어 하느님께 맞서 탑을 쌓아 올렸으 며, 그 탑으로 불경스런 오만을 상징하고 있었다. 그의 노력이 성공을 거두지 못했다 해도 그 감정이 악했으므로 응분의 벌을 받게 된다.⁵⁶ 그럼 그 죄벌의 종 류는 어떤 것이었을까? 무릇 명령하는 자의 지배권은 언어에 있으므로 오만이 단죄를 받은 것은 바로 그 언어에서였다. 하느님이 인간에게 복종하라고 명령할 때 그 말을 듣기 싫어한 것이 사람이므로, 타인에게 명을 내리는 사람의 말이 들어 먹히지 않게 된 것이다. 이리하여 각자가 남의 말을 알아듣지 못하게 되어 남으로부터 멀어져 갔고, 또 말을 나눌 사람이 아니면 자기를 맡기지 못하게 됨 으로써, 한데 뭉쳐 하느님께 맞서던 음모가 무너지게 되었다. 언어로 인해 부족 들이 갈라졌고, 하느님의 뜻대로 온 땅으로 흩어지게 되었다. 하느님은 철저히 숨겨지고 우리가 이해하지 못하는 방식으로 이 모든 일을 했다.⁵⁷

5. 탑을 세우는 사람들 사이에 내려와 언어를 혼란하게 만든 주님의 내림

"주님이 사람의 아들들이 세운 도시와 탑을 보러 내려오셨다"고 기록되어 있 다. 하느님의 아들들이 아니고 사람에 따라서 사는 저 사회, 우리가 지상 도성이 라고 부르는 사회를 말한다. 하느님은 항상 존재하고 어디에서나 전체로 존재하 는 분이므로,⁵⁸ 장소를 옮긴 것이 아니라 지상에서 무엇을 행한다는 뜻에서 "내려 온다"는 말을 쓴다. 자연의 상궤적 운행을 벗어나 어떤 기이한 일을 일으켜 어떻 게든 그분의 현존을 보여주려는 것이다. 그분은 아무것도 모른 채 놓칠 수 없는 분이므로 무엇을, 일정한 시간에, 보고 배우는 일이 없다. 그럼에도 일정한 시간 에 보고 배운다는 말을 쓰는 것은 사람들에게 무언가를 보이게 만들고 인식하게 만드는 원인이 당신이기 때문이다.⁵⁹ 하지만 저 도성이 하느님의 마음에 몹시 들

illa ciuitas, quo modo eam Deus uideri fecit, quando sibi quantum displiceret ostendit. Quamuis possit intellegi Deus ad illam ciuitatem descendisse, quia descenderunt angeli eius in quibus habitat; ut, quod adiunctum est: *Et dixit Dominus Deus: Ecce genus unum et labium unum omnium*, et cetera, ac deinde additum: *Venite et descendentes confundamus ibi linguam eorum*, recapitulatio sit, demonstrans quem ad modum factum sit, quod dictum fuerat: *Descendit Dominus*. Si enim iam descenderat, quid sibi uult: *Venite et descendentes confundamus* (quod intellegitur angelis dictum), nisi quia per angelos descendebat, qui in angelis descendentibus erat? Et bene non ait: «Venite et descendentes confundite», sed: *Confundamus ibi linguam eorum*; ostendens ita se operari per ministros suos, ut sint etiam ipsi cooperatores Dei, sicut apostolus dicit: *Dei enim sumus cooperarii*.

6. Poterat et illud, quando factus est homo, de angelis intellegi quod dictum est: *Faciamus hominem*, quia non dixit: «Faciam»; sed quia sequitur *ad imaginem nostram*, nec fas est credere ad imaginem angelorum hominem factum, aut eandem esse imaginem angelorum et Dei: recte illic intellegitur pluralitas trinitatis. Quae tamen trinitas quia unus Deus est, etiam cum dixisset: «*Faciamus*»: «*Et fecit*, inquit, *Deus hominem ad imaginem Dei*», non dixit «fecerunt dii» aut «ad imaginem deorum». Poterat et hic eadem intellegi trinitas, tamquam Pater dixerit ad Filium et Spiritum sanctum: *Venite, et descendentes confundamus ibi linguam eorum*, si

---

[60] recapitulatio: recapitulo ("요점을 다시 말하다") 동사에서 유래하는 해석학 용어로 Tyconius 여섯째 규칙(cf. *De doctrina Christiana* 3.36.52)이다. "어떤 사건들이 시간적 순서를 따라 연속된 사건들처럼 이야기되는데, 설화가 은연중에 앞에서 간과되어 버린 이전의 사건들로 소급이 되는 경우"라고 아우구스티누스가 정의한다. 앞의 15.21 각주 187-188 참조.

[61] 창세 11,5-9 참조.

[62] 1고린 3,9.

[63] pluralitas Trinitatis: 교부의 특유한 용어다.

[64] 라틴어본에서 faciamus("만들자")라는 복수 인칭과 fecit("만들었다")라는 단수 인칭이 연이어 사용된 데 대해 교부의 해설을 유발한다.

지 않은 것으로 드러난 상황에서, 하느님이 저 도성을 보이게 만들었고 그래서 저 도성이 하느님께 보였을 리는 없다. 그렇더라도 하느님의 천사들이 그분이 거처하는 곳으로부터 내려왔다는 의미로 하느님이 저 도성에 내려왔다는 말을 이해할 수는 있다. 바로 그래서 곧이어 "그리고 주 하느님이 말씀하셨다. '모든 사람들의 종족이 하나고 말이 하나여서 안 되겠구나'" 등등의 말씀이 나오고 뒤이어 "오너라. 우리 땅에 내려가서 그들의 말을 뒤섞어 놓자"는 대화체의 말씀이 나오는 것이다. 이것이야말로 "주님이 내려오셨다"고 말한 바가 실제로 어떻게 이루어졌는가를 수렴[60]하여 보여준다고 하겠다. 이미 하느님이 내려온 다음이라면 "오너라. 우리 땅에 내려가서 그들의 말을 뒤섞어 놓자"는 말씀은 도대체 무엇인가? (그것을 천사들에게 한 말씀으로 친다면) 하느님은 내려가는 천사들 안에 있으므로 천사들을 통해 내려간다는 뜻이 아니면 무엇이겠는가? 따라서 "오너라. 내려가서 뒤섞어 놓아라"고 하지 않고 오히려 "그들의 말을 뒤섞어 놓자!"라고 한 말씀은 잘한 말씀이다.[61] 이 말씀은 당신이 당신의 시종들을 통해 일한다는 것을 보여주며, "우리는 하느님의 협력자들입니다"[62]고 하는 사도의 말대로 시종들 역시 하느님의 협력자라는 것을 보여준다.

6. 하느님이 천사들에게 말씀하는 언어는 어떤 언어라고 생각해야 하는가
6.1. 하느님은 복수로도 단수로도 말씀한다

그렇다면 인간이 만들어졌을 때 하느님이 "사람을 만들어야겠다"라고 하지 않고 "사람을 만들자"라고 한 말씀을 천사들에게 한 것으로 이해해도 될 것 같다. 그러나 곧이어 "우리 모습대로"라는 구절이 따라 나오는데 사람이 천사들의 모습대로 만들어졌다고는 믿을 수 없고, 천사들의 모상이나 하느님의 모상이나 똑같았다고도 믿을 수 없다. 이것은 성삼위적聖三位的 복수複數[63]로 이해하는 것이 옳다. 그렇지만 성삼위가 한 분 하느님이므로 "만들자!"라고 하고서도 "하느님이 하느님의 모습대로 사람을 만드셨다"고 기록한다.[64] 그래서 "신들이 만들었다"라고도 하지 않았고 "신들의 모습대로"라고도 하지 않았다. 그렇다면 "오너라. 우리 땅에 내려가서 그들의 말을 뒤섞어 놓자"는 구절도 바로 성삼위

aliquid esset, quod angelos prohiberet intellegi, quibus potius conuenit uenire ad Deum motibus sanctis, hoc est cogitationibus piis, quibus ab eis consulitur incommutabilis ueritas, tamquam lex aeterna in illa eorum curia superna. Neque enim sibi ipsi sunt ueritas, sed creatricis participes Veritatis ad illam mouentur, tamquam ad fontem uitae, ut, quod non habent ex se ipsis, capiant ex ipsa. Et eorum stabilis est iste motus, quo ueniunt, qui non recedunt. Nec sic loquitur angelis Deus, quo modo nos in uicem nobis uel Deo uel angelis uel ipsi angeli nobis siue per illos Deus nobis, sed ineffabili suo modo; nobis autem hic indicatur nostro modo. Dei quippe sublimior ante suum factum locutio ipsius sui facti est inmutabilis ratio, quae non habet sonum strepentem atque transeuntem, sed uim sempiterne manentem et temporaliter operantem. Hac loquitur angelis sanctis, nobis autem aliter longe positis. Quando autem etiam nos aliquid talis locutionis interioribus auribus capimus, angelis propinquamus. Non itaque mihi adsidue reddenda ratio est in hoc opere de locutionibus Dei. Aut enim Veritas incommutabilis per se ipsam ineffabiliter loquitur rationalis creaturae mentibus, aut per mutabilem creaturam loquitur, siue spiritalibus imaginibus nostro spiritui siue corporalibus uocibus corporis sensui.

Illud sane quod dictum est: *Et nunc non deficient ex illis omnia, quae conati fuerint facere*, non dictum est confirmando, sed tamquam inter-

---

[65] *stabilis* est iste *motus*: "고정된 움직임"이라는 반어법으로 운동에 있어서 천사들의 특유한 처지를 표현하고 있다.

[66] ante suum factum locutio ipsius: 사유(思惟) 혹은 정신언어(verbum)는 인간의 원초적 행위이므로 교부는 인간론에서도 언어가 행위에 선행함을 강조한다(*De Trinitate* 9.7.12).

[67] Dei locutio, sui facti immutabilis ratio: 신적 말씀은 당신 행위의 원리로서 행위와 말씀이 동시성을 가진다. Cf. *De Trinitate* 7.4.7.

[68] 하느님의 언어가 형언할 수 없는(ineffabilis) 것이지만 어떻게든 언표할 수밖에 없다는 사실을 교부는 벅찬 감동은 탄성(歎聲)으로라도 발설한다는 예로 설명한다(*Enarrationes in Psalmos* 32.2.1.8).

[69] 교부는, 천사를 경유하지 않고서도 하느님이 인간적 표상이나 음성으로 인간들에게 말씀을 건넬 수 있다고 믿었다.

가 말씀하는 것으로, 성부가 성자와 성령에게 한 말씀으로 알아들음직하다. 천사들을 가리키는 것으로 이해할 수 없는 것은, 천사들은 거룩한 움직임으로, 다시 말해 경건한 사유로 하느님께 나아가는 것이 온당하기 때문이다. 그들의 사유에서는 불변하는 진리를 참조하는데, 천사들의 천상 회합에서는 불변하는 진리가 영원법永遠法으로서 작용하기 때문이다. 천사들이 스스로에게 진리가 되는 것이 아니고 창조하는 진리에 참여할 따름이며 그들은 진리를 향해 움직여 나간다. 이것은 그들이 생명의 원천을 향해 나아가는 모습과 흡사한데, 스스로 갖추지 못한 바를 그 진리로부터 취하는 까닭이다. 다만 하느님께 나아가는 천사들의 움직임은 고정된 것인데,[65] 그들은 하느님으로부터 멀어져 가지 않기 때문이다. 또 하느님은 우리가 우리끼리나 하느님께나 천사들에게 말하는 방식으로 말씀하는 것이 아니고, 천사들이 우리에게 말하거나 하느님이 천사들을 시켜 우리에게 하시는 방식으로 말씀하는 것도 아니며, 형언할 수 없는 당신의 고유한 방식으로 말씀한다. 다만 여기 이승에서 우리에게는 우리 방식으로 말씀한다. 하느님의 언어는 세상에서 이루어지는 당신의 행위에 앞서 발생하는 아주 숭고한 무엇이며,[66] 하느님의 언어는 당신의 행위 자체의 불변하는 이치다.[67] 그 언어는 요란스럽고 지나가는 소리를 지니지 않고, 영구히 지속하면서 시간상으로 역사役事하는 힘을 지닌다. 성서의 이 대목에서는 천사들에게 말씀하는 것이며 아직 멀리 떨어진 우리에게 말씀하는 것이 아니다. 그러나 우리 또한 내면의 귀로 그 언어에서 무언가를 파악한다면 우리는 천사들에게 가까이 가는 편이다. 나는 하느님의 언어에 대해 이 저작에서 상세히 논해야 할 것 같지는 않다. 저 불변하는 진리가 진리 자체를 통해 이성적 피조물의 지성에 형언할 수 없는 방식으로 말씀을 건네거나,[68] 가변적 피조물을 통해 말씀을 건네거나 한다. 후자의 경우도 영적 표상들을 사용하여 우리 정신에 말씀을 건네거나 육체적 음성을 사용하여 신체의 감관에 말씀을 건네거나 한다.[69]

6.2. 말 때문에 부족들이 갈라진다

"앞으로는 하려고만 하면 못하는 짓이 없겠구나"라는 말씀은 사람들의 행실을 인정하는 말씀이 아니라 힐문하는 말씀이다. 이것은 어떤 일에 대해 위협을 가

rogando, sicut solet a comminantibus dici, quem ad modum ait quidam:
Non arma expedient totaque ex urbe sequentur?
Sic ergo accipiendum est, tamquam dixerit: «Nonne omnia deficient ex illis, quae conati fuerint facere?» Sed si ita dicatur, non exprimit comminantem. Verum propter tardiusculos addidimus particulam, id est «ne», ut diceremus «nonne», quoniam uocem pronuntiantis non possumus scribere. Ex illis igitur tribus hominibus, Noe filiis, septuaginta tres, uel potius, ut ratio declaratura est, septuaginta duae gentes totidemque linguae per terras esse coeperunt, quae crescendo et insulas impleuerunt. Auctus est autem numerus gentium multo amplius quam linguarum. Nam et in Africa barbaras gentes in una lingua plurimas nouimus.

7. Et homines quidem multiplicato genere humano ad insulas inhabitandas nauigio transire potuisse, quis ambigat? Sed quaestio est de omni genere bestiarum, quae sub cura hominum non sunt neque sicuti ranae nascuntur ex terra, sed sola commixtione maris et feminae propagantur, sicut lupi atque huius modi cetera, quo modo post diluuium, quo ea, quae in arca non erant, cuncta deleta sunt, etiam in insulis esse potuerint, si reparata non sunt nisi ex his, quorum genera in utroque sexu arca seruauit. Possunt quidem credi ad insulas natando transisse, sed proximas. Sunt autem quaedam tam longe positae a continentibus terris, ut ad eas nulla uideatur natare potuisse bestiarum. Quod si homines eas captas secum aduexerunt et eo modo ubi habitabant earum genera instituerunt uenandi

---

[70] Vergilius, *Aeneis* 4.592.

[71] 라틴어로 Ne, nonne라는 의문접사가 없다면, 문자로 쓰인 문장이 "모조리 실패할 것이 아닌가?" 하는 의문문인지 아닌지를 구분하지 못한다는 말이다.

하는 사람들이 사용하는 어조이며, 예를 들면 이런 글귀가 있다:

　　　　무기들을 들고 온 도성에서 쫓아나오지 않겠는가?[70]

그러므로 저 구절은 "앞으로는 저것들이 하려고 애쓰는 짓들이 모조리 실패할 게 아닌가?"라는 뜻으로 말씀한 것으로 받아들여야 한다. 하지만 그런 말씀이라면 위협하는 뜻을 담지 못한다. 이해가 늦는 사람들 때문에 우리가 "… 하는가?" 다시 말해 "… 아닌가?"라는 의문접사를 하나 첨가한 것인데, 그 이유는 발음하는 사람이 의문을 표현할 때 그 음성을 문장으로 기록하기가 불가능하기 때문이다.[71] 그리하여 저 세 사람, 곧 노아의 아들들로부터 일흔셋, 혹은 계산이 분명히 밝혀주는 대로 일흔두 부족과 그에 상응하는 언어가 온 세상에 존재하기 시작했다. 그리고 부족의 수가 늘어날수록 섬들도 가득 채워지기에 이르렀다. 그런데 부족의 숫자가 언어의 숫자보다 훨씬 크게 불어났다. 아프리카만 해도 단일한 언어를 사용하는 무수한 미개부족들을 우리는 알고 있다.

7. 육지에서 아주 멀리 떨어진 섬에 사는 짐승들도 방주에 들어가 대홍수의 물결에서 살아남은 부류의 숫자에 모두 포함되는가

　인류가 불어나자 인간들은 살기 위해 섬에까지 배를 타고 옮겨갈 수 있었다는 것을 누가 의심하겠는가? 그런데 인간들의 보살핌에 맡겨지지 않은 온갖 종류의 짐승들에 대해서는 의문이 있다. 개구리처럼 땅에서 나지 않고 늑대나 기타의 것들처럼 암수의 교배로 태어나는 동물들 가운데 대홍수로 방주 속에 들어가 있지 않았던 것들은 모두 전멸했을 텐데 대홍수 이후에 그것들이 어떻게 섬 지방에 살아남았을까 하는 것이다. 종류대로 양성兩性으로 방주에 보존해 준 그 쌍으로부터 불어난 것이 아니라면 어떻게 그곳에 가 있었느냐는 말이다. 짐승들이 헤엄쳐서 섬에 도달했을 수도 있겠지만 아주 가까운 섬들에나 해당하는 말이다. 육지로부터 아주 멀리 떨어진 섬에는 어떤 짐승도 거기까지 헤엄쳐서 갈 수 없기 때문이다. 만일 사람들이 그것들을 붙잡아서 섬으로 싣고 갔다고 한다면, 또는 사람들이 사냥하려는 생각에서 자기들이 거주하는 곳에 그 동물들을 들여놓았다고 한다면, 굳이 못 믿을 만한 것도 아니다. 하지만 차라리 하느님의 명

studio, fieri potuisse incredibile non est; quamuis iussu Dei siue permissu etiam opere angelorum negandum non sit potuisse transferri. Si uero terra exortae sunt secundum originem primam, quando dixit Deus: *Producat terra animam uiuam*, multo clarius apparet non tam reparandorum animalium causa quam figurandarum uariarum gentium propter ecclesiae sacramentum in arca fuisse omnia genera, si in insulis, quo transire non possent, multa animalia terra produxit.

8. Quaeritur etiam, utrum ex filiis Noe uel potius ex illo uno homine, unde etiam ipsi extiterunt, propagata esse credendum sit quaedam monstrosa hominum genera, quae gentium narrat historia, sicut perhibentur quidam unum habere oculum in fronte media, quibusdam plantas uersas esse post crura, quibusdam utriusque sexus esse naturam et dextram mammam uirilem, sinistram muliebrem, uicibusque inter se coeundo et gignere et parere; aliis ora non esse eosque per nares tantummodo halitu uiuere, alios statura esse cubitales, quos Pygmaeos a cubito Graeci uocant, alibi quinquennes concipere feminas et octauum uitae annum non excedere. Item ferunt esse gentem, ubi singula crura in pedibus habent nec poplitem flectunt, et sunt mirabilis celeritatis; quos Sciopodas uocant, quod per aestum in terra iacentes resupini umbra se pedum protegant; quosdam sine ceruice oculos habentes in umeris, et cetera hominum uel quasi hominum genera, quae in maritima platea Carthaginis musiuo picta sunt, ex libris deprompta uelut curiosioris historiae. Quid dicam de Cynocephalis, quorum canina capita atque ipse latratus magis bestias quam homines

---

[72] 창세 1,24. 〔공동번역: "땅은 온갖 동물을 내어라!"〕

[73] 자연의 통상적 운행에 대해 기적(奇蹟)이라는 신적 개입을 부정하지 않으므로 섬에서의 직접 창조로 해설해도 무방하리라는 것이 교부의 입장이다.

[74] 노아의 방주가 동물들을 보존한 설화를 교회가 만민을 포용한다는 교회론적 의미로 본다면 시비조의 토론은 벗어나리라는 기대다.

[75] Pygmaei: 왜소인들의 이름이 그리스 척도 pygme(팔꿈치에서 주먹끝까지의 길이)에서 유래했다는 설명이다.

[76] 그리스인들에게는 Sciopodae〔skio(그림자)-podes(발)〕, 곧 "커다란 발로 자기 몸을 그림자로 덮는 사람들"로 알려져 있었고 로마인들에게는 Resupini, 곧 "등을 땅에 대고 누워 사는 사람들"로 알려져 있었다.

[77] 교부가 인용하는 이런 기담(mirabilia)들은 플리니우스의 「박물지」(*Historia naturalis*) 제7권에 수록된 것이다. Cf. Aulus Gellius, *Noctes Atticae* 9.4.

[78] Cynocephalus: 2.14.2에서도 언급한 바 있다.

이나 허락으로, 또는 천사들의 작업으로 옮겨갔다고 하더라도 딱히 부정할 것은 아니다. 그렇지만 하느님이 "땅은 온갖 살아있는 것을 내어라!"[72]고 말씀한 태초와 똑같이 짐승들이 땅에서 생겨났다면 그 편이 훨씬 더 분명하겠다. 섬에 있는 모든 종류의 동물들이 뭍에서 섬까지 옮겨갈 수는 없으므로 땅이 그것들을 냈다고 하는 편이 더 분명하다는 말이다.[73] 방주 속에 모든 종류의 짐승들이 있었다는 말은 온갖 종류의 동물들을 보존해 준다는 의미보다는, 교회의 신비에 입각해서, 인간의 온갖 부족들을 표상한다는 데 의의가 있는 것이다.[74]

8. 아담의 후손 혹은 노아의 후손에서 괴물 같은 인간의 종류가 유래했을까

8. 1. 인간 괴물들도 아담에게서 왔는가

또 이방인들의 역사가 설화로 전하는 인간 괴물들도 노아의 아들들로부터 유래하느냐, 더 정확히 말해 노아의 아들들이 유래한 저 최초의 인간 아담으로부터 퍼져나온 것으로 믿어야 하느냐는 질문이 있다. 얘기에 따르면 어떤 사람들은 눈 하나만 가운데 달려 있고, 어떤 사람들은 발이 정강이 뒤쪽으로 거꾸로 나 있고, 어떤 사람들은 양성兩性의 본성을 지녀 오른쪽 유방은 사내의 것이고 왼쪽 유방은 계집의 것이어서 그것들끼리 교합하여 임신하고 출산하고, 어떤 사람들은 입이 없어 코로 숨만 쉬면서 살아가고, 어떤 사람들은 키가 한 척밖에 안 되어 그리스 말로 척도尺度를 가리키는 단어인 피그마이라고 불리고,[75] 어디서는 여자가 다섯 살이면 임신을 하고 여덟 살을 넘겨 살지 못한다고 한다. 그런가 하면 어떤 종족은 두 발에 다리가 하나만 붙어 있고 무릎을 굽히지 못하면서도 놀랍게 빠른 속도를 낸다고 한다. 그들을 스키오포다이라고 부르는데, 더우면 등을 바닥에 대고 벌렁 누워 커다란 두 발의 그림자로 몸을 보호한다는 데서 유래한 말이다.[76] 어떤 사람들은 목이 없어서 두 눈이 어깨에 붙어 있다고 한다.[77] 카르타고의 항구 광장 모자이크에는 그밖의 기괴한 인간들 혹은 인간 종락이 그려져 있는 모습을 볼 수 있는데, 한결같이 야사野史의 책에서 끄집어내어 그린 것들이다. 키노케팔루스들에 대해서는 뭐라고 할까? 개의 머리에다 개처럼 짖어댄다니까 사람이라기보다는 짐승이라고 말해야 하지 않을까?[78] 이런

confitetur? Sed omnia genera hominum, quae dicuntur esse, credere non est necesse. Verum quisquis uspiam nascitur homo, id est animal rationale mortale, quamlibet nostris inusitatam sensibus gerat corporis formam seu colorem siue motum siue sonum siue qualibet ui, qualibet parte, qualibet qualitate naturam: ex illo uno protoplasto originem ducere nullus fidelium dubitauerit. Apparet tamen quid in pluribus natura obtinuerit et quid sit ipsa raritate mirabile.

Qualis autem ratio redditur de monstrosis apud nos hominum partubus, talis de monstrosis quibusdam gentibus reddi potest. Deus enim creator est omnium, qui ubi et quando creari quid oportet uel oportuerit, ipse nouit, sciens uniuersitatis pulchritudinem quarum partium uel similitudine uel diuersitate contexat. Sed qui totum inspicere non potest, tamquam deformitate partis offenditur, quoniam cui congruat et quo referatur ignorat. Pluribus quam quinis digitis in manibus et pedibus nasci homines nouimus; et haec leuior est quam ulla distantia; sed tamen absit, ut quis ita desipiat, ut existimet in numero humanorum digitorum errasse Creatorem, quamuis nesciens cur hoc fecerit. Ita etsi maior diuersitas oriatur, scit ille quid egerit, cuius opera iuste nemo reprehendit. Apud Hipponem Zaritum est homo quasi lunatas habens plantas et in eis binos tantummodo digitos, similes et manus. Si aliqua gens talis esset, illi curiosae atque mirabili adderetur historiae. Num igitur istum propter hoc negabimus ex illo uno, qui primus creatus est, esse propagatum? Androgyni, quos etiam Hermaphroditos nuncupant, quamuis ad modum rari sint, difficile est tamen ut temporibus desint, in quibus sic uterque sexus apparet, ut, ex quo potius

---

[79] homo, animal rationale mortale: 아우구스티누스에게 친숙한 인간의 정의이다(De Trinitate 7.4.7; De moribus ecclesiae catholicae 1.27.52: homo ... anima rationalis est mortali atque terreno utens corpore). 본서 9.13.3 참조.

[80] Hippo Dyarrhytus (Zaritus): 아우구스티누스가 주교로 활동한 Hippo Regius와 가까운 도시였다.

종류의 인간들이 존재한다고는 하지만 소문대로 믿어야 할 필요는 없다. 누구든지 사람으로 태어나면, 다시 말해 사멸하는 이성적 동물[79]로 태어나면 신체의 형태나 피부색이나 동작이나 음성이 우리 감관에 아무리 낯선 것이라고 하더라도, 또 어떤 체력이나 어떤 부위나 어떤 특성에 있어서 아무리 낯선 성질을 나타내 보인다 하더라도, 적어도 신앙인이라면 그들이 저 한 사람의 원조로부터 유래한다는 사실을 누구도 의심하지 말아야 한다. 자연본성이 대다수에게 공통으로 갖추고 있는 바가 무엇인지, 우리에게는 분명하고 또 희귀하여 사람을 놀라게 만드는 것이 무엇인지는 분명하다.

8.2. 그런 부족들이 실존하더라도 마찬가지다

기형을 띤 인간들의 지체들에 대해 우리가 내세우는 그 명분은 괴물 같은 종족들에게도 똑같이 해당될 수 있다. 하느님은 만물의 창조주다. 언제 어디서 무엇을 창조하는 것이 적절한지는 하느님 당신이 안다. 그분은 우주의 아름다움을 알며 어떤 부분들을 유사하게 엮고 어떤 부분들을 상이하게 엮어야 하는지도 안다. 그렇지만 전체를 조감할 수 없는 자는 일부의 기형을 보고 기분이 상한다. 그것이 어느 부분에 맞고 어디와 연관되는지를 알지 못하기 때문이다. 손가락이나 발가락을 다섯 이상 갖고 태어나는 사람도 있다는 것을 우리는 안다. 그래도 이것은 그 어느 특이점보다도 경미한 것이다. 하지만 비록 하느님이 왜 그렇게 했는지는 알 수 없지만, 창조주가 인간 손가락의 숫자를 다르게 만든 것이라고 여기는 정신나간 짓만은 제발 삼가야 하리라. 비록 더 심한 특이점이 나타나더라도 하느님은 당신이 무엇을 행했는지 알고 있으며, 그분의 업적에 대해 그 누구도 온당하게 비판할 수는 없다. 히포 디아리투스[80]에는 발바닥들이 초승달 모양을 하여 발가락이 두 개밖에 없는 사람이 있었다. 손도 그랬다. 만일 그런 사람들로만 이루어진 종족이 있다면 그들도 호기심과 기사奇事만을 수록한 야사에 올랐을 것이다. 그런 점 때문에 그들을 최초로 창조한 저 한 사람으로부터 퍼져나온 후손임을 우리가 부정할 것인가? 안드로귀누스를 헤르메스-아프로디투스라고도 부르는데, 비록 드물기는 하지만 어느 시대에나 전적으로 없어지기는 힘들다. 그 사람들은 양성이 다 나타나는데 어느 성에 근거

debeant accipere nomen, incertum sit; a meliore tamen, hoc est a masculino, ut appellarentur, loquendi consuetudo praeualuit. Nam nemo umquam Androgynaecas aut Hermaphroditas nuncupauit. Ante annos aliquot, nostra certe memoria, in Oriente duplex homo natus est superioribus membris, inferioribus simplex. Nam duo erant capita, duo pectora, quattuor manus, uenter autem unus, et pedes duo, sicut uni homini; et tamdiu uixit, ut multos ad eum uidendum fama contraheret. Quis autem omnes commemorare possit humanos fetus longe dissimiles his, ex quibus eos natos esse certissimum est? Sicut ergo haec ex illo uno negari non possunt originem ducere, ita quaecumque gentes in diuersitatibus corporum ab usitato naturae cursu, quem plures et prope omnes tenent, uelut exorbitasse traduntur, si definitione illa includuntur, ut rationalia animalia sint atque mortalia, ab eodem ipso uno primo patre omnium stirpem trahere confitendum est, si tamen uera sunt quae de illarum nationum uarietate et tanta inter se atque nobiscum diuersitate traduntur. Nam et simias et cercopithecos et sphingas si nesciremus non homines esse, sed bestias, possent illi historici de sua curiositate gloriantes uelut gentes aliquas hominum nobis inpunita uanitate mentiri. Sed si homines sunt, de quibus illa mira conscripta sunt: quid, si propterea Deus uoluit etiam nonnullas gentes ita creare, ne in his monstris, quae apud nos oportet ex hominibus nasci, eius sapientiam, qua naturam fingit humanam, uelut artem cuiuspiam minus perfecti opificis, putaremus errasse? Non itaque nobis uideri debet absurdum, ut, quem ad modum in singulis quibusque gentibus quaedam monstra sunt hominum, ita in uniuerso genere humano quaedam monstra sint gentium. Quapropter ut istam quaestionem pedetemtim cauteque concludam: aut illa, quae talia de quibusdam gentibus scripta sunt, omnino nulla sunt; aut si sunt, homines non sunt; aut ex Adam sunt, si homines sunt.

---

[81] 남녀 추니를 일컫는 Androgynus(남녀 양성), Hermaphroditus(헤르메스-아프로디테)라는 명사 자체가 남성 명사였다. Androgynaeca, Hermaphrodita라는 여성 명사를 쓰지 않았다는 것이다.

[82] Cf. Plinius, *Historia naturalis* 8.21.72-76.

[83] 인류단원설(人類單元說)을 고수하여 인간 연대와 하느님 도성의 연속성을 설명하려는 의도에서 교부는 인간 괴물에 대한 토론을 이처럼 결론지었다.

해서 이름을 붙여야 할지 확실하지 않다. 그런데 더 나은 성, 곧 남성으로 부르는 편이 어법상으로 우세했다. 누구도 그런 사람을 안드로귀나이카라고 부르거나 헤르마프로디타라고 부른 적이 없다.[81] 우리가 기억하기로 몇 해 전에 동방에는 상반신은 이중으로 되어 있고 하반신은 정상으로 된 사람이 살았다. 그 사람은 머리가 둘이고 가슴이 둘이고 손이 넷인데 복부는 단일한 정상인처럼 하나고 발도 둘이었다. 또 매우 오래 살았기 때문에 소문이 나서 많은 사람들이 그를 보려고 모여들었다. 인간 소생이 누구에게서 태어났는지 더없이 확실한데도 그를 낳아준 부모와는 너무도 다른 경우는 수도 없이 많아서 누가 감히 이를 열거하겠는가? 부모와 닮지 않은 저런 소생들이 저 한 사람으로부터 기원했음을 부정하지 못한다. 마찬가지로 어느 종족이 신체상의 상이점으로 인해 비록 자연본성의 정상적 통례, 대다수 인간 혹은 거의 전부의 인간들이 갖는 통례에서 벗어나 있었다 하더라도, 사멸하는 이성적 동물이라는 정의에 포함되는 한, 만인의 첫 조상으로부터 혈통을 잇는 것이라고 공언해야 한다. 그 민족들의 다양함으로 인해서, 또 자기들끼리도 다르고 우리와도 사뭇 다르다는 점에서 우리에게 전해오는 말이 사실이라 할지라도 그렇다. 원숭이나 긴꼬리원숭이, 침팬지가 사람이 아니고 짐승이라는 사실을 우리가 몰랐다면, 저 사가들은 자기네 호기심을 뽐내면서 멋대로 말재주를 부려, 저 짐승들이 우리와 같은 인간 종족이라고 거짓말을 할 수도 있다.[82] 하지만 저 사가들의 기사奇事에 기록된 대상이 사람이라고 하자. 그래서 하느님이 몇몇 종족들을 그렇게 창조하기를 원했다고 하자. 그렇더라도 우리가 보는 데서 사람들에게서 태어나야 했던 이런 괴물들에 대해 인간 본성을 빚어내는 하느님의 지혜가 마치 덜 숙련된 장인匠人의 기술처럼, 잘못을 저지른 것이라고 볼 이유가 무엇인가? 개개 종족에서 인간 괴물이 있듯이, 인류 전체에도 괴물 종족이 있을 수 있고, 그것을 부조리로 볼 것은 아니다. 그러므로 첫머리에 나온 물음에 대해서 점진적으로 조심스럽게 다음과 같은 결론을 내릴 수 있겠다. 어떤 종족에 대해 씌어진 그런 사실들은 아예 존재하지 않는다. 만일 존재한다면 그것들은 인간이 아니다. 만약 인간이라면 아담에게서 나왔다.[83]

9. Quod uero et antipodas esse fabulantur, id est homines a contraria parte terrae, ubi sol oritur, quando occidit nobis, aduersa pedibus nostris calcare uestigia: nulla ratione credendum est. Neque hoc ulla historica cognitione didicisse se adfirmant, sed quasi ratiocinando coniectant, eo quod intra conuexa caeli terra suspensa sit, eundemque locum mundus habeat et infimum et medium; et ex hoc opinantur alteram terrae partem, quae infra est, habitatione hominum carere non posse. Nec adtendunt, etiamsi figura conglobata et rutunda mundus esse credatur siue aliqua ratione monstretur, non tamen esse consequens, ut etiam ex illa parte ab aquarum congerie nuda sit terra; deinde etiamsi nuda sit, neque hoc statim necesse esse, ut homines habeat. Quoniam nullo modo scriptura ista mentitur, quae narratis praeteritis facit fidem eo, quod eius praedicta conplentur, nimisque absurdum est, ut dicatur aliquos homines ex hac in illam partem, Oceani inmensitate traiecta, nauigare ac peruenire potuisse, ut etiam illic ex uno illo primo homine genus institueretur humanum. Quapropter inter illos tunc hominum populos, qui per septuaginta duas gentes et totidem linguas colliguntur fuisse diuisi, quaeramus, si possumus inuenire, illam in terris peregrinantem ciuitatem Dei, quae usque ad diluuium arcamque perducta est atque in filiis Noe per eorum benedictiones perseuerasse monstratur, maxime in maximo, qui est appellatus Sem, quando quidem Iapheth ita benedictus est, ut in eius, fratris sui, domibus habitaret.

10. Tenenda est igitur series generationum ab ipso Sem, ut ipsa ostendat post diluuium ciuitatem Dei, sicut eam series generationum ab illo, qui est

---

[84] antipodes: 대척인간(對蹠人間). 지구를 둥근 공으로 상정할 경우 우리의 세계(habitatio, oecumene) 반대편의 인간들은 지구에 발을 붙이고 거꾸로 붙어 있어 우리와 발바닥을 마주 대고 있는 모습으로 상상된다. 플라톤(*Timaeus* 62c-d) 이래로 그들의 존재가 논의되어 왔다(Plinius, *Historia naturalis* 2.64.161). 교부는 그들도 아담의 후손이냐는 문제로 국한시키면서 아담의 후손이 거기까지 도달했을 리 없다는 반증으로 만족한다.

[85] eundemque locum et infimum et medium: 지구의 중심은 지구상의 어느 지점에서나 가장 깊은 밑바닥이 된다는 추측이다.

[86] aquarum congeries: "물이 모인 곳"(창세 1,10).

9. 지구의 대척지對蹠地에 인간들이 있다고 믿어야 하는가

또 대척인간이 존재한다는 전설이 있다. 지구의 정반대편에 사는 사람들, 우리 쪽에서 해가 지면 그곳에는 해가 뜨고, 우리 발과 마주해서 발자국을 밟는 사람들이 있다는 것이다.[84] 이 얘기는 믿을 만한 이유가 전혀 없다. 더구나 역사적 지식에 의해 이것을 배웠다고 주장하는 사람들도 없고, 단지 지구가 천계의 궁륭에 매달려 있고 따라서 세상은 그 밑바닥과 중심점이 동일하다는 사실로부터 추정해낸 것에 불과하다.[85] 그리하여 저 아래에 있는 지구상의 반대편에도 인간의 거주지가 있을 수 있다는 것이다. 세상이 둥글게 뭉친 형태를 하고 있다고 믿는다 하더라도, 또 어떤 근거에서든지 그 점을 입증한다 하더라도, 그 부분 역시 물구덩이[86]에서 밖으로 드러나 있다는 결론은 나오지 않으며, 드러나 있다고 하더라도 곧 사람들이 있어야 한다는 결론은 나오지 않는다. 성서는 과거사에 대한 설화를 근거로 성서가 예언하는 바에 대해 신빙성을 만들어내므로 어떤 면에서도 거짓말을 하지 않는다. 그러니 몇몇 인간이 지구의 이 부분에서 저 부분까지 광대한 대서양을 건너서 항해할 수 있었고 거기까지 당도할 수 있었다고 하는 말은 너무나 부조리하다. 그렇게 본다면 단 한 사람으로부터 유래하는 인류를 거기까지 퍼뜨렸으리라는 말이 되기 때문이다. 결론적으로, 우리는 성서에서 일흔두 부족으로 나누어지는 저 인간 백성들과 그 숫자만큼의 언어들 가운데 지상에 나그넷길을 가는 하느님의 도성이 발견되는지 찾아보도록 한다. 그 도성이 대홍수와 방주에 이르기까지 이어졌고, 이어서 노아의 아들들이 받은 축복을 통해 그들에게까지 지속된 것으로 입증된다. 특히 그 축복은 셈이라고 불린 큰아들에게서 최고조에 이르렀다. 야벳은 축복을 받았으나 자기 형의 집에 머물리라는 축복이었다.

10. 셈의 후손에서 하느님 도성의 계열이 아브라함을 향해 방향을 잡는다

10. 1. 셈과 에벨에게서 계보를 헤아리게 된다

그러므로 우리는 바로 셈부터 세보世譜를 헤아리게 된다. 대홍수 이후에는 그 세보가 하느님의 도성을 드러내 주기 때문이다. 대홍수 전에는 셋이라고 불리는

appellatus Seth, ostendebat ante diluuium. Propter hoc ergo scriptura diuina cum terrenam ciuitatem in Babylone, hoc est in confusione, monstrasset, ad patriarcham Sem recapitulando reuertitur et orditur inde generationes usque ad Abraham, commemorato etiam numero annorum, quanto quisque ad hanc seriem pertinentem filium genuisset quantoque uixisset. Vbi certe agnoscendum est, quod ante promiseram, ut appareat quare sit dictum de filiis Heber: *Nomen unius Phalech, quia in diebus eius diuisa est terra.* Quid enim aliud intellegendum est terram esse diuisam nisi diuersitate linguarum? Omissis igitur ceteris filiis Sem ad hanc rem non pertinentibus illi conectuntur in ordine generationum, per quos possit ad Abraham perueniri; sicut illi conectebantur ante diluuium, per quos perueniretur ad Noe generationibus, quae propagatae sunt ex illo Adam filio, qui est appellatus Seth. Sic ergo incipit generationum ista contextio: *Et hae generationes Sem. Sem filius centum annorum, cum genuit Arphaxat, secundo anno post diluuium. Et uixit Sem, postquam genuit Arphaxat, quingentos annos et genuit filios et filias et mortuus est.* Sic exsequitur ceteros dicens, quoto quisque anno uitae suae filium genuerit ad istum generationum ordinem pertinentem, qui pertendit ad Abraham, et quot annos postmodum uixerit, intimans eum filios filiasque genuisse; ut intellegamus unde potuerint populi adcrescere, ne in paucis qui commemorantur hominibus occupati pueriliter haesitemus, unde tanta spatia terrarum atque regnorum repleri potuerint de genere Sem, maxime propter Assyriorum regnum, unde Ninus ille Orientalium domitor usquequaque populorum ingenti prosperitate regnauit et latissimum ac fundatissimum regnum, quod diuturno tempore duceretur, suis posteris propagauit.

Sed nos, ne diutius quam opus est inmoremur, non quot annos quisque in ista generationum serie uixerit, sed quoto anno uitae suae genuerit fili-

---

[87] 16.3.2 참조.

[88] 창세 10,25.

[89] 창세 11,10-11.

[90] 전설적 생애(Herodotus, *Historiae* 1.7)로 인해서인지 본서(4.6; 16.17; 18.2; 18.21-22; 21.14)에서도 거듭 언급된다.

인물로부터 비롯되는 세보가 그 도성을 드러내 주었던 것이다. 그래서 성서는 지상 도성을 바빌론 곧 "혼동"에서 보여준 다음, 내용을 간추려 성조 셈에게로 되돌아와 다시 방향을 잡는다. 거기서부터 아브라함에 이르는 족보가 나오는데, 족보에 들어 있는 각자가 몇 살에 아들을 낳고 몇 살까지 살았는지 햇수가 기록되어 있다. 여기서 내가 앞서 약속한 대로[87] 에벨의 아들들에 대해 "그중 한 아들은 벨렉이라 불렸다. 그의 시대에 땅이 갈라졌다 해서 그렇게 부른 것이다"[88]라는 말이 왜 나왔는지를 밝혀 알아두어야 할 것 같다. 땅이 갈라졌다는 말은 언어의 차이로 갈라졌다는 말이 아니면 달리 어떻게 이해하겠는가? 이 문제에 연관되지 않은 셈의 다른 아들들은 제쳐두고, 그밖에 아브라함에 도달할 수 있는 인물들만 순서대로 족보에 이어진다. 이것은 대홍수 전에 노아에게 이르는 인물들만 족보상 이어진 것과 흡사하다. 그 족보로 말하면 아담의 아들, 곧 셋이라고 불린 사람으로부터 퍼져나온 것이다. 그리하여 저 족보의 편성은 이렇게 시작된다: "셈의 계보는 다음과 같다. 아들 셈이 아르박삿을 낳은 것은 백세 때였고 홍수가 끝난 이듬해였다. 셈은 아르박삿을 낳은 뒤 오백 년 동안을 살았고 아들 딸을 낳고서 죽었다."[89] 뒤이어 다른 사람들을 이야기할 때도 누가 몇 살에 아들을 낳았는지, 그러니까 아브라함에게 내려가는 계보에 속하는 아들을 몇 살에 낳았는지를 말하고, 아들을 낳은 다음 얼마나 더 살았는지를 얘기하며, 아들 딸을 낳았다고 강조한다. 우리가 성서에 언급되는 소수 인간들에 대해 마음이 쓰여 셈의 자손으로부터 언제 저 광대한 땅과 넓은 왕국들을 채울 수 있었겠느냐면서 유치할 정도로 당혹해할 적에, 어떻게 해서 백성들이 불어났는지 납득할 만큼 설명해 주면서 그런 생각을 하지 않게 해준다. 우리가 특히 당황하는 것은 아시리아인들의 왕국인데, 더구나 니누스는 동방인들을 정복한 인물로서[90] 뭇 백성의 커다란 번영을 보면서 통치했고, 광활하고 견고하기 이를 데 없는 왕국을 후손들에게 물려주었으며, 그 왕국은 참으로 오랜 세월 동안 이어졌다.

10.2. 그 족보에서 시간은 어떻게 계산되었는가

우리가 필요 이상으로 지체하지 않으려면, 저 세보에 나타나는 인물 각자가 몇 해를 살았는지에 대한 것보다 몇 살에 아들을 낳았는지에 대해서만 차례대로

um, hoc ordine memorandum tantummodo ponimus, ut et numerum annorum a transacto diluuio usque ad Abraham colligamus et praeter illa, in quibus nos cogit necessitas inmorari, breuiter alia cursimque tangamus. Secundo igitur anno post diluuium Sem genuit Arphaxat; Arphaxat autem, cum esset centum triginta quinque annorum, genuit Cainan; qui cum esset centum triginta, genuit Sala; porro etiam ipse Sala totidem annorum erat, quando genuit Heber; centum uero et triginta et quattuor agebat annos Heber, cum genuit Phalech, in cuius diebus diuisa est terra; ipse autem Phalech uixit centum triginta, et genuit Ragau; et Ragau centum triginta duo, et genuit Seruch; et Seruch centum triginta, et genuit Nachor; et Nachor septuaginta nouem, et genuit Thara; Thara autem septuaginta, et genuit Abram; quem postea Deus mutato uocabulo nominauit Abraham. Fiunt itaque anni a diluuio usque ad Abraham mille septuaginta et duo secundum uulgatam editionem, hoc est interpretum septuaginta. In Hebraeis autem codicibus longe pauciores annos perhibent inueniri, de quibus rationem aut nullam aut difficillimam reddunt.

Cum ergo quaerimus in illis septuaginta duabus gentibus ciuitatem Dei, non possumus adfirmare illo tempore, quo erat eis labium unum, id est loquella una, tunc iam genus humanum alienatum fuisse a cultu ueri Dei, ita ut in solis istis generationibus pietas uera remaneret, quae descendunt de semine Sem per Arphaxat et tendunt ad Abraham; sed ab illa superbia aedificandae turris usque in caelum, qua impia significatur elatio, apparuit ciuitas, hoc est societas, impiorum. Vtrum itaque ante non fuerit an latuerit, an potius utraque permanserit, pia scilicet in duobus filiis Noe, qui benedicti sunt, eorumque posteris; impia uero in eo, qui maledictus est, atque eius progenie, ubi etiam exortus est gigans uenator contra Dominum, non est diiudicatio facilis. Fortassis enim, quod profecto est credibilius, et in filiis duorum illorum iam tunc, antequam Babylonia coepisset institui, fuerunt contemptores Dei, et in filiis Cham cultores Dei; utrum-

---

[91] 칠십인역본에 의하면 대홍수부터 아브라함까지 1,072년이 되는데 히브리본에 의하면 282년밖에 되지 않아 아브라함 시대에 셈, 셀라, 함이 아직 살아있었다는 결론이 되어 교부들을 당황하게 했다.

[92] 케난은 칠십인역본에 등장하지만 히브리본에는 없다. 아담의 아들 카인과 동일한 인명이다.

[93] 창세 11,10-26 참조.

[94] secundum vulgatam editionem, hoc est interpretum septuaginta: 그리스어 칠십인역본의 라틴어 번역본을 가리킨다.

[95] 히브리본에는 케난(135세에 득남)이 아예 없고 셀라와 에벨도 칠십인역본에 비해 무려 백 살씩이나 젊은 나이에 아들을 낳는 것으로 되어 있다.

제시하면 된다. 그래야 대홍수부터 아브라함에 이르는 햇수를 합산하게 되며, 필요에 따라 우리가 걸음을 멈추고 살펴보지 않을 수 없는 문제 외에 다른 문제들도 짧은 시간에 간단히 다루게 된다.[91] 대홍수 이듬해 셈이 아르박삿을 낳았다. 아르박삿은 135세에 케난을 낳았다.[92] 그는 130세에 셀라를 낳았다. 셀라가 에벨을 낳은 때는 그와 똑같은 나이였다. 또 에벨이 벨렉을 낳은 것은 134세였다. 벨렉의 생전에 땅이 갈라졌다고 한다. 벨렉 본인도 130년을 살고서 르우를 낳았다. 그리고 르우는 132세에 스룩을 낳았다. 스룩도 130세가 되어 나홀을 낳았다. 나홀은 79세에 데라를 낳았다. 그리고 데라는 70세에 아브람을 낳았는데, 하느님이 후일에 단어를 바꾸어 그에게 아브라함이라는 이름을 지어 주었다.[93] 그렇다면 불가타본, 말하자면 칠십인역본으로는[94] 대홍수부터 아브라함까지 1,072년이 된다. 히브리본에서는 햇수가 훨씬 적어 그 점을 설명할 명분이 아예 없거나 찾아내기가 아주 힘들다.[95]

10.3. 노아부터 아브라함까지 기간에 하느님의 도성이 존재했는가

저 일흔두 부족 속에 하느님의 도성이 존재했는지를 묻는다면, 인류가 한 입이었을 적에, 즉 언어가 하나였던 시대에는 인류가 참 하느님에 대한 예배로부터 완전히 멀어졌으리라고는 주장할 수 없다. 적어도 셈으로부터 시작해서 아르박삿을 통해 아브라함을 향하는 그 세대들에는 참다운 신심信心이 남아있었다. 그러다 하늘까지 닿는 저 탑(불경스런 방자함을 상징한다)을 세우려는 오만으로부터 불경스런 사람들의 도성 내지 사회가 등장했다. 전에는 그 도성이 존재하지 않았는지, 그렇지 않으면 숨겨져 있었는지, 그것도 아니면 두 도성 모두 존속하고 있었는지 단정하기 어렵다. 그러니까 경건한 도성은 노아의 두 아들, 즉 축복을 받은 아들들과 그 후손들에게 존속했고, 불경스런 도성은 저주받은 아들과 그 후손들에게 존속했는지 단정하기 어렵다. 주님께 맞서는 저 거인 사냥꾼이 이 후손에서 나왔다. 아마도 바빌로니아가 세워지기 전에 저 두 아들들의 후손들 속에도 이미 하느님을 경멸하는 사람들이 있었고, 함의 후손들 속에서도 하느님을 경배하는 사람들이 있었으리라는 것이 더 신빙성있는 생각일지도 모르겠다. 어쨌든 이 두 부류의 인간 종류가 지상에 없었

que tamen hominum genus terris numquam defuisse credendum est. Si quidem et quando dictum est: *Omnes declinauerunt, simul inutiles facti sunt; non est qui faciat bonum, non est usque ad unum*, in utroque Psalmo, ubi haec uerba sunt, et hoc legitur: *Nonne cognoscent omnes, qui operantur iniquitatem, qui deuorant populum meum in cibo panis?* Erat ergo etiam tunc populus Dei. Vnde illud, quod dictum est: *Non est qui faciat bonum, non est usque ad unum*, de filiis hominum dictum est, non de filiis Dei. Nam praemissum est: *Deus de caelo prospexit super filios hominum, ut uideret si est intellegens aut requirens Deum*, ac deinde illa subiuncta, quae omnes filios hominum, id est, ad ciuitatem pertinentes, quae uiuit secundum hominem, non secundum Deum, reprobos esse demonstrant.

11. Quam ob rem sicut lingua una cum esset omnium, non ideo filii pestilentiae defuerunt (nam et ante diluuium una erat lingua, et tamen omnes praeter unam Noe iusti domum deleri diluuio meruerunt): ita, quando merito elatioris impietatis gentes linguarum diuersitate punitae atque diuisae sunt et ciuitas impiorum confusionis nomen accepit, hoc est, appellata est Babylon, non defuit domus Heber, ubi ea quae antea fuit omnium lingua remaneret. Vnde, sicut supra memoraui, cum coepissent enumerari filii Sem, qui singuli gentes singulas procrearunt, primus est commendatus Heber, cum sit abnepos ipsius, hoc est ab illo quintus inueniatur exortus. Quia ergo in eius familia remansit haec lingua, diuisis per alias linguas ceteris gentibus, quae lingua prius humano generi non inmerito creditur fuisse communis, ideo deinceps Hebraea est nuncupata. Tunc enim opus erat eam distingui ab aliis linguis nomine proprio, sicut aliae quoque uocatae sunt nominibus propriis. Quando autem erat una, nihil

---

[96] 시편 13,3. 〔새번역 14,3: "모두가 빗나가 온통 썩어버려 착한 일 하는 이가 없도다. 하나도 없도다."〕

[97] 시편 13[14]편과 52[53]편에 동일한 문구들이 나온다.

[98] 시편 13[14],4.

[99] 시편 13[14],2.

[100] filii pestilentiae ("염병할 자식들"): 교부가 간간이 사용하는 욕설이다(*Enarrationes in Psalmos* 51.6; 83.2; *Sermo* 392.3).

[101] 16.3.2.

던 때라고는 없었다고 믿어야 할 것이다. 바로 성서에 이런 말씀이 나온다면 어찌하겠는가? "모두가 빗나가 온통 쓸모없이 되었도다. 착한 일 하는 이가 없도다. 하나도 없도다."[96] 시편 두 편에나 이런 글귀가 있고[97] 이어 이런 구절을 읽게 된다: "어찌하여 깨닫지 못하는가? 나쁜 짓 하는 모든 자들, 내 백성을 빵 먹듯 집어삼키는 저들."[98] 그러니까 그때도 하느님의 백성은 있었다. 그래서 다음과 같은 말이 나온다: "하느님께서는 하늘로부터 굽어살피시는도다, 사람의 자식들을. 그 누가 하느님을 깨닫거나 찾는지 보시려고."[99] 뒤따라온 구절로 말하자면, 사람의 자식들 모두, 그러니까 하느님에 따라 살지 않고 사람에 따라 사는 도성에 속하는 인간들 모두가 무자격한 인간들임을 보여주고 있다.

11. 인간들이 최초로 사용한 언어는 후일 에벨의 이름을 따서 히브리어라 명명되었으며, 언어의 종류가 다양해졌지만 이 언어는 에벨 집안에 존속되었다

11. 1. 히브리어는 에벨에게서 유래하는가

그러므로 만민의 언어가 하나였을 때에도 재앙의 자식들[100]이 없지는 않았을 것이다. 왜냐하면 대홍수 이전에도 언어는 하나였지만 의로운 노아의 가족 하나를 빼놓고는 모두가 홍수에 멸망당할 만했다. 마찬가지로 오만하게 부풀어 불경심에 젖은 백성들이 언어가 달라지는 벌을 받아 흩어졌고 불경스런 인간들의 도성이 "혼동"이라는 이름으로, 곧 바빌론이라고 불리게 되었을 때도 에벨의 집안이 없지는 않았던 것이다. 그 집안 덕분에 이전에 만민의 언어였던 언어가 보존되기에 이른다. 그래서 앞서 언급한 대로[101] 셈의 후손들을 헤아리기 시작하면서 각자가 각각의 부족을 낳았는데, 그가운데 첫째로 거명된 것이 에벨이었다. 셈으로부터는 고손, 그러니까 셈으로부터 5대손으로 태어났음에도 첫째로 에벨이 거명된 것이다. 그 까닭은 그밖의 종족들은 여러 언어로 나뉘어졌으나 태초에 인류 공통이었던 것으로 믿어지는 언어가 그 집안에서 존속했기 때문일 것이다. 에벨 덕분에 그 언어는 히브리어라는 이름을 땄다. 다른 언어들도 고유한 이름으로 불리는만큼 그 언어에도 고유한 이름을 붙여 다른 언어들

aliud quam humana lingua uel humana locutio uocabatur, qua sola uniuersum genus humanum loquebatur.

Dixerit aliquis: Si in diebus Phalech filii Heber diuisa est terra per linguas, id est homines, qui tunc erant in terra, ex eius nomine potius debuit appellari lingua illa, quae fuit omnibus ante communis. Sed intellegendum est ipsum Heber propterea tale nomen inposuisse filio suo, ut uocaretur Phalech, quod interpretatur diuisio, quia tunc ei natus est, quando per linguas terra diuisa est, id est ipso tempore, ut hoc sit quod dictum est: *In diebus eius diuisa est terra*. Nam nisi adhuc Heber uiueret quando linguarum facta est multitudo, non ex eius nomine nomen acciperet lingua, quae apud illum potuit permanere. Et ideo credenda est ipsa fuisse prima illa communis, quoniam de poena uenit illa multiplicatio mutatioque linguarum et utique praeter hanc poenam esse debuit populus Dei. Nec frustra lingua haec est, quam tenuit Abraham, nec in omnes suos filios transmittere potuit, sed in eos tantum, qui propagati per Iacob et insignius atque eminentius in Dei populum coalescentes Dei testamenta et stirpem Christi habere potuerunt. Nec Heber ipse eandem linguam in uniuersam progeniem suam refudit, sed in eam tantum, cuius generationes perducantur ad Abraham. Quapropter etiamsi non euidenter expressum est fuisse aliquod pium genus hominum, quando ab impiis Babylonia condebatur, non ad hoc ualuit haec obscuritas, ut quaerentis fraudaretur, sed potius ut exerceretur intentio. Cum enim legitur unam fuisse linguam primitus omnium et ante omnes filios Sem commendatur Heber, quamuis ex illo quintus oriatur, et Hebraea uocatur lingua, quam patriarcharum et prophetarum non solum in sermonibus suis, uerum etiam in litteris sacris custodiuit auctoritas: profecto, cum quaeritur in diuisione linguarum, ubi lingua illa rema-

---

[102] 히브리어가 가나안 셈족들의 방언 가운데 하나였다는 사실(창세 31,47; 이사 19,18)에도 불구하고, 히브리어가 인류 최초의 언어였다는 전설은 아담에게서 비롯하는 인류단원설을 방증한다고 여겼으므로 교부들이 굳이 부정하지 않았다.

[103] Cf. Hieronymus, *Quaestiones hebraicarum in Genesim* 10.28: Phaleg, qui interpretatur divisio, ab eo linguae in Babylonia divisae sunt.

[104] divisa est는 "갈라졌다"는 의미도, "갈라져 있었다"는 의미도 함의한다.

[105] 이 문제는 18.39에서 재론된다.

로부터 구분할 필요가 있었던 것이다. 원래 말이 하나였을 때는 사람의 말, 인간 언어라고 불렀고 온 인류가 그 하나의 언어로 말을 했다.[102]

11.2. 히브리어는 홍수 전에 인류 공통의 언어였다

혹자는 이런 말을 할지 모른다. 에벨의 아들 벨렉의 시대에 언어로 인해 땅이 갈라졌다면, 즉 당시에 지상에 있던 인간들이 여러 개의 언어로 갈라졌다면 이전에 만민에게 공통되었던 언어야말로 차라리 벨렉의 이름을 따서 지었어야 할 것이 아닌가? 오히려 아들에게 "분열"을 뜻하는 벨렉이라는 이름[103]을 붙여 준 것은 다른 사람이 아닌 에벨이었다는 점을 고려해야 하겠다. 그가 태어난 것은 벌써 언어에 의해 땅이 갈라진 다음이었으니, 말하자면 "그의 시대에 땅이 갈라져 있었다"고 말하는 바로 그 시점에 태어난 것이다.[104] 언어의 수가 많아졌을 즈음에 에벨이 살아있지 않았다면, 그 백성에게서 명맥을 유지할 저 언어의 이름을 에벨에게서 따지는 못했을 것이다.[105] 바로 그래서 히브리어가 바로 최초의 공통 언어였다고 믿어야 한다. 언어들의 수가 많아지고 변한 것은 벌 때문이고, 하느님의 백성은 다름아닌 그 벌을 면했어야 옳다. 그런데 아브라함이 보존한 이 언어를 모든 후손들에게 전수하지 못한 데는 까닭이 있다. 이 언어는 야곱을 통해 퍼졌고, 탁월한 의미에서 하느님의 백성에 속하고 하느님의 계약을 간직하고 그리스도가 탄생한 그 혈통을 간직한 사람들에게만 이 언어가 전수되었던 것이다. 좀더 거슬러올라가서 에벨 역시 이 언어를 자기의 모든 후손들에게 전수하지 않았고, 아브라함에게 계보가 이르는 후손들에게만 전수했다. 그러므로 불경스런 자들이 바빌로니아를 세울 때 경건한 종족이 하나라도 있었는지는 명시적으로 표현되어 있지 않다. 이런 모호한 점이 여전히 의문을 제기하려는 사람들의 의도를 꺾어놓을 힘은 없지만 그런 의도를 더욱 세련되게 만든다. 태초에 만민의 언어가 하나였다는 글을 우리가 읽을 적에, 또 에벨이 비록 셈의 5대손임에도 셈의 모든 아들들에 앞서 거론된 것을 볼 때, 또 성조들과 예언자들의 언사와 거룩한 문학에서도 어떤 권위를 간직해 준 언어가 히브리어라고 불릴 적에 의문이 생기게 마련이다. 언어들의 분리가 이루어지기 이전에 만민에게 공통되었던 저 언어가 어떻게 존속했을까를 묻는다면 (그 언

nere potuerit, quae fuit ante communis (quae sine ulla dubitatione ubi remansit, non ibi fuit illa poena, quae facta est mutatione linguarum), quid aliud occurrit, nisi quod in huius gente remanserit, a cuius nomine nomen accepit, et hoc iustitiae gentis huius non paruum apparuisse uestigium, quod, cum aliae gentes plecterentur mutatione linguarum, ad istam non peruenit tale supplicium?

Sed adhuc illud mouet, quo modo potuerunt singulas gentes facere Heber et filius eius Phalech, si una lingua permansit ambobus. Et certe una est Hebraea gens ex Heber propagata usque ad Abraham, et per eum deinceps, donec magnus fieret populus Israel. Quo modo igitur omnes filii, qui commemorati sunt trium filiorum Noe, fecerunt singulas gentes, si Heber et Phalech singulas non fecerunt? Nimirum illud est probabilius, quod gigans ille Nebroth fecerit etiam ipse gentem suam, sed propter excellentiam dominationis et corporis seorsum eminentius nominatus est, ut maneat numerus septuaginta duarum gentium atque linguarum. Phalech autem propterea commemoratus est, non quod gentem fecerit (nam eadem ipsa est eius gens Hebraea eademque lingua), sed propter tempus insigne, quod in diebus eius terra diuisa sit. Nec mouere nos debet, quo modo potuerit gigans Nebroth ad illud aetatis occurrere, quo Babylon condita est et confusio facta linguarum atque ex hoc diuisio gentium. Non enim quia Heber sextus est a Noe, ille autem quartus, ideo non potuerunt ad idem tempus conuenire uiuendo. Hoc enim contigit, cum plus uiuerent ubi pauciores sunt generationes, minus ubi plures; aut serius nati essent ubi pauciores, maturius ubi plures. Sane intellegendum est, quando terra diuisa est, non solum iam natos ceteros filios filiorum Noe, qui commemorantur patres gentium, sed etiam eius aetatis fuisse, ut numerosas fami-

---

[106] 히브리 전설(Seder-Holam)에 의하면 대홍수 이후 340년, 노아가 죽기 10년 전에 언어가 갈라졌다고 한다.

어가 존속했다는 사실에 의심의 여지가 없고 따라서 언어들의 변동으로 내린 그 벌이 거기에는 해당하지 않았다는 말이 되므로) 언어의 이름을 딴 바로 이 민족에게 만민에게 공통된 언어가 존속했다는 사실 외에 다른 무슨 대답이 가능하겠는가? 다른 민족들은 언어의 변동을 겪었는데도 그 백성에게만 재앙이 닥치지 않았다는 점으로 미루어볼 때, 이 민족의 의로움을 보여주는 자취가 적잖은 것이었음이 드러났다는 것 외에 무엇이 더 있겠는가?

11.3. 언어의 분화가 언제 이루어졌는가

그런데 에벨과 그의 아들 벨렉이 어떻게 해서 저 많은 부족들을 만들어냈는가 하는 의문이 사람들을 곤란하게 만든다. 에벨과 그의 아들 벨렉 양편에 저 유일한 언어가 존속했다니까.[106] 히브리 부족이 아브라함에 이르기까지 에벨로부터 퍼져나간 것이 확실하고 그다음 아브라함을 통해 이스라엘이라는 큰 민족이 되었다는 것도 확실하다. 에벨과 벨렉이 제각기 부족을 이루지 않은 상황에서, 노아의 세 아들들의 후손이라고 거명된 모든 후손들이 어떻게 제각기 부족들을 만들었을까? 저 거인 니므롯의 지배력이 뛰어나고 체구가 엄청나게 출중하여 이름이 올랐을 뿐인데도 그마저 자기 부족을 이루었다는 사실로 미루어볼 때 부족의 숫자와 언어의 숫자가 일흔둘까지 되었다는 이야기도 아주 그럴듯하다. 다만 벨렉은 부족을 이루어 거명된 것이 아니라(본인은 아버지와 똑같은 히브리 부족이고 언어는 똑같은 히브리어였으니까) 그의 생전에 땅이 갈라졌다는 뜻깊은 시대 때문에 거명되었다. 그러니 바빌론이 창건되어 언어의 혼동이 오고, 그에 따라 부족들이 분리되는 그 시대까지 거인 니므롯이 어떻게 살아있을 수 있었느냐는 의문 때문에 마음이 흔들려서는 안 된다. 에벨은 노아로부터 6대손이고 니므롯은 4대손이라고 해서 같은 시대에 만나서 살 수 없는 것은 아니다. 세대들이 오래 살면 세대들의 숫자는 더 적어지고, 더 조금 살면 세대들의 수는 더 많아지는 법이기 때문이다. 다시 말해 세대의 숫자가 적으면 사람들은 늦게 태어났을 것이고, 그 숫자가 많으면 사람들은 일찍 태어났을 것이다. 따라서 땅이 갈라졌을 때, 노아의 아들들의 후손들로서 부족들의 조상으로 이름이 거론된 인물들은 이미 태어나 있었을 뿐 아니라 상당한 나이를 먹어서

lias haberent, quae dignae fuissent nominibus gentium. Vnde nequaquam putandum, quod eo fuerint ordine geniti, quo commemorati leguntur. Alioquin duodecim filii Iectan, qui erat alius filius Heber, frater Phalech, quo modo potuerunt iam gentes facere, si post Phalech fratrem suum Iectan natus est, sicut post eum commemoratus est; quando quidem tempore, quo natus est Phalech, diuisa est terra. Proinde intellegendum est priorem quidem nominatum, sed longe post fratrem suum Iectan fuisse natum, cuius Iectan duodecim filii tam grandes iam familias haberent, ut in linguas proprias diuidi possent. Sic enim potuit prior commemorari, qui erat aetate posterior, quem ad modum prius commemorati sunt ex tribus filiis Noe procreati filii Iapheth, qui erat minimus eorum; deinde filii Cham, qui erat medius; postremo filii Sem, qui erat primus et maximus. Illarum autem gentium uocabula partim manserunt, ita ut hodieque appareat unde fuerint deriuata, sicut ex Assur Assyrii et ex Heber Hebraei; partim temporis uetustate mutata sunt, ita ut uix homines doctissimi antiquissimas historias perscrutantes, nec omnium, sed aliquarum ex istis origines gentium potuerint reperire. Nam quod ex filio Cham, qui uocabatur Mesraim, Aegyptii perhibentur exorti, nulla hic resonat origo uocabuli; sicut nec Aethiopum, qui dicuntur ad eum filium Cham pertinere, qui Chus appellatus est. Et si omnia considerentur, plura mutata quam manentia nomina apparent.

수많은 가족들을 거느리고 있었을 것이며, 그 가족들은 숫자 때문에라도 부족이라는 이름을 들을 만했을 것이다. 그러므로 성서에 이름이 거명된 순서대로 그들이 태어났으리라고 생각해서는 안 된다. 그렇지 않고 에벨의 다른 아들로 벨렉과 형제간인 욕단이 자기 형 벨렉 다음에 태어났다고 한다면(사실 그 사람 뒤에 거명되어 있다), 더구나 벨렉이 태어난 즈음에 땅은 이미 갈라져 있었다고 한다면 무슨 수로 욕단의 열두 아들이 벌써 제각기 부족을 이루었겠는가? 따라서 벨렉이 이름은 먼저 거명되었지만 자기 형제 욕단보다 훨씬 뒤늦게 태어났다고 이해해야 하며, 벨렉이 태어났을 즈음에는 욕단의 열두 아들이 벌써 커다란 가족들을 이루어 자기네 고유한 언어로 갈라설 수 있었다고 생각해야 한다. 노아의 세 아들 가운데 막내아들이었던 야벳의 아들들이 태어난 일이 먼저 거명되고, 가운데아들인 함의 아들들이 그다음에 오며, 맏아들이었던 셈의 아들들은 맨 마지막에 거명되어 있는 것과 마찬가지로, 벨렉의 경우도 연령으로는 늦지만 이름이 먼저 거명되는 일은 가능했다. 저 부족들의 명칭은 일부나마 보존되어 왔는데 그래서 오늘날 그들이 누구에게서 유래했는지가 드러난다. 아시리아인들은 아수르에게서, 히브리인들은 에벨에게서 유래한 것이다. 그러나 일부는 시대가 오래되어 변했으며 고대사를 연구하는 아주 박식한 사람들만 겨우 부족들의 기원을 발견해낼 수 있다. 그것도 모든 부족들에 대해서가 아니라 일부 부족들의 경우만 그 명칭에서 기원을 찾아냈다.[107] 이집트인들이 메스라임이라고 부르던 함의 아들에게서 나온 것으로 이야기한다면, 메스라임에서 이집트인이라는 명칭의 기원이 전혀 짐작되지 않는다. 에티오피아인들의 경우도 마찬가지인데, 그들은 구스라고 부르던 함의 아들에게서 나온 것으로 이야기된다.[108] 모든 명칭들을 다 살펴본다면 남아있는 이름보다도 변한 이름이 더 많이 나타난다.

---

[107] 에벨의 아들, 벨렉의 형제인 욕단의 아들들의 이름은 어원을 모조리 찾을 수 없었노라고 히에로니무스도 자백한 바 있다(*Quaestiones hebraicarum in Genesim* 10.26).

[108] 이집트나 에티오피아는 그리스어에서 쓰던 명칭이므로 히브리어 경전에는 발견되지 않고 메스라임과 구스로 나온다(Hieronymus, *Quaestiones hebraicarum in Genesim* 10.6: Chus usque hodie ab Hebraeis Aethiopia ... Mesraim Aegyptus).

12. Nunc iam uideamus procursum ciuitatis Dei etiam ab illo articulo temporis, qui factus est in patre Abraham, unde incipit esse notitia eius euidentior, et ubi clariora leguntur promissa diuina, quae nunc in Christo uidemus impleri. Sicut ergo scriptura sancta indicante didicimus, in regione Chaldaeorum natus est Abraham, quae terra ad regnum Assyrium pertinebat. Apud Chaldaeos autem iam etiam tunc superstitiones impiae praeualebant, quem ad modum per ceteras gentes. Vna igitur Tharae domus erat, de quo natus est Abraham, in qua unius ueri Dei cultus et, quantum credibile est, in qua iam sola etiam Hebraea lingua remanserat (quamuis et ipse, sicut iam manifestior Dei populus in Aegypto, ita in Mesopotamia seruisse diis alienis Iesu Naue narrante referatur) ceteris ex progenie illius Heber in linguas paulatim alias et in nationes alias defluentibus. Proinde sicut per aquarum diluuium una domus Noe remanserat ad reparandum genus humanum, sic in diluuio multarum superstitionum per uniuersum mundum una remanserat domus Tharae, in qua custodita est plantatio ciuitatis Dei. Denique sicut illic enumeratis supra generationibus usque ad Noe simul cum annorum numeris et exposita diluuii causa, priusquam Deus inciperet de arca fabricanda loqui ad Noe, dicitur: *Hae autem generationes Noe*: ita et hic enumeratis generationibus ab illo, qui est appellatus Sem, filio Noe, usque ad Abraham, deinde insignis articulus similiter ponitur ut dicatur: *Hae sunt generationes Tharae. Thara genuit Abram et Nachor et Arran, et Arran genuit Loth. Et mortuus est Arran coram Thara patre suo in terra in qua natus est, in regione Chaldaeorum. Et sumpsit Abram et Nachor sibi uxores; nomen mulieris Abram Sara et nomen mulieris Nachor Melcha, filia Arran.* Iste Arran pater Melchae fuit et pater Iescae, quae Iesca creditur ipsa esse etiam Sarra uxor Abrahae.

---

[109] 창세 11,27-28 참조: "데라는 아브람과 나홀과 하란을 낳았고 … 하란은 고향인 칼대아 우르에서 자기의 아버지보다 먼저 죽었다."

[110] 교부가 사용하던 라틴어본에서는 Iesu Nave라고 표기된다.

[111] 여호 24,2 참조: "옛적에 너희 조상들은 유프라테스 강 건너 저편에 살고 있을 때 다른 신들을 섬겼다. 아브라함과 나홀의 아비 데라도 그랬다."

[112] 창세 6,5-12 참조.

[113] 창세 11,27-29.

[114] Cf. Hieronymus, *Quaestiones hebraicarum in Genesim* 11.29: Sarai cognomento Iescam (이스가라는 별명을 가진 사래).

제2부 (12-36)
하느님 도성의 청년기: 아브라함 시대

12. 아브라함 시대의 구분: 아브라함에게서 새 계열의 성스런 계보가 시작된다

이제는 성조 아브라함에게서 비롯된 시대에 이루어지는 하느님 도성의 전개를 살펴보자. 그때부터 하느님 도성에 관한 지식이 더 분명해지고 신적 언약이 더 뚜렷이 판독되는데, 우리는 그 언약이 지금 그리스도에게서 실현됨을 목도하는 중이다. 성서가 가리켜 보여서 우리가 배워 알지만 아브라함은 칼대아인들의 지방에 태어났다.[109] 그 땅은 아시리아 왕국에 속해 있었다. 다른 민족들도 마찬가지지만 칼대아인들에게는 당시에도 불경스런 미신이 우세했다. 아브라함이 태어난 데라의 집안이 한 분 참된 하느님을 경배하는 유일한 집안이었다. 그리고 믿을 만한 얘기로 히브리어도 그 집안에만 존속했다. 눈의 아들 여호수아[110]의 말에 의하면, 하느님의 백성이 이집트에서 더 노골적으로 그랬겠지만, 데라도 메소포타미아에서는 다른 신들을 섬겼다.[111] 그러는 동안 에벨의 다른 후손들은 점차 다른 언어, 다른 나라로 흘러들어갔다. 그러니까 물의 홍수에서 노아의 집안 하나가 인류를 재건하도록 살아남은 것처럼, 무수한 미신의 홍수에서는 온 세상에 데라의 집안만 남게 된 것이다. 그 집안에 하느님 도성의 나무가 보존된 것이다. 앞에서 노아에 이르는 모든 세대가 열거되면서 각 세대의 나이를 말한 다음에, 또 홍수의 원인을 말하고 나서 하느님이 노아에게 말씀하여 방주를 건설하라고 시키기 직전에, "노아의 족보는 이러하다"라는 말씀이 나온다.[112] 똑같은 방식으로 이번에도 아브라함까지 노아의 아들 셈의 족보를 한 차례 열거하고서, 다음과 같이 의미심장한 말을 한다: "데라의 족보는 다음과 같다. 데라는 아브람과 나홀과 하란을 낳았고 하란은 롯을 낳았다. 하란은 자기가 태어난 땅인 칼대아인들의 지방에서 자기의 아버지보다 먼저 죽었다. 아브람과 나홀이 아내를 맞았는데, 아브람의 아내 이름은 사래요, 나홀의 아내는 밀가였다. 밀가는 하란의 딸이었다."[113] 밀가의 아버지 하란은 이스가의 아버지이기도 한데, 이스가는 아브람의 아내 사래와 동일한 인물이었던 것으로 생각된다.[114]

13. Deinde narratur quem ad modum Thara cum suis regionem reliquerit Chaldaeorum et uenerit in Mesopotamiam et habitauerit in Charra. Tacetur autem de uno eius filio, qui uocabatur Nachor, tamquam eum non duxerit secum. Nam ita narratur: *Et sumpsit Thara Abram filium suum et Loth filium Arran, filium filii sui, et Saram nurum suam, uxorem Abram filii sui, et eduxit illos de regione Chaldaeorum ire in terram Chanaan; et uenit in Charran et habitauit ibi.* Nusquam hic nominatus est Nachor et uxor eius Melcha. Sed inuenimus postea, cum seruum suum mitteret Abraham ad accipiendam uxorem filio suo Isaac, ita scriptum: *Et accepit puer decem camelos de camelis domini sui et de omnibus bonis domini sui secum, et exsurgens profectus est in Mesopotamiam in ciuitatem Nachor.* Isto et aliis sacrae huius historiae testimoniis ostenditur etiam Nachor frater Abrahae exisse de regione Chaldaeorum sedesque constituisse in Mesopotamia, ubi cum patre suo habitauerat Abraham. Cur ergo eum scriptura non commemorauit, quando ex gente Chaldaea cum suis profectus est Thara et habitauit in Mesopotamia; ubi non solum Abraham filius eius, uerum etiam Sarra nurus et Loth nepos eius commemorantur, quod eos duxerit secum? Cur, putamus, nisi forte quod a paterna et fraterna pietate desciuerat et superstitioni adhaeserat Chaldaeorum et postea inde siue paenitendo siue persecutionem passus, quod suspectus haberetur, et ipse emigrauit? In libro enim qui inscribitur Iudith, cum quaereret Holofernes, hostis Israelitarum, quaenam illa gens esset, utrum aduersus eam bellandum fuisset, sic ei respondit Achior dux Ammanitarum: *Audiat dominus noster uerbum de ore pueri sui, et referam tibi ueritatem de populo, qui habitat iuxta te montanam hanc, et non exibit mendacium de ore serui tui. Haec enim progenies populi est Chaldaeorum, et antea habitauerunt Mesopotamiam, quia noluerunt sequi deos patrum suorum, qui fuerunt in terra Chaldaeorum gloriosi, sed declinauerunt de uia*

---

[115] 창세 11,31. 칼대아의 도시 우르는 히브리본에 나오지만 칠십인역에는 언급되지 않는다.
[116] 창세 24,10.

13. 데라가 칼대아인들을 떠나 메소포타미아로 이주할 때 그의 아들 나홀에 대해 일체의 언급이 없었던 이유는 무엇인가

그다음 데라가 식구들을 데리고 칼대아인들의 지방을 떠나 메소포타미아로 와서 하란에 거처했다. 그의 아들 가운데 나홀에 대해서는 입을 다물고 있어 데려 나오지 않은 것처럼 보인다. 이야기는 이렇게 나온다: "데라는 자기 아들 아브람과 아들의 아들, 곧 하란의 아들 롯과, 아들 아브람의 아내인 며느리 사래를 데리고 칼대아인들의 지방에서 나와 가나안을 향했다. 그러다 하란에 이르러 거기 자리잡고 살았다."[115] 여기서 나홀과 그의 아내 밀가는 전혀 언급되지 않는다. 그러나 후일에 아브라함이 자기 아들 이사악에게 아내를 데려오라고 종을 보낼 때에 이렇게 적혀 있음을 보게 된다: "그 종은 자기 주인의 낙타들 중에서 낙타 열 마리를 거느리고 자기 주인의 온갖 귀한 선물을 갖고서 일어나 메소포타미아로 떠났으며 나홀의 성을 찾아갔다."[116] 이 대목이나 거룩한 역사가 증언하는 다른 대목으로 미루어볼 때, 아브라함의 형제 나홀도 칼대아인들의 지방에서 나왔고, 아브라함이 부친과 함께 자리잡고 살았던 메소포타미아에 거처를 정했음을 알 수 있다. 데라가 자기 식구들을 거느리고 칼대아 민족에게서 나와 메소포타미아에 자리를 잡았을 때 성서가 나홀을 거명하지 않은 이유가 무엇일까? 데라의 아들 아브라함뿐 아니라 며느리 사래와 심지어 그의 손자 롯까지 거명하며 그들을 데리고 갔다고 하면서. 우리 생각에는 그가 부친이나 형제에 대한 효성을 저버린 채 칼대아인들의 미신에 몰두했다가 뒷날 뉘우치거나 의심을 사서 핍박을 받고 이주를 한 것이 아닐까 추측해 본다. 유딧기라는 책에는 이스라엘인들의 원수인 홀로페르네스가 이스라엘인들이 어떤 종족이며, 이 종족에게 전쟁을 할 것인지 물었을 적에 암몬 사람들의 총지휘관인 아키오르가 나서서 답변하는 말이 나온다: "우리 주인님께서 당신 종의 입에서 나오는 말을 들어주시기 바랍니다. 이 근방 산악지대 주민에 관한 실정을 그대로 주인님께 말씀드립니다. 이 종의 입에서는 거짓말이라곤 한 마디도 새어 나오지 않을 것입니다. 그들은 칼대아인들의 백성의 후예로서 메소포타미아로 옮겨가서 산 적이 있는 사람들입니다. 그들은 자기 조상들의 신들, 칼대아인들의 땅에서 영화롭던 신들을

parentum suorum et adorauerunt Deum caeli, quem cognouerunt, et proiecerunt eos a facie deorum suorum et fugerunt Mesopotamiam et habitauerunt ibi dies multos. Dixitque illis Deus eorum, ut exirent de habitatione sua et irent in terram Chanaan, et illic habitauerunt, et cetera, quae narrat Achior Ammanites. Vnde manifestum est domum Tharae persecutionem passam fuisse a Chaldaeis pro uera pietate, qua unus et uerus ab eis colebatur Deus.

14. Defuncto autem Thara in Mesopotamia, ubi uixisse perhibetur ducentos et quinque annos, iam incipiunt indicari ad Abraham factae promissiones Dei, quod ita scriptum est: *Et fuerunt dies Tharae in Charra quinque et ducenti anni, et mortuus est Thara in Charra*. Non sic autem accipiendum est, quasi omnes hos dies ibi egerit, sed quia omnes dies uitae suae, qui fuerunt anni ducenti quinque, ibi conpleuerit; alioquin nescietur quot annos uixerit Thara, quoniam non legitur quoto anno uitae suae in Charran uenerit; et absurdum est existimare in ista serie generationum, ubi diligenter commemoratur quot annos quisque uixerit, huius solius numerum annorum uitae non commendatum esse memoriae. Quod enim quorundam, quos eadem scriptura commemorat, tacentur anni, non sunt in hoc ordine, in quo temporum dinumeratio decessione gignentium et genitorum successione contexitur. Iste autem ordo, qui dirigitur ab Adam usque ad Noe et inde usque ad Abraham, sine numero annorum uitae suae neminem continet.

15. Quod uero commemorata morte Tharae, patris Abraham, deinde legitur: *Et dixit Dominus ad Abram: Exi de terra tua et de cognatione tua et de domo patris tui* et cetera, non, quia hoc sequitur in sermone libri, hoc

---

[117] 유딧 5,5-9.

[118] 창세 11,32. 〔공동번역: "데라는 이백오 년을 살고 하란에서 죽었다."〕

[119] 칠십인역의 라틴어본을 두고 하는 말이다.

[120] 창세 12,1.

섬기기가 싫어서 자기 조상들의 생활 관습을 떠나서, 하늘의 하느님을 인정하고 하느님을 예배했던 것입니다. 칼대아인들은 그들을 자기네 신들의 얼굴 앞에서 추방했으므로 그들은 메소포타미아로 도망가서 그곳에 오랫동안 머물렀습니다. 그들의 하느님은 그들에게 말씀을 하여 그들이 머물러 있는 땅을 떠나서 가나안 땅으로 들어가라고 했고 그래서 그들은 그리로 가서 정착했습니다."[117] 이것은 암몬 사람인 아키오르가 한 말이다. 데라의 집안이 유일하고 참된 하느님을 섬기는 참된 신앙심 때문에 칼대아인들에게 핍박을 받았음이 분명하다.

14. 하란에서 생애를 마친 데라의 연세

데라는 메소포타미아에서 205년을 살았다고 전하는데 데라가 그곳에서 죽고 나서 하느님의 언약이 벌써 아브라함에게 내리기 시작한다. 성서에는 이렇게 적혀 있다: "데라가 하란에서 지낸 세월은 205년이었고 데라는 하란에서 죽었다."[118] 그러나 이 말은 데라가 이 모든 세월을 하란에서 보냈다는 뜻으로 받아들여서는 안 되고 205년에 걸친 자기 생애의 그 모든 세월을 하란에서 끝마쳤다는 뜻으로 받아들여야 한다. 그렇지 않으면 데라가 몇 해를 살았는지를 알 수가 없다. 데라가 몇 살에 하란으로 왔는지는 성서에 나오지 않기 때문이다. 저 세보에 각자가 몇 해나 살았는지 면밀하게 지적하고 있는 터에 유독 그 사람이 산 햇수만 기록하지 않았으리라고 여기는 것은 부적절하다. 성서가 기억에 남긴 사람들 가운데 어떤 사람들의 나이가 묵살되고 넘어가는 경우는, 세월이 흐르면서 부모가 사망하고 자식이 뒤를 잇는 그 서열에 그가 들어가지 않기 때문이다. 아담으로부터 노아에게까지 이르는 서열, 또 거기서 아브라함까지 이르는 서열에서 수명을 언급하지 않고 언급하는 인물은 아무도 없다.[119]

15. 아브라함이 하느님의 명에 따라 하란을 출발한 시기

15. 1. 아브라함의 수명을 계산하다

아브라함의 부친 데라의 죽음이 나온 후, 성서에는 "주님께서 아브람에게 말씀하셨다. '네 고향과 네 친척과 네 아비의 집을 떠나라'"[120]는 등의 말씀이 나온

etiam in rerum gestarum tempore sequi existimandum est. Erit quippe, si ita est, insolubilis quaestio. Post haec enim uerba Dei, quae ad Abraham facta sunt, scriptura sic loquitur: *Et exiit Abram, quem ad modum locutus est ei Dominus, et abiit cum eo Loth. Abram autem erat quinque et septuaginta annorum, cum exiit ex Charra.* Quo modo potest hoc esse uerum, si post mortem patris sui exiit de Charra? Cum enim esset Thara septuaginta annorum, sicut supra intimatum est, genuit Abraham; cui numero additis septuaginta quinque annis, quos agebat Abraham, quando egressus est de Charra, fiunt anni centum quadraginta quinque. Tot igitur annorum erat Thara, quando exii Abraham de illa Mesopotamiae ciuitate; agebat enim annum aetatis suae septuagensimum quintum, ac per hoc pater eius, qui eum septuagesimo anno suo genuerat, agebat, ut dictum est, centensimum quadragensimum et quintum. Non ergo inde post mortem patris, id est post ducentos quinque annos, quibus pater eius uixit, egressus est; sed annus de illo loco profectionis eius, quoniam ipsius septuagensimus quintus erat, procul dubio patris eius, qui eum septuagesimo suo anno genuerat, centensimus quadragensimus quintus fuisse colligitur. Ac per hoc intellegendum est more suo scripturam redisse ad tempus, quod iam narratio illa transierat; sicut superius, cum filios filiorum Noe commemorasset, dixit illos fuisse in linguis et gentibus suis, et tamen postea, quasi hoc etiam in ordine temporum sequeretur: *Et erat,* inquit, *omnis terra labium unum et uox una omnibus.* Quo modo ergo secundum suas gentes et secundum suas linguas erant, si una erat omnibus, nisi quia ad illud quod iam transierat recapitulando est reuersa narratio? Sic ergo et hic cum dictum esset: *Et fuerunt dies Tharae in Charra quinque et ducenti anni, et mortuus est Thara in Charra,* deinde scriptura redeundo ad id, quod ideo praetermiserat, ut prius de Thara id quod incohatum fuerat compleretur: *Et dixit,* inquit, *Dominus ad Abram: Exi de terra tua* et cetera. Post quae Dei uerba subiungitur: *Et exiit Abram, quem ad modum locutus est illi Dominus, et abiit cum eo Loth. Abram autem erat quinque et septuaginta annorum, cum exiit ex Charra.* Tunc itaque factum est, quando pater eius centensimum quadragensimum et quintum annum agebat aetatis; tunc enim fuit huius septuagensimus quintus. Soluta est autem ista quaestio et

---

[121] 창세 12,4.

[122] 창세 11,1.

[123] recapitulando: 앞의 16.5 (각주 59) 참조.

다. 그러나 성서가 기술하고 있는 순서에 따라서 역사적 행적의 순서도 똑같이 일어난다고 생각하면 안 된다. 만약 그렇다면 다음과 같은 풀릴 수 없는 문제가 생긴다. 아브라함에게 하신 하느님의 이 말씀이 있고 나서 성서는 다음과 같이 말한다: "아브람은 주님께서 분부하신 대로 길을 떠났다. 롯도 함께 떠났다. 하란을 떠날 때 아브람의 나이는 칠십오세였다."[121] 만일 아브라함이 자기 부친의 사후에 하란을 떠났다면, 이 구절이 어떻게 사실일 수 있겠는가? 위에서도 언급했듯이, 데라가 아브라함을 낳은 것은 70세였고, 아브라함이 하란을 떠날 때의 나이는 75세였다. 이를 합하면 145년이 되고, 이것은 아브라함이 메소포타미아를 떠날 때의 데라의 나이가 된다. 아브라함은 75세였고, 그를 70세에 낳은 아버지는 145세가 된다. 그러니 아브라함이 떠난 것은 부친의 사후가 아니다. 그의 아버지가 천수를 다 누린 205년 후가 아니다. 그가 그 장소를 떠난 해는 그의 나이 75세 때였으니까 그를 70세에 낳은 부친의 나이가 145세 때였다. 따라서 성서는 늘 그렇듯이 설화상으로 이미 지나쳐간 그 시점으로 다시 돌아온 것이라고 이해해야 한다. 위에서도 나왔지만, 노아의 아들들의 후손을 거명할 때도 언어와 자기 부족에 따라서 그들을 거명한 것이라고 말해 놓고서는, 그다음에는 마치 시간상의 순서대로 일어난 일처럼 "온 세상이 한 입술을 갖고 모든 이에게 소리도 하나였다"[122]라는 말이 다시 따라 나오는 것이다. 그때도 만민에게 언어가 하나였다면 도대체 어떻게 부족 따라 언어 따라 사람들이 갈라져 있었다는 말인가? 이것은 이미 지나쳐간 사건으로 설화가 수렴되어[123] 되돌아간 것이 아니고 무엇이겠는가? 그래서 "데라가 하란에서 지낸 세월은 205년이었고 데라는 하란에서 죽었다"라고 하고서는 성서는 다시 지나쳐간 사건으로 되돌아가서 데라에 대해 시작한 말을 보충하는 식으로 "주님께서 아브람에게 말씀하셨다. '네 고향을 떠나라'"는 등의 말을 보탠다. 그다음 하느님의 이 말씀에 다음과 같은 구절이 덧붙여진다: "아브람은 주님께서 분부하신 대로 길을 떠났다. 롯도 함께 떠났다. 하란을 떠날 때, 아브람의 나이는 칠십오세였다." 따라서 이 일은 그의 부친이 145세 되던 때 이루어졌다. 그때 아브라함의 나이는 75세였다. 이 문제는 다른 각도에서 해석되기도 한다. 아브라함이 하란을 떠나던 때의

aliter, ut septuaginta quinque anni Abrahae, quando egressus est de Charra, ex illo computarentur, ex quo de igne Chaldaeorum liberatus, non ex quo natus est, tamquam tunc potius natus habendus sit.

Sed beatus Stephanus in actibus apostolorum cum ista narraret: *Deus*, inquit, *gloriae apparuit Abrahae patri nostro, cum esset in Mesopotamia, priusquam habitaret in Charra, et ait ad illum: Exi de terra tua et de cognatione tua et de domo patris tui, et ueni in terram, quam tibi demonstrabo.* Secundum haec uerba Stephani non post mortem patris eius locutus est Deus Abrahae, qui utique in Charra mortuus est, ubi cum illo et ipse filius habitauit, sed priusquam habitaret in eadem ciuitate, iam tamen cum esset in Mesopotamia. Iam ergo exierat a Chaldaeis. Quod itaque adiungit Stephanus: *Tunc Abraham egressus est de terra Chaldaeorum et habitauit in Charra*, non quid sit factum, postea quam locutus est illi deus (neque enim post illa Dei uerba egressus est de terra Chaldaeorum, cum dicat ei locutum Deum cum esset in Mesopotamia), sed ad totum illud tempus pertinet quod ait: «Tunc, id est ex quo, egressus est a Chaldaeis et habitauit in Charra.» Item quod sequitur: *Et inde postquam mortuus est pater eius, conlocauit illum in terra hac, in qua uos nunc habitatis et patres uestri*, non ait: «Postquam mortuus est pater eius, exiit de Charra»; sed: «Inde hic eum conlocauit, postquam mortuus est pater eius.» Intellegendum est igitur locutum Deum fuisse ad Abraham, cum esset in Mesopotamia, priusquam habitaret in Charra; sed eum in Charram peruenisse cum patre, retento apud se praecepto Dei, et inde exisse septuagensimo et quinto suo, patris autem sui centensimo quadragesimo et quinto anno. Conlocationem uero eius in terra Chanaan, non profectionem de Charra

---

[124] de igne Chaldaeorum: 히브리본에 나오는 도시 이름 우르(Ur Chesdim)를 히에로니무스는 "칼대 아인들의 불"이라는 일반명사로 해석했고 아브라함이 불 숭배를 거부하여 불길에 던져졌다가 기적적으로 벗어났다는 전설을 인용하며 (*Quaestiones hebraicarum in Genesim* 12.4: de igne Chaldaeorum ... babylonio vallatus incendio) 아우구스티누스는 그 전설을 따른다.

[125] 사도 7,2-3.

[126] 사도 7,4.

[127] 사도 7,4.

나이 일흔다섯으로 칼대아인들의 불길[124]에서 벗어났다고 하는데, 그 나이는 그가 태어난 때부터 계산한 것이 아니라 불길에서 벗어난 그 순간에 다시 태어난 것으로 보아 그때부터 계산한 것이라는 해석이 그것이다.

15.2. 스데파노가 아브라함의 이주에 대해 무엇이라고 하는가

사도행전에 나오는 복된 스데파노가 저 사건에 대해 하는 말이 있다: "우리 조상 아브라함이 하란에서 살기 전에 메소포타미아에 있을 때에 영광의 하느님께서 그에게 나타나시어 말씀하시기를 '네 땅과 네 친척과 네 아버지의 집을 떠나 내가 네게 일러 줄 땅으로 가거라' 하셨습니다."[125] 스데파노의 이 말에 따르면 하느님이 아브라함에게 말씀을 건넨 것은 부친의 사후가 아니었다. 아브라함의 부친은 분명히 자기 아들과 더불어 자리잡고 살던 하란에서 죽었다. 그리고 그 도시에서 살기 전 메소포타미아에서 지낼 때 이미 하느님의 말씀이 있었다. 그때는 이미 칼대아인들에게서 떠난 다음이었다. 이어서 스데파노는 이렇게 덧붙인다: "그때 그는 칼대아인들의 땅을 떠나 하란에 가서 살았습니다."[126] 이 일은 하느님이 그에게 말씀을 건넨 이후에 일어난 것이 아니다. (칼대아인들의 땅에서 떠난 것도 하느님의 말씀이 있은 후가 아니었다. 아브라함이 칼대아를 떠나서 메소포타미아에 있을 적에 하느님이 그에게 말씀하셨기 때문이다.) 그 일이 일어난 것은 "그때"라고 하는 시기, 즉 그가 칼대아인들의 땅을 떠나 하란에 가서 살았다고 하는 시기 전체에 해당한다. 그다음에 따라오는 구절은 이렇다: "그의 아버지가 죽은 뒤에 하느님께서 그를 거기서 지금 여러분이 살고 있고 여러분의 조상들이 살았던 이 땅으로 옮겨 주셨습니다."[127] 아버지가 죽은 이후에 그가 하란을 떠났다고 기록한 것이 아니다. 그의 아버지가 죽은 뒤에 그를 이 땅으로 옮겨 주었다는 것이다. 따라서 아브라함이 메소포타미아에 있을 적에, 그러니까 하란에 자리잡고 살기 전에 하느님이 아브라함에게 말씀을 건넨 것으로 이해해야 한다. 따라서 그가 아버지와 함께 하란에 당도했을 때는 하느님의 계명을 염두에 두고 있었고, 아브라함이 75세고 그의 아버지의 나이가 145세 때 그곳을 벗어난 것으로 이해해야 한다. 그의 부친의 사후에 일어났다고 하는 일은 하란에서의 출발도 아니고 그가 가나안에 정착한 일이다. 아브라함이 땅을

post mortem patris eius factam esse dicit, quia iam mortuus erat pater eius, quando emit terram, cuius ibi iam suae rei coepit esse possessor. Quod autem iam in Mesopotamia constituto, hoc est iam egresso de terra Chaldaeorum, dicit Deus: *Exi de terra tua et de cognatione tua et de domo patris tui*, non ut corpus inde eiceret, quod iam fecerat, sed ut animum auelleret, dicitur. Non enim exierat inde animo, si spe redeundi et desiderio tenebatur, quae spes et desiderium Deo iubente ac iuuante et illo oboediente fuerat amputandum. Non sane incredibiliter existimatur, cum postea secutus esset Nachor patrem suum, tunc Abraham praeceptum domini implesse, ut cum Sarra coniuge sua et Loth filio fratris sui exiret de Charra.

16. Iam considerandae sunt promissiones Dei factae ad Abraham. In his enim apertiora Dei nostri, hoc est Dei ueri, oracula apparere coeperunt de populo piorum, quem prophetica praenuntiauit auctoritas. Harum prima ita legitur: *Et dixit Dominus ad Abram: Exi de terra tua et de cognatione tua et de domo patris tui et uade in terram, quam tibi demonstrauero; et faciam te in gentem magnam et benedicam te et magnificabo nomen tuum, et eris benedictus, et benedicam benedicentes te et maledicentes te maledicam, et benedicentur in te omnes tribus terrae*. Aduertendum est igitur duas res promissas Abrahae; unam scilicet, quod terram Chanaan possessurum fuerat semen eius, quod significatur, ubi dictum est: *Vade in terram, quam tibi demonstrauero, et faciam te in gentem magnam*; aliam uero longe praestantiorem non de carnali, sed de spiritali semine, per quod pater est non unius gentis Israeliticae, sed omnium gentium, quae fidei eius uestigia consequuntur, quod promitti coepit his uerbis: *Et benedicentur in te omnes tribus terrae*, hanc promissionem factam arbitratur

---

[128] Deo *iubente ac iuvante* et illo oboediente: 교부의 은총론의 전형적 공리다. 하느님은 명하면서 그 명을 실행할 은총을 주고 인간은 은총에 순종하고 협조할 따름이다.

[129] 창세 12,1-3. 〔공동번역: "… 네 이름은 남에게 복을 끼쳐주는 이름이 될 것이다. … 세상 사람들이 네 덕을 입을 것이다."〕

사서 그곳에서 자기 재산으로 땅을 소유하기 시작한 때에는 이미 부친은 죽고 없었기 때문이다. 그러므로 하느님이 다음과 같은 말씀을 한 것은 그가 이미 메소포타미아에 자리를 잡았을 무렵이며, 칼대아인들의 땅에서 이미 나온 다음이었다: "네 땅과 네 친척과 네 아버지의 집을 떠나거라." 또 이 말씀은 몸을 일으키라는 말씀이 아니었고(그것은 이미 했다) 마음을 떼라는 말씀이었다. 아직도 떠나온 곳으로 돌아가리라는 희망과 소원에 사로잡혀 있다면 마음으로는 그곳을 떠나지 않은 셈이다. 하느님이 명하고 보우하며 본인이 순종한 이상,[128] 그 희망과 소원은 단절해야 하는 것이다. 후일에 나홀도 자기 부친을 따라 나왔는데, 그 임시에 아브라함이 주님의 계명을 실현하여 자기 아내 사라와 조카 롯을 데리고 하란을 떠났으리라고 여기는 것은 못 믿을 얘기가 아니다.

16. 하느님이 아브라함에게 행한 언약의 순서와 성격

그럼 아브라함에게 행한 하느님의 언약들을 고찰해야겠다. 이 언약들을 보면 우리 하느님 곧 참 하느님의 신탁이 더 분명하게 나타나기 시작한다. 그 신탁은 경건한 사람들의 백성에 대한 것인데, 이 백성은 예언자들이 권위있게 예고한 바 있다. 그 언약들 가운데 첫째는 다음과 같다: "주님께서 아브람에게 말씀하셨다. 네 고향과 네 친척과 네 아비의 집을 떠나 내가 장차 보여줄 땅으로 가거라. 나는 너를 큰 민족이 되게 하리라. 너에게 복을 주어 네 이름을 떨치게 하리라. 너는 복받은 사람이 될 것이다. 너에게 복을 비는 사람에게는 내가 복을 내릴 것이며 너를 저주하는 사람에게는 저주를 내리리라. 땅의 모든 족속들이 네 안에서 복을 받을 것이다."[129] 여기서 하느님은 아브라함에게 두 가지를 언약했음을 주지해야 한다. 하나는 그의 후손이 가나안 땅을 차지하게 되리라는 것인데, "내가 장차 보여줄 땅으로 가거라. 나는 너를 큰 민족이 되게 하리라"는 말씀에 암시되어 있다. 다른 하나는 훨씬 탁월한 것으로 육적 후손이 아니라 영적 후손에 의해 아브라함이 이스라엘 한 민족의 어버이가 되는 데서 그치지 않고 그의 신앙의 발자취를 따르는 모든 민족들의 어버이가 되리라는 것인데, "땅의 모든 족속들이 네 안에서 복을 받을 것이다"라는 말씀으로 언약이 시작되었다. 에우

Eusebius septuagensimo quinto anno aetatis Abrahae, tamquam mox ut facta est de Charra exierit Abraham; quoniam scripturae contradici non potest, ubi legitur: *Abram erat quinque et septuaginta annorum, cum exiit ex Charra.* Sed si eo anno facta est ista promissio, iam utique in Charra cum patre suo demorabatur Abraham. Neque enim exire inde posset, nisi prius ibi habitasset. Numquidnam ergo contradicitur Stephano dicenti: *Deus gloriae apparuit Abrahae patri nostro, cum esset in Mesopotamia, priusquam habitaret in Charra*? Sed intellegendum est, quod eodem anno facta sint omnia, et Dei promissio, antequam in Charra habitaret Abraham, et in Charra habitatio eius et inde profectio; non solum quia Eusebius in chronicis ab anno huius promissionis computat et ostendit post quadringentos et triginta annos exitum esse de Aegypto, quando lex data est, uerum etiam quia id commemorat apostolus Paulus.

17. Per idem tempus eminentia regna erant gentium, in quibus terrigenarum ciuitas, hoc est societas hominum secundum hominem uiuentium, sub dominatu angelorum desertorum insignius excellebat, regna uidelicet tria, Sicyoniorum, Aegyptiorum, Assyriorum. Sed Assyriorum multo erat potentius atque sublimius. Nam rex ille Ninus Beli filius excepta India uniuersae Asiae populos subiugauerat. Asiam nunc dico non illam partem quae huius maioris Asiae una prouincia est, sed eam quae uniuersa Asia nuncupatur, quam quidam in altera duarum, plerique autem in tertia totius orbis parte posuerunt, ut sint omnes Asia, Europa et Africa; quod non aequali diuisione fecerunt. Namque ista, quae Asia nuncupatur, a meridie per Orientem usque ad septentrionem peruenit; Europa uero a septentrio-

---

[130] Cf. Eusebius, *Chronicon* [Helm ed.] 23.

[131] 사도 7,2.

[132] 에우세비우스의 430년 계산(*Chronicon* [Helm ed.] 75)은 바울로의 글(갈라 3,17: "이미 오래 전에 하느님이 합법적으로 이루신 유언을 그보다 사백삼십 년이나 뒤늦게 생겨난 율법이 무효로 만들 수 없습니다")을 인용한 것이다.

[133] 시키온(Sycion): 펠로폰네소스의 북부지방에서 번성했던 고대 왕국(cf. Cicero, *De officiis* 2.23.81; Livius, *Ab Urbe condita* 27.31.1)인데 에우세비우스가 아브라함의 원년(元年)을 시키온 왕국 22년에 맞춘 기록 때문에 언급된다.

[134] 4.6 참조.

[135] 교부는 로마의 속주(屬州)인 소아시아 서방을 염두에 두고 있다.

세비우스는 아브라함이 75세 때 이 언약이 내린 것으로 생각하며, 그 언약이 있자마자 아브라함이 하란을 떠난 것으로 본다.[130] 이렇게 봐야 "하란을 떠날 때, 아브람의 나이는 칠십오세였다"는 성서 말씀과 상치되지 않는다는 것이다. 하지만 만약 그해에 언약이 내렸다면 아브라함은 벌써 자기 아버지와 함께 하란에 머물러 있었을 것이다. 그곳에서 먼저 살지 않았다면 그곳을 떠난 것도 불가능하기 때문이다. 그렇다면 스테파노가 "우리 조상 아브라함이 하란에서 살기 전에 메소포타미아에 있을 때 영광의 하느님이 나타나셨습니다"[131]고 한 말과는 상치되는 것이 아닌가? 그러나 모두가 같은 해에 일어난 일로 이해하면 문제가 없다. 아브라함이 하란에 자리를 잡고 살기 전에 내린 하느님의 언약도, 아브라함의 하란 거주도, 하란의 출발도 모두 같은 해에 일어난 것으로 이해해야 한다. 왜냐하면 우선 에우세비우스가 「연대기」에서 그 언약의 해부터 계산해서 430년 후에 이집트 탈출이 있었다고 제시하고 있다(율법이 그때 주어졌다). 그뿐 아니라 사도 바울로가 그렇게 언명하고 있기 때문이기도 하다.[132]

17. 이방인들의 출중한 세 왕국 중 아시리아 왕국은 아브라함이 태어난 무렵에 뛰어나게 융성했다

같은 시대에 이방인들의 두드러진 왕국들이 있었다. 그가운데 땅에서 나온 사람들의 도성, 말하자면 사람에 따라서 사는 사람들의 사회가 반역하는 천사들의 지배하에 특출하게 부각되었는데, 시키온인들의 왕국,[133] 이집트인들의 왕국, 아시리아인들의 왕국이 그것이다. 그가운데 아시리아인들의 왕국이 훨씬 강력했고 출중했다. 벨루스의 아들 니누스는 인도를 빼놓고는 아시아 전역의 백성들을 정복했다.[134] 내가 말하는 아시아는 광대한 아시아에서 한 주州가 되는 그 부분을 가리키는 것이 아니고[135] 온 아시아라고 일컫는 전역을 가리키는 것이다. 전세계를 아시아, 에우로파, 아프리카로 구분한다면, 혹자는 아시아가 전세계의 절반이라고 하고 그보다 많은 사람들은 삼분의 일이라고 한다. 하지만 사람들은 세 대륙을 균등하게 분할하지 않았다. 아시아라고 칭하는 부분은 남南에서 시작하여 동東을 거쳐서 북北에 당도하고, 에우로파는 북에서 서까지

ne usque ad Occidentem, atque inde Africa ab Occidente usque ad meridiem. Vnde uidentur orbem dimidium duae tenere, Europa et Africa, alium uero dimidium sola Asia. Sed ideo illae duae partes factae sunt, quia inter utramque ab Oceano ingreditur, quidquid aquarum terras interluit; et hoc mare magnum nobis facit. Quapropter si in duas partes orbem diuidas, Orientis et Occidentis, Asia erit in una, in altera uero Europa et Africa. Quam ob rem trium regnorum, quae tunc praecellebant, Sicyoniorum non erat sub Assyriis, quia in Europa sunt; Aegyptiorum autem quo modo eis non subiacebat, a quibus tota Asia tenebatur, solis Indis, ut perhibetur, exceptis? In Assyria igitur praeualuerat dominatus impiae ciuitatis; huius caput erat illa Babylon, cuius terrigenae ciuitatis nomen aptissimum est, id est confusio. Ibi iam Ninus regnabat post mortem patris sui Beli, qui primus illic regnauerat sexaginta quinque annos. Filius uero eius Ninus, qui defuncto patri successit in regnum, quinquaginta duo regnauit annos, et habebat in regno quadraginta tres, quando natus est Abraham, qui erat annus circiter millesimus ducentensimus ante conditam Romam, ueluti alteram in Occidente Babyloniam.

18. Egressus ergo Abraham de Charra septuagesimo quinto anno aetatis suae, centensimo autem quadragensimo et quinto patris sui, cum Loth filio fratris et Sarra coniuge perrexit in terram Chanaan et peruenit usque ad Sichem, ubi rursus diuinum accepit oraculum, de quo ita scriptum est: *Et apparuit Dominus Abrae, et dixit illi: Semini tuo dabo terram hanc*. Nihil hic de illo semine dictum est, in quo pater factus est omnium gentium, sed de illo solo, de quo pater est unius Israeliticae gentis; ab hoc enim semine terra illa possessa est.

---

[136] 아우구스티누스는 "사람이 사는 지역"(habitatio, oecumene)을 지중해를 기준으로 방위를 나누어 설명하며 박물학자(예: Plinius, *Historia naturalis* 3.1.5)에 의하면 지리학자마다 대륙의 크기와 방위를 달리하고 있었다.

[137] 지중해(mare internum, mare nostrum)를 가리킨다.

[138] 역사 전체를 두 도성의 알레고리로 보는 교부는 바빌론의 어의(語義) "혼동"(confusio)을 거듭 언급하는데(16.4, 11, 17; 17.16.2; 18.41.2) 끊임없는 전쟁에 의한 국제질서 파괴, 허다한 신들에 대한 우상숭배, 서로 모순된 온갖 철학사조와 윤리관들의 만연, 다인종 국가의 언어 문제 등을 "혼동"이라는 한 마디가 잘 표현해 준다는 의미에서다.

[139] 아브라함 제1년을 니누스 재위 43년, 시키온 왕국 22년, 테바이 제17왕조 1년에 맞추어 넣은 계산은 에우세비우스(*Chronicon* [Helm ed.] 20)였다.

[140] 창세 12,7.

뻗으며, 끝으로 아프리카는 서에서 남까지 뻗는다.[136] 여하튼 세계를 둘로 양분하면 절반은 에우로파와 아프리카 둘이서 차지하고 나머지 절반은 아시아 혼자서 차지한다. 더구나 전자가 두 부분으로 나누어지는 것은 두 대륙 사이에 대서양大西洋의 모든 물이 흘러 들어와서 땅을 적시는 데서 연유한다. 그 물이 우리에게는 큰 바다를 만들어 준다.[137] 만약 그대가 전세계를 동양과 서양 두 부분으로 나눈다면, 아시아가 한 편에 있고 에우로파와 아프리카가 다른 편에 놓이게 될 것이다. 그래서 당시에 번영하던 세 왕국들 가운데 시키온인들의 왕국은 아시리아인들 밑에 들어가지 않았는데, 그것은 에우로파에 자리를 잡고 있었기 때문이다. 전하는 바에 의하면 인도만 제외하고 아시아 전역이 아시리아에게 정복되었다고 하는데, 이집트인들의 왕국이 어찌 아시리아인들에게 예속되지 않았겠는가? 아시리아에서는 불경스런 도성의 지배가 절정에 달해 흥성했는데, 그 나라의 수도가 바빌론이요 그 이름은 땅에서 난 도성에 붙여진 이름으로는 참으로 적절하다고 하겠으니, "혼동"이 그것이다.[138] 그곳은 벨루스가 이미 65년을 다스렸고 자기 부친의 사후에는 니누스가 군림하고 있었다. 벨루스의 아들 니누스는 부친이 죽자 왕위를 계승했는데 52년을 다스렸다. 아브라함이 태어났을 때가 니누스 재위 43년이었다. 또 그해는 서양에 있는 또다른 바빌로니아라고 할 만한 로마가 건국되기 1,200년 전 무렵이었다.[139]

18. 하느님이 아브라함과 그 후손들에게 가나안 땅을 약속하며 거듭 건넨 말씀

아브라함은 그의 나이가 일흔다섯 살 되던 해, 그리고 부친의 나이가 백마흔다섯 살 되던 해에 하란을 나왔다. 조카 롯과 아내 사르라를 데리고 가나안 땅을 향했으며 세겜 근방까지 도달했다. 그곳에서 다시 하느님의 신탁을 받았는데 그것에 대해서는 이렇게 씌어 있다: "주님께서 아브람에게 나타나시어 '내가 이 땅을 네 자손에게 주리라'고 하셨다."[140] 여기서는 그가 모든 민족들의 어버이가 되게 해 줄 그 후손에 대해서는 전혀 언급이 없고, 이스라엘이라는 한 민족의 어버이가 되게 해 줄 그 자손에 대해서만 말씀이 있고, 그 자손들이 저 땅을 차지하게 된다는 말씀이 있다.

19. Deinde aedificato ibi altari et inuocato Deo Abraham profectus est inde et habitauit in heremo atque inde ire in Aegyptum famis necessitate conpulsus est. Vbi uxorem suam dixit sororem, nihil mentitus; erat enim et hoc, quia propinqua erat sanguine; sicut etiam Loth eadem propinquitate, cum fratris eius esset filius, frater eius est dictus. Itaque uxorem tacuit, non negauit, coniugis tuendam pudicitiam committens Deo et humanas insidias cauens ut homo; quoniam, si periculum quantum caueri poterat non caueret, magis temptaret Deum, quam speraret in Deum. De qua re contra calumniantem Faustum Manichaeum satis diximus. Denique factum est, quod de Domino praesumpsit Abraham. Nam Pharao rex Aegypti, qui eam sibi uxorem acceperat, grauiter adflictus marito reddidit. Vbi absit ut credamus alieno concubitu fuisse pollutam, quia multo est credibilius, hoc Pharaonem facere adflictionibus magnis non fuisse permissum.

20. Reuerso igitur Abraham ex Aegypto in locum unde uenerat, tunc Loth fratris filius ab illo in terram Sodomorum salua caritate discessit. Diuites quippe facti erant pastoresque multos pecorum habere coeperant, quibus inter se rixantibus eo modo familiarum suarum pugnacem discordiam uitauerunt. Poterat quippe hinc, ut sunt humana, etiam inter ipsos aliqua rixa consurgere. Proinde hoc malum praecauentis Abrahae uerba ista sunt ad Loth: *Non sit rixa inter me et te, et inter pastores meos et inter pastores tuos, quia homines fratres nos sumus. Nonne ecce tota*

---

[141] 창세 12,10-20 참조. 창세기 앞 구절(11,27-29)에 의하면 사라는 아브라함의 친형제 하란의 딸, 곧 아브라함의 조카로 등장한다.

[142] 창세 13,8 참조: "우리는 형제간이 아니냐?"(fratres nos sumus).

[143] Cf. *Contra Faustum Manichaeum* 22.36. 히에로니무스도 에스 2,12-13을 인용하여 파라오의 눈에 든 여자는 무려 열두 달 동안 향유로 몸을 가꾸고서야 왕의 침소에 들었으리라는 추측을 내세워 파라오가 사라를 범할 시간이 없었으리라고 변호했다(*Quaestiones hebraicarum in Genesim* 12.15-16).

19. 이집트에서 아브라함은 사라를 아내가 아니라 누이라고 말한 적이 있고, 하느님은 사라의 정조를 지켜주었다

그러자 아브라함은 그곳에 제단을 쌓고 하느님의 이름을 부른 다음 그곳을 떠나 광야에서 거처했으며, 그러다가 이집트까지 갈 만큼 굶주림에 쫓겼다. 그곳에서 자기 아내를 누이라고 말한 적이 있는데, 이것이 완전히 거짓말은 아니다.[141] 왜냐하면 그의 아내는 실제로 가까운 혈육이었기 때문이다. 롯도 아브라함과 같은 촌수의 친척으로서 자기 형제의 아들인 조카인데도 형제라고 부른 적이 있다.[142] 여하튼 아내라는 말은 하지 않았지만 아내가 아니라고 부인한 것도 아니며, 아내의 정조를 하느님께 맡겼는데 이것은 남자로서 아리따운 여자를 빼앗으려고 남편을 죽이는 인간 흉계를 경계한 것이다. 왜냐하면 위험 앞에 조심할 수 있는데도 조심하지 않는다면 그것은 하느님께 희망을 두는 것이 아니라 하느님을 시험하는 짓이 되기 때문이다. 이 문제에 대해서는 함부로 비방하는 마니교도 파우스투스를 반박하면서 내가 충분히 얘기했다.[143] 과연 하느님이 아브라함에 대해 추측한 대로 일이 일어났다. 이집트의 임금 파라오가 그 여자를 아내로 맞아들였다가 심한 재앙을 받고 남편에게 되돌려주었던 것이다. 그 여자가 다른 남자와 동침하여 더럽혀졌으리라고 믿는 일은 절대 불가한데, 파라오는 커다란 재앙들을 겪느라고 그런 짓을 저지를 틈이 없었을 것이기 때문이다.

20. 롯과 아브라함은 핏줄의 의리를 지키기 위해 서로 헤어지기로 합의했다

아브라함이 이집트에서 돌아와 본래 떠났던 곳으로 온 다음, 그의 조카는 골육간의 사랑을 살려 아브라함과 헤어지고 소돔인들의 땅으로 떠났다. 두 사람은 부자가 되었고 가축을 치는 목자들도 많이 거느리기 시작했는데, 그 목자들이 서로 다투자 두 사람은 헤어짐으로써 두 집안의 싸움과 불화를 피했다. 인간사가 그렇듯이 이 일로도 그들 사이에 모종의 언쟁이 생길 수 있었던 것이다. 그런 악을 미연에 방지하려는 뜻에서 아브라함이 롯에게 건넨 말이 있다: "우리는 사람으로서 형제간이 아니냐? 너와 나 사이에, 네 목자들과 내 목자들 사이에 다툼이 있어서는 안 되겠다. 네 앞에 얼마든지 땅이 있으니, 따로 나가

terra ante te est? Discede a me; si tu in sinistram, ego in dextram; uel si tu in dextram, ego in sinistram. Hinc fortassis effecta est inter homines pacifica consuetudo, ut, quando terrenorum aliquid partiendum est, maior diuidat, minor eligat.

21. Cum ergo digressi essent separatimque habitarent Abraham et Loth necessitate sustentandae familiae, non foeditate discordiae, et Abraham in terra Chanaan, Loth autem esset in Sodomis, oraculo tertio dixit Dominus ad Abraham: *Respiciens oculis tuis uide a loco, in quo nunc tu es, ad aquilonem et Africum et Orientem et mare, quia omnem terram, quam tu uides, tibi dabo eam et semini tuo usque in saeculum, et faciam semen tuum tamquam harenam terrae. Si potest aliquis dinumerare harenam terrae, et semen tuum dinumerabitur. Surgens perambula terram in longitudinem eius et in latitudinem, quia tibi dabo eam.* In hac promissione utrum sit etiam illa, qua pater factus est omnium gentium, non euidenter apparet. Potest enim uideri ad hoc pertinere: *Et faciam semen tuum tamquam harenam terrae*, quod ea locutione dictum est, quam Graeci uocant hyperbolen; quae utique tropica est, non propria. Quo tamen modo, ut ceteris tropis, uti solere scripturam, nullus qui eam didicit ambigit. Iste autem tropus, id est modus locutionis, fit, quando id quod dicitur longe est amplius, quam quod eo dicto significatur. Quis enim non uideat, quam sit incomparabiliter amplior harenae numerus, quam potest esse hominum omnium ab ipso Adam usque ad terminum saeculi? Quanto ergo magis quam semen Abrahae, non solum quod pertinet ad Israeliticam gentem, uerum etiam quod est et futurum est secundum imitationem fidei toto orbe terrarum in omnibus gentibus! Quod semen in comparatione multitudinis impiorum profecto in paucis est; quamuis et ipsi pauci faciant innumerabilem multitudinem suam, quae significata est secundum hyperbolen per

---

[144] 창세 13,8-9. 〔공동번역: "너와 나는 한 골육이 아니냐? ….."〕

[145] maior dividat, minor eligat: 재산분할의 공리로 통하던 속담이다. Cf. Annaeus Seneca maior, *Controversiae* 6.3.

[146] 창세 13,14-17.

[147] hyperbole: cf. Aristoteles, *Topica* 126b; *Rhetorica* 1413a. 이하에 "언표하는 바가 그 언표에 의해 상징되는 것보다 외연이 훨씬 넓은 경우"라고 정의한다.

거라. 네가 왼쪽을 차지하면 나는 오른쪽을 가지겠고, 네가 오른쪽을 원하면 나는 왼쪽을 택하겠다."[144] 아마도 여기서부터 인간들 사이에 토지를 놓고 무엇을 나누어야 할 때면 손윗사람이 나누고 손아랫사람이 택하는 평화로운 관습이 만들어진 듯하다.[145]

21. 가나안 땅을 아브라함과 후손들에게 영원히 주겠다는 하느님의 세 번째 약속

아브라함과 롯은 헤어져 서로 떨어져 자리를 잡았다. 물론 그들이 갈라진 것은 가족을 보전하려는 필요에서 온 것이지 수치스런 불화 때문이 아니었다. 그리하여 아브라함은 가나안 땅에, 롯은 소돔에 자리잡고 있을 때 주님이 세 번째 신탁으로 아브라함에게 말씀을 건넸다: "네 눈으로 네가 있는 곳에서 둘러보아라. 동서남북을 둘러보아라. 네가 보는 온 땅을 너와 네 자손에게 세세로 주겠다. 나는 네 자손을 땅의 모래만큼 불어나게 하리라. 누가 땅의 모래를 셀 수 있다면 네 자손도 셀 수 있게 될 것이다. 일어서서 이 땅을 횡으로 종으로 걸어 다녀 보아라. 내가 이 땅을 너에게 주리라."[146] 이 언약에서 아브라함이 모든 민족의 어버이가 되리라는 말씀도 있었는지는 확실하게 드러나지 않는다. 단지 "나는 네 자손을 땅의 모래만큼 불어나게 하리라"는 말씀에 그 의미가 함축되어 있다고 볼 수는 있겠다. 그리스인들이 과장법[147]이라고 일컫는 어법으로 한 말이다. 이것은 전의적轉意的 어법이지 고유적固有的 어법은 아니다. 성서가 이런 어법이나 그밖의 전의들을 예사로 사용하는 것에 대해 성서를 배운 사람이라면 아무도 의심하지 않는다. 과장법이라는 이 전의, 혹은 이 어법이 성립하는 것은 언표하는 바가 그 언표에 의해 상징되는 것보다 외연이 훨씬 넓은 경우다. 모든 인간들의 숫자, 아담으로부터 세상 종말까지의 모든 인간들의 숫자보다 모래의 숫자가 비교도 안 될 만큼 훨씬 많다는 것을 누가 모르겠는가? 이스라엘 민족에 속하는 사람들뿐 아니라, 신앙을 본받아 온 세상의 모든 민족들 속에 들어 있고 앞으로도 들어 있을 사람들을 전부 망라해도 마찬가지다. 더구나 불경스런 자들의 엄청난 숫자에 비해 그 자손들은 아무래도 소수일 것이다. 비록 그 소수가 헤아릴 수 없이 많은 무리를 만들어낼 것이고, 과장법을 써서 그 수를 땅의 모

harenam terrae. Sane ista multitudo, quae promittitur Abrahae, non Deo est innumerabilis, sed hominibus; Deo autem nec harena terrae. Proinde quia non tantum gens Israelitica, sed uniuersum semen Abrahae, ubi est et promissio non secundum carnem, sed secundum spiritum plurium filiorum, congruentius harenae multitudini comparatur: potest hic intellegi utriusque rei facta promissio. Sed ideo diximus, quod non euidenter appareat, quia et illius gentis unius multitudo, quae secundum carnem nata est ex Abraham per eius nepotem Iacob, in tantum creuit, ut paene omnes partes orbis impleuerit. Et ideo potuit et ipsa secundum hyperbolen harenae multitudini comparari, quia et haec sola innumera est homini. Terram certe illam solam significatam, quae appellata est Chanaan, ambigit nemo. Sed quod dictum est: *Tibi dabo eam et semini tuo usque in saeculum*, potest mouere nonnullos, si *usque in saeculum* intellegant «in aeternum». Si autem *saeculum* hoc loco sic accipiant, quem ad modum fideliter tenemus initium futuri saeculi a fine praesentis ordiri, nihil eos mouebit; quia, etsi expulsi sunt Israelitae de Hierosolymis, manent tamen in aliis ciuitatibus terrae Chanaan, et usque in finem manebunt; et uniuersa terra illa cum a Christianis inhabitatur, etiam ipsum semen est Abrahae.

22. Hoc responso promissionis accepto migrauit Abraham et mansit in alio eiusdem terrae loco, iuxta quercum Mambre, quae erat Chebron. Deinde ab hostibus, qui Sodomis inruerant, cum quinque reges aduersus quattuor bellum gererent et uictis Sodomitis etiam Loth captus esset, liberauit eum Abraham adductis secum in proelium trecentis decem et octo uernaculis suis et uictoriam fecit regibus Sodomorum nihilque

[148] usque in saeculum: 이 말을 "영구히"라고 할지 "한 백년"이라고 할지에 따라서 의미가 달라진다. saeculum은 영원히 순환하는 세계 하나가 발생하여 소멸하기까지의 시간 간격($ai\acute{\omega}v$)이기도 하다 (16.26.2 참조).

[149] 예루살렘 멸망(70년)과 최후의 봉기(132년) 이후에는 유다인들은 성도(Aelia Capitolina)에 접근함이 금지되어 아우구스티누스 시대에도 그 금령이 발효중이었다.

[150] 창세 13,18 참조.

[151] vernaculus라는 용어이며(공동번역: "집에서 길러낸 사병") "사들인 노예"(empticius)와 구분된다. 26.1에서는 창세기를 인용하며 "집에서 난 씨종"과 "외국인에게서 산 종"으로 구분한다.

래알로 상징하기는 했지만. 물론 아브라함에게 언약된 그 무리는 하느님에 대해 헤아릴 수 없이 많은 숫자라는 말이 아니고 단지 인간들에게 있어 헤아릴 수 없는 숫자라는 것이다. 하느님께서는 땅의 모래알도 헤아리지 못할 숫자가 아니다. 그러므로 육에 따라서가 아니라 영에 따라서 수많은 자손들을 갖게 되리라는 언약이었다는 점에서, 이스라엘 족속만이 아니라 아브라함의 모든 자손들을 모래와 같이 많은 수에 비교한 것은 매우 적절했다. 단지 여기서는 영과 육에 따른 후손들 양편을 두고 언약이 있었던 것으로 이해할 수 있겠다. 우리가 말한 이 면은 분명하지가 않다. 육에 따라 아브라함에게서 태어난 단일한 민족의 무리도 손자 야곱을 통해 매우 크게 불어났고 거의 온 세상을 채우기에 이르렀기 때문이다. 따라서 이스라엘 민족도 과장법을 쓰자면, 모래와 같은 많은 수에 비길 수 있었다. 이 경우에 그 무리는 어디까지나 사람에게 헤아릴 수 없을 따름이다. 땅의 모래알 같다고 할 때 그 땅이 가나안이라고 부르는 저 땅을 의미한다는 점에 대해서는 아무도 이의를 달지 않는다. "땅을 너와 네 자손에게 세세로 주겠다"는 말씀에서 "세세로"[148]라는 말을 "영원히"라는 말로 이해한다면, 적잖은 사람들을 동요하게 만들 것이다. 단 "세세"㎛라는 말을 현세기의 끝에서 닥쳐올 세기의 시작까지를 가리키는 것으로 우리가 받아들인다면 사람들이 동요하지 않을 것이다. 그리고 우리는 이 견해를 충실히 견지할 것이다. 이스라엘인들이 비록 예루살렘에서 추방당하기는 했지만 그들은 여전히 가나안 땅의 여타 도시들에 남아있고 종말까지 남아있게 될 것이다.[149] 온 땅이라는 것도 그리스도인들이 거처한다면 그 땅 역시 아브라함의 자손이다.

22. 아브라함이 소돔인 적병을 물리쳐 롯을 구하고 멜기세덱에게 축복을 받다

이 약속을 받고 응답하여 아브라함은 그곳으로 옮겨가 그 땅의 다른 장소, 곧 헤브론의 마므레 상수리나무 곁에 자리를 잡았다.[150] 그런데 다섯 임금이 네 임금을 상대로 싸움을 벌이던 중 적군들이 소돔을 침범했고 소돔인들이 결국 지고 롯도 잡혀 갔다. 아브라함은 자기 집 태생의 노예[151] 318명을 거느리고 가서 그를 구출했고 소돔인들의 임금들에게도 승리를 거두게 해 주었다. 그리고

spoliorum auferre uoluit, cum rex cui uicerat obtulisset. Sed plane tunc benedictus est a Melchisedech, qui erat sacerdos Dei excelsi; de quo in epistula, quae inscribitur ad Hebraeos, quam plures Pauli apostoli esse dicunt, quidam uero negant, multa et magna conscripta sunt. Ibi quippe primum apparuit sacrificium, quod nunc a Christianis offertur Deo toto orbe terrarum, impleturque illud, quod longe post hoc factum per prophetiam dicitur ad Christum, qui fuerat adhuc uenturus in carne: *Tu es sacerdos in aeternum secundum ordinem Melchisedech*; non scilicet secundum ordinem Aaron, qui ordo fuerat auferendus inlucescentibus rebus, quae illis umbris praenotabantur.

23. Etiam tunc factum est uerbum Domini ad Abraham in uisu. Qui cum ei protectionem mercedemque promitteret ualde multam, ille de posteritate sollicitus quendam Eliezer uernaculum suum futurum sibi dixit heredem, continuoque illi promissus est heres, non ille uernaculus, sed qui de ipso Abraham fuerat exiturus, rursusque semen innumerabile, non sicut harena terrae, sed stellae caeli; ubi mihi magis uidetur promissa posteritas caelesti felicitate sublimis. Nam quantum ad multitudinem pertinet, quid sunt stellae caeli ad harenam terrae? Nisi quis et istam comparationem in tantum esse similem dicat, in quantum etiam stellae dinumerari non ualent, quia nec omnes eas uideri posse credendum est. Nam quanto quisque acutius intuetur, tanto plures uidet. Vnde et acerrime cernentibus aliquas occultas esse merito existimatur, exceptis eis sideribus, quae in alia parte orbis a nobis remotissima oriri et occidere perhibentur. Postremo quicumque uniuersum stellarum numerum conprehendisse et conscripsisse iac-

---

[152] 히브 7,1-10 참조. 이 서간의 바울로 친저성(親著性)은 초대부터 논란의 대상이 되었고(cf. Hieronymus, *Epistula* 129.3) 정전목록에 든 것도 350년 이후였다.

[153] sacrificium a Christianis Deo toto orbe terrarum: 이후 "미사"를 가리키는 문구가 된다.

[154] 시편 109,4. 〔새번역 110,4: "너는 멜기세덱과 같이 영원한 사제로다."〕

[155] 창세 15,1-5 참조.

[156] comparatio: 직유(直喩)는 "… 처럼"으로 언표하는 수사기법이다. 교부의 지론은 하늘의 별은 땅의 모래보다 많지는 않으나 그 후손이 누릴 천상행복을 암시하는 신비적 의미가 함의되어 있다는 말이다.

그의 덕분에 승리를 거둔 임금이 그에게 바친 전리품을 취하려고 하지 않았다. 곧이어 그는 "지극히 높으신 하느님을 섬기는 사제" 멜기세덱으로부터 축복을 받았다. 히브리인들에게 보낸 편지에 대해서는 다수가 바울로의 것이라고 말하고 어떤 사람들은 이를 부인하는데, 이 서간에는 이 인물에 대해 상당히 많은 이야기가 적혀 있다.[152] 그 정황에서 지금 전세계에서 그리스도인들이 하느님께 바치는 제사가 최초로 등장했다.[153] 이것은 먼 훗날 "너는 멜기세덱의 법통을 이은 영원한 사제로다"[154]라는 예언을 통해 후에 육신으로 오게 될 그리스도에게 해당하는 것인데, 지금 실현을 보는 것이다. 즉, 그는 아론의 법통을 따른 것이 아니었으며, 저 그림자에 앞서 예고된 사물이 등장하여 빛을 발하면 아론의 법통은 폐기되게 되어 있었다.

23. 하느님이 별의 숫자만큼 후손이 많아지리라고 언약하는 말씀을 믿어 아브라함은 할례를 받지 않고도 의화되었다

그때에도 현시중에 주님의 말씀이 아브라함에게 내렸다. 하느님이 그에게 보호를 언약하고 참으로 많은 보상을 약속했음에도 불구하고, 그는 후손이 걱정되어 자기 집 태생의 노예 엘리에젤이 장차 자신의 상속인이 되는 것이 아니냐고 말씀드린다. 그러자 당장 그에게 상속자가 언약되었는데, 엘레에젤이 아니라 아브라함의 몸에서 나올 사람이 상속자가 되리라는 것이었다. 거듭 무수한 후손을 약속했는데, 이번에는 땅의 모래만큼이 아니고 하늘의 별만큼 많아지리라는 약속이었다.[155] 내가 보기에는 그 말씀으로 천상 행복으로 드높아질 후손이 언약되었다. 많기로 따진다면야 땅의 모래와 비교할 때 하늘의 별이 대수로운가? 하늘의 별이라는 직유가 땅의 모래라는 직유와 흡사할 만큼 대단하다고 여기는 사람이 있는가? 별들을 다 볼 수는 없다고 믿어야 할 테니까 별들도 셀 수 없다는 점을 제외한다면.[156] 하지만 사람이 예리하게 관찰할수록 더 많은 별들을 보게 된다. 따라서 어떤 별들은 아주 세밀하게 관찰하는 사람들의 시선에도 띄지 않고 숨어 있다는 생각이 드는 것은 당연할 것이다. 천계에서 우리와는 멀리 떨어진 다른 쪽에서 솟았다가 지는 것으로 보이는 성좌들을 제외하고

tantur, sicut Aratus uel Eudoxus uel si qui alii sunt, eos libri huius contemnit auctoritas. Hic sane illa sententia ponitur, cuius apostolus meminit propter Dei gratiam commendandam: *Credidit Abraham Deo, et deputatum est illi ad iustitiam*; ne circumcisio gloriaretur gentesque incircumcisas ad fidem Christi nollet admitti. Hoc enim quando factum est, ut credenti Abrahae deputaretur fides ad iustitiam, nondum fuerat circumcisus.

24. In eodem uisu cum loqueretur ei Deus, etiam hoc ait ad illum: *Ego Deus, qui eduxi te de regione Chaldaeorum, ut dem tibi terram hanc, ut heres sis eius.* Vbi cum interrogasset Abraham secundum quid sciret, quod heres eius erit, dixit illi Deus: *Accipe mihi iuuencam trimam et capram trimam et arietem trimum et turturem et columbam. Accepit autem illi haec omnia et diuisit illa media et posuit ea contra faciem alterum alteri; aues autem non diuisit. Et descenderunt*, sicut scriptum est, *aues supra corpora quae diuisa erant, et consedit illis Abram. Circa solis autem occasum pauor inruit super Abram, et ecce timor tenebrosus magnus incidit ei; et dictum est ad Abram: Sciendo scies, quia peregrinum erit semen tuum in terra non propria, et in seruitutem redigent eos et adfligent eos quadringentis annis; gentem autem, cui seruierint, iudicabo ego. Post haec uero exibunt hoc cum supellectili multa. Tu autem ibis ad patres tuos cum pace nutritus in senecta bona. Quarta uero generatione conuertent se hoc. Nondum enim impleta sunt peccata Amorrhaeorum usque adhuc. Cum autem iam sol erat ad occasum, flamma facta est, et*

---

[157] 아라투스(BC 310~245)는 성좌, 항성, 계절의 징조를 기술했고(*Phaenomena*), 에우독수스(BC 408~355)는 기하학자이자 천문학자였는데(*Speculum*) 교부는 그들이 별들의 숫자를 셌다는 말(Cicero, *De republica* 1.14.22)을 인용하고 있다.

[158] 창세 15,6. 갈라 3,6 참조: "그는 하느님을 믿었고 그래서 의로움을 인정받았습니다."

[159] deputaretur fides ad iustitiam: 히브 11,8-19 참조.

[160] 창세 15,7.

서도 그렇다. 아라투스나 에우독수스나 그밖에 다른 사람들처럼 누가 별들의 숫자를 모조리 파악했고 기록했노라고 뽐낸다면[157] 방금 인용된 성서의 권위가 그들을 멸시할 것이다. 사도가 하느님의 은총을 깨달아야 한다면서 상기시킨 저 구절이 제시된다: "아브라함이 하느님을 믿었고, 그것이 그에게는 의로움으로 보였다."[158] 이 구절은 할례를 받았다고 뽐내지 말라는, 할례받지 않는 사람들을 그리스도 신앙으로 받아들이는 것을 꺼리지 말라는 뜻이다. 아브라함이 아직 할례를 받지 않았음에도 믿음을 가진 아브라함에게 신앙이 곧 의로움으로 보이는 일이 생긴 것이다.[159]

24. 아브라함이 믿음으로 받아들인 바에 대해 가르침을 청했을 때 하느님이 명한 희생제사와 그 상징적 의미

24. 1. 아브라함에게 내린 언약이 얼마나 중요한 약속인가

하느님이 그에게 말씀한 바로 그 현시顯示에서 이런 말씀도 했다: "나 하느님이 너를 칼대아인들의 지방에서 이끌어낸 것은 이 땅을 너에게 주고 네가 이 땅의 상속인이 되게 하기 위함이다."[160] 자기가 이 땅의 상속인이 되리라는 것을 무엇으로 아느냐고 아브라함이 여쭙자 하느님이 그에게 말씀했다: "'삼 년 된 암소와 삼 년 된 암염소와 삼 년 된 숫양과 산비둘기, 집비둘기를 한 마리씩 나에게 바쳐라.' 그는 이 모든 것을 잡아다가 반으로 쪼개고 그 쪼갠 것을 짝을 맞추어 마주 놓았다. 그러나 날짐승만은 쪼개지 않았다." 기록은 계속된다: "날짐승들이 그 잡아 놓은 짐승들 위로 날아내렸고 아브람은 곁에 앉아있었다. 해질 무렵, 공포가 아브람에게 덮쳤고 심한 두려움이 그에게 닥쳤는데 아브람에게 이렇게 말씀하셨다. '똑똑히 알아 두어라. 네 자손이 남의 나라에 뜨내기살이를 하여 그들의 종이 되어 얹혀 살며 사백 년 동안 압제를 받을 것이다. 그러나 네 자손을 부리던 민족을 나는 심판하리라. 그런 다음, 그들은 많은 재물을 들고 거기에서 나오리라. 그러나 너는 무난한 노년을 보내고서 네 조상들에게 돌아가리라. 네 자손은 사대 만에야 이곳으로 돌아오게 될 것이다. 그때까지는 아모리인들의 죄가 찰 만큼 차지 않을 것이기 때문이다.' 해가 지고 나자 불꽃이 생겨

ecce fornax fumabunda et lampades ignis, quae pertransierunt per media diuisa illa. In die illa disposuit Dominus Deus testamentum ad Abram, dicens: Semini tuo dabo terram hanc, a flumine Aegypti usque ad flumen magnum flumen Euphraten, Cenaeos et Cenezaeos et Celmonaeos et Chettaeos et Pherezaeos et Raphaim et Amorrhaeos et Chananaeos et Euaeos et Gergesaeos et Iebusaeos.

Haec omnia in uisu facta diuinitus atque dicta sunt, de quibus singulis enucleate disserere longum est et intentionem operis huius excedit. Quod ergo satis est nosse debemus. Postea quam dictum est credidisse Abraham Deo et deputatum illi ad iustitiam, non eum in fide defecisse, ut diceret: *Dominator Domine, secundum quid sciam, quia heres eius ero?* (terrae quippe illius promissa erat hereditas) — non enim ait: «Vnde sciam?» Quasi adhuc non crederet; sed ait: *Secundum quid sciam?* ut ei rei, quam crediderat, aliqua similitudo adhiberetur, qua eius modus agnosceretur; sicut non est uirginis Mariae diffidentia quod ait: *Quo modo fiet istud, quoniam uirum non cognosco?* quod enim futurum esset, certa erat; modum quo fieret inquirebat, et hoc cum quaesisset, audiuit —: denique et hic similitudo data est de animalibus, iuuenca et capra et ariete et duabus uolucribus, turture et columba, ut secundum haec futurum sciret, quod futurum esse iam non ambigeret. Siue ergo per iuuencam significata sit plebs posita sub iugo legis, per capram eadem plebs peccatrix futura, per arietem eadem plebs etiam regnatura (quae animalia propterea trima dicuntur, quia, cum sint insignes articuli temporum ab Adam usque ad Noe et inde usque ad Abraham et inde usque ad Dauid, qui reprobato

---

[161] 고대 근동의 조약체결 의식(예레 34,18 참조)에는 당사자들이 진설된 제물 사이를 지나가면서 조약을 파기할 경우 그 제물과 똑같은 처지가 되겠노라고 맹세했다.

[162] 창세 15,8-21. 민족들의 이름 가운데 가나안족 다음에 공동번역에는 안 나오는 "히위족"(Evaei)이 하나 더 붙어 있다.

[163] 루가 1,34-37 참조. 답변은 "성령이 내려오실 터이니, 지극히 높으신 분의 힘이 감싸 주실 것이오"라는 말이었다.

[164] trima라는 용어이므로 insignes articuli temporum(시대의 뚜렷한 구분)이라는 해설이 첨가될 수 있다.

났다. 그리고 연기 뿜는 가마와 활활 타는 불이 쪼개 놓은 것들 사이로 지나가는 것이었다.[161] 그날 주 하느님이 아브람과 계약을 맺으시며 말씀하셨다. '나는 이집트 강에서 큰 강 유프라테스 강까지 이르는 이 땅을 네 후손에게 주겠다. 이곳은 켄족, 크니즈족, 카드몬족, 헷족, 브리즈족, 르바족, 아모리족, 가나안족, 히위족, 기르갓족, 여부스족이 살고 있는 땅이다.'"[162]

24.2. 그 언약은 어떤 사실들을 상징하는가

이 모두가 현시중에 신적으로 이루어지고 발설된 내용이며, 그 하나하나를 상세히 논하는 일은 지루한 작업이 되겠고 본서의 집필 의도에도 맞지 않는다. 우리는 충분할 만큼만 알면 된다. 아브라함이 하느님을 믿었고, 그것이 그에게는 의로움으로 보였다는 말에 뒤이어 "내가 이 땅을 차지하게 되리라는 것을 무엇으로 알 수가 있겠습니까?"라고 한 것은 믿음이 부족해서가 아니라는 점만 알면 충분하다는 말이다. 저 땅을 상속하리라는 언약을 받았기 때문이다. 그가 하는 말은, 아직 믿지 못하겠다는 식으로 "어떻게 알 수 있겠습니까?"라고 한 것이 아니다. 자기 스스로 믿는 바이지만, 그것을 "무엇으로 알 수가 있겠습니까?"라고 하는 말이 아니다. 어떤 표지를 봄으로써 그것으로 자기가 믿는 바가 어떻게 실현되는지 그 방식을 알고 싶다는 말이다. "제가 남자를 알지 못하는데 어떻게 그런 일이 있을 수 있겠습니까?"라는 말이 동정녀 마리아의 불신앙을 나타내는 말이 아닌 것과 마찬가지다. 마리아는 무슨 일이 닥칠지 확실히 알았다. 다만 그 일이 이루어질 방식을 물어 질문을 했고 또 그 답변을 들었던 것이다.[163] 또 여기서는 동물들에 대해서도 표지가 제공되었다. 암소, 암염소, 숫양, 그리고 두 마리의 날짐승 산비둘기와 집비둘기, 이 짐승들만으로도 미래를 알게 되고 또 어떤 미래일지가 의심없이 드러난다. 암소를 통해서는 율법의 멍에 밑에 놓인 백성을 상징한 것이고, 암염소를 통해서는 장차 죄를 지을 그 백성을 상징한 것이며, 숫양을 통해서는 그 백성이 군림하게 됨을 상징한 것이다. (그래서 저 동물들은 3년 된 것[164]이라고 하는데, 시대의 뚜렷한 구분을 상징한다. 아담으로부터 노아에 이르는 시대, 그다음 아브라함에게 이르는 시대, 끝으로 다윗에 이르는 시대를 상징한다. 다윗은 사울의 배척을 당하고 주님의

Saule primus in regno gentis Israeliticae Domini est uoluntate fundatus, in hoc ordine tertio, qui tenditur ex Abraham usque ad Dauid, tamquam tertiam aetatem gerens ille populus adoleuit), siue aliquid aliud conuenientius ista significent: nullo modo tamen dubitauerim spiritales in ea praefiguratos additamento turturis et columbae. Et ideo dictum est: *Aues autem non diuisit*, quoniam carnales inter se diuiduntur, spiritales autem nullo modo, siue a negotiosis conuersationibus hominum se remoueant, sicut turtur, siue inter illas degant, sicut columba; utraque tamen auis est simplex et innoxia, significans et in ipso Israelitico populo, cui terra illa danda erat, futuros indiuiduos filios promissionis et heredes regni in aeterna felicitate mansuri. Aues autem descendentes supra corpora, quae diuisa erant, non boni aliquid, sed spiritus indicant aeris huius, pastum quendam suum de carnalium diuisione quaerentes. Quod autem illis consedit Abraham, significat etiam inter illas carnalium diuisiones ueros usque in finem perseueraturos fideles. Et circa solis occasum quod pauor inruit in Abraham et timor tenebrosus magnus significat circa huius saeculi finem magnam perturbationem ac tribulationem futuram fidelium, de qua Dominus dicit in euangelio: *Erit enim tunc tribulatio magna, qualis non fuit ab initio.*

Quod uero dictum est ad Abraham: *Sciendo scies, quia peregrinum erit semen tuum in terra non propria, et in seruitutem redigent eos et adfligent eos quadringentis annis*, de populo Israel, qui fuerat in Aegypto seruiturus, apertissime prophetatum est; non quod in eadem seruitute sub Aegyptiis adfligentibus quadringentos annos ille populus fuerat peracturus, sed in ipsis quadringentis annis praenuntiatum est hoc futurum. Quem ad modum enim scriptum est de Thara patre Abrahae: *Et fuerunt dies Tharae in Charra quinque et ducenti anni*, non quia ibi omnes acti sunt, sed quia ibi completi sunt: ita et hic propterea interpositum est: *Et in seruitutem redigent eos et adfligent eos quadringentis annis*, quoniam iste numerus in

---

[165] aves ... spiritales ... significans filios promissionis et heredes regni: 하늘을 나는 날짐승에서 "약속의 자식들"과 "왕국의 상속자"를 보는 신비적 해석을 내리고 있다.

[166] "살코기"(caro)에서 "육적 인간들"(carnales)이 연상되고, "쪼갬"(divisio)이 "분열"로 전의(轉意)되므로 이런 해석이 가능해진다.

[167] 마태 24,21. 아브라함과의 계약은 구세사에서 큰 비중을 갖는 사건이지만 아우구스티누스는 영적 표상을 언급하는 데서 그친다.

뜻에 맞아서 이스라엘 민족의 왕국에 세워진 최초의 인물이었다. 그러니까 아브라함으로부터 다윗에 이르는 이 셋째 시대는 저 백성이 셋째 연령을 맞아 어른이 된 것이다.) 그가운데 어떤 것이 다른 것을 더 적절하게 상징한다고 할 적에 산비둘기와 집비둘기가 첨가됨으로써 거기 영적인 것들이 예표되었다는 사실을 나는 조금도 의심하고 싶지 않다. 바로 그래서 "날짐승만은 쪼개지 않았다"고 기록되어 있다. 육적인 것들은 서로 쪼개지지만 영적인 것들은 결코 쪼개지지 않는다. 산비둘기처럼 인간들과 상종하는 기회를 스스로 멀리하고 있든, 집비둘기처럼 인간들과 상종을 하든 갈라지지 않는다. 두 날짐승 다 단순하고 해롭지 않으며 지금 말하는 땅을 차지하게 될 저 이스라엘 백성 안에서 장차 올 약속의 자손들, 영원한 행복 속에 머물면서 왕국을 상속할 사람들을 상징하는 것이다.[165] 다만 쪼개 놓은 몸체들 위로 날아 내린 날짐승들은 선한 영들을 가리키는 것이 아니다. 그것들은 공중에 있는 영들로서, 육적 인간들의 분열에서 뭔가 먹이를 얻으려고 하는 존재들이다. 아브라함이 곁에 앉아있었다는 것은 육적 인간들의 분열에도 불구하고 마지막까지 항구할 참다운 신자(信者)들이 있음을 상징한다.[166] 해질 무렵, 공포가 아브람에게 덮쳤고 심한 두려움이 그에게 닥쳤다는 것은 이 세상 끝날에 닥쳐올 신앙인들의 크나큰 혼란과 환난을 상징한다. 주님도 복음서에 그 일에 대해 한 말씀이 있다: "그때 큰 재난이 닥칠 것이니, 그런 일은 세상 시초부터 없었던 것이다."[167]

24. 3. 그때 겪었을 햇수의 계산

이어서 아브라함에게 한 말씀이 나온다: "똑똑히 알아 두어라. 네 자손이 남의 나라에 뜨내기살이를 하여 그들의 종이 되어 얹혀살며 400년 동안 압제를 받을 것이다." 이스라엘 백성들이 이집트에서 종살이하리라는 것을 아주 분명하게 예언한 말씀이다. 이스라엘 백성이 이집트인들 밑에서 종살이를 400년 동안이나 겪으리라는 말은 아니고 400년 안에 그런 일이 닥치리라고 예고한 말이다. 아브라함의 아버지 데라에 관해서도 "데라가 하란에서 지낸 세월은 205년이었다"고 기록되어 있었다. 그 세월을 다 거기서 보냈다는 것이 아니고 거기서 마쳤다는 뜻이다. "그들의 종이 되어 얹혀살며 400년 동안 압제를 받을 것이다"는 말이

eadem adflictione completus est, non quia ibi uniuersus peractus est. Quadringenti sane dicuntur anni propter numeri plenitudinem, quamuis aliquanto amplius sint, siue ex hoc tempore computentur, quo ista promittebantur Abrahae, siue ex quo natus est Isaac, propter semen Abrahae, de quo ista praedicuntur. Computantur enim, sicut superius iam diximus, ab anno septuagensimo et quinto Abrahae, quando ad eum facta est prima promissio, usque ad exitum Israel ex Aegypto quadringenti et triginta anni; quorum apostolus ita meminit: *Hoc autem dico,* inquit: *testamentum confirmatum a Deo post quadringentos triginta annos facta lex non infirmat ad euacuandam promissionem.* Iam ergo isti quadringenti et triginta anni quadringenti poterant nuncupari, quia non sunt multo amplius: quanto magis cum aliquot iam ex isto numero praeterissent, quando illa in uisu demonstrata et dicta sunt Abrahae, uel quando Isaac natus est centenario patri suo, a prima promissione post uiginti quinque annos, cum iam ex istis quadringentis triginta quadringenti et quinque remanerent, quos Deus quadringentos uoluit nominare. Et cetera, quae sequuntur in uerbis praenuntiantis Dei, nullus dubitauerit ad Israeliticum populum pertinere.

Quod uero adiungitur: *Cum autem iam sol erat ad occasum, flamma facta est, et ecce fornax fumabunda et lampades ignis, quae pertransierunt per media diuisa illa,* significat iam in fine saeculi per ignem iudicandos esse carnales. Sicut enim adflictio ciuitatis Dei, qualis antea numquam fuit, quae sub antiChristo futura speratur, significatur tenebroso timore Abrahae circa solis occasum, id est propinquante iam fine saeculi: sic ad solis occasum, id est ad ipsum iam finem, significatur isto igne dies iudicii dirimens carnales per ignem saluandos et in igne damnandos. Deinde testamentum factum ad Abraham terram Chanaan proprie manifestat et nominat in ea undecim gentes a flumine Aegypti usque ad flumen magnum Euphraten. Non ergo a flumine magno Aegypti, hoc est Nilo,

---

[168] propter numeri plenitudinem: 4는 사방(四方), 곧 온 세상을 뜻하는 충만수(充滿數)이며 10은 완전수(1+2+3+4)이고 100은 10의 10승이므로 또한 완전수가 된다. 15.20.4 각주 174 참조.

[169] 갈라 3,17.

[170] 성서의 연대를 사실(史實)로 파악하고서 그 햇수를 맞추는 일이 교부들의 상당한 관심사였으므로 아우구스티누스는 여기서 논하는 400년이 아브라함으로부터 시작한 뜨내기 생활 전부를 가리키는 것으로 계산하기도 한다(*Quaestiones in Heptateuchum* 2.47.1-6).

이 자리에 삽입된 것도 마찬가지다. 거기서 그 모든 햇수를 보낸다는 것이 아니라 그 세월이 결국 압제로 끝난다는 것이다. 아브라함에게 언약이 내린 때부터 계산하든 그에게서 이사악이 태어났을 때부터 계산하든, 400년은 좀 긴 세월인데도 400년이라 한 것은 그것이 충만한 숫자이기 때문이다.[168] 여하튼 아브라함의 자손들에게 저 모든 일이 언약되었다. 위에서 우리가 이미 말한 대로 아브라함의 나이 75세 되던 해부터, 그러니까 그에게 첫 언약이 내리던 때부터 이스라엘이 이집트에서 나올 때까지를 430년으로 계산하기도 한다. 그 햇수를 사도는 다음과 같이 상기시킨다: "그러니까 내 말은 이렇습니다. 이미 오래 전에 하느님이 합법적으로 이루신 언약을 그보다 430년이나 뒤늦게 생겨난 율법이 무효로 만들 수 없으며 따라서 약속을 소멸시킬 수 없다는 말입니다."[169] 그렇다면 저 430년을 그냥 400년이라고 말했을 수도 있다. 대단한 차이도 아니기 때문이다. 또 아브라함에게 저 현시가 보이고 언약이 내린 지 여러 해가 흘렀을 테고, 또 비록 하느님은 400년이라고 말씀하고 싶었지만, 아버지가 100세가 다 되어 이사악을 낳은 것도 첫 언약이 내린 지 25년이나 지났으며 따라서 저때 말한 430년에서 405만 남은 셈이다. 앞을 예고하는 하느님의 말씀에서 뒤따르는 그밖의 얘기들은 이스라엘에 해당하는 것임은 아무도 의심하지 않을 것이다.[170]

24. 4. 아브라함의 두려움은 심판을 상징한다

그다음에는 "해가 지고 나자 불꽃이 생겨났다. 그리고 연기 뿜는 가마와 활활 타는 불이 쪼개 놓은 것들 사이로 지나가는 것이었다"는 구절이 덧붙는다. 세상 종말에 육적 인간들을 불로 심판하리라는 것을 상징한다. 하느님 도성의 고난, 전에는 없었던 고난, 그리스도를 반대하는 자들의 통치 아래 당하리라고 예견되는 고난을 상징하는 것이 해질 무렵, 곧 세말이 다가올 무렵에 아브람에게 덮쳤던 심한 두려움이다. 마찬가지로 해가 지자 일어난 그 일은 종말이 와서 불길이 육적 인간들을 삼키는 심판의 날을 상징한다. 불을 통해 구원받는 자들과 달리 그 인간들은 불 속으로 단죄받는 것이다. 이어서 아브라함에게 계약이 체결되고 가나안 땅이 본격적으로 거론되고 명명되며, 그 땅에서 열한 부족, 즉 이집트의 강에서 큰 강 유프라테스까지 사이에 사는 부족들 이름이 거

sed a paruo, quod diuidit inter Aegyptum et Palaestinam, ubi est ciuitas Rhinocorura.

25. Iam hinc tempora consequuntur filiorum Abrahae, unius de Agar ancilla, alterius de Sarra libera, de quibus in libro superiore iam diximus. Quod autem adtinet ad rem gestam, nullo modo est inurendum de hac concubina crimen Abrahae. Vsus est ea quippe ad generandam prolem, non ad explendam libidinem, nec insultans, sed potius oboediens coniugi, quae suae sterilitatis credidit esse solacium, si fecundum ancillae uterum, quoniam natura non poterat, uoluntate faceret suum, et eo iure, quo dicit apostolus: *Similiter et uir non habet potestatem corporis sui, sed mulier*, uteretur mulier ad pariendum ex altera, quod non poterat ex se ipsa. Nulla est hic cupido lasciuiae, nulla nequitiae turpitudo. Ab uxore causa prolis ancilla marito traditur, a marito causa prolis accipitur; ab utroque non culpae luxus, sed naturae fructus exquiritur. Denique cum ancilla grauida dominae sterili superbiret et hoc Sarra suspicione muliebri uiro potius inputaret, etiam ibi demonstrauit Abraham non se amatorem seruum, sed liberum fuisse genitorem et in Agar Sarrae coniugi pudicitiam custodisse nec uoluptatem suam, sed uoluntatem illius impleuisse; accepisse nec petisse, accessisse nec haesisse, seminasse nec amasse. Ait enim: *Ecce ancilla tua in manibus tuis, utere ea quo modo tibi placuerit*. O uirum uiriliter utentem feminis, coniuge temperanter, ancilla obtemperanter, nulla intemperanter!

---

[171] Rhinocorura: 아우구스티누스는 "이집트 개울"(3[1]열왕 8,65; 4[2]열왕 24,7; 이사 27,12 참조)이라는 표현에 착안하여 "작은 강"(parvum flumen)으로 국한시키고 자기 당대에 그곳에 서 있던 도시명까지 밝힌다(*Quaestiones in Heptateuchum* 6.21.3).

[172] 15.3 참조.

[173] 아우구스티누스는 마니교도 파우스투스와 논쟁을 벌이면서 함무라비 법전도 인정하는 제도라고 변호한 바 있다(*Contra Faustum Manichaeum* 22.30).

[174] 창세 16,1-4 참조. [175] 1고린 7,4.

[176] eo iure uteretur: 15.3 각주 24 참조.

[177] non se *amatorem servum* sed *liberum genitorem*: "호색가"(amator)라기보다는 "자식 낳는 사람"(genitor)으로서 처신했다는 변호다.

[178] nec *voluptatem suam* sed *voluntatem illius* implevisse. 압운(押韻)으로 수식한 문장이 연달아 나온다.

[179] 창세 16,6.

[180] coniuge *temperanter*, ancilla *obtemperanter*, nulla *intemperanter*: temperans ("삼가다") 한 단어를 세 가지 미묘한 어의로 구분해서 수식했다. 다른 교부들도 아브라함을 변호하는 입장을 취했다(Cyprianus, *De paenitentia* 2.4; Ambrosius, *De officiis ministrorum* 1.119; Origenes, *Homiliae in Genesim* 11).

명된다. 이집트의 큰 강 나일부터가 아니고 이집트와 팔레스티나 사이를 가르는 작은 강을 가리킨다. 거기에는 지금 리노코루라라는 도시가 있다.[171]

25. 여종 하갈을 아브라함의 소실로 들여보내려 한 것은 사라 본인이었다

그때부터 이미 아브라함의 아들들의 시대가 뒤따른다. 여종 하갈에게서 나온 아들과 자유인 사라에게서 난 다른 아들의 시대라는 말이다. 이 둘에 대해서는 앞 권에서 이미 말했다.[172] 사건을 보면서 이 첩妾에 대해 아브라함에게 죄를 물어서는 절대 안 된다.[173] 그 여자를 이용한 것은 자손을 낳기 위한 것이지 정욕을 채우려는 것이 아니었고, 아내를 상심시킨 것이 아니라 아내의 말을 따른 것이었기 때문이다. 아내는 자연본성으로는 못하지만 의지로는 할 수 있어서, 여종의 풍요한 자궁을 자신의 것으로 삼는다면 자신의 불임에 대해 위안을 얻으리라고 믿었던 것이다.[174] 사도가 "마찬가지로 남편도 자기 몸을 마음대로 하는 것이 아니라, 그것은 아내에게 매여 있습니다"[175]라고 한 바 있는데, 여자는 자기 몸에서 낳지 못하는 아이를 다른 여자에게서 낳으려고 다름아닌 이 권리를 행사했던 것이다.[176] 여기에는 엉큼한 욕정도 없고 악의에서 나온 추행도 전혀 없다. 자식을 얻기 위해 아내가 여종을 남편에게 내어준 것뿐이다. 양편 다 추구하던 바는 죄과의 탐욕이 아니고 자연의 결실이었다. 다만 회임한 여종이 아기를 못 낳는 안주인을 업신여기게 되자 사라는 여자다운 앙심을 품고 여종보다는 오히려 남편을 채근했다. 그렇지만 이 경우에도 아브라함은 자신이 애욕의 노예가 아니고 자유로운 어버이라는 것을[177] 보여주었으며, 하갈을 두고서도 아내 사라에게 신의를 지켰고 자신의 쾌락보다 아내의 원의를 채워준다는 것을[178] 입증했다. 여종을 받아들인 것이지 요구한 것은 아니고, 그 여자를 가까이했지만 매이지는 않았으며, 그 여자를 회태시켰지만 사랑하지는 않았음을 보여준 것이다. 그래서 아내에게 이렇게 말한다: "당신의 몸종인데 당신 좋을 대로 하시오."[179] 오, 이 사나이야말로 여자들을 사내답게 부렸으니, 아내는 절조있게 대했고, 여종은 절도있게 대했으며, 어느 여자도 절제없이 대하지는 않았다![180]

26. Post haec natus est Ismael ex Agar, in quo putare posset impletum, quod ei promissum fuerat, cum sibi uernaculum suum adoptare uoluisset, Deo dicente: *Non erit heres tuus hic; sed qui exiet de te, ille erit heres tuus*. Hoc ergo promissum ne in ancillae filio putaret impletum, iam cum *esset annorum nonaginta et nouem, apparuit ei Dominus et dixit illi: Ego sum Deus, place in conspectu meo et esto sine querella, et ponam testamentum meum inter me et inter te et implebo te ualde. Et procidit Abram in faciem suam. Et locutus est illi Deus dicens: Et ego, ecce testamentum meum tecum, et eris pater multitudinis gentium; et non appellabitur adhuc nomen tuum Abram, sed erit nomen tuum Abraham, quia patrem muliarum gentium posui te; et augeam te ualde ualde et ponam te in gentes, et reges ex te exibunt; et statuam testamentum meum inter me et inter te et inter semen tuum post te in generationes eorum in testamentum aeternum, ut sim tibi Deus et semini tuo post te. Et dabo tibi et semini tuo post te terram, in qua incola es, omnem terram Chanaan in possessionem aeternam, et ero illis Deus. Et dixit Deus ad Abraham: Tu autem testamentum meum conseruabis, tu et semen tuum post te in progenies suas. Et hoc est testamentum, quod conseruabis inter me et uos et inter semen tuum post te in generationes suas: Circumcidetur uestrum omne masculinum, et circumcidemini carnem praeputii uestri, et erit in signo testamenti inter me et uos. Et puer octo dierum circumcidetur, uestrum omne masculinum in progenies uestras. Vernaculus et empticius ab omni filio alieno, qui non est de semine tuo, circumcisione circumcidetur uernaculus domus tuae et empticius. Et erit testamentum meum in carne uestra*

---

[181] 창세 15,4.

26. 하느님이 내린 맹세로 늙은 아브라함이 임신 못하는 사라에게서 아들을 얻고, 많은 민족의 어버이로 세워졌으며, 믿음을 할례의 성사로 날인한다

26. 1. 계약에는 할례가 포함되어 있었다

이러저런 곡절 끝에 하갈에게서 이스마엘이 태어났다. 자기 집에서 태어난 종을 입양하려고 했을 때 하느님이 "네 대를 이을 사람은 그가 아니다. 장차 네 몸에서 날 네 친아들이 네 대를 이을 것이다"[181]라고 이른 말씀에 비추어 본다면, 그에게 내린 언약이 이 아이를 통해 성취된 것처럼 보였을지도 모른다. 하지만 그 언약이 여종의 아들을 통해 성취되는 것으로 여기지 말라는 뜻에서 이런 일이 생겼다: "아브람이 구십구세가 되던 해에 하느님께서 아브람에게 나타나시어 말씀하셨다. '나는 하느님이다. 너는 내 앞을 떠나지 말고 흠없이 살아라. 나는 너와 나 사이에 계약을 세워 너를 융성하게 하리라.' 아브람이 얼굴을 땅에 대고 엎드렸다. 하느님께서 그에게 다시 말씀하셨다. '보아라, 내가 너와 맺는 계약이다. 너는 많은 민족의 조상이 되리라. 네 이름은 이제 아브람이 아니라 아브라함이 네 이름이 되리라. 내가 너를 많은 민족의 조상으로 세우기 때문이다. 나는 너에게서 무척 많은 자손이 태어나게 하고 너를 민족들 가운데 세우고 왕들도 너에게서 나오리라. 나는 나와 너 사이에 계약을 세우고, 네 뒤에 대대로 올 네 후손과 사이에 영원한 계약을 세워 너에게 하느님이 되고 네 뒤에 올 네 후손에게 하느님이 되어 주겠다. 네가 몸붙여 살고 있는 땅을 너와 네 뒤에 올 네 후손에게 주겠고, 가나안 땅 전부를 영원한 소유로 주겠으며, 나는 그들에게 하느님이 되어 주리라.' 하느님께서 또 아브라함에게 말씀하셨다. '너는 내 계약을 지켜야 한다. 너뿐 아니라, 네 뒤에 오는 네 후손 대대로 지켜야 한다. 이것이 너와 네 뒤에 올 네 후손과 나 사이에 세운 계약으로서 너희가 지켜야 할 일이다. 너희 남자들은 모두 할례를 받아라. 너희는 포경을 베어 할례를 베풀어야 한다. 이것이 나와 너희 사이에 세운 계약의 표가 되리라. 대대로 너희 모든 남자는 난 지 팔 일 만에 할례를 받아야 한다. 네 후손이 아닌, 네 집에서 난 씨종이나 모든 외국인에게서 산 종이라도 할례를 받아야 한다. 네 집에서 난 씨종이나 돈 주고 산 종도 반드시 할례를 받아야 한다. 그러면 내 계약이 영원한

in testamento aeterno. Et qui non fuerit circumcisus masculus, qui non circumcidetur carnem praeputii sui octaua die, interibit anima illa de genere eius, quia testamentum meum dissipauit. Et dixit Deus ad Abraham: Sara uxor tua, non appellabitur nomen eius Sara, sed Sarra erit nomen eius. Benedicam autem illam et dabo tibi ex ea filium, et benedicam illum, et erit in nationes, et reges gentium ex eo erunt. Et procidit Abraham super faciem suam et risit et dixit in animo suo dicens: Si mihi centum annos habenti nascetur filius, et si Sarra annorum nonaginta pariet? Dixit autem Abraham ad deum: Ismael hic uiuat in conspectu tuo. Dixit autem Deus ad Abraham: ita, ecce Sarra uxor tua pariet tibi filium, et uocabis nomen eius Isaac; et statuam testamentum meum ad illum in testamentum aeternum, esse illi Deus et semini eius post illum. De Ismael autem ecce exaudiui te; ecce benedixi eum et ampliabo illum et multiplicabo eum ualde. Duodecim gentes generabit, et dabo illum in magnam gentem. Testamentum autem meum statuam ad Isaac, quem pariet tibi Sarra in tempore hoc ad annum sequentem.

Hic apertiora promissa sunt de uocatione gentium in Isaac, id est in filio promissionis, quo significatur gratia, non natura, quia de sene et anu sterili promittitur filius. Quamuis enim et naturalem procreationis excursum Deus operetur: ubi tamen euidens opus Dei est uitiata et cessante natura, ibi euidentius intellegitur gratia. Et quia hoc non per generationem, sed per regenerationem futurum erat, ideo nunc imperata est circumcisio, quando de Sarra promissus est filius. Et quod omnes non solum filios, uerum etiam seruos uernaculos et empticios circumcidi iubet, ad omnes istam gratiam pertinere testatur. Quid enim aliud circumcisio significat

---

[182] 히브리본에서는 "사래"(Sarai)에서 "사라"(Sara)로 바뀌는 것으로 나오는데 아우구스티누스는 불가타 본대로 "사라"(Sara)에서 "사르라"(Sarra)로 바뀌는 것으로 언급하면서 "능력"이라는 어의까지 부여한다(16.28 참조).

[183] 창세 17,1-21. 아우구스티누스가 따르는 라틴어 번역본대로여서 공동번역과 차이가 많다.

계약으로서 너희 몸에 새겨질 것이다. 남자로서 할례를 받지 않은 자, 팔 일 만에 포경을 베어 할례를 받지 않은 자는 제 겨레에게서 그 영혼이 멸망하리라. 내 계약을 깨뜨린 까닭이다.' 또 하느님께서 아브라함에게 분부하셨다. '네 아내 사라를 사라라는 이름으로 부르지 말아라. 그의 이름은 사르라이다.[182] 내가 그에게 복을 내려 그에게서 너에게 아들을 주고, 그 아들은 민족들 가운데 설 것이며 그에게서 민족들을 다스릴 왕들이 일어나리라.' 아브라함은 땅에 얼굴을 대고 엎드려 있으면서도 웃으면서 속으로 이렇게 말했다. '나이 백 살에 나에게 아들이 태어난다면, 또 사라도 아흔 살이나 되었는데 아기를 낳는다면?' 그러면서 하느님께 이스마엘이나 당신 대전에 살게 해 달라고 말씀드렸다. 하느님께서는 아브라함에게 이렇게 말씀하셨다. '그렇게 해 주마. 보아라, 네 아내 사르라가 너에게 아들을 낳아 줄 터이니, 그의 이름을 이사악이라고 하여라. 나는 그와 나의 계약을 세우리라. 그와 그의 뒤에 오는 그의 후손의 하느님이 되어 주기로 영원한 계약을 세워주리라. 보아라, 이스마엘을 생각하고 하는 네 말도 들어주었다. 그에게도 복을 내렸고 그를 융성케 하겠고 수없이 불어나게 하겠다. 그는 열두 종족을 낳을 것이며 큰 민족이 일어나게 하겠다. 나의 계약은 사르라가 내년 이맘때 너에게 낳아 줄 이사악에게 세워주겠다.'"[183]

26. 2. 할례가 상징하는 바는 무엇인가

여기서 이사악에게서, 다시 말해 은총을 상징하는 약속의 아들에게서 민족들의 부르심이 있으리라는 언약이 훨씬 분명하게 나타났다. 이사악이 할아버지와 아이 못 낳는 할머니에게서 태어나리라는 언약이었기 때문에 저 언약은 자연본성이 아닌 은총을 상징한다. 하느님은 자연적 자녀 생산 과정도 보살피지만, 자연본성이 쇠락하고 중단된 상태에서는 하느님의 손길이 더욱 분명한 만큼 거기서는 은총이 더욱 분명하게 감지된다. 이 일은 출생出生을 통해서라기보다는 재생再生을 통해 이루어질 일이었으므로, 사르라에게서 아들이 태어나리라고 언약되었을 때 당장 할례를 받으라는 명령이 내렸다. 또 남자라면 모든 아들들만 아니고 집에서 태어난 종들과 밖에서 사온 종들도 할례를 받으라는 명령이 내린 것으로 미루어 만민이 그 은총에 속하리라는 것을 입증한다. 사실 할례는

quam naturam exuta uetustate renouatam? Et quid aliud quam Christum octauus dies, qui hebdomade completa, hoc est post sabbatum, resurrexit? Parentum mutantur et nomina: omnia resonant nouitatem, et in testamento uetere obumbratur nouum. Quid est enim quod dicitur testamentum uetus nisi noui occultatio? Et quid est aliud quod dicitur nouum nisi ueteris reuelatio? Risus Abrahae exultatio est gratulantis, non inrisio diffidentis. Verba quoque eius illa in animo suo: *Si mihi centum annos habenti nascetur filius et si Sarra annorum nonaginta pariet*, non sunt dubitantis, sed admirantis. Si quem uero mouet quod dictum est: *Et dabo tibi et semini tuo post te terram, in qua tu incola es, omnem terram Chanaan in possessionem aeternam*, quo modo accipiatur impletum siue adhuc expectetur implendum, cum possessio quaecumque terrena aeterna cuilibet genti esse non possit: sciat aeternum a nostris interpretari, quod Graeci appellant αἰώνιον, quod a saeculo deriuatum est; αἰών quippe Graece saeculum nuncupatur. Sed non sunt ausi Latini hoc dicere saeculare, ne longe in aliud mitterent sensum. Saecularia quippe dicuntur multa, quae in hoc saeculo sic aguntur, ut breui etiam tempore transeant; αἰώνιον autem quod dicitur, aut non habet finem aut usque in huius saeculi tenditur finem.

27. Item potest mouere, quo modo intellegi oporteat quod hic dictum est: *Masculus, qui non circumcidetur carnem praeputii sui octaua die, interibit anima illa de genere eius, quia testamentum meum dissipauit*, cum haec nulla culpa sit paruuli, cuius dixit animam perituram, nec ipse dissipauerit testamentum Dei, sed maiores, qui eum circumcidere non curarunt; nisi quia etiam paruuli, non secundum suae uitae proprietatem,

---

[184] Cf. *De peccato originali* 30.

[185] Testamentum Vetus *Novi occultatio*, Novum autem *Veteris revelatio*: 교부학에서 신구약의 상관관계를 한마디로 간추린 명제라고 하겠다. 그 전제는 앞 문장 Vetere obumbratur Novum에 들어 있다.

[186] possessio aeterna(영원한 소유)에서 형용사 aeternum을 해설한다. αἰών[ἀεί("항상")에서 유래]에서는 "영원하다"는 의미의 αἰώνιον이라는 형용사가 가능하지만, saeculum("한 세기", "현세": 앞의 16.21 각주 147 참조)에서 나오는 saeculare("한 세기에 걸친", "현세의" "세속적")는 "영원한"이라는 의미를 결코 담지 못한다.

묵은 것을 벗고 새로워진 자연본성을 상징하는 것이 아니고 무엇이겠는가? 8일 만이라는 날짜는 한 주간이 끝나고, 즉 안식일 다음에 부활한 그리스도 말고 무엇을 상징하겠는가?[184] 부모의 이름이 바뀐다. 모든 게 새로움을 띤다. 구약에서 신약이 어렴풋이 드러난다. 구약이라고 하는 말은 기실 신약의 은닉이 아니고 무엇인가? 또 신약이라고 하는 말은 구약의 공개가 아니고 무엇인가?[185] 아브라함의 웃음도 고마워하는 사람의 환성이지 불신하는 사람의 비웃음이 아니다. 그가 속으로 "나이 백 살에 나에게 아들이 태어난다면, 또 사라도 아흔 살이나 되었는데 아기를 낳는다면?"이라고 한 말은 의심하는 사람의 말이라기보다는 감탄하는 사람의 말이다. 혹시 누군가 "네가 몸붙여 살고 있는 땅을 너와 네 뒤에 올 네 후손에게 주겠고, 가나안 땅 전부를 영원한 소유로 주겠다"는 말씀을 듣기 거북해할지 모르겠다. 어느 민족도 땅을 영원히 소유하기란 불가능한 터에 저 언약이 어떻게 이루어졌고, 아직 기다리는 중이라면 장차 어떻게 이루어질지 궁금할지도 모르겠다. 그런 사람은 다음 사실을 알아둬야 할 것이다. 우리가 "영원"이라고 번역하는 말을 그리스인들은 아이오니온으로 부르고 이 말은 세쿨룸("세기")에서 유래하는데 세쿨룸을 그리스어로는 아이온이라고 일컫는다. 그렇다고 라틴어 작가들이 이 단어를 세쿨라레라고 감히 말하지는 못했다. 전혀 다른 뜻으로 들리기 때문이다. 이 세기중에 일어나는 많은 것을 두고 세쿨라리아라는 말을 쓴다. 비록 그것이 짧은 시간에 지나가 버리지만. 그런데 아이오니온은 끝이 없거나 이 세상의 끝을 향하거나 한다.[186]

27. 사내아이는 태어난 지 여드레 만에 할례를 받지 않으면 목숨을 잃었는데, 이는 하느님의 계약을 깨뜨리기 때문이다

이어서 다음 말을 어떻게 이해해야 옳을지 난감해하는 수도 있다: "남자로서 할례를 받지 않은 자, 8일 만에 포경을 베어 할례를 받지 않은 자는 제 겨레에게서 그 영혼이 멸망하리라. 내 계약을 깨뜨린 까닭이다." 이 경우는 영혼이 멸망하리라고 말씀한 어린이의 잘못이 결코 아니고 어린이가 하느님의 계약을 깨뜨린 것도 아니다. 아이가 할례를 받도록 보살피지 않은 어른들이 깨뜨린 것이

sed secundum communem generis humani originem omnes in illo uno testamentum Dei dissipauerunt, in quo omnes peccauerunt. Multa quippe appellantur testamenta Dei exceptis illis duobus magnis, uetere et nouo, quod licet cuique legendo cognoscere. Testamentum autem primum, quod factum est ad hominem primum, profecto illud est: *Qua die ederitis, morte moriemini.* Vnde scriptum est in libro, qui Ecclesiasticus appellatur: *Omnis caro sicut uestis ueterescit. Testamentum enim a saeculo: Morte morieris.* Cum enim lex euidentior postea data sit, et dicat apostolus: *Vbi autem non est lex, nec praeuaricatio,* quo pacto in Psalmo quod legitur uerum est: *Praeuaricatores aestimaui omnes peccatores terrae,* nisi quia omnes legis alicuius praeuaricatae sunt rei, qui aliquo peccato tenentur obstricti? Quam ob rem si etiam paruuli, quod uera fides habet, nascuntur non proprie, sed originaliter peccatores, unde illis gratiam remissionis peccatorum necessariam confitemur: profecto eo modo, quo sunt peccatores, etiam praeuaricatores legis illius, quae in paradiso data est, agnoscuntur; ut uerum sit utrumque, quod scriptum est, et: *Praeuaricatores aestimaui omnes peccatores terrae,* et: *Vbi lex non est, nec praeuaricatio.* Ac per hoc, quia circumcisio signum regenerationis fuit et non inmerito paruulum propter originale peccatum, quo primum Dei dissipatum est testamentum, generatio disperdet, nisi regeneratio liberet: sic intellegenda sunt haec uerba diuina, tamquam dictum sit: «Qui non fuerit regeneratus, interibit anima illa de genere eius», quia testamentum Dei dissipauit, quando in Adam cum omnibus etiam ipse peccauit. Si enim dixisset: «Quia hoc testamentum meum dissipauit», non nisi de ista circumcisione intellegi cogeret; nunc uero, quoniam non expressit cuius modi testamentum paruulus dissipauerit, liberum est intellegere de illo testamento dic-

---

[187] 창세 2,17. 그래서 창세 3,15 ("나는 너를 여자와 원수가 되게 하리라. 네 후손을 여자의 후손과 원수가 되게 하리라. 너는 그 발꿈치를 물려고 하다가 도리어 여자의 후손에게 머리를 밟히리라")를 "원복음" (元福音)이라고까지 부른다.

[188] 집회 14,18.

[189] 로마 5,13. 〔200주년: "율법이 없는만큼 하늘 책에 적히지는 않았습니다."〕

[190] 시편 118,119. 〔새번역 119,119: "당신께서는 세상의 악인들을 모두 찌꺼기로 여기시니 저는 당신의 법을 사랑하나이다."〕

[191] *non proprie, sed originaliter peccatores*: 조금 아래에 peccatum originale(16.35도 참조)라는, 교부가 정립한 신학용어가 나온다.

[192] *propter originale peccatum ... generatio disperdet, nisi regeneratio liberet*: 어린이 세례의 필요성을 주장하는 전거로 쓰이는 명제다.

다. 물론 어린이들이 자신의 고유한 생명에 의거해서가 아니라 인류의 공통된 기원에 의거해서, 저 한 사람 아담 안에서 하느님의 계약을 깨뜨렸다는 뜻이 아니라면. 저 한 사람 안에서 만민이 죄를 지었으니까. 또 저 구약과 신약이라는 큰 계약을 빼놓고도 여러 가지를 하느님의 계약이라고 부른다. 첫 계약, 하느님이 첫 사람에게 세운 계약은 "거기서 따먹는 날, 너희는 죽음으로 죽으리라"[187]는 말씀으로 되어 있다. 그래서 집회서라는 책에도 이렇게 기록되어 있다: "모든 육신은 의복처럼 낡아지리라. 그러나 계약은 영원하리니, 이를 어긴 사람은 죽음으로 죽으리라."[188] 후대에 율법이 더 명료하게 주어졌을 때에 사도는 이런 말까지 한다: "율법이 없는 곳에는 범법도 없습니다."[189] 그렇다면 어떻게든 죄에 사로잡혀 있는 사람들임에도 모두가 어떤 율법이든 율법을 어긴 사람이라고 보지 않는다면, 우리가 읽는 시편 구절, "땅의 모든 죄인들을 나는 범법자로 여겼나이다"[190]라는 구절이 어떻게 맞겠는가? 참 신앙이 가르치듯이, 어린이들은 본죄本罪가 아니고 원죄原罪로 인해 죄인으로 태어나지만[191] 그들에게도 죄를 사하는 은총이 필요하다고 우리는 고백하는 셈이다. 죄인이 된 이상, 저 율법, 즉 낙원에서 주어진 율법을 위반한 범법자로 인정된다. 그래야 "땅의 모든 죄인들을 나는 범법자로 여겼나이다"라는 구절과 "율법이 없는 곳에는 범법도 없습니다"라는 구절이 둘다 진실이 된다. 할례는 재생의 표지였으므로 어린이는 하느님의 첫 계약을 깨뜨린 원죄 때문에 재생이 해방을 가져다주지 못하는 한, 출생이 어린이를 멸망시키는 것도 까닭이 없지는 않다.[192] 그래서 이 신적 말씀은 다음과 같은 뜻으로 이해해야 한다: "재생하지 못한 사람은 그 영혼이 제 겨레에게서 멸망할 것이다.[193] 아담 안에서 어린이도 모든 사람들과 더불어 죄를 지음으로써 하느님의 계약을 깨뜨린 까닭이다." 만약 "나의 이 계약을 깨뜨렸기 때문이다"라고 말씀했다면, 할례에 대해 한 말씀이라고 알아들을 수밖에 없다. 하지만 이 자리에서는 어린이가 어떤 계약을 깨뜨렸는지 명시적으로 밝혀지지 않았으므로 어린이가 깨뜨렸다는 것이 어떤 계약을 말하는 것인지는 마음대로 생

---

[193] 앞의 *generatio disperdet*(출생이 멸망시킨다)라는 구절에서 *interibit* anima illa *de genere* eius(그 영혼이 제 겨레에게서 멸망할 것이다)라는 구절을 도출한다.

tum, cuius dissipatio pertinere posset ad paruulum. Si autem hoc quisquam non nisi de ista circumcisione dictum esse contendit, quod in ea testamentum Dei, quoniam non est circumcisus, dissipauerit paruulus: quaerat locutionis aliquem modum, quo non absurde possit intellegi, ideo dissipasse testamentum, quia licet non ab illo, tamen in illo est dissipatum. Verum sic quoque animaduertendum est nulla in se neglegentia sua iniuste interire incircumcisi animam paruuli nisi originalis obligatione peccati.

28. Facta igitur promissione tam magna tamque dilucida ad Abraham, cui euidentissime dictum est: *Patrem multarum gentium posui te; et augeam te ualde ualde et ponam te in gentes, et reges ex te exibunt. Et dabo tibi ex Sarra filium, et benedicam illum, et erit in nationes, et reges gentium ex eo erunt* (quam promissionem nunc in Christo cernimus reddi), ex illo deinceps illi coniuges non uocantur in scripturis, sicut antea uocabantur, Abram et Sara, sed sicut eos nos ab initio uocauimus, quoniam sic iam uocantur ab omnibus, Abraham et Sarra. Cur autem mutatum sit nomen Abrahae, reddita est ratio: *Quia patrem*, inquit, *multarum gentium posui te*. Hoc ergo significare intellegendum est Abraham; Abram uero, quod ante uocabatur, interpretatur pater excelsus. De nomine autem mutato Sarrae non est reddita ratio; sed, sicut aiunt, qui scripserunt interpretationes nominum Hebraeorum, quae his sacris litteris continentur, Sara interpretatur princeps mea, Sarra autem uirtus. Vnde scriptum est in epistula ad Hebraeos: *Fide et ipsa Sarra uirtutem accepit ad emissionem*

---

[194] 다른 저서 (*De gratia Christi et de peccato originali; De remissione peccatorum et de baptismo paruulorum*)에서 아우구스티누스는 이 문제를 상세하게 논한다.

[195] 창세 17,5-6.16.

[196] 히에로니무스는 "사라"를 "공주님", "사래"를 "나의 공주님 (*De nominibus hebraicis* 10.22: Sarai princeps mea; 72.25: Sara princeps)이라 했고, 필로(*De mutatione nominum* 77 - 80)는 "사라"를 "나의 주공", "사르라"를 "공주님"이라고 풀이한다. 이하에서 인용문 아닌 본문에서는 "사라"로 표기한다.

[197] 히브 11,11.

각할 수 있다. 그렇지만 이것이 저 할례 외에 다른 말이 아니라고 우기는 사람이 있다고 하자. 할례를 받지 않아서 어린이가 하느님의 계약을 깨뜨린 것이라고 주장하는 사람이 있다 하자. 그런 사람은 잘못 알아들었다는 말을 안 들으려면 다른 어법을 찾아내야 할 것이다. 어린이가 계약을 깨뜨리기는 했는데 어린이에 의해 계약이 깨진 것이 아니고 어린이 안에서 계약이 깨진 것이라는 어법을 찾아내야 할 것이다. 그런 의미에서는 어린이 본인이 소홀한 것은 아무것도 없으므로, 할례받지 않은 어린이의 영혼이 설혹 멸망하더라도 원죄의 책무 때문이 아니라면 그 멸망은 불의하다는 사실을 염두에 두어야 할 것이다.[194]

28. 아브라함과 사라의 이름을 바꾸는데, 둘다 늙어서 자손 보는 도리를 다하기에는 부적격한 몸이었다

그리하여 참으로 거창하고 참으로 화려한 언약이 아브라함에게 내려졌다. 그에게 이런 말씀이 있었던 것이다: "내가 너를 많은 민족의 조상으로 세우기 때문이다. 나는 너에게서 무척 많은 자손이 태어나게 하고 너를 민족들 가운데 세우고 왕들도 너에게서 나오리라. … 내가 사르라에게 복을 내려 그에게서 너에게 아들을 주고, 그 아들은 민족들 가운데 설 것이며 그에게서 민족들을 다스릴 왕들이 일어나리라."[195] 우리는 그 언약이 지금 그리스도에게서 실현되고 있음을 목격하는 중이다. 그때부터 성서에서 저 내외는 이전에 불리던 아브람과 사라라는 이름으로 불리지 않는다. 이미 누구나 그렇게 부르고 우리가 처음부터 불러왔던 대로 아브라함과 사르라라고 불리게 되었다. 왜 아브라함의 이름이 바뀌었는지에 대해서는 이유가 나와 있다: "내가 너를 많은 민족의 조상으로 세우기 때문이다." 아브라함은 이런 의미를 갖는 것으로 이해해야 한다. 먼저 부르던 아브람은 "뛰어난 아버지"라고 풀이된다. 사르라의 이름이 바뀐 것에 대해서는 이유가 나오지 않는다. 그렇지만 이 성서에 나오는 히브리 이름들을 풀이하여 글을 쓴 사람들이 하는 말대로 사라는 "나의 공주님"이라고 풀이되며 사르라는 "능력"이라는 의미로 풀이된다.[196] 그래서 히브리인들에게 보낸 편지에는 "믿음으로 사라도 자손을 낳을 능력을 얻었습니다"[197]라고 기록되

seminis. Ambo enim seniores erant, sicut scriptura testatur, sed illa etiam sterilis et cruore menstruo iam destituta, propter quod iam parere non posset, etiam si sterilis non fuisset. Porro si femina ita sit prouectioris aetatis, ut ei solita mulierum adhuc fluant, de iuuene parere potest, de seniore non potest; quamuis adhuc possit ille senior, sed de adulescentula gignere, sicut Abraham post mortem Sarrae de Cettura potuit, quia uiuidam eius inuenit aetatem. Hoc ergo est, quod mirum commendat apostolus, et ad hoc dicit Abrahae iam fuisse corpus emortuum, quoniam non ex omni femina, cui adhuc esset aliquod pariendi tempus extremum, generare ipse in illa aetate adhuc posset. Ad aliquid enim emortuum corpus intellegere debemus, non ad omnia. Nam si ad omnia non iam senectus uiui, sed cadauer est mortui. Quamuis etiam sic solui soleat ista quaestio, quod de Cettura postea genuit Abraham, quia donum gignendi, quod a Domino accepit, etiam post obitum mansit uxoris. Sed propterea mihi uidetur illa, quam secuti sumus, huius quaestionis solutio praeferenda, quia centenarius quidem senex, sed temporis nostri, de nulla potest femina gignere; non tunc, quando adhuc tamdiu uiuebant, ut centum anni nondum facerent hominem decrepitae senectutis.

29. Item Deus apparuit Abrahae ad quercum Mambre in tribus uiris, quos dubitandum non est angelos fuisse; quamuis quidam existiment unum in eis fuisse Dominum Christum, adserentes eum etiam ante indumentum carnis fuisse uisibilem. Est quidem diuinae potestatis et inuisibilis, incorporalis inmutabilisque naturae, sine ulla sui mutatione etiam

---

[198] 창세 25,1-6 참조. Cf. *Quaestiones in Heptateuchum* 1.35.

[199] 로마 4,19 참조: "백 살이 다 되어 자기 몸이 이미 죽은 것이나 다름없고 사라의 모태가 죽어 있다는 것을 잘 알면서도 믿음이 약해지지 않았습니다."]

[200] 이런 가설을 내세운 교부들이 많았다(예: Tertullianus, *De carne Christi* 6; Eusebius, *Historia ecclesiastica* 1.2; Iustinus, *Dialogus cum Tryphone* 77.2.4; Irenaeus, *Adversus haereses* 3.6).

어 있다. 성서가 증언하는 대로 둘다 나이가 많았다. 더구나 여자는 석녀石女인 데다가 월경도 끊어져서 설령 석녀가 아니었더라도 아이를 낳을 수는 없었다. 물론 지긋한 나이의 여자라도 여자들에게 항상 있는 것이 흐르고 있는 한, 젊은 남자한테서는 아이를 낳을 수 있겠지만 늙은 남자한테서는 아이를 낳을 수가 없는 법이다. 또 늙은 남자라도 젊은 여자한테서는 아이를 얻을 수 있는데, 아브라함이 사라가 죽은 다음 한창의 나이였던 크투라에게서 자식을 얻은 것이 이런 경우다.[198] 사도가 놀라워하면서 우리에게 상기시키는 점이 이것이다. 그가 아브라함의 몸이 이미 죽은 몸이라고 부르는 것도 이런 이유다.[199] 아브라함의 그 나이에, 아기를 낳을 수 있는 연령에 와 있는 아무 여자에게서나 자식을 낳을 수 있었던 것이 아니었던 까닭이다. 죽은 몸이라는 것은 어떤 한 부분에서 그렇다는 것이지 모든 면에서 죽은 몸이라는 뜻은 아니다. 만일 모든 면에서 죽은 몸이라면 산 사람의 노구老軀가 아니라 아예 죽은 사람의 시구屍軀일 것이다. 후일에 아브라함이 크투라에게서 자식을 본 문제는 다음과 같이 해명하는 것이 일반적이다. 자식 낳는 선물을 주님께 받았는데, 그 능력이 아내의 사망 이후에도 남아있었다는 것이다. 그러나 내가 보기에 이 문제의 해결은 우리가 따르는 다음 방식이 더 개연성이 있어 보인다. 즉, 우리 시대라면 백 살이 된 노인은 어떤 여자에게서 아기를 낳을 수 없다. 하지만 사람들이 무척이나 오래 살던 그 시대는 그렇지 않았으니, 백 살이라는 나이가 사람을 호호백발 노년으로 만들지 않았던 것이다.

29. 마므레 상수리나무 곁에 나타난 세 사람 혹은 세 천사에게서 주님이 아브라함에게 나타난 것으로 보인다

다시 하느님이 마므레 상수리나무 곁에서 아브라함에게 나타났다. 세 사람의 모습으로 나타났는데 그들이 천사였음은 의심할 필요가 없다. 혹자들은 그가운데 하나를 주 그리스도였다고 여기는데, 이것은 그분이 육신의 옷을 입기 전에도 눈에 보이게 나타났으리라고 주장하는 셈이다.[200] 하지만 당신의 그 어떤 것도 변동시키지 않은 채로 사멸할 자들의 모습을 하고 나타난 것은 신적 권능의

mortalibus aspectibus apparere, non per id quod est, sed per aliquid quod sibi subditum est; quid autem illi subditum non est? Verum tamen si propterea confirmant horum trium aliquem fuisse Christum, quia, cum tres uidisset, ad Dominum singulariter est locutus (sic enim scriptum est: *Et ecce tres uiri stabant super eum, et uidens procurrit in obuiam illis ab ostio tabernaculi sui, et adorauit super terram et dixit: Domine, si inueni gratiam ante te*, et cetera): cur non et illud aduertunt, duos ex eis uenisse, ut Sodomitae delerentur, cum adhuc Abraham ad unum loqueretur, Dominum appellans et intercedens, ne simul iustum cum impio in Sodomis perderet? Illos autem duos sic suscepit Loth, ut etiam ipse in conloquio cum illis suo singulariter Dominum appellet. Nam cum eis pluraliter dixisset: *Ecce, domini, declinate in domum pueri uestri*, et cetera quae ibi dicuntur, postea tamen ita legitur: *Et tenuerunt angeli manum eius et manum uxoris eius et manus duarum filiarum eius, in eo quod parceret Dominus ipsi. Et factum est, mox ut eduxerunt illum foras, et dixerunt: Saluam fac animam tuam, ne respexeris retro, nec steteris in tota regione; in monte saluum te fac, ne quando conprehendaris. Dixit autem Loth ad illos: Oro, Domine, quia inuenit puer tuus misericordiam ante te*, et quae sequuntur. Deinde post haec uerba singulariter illi respondet et Dominus, cum in duobus angelis esset, dicens: *Ecce miratus sum faciem tuam*, et cetera. Vnde multo est credibilius, quod et Abraham in tribus et Loth in duobus uiris Dominum agnoscebant, cui per singularem numerum loquebantur, etiam cum eos homines esse arbitrarentur; neque enim aliam ob causam sic eos susceperunt, ut tamquam mortalibus et humana refectione indigentibus ministrarent; sed erat profecto aliquid, quo ita excellebant, licet tamquam homines, ut in eis esse Dominum, sicut adsolet in prophetis, hi, qui hospitalitatem illis exhibebant, dubitare non possent; atque ideo et ipsos aliquando pluraliter et in eis Dominum aliquando singulariter

---

[201] 창세 18,2-3. 〔공동번역: "그는 … 땅에 엎드려 청을 드렸다. '손님네들, 괜찮으시다면 소인 곁을 그냥 지나쳐 가지 마십시오.'"〕

[202] 창세 19,16-19.

[203] 창세 19,21. 〔공동번역: "그러자 그는 청을 들어주겠다고 하며 롯에게 말하였다."〕

소산이며, 불가견하고 비물체적이고 불변하는 본성의 소산이다. 다만 당신에게 귀속하는 어떤 사물의 모습을 띠고서 나타난다. 하기야 그분에게 귀속하지 않는 것이 무엇이 있는가? 여하튼 아브라함이 세 사람을 보고서도 주님께 단수로 말씀을 드린 점으로 미루어 이 셋 가운데 누군가는 그리스도였다고 주장하기도 한다. (성서에는 이렇게 나와 있다: 아브라함이 고개를 들어 보니 "웬 사람 셋이 자기를 향해 서 있었다. 그는 그들을 보자마자 천막 문에서 뛰어나가 맞으며 땅에 엎드려 경배했다. 그리고 말씀드렸다. '주님, 제가 주님 대전에 총애를 입는다면 …'.")[201] 그런데 아브라함이 그 가운데 하나에게만 말씀을 드리고 주님이라고 부르며, 의인을 악인과 더불어 소돔에서 멸망시키지 말도록 간청을 드리면서도, 그 가운데 둘은 소돔을 멸망시키러 왔다는 사실을 왜 눈치채지 못했을까? 롯이 그 둘을 맞아들이는데 롯도 그 둘과 이야기하면서 단수로 주님이라고 부른다. 당장은 "주인님들, 당신 종의 집에 들르십시오"라고 말씀드리지만 뒤에는 이렇게 나온다: "천사들은 보다 못해 롯의 손과 그의 아내의 손과 그의 두 딸의 손을 붙잡았다. 주님께서 롯을 그토록 불쌍히 여기셨던 것이다. 그리고 그를 곧 밖으로 끌어내고서 이렇게 말했다. '네 목숨을 살려라. 뒤를 돌아보아서는 안 된다. 이 온 지역에 머물지 말아라. 산에서 목숨을 구하여 붙잡히지 않도록 하여라.' 그러자 롯이 그들에게 말씀드렸다. '주님, 청하오니, 당신 종이 당신 대전에 자비를 입어 …'."[202] 이 말을 듣고 그 자리에 두 천사가 있었는데도 주님이 단수로 대답하며 이렇게 말씀한다: "보라, 내가 네 체면을 보아주었다."[203] 이러하니 아브라함은 세 인물에게서, 롯은 두 인물에게서 주님을 알아뵈었다는 말이 훨씬 신빙성이 있다. 두 사람은 그 인물들을 사람이라고 여겼을지라도 그 인물들에게 단수로 말씀드리고 있었다. 사람으로 여기지 않았다면 그들을 맞아들여 마치 사멸하는 존재들처럼, 곧 인간들이 먹는 음식이 필요한 존재들처럼 모셨을 리가 없다. 하지만 비록 인간으로 보이지만 그 인물들에게서는 뭔가 숭고한 데가 있음을, 예언자들에게 흔히 일어나듯이 그들 안에 주님이 계시다는 것을 그들을 접대하던 사람들은 의심할 수가 없었다. 그래서 사람들은 어떤 때는 그들을 불러 복수로 호칭하고 어떤 때는 그들 안에 계시는

appellabant. Angelos autem fuisse scriptura testatur, non solum in hoc Genesis libro, ubi haec gesta narrantur, uerum etiam in epistula ad Hebraeos, ubi, cum hospitalitas laudaretur: *Per hanc*, inquit, *etiam quidam nescientes hospitio receperunt angelos*. Per illos igitur tres uiros, cum rursus filius Isaac de Sarra promitteretur Abrahae, diuinum datum est etiam tale responsum, ut diceretur: *Abraham erit in magnam gentem et multam, et benedicentur in eo omnes gentes terrae*. Et hic duo illa breuissime plenissimeque promissa sunt, gens Israel secundum carnem et omnes gentes secundum fidem.

30. Post hanc promissionem liberato de Sodomis Loth et ueniente igneo imbre de caelo tota illa regio impiae ciuitatis in cinerem uersa est, ubi stupra in masculos in tantam consuetudinem conualuerant, quantam leges solent aliorum factorum praebere licentiam. Verum et hoc eorum supplicium specimen futuri iudicii diuini fuit. Nam quo pertinet quod prohibiti sunt qui liberabantur ab angelis retro respicere, nisi quia non est animo redeundum ad ueterem uitam, qua per gratiam regeneratus exuitur, si ultimum euadere iudicium cogitamus? Denique uxor Loth, ubi respexit, remansit et in salem conuersa hominibus fidelibus quoddam praestitit condimentum, quo sapiant aliquid, unde illud caueatur exemplum. Inde rursus Abraham fecit in Geraris apud regem ciuitatis illius Abimelech, quod in Aegypto de coniuge fecerat, eique intacta similiter reddita est. Vbi sane Abraham obiurganti regi, cur tacuisset uxorem sororemque dixisset, aperiens quid timuerit etiam hoc addidit: *Etenim uere soror mea est de patre, sed non de matre*, quia de patre suo soror erat Abrahae, de

---

[204] 히브 13,2.

[205] 창세 18,18. benedicentur *in eo omnes* gentes: 창세 12,3; 앞의 16.16 참조.

[206] 14.18 참조.

[207] quo sapiant aliquid: sapio ("맛보다", "맛보아서 알다", "알다") 동사의 다의성을 이용한 기교다.

[208] 창세 20,1-18 참조.

[209] 창세 20,12.

주님을 불러 단수로 호칭했던 것이다. 그들이 천사였음은 성서가 증언하는 바이다. 이 사실이 기술되는 창세기는 말할 나위가 없고, 히브리인들에게 보낸 편지에서도 손님 접대에 대해 이런 말이 나온다: "어떤 사람들은 손님을 접대하다가 모르는 사이에 천사들을 대접했습니다."²⁰⁴ 아무튼 저 세 사람을 통해 사라에게서 아들 이사악이 태어나리라는 언약이 아브라함에게 다시 내렸을 때, 다음과 같은 하느님의 신적 언약이 있었다: "아브라함은 크고 수많은 민족이 되고 땅의 모든 민족들은 아브라함 안에서 축복을 받으리라."²⁰⁵ 또 여기서는 아주 짧지만 매우 충실하게 두 가지 점이 언약되었는데, 혈육에 따른 이스라엘 민족과 신앙에 따른 모든 민족이 그 내용이다.

30. 롯이 소돔인들의 손에서 구출되고 소돔인들은 하늘에서 내린 불비로 멸망했으며, 아비멜렉의 음욕이 사라의 정조를 해치지 못했다

이 언약이 있고 롯이 소돔에서 구출된 후, 불비가 하늘에서 내려와 불경스런 도성의 근방이 통째로 재로 변해버렸다. 거기서는 남자들에 대한 추행이 고질적 습속으로 맹위를 떨치고 있었고 법이 허용하는 다른 행위들과 마찬가지로 그 짓이 성행했다.²⁰⁶ 여기서 그들에게 내린 형벌은 장차 닥칠 신적 심판의 전조이기도 했다. 천사들에게 구출된 사람들더러 뒤돌아보지 말라고 금한 것은, 최후의 심판을 생각해서라도 은총으로 묵은 생활에서 재생되었으면 심정적으로라도 그 생활로 돌아가지 말라는 말씀이 아니고 무엇이겠는가? 그런데도 롯의 아내는 뒤돌아보다 당장 멈추어 소금기둥으로 변해 버렸다. 이 일화는 신앙인들에게 일종의 조미료가 되어 뭔가 맛을 보여주면서 덕분에 그 본보기를 통해 사람들을 조심하게 만든다.²⁰⁷ 그 뒤 아브라함은 그랄에 가서 그 도성의 임금 아비멜렉에게 이집트에서 자기 아내에게 닥친 것과 똑같은 봉변을 당했는데, 이번에도 상대방은 아내를 손대지 않고 되돌려주었다.²⁰⁸ 거기서 아비멜렉이 왜 아내라고 하지 않고 누이라고 했느냐고 항변하자 아브라함은 자기가 두려워하던 바가 무엇이었는지를 실토하고 이렇게 덧붙인다: "더구나 정말 누이이기도 합니다. 아버지 쪽으로는 누이인데 어머니 쪽으로는 아닙니다."²⁰⁹ 자기 아버지 쪽으로는 아브라함에게 누이가

quo propinqua eius erat. Tantae autem pulchritudinis fuit, ut etiam in illa aetate posset adamari.

31. Post haec natus est Abrahae secundum promissionem Dei de Sarra filius, eumque nominauit Isaac, quod interpretatur risus. Riserat enim et pater, quando ei promissus est, admirans in gaudio; riserat et mater, quando per illos tres uiros iterum promissus est, dubitans in gaudio; quamuis exprobrante angelo, quod risus ille, etiamsi gaudii fuit, tamen plenae fidei non fuit, post ab eodem angelo in fide etiam confirmata est. Ex hoc ergo puer nomen accepit. Nam quod risus ille non ad inridendum opprobrium, sed ad celebrandum gaudium pertinebat, nato Isaac et eo nomine uocato Sarra monstrauit; ait quippe: *Risum mihi fecit Dominus; quicumque enim audierit, congaudebit mihi.* Sed post aliquantulum tempus ancilla de domo eicitur cum filio suo, et duo illa secundum apostolum testamenta significantur, uetus et nouum, ubi Sarra illa supernae Hierusalem, hoc est ciuitatis Dei, figuram gerit.

32. Inter haec, quae omnia commemorare nimis longum est, temptatur Abraham de immolando dilectissimo filio ipso Isaac, ut pia eius oboedientia probaretur, saeculis in notitiam proferenda, non Deo. Neque enim omnis est culpanda temptatio, quia et gratulanda est, qua fit probatio. Et plerumque aliter animus humanus sibi ipsi innotescere non potest, nisi uires suas sibi non uerbo, sed experimento temptatione quodam modo

---

[210] 창세 11,27-29에 의하면 사라는 아브라함의 친형제 하란의 딸이므로 조카이지 이복누이가 아니다.

[211] 창세기는 이 이름을 아브라함의 웃음(창세 17,17)과 사라의 웃음(창세 18,12-15)에 연관시키지만 "하느님의 미소"(Isaac-El)를 연상시킨다. Cf. Hieronymus, *De nominibus hebraicis* 7.15: Isaac risus vel gaudium.

[212] 창세 21,6.

[213] 갈라 4,22-26 참조.

[214] 창세 22,1-14 참조.

되었고 그쪽으로는 분명히 그의 혈육이었다.[210] 그 나이에도 그토록 남자들의 총애를 받은 점으로 미루어 사라의 미모가 참으로 뛰어났음에 틀림없다.

31. 언약에 따라 태어난 이사악의 이름은 양친의 웃음에서 비롯되었다

그다음 하느님의 언약대로 아브라함은 사라에게서 아들을 얻었다. 아들의 이름을 이사악이라고 지었는데, 이는 "웃음"이라는 뜻이다.[211] 그에게 이 아들이 언약되었을 적에 아버지도 놀라고 좋아서 웃었던 것이다. 어머니도 웃었는데 저 세 사람을 통해 다시 한번 아들이 태어나리라는 언약이 있었을 때 미심쩍으면서도 좋아서 웃었던 것이다. 사라는 그 웃음이 비록 기쁨에서 왔지만 충만한 신앙으로부터 오지 않았으므로 천사의 꾸지람을 들었지만 그다음에는 바로 그 천사에 의해 신앙이 굳건해진 바 있다. 이렇게 해서 아이는 이름을 받았다. 그 이름이 비웃으며 힐난하는 뜻이 아니라 기뻐하며 축하하는 내용에 해당한다는 점은 이사악이 태어나자 그 이름을 지어주고 사라가 하는 다음 말에서 밝혀진다: "하느님께서 나에게 웃음을 주셨구나. 누구든지 소식을 들으면 나와 함께 기뻐하게 되었구나."[212] 하지만 얼마 지난 뒤 여종이 자기가 낳은 아들과 함께 집에서 쫓겨난다. 사도의 말에 의하면 이것은 구약과 신약 두 계약을 상징한다. 또 여기서 사라는 천상 예루살렘, 곧 하느님의 도성의 표상 역할을 한다.[213]

32. 아들을 희생하는 시험을 이겨낸 아브라함의 순종과 믿음, 그리고 사라의 죽음

32. 1. 아브라함은 믿음으로 이사악을 희생했다

그동안 일어난 사건들 모두를 언급하다가는 너무 긴 얘기가 되겠는데, 이후 아브라함은 극진히 사랑하는 아들 이사악을 제물로 바치라는 시험을 당한다. 이것은 그의 경건한 순종을 시험하는 것이었는데, 그 순종을 세세대대에 알리기 위한 것이지 하느님께 새삼 알려 드려야 할 것은 아니었다.[214] 모든 유혹이 다 탓할 것은 아닌데, 인간이 시험받는다는 점에서는 반겨야 할 것도 있다. 대개의 경우 인간 정신은 자기 능력을 스스로 깨달을 가능성이 없다. 유혹을 받아 일종의 심문을 거치면서 말로만이 아니라 경험으로도 자기 역량을 갖고 스스로 대응

interrogante respondeat; ubi si Dei munus agnouerit, tunc pius est, tunc solidatur firmitate gratiae, non inflatur inanitate iactantiae. Numquam sane crederet Abraham, quod uictimis Deus delectaretur humanis; quamuis diuino intonante praecepto oboediendum sit, non disputandum. Verum tamen Abraham confestim filium, cum fuisset immolatus, resurrecturum credidisse laudandus est. Dixerat namque illi Deus, cum de ancilla et filio eius foras eiciendis uoluntatem coniugis nollet implere: *In Isaac uocabitur tibi semen.* Et certe ibi sequitur ac dicitur: *Et filium autem ancillae huius in magnam gentem faciam illum, quia semen tuum est.* Quo modo ergo dictum est: *In Isaac uocabitur tibi semen,* cum et Ismaelem Deus semen eius uocauerit? Exponens autem apostolus quid sit: *In Isaac uocabitur tibi semen: Id est,* inquit, *non qui filii carnis, hi filii Dei, sed filii promissionis deputantur in semen.* Ac per hoc filii promissionis, ut sint semen Abrahae, in Isaac uocantur, hoc est in Christo uocante gratia congregantur. Hanc ergo promissionem pater pius fideliter tenens, quia per hunc oportebat impleri, quem Deus iubebat occidi non haesitauit quod sibi reddi poterat immolatus, qui dari potuit non speratus. Sic intellectum est et in epistula ad Hebraeos, et sic expositum. *Fide,* inquit, *praecessit Abraham Isaac temptatus et unicum obtulit, qui promissiones suscepit, ad quem dictum est: in Isaac uocabitur tibi semen, cogitans quia et ex mortuis suscitare potest Deus.* Proinde addidit: *Pro hoc etiam eum et in similitudinem adduxit*; cuius similitudinem, nisi illius unde dicit apostolus: *Qui proprio filio non pepercit, sed pro nobis omnibus tradidit eum?* Prop-

---

[215] 창세 21,12.

[216] 창세 21,13.

[217] 로마 9,7-8. (200주년: "이사악의 대를 이어야 네 후손이라 불리리라 ….") 교부는 이사악의 제사도 그렇지만 언약마저 그리스도론적으로 이해코자 한다.

[218] 히브 11,17-19. (200주년: "… 그러니 그가 이사악을 얻은 것은 비유라 하겠습니다.")

[219] 로마 8,32.

해 보아야 그 능력을 알 수 있다. 하느님의 선물을 알아본다면, 그때는 스스로 경건해지고, 은총의 굳건함으로 강건해지며, 황당한 자만심으로 들뜨는 일이 없다. 아브라함도 하느님이 인간을 제물로 받고 즐거워할 분이라고는 결코 믿지 않았다. 하지만 신적으로 울려오는 계명에는 복종을 해야 하는 것이지 따질 일은 아니었다. 여하튼 아들을 희생제물로 바쳐도 그가 부활하리라고 믿었다면 아브라함은 칭송을 받아야 한다. 여종과 그 아들을 집에서 쫓아내야 했을 때에도 아내의 원을 들어주지 않으려고 버티자 하느님이 그에게 한 말씀이 있다: "이사악 안에서 너에게 후손이 부름받으리라."²¹⁵ 또 뒤이어 분명히 다짐하는 말씀도 있다: "그러나 이 계집종의 아들도 네 자식이니 내가 그도 큰 민족을 이루게 하리라."²¹⁶ 하느님이 이스마엘도 아브라함의 자식이라고 말씀하면서 "이사악 안에서 너에게 후손이 부름받으리라"라고 한 말씀을 어떻게 이해할 것인가? 사도는 이것을 다음과 같이 설명했다: "이사악 안에서 너에게 후손이 부름받으리라고 했으니 그것은 육의 자녀가 곧 하느님의 자녀인 것은 아니며 약속의 자녀라야 후손으로 여겨진다는 말입니다."²¹⁷ 그러므로 언약의 자식들이 아브라함의 후손이 되라고 이사악 안에서 불림을 받는데, 이 말은 그리스도 안에서 은총의 부름을 받아 언약의 자식들이 한데 모인다는 뜻이다. 이 언약을 이사악의 아버지는 충실하게 간직했고, 하느님이 죽여 바치라고 명한 바로 그 아들을 거쳐서 언약이 실현되어야 했다. 기대를 걸지 않았음에도 자기에게 아들이 주어질 수 있다면 그가 희생된 다음에도 자기에게 되돌아올 수 있으리라고 의심치 않았다. 히브리인들에게 보낸 편지에서도 이 사건을 그렇게 이해하여 다음과 같이 해설하고 있다: "아브라함은 믿음으로 뛰어났고 이사악으로 시험을 당했을 때에 외아들을 바쳤습니다. 그는 약속을 받았었고 '이사악 안에서 너에게 후손이 부름받으리라'는 말씀이 그에게 내렸었습니다. 그는 하느님께서 사람을 죽은 자들 가운데서도 일으키실 수 있다고 생각하고 있었습니다." 그러고 나서 "그러니 그가 이사악을 끌고간 것은 비유라 하겠습니다"라는 말을 덧붙인다.²¹⁸ 이것이 사도가 "친아드님마저 아끼지 않고 우리 모두를 위해 넘겨주신 분"²¹⁹이라고 이야기하는 저분이 아니면 누구의 비유이겠는가? 그래서 주님이 당신 십자가를 지고 갔듯

terea et Isaac, sicut Dominus crucem suam, ita sibi ligna ad uictimae locum, quibus fuerat et inponendus, ipse portauit. Postremo quia Isaac occidi non oportebat, postea quam est pater ferire prohibitus, quis erat ille aries, quo immolato impletum est significatiuo sanguine sacrificium? Nempe quando eum uidit Abraham, cornibus in frutice tenebatur. Quis ergo illo figurabatur, nisi Iesus, antequam immolaretur, spinis Iudaicis coronatus?

Sed diuina per angelum uerba potius audiamus. Ait quippe scriptura: *Et extendit Abraham manum suam sumere machaeram, ut occideret filium suum. Et uocauit illum angelus Domini de caelo et dixit: Abraham! Ille autem dixit: Ecce ego. Et dixit: Non inicias manum tuam super puerum, neque facias illi quicquam; nunc enim sciui quia times Deum tuum, et non pepercisti filio tuo dilecto propter me, Nunc sciui* dictum est «nunc sciri feci»; neque enim hoc nondum sciebat Deus. Deinde ariete illo immolato pro Isaac filio suo *uocauit*, ut legitur, *Abraham nomen loci illius: Dominus uidit; ut dicant hodie: in monte Dominus apparuit.* Sicut dictum est: *Nunc sciui*, pro eo quod est nunc sciri feci: ita hic *Dominus uidit*, pro eo quod est Dominus apparuit, hoc est uideri se fecit. *Et uocauit angelus Domini Abraham secundo de caelo dicens: Per me ipsum iuraui, dicit Dominus, propter quod fecisti uerbum hoc et non pepercisti filio tuo dilecto propter me, nisi benedicens benedicam te, et multiplicans multiplicabo semen tuum tamquam stellas caeli et tamquam harenam, quae iuxta labium maris. Et hereditate possidebit semen tuum ciuitates aduersariorum, et benedicentur in semine tuo omnes gentes terrae, quia obaudisti uocem meam.* Hoc modo est illa de uocatione gentium in semine Abrahae post holocaustum, quo significatus est Christus, etiam iuratione Dei firmata promissio. Saepe enim promiserat, sed numquam iurauerat. Quid

---

[220] 아우구스티누스 이전의 교부들(예: Ambrosius, *De Isaac et anima* 1.1-2; Irenaeus, *Adversus haereses* 4.5.4-5; Tertullianus, *Adversus Iudaeos* 10.6.)도 히브리서에 근거해서 이사악의 제사를 그리스도론적으로 해석해 왔다.

[221] 창세 22,10-12.

[222] nunc sciri feci: cf. *Quaestiones in Heptateuchum* 1.58: cognovi ... nunc *te feci cognoscere*.

[223] 창세 22,14. 〔공동번역: "아브라함은 그곳을 야훼이레라고 이름붙였다. 그래서 오늘도 사람들은 '야훼께서 이 산에서 마련해 주신다' 고들 한다."〕

[224] 창세 22,15-18. benedicentur in semine tuo: 창세 12,3; 18,18 참조.

이, 이사악도 자기가 드러누울 장작을 희생제사를 바치는 곳까지 짊어지고 갔던 것이다. 마지막 순간에 이사악을 다치게 하지 말라는 금령을 받은 이상, 이사악은 죽지 않아도 되었다. 그를 대신하여 희생당했고 상징적으로 피를 흘려 희생제사를 완결한 저 숫양은 누구인가? 아브라함이 발견할 당시에 숫양은 뿔이 덤불에 걸려 허우적거리고 있었다. 이것은 희생되기 전 유다인들이 가시관을 씌운 예수를 표상하는 것이 아니면 무엇이겠는가?[220]

32.2. 아브라함의 믿음은 상급을 받았다

우선 천사의 입에서 나온 신적 말씀을 경청해 보자. 성서는 이렇게 말한다: "아브라함이 손을 뻗쳐 자기 아들을 죽이려고 칼을 붙잡으려고 했다. 그때 주님의 천사가 하늘에서 그를 불러 말했다. '아브라함아!' 그가 말했다. '저 여기 있습니다.' 천사가 이렇게 말했다. '그 아이에게 손을 대지 말라. 그에게 아무 짓도 하지 말라. 나는 네가 네 하느님을 두려워하는지 이제 알았다. 너는 네 사랑하는 아들마저 나를 위해 아끼지 않았다.'"[221] "나는 이제 알았다"고 했는데, 이것은 "나는 이제 알게 했다"는 말이다.[222] 하느님이 그때까지 몰랐을 리 없기 때문이다. 자기 아들 이사악 대신 그 숫양이 희생제물로 바쳐진 다음에 이런 말이 나온다: "아브라함은 그곳을 '주님이 보셨다'라고 이름붙였다. 그래서 오늘도 사람들은 '주님이 이 산에 나타나셨다'고들 한다."[223] "나는 이제 알게 했다"라는 말 대신 "나는 이제 알았다"고 했던 것처럼, 여기서도 "주님께서 당신을 보게 하셨다"라는 말 대신에 "주님께서 보셨다"라고 한 것이다. "주님의 천사가 하늘에서 두 번째로 아브라함을 불러 말했다. '주님이 말씀하신다. 나는 나를 두고 맹세했다. 네가 이 말을 실행했고, 사랑하는 네 아들마저 나 때문에 아끼지 않았다. 그러므로 나는 너를 축복하고 축복하겠고 네 후손을 불어나고 불어나게 하여 네 자손이 하늘의 별과 바닷가에 있는 모래같이 많아지게 하리라. 네 후손은 원수의 성문을 유산으로 차지하리라. 네가 이렇게 내 말을 들었기 때문에 세상 만민이 네 후손 안에서 축복을 받으리라.'"[224] 이렇게 해서 그리스도를 상징한 저 번제가 있은 다음, 아브라함의 자손 안에서 민족들의 부르심이 있으리라는 언약이 있었고 하느님의 맹세로 다짐이 되었다. 하느님은 여러 번 언약했으나 한 번도 맹세한 적은

est autem Dei ueri ueracisque iuratio nisi promissi confirmatio et infidelium quaedam increpatio?

Post haec Sarra mortua est, centensimo uicensimo septimo anno uitae suae, centensimo autem et tricensimo septimo uiri sui. Decem quippe annis eam praecedebat aetate; sicut ipse, quando sibi ex illa promissus est filius, ait: *Si mihi annorum centum nascetur filius, et si Sarra annorum nonaginta pariet.* Tunc emit agrum Abraham, in quo sepeliuit uxorem. Tunc ergo secundum narrationem Stephani in terra illa est conlocatus, quoniam coepit ibi esse possessor; post mortem scilicet patris sui, qui colligitur ante biennium fuisse defunctus.

33. Deinde Rebeccam neptem Nachor patrui sui, cum annorum quadraginta esset Isaac, duxit uxorem, centensimo scilicet et quadragensimo anno uitae patris sui, triennio post mortem matris suae. Vt autem illam duceret, quando ab eius patre in Mesopotamiam seruus missus est, quid aliud demonstratum est, cum eidem seruo dixit Abraham: *Pone manum tuam sub femore meo, et adiurabo te Dominum Deum caeli et Dominum terrae, ut non sumas uxorem filio meo Isaac a filiabus Chananaeorum,* nisi Dominum Deum caeli et Dominum terrae in carne, quae ex illo femore trahebatur, fuisse uenturum? Numquid haec parua sunt praenuntiatae indicia ueritatis, quam conpleri uidemus in Christo?

34. Quid autem sibi uult, quod Abraham post mortem Sarrae Cetturam duxit uxorem? Vbi absit ut incontinentiam suspicemur, praesertim in illa iam aetate et in illa fidei sanctitate. An adhuc procreandi filii quaerebantur, cum iam Deo promittente tanta multiplicatio filiorum ex Isaac per

---

[225] 창세 23,1; 17,17(앞의 16.26.2의 인용) 참조.

[226] 사도 7,2-4; 본서 15.2 참조.

[227] 창세 24,2-3. 〔공동번역: "너는 내 사타구니에 손을 넣고 하늘을 내신 하느님, 땅을 내신 하느님 야훼를 두고 맹세하여라 …."〕

[228] 그리스도가 아브라함의 후손으로 오리라는 말이다. 교부가 쓰는 femur(넓적다리)는 "사타구니"로도 번역되며, 히브리인들은 할례를 두고 맹세하는(in circumcisione iuraverit) 풍속이 있다는 글도 전해온다. 예: Hieronymus, *Quaestiones hebraicarum in Genesim* 24.9.

[229] 창세 25,1-6 참조. 사라가 죽은 뒤 하갈이 크투라로 이름을 바꾸어 정실 자리를 차지했다는 전설도 있었다. Cf. Hieronymus, *Quaestiones hebraicarum in Genesim* 25.1-6: eandem esse Agar, quae Saraa mortua de concubina transierit in uxorem.

없다. 그러니 진실하고 참된 하느님의 맹세야말로 언약한 바에 대한 다짐이며, 이 말씀을 믿지 않는 불신자들에 대한 모종의 질책이 아니고 무엇이겠는가?

32. 3. 사라가 남편보다 먼저 죽다

그다음 사라가 향년 127세로 죽었다. 남편의 나이 137세 때였다. 아브라함이 사라보다 열 살이 더 많았던 것이다. 아브라함 본인에게 아들이 언약되었을 때 속으로 "나이 백 살에 나에게 아들이 태어난다면, 또 사라도 아흔 살이나 되었는데 아기를 낳는다면?"이라고 한 말 그대로다.[225] 아브라함은 그때 밭을 사서 아내를 그곳에 묻었다. 스데파노의 이야기에 의하면 훗날 아브라함은 그곳에 자리를 잡았는데 그 땅의 주인이었기 때문이다.[226] 이 일은 아브라함의 부친이 죽은 다음에 일어났고, 계산에 의하면 부친은 아마 그보다 2년 전에 죽은 것 같다.

33. 이사악이 나홀의 손녀 리브가를 아내로 맞다

그 후 이사악은 마흔이 되어 삼촌의 손녀 리브가를 아내로 맞았다. 부친 아브라함이 140세 되던 해요 어머니가 죽은 지 3년 만이었다. 그 여자를 맞으러 아버지가 메소포타미아로 종을 보낼 때였다. 아브라함은 종에게 이렇게 말했다: "너는 내 넓적다리 밑에 손을 넣어라. 그러면 내가 하늘의 주 하느님, 땅의 주님을 두고 맹세하며 네게 간청하리라. 내 며느릿감은 내가 살고 있는 이곳 가나안 사람의 딸 가운데서 고르지 말아라."[227] 그렇다면 이 말은 하늘의 주 하느님, 땅의 주님이 그 넓적다리에서 나온 육신을 입고서 세상에 오리라는 사실이 아니면 무엇을 가리키겠는가?[228] 이 자리에서 예고된 진리가 그리스도에게서 성취됨을 우리가 목격하는 중이니, 그것을 사소한 조짐이라고 할 수 있겠는가?

34. 사라가 죽은 후 아브라함이 크투라를 아내로 맞이한 일을 어떻게 이해할까

사라의 사후에 아브라함이 크투라를 아내로 맞은 일은 무엇을 의미할까?[229] 특히 그의 나이나 믿음의 성덕을 보아서는 절조가 없어 그랬다는 생각은 할 수 없다. 그는 시험을 거쳐 다져진 신앙으로 하느님이 언약하는 대로 이사악에게서 나올 자손들이 하늘의 별과 땅의 모래같이 많아지리라고 믿고 있었을 텐데

stellas caeli et harenam terrae fide probatissima teneretur? Sed profecto si Agar et Ismael, doctore apostolo, significauerunt carnales ueteris testamenti, cur non etiam Cettura et filii eius significent carnales, qui se ad testamentum nouum existimant pertinere? Ambae quippe et uxores Abrahae et concubinae sunt appellatae; Sarra uero numquam dicta est concubina. Nam et quando data est Agar Abrahae, ita scriptum est: *Et adprehendit Sara uxor Abram Agar Aegyptiam ancillam suam post decem annos, quam habitauerat Abram in terra Chanaan, et dedit eam Abram uiro suo ipsi uxorem.* De Cettura autem, quam post obitum Sarrae accepit, sic legitur: *Adiciens autem Abraham sumpsit uxorem, cui nomen Cettura.* Ecce ambae dicuntur uxores; ambae porro concubinae fuisse reperiuntur, postea dicente scriptura: *Dedit autem Abraham omnem censum suum Isaac filio suo, et filiis concubinarum suarum dedit Abraham dationes et dimisit eos ab Isaac filio suo adhuc se uiuo ad Orientem, in terram Orientis.* Habent ergo nonnulla munera filii concubinarum, sed non perueniunt ad regnum promissum, nec haeretici, nec Iudaei carnales, quia praeter Isaac nullus est heres, et *non qui filii carnis, hi filii Dei, sed filii promissionis deputantur in semine*, de quo dictum est: *In Isaac uocabitur tibi semen.* Neque enim uideo, cur etiam Cettura post uxoris mortem ducta, nisi propter hoc mysterium, dicta sit concubina. Sed quisquis haec non uult in istis significationibus accipere, non calumnietur Abrahae. Quid si enim et hoc prouisum est contra haereticos futuros secundarum aduersarios nuptiarum, ut in ipso patre multarum gentium post obitum coniugis iterum coniugari demonstraretur non esse peccatum? Et mortuus est Abraham, cum esset annorum centum septuaginta [quinque]. Annorum ergo septuaginta [quinque] Isaac filium dereliquit, quem centenarius genuit.

35. Iam ex hoc, quem ad modum per posteros Abrahae ciuitatis Dei procurrant tempora, uideamus. A primo igitur anno uitae Isaac usque ad

---

[230] 갈라 4,24 참조.

[231] 창세 16,3. 〔공동번역: "… 소실로 들여 보냈다."〕

[232] 창세 25,1.

[233] 창세 25,5-6.

[234] 로마 9,8(앞의 16.32.1에도 인용).

[235] 몬타누스(155~160 무렵)의 이단은 그리스도인의 재혼을 죄악시했고(예: Tertullianus, *De monogamia* 1.1; *Ad uxorem* 1.7.2-5) 교부는 이 입장을 반박했다. Cf. *Contra adversarium Legis et Prophetarum* 2.10.37: Ipse Deus … et secundas nuptias licitas esse demonstravit.

[236] 창세 25,7 참조.

도, 아직 자손을 생산할 길을 찾고 있었을까? 박사인 사도의 말에 따르면,[230] 하갈과 이스마엘이 구약의 육적 인간들을 상징했다면, 크투라와 그의 자식들은 신약에 속한다고 자처하는 저 육적 인간들을 상징하지 말라는 법이 어찌 없겠는가? 두 여자 모두 아브라함의 아내라고도 소실이라고도 불렸다. 그 대신 사라를 소실이라고 부른 일은 없다. 하갈을 아브라함에게 바쳤을 때는 이렇게 씌어 있다: "아브람의 아내 사래는 아브람이 가나안 땅에 정착한 지 10년이 지난 뒤 자기의 이집트인 몸종 하갈을 데려다 남편 아브람에게 아내로 주었다."[231] 사라가 죽은 뒤 맞아들인 크투라에 대해서도 이렇게 나와 있다: "아브라함이 다시 아내를 맞았는데 이름은 크투라라고 하였다."[232] 여기서는 둘다 아내라고 부른다. 그런데 후에는 성서에 둘다 소실이라고 나와 있다: "아브라함은 자기 재산을 모두 이사악에게 물려주었다. 소실들에게서 난 자식들에게도 살림 밑천을 골고루 나누어 주었다. 그리고 죽기 전에 그 자식들을 아들 이사악에게서 떼어 해뜨는 동쪽으로 보내 버렸다."[233] 그러니까 소실들의 자식들도 적잖은 살림 밑천을 받았다. 그렇지만 이단자들도 육적 유다인들도 약속된 왕국에는 도달하지 못한다. 이사악 외에는 아무도 상속자가 아니며 "그것은 육의 자녀가 곧 하느님의 자녀인 것은 아니며 약속의 자녀라야 후손으로 여겨진다는 말"이다.[234] 바로 이것을 가리켜 "이사악 안에서 너에게 후손이 부름받으리라"고 했다. 이런 비의秘義 때문이 아니라면, 크투라는 본처의 사후에 맞아들인 여자인데도 소실이라고 불린 이유를 나는 모르겠다. 이런 상징으로 이 얘기를 받아들이기 싫어하는 사람도 아브라함을 욕해서는 안 된다. 많은 민족의 아버지가 되는 사람이 본처가 죽은 다음 재혼하더라도 죄가 되는 것이 아니라면, 혹시 이것이 두 번째 혼인을 한사코 반대할 미래의 이단자들에 대한 대책이 되는 것은 아닐까?[235] 175세에 아브라함은 백 살에 낳은 아들 이사악을 남기고 죽었다.[236]

35. 어머니 리브가의 품속 쌍둥이에게 내린 신탁

그러면 이제부터는 아브라함의 후손들을 거치면서 하느님 도성의 시대가 어떻게 전개되는지 보기로 하자. 이사악의 생애 첫해부터 자식들이 태어난 예순

sexagensimum, quo ei nati sunt filii, illud memorabile est, quod, cum illi Deum roganti ut pareret uxor eius, quae sterilis erat, concessisset Dominus quod petebat, atque haberet illa conceptum, gestiebant gemini adhuc in utero eius inclusi. Qua molestia cum angeretur, Dominum interrogauit accepitque responsum: *Duae gentes in utero tuo sunt et duo populi de uentre tuo separabuntur et populus populum superabit et maior seruiet minori.* Quod Paulus apostolus magnum uult intellegi gratiae documentum, quia nondum illis natis nec aliquid agentibus boni seu mali sine ullis bonis meritis eligitur minor maiore reprobato; quando procul dubio, quantum adtinet ad originale peccatum, ambo pares erant; quantum autem ad proprium, ullius eorum nullum erat. Sed nunc de hac re dicere aliquid latius instituti operis ratio non sinit, unde in aliis multa iam diximus. Quod autem dictum est: *Maior seruiet minori*, nemo fere nostrorum aliter intellexit, quam maiorem populum Iudaeorum minori Christiano populo seruiturum. Et re uera quamuis in gente Idumaeorum, quae nata est de maiore, cui duo nomina erant (nam et Esau uocabatur et Edom, unde Idumaei), hoc uideri possit impletum, quia postea superanda fuerat a populo, qui ortus est ex minore, id est Israelitico, eique fuerat futura subiecta: tamen in aliquid maius intentam fuisse istam prophetiam, qua dictum est: *Populus populum superabit et maior seruiet minori*, conuenientius creditur. Et quid est hoc, nisi quod in Iudaeis et Christianis euidenter impletur?

36. Accepit etiam Isaac tale oraculum, quale aliquotiens pater eius acceperat. De quo oraculo sic scriptum est: *Facta est autem fames super terram praeter famem, quae prius facta est in tempore Abrahae. Abiit autem Isaac ad Abimelech regem Philistinorum in Gerara. Apparuit autem illi*

---

[237] 창세 25,23.

[238] 로마 9,11-13 참조.

[239] 그리스도교는 아우구스티누스 이래로 인류가 아담의 죄과를 타고나는 원죄(peccatum originale)와 본인의 책임하에 범하는 본죄(peccatum proprium)를 구분해 왔다.

[240] 예: *De gratia Christi et de peccato originali; De gratia et libero arbitrio; De corruptione et gratia.*

[241] 에사오와 에돔이 동일하다는 점은 성서 여러 대목(창세 25,30; 36,8; 민수 20,14)에 나오고 심지어 세일(Seir: 창세 33,16)이라고도 부른다.

살에 이르기까지의 사이에서 우선 다음 사건을 기억할 만하다. 석녀인 자기 아내가 아이를 낳게 해 달라고 이사악이 하느님께 청을 드릴 적에 주님이 그가 청하는 바를 들어주었다. 그 여자가 잉태를 하자 쌍둥이가 아직 뱃속에 있으면서 서로 다퉜다. 그 일이 괴로워 그 여자는 주님께 까닭을 여쭈었고 응답을 받았다: "너의 태에는 두 민족이 들어 있다. 태에서 나오기도 전에 두 부족으로 갈라졌는데, 한 부족이 다른 부족을 억누를 것이다. 형이 동생을 섬기게 될 것이다."[237] 바울로는 이 사건을 은총에 관한 크나큰 표본으로 알아듣고 싶었다. 그들은 아직 태어나지도 않았고 선하거나 악한 행위를 아무것도 하지 않았지만, 이를테면 선한 공적이 아무것도 없는 상황에서 형이 배척당하고 동생이 뽑힌 까닭이다.[238] 원죄로 말하자면 양편이 동등했음에 틀림없다. 본죄로 말하자면 누구도 죄가 아예 없었다.[239] 그러나 지금 이 문제를 두고 뭔가 긴 얘기를 하기에는 본서의 애초 계획이 허용하지 않으며 다른 데서 이미 많은 얘기를 한 바 있다.[240] 우리들 중에는 "형이 동생을 섬기게 될 것이다"는 말씀을, 형인 유다인들의 백성이 동생인 그리스도교 백성을 섬기게 되리라는 뜻으로 받아들이지 않는 사람이 아무도 없다. 형이라고 하면 형(그에게는 이름이 두 개가 있었는데 에사오라고도 부르고 에돔이라고도 불렀다)[241]으로부터 나온 이두매아인들의 민족에게서 그 예언이 이루어진 것으로 생각할 수도 있다. 후대에 동생에게서 나온 민족 곧 이스라엘 민족에게 정복을 당했고 그 민족을 섬기게 되었으니까. 하지만 "한 부족이 다른 부족을 억누를 것이다"는 이 예언은 뭔가 더 큰 의도를 담았던 것으로 생각된다. 그렇다면 이 말씀이 유다인들과 그리스도인들에게서 더욱 분명하게 성취되고 있다는 사실 외에 무엇이겠는가?

36. 이사악이 받은 신탁과 축복: 이 축복은 이사악이 부친 못지않게 또 부친의 공덕으로 사랑받아 얻은 것이었다

이사악도 자기 아버지가 수차 받았던 신탁을 받았다: "그 지방에는 아브라함 당시에도 흉년이 든 일이 있었지만 그런 흉년이 또 들었다. 그래서 이사악은 불레셋의 왕인 아비멜렉이 사는 그랄로 가려고 했다. 그때 주님께서 나타나 말

Dominus et dixit: Noli descendere in Aegyptum; habita autem in terra, quam tibi dixero, et incole in terra hac; et ero tecum et benedicam te. Tibi enim et semini tuo dabo omnem terram hanc, et statuam iuramentum meum, quod iuraui Abrahae patri tuo; et multiplicabo semen tuum tamquam stellas caeli, et dabo semini tuo omnem terram hanc, et benedicentur in semine tuo omnes gentes terrae, pro eo quod obaudiuit Abraham pater tuus uocem meam et custodiuit praecepta mea et mandata mea et iustificationes meas et legitima mea. Iste patriarcha nec uxorem habuit aliam nec aliquam concubinam, sed posteritate duorum geminorum ex uno concubitu procreatorum contentus fuit. (Timuit sane etiam ipse periculum de pulchritudine coniugis, cum habitaret inter alienos, fecitque quod pater, ut eam sororem diceret, taceret uxorem; erat enim ei propinqua et paterno et materno sanguine; sed etiam ipsa ab alienis, cognito quod uxor esset, mansit intacta.) Nec ideo tamen istum patri eius praeferre debemus, quia iste nullam feminam praeter unam coniugem nouerat. Erant enim procul dubio paternae fidei et oboedientiae merita potiora, in tantum, ut propter illum dicat Deus huic se facere bona quae facit. *Benedicentur*, inquit, i*n semine tuo omnes gentes terrae, pro eo quod obaudiuit Abraham pater tuus uocem meam et custodiuit praecepta mea et mandata mea et iustificationes meas et legitima mea*; et alio rursus oraculo: *Ego sum*, inquit, *Deus Abraham patris tui, noli timere; tecum enim sum et benedixi te et multiplicabo semen tuum propter Abraham patrem tuum*; ut intellegamus quam caste Abraham fecerit, quod hominibus inpudicis et nequitiae suae de scripturis sanctis patrocinia requirentibus uidetur fecisse libidine; deinde ut etiam hoc nouerimus, non ex bonis singulis inter se homines conparare, sed in uno quoque consideremus uniuersa. Fieri enim potest, ut habeat aliquid in uita et moribus quispiam, quo superat alium,

---

[242] 창세 26,1-5.
[243] 창세 26,7-11 참조.
[244] 창세 26,24.

쏨하셨다. '이집트로 내려가지 말고 내가 너에게 일러 주는 땅에 자리잡고 그 땅에 몸붙여 살아라. 나는 너와 함께 있으면서 너에게 복을 내려 주리라. 이 모든 지방을 너와 네 후손에게 주리라. 그리고 네 아비 아브라함과 맺은 내 맹세를 세우리라. 그리고 네 자손을 하늘에 있는 별만큼 불어나게 하여 그들에게 이 모든 지방을 주리라. 땅위의 모든 민족이 네 후손 안에서 복을 받을 것이다. 이는 너의 아비 아브라함이 내 말을 따라 내가 지키라고 일러 준 나의 계명과 나의 규정과 훈계와 나의 율법을 성심껏 지킨 덕이다.'"[242] 저 성조는 다른 부인을 두지도 않았고 소실을 두지도 않았으며, 후손으로는 한 번의 동침으로 생산한 쌍둥이 둘로 만족했다. 그 역시 이역 사람들 틈에 몸붙여 사는 동안은 아내의 미모에서 오는 위험을 두려워했고 아버지가 한 짓을 따라하면서 누이라고 말하고 아내라는 말을 하지 않았다. 왜냐하면 그의 아내는 양친의 가까운 혈육이었기 때문이다. 그리고 그 여자도 이사악의 아내라는 것이 밝혀져 다른 남자들로부터 유린당하지 않고 깨끗한 몸으로 남게 되었다.[243] 그러나 이사악이 한 명의 아내 외에는 아무 여자도 알지 않았다고 해서 우리가 그를 그의 부친보다 나은 인물로 여길 것은 아니다. 부친의 신앙과 순종의 공덕이 훨씬 훌륭했고, 하느님도 그 공덕을 보고서 이사악에게 좋은 것을 베풀어 준다고 말씀했다: "땅 위의 모든 민족이 네 후손 안에서 복을 받을 것이다. 이는 너의 아비 아브라함이 내 말을 따라 내가 지키라고 일러 준 나의 계명과 나의 규정과 훈계와 나의 율법을 성심껏 지킨 덕이다." 이것은 다른 신탁에서도 거듭하는 말씀이다: "나는 네 아비 아브라함의 하느님이다. 그러니 두려워하지 말라. 내가 너와 함께 있다. 너의 아버지 아브라함을 보아 너에게 복을 내렸고 네 자손이 불어나게 하리라."[244] 이 말씀에서 우리는 아브라함이 얼마나 깨끗하게 행동했는지를 알아야 할 것이다. 불순한 인간들은 성서에서 자신의 악행에 대한 변호를 얻어낼 요량으로 아브라함이 정욕에서 행동한 것으로 보려고 한다. 그러므로 여기서 우리는 개개의 선행을 두고 사람들을 서로 비교해서는 안 되고, 개개 사람들의 행동 전반을 살펴야 한다는 점을 알 수 있다. 어떤 사람이 삶이나 행실이 특출하여 그것으로 다른 사람을 앞지르는 일이 가능하고, 비록 다른 점

idque sit longe praestabilius, quam est illud, unde ab alio superatur. Ac per hoc sano ueroque iudicio, cum continentia coniugio praeferatur, melior est tamen homo fidelis coniugatus quam continens infidelis. Sed infidelis homo non solum minus laudandus, uerum etiam maxime detestandus est. Constituamus ambos bonos; etiam sic profecto melior est coniugatus fidelissimus et oboedientissimus Deo quam continens minoris fidei minorisque oboedientiae. Si uero paria sint cetera, continentem coniugato praeferre quis ambigat?

에서는 타인에게 뒤지면서도 이 점에서는 아주 출중한 인물인 경우가 있다. 결혼보다 금욕이 앞서는 것이 사실이지만, 건전하고 진실한 판단을 따른다면, 결혼을 했더라도 신앙을 갖는 인간이 신앙을 갖지 않은 채 금욕하는 인간보다 낫다. 불신자不信者는 금욕을 하더라도 칭송을 적게 받을 뿐 아니라 아주 외면당할 만하다. 두 사람 다 선량하다고 전제하자. 그럴 경우 지극히 신실하고 하느님께 절대 순종하는 인간이, 비록 금욕은 하지만 신의가 적고 순종이 부족한 인간보다 훨씬 낫다. 하기야 다른 모든 점에서 동등하다면야 금욕하는 사람을 결혼한 사람보다 우대하는 일을 누가 마다하겠는가?[245]

---

[245] 결혼과 금욕에 대해 테르툴리아누스 같은 사람은 엄격한 입장이었고 아우구스티누스는 현실주의 입장을 취했다. Cf. *De bono coniugali; De bono viduitatis.*

37. Duo igitur Isaac filii Esau et Iacob pariter crescunt. Primatus maioris transfunditur in minorem ex pacto et placito inter illos, eo quod lenticulam, quem cibum minor parauerat, maior inmoderatius concupiuit, eoque pretio primogenita sua fratri iuratione interposita uendidit. Vbi discimus in uescendo non cibi genere, sed auiditate inmodesta quemque culpandum. Senescit Isaac eiusque oculis per senectam uisus aufertur. Vult benedicere filium maiorem et pro illo nesciens benedicit minorem, pro fratre maiore, qui erat pilosus, se paternis manibus supponentem, haedinis sibi pelliculis coaptatis uelut aliena peccata portantem. Iste dolus Iacob ne putaretur fraudulentus dolus et non in eo magnae rei mysterium quaereretur, superius praedixit scriptura: *Et erat Esau homo sciens uenari, agrestis; Iacob autem homo simplex, habitans domum.* Hoc nostri quidam interpretati sunt «sine dolo». Siue autem «sine dolo» siue «simplex» siue potius «sine fictione» dicatur, quod est Graece ἄπλαστος: quis est in ista percipienda benedictione dolus hominis sine dolo? Quis est dolus simplicis, quae fictio non mentientis, nisi profundum mysterium ueritatis? Ipsa autem benedictio qualis est? *Ecce,* inquit, *odor filii mei tamquam odor agri pleni, quem benedixit Dominus. Et det tibi Deus de rore caeli et de ubertate terrae et multitudinem frumenti et uini, et seruiant tibi gentes et adorent te principes et fiere dominus fratris tui et adorabunt te filii patris tui. Qui maledixerit te, maledictus; et qui benedixerit te, benedictus.* Benedictio igitur Iacob praedicatio est Christi in omnibus gentibus. Hoc

---

[246] 창세 25,29-34 참조.

[247] 이스라엘 속죄일에 염소에게 백성의 죄를 씌워 광야로 내쫓던 의식도 연상시키고, 자기 살갗이 아닌 가죽을 두르고 있는 모습이 남의 죄를 짊어지는 분의 예표로 해석될 수도 있다는 변명이다(*Contra mendacium* 10,24).

[248] 창세 25,27. 〔공동번역: "에사오는 날쌘 사냥꾼이 되어 들에서 살고, 야곱은 성질이 차분하여 천막에 머물러 살았다."〕

[249] 불가타역의 simplex (공동번역: "성질이 차분한")가 sine dolo로 해석되면 야곱의 행동은 dolus hominis sine dolo라는 반어법의 풍자가 된다.

[250] 창세 27,27-30.

[251] 야곱에 대한 이사악의 축복을 우의(寓意)로 풀이하는 이하의 내용은 *De Genesi contra Manichaeos* 2,4,5에 상론된다.

제3부 (37-43)
하느님 도성의 장년기 초반: 이스라엘부터 다윗 사이

37. 에사오와 야곱에게서 신비적으로 예표되는 사실

이사악의 두 아들 에사오와 야곱은 나란히 성장한다. 그런데 형의 장자권長子權이 둘 사이의 약속과 합의에 의해 동생에게로 넘어간다. 동생이 음식으로 마련하고 있던 팥죽을 형이 너무 욕심내다가 그 대가로 맹세까지 곁들여 자신의 장자권을 동생에게 팔아넘기고 말았던 것이다.[246] 여기서 우리는 먹는 음식의 종류를 탓할 것이 아니라 절도 없는 탐심을 탓해야 함을 배우게 된다. 그러다 이사악이 늙었고 고령으로 눈의 시력을 잃었다. 그는 큰아들을 축복하고 싶어했는데 자기도 모르는 사이에 형 대신 아우를 축복하고 만다. 형이 털북숭이여서, 야곱은 부친의 손 밑에 몸을 내밀기 전에 염소 가죽을 몸에 감았던 것이다. 이것은 흡사 다른 사람들의 죄를 짊어진 모습이었다.[247] 그러므로 야곱의 저 꾀를 사기성 있는 속임수로 치부할 것이 아니라 그 속에 담긴 위대한 사물의 신비를 찾아봐야 할 것이다. 성서도 앞서 한 말이 있다: "에사오는 사냥할 줄을 아는 들사람이 되었으며, 야곱은 단순한 사람으로 집에서 살았다."[248] 단순하다는 말을 우리 학자들은 "꾀 없는"이라고 번역했다. "꾀가 없든" "단순하든" 한걸음 더 나아가 "꾸밈이 없든", 그리스어로는 아플라스토스라고 한다. 저 축복을 가로채는데 "꾀 없는 사람"의 "꾀"란 도대체 무엇일까?[249] 단순한 사람의 꾀, 거짓 말하지 않는 사람의 꾀란 어떤 것일까? 진리의 깊은 신비가 아니면 무엇이겠는가? 그 축복 자체는 어떤 것일까? 이사악이 하는 말이 있다: "아, 내 아들의 향기, 주님께서 축복하신 충만한 들의 향기로구나. 하느님께서 너에게 하늘의 이슬로 땅이 기름져 오곡이 풍성하고 술이 넘쳐나거라. 뭇 백성은 너를 섬기고 제왕들이 네 앞에 엎드리리라. 너는 네 형제의 주인이 되어라. 네 아비의 자식들이 네 앞에 엎드리리라. 너를 저주하는 자는 저주를 받고 너에게 복을 빌어주는 사람은 복을 받으리라."[250] 결국 야곱에 대한 축복은 모든 민족들 안에서 이루어지는 그리스도의 설교를 의미한다.[251] 과연 오늘날 그것이 이루어지고 있고 실현

fit, hoc agitur. Lex et prophetia est Isaac; etiam per os Iudaeorum Christus ab illa benedicitur uelut a nesciente, quia ipsa nescitur. Odore nominis Christi, sicut ager, mundus impletur; eius est benedictio de rore caeli, hoc est de uerborum pluuia diuinorum, et de ubertate terrae, hoc est congregatione populorum; eius est multitudo frumenti et uini, hoc est multitudo quam colligit frumentum et uinum in sacramento corporis eius et sanguinis. Ei seruiunt gentes, ipsum adorant principes. Ipse est dominus fratris sui, quia populus eius dominatur Iudaeis. Ipsum adorant filii patris eius, hoc est filii Abrahae secundum fidem; quia et ipse filius est Abrahae secundum carnem. Ipsum qui maledixerit, maledictus, et qui benedixerit, benedictus est. Christus, inquam, noster etiam ex ore Iudaeorum quamuis errantium, sed tamen legem prophetasque cantantium benedicitur, id est ueraciter dicitur; et alius benedici putatur, qui ab eis errantibus expectatur. Ecce benedictionem promissam repetente maiore expauescit Isaac et alium se pro alio benedixisse cognoscit; miratur et quisnam ille sit percontatur; nec tamen se deceptum esse conqueritur; immo confestim reuelato sibi intus in corde magno sacramento deuitat indignationem, confirmat benedictionem. *Quis ergo*, inquit, *uenatus est mihi uenationem et intulit mihi, et manducaui ab omnibus, antequam tu uenires? Et benedixi eum, et benedictus sit.* Quis non hic maledictionem potius expectaret irati, si haec non superna inspiratione, sed terreno more gererentur? O res gestas, sed prophetice gestas; in terra, sed caelitus; per homines, sed diuini-

---

[252] 창세 27,33.

되고 있다. 이사악은 율법이며 예언이다. 유다인들의 입에서 나오는 말을 보더라도 그리스도는 예언에 의해 축복을 받고 있다. 예언 자체를 사람들이 모르는 바이므로 그는 알지 못하는 사람들에게서 축복을 받는 셈이다. 들처럼 온 세상이 그리스도의 이름에서 오는 향기로 가득 찬다. 그리스도의 축복은 하늘의 이슬로, 다시 말해 신적 말씀의 비로 이루어지고, 땅의 비옥함으로, 다시 말해 백성들의 모임으로 이루어진다. 그분의 곡식과 술이 넘친다는 말은 당신의 몸과 피의 성사에서 곡식과 포도주가 거두어지는 풍요함을 의미한다. 뭇 민족들이 그분을 섬긴다. 제왕들이 그분을 예배한다. 그분은 자기 형제의 주인이 되었다. 당신의 백성이 지금 유다인들을 다스리고 있는 까닭이다. 자기 아버지의 자식들, 곧 신앙에 따른 아브라함의 자식들이 그분 앞에 엎드린다. 당신도 육신으로는 아브라함의 자손이기 때문이다. 그분을 저주하는 자는 저주를 받고 그분을 축복하는 사람은 복을 받는다. 내가 말하거니와 우리 그리스도는 오류에 빠진 유다인들의 입에서도 축복을 받고 있다. 비록 유다인들이 오류에 빠졌더라도 율법과 예언을 인정하여 노래로 부르는 사람들인만큼, 그들의 입에서 나오는 진실한 말을 그분이 듣고 있기 때문이다. 그들은 다른 인물이 축복받는다고 여기고, 오류에 빠진 채로 다른 사람을 기다리고 있기는 하지만 그들의 입에서도 그리스도는 축복을 받고 있다. 형이 뒤늦게 와서 약속한 축복을 달라고 청하자 이사악은 놀라 자기가 그 대신 다른 사람을 축복했음을 알아챈다. 그리고 축복을 가로챈 자가 누굴까를 헤아린다. 하지만 자기가 속았다고 상심하지는 않는다. 그의 마음속에 갑자기 커다란 신비가 밝아오면서 분개심을 누그러뜨리고 자기가 내린 축복을 다짐하게 만든다. 그래서 이런 말을 한다: "누가 벌써 나를 위해 사냥을 했고 사냥한 것을 나에게 가져왔을까? 또 네가 오기 전에 나는 그것을 모조리 먹었고 그에게 이미 복을 빌어주었다. 그는 어쩔 수 없이 복을 받은 것이다."[252] 위로부터 내리는 영감에 따라 행동하지 않고 현세적 행동거지로 움직였다면 누구나 이런 자리에서 분개하여 저주를 내릴 것으로 기대하지 않겠는가? 오, 이야말로 역사적 사건이면서도 또한 예언적 사건이다! 지상에서 이루어졌지만 천상에서 영감을 받은 것이다! 인간들을 통해 저질러졌지만 신적으로 이룩된

tus! Si excutiantur singula tantis fecunda mysteriis, multa sunt implenda uolumina; sed huic operi modus moderate inponendus nos in alia festinare conpellit.

38. Mittitur Iacob a parentibus in Mesopotamiam, ut ibi ducat uxorem. Patris mittentis uerba haec sunt: *Non accipies uxorem ex filiabus Chananaeorum; surgens fuge in Mesopotamiam in domum Bathuel, patris matris tuae, et sume tibi inde uxorem de filiabus Laban, fratris matris tuae. Deus autem meus benedicat te et augeat te et multiplicet te; et eris in congregationes gentium; et det tibi benedictionem Abraham patris tui, tibi et semini tuo post te, ut heres fias terrae incolatus tui, quam dedit Deus Abraham.* Hic iam intellegimus segregatum semen Iacob ab alio semine Isaac, quod factum est per Esau. Quando enim dictum est: *In Isaac uocabitur tibi semen*, pertinens utique semen ad ciuitatem Dei, separatum est inde aliud semen Abrahae, quod erat in ancillae filio, et quod futurum erat in filiis Cetturae. Sed adhuc erat ambiguum de duobus geminis filiis Isaac, ad utrumque an ad unum eorum illa benedictio pertineret; et si ad unum, quisnam esset illorum. Quod nunc declaratum est, cum prophetice a patre benedicitur Iacob et dicitur ei: *Et eris in congregationes gentium, et det tibi benedictionem Abraham patris tui.*

Pergens itaque in Mesopotamiam Iacob in somnis accepit oraculum, de quo sic scriptum est: *Et exiit Iacob a puteo iurationis et profectus est in*

---

[253] tantis mysteriis: 아우구스티누스는 특히 16권에서 구약의 사건들을 신약에서 일어날 사건들, 특히 그리스도 사건의 예형(豫型)으로 해설하거나(typologice) 영성적 의미로 해설하고 있으므로(mystice) 짤막한 변명이 필요하다고 여긴 듯하다.

[254] 창세 28,1-4.

[255] 공동번역은 "브엘세바"라는 지명으로 표기한다.

것이다! 거기에 풍부하게 담긴 온갖 비의를 일일이 따지자면 수많은 두루마리를 빼곡히 채워야 할 것이다. 하지만 이 책에서는 정도에 맞는 분수를 지켜야 하므로 우리는 이제 다른 문제로 넘어가지 않을 수 없다.[253]

38. 야곱은 아내를 구하러 메소포타미아로 보내졌고, 여로에서 꿈에 현시를 보았으며, 한 여자에게 장가들겠다고 청했다가 네 여자를 얻기에 이르렀다

38. 1. 아브라함의 후손이 야곱 안에서 축복을 받다

야곱은 부모에 의해 메소포타미아로 보내진다. 거기 가서 아내를 맞아오라는 것이었다. 그를 보내는 아버지의 말은 다음과 같다: "너는 아예 가나안 여자에게 장가들지 말아라. 너는 일어나 메소포타미아의 브두엘 외할아버지 댁으로 도망가거라. 거기에서 라반 외삼촌의 딸들 중에서 아내를 들여라. 내 하느님께서 너에게 복을 주시어 네 후손이 불어나 아주 번성하게 해 주실 것이다. 그래서 너는 여러 민족의 집단으로 발전할 것이다. 하느님께서 아브라함에게 주셨던 복을 너와 네 뒤에 올 자손에게도 주시어 네가 지금 자리잡고 사는 이 땅, 하느님이 아브라함에게 주셨던 땅을 상속하게 되기를 빈다."[254] 벌써 여기서 우리는 야곱의 후손이 이사악의 다른 후손, 에사오에 의해 생겨난 후손으로부터 떨어져나감을 알 수 있다. "이사악 안에서 네게 후손이 부름받으리라"는 말씀이 있었을 때 하느님의 도성에 속하는 한 겨레가 아브라함의 다른 후손으로부터, 즉 여종의 아들에게서 내려오는 후손과 크투라의 자식들에게서 생겨날 후손으로부터 분리되었다. 그런데 이사악의 두 쌍둥이 아들들에 대해서는 축복이 둘다에게 가는지 아니면 한 사람에게만 가는지, 또 하나라면 둘 중의 누구에게 가는지 모호했다. 그것이 지금은 분명하게 선언된 셈이다. 아버지가 야곱에게 예언적 축복을 내리고 이런 말을 한 것이다: "그래서 너는 여러 민족의 집단으로 발전할 것이다. 하느님께서 아브라함에게 주셨던 복을 너와 네 뒤에 올 자손에게도 주시리라."

38. 2. 야곱이 신탁을 받다

야곱은 메소포타미아로 가다가 꿈에 신탁을 받는다. 그 일에 관해서는 이렇게 씌어 있다: "야곱은 맹세의 우물[255]을 떠나 하란을 향하여 가다가 한 곳에 이르

Charran et deuenit in locum et dormiuit ibi; occiderat enim sol; et sumpsit ex lapidibus loci et posuit ad caput suum et dormiuit in loco illo et somniauit. Et ecce scala stabilita super terram, cuius caput pertingebat ad caelum; et angeli Dei ascendebant et descendebant per illam, et Dominus incumbebat super illam et dixit: Ego sum Deus Abraham patris tui et Deus Isaac, noli timere; terram, in qua tu dormis super eam, tibi dabo illam et semini tuo; et erit semen tuum sicut harena terrae, et dilatabitur supra mare et in Africum et in aquilonem et ad Orientem; et benedicentur in te omnes tribus terrae et in semine tuo. Et ecce ego sum tecum, custodiens te in omni uia quacumque ibis, et reducam te in terram hanc, quia non te derelinquam, donec faciam omnia, quae tecum locutus sum. Et surrexit Iacob de somno suo et dixit: Quia est Dominus in loco hoc, ego autem nesciebam. Et timuit et dixit: Quam terribilis locus hic; non est hoc nisi domus Dei et haec porta est caeli. Et surrexit Iacob et sumpsit lapidem, quem supposuit ibi sub caput suum, et statuit illum titulum et superfudit oleum in cacumen eius; et uocauit Iacob nomen loci illius: domus Dei. Hoc ad prophetiam pertinet; nec more idololatriae lapidem perfudit oleo Iacob, uelut faciens illum Deum; neque enim adorauit eundem lapidem uel ei sacrificauit; sed quoniam Christi nomen a chrismate est, id est ab unctione, profecto figuratum est hic aliquid, quod ad magnum pertineat sacramentum. Scalam uero istam intellegitur ipse Saluator nobis in memoriam reuocare in euangelio, ubi, cum dixisset de Nathanael: *Ecce uere Israelita, in quo dolus non est*, quia Israel uiderat istam uisionem (ipse est enim Iacob), eodem loco ait: *Amen, amen, dico uobis, uidebitis caelum apertum et angelos Dei ascendentes et descendentes super filium hominis.*

Perrexit ergo Iacob in Mesopotamiam, ut inde acciperet uxorem. Vnde autem illi acciderit quattuor habere feminas, de quibus duodecim filios et unam filiam procreauit, cum earum nullam concupisset inlicite, indicat

---

[256] 하느님의 집(bet'el)이라는 일반명사를 공동번역은 "베델"(Betel)이라는 지명으로 표기한다. 후대 이스라엘의 중요한 성지가 된다.

[257] 창세 28,10-19.

[258] 기름을 부어 사물을 성별(聖別)하는 것은 가나안과 셈족의 종교전통이었으나 후대의 성서는 그 남용을 금하므로(신명 7,5; 12,13; 호세 3,4; 미가 5,12) 교부의 이 변명이 나온다.

[259] 요한 1,47.51.

러 밤을 지내게 되었다. 해는 이미 서산으로 넘어간 뒤였다. 그는 그곳에서 돌을 하나 주워 베개로 삼고 그 자리에 누워 잠을 자다가 꿈을 꾸었다. 그는 꿈에 땅에서 뻗어 하늘에 닿는 층계가 있고 그 층계를 하느님의 천사들이 오르락내리락 하는 것을 보고 있었는데, 주님께서 그 위에 앉아 계시며 이렇게 말씀하시는 것이었다. '나는 하느님, 네 할아버지 아브라함의 하느님이요, 이사악의 하느님이다. 두려워하지 말라. 나는 네가 지금 누워 있는 이 땅을 너와 네 후손에게 주리라. 네 후손은 땅의 모래만큼 불어나서 동서남북으로 널리 퍼질 것이다. 땅에 사는 모든 종족이 너와 네 후손 안에서 축복을 받으리라. 내가 너와 함께 있어 네가 어디로 가든지 너를 지켜주다가 기어이 이리로 다시 데려오리라. 너에게 약속한 것을 다 이루어 줄 때까지 나는 네 곁을 떠나지 않으리라.' 야곱은 잠에서 깨어나 '참말 주님께서 여기 계셨는데도 내가 모르고 있었구나' 하며 두려움에 사로잡혀 외쳤다. '이 얼마나 두려운 곳인가. 여기가 바로 하느님의 집이요, 하늘문이로구나.' 야곱은 아침 일찍 일어나 베고 자던 돌을 세워 석상을 삼고 그 꼭대기에 기름을 붓고는 그곳을 주님의 집[256]이라 불렀다."[257] 이 일도 일종의 예언에 해당한다. 야곱이 우상숭배의 방식으로 돌에다 기름을 부어 돌을 신으로 만든 것은 아니다.[258] 또 돌을 예배한 것도 아니고 돌에 제사를 올린 것도 아니다. 그리스도의 이름이 도유塗油, 곧 기름부음에서 왔으므로 여기서도 다른 무엇, 위대한 비의를 표상하고 있다. 저 층계 역시 다름 아닌 구세주로 이해해야 하는데, 복음서에도 그 점을 상기시키는 말이 있다. 나타나엘에 대해 "참으로 이스라엘 사람이군. 거짓없는 사람이지"라고 한 말씀이 나오는데, 이스라엘(다름아닌 야곱이다)이 저 자리에서 그 환시를 보았던 것과 똑같다: "진실히 진실히 말하거니와, 그대들은 하늘이 열려 있고 하느님의 천사들이 인자人子 위로 오르내리는 것을 보게 될 것입니다."[259]

38, 3. 야곱이 이룬 가족은 어떠했는가

어떻든 야곱은 메소포타미아로 가서 아내를 얻기로 한다. 거기서 그는 여자를 넷이나 거느리게 되는데, 그 여자들에게서 아들 열둘과 딸 하나를 얻었다. 야곱이 그 여자들 가운데 어느 하나도 부당하게 탐하지 않았음은 성서가 가리키는

scriptura diuina. Ad unam quippe accipiendam uenerat; sed cum illi altera pro altera supposita fuisset, nec ipsam dimisit, qua nesciens usus fuerat in nocte, ne ludibrio eam uideretur habuisse, et eo tempore, quando multiplicandae posteritatis causa plures uxores lex nulla prohibebat, accepit etiam illam, cui uni iam futuri coniugii fidem fecerat. Quae cum esset sterilis, ancillam suam, de qua filios ipsa susciperet, marito dedit; quod etiam maior soror eius, quamuis peperisset, imitata, quoniam multiplicare prolem cupiebat, effecit. Nullam Iacob legitur petisse praeter unam, nec usus plurimis nisi gignendae prolis officio, coniugali iure seruato, ut neque hoc faceret, nisi uxores eius id fieri flagitassent, quae corporis uiri sui habebant legitimam potestatem. Genuit ergo duodecim filios et unam filiam ex quattuor mulieribus. Deinde ingressus est in Aegyptum per filium suum Ioseph, qui uenditus ab inuidentibus fratribus eo perductus fuit atque ibidem sublimatus.

39. Iacob autem etiam Israel, sicut paulo ante dixi, uocabatur, quod nomen magis populus ex illo procreatus obtinuit. Hoc autem nomen illi ab angelo inpositum est, qui cum illo fuerat in itinere de Mesopotamia redeunte luctatus, typum Christi euidentissime gerens. Nam quod ei praeualuit Iacob, utique uolenti, ut mysterium figuraret, significat passionem Christi, ubi uisi sunt ei praeualere Iudaei. Et tamen benedictionem ab eodem angelo, quem superauerat, impetrauit; ac sic huius nominis inpositio benedictio fuit. Interpretatur autem Israel «uidens Deum», quod erit in fine praemium sanctorum omnium. Tetigit porro illi idem angelus ueluti praeualenti latitudinem femoris eumque isto modo claudum reddidit. Erat itaque unus atque idem Iacob et benedictus et claudus; benedictus in eis, qui in Christum ex eodem populo crediderunt, atque in infidelibus claudus.

---

[260] 창세 29 - 30장 참조.

[261] 창세 32,24-32 참조.

[262] Cf. Hieronymus, *De nominibus hebraicis* 13.21: Israel est videre deum sive vir aut mens videns deum.

바이다. 그는 여자 하나를 얻으려고 왔다. 하지만 여자가 다른 여자로 바뀌었을 때도 그는 그 여자를 버리지 않았다. 밤중에 모르고서 그 여자와 관계를 가진 것이지 그 여자를 희롱하여 손아귀에 넣은 것도 아닌 듯하다. 더구나 후손을 불어나게 한다는 이유로 여러 아내를 두는 것에 대해 어떤 법률도 금하지 않던 시대였다. 그래서 장래 혼인하기로 신의를 맺었던 여자도 결국 아내로 맞아들였다. 그런데 그 여자는 아기를 낳지 못하자 자기 여종을 남편에게 주어 그 여종의 몸에서 자식을 얻고자 했다. 그의 언니는 벌써 자식들을 낳았으면서도 자손을 더 많이 낳으려고 동생을 따라 똑같은 짓을 했다. 성서에 나오기로는 야곱이 청혼한 것은 한 여자 외에 아무도 없었고, 자손을 낳는다는 본분에서가 아니면 누구와도 관계를 갖지 않았으며, 혼인의 권리를 보존하면서도 자기네 남편의 몸에 대한 합법적 권리를 갖고 있던 아내들이 졸라댈 때가 아니면, 그 권리를 행사하지 않았다. 하여튼 그는 네 여자에게서 열두 아들과 딸 하나를 낳았다.[260] 그다음 야곱은 아들 요셉 때문에 이집트로 들어갔다. 요셉은 시기하던 형들에 의해 그곳으로 팔려갔는데 거기서 처신을 잘하여 고위직까지 올랐던 것이다.

39. 야곱이 이스라엘이라는 이름을 받게 된 연유는 무엇인가

조금 전에 말한 대로 야곱은 이스라엘이라고도 불렸다. 물론 이 이름은 그에게서 나온 백성이 더 많이 쓴다. 그런데 이 이름은 야곱이 메소포타미아에서 돌아오는 길에 그와 씨름을 한 천사가 그에게 붙여준 것이다.[261] 이 사건은 하나의 비의를 예표하며 그리스도의 수난을 상징한다. 수난중에는 유다인들이 그리스도보다 세력이 큰 것으로 보였던 것이다. 그러나 야곱은 자기가 이긴 그 천사에게 축복을 달라고 요구했다. 그리하여 이 이름이 부여된 것은 곧 축복이었다. 이스라엘이라는 말은 "하느님을 뵈온 자"라고도 해석되는데,[262] 종말에 모든 성도들이 받을 상급이 바로 이것이다. 야곱이 이미 이긴 것처럼 보였는데 천사는 그의 허리뼈를 건드렸고 그 일로 그는 절뚝발이가 되었다. 그러니까 동일한 인물 야곱이 축복받은 사람이자 절뚝발이가 된 것이다. 같은 백성들 중에서도 그리스도를 믿는 사람들에게는 그가 축복받은 인물이고, 믿지 않는 사람

Nam femoris latitudo generis multitudo est. Plures quippe sunt in ea stirpe, de quibus prophetice praedictum est: *Et claudicauerunt a semitis suis.*

40. Ingressi itaque referuntur in Aegyptum simul cum ipso Iacob septuaginta quinque homines, adnumerato ipso filiis suis. In quo numero duae tantum feminae commemorantur, una filia, neptis altera. Sed res diligenter considerata non indicat, quod tantus numerus fuerit in progenie Iacob die uel anno quo ingressus est Aegyptum. Commemorati sunt quippe in eis etiam pronepotes Ioseph, qui nullo modo iam tunc esse potuerunt, quoniam tunc centum triginta annorum erat Iacob, filius uero eius Ioseph triginta nouem; quem cum accepisse tricensimo anno suo uel amplius constet uxorem, quo modo potuit per nouem annos habere pronepotes de filiis, quos ex eadem uxore suscepit? Cum igitur nec filios haberent Ephraem et Manasses, filii Ioseph, sed eos pueros infra quam nouennes Iacob Aegyptum ingressus inuenerit, quo pacto eorum non solum filii, sed etiam nepotes in illis septuaginta quinque numerantur, qui tunc Aegyptum ingressi sunt cum Iacob? Nam commemoratur ibi Machir, filius Manasse, nepos Ioseph, et eiusdem Machir filius, id est Galaad, nepos Manasse, pronepos Ioseph; ibi est et quem genuit Ephraem, alter filius Ioseph, id est Vtalaam, nepos Ioseph, et filius ipsius Vtalaae Edem, nepos Ephraem, pronepos Ioseph; qui nullo modo esse potuerunt, quando Iacob in Aegyptum uenit et filios Ioseph, nepotes suos, auos istorum, minores quam nouem annorum pueros inuenit. Sed nimirum introitus Iacob in Aegyptum, quando eum in septuaginta quinque hominibus scriptura commemorat, non unus dies uel unus annus, sed totum illud est tempus, quamdiu uixit Ioseph, per quem factum est ut intrarent. Nam de ipso Ioseph eadem scriptura sic loquitur: *Et habitauit Ioseph in Aegypto, ipse et fratres eius et omnis cohabitatio patris eius, et uixit annos centum*

---

[263] femoris latitudo generis multitudo. femur는 "허리"(또는 "허리뼈"), "허벅다리" "사타구니"(lumbi) 등 다의적이어서 허벅다리가 굵다는 것은 자식을 많이 낳는다는 뜻이다.

[264] 시편 17,46. 〔새번역 18,46: "이방인들이 기진맥진하여 그들의 성곽에서 떨며 나왔나이다."〕

[265] 다른 저서(*Quaestiones in Heptateuchum* 1.104)에서는 이 구절에 대칭하여 "은총으로 뽑힌 남은 이들이 있습니다"(로마 11,5)는 구절을 덧붙인다.

[266] 창세 46,8-27 참조. 칠십인역본은 75명으로, 히브리본은 70명(출애 1,5; 신명 10,22 참조)으로 나오므로 논쟁을 야기했다. 스데파노(사도 7,14 참조)의 발언은 칠십인역본을 따른 듯하다.

[267] 창세 50,23; 민수 26,28-37 참조.

들에게는 절뚝발이인 것이다. 허리의 굵기는 족속의 많음을 상징한다.²⁶³ 그리고 그의 족속들 중에는 "그들은 그들의 샛길로부터 절뚝거리며 나갔나이다"²⁶⁴라는 예언적 경고에 해당하는 사람들이 아주 많다.²⁶⁵

40. 야곱이 일흔다섯 생명을 거느리고 이집트로 들어갔다는데, 거기 거명된 사람 중 여럿이 후대에 태어났으니, 이 일이 어떻게 가능한가

　전해오기로는 야곱과 함께 이집트로 들어간 사람들은 모두 75명이었다고 한다. 야곱 본인과 아들들을 포함한 숫자였다.²⁶⁶ 하지만 사실을 면밀하게 검토해 보면 야곱이 이집트로 들어가던 날이나 해에 그의 자손이 그토록 많았을 것 같지 않다. 왜냐하면 그가운데 당시에 태어났을 리가 없는 요셉의 증손자들까지 거명되고 있기 때문이다. 야곱은 그때 130세였고 그의 아들 요셉은 서른아홉 살이었다. 설혹 요셉이 서른이 조금 더 되어 아내를 맞아들였더라도 같은 부인이 낳은 아들들에게서 비슷한 시기에 증손자까지 보는 일이 어떻게 가능했겠는가? 요셉의 아들들 므나쎄와 에브라임은 야곱이 이집트에 들어갈 때 아홉 살도 안 된 어린애들이어서 자식을 두었을 리가 없는데 어떻게 그들의 아들들뿐 아니라 증손자들까지, 야곱과 더불어 이집트로 들어간 그 75명에 포함될 수 있다는 말인가? 거기에는 요셉의 손자로 므나쎄의 아들 마길이 나오고 므나쎄의 손자이며 요셉의 증손자로 마길의 아들 길르앗이 나온다. 또 거기에는 요셉의 다른 아들 에브라임이 낳은, 요셉의 손자 우달람이 나오는데 그의 아들 에돔까지 거명된다. 그는 우달람의 아들이고 에브라임의 손자이며 요셉의 증손자가 된다. 이 사람들은 야곱이 이집트로 들어올 당시에 태어났을 리가 없다. 요셉의 아들들, 즉 야곱의 손자들이며 이 사람들의 할아버지들이 아홉 살도 안 된 때였으니까.²⁶⁷ 그렇다면 야곱의 이집트 이주, 성서에서 야곱이 75명을 거느리고 갔다는 그 이주는 한 날이나 한 해에 이루어진 것이 아니고, 요셉이 살아있는 평생 동안 사람들이 그 사람 덕택에 이집트로 들어갔던 그 시대 전부를 가리킨다. 요셉에 대해서도 성서는 이런 말을 한다: "그 후 요셉은 이집트에서 살았으며, 그와 그의 형제들과 그의 아버지의 모든 집안이 함께 살다 보니 요셉의

decem, et uidit Ioseph Ephraem filios usque in tertiam generationem. Ipse est ille pronepos eius ab Ephraem tertius. Generationem quippe tertiam dicit filium, nepotem, pronepotem. Deinde sequitur: *Et filii Machir, filii Manasse, nati sunt supra femora Ioseph.* Et hic ille ipse est nepos Manasse, pronepos Ioseph. Sed pluraliter appellati sunt, sicut scriptura consueuit, quae unam quoque filiam Iacob filias nuncupauit; sicut in Latinae linguae consuetudine liberi dicuntur pluraliter filii, etiamsi non sint uno amplius. Cum ergo ipsius Ioseph praedicetur felicitas, quia potuit uidere pronepotes, nullo modo putandi sunt iam fuisse tricensimo nono anno proaui sui Ioseph, quando ad eum in Aegyptum Iacob pater eius aduenit. Illud autem est, quod fallit minus ista diligenter intuentes, quoniam scriptum est: *Haec autem nomina filiorum Israel, qui intrauerunt in Aegyptum simul cum Iacob patre suo.* Hoc enim dictum est, quia simul cum illo conputantur septuaginta quinque, non quia simul iam erant omnes, quando Aegyptum ingressus est ipse; sed, ut dixi, totum tempus habetur eius ingressus, quo uixit Ioseph, per quem uidetur ingressus.

41. Igitur propter populum Christianum, in quo Dei ciuitas peregrinatur in terris, si carnem Christi in Abrahae semine requiramus, remotis concubinarum filiis occurrit Isaac; si in semine Isaac, remoto Esau, qui est etiam Edom, occurrit Iacob, qui est et Israel; si in semine ipsius Israel, remotis ceteris occurrit Iudas, quia de tribu Iuda exortus est Christus. Ac per hoc cum in Aegypto moriturus Israel suos filios benediceret, quem ad modum Iudam prophetice benedixerit, audiamus: *Iuda,* inquit, *te laudabunt fratres tui. Manus tuae super dorsum inimicorum tuorum; adorabunt*

---

[268] 창세 50,22.

[269] 창세 50,23.

[270] 라틴어에서 "부모"(parentes, um pl.)와 "자녀"(liberi, orum pl.)는 복수명사로 사용한다. 야곱의 외동딸 디나의 불행한 일화는 창세기 34장 참조.

[271] 창세 46,8.

나이 110세가 되었다. 그는 에브라임의 후손을 3대까지 보았다."²⁶⁸ 그 증손자로 말하자면 에브라임으로부터 3대임이 분명하다. 성서는 아들, 손자, 증손자를 3대라고 일컫기 때문이다. 이어서 "그리고 므나쎄의 아들 마길이 낳은 아들들도 요셉의 무릎에 받아들였다"는 구절이 나온다.²⁶⁹ 여기서도 그 아이들은 므나쎄의 손자요 요셉의 증손자가 된다. 그러나 성서가 언제나 하는 어법대로 복수로 얘기하며, 그래서 야곱에게는 딸이 하나밖에 없는데도 "딸들"이라는 표현을 쓴다. 이것은 라틴어 어법에서 자식이 하나밖에 없더라도 "자녀"라는 복수명사를 사용하는 것과 흡사하다.²⁷⁰ 여기서 요셉이 증손자까지 보았다면서 그의 행운을 이야기하고 있기는 하지만, 요셉의 부친 야곱이 그를 보러 이집트에 당도할 무렵에 요셉의 이 증손자들이 이미 태어나 있었다고, 따라서 나이 서른아홉에 증조할아버지가 되어 있었다고 생각해서는 안 된다. 주의깊게 살피지 않는 사람들은 다음 구절 때문에 자칫하면 속는다: "자기 조상 야곱과 더불어 이집트에 들어간 이스라엘 자손의 이름은 아래와 같다."²⁷¹ 그와 더불어 75명이 들어갔다고 나오지만, 야곱이 이집트로 들어갈 때 그 모든 사람이 이미 다 태어나 있었다는 말은 아니다. 오히려 내가 방금 말한 대로, 요셉이 살아있던 평생 동안에 그 사람 덕택에 이집트로 이주해 간 시대 전체를 가리키는 것으로 생각할 수 있다.

41. 야곱이 아들 유다에게 언약한 축복

하느님의 도성이 그리스도교 백성 안에서 지상의 나그넷길을 가고 있으므로, 이 백성 때문에 우리가 그리스도의 육신을 아브라함의 혈통에서 찾을 때, 소실들의 자식들을 빼면, 이사악에 이른다. 이사악의 혈통에서는 에돔이라고도 불리는 에사오를 빼면 이스라엘이라고도 불리는 야곱이 남는다. 이스라엘의 혈통에서도 나머지들을 빼면 유다가 남는데 유다의 지파에서 그리스도가 나왔다. 이스라엘이 이집트에서 죽을 때 자기 아들들을 축복하는데, 그가운데서도 유다를 축복하면서 그의 입에서 이런 예언적 언사를 듣게 된다: "유다, 너는 네 형제들의 찬양을 받을 것이다. 네 손은 원수들의 멱살을 잡겠고 네 아비의 자식들이 네

te filii patris tui. Catulus leonis Iuda; ex germinatione, fili mi, ascendisti; recumbens dormisti ut leo et ut catulus leonis; quis suscitabit eum? Non deficiet princeps ex Iuda et dux de femoribus eius, donec ueniant quae reposita sunt ei; et ipse expectatio gentium; alligans ad uitem pullum suum et cilicio pullum asinae suae lauabit in uino stolam suam et in sanguine uuae amictum suum. Fului oculi eius a uino et dentes candidiores lacte. Exposui haec aduersus Manichaeum Faustum disputans et satis esse arbitror, quantum ueritas prophetiae huius elucet; ubi et mors Christi praedicta est uerbo dormitionis et non necessitas, sed potestas in morte nomine leonis. Quam potestatem in euangelio ipse praedicat dicens: *Potestatem habeo ponendi animam meam et potestatem habeo iterum sumendi eam. Nemo eam tollit a me; sed ego eam pono a me, et iterum sumo eam.* Sic leo fremuit, sic quod dixit impleuit. Ad eam namque pertinet potestatem, quod de resurrectione eius adiunctum est: *Quis suscitabit eum?* hoc est, quia nullus hominum, nisi se ipse, qui etiam de corpore suo dixit: *Soluite templum hoc, et in triduo resuscitabo illud.* Ipsum autem genus mortis, hoc est sublimitas crucis, in uno uerbo intellegitur, quod ait: *Ascendisti*. Quod uero addidit: *Recumbens dormisti*, euangelista exponit, ubi dicit: *Et inclinato capite tradidit spiritum*; aut certe sepultura eius agnoscitur, in qua recubuit dormiens, et unde illum nullus hominum, sicut prophetae aliquos uel sicut ipse alios, suscitauit, sed sicut a somno ipse surrexit. Stola porro eius, quam lauat in uino, id est mundat a peccatis in sanguine suo, cuius sanguinis sacramentum baptizati sciunt, unde et adiungit: *Et in*

---

[272] 창세 49,9.

[273] 창세 49,8-12.

[274] Cf. *Contra Faustum Manichaeum* 12.42. 아래에서는 이 유언을 한 구절씩 주석하는 설교 형식을 빌리고 있다.

[275] potestas in morte: "목숨을 내놓을 권한"을 가리킨다.

[276] 요한 10,17-18.

[277] 요한 2,19.

[278] 요한 19,30.

앞에 엎드리리라. 유다는 사자새끼, 내 아들아, 너야말로 싹에서부터 솟아올랐도다. 너는 엎드려 잠자는 사자요 사자새끼로다. 누가 그를 일으켜 세우겠느냐?[272] 유다에서 제후諸侯가 끊어지지 않고 그의 가랑이에서 장수가 끊어지지 아니하리라. 참으로 그 자리를 차지할 분이 오기까지 그러하리니 그분은 만백성의 기대가 되리라. 그는 포도나무에 새끼 나귀를 매어놓고 염소가죽으로 짠 천막에 암나귀의 새끼를 매어 두리라. 포도주로 자기의 옷을 빨고 포도의 붉은 피로 자기의 겉옷까지 빨리라. 그의 눈은 포도주로 상기되고 그의 이는 우유보다 더 희어지리라."[273] 나는 이 대목을 마니교도 파우스투스와 토론하는 글에서 주석한 바 있고 이 예언에 담긴 진리를 충분히 밝혔다고 본다.[274] 여기에는 사자가 배를 깔고 잔다는 동사에 그리스도의 죽음도 예고되어 있다. 사자의 이름으로 죽음의 필연이 아니라 죽음에 대한 권한[275]을 표현하고 있는 것이다. 복음서에는 바로 그분이 이 권한을 가리켜 예고하는 말씀이 나온다: "나는 목숨을 내놓을 권한도 있고 다시 얻을 권한도 있습니다. 아무도 내게서 목숨을 빼앗지 못합니다. 내가 스스로 목숨을 내놓고 내가 스스로 목숨을 취합니다."[276] 이것은 사자가 으르렁거리는 말마디이며, 야곱이 말한 바를 그가 성취했다. 그의 부활에 대해 덧붙여진 말마디, "누가 그를 일으켜 세우겠느냐?"는 한 마디는 바로 이 권한에 해당한다. 말하자면 자신의 몸에 대해 "이 성전을 허무시오. 내가 사흘 안에 다시 세우겠소"[277]라고 말씀한 그분이 아니고서는 어느 누구도 그런 권한을 갖지 않았다. 저런 종류의 죽음, 다시 말해 십자가상의 드높은 죽음을 "너야말로 싹에서부터 솟아올랐도다"라는 한 마디에서 알아볼 수 있다. 거기에 덧붙여진 말마디, "너는 엎드려 잠자는 사자"라는 말을 복음사가는 다음과 같이 표현하고 있다: "머리를 숙이며 영을 넘겨드렸다."[278] 아마도 그분의 무덤을 암시하는 말이기도 할 것이니, 무덤에 엎드려 잠자기 때문이고 그곳으로부터 스스로 일어났기 때문이기도 하다. 예언자들이 몇몇 사람들을 살려낸 적이 있고 그분도 몇 사람을 살려낸 적이 있지만, 그 어떤 인간이 그분을 일으킨 것이 아니고 잠에서 깨어나듯 그분 스스로 부활했던 것이다. 포도주에 빤다는 그분의 옷, 즉 당신의 피로(세례받은 이들은 그분의 피가 갖는 비의를 알고 있다) 죄에서 정화되는 옷이란 교회가 아

sanguine uuae amictum suum, quid est nisi ecclesia? Et *fului oculi eius a uino* spiritales eius inebriati poculo eius, de quo canit Psalmus: *Et calix tuus inebrians quam praeclarus est! Et dentes eius candidiores lacte*, quod potant apud apostolum paruuli, uerba scilicet nutrientia, nondum idonei solido cibo. Ipse igitur est, in quo reposita erant promissa Iudae, quae donec uenirent numquam principes, hoc est reges Israel, ab illa stirpe defuerunt. *Et ipse expectatio gentium*; quod clarius est uidendo quam fit exponendo.

42. Sicut autem duo Isaac filii, Esau et Iacob, figuram praebuerunt duorum populorum in Iudaeis et Christianis (quamuis, quod ad carnis propaginem pertinet, nec Iudaei uenerint de semine Esau, sed Idumaei; nec Christianae gentes de Iacob, sed potius Iudaei; ad hoc enim tantum figura ualuit, quod dictum est: *Maior seruiet minori*): ita factum est etiam in duobus filiis Ioseph; nam maior gessit typum Iudaeorum, Christianorum autem minor. Quos cum benediceret Iacob, manum dextram ponens super minorem quem habebat ad sinistram, sinistram super maiorem quem habebat ad dextram: graue uisum est patri eorum, et admonuit patrem uelut corrigens eius errorem et quisnam eorum esset maior ostendens. At ille mutare manus noluit, sed dixit: *Scio, fili, scio. Et hic erit in populum, et hic exaltabitur; sed frater eius iunior maior illo erit, et semen eius erit in multitudinem gentium*. Etiam hic duo illa promissa demonstrat. Nam ille *in populum*, iste *in multitudinem gentium*. Quid euidentius quam his duabus promissionibus contineri populum Israelitarum orbemque terrarum in semine Abrahae, illum secundum carnem, istum secundum fidem?

---

[279] 시편 22,5. 〔새번역 23,5: "저의 술잔도 가득하나이다."〕

[280] 유다에 대한 야곱의 유언을 그리스도에 대한 예언으로 풀이하는 전통(예: Hieronymus, *Quaestiones hebraicarum in Genesim* 49.8-12)에 교부는 수난에 대한 예고를 첨가한다.

[281] 창세 48,19.

[282] illum secundum carnem, istum secundum fidem: 창세기의 설화 전개방식을 뒤집어 교부는 이스라엘 민족과 그리스도교 백성의 관계로 해석한다.

니고 무엇이겠는가? 그래서 "포도의 붉은 피로 자기의 겉옷까지 빨리라"는 구절이 덧붙여졌다. "포도주로 상기되는 그의 눈들"이란 그분의 잔에서 마시고 취한 영적 인간들을 가리킨다. 이 잔에 대해서는 시편이 이렇게 노래한다: "사람을 취하게 만드는 당신의 잔이 얼마나 아름답나이까?"[279] "그의 이는 우유보다 더 희어지리라"고 하는데, 사도의 말대로 우유는 어린이들이 마시는 것이라서 아직 굳은 음식을 먹기에 적합하지 않은 사람들을 키워주는 말씀을 가리킨다. 유다에게 내린 약속을 차지할 분은 다름아닌 바로 그분이며, 그분이 오기까지는 제후들, 곧 이스라엘 임금들이 그의 혈통에서 끊어지는 일이 없을 것이다: "그분은 만백성의 기대가 되리라." 이것은 우리가 설명해서 알 수 있는 것이 아니라 현 시점에서 직접 두 눈으로 보아 분명히 알고도 남는다.[280]

42. 야곱이 요셉의 아들들에게 예언자답게 손을 얹어 축복했다

이사악의 두 아들 에사오와 야곱이 유다인들과 그리스도인들에게서 나타나는 두 백성의 예형豫型을 제시했던 것처럼 (물론 혈육으로 말하면 에사오의 혈통에서 온 것은 유다인이 아니고 이두매아인들이며, 야곱에게서 온 것도 그리스도인이 아니고 유다인이다. 다만 "형이 동생을 섬기게 될 것이다"는 말씀이 여기서 예형의 가치를 띠었다), 요셉의 아들들에게도 같은 일이 생겼다. 맏이가 유다인들의 전표가 되고 아우가 그리스도인들의 전형이 된다. 야곱이 그들을 축복하면서 오른손은 왼편에 있던 작은아들 머리에 얹고 왼손은 오른편에 있던 맏아들 머리에 얹었다. 그것이 아이들에게는 아버지의 큰 실수로 보였고, 그 잘못을 바로잡으려고 누가 맏아들인지를 알려드리려 했다. 하지만 야곱은 손을 바꾸지 않고 오히려 이런 말을 했다: "아들아, 나도 안다. 이 아이도 한 족속을 이룰 것이다. 크게 될 것이다. 그렇지만 아우가 형보다 더 커져 그의 후손은 숱한 민족을 이룰 것이다."[281] 여기서도 두 가지 언약을 보여준다. 맏아들은 한 족속으로, 작은아들은 "숱한 민족"으로 퍼질 것이다. 이 두 언약에 아브라함의 후손으로 온 땅에 퍼진 이스라엘인들의 백성이 들어 있는데, 하나는 혈육에 따라 생긴 백성이고 다른 하나는 믿음에 따라 생긴 백성임이 이보다 더 분명할 수 있겠는가?[282]

43. Defuncto Iacob, defuncto etiam Ioseph per reliquos centum quadraginta quattuor annos, donec exiretur de terra Aegypti, in modum incredibilem illa gens creuit, etiam tantis adtrita persecutionibus, ut quodam tempore nati masculi necarentur, cum mirantes Aegyptios nimia populi illius incrementa terrerent. Tunc Moyses subtractus furto trucidatoribus paruulorum ad domum regiam, ingentia per eum Deo praeparante, peruenit nutritusque et adoptatus a filia pharaonis (quod nomen in Aegypto omnium regum fuit) in tantum prouenit uirum, ut ipse illam gentem mirabiliter multiplicatam ex durissimo et grauissimo, quod ibi ferebat, iugo seruitutis extraheret, immo per eum Deus, qui hoc promiserat Abrahae. Prius quippe exinde fugiens, quod, cum Israelitam defenderet, Aegyptium occiderat et territus fuerat, postea diuinitus missus in potestate spiritus Dei superauit Pharaonis resistentes magos. Tunc per eum Aegyptiis inlatae sunt decem memorabiles plagae, cum dimittere populum Dei nollent, aqua in sanguinem uersa, rana et sciniphes, cynomyia, mors pecorum, ulcera, grando, lucusta, tenebrae, mors primogenitorum. Ad extremum Israelitas, quos plagis tot tantisque perfracti tandem aliquando dimiserant, Aegyptii in mari Rubro dum persequuntur extincti sunt. Illis quippe abeuntibus diuisum mare uiam fecit; hos autem insequentes in se rediens unda submersit. Deinde per annos quadraginta duce Moyse Dei populus in deserto actus est, quando tabernaculum testimonii nuncupatum est, ubi Deus sacrificiis futura praenuntiantibus colebatur, cum scilicet iam data lex fuisset in monte multum terribiliter; adtestabatur enim euidentissima

---

[283] 출애 1,15-22 참조.
[284] 출애 2,1 - 4,31 참조.
[285] 출애 7,14 - 12,34 참조.
[286] 출애 14,5-31 참조.

43. 모세 시대, 여호수아 시대, 판관 시대 그리고 열왕 시대: 사울이 첫 임금이지만 상징으로나 공덕으로나 다윗이 가장 훌륭한 임금이었다

43. 1. 모세가 백성을 구출하다

야곱이 죽고 요셉도 죽고 나서 이집트 땅에서 나오기까지 144년이 걸렸는데, 그동안 한때는 사내아이가 태어나는 대로 살해당하는 등 엄청난 핍박을 받으면서도 이 족속은 믿어지지 않을 만큼 수가 불어났다. 이 백성의 지나친 증가가 이집트인들을 놀라고 겁나게 만들었던 것이다.[283] 그러자 모세가 갓난아기들을 죽이는 살인자들의 손에서 교묘히 벗어나 왕궁까지 들어갔는데, 하느님이 그를 통해 마련한 대업을 위해서였다. 또 파라오(이 이름은 이집트에서 모든 임금들의 이름으로 통했다)의 딸 손에 양육되고 입양되어 당당한 사나이로 자라나, 그동안 놀랍게 불어난 저 겨레가 그 땅에서 당하던 엄청나게 가혹하고 무거운 노예의 멍에를 걷어내기에 이른다. 그보다 일찍이 아브라함에게 이 언약을 행한 하느님이 그 인물을 통해 이 겨레를 구출하겠다고 한 말이 옳다. 모세는 먼저 그 땅에서 도주해야 했는데, 이스라엘 사람을 지켜주려다가 이집트 사람을 죽여 겁을 먹고 도망쳤던 것이다. 하지만 이번에는 신적 파견을 받았고, 하느님의 영적 권능에 힘입어 이에 저항하는 파라오의 마술사들을 이겼다.[284] 이집트인들이 하느님의 백성을 내보내지 않으려고 하자, 뒤이어 모세를 통해 이집트인들에게 저 기억에도 생생한 열 가지 재앙이 내린다. 물이 피로 변하고, 개구리와 모기가 습격하고, 등에 소동이 나고, 가축떼의 죽음, 피부병, 우박, 메뚜기떼, 어둠, 처음 난 아들들의 죽음이 닥쳐왔다.[285] 마지막에는 그 무수하고 엄청난 재앙에 꺾였는데, 내보낸 이스라엘 사람들을 이집트인들이 다시 추격해 왔고 그러다가 홍해에서 전멸하고 말았다. 이스라엘인들이 지나가자 바다가 갈라져서 길을 만들었다. 그런데도 이집트인들이 뒤따라오자 물결이 되돌아와 그들을 덮쳤던 것이다.[286] 그다음 40년 동안 하느님의 백성은 모세의 영도하에 광야에 거류했다. 그때는 하느님이 예배받던 장소를 계약의 장막이라고 불렀는데, 희생제사를 올리면서 장차 올 바를 예고하는 것이기도 했다. 당시는 산 위에서 무시무시한 광경 속에 율법이 이미 내린 다음이었다. 하느님의 현존이 놀

mirabilibus signis uocibusque diuinitas. Quod factum est, mox ut exitum est de Aegypto et in deserto populus esse coepit, quinquagensimo die post celebratum Pascha per ouis immolationem; qui usque adeo typus Christi est praenuntians eum per uictimam passionis de hoc mundo transiturum ad Patrem (Pascha quippe Hebraea lingua transitus interpretatur), ut iam cum reuelaretur testamentum nouum, postea quam Pascha nostrum immolatus est Christus, quinquagensimo die ueniret de caelo Spiritus sanctus, qui dictus est in euangelio digitus Dei, ut recordationem nostram in primi praefigurati facti memoriam reuocaret, quia et legis illae tabulae digito Dei scriptae referuntur.

Defuncto Moyse populum rexit Iesus Naue et in terram promissionis introduxit eamque populo diuisit. Ab his duobus mirabilibus ducibus bella etiam prosperrime ac mirabiliter gesta sunt, Deo contestante non tam propter merita Hebraei populi quam propter peccata earum, quae debellabantur, gentium illas eius prouenisse uictorias. Post istos duces iudices fuerunt, iam in terra promissionis populo conlocato, ut inciperet interim reddi Abrahae prima promissio de gente una, id est Hebraea, et terra Chanaan, nondum de omnibus gentibus et toto orbe terrarum; quod Christi aduentus in carne et non ueteris legis obseruationes, sed euangelii fides fuerat impletura. Cuius rei praefiguratio facta est, quod non Moyses, qui legem populo acceperat in monte Sina, sed Iesus, cui etiam nomen Deo praecipiente mutatum fuerat ut Iesus uocaretur, populum in terram promissionis induxit. Temporibus autem iudicum, sicut se habebant et peccata populi et misericordia Dei, alternauerunt prospera et aduersa bellorum.

Inde uentum est ad regum tempora, quorum primus regnauit Saul; cui reprobato et bellica clade prostrato eiusque stirpe reiecta, ne inde reges

---

[287] Cf. Hieronymus, *De nominibus hebraicis* 64.21: Fase transitus sive transgressio, pro quo nostri pascha legunt.

[288] 1고린 5,7 참조: "우리의 해방절(파스카) 양이신 그리스도께서 희생되셨습니다."

[289] 루가 11,20 참조: "내가 하느님의 손가락으로 귀신을 쫓아내고 있습니다."

[290] 출애 31,18 참조: "하느님께서 손수 돌판에 쓰신 증거판 두 개를 모세에게 주셨다."

[291] 눈의 아들 호세아를 모세는 여호수아(Ioshua("야훼께서 구원하신다")], 혹은 Nun Iosue(불가타본), Iesus Nave(아우구스티누스의 인용)라고 개명하고서(민수 13,16) 민족의 통솔권을 물려준다.

[292] 판관들(iudices)의 행적을 담은 성서가 「판관기」(*Liber iudicum*)다.

[293] 판관 2,16-19 참조.

[294] 이스라엘 왕정(王政) 시대는 구약성서 「열왕기」(*Libri regum*)에 수록된다.

라운 표징과 음성으로 아주 명백하게 입증되었던 것이다. 이 일은 이집트 탈출 직후, 또 백성이 광야에서 지내기 시작한 직후, 그러니까 이집트에서 양을 희생제물로 바쳐 파스카를 지낸 지 50일째 되던 날에 일어났다. 저 양도 그리스도의 전표가 되어 수난의 희생을 거쳐 이 세상으로부터 아버지께로 건너가는 분을 예고하고 있다(파스카라는 히브리 말은 "건너감"을 뜻한다)[287]. 신약에서도 계시되지만 우리 파스카인 그리스도가 희생된 지[288] 50일 만에 성령이 하늘로부터 내려왔고, 그 성령을 복음서에서는 하느님의 손가락이라고 부른다.[289] 그렇게 부르는 이유는 저 율법의 석판이 하느님의 손가락으로 씌었다고 전해오는 그 사실, 미래를 예표하는 원초적 사실을 기념하는 뜻에서다.[290]

43.2. 여호수아는 약속의 땅으로 백성을 인솔했다

모세가 죽고 나자 예수 나베[291]가 백성을 지배했고 약속의 땅으로 백성을 인솔해 들어가 그 땅을 백성에게 분배했다. 이 두 놀라운 지도자들에 의해 치러진 전쟁들은 참으로 유리했고 놀라운 모양으로 수행되었다. 하느님의 증언에 의하면, 이 백성의 승리는 히브리 백성의 공로 때문이 아니다. 전쟁을 일으킨 민족들의 죄과 때문에 얻은 것이었다. 저 지도자들 다음에는 판관들이 있었다.[292] 이미 약속의 땅에 백성이 정착했고 따라서 아브라함에게 내린 첫 언약, 곧 한 민족 곧 히브리 민족에 대해 한 언약과 가나안 땅에 대해 내린 언약이 성취되기 시작했다. 하지만 모든 민족들과 온 땅에 대해 내린 언약은 아직 실현되지 않았는데, 그것은 그리스도가 육신으로 내림할 때 옛 율법의 준수를 통해서가 아니고 복음에 대한 믿음을 통해 이루어질 것이었다. 그러나 이 사건의 예표를 만들어낸 것은 시나이 산에서 백성에게 율법을 받아 준 모세가 아니고 예수 나베였다. 그에게 이름을 바꾸어 예수라고 부르게 한 것도 하느님의 명이었고, 약속의 땅으로 백성을 데리고 들어간 것도 예수였다. 판관들의 시대에는 백성의 죄악과 하느님의 자비가 엇갈리면서 전쟁의 불리함과 유리함이 번갈아 일어났다.[293]

43.3. 다윗에게서 하느님의 도성은 장년기에 들어간다

그다음 열왕列王의 시대에 이르렀고 그 첫 인물로 사울이 군림했다.[294] 그는 하느님께 버림을 당하고 전쟁의 참화 속에 쓰러졌으며, 그의 집안이 배척을 당해서

orerentur, Dauid successit in regnum, cuius maxime Christus dictus est filius. In quo articulus quidam factus est et exordium quodam modo iuuentutis populi Dei; cuius generis quaedam uelut adulescentia ducebatur ab ipso Abraham usque ad hunc Dauid. Neque enim frustra Matthaeus euangelista sic generationes commemorauit, ut hoc primum interuallum quattuordecim generationibus commendaret, ab Abraham scilicet usque ad Dauid. Ab adulescentia quippe incipit homo posse generare; propterea generationum ex Abraham sumpsit exordium; qui etiam pater gentium constitutus est, quando mutatum nomen accepit. Ante hunc ergo uelut pueritia fuit huius generis populi Dei a Noe usque ad ipsum Abraham; et ideo in lingua inuenta est, id est Hebraea. A pueritia namque homo incipit loqui post infantiam, quae hinc appellata est, quod fari non potest. Quam profecto aetatem primam demergit obliuio, sicut aetas prima generis humani est deleta diluuio. Quotus enim quisque est, qui suam recordetur infantiam? Quam ob rem in isto procursu ciuitatis Dei, sicut superior unam eandemque primam, ita duas aetates secundam et tertiam liber iste contineat, in qua tertia propter uaccam trimam, capram trimam, arietem trimum et inpositum est legis iugum et apparuit abundantia peccatorum et regni terreni surrexit exordium, ubi non defuerunt spiritales, quorum in turture et columba figuratum est sacramentum.

더는 그 집안에서 국왕들이 나오지 않게 되자 다윗이 왕권을 계승했다. 그리스도는 누구보다도 다윗의 후손으로 불리었다. 그 인물부터 어느 정도의 시대적 구분이 이루어졌고 어떤 면에서 본다면 하느님 백성의 장년기가 시작되었다고 할 수 있다. 저 아브라함으로부터 이 인물 다윗에 이르기까지는 하느님 백성의 청년기가 전개된 셈이었다. 복음사가 마태오가 족보상의 세대들을 열거하면서 첫째 간격으로 아브라함부터 다윗까지 14대를 꼽은 것도 까닭이 없지 않다.[295] 사람은 청소년기에 이르러야 자식을 낳기 시작하는 까닭이다. 그래서 예수의 세보는 아브라함으로부터 비롯한다. 아브라함이 이름을 바꾸었을 때 민족들의 어버이로 세워졌기 때문이기도 하다. 그 사람 이전의 하느님 백성의 무리는 소년기라 할 수 있는데, 노아부터 아브라함까지가 그 시기다. 히브리어라는 언어가 그때 생겼다.[296] 소년기부터 사람은 아동기를 벗어나 말을 하기 시작하는데, 아동기라는 단어는 말을 못한다는 데서 유래한 말이다.[297] 인간의 첫 연세는 망각 속으로 사라지는 법이니, 인류의 첫 연세가 홍수로 몰살당한 일과 비슷하다. 자기 유아기를 기억하는 사람이 누가 있겠으며, 설령 기억하더라도 과연 얼마나 기억하겠는가? 바로 그래서 하느님 도성의 역사에서도 앞 권은 첫 연세 하나만을 다루고 이 권은 둘째와 셋째 두 연세를 다루고 있다.[298] 셋째 연세는 3년 된 암소와 3년 된 암염소와 3년 된 숫양으로 미루어볼 때 율법의 멍에가 씌워져 있고, 수많은 범죄로 점철되어 있으며, 지상 왕국의 시작을 의미하기도 한다. 거기에도 영적 인간들이 없지는 않았는데, 산비둘기와 집비둘기를 통해 그들의 비사가 예표되었다.[299]

---

[295] 마태 1,1-17 참조.

[296] 로마인들은 아동기(infantia)를 7세까지, 소년기(pueritia)를 17세까지, 청년기(adulescentia)를 25세까지로 쳤다. 장년기(iuventus)는 그 이후였다.

[297] 유아기(infantia)의 어원이 라틴어 in-fans(fari: "말하다"), 곧 "말 못하는 사람"에 있다고 보았다.

[298] 교부는 인류사를 여섯 시대(아담부터 대홍수까지, 대홍수부터 아브라함까지, 아브라함부터 다윗까지, 다윗부터 바빌론 유배까지, 그때부터 그리스도 탄생까지, 그리스도부터 세말까지)로 나누고 처음 셋을 인류의 아동기 · 소년기 · 청년기로 규정하고 나머지 셋은 장년기 · 성년기 · 노년기로 칭한다 (*De diversis quaestionibus 83*, 58).

[299] 창세 15,9 참조.

AUGUSTINUS
DE CIVITATE DEI
LIBER XVII
QUAE FUERIT CIVITAS DEI TEMPORE
PROPHETARUM

아우구스티누스
신국론
제17권
예언자 시대의 하느님 도성

1. Promissiones Dei, quae factae sunt ad Abraham, cuius semini et gentem Israeliticam secundum carnem et omnes gentes deberi secundum fidem Deo pollicente didicimus, quem ad modum compleantur, per ordinem temporum procurrens Dei ciuitas indicabit. Quoniam ergo superioris libri usque ad regnum Dauid factus est finis, nunc ab eodem regno, quantum suscepto operi sufficere uidetur, cetera quae sequuntur adtingimus. Hoc itaque tempus, ex quo sanctus Samuel prophetare coepit, et deinceps, donec populus Israel captiuus in Babyloniam duceretur atque inde secundum sancti Hieremiae prophetiam post septuaginta annos reuersis Israelitis Dei domus instauraretur, totum tempus est prophetarum. Quamuis enim et ipsum Noe patriarcham, in cuius diebus uniuersa diluuio terra deleta est, et alios supra et infra usque ad hoc tempus, quo reges in Dei populo esse coeperunt, propter quaedam per eos futura siue quoquo modo significata siue praedicta, quae pertinerent ad ciuitatem Dei regnumque caelorum, non inmerito possumus appellare prophetas, praesertim quia nonnullos eorum id expressius legimus nuncupatos, sicut Abraham, sicut Moysen: tamen dies prophetarum praecipue maximeque hi dicti sunt, ex quo coepit prophetare Samuel, qui et Saulem prius et eo reprobato ipsum Dauid deo praecipiente unxit in regem, de cuius ceteri stirpe succederent, quousque illos succedere sic oporteret. Quae igitur a prophetis sunt praedicta de Christo, cum moriendo decedentibus et nascendo succedentibus suis membris ciuitas Dei per ista curreret tempora, si omnia uelim com-

---

[1] 1열왕[1사무] 3장 이하 참조.

[2] 예레 25,11 참조.

[3] 히브리 경전목록에서는 모세오경을 "율법", 나머지를 "예언자"라고 통칭하며(Lex et Prophetae), 여호수아기·판관기·사무엘기·열왕기를 "전기 예언서", 대소 예언들의 저서를 "후기 예언서"라고 부른다. 교부는 성조 개개인에게 언약의 말씀이 내린 "성조들의 시대"(tempus Patriarcharum)와, 사람들이 하느님의 이름으로 만민에게 발언하는 "예언자들의 시대"(tempus Prophetarum)로 구분한다.

[4] 창세 20,7 참조: "그 여인을 곧 남편에게 돌려 보내라. 그 남편은 예언자다."

[5] 신명 34,10 참조: "그 후로 이스라엘에는 두 번 다시 모세와 같은 예언자 …."

[6] 1열왕[1사무] 3,20 참조.

[7] 1열왕[1사무] 10,1; 16,13 참조.

[8] 왕조가 끊기고도 하느님의 도성(백성)이 이어지는 시대를 염두에 두고서 하는 말이다.

제1부(1-3)
예언이라는 현상

1. 예언자 시대

아브라함에게 행한 하느님의 언약, 곧 이스라엘 민족이 혈육에 따라 아브라함의 후손에게 은덕을 입은 것이며, 모든 민족들이 신앙에 따라 아브라함의 후손에게 은덕을 입으리라고 하느님이 약속했다는 사실을 우리는 배웠다. 하느님의 도성은 시간의 경륜을 타고 흘러가면서 이 언약이 어떻게 실현되는지 보여 줄 것이다. 앞 권의 말미는 다윗의 왕조까지 도달했으므로 이제는 그 왕조에서 시작하여 뒤따라 일어난 사건들을 다루게 되는데, 우리가 착수한 책자의 취지에 충분할 만큼만 다룰 것이다. 이 시대로 말하자면 거룩한 사무엘이 예언을 시작했고,[1] 그다음에는 이스라엘 백성이 포로가 되어 바빌론으로 끌려갔으며, 그 후에는 거룩한 예레미야의 예언대로[2] 70년이 지나 이스라엘인들이 귀환하고서 하느님의 전당이 재건되는데, 이 시대 전체가 예언자들의 시대이다.[3] 물론 당대에 온 땅이 대홍수로 멸망한 성조 노아로부터 시작하여 하느님의 백성에게 임금들이 군림하기 시작하던 이 시대에 이르기까지 빠르든 늦든 이러저런 인물들을 통해 하느님의 도성과 하늘나라와 관련된 미래사가 어떤 모양으로든지 표징되거나 예언된 적이 있었다. 그런 인물들을 예언자라고 부르는 것도 과분한 처사는 아닌데, 그들 가운데 어떤 사람들은 노골적으로 이 명칭으로 불렸던 것을 우리도 읽어 알고 있다. 아브라함도 그랬고[4] 모세도 그랬다.[5] 하지만 예언자들의 시대라는 말은 특히 사무엘이 예언을 시작한 이래로[6] 사람들을 호칭하며 가리키던 말이다. 사무엘은 먼저 사울을 임금으로 도유塗油했고, 그가 버림받자 하느님의 명대로 다윗을 도유했다.[7] 그의 혈통에서 다른 임금들이 뒤를 잇는데, 그런 식으로 계승해야 할 시점까지 그랬다.[8] 하느님의 도성은 그 지체들이 죽어서 사라지고 태어나서 뒤를 잇고 하는 가운데 저 무수한 시대를 거치면서 흘러가는데, 예언자들이 그리스도에 관해 예고한 바를 모조리 상기하는 것은 엄청난 일이다. 그 이유는 이렇다. 먼저, 성서로 말하자면 언뜻 보기에는 역사적

memorare, in inmensum pergitur, primum quia ipsa scriptura, quae per ordinem reges eorumque facta et euenta digerens uidetur tamquam historica diligentia rebus gestis occupata esse narrandis, si adiuuante Dei spiritu considerata tractetur, uel magis uel certe non minus praenuntiandis futuris quam praeteritis enuntiandis inuenietur intenta; (et hoc perscrutando indagare ac disserendo monstrare quam sit operosum atque prolixum et quam multis indiguum uoluminibus, quis ignorat, qui haec uel mediocriter cogitet?) deinde quia ea ipsa, quae ad prophetiam non ambigitur pertinere, ita sunt multa de Christo regnoque caelorum, quae ciuitas Dei est, ut ad hoc aperiendum maior sit disputatio necessaria, quam huius operis modus flagitat. Proinde ita, si potuero, stilo moderabor meo, ut huic operi in Dei uoluntate peragendo nec ea quae supersunt dicam nec ea quae satis sunt praetermittam.

2. In praecedente libro diximus ab initio ad Abraham promissionum Dei duas res fuisse promissas, unam scilicet, quod terram Chanaan possessurum fuerat semen eius (quod significatur, ubi dictum est: *Vade in terram, quam tibi demonstrauero, et faciam te in gentem magnam*), aliam uero longe praestantiorem non de carnali, sed de spiritali semine, per quod pater est non unius gentis Israeliticae, sed omnium gentium, quae fidei eius uestigia consequuntur; quod promitti coepit his uerbis: *Et benedicentur in te omnes tribus terrae*; et deinceps aliis multis admodum testimoniis haec duo promissa esse monstrauimus. Erat igitur iam in terra promissionis semen Abrahae, id est populus Israel, secundum carnem

---

[9] 창세 12,1-2.
[10] 창세 12.3. 본서 16.16 직역 참조.

진솔함을 띠고서 임금들과 그들의 행적과 사건들을 순서대로 차근차근 기술하는 것처럼 보이고, 일어난 역사적 사건들을 서술함에 있어서도 하느님 영의 보우를 입어 진지하게 고찰하고자 부심하고 있는 것처럼 보이지만, 성서는 과거사를 서술하는 일보다 미래사를 예고하는 데 더 관심을 갖거나 적어도 그에 못지않게 심혈을 기울이고 있기 때문이다. 그러니 이 문제를 대강이라도 염두에 두는 사람이라면, 이런 내용을 일일이 탐색하여 조사하고 토론하여 입증하려면 얼마나 힘들고 장황하며, 또 이를 기록하는 데는 얼마나 많은 두루마리가 필요한지에 대해 모를 사람이 누가 있겠는가? 그다음으로는, 예언에 해당하는 내용으로서 의심의 여지가 없는 내용만 하더라도 그리스도와 하늘나라, 곧 하느님의 도성에 대한 것들이 매우 많아서 그것을 제대로 다루자면 이 책의 분량으로는 감당할 수 있는 것보다 훨씬 많은 논의가 필요할 것이다. 그러므로 내가 할 수 있는 한 내 방식대로 조정을 가하면서 하느님의 뜻에 따라 이 저술을 진척시켜 나가겠다. 피상적인 것은 언급하지 않고, 그렇다고 중요한 것을 빠뜨리지도 않겠다.

2. 육적 이스라엘이 소유로 받은 가나안 땅에 대한 약속은 어느 시대에 이루어지기로 되어 있었는가

전권에서 우리는 아브라함에게 내린 하느님의 언약이 처음부터 두 가지를 약속했다고 말한 바 있다. 하나는 그의 후손에게 가나안 땅을 약속하는 말씀이다. "내가 장차 보여 줄 땅으로 가거라. 나는 너를 큰 민족이 되게 하리라"[9]는 말씀이 의미하는 바가 그것이다. 다른 하나는 더 훌륭한 언약으로 그의 육적 후손에 관해서가 아니고 영적 후손에 관한 것인데, 그 언약에 의하면 아브라함이 단지 이스라엘 민족 하나만의 조상이 아니고 그의 신앙의 발자취를 따르는 모든 민족들의 조상이 된다는 것이다. 이 약속은 "땅의 모든 족속들이 네 안에서 복을 받을 것이다"[10]라는 말씀으로 비롯한다. 또 우리는 이 두 가지가 언약되었음을 여러 가지 증거를 들어 입증해 보였다. 그리고 과연 약속의 땅에 혈육에 따른 아브라함의 후손, 곧 이스라엘 백성이 살고 있었고, 그들이

atque ibi non solum tenendo ac possidendo ciuitates aduersariorum, uerum etiam reges habendo regnare iam coeperat, impletis de ipso populo promissionibus Dei magna iam ex parte, non solum quae tribus illis patribus, Abraham Isaac et Iacob, et quaecumque aliae temporibus eorum, uerum etiam quae per ipsum Moysen, per quem populus idem de seruitute Aegyptia liberatus et per quem cuncta praeterita reuelata sunt, temporibus eius, cum populum per heremum duceret, factae fuerant. Neque autem per insignem ducem Iesum Naue, per quem populus ille in promissionis inductus est terram expugnatisque gentibus eam duodecim tribubus, quibus Deus iusserat, diuisit et mortuus est, neque post illum toto tempore iudicum impleta fuerat promissio Dei de terra Chanaan a quodam flumine Aegypti usque ad flumen magnum Euphraten; nec tamen adhuc prophetabatur futurum, sed expectabatur implendum. Impletum est autem per Dauid et eius filium Salomonem, cuius regnum tanto, quantum promissum fuerat, spatio dilatatum est; uniuersos quippe illos subdiderunt tributariosque fecerunt. Sic igitur in terra promissionis secundum carnem, hoc est in terra Chanaan, sub his regibus semen Abrahae fuerat constitutum, ut nihil deinde superesset, quo terrena illa Dei promissio compleretur, nisi ut in eadem terra, quantum ad prosperitatem adtinet temporalem, per posteritatis successionem inconcusso statu usque ad mortalis huius saeculi terminum gens permaneret Hebraea, si Domini Dei sui legibus oboediret. Sed quoniam Deus nouerat hoc eam non esse facturam, usus est eius etiam temporalibus poenis ad exercendos in ea paucos fideles suos et admonendos qui postea futuri erant in omnibus gentibus, quod eos admoneri oportebat, in quibus alteram promissionem reuelato nouo testamento per incarnationem Christi fuerat impleturus.

---

[11] 모세오경을 모세의 친저로 보면 천지창조와 태고사가 모세를 통해 계시된 셈이다.
[12] 창세 15,18 참조: "나는 이집트 개울에서 큰 강 유프라테스에 이르는 이 땅을 네 후손에게 준다."
[13] 3[1]열왕 5,1 참조: "솔로몬은 유프라테스로부터 불레셋 땅을 지나 이집트 국경에 이르는 지역 안의 모든 왕국을 지배하였다."

원수들의 도성을 점령하고 차지했을 뿐 아니라 국왕들을 다스리기 시작했던 것이다. 그러므로 그 백성에 관한 한 하느님의 언약이 대부분 성취되었으니, 저 세 사람의 성조, 곧 아브라함과 이사악과 야곱에게 내린 언약뿐 아니라 성조들의 시대에 내린 다른 언약들과 심지어 모세가 저 백성을 광야로 인솔해 나오던 그의 당대에 모세 본인을 통해 내린 언약들도 성취되었다. 모세를 통해 바로 그 백성이 이집트인들의 노예처지에서 해방되었고, 그를 통해 태고사太古史 전체가 계시되었으며,[11] 위대한 영도자 여호수아의 인솔로 이 백성은 저항하는 족속들을 물리치고 약속의 땅으로 들어갔는데, 여호수아는 하느님이 명한 대로 그 땅을 열두 지파에게 분배했으며 그러고 나서 죽었다. 하지만 여호수아를 통해서도, 그 이후 판관들의 시대 전체를 통해서도 가나안 땅에 관한 하느님의 언약, 곧 이집트의 어느 개울부터 큰 강 유프라테스에 이르기까지 가나안 땅 전부를 주겠다는 하느님의 언약은 이루어지지 않았다.[12] 그 무렵에는 장차 올 미래사가 예언되기보다는 언약이 이루어지기를 기다리고 있었을 뿐이다. 그리고 그 언약은 다윗과 그 아들 솔로몬을 통해 이루어졌는데, 그의 왕국이 언약된 만큼 넓은 영토로 확장되었던 것이다. 그들은 이 지역의 모든 민족들을 굴복시켰고 조공을 바치게 만들었다.[13] 그러니까 이 두 임금의 치하에서 아브라함의 후손은 육에 따른 약속의 땅, 다시 말해 가나안 땅에 자리를 잡았고, 그 땅에 관한 한 하느님의 저 언약이 이루어지지 않은 채로 남아있는 것은 아무것도 없었으리라. 히브리 민족이 자기네 주 하느님의 율법에 순종하기만 했다면 바로 그 땅에서 후손이 뒤이어 오면서 아무런 동란이 없이 현세 번영을 누릴 수 있었고 이 사멸할 세기가 끝날 때까지 히브리 민족으로서 그 땅에 영주할 수도 있었을 것이다. 그러나 하느님은 이 민족이 그렇게 하지 않으리라는 것을 알았고, 따라서 그 땅의 현세적 재앙을 이용하여 그 땅에서 당신에게 충직한 소수나마 단련시켰고, 장차 모든 민족 가운데서 당신에게 충직할 사람들에게는 경고로 삼았다. 모든 민족에게 경고가 필요했던 까닭은 신약이 계시됨으로써 그리스도의 육화肉化를 통해 그들에게 또 다른 언약이 이루어질 것이기 때문이었다.

3. Quocirca sicut oracula illa diuina ad Abraham Isaac et Iacob et quaecumque alia signa uel dicta prophetica in sacris litteris praecedentibus facta sunt, ita etiam ceterae ab isto regum tempore prophetiae partim pertinent ad gentem carnis Abrahae, partim uero ad illud semen eius, in quo benedicuntur omnes gentes coheredes Christi per testamentum nouum ad possidendam uitam aeternam regnumque caelorum; partim ergo ad ancillam, quae in seruitutem generat, id est terrenam Hierusalem, quae seruit cum filiis suis, partim uero ad liberam ciuitatem Dei, id est ueram Hierusalem aeternam in caelis, cuius filii homines secundum Deum uiuentes peregrinantur in terris; sed sunt in eis quaedam, quae ad utramque pertinere intelleguntur, ad ancillam proprie, ad liberam figurate.

Tripertita itaque reperiuntur eloquia prophetarum, si quidem aliqua sunt ad terrenam Hierusalem spectantia, aliqua ad caelestem, nonnulla ad utramque. Exemplis uideo probandum esse quod dico. Missus est Nathan propheta, qui regem Dauid argueret de peccato graui et ei, quae consecuta sunt mala, futura praediceret. Haec atque huius modi siue publice, id est pro salute uel utilitate populi, siue priuatim, cum pro suis quisque rebus diuina promereretur eloquia, quibus pro usu temporalis uitae futuri aliquid nosceretur, ad terrenam ciuitatem pertinuisse quis ambigat? Vbi autem legitur: *Ecce dies ueniunt, dicit Dominus, et consummabo domui Israel et domui Iuda testamentum nouum, non secundum testamentum, quod dispo-*

---

[14] 두 예루살렘의 비교는 갈라 4,21-26; 본서 15.2 참조.

[15] proprie et figurate: 성서 구절의 자의(sensus proprius)에서 전의(sensus figuratus)로 확대함은 교부들의 전통적 주석방법이다.

[16] 2열왕[2사무] 12,1-17 참조.

3. 예루살렘에 관한 예언의 삼중 의미: 때로는 지상 예루살렘을, 때로는 천상 예루살렘을, 때로는 양편을 다 가리킨다

3. 1. 예언자들의 발설은 삼중 의미를 가진다

이전의 성서들에 나타나는 대로 아브라함과 이사악과 야곱에게 내린 신적 신탁이나 그밖의 모든 예언적 표징이나 발언들도 그렇지만, 저 국왕들의 시대에 내린 예언들도 일부는 아브라함의 혈육으로 이어지는 민족에게 해당하지만, 일부는 모든 민족들이 그 안에서 복을 받는다는, 아브라함의 그 후손에 해당한다. 그 민족들은 새로운 계약을 통해 그리스도의 공동상속인이 되어 영원한 생명과 하늘나라를 차지할 사람들이다. 다시 말해 일부는 여종, 즉 자식을 노예 신분으로 낳아주는 여종인 지상 예루살렘에 해당하고, 나머지 일부는 하느님의 자유로운 도성, 즉 하늘에 있는 영원한 참 예루살렘에 해당한다. 천상 예루살렘의 아들들은 하느님에 따라 살면서 지상에서 순례의 여정을 걷는다.[14] 하지만 그 예언들 가운데에는 양편에 다 해당하는 것으로 받아들여야 할 내용도 일부 있는데, 자의적字義的으로는 여종에게 해당하고 전의적轉義的으로는 자유로운 부인에게 해당한다.[15]

3. 2. 예언은 자의적이거나 전의적이거나 양의적이거나 한다

그러므로 예언자들의 말은 세 유형으로 나누어진다: 어떤 것은 지상 예루살렘에 해당하고 어떤 것은 천상 예루살렘에 해당하며, 그중에는 양편에 다 해당하는 것들도 있다. 내가 하는 말은 예를 들어 입증해야 할 것 같다. 예컨대 나단 예언자가 파견되어 다윗 왕이 범한 중죄를 따지며 뒤따라올 재앙을 그에게 예고한다.[16] 이 예언이나 이런 종류의 예언이 공공연히 발설된 경우, 다시 말해 백성의 안녕과 이익을 위한 발언이든, 그렇지 않고 사사로이 발설된 것이든, 각자가 자기 사정에 대해 하느님의 말씀으로 어떤 언약을 받든 상관없이, 현세 생활의 유익을 생각해서 장차 올 무언가를 알려주는 것이며 따라서 이런 예언은 어디까지나 지상 도성과 관련된다는 점을 누가 의심하겠는가? 그런데 이런 구절이 있다: "앞으로 내가 이스라엘과 유다의 가문과 새 계약을 맺을 날이 온다. 주님의 말씀이다. 이 새 계약은 내가 그 백성들의 조상들의 손을 잡아 이

sui patribus eorum in die, qua adprehendi manum eorum, ut educerem eos de terra Aegypti, quoniam ipsi non permanserunt in testamento meo, et ego neglexi eos, dicit Dominus. Quia hoc est testamentum, quod constituam domui Israel post dies illos, dicit Dominus, dando leges meas in mentem eorum et super corda eorum scribam eas, et uidebo eos, et ero illis in Deum, et ipsi erunt mihi in plebem: Hierusalem sine dubio superna prophetatur, cuius Deus ipse praemium est, eumque habere atque ipsius esse summum ibi est atque totum bonum. Ad utramque uero pertinet hoc ipsum, quod Hierusalem dicitur Dei ciuitas, et in ea prophetatur futura domus Dei, eaque prophetia uidetur impleri, cum Salomon rex aedificat illud nobilissimum templum. Haec enim et in terrena Hierusalem secundum historiam contigerunt, et caelestis Hierusalem figurae fuerunt. Quod genus prophetiae ex utroque ueluti compactum atque commixtum in libris ueteribus canonicis, quibus rerum gestarum narrationes continentur, ualet plurimum multumque exercuit et exercet ingenia scrutantium litteras sacras, ut, quod historice praedictum completumque legitur in semine Abrahae secundum carnem, etiam in semine Abrahae secundum fidem quid implendum allegorice significet inquiratur; in tantum ut quibusdam uisum sit nihil esse in eisdem libris uel praenuntiatum et effectum, uel effectum, quamuis non praenuntiatum, quod non insinuet aliquid ad supernam ciuitatem Dei eiusque filios in hac uita peregrinos figurata significatione referendum. Sed si hoc ita est, iam bipertita, non tripertita erunt eloquia prophetarum, uel potius illarum scripturarum omnium, quae ueteris instrumenti appellatione censentur. Nihil enim erit illic, quod ad Hierusalem terrenam tantum pertineat, si, quidquid ibi de illa uel propter illam dicitur atque completur, significat aliquid, quod etiam ad Hierusalem caelestem

---

[17] 예레 31,31-33 (아우구스티누스의 직접 인용).

[18] *eumque habere atque ipsius esse* summum ibi est atque totum bonum: 하느님의 향유(frui Deo)를 궁극 목적으로 보는 교부의 표현이다.

[19] 3[1]열왕 6장 참조.

[20] 심지어 성서의 모든 장절에서 은유(allegorice, figurata significatio)를 보는 교부들도 다수였다. 예: Clemens Alexandriae, *Stromata* 5.32-34; Origenes, *De principiis* 4.3.5.

[21] vetus instrumentum: 구약을 가리킴이 분명한데 좀 특유한 표현이다.

집트에서 데려나오던 때에 맺은 것과는 같지 않다. 그들은 나와 맺은 계약을 깨뜨리고 말았고 나도 그들을 저버리고 말았기 때문이다. 주님의 말씀이다. 그 날 내가 이스라엘 가문과 맺을 계약이란 내 법을 그들의 정신에 넣어주고 그들의 가슴에 새겨 줄 일이다. 주님의 말씀이다. 나도 그들을 돌아보겠고 나는 그들에게 하느님이 되고 그들은 내게 백성이 될 것이다."[17] 이 구절은 명백하게 위에 있는 예루살렘을 두고 예언하는 말씀이다. 저 예루살렘에서는 하느님이 최고의 상급이고 하느님을 모시고 하느님의 것이 되는 일이 최고선이자 전체선이다.[18] 그런데 예루살렘을 두고 하느님의 도성이라고 부르는 경우나, 예루살렘에 장차 하느님의 집이 세워지리라는 예언이 있고 그래서 솔로몬 왕이 저 존귀한 성전을 건축할 때[19] 그 예언이 성취되는 것처럼 보인 경우는 지상 예루살렘과 천상 예루살렘 양편에 다 해당한다. 이 경우 역사상으로는 지상 예루살렘을 가리키면서 천상 예루살렘의 예표가 된다. 이런 유형의 예언은 두 가지 측면을 한데 집약한 것으로 구약 정전正典들에서는 아주 큰 비중이 있다. 그 경전들을 보면 역사적 사건들에 관한 서술이 담겨 있지만, 그러면서도 성서들을 깊이 통찰하는 지성들로 하여금, 역사적으로 예고되고 육을 따라 아브라함의 후손에게서 실현을 본 사건들에 대해 그것이 신앙에 따른 아브라함의 후손에게도 은유적으로 성취되고 상징되는 무엇이 있는지를 탐구하도록 크게 단련시켜 왔고 지금도 단련시키는 중이다. 심지어 어떤 사람은 성서에 기술되어 있는 것치고 하느님의 상위 도성에 관해 무엇인가 예고하지 않고서 발생한 것은 아무것도 없다고, 그리고 기왕에 발생했다면 하느님의 도성에 관해 비록 예고하지는 않았더라도 하느님의 도성과 금생에서 나그넷길을 가고 있는 그 자녀들을 예표적 상징으로 관련시켜 무엇인가를 암시하지 않는 것은 아무것도 없다고 보기도 한다.[20] 하지만 만일 그렇다면 예언자들의 언어는 삼중적 의미가 아니고 이중적 의미라고 해야 할 것이다. 그렇지 않으면 옛 문서[21]라는 명칭으로 여겨지는 저 모든 성서들의 언어가 삼중적 의미가 아닌 이중적 의미라고 해야 할 것이다. 이렇게 볼 경우 구약에는 지상 예루살렘에만 해당하는 언급이 전혀 없다는 말이 되고 만다. 만약 지상 예루살렘에 관해 하는 말이나 예루살렘 때문에 언급

allegorica praefiguratione referatur; sed erunt sola duo genera, unum quod ad Hierusalem liberam, alterum quod ad utramque pertineat. Mihi autem sicut multum uidentur errare, qui nullas res gestas in eo genere litterarum aliquid aliud praeter id, quod eo modo gestae sunt, significare arbitrantur, ita multum audere, qui prorsus ibi omnia significationibus allegoricis inuoluta esse contendunt. Ideo tripertita, non bipertita esse dixi. Hoc enim existimo, non tamen culpans eos, qui potuerint illic de quacumque re gesta sensum intellegentiae spiritalis exsculpere, seruata dumtaxat primitus historiae ueritate. Ceterum quae ita dicuntur, ut rebus humanitus seu diuinitus gestis siue gerendis conuenire non possint, quis fidelis dubitet non esse inaniter dicta? Quis ea non ad intellegentiam spiritalem reuocet, si possit, aut ab eo qui potest reuocanda esse fateatur?

되거나 실현되는 일이 무엇이든지 다른 것을 상징한다면, 즉 그것이 천상 예루살렘과 은유적 예표로 연관된다면, 그럴 경우에는 두 가지 의미밖에 존재하지 않을 것인데, 하나는 자유로운 예루살렘을 표상하고 다른 하나는 양편을 상징한다는 결론이 된다. 내가 보기에 이런 문학 유형에서 역사적 사실에 대해 실제로 사건이 이렇게 저렇게 발생했다는 서술 외에도 다른 무엇을 상징하지 않는 기록이 전혀 없다고 생각하는 것은 크게 잘못되었다. 또 거기에 수록된 모든 것이 은유적 의미를 갖고 있다고 억지를 부리는 것도 지나친 주장이라고 본다. 그래서 예언적 언사의 의미를 이중적이 아니고 삼중적이라고 내가 말한 것이다.[22] 나는 역사적 진리가 일차적으로 보존되는 한, 구약의 어떠한 역사적 사실에서도 영적 해석의 의미를 이끌어낼 수 있다는 사람들을 탓할 것은 아니라고 본다. 사실 인간적으로 발생하든 신적으로 발생하든 이미 발생했거나 앞으로 발생할 역사적 사실에 대한 말씀치고, 그것이 교훈적 의미 없이 아무렇게나 한 말씀이 아니리라는 점을 신앙인치고 누가 의심하겠는가? 그리하여 할 수 있다면 거기서 영적 해석을 끌어내지 않을 사람이 누가 있겠으며, 그럴 능력이 없을 경우 거기서 그런 해석을 이끌어낼 수 있다고 호언하는 사람의 말에 동의하지 않을 사람이 누가 있겠는가?[23]

---

[22] 구약 특히 시편 등을 신약에 비추어 해석하는 기법에서 무조건 은유를 찾는 알렉산드리아 교부들(예: Origenes, *De principiis* 4.2.4)과 자구적 의미도 살려야 한다는 안티오키아 교부들(예: Irenaeus, *Adversus haereses* 21.1-3) 사이에서 아우구스티누스는 티코니우스 규칙들을 정리하여 따르고 있다(*De doctrina Christiana* 30.42 - 37.55).

[23] 성서의 역사적 의미(sensus litteralis)만 일단 살린다면 영적 의미는 자유롭게 시도할 수 있다는 것이 아우구스티누스의 타협적 입장이다.

4. Procursus igitur ciuitatis Dei ubi peruenit ad regum tempora, quando Dauid Saule reprobato ita regnum primus obtinuit, ut eius deinde posteri in terrena Hierusalem diuturna successione regnarent, dedit figuram, re gesta significans atque praenuntians, quod non est praetereundum silentio, de rerum mutatione futurarum, quod adtinet ad duo testamenta, uetus et nouum, ubi sacerdotium regnumque mutatum est per sacerdotem eundemque regem nouum ac sempiternum, qui est Christus Iesus. Nam et Heli sacerdote reprobato substitutus in Dei seruitium Samuel simul officium functus sacerdotis et iudicis, et Saule abiecto rex Dauid fundatus in regno hoc quod dico figurauerunt. Mater quoque ipsa Samuelis Anna, quae prius fuit sterilis et posteriore fecunditate laetata est, prophetare aliud non uidetur, cum gratulationem suam Domino fundit exultans, quando eundem puerum natum et ablactatum Deo reddit eadem pietate, qua uouerat. Dicit enim: *Confirmatum est cor meum in Domino, exaltatum est cornum meum in Deo meo. Dilatatum est super inimicos meos os meum, laetata sum in salutari tuo. Quoniam non est sanctus sicut Dominus, et non est iustus sicut Deus noster; non est sanctus praeter te. Nolite gloriari et nolite loqui excelsa, neque procedat magniloquium de ore uestro. Quoniam Deus scientiarum Dominus, et Deus praeparans adinuentiones suas. Arcum potentium fecit infirmum, et infirmes praecincti sunt uirtutem;*

---

[24] 1열왕[1사무] 16,12-13; 3[1]열왕 1,38 참조.

[25] 2열왕[2사무] 2,27; 16,1-14 참조. 사울이 배척당하고 다윗이 즉위하며 사제 엘리가 배척당하고 사무엘이 세워진 사건은 구약이 그리스도 안에서 신약으로 대체됨을 예표한다는 풀이다. Cf. *Contra Faustum Manichaeum* 12.33.

제2부 (4-7)
다윗 전에 나타난 예언

4. 이스라엘 왕국과 제관직의 변화, 그리고 그 상징적 의미: 사무엘의 모친 한나가 교회의 위상을 표상하면서 예언한 내용

4.1. 주님께 감사드리는 한나의 노래

열왕列王의 시대에 이르기까지 하느님 도성의 발전, 다시 말해 사울이 배척을 당하고 다윗이 처음으로 왕권을 장악하여 그의 후손들이 지상 예루살렘에서 오랫동안 계승하면서 통치하던 시대까지의 발전을 보면,[24] 그 역사도 실제로 일어난 사건을 통해 우리가 묵과하고 넘어가서는 안 될 사건들을 상징하고 예고하면서 일종의 표상을 제공했다. 즉, 구약과 신약에 관련하여 미래에 일어날 변화에 대한 표상을 제공한 것인데, 예를 들어 구약의 제관직과 왕직인 대사제가 새롭고도 영원한 임금, 곧 그리스도 예수를 통해 변경되었다는 사실이다. 왜 이런 말을 하느냐 하면 엘리 사제가 배척을 당하고 사무엘이 하느님을 섬기는 일에 대신 세워지면서 사제와 판관의 직무를 한꺼번에 수행하는 일이 생겼기 때문이다. 사울이 배척당하고 다윗 왕이 왕직을 맡은 것도 내가 지금 말하는 바를 표상한 것이다.[25] 사무엘의 모친 한나 역시 다름아닌 이 점을 예언한 것으로 보인다. 그 여자는 처음에는 불임이었는데 후일에는 임신을 하고서 기뻐했다. 좋아서 어쩔 줄 모르면서 본인의 감사의 정을 주님께 표명했고, 태어나서 겨우 젖이 떨어진 아이를 주님께 맡겨드림으로써 자신이 서원한 신심을 하느님께 돌려드린다. 그 여자가 하는 말은 다음과 같다: "내 마음은 주님 안에서 든든합니다. 내 하느님 안에서 나는 내 얼굴을 들게 되었습니다. 원수들 앞에서 내 입이 벌어졌습니다. 나는 당신의 구원을 두고 기쁨에 넘칩니다. 주님처럼 거룩하신 분은 없으십니다. 우리 하느님처럼 의로우신 분은 없으십니다. 당신 밖에는 거룩하신 분이 없으십니다. 사람들아, 잘난 체하지 말아라. 너무 우쭐대며 지껄이지 말아라. 거만한 소리를 너희 입에 담지 말아라. 하느님은 다 아시는 주님이요, 하느님은 당신이 계획을 마련하시는 분이다. 힘있는 자들의 활

pleni panibus minorati sunt, et esurientes transierunt terram. Quia sterilis peperit septem, et multa in filiis infirmata est. Dominus mortificat et uiuificat, deducit ad inferos et reducit. Dominus pauperes facit et ditat, humiliat et exaltat. Suscitat a terra pauperem et de stercore erigit inopem, ut conlocet eum cum potentibus populi, et sedem gloriae hereditatem dans eis; dans uotum uouenti, et benedixit annos iusti, quoniam non in uirtute potens est uir. Dominus infirmum faciet aduersarium suum, Dominus sanctus. Non glorietur prudens in prudentia sua, et non glorietur potens in potentia sua, et non glorietur diues in diuitiis suis; sed in hoc glorietur, qui gloriatur, intellegere et scire Dominum et facere iudicium et iustitiam in medio terrae. Dominus ascendit in caelos et tonuit; ipse iudicabit extrema terrae, quia iustus est; et dat uirtutem regibus nostris, et exaltabit cornum Christi sui.

Itane uero uerba haec unius putabuntur esse mulierculae, de nato sibi filio gratulantis? Tantumne mens hominum a luce ueritatis auersa est, ut non sentiat supergredi modum feminae huius dicta quae fudit? Porro qui rebus ipsis, quae iam coeperunt etiam in hac terrena peregrinatione compleri, conuenienter mouetur, nonne intendit et aspicit et agnoscit per hanc mulierem, cuius etiam nomen, id est Anna, gratia eius interpretatur, ipsam religionem Christianam, ipsam ciuitatem Dei, cuius rex est et conditor Christus, ipsam postremo Dei gratiam prophetico spiritu sic locutam, a qua superbi alienantur, ut cadant, qua humiles implentur, ut surgant, quod maxime hymnus iste personuit? Nisi quisquam forte dicturus est nihil

---

[26] 1열왕[1사무] 2,1-10 (아우구스티누스의 인용은 공동번역본과 상당히 차이가 난다). 마지막 구절은 "당신 그리스도의 뿔을 쳐들어 주시리라"라고도 해석된다.

[27] 왕정시대의 시편 가운데 하나였는데 한나의 개인 찬가로 번안되었으리라는 추측이 많다. 예: Origenes, *Homiliae in I Regum* 1.17-20.

[28] Cf. Hieronymus, *De nominibus hebraicis* 34.11: Anna gratia eius.

은 풀이 꺾이고 나약한 자들은 허리에 용기를 두르게 되리라. 빵이 두둑했던 자들은 작아지고 굶주리던 사람들은 땅을 넘어갔도다. 아이 못 낳던 여자는 일곱을 낳고 아들 많던 여자는 그 기가 꺾였기 때문이로다. 주님은 죽이기도 하시고 살리기도 하시며 지하에 떨어뜨리기도 하시며 끌어올리기도 하신다. 주님은 가난하게도 하시고 가멸지게도 하시며 비천하게도 하시고 들어높이기도 하신다. 천민을 땅바닥에서 일으켜세우시며 거름더미에서 빈민을 들어높이셔서 백성의 세도있는 자들과 한자리에 앉혀 주시고 영광스런 자리를 그들에게 유업으로 차지하게 하신다. 그분은 서원하는 사람에게 서약을 주시고 의인의 햇수를 축복해 주신다. 사람이 제 힘으로 굳세어지는 것은 아닌 까닭이다. 주님은 그에게 맞서는 자를 허약하게 만드시리라. 주님은 거룩하신 분이시로다. 현명한 자는 자기 현명함을 두고 자랑하지 말며, 힘있는 자는 자기 세력을 두고 자랑하지 말며, 부자는 자기 재산을 두고 자랑하지 말라. 무릇 자랑하는 바는 주님을 깨닫고 아는 일을 두고 자랑할 것이며, 땅의 한가운데서 주님의 심판과 정의를 시행하는 일을 두고 자랑할 것이다. 주님은 하늘로 오르시어 천둥소리를 내신다. 그분은 땅 끝까지 심판하시니 의로우신 분이기 때문이다. 우리 왕들에게 힘을 주시며 당신의 기름부어 세우신 분의 얼굴을 쳐들게 하시리라."[26]

4.2. 한나의 노래는 예언적으로 발설된 것이다

이 모든 발언을 자기에게 아들이 태어났다고 좋아하는 한낱 아녀자의 것으로 보겠는가? 이것이 이 말을 쏟아놓는 한 여자의 수준을 까마득하게 초월한다는 것을 깨닫지 못할 정도로 인간의 지성이 진리의 빛을 등질 수도 있을까?[27] 이 노래에 나오는 사실들이 지상 여정 가운데 실현되기 시작했고, 더구나 이 여자의 이름이 한나요 "그분의 은총"[28]이라는 뜻으로 해석된다는 점에 비추어 본다면, 이 사실로부터 의당히 한 단계 넘어서 그리스도교 자체, 그리스도가 왕이요 창건자가 되는 하느님의 도성 자체를 가리키고 기대하고 인정하는 것이 아닐까? 마지막으로는 하느님의 은총을 예언자의 영으로 그렇게 언질한 것이 아닐까? 오만한 사람들이야 이 은총으로부터 소외당하여 넘어지고 말겠지만 겸손한 사람들은 은총으로 충만하여 일어설 것이니, 이 찬가가 소리 높이 외치는 바가 바로 이것

istam prophetasse mulierem, sed Deum tantummodo propter filium, quem precata inpetrauit, exultanti praedicatione laudasse. Quid ergo sibi uult quod ait: *Arcum potentium fecit infirmum, et infirmi praecincti sunt uirtute; pleni panibus minorati sunt, et esurientes transierunt terram; quia sterilis peperit septem, et multa in filiis infirmata est*? Numquid septem ipsa pepererat, quamuis sterilis fuerit? Vnicum habebat, quando ista dicebat; sed nec postea septem peperit, siue sex, quibus septimus esset ipse Samuel, sed tres mares et duas feminas. Deinde in illo populo cum adhuc nemo regnaret, quod in extremo posuit: *Dat uirtutem regibus nostris, et exaltabit cornum Christi sui*, unde dicebat, si non prophetabat?

Dicat ergo ecclesia Christi, ciuitas regis magni, gratia plena, prole fecunda, dicat quod tanto ante de se prophetatum per os huius piae matris agnoscit: *Confirmatum est cor meum in Domino, exaltatum est cornum meum in Deo meo*. Vere confirmatum cor et cornu uere exaltatum, quia non in se, sed in Domino Deo suo. *Dilatatum est super inimicos meos os meum*; quia et in angustiis pressurarum sermo Dei non est adligatus nec in praeconibus adligatis. *Laetata sum*, inquit, *in salutari tuo*. Christus est iste Iesus, quem Simeon, sicut in euangelio legitur, senex amplectens paruum, agnoscens magnum: *Nunc*, inquit, *dimittis, Domine, seruum tuum in pace, quoniam uiderunt oculi mei salutare tuum*. Dicat itaque ecclesia: *Laetata sum in salutari tuo; quoniam non est sanctus, sicut Dominus, et non est*

---

[29] 한나라는 미천한 여인을 교회의 은유로 보면서 교부는 노래 자체가 부단히 두 부류의 인간, 혹은 두 도성을 암시하고 인류사에 개입하는 하느님의 역사를 하나의 은총으로 보는 시각에 착안하여 이하에 상세한 주석을 단다.

[30] 1열왕[1사무] 2,21 참조: "야훼께서 한나에게 은덕을 베푸셔서 한나는 삼남 이녀를 더 두게 되었다."

[31] 아우구스티누스는 "예언하다"(prophetare)라는 어휘를 미래사를 예고하는 뜻으로 쓰고 "하느님의 영으로 발언한다"는 넓은 의미도 알고 있었다.

[32] 마태 5,35 참조: "예루살렘을 두고도 맹세하지 마시오. 크신 임금님의 도성이기 때문입니다."

[33] 2디모 2,9 참조: "이 복음을 위해 나는 악인처럼 감옥에 갇히기까지 고통을 당하고 있습니다. 그러나 하느님의 말씀은 결박되지 않습니다."

[34] amplectens *parvum*, agnoscens *magnum*: 예언과 그 실현 사이의 거리를 갓난아기와 그의 위대한 정체를 나타내는 형용사로 표기했다.

[35] 루가 2,29-30.

이 아니겠는가?[29] 그러니 저 여자가 아무 예언도 하지 않았다는 말을 누가 감히 하겠는가? 단지 아들 때문에, 즉 아들을 얻으려고 간절히 빌다가 아들을 얻자 환호하는 언사로 하느님을 찬미한 것에 불과하다는 말을 누가 하겠는가? 그렇게 본다면 다음의 저 구절은 무슨 의미가 되겠는가? "힘있는 자들의 활은 풀이 꺾이고 나약한 자들은 허리에 용기를 두르게 되리라. 빵이 두둑했던 자들은 작아지고 굶주리던 사람들은 땅을 넘어갔도다. 아이 못 낳던 여자는 일곱을 낳고 아들 많던 여자는 그 기가 꺾였기 때문이로다." 자기가 불임인데도 자식을 일곱이나 낳았다는 말인가? 그 여자가 저 말을 할 때는 아이가 하나밖에 없었다. 하지만 그 뒤에도 일곱을 낳지는 않았다. 여섯을 이미 낳았고 사무엘이 일곱째였다는 말도 없고, 단지 훗날에 사내아이 셋과 계집아이 둘을 낳았다는 말이 나올 뿐이다.[30] 더구나 아직 아무도 임금으로 오르지 않던 시기인데 마지막에는 다음과 같은 구절을 넣고 있다: "우리 왕들에게 힘을 주시며 당신의 기름부어 세우신 분의 얼굴을 쳐들게 하시리라." 이것이 예언이 아니면 무엇이겠는가?[31]

4.3. 하느님의 위업을 찬미한다

그러므로 그리스도의 교회 곧 큰 임금님의 도성,[32] 은총이 가득하고 자손이 풍성한 이 도성은 아주 오래 전에 어느 경건한 어머니의 입으로 자신에 대한 예언이 이루어졌다는 사실을 인정해야 하리라: "내 마음은 주님 안에서 든든합니다. 내 하느님 안에서 나는 내 얼굴을 들게 되었습니다"라고. 참으로 마음이 든든하고 참으로 얼굴을 들게 되었지만 스스로 그런 것이 아니라 자기의 주 하느님 안에서 그랬다: "원수들 앞에서 내 입이 벌어졌습니다." 하느님의 말씀은 핍박을 받는 곤경에서도 결박되지 않는 법이고, 선포하는 사람들이 묶인다고 해서 하느님의 말씀이 결박되는 일은 없기 때문이다.[33] "나는 당신의 구원을 두고 기쁨에 넘칩니다." 주님의 구원이란 바로 그리스도 예수다. 복음에 나오듯이 시므온 노인이 작은 아기를 안고 위대한 인물을 알아보던 말 그대로다:[34] "주님, 이제야 당신 종을 평안히 풀어주시나이다. 과연 제 눈으로 당신 구원을 보았나이다."[35] 그러니 교회는 이렇게 말해야 한다: "나는 당신의 구원을 두고 기쁨에 넘칩니다. 주님처럼 거룩하신 분은 없으십니다. 우리 하느님처럼 의로

iustus, sicut Deus noster; tamquam sanctus et sanctificans, iustus et iustificans. *Non est sanctus praeter te*, quia nemo fit nisi abs te. Denique sequitur: *Nolite gloriari et nolite loqui excelsa, neque exeat magniloquium de ore uestro; quoniam Deus scientiarum Dominus.* Ipse uos scit, et ubi nemo scit; quoniam *qui putat se aliquid esse, cum nihil sit, se ipsum seducit.* Haec dicuntur aduersariis ciuitatis Dei ad Babyloniam pertinentibus, de sua uirtute praesumentibus, in se, non in domino gloriantibus; ex quibus sunt etiam carnales Israelitae, terrenae Hierusalem ciues terrigenae, qui ut dicit apostolus, *ignorantes Dei iustitiam* (id est, quam dat homini Deus, qui solus est iustus atque iustificans) *et suam uolentes constituere* (id est uelut a se sibi partam, non ab illo inpertitam) *iustitiae Dei non sunt subiecti*, utique quia superbi, de suo putantes, non de Dei, posse placere se Deo, qui est Deus scientiarum atque ideo et arbiter conscientiarum, ibi uidens cogitationes hominum, quoniam uanae sunt, si hominum sunt et ab illo non sunt. *Et praeparans*, inquit, *adinuentiones suas.* Quas adinuentiones putamus, nisi ut superbi cadant et humiles surgant? Has quippe adinuentiones exequitur dicens: *Arcus potentium infirmatus est, et infirmi praecincti sunt uirtute.* Infirmatus est arcus, id est intentio eorum, qui tam potentes sibi uidentur, ut sine Dei dono atque adiutorio humana sufficientia diuina possint implere mandata, et praecinguntur uirtute, quorum interna uox est: *Miserere mei, Domine, quoniam infirmus sum.*

---

[36] 갈라 6,3.

[37] *velut a se partam*, non *ab illo impertitam*: 각운으로 의화(義化)의 피동성을 잘 나타내고 있다.

[38] *de suo* putantes, *non de Dei* posse placere Deo: 로마 10,3 ("하느님의 의로움을 모르고 자신의 의로움을 세우려고만 했지 하느님의 의로움에 복종하지 않았기 때문입니다") 참조.

[39] est *Deus scientiarum* atque ideo et *arbiter conscientiarum*: 지식과 양심을 잇는 각운이다.

[40] 시편 93[94],11 참조: "주님께서는 알고 계시도다, 사람들의 생각을, 그들은 입김일 따름임을."

[41] 시편 6,3.

우신 분은 없으십니다." 주님만이 거룩하시고 또 거룩하게 만드는 분이요 의로 우시고 의롭게 만드는 분이십니다. "당신밖에는 거룩하신 분이 없으시니" 당신 없이는 아무도 거룩해지지 않기 때문입니다. 이어 다음과 같은 말이 나온다: "사람들아, 잘난 체하지 말아라. 너무 우쭐대며 지껄이지 말아라. 거만한 소리를 너희 입에 담지 말아라. 하느님은 다 아시는 주님이시다." 그분은 너희를 아신다. 아무도 모를지라도 그분은 아신다. "누가 아무것도 아니면서 무엇이나 되는 것처럼 여긴다면 그것은 자기 자신을 속이는 짓입니다"[36]라는 말씀이 있기 때문이다. 이런 말은 하느님 도성에 맞서는 자들에게, 바빌론에 소속된 사람들에게 하는 말이다. 자기 능력을 뽐내는 자들에게, 주님을 자랑하지 않고 자기를 자랑하는 자들에게 하는 말이다. 그중에는 육적 이스라엘 사람들, 곧 지상 예루살렘의 지상 시민도 있다. 그들은 사도가 말한 대로 "하느님의 의로움을 알아보지 못한 탓으로", 다시 말해 홀로 의로우시고 의롭게 만드는 하느님이 인간에게 베푸는 의로움을 알아보지 못한 탓으로 "제 나름의 의로움을 세우려고만 했으니", 곧 의로움을 스스로 마련한다고 생각했지 그분에게서 분여分與된다고 여기지 않기 때문에[37] "하느님의 의로움에 복종하지 않았다". 그들은 오만하여 자기 것을 갖고서 하느님의 마음에 들 수 있다고 생각했지, 하느님의 것을 갖고서 하느님의 마음에 들 수 있다고는 생각하지 않았던 것이다.[38] 하느님은 모든 지식의 하느님이며 따라서 모든 양심의 심판자이기도 하다.[39] 인간들의 생각이 어디까지나 인간들의 것이고 하느님으로부터 오는 것이 아니라면, 허황한 생각이라는 것을 하느님은 안다.[40] "하느님은 당신 계획을 마련하시는 분이다." 우리는 그 계획이란 오만한 자들을 넘어뜨리고 겸손한 사람들을 일으켜세우는 것이 아니면 무엇이라고 생각하겠는가? 하느님은 "힘있는 자들의 활은 풀이 꺾이고 나약한 자들은 허리에 용기를 두르게 되리라"는 말씀으로 그 계획을 실현한다. 활의 꺾임은 스스로 매우 힘이 세어 하느님의 선물과 도움이 없이 인간적 조건만으로도 신적 계명을 채울 수 있으리라고 여기는 자들의 의도가 꺾이는 것을 말한다. 그 대신 속으로 "저를 불쌍히 여기소서, 주님, 쇠약한 몸이옵니다"[41]라고 되뇌는 사람들은 "허리에 용기를 두르게 되리라".

Pleni panibus, inquit, *minorati sunt, et esurientes transierunt terram*. Qui sunt intellegendi pleni panibus, nisi idem ipsi quasi potentes, id est Israelitae, quibus credita sunt eloquia Dei? Sed in eo populo ancillae filii minorati sunt (quo uerbo minus quidem Latine, bene tamen expressum est, quod ex maioribus minores facti sunt), quia et in ipsis panibus, id est diuinis eloquiis, quae Israelitae soli tunc ex omnibus gentibus acceperunt, terrena sapiunt. Gentes autem, quibus lex illa non erat data, postea quam per nouum testamentum ad eloquia illa uenerunt, multum esuriendo terram transierunt, quia in eis non terrena, sed caelestia sapuerunt. Et hoc uelut quaereretur causa cur factum sit: *Quia sterilis*, inquit, *peperit septem, et multa in filiis infirmata est*. Hic totum quod prophetabatur eluxit agnoscentibus numerum septenarium, quo est uniuersae ecclesiae significata perfectio. Propter quod et Iohannes apostolus ad septem scribit ecclesias, eo modo se ostendens ad unius plenitudinem scribere; et in Prouerbiis Salomonis hoc antea praefigurans Sapientia *aedificauit sibi domum et suffulsit columnas septem*. Sterilis enim erat in omnibus gentibus Dei ciuitas, antequam iste fetus, quem cernimus, oreretur. Cernimus etiam, quae multa in filiis erat, nunc infirmatam Hierusalem terrenam; quoniam quicumque filii liberae in ea erant, uirtus eius erant; nunc uero ibi quoniam littera est et spiritus non est, amissa uirtute infirmata est.

Dominus mortificat et uiuificat; mortificauit illam, quae multa erat in filiis, et uiuificauit hanc sterilem, quae peperit septem. Quamuis commodius possit intellegi eosdem uiuificare, quos mortificauerit. Id enim uelut repetiuit addendo: *Deducit ad inferos et reducit*. Quibus enim dicit apos-

---

[42] 로마 3,2 참조: "그들에게는 하느님의 말씀들이 맡겨졌습니다."

[43] minorati sunt ("수가 줄었다" 혹은 "하찮아졌다")라는 신조어를 ex maioribus minores facti sunt ("큰아들들이었으면서도 작은아들들이 되고 말았다")라는 뜻으로 풀이한다.

[44] transierunt terram ("그들은 땅을 넘어갔다")이라는 어색한 번역문을 교부는 입교한 이방인들이 지상의 것을 초월했다는 의미로 보충한다.

[45] 묵시 1,4 참조.

[46] 잠언 9,1.

4.4. 교회의 모습이 예고된다

"빵이 두둑했던 자들은 작아지고 굶주리던 사람들은 땅을 넘어갔도다." 빵이 두둑했던 자들이란 세도있는 사람들, 행세를 하는 이스라엘 사람들, 하느님의 말씀을 위탁받은 사람들이[42] 아니면 누구이겠는가? 그 백성 중에서도 여종의 아들들은 적어지고 말았다. 라틴어로는 적절한 어법이 아니지만, 큰아들이면서도 작은아들들이 되고 말았다[43]는 사실을 잘 표현하고 있다. 빵으로 말하자면, 곧 하느님의 말씀으로 말하자면 모든 민족 가운데서 오직 이스라엘 사람들만 받았는데도 그들은 지상의 것들만 맛들이고 있었던 것이다. 그 대신 율법이 주어지지 않은 민족들은 후대에 신약을 통해 그 말씀에 도달했고 매우 굶주리던 처지였으므로 땅을 넘어갔던 것이다. 그 말씀에서 그들은 지상 것을 맛들이지 않고 천상 것을 맛들였던 까닭이다.[44] 그리고 왜 그런 일이 생겼느냐고 이유를 따지듯이 "아이 못 낳던 여자는 일곱을 낳고 아들 많던 여자는 그 기가 꺾였기 때문"이라고 한다. 일곱이라는 숫자의 상징성을 인정하는 사람들에게는 여기서 예언되는 모든 것이 환하게 밝혀졌다. 이 숫자는 보편교회의 완전함을 상징했다. 바로 그래서 사도 요한은 일곱 교회에 서간을 보내어 하나인 교회의 충만함을 북돋는 뜻으로 자신이 글을 쓴다는 점을 밝힌다.[45] 솔로몬의 잠언에서도 이 사실을 예표하여 "지혜가 일곱 기둥을 세워 제 집을 지었다"[46]고 한다. 우리가 지금 목격하는 저 소생이 태어나기 전의 하느님의 도성은 모든 민족들 가운데서 아기를 낳지 못하는 여자와 같은 처지였다. 그리고 보다시피 지상 예루살렘은 본래 아들이 많았지만 지금은 기가 꺾여 있다. 전에 그 안에서 자유로운 여자의 아들들로 행세하던 사람들은 모조리 그 도성의 힘이 되었다. 그런데 지금은 그 도성에 있는 것이라곤 문자뿐이요 영은 없다. 그래서 힘을 잃고 기가 꺾인 것이다.

4.5. 그리스도의 죽음과 부활이 예고된다

"주님은 죽이기도 하시고 살리기도 하신다." 아들이 많았던 저 여자는 죽이고 아기를 낳지 못하던 이 여자는 살린다. 그래서 이 여자는 일곱을 낳았다. 더 적절하게 이해하자면, 먼저 죽게 했다가 그자들을 살린다는 말이 될 것이다. "지하에 떨어뜨리기도 하시며 끌어올리기도 하신다"는 말을 덧붙여 같은 얘기

tolus: *Si mortui estis cum Christo, quae sursum sunt quaerite, ubi Christus est in dextera Dei sedens*, salubriter utique mortificantur a Domino; quibus adiungit: *Quae sursum sunt sapite, non quae super terram*; ut ipsi sint illi, qui *esurientes transierunt terram. Mortui enim estis*, inquit; ecce quo modo salubriter mortificat Deus; deinde sequitur: *Et uita uestra abscondita est cum Christo in Deo*; ecce quo modo eosdem ipsos uiuificat Deus. Sed numquid eosdem deduxit ad inferos et reduxit? Hoc utrumque sine controuersia fidelium in illo potius uidemus impletum, capite scilicet nostro, cum quo uitam nostram in Deo apostolus dixit absconditam. Nam qui *proprio filio non pepercit, sed pro nobis omnibus tradidit eum*, isto modo utique mortificauit eum; et quia resuscitauit a mortuis eundem rursus uiuificauit. Et quia in prophetia uox eius agnoscitur: *Non derelinques animam meam in inferno*, eundem deduxit ad inferos et reduxit. Hac eius paupertate ditati sumus. *Dominus* enim *pauperes facit et ditat*. Nam quid hoc sit ut sciamus, quod sequitur audiamus: *Humiliat et exaltat*; utique superbos humiliat et humiles exaltat. Quod enim alibi legitur: *Deus superbis resistit, humilibus autem dat gratiam*, hoc totus habet sermo huius, cuius nomen interpretatur gratia eius.

Iam uero quod adiungitur: *Suscitat a terra pauperem*, de nullo melius quam de illo intellego, qui *propter nos pauper factus est, cum diues esset*,

---

[47] 골로 2,20.

[48] 골로 3,1.

[49] 골로 3,2.

[50] 골로 3,3.

[51] 로마 8,32.

[52] 시편 15[16],10.

[53] 2고린 8,9 참조: "그분은 부요하셨지만 여러분을 위해 가난하게 되셨습니다. 당신 가난으로 여러분을 부요하게 하시려고 말입니다".

[54] 야고 4,6. 잠언 3,34; 욥기 22,29 참조.

[55] 같은 텍스트를 주석하지만 오리게네스(앞의 각주 27 참조)는 한 영혼의 여정에, 아우구스티누스는 교회의 역사와 그리스도의 운명에 은유를 맞춘다.

를 되풀이하는 듯하다. 그 사람들을 가리켜 사도가 하는 말이 있다: "여러분이 그리스도와 함께 죽었다면"⁴⁷ "위에 있는 것을 찾으시오. 거기 그리스도께서 하느님 오른편에 앉아 계십니다."⁴⁸ 그러니 주님께 죽임을 당하는 일은 구원에 유익하기도 하다. 이 말씀에는 "위에 있는 것을 생각하고 땅에 있는 것은 생각하지 마시오"라는 구절이 따라붙는다.⁴⁹ 마치 "굶주리던 사람들은 땅을 넘어갔도다"고 한 대상들이 바로 그들을 지칭하는 것 같다. 사도는 "사실 여러분은 죽었습니다"라고 하는데, 하느님이 죽이는 일이 구원에 얼마나 유익한지 알 만하다. 곧이어 "여러분의 생명은 그리스도와 함께 하느님 안에 숨겨져 있습니다"는 말이 따라온다.⁵⁰ 당신이 죽이는 바로 그 사람들을 하느님이 어떻게 살리는지 알 만하다. 하지만 똑같은 사람들을 지하에 떨어뜨리기도 하고 끌어올리기도 하는 것일까? 신도들의 토론을 거치지 않아도, 이 구절이 우리 머리 되는 분에게서 성취되었다는 것은 우리가 보는 견지다. 사도가 말한 대로 그분과 더불어 우리 생명이 하느님 안에 숨겨져 있다. "친아드님마저 아끼지 않고 우리 모두를 위해 그분을 넘겨주셨으므로"⁵¹ 결국 그런 식으로 하느님은 그분을 죽음에 붙인 것이다. 또 그분을 죽은 이들 가운데서 일으킴으로써 그분을 다시 살렸다. 그러니 예언에서 "당신께서 제 영혼을 저승에 버려두지 않으시고"⁵²라고 한 그분의 음성이 들리는 듯하다. 그러니까 하느님은 같은 사람을 저승에 떨어뜨리기도 하고 끌어올리기도 한다. 그분의 그같은 가난으로 우리가 부요해졌다.⁵³ "주님은 가난하게도 하시고 가멸지게도 하신다." 이 글을 알아듣는다면 뒤이어 "비천하게도 하시고 들어높이기도 하신다"는 구절에서 듣는 그대로다. 물론 비천하게 만드는 대상은 오만한 자들이고 들어높이는 대상은 겸손한 사람들이다. 이것은 다른 대목에도 나온다: "하느님은 교만한 자들을 물리치고 겸손한 자들에게 은총을 베푸신다."⁵⁴ 지금까지 해설한 내용은 "그분의 은총"이라는 뜻의 이름을 가진 여인이 부른 노래의 전부다.⁵⁵

4.6. 믿는 사람들이 격려받는다

다음 구절도 덧붙는다: "천민을 땅바닥에서 일으켜 세우신다." 그런데 이 구절은 방금 인용한 대로, "부요하셨지만 우리를 위하여 가난하게 되셨습니다. 당

ut eius paupertate, sicut paulo ante dictum est, *ditaremur*. Ipsum enim de terra suscitauit tam cito, ut caro eius non uideret corruptionem. Nec illud ab illo alienabo, quod additum est: *Et de stercore erigit inopem*. Inops quippe idem, qui pauper; stercus uero, unde erectus est, rectissime intelleguntur persecutores Iudaei, in quorum numero cum se dixisset apostolus ecclesiam persecutum: *Quae mihi fuerunt*, inquit, *lucra, haec propter Christum damna esse duxi; nec solum detrimenta, uerum etiam stercora existimaui esse, ut Christum lucri facerem*. De terra ergo suscitatus est ille supra omnes diuites pauper, et de illo stercore erectus est supra omnes opulentos ille inops, ut sedeat *cum potentibus populi*, quibus ait: *Sedebitis super duodecim sedes*. — *Et sedem gloriae hereditatem dans eis*; dixerant enim potentes illi: *Ecce nos dimisimus omnia et secuti sumus te*. Hoc uotum potentissime uouerant.

Sed unde hoc eis, nisi ab illo, de quo hic continuo dictum est: *Dans uotum uouenti*? Alioquin ex illis essent potentibus, quorum infirmatus est arcus. *Dans*, inquit, *uotum uouenti*. Non enim Domino quisquam quicquam rectum uoueret, nisi qui ab illo acciperet quod uoueret. Sequitur: *Et benedixit annos iusti*, ut cum illo scilicet sine fine uiuat, cui dictum est: *Et anni tui non deficient*. Ibi enim stant anni, hic autem transeunt, immo pereunt; antequam ueniant enim, non sunt; cum autem uenerint, non erunt, quia cum suo fine ueniunt. Horum autem duorum, id est *dans*

---

[56] 필립 3,7-8 (교부의 자유 인용).

[57] 마태 19,28.

[58] 마태 19,27.

[59] ab illo acciperet quod voveret: 앞 구절 dans votum voventi가 갖는 양의성, 곧 "서원하는 자에게 서원할 마음을 일으켜 주다"라는 뜻과 "서원하는 자에게 서원하는 바를 이루어 주시다"라는 뜻을 두고 일단 전자의 의미로 풀어주는 문장이다. 아래 각주 61 참조.

[60] 시편 101,28. [새번역 102,28: "당신의 햇수는 끝이 없나이다."]

신 가난으로 우리가 부유하게 되도록 하려는 것이었습니다"라는 말에 나오는 그분을 두고 하는 말로 이해하는 것이 가장 무난하겠다. 하느님은 당장 그를 땅에서 일으켜세움으로써 그분의 육신이 썩지 않게 했다. 나는 "거름더미에서 빈민을 들어높이셨다"는 구절도 그분과 따로 떼어내 볼 생각이 없다. 빈민과 가난한 사람은 동일하다. 그들을 들어높인다는 "거름더미"는 박해자 유다인들로 이해하는 것이 가장 정확하다. 왜냐하면 사도가 자신이 교회를 박해했다는 점에서 자신도 유다인들의 숫자에 들어간다면서 "내게 이익이 되었던 것을 나는 그리스도 때문에 해로운 것으로 여기게 되었습니다. 단지 손해라고만 여기지 않고 거름더미라고 여기게 되었습니다. 이는 그리스도로 이익을 얻기 위함입니다"[56]라는 말을 하기 때문이다. 그분은 땅으로부터 들어높여졌고, 가난한 분이 모든 부자들 위에 높아졌다. 그리고 저 빈민이 저 거름더미로부터 일으켜 세워져 모든 풍족한 사람들 위에 세워졌고 "백성의 세도있는 자들과 한자리에 앉게" 되었다. 그 사람들을 두고 주님은 "그대들도 열두 옥좌에 앉을 것입니다"[57]라고 말씀한 바 있다. 이어서 "영광스런 자리를 그들에게 유업으로 차지하게 하신다"고 하는데, 여기 나오는 세도있는 사람들이란 "보시다시피 저희는 모든 것을 버리고 선생님을 따랐습니다"[58]라고 말하던 사람들임에 틀림없다. 이렇게 그들은 아주 당당하게 서원을 했던 것이다.

4.7. 은총과 힘으로 격려받는다

그러면 "서원하는 사람에게 서약을 주신다"라는 분이 아니면 누구에게서 이런 능력이 그들에게 왔겠는가? 그렇지 않다면 그 활의 풀이 꺾였다는 힘있는 자들에게서 와야 하는 것이다. 그 대신 "서원하는 사람에게 서약을 주신다"고 한다. 서원할 바를 주님께 받지 않은 사람이라면 아무도 주님께 올바른 서원을 드리지 못할 것이다.[59] 그리고 "의인의 햇수를 축복해 주신다"는 구절이 따라 나온다. 이 말은 "당신의 연세는 다함이 없나이다"[60]라고 말씀드릴 그분과 더불어 끝없이 살리라는 뜻이다. 저기서는 연세가 부동하지만 여기서는 연세가 지나가고 더구나 사라진다. 연세가 오기 전에는 아직 존재하지 않고, 이미 왔을 적에는 존재하지 않으니, 연세가 도래할 때 그 종말과 함께 도래하기 때문이

uotum uouenti, et benedixit annos iusti, unum est quod facimus, alterum quod sumimus. Sed hoc alterum Deo largitore non sumitur, nisi cum ipso adiutore primum illud efficitur: *Quia non in uirtute potens est uir. Dominus infirmum faciet aduersarium eius*; illum scilicet, qui homini uouenti inuidet et resistit, ne ualeat implere quod uouit. Potest ex ambiguo Graeco intellegi et *aduersarium suum*. Cum enim Dominus possidere nos coeperit, profecto aduersarius, qui noster fuerat, ipsius fit et uincetur a nobis, sed non uiribus nostris, *quia non in uirtute potens est uir. Dominus ergo infirmum faciet aduersarium suum, Dominus sanctus*; ut uincatur a sanctis, quos Dominus sanctus sanctorum efficit sanctos.

Ac per hoc *non glorietur prudens in sua prudentia, et non glorietur potens in sua potentia, et non glorietur diues in diuitiis suis; sed in hoc glorietur, qui gloriatur, intellegere et scire Dominum et facere iudicium et iustitiam in medio terrae*. Non parua ex parte intellegit et scit Dominum, qui intellegit et scit etiam hoc a Domino sibi dari, ut intellegat et sciat dominum. *Quid enim habes*, ait apostolus, *quod non accepisti? Si autem et accepisti, quid gloriaris, quasi non acceperis?* id est, quasi a te ipso tibi sit, unde gloriaris. Facit autem iudicium et iustitiam, qui recte uiuit. Recte autem uiuit, qui obtemperat praecipienti Deo; et *finis praecepti*, id est, ad quod refertur praeceptum, *caritas est de corde puro et conscientia bona et fide non ficta*. Porro ista *caritas*, sicut Iohannes apostolus testatur, *ex Deo est*. Facere igitur iudicium et iustitiam ex Deo est. Sed quid est: *In medio terrae?* Neque enim non debent facere iudicium et iustitiam qui habitant in extremis terrae. Quis hoc dixerit? Cur ergo additum est: *In medio ter-*

---

[61] *Deo largitore* non sumitur, nisi cum *ipso adiutore* primum illud efficitur: "성화은총"을 받아들이는 데도 "조력은총"이 선행해야 한다는 교부의 은총관이다.

[62] 히브리 원문으로는 하느님께 맞서는 자이지만 그리스어(ἀντίδικον αὐτοῦ)의 번역이 adversarium eius(그에게 맞서는 자)라면 인간의 서원을 훼방하는 자를 가리키고, adversarium suum(당신께 맞서는 자)는 하느님의 역사를 훼방하는 자를 가리키게 된다.

[63] ut vincatur a *sanctis*, quos Dominus *sanctus* sanctorum efficit *sanctos*: S자 두운(頭韻)과 각운(脚韻)으로 수사적 효과를 부각시킨 문장이다.

[64] 1고린 4,7.

[65] 1디모 1,5.

[66] 1요한 4,7.

다. "서원하는 사람에게 서약을 주신다"는 구절과 "의인의 햇수를 축복해 주신다"는 구절 가운데 하나는 우리가 행하는 것이고 다른 하나는 우리가 받는 것이다. 하지만 하느님이 도와서 먼저 것이 이루어지지 않는 한, 하느님이 다음 것을 베풀어도 우리가 받아들이지 못한다.[61] 그 이유는 "사람이 제 힘으로 굳세어지는 것은 아닌 까닭이다. 주님은 그에게 맞서는 자를 허약하게 만드시리라". 주님께 맞서는 사람이란 서원하는 사람을 질시하고 서원한 바를 이룰 수 없게 훼방하는 자를 가리킨다. 그리스어가 애매하여 "그에게 맞서는 자"라는 문구는 "당신께 맞서는 자"라고 이해할 수도 있다.[62] 주님이 우리를 차지하기 시작하면 우리의 적이었던 자는 곧 그분의 적이 되며, 그 자가 결국 우리에게 패하겠지만 우리의 힘에 패하는 것은 아니다: "사람이 제 힘으로 굳세어지는 것은 아닌 까닭이로다. 주님은 그에게 맞서는 자를 허약하게 만드시리라. 주님은 거룩하신 분이시로다." 그 자는 거룩한 사람들, 거룩한 이들의 거룩한 주님이 거룩하게 만드는 사람들 손에 패하는 것이다.[63]

4. 8. 심판과 정의는 우리 안에 있지만 우리에게서 내려지는 것은 아니다

바로 그래서 이런 말이 나온다: "현명한 자는 자기 현명함을 두고 자랑하지 말며, 힘있는 자는 자기 세력을 두고 자랑하지 말며, 부자는 자기 재산을 두고 자랑하지 말라. 무릇 자랑하는 바는 주님을 깨닫고 아는 일을 두고 자랑할 것이며, 땅의 한가운데서 주님의 심판과 정의를 시행하는 일을 두고 자랑할 것이다." 주님을 깨닫고 알되, 주님을 깨닫고 알게 베풀어 주는 분이 주님임을 깨닫고 아는 사람은 충분히 주님을 깨닫고 아는 셈이다. 사도가 하는 말이 있다: "그대가 가진 것으로서 받지 않은 것이 무엇입니까? 받았다면 왜 받지 않은 것처럼 자랑합니까?"[64] 다시 말해, 마치 자신에게서 온 것처럼 자랑한다는 뜻이다. 바르게 사는 사람은 심판과 정의를 시행한다. 가르침을 내리는 하느님께 복종하는 사람은 바르게 사는 사람이다. 가르침의 목표, 곧 가르침이 지향하는 지점은 "깨끗한 마음과 고운 양심과 거짓없는 믿음에서 나오는 사랑"[65]이다. 그래서 요한 사도가 증언하듯이 "사랑은 하느님에게서 온다".[66] 그러므로 심판과 정의를 시행하는 일은 하느님께로부터 온다. 그런데 "땅의 한가운데서"라는 말은 무슨

rae? Quod non si adderetur et tantummodo diceretur: *Facere iudicium et iustitiam*, magis hoc praeceptum ad utrosque homines pertineret, et Mediterraneos et maritimos. Sed ne quisquam putaret post finem uitae, quae in hoc agitur corpore, superesse tempus iudicium iustitiamque faciendi, quam dum esset in carne non fecit, et sic diuinum euadi posse iudicium: *in medio terrae* mihi uidetur dictum «cum quisque uiuit in corpore». In hac quippe uita suam terram quisque circumfert, quam moriente homine recipit terra communis, resurgenti utique redditura. Proinde *in medio terrae*, id est, cum anima nostra isto terreno clauditur corpore, faciendum est iudicium atque iustitia, quod nobis prosit in posterum, quando *recipit quisque secundum ea, quae per corpus gessit, siue bonum siue malum*. *Per corpus* quippe ibi dixit apostolus per tempus, quo uixit in corpore. Neque enim si quis maligna mente atque impia cogitatione blasphemet neque id ullis membris corporis operetur, ideo non erit reus, quia id non motu corporis gessit, cum hoc per illud tempus gesserit, quo gessit et corpus. Isto modo congruenter intellegi potest etiam illud, quod in Psalmo legitur: *Deus autem rex noster ante saecula operatus est salutem in medio terrae*; ut Dominus Iesus accipiatur Deus noster, qui est ante saecula, quia per ipsum facta sunt saecula, operatus salutem nostram in medio terrae, cum Verbum caro factum est et terreno habitauit in corpore.

Deinde postea quam prophetatum est in his uerbis Annae, quo modo gloriari debeat, qui gloriatur, non in se utique, sed in Domino, propter retributionem, quae in die iudicii futura est: *Dominus ascendit*, inquit, *in caelos et tonuit; ipse iudicabit extrema terrae, quia iustus est*. Prorsus ordinem tenuit confessionis fidelium. Ascendit enim in caelum Dominus

---

[67] mediterranei et maritimi: 당대의 로마 세력이 미치는 "인간 세계"(οἰκουμένη)를 일컫는다.

[68] 2고린 5,10.

[69] 시편 73,12. 〔새번역 74,12: "하느님께서는 예로부터 저의 임금님, 세상 한가운데서 구원을 이루시는 분!"〕

[70] 요한 1,14 참조.

뜻일까? 이 말이 없고 단지 "심판과 정의를 시행하는 일"만 언급했다면 필시 지중해에 사는 사람들에게도, 지중해변에 사는 사람들[67]에게도 모두 해당했을 것이다. 하지만 육체 속에서 영위하는 생명의 종말 이후에 심판과 정의를 시행할 시간이 남아있다고 생각하는 사람은 없었으면 한다. 인간이 육신 속에 머물러 있는 동안 정의를 시행하지 않았으면서 그때에 시행함으로써 신적 심판을 피할 수 있다고 생각하는 사람이 없었으면 한다. 내가 보기에 "땅의 한가운데서"라는 말은 각자가 육체 속에 살고 있는 때를 가리키는 말이다. 이승에 사는 동안은 누구나 자기 땅을 갖고 다닌다. 각자가 죽고 나면 그것은 공동 토지로 수용된다. 물론 부활하는 사람에게는 그것이 되돌아갈 것이다. 그러므로 "땅의 한가운데서", 다시 말해 우리 영혼이 지상적 육체에 갇혀 있는 동안에 심판을 하고 정의를 시행하여야 할 것이다. 그렇게 하는 것이 훗날 우리에게 이로울 것이니 "저마다 몸을 가지고 행한 대로, 좋거나 나쁘거나 갚음을 받기 위해 그리스도의 심판대 앞에 나타나야 하기 때문"[68]이다. 저 대목에서 사도는 육체 속에서 산 시간을 가리켜 "몸을 지니고"라고 했다. 만일 누군가 악의나 불경스런 생각으로 하느님을 모독할 때, 육체의 어느 지체로도 그 짓을 한 것이 아니라고 해도 죄인이 아닐 수는 없다. 왜냐하면 육체가 동작하는 바로 그 시간에 한 짓이기 때문이다. 그래서 시편에 나오는 다음 구절도 그렇게 이해하는 것이 적합할 것이다: "하느님은 세대에 앞서 우리 임금님, 땅의 한가운데서 구원을 이루셨습니다."[69] 주 예수를 세대에 앞서 계시는 우리 하느님으로 모셔야 하리라. 세기가 그분을 통해 만들어졌고 땅의 한가운데서, 곧 말씀이 육이 되고 지상적 육체 속에 거처하는 동안에, 우리의 구원을 이룩한 까닭이다.[70]

4.9. 최후심판은 그리스도의 임무다

한나의 말에 나오는 이 예언은 뒤이어서 누구든지 자랑하는 자는 어떻게 자랑해야 하는지, 곧 스스로 자랑하지 말고 하느님 안에서 자랑해야 한다고 가르친다. 심판의 날에 이루어질 응보를 놓고 자랑하라는 말이다: "주님은 하늘로 오르시어 천둥소리를 내신다. 그분은 땅 끝까지 심판하시니 의로우신 분이시기 때문이다." 말하자면 여기서 한나는 신자들의 신앙고백의 순서를 따른 셈이다.

Christus, et inde uenturus est ad uiuos et mortuos iudicandos. Nam *quis ascendit*, sicut dicit apostolus, *nisi qui et descendit in inferiores partes terrae? Qui descendit, ipse est et qui ascendit super omnes caelos, ut adimpleret omnia.* Per nubes ergo suas tonuit, quas sancto Spiritu cum ascendisset impleuit. De quibus ancillae Hierusalem, hoc est ingratae uineae, comminatus est apud Esaiam prophetam, ne pluant super eam imbrem. Sic autem dictum est: *Ipse iudicabit extrema terrae*, ac si diceretur: «Etiam extrema terrae.» Non enim alias partes non iudicabit, qui omnes homines procul dubio iudicabit. Sed melius intelleguntur extrema terrae extrema hominis; quoniam non iudicabuntur, quae in melius uel in deterius medio tempore commutantur, sed in quibus extremis inuentus fuerit, qui iudicabitur. Propter quod dictum est: *Qui perseuerauerit usque in finem, hic saluus erit.* Qui ergo perseueranter facit iudicium et iustitiam in medio terrae, non damnabitur, cum iudicabuntur extrema terrae. *Et dat*, inquit, *uirtutem regibus nostris*; ut non eos iudicando condemnet. Dat eis uirtutem, qua carnem sicut reges regant et in illo mundum, qui propter eos fudit sanguinem, uincant. *Et exaltabit cornum Christi sui.* Quo modo Christus exaltabit cornum Christi sui? De quo enim supra dictum est: *Dominus ascendit in caelos*, et intellectus est dominus Christus: ipse, sicut hic dicitur, *exaltabit cornum Christi sui*. Quis ergo est christus Christi? An cornum exaltabit uniuscuiusque fidelis sui, sicut ista ipsa in principio huius hymni ait: *Exaltatum est cornum meum in Deo meo*? Omnes quippe unctos eius chrismate recte Christos possumus dicere; quod tamen totum cum suo capite corpus unus est Christus. Haec Anna

---

[71] 사도신경 참조: "하늘에 올라 … 산 이와 죽은 이를 심판하러 오시리라 믿나이다."
[72] 에페 4,9-10.
[73] 그리스도의 승천이 "만물을 충만하게 했다"면 구름도 성령으로 충만케 했으리라는 말이다.
[74] 이사 5,6 참조: "망그러진 채 그대로 내버려 두어라. … 구름에게 비를 내리지 말라고 명하리라."
[75] 마태 10,22.
[76] 자연의 이법(理法)대로 사는 자는 누구나 왕이라는 것이 스토아의 신념이었다.
[77] "기름부어 세운 분"(christus)이라는 단어 때문에 "그리스도가 그리스도를 들어높인다"는 표현이 된다.
[78] Quis est christus Christi?: "그리스도의 그리스도는 누구인가?"로 직역된다.
[79] 아우구스티누스 시대에도 세례를 성유(聖油) 바르는 예식으로 매듭지었다.

주 그리스도가 하늘로 올라갔으며 산 이들과 죽은 이들을 심판하러 그곳에서 내려올 것이기 때문이다.[71] 이에 관해서는 사도가 하는 말이 있다: "'올라가셨다' 함은 땅의 낮은 데로 먼저 내려오셨다는 말씀이 아니고 무엇이겠습니까? 내려오셨던 분은 만물을 충만하게 하려고 모든 하늘보다 훨씬 높이 올라가신 바로 그분입니다."[72] 그분은 구름을 뚫고 천둥소리를 냈는데 하늘로 올라갈 때에 성령으로 구름도 충만케 했기 때문이다.[73] 저 구름으로 말하자면, 주님이 이사야 예언자를 시켜 여종인 예루살렘, 곧 배은망덕한 포도밭에 비를 내리지 말라고 위협한 적이 있었다.[74] 바로 그래서 "그분은 땅 끝까지 심판하시니"라고 했다. 말하자면 "땅 끝도"라는 뜻이다. 만인을 심판할 것임에 의심의 여지가 없는 분이 땅의 다른 부분들을 심판하지 않을 리가 없는 까닭이다. 그런데 "땅 끝"을 "인생의 끝"이라고 이해하는 것이 더 나을 수도 있다. 무릇 심판을 받는 사람은 중간시기에 더 좋아지거나 더 나빠지면서 변하는 모습에 대해 심판을 받는 것이 아니라 마지막에 발견되는 처지로 심판을 받는 법이다. 그래서 "끝까지 참고 견디는 사람이야말로 구원받을 것입니다"[75]라는 말씀이 있다. 땅의 한가운데서 항구하게 심판과 정의를 시행하는 사람은, 땅 끝까지 심판을 받을 적에 단죄를 받지 않으리라. 그리고 "우리 왕들에게 힘을 주신다"고 하는데 그들을 심판하여 단죄한다는 뜻이 아니다. 그들에게 힘을 주는 연고는 왕처럼 자기 육신을 다스리게 하기 위함이고,[76] 그들 때문에 피를 흘린 분 안에서 세상을 이기게 하기 위함이다: "당신의 기름부어 세우신 분의 얼굴을 쳐들게 하시리라." 어떻게 그리스도가 "당신의 기름부어 세우신 분의 얼굴을 쳐들게"[77] 한다는 말일까? 위에서 그분을 가리켜 "주님이 하늘로 오르신다"는 구절이 있었으니 주 그리스도라고 알아들었음에 틀림없다. 바로 그분이 여기 나오는 말대로 "당신의 기름부어 세우신 분의 얼굴을 쳐들게 하신다". 그렇다면 그리스도의 "기름부어 세운 분"은 누구인가?[78] 이 찬미가의 첫머리에서 "내 하느님 안에서 나는 내 얼굴을 들게 되었습니다"라고 말한 대로 당신을 믿는 신자 각 사람의 얼굴을 쳐들게 한다는 것인가? 그분의 성유聖油로 기름을 바른 사람들 전부를 그리스도들이라고 말해도 좋다.[79] 하지만 그들 모두가 자기 머리와 더불어 한

prophetauit, Samuelis mater, sancti uiri multumque laudati; in quo quidem tunc figurata est mutatio ueteris sacerdotii et nunc impleta, quando infirmata est quae multa erat in filiis, ut nouum haberet in Christo sacerdotium sterilis, quae peperit septem.

5. Sed hoc euidentius ad ipsum Heli sacerdotem missus loquitur homo Dei, cuius quidem nomen tacetur, sed intellegitur officio ministerioque suo sine dubitatione propheta. Sic enim scriptum est: *Et uenit homo Dei ad Heli et dixit: Haec dicit Dominus: Reuelatus reuelatus sum ad domum patris tui, cum essent in terra Aegypti serui in domo Pharao; et elegi domum patris tui ex omnibus sceptris Israel mihi sacerdotio fungi, ut ascenderent ad altare meum et incenderent incensum et portarent Ephod; et dedi domui patris tui omnia, quae sunt ignis filiorum Israel, in escam. Et ut quid respexisti in incensum meum et in sacrificium meum inpudenti oculo et glorificasti filios tuos super me, benedicere primitias omnis sacrificii in Israel in conspectu meo? Propter hoc haec dicit Dominus Deus Israel: Dixi: Domus tua et domus patris tui transibunt coram me usque in aeternum. Et nunc dicit Dominus: Nequaquam, sed glorificantes me glorificabo, et qui spernit me, spernetur. Ecce dies ueniunt, et exterminabo semen tuum et semen domus patris tui, et non erit tibi senior in domo mea omnibus diebus, et uirum exterminabo tibi ab altari meo, ut deficiant oculi eius et defluat anima eius; et omnis qui superauerit domus*

---

[80] peperit septem: 일곱[= 3(삼위일체)+4(사방 곧 세계)]이 "충만한" 숫자이므로, "무수한 신도들을 낳았다"는 뜻이다.

[81] 한나의 노래를 주해하고 나서(17.4.1-9) 아우구스티누스는 열왕기와 시편의 몇몇 대목을 선정하여(17.5-12) 히브리인들과 논쟁을 벌이고, 두 도성의 기조라고 할 사제직, 왕권 및 국민을 논한다. 성서를 구절구절 따라가면서 영성적이고 예언적인 의미를 해설하는 것은 "강론"(homilia)이라고 하여 교부들에게 매우 친숙한 문학양식이었다.

[82] 히에로니무스는 이 인물의 이름이 엘리의 아들과 동명이인인 비느하스(Phinees)라고도 하고 엘리야라고도 부른다는 히브리 전설을 인용한다(*Quaestiones hebraicae in I Regum*, PL 23.1333).

[83] Ephod: 출애 28,6에서는 제의(祭衣)에 불과하지만 1열왕[1사무](14,3.18; 23,6.9; 30,7-8)에서는 하느님의 뜻을 점치는 데 사용된다.

[84] "축복하여 자기 몫으로 차지하게 하느냐?"라고도 번역된다.

몸으로 그리스도가 된다. 거룩한 인물이자 많은 칭송을 받은 사무엘의 모친 한나가 예언한 바가 바로 이것이다. 그 예언에서는 그 당시 제관직이 변경되리라고 예표되었는데 그것이 지금 성취되었다. 아들이 많은 여자, 곧 예루살렘이 기가 꺾인 지금, 아이를 낳지 못하는 여자였던 교회가 그리스도 안에서 새로운 사제직을 갖추고서 일곱을 낳은 것이다.[80]

5. 하느님의 사람이 예언자의 영을 받아, 아론의 반열에 따라 제정된 사제직이 폐지되리라고 엘리 제관에게 발언한 내용[81]

5.1. 엘리가 받은 계시

그런데 하느님의 사람이 사제 엘리에게 파견되어 이 모든 것을 말하는 과정에 더욱 명료하게 드러난다. 그 인물의 이름은 나오지 않지만[82] 그가 하는 직책과 임무로 미루어 예언자임에 의심의 여지가 없다. 그 대목은 이렇게 씌어 있다: "하느님의 사람 하나가 엘리에게 와서 말을 전했다. '주님이 이렇게 말씀하십니다. 너도 알다시피 네 조상의 집안이 이집트 땅에서 파라오 집안의 종살이를 하고 있을 때, 나는 네 조상의 집안에 스스로를 거듭거듭 나타내 보였다. 나는 이스라엘 온 지파 가운데서 네 조상의 집안을 선택하여 나를 섬기는 사제로 삼아 내 제단으로 오르며 내 앞에서 향을 살라 바치고 에봇을 입게 했다.[83] 또 이스라엘의 아들들이 불로 살라 바치는 모든 예물도 네 조상의 가문에 먹을 것으로 주었다. 그런데 너는 어찌하여 내가 정해 준 제물과 곡식예물을 멸시하여 소홀히 다루느냐? 그리고 나보다도 네 자식들을 더 소중히 여겼으며, 내가 보는 앞에서 내 백성 이스라엘 안에서 온갖 희생물 가운데 만물을 축복하게 하느냐?'[84] 이에 이스라엘의 하느님 주께서 이렇게 말씀하십니다. '내가 일찍이 네 집과 네 조상의 집안이 영원히 나를 섬기리라고 말했다.' 그랬지만 이제 주님이 말씀하십니다. '결코 그렇게 되지 않으리라. 나를 존대하는 자는 내가 소중히 여겨 주겠지만, 나를 멸시하는 자는 천대하리라. 내가 네 후손, 네 가문의 후손을 멸하리니 이제 너에게는 늙은이 하나 내 집에 서지 못할 날이 오리라. 나의 제단으로부터 사내를 너에게 멸종시키리니 그의 눈이 쇠하고 그의 기운이 다할 것이다. 너의

tuae, decident in gladio uirorum. Et hoc tibi signum, quod ueniet super duos filios tuos hos, Ophni et Phinees: una die morientur ambo. Et suscitabo mihi sacerdotem fidelem, qui omnia, quae in corde meo et quae in anima mea, faciat; et aedificabo ei domum fidelem, et transibit coram Christo meo omnibus diebus. Et erit, qui superauerit in domo tua, ueniet adorare ei obolo argenti dicens: Iacta me in unam partem sacerdotii tui manducare panem.

Non est ut dicatur ista prophetia, ubi sacerdotii ueteris tanta manifestatione praenuntiata mutatio est, in Samuele fuisse completa. (Quamquam enim non esset de alia tribu Samuel, quam quae constituta fuerat a Domino, ut seruiret altari, tamen non erat de filiis Aaron, cuius progenies fuerat deputata, unde fierent sacerdotes; ac per hoc in ea quoque re gesta eadem mutatio quae per Christum Iesum futura fuerat adumbrata est, et ad uetus testamentum proprie, figurate uero pertinebat ad nouum prophetia facti etiam ipsa, non uerbi, id scilicet facto significans, quod uerbo ad Heli sacerdotem dictum est per prophetam.) Nam fuerunt postea sacerdotes ex genere Aaron, sicut Sadoc et Abiathar, regnante Dauid, et alii deinceps, antequam tempus ueniret, quo ista, quae de sacerdotio mutando tanto ante praedicta sunt, effici per Christum oportebat. Quis autem nunc fideli oculo haec intuens non uideat esse completa? Quando quidem nullum tabernaculum, nullum templum, nullum altare, nullum sacrificium et ideo nec ullus sacerdos remansit Iudaeis, quibus, ut de semine Aaron ordinaretur, in Dei fuerat lege mandatum. Quod et hic commemoratum est illo dicente propheta: *Haec dicit Dominus Deus Israel: Dixi: Domus tua et domus patris tui transibunt coram me usque in aeternum. Et nunc dicit Dominus: Nequaquam, sed glorificantes me glorificabo, et qui me spernit,*

---

[85] 1열왕[1사무] 2,27-36(아우구스티누스의 자유 인용).

[86] 2역대 6,12-13에는 사무엘이 레위 지파로 나온다. 그래서 아우구스티누스는 「재론고」에서 "아론의 자손이 아니었다"는 말보다, 부친의 제관직을 세습하던 당시에 사무엘의 부친 엘카나가 "사제는 아니었다"라고 했어야 맞다고 수정한다(*Retractationes* 2.43.2).

[87] 2열왕[2사무] 15,24; 3[1]열왕 1,7-8; 2,26 참조.

[88] 히브 7,11에 근거하여 교부는 아론의 반열에 따른 사제직으로 신약시대 사제직의 전형(典型)이 된다는 점과 그리스도의 결정적 사제직을 따로 구분한다.

집안에서 살아남은 사람들마저 모두 사람들의 칼에 맞아 죽으리라. 네 두 아들 홉니와 비느하스가 이런 일이 닥치는 날, 그것이 이런 일이 일어날 조짐인 줄 알아라. 둘이 한날에 죽으리라. 나는 충성스런 사제를 세워 그로 하여금 내 마음에 있는 모든 것, 내 혼에 있는 모든 것을 그대로 이루게 하리라. 그에게 충성스런 가문을 일으켜 나의 기름부어 세운 자 앞에서 모든 날에 거닐게 하리라. 그러면 네 집안에서 살아남은 자는 그에게 가서 은전을 바쳐 예를 드리며 나를 제발 당신 사제직의 일부에 붙여 주어 빵을 먹게 해 달라고 말하리라.'"[85]

5.2. 낡은 사제직과 새로운 사제직

옛 사제직이 변경되리라는 것을 이토록 분명하게 예고하는 저 예언이 사무엘에게서 성취되었다고는 말하지 못하리라. 사무엘은 본래 제단에서 섬기도록 주님으로부터 세워진 별도의 지파 출신이 아니었다. 그렇다고 아론의 자손, 곧 그 후손에서 사제들이 나오도록 정해진 그 지파에서도 나오지 않았다.[86] 이런 점에서 이 역사적 사실로 예시된 바는 그리스도 예수를 통해 일어날 변경이며, 따라서 언어에 대한 예언이 아니고 사실에 대한 예언이라는 점에서 본의적本意的으로는 구약에 해당하고 전의적轉義的으로는 신약에 해당한다. 또 예언자를 통해 사제 엘리에게 발설된 내용도 그것이 사실로 이루어진다는 점에서는 상징적 의미가 있다. 왜냐하면 후일에도 다윗의 재위시에 사독이나 아비아달 같은 사제들은 아론의 족속에서 나왔고[87] 사제직의 변경이 있으리라고 아주 오래 전부터 예고된 바가 그리스도를 통해 성취되는 시기가 오기까지는 여전히 아론의 집안에서 다른 사제들이 나왔기 때문이다. 신앙의 눈을 가진 사람치고 이제 와서 이 모든 일이 성취되었음을 알아보지 못할 사람이 누가 있겠는가? 지금은 유다인들에게 장막도 성전도 제단도 제사도 그리고 사제 그 누구도 남아있지 않다. 그들에게는 하느님의 율법에 따른 명령이 있어 아론의 자손에게 이 모든 역할이 정해져 있었던 것이다.[88] 이 사실은 저 예언자가 하는 말에서도 다음과 같이 상기되어 있다: "이스라엘의 하느님 주께서 이렇게 말씀하십니다. '내가 일찍이 네 집과 네 조상의 집안이 영원히 나를 섬기리라고 말했다.' 그랬지만 이제 주님이 말씀하십니다. '결코 그렇게 되지 않으리라. 나를 존대하는 자는 내가

spernetur. Quod enim nominat domum patris eius, non eum de proximo patre dicere, sed de illo Aaron, qui primus sacerdos est institutus, de cuius progenie ceteri sequerentur, superiora demonstrant, ubi ait: *Reuelatus sum ad domum patris tui, cum essent in terra Aegypti serui in domo Pharao, et elegi domum patris tui ex omnibus sceptris Israel mihi sacerdotio fungi.* Quis patrum fuit huius in illa Aegyptia seruitute, unde cum liberati essent, electus est ad sacerdotium, nisi Aaron? De huius ergo stirpe isto loco dixit futurum fuisse, ut non essent ulterius sacerdotes; quod iam uidemus impletum. Vigilet fides, praesto sunt res, cernuntur, tenentur et uidere nolentium oculis ingeruntur. *Ecce*, inquit, *dies ueniunt, et exterminabo semen tuum et semen domus patris tui, et non erit tibi senior in domo mea omnibus diebus, et uirum exterminabo tibi ab altari meo, ut deficiant oculi eius et defluat anima eius.* Ecce dies, qui praenuntiati sunt, iam uenerunt. Nullus sacerdos est secundum ordinem Aaron; et quicumque ex eius genere est homo, cum uidet sacrificium Christianorum toto orbe pollere, sibi autem honorem illum magnum esse subtractum, deficiunt oculi eius et defluit anima eius tabe maeroris.

Proprie autem ad huius domum Heli, cui haec dicebantur, quod sequitur pertinet: *Et omnis qui superauerit domus tuae, decident in gladio uirorum. Et hoc tibi signum, quod ueniet super duos filios tuos hos, Ophni et Phinees: uno die morientur ambo.* Hoc ergo signum factum est mutandi sacerdotii de domo huius, quo signo significatum est mutandum sacerdotium domus Aaron. Mors quippe filiorum huius significauit mortem non hominum, sed ipsius sacerdotii de filiis Aaron. Quod autem sequitur, ad

---

[89] 교부는 예루살렘 성전이 로마군에게 파괴되어 공식 제사가 올려지지 못하는 역사적 현실을 가리키고 있다.

소중히 여겨 주겠지만, 나를 멸시하는 자는 천대하리라.'" 그의 조상의 집안이라고 한 말은 바로 윗대 조상을 말한 것이 아니라 저 아론, 즉 첫 사제로 세워졌고 그의 후손에서 다른 사제들이 뒤를 이은 저 인물을 가리킨 것이었다. 이 말은 앞에 나온 구절에서도 입증된 바 있다: "너도 알다시피 네 조상의 집안이 이집트 땅에서 파라오 집안의 종살이를 하고 있을 때, 나는 네 조상의 집안에 스스로를 거듭거듭 나타내 보였다. 나는 이스라엘 온 지파 가운데서 네 조상의 집안을 선택하여 나를 섬기는 사제로 삼았다." 이집트의 종살이에서 그들이 해방되었을 때 사제직에 뽑힌 사람은 엘리의 조상들 중 하나인 아론이 아니고 누구이겠는가? 장차 사제가 되지 못하는 때가 오리라는 말은 아론의 혈통을 두고 한 말인데, 그 내용이 이미 성취되었음을 우리가 목격하고 있다. 그러니 신앙은 다음 사실을 경계해야 할 것이다. 우리 눈앞에 벌어지는 현실이 감지되고 파악되고 있으며 굳이 현실을 보고 싶어하지 않더라도 그 사람들의 눈앞에 확실히 제시되고 있다: "내가 네 후손, 네 가문의 후손을 멸하리니 이제 너에게는 늙은이 하나 내 집에 서지 못할 날이 오리라. 나의 제단으로부터 사내를 너에게 멸종시키리니 그의 눈이 쇠하고 그의 기운이 다할 것이다." 보라, 예고된 그날이 이미 왔다! 아론의 반열에 따른 사제는 아무도 없다. 그 겨레에서 나온 사람이라면, 그리스도인들의 제사가 온 세계에서 성황리에 거행됨을 목격하고 자기들이 누리던 크나큰 영예가 박탈되었음을 목격할 때, 그 눈이 꺼지고 크나큰 비애에 그 기운이 다할 것이다.[89]

5.3. 그리스도는 신약의 사제다

그에 뒤따라오는 말씀은 예언자가 전하는 바로 그 엘리 집안에 관한 것이다: "너의 집안에서 살아남은 사람들마저 모두 사람들의 칼에 맞아 죽으리라. 네 두 아들 홉니와 비느하스가 이런 일이 닥치는 날, 그것이 이런 일이 일어날 조짐인 줄 알아라. 둘이 한날에 죽으리라." 이 징조가 일어난 것은 그 집안의 사제직이 바뀐다는 지적이지만, 또한 이 징조를 통해 아론 집안의 사제직이 바뀌리라는 점도 상징한다. 그러니까 이 인물의 아들들의 죽음은 인간들의 죽음보다는 아론의 자손들에게서 봉행되어 오던 사제직 자체의 종말을 상징한다. 이

illum iam pertinet sacerdotem, cuius figuram gessit huic succedendo Samuel. Proinde quae sequuntur, de Christo Iesu noui testamenti uero sacerdote dicuntur: *Et suscitabo mihi sacerdotem fidelem, qui omnia quae in corde meo et quae in anima mea faciat; et aedificabo ei domum fidelem.* Ipsa est aeterna et superna Hierusalem. *Et transibit*, inquit, *coram Christo meo omnibus diebus. Transibit* dixit «conuersabitur»; sicut superius dixerat de domo Aaron: *Dixi: Domus tua et domus patris tui transibunt coram me in aeternum.* Quod autem ait: *Coram Christo meo transibit*, de ipsa domo utique intellegendum est, non de illo sacerdote, qui est Christus ipse mediator atque saluator. Domus ergo eius coram illo transibit. Potest et *transibit* intellegi de morte ad uitam, *omnibus diebus*, quibus peragitur usque in finem saeculi huius ista mortalitas. Quod autem ait Deus: *Qui omnia quae in corde meo et quae in anima mea faciat*: non arbitremur habere animam Deum, cum sit conditor animae; sed ita hoc de Deo tropice, non proprie dicitur, sicut manus et pes et alia corporis membra. Et ne secundum hoc credatur homo in carnis huius effigie factus ad imaginem Dei, adduntur et alae, quas utique non habet homo, et dicitur Deo: *Sub umbra alarum tuarum proteges me*; ut intellegant homines de illa ineffabili natura, non propriis, sed translatis rerum uocabulis ista dici.

Quod uero adiungitur: *Et erit, qui superauerit in domo tua, ueniet adorare ei*, non proprie de domo dicitur huius Heli, sed illius Aaron, de qua usque ad aduentum Iesu Christi homines remanserunt, de quo genere etiam nunc usque non desunt. Nam de illa domo huius Heli iam supra dictum erat: *Et omnis qui superauerit domus tuae, decident in gladio*

---

[90] 교부는 예언자의 발언에서 엘리 가문에 닥칠 일을 가리키는 내용과 그리스도에 관한 예언을 구분하는 데 부심하고 있다.

[91] transibit: 이 라틴어 동사는 "거닐다", "지나가다", "건너가다"라는 다양한 뜻이 있다.

[92] 시편 16[17],8.

[93] *non propriis, sed translatis* rerum vocabulis: 신에 관한 의인적(擬人的) 표현은 전의적 의미로 받아들여야 한다.

[94] 아우구스티누스는 아론의 가문이 혈통상으로는 로마제국에서도 유다인들 사이에 승계되는 사실을 모르지 않았다.

말씀에 뒤따른 사건은 이미 엘리라는 사제에게 해당하지만 사무엘은 이 인물을 계승함으로써 오히려 장차 올 인물을 예표했던 것이다. 그러므로 뒤이어 신약의 참다운 사제 그리스도 예수에 관해 하는 말들이 따라 나온다: "나는 충성스런 사제를 세워 그로 하여금 내 마음에 있는 모든 것, 내 혼에 있는 모든 것을 그대로 이루게 하리라. 그에게 충성스런 가문을 일으키리라." 여기서 말하는 가문은 영원한 천상 예루살렘이다.[90] 곧이어 "나의 기름부어 세운 자 앞에서 모든 날에 거닐게 하리라"고 말한다. "나의 기름부어 세운 자 앞에서 거닐리라"고 한 말은 충성스런 가문에 대해 하는 말이지 그리스도 자신 곧 중보자요 구세주인 사제를 두고 하는 말은 아니다. 그의 가문이 이분 앞에서 거닐 것이다. "거닐다"는 말도 죽음에서 생명으로 "건너가다"라는 뜻으로 이해할 수 있고,[91] "모든 날에"는 이 사멸할 인생들이 이 세상 끝까지 걸어가는 나날들을 가리킨다. 하느님이 "그로 하여금 내 마음에 있는 모든 것, 내 혼에 있는 모든 것을 그대로 이루게 하리라"고 한 말씀을 보자. 하느님은 혼(魂)의 창조주인만큼 하느님이 혼을 지녔다고 생각할 것은 아니다. 하지만 이런 말은 하느님께 비유적으로 하는 표현이지 본의적으로 하는 표현은 아니다. 마치 손이나 발, 그밖의 몸의 지체를 하느님께 돌리는 일과 흡사하다. 그러니까 인간이 이 육신의 형상에 있어서 하느님의 모상으로 만들어졌다고 믿을 것은 아닌데, 그랬다가는 하느님을 가리켜 "당신의 날개 그늘에 저를 숨겨주소서"[92]라는 말을 듣고 사람도 갖고 있지 않은 날개를 하느님께 붙여드리려고 서두를지 모른다. 그러므로 인간은 하느님의 불가형언한 본성을 두고 사물들을 가리키는 단어를 사용하되, 본의적 단어가 아니고 전의적 단어를 사용한다는 것을 알아야 한다.[93]

5. 4. 남은 자들의 이야기

여기에 덧붙여 "그러면 네 집안에서 살아남은 자는 그에게 가서 은전을 바쳐 예를 드리며"라고 하는 말은 본의적으로 엘리의 집안에 관한 말이 아니고 아론의 집안에 관한 말임에 틀림없다. 그 집안에서는 예수 그리스도의 내림 때까지 사람들이 남았고 지금도 그 족속에서 나온 인물들이 없지 않다.[94] 엘리의 집안에 대해서는 앞서 "너의 집안에서 살아남은 사람들마저 모두 사람들의 칼에 맞

uirorum. Quo modo ergo hic uere dici potuit: *Et erit, qui superauerit in domo tua, ueniet adorare ei,* si illud est uerum, quod ultore gladio nemo inde superarit? Nisi quia illos intellegi uoluit, qui pertinent ad stirpem, sed illius totius sacerdotii secundum ordinem Aaron. Ergo si de illis est praedestinatis reliquiis, de quibus alius propheta dixit: *Reliquiae saluae fient* (unde et apostolus: *Sic ergo,* inquit, *et in hoc tempore reliquiae per electionem gratiae factae sunt*), quia de talibus reliquiis bene intellegitur esse, de quo dictum est: *Qui superauerit in domo tua*: profecto credit in Christum; sicut temporibus apostolorum ex ipsa gente plurimi crediderunt, neque nunc desunt, qui, licet rarissime, tamen credant; et impletur in eo quod hic iste homo Dei continuo secutus adiunxit: *Veniet adorare ei obolo argenti.* Cui adorare, nisi summo illi sacerdoti, qui et Deus est: neque enim in illo sacerdotio secundum ordinem Aaron ad hoc ueniebant homines ad templum uel altare Dei, ut sacerdotem adorarent. Quid est autem quod ait: *Obolo argenti,* nisi breuitate uerbi fidei, de quo commemorat apostolus dictum: *Verbum consummans et breuians faciet Dominus super terram*? Argentum autem pro eloquio poni Psalmus testis est, ubi canitur: *Eloquia Domini eloquia casta, argentum igne examinatum.*

Quid ergo dicit iste, qui uenit adorare sacerdoti Dei et sacerdoti Deo? *Iacta me in partem sacerdotii tui, manducare panem.* Nolo in patrum meorum conlocari honore, qui nullus est; iacta me in partem sacerdotii tui. *Elegi* enim *abiectus esse in domo Dei*; qualecumque et quantulumcumque membrum esse cupio sacerdotii tui. Sacerdotium quippe hic ipsam plebem dicit, cuius plebis ille sacerdos est mediator Dei et hominum, homo Christus Iesus. Cui plebi dicit apostolus Petrus: *Plebs sancta,*

---

[95] 사울이 부하 도엑을 시켜 놉의 사제 85명과 놉의 성민들을 학살했다(1열왕[1사무] 22,6-23 참조).

[96] 이사 10,22. 〔공동번역: "살아남은 자만이 돌아온다."〕

[97] 로마 11,5. 〔200주년: "은총으로 뽑힌 남은 이들이 있습니다."〕

[98] 교부는 엘리의 집안에서 "살아남은 자"(qui superaverit)라는 문구에서 은총으로 구원이 예정된 "남은 자"(reliquiae salvae fient / reliquiae factae sunt)로 비약한다.

[99] obolo argenti: 문구의 obolus(1 drachma의 6분의 1)가 소화폐 단위여서 "하찮은 것" 혹은 "짤막한 것"도 가리켰다.

[100] 로마 9,28. 〔200주년: "주님께서 당신 말씀을 땅 위에서 어김없이 또 서둘러 실현하시리라."〕

[101] 시편 11[12],7.

[102] Sacerdos Dei et sacerdos Deus: 그리스도의 사제직을 경칭하는 표현이다.

[103] 시편 83,11 참조. 〔공동번역 84,10: "악인의 편한 집에 살기보다는 차라리 하느님 집 문간을 택하리이다."〕

아 죽으리라"는 말씀이 나왔기 때문이다.⁹⁵ 살아남은 자들마저 칼에 맞아 죽으리라고 한 말이 사실이었다면 "네 집안에서 살아남은 자는 그에게 가서 은전을 바쳐 예를 드리며"라는 말이 엘리의 집안을 가리켜 하는 말이 되겠는가? 그러므로 아론의 반열에 따른 전체 사제직을 물려받은 지파에 속하는 사람들을 가리키는 것으로 알아듣기를 원했음이 틀림없다. 그러므로 "네 집안에서 살아남은 자"라는 말이 저 남은 예정자들에 대한 말이라면, 곧 다른 예언자가 "남은 자들은 구원받으리라"⁹⁶고 한 바로 그 사람들을 가리킨다면, 그것은 틀림없이 그리스도를 믿는 사람들이다. 사도 역시 "이와같이 지금 이 시대에도 은총의 선택으로 남은 자들이 있는 것입니다"⁹⁷라고 했다.⁹⁸ 왜냐하면 사도들의 시대부터도 저 유다 민족들 중 많은 사람들이 그리스도를 믿었고, 지금도 아주 드물기는 하지만 믿는 사람들이 없지는 않기 때문이다. 이리하여 하느님의 사람이 "그에게 가서 은전을 바쳐 예를 드리며"라고 즉각 덧붙인 말이 이루어진다. 여기서 예를 드린다면 하느님인 저 대사제가 아니고 누구에게 드리겠는가? 사실 아론의 반열에 따른 사제직에서는 사람들이 성전에 오거나 제단에 오더라도 사제에게 예를 드리러 온 것은 아니다. "은전을 바쳐"라는 문구도 신앙의 말씀이 간결함을 지칭하는 것이 아닐 수 없다.⁹⁹ 그 일을 두고 사도가 한 말이 있다: "과연 주님께서는 땅 위에서 당신의 말씀을 온전히 그리고 간결하게 실현하시리라."¹⁰⁰ 은전이라는 것도 "말씀"을 대신 지칭하는 표현이니 이는 시편이 입증하는 바이기도 하다: "주님의 말씀은 순수한 말씀, 정제된 순은이로다."¹⁰¹

5.5. 그 사제직에 나오는 빵은 어떤 빵인가

저 인물이 하느님의 사제요 하느님인 사제¹⁰²에게 예를 올리며 하는 말은 무엇인가? "나를 제발 당신 사제직의 일부에 붙여 주어 빵을 먹게 해 달라." 뜻인즉, "나는 내 조상들의 영예로운 반열에 들어가고 싶지 않다. 아무도 존재하지 않는 까닭이다. 그러니 당신 사제직의 일부에 붙여 달라". "나는 하느님의 집에서 쫓겨나는 길을 택했노라."¹⁰³ "나는 어떤 신분으로든 어떤 부분으로든 당신 사제직의 일원이 되기를 간절히 원한다." 여기서 말하는 사제직은 백성 자체를 가리키며, 저 백성의 사제는 하느님과 인간 사이의 중개자요 인간 그리스

regale sacerdotium. Quamuis nonnulli «sacrificii tui» sint interpretati, non «sacerdotii tui»; quod nihilo minus eundem significat populum Christianum. Vnde dicit apostolus Paulus: *Vnus panis, unum corpus multi sumus*. Quod ergo addidit: *Manducare panem*, etiam ipsum sacrificii genus eleganter expressit, de quo dicit sacerdos ipse: *Panis, quem ego dedero, caro mea est pro saeculi uita*. Ipsum est sacrificium; non secundum ordinem Aaron, sed secundum ordinem Melchisedech, qui legit, intellegat. Breuis itaque ista confessio et salubriter humilis, qua dicitur: *Iacta me in partem sacerdotii tui manducare panem*; ipse est obolus argenti, quia et breue est et eloquium Domini est habitantis in corde credentis. Quia enim dixerat superius, dedisse se cibos domui Aaron de uictimis ueteris testamenti, ubi ait: *Dedi domui patris tui omnia, quae sunt ignis filiorum Israel, in escam* (haec quippe fuerant sacrificia Iudaeorum): ideo hic dixit: *Manducare panem*, quod est in nouo testamento sacrificium Christianorum.

6. Cum igitur haec tanta tunc altitudine praenuntiata sint, tanta nunc manifestatione clarescant, non frustra tamen moueri quispiam potest ac dicere: Quo modo confidimus uenire omnia, quae in libris illis uentura praedicta sunt, si hoc ipsum, quod ibi diuinitus dictum est: *Domus tua et domus patris tui transibunt coram me in aeternum*, effectum habere non potuit? Quoniam uidemus illud sacerdotium fuisse mutatum, et quod illi

---

[104] 1디모 2,5 참조: "과연 하느님은 한 분뿐이시고 하느님과 인간 사이의 중개자도 한 분뿐이시니, 곧 인간 그리스도 예수이십니다."

[105] 1베드 2,9 참조: "여러분은 선택된 민족, 왕다운 제관, 거룩한 겨레, 하느님께 속한 백성이 되었습니다."

[106] 그리스어 *ἱερατεῖον*은 "사제직"(sacerdotium)으로도 "희생제사"(sacrificium)로도 번역할 만하다.

[107] 1고린 10,17. 본서 21.20, 25.2; 22.18에도 인용.

[108] 요한 6,51.

[109] 히브 7,11 참조: "이제 '아론의 본을 따라서'라고 하지 않고 '멜기세덱의 본을 따라서'라고 하는 다른 제관이 생길 필요가 무엇입니까?"

[110] obolus argenti: 앞의 각주 99 참조.

[111] sacrificium Christianorum: 구약(출애 19,6)에서도 예고한 바 있지만 신약의 언급(1베드 2,9; 요한 4,23; 묵시 1,6; 5,10)대로 그리스도 안에 신앙인 전체의 사제직도 암시하는 듯하다.

[112] 엘리 집안의 범죄로 하느님의 저 언약이 이루어지지 못함을 경고하는 데 그 예언자의 주안점이 있었다는 것이 성서학자들의 입장이다.

도 예수다.[104] 이 백성에 관해서는 베드로 사도가 "거룩한 겨레, 왕다운 사제직"이라고 말한 적이 있다.[105] 물론 혹자는 "당신 사제직의"라고 해석하지 않고 "당신의 희생제사의"라고 해석하는데, 이것 역시 그리스도교 백성을 의미한다.[106] 여기서 사도 바울로가 하는 말이 있다: "빵이 하나이니, 우리는 여럿이지만 한 몸입니다".[107] 그러니 "빵을 먹는다"라는 말이 첨가된 것은 바로 이런 종류의 희생제사를 우아하게 표현한 것이다. 이에 관해서는 사제 본인이 이렇게 말한다: "내가 줄 빵은 세상의 생명을 위해 주는 내 살입니다."[108] 이것은 분명히 희생제사다. 단지 아론의 반열에 따른 것이 아니고 멜기세덱의 반열에 따른 것이라고 하는데,[109] 이 말은 독자가 알아듣도록 한 것이다. 그렇다면 "나를 제발 당신 사제직의 일부에 붙여 주어 빵을 먹게 해 달라"는 말은 간결하지만 구원에 가까운 겸손한 신앙고백임에 틀림없다. 그것 자체가 은전을 바침[110]이라고 하겠으니, 비록 짤막하지만 신앙인의 마음속에 거처하는 주님의 말씀이기도 하기 때문이다. 앞 대목을 보면 "또 이스라엘의 아들들이 불로 살라 바치는 모든 예물도 네 조상의 가문에 먹을 것으로 주었다"는 말이 나오는데, 하느님이 구약의 제물에서 가려내어 아론의 집안에 먹을 음식을 주었다고 하는 말씀이 있다. 이것들은 유다인들의 희생제사였고 여기서 "빵을 먹는다"고 하는 말은 신약에서 그리스도인들의 희생제사[111]를 가리켜 한 말이다.

6. 유다의 사제직과 왕국이 영원할 것으로 예견되었는데도 지금은 존속하지 않으므로 그 영원함은 다른 뜻으로 이해해야 한다
  6.1. 아론의 사제직은 장차 올 사제직의 그림자였다
이 모든 것이 그토록 심도있게 예고되었고 지금 그토록 확연히 밝혀지고 있는데도 혹자는 다음과 같은 소리를 하면서 마음이 흔들린다 해서 무리한 일은 아니다: "네 집과 네 조상의 집안이 영원히 나를 섬기리라"고 하느님이 말씀했는데 그 말씀이 소기의 결과를 내지 못했으니,[112] 저 경전에 장차 이루어지리라고 예언한 모든 일이 실제로 닥치리라는 것을 어떻게 믿으라는 말인가? 우리가 보기에 저 사제직은 변경되었고, 그 집안에 언약된 바가 언젠가는 기어이 이루어

domui promissum est, nec sperari aliquando complendum, quia illud, quod ei reprobato mutatoque succedit, hoc potius praedicatur aeternum. Hoc qui dicit, nondum intellegit aut non recolit etiam ipsum secundum ordinem Aaron sacerdotium tamquam umbram futuri aeterni sacerdotii constitutum; ac per hoc, quando aeternitas ei promissa est, non ipsi umbrae ac figurae, sed ei, quod per ipsam adumbrabatur figurabaturque, promissum est. Sed ne putaretur ipsa umbra esse mansura, ideo etiam mutatio eius debuit prophetari.

Regnum quoque isto modo etiam Saulis ipsius, qui certe reprobatus atque reiectus est, futuri regni erat umbra in aeternitate mansuri. Oleum quippe illud, quo unctus est et ab eo chrismate christus est dictus, mystice accipiendum et magnum sacramentum intellegendum est; quod in eo tantum ueneratus est ipse Dauid, ut percusso corde pauitauerit, quando in tenebroso occultatus antro, quo etiam Saul urgente intrauerat necessitate naturae, exiguam particulam uestis eius retrorsum latenter abscidit, ut haberet unde monstraret, quo modo ei pepercerit, cum posset occidere, atque ita suspicionem de animo eius, qua sanctum Dauid putans inimicum suum uehementer persequebatur, auferret. Ne itaque reus esset tanti sacramenti in Saule uiolati, quia uel indumentum eius sic adtrectauit, extimuit. Ita enim scriptum est: *Et percussit cor Dauid super eum, quia abstulit pinnulam chlamydis eius.* Viris autem, qui cum illo erant et, ut Saulem in manus suas traditum interimeret, suadebant: *Non mihi,* inquit, *contingat a Domino, si fecero hoc uerbum domino meo christo Domini, inferre manum meam super eum; quia christus Domini est hic.* Huic ergo umbrae futuri non propter ipsam, sed propter illud, quod praefigurabat, tanta ueneratio exhibebatur. Vnde et illud, quod ait Sauli Samuel: *Quoniam non*

---

[113] christus ($\chi\rho\iota\sigma\tau\acute{o}\varsigma$ ← $\chi\rho\acute{\iota}\omega$ "기름바르다" → $\chi\rho\hat{\iota}\sigma\mu\alpha$ "기름"): 1열왕[1사무] 10,1 ("야훼께서 그대에게 기름을 부어 … 성별해 세우시는 것이오") 참조. 사울 본인의 이름은 "간절히 원한 사람"이라는 뜻이다(Hieronymus, *De nominibus hebraicis* 7.16: Saul petitio vel expetitus).

[114] 1열왕[1사무] 24,1-23 참조.

[115] 1열왕[1사무] 24,7.

[116] quia christus Domini est hic: "이분은 주님의 그리스도이시다"라는 어감이 뒷문장으로 비약하는 명분을 준다. 1열왕[1사무] 24,7 참조.

지리라는 희망도 없다. 그 까닭은 그것이 배척당하고 변경된 뒤에 다른 사제직이 뒤이어 영원하리라 예고를 받았기 때문이다. 이런 말을 하는 사람은 아론의 반열에 따라 세워진 사제직은 장차 올 영원한 사제직의 그림자였다는 점을 깨닫지 못하거나 인정하지 않는 사람이다. 그러니까 아론의 반열에 따른 사제직에 영원함이 언약된 것은, 그림자이며 표징 노릇을 한 아론의 사제직에 내린 언약이 아니고, 그것을 통해 예표되고 상징된 멜기세덱의 반열에 따른 사제직에 언약된 것이다. 그림자가 영속하리라고 생각하는 일이 없도록 그 사제직이 변경되리라는 점도 예언되었어야 했다.

6.2. 사울의 왕권

이것은 사울의 왕권에 대해서도 마찬가지였다. 비록 배척당하고 쫓겨나기는 했지만 그도 장차 영원에 이르기까지 존속할 왕권을 보여주는 그림자였다. 사울이 부음받은 그 기름이라든가, 바로 그 성유로 도유받아 "기름부음받은 자"라고 불린 사실은[113] 신비적 의미로 받아들여야 하고, 위대한 비사秘事로서 이해해야 한다. 다윗도 사울의 인물이 갖는 이런 의미를 존중했다. 다윗이 착잡한 심경으로 두려움에 떨면서 어두운 동굴에 몸을 숨기고 있다가, 사울 역시 자연본성의 필요로 인해 뒤를 보려고 그리로 들어오자 그의 옷자락을 뒤에서 몰래 조금 잘라내어 자기가 그를 죽일 수도 있었지만 어떻게 그의 목숨을 살려주었는지 증거로 삼았다. 그리하여 경건한 다윗을 자기의 원수로 여기고 악착같이 다윗을 쫓아다니던 사울의 마음에서 온갖 의심을 벗겨주었다.[114] 그렇게 함으로써 사울에게서 드러난 깊은 비사를 모독하는 죄인이 되지 않으려고 조심했고, 그의 의복에 손댄 일마저 꺼림칙하게 여겼다. 성서에는 "그 뒤 다윗은 사울의 옷자락을 자른 일이 마음에 걸렸다"[115]고 기록되어 있다. 다윗과 함께 있던 사람들은 사울이 자기들 손에 넘어온 이상 죽여야 한다고 우겼고 다윗은 이렇게 대꾸했다: "주님이 기름부어 세우신 나의 주공主公에게 내가 이런 말을 한다면 주님께 합당하지 못한 짓이다. 이분은 주님이 기름부어 세우신 분이기 때문이다."[116] 장차 올 것의 그림자가 되는 인물에게 극진한 공대를 올린 것은 그림자 자체 때문이 아니고 그림자가 예표하는 그 대상 때문이었다. 사울에게 사무엘

seruasti mandatum meum, quod mandauit tibi Dominus, quem ad modum nunc parauerat Dominus regnum tuum usque in aeternum super Israel: et nunc regnum tuum non stabit tibi, et quaeret Dominus sibi hominem secundum cor suum, et mandabit ei Dominus esse in principem super populum suum; quia non custodisti quae mandauit tibi Dominus, non sic accipiendum est, ac si ipsum Saulem Deus in aeternum praeparauerit regnaturum, et hoc postea noluerit seruare peccanti (neque enim eum peccaturum esse nesciebat); sed praeparauerat regnum eius, in quo figura regni esset aeterni. Ideo addidit: *Et nunc regnum tuum non stabit tibi.* Stetit ergo et stabit, quod in illo significatum est; sed non huic stabit, quia non in aeternum ipse fuerat regnaturus, nec progenies eius, ut saltem per posteros alteri alteri succedentes uideretur impleri quod dictum est: *In aeternum. Et quaeret,* inquit, *Dominus sibi hominem*; siue Dauid siue ipsum Mediatorem significans testamenti noui, qui figurabatur in chrismate etiam, quo unctus est ipse Dauid est progenies eius. Non autem quasi nesciat ubi sit, ita sibi hominem Deus quaerit; sed per hominem more hominum loquitur, quia et sic loquendo nos quaerit. Non solum enim Deo Patri, uerum ipsi quoque Vnigenito eius, qui uenit quaerere quod perierat, usque adeo iam eramus noti, ut in ipso essemus electi ante constitutionem mundi. *Quaeret sibi* ergo dixit «suum habebit». Vnde in Latina lingua hoc uerbum accipit praepositionem et «adquirit» dicitur; quod satis apertum est quid significet. Quamquam et sine additamento praepositionis quaerere intellegatur adquirere; ex quo lucra uocantur et quaestus.

---

[117] 1열왕[1사무] 13,13-14.

[118] 사울에게서 다윗으로 왕권이 계승되지만 다윗도 영원히 군림할 인물은 아니었다.

[119] 한 백성을 하느님 앞의 떳떳한 공동체로 유지하는 왕권(王權)에 돌연 하느님과 백성의 중개자 (mediator)라는 사제직 개념이 결합되고 있다(시편 46[47],8-9; 95[96],10; 다니 3,54 참조).

[120] quia et sic loquendo nos quaerit: 성서의 "영성적 의미"를 암시한다.

[121] 루가 19,10 참조: "인자는 잃은 것을 찾아 구원하러 왔습니다."

[122] 에페 1,4 참조: "창세 전에 그리스도 안에서 우리를 뽑아 …."

[123] acquiro (← ad-quaero: "획득하다", "손에 넣다"), quaero ("찾다", "찾아얻다"→) quaestus ("수익") 등의 어원적 설명이다.

이 한 말도 그렇다: "그대는 주님께서 그대에게 내리신 나의 계명을 지키지 않았소. 지키기만 했더라면 주님께서 이스라엘을 다스릴 그대의 왕권을 길이길이 세워 주실 터였소. 이제 그대의 왕권은 그대에게 머물지 못할 것이오. 주님께서는 당신의 마음에 드는 사람을 다시 찾아 당신의 백성을 다스릴 수령으로 세우실 것이오. 그대가 주님의 분부를 지키지 않았기 때문이오."[117] 하느님이 사울로 하여금 영원히 통치하게 하려고 했는데 그가 죄를 짓는 바람에 하느님이 결심을 지키지 않은 것으로 이해해서는 안 된다. 그가 죄를 지을 것을 하느님이 몰랐다고 생각해서도 안 된다. 그의 왕권을 마련하신 것은 그의 왕권 속에 영원한 왕권의 예형豫型이 있었기 때문이었다. 그래서 "이제 그대의 왕권은 그대에게 머물지 못할 것이오"라는 말을 덧붙였다. 지난날 그에게 왕권이 머물렀으므로 앞으로도 머물겠지만 그 속에 예표되는 내용만이 머물게 된다. 하지만 이 사람에게 머무는 것은 아닌데, 영원히 군림할 인물은 그가 아니었다. 그렇다고 그 사람의 자손도 아니었다.[118] 후손들을 거치면서 하나가 다른 하나를 계승함으로써 "길이길이"라는 말이 성취되는 것처럼 보이는 일도 없을 것이다. "주님께서 스스로 사람을 다시 찾으실 것이오"라는 말은 다윗을 의미할 수도 있고 신약의 중개자를 의미할 수도 있다. 신약의 중개자는 다윗 본인과 그 후손들이 부음받는 그 성유에 의해 표상되고 있었다.[119] 하느님이 스스로 사람을 찾는다고 해서 사람이 어디 있는지 모른다는 말은 아니며 그냥 사람을 시켜 사람의 방식으로 말씀을 하는 것뿐이며, 그렇게 말씀함으로써 정작 하느님이 찾는 것은 우리다.[120] 실상 우리는 하느님 아버지께 이미 잘 알려져 있을 뿐 아니라 잃은 것을 찾으러 온 외아드님에게도 잘 알려져 있다.[121] 우리를 잃었다고 하는 까닭은 우리가 세계의 창건 이전에 그분 안에서 뽑힌 사람들이기 때문이다.[122] 그러므로 "스스로 찾으시리라"고 하는 말은 "당신 사람으로 삼으시리라"는 뜻과 같다. 왜냐하면 라틴어에서는 이 동사에 전치사를 붙이면 "앗퀴리트"가 되는데, 그러면 무엇을 의미하는지가 확실하게 밝혀진다. 비록 전치사를 첨가하지 않더라도 "찾는다"는 동사는 "손에 넣는다"는 말로 이해할 수 있는데, 그래서 "수입"收入이라는 말도 퀘스투스라고 한다.[123]

7. Rursus peccauit Saul per inoboedientiam, et rursus Samuel in uerbo Domini ait illi: *Quia spreuisti uerbum Domini, spreuit te Dominus, ut non sis rex super Israel.* Et rursus pro eodem peccato, cum id confiteretur Saul et ueniam precaretur rogaretque Samuelem, ut reuerteretur cum illo ad placandum Deum: *Non reuertar,* inquit, *tecum; quia spreuisti uerbum Domini, et spernet te Dominus, ne sis rex super Israel. Et conuertit Samuel faciem suam, ut abiret; et tenuit Saul pinnulam diploidis eius et disrupit eam. Et dixit ad eum Samuel: Disrupit Dominus regnum ab Israel de manu tua hodie et dabit proximo tuo bono super te, et diuidetur Israel in duo; et non conuertetur neque paenitebit eum; quoniam non est sicut homo, ut paeniteat eum; ipse minatur, et non permanet.* Iste, cui dicitur: *Spernet te Dominus, ne sis rex super Israel,* et: *Disrupit Dominus regnum ab Israel de manu tua hodie,* quadraginta regnauit annos super Israel, tanto scilicet spatio temporis, quanto et ipse Dauid, et audiuit hoc primo tempore regni sui; ut intellegamus ideo dictum, quia nullus de stirpe eius fuerat regnaturus, et respiciamus ad stirpem Dauid, unde exortus est secundum carnem mediator Dei et hominum, homo Christus Iesus.

Non autem habet scriptura, quod in plerisque Latinis codicibus legitur: *Disrupit Dominus regnum Israel de manu tua;* sed sicut a nobis positum est inuentum in Graecis: *Disrupit Dominus regnum ab Israel de manu tua;* ut hoc intellegatur *de manu tua,* quod est *ab Israel.* Populi ergo Israel

---

[124] 1열왕[1사무] 15,26(점령한 것을 전멸시키라는 법을 어겼다는 사건이다).

[125] 1열왕[1사무] 15,26-29. 〔공동번역(28-29절): "주님께서는 오늘 이스라엘 나라를 그대에게서 찢어내시어 동족 가운데서 그대보다 훌륭한 사람에게 주셨소. 이스라엘을 비추시는 이는 빈말을 하시거나 변심하시는 분이 아니오. 그는 사람처럼 변덕을 부리는 분이 아니시오."〕

[126] 이 구절은 아래 17.7.2에서 해설된다.

[127] 사울의 40년 통치는 사도 13,21에 나오는데, 열왕기[사무엘기와 열왕기]에는 언급이 없다. Cf. Iosephus, *Antiquitates Iudaicae* 6.14.9: "사울은 사무엘 생전에 18년, 사후에 22년 군림했다."

[128] 1디모 2,5 참조: "하느님과 인간 사이의 중개자도 한 분뿐이시니 곧 인간 그리스도 예수이십니다."

[129] 칠십인역본의 어떤 그리스어본은 ἀπό Ἰσραήλ이라고 되어 있어 이런 번역과 해설이 가능하다.

7. 이스라엘 왕국의 분열은 영적 이스라엘과 육적 이스라엘의 영구한 분리를 예표한다

7. 1. 사울 왕권의 분열

하여튼 사울은 다시 한번 불복종하여 죄를 지었고 사무엘이 주님의 말씀으로 그에게 말했다: "그대가 주님의 말씀을 저버렸으니, 주님께서도 그대를 이스라엘 왕위에서 밀어내실 것이오."[124] 같은 죄과에 대해 사울이 잘못을 고백하고 용서를 청했으며, 사무엘에게 돌아와 하느님의 마음을 진정시키게 도와 달라고 부탁한다: "'돌아가지 않겠소. 그대가 주님의 말씀을 저버렸으니 주님께서도 그대를 이스라엘 왕위에서 밀어내실 것이오.' 이 말을 남기고 사무엘이 돌아서 가려고 하자 사울이 도포를 붙잡는 바람에 도포자락이 찢어졌다. 사무엘이 그에게 일렀다. '주님께서는 오늘 왕권을 이스라엘로부터, 그대 손에서 찢어내시었소. 그리고 그대 위에 선한 사람에게, 그대의 이웃사람에게 주실 것이오. 이스라엘은 둘로 쪼개질 것이오. 주님께서는 이스라엘을 두고 변심하거나 후회하지 않으실 것이오. 그분은 사람처럼 뉘우치는 분이 아니오. 당신이 위협을 하시고 그대로 버티지 않는 그런 분이 아니오.'"[125] 사울에게 "주님께서도 그대를 이스라엘 왕위에서 밀어내실 것이오"라고 일렀고, "주님께서는 오늘 왕권을 이스라엘로부터, 그대 손에서 찢어내시었소"[126]라고 말했지만 이 인물은 무려 40년간 이스라엘에 군림했다.[127] 이는 다윗이 군림한 것과 같은 기간이었다. 사울이 이 말씀을 들은 것은 왕위 초기였다. 따라서 이 말을 한 것은 그의 후손들 가운데 아무도 장차 군림하지 못하리라는 뜻으로 이해해야 하며, 우리가 그 인물 대신 다윗의 후손을 돌이켜보도록 하기 위한 것으로 보인다. 그 혈통에서 하느님과 인간의 중개자, 곧 인간 그리스도 예수가 출현했던 것이다.[128]

7. 2. 사울 왕권의 분열은 그리스도의 군림을 상징한다

여기서 인용하는 성서에는 여러 라틴어 사본에 나오는 대로 "주님께서는 오늘 이스라엘 나라를 그대에게서 찢어내시었소"라고 기록되어 있지 않고, 우리가 인용하는 대로 그리스어 사본들에 나오는 "주님께서는 오늘 왕권을 이스라엘로부터, 그대 손에서 찢어내시었소"라고 되어 있다.[129] 그렇다면 "그대 손에서" 곧

personam figurate gerebat homo iste, qui populus regnum fuerat amissurus, Christo Iesu Domino nostro per nouum testamentum non carnaliter, sed spiritaliter regnaturo. De quo cum dicitur: *Et dabit illud proximo tuo*, ad carnis cognationem id refertur; ex Israel enim Christus secundum carnem, unde et Saul. Quod uero additum est: *bono super te*, potest quidem intellegi «meliori te»; nam et quidam sic sunt interpretati; sed melius sic accipitur *bono super te*, ut, quia ille bonus est, ideo sit super te, iuxta illud aliud propheticum: *Donec ponam omnes inimicos tuos sub pedibus tuis*; in quibus est et Israel, cui suo persecutori regnum abstulit Christus; quamuis fuerit illic et Israel, in quo dolus non erat, quoddam quasi frumentum illarum palearum; nam utique inde erant apostoli, inde tot martyres, quorum prior Stephanus; inde tot ecclesiae, quas apostolus Paulus commemorat, in conuersione eius magnificantes Deum.

De qua re non dubito intellegendum esse quod sequitur: *Et diuidetur Israel in duo*; in Israel scilicet inimicum Christo et Israel adhaerentem Christo; in Israel ad ancillam et Israel ad liberam pertinentem. Nam ista duo genera primum simul erant, uelut Abraham adhuc adhaereret ancillae, donec sterilis per Christi gratiam fecundata clamaret: *Eice ancillam et filium eius*. Propter peccatum quidem Salomonis regnante filio eius Roboam scimus Israel in duo fuisse diuisum atque ita perseuerasse,

---

[130] populi Israel personam figurans: 국왕이나 구세주의 공동인격(persona communitatis)을 언표한 문구로 꼽힌다. 공동인격은 하느님 앞에 자기가 대표하는 집단 전체의 행실을 책임진다.

[131] bono super te(그대 위에 선한 사람에게)라는 어색한 문구는 meliori te(그대보다 훌륭한 사람에게)라고 번역할 만하다.

[132] 시편 109[110],1.

[133] "그대 위에"(bono super te)와 "네 발 밑에"(ponam sub pedibus tuis)를 대조하고 있다.

[134] 요한 1,47 참조: "참으로 이스라엘 사람이로군. 거짓 없는 사람이지."

[135] 갈라 1,24 참조: "그래서 나를 두고 하느님을 찬양했습니다."

[136] 갈라 4,22 참조.

[137] 창세 21,10.

"이스라엘로부터" 왕권을 찢어내셨다고 알아들을 만하다. 그러니까 저 인물이 이스라엘 백성의 위격位格을 표상하고 있으며[130] 따라서 저 백성이 왕권을 상실하리라는 것을 상징한다. 그 대신 신약에 근거해서 우리 주 그리스도 예수가 군림할 것이며 그는 육에 따라서가 아니고 영에 따라서 군림할 것이다. 그에 관해 "그대의 이웃사람에게 주실 것이오"라는 말이 나오는데 이 말은 혈육의 가까움과 관련이 있으며, 사울도 그랬지만 그리스도 역시 혈육으로는 이스라엘에서 나왔기 때문이다. 그밖에도 "그대 위에 선한 사람에게"라는 부언은 "그대보다 훌륭한 사람에게"[131]라고 이해할 만하다. 다른 사람들도 이렇게 해석한 바 있기 때문이다. 비록 "그대 위에 선한 사람에게"라는 앞의 문구를, '내가 너의 원수들을 네 발판으로 만들 때까지'라는 다른 예언의 말씀[132]에 비추어 "그는 선한 사람이므로 그대 위에 있다"라는 뜻으로 받아들이는 편이 낫기도 하다.[133] 그 원수들 중에는 이스라엘도 들어 있으니 그리스도는 이스라엘이라는 그 박해자에게서 왕권을 빼앗아낸 것이다. 물론 그 이스라엘 사람들 가운데는 속임수가 없는 사람도 있었고[134] 저 쭉정이 속의 알곡 같은 사람들도 있었다. 왜냐하면 사도들도 이스라엘에서 나왔고 무수한 순교자들도 나왔으며(그가운데 첫 인물이 스데파노였다), 사도 바울로가 언급하는 그 많은 교회들도 이스라엘에서 나왔던 것이다. 바울로의 회심을 두고 그 교회들은 하느님을 찬양했다.[135]

7.3. 이스라엘이 둘로 갈라짐

뒤이어 나오는 "이스라엘은 둘로 쪼개질 것이오"라는 구절 역시 이 일과 연관시켜 이해해야 한다는 점을 나는 의심치 않는다. 그리스도에게 적대적인 이스라엘과 그리스도에게 귀의하는 이스라엘로 나누어진다는 말이다. 여종에게 속하는 이스라엘과 자유로운 여자에게 속하는 이스라엘로 나누어진다는 말이다.[136] 아브라함이 계집종에게 마음을 두고 있었듯이, 처음에는 이 두 부류가 동시에 공존하고 있었다. 그러다 아기를 낳지 못하는 여자가 그리스도의 은총을 통해 아기를 갖게 되자 자유로운 여자는 "계집종과 아들을 내쫓아 주십시오!"[137]라는 발언을 하기에 이른다. 솔로몬의 죄과 때문에 그의 아들 르호보암의 통치하에서 이스라엘이 둘로 분열되었고, 그 뒤로도 그렇게 존속했다는 것

habentibus singulis partibus reges suos, donec illa gens tota a Chaldaeis esset ingenti uastatione subuersa atque translata. Sed hoc quid ad Saulem, cum, si tale aliquid comminandum esset, ipsi Dauid fuerit potius comminandum, cuius erat filius Salomon? Postremo nunc inter se gens Hebraea diuisa non est, sed indifferenter in eiusdem erroris societate dispersa per terras. Diuisio uero illa, quam Deus sub persona Saulis, illius regni et populi figuram gerentis, eidem regno populoque minatus est, aeterna atque inmutabilis significata est per hoc, quod adiunctum est: *Et non conuertetur neque paenitebit eum; quoniam non est sicut homo, ut paeniteat eum; ipse minatur, et non permanet*; id est, homo minatur, et non permanet; non autem Deus, quem non paenitet, sicut hominem. Vbi enim legitur, quod paeniteat eum, mutatio rerum significatur, inmutabili praescientia manente diuina. Vbi ergo non paenitere dicitur, non mutare intellegitur.

Prorsus insolubilem uidemus per haec uerba prolatam diuinitus fuisse sententiam de ista diuisione populi Israel et omnino perpetuam. Quicumque enim ad Christum transierunt uel transeunt uel transibunt inde, non erant inde secundum Dei praescientiam, non secundum generis humani unam eandemque naturam. Prorsus quicumque ex Israelitis adhaerentes Christo perseuerant in illo, numquam erunt cum eis Israelitis, qui eius inimici usque in finem uitae huius esse persistunt; sed in diuisione, quae hic praenuntiata est, perpetuo permanebunt. Nihil enim prodest testamentum uetus de monte Sina in seruitutem generans, nisi quia testimonium perhibet testamento nouo. Alioquin, quamdiu legitur Moyses, uelamen

---

[138] 그리스도를 인정하지 않고 거부하는 오류를 가리킨다.

[139] quod paeniteat eum, *mutatio rerum* significatur, *immutabili praescientia manente divina*: "하느님이 후회한다"라는 성서적 표현을 해명하는 정확한 신학적 명제다.

[140] 왕국의 분열에서 두 도성의 논의를 끄집어내려니까 교부의 성서 해설도 퍽 자의적이 된다.

[141] 갈라 4,24 참조: "두 여자는 두 계약입니다. 하나는 시나이 산으로부터 유래하며 종살이를 위해 아기를 낳았으니, 하갈이 바로 그 여자입니다."

[142] 구약을 그 자체로 가치있는 것으로 보지 않고 신약의 예표와 증언으로 보는 교부들도 다수였다.

을 우리는 알고 있다. 제각기 왕들을 두었으며, 그러다가 칼대아인들로부터 대대적 침략을 받아 그 민족 전체가 몰락하여 강제로 이주했던 것이다. 그런데 국가의 분열이라는 이런 위협이 내려야 했다면 이 위협은 솔로몬을 아들로 둔 다윗에게 내렸어야 하는데 이것이 사울과 도대체 무슨 상관이 있다는 말인가? 그리고 마지막으로 지금에 와서 히브리 민족은 자기네끼리 분열되어 있는 것이 아니고 너나 구분없이 똑같은 오류로 결속되어 온 세상에 흩어져 있을 따름이다.[138] 하느님이 사울이라는 인물에게 위협하는 분열이 바로 그 왕국, 바로 그 백성에게 내렸음도 사실이다. 사울은 그 왕권과 백성의 예형 역할을 하고 있었을 따름이다. 그리고 뒤따라오는 말씀, 곧 "주님께서는 그를 두고 변심하거나 후회하지 않으실 것이오. 그분은 사람처럼 뉘우치는 분이 아니오. 당신이 위협을 하시고 그대로 버티지 않는 그런 분이 아니오"라는 말씀에서는 영원하고 불변하는 인물이 상징되어 있다. 다시 말해 인간은 위협하지만 버티지 못하는데 하느님은 사람처럼 후회를 하지 않는 분이다. 하느님이 후회한다는 구절을 읽을 때는, 신적 예지는 변함없이 항속하는 가운데 사물들이 변함을 의미하는 것으로 이해한다.[139] 하느님이 후회하지 않는다는 말이 나올 때는, 변하지 않는다는 뜻으로 알아듣는다.

7.4. 이 분열은 두 도성을 상징한다

그러므로 이런 말을 통해 이스라엘 백성의 분열에 대해 신성하게 발표된 선고는 돌이킬 수 없고 아예 영구적인 것임을 알 수 있다.[140] 물론 그 백성들 가운데 그리스도께 옮겨왔거나 옮겨오고 있거나 옮겨올 사람들은 하느님의 예지에 따라서 보거나 인류의 단일한 본성에 따라서 보더라도 이스라엘 백성에 들어 있다고 할 수는 없다. 따라서 이스라엘 사람들 가운데 누구든지 그리스도께 귀의하여 항구하게 머무는 사람은, 현세 생명의 마지막까지 그리스도의 적임을 고집하는 이스라엘 사람들과는 결코 함께하는 것이 아니며, 오히려 사무엘의 입으로 예고된 대로 그들로부터 분열된 채로 영구히 머물게 될 것이다. 시나이 산에서 비롯한 구약은 노예신분을 낳아주며[141] 신약에 증언을 제공한다는 명분이 아니면 아무런 이익을 끼치지 못한다.[142] 모세의 글을 읽으면서도 그들의 마

super corda eorum positum est; cum autem inde quisque transierit ad Christum, auferetur uelamen. Transeuntium quippe intentio ipsa mutatur de uetere ad nouum, ut iam non quisque intendat accipere carnalem, sed spiritalem felicitatem. Propter quod ipse magnus propheta Samuel, antequam unxisset regem Saul, quando exclamauit ad Dominum pro Israel, et exaudiuit eum, et, cum offerret holocaustosim, accedentibus alienigenis ad pugnam contra populum Dei tonuit Dominus super eos, et confusi sunt et offenderunt coram Israel atque superati sunt: adsumpsit lapidem unum et statuit illum inter Massephat nouam et ueterem, et uocauit nomen eius Abennezer, quod est Latine lapis adiutoris, et dixit: *Vsque hoc adiuuit nos Dominus.* Massephat interpretatur intentio. Lapis ille adiutoris medietas est Saluatoris, per quem transeundum est a Massephat uetere ad nouam, id est ab intentione, qua expectabatur in carnali regno beatitudo falsa carnalis, ad intentionem, qua per nouum testamentum expectatur in regno caelorum beatitudo uerissima spiritalis; qua quoniam nihil est melius, huc usque adiuuat Deus.

음에는 너울이 덮여 있지만 누구든지 거기서부터 그리스도께로 옮겨오면 그 너울이 걷히는 연고다.[143] 옮겨오는 사람들의 의도 자체가 구약에서 신약으로 바뀌며, 더는 육적 행복을 얻으려는 지향을 갖지 않고 영적 행복을 얻으려는 지향을 갖게 된다. 바로 그런 증표로 대예언자 사무엘은 사울을 왕으로 도유하기 전에 이스라엘을 위해 하느님께 큰소리로 부르짖었으며 하느님은 그의 기도를 들어주셨다. 또 이스라엘이 번제물을 올리고 있을 때, 외국인들이 하느님의 백성에게 싸움을 걸어 진군해 올 때도 주님은 저들의 머리 위에 천둥을 울려 그들을 혼란에 빠뜨렸고, 이스라엘 앞으로 공격해 오자 그들을 패배시켰다. 그러자 사무엘은 돌을 하나 가져다 옛 미스바와 새 미스바 사이에 세웠고, 그 돌의 이름을 에벤에젤이라고 명명했으니 라틴어로는 "돕는 이의 돌"이라는 뜻이다.[144] 그러고는 "주님께서 여기에 이르기까지 우리를 도우셨다"[145]고 했다. 미스바는 "의도"라고 풀이된다.[146] 저 "돕는 이의 돌"은 구세주의 중재적 위치를 나타내는데, 이 인물을 거쳐서 옛 미스바로부터 새 미스바로 옮겨가야 하는 까닭이다. 다시 말해 육적 왕국에서 육적 거짓 행복을 기대하던 의도로부터, 신약을 통해 하늘나라에서 가장 진실한 영적 행복을 기대하는 의도로 옮겨가는 것이다. 이 행복보다 나은 것은 아무것도 없으므로 여기에 도달하기까지는 하느님이 돕는다.

---

[143] 2고린 3,15-16 참조: "실로 오늘까지도 모세의 율법을 읽을 때마다 저들의 마음에는 너울이 덮여 있습니다. 그러나 언제든 주님께로 돌아서기만 하면 그 너울은 치워질 것입니다."

[144] 1열왕[1사무] 7,12 (불가타본) 참조: "그곳 이름을 Lapis Adiutorii ('도움의 돌' 혹은 '에벤에젤')라고 부르고 …."

[145] 1열왕[1사무] 7,12.

[146] Massephat, intentio: cf. Hieronymus, *De nominibus hebraicis* 46.20 (Massepat, speculatio vel contemplatio).

8. Iam nunc uideo esse monstrandum, quid ipsi Dauid, qui Sauli successit in regnum, cuius mutatione finalis illa mutatio figurata est, propter quam diuinitus cuncta dicta, cuncta conscripta sunt, Deus promiserit, quod ad rem qua de agimus pertinet. Cum regi Dauid multa prospera prouenissent, cogitauit facere Deo domum, templum illud scilicet excellentissime diffamatum, quod a rege Salomone filio eius postea fabricatum est. Hoc eo cogitante factum est uerbum Domini ad Nathan prophetam, quod perferret ad regem. Vbi cum dixisset Deus, quod non ab ipso Dauid sibi aedificaretur domus, neque per tantum tempus se mandasse cuiquam in populo suo, ut sibi fieret domus cedrina: *Et nunc*, inquit, *haec dices seruo meo Dauid: Haec dicit Dominus omnipotens: Accepi te de ouili ouium, ut esses in ducem super populum meum super Israel, et eram tecum in omnibus quibus ingrediebaris, et exterminaui omnes inimicos tuos a facie tua, et feci te nominatum secundum nomen magnorum, qui sunt super terram; et ponam locum populo meo Israel, et plantabo illum, et inhabitabit seorsum, et non sollicitus erit ultra; et non apponet filius iniquitatis humiliare eum, sicut ab initio a diebus, quibus constitui iudices super populum meum Israel; et requiem tibi dabo ab omnibus inimicis tuis, et nuntiabit tibi Dominus, quoniam domum aedificabis ipsi. Et erit, cum repleti fuerint dies tui, et dormies cum patribus tuis, et suscitabo semen tuum post te, qui erit de uentre tuo, et praeparabo regnum eius. Hic*

제3부 (8-19)
다윗과 시편에 표상된 예언

8. 다윗의 아들에 대해 다윗에게 내린 언약은 비록 솔로몬에 대한 것이지만 그리스도에게서 충만한 실현을 본다

8. 1. 다윗이 영원한 왕권을 언약받다

그러면 이제 사울의 왕권을 계승한 다윗에게 우리가 논하고 있는 이 사안과 관련하여 하느님이 무엇을 언약했는지 증명해 보일 차례가 되었다. 사실 사울 왕위의 교체는 저 최후에 있을 왕권의 교체를 표상한 것이며, 하느님의 영감으로 그 모든 것이 발설되고 그 모든 것이 기록된 것도 다름아닌 저 최후의 교체를 염두에 둔 것이었다. 다윗 왕에게 많은 번영이 찾아왔을 적에 그는 하느님께 집을 지어드리겠다는 생각을 했다. 후일에 아들 솔로몬이 건축한 성전, 참으로 훌륭하여 널리 소문이 난 그 성전을 지어드리겠다는 생각이었다. 그가 이런 생각을 품을 즈음에 주님의 말씀이 예언자 나단에게 내려 왕에게 전하라고 했다. 하느님은 그 집을 다윗이 당신에게 지어 바칠 것이 아니라고 말씀하고, 그 오랜 세월 동안 당신 백성 가운데 누구에게도 전나무로 집을 지어 바치라고 명한 적이 없다고 말씀한다: "너는 이제 나의 종 다윗에게 전능하신 주님의 말이라 하며 이렇게 일러 주어라. '나는 양들의 우리에서 너를 데려 내다가 내 백성 위에, 이스라엘 위에 영도자로 삼았다. 그리고 나는 네가 어디를 가든지 너와 함께 있으면서 모든 원수들을 네 앞에서 쳐 없애 버렸다. 세상에서 이름난 어떤 위인 못지않게 네 이름을 떨치게 해 주었다. 또 나는 내 백성 이스라엘이 머무를 곳을 정해 주어 그곳에 뿌리를 박고 살게 하며 전처럼 걱정하는 일 없게 하리라. 지난날 내가 판관들을 시켜 내 백성 이스라엘을 다스리게 하던 때처럼 악한이 그를 억압하게 놓아 두지 않으리라. 너를 너의 모든 원수에게서 구해 내어 평안하게 하리라. 주님이 너에게 알려주리니 그때 네가 주님께 전殿을 지어드리리라. 네가 살 만큼 다 살아 날수를 다하고서 조상들 옆에 누워 잠든 다음, 네 몸에서 난 자식 하나를 네 뒤에 내가 일으켜세울 터이니 내가 그

aedificabit mihi domum nomini meo, et dirigam thronum illius usque in aeternum. Ego ero illi in patrem, et ille erit mihi in filium. Et si uenerit iniquitas eius, redarguam illum in uirga uirorum et in tactibus filiorum hominum; misericordiam autem meam non amoueam ab eo, sicut amoui, a quibus amoui a facie mea; et fidelis erit domus eius et regnum eius usque in aeternum coram me, et thronus eius erit erectus usque in aeternum.

Hanc tam grandem promissionem qui putat in Salomone fuisse completam, multum errat. Adtendit enim quod dictum est: *Hic aedificabit mihi domum*, quoniam Salomon templum illud nobilissimum struxit, et non adtendit: *Fidelis erit domus eius et regnum eius usque in aeternum coram me.* Adtendat ergo et aspiciat Salomonis domum plenam mulieribus alienigenis colentibus deos falsos et ipsum ab eis regem aliquando sapientem in eandem idolatriam seductum atque deiectum; et non audeat existimare Deum uel hoc promisisse mendaciter uel talem Salomonem domumque eius futuram non potuisse praescire. Non hinc autem deberemus ambigere, nec si non in Christo Domino nostro, qui factus est ex semine Dauid secundum carnem, iam uideremus ista compleri, ne uane atque inaniter hic alium aliquem requiramus, sicut carnales Iudaei. Nam et ipsi usque adeo filium, quem loco isto regi Dauid promissum legunt, intellegunt non fuisse Salomonem, ut eo qui promissus est tanta iam manifestatione declarato adhuc mirabili caecitate alium sperare se dicant. Facta est quidem nonnulla imago rei futurae etiam in Salomone, in eo quod templum aedificauit et pacem habuit secundum nomen suum (Salomon quippe pacificus est Latine) et in exordio regni sui mirabiliter laudabilis fuit; sed ea-

---

[147] 2열왕[2사무] 7,8-16 (아우구스티누스의 자유 인용).

[148] 3[1]열왕 11,4-8 참조.

[149] Cf. Hieronymus, *De nominibus hebraicis* 63.5: Salomon pacificus sive pacatus erit.

의 왕위를 마련하리라. 그가 나의 이름으로 나에게 집을 지어 바칠 것이며, 나는 그의 왕좌를 영원히 다지리라. 내가 친히 그의 아비가 되고 그는 내 아들이 되리라. 만일 그의 죄상이 나타나면 나는 사내들의 회초리와 사람의 아들들의 손길로 그를 징계하리라. 그러나 내가 일찍이 어떤 사람들 앞에서 내 얼굴을 돌이켜 내 자비를 거두었듯이 그렇게 그에게서도 그처럼 내 자비를 거두지는 않으리라. 또 그의 집안, 그의 왕권은 내 앞에서 길이 충실할 것이며 그의 왕위는 영원히 서 있으리라.'"[147]

8.2. 그러나 이 언약이 솔로몬에게서 그대로 성취되지는 않았다

이 거창한 언약이 솔로몬에게서 성취되었다고 생각하는 사람이 있다면 큰 잘못이다. 그런 사람은 "그가 나에게 집을 지어 바치리라"는 말에는 주의를 기울이면서 "그의 집안, 그의 왕권은 내 앞에서 길이 충실하리라"는 말에는 주의를 기울이지 않은 소치다. 솔로몬의 집안에는 거짓 신들을 섬기는 외국 여자들이 가득했다는 사실과 한때 총명했던 본인도 그 여자들에게 유혹당하여 똑같은 우상숭배에 떨어졌다는 사실을 염두에 두라.[148] 그리고 하느님의 이런 언약이 거짓말이었으리라는 생각도 행여 하지 말 것이며, 솔로몬과 그의 집안이 이렇게 되리라는 것을 하느님이 예지하지 못했으리라는 무엄한 생각도 하지 말아야 한다. 그 모든 것이 육신으로는 다윗의 후손에서 나온 우리 주 그리스도 안에서 이미 완벽하게 성취되고 있음을 우리가 목격하지 못하고, 의혹에 잠긴 채 육에 따라 사는 유다인들이 지금 하고 있듯이, 이 모든 일이 다른 어떤 인물에게서 성취되리라고 찾아다닌다면 그보다 황당하고 헛된 일은 없으리라. 유다인들도 지금까지 성서의 저 대목에서 다윗 왕에게 내린 약속의 그 아들이 솔로몬이 아닌 것은 이해한다. 다만 언약된 분이 저처럼 분명하게 드러나고 선포되었는데도 자기네는 그 인물 대신 다른 사람을 지금껏 기다리고 있노라고 주장한다. 믿겨지지 않는 맹목이다. 솔로몬에게도 장차 일어날 사건들의 표상이 몇 가지 있긴 했다. 그가 성전을 건축했다는 점에서나, 자기 이름대로(솔로몬은 라틴어로 파치피쿠스(평화로운 사람)를 의미한다)[149] 평화를 달성했다는 점에서나, 적어도 왕위 초기에는 놀라울 만큼 칭송받을 인물이었다는 점에서 그렇다. 하지만 그

dem sua persona per umbram futuri praenuntiabat etiam ipse Christum Dominum, non exhibebat. Vnde quaedam de illo ita scripta sunt, quasi de ipso ista praedicta sint, dum scriptura sancta etiam rebus gestis prophetans quodam modo in eo figuram deliniat futurorum. Nam praeter libros diuinae historiae, ubi regnasse narratur, Psalmus etiam septuagensimus primus titulo nominis eius inscriptus est; in quo tam multa dicuntur, quae omnino ei conuenire non possunt, Domino autem Christo apertissima perspicuitate conueniunt, ut euidenter appareat, quod in illo figura qualiscumque adumbrata sit, in isto autem ipsa ueritas praesentata. Notum est enim, quibus terminis regnum conclusum fuerat Salomonis; et tamen in eo Psalmo legitur, ut alia taceam: *Dominabitur a mari usque ad mare et a flumine usque ad terminos orbis terrae*, quod in Christo uidemus impleri. A flumine quippe dominandi sumpsit exordium, ubi baptizatus a Iohanne eodem monstrante coepit agnosci a discipulis, qui eum non solum magistrum, uerum etiam Dominum appellauerunt.

Nec ob aliud uiuente adhuc patre suo Dauid regnare coepit Salomon, quod nulli regum illorum contigit, nisi ut hinc quoque satis eluceat non esse ipsum, quem prophetia ista praesignat, quae ad eius patrem loquitur dicens: *Et erit, cum repleti fuerint dies tui, et dormies cum patribus tuis, et suscitabo semen tuum post te, qui erit de uentre tuo, et praeparabo regnum illius.* Quo modo ergo propter id quod sequitur: *Hic aedificabit mihi domum*, iste Salomon putabitur prophetatus, et non potius propter id quod praecedit: *Cum repleti fuerint dies tui et dormies cum patribus tuis,*

---

[150] de illo ita *scripta sunt*, quasi de ipso ista *praedicta sint ... etiam rebus gestis prophetans*: 교부가 역사적 사건으로부터 예형적 해석(sensus figurativus)을 끄집어내는 논거에 해당한다.

[151] 시편 71[72]편의 제목은 말 그대로 "솔로몬"이다.

[152] 시편 71[72],8.

[153] 교부의 「시편 상해」(*Enarrationes in Psalmos* 71)는 시편 71[72]편의 "강에서"를 예수가 세례받고 성령이 그분의 정체를 알려준 요르단 강으로 지목한다.

[154] 요한 1,35-51 참조. 요한의 제자들은 예수에게 "랍비", "메시아", "하느님의 아들", "이스라엘의 왕"으로 칭호를 격상시켜 간다.

[155] 다른 교부도 지적한 사실이다: Lactantius, *Divinae institutiones* 4.13.24.

[156] 3[1]열왕 1장을 보면 솔로몬은 다윗의 생전에 화급하게 즉위했다.

사람 역시 자기의 인물상으로 미래의 그림자가 되어 주님 그리스도를 예고하기는 하지만 사람들에게 그리스도의 인물상을 보여주지는 못했다. 여하튼 솔로몬이라는 인물에 대해서는 이러저런 얘기가 기록되었고 그 기록들은 어쩌면 그리스도에 관해 뭔가 예언하는 것처럼 보이기도 한다. 왜냐하면 성서는 역사적 사실에서도 예언을 끄집어내기 때문에 솔로몬에 대해서도 미래사에 관한 예표를 그려내고 있다.[150] 그가 어떻게 통치했는지 서술하는 거룩한 역사서 외에도 시편 71편에는 그의 이름으로 제목을 붙이고 있는데,[151] 그 한 사람에게 해당하는 내용은 아니며, 주님 그리스도에 대해 아주 노골적이고 아주 명료한 예언적 내용들이 무척 많이 들어 있다. 이런 점에서 솔로몬에게서는 어떤 인물이 예시되었고 그리스도에게서는 진리 그 자체가 현시되었던 것이다. 솔로몬의 왕권이 어느 경계에까지 미쳤는지는 잘 알려진 사실이지만, 다른 부분은 묵과하더라도 저 시편에 "그가 바다에서 바다까지, 강에서 땅 끝까지 다스리게 하소서"[152]라는 구절이 나오는데, 이것이 그리스도에게서 성취되고 있음을 우리가 목격하는 중이다. 그리스도는 강에서부터 통치를 개시하는데, 그 이유는 당신 스스로 요한에게 세례받은 것이 강에서였고, 같은 인물 요한이 가리켜 보임으로써 그리스도가 누구인지 제자들에게 알려지기 시작했기 때문이다.[153] 그리하여 제자들은 그분을 그저 선생님이라고 부르는 데서 그치지 않고 주님이라고까지 부르기에 이르렀다.[154]

8.3. 그리스도에게서 성취되었다

솔로몬은 자기 부왕 다윗이 아직 살아있을 때 통치를 시작했다. 이것은 어느 왕으로 보나 예사가 아니며, 이 사실은 그가 예언에 의해 지적된 인물이 아니라는 점을 적나라하게 보여준다.[155] 이것은 그의 부친에게 다음과 같이 예고한 말씀, 즉 "네가 살 만큼 다 살아 날수를 다하고서 조상들 옆에 누워 잠든 다음, 네 몸에서 난 자식 하나를 네 뒤에 내가 일으켜세울 터이니 내가 그의 왕위를 마련하리라"고 한 말씀에서 예고된 인물이 아니라는 증거이다.[156] 그렇다면 뒤이어 "그가 나에게 집을 지어 바치리라"고 하는 말에서 어떻게 저 솔로몬이 예언된 것이라고 여기겠는가? 조금 앞서 "네가 살 만큼 다 살아 날수를 다하고서

suscitabo semen tuum post te, alius pacificus intellegitur esse promissus, qui non ante, sicut iste, sed post mortem Dauid praenuntiatus est suscitandus? Quamlibet enim longo interposito tempore Iesus Christus ueniret, procul dubio post mortem regis Dauid, cui sic est promissus, eum uenire oportebat, qui aedificaret domum Deo, non de lignis et lapidibus, sed de hominibus, qualem illum aedificare gaudemus. Huic enim domui dicit apostolus, hoc est fidelibus Christi: *Templum enim Dei sanctum est, quod estis uos.*

9. Propter quod et in Psalmo octogensimo octauo, cuius est titulus: *Intellectus ipsi Aethan Israelitae*, commemorantur promissiones Dei factae regi Dauid, et istis, quae in libro Regnorum sunt posita, quaedam ibi similia dicuntur, sicut est: *Iuraui Dauid seruo meo: Vsque in aeternum praeparabo semen tuum*; et iterum: *Tunc locutus es in aspectu filiis tuis et dixisti: Posui adiutorium super potentem, exaltaui electum de populo meo. Inueni Dauid seruum meum, in oleo sancto meo unxi eum. Manus enim mea auxiliabitur ei et bracchium meum confortabit eum. Non proficiet inimicus in eo et filius iniquitatis non apponet nocere ei. Et concidam inimicos eius a facie eius, et eos, qui oderunt eum, fugabo. Et ueritas mea et misericordia mea cum illo, et in nomine meo exaltabitur cornum eius. Et ponam in mari manum eius et in fluminibus dexteram eius. Ipse inuocabit me: Pater meus es tu, Deus meus et susceptor salutis meae. Et ego*

---

[157] 교부는 "일으켜세운다"는 말마디를 "즉위시킨다"는 의미보다 "태어나게 한다"로 풀이함으로써 그리스도론으로 비약한다.

[158] 1고린 3,17.

[159] 히브리본에서 매기는 대로는 물론 89편이다.

[160] Intellectus ipsi Aethan Israelitae. 히브리본 시편 머리글에는 "마스킬. 에즈라 사람 에단"이라고 되어 있다.

[161] 여기서 열왕기란 불가타본에 의한 성서 명칭이므로, 히브리본으로 치면 물론 사무엘기와 열왕기 네 권 모두를 가리킨다.

[162] 시편 88[89],4-5. 아우구스티누스의 인용이므로 공동번역이나 새번역과 문체가 썩 다르다.

조상들 옆에 누워 잠든 다음, 네 몸에서 난 자식 하나를 네 뒤에 내가 일으켜 세우리라"고 하는 말로 미루어볼 때, 오히려 다른 인물이 "평화로운 이"로 오리라는 약속으로 알아들어야 하지 않을까? 그리고 그 인물은 솔로몬처럼 다윗의 죽음 이전에 일으켜세워진 것이 아니고 다윗의 사후에 일으켜세워질 것으로 예고되지 않았던가?[157] 아무리 중간시기가 길다지만 예수 그리스도는 분명히 다윗 왕의 사후에 왔고, 그가 와야 한다는 약속이 다윗에게 분명히 있었다. 그 인물이 하느님께 집을 지어드릴 것인데, 나무나 돌로 된 집이 아니라 사람으로 지어진 집을 드릴 것이며, 그분이 그런 성전을 짓는 일을 두고 우리 모두가 즐거워한다. 사도는 바로 이 전殿을 두고, 다시 말해 그리스도의 신자들을 가리켜 이렇게 말하고 있다: "여러분은 하느님의 성전이요 … 하느님의 성전은 거룩하며, 그것은 바로 여러분 자신입니다."[158]

9. 시편 88편에 나오는 그리스도에 대한 언약은 열왕기에서 예언자 나단의 입으로 약속한 바와 얼마나 흡사한가

그런 이유에서 시편 88편[159]에도 다윗 왕에게 내린 하느님의 약속이 언급되어 있다. 시편의 제목은 "이스라엘 사람 에단에게 깨달음"[160]인데, 열왕기에 수록되어 있는 내용과 유사한 말을 하고 있다.[161] 예컨대 "나의 종 다윗에게 맹세하였노라. 영원토록 네 자손을 굳건히 하노라."[162] 이어서 다음과 같이 나온다: "예전에 당신께서 면전에서 당신 아들들에게 말씀하시고 이르셨나이다: 내가 강자 위에 도움을 내려주고 나의 백성 중에서 뽑힌 자를 들어올렸노라. 내가 나의 종 다윗을 찾아내어 그에게 나의 거룩한 기름을 부었노라. 나의 손이 그를 붙잡아주고 나의 팔도 그를 굳세게 하리라. 어떤 원수도 그를 두고 득을 보지 못하고 어떤 악한도 그를 해치지 못하리라. 내가 그의 면전에서 그의 적들을 짓부수고 그를 미워하는 자들을 쫓아 보내리라. 또 나의 진리와 나의 자애가 그와 함께 있어 나의 이름으로 그의 뿔이 쳐들리리라. 내가 그의 손을 바다 위에, 그의 오른손을 강들 위에 놓으리라. 그는 나를 불러 '당신께서는 저의 아버지, 저의 하느님, 제 구원의 보호자이시나이다' 하리라. 나도 그를 맏아들

primogenitum ponam eum, excelsum apud reges terrae. In aeternum seruabo ei misericordiam meam et testamentum meum fidele ipsi. Et ponam in saeculum saeculi semen eius, et thronum eius sicut dies caeli. Quae omnia de Domino Iesu intelleguntur, quando recte intelleguntur, sub nomine Dauid propter formam serui, quam de semine Dauid idem Mediator adsumpsit ex uirgine. Continuo etiam dicitur de peccatis filiorum eius tale aliquid, quale in Regnorum libro positum est et quasi de Salomone procliuius accipitur. Ibi namque, hoc est in Regnorum libro: *Et si uenerit*, inquit, *iniquitas eius, redarguam illum in uirga uirorum et in tactibus filiorum hominum; misericordiam autem meam non amoueam ab eo*; tactibus significans plagas correptionis. Vnde illud est: *Ne tetigeritis Christos meos.* Quod quid est aliud, quam «ne laeseritis»? In Psalmo uero cum ageret tamquam de Dauid, ut quiddam eius modi etiam ibi diceret: *Si dereliquerint*, inquit, *filii eius legem meam et in iudiciis meis non ambulauerint; si iustificationes meas profanauerint et mandata mea non custodierint: uisitabo in uirga iniquitates eorum et in uerberibus peccata eorum; misericordiam autem meam non dispergam ab eo.* Non dixit «ab eis», cum loqueretur de filiis eius, non de ipso; sed dixit *ab eo*, quod bene intellectum tantundem ualet. Non enim Christi ipsius, quod est caput ecclesiae, possent inueniri ulla peccata, quae opus esset humanis correptionibus seruata misericordia diuinitus coherceri; sed in eius corpore ac membris, quod populus eius est. Ideo in libro Regnorum: *Iniquitas eius* dicitur; in Psalmo autem: *Filiorum eius*; ut intellegamus de ipso dici quodam modo, quod de eius corpore dicitur. Propter quod etiam ipse de caelo, cum corpus eius, quod sunt fideles eius, Saulus persequeretur: *Saule,*

---

[163] 시편 88[89],20-30.

[164] 시편 104[105],15. 두 구절에 "손길"(tactus ← tango)과 "건드리다"(tetigeritis ← tango)는 같은 단어가 구사되므로 이처럼 연관시켜도 무리가 되지 않는다.

[165] 시편 88[89],31-34.

로 세우리라, 세상 임금들 앞에서 으뜸으로 삼으리라. 내가 영원토록 그에게 내 자애를 보존하며 그에게 내 계약이 신실하리라. 내가 그의 후손들을 길이길이 보존하고 그의 왕좌를 하늘의 날수만큼 이어지게 하리라."[163] 이 모두를 올바르게만 이해한다면 주 예수에 관한 말씀임을 깨닫게 된다. 단지 다윗의 이름을 갖고 등장하는 것은 그가 취할 종의 모습 때문이었으니, 과연 바로 그 중개자가 다윗의 후손으로서 동정녀에게서 종의 모습을 취했던 것이다. 그러나 곧이어 다윗의 아들들의 죄상을 논하는데 열왕기 서책들에 나오는 그런 내용이며, 대강 솔로몬을 가리켜 하는 말처럼 보인다. 열왕기에도 사실 같은 얘기가 나오기 때문이다: "만일 그의 죄상이 나타나면 나는 사내들의 회초리와 사람의 아들들의 손길로 그를 징계하리라. 그러나 내가 일찍이 어떤 사람들 앞에서 내 얼굴을 돌이켜 내 자비를 거두었듯이 그렇게 그에게서도 그처럼 내 자비를 거두지는 않으리라." 여기서 말하는 손길이란 징계의 채찍질을 의미한다. 여기서 "나의 기름부음받은 이들을 건드리지 말라"[164]는 말이 나왔다. 이 말은 사람을 상하게 하지 말라는 뜻이 아니면 무엇이겠는가? 그런데 이 시편에는 다윗에 관해 하는 말투로 다음과 같은 말이 나온다: "그의 자손들이 내 율법을 저버리거나, 내 법규를 따라 걷지 않는다면, 내 규범들을 더럽히고 내 계명들을 지키지 않는다면, 내가 찾아와 매로 그들의 악행을, 그들의 죄상을 채찍으로 벌하리라. 그러나 그에 대한 내 자애를 그에게서 깨지 않으리라."[165] 다윗에 대해 이야기하는 게 아니라 그의 자손들에 대해 이야기하면서도 "그들에게서"라고 말씀하지 않았다. 오로지 "그에게서"라고 단수로 말씀했다. 그러나 잘 살펴보면 같은 의미임을 알게 된다. 무릇 교회의 머리인 그리스도에게는, 하느님의 자비를 베풀어 인간적 징벌을 초래할 만한 죄악을 아무것도 발견할 수 없을 것이다. 징벌이 필요하다면 그분의 백성이기도 한 그분의 몸과 지체에 대해서이다. 그래서 열왕기에는 "그의 죄상"이라고 했고 시편에서는 "그의 자손들의 죄상"이라고 함으로써 그의 몸에 해당하는 바를 어떤 면에서 그 자신에게 해당하는 얘기처럼 알아듣게 된다. 이리하여 사도가 되기 전에 사울이 박해한 것은 그분이 아니고 그분의 몸, 즉 그분의 신도들인데도 하늘에서 그분이 하는 말씀은 "사

inquit, *Saule, quid me persequeris?* Deinde in consequentibus Psalmi: *Neque nocebo,* inquit, *in ueritate mea, neque profanabo testamentum meum, et quae procedunt de labiis meis non reprobabo. Semel iuraui in sancto meo, si Dauid mentiar*; id est, nequaquam Dauid mentiar. Solet enim sic loqui scriptura. Quid autem non mentiatur, adiungit et dicit: *Semen eius in aeternum manet; et sedes eius sicut sol in conspectu meo, et sicut luna perfecta in aeternum, et testis in caelo fidelis.*

10. Post haec tantae promissionis ualidissima firmamenta, ne putarentur in Salomone completa, tamquam id speraretur nec inueniretur: *Tu uero,* inquit, *reppulisti et ad nihilum deduxisti, Domine.* Hoc quippe factum est de regno Salomonis in posteris eius usque ad euersionem ipsius terrenae Hierusalem, quae regni eiusdem sedes fuit, et maxime ipsius templi labem, quod fuerat a Salomone constructum. Sed ne ob hoc putaretur Deus contra sua promissa fecisse, continuo subiecit: *Distulisti christum tuum.* Non ergo est ille Salomon, sed nec ipse Dauid, si dilatus est christus Domini. Cum enim christi eius dicerentur omnes reges mystico illo chrismate consecrati, non solum a rege Dauid et deinceps, sed ab illo etiam Saule, qui populo eidem rex primus est unctus (ipse quippe Dauid eum christum Domini appellat): erat tamen unus uerus christus, cuius illi figuram prophetica unctione gestabant; qui secundum opinionem hominum, qui eum

---

[166] 사도 9,4. 교부가 교회의 신비체 사상을 강조할 때 빈번히 인용하는 구절이기도 하다.

[167] 시편 88[89],34-36.

[168] "내가 다윗에게 거짓말을 할까 보냐?"라는 말투는 히브리어 어법이다.

[169] 시편 88[89],37-38.

[170] 시편 88[89],39.

[171] 바빌론의 느부갓네살은 BC 598~586년 사이의 정벌에서 성전을 파괴하고 잔류민을 바빌론으로 끌고 갔다. 페르시아 고레스의 허가로 성전이 재건되지만(BC 519년) 기원후 유다인들의 봉기(AD 70년)로 인한 성전 파괴는 교부의 눈에도 결정적이었다.

[172] 시편 88,39. [새번역 89,39: "당신의 기름부음받은 이에게 진노하셨나이다."] 교부는 동사 differo("뒤로 미루다, 연기하다")에서 언약이 그리스도에게까지 연기되었다는 해석을 끌어낸다.

[173] 1열왕[1사무] 24,7 참조.

울아, 사울아, 왜 나를 박해하느냐?"[166]라는 말씀이었다. 이어서 시편에 따라 나오는 구절이 있다: "나는 내 진리를 손상하지 않으리라. 내 계약을 더럽히지 아니하고 내 입술에서 나간 바를 바꾸지 않으리라. 내가 다윗에게 거짓말하는지 내 거룩함을 걸고 이 하나를 맹세했노라."[167] 다시 말해 나는 결코 다윗에게 거짓말을 하지 않으리라는 것이다. 성서가 늘 말하는 방식이 이렇다.[168] 거짓말 하지 않겠다는 내용이 무엇인지는 곧이어 이렇게 첨가된다: "그의 자손들은 영원히 존속하고 그의 왕좌는 태양같이 내 앞에 있으리라. 하늘에서 신실한 증인으로 온달처럼 영원히 있으리라."[169]

10. 지상 예루살렘의 왕국에서 일어난 사건들은 하느님이 언약한 바와 얼마나 다른가. 그러므로 언약의 실상은 다른 임금과 왕국의 영광에 해당한다

이처럼 거창한 언약이 더없이 확고하게 다짐되었는데, 그것이 솔로몬에게서 성취된 것처럼 여기는 일이 없게 하려고, 또 비록 그런 기대를 품더라도 거기서 이루어지지 않으리라는 사실을 알게 하려고 시편은 "그러나 당신께선 저버리시고, 주님 당신은 무로 되돌리셨나이다"라고 한다.[170] 여기서 말씀한 사건은 솔로몬의 왕국에서 그의 후손들에게 일어났고, 그 왕국의 왕좌가 있던 지상 예루살렘 자체의 함락에까지 이르며, 심지어 솔로몬의 손으로 지어진 성전 자체의 파괴에까지 이른다.[171] 그렇다고 이것을 보고 하느님이 당신의 언약을 깨뜨렸다는 생각을 품지 않도록 하기 위해 곧이어 "당신의 기름부음받은 이를 미루셨나이다"라고 덧붙인다.[172] 주님의 기름부음받은 이가 미루어졌다면 그 인물은 솔로몬도 아니고 다윗 본인도 아니다. 저 신비로운 성유로 기름부음받아 축성된 임금들 모두가 그분의 "기름부음받은 이"라고 불렸다면, 이것은 다윗 왕으로부터 비롯된 것이 아니고 국왕 사울로부터 시작한다. 사울은 이스라엘 백성에게 최초로 기름부어 세워진 임금이며 다윗도 사울을 "주님의 기름부음받은 이"라고 불렀던 것이다.[173] 하지만 정말로 기름부음받은 그리스도는 한 분뿐이니, 다른 임금들은 예언적 의미를 담은 도유塗油에 의해 그분의 예형豫型으로서 행동했을 뿐이다. 다윗이라는 인물에게서 그분을 알아보거나 솔로몬이라는 인

putabant in Dauid uel in Salomone intellegendum, differebatur in longum; secundum dispositionem autem Dei uenturus suo tempore parabatur. Interea dum ille differtur, quid factum sit de regno terrenae Hierusalem, ubi sperabatur utique regnaturus, secutus iste Psalmus adiunxit atque ait: *Euertisti testamentum serui tui, profanasti in terra sanctitatem eius; destruxisti omnes macerias eius, posuisti munitiones eius in formidinem; diripuerunt eum omnes transeuntes uiam, factus est opprobrium uicinis suis; exaltasti dexteram inimicorum eius, iucundasti omnes inimicos eius; auertisti adiutorium gladii eius et non es opitulatus ei in bello; dissoluisti eum ab emundatione, sedem eius in terram conlisisti; minuisti dies sedis eius, perfudisti eum confusione.* Haec omnia uenerunt super ancillam Hierusalem, in qua regnauerunt nonnulli etiam filii liberae, regnum illud tenentes in dispensatione temporaria, regnum autem caelestis Hierusalem, cuius erant filii, in uera fide habentes et in uero Christo sperantes. Quo modo autem ista uenerint super illud regnum, index est rerum gestarum, si legatur, historia.

11. Post haec autem prophetata ad precandum Deum propheta conuertitur; sed et ipsa precatio prophetatio est. *Vsque quo, Domine, auertis in finem?* subauditur «faciem tuam», sicut alibi dicitur: *Quo usque auertis faciem tuam a me?* Nam ideo quidam codices hic non habent *auertis*, sed «auerteris»; quamquam possit intellegi: «Auertis misericordiam tuam,

---

[174] 시편 88[89],40-46. 줄거리는 역사적 시편이지만 교부는 굳이 메시아 시편으로 해설하고 있다.

[175] 시편 88,47. 〔새번역 89,47: "주님, 언제까지나 영영 숨어계시렵니까?"〕

[176] 시편 12,2. 〔새번역 13,2: "언제까지 당신 얼굴을 제게서 감추시렵니까?"〕

[177] 라틴어 avertis는 직설법 현재이고 averteris는 수동태 미래다.

물에게서 그분을 알아보아야 한다고 생각하던 사람들의 견해에 비추어 본다면, 그분의 등장은 아주 먼 훗날로 미루어진 셈이다. 하지만 하느님의 경륜에 의해 그분은 제때 오실 분으로 준비되고 있었다. 그분의 등장이 미루어지는 동안, 지상 예루살렘의 왕국(이 지상 예루살렘에서도 그분이 통치하시리라는 기대가 있었다)에 무슨 일이 일어났는지는 저 시편이 뒤이어 이런 구절을 덧붙인다: "당신 종의 계약을 파기하시고 그의 거룩한 것을 땅바닥에 더럽히셨나이다. 그의 성벽들을 모두 헐어버리시고 그의 성채들을 폐허로 만드셨나이다. 길을 지나는 사람마다 그를 약탈하고 그는 이웃들에게 모욕거리가 되었나이다. 당신께서 그의 적들의 오른팔을 높이시고 그의 원수들을 모두 기쁘게 하셨나이다. 진정, 당신께서 그의 칼날에 도움을 돌이키시고 전투중에 그를 일으켜세우지 않으셨나이다. 그에게 정화할 틈을 주지 않으시고 그의 어좌를 땅바닥에 내던지셨나이다. 그의 어좌의 날들을 짧게 하시고 그를 수치로 뒤덮으셨나이다."[174] 이 모든 사건들이 여종인 예루살렘에 실제로 닥쳤다. 자유로운 여인의 아들들도 상당수 그곳에서 군림했지만, 그들은 현세적 통치 가운데서도 참다운 신앙을 품고 천상 예루살렘(그들은 사실 이 천상 예루살렘의 아들들이었다)의 왕권을 장악하고 있었으며 참다운 그리스도께 희망을 걸고 있었다. 천상 예루살렘의 왕국에 저런 사건들이 어떻게 닥쳤는지 알려면 일련의 역사적 사건들, 곧 역사를 읽어볼 것이다.

11. 하느님 백성의 실체는 그리스도가 육신을 취하는 데 있으며, 오직 그리스도만이 지옥에서 자기 영혼을 빼낼 권능이 있었다

이런 예언들을 다 발설한 다음 예언자는 돌이켜 하느님께 기도를 드린다. 그런데 그 기도마저 일종의 예언이다: "얼마나 오랫동안, 주님, 끝까지 돌이키시나이까?"[175] 여기는 "당신의 얼굴을"이라는 단어가 숨어 있다. 다른 대목에는 "언제까지나 당신 얼굴을 제게서 돌이키시나이까?"[176]라고 나오는 까닭이다. 어떤 사본들은 여기서 "돌이키시나이까?"라고 되어 있지 않고 "돌아앉아 계시렵니까?"라고 나온다.[177] 그러니까 "다윗에게 약속하신 당신의 자애를 거

quam promisisti Dauid». Quod autem dixit: *In finem*, quid est nisi usque in finem? Qui finis intellegendus est ultimum tempus, quando in Christum Iesum etiam gens illa est creditura, ante quem finem illa fieri oportebant, quae superius aerumnosa defleuit. Propter quae et hic sequitur: *Exardescet sicut ignis ira tua: memento quae est mea substantia.* Nihil hic melius quam ipse Iesus intellegitur substantia populi eius, ex quo natura est carnis eius. *Non enim uane*, inquit, *constituisti omnes filios hominum.* Nisi enim esset unus filius hominis substantia Israel, per quem filium hominis liberarentur multi filii hominum, uane utique constituti essent omnes filii hominum. Nunc uero omnis quidem humana natura per peccatum primi hominis in uanitatem de ueritate conlapsa est, propter quod dicit alius Psalmus: *Homo uanitati similis factus est, dies eius uelut umbra praetereunt*; sed non uane Deus constituit omnes filios hominum, quia et multos a uanitate liberat per mediatorem Iesum, et quos liberandos non esse praesciuit, ad utilitatem liberandorum et comparationem duarum inter se a contrario ciuitatum non utique uane in totius rationalis creaturae pulcherrima atque iustissima ordinatione constituit. Deinde sequitur: *Quis est homo, qui uiuet et non uidebit mortem, eruet animam suam de manu inferni?* Quis est iste, nisi substantia illa Israel ex semine Dauid, Christus Iesus? De quo dicit apostolus, quod *surgens a mortuis iam non moritur, et mors ei ultra non dominabitur.* Sic enim uiuet et non uidebit mortem, ut tamen mortuus fuerit, sed animam suam eruerit de manu inferni, quo propter quorundam soluenda inferna uincla descenderat; eruerit autem

---

[178] 20.29 참조. 마지막에 이스라엘도 회심하여 구원받으리라는 희망은 바울로에게 확연했다(로마 11장 참조).

[179] 시편 88[89],47-48.

[180] 시편 88,48. 〔새번역 89,48: "기억하소서, 제 인생이 얼마나 덧없는지를, 당신께서 모든 사람을 얼마나 헛되이 창조하셨는지를."〕

[181] unus filius hominis substantia Israel: 국왕이나 구세주가 한 국가나 인류를 하느님 앞에 대표한다는 "공동인격"(persona communitatis) 개념은 그리스도교 구원론의 근간이다. 각주 130 참조.

[182] 시편 143,4. 〔새번역 144,4: "사람이란 한낱 숨결과도 같은 것, 그의 날들은 지나가는 그림자와 같나이다."〕

[183] et quos liberandos non esse praescivit: "해방되지 않아야 할 것으로 예지하신 사람들"이라고 직역되며 교부가 주장했다는 예정설(豫定說)의 전거로 인용된다.

[184] 예정설에 입각하여 구원받지 못할 사람들의 존재의의가 선인들에 대한 시련이요 하느님 정의의 발로라는 아우구스티누스의 고유한 해설이다.

[185] 시편 88,49. 〔새번역 89,49: "누가 영원히 살아 죽음을 아니 보리이까? ….."〕

[186] 로마 6,9.

두십니까?"라는 뜻으로 알아들을 수 있다. "끝까지"라고 한 말은 "끝끝내"라는 말이 아니고 무엇이겠는가? 그 끝이란 마지막 시대, 저 이스라엘 민족마저 그리스도를 믿게 될 시대를 가리키며, 그 마지막이 오기 전에는 위에서 통탄하는 그 모든 환난이 일어나게 되어 있었다.[178] 그 일 때문에 여기에는 다음 구절이 따라 나온다: "당신의 진노가 불같이 타오르나이다. 기억하소서, 나의 실체가 어떠한지를!"[179] 여기서 자기 백성의 실체란 예수 자신을 의미하는 것으로 이해하는 편이 훨씬 낫다. 그의 육신의 본성은 다름아닌 이 백성에게서 나왔기 때문이다. 그리고 "당신은 사람의 모든 아들들을 헛되이 지어내지 않으셨나이다"[180]라고 한다. 사람의 아들 하나가 이스라엘의 실체가 아니었던들,[181] 사람의 아들을 통해 사람들의 많은 아들들이 해방을 얻지 못했던들, 사람의 모든 아들들이 창조된 것은 헛된 일이었으리라. 사실 지금은 인간 본성 전체가 첫 인간의 범죄로 인해 진리로부터 허영 속으로 타락했고, 그래서 다른 시편은 "인간이란 허영과도 같이 만들어졌으며, 그의 날들은 그림자같이 지나가나이다"[182]라고 했다. 하지만 하느님은 사람의 모든 아들들을 헛되이 지은 것이 아니니, 중개자 예수를 통해 많은 사람들을 허영에서 해방하고 있기 때문이다. 다만 하느님이 해방될 인간으로 예지하지 않았던 자들[183]은 해방되어야 할 인간들의 이익을 위하여, 또 서로 상반된 두 도성의 비교를 위해 만들어진 것이니, 그들을 만든 것도 헛된 일은 아니었고, 이성적 피조계의 더없이 아름답고 더없이 정의로운 안배 속에서 이루어진 일이다.[184] 그다음 이런 구절이 나온다: "어떤 사람이 살아서 죽음을 아니 보리이까? 누가 저승의 손아귀에서 자기 영혼을 빼내리이까?"[185] 그러니 그리스도 예수야말로 다윗의 후손에서 나온 이스라엘의 실체가 아니고 무엇이겠는가? 이분을 가리켜 사도는 "죽은 이 가운데서 부활하신 그리스도께서 다시는 죽지 않으시며 죽음이 더는 그분을 지배하지 못합니다"[186]라고 했다. 그러니 이분은 시편의 구절과는 달리 살아서는 죽음을 보지 않을 것이며, 비록 죽었다 하더라도 저승의 손아귀에서 자기 영혼을 빼내는 분이다. 그분이 저승에 내려간 것은 거기에 묶여 있는 사람들에게 저승의 사슬을 풀어주기 위해서였다. 그분은 복음서에 나오는 대로

potestate illa, de qua in euangelio dicit: *Potestatem habeo ponendi animam meam et potestatem habeo iterum sumendi eam.*

12. Sed cetera Psalmi huius, quae ita se habent: *Vbi sunt miserationes tuae antiquae, Domine, quas iurasti Dauid in ueritate tua? Memento, Domine, opprobrii seruorum tuorum, quod continui in sinu meo multarum gentium; quod exprobrauerunt inimici tui, Domine; quod exprobrauerunt, commutationem Christi tui,* utrum ex persona dicta sint illorum Israelitarum, qui desiderabant reddi sibi promissionem, quae facta est ad Dauid, an potius Christianorum, qui non secundum carnem, sed secundum spiritum sunt Israelitae, merito quaeri potest. Dicta sunt quippe ista uel scripta tempore, quo fuit Aethan, de cuius nomine titulum iste Psalmus accepit; et idem tempus regni Dauid fuit; ac per hoc non diceretur: *Vbi sunt miserationes tuae antiquae, Domine, quas iurasti Dauid in ueritate tua?* nisi eorum personam in se prophetia transfiguraret, qui longe postea futuri erant, quibus hoc tempus esset antiquum, quando regi Dauid ista promissa sunt. Potest autem intellegi multas gentes, quando Christianos persequebantur, exprobrasse illis passionem Christi, quam scriptura commutationem uocat, quoniam moriendo inmortalis est factus. Potest et commutatio Christi secundum hoc accipi exprobrata Israelitis, quia, cum eorum speraretur futurus, factus est gentium, et hoc eis nunc exprobrant multae gentes, quae crediderunt in eum per testamentum nouum, illis in uetustate

---

[187] 요한 10,18. 본서 10.24 참조.

[188] 시편 88,50-52. 〔새번역 89,52: "… 당신 기름부음받은 이의 발자국을 업신여기나이다."〕

[189] 시편 88[89]편에만 제목으로 나오는 "에즈라 사람 에단"(Ethan Ezraehita)은 이스라엘의 현자로 전해온다. 솔로몬은 "에즈라 사람 에단 …보다도 지혜가 더하여 그의 명성은 모든 나라에 떨쳤다"(3[1]열왕 5,11).

[190] 아우구스티누스에게는 시편이 다윗보다 훨씬 후대에 편집되었으리라는 문헌비평사적 사고가 없었다.

[191] in se prophetia transfiguraret: 예언되는 후대의 사건을 자신에게 옮겨 전의적(轉義的)으로 해석하면 현재가 먼 과거가 되고 미래가 현재로 의식된다.

[192] passionem Christi quam commutationem vocat: 루가 9,28-31 ("예루살렘에서 이루실 일, 곧 세상을 떠나가실 일을 이야기하고 있었다")과 연관시켜 "수난"과 "변모"를 결부시킨다.

[193] cum *eorum* speraretur *futurus, factus* est *gentium*: 동사와 속격보어 및 미래분사와 과거분사의 대칭으로 유다인들의 불신앙과 이방인들의 신앙을 대조했다.

"나는 내 목숨을 내놓을 권한도 있고 다시 얻을 권한도 있습니다"[187]라고 말씀하는 그 권한으로 자기 영혼을 빼냈을 것이다.

12. 언약된 바를 독촉하는 권리가 누구에게 있으며, 시편에서 "주님, 지난날의 당신 자비가 어디에 있사옵니까?"라고 한 말을 어떻게 이해할 것인가

시편의 나머지, 곧 다음 부분은 어떠한가? "예전의 당신 자애가 어디 있나이까, 주님, 다윗에게 당신 진실을 걸고 맹세한 그 자애가? 기억하소서, 주님, 당신 종들의 모욕을, 제가 수많은 백성들 모두를 제 품에서 감당해야 함을. 기억하소서, 주님, 당신 원수들이 비난하는 바를, 당신의 기름부음받은 이의 변한 모습을 비난하는 바를!"[188] 이 호소는 다윗에게 내린 약속이 자신들에게 이루어지기를 원했던 저 이스라엘 사람들의 입장에서 나온 말일까? 그렇지 않으면 혈육으로는 이스라엘 사람들이 아니지만 영적으로는 이스라엘 사람들이라고 할 그리스도 신자들의 입장에서 나온 말일까? 이 대목은 에단이라는 사람이 살았던 시대에 발설되거나 기록된 것인데, 이 시편이 그의 이름으로 제목을 달고 있다.[189] 그때는 다윗이 왕위에 있던 같은 시대였다.[190] 따라서 "예전의 당신 자애가 어디 있나이까, 주님, 다윗에게 당신 진실을 걸고 맹세한 그 자애가?"라고 한 말은 이 예언이 먼 훗날에 등장할 사람들의 입장을 자기 안에 전의시키고서,[191] 바로 그 사람들의 입장에서 발설하는 말이 아니면 안 된다. 그러면 자기가 살던 이 시대, 다윗 왕에게 저런 약속이 내렸던 시대가 "예전"이라는 오랜 옛날이 된다. 또 달리 이해하자면 "수많은 백성들"에 대해서는, 그 백성들이 그리스도 신자들을 박해할 때에 그리스도의 수난에 대해 그리스도 신자들을 비난했다는 뜻으로 이해할 만하다. 그 수난을 성서는 그분의 변모라고 일컫는데,[192] 그리스도가 죽음으로써 불사불멸하는 분이 되었기 때문이다. 또 이 해석에 따르자면, 그리스도의 변모는 이스라엘 사람들에게 가해지는 비난으로 받아들여질 수도 있다. 이스라엘 사람들은 그분을 장차 올 구세주로 기대하고 있는 데 반해, 수많은 백성들에게는 그분이 이미 구세주가 되어 있었기 때문이다.[193] 신약을 통해 그리스도를 믿게 된 수많은 백성들은 이제 이스라엘 사람들에게

remanentibus, ut ideo dicatur: *Memento, Domine, opprobrii seruorum tuorum,* quia non eos obliuiscente, sed potius miserante Domino et ipsi post hoc opprobrium credituri sunt. Sed ille, quem prius posui, conuenientior mihi sensus uidetur. Inimicis enim Christi, quibus exprobratur, quod eos ad gentes transiens reliquerit Christus, incongrue uox ista coaptatur: *Memento, Domine, opprobrii seruorum tuorum*; non enim serui Dei nuncupandi sunt tales Iudaei; sed eis uerba ista conpetunt, qui, cum graues humilitates persecutionum pro Christi nomine paterentur, recordari potuerunt excelsum regnum semini Dauid fuisse promissum, et eius desiderio dicere, non desperando, sed petendo quaerendo pulsando: *Vbi sunt miserationes tuae antiquae, Domine, quas iurasti Dauid in ueritate tua? Memento, Domine, opprobrii seruorum tuorum, quod continui in sinu meo multarum gentium* (hoc est, in interioribus meis patienter pertuli); *quod exprobrauerunt inimici tui, Domine; quod exprobrauerunt, commutationem Christi tui*; non eam putantes commutationem esse, sed consumptionem. Quid est autem: *Memento, Domine,* nisi ut miserearis et pro tolerata patienter humilitate mea reddas celsitudinem, quam iurasti Dauid in ueritate tua? Si autem Iudaeis adsignemus haec uerba, illi serui Dei talia dicere potuerunt, qui expugnata terrena Hierusalem, antequam Iesus Christus humanitus nasceretur, in captiuitatem ducti sunt, intellegentes commutationem Christi, quia scilicet non per eum terrena carnalis-

---

[194] 로마 11,25-26 참조: "이스라엘의 일부가 완고한 것은 다만 이방인들이 모두 다 들어올 때까지 그럴 것이요 그다음에 온 이스라엘이 구원받게 되리라는 것입니다."

[195] 저 탄식이 유다인들의 입에서 나왔느냐, 이방인들의 입에서 나온 것으로 보느냐에 따라서 주석이 크게 달라진다는 교부의 설명이다.

[196] *non* eam putantes *commutationem* esse, *sed consumptionem*: 지혜 3,1-8 참조: "미련한 자들의 눈에는 그들이 죽은 것처럼 보이고 그들이 이 세상을 떠나는 것이 재앙으로 생각될 것이다."

비난을 가하는데 이스라엘 사람들이 여전히 예전 계약에 머물러 있었기 때문이다. 이리하여 "기억하소서, 주님, 당신 종들의 모욕을!"이라는 말이 나온다. 주님이 그들을 잊지 않고 그들을 불쌍히 여기는 한 이스라엘 사람들도 이같은 모욕을 당한 뒤에는 그리스도를 믿게 될 것이기 때문이다.[194] 이런 두 가지 해석 중에 내가 먼저 제시한 의미가 나한테는 더 합당한 것으로 여겨진다.[195] 왜냐하면 "기억하소서, 주님, 당신 종들의 모욕을"이라는 말이 그리스도의 원수들의 입에서 나온 것으로 추정하는 것은 매우 부적절하기 때문이다. 다시 말해 그리스도를 배척함으로써 그리스도가 그들을 저버리고 이방인들에게로 옮겨가게 되었다고 비난받는 사람들의 입에서 나온 것이 아니다. 저런 유다인들이라면 하느님의 종들이라고 부를 만한 사람들이 못 된다. 오히려 이 말은 그리스도의 이름 때문에 엄청난 박해의 굴욕을 당한 사람들에게 더 적절하고 어울린다. 그들은 박해중에 일찍이 다윗의 후손에게 지고한 왕권이 언약되었다는 사실을 기억해낼 수 있었을 것이다. 또 절망해서가 아니고 그 왕국에 대한 희망을 품고서 구하고 찾고 두드리면서 "예전의 당신 자애가 어디 있나이까, 주님, 다윗에게 당신 진실을 걸고 맹세한 그 자애가? 기억하소서, 주님, 당신 종들의 모욕을, 제가 수많은 백성들 모두를 제 품에 감당해야 함을"이라고 말씀드릴 수 있었을 것이다. 이 말은 "주님, 당신 원수들이 비난하는 바를, 당신의 기름부음 받은 이의 변한 모습을 욕하는 소리를 나의 내심으로 인내로이 참고 모조리 견뎌냈습니다"라는 뜻이다. 원수들은 그것을 그리스도의 "변모"로 보지 않고 "파멸"로 본 것이다.[196] "기억하소서, 주님"이라는 말은 "주님, 불쌍히 여기소서. 내가 인내로이 감당한 나의 비하卑下 대신에 고귀한 신분을 주소서. 당신이 다윗에게 당신 진실을 걸고 맹세하신 그 고귀한 신분을 주소서!"라는 말이 아니고 무엇이겠는가? 우리가 만약 둘째 해석을 채택하여 이 말이 유다인들의 입에서 나온 것으로 해석한다면, 이때 하느님의 저 종들이란 사람들은 예수 그리스도의 인간적 출생 이전에 지상 예루살렘이 함락당하고 자신들이 포로로 잡혀갔으므로, 그들도 그리스도의 변모라는 것이 무엇인지 알아들을 만했을지도 모른다. 그리고 믿음으로 그분에게서 지상적이고 육체적인 행복을 기대해서는 안

que felicitas, qualis paucis annis regis Salomonis apparuit, sed caelestis ac spiritalis esset fideliter expectanda; quam tunc ignorans infidelitas gentium, cum Dei populum exultabat atque insultabat esse captiuum, quid aliud quam Christi commutationem, sed scientibus nesciens, exprobrabat? Et ideo quod sequitur, ubi Psalmus iste concluditur: *Benedictio Domini in aeternum: fiat, fiat,* uniuerso populo Dei ad caelestem Hierusalem pertinenti siue in illis, qui latebant in testamento uetere, antequam reuelaretur nouum, siue in his, qui iam testamento nouo reuelato manifeste pertinere cernuntur ad Christum, satis congruit. Benedictio quippe Domini in semine Dauid non ad aliquod tempus, qualis diebus Salomonis apparuit, sed in aeternum speranda, est, in qua certissima spe dicitur: *Fiat, fiat.* Illius enim spei est confirmatio uerbi huius iteratio. Hoc ergo intellegens Dauid ait in secundo Regnorum libro, unde ad istum Psalmum digressi sumus: *Et locutus es pro domo serui tui in longinquum.* Ideo autem post paululum ait: *Nunc incipe et benedic domum serui tui usque in aeternum* et cetera, quia tunc geniturus erat filium, ex quo progenies eius duceretur ad Christum, per quem futura erat domus eius aeterna eademque domus Dei. Domus enim Dauid propter genus Dauid; domus autem Dei eadem ipsa propter templum Dei de hominibus factum, non de lapidibus, ubi habitet in aeternum populus cum Deo et in Deo suo, et Deus cum populo atque in populo suo; ita ut Deus sit implens populum suum, et populus plenus Deo

---

[197] 시편 88,53. 〔새번역 89,53: "주님께서는 영원히 찬미받으실지어다, 아멘, 아멘!"〕

[198] 시편 88[89],53. 원문은 fiat, fiat(이루어지이다, 이루어지이다!)으로 번역되어 있다. 이 구절은 원래 「시편집」 제3권(72[73] - 88[89])의 결문(結文)이다.

[199] 2열왕[2사무] 7,19-20.

[200] 2열왕[2사무] 7,29.

된다는 것도 알았을 것이며(그런 것은 솔로몬 왕국의 불과 몇 해 동안만 나타났기 때문이다), 오히려 믿음을 갖고 그분에게서 기대해야 할 것은 천상적이고 영적인 행복임을 알았을지도 모른다. 그런데 이방인들의 불신앙은 이런 행복에 대해서는 도통 알지 못했을 것이고, 그래서 이스라엘을 하느님의 백성이라고 치켜세우다가 그들이 포로로 잡혀가는 것을 보고서는 실컷 조롱했을 것이니, 이런 행동은 결국 기름부음받은 이의 변모를 두고 비난한 것이 아니고 무엇이겠는가? 그럴 경우 이방인들은 변모의 진리에 관해 스스로 알지도 못하면서 그런 진리에 관해 알고 있는 이스라엘 사람들을 비난한 경우가 된다. 또 시편을 끝맺는 구절 "주님의 축복이 영원히, 아멘 아멘!"[197]은 천상 예루살렘에 속하는 하느님의 백성에게 해당하거나, 그렇지 않으면 신약이 계시되기 전 구약에 감추어져 있었던 사람들에게 해당하거나, 혹은 신약이 계시된 다음에 그리스도께 분명히 소속된 것으로 여겨지는 사람들에게 해당하는 것으로 보면 무난하다. 그러니까 다윗의 후손에게 내린 주님의 축복은 아무 때나 해당하는 것이 아니며, 또 솔로몬의 시대에 나타난 일로 볼 것도 아니며, 영원히 희망을 걸어야 할 무엇으로 보아야 하며 그같은 확고부동한 희망을 담아 "아멘, 아멘!"[198]이라고 한다. 이 단어가 반복된 것은 희망을 다짐하는 의미이다. 우리는 열왕기를 이야기하다가 이 시편을 두고 딴 길로 빠지고 말았다. 다윗도 바로 이 점을 깨달았기에 열왕기 2권에서 "훗날에 이 종의 집안에 있을 일까지 말씀해 주시고 알려 주시나이다"[199]라고 말씀드린 바 있다. 그리고 조금 뒤에는 "부디 종의 집안을 거두어 주시고 복을 내려 주시어 영원히 서게 해 주십시오"[200]라고 말씀드린다. 그즈음 다윗은 아들을 낳을 참이었고 그 인물로부터 그의 후손이 그리스도에게 도달할 것이며, 그리스도를 통해 그의 집안이 영원하고 하느님의 집과 같아질 예정이었다. 다윗의 집안이라고 하는 것은 그리스도가 다윗의 족속이기 때문이다. 하느님의 집이라고 하는 까닭은 돌로 지어지지 않고 사람들로 지어진 하느님의 성전이기 때문이다. 그 성전에서는 백성이 하느님을 모시고, 자기 하느님 안에서 영원히 거처할 것이며, 하느님은 백성과 더불어 당신의 백성 안에서 영원히 머무를 것이다. 그리하여 하느님이 당신의 백성을 충만케 하고 그

suo, cum Deus erit omnia in omnibus, ipse in pace praemium, qui uirtus in bello. Ideo cum in uerbis Nathan dictum sit: *Et nuntiabit tibi Dominus, quoniam domum aedificabis ipsi*, postea dictum est in uerbis Dauid: *Quoniam tu Dominus omnipotens Deus Israel, reuelasti aurem serui tui dicens: Domum aedificabo tibi.* Hanc enim domum et nos aedificamus bene uiuendo, et Deus ut bene uiuamus opitulando; quia *nisi Dominus aedificauerit domum, in uanum laborarunt aedificantes eam.* Cuius domus cum uenerit ultima dedicatio, tunc fiet illud, quod hic per Nathan locutus est Deus dicens: *Et ponam locum populo meo Israel, et plantabo illum, et inhabitabit seorsum, et non sollicitus erit ultra, et non apponet filius iniquitatis humiliare eum, sicut ab initio a diebus, quibus constitui iudices super populum meum Israel.*

13. Hoc tam magnum bonum quisquis in hoc saeculo et in hac terra sperat, insipienter sapit. An quispiam putabit in pace regni Salomonis id esse completum? Pacem quippe illam scriptura in umbra futuri excellenti praedicatione commendat. Sed huic suspicioni uigilanter occursum est, cum, postea quam dictum est: *Et non apponet filius iniquitatis humiliare eum*, continuo subiunctum est: *Sicut ab initio a diebus, quibus constitui iudices super populum meum Israel.* Iudices namque, priusquam reges ibi esse coepissent, super illum populum fuerant constituti, ex quo terram promissionis accepit. Et utique humiliabat eum filius iniquitatis, hoc est hostis alienigena, per interualla temporum, quibus leguntur paces alternasse cum bellis; et inueniuntur illic pacis tempora prolixiora quam Salomon habuit, qui quadraginta regnauit annos; nam sub eo iudice, qui est

---

²⁰¹ 1고린 15,28 참조.

²⁰² 2열왕[2사무] 7,11 (히브리본과 크게 차이나는 번역문이다). 〔공동번역: "나 야훼가 한 왕조를 일으켜 너희를 위대하게 만들어 주리라."〕

²⁰³ 2열왕[2사무] 7,27.

²⁰⁴ 시편 126[127],1.

²⁰⁵ 2열왕[2사무] 7,10-11. 본서 8.1 (2열왕[2사무] 7,8-16 전문 인용) 참조.

²⁰⁶ insipienter sapit: 로마인들로서는 "맛을 모른 채 맛보다"라는 실감나는 문장이다.

²⁰⁷ filius iniquitatis: 히브리적 어법 ("사람의 아들" 참조)이며 "악한 자식" 또는 "악의 아들"로 번역할 만하다.

²⁰⁸ 3[1]열왕 11,42 참조.

백성은 자기네 하느님으로 충만해져서 하느님이 모든 것 안에서 모든 것이 될 것이며[201] 하느님이 평화시에는 상급이 되어 주고 전시에는 힘이 되어 줄 것이다. 나단이 한 말이 바로 이것이다: "주님이 너에게 알려주리니 그때 네가 주님께 전을 지어드리리라."[202] 그다음 다윗의 입에서는 이런 말이 나온다: "전능하신 주님, 이스라엘의 하느님, 당신 종에게 밝히시어 '너에게 집을 세워주리라'고 말씀하시나이다."[203] 그러니까 이 집은 우리도 세우고 하느님도 세운다. 우리가 잘 삶으로써 집을 세우며, 하느님은 우리가 잘 살게 도움으로써 집을 세우는 것이다. 그래서 "주님께서 집을 지어주지 않으시면, 그 짓는 이들의 수고가 헛되리라"[204]고 했다. 그 집의 마지막 헌당이 이루어질 적에 나단의 입을 빌려 하느님이 말씀한 바가 드디어 성취될 것이다: "또 나는 내 백성 이스라엘이 머무를 곳을 정해 주어 그곳에 뿌리박고 살게 하며 전처럼 걱정하는 일 없게 하리라. 지난날 내가 판관들을 시켜 내 백성 이스라엘을 다스리게 하던 때처럼 악한이 그를 억압하게 놓아 두지 않으리라."[205]

13. 솔로몬 치하의 하느님의 평화 언약이 지난 세월에 그대로 적용될까

누가 만일 이 위대한 선익을 현세에서 얻으리라는, 이 땅에서 얻으리라는 희망을 품는다면 그는 어리석게도 성서를 잘못 알아들은 셈이다.[206] 솔로몬의 태평성대에 이것이 성취되었다고 생각할 사람이 누가 있겠는가? 성서가 그 당시의 평화를 돋보여 준다면 그것은 미래의 그림자임을 웅변적 어투로 예고하기 위함이다. 조금 뒤에 "악한이 그를 억압하게 놓아 두지 않으리라"는 말마디가 나오지만, 직전에 "지난날 내가 판관들을 시켜 내 백성 이스라엘을 다스리게 하던 때처럼"이라고 첨언하여 이런 생각마저 경계하게 만든다. 이스라엘 백성이 약속의 땅을 받고 나서 판관들이 그 백성 위에 세워졌고, 그들은 이스라엘에 임금들이 존재하기 전에 활동했다. 물론 악한,[207] 다시 말해 적대적 이민족이 일정한 시대적 간격을 두고서 이 백성을 억압했고, 그러다 보니 전쟁과 평화가 엇갈려 발생했음은 성서에서 읽어볼 수 있다. 그래도 그때의 평화 시기가 솔로몬이 40년간 왕위에 있던 동안의 평화 시기보다 더 길었다.[208] 에훗이라는

appellatus Aod, octoginta anni pacis fuerunt. Absit ergo ut Salomonis tempora in hac promissione praedicta esse credantur; multo minus itaque cuiuslibet regis alterius. Non enim quisquam eorum in tanta, quanta ille, pace regnauit; nec umquam omnino gens illa ita regnum tenuit, ut sollicita non fuerit ne hostibus subderetur; quia in tanta mutabilitate rerum humanarum nulli aliquando populo concessa est tanta securitas, ut huic uitae hostiles non formidaret incursus. Locus ergo iste, qui promittitur tam pacatae ac securae habitationis, aeternus est aeternisque debetur in matre Hierusalem libera, ubi erit ueraciter populus Israel; hoc enim nomen interpretatur «uidens Deum»; cuius praemii desiderio pia per fidem uita in hac aerumnosa peregrinatione ducenda est.

14. Procurrente igitur per tempora ciuitate Dei, primo in umbra futuri, in terrena scilicet Hierusalem, regnauit Dauid. Erat autem Dauid uir in canticis eruditus, qui harmoniam musicam non uulgari uoluptate, sed fideli uoluntate dilexerit eaque Deo suo, qui uerus est Deus, mystica rei magnae figuratione seruierit. Diuersorum enim sonorum rationabilis moderatusque concentus concordi uarietate compactam bene ordinatae ciuitatis insinuat unitatem. Denique omnis fere prophetia eius in Psalmis est, quos centum quinquaginta liber continet, quem Psalmorum uocamus. In quibus nonnulli uolunt eos solos factos esse a Dauid, qui eius nomine inscripti sunt. Sunt item qui putant non ab eo factos, nisi qui praenotantur: *Ipsius Dauid*; qui uero habent in titulis: *Ipsi Dauid*, ab aliis factos perso-

---

[209] 판관 3,30 참조.

[210] Cf. Hieronymus, *De nominibus hebraicis* 13.21: Israel est videre Deum, sive vir aut mens videns Deum.

[211] 아우구스티누스는 음악(scientia bene modulandi)이 감성(感性)의 차원에서 정조(情操)의 차원으로 인간을 승화시켜야 미학적 대상이 된다고 주장한다(*De musica* 1.2.2 - 6.12).

[212] *diuersorum sonorum rationabilis moderatusque concentus ... ordinatae civitatis insinuat unitatem*: 음정과 음성의 화음이 인간사회의 질서정연한 인간관계를 상징한다는 표현은 피타고라스와 플라톤(*Respublica* 400a-b; *Leges* 655d - 656a)에게서 연원한다.

[213] 교부 대다수(Origenes, Hilarius, Hieronymus)와 달리 아우구스티누스는 시편집의 모든 작품이 다 윗의 것이라는 추측을 견지한다.

이름이 붙은 판관의 통솔하에서는 무려 80년 동안 평화가 유지되었다.[209] 그러니 제발 약속의 대상이 솔로몬 시대를 예고한 것이라고는 믿지 말아야 한다. 더구나 다른 어떤 임금의 치세를 가리킨다고 믿는 일은 더욱 가당치 않다. 그 가운데 어떤 임금도 솔로몬만큼 오랫동안 평온중에 통치를 하지는 못했기 때문이다. 실제로 그 어떤 민족도 이스라엘 민족처럼 원수들에게 예속되지 않을까 전전긍긍하지 않고 자기네 왕권을 유지할 수는 없었던 것이다. 인간사를 특징 짓는 성쇠영고 속에서 현세생활을 하는 동안 적군들의 침략으로부터 안전하리라고 보장받은 백성은 단 하나도 없는 법이다. 그러므로 평화롭고 안전한 거처를 보장하는 저런 장소는 영원한 장소일 수밖에 없고, 그것은 자유로운 어머니인 예루살렘 안에서 영원히 살아가는 사람들에게나 해당하는 것이다. 이스라엘의 참 백성도 그곳에서만 볼 수 있을 것이다. 이스라엘이라는 이름은 "하느님을 뵙는 자"라고 풀이된다.[210] 저런 상급을 바란다면 질곡에 찬 이 나그넷길에서 신앙을 갖고 경건한 삶을 영위해야 할 것이다.

14. 시편의 비의秘義와 시편 편집에 있어 다윗이 행한 노력

시간의 흐름을 타고 하느님의 도성이 흘러가면서, 처음에는 미래사의 그림자에서, 다시 말해 지상 예루살렘에서 다윗이 통치를 했다. 다윗은 음악에 조예가 깊은 사람이었는데, 저속한 쾌락으로 삼아 음악적 조화를 사랑한 것이 아니라 신앙 깊은 의지로 사랑했으며,[211] 음악을 통해 위대한 사물을 보여주는 신비적 표상을 이용하여 자기의 하느님, 참 하느님을 섬겼다. 제각기 다른 음정들이 이루는 합리적이고 절제있는 화음은 조화로운 다양성을 간직한 채로 질서정연한 도성의 집약된 통일성을 상징한다.[212] 그뿐 아니라 다윗의 거의 모든 예언은 시편에 들어 있고 우리가 시편집이라고 일컫는 책자는 무려 150편을 담고 있다. 그가운데 다윗의 이름으로 수록되어 있는 시편들만 다윗이 만든 작품이라고 생각하는 사람들이 없지 않다.[213] 또 "다윗의 시"라는 머리글이 먼저 나오는 것이 아니면 다윗에 의해 만들어진 것이 아니라고 여기는 사람들마저 있다. 그들은 "다윗에게 바치는 시"라는 머리글이 붙어 있는 것은 다른 사람들에 의

nae ipsius fuisse coaptatos. Quae opinio uoce euangelica Saluatoris ipsius refutatur, ubi ait, quod ipse Dauid in spiritu Christum dixerit esse Dominum suum; quoniam Psalmus centensimus nonus sic incipit: *Dixit Dominus Domino meo: Sede a dextris meis, donec ponam inimicos tuos scabellum pedum tuorum.* Et certe idem Psalmus non habet in titulo: *Ipsius Dauid,* sed: *Ipsi Dauid,* sicut plurimi. Mihi autem credibilius uidentur existimare, qui omnes illos centum et quinquaginta Psalmos eius operi tribuunt eumque aliquos praenotasse etiam nominibus aliorum aliquid, quod ad rem pertineat, figurantibus, ceteros autem nullius hominis nomen in titulis habere uoluisse, sicut ei uarietatis huius dispositionem, quamuis latebrosam, non tamen inanem Dominus inspirauit. Nec mouere debet ad hoc non credendum, quod nonnullorum nomina prophetarum, qui longe post Dauid regis tempora fuerunt, quibusdam Psalmis in eo libro leguntur inscripta et quae ibi dicuntur uelut ab eis dici uidentur. Neque enim non potuit propheticus spiritus prophetanti regi Dauid haec etiam futurorum prophetarum nomina reuelare, ut aliquid, quod eorum personae conueniret, prophetice cantaretur; sicut rex Iosias exorturus et regnaturus post annos amplius quam trecentos cuidam prophetae, qui etiam facta eius futura praedixit, cum suo nomine reuelatus est.

15. Nunc iam expectari a me uideo, ut hoc loco libri huius aperiam quid in Psalmis Dauid de Domino Iesu Christo uel eius ecclesia prophetauerit. Ego autem ut hoc non ita faciam, sicut uidetur ipsa expectatio postulare (quamuis iam in uno fecerim), copia quam inopia magis impedior. Omnia

---

[214] 시편 주석가들은 해당 시편의 작가로 추정되는 사람의 이름 앞에 붙은 lamed (L)라는 알파벳이 "… 의"와 "… 에게"를 겸하는 전치사여서 해석의 어려움을 겪는다. 아우구스티누스가 쓰던 불가타본에서는 Ipsius David과 Ipsi David이 따로 나왔다.

[215] 마태 22,43 참조: "그렇다면 어떻게 다윗이 영으로 말미암아 그를 주님이라고 부르며 '주님께서 내 주님께 말씀하셨도다. …' 하였습니까?"

[216] 시편 109[110],1.

[217] 시편 44[45]; 72[73]; 78[79]; 82[83]편은 다윗보다 훨씬 후대의 사건들을 노래하고 있다.

[218] 3[1]열왕 13,1-3 참조.

[219] 아우구스티누스는 본권의 9장부터 13장까지 시편 88[89]편을 주석했다.

해 만들어진 것으로, 다윗의 작품처럼 맞추어놓은 것이라고 주장한다.[214] 이런 의견은 복음서에 나오는 구세주의 말씀으로 반박이 되는데, 그 말씀에 의하면 다윗이 성령으로 말미암아 그리스도를 자기 주님이라고 불렀던 것이다.[215] 시편 109편은 이렇게 첫머리를 뗀다: "주님께서 내 주공께 하신 말씀. '내 오른쪽에 앉아라, 내가 너의 원수들을 네 발판으로 만들 때까지.'"[216] 그런데 이 시편으로 말하자면 "다윗의"라고 머리글이 붙어 있지 않고 다른 여러 편이 그렇듯이 "다윗에게"라고 되어 있다. 나로서는 저 150편의 시편 모두를 그의 작품으로 돌리는 사람들이나, 다윗이 다른 사람들의 이름, 특히 시편의 내용과 관련된 다른 어떤 사실을 표상하는 경우에 그런 이름들을 머리글로 표기했다고 생각하는 사람들이 더 신빙성이 있어 보인다. 그 대신 다른 시편들의 경우에는 어느 누구의 이름도 머리글로 넣고 싶어한 것 같지 않다. 이처럼 다양성을 띤 시편집을 편집하는 일이 그에게는 비록 힘든 작업이었겠지만 그렇다고 주님이 그에게 영감을 준 것도 괜한 일은 아니었을 것이다. 다윗 왕의 시대보다 훨씬 뒤에 살았던 모모한 예언자들의 이름이 나온다 해서 이 견해가 흔들려서는 안 된다.[217] 그 책에서도 어떤 시편들을 보면 그 예언자들의 이름으로 수록되어 있고 거기 나오는 말이 마치 그 예언자들이 하는 말처럼 보인다. 예언하는 영으로서야 다윗 왕이 예언을 할 적에 장래 예언자들의 이름들도 밝혀 주지 못할 까닭이 없고 그 인물들과 연관되는 몇몇 사건들을 예언적으로 노래할 수도 있었을 것이다. 예를 들어 요시야 임금이 장차 행할 미래사를 예고한 어떤 예언자는 자기보다 300여 년 뒤에 요시야 임금이 등장하여 통치하리라고 하는데 그 임금의 이름까지 밝혀졌던 것이다.[218]

15. 그리스도와 교회에 대한 시편의 예언 모두를 본서의 맥락에 인용해도 되는가

그러면 이제 다윗이 시편들에서 주 예수 그리스도나 그분의 교회에 관해 무슨 예언을 했는지 내가 본서의 이 자리에서 밝혀내기를 기대하리라고 여겨진다. 그런데 (벌써 시편 한 편을 두고 해 보았지만)[219] 그 기대에 부응할 만큼은 나도 해낼 수가 없는데, 그 장애는 자료가 부족해서가 아니라 자료가 너무 많

enim ponere uitandae prolixitatis causa prohibeor; uereor autem ne, cum aliqua elegero, multis, qui ea nouerunt, uidear magis necessaria praeterisse; deinde (quia testimonium, quod profertur, de contextione totius Psalmi debet habere suffragium, ut certe nihil sit quod ei refragetur, si non omnia suffragantur), ne more centonum ad rem, quam uolumus, tamquam uersiculos decerpere uideamur, uelut de grandi carmine, quod non de re illa, sed de alia longeque diuersa reperiatur esse conscriptum. Hoc autem ut in quocumque Psalmo possit ostendi, exponendus est totus; quod quanti operis sit et aliorum et nostra uolumina, in quibus hoc fecimus, satis indicant. Legat ergo illa, qui uoluerit et potuerit; inueniet quot et quanta rex Dauid idemque propheta de Christo et eius ecclesia prophetauerit, de rege scilicet et ciuitate quam condidit.

16. Quamlibet enim de quacumque re propriae sint atque manifeste propheticae locutiones, necesse est ut eis etiam tropicae misceantur; quae maxime propter tardiores ingerunt doctoribus laboriosum disputandi exponendique negotium. Quaedam tamen Christum et ecclesiam ipsa prima facie, mox ut dicuntur, ostendunt; etsi ex otio restant exponenda, quae in eis minus intelleguntur; quale illud est in eodem Psalmorum libro: *Eructuauit cor meum uerbum bonum, dico ego opera mea regi. Lingua mea calamus scribae uelociter scribentis. Speciosus forma prae filiis hominum; diffusa est gratia in labiis tuis, propterea benedixit te Deus in aeter-*

---

[220] cento: 호메루스나 베르길리우스 같은 고전의 대가들이나 성서의 명문장들만을 뽑아 엮어서 새로이 꾸며내던 작품을 일컬었다.

[221] 거의 모든 교부들이 시편 주석을 썼고 아우구스티누스의 「시편 상해」(*Enarrationes in Psalmos*)의 방대한 분량(392년부터 420년 사이에 집필)도 이 말을 뒷받침한다.

[222] 17.16-19에서 교부는 소위 「시편 상해」의 문학형식을 빌려 하느님 도성의 창건자 그리스도의 사건과 교회상을 예언한 시편들을 선정하여 해설한다.

[223] tropicae locutiones (= figuratae): 전의적(혹은 비유적) 어법. 단어 본래의 뜻과는 다른 뜻으로 쓰는 어법(예: "꽃다운"(= 한창의) 나이, 깃들일 "처마"(= 집)].

[224] 아우구스티누스의 시편 주석은 대부분 설교의 기회를 이용하고 있으므로 학술적 면보다는 사실적(史實的) 의미와 도덕적 의미에 치중하고 예언적 측면도 깊이있게 다룬다.

은 데 있다. 장황한 논란을 피한다는 명분에서라도 모든 내용을 다 제시하는 일은 삼가겠다. 그러나 내가 일부만 선정할 경우, 내용을 아는 사람들 다수에게 나는 좀더 필요한 내용을 빠뜨렸다는 취급을 받을지도 모르겠다. 그리고 내가 제출하려는 증거는 시편 전체의 맥락에 입각하여 그 내용을 지지하는 것이어야 한다. 그것이 모든 것을 입증하지는 못할지라도 적어도 반증하는 내용은 전혀 없어야 한다. 그렇게 하지 않는다면 표절 작품[220]을 엮는 방식과 마찬가지로, 우리가 바라는 주제를 두고 우리가 좋아하는 구절들만 추려 뽑아서 책을 엮는 결과를 빚을 것이다. 그리하여 원래의 주제와는 거리가 먼, 엉뚱한 내용들이 묶여 거창한 노래가 만들어지고 말 것이다. 어떤 시편에 대해서든 무엇인가 증명해 보이려면 그 시편 전체를 제시할 필요가 있다. 그것이 얼마나 힘든 작업인지는 다른 저술가들의 두루마리나 우리가 이 작업을 개진한 바 있는 우리의 두루마리들이 얼마든지 보여주고도 남는다.[221] 마음이 내키거나 그럴 능력이 있는 사람은 이런 대작들을 읽기 바란다. 그러면 다윗이 임금이자 예언자로서 그리스도와 그분의 교회에 대해 얼마나 많은 내용을 얼마나 자주 예언했는지 발견하리라. 즉, 우리의 임금과 그분이 건설한 도성에 관해.[222]

16. 시편 44편의 그리스도와 교회에 대한 내용은 직설적인가 전의적인가

16. 1. 시편 44편 전반부에 그리스도가 왕으로 표상된다

그런데 비록 어떤 사실에 관해 고유하고 분명한 예언적 언사들이 있었다 할지라도 그런 언사에는 필히 전의적 어법[223]이 혼합되어 있게 마련이다. 특히나 이것 때문에 이해가 좀 늦은 사람들을 위해 더 박식한 사람들이 힘들여 토론하고 설명할 임무가 생긴다. 어떤 구절들을 보면 그 말투로 미루어 첫눈에 그리스도와 교회를 가리키는 것을 알 수 있다. 하지만 이해가 잘 안 가는 부분은 여유를 갖고서 더 상세하게 밝혀야 한다.[224] 예를 들어 우리가 다루고 있는 시편집에 이런 구절이 나온다: "제 마음이 아름다운 말로 넘쳐흘러, 임금님께 제 업적을 읊어드리나이다. 제 혀는 능숙한 서기의 붓이니이다. 당신께선 사람의 아들들보다 수려하시며, 당신의 입술은 우아함을 머금어, 하느님께서 당신에게

num. Accingere gladio tuo circa femur, potentissime specie tua et pulchritudine tua, et intende, prospere procede et regna propter ueritatem et mansuetudinem et iustitiam, et deducet te mirabiliter dextera tua. Sagittae tuae acutae, potentissime, (populi sub te cadent) in corda inimicorum regis. Sedes tua, Deus, in saecula saeculorum, uirga directionis uirga regni tui. Dilexisti iustitiam et odio habuisti iniquitatem; propterea unxit te Deus, deus tuus oleo exultationis prae participibus tuis. Myrrha et gutta et casia a uestimentis tuis, a domibus eburneis; ex quibus te delectauerunt filiae regum in honore tuo. Quis non hic Christum, quem praedicamus et in quem credimus, quamlibet sit tardus, agnoscat, cum audiat Deum, cuius sedes est in saecula saeculorum, et unctum a Deo, utique sicut unguit Deus, non uisibili, sed spiritali atque intellegibili chrismate? Quis enim tam rudis est in hac religione uel tam surdus aduersus eius famam longe lateque diffusam, ut Christum a chrismate, hoc est ab unctione appellatum esse non nouerit? Agnito autem rege Christo, iam cetera, quae hic tropice dicta sunt, quo modo sit speciosus forma prae filiis hominum, quadam tanto magis amanda atque miranda, quanto minus corporea pulchritudine, quis gladius eius, quae sagittae, et cetera isto modo non proprie, sed tropice posita iam subditus ei, qui regnat propter ueritatem et mansuetudinem et iustitiam, inquirat ex otio.

Deinde aspiciat eius ecclesiam tanto uiro suo spiritali conubio et diuino amore coniunctam, de qua dicitur in his quae sequuntur. *Astitit regina a*

---

[225] 시편 44[45],2-10(아우구스티누스의 자유 인용).

[226] 히브 1,8-10에서도 이 구절이 메시아적 의미로 인용된다.

[227] Christum a chrismate, hoc est ab unctione: 앞의 17.6.2 각주 113 참조. 그리스어 chrisma는 "기름"인데 교회에서는 "성유"(sanctum chrisma)로 생각했고 "기름바르는 행위"(unctio)로도 알아들었다.

영원히 강복하셨나이다. 오 지극히 능하신 이여, 허벅다리에 당신 칼을 차소서. 당신의 용모와 당신의 미모로 나아가소서, 당당하게 전진하소서, 진실과 양선, 그리고 정의로 말미암아 통치하소서! 당신 오른팔이 놀랍게 당신을 이끌어 가리이다. 지극히 능하신 이여, 당신의 화살들은 날카롭고 백성들이 당신 발 아래로 쓰러지나이다. 당신은 원수들의 마음을 다스리시나이다. 하느님, 당신의 왕좌는 세세대대로 가며, 당신의 왕홀은 지도자의 홀이니이다. 당신께서 정의를 사랑하시고 불의를 미워하시기에, 하느님께서, 당신의 하느님께서 당신을 기름바르셨나이다, 기쁨의 기름으로, 당신의 동료들 앞에서. 몰약과 노회, 계피로 당신의 옷들에서 흐르며 상아궁에서 흘러나오나이다. 이것으로 당신의 영화로 삼고 제왕의 딸들이 당신을 즐겁게 해드리나이다."[225] 여기서 노래하는 대상은 우리가 선포하고 우리가 믿는 그리스도를 가리킨다는 것을 몰라볼 사람이 누가 있는가? 하느님의 왕좌가 세세대대로 간다는 말이나[226] 하느님께 기름부음받은 이라는 말이나 하느님이 기름을 붓지만 눈에 보이지 않고 영적이고 지성적인 성유로 기름붓는다는 말을 듣고, 아무리 굼뜬 사람이라도 그리스도를 가리킨다는 것을 몰라볼 사람이 누가 있겠는가? 성유라는 말, 이를테면 도유라는 말로 그리스도를 일컫는다는 것[227]을 알지 못할 만큼 우리 종교에 그토록 무식한 사람이 누구며, 멀리 그리고 널리 퍼져 있는 그분의 소문에 대항할 만큼 귀먹은 인간이 누굴까? 시편의 주인공이 그리스도 왕임을 깨닫고 난다면, 그밖의 얘기들, 즉 여기서 비유적으로 언표된 내용들, 곧 그분이 어떻게 해서 사람의 아들들보다 용모가 수려한지, 그분의 용모가 얼마나 사랑스럽고 경탄스러운지, 그것도 육체적 미모에 의해 그런 것이 아님을 이해하고도 남는다. 또 여기 나오는 칼이 무슨 칼이며 화살은 무슨 화살인지 모두 전의적으로 하는 말임을 이해하고도 남는다. 진실과 양선, 그리고 정의로 통치하는 분에게 비유적으로 해당하는 것임을 이해하고 여유를 갖고서 살펴보도록 할 것이다.

16. 2. 이차적으로는 교회가 여왕으로 표상된다

그다음에는 그분의 교회를, 영적 혼인과 신적 사랑으로 남편에게 결합된 교회를 바라보아야 할 것이다. 교회에 관해서는 시편의 뒤이어 나오는 구절들이 언

dextris tuis in uestitu deaurato, circumamicta uarietate. Audi, filia, et uide et inclina aurem tuam, et obliuiscere populum tuum et domum patris tui; quoniam concupiuit rex speciem tuam, quia ipse est Deus tuus. Et adorabunt eum filiae Tyri in muneribus; uultum tuum deprecabuntur diuites plebis. Omnis gloria eius filiae regis intrinsecus, in fimbriis aureis circumamicta uarietate. Adferentur regi uirgines post eam, proximae eius adferentur tibi. Adferentur in laetitia et exultatione; adducentur in templum regis. Pro patribus tuis nati sunt tibi filii; constitues eos principes super omnem terram. Memores erunt nominis tui in omni generatione et generatione. Propterea populi confitebuntur tibi in aeternum et in saeculum saeculi. Non opinor quemquam ita desipere, ut hic aliquam mulierculam praedicari credat atque describi; coniugem uidelicet illius, cui dictum est: *Sedes tua, Deus, in saecula saeculorum; uirga directionis uirga regni tui. Dilexisti iustitiam et odio habuisti iniquitatem; propterea unxit te Deus, Deus tuus oleo exultationis prae participibus tuis*; Christum utique prae Christianis. Hi sunt enim participes eius, ex quorum in omnibus gentibus unitate atque concordia fit ista regina, sicut in alio Psalmo de illa dicitur: *Ciuitas regis magni.* Ipsa est Sion spiritaliter; quod nomen Latine interpretatum speculatio est; speculatur enim futuri saeculi magnum bonum, quoniam illuc dirigitur eius intentio. Ipsa est et Hierusalem eodem modo spiritaliter, unde multa iam diximus. Eius inimica est ciuitas diaboli Babylon, quae confusio interpretatur; ex qua tamen Babylone regina ista in omnibus gentibus regeneratione liberatur et a pessimo rege ad optimum regem, id est a diabolo transit ad Christum. Propter quod ei dicitur: *Ob-*

---

[228] 시편 44,12. 〔새번역 45,12: "그분께서 너의 주인이시기 때문이로다."〕

[229] 시편 44[45],10-18 (아우구스티누스의 자유 인용).

[230] ex quorum unitate atque concordia *fit ista regina*: 원초부터 표상되어 온 교회가 신도들을 낳았다는 사상과 병행하여 교부는 신도들이 교회를 이룬다(sumus nos Ecclesia)는 사상을 피력하고 있다. 예: *Enarrationes in Psalmos* 122.1.

[231] 시편 47[48],3.

[232] Cf. Hieronymus, *De nominibus hebraicis* 39.25: Sion, specula, vel speculator, sive scopulus. 본서 17.3.1-2 참조.

[233] 11.7; 15.2, 20.2; 17.3.2, 12 참조.

[234] 11.15; 16.10 등 참조.

급한다: "왕후가 당신 오른편에 서 있나이다, 금을 입힌 의복을 입고서, 갖가지 장신구를 두르고. 듣거라 딸아, 보고 네 귀를 기울여라, 네 백성과 네 아비 집안을 잊어버려라. 임금님이 네 아름다움을 열망하실지니, 그분께서 네 하느님이시기 때문이로다.²²⁸ 띠르의 딸들이 선물을 갖고 와서 그분을 경배하리라. 백성의 갑부들이 네 얼굴에 대고 간청을 올리리라. 그의 모든 영광이 안으로 임금의 딸에게 들며 금실로 수놓은 옷에 싸이고 갖가지 장신구를 두르고 있도다. 처녀들이 그 뒤를 따라 임금께 인도되고 그 동무들이 그이에게 안내되는도다. 기쁨과 즐거움으로 인도되어 왕의 성전으로 들어가는도다. 당신 조상들 대신에 당신 아들들이 생기리니, 당신께서 그들을 온 땅의 제후들로 삼으시리이다. 사람들은 당신의 이름을 세세대대에 기억하리이다. 그리하여 백성들이 당신을 영원히 세세대대로 찬송하리이다."²²⁹ 이 글에서 아무 여자나 자태를 묘사하고 설명하고 있다고 믿을 만큼 정신나간 사람은 없으리라. 이 구절들은 분명히 다음과 같이 묘사한 분의 배필을 그려내고 있다: "하느님, 당신의 왕좌는 세세대대로 가며, 당신의 왕홀은 지도자의 홀이니이다. 당신께서 정의를 사랑하시고 불의를 미워하시기에, 하느님께서, 당신의 하느님께서 당신을 기름바르셨나이다, 기쁨의 기름으로, 당신의 동료들 앞에서." "당신의 동료들 앞에서"라는 말은 그리스도인들 앞에서 그리스도를 기름발랐다는 뜻이다. 이 그리스도인들이야말로 시편에 나오는 "당신의 동료들"이라고 일컫는 사람들이며, 모든 민족들 가운데서 나온 이 사람들의 결사와 화합에서 저 여왕이 생겨나는 것이다.²³⁰ 다른 시편에서는 저 여왕을 가리켜 "대왕님의 도읍"²³¹이라고 칭한다. 저 여왕이야말로 영적으로 말하는 시온이며, 라틴어로 그 이름은 "바라봄"이라고 풀이된다.²³² 저 여왕은 장차 올 세기의 크나큰 선善을 내다보며 그의 지향도 그곳을 향하는 까닭이다. 똑같이 영적으로 말하는 예루살렘이기도 한데, 이 문제에 관해서는 우리가 벌써 많은 얘기를 했다.²³³ 그의 적은 악마의 도성 바빌론이고 그 뜻은 "혼동"이라고 풀이된다.²³⁴ 저 여왕은 모든 민족 안에서 재생을 얻어 바빌론으로부터 해방되며, 최악의 임금에게서 최선의 임금에게로, 다시 말해 악마로부터 그리스도께로 옮겨간다. 바로 그래서 여왕에게 "네 백성과 네

liuiscere populum tuum et domum patris tui. Cuius ciuitatis impiae portio sunt et Israelitae sola carne, non fide; inimici etiam ipsi magni huius regis eiusque reginae. Ad ipsos enim ueniens et ab eis Christus occisus magis aliorum factus est, quos non uidit in carne. Vnde per cuiusdam Psalmi prophetiam dicit ipse rex noster: *Erues me de contradictionibus populi, constitues me in caput gentium. Populus, quem non cognoui, seruiuit mihi; in obauditu auris obaudiuit mihi.* Populus ergo iste gentium, quem non cognouit Christus praesentia corporali, in quem tamen Christum sibi adnuntiatum credidit, ut merito de illo diceretur: *In obauditu auris obaudiuit mihi*, quia fides ex auditu est — iste, inquam, populus additus ueris et carne et fide Israelitis ciuitas est Dei, quae ipsum quoque secundum carnem peperit Christum, quando in solis illis Israelitis fuit. Inde quippe erat uirgo Maria, in qua carnem Christus, ut homo esset, adsumpsit. De qua ciuitate Psalmus alius ait: *Mater Sion, dicet homo, et homo natus est in ea, et ipse fundauit eam Altissimus.* Quis est iste Altissimus nisi Deus? Ac per hoc Christus Deus, antequam in illa ciuitate per Mariam fieret homo, ipse in patriarchis et prophetis fundauit eam. Cum igitur huic reginae ciuitati Dei tanto ante dictum sit per prophetiam, quod iam uidemus impletum: *Pro patribus tuis nati sunt tibi filii, constitues eos principes super omnem terram*: ex filiis quippe eius per omnem terram sunt praepositi et patres eius, cum confiteantur ei populi concurrentes ad eam confessionem laudis aeternae in saeculum saeculi: procul dubio quidquid hic

---

[235] 시편 17[18],44-45.

[236] *in obauditu* auris *obaudivit* mihi: "복종하다"(oboedire ← ob-audire)라는 의미가 강조된 각운을 쓰고 있다.

[237] 로마 10,17 참조: "믿음은 들음에서 비롯하고 들음은 그리스도를 전하는 말씀에서 비롯합니다."

[238] 시편 86,5. 〔새번역 87,5: "시온에 대해서는 이렇게 말하여지는도다. '이 사람도 저 사람도 이곳에서 태어났으며 지존께서 몸소 이를 굳게 세우셨노라'."〕

[239] 「시편 상해」에서는 사도들을 지칭하는 문구로 해석한다. 그리스도와 교회의 관계를 무수한 신도들을 낳는 혼인으로 비유하는 언표는 신약에 매우 흔하다. 예: 2고린 11,2; 에페 5,25-27; 묵시 19,17; 21,9-10.

아비 집안을 잊어버려라"라는 말이 나온다. 또 신앙으로는 이스라엘 사람이 아니고 육으로만 이스라엘 사람이어도 결국 저 불측한 도성의 부류에 속한다. 이 사람들도 대왕과 그 여왕의 원수가 되었다. 그리스도가 바로 그들을 찾아왔다가 죽임을 당했는데, 혈육을 함께하지 않는 다른 사람들의 손에 죽임을 당한 것이 아니다. 바로 그들의 손에 죽임을 당했다. 그래서 다른 시편을 보면 우리 임금이 다음과 같은 예언을 하고 있다: "당신께선 백성의 다툼에서 저를 구하시어 민족들의 우두머리로 저를 세우셨나이다. 제가 알지 못하던 백성이 저를 섬기며 귀기울여 듣고서 제게 복종했나이다."[235] 뭇 민족으로 이루어진 저 백성을 그리스도는 지상에 혈육으로 현존하는 동안 알지 못했다. 그런데 저 백성이 자기들에게 선포된 소식을 듣고서 그리스도를 믿었으니, 그들을 가리켜 "귀기울여 듣고서 제게 복종했나이다"[236]라고 한 말은 참으로 지당하다. 무릇 믿음은 들음에서 비롯하는 까닭이다.[237] 내 말하거니와, 이 백성이야말로 혈육으로도 신앙으로도 진짜 이스라엘 사람이라고 할 인간들에게 가담한 백성이며 따라서 하느님의 도성이다. 하느님의 도성이 이스라엘 사람들 속에만 존립하고 있었을 즈음에 이 도성이 혈육에 따라 그리스도를 낳았던 것이다. 그리스도가 사람이 되기 위해 혈육을 취한 동정녀 마리아도 그곳 출신이었다. 이 도성에 대해 다른 시편은 이렇게 말한다: "사람이 이렇게 말하리라. 시온은 어머니요 사람이 그곳에서 태어났도다. 지존하신 분이 몸소 이를 세우셨도다."[238] 지존하신 분이란 하느님이 아니면 누구이겠는가? 바로 그래서 하느님인 그리스도가, 마리아를 통해 그곳에서 사람이 되기 훨씬 전에, 하느님이 몸소 성조들과 예언자들 안에서 이 도성을 세웠던 것이다! 그리하여 하느님의 도성인 이 여왕에게 일찌감치 예언을 통해 이런 말이 나왔고 그 말이 이미 실현되었음을 우리가 목격하는 중이다: "당신 조상들 대신에 당신 아들들이 생기리니, 당신께서 그들을 온 땅의 제후들로 삼으시리이다." 뭇 백성들이 그에게 달려와서 영원한 찬미의 신앙고백을 세세대대로 그에게 바칠 때, 과연 그의 조상들이 그랬던 것처럼 그의 아들들 가운데서 온 땅의 지도자로 세워진 사람들이 있다.[239] 지금까지 말한 모든 것이 여기서는 의심없이 비유적 어법으로 은밀하게 발설되었으므로, 그것을

tropicis locutionibus subobscure dictum est, quoquo modo intellegatur, debet his rebus manifestissimis conuenire.

17. Sicut etiam in illo Psalmo, ubi sacerdos Christus, quem ad modum hic rex, apertissime praedicatur: *Dixit Dominus Domino meo: Sede a dextris meis, donec ponam inimicos tuos scabellum pedum tuorum*, sedere Christus ad dexteram Patris creditur, non uidetur; eius etiam inimicos poni sub pedibus eius nondum apparet; id agitur, apparebit in fine; etiam hoc nunc creditur, post uidebitur. Verum quod sequitur: *Virgam uirtutis tuae emittet Dominus ex Sion, et dominare in medio inimicorum tuorum*, ita clarum est, ut non solum infideliter et infeliciter, sed etiam inpudenter negetur. Et ipsi quippe fatentur inimici ex Sion missam fuisse legem Christi, quod euangelium nos uocamus, et eam uirgam uirtutis eius agnoscimus. Dominari uero eum in medio inimicorum suorum idem ipsi, inter quos dominatur, dentibus frendendo et tabescendo et nihil aduersus eum ualendo testantur. Deinde quod paulo post dicit: *Iurauit Dominus, et non paenitebit eum*, quibus uerbis inmutabile futurum esse significat, quod adiungit: *Tu es sacerdos in aeternum secundum ordinem Melchisedech*, ex eo quod iam nusquam est sacerdotium et sacrificium secundum ordinem Aaron et ubique offertur sub sacerdote Christo, quod protulit Melchisedech, quando benedixit Abraham, quis ambigere permittitur, de quo ista dicantur? Ad haec itaque manifesta referuntur, quae paulo obscurius in eodem Psalmo posita sunt, quando recte intelleguntur; quod in nostris iam popularibus sermonibus fecimus. Sic et in illo, ubi humilitatem passionis

---

[240] 성서의 우의적 혹은 예언적 의미는 일단 역사적 사건에 대한 본의적 의미를 토대로 해야 한다는 것이 법칙이다.

[241] 다수 번역자는 앞장에 주석된 시편 44[45]편이 왕직을, 새로 주석하려는 109[110]편이 사제직을 논하는 것으로 번역하지만 교부의 소제목에 의하면 in illo Psalmo는 22[23]편에 대조되는 "전자"(ille), 곧 시편 109[110]편을 가리킨다.

[242] 시편 109[110],1.

[243] 이 시편의 메시아적 의미는 예수의 입(마태 22,41-45 등)에서는 물론 사도들(사도 2,34; 1고린 15,25; 히브 1,13; 1베드 3,22)의 글에서도 두루 나타난다.

[244] 시편 109[110],2.

[245] 시편 109[110],4.

[246] 창세 14,18-19 참조. 히브 7,1-17은 시편 110,4를 인용하여 그리스도의 사제직을 멜기세덱 반열의 사제직으로 규정한다.

[247] Cf. *Enarrationes in Psalmos* 109. 이 시편의 해설에는 "대중에게 행한 강론"(Sermo ad plebem)이라는 부제가 따로 붙어 있다.

어떻게 해석하든 그 해석은 일단 아주 명백하게 발생한 역사적 사건들에 부합할 것임에 틀림없다.[240]

17. 시편 109편에서 그리스도의 사제직에 대해 말하는 바와, 시편 21편에서 그분의 수난에 해당하는 내용

지금 논하려는 먼젓번 시편에서[241] 그리스도는 어떤 면에서 임금으로 공언되기도 하지만 아주 노골적으로 공언되기로는 사제司祭로서다: "주님께서 나의 주공께 하신 말씀. '내 오른쪽에 앉아라, 내가 너의 원수들을 네 발판으로 만들 때까지.'"[242] 그리스도가 아버지의 오른편에 앉는다는 것은 믿음의 대상이지 목격의 대상이 아니다. 왜냐하면 그의 원수들이 아직 그의 발 밑에 놓여 있는 것으로 드러나지 않았기 때문이다. 그 일은 지금 이루어지고 있으며 종말에 드러날 것이다. 그것이 지금은 믿음의 대상이지만 후에는 목격의 대상이 될 것이다.[243] 그러나 "주님께서 당신 권능의 왕홀을 시온으로부터 뻗쳐주시니, 당신께서는 원수들 가운데서 다스리소서"[244]라고 한 말을 부인한다는 것은 신앙에 반하고 불행한 일일 뿐 아니라 어리석은 짓임이 분명하다. 그리스도의 원수가 되는 사람들조차 우리가 복음福音이라고 일컫는 그리스도의 법이 시온으로부터 나왔다고 말한다. 우리는 그것이 그분 권능의 왕홀임을 알아본다. 그분이 당신의 원수들 가운데서 다스리고 있다는 사실은, 그분의 다스림을 받는 자들이 이를 갈고 쇠진해 가면서도 그분에게 맞서서 아무 힘도 쓰지 못함으로써 스스로 입증하고 있다. 그리고 조금 뒤에 이런 말이 나온다: "주님께서 맹세하시고 뉘우치지 않으시리라."[245] 이 말은 이어 덧붙이는 "너는 멜기세덱의 반열에 따라 영원한 사제로다"라는 말씀이 장차 변치 않는 사실임을 뜻한다. 아론의 반열에 따른 사제직과 제사가 더는 존재하지 않는 마당에, 또 그리스도가 사제가 되어 멜기세덱이 아브라함을 축복할 적에 봉헌한 그것이 제헌되는 마당에,[246] 이 말이 의미하는 바가 무엇인지 애매하다고 생각할 사람이 누가 있겠는가? 같은 시편에서 약간 모호하게 제시되어 있는 점들도 옳게만 알아듣는다면 확실히 이런 사실과 연관이 있다. 이 점에 관해서는 대중 강론에서 우리가 이미 다룬 바 있다.[247] 이것은

suae per prophetiam Christus eloquitur dicens: *Foderunt manus meas et pedes, dinumerauerunt omnia ossa mea; ipsi uero considerauerunt et conspexerunt me.* Quibus utique uerbis in cruce corpus significauit extentum manibus pedibusque confixis et clauorum transuerberatione confossis, eoque modo se spectaculum considerantibus et conspicientibus praebuisse. Addens etiam: *Diuiserunt sibi uestimenta mea et super uestimentum meum miserunt sortem,* quae prophetia quem ad modum impleta sit euangelica narratur historia, tunc profecto et alia recte intelleguntur, quae ibi minus aperte dicta sunt, cum congruunt his, quae tanta manifestatione claruerunt; praesertim quia et illa, quae non transacta credimus, sed praesentia contuemur, sicut in eodem Psalmo leguntur tanto ante praedicta, ita nunc exhibita iam toto orbe cernuntur. Ibi enim paulo post dicitur: *Commemorabuntur et conuertentur ad Dominum uniuersi fines terrae et adorabunt in conspectu eius uniuersae patriae gentium; quoniam Domini est regnum, et ipse dominabitur gentium.*

18. De resurrectione quoque eius nequaquam Psalmorum oracula tacuerunt. Nam quid est aliud quod in Psalmo tertio ex persona eius canitur: *Ego dormiui et somnum cepi; exsurrexi, quoniam Dominus suscipiet me*? An forte quisquam ita desipit, ut credat uelut aliquid magnum nobis indicare uoluisse prophetam, quod dormierit et exsurrexerit, nisi somnus iste mors esset et euigilatio resurrectio, quam de Christo sic oportuit prophetari? Nam et in quadragensimo multo manifestius id ostenditur, ubi ex persona eiusdem Mediatoris more solito tamquam praeterita narrantur, quae futura prophetabantur; quoniam, quae uentura erant, iam in praedestinatione et praescientia Dei uelut facta erant, quia certa erant. *Inimici,*

---

[248] 시편 21,17-18. 〔새번역 22,17-18: "개들이 … 제 손과 제 발을 묶었나이다. 제 뼈는 낱낱이 셀 수 있게 되었는데 그들은 저를 내리보며 좋아라 하나이다."〕

[249] 시편 21[22],19.

[250] 이 시편 구절은 요한 19,24와 마태 27,35에 직접 인용되고 있다.

[251] 시편 21,28-29. 〔새번역 22,28-29: "세상 끝이 모두 생각을 돌이켜 주님께 돌아오고, 민족들의 모든 가문이 그분 앞에 경배하리니 …."〕

[252] 아우구스티누스가 방금 주석한 시편 21[22]편 외에도 이 장에서 다루는 3편과 40[41]편 모두가 예수의 수난을 가리키는 것으로 예형적 해석(methodus typica)의 대상이 되어 왔다.

[253] 시편 3,6. 〔새번역: "나 자리에 누워 잠들었다 깨어남은 주님께서 나를 받쳐주시기 때문이니."〕

[254] 이 시편도 「시편 상해」 3편에서 다룬다.

그리스도가 당신의 수난의 굴욕에 관해 예언하는 다른 시편의 말씀에서도 드러난다: "그들은 내 손과 발에 구멍을 내었나이다. 그들은 저의 뼈를 모두 세었나이다. 과연 그들은 저를 지켜보았고 자세히 쳐다보았나이다."[248] 이 말은 십자가에 달린 몸과 손, 발이 못으로 뚫린 채 활짝 벌려진 것을 의미했고, 자기를 지켜보고 자세히 쳐다보는 사람들에게 자기를 구경거리로 내주었음을 가리켰다. 그리고 한마디가 첨가된다: "제 옷을 자기들끼리 나눠가지고 제 속옷을 놓고서는 주사위를 던지나이다."[249] 이 예언이 어떻게 성취되었는가는 복음 역사에 서술되어 있다.[250] 그러고 나면 여기에 그다지 명료하지 않게 기술되어 있는 다른 부분도 제대로 알아듣게 되는데 그것은 아주 확실히 밝혀진 부분들과 꼭 들어맞는다. 특히나 어떤 것은 우리가 이미 지나간 일이라고 여기지만 현재도 일어나고 있음을 목도하는 중이다. 이 시편에서만 해도 아주 오래 전에 예고된 것으로 읽히지만 오늘날 온 세계에서 목격되는 사실이 하나 있다. 시편의 조금 뒤에 나오는 구절이 그것이다: "세상 모든 변방들이 기억을 하고서 주님께 돌아올 것이요, 민족들의 모든 나라들이 그분 면전에 경배하리라. 왕권이 주님의 것이요, 그분이 민족들을 지배하실 것이기 때문이로다."[251]

18. 그리스도의 죽음과 부활이 예언된 시편 3편, 40편, 15편, 67편

18. 1. 시편 3편과 40편에 예표된 그리스도의 부활[252]

그분의 부활에 관해서도 시편들의 신탁은 묵과하지 않았다. 시편 3편에서 그분의 인격과 관련하여 "나는 잠들었고 잠에 취했나이다. 그러다 주님이 나를 받아주시기로 나는 깨어났나이다"[253]라고 했는데, 이 구절이 무슨 얘기겠는가?[254] 예언자가 잠들었다느니 깨어났다느니 하는 일을 무슨 대단한 일처럼 언급할 때는, 잠은 곧 죽음이요 깨어남은 곧 부활을 말하는 것이 아니고 무엇이겠는가? 이런 사건들이야말로 그리스도에 대해 이렇게 예언하지 않을 수 없지 않았을까? 시편 40편에서도 이 점은 더욱 분명히 나타난다. 바로 그 중재자의 입장에서 장차 있을 일을 예언하면서 늘 하듯이 마치 과거사를 이야기하듯 한다. 그 이유인즉, 장차 올 것들도 하느님의 예정과 예지상으로는 이미 일어난 바와 마

inquit, *mei dixerunt mala mihi: Quando morietur et peribit nomen eius? Et si ingrediebatur ut uideret, uana locutum est cor eius, congregauit iniquitatem ipsi. Egrediebatur foras et loquebatur simul in unum. Aduersus me susurrabant omnes inimici mei, aduersus me cogitabant mala mihi. Verbum iniquum disposuerunt aduersus me: Numquid qui dormit non adiciet ut resurgat?* Hic certe ita posita sunt uerba haec, ut nihil aliud dixisse intellegatur, quam si diceret: «Numquid qui moritur, non adiciet ut reuiuescat»? Superiora quippe demonstrant mortem ipsius cogitasse et disposuisse inimicos eius, et hoc actum esse per eum, qui ingrediebatur ut uideret, et egrediebatur ut proderet. Cui autem hic non occurrat ex discipulo eius factus traditor Iudas? Quia ergo facturi erant quod moliebantur, id est occisuri erant eum, ostendens illos uana malitia frustra occisuros resurrecturum sic adiecit hunc uersum, uelut diceret: «Quid agitis uani? Quod uestrum scelus est, meus somnus erit:» *Numquid qui dormit non adiciet ut resurgat?* Et tamen eos tam magnum nefas non inpune facturos consequentibus indicat uersibus dicens: *Etenim homo pacis meae, in quem speraui, qui edebat panes meos, ampliauit super me calcaneum*, hoc est conculcauit me. *Tu autem*, inquit, *Domine, miserere mei et resuscita me, et reddam illis.* Quis hoc iam neget, qui Iudaeos post passionem resurrectionemque Christi de sedibus suis bellica strage et excidio funditus eradicatos uidet? Occisus enim ab eis resurrexit et reddidit eis interim temporariam disciplinam, excepto quod non correctis seruat, quando uiuos et mortuos iudicabit. Nam Dominus ipse Iesus istum ipsum traditorem suum per panem porrectum ostendens apostolis hunc etiam uersum

---

[255] 시편 40[41],6-9.

[256] 시편 40,10-11. 〔새번역 41,10-11: "제가 믿어온 친구마저 ⋯."〕

찬가지로 확실하기 때문이다: "제 원수들이 제게 몹쓸 것을 말하나이다. '저자가 언제 죽어 그 이름이 사라질꼬?' 누가 저를 보러 들어올 적에는 그 마음이 허망한 것을 이야기했고 스스로에게 악한 것을 모아갔나이다. 그리고 밖으로 나가서는 다 함께 모여 이야기했나이다. 저의 원수들이 저를 거슬러 수군대며 저를 거슬러 제게 해로운 것을 꾸몄나이다. 저를 거슬러 못된 말을 쏟아냈나이다. '저자가 드러누워 잠자고 있으니 다시는 일어나지 못했으면 좋겠다.'"[255] 여기서 내뱉는 말은 "저자가 죽으니 다시는 살아나지 못했으면 좋겠다"는 얘기가 아니면 무엇이겠는가? 앞에 나온 구절을 보더라도 그의 원수들은 그의 죽음을 꾸미고 예비했음을 알 수 있다. 찾아보러 들어왔다가 나가서는 배반한다는 그 사람에 의해 그 짓이 이루어진 것이다. 이 경우에 그분의 제자로서 배반자가 된 유다스가 머리에 떠오르지 않을 사람이 있을까? 그러니까 그들이 꾸미던 일은 기어코 이루어질 것이고, 말하자면 기어이 그분을 죽이고 말 테지만 그분을 죽이는 일이 결국은 허망한 악의로 끝나고 말리라는 것을 보여준다. 그래서 다음과 같은 구절이 첨가되는데 "너희는 헛되이 무슨 짓을 하느냐? 나를 죽이는 너희의 죄악이 나에게는 잠이 될 것이다"라는 뜻이다: "저자가 드러누워 잠자고 있으니 다시는 일어나지 못했으면 좋겠다." 하지만 그들의 그토록 엄청난 행악이 벌을 받지 않고는 넘어가지 않으리라는 것을 그다음 구절에서 지적한다: "제 평화의 인간, 제가 희망을 걸어온 인간마저, 제 빵을 먹던 그마저 저를 거슬러 발꿈치를 들어올렸나이다." 나를 걷어찼다는 말이다. "그러나 주님, 당신께선 저를 불쌍히 여기시어 저를 일으키소서. 제가 그들에게 앙갚음하리이다."[256] 여기서 유다인들이 그리스도의 수난과 부활 이후에 전장戰場의 학살과 파국을 당한 후 자기네 땅으로부터 뿌리째 뽑혀나갔음을 보고서도 이런 사실을 부정할 사람이 있겠는가? 그분은 그들에게 죽임을 당했지만 부활했고 그들에게 잠시적 징벌을 가했으며, 그래도 바로잡지 않은 사람들은 산 이와 죽은 이들을 심판할 때까지 유보해 두고 있다. 주 예수도 당신의 빵을 적셔 건네줌으로써 당신의 배반자가 누구인지 사도들에게 보여주면서 바로 이 시편 구절을 회상했고, "제 빵을 먹던 그마저 저를 거슬러 발꿈치를 들어올렸나이다"는 구절이 당

Psalmi huius commemorauit et in se dixit impletum: *Qui edebat panes meos, ampliauit super me calcaneum.* Quod autem ait: *In quem speraui*, non congruit capiti, sed corpori. Neque enim nesciebat eum ipse Saluator, de quo ante iam dixerat: *Vnus ex uobis me tradet* et: *unus ex uobis diabolus est.* Sed solet in se membrorum suorum transferre personam et sibi tribuere quod esset illorum, quia caput et corpus unus est Christus; unde illud est in euangelio: *Esuriui, et dedistis mihi manducare*, quod exponens ait: *Quando uni ex minimis meis fecistis, mihi fecistis.* Se itaque dixit sperasse, quod tunc sperauerant de Iuda discipuli eius, quando est connumeratus apostolis.

Iudaei autem Christum, quem sperant, moriturum esse non sperant. Ideo quem lex et prophetae adnuntiauerunt, nostrum esse non putant, sed nescio quem suum, quem sibi alienum a mortis passione confingunt. Ideo mirabili uanitate atque caecitate uerba, quae posuimus, non mortem et resurrectionem, sed somnum et euigilationem significasse contendunt. Sed clamat eis etiam Psalmus quintus decimus: *Propter hoc iucundatum est cor meum et exultauit lingua mea, insuper et caro mea requiescet in spe; quoniam non derelinques animam meam in inferno, nec dabis sanctum tuum uidere corruptionem.* Quis in ea spe diceret requieuisse carnem suam, ut non derelicta anima sua in inferno, sed cito ad eam redeunte reuiuesceret, ne corrumperetur, sicut cadauera corrumpi solent, nisi qui die tertio resurrexit? Quod utique dicere non possunt de propheta et rege Dauid. Clamat et sexagensimus septimus: *Deus noster Deus saluos*

---

[257] 요한 13,18-26 참조: "어차피 '내 빵을 먹는 자가 나를 거슬러 그 발꿈치를 들었다' 는 성서 말씀은 이루어져야 합니다."

[258] 요한 13,21; 6,70.

[259] 마태 25,35.

[260] 마태 25,40.

[261] "제자들이 유다스에 대해 지니고 있던 그 기대를 (주님도 유다스에게) 지니고 있었다"라고 번역할 수도 있다. "제가 희망을 걸어온 인간"이라는 대상을 유다스로 맞추어 해설하고 있다.

[262] 요한 12,34 참조: "우리는 율법에서 그리스도는 영원히 머물러 계시리라고 들었는데 어떻게 당신은 인자가 들어올려져야 한다고 말합니까? 그 인자가 누구입니까?"

[263] 시편 15[16],9-10. 사도 2,24-33; 13,35-37에 이 시편이 인용되며 그리스도의 부활을 예표하는 것으로 해석된다.

신에게서 성취되었다는 말씀을 했다.[257] "제가 희망을 걸어온 인간"이라는 말은 신비체의 머리에 해당하지 않고 몸체에 해당한다. 구세주 자신도 그가 누구인지 모르지는 않았던 것이다. 조금 앞서 "그대들 가운데 하나가 나를 넘겨줄 것입니다"라고 했고 "그대들 가운데 하나는 악마입니다"라고도 했기 때문이다.[258] 그렇지만 그분도 평상시에는 당신 지체들의 인격을 당신에게 돌렸고 그들의 행동을 당신의 것처럼 돌리곤 했다. 머리와 몸체가 한 분인 그리스도이기 때문이다. 그래서 "너희는 내가 굶주렸을 때 먹을 것을 주었고"[259]라는 복음서의 말씀이 나오고, "너희가 지극히 작은 내 형제 가운데 하나에게 해 주었을 때마다 그것은 바로 나에게 해 준 것이다"[260]라는 설명도 나온다. 유다스가 사도들 가운데 들어 있었을 적에 그분의 제자들이 유다스에 대해 기대를 지니기를 주님도 기대했다는 말씀을 한 것이다.[261]

18.2. 시편 15편과 67편에 나타나는 구속적 죽음

유다인들은 그리스도라는 분에게 희망을 걸고 있지만 그분이 죽으리라는 희망은 걸지 않는다.[262] 바로 그래서 그들은 율법과 예언자들이 예고한 분이 우리가 섬기는 분이라고 생각하지 않는다. 단지 내가 모를 일은 그들이 어떤 분을 자기네 그리스도로 상상하고 있느냐, 어떻게 해서 죽음의 수난과는 거리가 먼 분으로 상상하고 있느냐 하는 것이다. 그래서인지 그들은 기이한 허영심과 맹목으로 저 시편을 가리켜 우리가 제시하는 말들이 그리스도의 죽음과 부활을 의미하는 것이 아니라 그냥 잠과 깨어남을 의미하는 것이라고 우기고 있다. 하지만 시편 15편도 그들에게 분명히 단언하고 있다: "그러므로 제 마음 기뻐했고 제 영혼 뛰놀았으며, 제 육신마저 편안히 쉬리이다. 당신께서 제 영혼을 저승에 버려두지 않으시고 당신의 거룩한 이가 부패를 보게 내버리지 않으시리이다."[263] 무릇 시체들은 썩게 마련인데 사흘날에 부활한 분이 아니고서야 그 누가 자기 영혼이 저승에 버려져 있지 않고 금방 육신으로 돌아와 되살아나며, 부패를 보지 않으리라는 희망을 품고 자기 육신이 편안히 쉬리라는 말을 할 수 있겠는가? 이 말은 예언자에게도, 다윗 왕에게도 해당시킬 수가 없다. 시편 67편도 이렇게 단언한다: "우리 하느님께서는 구원을 베푸시는 하느님. 또한

faciendi, et Domini exitus mortis. Quid apertius diceretur? Deus enim saluos faciendi Dominus est Iesus, quod interpretatur saluator siue salutaris. Nam ratio nominis huius haec reddita est, quando priusquam ex uirgine nasceretur dictum est: *Pariet filium, et uocabis nomen eius Iesum. Ipse enim saluum faciet populum suum a peccatis eorum.* In quorum peccatorum remissionem quoniam sanguis eius effusus est, non utique oportuit eum de hac uita exitus alios habere quam mortis. Ideo cum dictum esset: *Deus noster Deus saluos faciendi,* continuo subiunctum est: *Et Domini exitus mortis,* ut ostenderetur moriendo saluos esse facturus. Sed mirando dictum est: *Et Domini;* tamquam diceretur: «Talis est ista uita mortalium, ut nec ipse Dominus aliter ab illa exiret, nisi per mortem.»

19. Sed ut Iudaei tam manifestis huius prophetiae testimoniis etiam rebus ad effectum tam clarum certumque perductis omnino non cedant, profecto in eis illud impletur, quod in eo Psalmo, qui hunc sequitur, scriptum est. Cum enim et illic ex persona Christi, quae ad eius passionem pertinent, prophetice dicerentur, commemoratum est, quod in euangelio patuit: *Dederunt in escam meam fel et in siti mea potum mihi dederunt acetum.* Et uelut post tale conuiuium epulasque sibi huiusce modi exhibitas mox intulit: *Fiat mensa eorum coram ipsis in muscipulam et in retributionem et in scandalum; obscurentur oculi eorum ne uideant, et dorsum eorum semper incurua,* et cetera, quae non optando sunt dicta, sed optandi specie prophetando praedicta. Quid ergo mirum, si haec manifesta non

---

[264] 시편 67,21. 〔새번역 68,21: "하느님께서는 우리에게 구원을 베푸시는 하느님. 주 하느님께서는 죽음에서 벗어나는 길이 있도다."〕

[265] Cf. Hieronymus, *De nominibus hebraicis* 61.24: Iesus salvator vel salvaturus.

[266] 마태 1,21.

[267] 시편 68,22. 〔새번역 69,22: "그들은 저에게 음식으로 독을 주고, 목말라할 때 초를 마시게 하였나이다."〕 마태 27,34.47과 요한 19,29의 사건에서 복음사가들은 이 시편을 연상한다.

[268] 시편 68[69],23-24.

[269] non optando sed optandi specie prophetando: 교부는 메시아의 입에서 나오는 말이라서 저주는 아니라고 변명한다. Cf. *Enarrationes in Psalmos* 68; *Sermo* 2.7: "이 말은 소원하는 말이 아니고 예언하는 말이다. 그렇게 이루어지기 바람이 아니고 그렇게 이루어지기 때문에 하는 말이다(non ut fiat sed quia fiat)."

주님의 죽음의 출구시로다."²⁶⁴ 어떻게 이보다 분명한 말을 하겠는가? 구원을 베푸시는 하느님은 주 예수이다. 예수라는 이름은 "구원자" 혹은 "구원"으로 해석된다.²⁶⁵ 이 이름의 명분은 그분이 동정녀에게서 태어나기 전에 건네진 말씀에서 이렇게 제시되었다: "그가 아들을 낳을 터이니 이름을 예수라 하시오. 그분은 백성을 죄에서 구원하실 것이오."²⁶⁶ 그들의 죄를 사하기 위해 그분의 피가 쏟아졌으며, 이 생명으로부터 빠져나가는 데는 죽음의 출구 아닌 다른 출구를 가질 필요가 없었다. 바로 그래서 "우리 하느님께서는 구원을 베푸시는 하느님"이라는 글귀에 바로 이어서 "또한 주님의 죽음의 출구"라는 글귀가 덧붙은 것이다. 당신이 죽음으로써 구원을 베풀 수 있음을 보여준 것이다. "또한 주님의"라고 한 말은 좀 이상한데, 이것은 아마도 "사멸할 존재들의 인생은 이러하니 주님마저 죽음을 통하지 않고서는 달리 인생에서 벗어나지 못한다"는 말처럼 들린다.

19. 유다인들의 불신앙과 완고함을 단언하는 시편 68편

그렇지만 유다인들은 예언에서 오는 이토록 확실한 증언에도, 심지어 아주 분명하고 확실한 결과를 낸 사실들에도, 전혀 고집이 꺾이지를 않는다. 그래서 오히려 저 시편에 뒤따라 나오는 시편에 적힌 말마디가 그들에게 고스란히 적중한다. 거기서도 그리스도의 입장에서 말하듯이, 그분의 수난에 해당하는 바가 예언적으로 발설되어 언급되었는데, 그 점은 복음서에도 확실하게 드러난다: "그들은 쓸개를 제 음식으로 주고, 제가 목말라할 때 제게 초를 마시게 했나이다."²⁶⁷ 그러고는 이런 식으로 당신에게 제공된 것을 마치 무슨 잔칫상과 술자리처럼 보았는지 그분은 다음과 같이 매듭을 짓고 있다: "그들 식탁이 그들 앞에서 덫이 될지며 앙갚음과 올가미가 될지어다. 그들의 눈은 보지 못하게 어두워질지며 그들의 등이 늘 굽어 있게 하소서."²⁶⁸ 이 말은 그렇게 되기를 소원해서 하는 말이 아니고 소원하는 듯한 말투를 빌려 예언을 하고 있을 따름이다.²⁶⁹ 사람들이 이토록 확실한 사실마저 보지 못한다면 그들의 눈이 어두워져 보지 못하게 되었다는 말을 하더라도 이상할 것이 없다. 천상의 것을 올려다보

uident, quorum oculi sunt obscurati, ne uideant? Quid mirum, si caelestia non suspiciunt, qui ut in terrena sint proni, dorsum eorum semper incuruum est? His enim uerbis translatis a corpore uitia intelleguntur animorum. Ista de Psalmis, hoc est de prophetia regis Dauid, satis dicta sint, ut aliquis modus sit. Ignoscant autem qui haec legunt et cuncta illa nouerunt, et de his, quae fortasse firmiora me praetermisisse uel intellegunt uel existimant, non querantur.

지 못하고 지상의 것만을 내려다본다면 그들의 등이 늘 굽어 있다는 말이 뭐가 이상한가? 이 말들을 전의적으로 이해한다면 신체의 결함에서 정신의 결함을 알아보게 된다. 나는 시편들에 관해, 곧 다윗 왕의 예언에 대해 충분하리만큼 논했다. 그러니 어느 정도 절도를 지켜야겠다. 이 모든 내용을 읽고 있거나 그 모든 내용을 알고 있는 사람들은 나의 장황한 담론을 용서해 주기 바란다. 하지만 더 강력한 증언을 인용하지 않고 내가 간과했다고 여기거나 실제로 그런 사실이 있음을 간파한 사람은 이를 두고 불평하지 말기 바란다.[270]

---

[270] 아우구스티누스가 인용하는 시편 15[16]; 67[68]; 68[69]편은 수난을 다루면서 부활과 연관하여 해석할 여지가 많은 시편들이므로 그런 예언적 내용을 간과한 유다인들의 맹목을 지적한다.

20. Regnauit ergo Dauid in terrena Hierusalem, filius caelestis Hierusalem, diuino multum testimonio praedicatus, quia et delicta eius tanta pietate superata sunt per saluberrimam paenitendi humilitatem, ut prorsus inter eos sit, de quibus ipse ait: *Beati quorum remissae sunt iniquitates et quorum tecta sunt peccata.* Post hunc regnauit eidem populo uniuerso Salomon filius eius, qui, ut supra dictum est, patre suo uiuo coepit regnare. Hic bonis initiis malos exitus habuit. Quippe secundae res, quae sapientium animos fatigant, magis huic offuerunt, quam profuit ipsa sapientia, etiam nunc et deinceps memorabilis, et tunc longe lateque laudata. Prophetasse etiam ipse reperitur in suis libris, qui tres recepti sunt in auctoritatem canonicam: Prouerbia, Ecclesiastes et canticum canticorum. Alii uero duo, quorum unus Sapientia, alter Ecclesiasticus dicitur, propter eloquii nonnullam similitudinem, ut Salomonis dicantur, obtinuit consuetudo; non autem esse ipsius non dubitant doctiores; eos tamen in auctoritatem maxime occidentalis antiquitus recepit ecclesia. Quorum in uno, qui appellatur sapientia Salomonis, passio Christi apertissime prophetatur. Impii quippe interfectores eius commemorantur dicentes: *Circumueniamus iustum, quia insuauis est nobis et contrarius est operibus nostris et inproperat nobis peccata legis et infamat in nos peccata disciplinae nostrae. Promittit scientiam Dei se habere et filium Dei se nominat. Factus est nobis in traductionem cogitationum nostrarum. Grauis est*

---

[271] 시편 31[32],1.

[272] 17.8.3 참조.

[273] Cf. Sallustius, *De coniuratione Catilinae* 11: quippe secundae res sapientium animos fatigant.

[274] 이 두 성서의 정전성에 관한 토론은 아우구스티누스의 *De doctrina Christiana* 2.12 참조.

제4부 (20-24)
솔로몬 이후의 예고

20. 다윗의 왕권과 공적, 그리고 그의 아들 솔로몬의 저술로 전해지는 서책들과 확실히 그의 저서인 서책들에서 그리스도께 해당하는 것으로 보이는 예언

20. 1. 지혜서와 집회서에서 그리스도의 적으로 불리는 사람들

다윗은 지상 예루살렘에서 통치했는데, 천상 예루살렘의 아들답게 그는 신적 증언에 의거하여 많은 사실을 예고했다. 자신의 죄악마저 극진한 신심으로 극복했고 구원에 유익한 참회의 겸손을 보임으로써, 본인의 입으로 "행복하여라, 죄가 사하여지고 잘못이 덮여진 이!"[271]라고 하는 사람들의 대열에 스스로 들어간다. 그 인물 다음에는 그의 아들 솔로몬이 온 백성을 다스렸는데, 그는 앞서 말한 대로[272] 자기 부친이 살아있을 때 통치를 시작했다. 이 사람은 시작은 좋았는데 나쁜 결말을 보았다. 무릇 순경順境이라는 것은 현자들의 지성마저 권태롭게 만드는 법인데,[273] 특히 이 사람에게는 지혜가 끼친 유익에 비해 훨씬 큰 해를 끼쳤다. 그의 지혜야말로 지금까지도 기억에 남을 정도이므로 그 당시로 말하자면 멀리까지 두루 칭송을 받던 지혜였다. 이 인물도 자기의 저서에서 예언을 한 것으로 보이며, 잠언과 전도서와 아가 세 권은 정전正典의 권위를 가지고 있다. 다른 두 권 가운데 하나는 지혜서라고 부르고 다른 하나는 집회서라고 하는데, 어법이 유사하여 관습상으로 솔로몬의 것이라고들 한다. 하지만 더 박식한 사람들은 이것들이 그의 작품이 아니라는 데 의심을 두지 않는다. 그렇지만 교회, 특히 서방 교회는 옛날부터 정전의 권위를 갖는 것으로 받아들였다.[274] 이 가운데 「솔로몬의 지혜」라고 부르는 책에는 그리스도의 수난이 아주 뚜렷하게 예언되어 있다. 불경스럽게 그분을 죽인 사람들이 거기 다음과 같이 언급되고 있다: "'의인은 우리를 방해하고 우리가 하는 일을 반대하며 율법을 어긴 죄악을 두고 우리를 책망하고 우리 규범의 죄상을 우리에게 씌워 나무라기만 하니 그를 에워싸자. 의인은 자기가 하느님에 대한 지식을 갖고 있노라고 큰소리치고 주님의 아들로 자처한다. 그는 우리에게 우리 생각을 비난하는 자가 되고 말았다. 그를

nobis etiam ad uidendum, quoniam dissimilis est aliis uita illius et inmutatae uiae eius. Tamquam nugaces aestimati sumus ab illo, et abstinet se a uiis nostris quasi ab inmunditiis; praefert nouissima iustorum et gloriatur patrem Deum se habere. Videamus ergo si sermones illius ueri sunt, et temptemus quae euentura sunt illi, et sciemus quae erunt nouissima illius. Si enim est iustus filius Dei, suscipiet illum et liberabit eum de manibus contrariorum. Contumelia et tormento interrogemus illum, ut sciamus reuerentiam illius et probemus patientiam eius. Morte turpissima condemnemus illum; erit enim ei respectus ex sermonibus illius. Haec cogitauerunt et errauerunt; excaecauit enim illos malitia ipsorum. In Ecclesiastico autem fides gentium futura praedicitur isto modo: *Miserere nostri, dominator Deus omnium, et inmitte timorem tuum super omnes gentes; extolle manum tuam super gentes alienas et uideant potentiam tuam. Sicut coram illis sanctificatus es in nobis, ita coram nobis magnificeris in illis, et agnoscant te secundum quod et nos agnouimus te, quia non est Deus praeter te, Domine.* Hanc optandi et precandi specie prophetiam per Iesum Christum uidemus impletam. Sed aduersus contradictores non tanta firmitate proferuntur, quae scripta non sunt in canone Iudaeorum.

In tribus uero illis, quos Salomonis esse constat et Iudaei canonicos habent, ut ostendatur ad Christum et ecclesiam pertinere quod in eis eius modi reperitur, operosa disputatio necessaria est, quae nos ultra quam oportet, si nunc adhibetur, extendit. Tamen quod in Prouerbiis legitur, uiros impios dicere: *Abscondamus in terra uirum iustum iniuste, absorbeamus uero eum tamquam infernus uiuentem et auferamus eius memoriam*

---

[275] 지혜 2,12-21 (아우구스티누스의 자유 인용).
[276] 집회 36,1-4.

보기만 해도 마음의 짐이 되느니 아무튼 그의 생활은 다른 사람들과는 다르고 꿈쩍않는 그의 길들도 그렇다. 그의 눈에는 우리가 시시한 자들로만 보인다. 그는 더러운 것이기라도 하듯이 우리가 걷는 길을 멀리한다. 그들은 의인들의 최후를 차라리 낫다고 하며 하느님이 자기 아버지라고 자랑한다. 그러니 그의 말이 정말인지 두고 보자. 그에게 무슨 일이 닥칠 것인지 시험해 보자. 그들의 말로가 어떻게 될 것인지 알게 될 것이다. 의인이 과연 하느님의 아들이라면 하느님이 그를 거두어 주시고 원수들의 손아귀에서 구해 주실 것이다. 그러니 그를 모욕과 고문으로 심문해 보자. 그러면 그의 온유한 마음을 알 수 있을 것이며 그의 인내력을 시험해 볼 수 있을 것이다. 그를 아주 수치스런 죽음으로 단죄해 보자. 그의 말로 미루어 그에게 보살핌이 올 것이니까.' 악인들은 이런 생각을 해냈지만 그들의 생각은 그릇되었다. 그들의 악한 마음 때문에 눈이 먼 것이다."[275] 집회서에는 이방인들이 장차 품을 신앙이 다음과 같이 예고되어 있다: "만민의 지배자이신 하느님, 우리를 불쌍히 여기소서. 모든 이방인들에게 주님에 대한 두려움을 넣어 주소서. 이방인들 위에 당신 손을 들어 그들로 하여금 당신의 권능을 알아 보게 하소서. 그들 면전에서 당신이 우리 가운데 거룩한 분으로 드러나신 것처럼, 또한 우리 면전에서 당신이 그들 가운데 위대한 분으로 드러나소서. 주님, 당신 외에 따로 하느님이 없으니 우리가 당신을 알 듯이 저들도 당신을 그대로 알게 하소서."[276] 소망과 저주의 형태로 짜여진 이 예언이 예수 그리스도에게서 성취되었음을 우리가 목격하는 중이다. 그러나 이에 대항하는 사람들을 상대로 해서는 그다지 강력한 설득력이 없다. 왜냐하면 여기 기록된 글이 유다인들의 정전목록에 들어 있지 않기 때문이다.

20. 2. 솔로몬의 글에 그리스도와 교회가 예고되어 있다

솔로몬의 작품이 분명하고 유다인들이 정전으로 여기는 다른 세 권에서 같은 모양으로 나타나더라도 그 내용이 그리스도와 교회에 해당한다는 사실을 입증하려면 힘겨운 토론이 필요하다. 지금 토론에 부친다면 필요 이상이 될 것이다. 하지만 잠언에서 악인들을 두고 하는 말이 나온다: "의로운 사람을 불의하게 땅에 묻자. 저승이 산 사람 삼키듯이 우리가 저 사람을 집어삼키자. 저 사

de terra, possessionem eius pretiosam adprehendamus, non ita obscurum est, ut de Christo et possessione eius ecclesia sine laboriosa expositione non possit intellegi. Tale quippe aliquid etiam Dominus ipse Iesus per euangelicam parabolam ostendit dixisse malos colonos: *Hic est heres, uenite, occidamus eum, et nostra erit hereditas.* Itemque illud in eodem libro, quod iam ante perstrinximus, cum ageremus de sterili, quae peperit septem, non nisi de Christo et ecclesia, mox ut fuerit, pronuntiatum consueuit intellegi ab eis, qui Christum sapientiam Dei esse nouerunt: *Sapientia aedificauit sibi domum et suffulsit columnas septem; immolauit suas uictimas, miscuit in cratere uinum suum et parauit mensam suam. Misit seruos suos conuocans cum excellenti praedicatione ad craterem dicens: Quis est insipiens? Diuertat ad me. Et inopibus sensu dixit: Venite, manducate de meis panibus et bibite uinum quod miscui uobis.* Hic certe agnoscimus Dei sapientiam, hoc est Verbum Patri coaeternum, in utero uirginali domum sibi aedificasse corpus humanum et huic, tamquam capiti membra, ecclesiam subiunxisse, martyrum uictimas immolasse, mensam in uino et panibus praeparasse, ubi apparet etiam sacerdotium secundum ordinem Melchisedech, insipientes et inopes sensu uocasse, quia, sicut dicit apostolus, *infirma huius mundi elegit, ut confunderet fortia*. Quibus tamen infirmis quod sequitur dicit: *Derelinquite insipientiam, ut uiuatis, et quaerite prudentiam, ut habeatis uitam*. Participem autem fieri mensae illius, ipsaim est incipere habere uitam. Nam et in alio libro, qui uocatur Ecclesiastes, ubi ait: *Non est bonum homini, nisi quod manducabit et bibet*, quid credibilius dicere intellegitur, quam quod ad participationem mensae huius pertinet, quam sacerdos ipse Mediator testamenti noui exhibet secundum ordinem Melchisedech de corpore et sanguine suo? Id enim sacrificium successit omnibus illis sacrificiis ueteris testamenti, quae immolabantur in umbra futuri; propter quod etiam

---

[277] 잠언 1,11-13. 〔공동번역: "같이 가서 길목을 지키다가 피를 보자. 심심하니 길목에 숨었다가 무고한 사람을 덮쳐 죽음이 산 사람 삼키듯이, 구덩이가 사람을 통째로 빨아들이듯이 해치우고 온갖 값진 재물을 차지하자."〕

[278] 마태 21,38.   [279] 17.4.4 참조. 1열왕[1사무] 2,5 인용 후에 잠언 9,1을 인용함.

[280] crater: 포도주에 물을 타서 마시기 좋게 마련한 그릇.

[281] 잠언 9,1-5 (아우구스티누스의 자유 인용).   [282] 1고린 1,27.

[283] 잠언 9,6. 〔공동번역: "복되게 살려거든 철없는 짓을 버리고 슬기로운 길에 나서 보시오."〕

[284] 전도 8,15. 〔공동번역: "하늘 아래서 먹고 마시며 즐기는 일밖에 사람에게 무슨 좋은 일이 있겠는가?"〕

람의 기억을 땅에서 지워 없애고 그의 소중한 소유물을 우리가 차지하자."[277] 힘든 해설을 거치지 않고서는 그리스도와 그의 소유인 교회에 대해 하는 말이라고는 도저히 이해 안 될 만큼이나 애매한 구절은 아니다. 주 예수도 복음서의 비유에서 악한 소작인들이 "저자는 상속자다. 가서 죽여 버리고 그 유산을 차지하자"[278]라는 말을 했다고 가리켜 보였다. 우리가 조금 전에 아기를 낳지 못하는 여자가 일곱을 낳았다는 말을 하면서 인용한 바 있지만,[279] 그리스도가 하느님의 지혜임을 아는 사람이라면 다음 구절도 그리스도와 그분의 교회에 관해서가 아니고는 달리 이해할 길이 없을 것이다: "지혜가 제 집을 지었고 일곱 기둥을 세웠다. 자기 제물들을 잡고 술병[280]에 자기 술을 섞고 자기 식탁을 마련했다. 그리고 자기 종들을 내보내어 커다란 소리로 설교하며 자기 술독에로 사람들을 부르며 외쳤다. '어리석은 자가 누구인가? 나에게로 오라.' 그리고 지각이 부족한 사람들에게 이렇게 말했다. '와서 내 빵에서 먹고 내가 너희에게 빚은 술을 마시라.'"[281] 여기서 우리가 알아듣는 것은 하느님의 지혜, 곧 아버지와 똑같은 영원한 아드님이 동정녀의 태중에서 스스로 집을, 즉 인간 육체를 지었다는 뜻이고, 마치 지체를 머리에 결합시키듯이 이 몸에 교회를 결합시켰다는 뜻이다. 또 순교자들의 제물을 몸소 바쳤고 포도주와 빵으로 식탁을 마련했다는 것이며, 거기에는 멜기세덱의 반열에 따른 사제직이 또한 등장했다는 것이다. 또 그분은 어리석은 사람과 지각이 부족한 사람을 불러들였으니, 그 이유는 사도가 말한 대로 "하느님은 강한 것을 부끄럽게 하려고 세상의 약한 것을 택하셨기"[282] 때문이다. 다만 그 어리석은 자들에게 하는 말씀이 있다: "너희가 살려면 어리석음을 버려라. 슬기로움을 찾아서 생명을 얻도록 하여라."[283] 그분의 식탁에 참여한다는 것은 그 자체가 생명을 얻는 시작이다. 왜냐하면 전도서라고 하는 다른 책에서는 "사람에게는 먹고 마시는 것말고 좋은 일이 없다"[284]고 했는데, 이는 저 사제가 신약의 중개자로서 멜기세덱의 반열에 따라 마련하는 식탁에 참여하는 일을 의미하는 것으로 이해하는 편이 퍽 신빙성있다. 이 제사는 구약의 저 모든 제사를 계승한 것이며 실상 구약의 제사들은 장차 올 것의 그림자로서 바쳐져 왔던 것이다. 바로 그래서 우리는 시편 39편에

uocem illam in Psalmo tricensimo et nono eiusdem Mediatoris per prophetiam loquentis agnoscimus: *Sacrificium et oblationem noluisti, corpus autem perfecisti mihi*; quia pro illis omnibus sacrificiis et oblationibus corpus eius offertur et participantibus ministratur. Nam istum Ecclesiasten in hac sententia manducandi et bibendi, quam saepe repetit plurimumque commendat, non sapere carnalis epulas uoluptatis, satis illud ostendit, ubi ait: *Melius est ire in domum luctus quam ire in domum potus*; et paulo post: *Cor*, inquit, *sapientium in domo luctus et cor insipientium in domo epularum*. Sed illud magis commemorandum existimo de hoc libro, quod pertinet ad ciuitates duas, unam diaboli, alteram Christi, et earum reges diabolum et Christum: *Vae tibi, terra*, inquit, *cuius rex adulescens, et principes tui mane comedunt. Beata tu, terra, cuius rex tuus filius ingenuorum, et principes tui in tempore comedunt, in fortitudine, et non in confusione*. Adulescentem dixit diabolum propter stultitiam et superbiam et temeritatem et petulantiam ceteraque uitia, quae huic aetati adsolent abundare; Christum autem filium ingenuorum, sanctorum scilicet patriarcharum, pertinentium ad liberam ciuitatem, ex quibus est in carne progenitus. Principes illius ciuitatis mane manducantes, id est ante horam congruam, quia non expectant oportunam, quae uera est, in futuro saeculo felicitatem, festinanter beari huius saeculi celebritate cupientes; principes autem ciuitatis Christi tempus non fallacis beatitudinis patienter expectant. Hoc ait: *In fortitudine, et non in confusione*, quia non eos fallit spes, de qua dicit apostolus: *Spes autem non confundit*; dicit et Psalmus: *Etenim qui te expectant, non confundentur*. Iam uero canticum canticorum spiritalis quaedam sanctarum est uoluptas mentium in coniugio illius regis et reginae ciuitatis, quod est Christus et ecclesia. Sed haec uoluptas allegori-

---

[285] 시편 39,7. 〔새번역 40,7: "당신께서는 희생과 제물을 즐기지 않으시고 오히려 저의 귀를 열어주셨나이다."〕

[286] 전도 7,2.4.

[287] 전도 10,16-17. 〔공동번역: "남의 말 잘 듣는 사람이 왕이 되어 신하들이 아침부터 잔칫판을 벌이게 되면 그 나라는 망하며, 뜻이 서 있는 사람이 왕이 되어 고관대작들이 먹을 때를 알고 마셔도 취하지 않아 몸가짐을 바로 하게 되면 그 나라는 흥한다."〕

[288] 갈라 4,21-31 참조.

[289] 로마 5,5.

[290] 시편 24[25],3.

[291] 아가(雅歌), 곧 "노래 중의 노래"는 의당히 영적 열락(悅樂)에 해당한다.

서 예언을 통해 말씀하는 똑같은 중개자의 음성을 알아듣게 된다: "당신께선 희생과 제물을 즐기지 않으시고 오히려 저에게 몸을 빚어주셨나이다."[285] 왜냐하면 저 모든 희생과 제물 대신 그분의 몸이 봉헌되고 거기 참여하는 사람들에게 그 몸을 나누어 주었기 때문이다. 그 외에도 전도서에서는 이 먹고 마시는 문제에 대해 언급하면서 그것이 육신적 쾌락의 잔치가 아니라는 점을 누누이 강조한다. 다음 한 마디로도 이 얘기는 충분하겠다: "잔칫집에 가는 것보다 초상집에 가는 것이 좋다." 그리고 곧이어 "지혜로운 사람은 마음이 초상집에 있고 어리석은 사람은 마음이 잔칫집에 있다"고 한다.[286] 그렇지만 이 전도서에 관한 한 나는 다음 사실을 염두에 두는 것이 좋다고 생각한다. 그것은 두 도성에 해당하는 내용으로서, 하나는 악마의 도성이고 다른 하나는 그리스도의 도성인데, 그 임금은 제각기 악마와 그리스도라는 이야기이다: "젊은이가 임금이 되어 네 군주들이 아침부터 먹어대는 땅은 저주를 받을지어다. 그 대신 네 임금이 교양있는 사람들의 아들이요 너의 군주들이 제때에 먹고 부끄러움 속에 먹지 않으며 용기있게 먹는 땅이여, 너는 복되도다."[287] 악마를 일컬어 젊은이라고 하는 이유는 어리석음과 오만함과 불손함과 건방짐과 그밖의 악덕 때문이고, 이런 악덕들은 젊은 나이에 흔하기 때문이다. 그리스도는 교양있는 사람들 다시 말해 거룩한 성조들, 곧 자유로운 도성에 속하는 사람들의 아들이니 혈육 상으로 그들의 후손이 된다.[288] 저 지상 도성의 군주들은 아침부터, 즉 적당한 시간 이전에, 또는 적절한 시각을 기다리지 않은 채 음식을 먹는다. 이 세상의 잔치에서 서둘러 행복을 맛보려고 탐하는 사람들이다. 제때에 먹는다는 것은 장차 올 시대에 행복, 참된 행복을 맛본다는 것이다. 그리스도의 도성에 있는 군주들은 가짜 행복이 아닌 행복의 때를 인내로 기다린다. 바로 그래서 "부끄러움 속에 먹지 않으며 용기있게 먹는다"는 표현을 하는데, 희망은 당사자들을 속이는 일이 없고 사도 역시 "희망은 부끄러움을 당하지 않습니다"[289]라고 한다. 시편도 "당신께 바라는 이들은 아무도 수치를 당하지 않으리이다"[290]라고 한다. 또한 아가야말로 성스러운 지성들의 영적 쾌락에 해당한다.[291] 즉, 저 도성의 임금과 여왕인 그리스도와 교회의 혼인으로 말미암은 쾌락이기도 하다.

제17권   1921

cis tegminibus inuoluta est, ut desideretur ardentius nudeturque iucundius, et appareat sponsus, cui dicitur in eodem cantico: *Aequitas dilexit te*, et sponsa, quae ibi audit: *Caritas in deliciis tuis*. Tacita multa transimus cura huius operis terminandi.

21. Ceteri post Salomonem reges Hebraeorum uix inueniuntur per aliqua aenigmata dictorum suorum rerumue gestarum, quod ad Christum et ecclesiam pertineat, prophetasse, siue in Iuda siue in Israel. Sic enim appellatae sunt illius populi partes, ex quo propter Salomonis offensam tempore filii eius Roboam, qui patri successit in regnum, Deo uindicante diuisus est. Proinde tribus decem, quas accepit Hieroboam, seruus Salomonis, rex eis in Samaria constitutus, proprie uocabantur Israel, quamuis hoc uniuersi illius populi nomen esset. Duabus uero tribubus, Iudae scilicet et Beniamin, quae propter Dauid, ne penitus regnum stirpis eius fuisset eradicatum, remanserant subiacentes ciuitati Hierusalem, Iudae nomen fuit, quia ipsa erat tribus unde Dauid. Beniamin uero tribus altera ad idem regnum, sicut dixi, pertinens erat, unde fuit Saul rex ante Dauid. Sed simul istae duae tribus, ut dictum est, Iuda uocabantur, et hoc nomine discernebantur ab Israel, quod appellabantur proprie decem tribus habentes suum regem. Nam tribus Leui, quoniam sacerdotalis fuit, Dei, non regum seruitio mancipata, tertia decima numerabatur. Ioseph quippe unus ex duodecim filiis Israel, non unam, sicut ceteri singulas, sed duas tribus fecit, Ephraem et Manassen. Verum tamen etiam tribus Leui ad regnum

---

[292] 아가 1,3(아우구스티누스의 자유 인용). 교부의 아가 인용에는 칠십인역본에도 안 나오는 구절도 곧잘 나온다.

[293] 아가 7,6 (LXX).

[294] 여태까지 성서 해설로 많은 지면을 채웠음을 의식한 교부는 솔로몬 이후의 역사를 21 - 24장에서 대강 간추리는 것으로 서둘러 책을 닫는다.

다만 이 쾌락은 은유적 너울들로 덮여 있는데 그렇게 함으로써 그에 대한 욕구가 더욱 열렬해지고, 이 쾌락이 드러나면 더욱 유쾌해지게 해 놓았다. 아가에서도 신랑이 등장하면 "공평이 당신을 사랑했나이다"[292]라고 하고, 신부가 등장하면 "당신의 즐거움에는 사랑이 있나이다"[293]라는 말을 한다. 이 권을 끝내야겠다는 조바심에서 우리는 많은 얘기들을 묵살하고 넘어가는 중이다.[294]

21. 솔로몬 이후 유다 왕국과 이스라엘 왕국에 등장한 왕들

솔로몬 이후 히브리인들의 다른 국왕들이 그리스도와 교회에 해당하는 내용을 예언했다고 말하기는 힘들다. 그들이 남긴 수수께끼 같은 말이나 행적을 찾아내기 힘들다. 유다 왕국에서도 그렇고 이스라엘 왕국에서도 그렇다. 유다 왕국이니 이스라엘 왕국이니 하는 칭호는 그 백성의 두 부분을 가리키는 말인데, 그 백성들은 솔로몬의 과실 때문에 부친의 왕위를 계승한 그의 아들 르호보암 시대에 하느님의 간섭으로 둘로 쪼개졌다. 그래서 열 개의 지파는 솔로몬의 신하이던 여로보암이 장악했고 여로보암은 그 지파들에 의해 사마리아에서 왕에 봉해졌다. 이스라엘은 그 백성 전체의 이름이었지만, 갈라져 나간 그 지파들은 고유명사로 이스라엘이라고 불렸다. 그 대신 두 지파 곧 유다 지파와 베냐민 지파는 다윗 때문에 그의 후손의 왕권이 아예 뿌리뽑히는 일이 없도록 하려는 뜻에서, 예루살렘 도성에 잔존하여 유다라는 이름을 보존했다. 다윗의 출신 지파가 유다의 지파였던 것이다. 다윗 이전의 임금 사울이 베냐민 지파 출신이었고, 베냐민 지파는 다른 지파이면서도 내가 말한 대로 같은 왕국에 속했다. 그러니까 말하자면 이 두 지파를 한데 일컬어 유다라고 했고, 이 이름으로 이스라엘과 구분되었는데 이 후자는 열 지파를 가리키는 것으로 나름대로 왕을 두고 있었다. 레위 지파는 사제 지파로서 하느님을 섬기고 임금을 섬기지는 않았으므로 열셋째 지파로 여겨졌다. 요셉은 이스라엘의 열두 아들 가운데 하나였지만 유독 그만은 다른 형제들처럼 한 지파를 이루지 않고 두 지파를 이루었으니, 에브라임 지파와 므나쎄 지파가 그것이다. 하지만 레위 지파도 예루살렘의 왕국에 속했는데, 이 지파가 섬겨야 할 하느님의 성전

Hierosolymitanum pertinebat magis, ubi erat Dei templum, cui seruiebat. Diuiso igitur populo primus regnauit in Hierusalem Roboam, rex Iuda, filius Salomonis, et in Samaria Hieroboam, rex Israel, seruus Salomonis. Et cum uoluisset Roboam tamquam tyrannidem diuisae illius partis bello persequi, prohibitus est populus pugnare cum fratribus suis dicente Deo per prophetam se hoc fecisse. Vnde apparuit nullum in ea re uel regis Israel uel populi fuisse peccatum, sed uoluntatem Dei uindicantis impletam. Qua cognita pars utraque inter se pacata conquieuit; non enim religionis, sed regni fuerat facta diuisio.

22. Verum rex Israel Hieroboam mente peruersa non credens Deo, quem ueracem promisso sibi regno datoque probauerat, timuit ne ueniendo ad templum Dei, quod erat in Hierusalem, quo secundum diuinam legem sacrificandi causa uniuersae illi genti ueniendum fuit, seduceretur ab eo populus et stirpi Dauid tamquam regio semini redderetur, et instituit idolatriam in regno suo et populum Dei secum simulacrorum cultu obstrictum nefanda impietate decepit. Nec tamen omni modo cessauit Deus non solum illum regem, uerum etiam successores eius et impietatis imitatores populumque ipsum arguere per prophetas. Nam ibi extiterunt et magni illi insignesque prophetae, qui etiam mirabilia multa fecerunt, Helias et Helisaeus discipulus eius; ibi etiam dicenti Heliae: *Domine, prophetas tuos occiderunt, altaria tua suffoderunt, et ego relictus sum solus, et quaerunt animam meam*, responsum est esse illic septem milia uirorum, qui non curuauerunt genua contra Bahal.

---

[295] 3[1]열왕 12,20-24 참조.

[296] cum simulacrorum cultu: 아론(출애 32,1-35 참조)도 시도한 바 있지만 금송아지는 그들에게 "야훼"를 나타낸 성상(聖像)이었다. 야훼의 초상을 절대로 만들지 말라는 계명은 그다음에 나왔다.

[297] 3[1]열왕 12,20-33 참조. 왕위의 정통성이 취약했던 여로보암은 영토 내 베델과 단에 성소를 세워 종교적으로도 민족을 분단시키는 정책을 수립하여 예언자들의 꾸준한 지탄을 받는다.

[298] 3[1]열왕 19,10.18 참조.

이 거기에 있었기 때문이다. 백성이 분열된 후 예루살렘에서는 솔로몬의 아들 르호보암이 유다의 왕으로 통치했고, 사마리아에서는 솔로몬의 신하이던 여로보암이 이스라엘의 왕으로 통치했다. 르호보암이 전제군주로서, 갈라져 나간 국토를 전쟁으로 재탈환하려고 나섰을 때, 하느님은 예언자를 시켜서 둘을 갈라놓은 일은 당신이 한 일이라면서 백성이 자기 동족과 싸워서는 안 된다고 전쟁을 금했다. 그러니까 이 국가 분열 사건은 국왕의 죄나 백성의 죄 때문이 아니고, 그들을 벌한 하느님의 뜻이 이루어진 것뿐이다.[295] 이 사실을 알고 나자 양편은 서로 화친하여 평온을 되찾았다. 그것은 종교의 분열이 아니라 왕권의 분열이었던 것이다.

22. 여로보암이 불경스런 우상숭배로 속민을 타락시킨 지경에서도 하느님은 끊임없이 예언자에게 영감을 주고 많은 사람들을 우상숭배에서 지켜주었다

그러나 이스라엘 국왕 여로보암은 생각이 비뚤어져, 자기에게 왕권을 주었을 뿐 아니라 하느님의 언약으로 그분이 진실한 분임을 확인했는데도 하느님을 신뢰하지 않았다. 원래 신성한 율법에 따라서 온 민족이 제사를 드린다는 명분으로 예루살렘을 찾아와야 했었다. 하지만 그는 자기 백성이 예루살렘에 있는 하느님의 성전을 찾아다님으로써 자기에게서 떨어져 나가고, 또 다윗의 후손을 진짜 왕손으로 여기고 돌아설까 두려워 자기 왕국에 우상숭배를 도입했다. 하느님의 백성을 자기와 더불어 신상들을 예배하는 죄에 묶어 놓음으로써,[296] 가증스런 불경행위로 그 백성을 기만했다.[297] 그러자 하느님은 중단없이 예언자들을 시켜서 그 국왕뿐 아니라 그의 후계자 중에 그 불측한 짓을 모방하는 사람들과 그 백성들을 모두 꾸짖었다. 이스라엘 왕국에도 수많은 기적을 행한 엘리야와 그의 제자 엘리사 같은 위대한 예언자들이 있었다. 엘리야가 하느님께 "이 백성은 당신의 제단을 헐었을 뿐 아니라 당신의 예언자들을 칼로 쳐 죽였습니다. 이제 예언자라고는 저 하나 남았는데 그들이 저마저 죽이려고 찾고 있습니다"라는 말씀을 드렸을 때 그 자리에 바알에게 무릎을 꿇지 않았던 사람 7,000명이 있다는 답변이 내렸다.[298]

23. Itemque in regno Iuda pertinente ad Hierusalem etiam regum succedentium temporibus non defuerunt prophetae; sicut Deo placebat eos mittere uel ad praenuntiandum, quod opus erat, uel ad corripienda peccata praecipiendamque iustitiam. Nam et illic, etsi longe minus quam in Israel, tamen extiterunt reges, qui suis impietatibus Deum grauiter offenderent et moderatis flagellis cum populo simili plecterentur. Priorum sane regum merita ibi non parua laudantur; in Israel autem reges alios magis, alios minus, omnes tamen reprobos legimus. Vtraque igitur pars, sicut iubebat diuina prouidentia uel sinebat, uariis et erigebatur prosperitatibus et aduersitatibus premebatur, et sic adfligebatur non solum externis, uerum et inter se ciuilibus bellis, ut certis existentibus causis misericordia Dei uel ira patesceret, donec eius indignatione crescente uniuersa gens illa a Chaldaeis debellantibus non solum subuerteretur in sedibus suis, sed etiam ex maxima sui parte transferretur in terras Assyriorum; prius illa pars, quae uocabatur Israel in tribubus decem; postea uero etiam Iudas, euersa Hierusalem et templo illo nobilissimo; in quibus terris per annos septuaginta captiuum egit otium. Post quos inde dimissa templum, quod euersum fuerat, instaurauit; et quamuis plurimi eius in alienigenarum degerent terris, non habuit tamen deinceps duas regni partes et duos diuersos in singulis partibus reges; sed in Hierusalem princeps eorum erat unus, atque ad Dei templum, quod ibi erat, omnes undique, ubicumque essent et undecumque possent, per certa tempora ueniebant. Sed nec tunc eis hostes ex aliis gentibus expugnatoresque defuerunt; nam etiam Romanorum iam tributarios eos Christus inuenit.

---

[299] vel ad praenuntiandum, vel ad corripienda peccata praecipiendamque iustitiam: 예언자들이 파견되는 세 가지 목적이 열거되고 있다.

[300] 4[2]열왕 17장 참조.

[301] 4[2]열왕 25장 참조.

[302] 에즈 3,7 - 4,22 참조.

[303] 유배 이후 이스라엘 왕조가 부흥한 적은 없고 특정한 사제 가문 등이 한시적으로 자치권을 장악한 일은 있으나 매우 취약했다. 에즈라; 느헤미야; 마카베오 상·하권 참조.

23. 히브리인들의 두 왕국과, 시대는 다르지만 둘다 포로로 붙잡혀 가기까지의 다양한 처지: 후대에 유다는 왕권을 회복했지만 끝내는 로마인들의 세력에 넘어가고 말았다

　물론 예루살렘에 속하는 유다 왕국에도 국왕들이 계승하던 시대에 예언자들이 없지는 않았다. 하느님이 그들을 파견한 것은 반드시 필요한 일을 알리거나 죄과를 바로잡거나 정의를 훈계하기 위해서였는데,[299] 하여튼 그들을 파견하는 일이 하느님의 마음에 들었던 것이다. 이스라엘 왕국보다는 훨씬 덜했지만 그곳에서도 불경스런 짓으로 하느님을 상심시키는 국왕들이 있었으며, 그 국왕들은 그 짓을 추종하여 국왕을 닮게 된 백성과 함께 상응하는 징벌을 받곤 했다. 그곳에서는 경건한 임금들의 공적도 적지 않아서 칭송을 받기도 했다. 우리는 이스라엘에서는 많든 적든 모든 임금들이 지탄의 대상이 된다고 읽었다. 여하튼 양편 다 신적 섭리가 명하거나 허락하는 범위에서, 갖가지 번영을 누리며 흥하기도 하고 역경을 당하면서 쇠하기도 했다. 단지 외부에서만 시련을 겪는 것이 아니고 내부에서도 내란에 시달리는 일이 많았고, 또 이러저런 사유로 하느님의 자비와 진노가 드러나곤 했다. 그러다 급기야는 하느님의 분노가 쌓여서 온 민족이 칼대아인들의 공격을 받고 자기 땅에서 멸망했을 뿐 아니라 민족 대부분이 아시리아인들의 땅으로 이주를 당했다. 이 일은 열 지파로 이루어진 이스라엘 왕국에서 먼저 일어났고,[300] 다음에는 유다 왕국도 예루살렘이 함락되고 저 고귀하기 이를 데 없는 성전이 파괴된 뒤에 똑같이 그렇게 되었다.[301] 그러고는 유배간 땅에서 70년간 포로생활을 했다. 그 햇수가 지난 뒤 풀려난 민족은 돌아와서 무너진 성전을 재건했다.[302] 그 민족의 대부분은 이역 땅에서 살았지만 적어도 그 이후로 왕국이 두 조각으로 나누어지거나 조각마다 제각기 왕을 두거나 하지는 않았고 예루살렘에 자기네 단일한 지도자를 두었다. 그리고 그들이 어디서 와서 어디에 살든 가능한 모든 수단을 다해 모두가 일정한 시기에 하느님의 성전으로 모이곤 했다. 물론 그때도 이민족들 가운데 그들에게 싸움을 거는 적들이 없지 않았다. 그리스도가 와서 발견한 것은 유다인들이 로마인들에게 조공을 바치는 모습이었다.[303]

24. Toto autem illo tempore, ex quo redierunt de Babylonia, post Malachiam, Aggaeum et Zachariam, qui tunc prophetauerunt, et Esdram non habuerunt prophetas usque ad Saluatoris aduentum, nisi alium Zachariam patrem Iohannis et Elisabeth eius uxorem, Christi natiuitate iam proxima, et eo iam nato Simeonem senem et Annam uiduam iamque grandaeuam et ipsum Iohannem nouissimum; qui iuuenis iam iuuenem Christum non quidem futurum praedixit, sed tamen incognitum prophetica cognitione monstrauit; propter quod ipse Dominus ait: *Lex et prophetae usque ad Iohannem.* Sed istorum quinque prophetatio ex euangelio nobis nota est, ubi et ipsa uirgo mater Domini ante Iohannem prophetasse inuenitur. Sed hanc istorum prophetiam Iudaei reprobi non accipiunt; acceperunt autem, qui ex eis innumerabiles euangelio crediderunt. Tunc enim uere Israel diuisus est in duo diuisione illa, quae per Samuelem prophetam Sauli regi est inmutabilis praenuntiata. Malachiam uero, Aggaeum, Zachariam et Esdram etiam Iudaei reprobi in auctoritatem diuinam receptos nouissimos habent. Sunt enim et scripta eorum, sicut aliorum, qui in magna multitudine prophetarum perpauci ea scripserunt, quae auctoritatem canonis obtinerent. De quorum praedictis, quae ad Christum ecclesiamque eius pertinent, nonnulla mihi in hoc opere uideo esse ponenda; quod commodius fiet adiuuante Domino sequenti libro, ne hunc tam prolixum ulterius oneremus.

---

[304] 루가 1,67(즈가리야가 "성령으로 가득 차서 예언을 ···")과 2,25-35(시므온: "두고 보시오. 이 아기로 말미암아 ···"), 2,36-38("안나라는 예언녀가 있었는데 ···")에서 그들의 활동을 예언활동으로 볼 만하다는 교부의 해석이다.

[305] 아우구스티누스는 구약의 예언 전부를 그리스도의 등장과 활동에 초점을 맞추어 해석하고 있으므로 예수 탄생 전후의 기사(奇事)를 히브리 예언운동의 마지막으로 본다.

[306] 복음사가들이 부여하는 요한이라는 인물의 존재 의의(마르 1,4; 루가 3,2; 마태 3,1), 그리스도에 대한 요한의 증언(요한 1,29-35), 요한에 대한 그리스도의 인정(마태 11,7-19)은 초대교회가 해결해야 할 관심사 가운데 하나였다.

24. 유다인들에게 마지막으로 등장한 예언자들과, 복음사福音史가 예수의 탄생 시기에 즈음하여 소개하는 예언자들

바빌론에서 귀환한 이후의 시대 전체를 통해서, 그러니까 귀환 당시에 예언 활동을 하던 말라기, 하깨, 즈가리야, 에즈라 이후로는 유다인들에게 구세주의 내림이 있을 때까지 예언자들이 없었다. 굳이 꼽으라면 그리스도의 탄생이 임박했을 즈음 요한의 아버지 즈가리야와 그의 아내 엘리사벳이 있었고, 그가 이미 태어난 다음에는 시므온 노인과 나이가 아주 많았던 과부 안나를 꼽을 만하고,[304] 그리고 마지막 예언자로는 요한을 꼽을 수 있다.[305] 요한은 젊은 시절에 젊은 그리스도를 만났고, 그를 장차 올 분으로 예고한 것이 아니라 이미 왔지만 알려지지 않고 있던 분을 예언자다운 식별로 밝히 드러냈다.[306] 바로 그래서 주님 친히 "모든 예언자들과 율법은 요한까지입니다"[307]라고 했다. 그러나 복음서에서 우리에게 잘 알려져 있는 저 다섯 인물들의 예언활동 외에 주님의 모친 동정 마리아도 요한보다 먼저 예언을 했음을 찾아볼 수 있다.[308] 하지만 배척당한 유다인들은 이 인물들의 예언을 받아들이지 않는다. 물론 그들 가운데 복음을 믿고 예언을 받아들인 유다인들도 헤아릴 수 없이 많다. 결국 예언자 사무엘이 사울 왕에게 불변의 예언으로 발설한 저 말대로, 이스라엘은 둘로 쪼개졌다는 말이 옳다.[309] 어떻든 배척당한 유다인들마저 말라기, 하깨, 즈가리야 그리고 에즈라를 신적 권위를 갖는 최후의 예언자로 인정한다. 이 인물들은 다른 예언자들의 경우처럼 글도 남아있다. 참으로 많은 예언자들 가운데 소수만이 정전正典의 권위를 획득한 글을 기록하여 남겼다. 그리스도와 교회에 관련되는 그들의 예언 가운데 몇 가지는 내가 이 저서에서 다루어야 할 것으로 본다. 다만 이 작업은 주님의 보우하심으로 다음 권에서 더 적절하게 수행해야 할 것 같다.[310] 이 권은 벌써 상당히 길어졌으므로 과중하게 만들어서는 안 되겠다.

---

[307] 마태 11,13. 〔200주년: "요한에 이르기까지 모든 예언자와 율법이 이 일을 예언했습니다."〕
[308] 루가 1,46-55에 나오는 「마리아의 노래」(*Magnificat*) 내용을 일종의 예언으로 본다.
[309] 1열왕[1사무] 15,28 참조. 그리스도를 믿는 자들과 믿지 않는 자들로 나뉘었다는 말이다.
[310] 18,27-36에서 대소 예언자들의 그리스도 사건에 대한 예언을 중심으로 다시 논한다.

AUGUSTINUS
DE CIVITATE DEI
LIBER XVIII
DUAE CIVITATES COMPARANTUR IN PROCURSU
RERUM GESTARUM

아우구스티누스
신국론
제18권
역사 진행 속의 두 도성 비교

1. De ciuitatum duarum, quarum Dei una, saeculi huius est altera, in qua est, quantum ad hominum genus pertinet, etiam ista peregrina, exortu et procursu et debitis finibus me scripturum esse promisi, cum prius inimicos ciuitatis Dei, qui conditori eius Christo deos suos praeferunt et liuore sibi perniciosissimo atrociter inuident Christianis, quantum me adiuuaret eius gratia, refellissem, quod uoluminibus decem prioribus feci. De hac uero mea, quam modo commemoraui, tripertita promissione decimum sequentibus quattuor libris ambarum est digestus exortus, deinde procursus ab homine primo usque ad diluuium libro uno, qui est huius operis quintus decimus, atque inde usque ad Abraham rursus ambae, sicut in temporibus, ita et in nostris litteris cucurrerunt. Sed a patre Abraham usque ad regum tempus Israelitarum, ubi sextum decimum uolumen absoluimus, et inde usque ad ipsius in carne Saluatoris aduentum, quo usque septimus decimus liber tenditur, sola uidetur in meo stilo cucurrisse Dei ciuitas; cum in hoc saeculo non sola cucurrerit, sed ambae utique in genere humano, sicut ab initio, simul suo procursu tempora uariauerint. Verum hoc ideo feci, ut prius, ex quo apertiores Dei promissiones esse coeperunt, usque ad eius ex uirgine natiuitatem, in quo fuerant quae primo promittebantur implenda, sine interpellatione a contrario alterius ciuitatis ista, quae Dei est, procurrens distinctius appareret; quamuis usque ad reuelationem testamenti noui non in lumine, sed in umbra cucurrerit. Nunc ergo,

---

[1] 11권부터 17권에 이르는 내용을 간추리면서 본권의 서론으로 삼고 있다.

[2] volumina: 원통으로 말아놓은 양피지 두루마리. 당시 내용이 긴 경우에 한 권(liber)의 책은 두루마리(volumen) 한 통으로 엮었다.

제1부 (1-26)
시대의 흐름 속의 두 도성

1. 구세주의 시대에 이르기까지 본서의 열일곱 권에서 다룬 내용[1]

　두 도성의 역사, 그 가운데 하나는 하느님의 도성이고 다른 하나는 이 세상의 도성인데, 나는 이 두 도성의 기원과 발전 및 상응하는 종말에 대해 기록하겠노라고 약속한 바 있다. 하느님의 도성도 인류에 속하는 한에서는 이 지상의 도성 속에서 나그넷길을 가는 중이며, 하느님 도성의 원수들이 이 도성의 창건자 그리스도보다는 자기네 신들을 앞세우는가 하면, 스스로에게도 해롭기 이루 말할 수 없는 악의를 품고 그리스도인들을 간악하게 질시하고 있다. 하느님의 은총이 보우하는 한도에서 나는 그 사람들을 반박해 왔는데, 앞서 나온 열 권의 두루마리[2]에서 내가 행한 작업이 그것이다. 조금 전에 두 도성의 기원과 발전 및 종말에 관해 논하겠다고 언급한 3부 작품의 약속으로 말하자면, 제10권에 뒤이어 나온 네 권에서 두 도성의 기원이 다루어졌다. 그다음 첫 인간으로부터 대홍수까지를 한 권에, 즉 본서의 제15권에 담았고, 곧이어 아브라함에 이르기까지 양편 도성이 그 시대는 물론 우리 문전에서 어떻게 전개되었는지를 담았다. 아브라함부터 이스라엘 왕들의 시대까지는 제16권에서 다루었으며, 그때부터 구세주가 육신으로 내림한 때까지는 제17권에서 다룬다. 그런데 앞의 일곱 권에 이르기까지의 내 문체만을 본다면 마치 하느님의 도성 하나만 발전되어 온 것처럼 보일 것이다. 그러나 이 세상에서는 한 도성만 발전된 것이 아니고 인류 속에서 엄연히 양편 도성이 전개되어 왔으므로, 그 기원에서도 그랬지만 발전에 있어서도 두 도성의 시대들이 우여곡절을 거쳤을 것이다. 먼저 하느님의 언약들이 더 명료하게 드러나기 시작한 때부터 언약들을 성취할 그분이 동정녀에게서 탄생할 때까지에 대해 이런 식으로 집필한 것은 이유가 있다. 그것은 다른 도성의 상반된 모습을 부각시키지 않으면서 하느님의 도성의 발전을 뚜렷하게 드러내기 위해서였다. 물론 신약의 계시가 있기 전에는 하느님의 도성 역시 빛 속에서 드러나 전개되는 것이 아니고 그림자 속에서 전개

quod intermiseram, uideo esse faciendum, ut ex Abrahae temporibus quo modo etiam illa cucurrerit, quantum satis uidetur, adtingam, ut ambae inter se possint consideratione legentium comparari.

2. Societas igitur usquequaque mortalium diffusa per terras et in locorum quantislibet diuersitatibus unius tamen eiusdemque naturae quadam communione deuincta utilitates et cupiditates suas quibusque sectantibus, dum id quod appetitur aut nemini aut non omnibus sufficit, quia non est id ipsum, aduersus se ipsam plerumque diuiditur, et pars partem, quae praeualet, opprimit. Victrici enim uicta succumbit, dominationi scilicet uel etiam libertati qualemcumque pacem praeferens ac salutem, ita ut magnae fuerint admirationi, qui perire quam seruire maluerunt. Nam in omnibus fere gentibus quodam modo uox naturae ista personuit, ut subiugari uictoribus mallent, quibus contigit uinci, quam bellica omnifariam uastatione deleri. Hinc factum est, ut non sine Dei prouidentia, in cuius potestate est, ut quisque bello aut subiugetur aut subiuget, quidam essent regnis praediti, quidam regnantibus subditi. Sed inter plurima regna terrarum, in quae terrenae utilitatis uel cupiditatis est diuisa societas (quam ciuitatem mundi huius uniuersali uocabulo nuncupamus), duo regna cernimus longe ceteris prouenisse clariora, Assyriorum primum, deinde Romanorum, ut temporibus, ita locis inter se ordinata atque distincta. Nam quo modo illud prius,

---

[3] 11 - 18권에서 아우구스티누스는 칠십인역본 구약성서를 전거로 삼아 하느님의 도성의 역사를 한 인간의 성장(16.43.3)에 비겨 기술했다. 11 - 14권은 아동기로서 창세 1 - 3장을 전거로 삼았다. 15권은 카인에서 노아에 이르는, 하느님 도성의 전사(前史)를 다루며 창세 4 - 9장을 전거로 삼았다. 16권은 노아에서 아브라함에 이르는 소년기(창세기 10 - 50장에 근거한다)로 취급하는데 출애굽과 판관시대까지 망라했다. 17권은 열왕기[사무엘기와 열왕기]와 역대기 그리고 에즈라기와 예언서에까지 넓은 범위에서 하느님의 도성을 다루면서 예언서에 관한 상세한 주석을 예고한 바 있다(17.24). 18권에서 행할 작업이 (두 도성의 시대적 비교를 하면서도) 바로 이것이다.

[4] 1부와 2부에서 지상 도성의 역사를 연대기적으로 계산함에 있어 아우구스티누스는 Eusebius의 *Chronica*(일명 *Chronica canona*)을 충실히 따른다. 303년의 저작으로 칼대아 · 아시리아 · 히브리 · 이집트 · 그리스 · 로마의 역사를 연대표로 대조 정리했고, 특히 둘째 권에는 아브라함 출생연도(BC 2016/5)를 기점으로 303년까지의 민족들 역사연대 대조표를 실어놓았다. 본서에서는 히에로니무스가 라틴어로 번안한 *Chronicon*의 R. Helm (1984) 편집본에 따라 쪽수를 적는다(예: [Helm ed.] p.).

[5] Cf. Aristoteles, *Politica* 1256a.

[6] Cf. Lucanus. *Pharsalia* 4.577-579. "인간들이란 창칼 때문에 왕권을 두려워하고 잔혹한 무기 앞에서는 자유마저 두려워한다. 아무도 노예가 되지 않게 하자는 게 칼이건만 쥐어준 칼마저 놓아버린다 (ignorantque datos, ne quisquam serviat, enses)."

[7] 1.15-24에 나오듯이 로마인들의 스토아적 이념이기도 했다. Cf. Iuvenalis, *Satirae* 8.83-84: "치욕을 받으면서까지 목숨을 앞세우고 생명 때문에 살아가는 명분을 잃음은 최악의 부도덕이건만(summum crede nefas animam praeferre pudori / et propter vitam vivendi perdere causas)."

된다. 그렇다면 이제는 내가 간과하고 넘어갔던 점을 수행할 때가 되었다고 본다. 다시 말해 아브라함의 시대부터 저 지상 도성이 어떻게 전개되어 왔는가를 확실하게 보여줌으로써 독자들의 머릿속에서 두 도성이 서로 비교되도록 하겠다는 것이다.[3]

2. 지상 도성의 임금들과 그 시대들은 아브라함의 출현으로부터 시작하여 성조들의 시대와 맞아떨어진다[4]

2.1. 지상 도성이 추구하는 이익과 탐욕

사멸할 인간들의 사회는 온 땅에 두루 퍼져 있으며, 비록 장소의 차이는 있지만 단일한 자연본성의 유대로 한데 묶여 있다. 그런데도 각 사람은 제각기 이익과 탐욕을 좇고 있기 때문에 인간이 탐하는 바는 늘 같은 것이 아니다. 따라서 아무도 충족시키지 못하거나 모두를 충족시키지 못한다.[5] 그러다 보니 인류는 흔히 서로 상충하여 분열되는가 하면, 더 강한 부분이 다른 부분을 억압하곤 한다. 패자는 승자에게 예속되게 마련이고, 지배권을 열망하고 심지어 자유보다는 차라리 평화와 안일을 희구하게 마련이다. 그것이 어떤 평화인지는 가리지 않는다.[6] 그렇지만 예속보다는 차라리 죽음을 더 낫게 여기는 사람들이 있는 것을 보면 우리는 매우 경탄하지 않을 수 없다.[7] 정녕 모든 민족들에게는 본성이 들려주는 소리가 있는 법이니, 기왕 패할 바에야 전쟁의 파멸로 모든 것을 파괴당하느니 차라리 승자들의 손에 멍에를 쓰는 편이 낫다는 생각이 그것이다. 이런 일이 생기는 데는 하느님의 섭리가 없지 않다. 전쟁으로 누가 예속되고 누가 예속시키며, 누가 왕권을 장악하고 누가 군림하는 자들에게 복종할 것인지 정하는 일은 그분의 권한에 속한다. 하지만 지상의 이익과 탐욕을 기준으로 삼는 인간 사회(우리는 이 사회를 "이 세상의 도성"이라는 일반 명사로 호칭하고 있다)는 무수히 많은 왕국들로 나누어져 있고, 우리는 그가운데서도 두 왕국이 그밖의 다른 왕국들보다 훨씬 유명한 경지에 이른 것으로 본다. 먼저 아시리아인들의 왕국이 그랬고 그다음에는 로마인들의 왕국이 그랬다. 두 왕국은 시대와 장소에 따른 선후가 있고 서로 뚜렷이 구분된다. 시대상으로

hoc posterius: eo modo illud in Oriente, hoc in Occidente surrexit; denique in illius fine huius initium confestim fuit. Regna cetera ceterosque reges uelut adpendices istorum dixerim.

Ninus ergo iam secundus rex erat Assyriorum, qui patri suo Belo successerat, regni illius primo regi, quando in terra Chaldaeorum natus est Abraham. Erat etiam tempore illo regnum Sicyoniorum admodum paruum, a quo ille undecumque doctissimus Marcus Varro scribens de gente populi Romani, uelut antiquo tempore, exorsus est. Ab his enim Sicyoniorum regibus ad Athenienses peruenit, a quibus ad Latinos, inde Romanos. Sed ante conditam Romam in comparatione regni Assyriorum perexigua ista memorantur; quamuis Athenienses in Graecia plurimum claruisse fateatur etiam Sallustius Romanus historicus; plus tamen fama quam re ipsa. Nam loquens de illis: «Atheniensium, inquit, res gestae, sicuti ego existimo, satis amplae magnificaeque fuere; uerum aliquanto minores tamen, quam fama feruntur. Sed quia prouenere ibi scriptorum magna ingenia, per terrarum orbem Atheniensium facta pro maximis celebrantur. Ita eorum qui fecere uirtus tanta habetur, quantum eam uerbis potuere extollere praeclara ingenia.» Accedit huic ciuitati non parua etiam ex litteris et philosophis gloria, quod ibi potissimum talia studia uiguerunt. Nam quantum adtinet ad imperium, nullum maius primis temporibus quam Assyriorum fuit, nec tam longe lateque diffusum, quippe ubi Ninus rex, Beli filius, uniuersam Asiam, quae totius orbis ad numerum partium tertia dicitur, ad magnitudinem uero dimidia reperitur, usque ad Libyae

---

[8] 18.27 참조.

[9] appendices istorum: 교부는 이전에도(*De Genesi contra Manichaeos* 1.23) 두 왕국의 역사가 갖는 세계사적 비중을 다룬 바 있으나 폴리비우스(*Historiae* 1.2-4)의 사관에 따라서 양 제국의 성쇠는 문명 자체가 동방에서 서방으로 넘어가는 사건으로 본다.

[10] Cf. Eusebius, *Chronicon* [Helm ed.] 20: "니누스의 재위 43년에 아브라함이 태어났다."

[11] regnum Sicyoniorum: 스파르타 가까운 도시로 BC 7세기부터 아르고스와 더불어 그리스 반도의 도시국가로 발흥했는데, 바로의 저서 때문에 마치 아시리아(바빌론) 및 로마의 역사와 어깨를 나란히 한 제국처럼 본서에 언급된다.

[12] 로마 백성을 인근 백성들의 역사와 연관하여 집필했다는 저작인데 단편들만 현존하지만 아우구스티누스는 잘 알고 있었던 것으로 보인다.

[13] Sallustius, *De coniuratione Catilinae* 8.2-4.

[14] 4.6; 16.17; 18.22 참조.

전자가 먼저였고 후자가 다음이었으며, 지역적으로 전자는 동양에서 후자는 서양에서 발흥했다. 마지막으로, 전자의 쇠망에 이어 후자의 발흥이 시작되었다.[8] 나는 그밖의 다른 왕국들과 국왕들은 이 두 왕국의 부속물이라고 말하고 싶다.[9]

2.2. 바빌론 왕국과 로마 왕국이 출중했다

니누스는 아시리아인들의 임금으로는 제2대였으며 그 왕국의 첫 임금이고 자기 부친인 벨루스를 계승했다. 그때 아브라함이 칼대아인들의 땅에서 태어났다.[10] 같은 시대에 시키온인들의 왕국[11]은 아직 소국이었으며 모든 방면에 지극히 해박한 마르쿠스 바로가 「로마인 민족론」[12]을 집필하면서 바로 이 왕국을 고대古代로 보아 거기서부터 글을 시작한다. 바로의 책은 이 시키온인들의 임금들로부터 시작해서 아테네인들에게 당도하며, 그들에게서 라티움인들에게로, 다음에는 로마인들에게 도달한다. 그러나 아시리아인들의 왕국과 비교해서 로마가 창건되기 이전에 대해서는 아주 빈약한 자료만 기억되고 있다. 그러나 로마의 역사가인 살루스티우스 역시 그리스에서는 아테네인들이 크게 명성을 떨쳤다고 한다. 다만 실제보다 그 명성은 더 컸던 것 같다. 살루스티우스가 그들에 대해 하는 말이 이렇기 때문이다: "내가 보기에 아테네인들의 행적은 상당히 확대되고 과장되었다. 그러나 어느 면에서는 명성만큼은 못 미치는 사람들이었던 것으로들 얘기한다. 하지만 저술가들의 재능은 대단했던 것으로 그들의 작품이 지금까지 내려오기 때문에 아테네인들의 행적은 온 세상에 대단했던 것처럼 칭송을 받고 있다. 위업을 이룬 사람들의 용덕이 있었겠지만 탁월한 문학적 재능이 그 용덕을 훌륭하다고 치켜세워 주는 그만큼, 그들의 용덕이 대단한 것으로 여겨지는 법이다."[13] 이 도시에는 문학으로나 철학으로나 적지 않은 영광이 수반되는데 이런 학문들이 그곳에서 특히 성행했기 때문이다. 그러나 제국에 관한 한, 초기에 그 어느 제국도 아시리아인들의 것보다 세력이 크지 못했고 넓게 또 멀리까지 뻗치지 못했다.[14] 그 결과 벨루스의 아들 니누스는 아시아 전역을 정복했는데, 아시아 전역이라면 온 세계의 3분의 1을 말하는 것으로 넓이로 치자면 온 세계의 절반에 해당하는 바, 리비아 경계에 이르기까지 그 세력이

fines subegisse traditur. Solis quippe Indis in partibus Orientis non dominabatur, quos tamen eo defuncto Samiramis uxor eius est adgressa bellando. Ita factum est, ut, quicumque in illis terris populi siue reges erant, Assyriorum regno dicionique parerent et quidquid imperaretur efficerent. Abraham igitur in eo regno apud Chaldaeos Nini temporibus natus est. Sed quoniam res Graecae multo sunt nobis quam Assyriae notiores, et per Graecos ad Latinos ac deinde ad Romanos, qui etiam ipsi Latini sunt, temporum seriem deduxerunt qui gentem populi Romani in originis eius antiquitate rimati sunt: ob hoc debemus, ubi opus est, Assyrios nominare reges, ut appareat quem ad modum Babylonia, quasi prima Roma, cum peregrina in hoc mundo Dei ciuitate procurrat; res autem, quas propter comparationem ciuitatis utriusque, terrenae scilicet et caelestis, huic operi oportet inserere, magis ex Graecis et Latinis, ubi et ipsa Roma quasi secunda Babylonia est, debemus adsumere.

Quando ergo natus est Abraham, secundi reges erant apud Assyrios Ninus, apud Sicyonios Europs; primi autem illic Belus, hic Aegialeus fuerunt. Cum uero egresso Abraham de Babylonia promisit ei Deus ex illo magnam gentem futuram et in eius semine omnium gentium benedictionem, Assyrii quartum regem habebant, Sicyonii quintum; apud illos enim regnabat filius Nini post matrem Samiramidem, quae ab illo interfecta perhibetur, ausa filium mater incestare concubitu. Hanc putant nonnulli condidisse Babylonem, quam quidem potuit instaurare. Quando autem uel quo modo condita fuerit, in sexto decimo libro diximus. Filium porro Nini

---

[15] Cf. Eusebius, *Chronicon* [Helm ed.] 8-20 곳곳. 결과는 아시리아의 패배였다고 전한다.

[16] 아시리아는 창건자 니므롯(16.3, 4, 11에 언급)과 당대 세계를 통일한 니누스로 인해 연대기적 의의만 아니고 역사철학에서도 아우구스티누스에게 상당한 비중을 가진다.

[17] 묵시 14,8 참조: "무너졌다. 제 음행으로 격정의 포도주를 모든 민족에게 마시게 한 큰 도성 바빌론이 무너졌다."

[18] Cf. Eusebius, *Chronicon* [Helm ed.] 24.

[19] 사미라미스(Semiramis)는 실재인물로 샤무시 아다드(Shamshi-Adad) 4세(BC 824~805)의 왕후로서 아다드 니나리(Adad-Ninari) 3세(BC 805~782)의 섭정을 했던 것으로 밝혀졌다.

[20] Cf. Eusebius, *Chronicon* [Helm ed.] 8-22 곳곳.

[21] 16.4 참조. Iosephus Flavius (*Contra Apionem* 1.142)는 그리스인들이 이런 야사(野史)를 무비판적으로 받아들인다고 비판한다.

[22] 16,3.1, 4 등 참조.

미쳤다고 전해온다. 동방 전역에서 인도인들에만 그의 지배가 미치지 못했는데, 그가 죽은 다음 그의 아내 사미라미스는 인도인들에게까지 전쟁을 걸었다고 한다.[15] 그 결과 그 땅에서는 백성이든 임금들이든 누구나 아시리아인들의 왕권과 정책에 복종했으며 무슨 명령을 내리든 이행했다. 아브라함은 니누스 치하 그 왕국의 칼대아인들 사이에서 태어났다. 우리에게는 단지 아시리아의 사건보다 그리스의 사건들이 훨씬 잘 알려져 있어서인지, 로마 백성의 민족을 태곳적 시원에서부터 연구하는 사람들은 그리스인들을 거쳐서 라티움인들에게로, 그다음에는 로마인들에게로(그들도 라티움인들이었으니까) 시대의 고리를 연결해 내었다. 바로 이 점 때문에라도 필요하다면 아시리아인들의 임금들을 거명하지 않으면 안 된다. 그렇게 해야 첫째 로마였다고 할 바빌론이 등장할 것이고, 바빌론은 이 세상에서 나그넷길을 가는 하느님의 도성과 더불어 엄연히 공존했기 때문이다. 이런 역사적 사건들은 두 도성, 곧 지상 도성과 천상 도성을 비교하려는 의도에서 이 저작에 삽입되어야 하며,[16] 그리스인들과 라티움인들에게 발생한 사건들은 각별하게 취급하지 않으면 안 된다. 후자의 경우 로마는 마치 둘째 바빌론과 같은 의미를 갖기 때문이다.[17]

2,3. 아브라함 당대에 아시리아인들과 시키온인들에게는 누가 군림했던가

아브라함이 태어났을 때 아시리아인들에게는 니누스가, 시키온인들에게는 에오롭스가 있었는데, 이들은 각각 2대째 임금으로 군림하고 있었다. 첫 임금으로 말하자면 전자에게는 벨루스, 후자에게는 아이기알레우스가 있었다.[18] 아브라함이 바빌론에서 나오고 하느님이 그에게서 큰 민족이 이루어지리라고, 또 그의 후손들에게서 모든 민족에 대한 축복이 나오리라고 약속했을 즈음에는, 아시리아인들은 제4대 국왕을, 시키온인들은 제5대 국왕을 모시고 있었다. 아시리아인들에게는 니누스의 아들이 모후 사미라미스의 뒤를 이어 군림하고 있었다.[19] 사미라미스는 어미로서 감히 자기 아들과 동침하여 아들을 범하려다가 아들의 손에 피살당했다는 전설이 있다.[20] 바빌론을 세운 사람이 사미라미스라고 생각하는 사람들도 있는데 그 여자라면 세울 수도 있었다.[21] 바빌론이 언제 세워졌고 어떻게 세워졌는지는 본서 제16권에서 말한 바 있다.[22] 그리고 혹자는 니누

et Samiramidis, qui matri successit in regnum, quidam etiam ipsum Ninum, quidam uero deriuato a patre uocabulo Ninyan uocant. Sicyoniorum autem regnum tunc tenebat Telxion. Quo regnante usque adeo ibi mitia et laeta tempora fuerunt, ut eum defunctum uelut deum colerent sacrificando et ludos celebrando, quos ei primitus institutos ferunt.

3. Huius temporibus etiam Isaac ex promissione Dei natus est centenario patri filius Abrahae de Sarra coniuge, quae sterilis et anus iam spem prolis amiserat. Tunc et Assyriis quintus erat rex Arrius. Ipsi uero Isaac sexagenario nati sunt gemini, Esau et Iacob, quos ei Rebecca uxor peperit, auo eorum Abraham adhuc uiuente et centum sexaginta aetatis annos agente, qui expletis centum septuaginta quinque defunctus est, regnantibus apud Assyrios Xerse illo antiquiore, qui etiam Baleus uocabatur, et apud Sicyonios Thuriaco, quem quidam Thurimachum scribunt, septimis regibus. Regnum autem Argiuorum simul cum Abrahae nepotibus ortum est, ubi primus regnauit Inachus. Sane, quod praetereundum non fuit, etiam apud sepulcrum septimi sui regis Thuriaci sacrificare Sicyonios solere Varro refert. Regnantibus porro octauis regibus, Armamitre Assyriorum, Sicyoniorum Leucippo et primo Argiuorum Inacho, Deus locutus est ad Isaac atque ipsi quoque eadem, quae patri eius, duo illa promisit, semini scilicet eius terram Chanaan et in eius semine benedictionem

---

[23] Cf. Eusebius, *Chronicon* [Helm ed.] 22; Didorus Siculus, *Bibliotheca* 2.7.1.

[24] Cf. Eusebius, *Chronicon* [Helm ed.] 21: Telchin1. 시키온의 국왕 텔키온부터 태평성대를 가져온 국왕을 신격화하는 관습이 기록으로 남아있다.

[25] 이하 아시리아 국왕들의 이름은 Eusebius, *Chronica* 1.15.6; 시키온 왕조의 이름들은 *Chronica* 1.25; 아르고스와 아테네 군주들의 이름은 *Chronica* 1.27과 30에 수록된 그대로다.

[26] Cf. Eusebius, *Chronicon* [Helm ed.] 27.

[27] Varro, *De gente populi Romani* fr.11.

[28] 창세 26,3-5 참조.

스와 사미라미스의 아들, 그러니까 모후를 이어 왕권을 계승한 아들도 니누스라고 부르는가 하면, 또 어떤 사람들은 부친의 이름에서 따온 니니아스라고 부르기도 한다.[23] 그 무렵 시키온인들의 왕권은 텔키온이 쥐고 있었다. 그의 치세에는 태평성대가 지속되었고, 그가 죽자 그를 신처럼 숭배하고 희생물을 바치며 경기를 거행했는데 이것이 역사상 최초로 제정된 경기라고들 한다.[24]

3. 언약대로 100세가 된 아브라함에게 이사악이 태어났을 즈음, 혹은 이사악이 예순이 되었을 때 리브가의 몸에서 에사오와 야곱이 쌍둥이로 태어났을 즈음, 아시리아인들과 시키온인들에게는 누가 군림했던가

바로 이 시기에 이사악이 하느님의 약속에 따라 백 살 된 아버지에게서 태어났다. 아브라함의 아들로, 부인 사라의 몸에서 태어났다. 사라는 본래 아기를 낳지 못하는 데다 노파가 되어 자식에 대한 희망을 잃어버린 후였다. 그 당시 아시리아인들에게는 제5대 국왕 아리우스가 있었다.[25] 이사악에게서는 그가 예순 살이 되었을 적에 쌍둥이 에사오와 야곱이 태어났다. 아내 리브가가 그에게 이 쌍둥이를 낳아 주었는데 아이들의 할아버지인 아브라함이 백예순 살의 나이로 아직 살아있을 때였다. 아브라함이 백일흔다섯 살을 다 살고 죽었을 무렵, 아시리아인들에게는 크세르크세스가 통치하고 시키온인들에게는 임금 투리아쿠스가 통치하고 있었다. 노_老크세르크세스는 발레우스라고도 불렸고, 사람들은 투리아쿠스를 투리마쿠스라고도 표기한다. 둘다 자기네 왕조의 제7대 임금들이다.[26] 아르고스인들의 왕국은 아브라함의 손자들과 동시대에 일어났고 그 첫 임금으로 이나쿠스가 통치했다. 여기서 간과해서 안 될 것은, 바로가 보고하듯이, 시키온인들은 자기네 제7대 임금인 투리아쿠스의 무덤에 제사를 올리는 것이 관행으로 되어 있었다는 점이다.[27] 그러니까 제8대 임금들, 곧 아시리아인들의 아르마미트레스와 시키온인들의 레우키푸스가 통치하고 있을 적에, 또 아르고스인들의 초대 임금 이나쿠스가 통치하고 있을 적에 하느님이 이사악에게 말씀을 건네었으며,[28] 그의 부친에게 언약한 두 가지, 다시 말해 그의 후손에게 가나안 땅을 준다는 말씀과 그의 후손 안에서 모든 민족들의 축복이 있으리라는 말

cunctarum gentium. Haec ipsa promissa sunt etiam filio eius, nepoti Abrahae, qui est appellatus primo Iacob, post Israel, cum iam Belocus rex nonus Assyriae et Phoroneus Inachi filius secundus regnaret Argiuis, Leucippo adhuc apud Sicyonios permanente. His temporibus Graecia sub Phoroneo Argolico rege legum et iudiciorum quibusdam clarior facta est institutis. Phegous tamen frater huius Phoronei iunior cum esset mortuus, ad eius sepulcrum templum est constitutum, in quo coleretur ut Deus et ei boues immolarentur. Credo honore tanto ideo dignum putarunt, quia in regni sui parte (pater quippe loca ambobus distribuerat, in quibus eo uiuente regnarent) iste sacella constituerat ad colendos deos et docuerat obseruari tempora per menses atque annos, quid eorum quatenus metirentur atque numerarent. Haec in eo noua mirantes rudes adhuc homines morte obita deum esse factum siue opinati sunt siue uoluerunt. Nam et Io filia Inachi fuisse perhibetur, quae postea Isis appellata ut magna dea culta est in Aegypto; quamuis alii scribant eam ex Aethiopia in Aegyptum uenisse reginam, et quod late iusteque imperauerit eisque multa commoda et litteras instituerit, hunc honorem illi habitum esse diuinum, postea quam ibi mortua est, et tantum honorem, ut capitali crimine reus fieret, si quis eam fuisse hominem diceret.

4. Regnantibus Assyriorum decimo rege Baleo et Sicyoniorum nono Messapo, qui etiam Cephisos a quibusdam traditur (si tamen duorum nominum homo unus fuit ac non potius alterum pro altero putauerunt

---

[29] Cf. Plato, *Timaeus* 22a; Clemens Alexandriae, *Stromata* 1,102.

[30] 8.26-27 참조.

[31] Cf. Herodotus, *Historiae* 1.2; Diodorus Siculus, *Bibliotheca* 1.24.8.

씀을 이사악 본인에게 다시 확약했다. 똑같은 이 약속이 그의 아들이자 아브라함의 손자, 처음에는 야곱이라고 했다가 후일에 이스라엘이라고 부르는 인물에게도 내렸으며, 그때는 벨로쿠스가 아시리아의 제9대 임금이며 이나쿠스의 아들 포로네우스가 제2대 임금으로 아르고스인들에게 군림하고 있었으며, 시키온인들에게는 아직도 레우키푸스가 자리를 지키고 있었다. 이 시대에 그리스는 포로네우스 아르골리쿠스 왕 밑에서 법률과 사법제도 몇 가지를 더욱 확고하게 다지던 중이었다.[29] 이 포로네우스의 아우인 소小페구스가 죽었을 때에 그의 무덤에 신전이 세워졌고 그곳에서 신처럼 숭배를 받았으며 소를 제물로 바쳤다. 내가 믿기로, 사람들이 그가 그런 영예를 받을 만하다고 본 것은 그가 왕국의 일부를 다스리고 있을 때에 (부친이 두 사람에게 영토를 분할해 주었고 부친이 아직 살아있는 동안 두 사람이 제각기 영토를 통치했다) 신들을 섬기도록 신당들을 건축했고, 시간을 해와 달로 배분하여 지키도록 가르쳤으며, 절기를 측정하고 계산하는 방법을 가르쳤기 때문이리라. 사람들이 아직 미숙하던 터라 사람들은 이처럼 신기한 사실에 탄복한 나머지 임금이 죽고 나자 신이 되었다고 생각했거나 그렇게 되었으면 하고 바랐던 것이다. 왜 이런 말을 하느냐 하면 이오는 이나쿠스의 딸이었다고 전해오는데, 그 여자가 후대에 이집트에서 이시스라고 불리면서 대여신으로 숭배받았던 것이다.[30] 다른 사람들이 기록한 바에 의하면, 그 여자는 에티오피아에서 여왕으로서 이집트에 왔으며, 여왕으로서 널리 또 매우 정의롭게 통치를 했고, 여러 편리한 제도와 문자를 제정했다고 한다. 그런 공덕으로 그 여자에게 이런 신성한 영예가 주어졌고 더구나 그곳에서 죽은 다음에는 엄청난 영예가 바쳐졌으므로, 만약 그 여자가 본시부터 여신이 아니라 사람이었다는 말을 누군가 할라치면 사형당할 죄인이 될 지경이었다고 한다.[31]

4. 야곱과 그의 아들 요셉의 시대

아시리아인들의 제10대 임금 발레우스와 시키온인들의 제9대 임금 메싸푸스가 통치하고 있을 때에(어떤 사람들은 후자를 케피소스라고도 부른다. 만약 이 두 이름이 동일 인물이라면, 자신의 저작에서 둘째 이름을 사용하는 사람들은

fuisse hominem, qui in suis posuerunt scriptis alterum nomen), cum rex Argiuorum tertius Apis esset, mortuus est Isaac annorum centum octoginta et reliquit geminos suos annorum centum et uiginti; quorum minor Iacob pertinens ad ciuitatem Dei, de qua scribimus, maiore utique reprobato, habebat duodecim filios, quorum illum, qui uocabatur Ioseph, mercatoribus in Aegyptum transeuntibus fratres adhuc Isaac auo eorum uiuente uendiderant. Stetit autem ante Pharaonem Ioseph, quando ex humilitate, quam pertulit, sublimatus est, cum triginta esset annorum; quoniam somnia regis diuine interpretatus praenuntiauit septem ubertatis annos futuros, quorum abundantiam praepollentem consequentes alii septem steriles fuerant consumpturi, et ob hoc eum rex praefecerat Aegypto de carcere liberatum, quo eum coniecerat integritas castitatis, quam fortiter seruans male amanti dominae et male credulo domino mentiturae ueste etiam derelicta de manibus adtrahentis aufugiens non consensit ad stuprum. Secundo autem anno septem annorum sterilium Iacob in Aegyptum cum suis omnibus uenit ad filium, agens annos centum et triginta, sicut interroganti regi ipse respondit, cum Ioseph ageret triginta et nouem, ad triginta scilicet, quos agebat, quando a rege honoratus est, additis septem ubertatis et duobus famis.

5. His temporibus rex Argiuorum Apis nauibus transuectus in Aegyptum, cum ibi mortuus fuisset, factus est Serapis omnium maximus Aegyptiorum deus. Nominis autem huius, cur non Apis etiam post mortem, sed Serapis appellatus sit, facillimam rationem Varro reddidit. Quia enim arca, in qua mortuus ponitur, quod omnes iam sarcophagum uocant, $\sigma o \rho \grave{o} \varsigma$ dicitur Graece, et ibi eum uenerari sepultum coeperant, priusquam tem-

---

[32] 교부는 성서에 언급된 나이를 실제 나이로 보고서 후손들의 나이와 짜맞추느라 고심하고 있다.

[33] 요셉의 설화는 창세 39 - 41장 참조.

[34] 창세 47,9 참조.

[35] 실제로 Apis는 황소머리를 한 이집트 토속신 이름이고 Seraphis는 프톨로마이오스 왕가가 그리스와 이집트 신앙을 영합하여 도입한, 구원과 치유를 맡은 신이다. 그의 이름은 Osiris와 Apis 이름을 혼합한 듯하다.

둘째 이름으로 지칭하는 인물이 첫 인물과는 별도의 인물이라고 혼동한 것이리라), 그리고 아르고스 임금은 제3대 아피스였을 때에, 이사악이 180세의 나이로 죽었고 120세가 되는 쌍둥이 아들을 남겼다. 둘 가운데 형은 배척을 당했지만, 동생 야곱은 우리가 이 글에 쓰고 있는 하느님의 도성에 속하는 인물로 아들을 열둘이나 두었다. 그가운데 요셉이라는 아들은, 아직 그의 할아버지인 이사악이 살아있을 때,[32] 그의 형들이 이집트로 가는 장사꾼들에게 그를 팔아넘겼다. 그러나 요셉은 온갖 굴욕을 견뎌낸 끝에 고귀한 직위를 얻어 파라오 앞에 서게 되었다. 그때가 나이 서른이었다. 그가 임금의 꿈을 신통하게 해몽했는데, 7년간의 풍년이 오리라고 예고하고 그동안의 풍작을 비축하여 그뒤로 닥쳐오는 또 다른 7년간의 흉년에 소비해야 할 것이라고 품했던 것이다. 그 일로 임금은 그를 감옥에서 풀어낸 다음 그를 세워 이집트를 통치하게 했다. 그가 감옥에 들어가게 된 것도 본인의 순결무구함 때문이었는데, 그릇되게 자기를 사랑하는 여주인에게나 거짓말하는 여자의 말을 믿어주는 잘못된 주인에게나 순결을 굳건히 지켰고, 옷깃을 붙잡고 늘어지는 여자의 손에 옷을 남겨둔 채로 달아나면서까지 음행에 동조하지 않았던 것이다.[33] 7년 흉년의 둘째 해에 야곱은 자신의 모든 식솔을 거느리고 이집트로 아들을 찾아왔다. 야곱에게 물어오는 임금에게 대답한 대로 그때 야곱의 나이는 130세였다.[34] 요셉은 임금으로부터 고관으로 임명되었을 때가 서른 살, 풍년이 든 것이 7년, 그리고 기근으로 이태가 더 지나갔으므로 당시 요셉의 나이는 서른아홉 살이었다.

5. 이집트인들은 아르고스인들의 왕 아피스를 세라피스 신으로 숭배했다

이 무렵에 아르고스인들의 임금 아피스가 배를 타고 이집트로 건너가 그곳에서 이집트인들의 모든 신 가운데 가장 위대한 신인 세라피스가 되었다.[35] 바로가 보고하는 바에 의하면, 이 사람이 사후에도 아피스라고 불리지 않고 계속 세라피스라고 불리게 된 이유는 아주 간단하다. 죽은 사람이 안치되는 관을, 지금은 사람들이 누구나 석관石棺이라고 부르지만, 그리스어로는 소로스라고 한다. 그의 신전이 건축되기 전에도 사람들은 그곳에 묻힌 그를 공경하기 시작했

plum eius esset extructum: uelut soros et Apis Sorapis primo, deinde una littera, ut fieri adsolet, commutata Serapis dictus est. Et constitutum est etiam de illo, ut, quisquis eum hominem fuisse dixisset, capitalem penderet poenam. Et quoniam fere in omnibus templis, ubi colebantur Isis et Serapis, erat etiam simulacrum, quod digito labiis inpresso admonere uideretur, ut silentium fieret: hoc significare idem Varro existimat, ut homines eos fuisse taceretur. Ille autem bos, quem mirabili uanitate decepta Aegyptus in eius honorem deliciis afluentibus alebat, quoniam eum sine sarcophago uiuum uenerabantur, Apis, non Serapis uocabatur. Quo boue mortuo quoniam quaerebatur et reperiebatur uitulus coloris eiusdem, hoc est albis quibusdam maculis similiter insignitus, mirum quiddam et diuinitus sibi procuratum esse credebant. Non enim magnum erat daemonibus ad eos decipiendos phantasiam talis tauri, quam sola cerneret, ostentare uaccae concipienti atque praegnanti, unde libido matris adtraheret, quod in eius fetu iam corporaliter appareret; sicut Iacob de uirgis uariatis, ut oues et caprae uariae nascerentur, effecit. Quod enim homines coloribus et corporibus ueris, hoc daemones figuris fictis facillime possunt animalibus concipientibus exhibere.

6. Apis ergo rex, non Aegyptiorum, sed Argiuorum, mortuus est in Aegypto. Huic filius Argus successit in regnum, ex cuius nomine et Argi et ex hoc Argiui appellati sunt; superioribus autem regibus nondum uel locus uel gens habebat hoc nomen. Hoc regnante apud Argiuos et apud Sicyonios Erato, apud Assyrios uero adhuc manente Baleo mortuus est

---

[36] Cf. Varro, *De gente populi Romani* fr.13.

[37] 창세 30,37-43 참조. 아우구스티누스는 당대에 암컷이 회임의 순간에 보는 형상과 색깔이 태아에 영향을 끼친다는 유치한 생물학(예: Plinius, *Historia naturalis* 7)을 수차 인용한다. 예: *Contra Iualinum haeresis Pelagianae* 5.14.51; *Retractationes* 2.26; *Quaestiones in Heptateuchum* 1.93.

으므로, 처음에는 소로스와 아피스라는 두 단어를 합쳐 소라피스라고 하다가 후일에는 으레 그렇게 되듯이 한 단어처럼 세라피스로 통일되어 불리게 된 것이다. 또 그 인물에 관한 법이 만들어져서 누구든지 그가 생전에 단순한 인간이었다고 공언한다면 사형에 처하게 되었다. 그리하여 이시스와 세라피스가 공경받는 거의 모든 신전에 손가락으로 입술을 누르는 화상이 모셔져 있었는데, 이것은 마치 침묵을 지키라고 경고하는 듯한 인상을 주었다. 바로 이 화상에 대해 그들이 원래는 인간이었다는 사실을 발설하지 말라는 뜻으로 생각한다.[36] 이집트는 정말 기이하게도 소를 공경하여 감미로운 음식을 풍족히 먹여 키웠는데, 저 소로 말하자면 석관이 없는데도 산 채로 공경의 대상이 되었고 소라피스라고 불리지 않고 그냥 아피스라고 불렸다. 저 소가 죽고 나면 색깔이 같은 송아지를 물색했다. 말하자면 비슷한 모양으로 흰색 점이 박혀 있는 송아지를 찾았고, 그 송아지를 찾아내면 그것만으로도 기사奇事요 신통력이 자신들을 보살펴 주는 조짐이라고 믿곤 했다. 정령들은 이집트인들을 기만할 목적에서 어떤 암소가 발정하여 임신할 때에 저런 황소의 환영幻影을 보여주었을 테고 그게 대단한 일은 아니었을 것이다. 그 환영은 암소 혼자 보게 되고 어미소의 발정시에 매혹당한 그 환영이 이미 태 속에 들어가 신체적으로도 나타날 수 있었을 것이다. 이것은 일찍이 야곱이 색다른 양과 염소를 얻어내려고 색색의 나뭇가지들을 이용하여 그런 결과를 얻어낸 바 있다.[37] 다만 사람들은 진짜 색깔과 물체를 보여줌으로써 그런 결과를 내는 데 반해, 저 경우의 정령들은 아주 쉽게 꾸며낸 형상을 써서 회임하는 동물들에게 그것을 보여줄 수 있었다.

6. 야곱이 이집트에서 죽을 즈음 아르고스인과 아시리아인은 누가 통치했는가

그러니까 아피스는 이집트인들의 임금이 아니고 아르고스인들의 임금이었는데 이집트에서 죽은 것이다. 그의 아들 아르구스가 왕위를 계승했으며, 그곳 사람들은 그의 이름을 따서 아르고스인이라고도 하고 아르기부스인이라고도 불리게 되었다. 선왕先王들의 시대에는 이 지역이나 민족을 이런 이름으로 부르지 않았다. 아르구스가 아르기부스인들을 통치하고 있고 에라투스가 시키온인들

Iacob in Aegypto annorum centum quadraginta septem, cum moriturus filios suos et nepotes ex Ioseph benedixisset Christumque apertissime prophetasset, dicens in benedictione Iudae: *Non deficiet princeps ex Iuda et dux de femoribus eius, donec ueniant quae reposita sunt ei; et ipse expectatio gentium.* Regnante Argo suis coepit uti frugibus Graecia et habere segetes in agricultura, delatis aliunde seminibus. Argus quoque post obitum deus haberi coepit, templo et sacrificiis honoratus. Qui honor eo regnante ante illum delatus est homini priuato et fulminato cuidam Homogyro, eo quod primus ad aratrum boues iunxerit.

7. Regnantibus Assyriorum duodecimo Mamytho et undecimo Sicyoniorum Plemmeo et Argis adhuc manente Argo mortuus est Ioseph annorum centum decem. Post cuius mortem populus Dei mirabiliter crescens mansit in Aegypto centum quadraginta quinque annos, tranquille prius, donec morerentur quibus Ioseph notus fuit; deinde quia inuidebatur incrementis eius erantque suspecta: quo usque inde liberaretur, persecutionibus (inter quas tamen diuinitus fecundata multiplicatione crescebat) et laboribus premebatur intolerabilis seruitutis. In Assyria uero et Graecia per idem tempus regna eadem permanebant.

8. Cum ergo regnaret Assyriis quartus decimus Saphrus et Sicyoniis duodecimus Orthopolis et Criasus quintus Argiuis, natus est in Aegypto Moyses, per quem populus Dei de seruitute Aegyptia liberatus est, in qua

---

[38] 창세 49,10. 〔공동번역: "왕의 지팡이가 유다를 떠나지 아니하리라. 지휘봉이 다리 사이에서 떠나지 아니하리라. 참으로 그 자리를 차지할 분이 와서 만백성이 그에게 순종하게 되리라."〕

[39] 혹자(Arnobius, *Adversus nationes* 1.38; 3.6; 5.25)는 쟁기질을 가르친 것이 트리프톨레무스(Triptolemus)라고 전한다.

[40] 창세 50,25 참조. Cf. Eusebius, *Chronicon* [Helm ed.] 35.

[41] Cf. Eusebius, *Chronicon* [Helm ed.] 36.

[42] 출애 1장 참조.

[43] Cf. Eusebius, *Chronicon* [Helm ed.] 38.

에게 군림하고 있고 발레우스가 여전히 아시리아인들에게 군림하고 있을 때, 야곱이 이집트에서 백마흔일곱 살로 세상을 떠났다. 그는 죽을 때 자기 아들들과 요셉에게서 태어난 손자들을 축복하면서 그리스도를 아주 분명하게 예언했다. 유다를 축복하는 말에 이런 구절이 나온다: "군주가 유다를 떠나지 아니하리라. 장수將帥가 다리 사이에서 떠나지 아니하리라. 그에게 맡겨진 바가 올 때까지 그러하리라. 바로 그가 만백성의 기대가 되리라."[38] 아르구스가 통치하는 동안 그리스는 자기네 곡물을 자급하기 시작했고 다른 데서 씨를 들여와 농사하는 경작지를 갖기 시작했다. 아르구스 역시 사후에 신으로 여겨지기 시작했고 신전과 제사를 받는 영예를 누렸다. 그 사람 이전에는 그의 재위중에 이 영예를 받은 인물이 한 사람 있었는데, 호모기루스라는 평민으로 벼락을 맞아 죽었다. 그는 맨 처음으로 소들을 쟁기에 매는 법을 알아낸 사람이다.[39]

7. 어느 왕들의 시대에 요셉이 이집트에서 죽었는가

아시리아인들의 제12대 왕인 마미투스와, 시키온인들의 제11대 왕인 플렘메우스가 각각 통치하고, 아르고스인들에게는 아직도 아르구스가 군림하고 있을 때, 요셉이 110세의 나이로 이집트에서 죽었다.[40] 그의 사후에도 하느님의 백성은 놀랍게 불어나 145년을 이집트에서 더 눌러살았다.[41] 처음에는 요셉을 아는 사람들이 다스리고 있었으므로 평온하게 살았지만, 점차 그 백성의 인구가 불어나자 시샘을 받았고 의심도 샀다. 그리하여 그곳에서 해방되기까지는 도저히 못 견딜 종살이와 거기서 오는 갖가지 박해(그런 박해중에서도 신적 섭리로 풍성한 생식력이 유지되어 민족은 불어나기만 했다)와 강제노동에 시달렸다.[42] 동시대에 아시리아와 그리스에서는 같은 왕조가 존속하고 있었다.

8. 어느 왕들의 시대에 모세가 태어났으며, 그때는 어떤 종교가 발생했는가

아시리아인들에게는 제14대 왕인 사프루스가 군림하고, 시키온인들에게는 제12대 왕인 오르토폴리스가 군림하고, 아르고스인들에게는 제5대 왕인 크리아수스가 군림하고 있을 때, 이집트에서 모세가 태어났다.[43] 그 인물을 통해 하

eum ad desiderandum sui Creatoris auxilium sic exerceri oportebat. Regnantibus memoratis regibus fuisse a quibusdam creditur Prometheus, quem propterea ferunt de luto formasse homines, quia optimus sapientiae doctor fuisse perhibetur; nec tamen ostenditur, qui eius temporibus fuerint sapientes. Frater eius Atlans magnus fuisse astrologus dicitur; unde occasionem fabula inuenit, ut eum caelum portare confingeret; quamuis mons eius nomine nuncupetur, cuius altitudine potius caeli portatio in opinionem uulgi uenisse uideatur. Multa quoque alia ex illis in Graecia temporibus confingi fabulosa coeperunt; sed usque ad Cecropem regem Atheniensium, quo regnante eadem ciuitas etiam tale nomen accepit, et quo regnante Deus per Moysen eduxit ex Aegypto populum suum, relati sunt in deorum numerum aliquot mortui caeca et uana consuetudine ac superstitione Graecorum. In quibus Criasi regis coniux Melantomice et Phorbas filius eorum, qui post patrem rex Argiuorum sextus fuit, et septimi regis Triopae filius Iasus et rex nonus Sthenelas siue Stheneleus siue Sthenelus, uarie quippe in diuersis auctoribus inuenitur. His temporibus etiam Mercurius fuisse perhibetur, nepos Atlantis ex Maia filia, quod uulgatiores etiam litterae personant. Multarum autem artium peritus claruit, quas et hominibus tradidit; quo merito eum post mortem deum esse uoluerunt siue etiam crediderunt. Posterior fuisse Hercules dicitur, ad ea tamen tempora pertinens Argiuorum; quamuis nonnulli eum Mercurio praeferant tempore, quos falli existimo. Sed quolibet tempore nati sint, constat inter historicos graues, qui haec antiqua litteris mandauerunt, ambos homines fuisse, et quod mortalibus ad istam uitam commodius ducendam beneficia

---

[44] Cf. Herodotus, *Historiae* 4.184; Eusebius, *Chronicon* [Helm ed.] 37.

[45] 보통 Atlas라고 부른다. Cf. Eusebius, *Chronicon* [Helm ed.] 37. 아틀란스는 북아프리카의 산 이름 (Herodotus, *Historiae* 4.184)이기도 했다.

[46] Cf. Eusebius, *Chronicon* [Helm ed.] 41.

[47] Cf. Eusebius, *Chronicon* [Helm ed.] 37, 39, 41, 45.

[48] Cf. Arnobius, *Adversus nationes* 3.23.

느님의 백성은 이집트의 종살이에서 해방되었고, 그 종살이 속에서 이 백성은 자기네 창조주의 보우하심을 갈망하는 훈련을 받아야 했다. 방금 말한 임금들이 통치하고 있을 적에 프로메테우스가 실존했다고 믿는 사람들도 있다. 사람들 말에 따르면 그는 진흙으로 인간들을 빚어 만들었다고 하며, 또한 지혜를 가르치는 최고의 교사였다고도 한다. 하지만 그의 당대에 어떤 현자들이 존재했느냐는 얘기는 나오지 않는다.[44] 그의 형제 아틀란스는 위대한 점성가였는데, 그런 직업으로 인해 신화에서 그가 하늘을 떠받치고 있는 모습으로 그려지는 계기가 되었다. 그의 이름이 붙은 산도 무척이나 높아서 대중들의 생각으로는 마치 그가 하늘을 받치고 있는 것처럼 보인다는 것이다.[45] 그 시대부터 그리스에서는 숱하게 많은 신화가 꾸며지기 시작했다. 그러다가 아테네인들의 임금 케크롭스 치하에서 아테나라는 도시가 아테나라는 이름을 갖게 되었는데, 그가 임금으로 있을 때 하느님이 모세를 시켜 당신 백성을 이집트에서 이끌어냈으며,[46] 같은 시대에 그리스에서는 그리스인들의 맹목적이고 허망한 관습과 미신에 의해 죽은 사람들 몇몇이 신들의 반열에 올랐다. 그 가운데 크리아수스 왕의 부인 멜란토미케도 들어 있고, 두 부부의 아들 포르바스도 들어 있다. 포르바스는 부친의 뒤를 이어 아르고스인들의 제6대 임금이 된 사람이다. 그런가 하면 제7대 임금인 트리오파스의 아들 야수스와 제9대 임금인 스테넬라스 혹은 스테넬레우스 혹은 스테넬루스(다른 저자들이 제각기 달리 표기한다)도 신들의 반열에 들어갔다.[47] 같은 시대에 메르쿠리우스도 살았으며 그는 아틀란스의 손주로서 아틀란스의 딸 마이아에게서 태어났다는데, 이것도 이야기꾼들이 문자로 퍼뜨리는 얘기다.[48] 메르쿠리우스는 여러 학예에 능통하여 유명했고 그 학예들을 인간들에게 전수시켰다. 그 공덕으로 사람들은 그가 사후에 신이 되기를 바랐거나 그렇게 되었다고 믿었다. 헤르쿨레스는 그보다 후대 인물이지만 아르고스인들의 시대에 속한다고 한다. 하지만 어떤 사람들은 그를 메르쿠리우스보다 시대적으로 앞세우는데, 나는 그들이 틀렸다고 본다. 어느 시대에 그들이 태어났든, 이런 고사古事를 문자로 전한 진지한 역사가들 사이에서는 두 인물이 다 실존했고, 그들이 사멸할 인간들에게 현세생활을 그나마 편리하게 영위하도

multa contulerint, honores ab eis meruisse diuinos. Minerua uero longe his antiquior; nam temporibus Ogygi ad lacum, qui Tritonis dicitur, uirginali apparuisse fertur aetate, unde et Tritonia nuncupata est; multorum sane operum inuentrix et tanto procliuius dea credita, quanto minus origo eius innotuit. Quod enim de capite Iouis nata canitur, poetis et fabulis, non historiae rebusque gestis est adplicandum. Quamquam Ogygus ipse quando fuerit, cuius temporibus etiam diluuium magnum factum est, non illud maximum, in quo nulli homines euaserunt, nisi qui in arca esse potuerunt, quod gentium nec Graeca nec Latina nouit historia, sed tamen maius quam postea tempore Deucalionis fuit, inter scriptores historiae non conuenit. Nam Varro inde exorsus est librum, cuius mentionem superius feci, et nihil sibi, ex quo perueniat ad res Romanas, proponit antiquius quam Ogygi diluuium, hoc est Ogygi factum temporibus. Nostri autem qui chronica scripserunt, prius Eusebius, post Hieronymus, qui utique praecedentes aliquos historicos in hac opinione secuti sunt, post annos amplius quam trecentos iam secundo Argiuorum Phoroneo rege regnante Ogygi diluuium fuisse commemorant. Sed quolibet tempore fuerit, iam tamen Minerua tamquam dea colebatur regnante Atheniensibus Cecrope, sub quo rege etiam ipsam uel instauratam ferunt uel conditam ciuitatem.

9. Nam ut Athenae uocarentur, quod certe nomen a Minerua est, quae Graece ’Aθηνᾶ dicitur, hanc causam Varro indicat. Cum apparuisset illic repente oliuae arbor et alio loco aqua erupisset, regem prodigia ista moue-

---

[49] 본서(예: 6.7.1; 7.27.1)에서 밝힌 바와 같이 이교도들을 상대로 아우구스티누스는 에우헤메루스(Euhemerus)의 지론대로 영웅이나 신들은 인간으로 생존했다가 사후에 신격화되었다는 소신을 피력한다. 또 에우세비우스가 그 인물들의 생존시기를 추정하는 역사적 시점을 방증으로 인용한다.

[50] Ogygus: 아티카에 엘루시나 도시를 세웠다는 인물. 그의 시대에 트리톤 호수에 미네르바가 나타났다고 전한다. Cf. Eusebius, *Chronicon* [Helm ed.] 30.

[51] Cf. Diodorus Siculus, *Bibliotheca* 1.12.7-8.

[52] Cf. Eusebius, *Chronicon* [Helm ed.] 31. 프로메테우스의 아들 데우칼리온은 유피테르가 보낸 홍수에서 아내 피르라와 함께 살아남아 인류를 재현시켰다고 한다. Cf. Ovidius, *Fasti* 4.794.

[53] 18.2.2 참조. Cf. Varro, *De gente populi Romani* fr.5.

[54] 에우세비우스의 「연대기」(*Chronica*)를 히에로니무스가 라틴어로 번안(*Chronicon ab Abraham*)하고 후권의 연대 대조표를 303년에서 378년까지 연장했다.

[55] Cf. Eusebius, *Chronicon* [Helm ed.] 42. 에우세비우스는 오기구스의 홍수가 BC 1757년, 데우칼리온의 홍수는 BC 1525년에 있었으므로 두 사건은 250년 상거한 것으로 보는데 아우구스티누스는 대충 잡아 300년으로 말한다.

[56] Cf. Varro, *De gente populi Romani* fr.7.

록 여러 가지 혜택을 베풀었으며, 그 덕택에 인간들에게서 신적 명예를 받은 것으로 알려져 있다.[49] 미네르바는 이 둘보다 훨씬 오래된 인물이다. 그 여자는 오기구스[50] 시대에 트리톤의 호수라고 일컫는 호숫가에 처녀의 나이로 나타났다고 전해지며, 그래서 미네르바를 트리토니아라고도 부른다. 참으로 많은 사물을 발명한 여자였으며, 거기다 출신이 불분명한 만큼 여신이라고 믿기가 더 쉬웠다. 시인들의 글이나 신화 가운데 미네르바가 유피테르의 머리에서 태어났다고 하는 시가詩歌는 역사적 사실에는 적용하지 말아야 한다.[51] 오기구스에 대해서는, 그가 살았을 적에 큰 홍수가 생겼다고 하는데, 과연 그가 어느 시대에 살았는지에 대해서는 저술가들 사이에 의견이 합치하지 않는다. 물론 그 홍수란 방주에 들어갈 수 있었던 사람들을 제외하고는 인간 중에 아무도 죽음을 피할 수 없었던 저 대홍수는 아니겠는데, 이 대홍수에 대해 이방민족들 사이에서는 그리스 민족이나 라티움 민족도 알고 있지 않다. 여하튼 오기구스 시대의 홍수는 훗날 데우칼리온 시대에 있었던 홍수보다는 더 큰 홍수였다.[52] 내가 위에서 인용한 대로, 바로는 자신의 책을 바로 이 시점에서부터 시작하며, 오기구스 시대에 있었던 오기구스의 홍수를 로마사에 이르기까지의 가장 오래된 사건으로 지적하고 있다.[53] 연대기를 기록한 우리쪽 학자들 중에는 처음에는 에우세비우스가, 후대에는 히에로니무스가 이 문제에 대해 선대 저술가들의 의견을 따랐다.[54] 그들의 말에 의하면 무려 300년이 훨씬 넘어서 홍수가 발생했고, 아르고스인들의 제2대 임금인 포로네우스 치세에 오기구스의 홍수가 있었던 것으로 기록하고 있다.[55] 그러나 그 홍수가 어느 시대에 있었든 상관없이 케크롭스 치세에 미네르바가 아테네인들로부터 여신으로 숭배받고 있었고, 그 왕의 치세에 아테네라는 도시가 재건되었거나 건설되었다.

9. 아테네가 창건된 것은 언제이며, 바로는 그 연원을 어떻게 풀이하는가

그 도시가 아테네라고 불리게 된 것은 아무래도 미네르바의 이름을 딴 것으로 보이는데, 이 여신의 이름을 그리스어로는 아테나라고 하기 때문이다. 이 유래는 바로가 지적하는 것이기도 하다.[56] 그곳에 갑작스레 올리브나무가 솟아

runt, et misit ad Apollinem Delphicum sciscitatum quid intellegendum esset quidue faciendum. Ille respondit, quod olea Mineruam significaret, unda Neptunum, et quod esset in ciuium potestate, ex cuius potius nomine duorum deorum, quorum illa signa essent, ciuitas uocaretur. Isto Cecrops oraculo accepto ciues omnes utriusque sexus (mos enim tunc in eisdem locis erat, ut etiam feminae publicis consultationibus interessent) ad ferendum suffragium conuocauit. Consulta igitur multitudine mares pro Neptuno, feminae pro Minerua tulere sententias, et quia una plus inuenta est feminarum, Minerua uicit. Tum Neptunus iratus marinis fluctibus exaestuantibus terras Atheniensium populatus est; quoniam spargere latius quaslibet aquas difficile daemonibus non est. Cuius ut iracundia placaretur, triplici supplicio dicit idem auctor ab Atheniensibus affectas esse mulieres, ut nulla ulterius ferrent suffragia, ut nullus nascentium maternum nomen acciperet, ut ne quis eas Athenaeas uocaret. Ita illa ciuitas, mater aut nutrix liberalium doctrinarum et tot tantorumque philosophorum, qua nihil habuit Graecia clarius atque nobilius, ludificantibus daemonibus de lite deorum suorum, maris et feminae, et de uictoria per feminas feminae Athenas nomen accepit, et a uicto laesa ipsam uictricis uictoriam punire compulsa est, plus aquas Neptuni quam Mineruae arma formidans. Nam in mulieribus, quae sic punitae sunt, et Minerua quae uicerat uicta est; nec adfuit suffragatricibus suis, ut suffragiorum deinceps perdita potestate et alienatis filiis a nominibus matrum Athenaeas saltem

---

[57] Cf. Cicero, *De oratore* 1.4.13.

[58] *a victo laesa* ipsam *victricis victoriam punire* compulsa est. 두운과 각운으로 역설적 문장을 만들어 냈다.

[59] et Minerva quae vicerat victa est: 앞의 문장과 같은 역설법이다.

났고 또 다른 곳에서는 갑자기 물이 솟았다. 그 이적은 왕의 마음을 움직여 델피의 아폴로에게 사람을 보내어 이 일을 어떻게 알아들어야 하며 무엇을 해야 하는지 알아 오게 했다. 아폴로가 대답하기를, 올리브나무는 미네르바를 상징하고 물은 넵투누스를 상징하는데, 이 도시가 그 두 신 가운데 어떤 신의 이름을 딸 것인지에 대해 시민들에게 권한을 맡긴 것이고 그 물건들은 그 신들의 상징물이라고 했다. 케크롭스는 그 신탁을 받고 남녀 시민 모두를 소집하여 투표를 하게 했다. (당시 그 지역에서는 여자들도 공공결정에 관여하는 관습이 있었다.) 대중의 의견을 묻자 남자들은 넵투누스를 편들고 여자들은 미네르바를 편들어 투표했는데, 여자들의 투표수가 하나 더 많아서 미네르바가 이겼다. 그러자 넵투누스는 화가 나서 솟구치는 바다 물결로 아테네인들의 땅에 쳐들어왔다. 정령들에게는 물을 온통 범람시키는 것이 어려운 일이 아니었던 것이다. 이 얘기를 전해주는 저자의 말로는, 이때 넵투누스의 분노를 가라앉히는 뜻에서 아테네인들은 여자들에게 삼중의 징계를 내렸다고 한다. 앞으로는 그 어떤 여자도 투표권을 갖지 못하며, 태어나는 사람 어느 누구도 어머니의 이름을 따르지 못하며, 어떤 여자도 아테네 여자라고 부를 수 없다는 것이었다. 이리하여 저 도시, 자유학예의 어머니요 유모, 그토록 수가 많고 그토록 저명한 철학자들을 낳은 모친이요 유모,[57] 그리스에서 이 도시보다 더 훌륭하고 고귀한 것은 없다는 이 도시가 자기네 신들, 곧 남신과 여신의 다툼에서 오는 정령들의 장난으로 아테네라는 이름을 얻게 된 것이다. 더구나 여자들의 힘으로 아테네라는 여성적 이름을 얻게 된 것이다. 이렇게 하여 패배자 넵투누스에게 당하게 되었고 승리자 아테네의 승리를 벌하지 않으면 안 되는 처지가 되었으니,[58] 미네르바의 무기보다 넵투누스의 물을 더 무서워했던가 보다. 왜냐하면 여자들이 그런 식으로 징벌을 받음으로써, 그 여자들 안에서 승리한 미네르바가 오히려 패배자의 처지가 되었기 때문이다.[59] 또 미네르바도 자기에게 표를 던진 투표자들을 지켜주지 못한 셈인데, 그 이후로는 여자들에게서 투표권이 박탈되었기 때문이다. 그뿐 아니라, 아들들이 어머니의 이름을 따지 못하게 하여 여자들을 소외시켰다. 여자들이 투표를 한 덕택에 여신이 남신을 누르고 승리자가 되었

제18권   1955

uocari liceret et eius deae mereri uocabulum, quam uiri dei uictricem fecerant ferendo suffragium. Quae et quanta hinc dici possent, nisi sermo ad alia properaret!

10. Et tamen Marcus Varro non uult fabulosis aduersus deos fidem adhibere figmentis, ne de maiestatis eorum dignitate indignum aliquid sentiat. Et ideo nec Areon pagon, ubi cum Atheniensibus Paulus apostolus disputauit, ex quo loco Areopagitae appellati sunt curiales urbis eiusdem, uult inde accepisse nomen, quod Mars, qui Graece ″Αρης dicitur, cum homicidii crimine reus fieret, iudicantibus duodecim diis in eo pago sex sententiis absolutus est (quia ubi paris numeri sententiae fuissent, praeponi absolutio damnationi solebat); sed contra istam, quae multo amplius est celebrata, opinionem aliam quandam de obscurarum notitia litterarum causam nominis huius conatur astruere, ne Areon pagon Athenienses de nomine Martis et pagi quasi Martis pagum nominasse credantur, in iniuriam uidelicet numinum, a quibus litigia uel iudicia existimat aliena; non minus hoc, quod de Marte dicitur, falsum esse adseuerans, quam illud quod de tribus deabus, Iunone scilicet et Minerua et Venere, quae pro malo aureo adipiscendo apud iudicem Paridem de pulchritudinis excellentia certasse narrantur et ad placandos ludis deos, qui delectantur seu ueris seu falsis istis criminibus suis, inter theatricos plausus cantantur atque

---

[60] 교부는 여성들의 권리를 지켜주지 못한 미네르바 여신의 무능을 지적하면서 이런 신화의 허구성을 암시하고 있다.

[61] Areos pagus: 사도 17,19-34에도 "아레오파구스"라고 나온다. 교부의 해학적 설명대로라면 "마르스의 구역"(Martis pagus)이 된다.

[62] Cf. Plutarchus, *Vitae parallelae. Solon* 19. 아테네의 가장 오래된 이 공청회장에서 열리던 재판을 로마에서는 Areos pagus(아레스의 구역) 혹은 curia Martis(마르스 심판소)라고 알아들었다(Iuvenalis, *Satirae* 9.101).

는데도 어머니들이 아예 아테나의 여자라고 불리는 것마저 불가능해졌다. 덕분에 아테네 도시가 그 여신의 호칭을 얻었음이 분명한데도. 우리의 논제가 다른 문제들을 다루도록 재촉하지만 않는다면 이 문제에 대해 좀더 많은 얘기를 할 수 있을 것이다.[60]

10. 아레오파구스나 데우칼리온의 홍수에 대해 바로는 무엇을 전하는가

    그렇지만 마르쿠스 바로는 신들의 비위를 거스르면서까지 신화적 허구에 신빙성을 부여하려고 하지는 않는다. 신들의 지존한 품위에 합당하지 않은 무언가가 있다는 느낌을 주지 않으려는 것이다. 또 바로는 바울로 사도가 아테네인들과 토론을 벌인 아레스의 구역[61](그래서 도성의 그 구역을 관리하는 시의원들을 아레오파기타라고 부르기까지 한다)이 마르스(그리스어로는 아레스라고 한다)라는 이름에서 유래했다는 설을 받아들이려 하지 않는다. 전설에 의하면 마르스 신은 살인죄의 혐의를 받고 바로 그 구역에서 열두 신을 재판관으로 하여 재판을 받았는데 여섯 표를 얻어 방면되었다고 한다. 유죄와 무죄 투표가 동등한 경우는 유죄판결보다는 방면을 우선하는 것이 관례였던 것이다.[62] 사람들이 아주 널리 믿는 이 설화와는 달리, 바로는 그 이름의 유래에 대해 다소 애매한 문학적 지식에 근거를 둔 딴 해설을 시도하고 있다. 아테네인들이 "아레스의 구역"을 마르스의 이름에서 명명한 것이 아니라고, 그러니까 "마르스의 언덕"이라는 식으로 이름을 붙인 것이 아니라고 믿게 하려는 심산이다. 그렇게 한다면 신령들에게 불손한 짓을 저지르게 되는데, 바로는 신들을 상대로 해서는 법률소송이니 재판이라는 것이 이루어질 수 없다고 믿었다. 그는 여기다 마르스를 결부시킨 얘기는 유노와 미네르바와 베누스 세 여신을 두고 지어내는 황금사과 이야기 못지않게 가짜라고 주장한다. 세 여신이 황금사과를 상으로 주기로 하고서 파리스를 심판관으로 세워 그 앞에서 미모의 탁월함을 다투었다는 얘기 말이다. 이 이야기는 극장의 박수갈채 속에서 노래와 춤으로 공연되고 있고, 그것도 신들의 마음을 진정시킨다는 경기공연에서 이루어지고 있는데, 참이든 거짓이든 상관없이 신들은 자기네 범행이 무대에서 상연되는 것을 보고

saltantur. Haec Varro non credit, ne deorum naturae seu moribus credat incongrua; et tamen non fabulosam, sed historicam rationem de Athenarum uocabulo reddens tantam Neptuni et Mineruae litem suis litteris inserit, de cuius nomine potius illa ciuitas uocaretur, ut, cum prodigiorum ostentatione contenderent, inter eos iudicare nec Apollo consultus auderet, sed deorum iurgium finiendum, sicut memoratarum trium dearum ad Paridem Iuppiter, ita et iste ad homines mitteret, ubi uinceret Minerua suffragiis et in poena suarum suffragatricium uinceretur, quae in aduersariis suis uiris obtinere Athenas potuit, et amicas suas feminas Athenaeas habere non potuit. His temporibus, ut Varro scribit, regnante Atheniensibus Cranao, successore Cecropis, ut autem nostri Eusebius et Hieronymus, adhuc eodem Cecrope permanente, diluuium fuit, quod appellatum est Deucalionis, eo quod ipse regnabat in earum terrarum partibus, ubi maxime factum est. Hoc autem diluuium nequaquam ad Aegyptum atque ad eius uicina peruenit.

11. Eduxit ergo Moyses ex Aegypto populum Dei nouissimo tempore Cecropis Atheniensium regis, cum apud Assyrios regnaret Ascatades, apud Sicyonios Marathus, apud Argiuos Triopas. Educto autem populo in monte Sina diuinitus acceptam tradidit legem, quod uetus dicitur testamentum, quia promissiones terrenas habet, et per Iesum Christum futurum fuerat testamentum nouum, quo regnum caelorum promitteretur. Hunc enim ordinem seruari oportebat, sicut in uno quoque homine, qui in Deum proficit,

---

[63] 바로의 신화해석 입장은 3.3; 4.31에서도 소개했다. Cf. Varro, *De gente populi Romani* fr.8.

[64] Cf. Varro, *De gente populi Romani* fr.10; Eusebius, *Chronicon* [Helm ed.] 42-44; Paulus Orosius, *Historiae adversus paganos* 1.9.

[65] Cf. Plato, *Timaeus* 22b.

[66] Cf. Eusebius, *Chronicon* [Helm ed.] 42.

즐거워하지 않느냐는 것이다. 이런 얘기는 신들의 본성에도 안 맞고 행동거지에도 부합하지 않으므로 수긍할 수 없다. 그래서 바로는 이런 얘기를 믿지 않는다.[63] 그러면서도 그는 아테네라는 명칭에 대해 신화적 유래가 아니라 역사적 유래를 논하면서 넵투누스와 미네르바의 법률소송을 자기 문학에 끼워 넣고 있다. 그 도시가 과연 어느 신의 이름으로 명명되어야 할 것인가를 두고 신들이 이적을 보이면서까지 서로 겨룰 때, 아폴로는 자기에게 신탁을 물어왔는데도 두 신들 사이에서 감히 판정을 내리려고 하지 않았다. 유피테르가 앞서 언급한 세 여신들의 다툼을 파리스에게 미루고 말았듯이, 신들의 다툼을 끝내려는 의도에서 그 판정을 사람들에게 미루고 말았던 것이다. 더구나 미네르바는 투표로 이겨놓고서도 자기에게 투표한 여자들이 벌을 받음으로써 결국 패한 셈이 되었고, 자기에게 반대표를 던진 남자들에게는 아테네라는 이름을 갖게 했으면서도, 자기에게 호의를 보인 여자들에게는 "아테나의 여자들"이라는 이름마저 갖게 해 줄 힘이 없었다는 말이다. 하여튼 바로가 기록하는 대로라면 아테네인들에게 케크롭스의 후계자인 크라나오스가 군림하고 있었고, 우리네 저술가 에우세비우스와 히에로니무스가 말하는 대로라면 아직도 케크롭스가 군림하고 있던 시대에 데우칼리온의 홍수라고 일컫는 홍수가 발생했다.[64] 홍수가 제일 심하게 발생한 지역을 데우칼리온이 통치하고 있었으므로 데우칼리온의 홍수라고 했다. 이 홍수는 이집트나 그 일대까지 미치지는 않았다.[65]

11. 모세가 하느님의 백성을 이집트에서 이끌어낸 것은 어느 시기이며, 모세를 계승한 여호수아가 죽은 것은 어느 왕들의 시대인가

모세가 하느님의 백성을 이집트에서 이끌어낸 것은 아테네인들의 임금 케크롭스의 마지막 시대였고 아시리아인들에게는 아스카타데스가, 시키온인들에게는 마라투스가, 아르고스인들에게는 트리오파스가 군림하고 있었다.[66] 백성들이 이끌려 나온 다음 시나이 산에서 하느님께 받은 율법을 전해 주었는데, 이것이 구약이라고 한다. 이 율법을 구약이라고 하는 것은 이 율법이 지상적 언약들을 담고 있었고, 예수 그리스도를 통해 이루어질 신약으로는 하늘나라가 언약될

id agitur, quod ait apostolus, *ut non sit prius quod spiritale est; sed quod animale, postea spiritale*; quoniam sicut dicit et uerum est, *primus homo de terra, terrenus; secundus homo de caelo*. Rexit autem populum Moyses per annos quadraginta in deserto et mortuus est annorum centum et uiginti, cum Christum etiam ipse prophetasset per figuras obseruationum carnalium in tabernaculo et sacerdotio et sacrificiis aliisque mysticis plurimisque mandatis. Moysi successit Iesus Naue et in terra promissionis introductum populum conlocauit ex auctoritate diuina debellatis gentibus, a quibus eadem loca tenebantur. Qui cum populum rexisset post mortem Moysi uiginti et septem annos, etiam ipse defunctus est regnante apud Assyrios octauo decimo Amynta, apud Sicyonios sexto decimo Corace, apud Argiuos decimo Danao, apud Athenienses quarto Erichthonio.

12. Per haec tempora, id est ab exitu Israel ex Aegypto usque ad mortem Iesu Naue, per quem populus idem terram promissionis accepit, sacra sunt instituta diis falsis a regibus Graeciae, quae memoriam diluuii et ab eo liberationis hominum uitaeque tunc aerumnosae modo ad alta, modo ad plana migrantium sollemni celebritate reuocarunt. Nam et Lupercorum per sacram uiam ascensum atque descensum sic interpretantur, ut ab eis significari dicant homines, qui propter aquae inundationem summa montium petiuerunt et rursus eadem residente ad ima redierunt. His temporibus Dionysum, qui etiam Liber pater dictus est et post mortem deus habi-

---

[67] Cf. *Contra Faustum Manichaeum* 4.2. 옛 계약은 지상 것을, 새 계약은 천상 것을 약속하지만 전자는 후자의 그림자라는 단서(sed in illis temporalibus figuras fuisse futurorum, quae implerentur in nobis)가 둘의 연속성을 담보한다.

[68] hunc ordinem ... in *homine qui in Deum proficit*: 아우구스티누스의 고유한 인간본질 정의에 해당한다. Cf. *Confessiones* 1.1.1.

[69] 1고린 15,46-47. 본서 13.22-24 참조.

[70] 신명 34,7 참조.

[71] 16.43.2 참조.

[72] Cf. Eusebius, *Chronicon* [Helm ed.] 45. Danaus는 이집트 왕자로 아르고스에 망명해 왕이 되었다는 신화적 인물로, 부친을 위해 첫날밤에 신랑들을 죽인 50명 딸들(Danaidae)의 행적은 유명하다.

[73] Luperci: Pan Liceus (혹은 Faunus Lupercus)를 섬기던 제관들(4.23.1 참조).

[74] Via sacra: 로마 콜로세움에서 로마의 광장(Forum)에 이르던 중심 가도로 로물루스와 사비나 국왕 타티우스 사이에 신성한 동맹조약이 체결되었다고 해서 이런 이름이 붙었다고 한다.

[75] 그 축제(Lupercalia) 도중에 제관들이 팔라티움 언덕과 "신성한 길" 사이를 달음질로 오르내렸다. 홍수와 아무 관련이 없는 축제였다.

[76] 4.11; 6.9; 7.2, 21 참조.

것이었기 때문이다.[67] 이 순서는 엄수될 필요가 있다. 하느님을 향해 나아가는 것이 인간이고[68] 인간 각자에게도 이 순서가 통용되고 있기 때문이다. 사도가 "영적인 것이 먼저가 아니라 생물적인 것이 먼저입니다. 영적인 것은 그다음입니다"라고 말한 대로다. 그 이유는 정말 다음과 같은 말이 있기 때문이다: "첫 사람은 땅에서 나서 지상적이지만 둘째 사람은 하늘에서 났습니다."[69] 모세는 백성을 광야에서 40년간 다스렸고 120세가 되어 죽었다.[70] 그런데 모세도 그리스도를 예언했는데, 장막이니 사제직이니 제사니 그밖의 비사들과 수많은 계명에서 보이는 신체적 준행을 표상으로 삼아 예언을 했다. 여호수아가 모세를 계승하여 약속의 땅으로 백성을 인솔해 들어갔고, 신적 권위를 빌려 본래 그 지역을 차지하고 있던 민족들을 정벌하고 백성을 정착시켰다.[71] 여호수아는 모세가 죽은 후 27년간 백성을 다스렸고, 아시리아인들에게 18대 왕인 아민타스가 군림하고, 시키온인들에게 16대 왕인 코락스가, 아르고스인들에게는 10대 왕인 다나우스가, 아테네인들에게는 제4대 왕인 에리크토니우스가 군림하고 있을 때에 여호수아도 세상을 떠났다.[72]

12. 그리스 임금들이 당대에 제정한 거짓 신들의 제의: 이 시기는 이스라엘이 이집트에서 탈출한 때부터 여호수아의 사망까지로 계산된다

바로 이 시기에, 그러니까 이스라엘의 이집트 탈출부터 여호수아 덕분에 그 백성이 약속의 땅을 차지하고 여호수아의 죽음에 이르는 기간 동안 그리스의 국왕들에 의해 거짓 신들에게 바치는 각종 제의가 제정되었다. 이것들은 장엄한 축제로 홍수를 기념하기도 하고 홍수에서 살아남은 인간들의 구원을 기념하기도 하고, 때로는 고지로 때로는 평지로 옮겨다니던 사람들의 고달픈 인생을 기념하기도 한다. 그래서인지 사람들은 루페르쿠스들[73]이 "신성한 길"[74]을 오르락내리락하는 의식을 치르는 것을 보면서, 물이 차서 산꼭대기로 올라갔다가 물이 빠지면 아래로 내려오곤 하던 일을 상징하는 것이라는 말을 한다.[75] 바로 그 시대에 디오니수스(그는 사후에 신으로 여겨졌으며 "아버지 리베르"라고도 불린다)[76]가 아티카 땅에서 자기를 맞아주던 주인에게 포도나무를 가리

tus, uitem ferunt ostendisse in Attica terra hospiti suo. Tunc Apollini Delphico instituti sunt ludi musici, ut placaretur ira eius, qua putabant adflictas esse sterilitate Graeciae regiones, quia non defenderint templum eius, quod rex Danaus, cum easdem terras bello inuasisset, incendit. Hos autem ludos ut instituerent, oraculo sunt eius admoniti. In Attica uero rex Erichthonius ei ludos primus instituit, nec ei tantum, sed etiam Mineruae, ubi praemium uictoribus oleum ponebatur, quod eius fructus inuentricem Mineruam, sicut uini Liberum tradunt. Per eos annos a rege Xantho Cretensium, cuius apud alios aliud nomen inuenimus, rapta perhibetur Europa, et inde geniti Rhadamanthus, Sarpedon et Minos, quos magis ex eadem muliere filios Iouis esse uulgatum est. Sed talium deorum cultores illud, quod de rege Cretensium diximus, historicae ueritati, hoc autem, quod de Ioue poetae cantant, theatra concrepant, populi celebrant, uanitati deputant fabularum, ut esset unde ludi fierent placandis numinibus etiam falsis eorum criminibus. His temporibus Hercules in Syria clarus habebatur; sed nimirum alius, non ille, de quo supra locuti sumus. Secretiore quippe historia plures fuisse dicuntur et Liberi patres et Hercules. Hunc sane Herculem, cuius ingentia duodecim facta numerant, inter quae Antaei Afri necem non commemorant, quod ea res ad alterum Herculem pertinet, in Oeta monte a se ipso incensum produnt suis litteris, cum ea uirtute, qua multa subegerat, morbum tamen, quo languebat, sustinere non posset. Illo tempore uel rex uel potius tyrannus Busiris suis diis suos hospites immo-

---

[77] Cf. Eusebius, *Chronicon* [Helm ed.] 47. 델피의 신전을 불지른 것은 아폴로가 자기 딸을 건드려 애를 낳게 한 뒤 죽인 데 대한 복수로 플레기아스의 왕 플레기우스(Flegyus)가 한 짓으로 전해온다.

[78] 18.8 참조.

[79] Cf. Cicero, *De natura deorum* 3.22.55, 23.58; Arnobius, *Adversus nationes* 3.33; 4.15; Diodorus Siculus, *Bibliotheca* 3.73, 82.

[80] Cf. Apollodorus mythographus, *Bibliotheca* 3.14.6.

[81] Cf. Seneca, *Hercules Oetaeus*.

켜 보여주었다는 말도 한다. 그 무렵 델피의 아폴로에게 바치는 음악 경연대회가 제정되었다. 다나우스 왕이 전쟁을 걸어 그 땅을 초토화하면서 아폴로의 신전을 불질러 버렸는데, 자기들이 아폴로의 신전을 보호하지 않았기 때문에 그 신의 분노로 그리스의 여러 지역이 소출을 내지 않는 박토가 되었다고 믿고서, 아폴로의 분노를 가라앉히려는 목적에서 제정된 것이다.[77] 이 경기를 제정한 것은 아폴로의 신탁에 의한 경고를 받은 다음이었다. 그렇지만 아티카에서 그에게 바치는 경기를 처음 제정한 사람은 에리크토니우스 왕이었으며, 아폴로뿐 아니라 미네르바에게도 바쳐졌으며 경기의 승리자들에게는 올리브 나무가 수여되었다. 포도주를 발견한 자가 리베르라고 하듯이, 이 나무의 열매를 발견한 자는 미네르바라고들 하기 때문이다. 그 몇 해에 크레타인들에게는 임금 크산투스가 있었는데, 그는 작가들에 따라서 이름이 달리 나온다. 크산투스에게 에우로파가 납치당했고 그 여자에게서 라다만투스, 사르페돈 그리고 미노스가 태어났는데, 같은 여자에게서 태어난 그 아들들이 유피테르의 자식들이라는 소문이 났다. 하지만 이런 신들을 숭배하는 자들은 우리가 크레타인들의 임금에 대해 한 말을 역사적 진리로 믿고, 시인들이 유피테르에 대해 노래하고 연극으로 상연하고 백성들이 축제로 경축하는 바는 신화와 허구에 속하는 것으로 본다. 신들에 대해 꾸며낸 죄상을 갖고 신령들을 무마시킨다는 것 자체가 허구로 보이기 때문이다. 이 시대에 시리아에서는 헤르쿨레스가 이름을 떨쳤다. 하지만 그 인물은 우리가 앞에서 언급한[78] 사람이 아니고 전혀 다른 인물이다. 좀더 치밀한 역사에 의하면 아버지 리베르라거나 헤르쿨레스라고 불린 사람들이 아주 많았다.[79] 여기서 말하는 헤르쿨레스는 사람들이 소위 열두 가지 위업을 꼽는 그 인물인데, 그 위업에서 아프리카인 안타이우스의 살해는 꼽히지 않고 그 사건은 다른 헤르쿨레스에게 돌아간다.[80] 사람들이 문학에 기록해 남긴 바에 의하면, 저 헤르쿨레스는 수많은 위업을 이룩한 용맹에도 불구하고 자기가 앓던 질병을 더는 견딜 수 없어 오이타 산에서 스스로 불타 죽었다고 한다.[81] 같은 시대에 왕 혹은 폭군이었던 부시리스는 손님들을 죽여서 자기 신들에게 바쳤다는데, 사람들이 하는 말로 이 폭군은 넵투누

labat, quem filium perhibent fuisse Neptuni ex matre Libya, filia Epaphi. Verum non credatur hoc stuprum perpetrasse Neptunus, ne dii accusentur; sed poetis et theatris ista tribuantur, ut sit unde placentur. Erichthonii regis Atheniensium, cuius nouissimis annis Iesus Naue mortuus reperitur, Vulcanus et Minerua parentes fuisse dicuntur. Sed quoniam Mineruam uirginem uolunt, in amborum contentione Vulcanum commotum effudisse aiunt semen in terram atque inde homini nato ob eam causam tale inditum nomen. Graeca enim lingua ἔρις contentio, χθών terra est, ex quibus duobus compositum uocabulum est Erichthonius. Verum, quod fatendum est, refellunt et a suis diis repellunt ista doctiores, qui hanc opinionem fabulosam hinc exortam ferunt, quia in templo Vulcani et Mineruae, quod ambo unum habebant Athenis, expositus inuentus est puer dracone inuolutus, qui eum significauit magnum futurum et propter commune templum, cum essent parentes eius ignoti, Vulcani et Mineruae dictum esse filium. Nominis tamen eius originem fabula illa potius quam ista designat historia. Sed quid ad nos? Hoc in ueracibus libris homines instruat religiosos, illud in fallacibus ludis daemones delectet inpuros; quos tamen illi religiosi tamquam deos colunt, et cum de illis haec negant, ab omni eos crimine purgare non possunt, quoniam ludos eis poscentibus exhibent, ubi turpiter aguntur, quae uelut sapienter negantur, et his falsis

---

[82] Cf. Eusebius, *Chronicon* [Helm ed.] 46.

[83] Cf. Cicero, *De natura deorum* 3.29.50.

[84] Erichthonius라는 이름을 그리스어 ἔρις(남녀의 "어우름")와 χθών(흙)의 합성으로 설명한다.

스의 아들이었고 에파푸스의 딸 리비아를 어머니로 두었다고 한다.[82] 신들이 비난을 받지 않으려면 넵투누스가 이런 강간을 범했으리라는 얘기를 사람들이 믿지 말아야 한다. 오히려 그런 내용은 시인들이나 극장에서 신들의 마음을 진정시킬 생각에서 꾸며낸 일로 보는 것이 바람직하다. 아테네인들의 임금 에리크토니우스의 말년에 여호수아가 사망한 것으로 전해오는데, 이 임금의 부모는 불카누스와 미네르바였다고 한다. 그런데 사람들은 미네르바가 처녀로 남기를 바라서인지,[83] 두 신들이 어우르다가 불카누스가 흥분하여 땅에 정액을 쏟고 말았고 그런 이유로 거기서 난 사람에게 그런 이름을 붙였다고도 한다. 그리스어로 에리스는 남녀의 "어우름"이며, 크톤은 "흙"이다. 이 두 단어로 합성된 단어가 에리크토니우스다.[84] 하지만 여기서 정작 말하려는 것은, 더 박식한 인간들이 저따위 얘기를 거짓이라고 입증하고 자기네 신들에 대한 저런 험담을 받아들이지 않는다는 사실을 밝히는 일이다. 저 유식한 사람들이 하는 말에 의하면, 이런 신화 같은 소문이 발생한 것은 불카누스와 미네르바가 둘이서 아테네에 신전 하나를 갖고 있었는데 그 둘의 신전에 아기 하나가 버려진 채 발견되었다고 한다. 그런데 아기는 구렁이가 또아리를 튼 한가운데 들어 있었는데, 그 모습은 그 아이가 장차 위대한 인물이 될 것임을 상징하는 것이었다. 부모가 누구인지도 몰랐고 또한 신전을 공동으로 소유하고 있었으므로, 그 아이가 불카누스와 미네르바 사이에서 태어난 아이라는 말이 나왔다는 것이다. 여하튼 저 이름의 기원을 설명하는 데는 역사적 사실보다는 이 신화가 더 그럴듯하다. 하지만 그게 우리에게 무슨 소용인가? 역사는 진실을 담은 책으로 경건한 사람들을 가르치고, 신화는 거짓된 경기공연으로 더러운 신령들을 즐겁게 한다. 그렇지만 경건하다는 사람들마저 신들에게 저런 일들이 일어났으리라는 것은 부인하면서도, 정작 이런 불결한 신령들을 신들로 숭배하는 이상, 저 신들에게서 모든 죄상을 다 벗겨 주지는 못한다. 왜냐하면 그들은 저 신령들이 요구하는 대로 경기공연을 개최하고 있고, 지혜로운 인간이라면 으레 마다할 짓을 추접하게 저지르고 있다. 저토록 거짓되고 추루한 행사를 치러 신들의 환심을 사려고 한다는 것은, 신화가 노래하는 내용이 비록

ac turpibus dii placantur, ubi etsi fabula cantat crimen numinum falsum, delectari tamen falso crimine crimen est uerum.

13. Post mortem Iesu Naue populus Dei iudices habuit, quibus temporibus alternauerunt apud eos et humilitates laborum pro eorum peccatis, et prosperitates consolationum propter miserationem Dei. His temporibus fabulae fictae sunt de Triptolemo, quod iubente Cerere anguibus portatus alitibus indigentibus terris frumenta uolando contulerit; de Minotauro, quod bestia fuerit inclusa Labyrintho, quo cum intrassent homines, inextricabili errore inde exire non poterant; de Centauris, quod equorum hominumque fuerit natura coniuncta; de Cerbero, quod sit triceps inferorum canis; de Phryxo et Helle eius sorore, quod uecti ariete uolauerint; de Gorgone, quod fuerit crinita serpentibus et aspicientes conuertebat in lapides; de Bellerophonte, quod equo pinnis uolante sit uectus, qui equus Pegasus dictus est; de Amphione, quod citharae suauitate lapides mulserit et adtraxerit; de fabro Daedalo et eius Icaro filio, quod sibi coaptatis pinnis uolauerint; de Oedipo, quod monstrum quoddam, quae Sphinga dicebatur, humana facie quadrupedem, soluta quae ab illa proponi soleret uelut insolubili quaestione suo praecipitio perire compulerit; de Antaeo, quem necauit Hercules, quod filius terrae fuerit, propter quod cadens in terram fortior soleret adsurgere; et si qua forte alia praetermisi. Hae fabulae bellum ad usque Troianum, ubi secundum librum Marcus Varro de populi Romani gente finiuit, ex occasione historiarum, quae res ueraciter gestas continent, ita sunt ingeniis hominum fictae, ut non sint opprobriis numi-

---

[85] 교부들의 이교의식 반박이론 가운데 하나다. Cf. Arnobius, *Adversus nationes* 6.16; Lactantius, *Divinae institutiones* 1.17.11; Origenes, *Contra Celsum* 8.66.

[86] 판관기부터 열왕기[사무엘기와 열왕기] 전체에 흐르는 신명기계 역사관(歷史觀)이다.

[87] Cf. Ovidius, *Metamorphoses* 5.638-661; Eusebius, *Chronicon* [Helm ed.] 49.

[88] Cf. Eusebius, *Chronicon* [Helm ed.] 58.   [89] Cf. *Chronicon* [Helm ed.] 57.

[90] Cf. *Chronicon* [Helm ed.] 49.   [91] Cf. *Chronicon* [Helm ed.] 50; Ovidius, *Heroides* 17.143.

[92] Cf. *Chronicon* [Helm ed.] 52; Ovidius, *Metamorphoses* 4.699.

[93] Cf. *Chronicon* [Helm ed.] 52; Ovidius, *Metamorphoses* 4.786; 5.262.

[94] Cf. *Chronicon* [Helm ed.] 48, 53.   [95] Cf. *Chronicon* [Helm ed.] 55.

[96] Cf. *Chronicon* [Helm ed.] 56; Ovidius, *Tristia* 1.1.114; Cicero, *De fato* 30.

[97] Cf. *Chronicon* [Helm ed.] 57. 에우세비우스는 이런 신화들을 열거하면서 Palaephatus의 「진기록」 (*Incredibilia*)을 참조했노라고 명기하는데, 인간이 섬기는 신들은 실존 인물들이 사후에 신격화되었다는 Euhemerus의 신학을 기조로 삼는다.

[98] Cf. Varro, *De gente populi Romani* fr.14.

신령들이 꾸며낸 죄상이라고 할지라도, 그런 가짜 죄악을 은근히 즐긴다면 그것은 진짜 죄악이나 다름없다.[85]

13. 히브리인들을 판관들이 통치하기 시작할 시기에 어떤 신화들이 생겨났는가

여호수아가 죽고 나서 하느님의 백성은 판관들을 두었다. 판관들의 시대에 사람들에게는 죗값에서 오는 비천한 고생과 하느님의 자비에서 오는 위로에 찬 번영이 번갈아 찾아왔다.[86] 이 시대에 이민족들에게는 트리프톨레무스에 관한 신화들이 만들어졌다. 그는 케레스의 명을 받고서 날개 달린 뱀들을 타고 날아다니면서 필요한 땅마다 곡식을 날랐다고 한다.[87] 미노타우루스에 관한 신화도 만들어졌는데, 이 짐승은 라비린투스에 갇혀 있었고 사람들이 그곳에 들어가면 도저히 헤어나오지 못하고 길을 찾아 헤매느라 결코 빠져나오지 못했다고 한다.[88] 켄타우루스들에 관한 얘기도 나왔는데, 그 얘기에 의하면 말의 본성과 인간의 본성이 한 생물에 혼합되어 있다.[89] 머리가 셋 달린 지옥의 개 케르베루스 이야기,[90] 프릭수스와 그의 누이 헬레가 산양山羊을 타고서 날아다닌 이야기,[91] 머리카락이 뱀으로 되어 있어 쳐다보는 사람들을 돌로 만드는 고르곤 이야기,[92] 페가수스라는 깃털로 나는 말을 타고 다녔다는 벨레로폰 이야기,[93] 수금의 감미로운 가락으로 돌마저 감동시켜 자기에게로 끌어당겼다는 암피온 이야기,[94] 자기들이 만든 깃털을 달고서 하늘로 날아올랐다는 대장장이 다이달루스와 그의 아들 이카루스 이야기,[95] 사람의 얼굴에 네 발 달린 괴물 스핑크스가 내놓는, 아무도 못 풀던 수수께끼를 풀어 괴물로 하여금 스스로 몸을 던져 죽게 만든 오이디푸스 이야기,[96] 헤르쿨레스가 살해한 안타이우스는 땅의 아들이어서 땅에 쓰러질 때마다 더 힘이 세져 매번 다시 일어섰다는 이야기[97] 등이 생겨났다. 그밖의 얘기들은 내가 혹시 빠뜨렸는지 모르겠다. 이런 신화들은 트로야 전쟁에 이르기까지 줄곧 이어지는데, 마르쿠스 바로는 「로마인 민족론」 제2권을 트로야 전쟁으로 끝맺고 있다. 사람들은 실제로 일어난 사건들을 포함하는 역사적 내용에서 실마리를 얻어, 비록 신령들의 추행에까지 결부시키지는 않아도, 사람들의 재주로 이런 신화들을 지어낸 것이다.[98] 미소년 가니메데스가 유피테르에게 납치되어 유

num adfixae. Porro autem quicumque finxerunt a Ioue ad stuprum raptum pulcherrimum puerum Ganymedem, quod nefas rex Tantalus fecit et Ioui fabula tribuit, uel Danaes per imbrem aureum adpetisse concubitum, ubi intellegitur pudicitia mulieris auro fuisse corrupta, quae illis temporibus uel facta uel ficta sunt, aut facta ab aliis et ficta de Ioue, dici non potest quantum mali de hominum praesumpserint cordibus, quod possent ista patienter ferre mendacia, quae tamen etiam libenter amplexi sunt. Qui utique quanto deuotius Iouem colunt, tanto eos, qui haec de illo dicere ausi sunt, seuerius punire debuerunt. Nunc uero non solum eis, qui ista finxerunt, irati non sunt, sed ut talia figmenta etiam in theatris agerent, ipsos deos potius iratos habere timuerunt. His temporibus Latona Apollinem peperit, non illum, cuius oracula solere consuli superius loquebamur, sed illum, qui cum Hercule seruiuit Admeto; qui tamen sic est deus creditus, ut plurimi ac paene omnes unum eundemque Apollinem fuisse opinentur. Tunc et Liber pater bellauit in India, qui multas habuit in exercitu feminas, quae Bacchae appellatae sunt, non tam uirtute nobiles quam furore. Aliqui sane et uictum scribunt istum Liberum et uinctum; nonnulli et occisum in pugna a Perseo, nec ubi fuerit sepultus tacent; et tamen eius uelut dei nomine per inmundos daemones Bacchanalia sacra uel potius sacrilegia sunt instituta, de quorum rabiosa turpitudine post tam multos annos sic senatus erubuit, ut in urbe Roma esse prohiberet. Per ea tempora Perseus et uxor eius Andromeda postea quam sunt mortui, sic eos in caelum receptos esse crediderunt, ut imagines eorum stellis designare eorumque appellare nominibus non erubescerent, non timerent.

---

[99] Cf. Eusebius, *Chronicon* [Helm ed.] 51.

[100] 키케로(*De natura deorum* 3.9.23)도 적어도 4명의 아폴로를 거명한다.

[101] 로마에서는 Liber가 Dionysus와 동일시되고 따라서 Liberalia, Bacchanalia가 동일시되는 일이 흔했다. Cf. Eusebius, *Chronicon* [Helm ed.] 52.25: Dionysius, qui et Liber pater ...; Diodorus Siculus, *Bibliotheca* (Apollo 6.6.6; Bacchae 2.38.3-6); Herodotus, *Historiae* 6.53: Danae.

[102] Bacchanalia *sacra* vel potius *sacrilegia* sunt instituta: 광란의 축제가 "거룩한 제전"(sacra)으로 통칭되는 것이 못마땅하여 아우구스티누스는 종종 sacra vel potius sacrilegia라고 붙여 쓴다.

[103] Cf. Livius, *Ab Urbe condita* 39.18.7-8; 본서 3.17.2.

[104] 죽은 이들의 영혼이 성좌에 머물거나 성좌를 이룬다는 것은 아주 오랜 믿음이었다.

린당했다는 이야기를 지어낸 사람이 누구든(이것은 탄탈루스 왕이 저지른 가증한 짓인데 신화가 유피테르에게 뒤집어씌운 것이다),[99] 또 유피테르가 황금비로 변하면서까지 다나이와의 동침을 탐했다든지(여기서는 여자의 정숙함이 황금으로 타락한다는 뜻으로 이해할 만하다) 하는 이런 모든 짓이 그 당시에 실제로 저질러졌거나 꾸며졌거나 혹은 다른 사람들이 저지르고서 유피테르의 짓으로 위장했거나 상관없이, 이런 얘기들은 인간들의 마음이 얼마만큼이나 비뚤어진 타락을 은근히 기대했는지를 드러내고도 남는다. 오죽하면 인간들이 저따위 거짓말 같은 얘기들을 잠자코 봐주었을 뿐 아니라 쾌히 환영했다는 사실로도 미루어 알 수 있다. 사실 사람들이 경건하게 유피테르를 숭배하면 할수록, 저따위 추행을 감히 유피테르의 짓으로 돌리려고 수작하는 자들을 엄히 징벌했어야 마땅하다. 그렇지만 오히려 저따위 얘기들을 꾸며내는 사람들에게 화를 내기는커녕, 저런 허구적 작품을 극장에서 상연하지 않았다가 신들의 화를 부르지나 않을까 무서워하는 지경이 되었다. 그 시대에 라토나가 아폴로를 낳았는데 우리가 위에서 말한 것처럼 보통때 사람들이 신탁을 묻는 그 아폴로가 아니고 헤르쿨레스와 더불어 아드메투스를 섬겼던 그 아폴로다. 그럼에도 그를 신으로 받으면서 대다수 인간, 아니 거의 모든 사람들이 단 한 명의 아폴로밖에 존재하지 않았다고 여길 정도다.[100] 그 당시 아버지 리베르가 인도에서 전쟁을 벌였다. 그는 군대에 많은 여자들을 거느리고 다녔는데 그 여자들을 바카이라고 불렀다. 그 여자들은 무용보다는 광란으로 이름을 더 날렸다고 한다. 어떤 사람들은 바로 저 리베르가 패배하여 사로잡혔다고 하고, 어떤 사람들은 전투중에 페르세우스에게 피살당했다고도 하지만 어디에 묻혔는지에 대해서는 발설하지 않고 넘어갔다.[101] 그런데도 그 신의 이름을 내세워, 더러운 정령들의 수작으로 성스러운 바쿠스 축제 혹은 독성제瀆聖祭가 제정되었다.[102] 이 축제들에서 광란하는 추태를 보다 못해 참으로 많은 해가 지난 후 원로원이 수치심을 느껴 로마시에서는 이 축제를 하지 못하게 금했다.[103] 그러는 동안에 페르세우스와 그의 아내 안드로메다는 사후에 하늘의 영접을 받았다고 믿었으며, 그들의 형상을 성좌로 표시하고 그들의 이름을 붙이면서 부끄러운 줄도 모르고 두려운 줄도 몰랐다.[104]

14. Per idem temporis interuallum extiterunt poetae, qui etiam theologi dicerentur, quoniam de diis carmina faciebant, sed talibus diis, qui licet magni homines, tamen homines fuerunt aut mundi huius, quem uerus Deus fecit, elementa sunt aut in principatibus et potestatibus pro uoluntate Creatoris et suis meritis ordinati, et si quid de uno uero Deo inter multa uana et falsa cecinerint, colendo cum illo alios, qui dii non sunt, eisque exhibendo famulatum, qui uni tantum debetur Deo, non ei utique rite seruierunt nec a fabuloso deorum suorum dedecore etiam ipsi se abstinere potuerunt — Orpheus, Musaeus, Linus. Verum isti theologi deos coluerunt, non pro diis culti sunt; quamuis Orpheum nescio quo modo infernis sacris uel potius sacrilegiis praeficere soleat ciuitas impiorum. Vxor autem regis Athamantis, quae uocabatur Ino, et eius filius Melicertes praecipitio spontaneo in mari perierunt et opinione hominum in deos relati sunt, sicut alii homines eorum temporum, Castor et Pollux. Illam sane Melicertis matrem Leucothean Graeci, Matutam Latini uocauerunt, utrique tamen putantes deam.

15. Per ea tempora regnum finitum est Argiuorum, translatum ad Mycenas, unde fuit Agamemnon, et exortum est regnum Laurentum, ubi Saturni filius Picus regnum primum accepit, iudicante apud Hebraeos femina Debbora; sed per illam Dei spiritus id agebat; nam etiam prophetissa erat,

---

[105] theologoi: 그리스어 그대로 풀면 "신에 관해 말하는 사람들"이었다.

[106] principatus et potestates: 고대인들이 세계의 불가견한 세력들로 믿는 존재들을 바울로도 하느님의 피조물(일종의 천사)로 인정한다. "권좌나 주권이나 권력이나 권세나 만물이 그분으로 말미암아 그분을 위해 창조되었도다"(골로 1,16). 본서 8,24; 10.1.1 참조.

[107] 오르페우스 신화는 널리 알려져 있고(예: Vergilius, *Georgica* 4.453-527) 리누스는 오르페우스의 스승이요 무사이우스는 오르페우스의 제자였다는 설이 있다. Cf. Eusebius, *Chronicon* [Helm ed.] 56.3: Orpheus Thrax ... cuius discipulus fuit Musaeus. Linus magister Herculis et Orphei omnibus notus; Diodorus Siculus, *Bibliotheca* 3.67.2.

[108] 4.8; 4.27 참조.' Castor, Pollux, Leucothea, Matuta 등은 뱃사람들의 수호신들이었다. Cf. Cicero, *De natura deorum* 3.19.48.

[109] Cf. Eusebius, *Chronicon* [Helm ed.] 53.

[110] Cf. Eusebius, *Chronicon* [Helm ed.] 62. Picus는 4.23.1 참조.

14. 신화적 시인들

같은 시대적 간격을 두고 신학자라고도 불리는 시인들이 존재했다. 그들을 신학자라고 한 것은 신들에 대해 시가詩歌를 만들었기 때문이다.[105] 그렇지만 그 신들이란 비록 위대한 인간들이긴 하지만, 어디까지나 인간들이었거나 참 하느님이 만든 이 세상의 원소들이거나 창조주의 의지에 따라 각자의 공적대로 배열된 권력들과 권세들[106]이거나 한 존재들이다. 그런데 그 시인들은 숱하게 허망하고 거짓된 이야기들을 노래하면서도 은연중에 유일하고 참된 하느님에 대해서도 뭔가 노래로 읊기는 했다. 그렇지만 그분과 더불어 다른 신들을, 신이 아닌 다른 존재들을 신으로 숭배했고, 오로지 한 분께만 바쳐야 될 예배를 그들에게도 바쳤으므로 올바로 하느님을 섬긴 것은 아니다. 오르페우스도, 무사이우스도, 리누스도 자기네 신들에게 설화적 영예를 바치는 일을 스스로 삼가야 했는데 그렇게 하지 못했다.[107] 하지만 저 신학자들은 신들을 숭배했지 신들 대신 자신들이 숭배를 받은 것은 아니다. 다만 불경스런 인간들의 도성이 어찌다가 명부의 성스러운 제의, 아니 차라리 독성제라고 할 만한 제의에서 오르페우스를 그 어느 신보다 앞세우게 되었는지는 나도 모르겠다. 아타마스 왕의 아내, 그러니까 이노라고 부르는 여자와 그의 아들 멜리케르테스는 스스로 바다에 몸을 던져 죽었는데, 그 시대의 다른 인물들, 곧 카스토르나 폴룩스와 마찬가지로 사람들의 중의衆意에 따라 그들도 신으로 모셔졌다. 멜리케르테스의 모친을 그리스인들은 레우코테아라고 불렀고 라티움인들은 마투타라고 불렀지만 양편 다 이 여자를 여신으로 여기고 있다.[108]

15. 아르고스인들의 왕국이 망할 무렵 라우렌툼인들에게는 사투르누스의 아들 피쿠스가 태조로서 조국의 왕권을 장악했다

그 시대를 거치면서 아르고스인들의 왕권이 끝났고 미케네에게로 권력이 넘어갔다. 아가멤논은 그 왕국 출신이었다.[109] 라우렌툼 왕국도 그때 일어났고 사투르누스의 아들 피쿠스가 첫 임금으로 왕권을 잡았다.[110] 그 당시 히브리인들에게서는 드보라라는 여자가 판관 노릇을 하고 있었지만 하느님의 영을 통해

cuius prophetia minus aperta est, quam ut possimus eam sine diuturna expositione de Christo demonstrare prolatam. Iam ergo regnabant Laurentes utique in Italia, ex quibus euidentior ducitur origo Romana post Graecos; et tamen adhuc regnum Assyrium permanebat, ubi erat rex uicensimus et tertius Lampares, cum primus Laurentum Picus esse coepisset. De huius Pici patre Saturno uiderint quid sentiant talium deorum cultores, qui negant hominem fuisse; de quo et alii scripserunt, quod ante Picum filium suum in Italia ipse regnauerit, et Vergilius notioribus litteris dicit:

    Is genus indocile et dispersum montibus altis
    Composuit legesque dedit Latiumque uocari
    Maluit, his quoniam latuisset tutus in oris.
    Aurea quae perhibent illo sub rege fuere
    Saecula.

Sed haec poetica opinentur esse figmenta et Pici patrem Stercen potius fuisse adseuerent, a quo peritissimo agricola inuentum ferunt, ut fimo animalium agri fecundarentur, quod ab eius nomine stercus est dictum; hunc quidam Stercutium uocatum ferunt. Qualibet autem ex causa eum Saturnum appellare uoluerint, certe tamen hunc Stercen siue Stercutium merito agriculturae fecerunt deum. Picum quoque similiter eius filium in talium deorum numerum receperunt, quem praeclarum augurem et belligeratorem fuisse asserunt. Picus Faunum genuit, Laurentum regem secundum; etiam iste deus illis uel est uel fuit. Hos ante Troianum bellum diuinos honores mortuis hominibus detulerunt.

---

[111] 판관 5,2-31 (드보라의 노래) 참조.

[112] 로마 역사와 인근 지역 군주사를 연대기로 맞추면서 로마를 그리스사의 연장으로 설정하는 작업도 에우세비우스(*Chronicon* [Helm ed.] 99 이하)의 것이다.

[113] Cf. Eusebius, *Chronicon* [Helm ed.] 53.

[114] Vergilius,˝*Aeneis* 8.321-325. Latium이라는 지명을 latuisset (숨어 있었다)라는 동사에서 끄집어내고 있다. 사투르누스(이탈리아의 가장 오래된 토속신으로 밝혀졌다)는 본서 2.15; 7.15 참조.

[115] Sterces라는 고유명사에서 stercus (거름)가 나왔다는 민간설화적 해설이다.

[116] Tertullianus (*Ad nationes* 2.9.20)는 Sterculus라고, Plinius (*Historia naturalis* 17.6.50)와 Macrobius (*Saturnalia* 1.7)는 Stercutius라고 전한다.

[117] Cf. Arnobius, *Adversus nationes* 2.71; 본서 4.23.1; 8.5.

그 역할을 수행하고 있었다. 그 여자도 예언녀였지만 그 여자의 예언은 그다지 명백하지 않아서 우리가 장황한 해설을 하지 않고서는 그 여자가 그리스도에 대해 무슨 발설을 했는지 입증할 수가 없다.[111] 여하튼 이탈리아에서는 이미 라우렌툼인들이 군림하고 있었고, 그리스인들을 뒤잇는 로마의 기원이 바로 이 사람들로부터 나온다는 점은 더없이 확실하다.[112] 그러나 그동안도 아시리아인들의 왕권은 존속하고 있어서, 라우렌툼에 첫 임금인 피쿠스가 군림하기 시작했을 때에는 제23대 임금인 람파레스가 재위에 있었다.[113] 이 피쿠스의 부친 사투르누스에 대해 그가 사람이었다는 것을 부정하려는 사람들은 과연 저런 신들을 숭배하면서 무엇을 어떻게 느낄지 볼 만하다. 다른 사람들은 아들 피쿠스보다 먼저 이탈리아에 군림한 것은 사투르누스 본인이었다고 기록했고, 베르길리우스마저 저 이름난 문장으로 이런 말을 하고 있다:

> 저 민족은 계도할 수 없는 민족으로 고산 지대에 흩어져 있었는데
> 그들을 통합하고 법을 만들어 주고 라티움이라 불리게 해 주었다.
> 이 지역 해안에 안전하게 숨어 살고 있었던 연고다.
> 그 왕의 치하에서
> 황금 시대가 열렸다고들 사람들은 말한다.[114]

하지만 이것은 어디까지나 시적 허구라고 여기며 피쿠스의 부친은 스테르케스였다고들 주장했다. 그 능숙한 인물에 의해 농사법이 발견되었다고 하며 짐승들의 똥으로 논밭을 비옥하게 만들었는데 그의 이름을 따서 이것을 거름이라고 했다는 것이다.[115] 혹자는 이 사람이 스테르쿠티우스였다고도 한다. 무슨 이유로 그를 사투르누스라고 불렀든, 사람들은 의당히 스테르케스 혹은 스테르쿠티우스를 농사의 신으로 받들어 모셨다.[116] 사람들은 그의 아들 피쿠스마저 저 신들의 반열에 올려놓았는데, 그 사람은 유명한 조점관鳥占官인데다가 전사戰士였다고 한다. 피쿠스는 파우누스를 낳았고 그가 라우렌툼인들의 제2대 임금이 되었다. 그 인물마저 그들에게는 본래부터 신이었거나 아니면 후에 신으로 모셔졌다.[117] 그러니까 이들은 트로야 전쟁 이전에 사람들이 망자亡者들에게 신적 영예를 바친 인물들이다.

16. Troia uero euersa excidio illo usquequaque cantato puerisque notissimo, quod et magnitudine sui et scriptorum excellentibus linguis insigniter diffamatum atque uulgatum est gestumque regnante iam Latino Fauni filio, ex quo Latinorum regnum dici coepit Laurentumque cessauit, Graeci uictores deletam Troiam relinquentes et ad propria remeantes diuersis et horrendis cladibus dilacerati atque contriti sunt; et tamen etiam ex eis deorum suorum numerum auxerunt. Nam et Diomeden fecerunt deum, quem poena diuinitus inrogata perhibent ad suos non reuertisse; eiusque socios in uolucres fuisse conuersos non fabuloso poeticoque mendacio, sed historica adtestatione confirmant; quibus nec deus, ut putant, factus humanam reuocare naturam uel ipse potuit uel certe a Ioue suo rege tamquam caelicola nouicius impetrauit. Quin etiam templum eius esse aiunt in insula Diomedea, non longe a monte Gargano, qui est in Apulia, et hoc templum circumuolare atque incolere has alites tam mirabili obsequio, ut aquam impleant et aspergant; et eo si Graeci uenerint uel Graecorum stirpe prognati, non solum quietas esse, uerum et insuper adulare; si autem alienigenas uiderint, subuolare ad capita tamque grauibus ictibus, ut etiam perimant, uulnerare. Nam duris et grandibus rostris satis ad haec proelia perhibentur armatae.

17. Hoc Varro ut astruat, commemorat alia non minus incredibilia de illa maga famosissima Circe, quae socios quoque Vlixis mutauit in bes-

---

[118] 그리스어가 통용되는 모든 지역에서 호메루스의 시가가 읊어지고 가르쳐졌다. Cf. Plato, *Leges* 658d.

[119] Cf. Ovidius, *Metamorphoses* 14.455-511; Vergilius, *Aeneis* 11.252-293.

[120] caelicola (caeli-cola: 천계의 주민 = 신) novicius: 경멸조의 언사다.

[121] Cf. Plinius (*Historia naturalis* 10.44.127)는 이 새들(cataractae)의 행동방식을 상세히 묘사한다.

16. 트로야의 멸망 후 디오메데스는 신들의 반열로 올라가고 그의 동료들은 날 짐승으로 변신한 것으로 믿어졌다

  지금도 여전히 노래불리고 아이들한테까지 알려져 있는 저 유명한 화재로 트로야가 멸망한 다음,[118] 트로야의 위용이나 문학가들의 탁월한 글 때문에라도 이 사건은 널리 소문이 났고 멀리까지 소식이 퍼졌다. 그 사건이 일어난 것은 파우누스의 아들 라티누스 치하였으며 그때부터는 라우렌툼인들의 왕국이라는 말이 없어지고 라티누스인들의 왕국이라는 말이 쓰이기 시작했다. 그 무렵 그리스인들이 승리하여 멸망한 트로야를 뒤로 남기고 각기 고향으로 배를 타고 돌아가다가 갖가지 가공스런 재앙에 시달렸으며 산산이 흩어졌다. 그런 와중에도 사람들은 그런 인물들을 또다시 신격화함으로써 자기네 신들의 숫자를 늘려 갔다. 신들의 벌을 받아 자기 나라로 돌아가지 못한 디오메데스마저 신으로 만들었다. 또 그의 동지들이 날짐승으로 변신했다는 얘기도 신화적이고 시적인 허구로 여기지 않고 오히려 역사적 증거를 대면서 사실처럼 주장한다.[119] 그런데 사람들이 생각하는 대로 디오메데스 본인은 신이 되었으면서도 날짐승으로 변한 자기 동료들에게 인간 본성을 되돌려줄 능력이 없었고, 자신도 천계의 신참 주민이[120] 되기는 했지만 자기 임금 유피테르의 힘을 빌려서도 인간 본성을 되돌려받지 못했다. 여하튼 사람들 말대로는, 아풀리아에 있는 가르가누스 산에서 멀지 않은 디오메데아 섬에 그의 신전이 있고, 또 저 날짐승들이 물을 머금어 신전에 뿌릴 정도로 신기한 충성으로 이 신전을 에워싸고 날아다니며 그곳에 깃든다고 한다. 또 그리스인들이 찾아오거나 그리스인들의 혈통을 이어받은 후예들이 찾아오면 저 날짐승들은 잠잠하게 있거나 그 위를 날면서 재롱을 부리는데, 만약 외국인들을 본다면 머리 위로 내리꽂으면서 심하게 쪼아서 상처를 내어 심지어 죽이기까지 한다고 한다. 이런 싸움에 알맞게 커다랗고 묵직한 주둥이들을 무기로 갖추고 있다고 한다.[121]

17. 인간들의 믿기지 않는 변신에 대해 바로는 무슨 얘기를 전하는가

  이 사건을 다짐이라도 하듯이, 바로는 이와 비슷하게 신빙성이 없는 다른 얘기들을 기록하고 있다. 울릭세스의 동지들을 짐승으로 변하게 만들었다는 저 유

tias, et de Arcadibus, qui sorte ducti tranabant quoddam stagnum atque ibi conuertebantur in lupos et cum similibus feris per illius regionis deserta uiuebant. Si autem carne non uescerentur humana, rursus post nouem annos eodem renatato stagno reformabantur in homines. Denique etiam nominatim expressit quendam Demaenetum gustasse de sacrificio, quod Arcades immolato puero deo suo Lycaeo facere solerent, et in lupum fuisse mutatum et anno decimo in figuram propriam restitutum pugilatum sese exercuisse et Olympiaco uicisse certamine. Nec idem propter aliud arbitratur historicus in Arcadia tale nomen adfictum Pani Lycaeo et Ioui Lycaeo nisi propter hanc in lupos hominum mutationem, quod eam nisi ui diuina fieri non putarent. Lupus enim Graece λύκος dicitur, unde Lycaei nomen apparet inflexum. Romanos etiam Lupercos ex illorum mysteriorum ueluti semine dicit exortos.

18. Sed de ista tanta ludificatione daemonum nos quid dicamus, qui haec legent, fortassis expectent. Et quid dicemus, nisi de medio Babylonis esse fugiendum? Quod praeceptum propheticum ita spiritaliter intellegitur, ut de huius saeculi ciuitate, quae profecto et angelorum et hominum societas impiorum est, fidei passibus, quae per dilectionem operatur, in Deum uiuum proficiendo fugiamus. Quanto quippe in haec ima potestatem daemonum maiorem uidemus, tanto tenacius Mediatori est inhaerendum, per quem de imis ad summa conscendimus. Si enim dixerimus ea non esse credenda, non desunt etiam nunc, qui eius modi quaedam uel certissima audisse uel etiam expertos se esse adseuerent. Nam et nos cum essemus in Italia audiebamus talia de quadam regione illarum partium, ubi stabularias mulieres inbutas his malis artibus in caseo dare solere di-

---

[122] Cf. Homerus, *Odysseia* 10.230-242.

[123] Cf. Ovidius, *Metamorphoses* 1.218-243. Lycaon이 늑대로 변한 일화가 나온다.

[124] Cf. Varro, *De gente populi Romani* fr.17; 본서 18.12. Lupercalia 축제가 이탈리아의 Faunus를 숭배하는 의식이지만 그리스의 Pan 신과 흡사하다 보니 Lycaios라는 단어와 Lupercus라는 단어가 혼동된 듯하다.

[125] 이사 48,20 참조: "바빌론에서 빠져 나오너라. 칼대아 사람들을 뿌리치고 도망쳐라."

[126] 갈라 5,6 참조: "실상 그리스도 예수 안에서는 ⋯ 오직 사랑으로 행동하는 믿음이 중요합니다."

[127] 교부는 그리스도의 육화를 하느님이 인간수준으로 하강함(condescensio)으로, 신앙과 은총의 길을 인간이 하느님께로 상승함(conscensio)으로 개념한다.

[128] 아우구스티누스가 로마와 밀라노에서 활동하던 시기(383~388)를 가리킨다. 지금은 아프리카의 히포에서 글을 쓰고 있다.

명한 마녀 키르케에 관한 얘기도,[122] 아르카디아인들이 운명에 이끌려 어느 늪을 헤엄쳐 가다가 늑대로 변하여 그 지역의 광야에서 야수로 살아가면서 인육人肉을 먹지 않을 경우에는 9년 후에 바로 그 늪을 헤엄쳐 가서 다시 사람으로 환생한다는 얘기도 기록하고 있다. 그가운데 데마이네투스라는 사람은 아예 이름까지 적어 두었는데, 그 사람은 아르카디아인들이 으레 자기네 신 리카이우스에게 아이를 제물로 바치던 희생제사에서 살코기를 맛보자마자 늑대로 변했다가 10년 만에 본모습을 회복했고, 또 권투를 연습하여 마침내 올림피아 시합에서 승리를 거두었다고 한다.[123] 이 역사가는 아르카디아에서 리카이우스라는 이 이름을 판 리카이우스, 유피테르 리카이우스에게도 붙였는데, 그것도 인간들이 늑대로 변신한 일 말고는 다른 이유가 없었다고 본다. 그런 변신은 신적 능력에 의하지 않고서는 일어날 수 없는 일이라고 생각했던 것이다. 늑대를 그리스어로는 뤼코스라고 하니까 거기서 리카이우스라는 이름이 파생된 것이다. 로마의 루페르쿠스들도 저 사람들의 비의秘儀를 씨앗으로 해서 발생했다고 한다.[124]

18. 정령들의 술수로 인간들에게 일어나는 듯한 변신을 어떻게 믿어야 옳은가
18. 1. 정령들의 술수는 무엇인가

하지만 정령들의 저 속임수에 대해 이런 글을 읽는 우리가 무슨 말을 해 주기를 사람들은 기대하고 있을까? 바빌론의 중심에서 달아나야 한다는 말 외에 무슨 말을 하겠는가?[125] 이 예언자적 가르침을 영성적으로 이해함으로써, 불경스런 천사들과 인간들로 이루어진 사회인 이 세상의 도성으로부터, 사랑으로 행동하는 신앙의 걸음을 거쳐서,[126] 살아계신 하느님께 도달하여 그곳으로 피신하기로 하자. 이 밑바닥에서 정령들의 세력이 클수록 더욱 굳세게 중개자인 분에게 매달려야 한다. 우리는 그분을 통해 가장 밑바닥에서 가장 높은 곳까지 함께 상승하는 것이다.[127] 저따위 얘기들은 믿을 것이 못 된다고 우리가 말하려고 하면, 저와 유사한 일을 아주 확실하게 들었거나 자기가 몸소 겪었노라고 우기는 사람들이 요즘도 없지는 않을 것이다. 우리도 이탈리아에 있을 때[128] 그 지역의 어떤 지방에서 저와 유사한 일이 일어났다는 얘기를 들은 바 있다. 여인

cebant quibus uellent seu possent uiatoribus, unde in iumenta ilico uerterentur et necessaria quaeque portarent postque perfuncta opera iterum ad se redirent; nec tamen in eis mentem fieri bestialem, sed rationalem humanamque seruari, sicut Apuleius in libris, quos asini aurei titulo inscripsit, sibi ipsi accidisse, ut accepto ueneno humano animo permanente asinus fieret, aut indicauit aut finxit.

Haec uel falsa sunt uel tam inusitata, ut merito non credantur. Firmissime tamen credendum est omnipotentem Deum posse omnia facere quae uoluerit, siue uindicando siue praestando, nec daemones aliquid operari secundum naturae suae potentiam (quia et ipsa angelica creatura est, licet proprio uitio sit maligna) nisi quod ille permiserit, cuius iudicia occulta sunt multa, iniusta nulla. Nec sane daemones naturas creant, si aliquud tale faciunt, de qualibus factis ista uertitur quaestio; sed specie tenus, quae a uero Deo sunt creata, commutant, ut uideantur esse quod non sunt. Non itaque solum animum, sed ne corpus quidem ulla ratione crediderim daemonum arte uel potestate in membra et liniamenta bestialia ueraciter posse conuerti, sed phantasticum hominis, quod etiam cogitando siue somniando per rerum innumerabilia genera uariatur et, cum corpus non sit, corporum tamen similes mira celeritate formas capit, sopitis aut oppressis corporeis hominis sensibus ad aliorum sensum nescio quo ineffabili modo figura corporea posse perduci; ita ut corpora ipsa hominum

---

[129] Cf. Apuleius, *Metamorphoses*. 「황금 당나귀」(*Asinus aureus*)라는 제목은 아우구스티누스에게서만 전해온다. 본서 8.19 참조.

[130] ut videantur esse quod non sunt: "존재하지 않는 것을 존재하는 것처럼 보이게 만든다"라고 번역할 수도 있다.

숙을 하는 여자들이 이런 마술을 익히고 있어서 치즈에다 뭔가를 묻혀서 자기들이 원하거나 손이 닿는 나그네들에게 주는 것이 예사라고들 했다. 사람들은 그것을 먹으면 당장 가축으로 변하여 무엇이든 시키는 대로 짐을 나르고, 할 일을 다 하고 나면 다시 본래의 상태로 돌아온다는 것이다. 하지만 가축으로 변한 동안에도 짐승의 머리가 되지는 않고 인간의 이성적 머리는 보존된다는 것이다. 아풀레이우스도 「황금 당나귀」라는 제목을 붙인 책에서 자신이 그런 일을 겪었는데, 독을 먹고서는 인간의 정신이 남은 채로 당나귀가 되었다고 얘기한다. 아마도 지어낸 얘기일 것이다.[129]

18.2. 꿈과 변신은 어떤 차이가 있는가

이런 것들은 거짓말이거나 별로 신빙성이 없는 비정상적인 무엇이거나 둘 중 하나다. 다만 굳게 믿어야 할 것은, 전능한 하느님은 누구를 징계하기 위해서든 보우하기 위해서든 당신이 원하는 바는 무엇이든 다 할 수 있다는 점이다. 그리고 정령들이 자기 본성의 능력에 따라 무엇을 하는 경우에도(그것들도 비록 자신의 악덕으로 사악한 존재가 되기는 했지만 천사라는 피조물이기 때문이다) 그것이 하느님이 허락한 바가 아니면 아무것도 행하지 못한다. 그런 것을 허락한 그분의 판단은 대부분 우리에게 감추어져 있겠지만 의롭지 못한 판단은 아무것도 없다. 만약 정령들이 우리가 문제삼고 있는 저런 짓을 설령 몇 가지 행한다고 하더라도 어떤 자연본성을 새롭게 창조해내는 것은 아니다. 어디까지나 외형으로만 하는 것이고 참된 하느님에 의해 창조된 바를 변모시켜서, 실상 그렇지 않은 것을 그렇게 보이게 만들 따름이다.[130] 그러므로 나는 어떤 명분으로든지 정령들이 술수나 어떠한 능력으로 인간의 정신은 물론이요 육체까지 정말 짐승의 지체나 용모로 변모시킬 수 있다고는 절대로 믿지 않겠다. 오직 인간의 환상이라는 것이 있어서 생각을 하거나 꿈을 꾸면서 무수한 종류의 사물들을 떠올리면서 다양해진다. 그 환상은 물체가 아닌데도 신기할 정도로 신속하게 물체와 유사한 형상들을 띠며, 그것이 어떤 불가형언한 방식으로 이루어지는지는 나도 모르겠지만, 다른 사람의 감관에 물체적 모습들을 생성해낸다. 사람의 신체적 감관들이 마비되거나 억눌린 상태에서 주로 일어나는 일이다.

alicubi iaceant, uiuentia quidem, sed multo grauius atque uehementius quam somno suis sensibus obseratis; phantasticum autem illud ueluti corporatum in alicuius animalis effigie appareat sensibus alienis talisque etiam sibi esse homo uideatur, sicut talis sibi uideri posset in somnis, et portare onera, quae onera si uera sunt corpora, portantur a daemonibus, ut inludatur hominibus, partim uera onerum corpora, partim iumentorum falsa cernentibus. Nam quidam nomine Praestantius patri suo contigisse indicabat, ut uenenum illud per caseum in domo sua sumeret et iaceret in lecto suo quasi dormiens, qui tamen nullo modo poterat excitari. Post aliquot autem dies eum uelut euigilasse dicebat et quasi somnia narrasse quae passus est, caballum se scilicet factum annonam inter alia iumenta baiulasse militibus, quae dicitur Retica, quoniam ad Retias deportatur. Quod ita, ut narrauit, factum fuisse compertum est; quae tamen ei sua somnia uidebantur. Indicauit et alius se domi suae per noctem, antequam requiesceret, uidisse uenientem ad se philosophum quemdam sibi notissimum sibique exposuisse nonnulla Platonica, quae antea rogatus exponere noluisset. Et cum ab eodem philosopho quaesitum fuisset, cur in domo eius fecerit, quod in domo sua petenti negauerat: «Non feci, inquit, sed me fecisse somniaui.» Ac per hoc alteri per imaginem phantasticam exhibitum est uigilanti, quod alter uidit in somnis.

Haec ad nos non quibuscumque, qualibus credere putaremus indignum, sed eis referentibus peruenerunt, quos nobis non existimaremus fuisse

---

[131] caballus: equus는 기마(騎馬)로 통하고, caballus라고 하면 그런 쓸모가 없어져 짐이나 나르고 끄는 말을 가리킨다.

[132] retia(← rete 그물)에 싸서 옮기므로 retica(망태기)라고 불렀다는 것이다.

[133] non feci, sed me fecisse somniavi: "내가 한 것이 아니오, 내가 했다는 꿈을 꾸었소"라고 번역된다.

[134] 교부도 가까이서 그런 얘기를 들었고(cf. *De cura pro mortuis gerenda* 11) 에우세비우스도 예화를 들 정도로(*Historia ecclesiastica* 7.17) 널리 퍼져 있어서 아우구스티누스는 심리적 착각과 환상이 아니면 악령들의 장난이라고 해명하고 있다.

인간의 신체는 어딘가에 누워 있고 아직 살아있는데도, 보통 잠보다 훨씬 무겁고 훨씬 격하게 그 감관들이 폐쇄된 상태가 된다. 그러면 환상은 무슨 물체처럼 되어, 다른 사람들의 감관에 동물의 형상으로 나타날 수도 있고, 본인에게도 자신이 마치 그런 형상이 된 것처럼 보일 수도 있을 것이다. 마치 꿈속에서처럼 자신이 마치 짐승이 된 것처럼 보이기도 하고, 자기가 무슨 짐을 나르고 있는 것처럼 보이기도 할 것이다. 만일 그 짐이 진짜 어떤 물체라면 그것은 정령들에 의해 날라진 것인데, 그렇게 해서 사람들을 착각하게 만들려는 것이다. 그래서 부분적으로는 진짜 물체의 짐처럼 느껴지기도 하고, 또 어떤 면에서는 가축의 가짜 몸처럼 느껴지는 착각이 생긴다. 그리하여 프라이스탄티우스라는 이름을 가진 사람은 자기 부친에게 일어난 일을 이렇게 얘기한 바 있다: 부친이 자기 집에서 독이 든 치즈를 먹고 마치 잠자듯 자기 침대에 드러누웠는데 무슨 수로도 깨울 수가 없었다고 한다. 그렇게 며칠이 지난 뒤 부친은 자기가 그동안 계속해서 깨어 있었다는 투로, 마치 꿈 얘기를 하듯이 자기가 겪은 바를 얘기하더라는 것이다. 자기가 짐을 싣는 말이[131] 되어 다른 가축들과 함께 군인들에게 식량을 날라다 주었다는 것이다. 그 짐을 라틴어로 레티카라고 하는데 레티아에 담아 나르기 때문이었다.[132] 실제로 그가 얘기한 대로 그 사건이 일어났음에도 본인에게는 그것이 마치 꿈처럼 보인 것이다. 또 다른 사람은 밤에 자기 집에서 막 쉬려는 참이었는데 잘 아는 철학자 한 사람이 자기를 찾아오는 모습을 보았다. 그러고는 자기에게 플라톤의 모모한 사상을 설명해 주었다. 전에는 청탁을 받고서도 설명해 주기 싫어하던 사람이었다. 당신의 집에까지 가서 부탁을 해도 거절해 놓고서 왜 이제는 내 집까지 찾아와서 해 주느냐고 그 철학자에게 묻자 "그건 내가 한 게 아니오. 내가 꿈에 한 것이오"[133]라고 대답하더라는 것이다. 이 경우는 한 사람이 꿈에서 본 것을 다른 사람은 깨어 있는 상태에서 환상적 영상을 본 것이다.[134]

18. 3. 이런 일이 어떻게 발생할 수 있을까

이런 얘기들은 별로 신임을 받지 못하는 사람들로부터 전해지는 것이 아니라 우리에게 차마 거짓말을 했으리라고는 생각되지 않는 그런 사람들에게서 전해

mentitos. Proinde quod homines dicuntur mandatumque est litteris ab diis uel potius daemonibus Arcadibus in lupos solere conuerti, et quod
        Carminibus Circe socios mutauit Vlixi,
secundum istum modum mihi uidetur fieri potuisse, quem dixi, si tamen factum est. Diomedeas autem uolucres, quando quidem genus earum per successionem propaginis durare perhibetur, non mutatis hominibus factas, sed subtractis credo fuisse suppositas, sicut cerua pro Iphigenia, regis Agamemnonis filia. Neque enim daemonibus iudicio Dei permissis huius modi praestigiae difficiles esse potuerunt; sed quia illa uirgo postea uiua reperta est, suppositam pro illa esse ceruam facile cognitum est. Socii uero Diomedis quia nusquam subito conparuerunt et postea nullo loco apparuerunt, perdentibus eos ultoribus angelis malis, in eas aues, quae pro illis sunt occulte ex aliis locis, ubi est hoc genus auium, ad ea loca perductae ac repente suppositae, creduntur esse conuersi. Quod autem Diomedis templo aquam rostris afferunt et aspergunt, et quod blandiuntur Graecigenis atque alienigenas persequuntur, mirandum non est fieri daemonum instinctu, quorum interest persuadere deum factum esse Diomeden ad decipiendos homines, ut falsos deos cum ueri Dei iniuria multos colant et hominibus mortuis, qui nec cum uiuerent uere uixerunt, templis altaribus, sacrificiis sacerdotibus (quae omnia cum recta sunt non nisi uni Deo uiuo et uero debentur) inseruiant.

19. Eo tempore post captam Troiam atque deletam Aeneas cum uiginti nauibus, quibus portabantur reliquiae Troianorum, in Italiam uenit, reg-

---

[135] Vergilius, *Eclogae* 8.70.

[136] 교부는 아르테미스 신에게 죽여서 바쳐야 했던 이피게니아는 마지막 순간에 사슴으로 대체되고 그 여자는 타우리스 섬으로 옮겨갔다는 전설을 상기시키고 있다. Cf. Euripides, *Iphigenia in Aulide; Iphigenia in Tauride.*

지는 얘기들이다. 아르카디아인들의 말대로 신들이나 혹은 정령들에 의해 사람이 늑대로 변하곤 한다는 얘기는 글로도 우리에게 전해진다:

　　키르케는 주문으로 울릭세스의 동지들을 변신시켜 버렸다.[135]

는 말이 있는데, 이런 일이 과연 실제로 일어났다면 아마도 내가 말한 식으로 이루어졌을 것이라 여겨진다. 디오메데스의 날짐승들이 그 종류가 번식을 계속하여 지금까지 생존하고 있는 것으로 미루어, 그 날짐승들은 사람이 변해서 된 것이 아니고 없어진 사람들 자리에 그 날짐승들이 놓여 있는 것이라는 말이다. 아가멤논 왕의 딸 이피게니아 대신 사슴이 있었다는 얘기도 그렇다.[136] 하느님의 판단에 따라 허락을 받은 정령들로서는 이따위 속임수가 그다지 힘들지 않을 것이다. 다만 저 처녀가 훗날 살아있는 모습으로 발견된 점으로 미루어, 그 여자 자리에 사슴이 대체되어 있었음을 쉽게 수긍할 수 있다. 이와는 달리 디오메데스의 동지들은 갑자기 그 자리에서 사라졌고 다른 어느 곳에도 나타나지 않은 점으로 미루어, 사악한 천사들의 복수로 자취를 감춘 것일 텐데, 아마도 그 종류의 새들이 종래에 살던 다른 곳에서 남모르게 그곳으로 이끌려 와 갑자기 모습을 드러냄으로써 그 사람들이 그 새로 변신했다고 믿고 있다. 또 그 새들이 부리로 물을 날라와 디오메데스의 신전에 뿌린다는 얘기나, 그리스인들에게는 재롱을 피우는데 이방인들에게는 못살게 군다는 얘기는 정령들의 본능에서 오는 것으로 이상하게 여길 것이 아니다. 정령들은 디오메데스가 신이 되었다고 사람들을 설득함으로써 결국 인간들을 속이는 데 본뜻이 있기 때문이다. 그래야 인간을 기만하여 참된 하느님께 불손함을 끼치면서 거짓 신들을 다수 섬기게 만들고, 살아있을 적에도 진실하게 살았다고 할 수 없는 망자들에게 신전과 제단과 제사와 사제들을 바치게 할 수 있는 것이다(이런 것들은 유일한 참 하느님께 의당하게 바칠 경우가 아니면 올바른 것이 되지 못한다).

19. 압돈이 히브리인들을 다스릴 무렵, 아이네아스가 이탈리아에 당도했다

　트로야가 점령되고 파괴된 다음 아이네아스는 스무 척의 배로 트로야의 유물을 실어 이탈리아로 왔는데, 그때는 라티누스가 통치하고 있었고 아테네인들에

nante ibi Latino et apud Athenienses Menestheo, apud Sicyonios Polyphide, apud Assyrios Tautane, apud Hebraeos autem iudex Labdon fuit. Mortuo autem Latino regnauit Aeneas tribus annis, eisdem in supradictis locis manentibus regibus, nisi quod Sicyoniorum iam Pelasgus erat et Hebraeorum iudex Samson; qui cum mirabiliter fortis esset, putatus est Hercules. Sed Aenean, quoniam quando mortuus est non conparuit, deum sibi fecerunt Latini. Sabini etiam regem suum primum Sancum siue, ut aliqui appellant, Sanctum, rettulerunt in deos. Per idem tempus Codrus rex Atheniensium Peloponnensibus eiusdem hostibus ciuitatis se interficiendum ignotus obiecit; et factum est. Hoc modo eum praedicant patriam liberasse. Responsum enim acceperant Peloponnenses tum demum se superaturos, si eorum regem non occidissent. Fefellit ergo eos habitu pauperis apparendo et in suam necem per iurgium prouocando. Vnde ait Vergilius:
   Et iurgia Codri.
Et hunc Athenienses tamquam deum sacrificiorum honore coluerunt. Quarto Latinorum rege Siluio Aeneae filio, non de Creusa, de qua fuit Ascanius, qui tertius ibi regnauit, sed de Lauinia Latini filia, quem postumum Aeneas dicitur habuisse, Assyriorum autem uicensimo et nono Oneo et Melantho Atheniensium sexto decimo, iudice autem Hebraeorum Heli sacerdote regnum Sicyoniorum consumptum est, quod per annos nongentos quinquaginta et nouem traditur fuisse porrectum.

20. Mox eisdem per loca memorata regnantibus Israelitarum regnum finito tempore iudicum a Saule rege sumpsit exordium, quo tempore fuit

---

[137] Cf. Eusebius, *Chronicon* [Helm ed.] 59-60.

[138] Cf. Eusebius, *Chronicon* [Helm ed.] 62. 삼손의 일대기는 판관 13-16장 참조.

[139] Cf. Ovidius, *Metamorphoses* 14.581-608.

[140] 그는 Semo Sancus Dius Fidius라고 불렸는데 후대에 헤르쿨레스와 동화된다(Livius, *Ab Urbe condita* 8.20.8; Ovidius, *Fasti* 6.213).

[141] Cf. Eusebius, *Chronicon* [Helm ed.] 68.

[142] Vergilius, *Eclogae* 5.11: "그대가 노래를 잘하면 필리스의 불 같은 (사랑이거나) 알콘의 칭송이거나 하다못해 코드루스의 욕이라도 얻어먹으리라."

[143] Cf. Eusebius, *Chronicon* [Helm ed.] 64. 에우세비우스는 그 왕국을 962년간으로 계산한다.

게는 메네스테우스가, 시키온인들에게는 폴리페데스가, 아시리아인들에게는 타우타네스가, 히브리인들에게는 판관 압돈이 군림하고 있었다.[137] 라티누스가 죽자 아이네아스가 3년간 다스렸다. 위에 언급한 다른 데서는 그 임금들이 여전히 나라를 다스리고 있었지만, 시키온인들에게는 이미 펠라스구스가 있었고 히브리인들의 판관으로는 삼손이 있었다. 그는 놀랄 만큼 힘이 세어 헤르쿨레스 같은 사람이라고 여겨졌다.[138] 그런데 아이네아스가 죽을 무렵 어디론가 사라졌고 라티움인들은 그를 신으로 삼아 받들었다.[139] 사비나인들도 자기네 첫 임금, 혹자는 상투스라고 부르는 그 상쿠스를 신의 반열에 올렸다.[140] 동일한 시대에 코드루스가 아테네인들의 임금이었는데, 그는 자기 신분을 숨긴 채 자기 국가와 원수지간인 펠로폰네수스인들에게 자신을 내주고 죽이게 했다. 그리고 실제로 그런 일이 생겼다. 그는 이런 방법으로 조국을 구했다고 한다. 펠로폰네수스인들은 만일 상대편의 임금을 죽이지 않는다면 필히 자기들이 승리하리라는 신탁을 받은 것이다. 그런데 코드루스는 가난뱅이 복장을 하고 그들에게 가서 자기를 죽이라고 욕설을 퍼부음으로써 그들을 속여 넘긴 것이다.[141] 그래서 베르길리우스는

   하다못해 코드루스의 욕설이나마[142]

라는 말을 했다. 아테네인들은 이 사람도 신처럼 여겨 희생제사를 받는 영예를 바치며 숭배했다. 이 일이 일어난 것은 라티움인들의 제4대 국왕으로 아이네아스의 아들 실비우스가 통치할 때였다. 크레우사에게서 난 아스카니우스는 제3대 국왕으로 그곳에서 군림한 바 있다. 실비우스는 크레우사에게서 난 아들이 아니고 라티누스의 딸 라비니아에게서 난 아들인데, 아이네아스의 사후에 태어난 유복자였다고 한다. 아시리아인들의 임금으로는 제29대 오네우스가, 아테네인들의 임금으로는 제60대 멜란투스가, 히브리인들의 판관으로는 엘리 사제가 다스리고 있을 때 시키온인들의 왕국이 사라졌다. 그 왕국은 959년간 이어졌다고 한다.[143]

20. 판관 시대 후 이스라엘인들의 왕권 계승

 우리가 앞에서 언급한 지역에서 같은 임금들이 군림하고 있을 무렵에 판관들의 시대가 끝나고 사울 왕부터 이스라엘인들의 왕국이 시작되었다. 그 시대에 예

propheta Samuel. Ab illo igitur tempore hi reges Latinorum esse coeperunt, quos cognominabant Siluios; ab eo quippe, qui filius Aeneae primus dictus est Siluius, ceteris subsecutis et propria nomina inponebantur et hoc non defuit cognomentum; sicut longe postea Caesares cognominati sunt, qui successerunt Caesari Augusto. Reprobato autem Saule, ne quisquam ex eius stirpe regnaret, eoque defuncto Dauid successit in regnum post annos a Saulis imperio quadraginta. Tunc Athenienses habere deinde reges post Codri interitum destiterunt et magistratus habere coeperunt administrandae rei publicae. Post Dauid, qui etiam ipse quadraginta regnauit annos, filius eius Salomon rex Israelitarum fuit, qui templum illud nobilissimum Dei Hierosolymitanum condidit. Cuius tempore apud Latinos condita est Alba, ex qua deinceps non Latinorum, sed Albanorum reges appellari, in eodem tamen Latio, coeperunt. Salomoni successit filius eius Roboam, sub quo in duo regna populus ille diuisus est, et singulae partes suos singulos reges habere coeperunt.

21. Latium post Aenean, quem deum fecerunt, undecim reges habuit, quorum nullus deus factus est. Auentinus autem, qui duodecimo loco Aenean sequitur, cum esset prostratus in bello et sepultus in eo monte, qui etiam nunc eius nomine nuncupatur, deorum talium, quales sibi faciebant, numero est additus. Alii sane noluerunt eum in proelio scribere occisum, sed non conparuisse dixerunt; nec ex eius uocabulo appellatum montem, sed ex aduentu auium dictum Auentinum. Post hunc non est deus factus in Latio nisi Romulus conditor Romae. Inter istum autem et illum reges reperiuntur duo, quorum primus est, ut eum Vergiliano uersu eloquar:

      Proximus ille Procas, Troianae gloria gentis.

Cuius tempore quia iam quodam modo Roma parturiebatur, illud omnium

---

[144] 1[3]열왕 10,17 이하 참조.

[145] Cf. Livius, *Ab Urbe condita* 1.3.8.

[146] 16.43.3; 17.6.2-7.4 참조. Eusebius, *Chronicon* [Helm ed.] 65.

[147] 2열왕[2사무] 5장; 1[3]열왕 6장 이하 참조.

[148] Vergilius, *Aeneis* 7.655-658에 의하면 아벤티누스는 헤르쿨레스와 레아 사이에서 태어난 영웅으로 꼽힌다.

[149] ex aduentu auium Aventinus: cf. Varro, *De lingua Latina* 5.17.43. 아벤티누스는 벼락을 맞고서 자취없이 사라졌다고도 하고(Livius, *Ab Urbe condita* 1.3.9), 적군에 추격당하여 아벤티누스 산에 숨어 살았다고도 한다(Diodorus Siculus, *Bibliotheca* 7.3.12).

[150] Vergilius, *Aeneis* 6.767.

언자 사무엘이 등장했다.[144] 같은 시대에 라티움인들의 임금들이 즉위하기 시작했는데, 그들에게는 실비우스라는 별호가 붙었다. 아이네아스의 아들로서 처음으로 실비우스라는 이름이 붙은 인물로부터 유래하여 다른 후계자들도 본래의 이름 외에 이 별호를 갖게 되었다.[145] 훨씬 후대에 카이사르 아우구스투스를 계승하는 사람들에게 카이사르라는 별호가 붙었던 것과 흡사하다. 사울이 배척당하여 그의 후손들은 아무도 왕위에 오를 수 없게 되었고, 사울이 죽고 나자 40년에 걸친 사울의 통치를 이어 다윗이 왕권을 계승했다.[146] 그동안 아테네인들은 코드루스의 피살 이후에 왕정을 폐지하고 공화국을 다스리는 행정제도를 두기 시작했다. 다윗도 40년간 군림했고 그가 죽자 그의 아들 솔로몬이 이스라엘인들의 왕이 되었다. 저 존귀하기 이를 데 없는 예루살렘 성전을 건축한 것도 그였다. 그의 당대에 라티움인들에게는 알바가 세워졌고, 그 도시의 이름으로 인해 라티움인들의 임금이라고 하지 않고 똑같은 라티움 땅에 있으면서도 알바인들의 임금이라고 불렸다. 솔로몬을 계승하여 그의 아들 르호보암이 즉위했지만 그의 치세에 백성들은 두 왕국으로 분열되었고, 저마다 제각기 다른 임금을 두기 시작했다.[147]

21. 라티움의 국왕들 중 태조 아이네아스와 12대 아벤티누스는 신이 되었다

아이네아스 사후에 사람들은 그를 신으로 격상시켰고, 그 이후 라티움은 열한 명의 임금을 두었지만 그가운데 누구도 신이 되지는 않았다. 아이네아스를 제12대로 계승한 아벤티누스는 전쟁에서 쓰러져 지금 그의 이름을 따서 부르는 그 산에 묻혔는데, 그 역시 자신들이 세운 신들의 반열에 추가되었다.[148] 그런가 하면 어떤 사람들은 그가 전쟁에서 피살되었다고 기록하지 않았고 그가 자취를 감춘 것도 아니라고 했다. 산도 그의 이름을 따서 명명된 것이 아니라 새들의 도래에서 아벤티누스라고 했다고 한다.[149] 이 인물 이후로는 로마의 창건자 로물루스를 제외하고 신이 된 자는 없다. 로물루스와 아벤티누스 사이에 임금이 두 명 더 있는데, 그중 첫째는 베르길리우스가 시구로 묘사한 대로다:

    그다음 프로카스, 트로야 민족의 영광이어라.[150]

그 사람 시대에 어떤 면에서 로마의 탄생이 진행중이었고, 모든 왕국들 가운데

regnorum maximum Assyrium finem tantae diuturnitatis accepit. Ad Medos quippe translatum est post annos ferme mille trecentos quinque, ut etiam Beli, qui Ninum genuit et illic paruo contentus imperio primus rex fuit, tempora computentur. Procas autem regnauit ante Amulium. Porro Amulius fratris sui Numitoris filiam Rheam nomine, quae etiam Ilia uocabatur, Romuli matrem, Vestalem uirginem fecerat, quam uolunt de Marte geminos concepisse, isto modo stuprum eius honorantes uel excusantes, et adhibentes argumentum, quod infantes expositos lupa nutriuerit. Hoc enim genus bestiae ad Martem existimant pertinere, ut uidelicet ideo lupa credatur admouisse ubera paruulis, quia filios domini sui Martis agnouit; quamuis non desint qui dicant, cum expositi uagientes iacerent, a nescio qua primum meretrice fuisse collectos et primas eius suxisse mamillas (meretrices autem lupas uocabant, unde etiam nunc turpia loca earum lupanaria nuncupantur), et eos postea ad Faustulum peruenisse pastorem atque ab eius Acca uxore nutritos. Quamquam si ad arguendum hominem regem, qui eos in aquam proici crudeliter iusserat, eis infantibus, per quos tanta ciuitas condenda fuerat, de aqua diuinitus liberatis per lactantem feram Deus uoluit subuenire, quid mirum est? Amulio successit in regnum Latiare frater eius Numitor, auus Romuli, cuius Numitoris primo anno condita est Roma; ac per hoc cum suo deinceps, id est Romulo, nepote regnauit.

22. Ne multis morer, condita est ciuitas Roma uelut altera Babylon et uelut prioris filia Babylonis, per quam Deo placuit orbem debellare terra-

---

[151] Cf. Eusebius, *Chronicon* [Helm ed.] 83.

[152] Cf. Livius, *Ab Urbe condita* 1.2 이하.

[153] lupanarium 혹은 lupanar. 창녀를 "암늑대"(lupa)라고 속칭한 데서 유래한다.

[154] 리비우스는 로물루스 쌍둥이의 탄생을 미화하고(*Ab Urbe condita* 1.4.1-7) 아피아누스(Appianus, *Romana historia* 1.2)는 부정적 시각에서 보는 데 비해 아우구스티누스는 세계의 수도(caput mundi)가 등장하는 역사적 의의를 신적 섭리로 본다.

[155] 에우세비우스(*Chronicon* [Helm ed.] 88)는 로마 건국 연도를 BC 755년으로 지적하고 아티쿠스와 바로는 BC 753년으로 지적한다. Cf. Livius, *Ab Urbe condita* 1.114.

[156] "바빌론의 딸"(filia Babylonis)은 바빌론 자체를 가리키는 표현(시편 136[137],8; 이사 47,1)인데 묵시록이 로마를 "바빌론"(묵시 14,8; 18,2.21)이라고 칭한 데서 박해중에 교부들은 로마를 "바빌론의 딸"이라고 명명했다.

가장 위대했던 아시리아 왕국이 그 장구한 세월의 종말을 맞이했다. 그러니까 벨루스의 시대도 합산하여 계산하면 대략 1305년 후에 메데아인들에게 왕권이 넘어간 것이다. 벨루스는 니누스를 낳았고 작은 통치권이어도 만족하며 초대 임금으로 군림했다. 프로카스는 아물리우스보다 먼저 군림했다. 그래서 아물리우스는 자기 형제 누미토르의 딸 레아(일명 일리아라고도 했다)를 베스타 동정녀로 만들었는데, 그녀는 로물루스의 모친이기도 하다.[151] 사람들이 하는 말대로 그 여자는 마르스에게서 쌍둥이를 임신했다는데, 그런 식으로 레아의 추행을 변명하고 심지어 영예로운 일로 치켜세운 셈이다.[152] 심지어 버림받은 두 아기를 암늑대가 키웠다는 핑계마저 꾸며냈다. 이 종류의 짐승은 원래 마르스 신에게 속한다고 여겼으며, 그러다 보니 암늑대가 어린이들에게 젖을 물렸다고 믿게 되었고, 그 까닭은 아이들이 자기 주인 마르스의 아들들임을 알아보았기 때문이라는 것이다. 하지만 아기들이 버림을 받고 칭얼거리며 누워 있자 이름이 뭔지는 모르지만 어떤 창녀가 가장 먼저 아기들을 거두어서 처음으로 이 아기들을 업고 자기 젖을 빨렸다는 사람들도 없지는 않다. (그 당시 창녀들을 "암늑대"라고 불렀고 그래서 지금도 그 여자들이 있는 추잡한 지역을 "늑대굴"이라고 일컫는다.)[153] 그다음에는 아기들이 파우스툴루스라는 양치기에게 넘겨졌고 그의 아내 아카의 손에 자랐다고 한다. 임금이면서도 그 아기들을 물에 빠뜨려 죽이라고 잔인하게 명령한 자를 욕한다는 뜻에서, 신적 배려로 물에서 건져진 다음 저 하느님이 이 아기들(그토록 위대한 도성을 창건할 아기들이었다!)이 젖을 먹이는 짐승의 보살핌을 받도록 해 주었다고 하자. 그렇다고 해도 이상할 게 뭔가?[154] 라티움 왕국에서 아물리우스의 뒤를 이은 것은 그의 형제 누미토르이며 로물루스에게는 할아버지였다. 그의 재위 첫해에 로마가 창건되었고 그래서 누미토르는 자기 손자, 곧 로물루스와 더불어 공동으로 통치를 했다.[155]

22. 아시리아가 멸망하고 히즈키야가 유다에서 군림할 무렵 로마가 창건되었다

이야기를 너무 길게 끌지 않기로 하자. 로마 도성은 제2의 바빌론 혹은 바빌론의 맏딸로 창건되었고,[156] 이 도성을 통해 세계를 진압하고 또 세계를 공화정

rum et in unam societatem rei publicae legumque perductum longe lateque pacare. Erant enim iam populi ualidi et fortes et armis gentes exercitatae, quae non facile cederent, et quas opus esset ingentibus periculis et uastatione utrimque non parua atque horrendo labore superari. Nam quando regnum Assyriorum totam paene Asiam subiugauit, licet bellando sit factum, non tamen multum asperis et difficilibus bellis fieri potuit, quia rudes adhuc ad resistendum gentes erant nec tam multae uel magnae, si quidem post illud maximum atque uniuersale diluuium, cum in arca Noe octo soli homines euaserunt, anni non multo amplius quam mille transierant, quando Ninus Asiam totam excepta India subiugauit. Roma uero tot gentes et Orientis et Occidentis, quas imperio Romano subditas cernimus, non ea celeritate ac facilitate perdomuit, quoniam paulatim increscendo robustas eas et bellicosas, quaqua uersum dilatabatur, inuenit. Tempore igitur, quo Roma condita est, populus Israel habebat in terra promissionis annos septingentos decem et octo. Ex quibus uiginti septem pertinent ad Iesum Naue, deinde ad tempus iudicum trecenti uiginti nouem. Ex quo autem reges ibi esse coeperant, anni erant trecenti sexaginta duo. Et rex tunc erat in Iuda, cuius nomen erat Achaz uel, sicut alii conputant, qui ei successit Ezechias, quem quidem constat optimum et piissimum regem Romuli regnasse temporibus. In ea uero Hebraei populi parte, quae appellabatur Israel, regnare coeperat Osee.

23. Eodem tempore nonnulli Sibyllam Erythraeam uaticinatam ferunt. Sibyllas autem Varro prodit plures fuisse, non unam. Haec sane Erythraea

---

[157] Deo placuit *orbem terrarum debellare*, et in unam societatem rei publicae legumque perductum *longe lateque pacare*: 아우구스티누스가 로마에 부여하는 역사적 의의로서 베르길리우스의 시구(*Aeneis* 6.851-853: *pacique imponere* morem, parcere subiectis et *debellare superbos*)를 연상시킨다.

[158] Cf. Varro, *Antiquitates* fr.138; 290.

[159] 교부는 아시리아와 로마라는 제국주의 국가들의 역사와 히브리인들의 미미한 역사가 지상 도성과 천상 도성을 대표하는 것처럼 본다. 연대 계산은 Hippolytus Romanus (*Chronica*)를 따르는 듯하다. 에우세비우스(*Chronicon* [Helm ed.] 88)에 의하면 로마 창건이 유다의 아하즈 왕 재위 4년, 이스라엘 호시아 왕의 재위 원년이었다. 실제로 아하즈는 BC 733년부터 718년까지, 이스라엘 마지막 왕 호세아가 왕위에 오른 것은 731년으로 계산된다.

[160] 유다인들도 그랬지만 그리스 교부들은 다신교를 신봉하는 이교도의 그리스도교 공격에 시빌라들의 신탁집(*Oracula Sibyllina*)을 인용하여 반론을 펴기도 했다. 예: Hermas, *Pastor* 2.4; Iustinus, *Apologia* 20, 44; Theophilus Antiochiae, *Ad Autolycum* 2.36; Origenes, *Contra Celsum* 5.61; Clemens Alex., *Protrepticus* 6.71; Tertullianus, *Ad nationes* 2.12; Lactantius, *Divinae institutiones* 1.6; 4.18.15.

[161] Cf. Lactantius, *Divinae institutiones* 1.6에 인용된 Varro, *Antiquitates* fr.138, 290. 헬라 문명권과 교부들의 글에는 예언을 담은 신탁을 발한다는 무녀들 가운데서도 Sibylla Persa, Libyca, Delphica, Erythraea 네 명이 특히 자주 거론된다.

과 법률상의 단일 사회로 통일하여 장기간 또 광범위하게 평정하는 일은 하느님의 마음에 드는 일이었다.[157] 당시에도 이미 힘세고 막강한 백성들이 많이 있었고 무기로 단련된 민족들도 많이 있어서 그들은 쉽게 물러서지 않았고, 그들을 제압하는 데는 엄청난 위험이 따랐고 양편에 적지 않은 파괴와 가공할 수고가 필요했다. 아시리아인들의 왕국이 아시아 전토를 예속시킨 것도 비록 전쟁을 통해서이긴 했지만, 그때에도 이만큼 가혹하고 힘든 전쟁을 치르지는 않았다. 그 당시의 민족들은 아직 방어에 미숙했고, 또 민족들이 그렇게 많거나 크지도 않았던 것이다. 저 거대하고 세계적인 대홍수가 일어나고 노아의 방주에서 겨우 여덟 사람만이 홍수를 피한 이후, 니누스가 인도를 제외하고 아시아 전역을 굴복시켰을 때는 천년하고 훨씬 많은 햇수가 지난 것은 아니었다. 그 대신 로마는 우리가 로마제국에 복속했다고 보는 동방과 서방의 모든 민족들을 제압할 때 그처럼 신속하고 용이하게 해내지는 못했다. 로마는 조금씩 성장하면서 어느 방향으로 확장하더라도 거기서 완강하고 호전적인 민족들을 만났던 것이다. 로마가 창건될 당시 이스라엘 백성은 약속의 땅에서 718년을 지낸 다음이었다. 그가운데 27년은 여호수아의 통치에 해당하고, 그다음 판관들의 시대가 329년이었다. 그곳에 임금들이 존재하기 시작한 뒤로는 362년이 지났다. 로마가 창건되던 그 당시 유다에 임금이 있었는데 그의 이름은 아하즈였고, 다른 사람들이 생각하는 것처럼[158] 그 뒤를 히즈키야가 승계했다. 그는 매우 훌륭하고 경건한 인물이었음이 분명한데, 로물루스 시대에 그가 왕위에 있었던 것이다. 이스라엘 왕국이라고도 일컫는 히브리 백성의 다른 일부에서는 호세아가 통치를 시작했다.[159]

23. 에리트라이의 시빌라: 다른 시빌라들 가운데 특히 그 여자는 그리스도에 대해 알고 있었고 그리스도에 대해 여러 가지 사건을 노래했다

23. 1. 시빌라의 신탁은 어떤 내용이었는가

그 무렵에 에리트라이의 시빌라가 신탁을 전했다고 전해진다.[160] 바로의 말에 의하면 시빌라는 한 명이 아니고 여러 명이었다.[161] 여하튼 적어도 에리트라이

Sibylla quaedam de Christo manifesta conscripsit; quod etiam nos prius in Latina lingua uersibus male Latinis et non stantibus legimus per nescio cuius interpretis imperitiam, sicut post cognouimus. Nam uir clarissimus Flaccianus, qui etiam proconsul fuit, homo facillimae facundiae multaeque doctrinae, cum de Christo conloqueremur, Graecum nobis codicem protulit, carmina esse dicens Sibyllae Erythraeae, ubi ostendit quodam loco in capitibus uersuum ordinem litterarum ita se habentem, ut haec in eo uerba legerentur: Ἰησοῦς Χρειστὸς Θεοῦ υἱὸς σωτήρ, quod est Latine, Iesus Christus Dei Filius Saluator. Hi autem uersus, quorum primae litterae istum sensum, quem diximus, reddunt, sicut eos quidam Latinis et stantibus uersibus est interpretatus, hoc continent:

  Ι Iudicii signum tellus sudore madescet.
  Η E caelo rex adueniet per saecla futurus,
  Μ Scilicet ut carnem praesens, ut iudicet orbem.
  Ο Vnde Deum cernent incredulus atque fidelis
  Υ Celsum cum sanctis aeui iam termino in ipso.
  Μ Sic animae cum carne aderunt, quas iudicat ipse,
  Χ Cum iacet incultus densis in uepribus orbis.
  Ρ Reicient simulacra uiri, cunctam quoque gazam,
  Ε Exuret terras ignis pontumque polumque
  Ι Inquirens, taetri portas effringet Auerni.
  Μ Sanctorum sed enim cunctae lux libera carni
  Τ Tradetur, sontes aeterna flamma cremabit.
  Ο Occultos actus retegens tunc quisque loquetur
  Μ Secreta, atque deus reserabit pectora luci.
  Θ Tunc erit et luctus, stridebunt dentibus omnes.

---

[162] Flaccianus: 아프리카 총독으로 와 있던 인물로 아우구스티누스와 친교가 두터웠다. Cf. *Contra Academicos* 1.6.8; 7.19.

[163] 아우구스티누스가 인용하는 것은 *Oratio Constantini ad sanctorum coetum* (18 - 19)이라는 문헌으로 전해오는데, 필시 유다계 그리스도인이 작성한 것이다(본서 19.23.1 참조). 시구의 첫 글자들로 단어를 만드는 이합시(離合詩: acrostica)에 따라 "예수 그리스도 하느님의 아들 구세주"가 나온다.

[164] *Oracula Sibyllina* [F. Geffcken ed. 1902] 8.217-243; *Oratio Constantini ad sanctorum coetum* 18.450-454. 이들 사본에는 σταυρός(crux, "십자가")를 첫머리로 하는 일곱 행이 더 전수되고 있지만 아우구스티누스가 입수한 사본에는 빠져 있었던 것 같다. Dyson의 영역본(1999)은 번역문으로도 이 합시를 시도했다. 시빌라 신탁에 관한 아우구스티누스의 호의적 태도는 다른 저작(예: *Contra Faustum Manichaeum* 13.1; *Epistula* 104.11)에도 나타난다.

의 시빌라는 그리스도에 대해 뭔가 분명한 말을 기록했다. 우리도 라틴어로 된 시문으로 그 글을 읽었는데, 어떤 미숙한 번역가의 번역에서 유래했는지는 모르겠지만 라틴어로는 잘못된 글이고 운각이 잘 들어맞지 않는 문구였다. 그것도 우리가 늦게나마 깨달은 일이다. 저 고명한 인물 플라키아누스는[162] 집정관을 지낸 사람이기도 하며 매우 능숙한 화술과 수많은 학설에 대한 해박한 지식을 갖춘 인물인데, 우리가 그리스도에 관해 대화를 나누던 중 우리에게 그리스어 사본 하나를 가져다주었다. 그것이 에리트라이 시빌라의 신탁이라고 하면서 각 절의 머리에 나오는 첫 글자들을 순서대로 이으면 예수스 크레이스토스 테우 휘오스 소테르라는 단어들을 읽을 수 있다고 주장했다. 라틴어로는 예수스 크리스투스 데이 필리우스 살바토르가 된다.[163] 이 구절의 첫 글자들은 우리가 말한 의미를 갖는데, 어떤 사람이 제대로 된 라틴어 문구로 번역했고 내용은 다음과 같다:[164]

    심판의 징조가 있어 땅은 땀으로 흠뻑 젖으리라.
    하늘로부터 임금이 오시리라, 세세대대로 군림하실 이
    그가 임재하여 모든 육신과 누리를 심판하시기 위함이니
    안 믿는 자나 믿는 자나 하느님을 뵈오리라.
    세기가 끝나고 나면 성도들과 더불어 드높이 올라 계심을 뵈오리라.
    영혼들이 육신을 갖추고 귀의하며, 그분은 영혼들을 심판하노라,
    천하가 경작되지 않은 채 널려 있어 가시덤불로 빽빽할 즈음.
    사나이들은 우상들을 배척하고 온갖 재물을 버리리니
    불길이 사르리라, 땅이며 바다며 하늘까지 번지며
    음산한 아베르누스의 대문들까지도 쳐부수리라.
    그러나 성도들의 모든 육신에 자유로운 광명이
    전해오리니, 죄인들은 영원한 불꽃이 사르리라.
    숨은 행적들을 들추어내시고 누가 비밀리에 무슨 말을
    하든, 하느님은 마음들을 빛으로 환히 드러내시리라.
    그러면 통곡이 있을 것이요 모두가 이를 갈리라.

  Η Eripitur solis iubar et chorus interit astris.
  Ο Voluetur caelum, lunaris splendor obibit;
  Υ Deiciet colles, ualles extollet ab imo.
  Υ Non erit in rebus hominum sublime uel altum.
  Ι Iam aequantur campis montes et caerula ponti
  Ο Omnia cessabunt, tellus confracta peribit:
  Μ Sic pariter fontes torrentur fluminaque igni.
  Μ Sed tuba tum sonitum tristem demittet ab alto
  Ω Orbe, gemens facinus miserum uariosque labores,
  Τ Tartareumque chaos monstrabit terra dehiscens.
  Η Et coram hic Domino reges sistentur ad unum.
  Ρ Reccidet e caelo ignisque et sulphuris amnis.

In his Latinis uersibus de Graeco utcumque translatis ibi non potuit ille sensus occurrere, qui fit, cum litterae, quae sunt in eorum capitibus, conectuntur, ubi Y littera in Graeco posita est, quia non potuerunt Latina uerba inueniri, quae ab eadem littera inciperent et sententiae conuenirent. Hi autem sunt uersus tres, quintus et octauus decimus et nonus decimus. Denique si litteras quae sunt in capitibus omnium uersuum conectentes horum trium quae scriptae sunt non legamus, sed pro eis Y litteram, tamquam in eisdem locis ipsa sit posita, recordemur, exprimitur in quinque uerbis: Iesus Christus Dei filius saluator; sed cum Graece hoc dicitur, non Latine. Et sunt uersus uiginti et septem, qui numerus quadratum ternarium solidum reddit. Tria enim ter ducta fiunt nouem; et ipsa nouem si ter ducantur, ut ex lato in altum figura consurgat, ad uiginti septem perueniunt. Horum autem Graecorum quinque uerborum, quae sunt Ἰησοῦς Χρειστὸς Θεοῦ υἱὸς σωτήρ, quod est Latine Iesus Christus Dei filius saluator, si primas litteras iungas, erit ἰχθύς, id est piscis, in quo nomine mystice intellegitur Christus, eo quod in huius mortalitatis abysso uelut in aquarum profunditate uiuus, hoc est sine peccato, esse potuerit.

---

[165] 이 구절로 미루어 그리스어의 첫 글자에 맞추어 보려고 노력한 이 라틴어 번역문이 아우구스티누스의 것이 아닌가 하는 추측도 있다.

[166] 라틴어본에서 다른 문장들은 억지로나마 acrostica를 성립시켰는데 γ가 출현하는 문장들은 Celsum ..., Deiciet, Non erit ...으로 되어 있음을 지적하는 말이다. Y는 키케로 시대에 라틴 문자화한 적이 있으나 그 알파벳으로 시작한 단어는 존재하지 않았다.

[167] numerus quadratus ternarius (3의 평방수: 3×3) ; numerus quadratus solidus ternarius (3의 입방수: 3×3×3).

[168] Cf. *In Ioannis Evangelium tractatus* 123.2. 아우구스티누스에게는 알려지지 않았지만 로마 일대의 카타콤바에서 가장 많이 발견되는 기호이기도 하다.

그리하여 태양의 광휘가 앗겨지고 별들의 무리가 사라지니
하늘이 빙글빙글 돌아가고 달의 광채가 꺼지리라.
그이는 언덕들을 주저앉히고 골짜기들을 밑에서 들어올리시리라.
인간들의 업적치고 고귀하고 드높은 것은 아무것도 없으리니
이미 산들은 들처럼 평평해지고 대양의 푸르름은
모두가 그치리라. 땅은 갈라져서 사라지리라.
마찬가지로 샘들과 강들은 불길을 흘러 보내리라.
그러면 드높은 곳에서 나팔이 구슬픈 소리를 누리에 보내니
누리는 가련한 행적을 두고 신음하고 갖가지 고생을 탄식하며
땅은 갈라져서 타르타레우스의 혼란을 보여주리라.
그러면 여기서 주님 대전에 왕들이 시립하여 한 사람씩 나아오리라.
하늘로부터 불이 쏟아지고 유황의 냇물이 쏟아져 내리리라.

그리스어로 된 사본을 힘닿는 데까지 이합시 형태로 번역해본 이 라틴어 시구를 보면, 그리스어 사본에서 각 구절의 첫 글자로 나타내는 의미를 라틴어로는 제대로 표현할 수 없었다.[165] 예를 들면, 그리스어에서 문자가 등장하는 곳이 그렇다. 그 문자로 시작하고 의미로도 적절한 라틴어 단어들을 발견할 수가 없었다. 제5행과 18행과 19행에 해당하는 세 문장이 그렇다.[166] 만약 이 세 문장을 빼놓고 각 구절의 첫 글자들을 한데 잇되 세 문장의 경우만 윕실론 *r*으로 대체하여 잇는다면, 우리가 기억하는 대로 다섯 단어인 예수스 크리스투스 데이 필리우스 살바토르가 만들어지는데, 어디까지나 그리스어로만 그렇게 되지 라틴어로는 안 된다. 스물일곱 행이며 이 숫자는 보통 3의 입방수에 해당한다.[167] 3 곱하기 3은 9이며, 9에 다시 3을 곱하면 넓이에서 높이로 꼴을 확대하여 27에 도달한다. 이 그리스어 단어 다섯 개 예수스 크레이스토스 테우 휘오스 소테르(라틴어로는 예수스 크리스투스 데이 필리우스 살바토르)의 첫 글자들을 따면 이크튀스, 즉 물고기가 된다. 그 명사에서 신비적 의미로 그리스도를 가리키는 것으로 알아듣는다.[168] 마치 물고기가 깊은 물속에서 살아남듯이 이 사멸할 처지의 심연에서 죄 없이 살 수 있는 분이라는 말이다.

Haec autem Sibylla siue Erythraea siue, ut quidam magis credunt, Cumaea ita nihil habet in toto carmine suo, cuius exigua ista particula est, quod ad deorum falsorum siue factorum cultum pertineat, quin immo ita etiam contra eos et contra cultores eorum loquitur, ut in eorum numero deputanda uideatur, qui pertinent ad ciuitatem Dei. Inserit etiam Lactantius operi suo quaedam de Christo uaticinia Sibyllae, quamuis non exprimat cuius. Sed quae ipse singillatim posuit, ego arbitratus sum coniuncta esse ponenda, tamquam unum sit prolixum, quae ille plura commemorauit et breuia. «In manus iniquas, inquit, infidelium postea ueniet; dabunt autem Deo alapas manibus incestis et inpurato ore exspuent uenenatos sputus; dabit uero ad uerbera simpliciter sanctum dorsum. Et colaphos accipiens tacebit, ne quis agnoscat, quod uerbum uel unde uenit, ut inferis loquatur et corona spinea coronetur. Ad cibum autem fel et ad sitim acetum dederunt; inhospitalitatis hanc monstrabunt mensam. Ipsa enim insipiens tuum Deum non intellexisti, ludentem mortalium mentibus, sed et spinis coronasti et horridum fel miscuisti. Templi uero uelum scindetur; et medio die nox erit tenebrosa nimis in tribus horis. Et morte morietur tribus diebus somno suscepto; et tunc ab inferis regressus ad lucem ueniet primus resurrectionis principio reuocatis ostenso.» Ista Lactantius carptim per interualla disputationis suae, sicut ea poscere uidebantur, quae probare

---

[169] ad deorum *falsorum sive factorum* cultum: 유일신 외에 모든 신령들을 교부는 "거짓 신들이라든가 만들어낸 신들"이거나 둘 중의 하나로 단정한다.

[170] Cf. Lactantius, *Divinae institutiones* 4.18.15 - 19.10에서는 에리트라이의 시빌라를, 7.24에서는 쿠마이의 시빌라를 크게 칭송하고 후자는 베르길리우스(*Eclogae* 4)에게까지 영향을 끼쳤다고 믿는다.

[171] 아우구스티누스의 말대로 Lactantius (*Divinae institutiones* 4.18.15 - 19.10)의 단편들을 한데 모은 것이며 *Oracula Sibyllina* (8.287-312)에도 수집되어 있는 단편들이다. 초대 그리스도 신자의 작품으로 추정된다.

23.2. 시빌라 시각 속에 담겨 있음직한 진리

이 시빌라가 에리트라이의 시빌라든 사람들이 더 많이 믿는 쿠마이의 시빌라든 상관없이, 자기네 신탁 전체에서(위에 인용한 시가는 그가운데 극히 작은 조각에 불과하다) 거짓 신들이나 인간들이 만들어낸 신들에 대한 숭배에 대해서는[169] 아무 내용도 담고 있지 않다. 그뿐 아니라 그런 신들에게 대항하고 그들의 숭배자들에 맞서서 발언을 하고 있다. 그야말로 시빌라는 하느님 도성에 속하는 사람들의 무리에 들어야 할 것으로 보일 정도다. 락탄티우스도 어떤 시빌라의 것인지는 표기하지 않았지만, 그리스도에 대해 신탁하는 시빌라의 예언을 자기 저서에 삽입하고 있다.[170] 나는 그가 따로따로 제시한 단편들을 한데 엮어서 제시해야 한다고 생각했다. 그가 여러 얘기들을 짤막짤막하게 언급했지만 그것들은 하나로 길게 이어져 있었던 것으로 생각한 것이다. 락탄티우스의 인용은 다음과 같다: "그 뒤에 그분은 불신자들의 사악한 손에 떨어지리라. 그자들은 더러운 손으로 하느님께 따귀를 올릴 것이고 불결한 입으로 독이 든 침을 뱉을 것이다. 그분은 오로지 성스러운 등을 채찍질에 내맡길 것이다. 그분은 주먹질을 당하면서도 입을 다물 것이다. 이것은 아무도 당신이 말씀으로 오신 것을 사람들이 알아보지 못하도록, 당신이 어디서 왔는지 알아보지 못하도록 하기 위함이었다. 그렇게 해서 당신이 죽음을 당함으로써 지하地下에 있는 자들에게도 말씀을 건네기 위함이었다. 그분은 가시로 관을 썼다. 그들은 그분에게 먹을 것으로 쓸개를 주었고 마실 것으로 초를 주었다. 그들은 이토록 박대하는 식탁을 차려놓고서 그분더러 먹으라고 손가락질해 보일 것이다. 그대는 어리석어서 그대의 하느님을 알아보지 못했다. 이렇게 해서 그분이 사멸할 자들의 지성을 우롱하신 셈이다. 그럼에도 그대는 가시로 관을 씌워 드렸고 지독한 쓸개를 섞었다. 그리하여 성전의 휘장이 찢어졌다. 또 대낮에 무려 세 시간 동안이나 너무도 캄캄한 밤이 왔다. 그분은 죽음으로 죽어서 사흘간 잠을 자리라. 그다음 저승에서 나오셔서 처음으로 빛으로 나오시리니 죽음에서 되불러내신 이들에게 부활의 개시를 보여주리라."[171] 이상의 내용이 락탄티우스가 여러 가지 변론을 개진하면서 자기가 내세운 명제를 입증할 필요가 있을 때마다 시빌라의 증언들을 단편적으로 인용

intenderat, adhibuit testimonia Sibyllina, quae nos nihil interponentes, sed in unam seriem conexa ponentes solis capitibus, si tamen scriptores deinceps ea seruare non neglegant, distinguenda curauimus. Nonnulli sane Erythraeam Sibyllam non Romuli, sed belli Troiani tempore fuisse scripserunt.

24. Eodem Romulo regnante Thales Milesius fuisse perhibetur, unus e septem sapientibus, qui post theologos poetas, in quibus Orpheus maxime omnium nobilitatus est, σοφοὶ appellati sunt, quod est Latine sapientes. Per idem tempus decem tribus, quae in diuisione populi uocatae sunt Israel, debellatae a Chaldaeis et in eas terras captiuae ductae sunt, remanentibus in Iudaea terra duabus illis tribubus, quae nomine Iudae uocabantur sedemque regni habebant Hierusalem. Mortuum Romulum, cum et ipse non conparuisset, in deos, quod et uulgo notissimum est, rettulere Romani; quod usque adeo fieri iam desierat nec postea nisi adulando, non errando, factum est temporibus Caesarum, ut Cicero magnis Romuli laudibus tribuat, quod non rudibus et indoctis temporibus, quando facile homines fallebantur, sed iam expolitis et eruditis meruerit hos honores, quamuis nondum efferbuerat ac pullulauerat philosophorum subtilis et acuta loquacitas. Sed etiamsi posteriora tempora deos homines mortuos non instituerunt, tamen ab antiquis institutos colere ut deos et habere non destiterunt; quin etiam simulacris, quae ueteres non habebant, auxerunt

---

[172] Cf. Plutarchus, *De Pythiae oraculis* 6.

[173] Cf. Eusebius, *Chronicon* [Helm ed.] 88. Diogenes Laertius, *Vitae philosophorum* 1.22에 의하면 그의 출생이 BC 660년경이었고 Ancus Martius 임금 치하에 활동했다.

[174] sapientes: "지혜로운 사람", "현자"로 통했다.

[175] 이스라엘 왕국의 패망과 유배는 4[2]열왕 17장 참조.

[176] Cf. Livius, *Ab Urbe condita* 1.16. 본서 2.15에도 언급하고 있다.

[177] 여기서 교부는 로마인들의 황제숭배를 언급할 만한데도 묵과한다.

[178] 22.6에 키케로의 본문(*De republica* 2.10.17-19)을 인용하며 비판한다.

[179] "장광설"(loquacitas)이라는 경멸조의 단어로 미루어 영웅들을 신격화하는 수다스런 이론을 빗대는 말 같다.

한 것들이다. 그렇지만 우리는 사이사이에 우리 말을 일체 삽입하지 않은 채로, 그 단편들을 일련의 연속된 한 편의 글로 여겨 읽어 보았고, 각 행의 첫 글자들이 서로 연결된다는 착안에 따라 무슨 단어가 나오는지 그것만 구분하려고 애썼다. 일반적으로 저자들은 문장의 첫 글자들을 보전하는 일에 소홀하지 않는다고 전제했기 때문이다. 어떤 사람들은 에리트라이의 시빌라가 살았던 것은 로물루스 시대가 아니고 트로야 전쟁 시대였다고 기록하고 있다.[172]

24. 로물루스가 군림할 때 일곱 현인이 명성을 떨쳤는데, 그 무렵 이스라엘 열 지파가 칼대아인들에게 포로로 잡혀갔고, 로물루스도 죽어 신적 영예를 받았다

바로 그 로물루스가 군림하고 있던 시대에 밀레스 사람 탈레스가 살았다고 한다.[173] 탈레스라면 신학적 시인들 이후에 등장한 일곱 현자들 가운데 한 사람인데, 그 현자들 중에서는 오르페우스가 존귀함에 있어서 모든 이들 가운데 단연 최고로 꼽힌다. 그들은 소포이라 불리는데 라틴어로는 사피엔테스다.[174] 같은 시대에 이스라엘 지파들이 나누어져 이스라엘이라고 부르던 열 지파가 칼대아인들에게 정복을 당했고, 칼대아인들의 땅에 포로로 끌려갔다.[175] 유다의 이름에서 유래한 유다 땅에 두 지파가 남아서 예루살렘에 왕국의 본거지를 두고 있었다. 로물루스도 죽어서 사라지고 없었으므로 로마인들은 그를 신들 가운데 포함시켰다. 그 일은 대중에게 아주 잘 알려진 사실이다.[176] 인간을 신격화하는 이런 관습은 후대에 중단되었고 그 뒤 카이사르들의 시대에 되살아났지만[177] 그때는 모르고 실수로 한 짓이라기보다는 아첨하려고 한 짓이었다. 키케로마저 로물루스에게 거창한 찬사를 바친 바 있는데,[178] 이 일은 사람들이 쉽게 속아 넘어가던 유치하고 무식한 시대에 이루어진 일이 아니고 이미 세련되고 유식한 시대에 일어났으니, 아마도 로물루스가 그런 영예를 받을 자격이 있었던가 보다. 다만 그때는 아직 철학자들의 치밀하고 예리한 장광설이 성행하거나 싹트지 않았던 시기였다.[179] 후대에 가서는 죽은 사람들을 신으로 세우지는 않았지만, 고대인들이 신으로 세운 대상들은 여전히 신으로 숭배했고 신으로 여기는 행위를 그만두지는 않았다. 더구나 옛날 사람들은 모시지 않았던 우상들을 세

uanae atque impiae superstitionis inlecebram, id efficientibus inmundis in eorum corde daemonibus per fallacia quoque oracula decipientibus, ut fabulosa etiam crimina deorum, quae iam urbaniore saeculo non fingebantur, per ludos tamen in eorundem falsorum numinum obsequium turpiter agerentur. Regnauit deinde Numa post Romulum, qui cum illam ciuitatem putauerit deorum profecto falsorum numerositate muniendam, in eandem turbam referri mortuus ipse non meruit, tamquam ita putatus sit caelum multitudine numinum constipasse, ut locum ibi reperire non posset. Hoc regnante Romae et apud Hebraeos initio regni Manasse, a quo impio rege propheta Esaias perhibetur occisus, Samiam fuisse Sibyllam ferunt.

25. Regnante uero apud Hebraeos Sedechia et apud Romanos Tarquinio Prisco, qui successerat Anco Marcio, ductus est captiuus in Babyloniam populus Iudaeorum euersa Hierusalem et templo illo a Salomone constructo. Increpantes enim eos prophetae de iniquitatibus et impietatibus suis haec eis uentura praedixerant, maxime Hieremias, qui etiam numerum definiuit annorum. Eo tempore Pittacus Mitylenaeus, alius e septem sapientibus, fuisse perhibetur. Et quinque ceteros, qui, ut septem numerentur, Thaleti, quem supra commemorauimus, et huic Pittaco adduntur, eo tempore fuisse scribit Eusebius, quo captiuus Dei populus in Babylonia tenebatur. Hi sunt autem: Solon Atheniensis, Chilon Lacedaemonius, Periandrus Corinthius, Cleobulus Lindius, Bias Prienaeus. Omnes hi, septem appellati sapientes, post poetas theologos claruerunt, quia genere uitae quodam laudabili praestabant hominibus ceteris et morum nonnulla

---

[180] 4.31.2, 6 참조.

[181] 3.9 참조. Cf. Livius, *Ab Urbe condita* 1.18-21.

[182] 4[2]열왕 21장 참조. 예언자의 죽음은 「이사야 승천기」라는 위경에 전해온다.

[183] Cf. Eusebius, *Chronicon* [Helm ed.] 88.

[184] Cf. Eusebius, *Chronicon* [Helm ed.] 97. 4[2]열왕 25장 참조.

[185] 예레 25,11 참조: "칠십 년 동안 바빌론 왕의 종노릇을 할 것이다."

[186] Cf. Eusebius, *Chronicon* [Helm ed.] 99.

[187] Cf. Eusebius, *Chronicon* [Helm ed.] 101. 플라톤(*Protagoras* 343a-b)에게서는 페리안드루스 대신에 케네 사람 미로가 나온다.

위[180] 황당하고 불경스런 미신의 유혹을 가중시켰다. 더러운 정령들이 그들의 마음속에 이런 짓을 조작하고 기만적 신탁을 통해 그들을 속였으므로, 교양있는 세대에 와서는 지어내지 않는 얘기, 곧 신들의 허구적 범행들을 여전히 경기공연으로 상연하곤 했다. 더구나 그런 행동을 가짜 신령들에 대한 충성인 것처럼 여겼다. 로물루스 다음에는 누마가 통치했다. 누마는 수많은 가짜 신들을 만들어 세워 저 도성을 방어해야 한다고 생각했다.[181] 하지만 정작 본인은 죽어서 그 무리에 끼지 못했다. 자기가 하늘을 수많은 신령들로 가득 채운 다음인지라 정작 본인은 들어설 자리를 찾지 못했는지도 모르겠다. 그가 로마에 군림하고 있을 때가 히브리인들에게는 므나쎄 왕권의 시작에 해당한다. 예언자 이사야가 피살당한 것은 이 불경스런 임금에게였다.[182] 이 무렵에 사모스의 시빌라가 활동했다고 전해진다.[183]

25. 로마인들에게 타르퀴니우스 프리스쿠스가 군림하고 히브리인들에게 시드키야가 통치하다가 예루살렘이 함락되고 성전이 파괴될 때는 어떤 철학자들이 출중했던가

히브리인들에게 시드키야가 군림하고 로마인들에게 타르퀴니우스 프리스쿠스가 안쿠스 마르키우스 뒤를 이어 군림하고 있을 때, 예루살렘이 함락되고 솔로몬이 세운 성전은 파괴되었고 유다인 백성은 바빌론으로 포로가 되어 끌려갔다.[184] 예언자들이 백성의 악행과 불경스러움을 질책했고, 이런 일이 그들에게 닥치리라고 미리 예고했으며 특히 예레미야는 그 햇수까지도 단정해서 말했다.[185] 그 무렵 일곱 현자 가운데 또 한 사람인 미틸레네의 피타쿠스가 살았다고 한다. 앞에서 언급한 탈레투스와 이 피타쿠스에 덧붙여 일곱이라는 숫자를 채우는 나머지 다섯 사람은 하느님의 백성이 바빌론으로 포로로 붙잡혀 있던 바로 그 시대에 살았다는 것이 에우세비우스의 기록이다.[186] 이 사람들은 다음과 같다: 아테네 사람 솔론, 라케다이몬 사람 킬론, 코린토 사람 페리안드루스, 린두스 사람 클레오불루스, 프리에네 사람 비아스.[187] 일곱 현자라고 불리는 이 사람들 전부가 신학적 시인들 이후에 명성을 떨쳤는데, 칭송받을 만한

praecepta sententiarum breuitate complexi sunt. Nihil autem monumentorum, quod ad litteras adtinet, posteris reliquerunt, nisi quod Solon quasdam leges Atheniensibus dedisse perhibetur; Thales uero physicus fuit et suorum dogmatum libros reliquit. Eo captiuitatis Iudaicae tempore et Anaximander et Anaximenes et Xenophanes physici claruerunt. Tunc et Pythagoras, ex quo coeperunt appellari philosophi.

26. Per idem tempus Cyrus, rex Persarum, qui etiam Chaldaeis et Assyriis imperabat, relaxata aliquanta captiuitate Iudaeorum, quinquaginta milia hominum ex eis ad instaurandum templum regredi fecit. A quibus tantum prima coepta fundamina et altare constructum est. Incursantibus autem hostibus nequaquam progredi aedificando ualuerunt, dilatumque opus est usque ad Darium. Per idem tempus etiam illa sunt gesta, quae conscripta sunt in libro Iudith; quem sane in canonem scripturarum Iudaei non recepisse dicuntur. Sub Dario ergo rege Persarum impletis septuaginta annis, quos Hieremias propheta praedixerat, reddita est Iudaeis soluta captiuitate libertas, regnante Romanorum septimo rege Tarquinio. Quo expulso etiam ipsi a regum suorum dominatione liberi esse coeperunt. Vsque ad hoc tempus prophetas habuit populus Israel; qui cum multi fuerint, paucorum et apud Iudaeos et apud nos canonica scripta retinentur. De quibus me aliqua positurum esse promisi in hoc libro, cum clauderem superiorem, quod iam uideo esse faciendum.

---

[188] 이 학자들에 관한 아우구스티누스의 언급은 7.17; 8.2; 18.37 참조. 교부의 철학 분류(11.25 참조)에 의하면 탈레스를 비롯한 현자(sapiens), 자연학자(physicus), 그리고 피타고라스(philosophus)에서 서구사상의 발원을 지적함은 매우 자연스럽다.

[189] Cf. Eusebius, *Chronicon* [Helm ed.] 102; 에즈라서; 본서 17.10.

생활 태도로 다른 사람들을 능가했고 도덕에 관한 몇몇 계율과 간결한 명언들을 만들어냈기 때문이다. 그들은 문자로 기록된 흔적을 후세인들에게 전혀 남기지 않았고 솔론이 아테네인들에게 이러저런 법률을 부여했다는 얘기만 전해 온다. 탈레스는 자연학자여서 자기 학설에 관한 책들을 남겼다. 유다인들의 포로시대에 자연학자로 유명했던 사람들을 꼽는다면 아낙시만데르, 아낙시메네스 그리고 크세노파네스이다. 그때 피타고라스가 등장하여 그 사람부터 "철학자"라고 부르기 시작했다.[188]

26. 70년이 차서 유다인들의 유배가 풀렸을 즈음, 같은 시기에 로마인들도 왕정에서 해방되었다

같은 무렵에 페르시아인들의 임금 고레스가 칼대아인들과 아시리아인들을 함께 통치하면서 유다인들의 유배를 어느 정도 풀어주었고, 그 가운데 오만 명이 돌아가서 성전을 재건하게 해 주었다.[189] 하지만 이 사람들 손으로는 첫 기초만 쌓고 제단이 축조되었을 뿐이다. 적군들이 자꾸 침략하는 바람에 건축하는 일을 진척시키지 못했으므로 재건 사업은 다리우스 때까지 지연되었다. 같은 시기에 유딧기에 기록되어 있는 사건들도 일어났다.[190] 유다인들은 이 책을 정전으로 받아들이지 않았다고 한다. 페르시아인들의 임금 다리우스 치하에 예레미야 예언자가 예고한 70년이 다 차서 유다인들에게 유배가 풀리고 자유가 회복되었는데, 이때는 로마인들의 제7대 임금인 타르퀴니우스가 통치할 때였다.[191] 이어서 타르퀴니우스가 추방당하고 로마인들도 자기네 임금들의 지배에서 벗어나기 시작했다. 이 시점까지는 이스라엘에 예언자들이 있었다. 그들은 숫자가 많았지만 유다인들에게도 우리에게도 소수의 글만이 정전으로 채택되고 있다. 앞 권을 끝맺으면서 예언자들에 관해 무슨 말을 하기로 약속한 바 있는데[192] 그 약속을 이행할 때가 된 것 같다.

---

[190] Cf. Eusebius, *Chronicon* [Helm ed.] 104.

[191] 즈가 1,12 참조. Eusebius, *Chronicon* [Helm ed.] 103.

[192] 17.24 참조.

27. Tempora igitur eorum ut possimus aduertere, in anteriora paululum recurramus. In capite libri Osee prophetae, qui primus in duodecim ponitur, ita scriptum est: *Verbum Domini, quod factum est ad Osee in diebus Oziae et Ioatham et Achaz et Ezechiae regum Iuda.* Amos quoque diebus regis Oziae prophetasse se scribit; addit etiam Hieroboam regem Israel, qui per eosdem dies fuit. Nec non Esaias, filius Amos, siue supradicti prophetae siue, quod magis perhibetur, alterius qui non propheta eodem nomine uocabatur, eosdem reges quattuor, quos posuit Osee, in capite libri sui ponit, quorum diebus se prophetasse praeloquitur. Michaeas etiam eadem suae prophetiae commemorat tempora post dies Oziae. Nam tres qui sequuntur reges nominat, quos et Osee nominauit, Ioatham et Achaz et Ezechian. Hi sunt, quos eodem tempore simul prophetasse ex eorum litteris inuenitur. His adiungitur Ionas eodem Ozia rege regnante et Ioel, cum iam regnaret Ioatham, qui successit Oziae. Sed istorum prophetarum duorum tempora in chronicis, non in eorum libris potuimus inuenire, quoniam de suis diebus tacent. Tenduntur autem hi dies a rege Latinorum Proca siue superiore Auentino usque ad regem Romulum iam Romanum, uel etiam usque ad regni primordia successoris eius Numae Pompilii (Ezechias quippe rex Iuda eo usque regnauit); ac per hoc per ea tempora isti uelut fontes prophetiae pariter eruperunt, quando regnum defecit Assyrium coepitque Romanum; ut scilicet, quem ad modum regni Assyriorum primo tempore extitit Abraham, cui promissiones apertissimae fierent

---

[193] 열두 소예언자들을 가리키는 말이며, 이사야, 예레미야, 에제키엘, 다니엘 같은 대예언자와 대조되는 명칭이다.

[194] 호세 1,1.

[195] 아모 1,1 참조: "우찌야가 유다에서, 요아스의 아들 여로보암이 이스라엘에서 왕위에 앉아있던 때로서 지진이 있기 바로 2년 전이었다."

[196] 이사 1,1 참조.

[197] 미가 1,1 참조.

제2부 (27-44)
그리스도와 교회에 관해 말한 예언자들

27. 예언자들의 신탁이 책에 수록되고 이방인들의 부름에 관해서도 많은 이야기가 나올 무렵, 로마 왕권이 시작되고 아시리아 왕권은 종식되었다

　예언자들의 시대를 살펴보기 위해 약간 이전 시대로 거슬러올라가기로 하자. 열두 예언자들[193] 가운데 가장 먼저 나오는 호세아 예언서 첫머리에는 이렇게 적혀 있다: "유다에서 우찌야와 요담과 아하즈와 히즈키야가 왕노릇하던 날에 호세아에게 내린 주님의 말씀."[194] 아모스 예언자도 자기가 우찌야 왕 치세에 예언활동을 했다는 글을 썼다. 또 이스라엘 여로보암이 같은 시기에 왕이었다는 말도 덧붙였다.[195] 아모스의 아들 이사야(아마도 위에 말한 예언자 아모스의 아들일 수도 있고 예언자가 아니면서도 같은 이름을 갖고 있던 다른 사람의 아들일 수도 있는데 후자가 더 그럴듯하다) 역시 호세아가 열거한 네 명의 국왕들을 자기 책 첫머리에 올려놓고 자기가 예언활동을 한 것은 그들의 치하였다고 말한다.[196] 미가도 자기 예언활동의 시기를 우찌야 시대 이후로 잡는다. 그러나 그 뒤로 오는 임금 셋의 이름을 거론하는데 호세아가 거명했던 요담과 아하즈와 히즈키야다.[197] 그러니까 이 사람들이 동시대에 예언활동을 했다는 점이 본인들의 저서에서 드러난다. 이 사람들에 덧붙여 우찌야 왕의 집권기에 활동한 요나, 우찌야, 요담이 왕위에 있을 때 활동한 요엘을 들 수 있다. 위의 두 예언자들의 시기는 역대기에는 나오는데 본인들의 글에서는 찾아볼 수 없었다. 본인들이 활동한 시기에 대해 입을 다물고 있기 때문이다. 이 시기는 라티움인들의 임금 프로카스나 그 선왕 아벤티누스로부터 시작해서 로물루스가 이미 로마 국왕이 된 시기까지 해당한다. 심지어 그의 후계자인 누마 폼필리우스의 집권 초기까지 이어진다. (유다 왕 히즈키야는 그때까지 왕위에 있었다.) 말하자면 아시리아인들의 왕권이 쇠하고 로마 왕권이 시작된 바로 그 무렵에 예언의 샘들이 동시에 터졌던 것이다. 다시 말해 아시리아인들의 왕국 초기에 아브라함이 살았고 그의 후손 안에서 모든 민족의 축복이 있으리라는 매우 분명한 언약들이 그에게 내렸

in eius semine benedictionis omnium gentium, ita Occidentalis Babylonis exordio, qua fuerat Christus imperante uenturus, in quo implerentur illa promissa, ora prophetarum non solum loquentium, uerum etiam scribentium in tantae rei futurae testimonium soluerentur. Cum enim prophetae numquam fere defuissent populo Israel, ex quo ibi reges esse coeperunt, in usum tantummodo eorum fuere, non gentium; quando autem scriptura manifestius prophetica condebatur, quae gentibus quandoque prodesset, tunc oportebat inciperet, quando condebatur haec ciuitas, quae gentibus imperaret.

28. Osee igitur propheta, quanto profundius quidem loquitur, tanto operosius penetratur. Sed aliquid inde sumendum est et hic ex nostra promissione ponendum. *Et erit*, inquit, *in loco quo dictum est eis: non populus meus uos, uocabuntur et ipsi filii Dei uiui*. Hoc testimonium propheticum de uocatione populi gentium, qui prius non pertinebat ad Deum, etiam apostoli intellexerunt. Et quia ipse quoque populus gentium spiritaliter est in filiis Abrahae ac per hoc recte dicitur Israel, propterea sequitur et dicit: *Et congregabuntur filii Iuda et filii Israel in id ipsum, et ponent sibi principatum unum et ascendent a terra*. Hoc si adhuc uelimus exponere, eloquii prophetici obtundetur sapor. Recolatur tamen lapis ille angularis et duo parietes, unus ex Iudaeis, alter ex gentibus; ille nomine filiorum Iuda, iste nomine filiorum Israel, eidem uni principatui suo in id ipsum innitentes et ascendentes agnoscantur a terra. Istos autem carnaliter Israelitas, qui nunc nolunt credere in Christum, postea credituros, id est filios eorum

---

[198] in usum tantummodo *eorum* fuere, non gentium: "임금들의 유익을 위해서만"이라는 번역도 가능하다.

[199] gentes: 성서에는 유다인과 대조하여 "이방인" 혹은 "이방민족"으로, 일반적으로는 "제민족" 혹은 "만민"으로 옮겨지는데, 교부는 세계사를 둘로 나누어 아브라함의 언약과 아시리아 제국을 첫 장으로, 그리스도의 예언과 로마의 패권을 그다음 장으로 삼고 있다.

[200] 호세 1,9 - 2,1 참조(교부는 불가타본을 따른다). 〔공동번역: "너희는 이미 내 백성이 아니요, 나는 너희의 하느님이 아니다. … 너희를 버린 자식이라 했지만, 이제는 살아 계시는 하느님의 자녀라 하리라."〕

[201] 로마 9,24-26 참조. 〔200주년: "그분은 우리를 유다인만이 아니라 이방인 가운데서도 부르셨습니다. 과연 호세아서에서 말씀하시는 대로입니다 …."〕

[202] 호세 2,2. 〔공동번역: "유다 백성과 이스라엘 백성이 어울려 한 영도자를 받들고 세상을 지배하리라."〕

[203] 에페 2,14-22 참조. 바울로가 그리스도를 모퉁잇돌로 삼아 유다인들과 이방인들이 두 벽을 이루는 하느님의 건축물을 설명한다.

다. 마찬가지로 서방 바빌론의 등장과 더불어 예언자들의 시대가 도래했던 것이다. 그 바빌론의 통치하에 그리스도가 내림하기로 되어 있었고 그분 안에서 저 모든 언약들이 성취될 예정이었으므로, 장차 일어날 저 위대한 사건에 대해 증언을 하는 예언자들의 시대, 그것도 말로만 떠드는 예언자들이 아니고 글을 써서 남기는 예언자들의 시대가 도래한 것이다. 이스라엘 백성에게는 예언자들이 없던 때가 거의 없었지만, 그곳에 임금들이 등장하기 시작하면서부터 예언자들은 이 백성의 유익을 위해서만[198] 예언활동을 했지 제민족의 이익까지 염두에 둔 것은 아니다. 그렇지만 성서가 갈수록 분명하게 예언적 성격을 띠면서부터 언젠가는 제민족에게 유익한 책이 될 것이었고, 따라서 제민족을 통솔하게 될 이 도성이 창건됨과 동시에 예언자들의 활약이 시작된 것도 바람직한 일이었다.[199]

28. 그리스도의 복음 내용에 대해 호세아와 아모스는 무엇을 예언했는가

호세아 예언자는 그의 언어가 심원한 만큼 알아듣기도 훨씬 힘들다. 하지만 거기서 무언가를 취함으로써 우리의 약속을 이행해야 할 것 같다. 그는 이렇게 말한다: "'너희는 내 백성이 아니다'라고 이르신 바로 그곳에서 그들은 살아계신 하느님의 아들들이라 불리는 때가 오리라."[200] 이 예언적 증언은 이방 민족들의 백성이 받을 부르심에 관한 것으로, 처음에는 그들이 하느님께 속하지 않았음을 사도들도 깨닫고 있었다.[201] 이방민족들의 백성도 영적으로는 아브라함의 아들에 속했으며, 이런 점에서 그들을 이스라엘이라고 부르는 것도 옳은데, 뒤이어 이런 말이 따라나오기 때문이다: "유다의 아들들과 이스라엘의 아들들이 하나로 어울리고 스스로에게 한 지배권을 세우고서 땅에서 올라가리라."[202] 우리가 이 구절을 굳이 해설하려 든다면 예언적 언사의 맛은 사라지고 말 것이다. 저 모퉁잇돌과 두 벽을 상기할 것이니, 한쪽 벽은 유다인들로 이루어지고 다른 쪽 벽은 이방인들로 이루어져 있다.[203] 전자는 유다의 아들들이라는 이름으로, 후자는 이스라엘의 아들들이라는 이름으로 동일한 지배권에 하나로 의지하면서 땅에서 올라가고 있음을 스스로 감지할 것이다. 동일한 예언자가 하는 증언에 의하면 육적 이스라엘 사람들, 즉 지금 그리스도를 믿기 싫어하는 사람들도 후에는 믿게 될 것이다.

(nam utique isti in suum locum moriendo transibunt), idem propheta testatur dicens: *Quoniam diebus multis sedebunt filii Israel sine rege, sine principe, sine sacrificio, sine altari, sine sacerdotio, sine manifestationibus.* Quis non uideat nunc sic esse Iudaeos? Sed quid adiungat, audiamus. *Et postea*, inquit, *reuertentur filii Israel et inquirent Dominum Deum suum et Dauid regem suum, et stupescent in Domino et in bonis ipsius in nouissimis diebus.* Nihil est ista prophetia manifestius, cum Dauid regis nomine significatus intellegitur Christus, quia *factus est*, sicut dicit apostolus, *ex semine Dauid secundum carnem.* Praenuntiauit iste propheta etiam tertio die Christi resurrectionem futuram, sicut eam prophetica altitudine praenuntiari oportebat, ubi ait: *Sanabit nos post biduum, in die tertio resurgemus.* Secundum hoc enim nobis dicit apostolus: *Si resurrexistis cum Christo, quae sursum sunt quaerite.* Amos quoque de rebus talibus sic prophetat: *Praepara*, inquit, *te, ut inuoces Deum tuum Israel; quia ecce ego firmans tonitrum et creans spiritum et adnuntians in hominibus Christum suum*; et alio loco: *In illa die*, inquit, *resuscitabo tabernaculum Dauid, quod cecidit, et reaedificabo, quae ceciderunt eius, et destructa eius resuscitabo et reaedificabo ea sicut dies saeculi; ita ut exquirant me residui hominum et omnes gentes, in quibus inuocatum est nomen meum super eos, dicit Dominus faciens haec.*

29. Esaias propheta non est in libro duodecim prophetarum, qui propterea dicuntur minores, quia sermones eorum sunt breues, in eorum comparatione, qui maiores ideo uocantur, quia prolixa uolumina condiderunt; ex

---

[204] 호세 3,4-5. 〔공동번역: "이스라엘 백성도 그처럼 오랫동안 왕도 대신도 없고 희생제물도 석상도 없으며 에봇도 수호신도 없이 지낼 것이다. 그런 뒤에야 이스라엘 백성은 다시 저희 하느님인 야훼를 찾고, 저희 왕 다윗도 찾아오게 되리라. 먼 훗날 그때가 되면, 이스라엘은 벅찬 마음으로 야훼께 돌아와 온갖 좋은 것을 다 받으리라."〕

[205] 로마 1,3. 〔200주년: "육에 따라서는 다윗 가문에서 태어나셨고 ….〕

[206] 호세 6,2. 〔공동번역: "이틀이 멀다 하고 다시 살려 주시며 사흘이 멀다 하고 다시 일으켜 주시리니 …."〕

[207] 골로 3,1.

[208] 아모 4,12-13. 〔공동번역: "이스라엘아, … 네 하느님과 만날 채비를 하여라. 아, 천둥을 빚어내시고 바람을 불러일으키시며 당신의 뜻을 사람들에게 알리시는 이."〕

[209] 아모 9,11-12. 〔공동번역: "그날이 오면 내가 무너진 다윗의 초막을 일으키리라. 틈이 벌어진 성벽을 수축하고 허물어진 터를 다시 세워 옛 모습을 되찾아 주리라. 에돔에 남은 백성뿐 아니라 내 백성이라는 칭호를 받을 모든 민족 위에 군림하게 하리라. — 이 일을 이루실 야훼의 말씀이시다."〕

말하자면 (사람들이 죽으면서 자식들이 그들의 자리를 이어받는 법이니까) 그들의 자식들에 가서는 믿게 될 것이다: "이스라엘의 아들들도 그처럼 오랫동안 왕도 대신도 없고 희생제물도 제단도 없으며 제관직도 행렬도 없이 지낼 것이다." 유다인들이 지금 바로 이런 처지임을 모르는 사람이 누가 있는가? 그러나 여기에 덧붙여지는 한마디를 들어보자. "그런 뒤에야 이스라엘의 아들들은 돌아올 것이며 저희 주 하느님을 찾고, 저희 왕 다윗도 다시 찾으리라. 마지막 날이 되면 그들은 주님 안에서 놀라며 그분이 베푸는 온갖 좋은 것에 놀라리라."[204] 다윗 왕이라는 명명으로 그리스도를 의미한다고 이해한다면 저 예언보다 더 분명한 것이 없다. 사도의 말대로 "그분은 육으로는 다윗의 후손으로부터 태어났기"[205] 때문이다. 저 예언자는 사흘 만에 그리스도의 부활이 이루어지리라는 것도 예고했는데, 예언자다운 심오한 표현으로 그 사실을 예고해야 하는 만큼 다음과 같이 발언했다: "이틀 후에는 우리를 낫게 하시고 사흗날에는 우리가 다시 일어나리라."[206] 바로 그래서 사도가 우리에게 이런 말을 하는 것이다: "그러므로 여러분이 그리스도와 함께 일으켜졌다면 위에 있는 것을 찾으시오."[207] 아모스 역시 이런 일들을 두고 다음과 같은 예언을 했다: "이스라엘아, 네 하느님을 부를 채비를 하여라. '나는 천둥을 빚어내고 바람을 불러일으키며 사람들에게 그들의 그리스도를 알리는도다.'"[208] 다른 데서는 이렇게 말한다: "그날이 오면 내가 무너진 다윗의 장막을 다시 일으키리라. 그의 무너진 것들을 내가 다시 세우리라. 그의 파괴된 것을 내가 다시 일으켜세우고 세기의 날들처럼 그것들을 재건하리라. 사람들 중 남은 자들이 나를 찾을 것이요 그들 위에 나의 이름이 불리어진 모든 민족들이 나를 찾으리라. 이 일을 이루시는 주님이 말씀하신다."[209]

29. 이사야는 그리스도와 교회에 대해 무엇을 예언했는가
29. 1. 이사야는 그리스도의 수난을 어떻게 예견했는가

이사야 예언자는 열두 예언자들의 서책에는 들어 있지 않다. 이 열두 명을 소예언자들이라고 하는데 그 설교들이 짧기 때문이다. 그들에 비해 대예언자라고 불리는 사람들의 설교는 두툼한 두루마리를 이루는데, 이사야는 대예언자들 속에

quibus est hic Esaias, quem propter eadem prophetiae tempora subiungo supradictis duobus. Esaias ergo inter illa, quae arguit iniqua et iusta praecepit et peccatori populo mala futura praedixit, etiam de Christo et ecclesia, hoc est de rege et ea quam condidit ciuitate, multo plura quam ceteri prophetauit, ita ut a quibusdam euangelista quam propheta potius diceretur. Sed propter rationem operis terminandi unum de multis hoc loco ponam. Ex persona quippe Dei Patris loquens: *Ecce*, inquit, *intelleget puer meus et exaltabitur et glorificabitur ualde. Quem ad modum stupescent super te multi, ita gloria priuabitur ab hominibus species tua, et gloria tua ab hominibus; ita mirabuntur gentes multae super eum et continebunt reges os suum; quoniam quibus non est nuntiatum de illo, uidebunt, et qui non audierunt, intellegent. Domine, quis credidit auditui nostro, et bracchium Domini cui reuelatum est? Adnuntiauimus coram illo, ut infans, ut radix in terra sitienti: non est species illi neque gloria. Et uidimus eum, et non habebat speciem neque decorem; sed species eius sine honore, deficiens prae omnibus hominibus. Homo in plaga positus et sciens ferre infirmitatem; quoniam auersa est facies eius, inhonoratus est nec magni aestimatus est. Hic peccata nostra portat et pro nobis dolet; et nos existimauimus illum esse in dolore et in plaga et in adflictione. Ipse autem uulneratus est propter iniquitates nostras et infirmatus est propter peccata nostra. Eruditio pacis nostrae in eo; liuore eius nos sanati sumus. Omnes ut oues errauimus, homo a uia sua errauit; et Dominus tradidit illum pro peccatis nostris; et ipse, propter quod adflictus est, non aperuit os. Vt ouis ad immolandum ductus est et ut agnus ante eum, qui se tonderet, sine uoce, sic non aperuit os suum. In humilitate iudicium eius sublatum est.*

---

[210] evangelista quam propheta: 이사야에 대한 호감은 모든 교부들의 공통된 태도다. Cf. Hieronymus, *Commentarium in Isaiam*, praefatio; Cyrillus Alexandriae, *In Isaiam oratio* 1.

[211] 이사야 52,13 - 53,12에 이르는, "고난받는 종의 넷째 노래"를 전문 인용한다.

들지만 지금 인용하는 소예언자들과 같은 시대에 예언활동을 했기 때문에 내가 방금 말한 두 예언자에 바로 이어서 인용하는 것이다. 이사야는 악한 행위를 규탄하고 정의로운 일을 훈계하는 가운데 죄 많은 백성에게 닥쳐올 재앙들을 예고했으며, 그리스도와 교회에 대해, 다시 말해 임금과 그분이 세우는 도성에 관해서도 다른 어느 예언자들보다 많은 예언을 했다. 그래서 일부 인사들은 그를 예언자라기보다 복음사가라고 부를 정도이다.[210] 하지만 한도를 지키는 뜻에서 많은 대목 가운데 하나만 이 자리에서 인용하겠다. 하느님 아버지의 이름으로 내리는 말씀이다:[211] "'이제 나의 종은 깨달으리라. 그리고 크게 들어높여지고 영광을 받으리라. 많은 사람들이 너를 보고 기막혀하리라. 너의 용모는 사람들에 의해 너무도 영광을 앗기우고 너의 영광 자체가 송두리째 사람들에 의해 앗기우리라. 많은 민족들이 그를 두고 기이하게 여길 것이요 왕들은 자기 입을 다물리라. 그에 관해 자기들한테 일찍이 알려진 바 없는 광경을 볼 것이고, 일찍이 들어본 적이 없는 것을 헤아리게 될 것이다.' 주님, 누가 우리가 들은 바를 믿어 주리이까? 주님의 팔이 도대체 누구에게 드러났나이까? 우리가 그 앞에서 소식을 전했나이다. 그는 어린아기처럼, 메마른 땅에 내린 뿌리라고나 할까? 그에게는 풍채도, 영광도 없었다. 우리가 그를 보았지만 그는 풍채도, 볼품도 없었다. 그의 풍채는 볼품이 없었고 모든 사람들 앞에 멸시를 당했다. 그는 상처를 입고 있었고 연약함을 겪을 줄 아는 사람이었다. 그의 얼굴은 딴 데로 돌아가 있었고 그는 멸시만 당했으며 크게 존중을 받지 못했다. 그런데 실상 이 사람이 우리 죄를 짊어지고 가며 우리를 대신해서 괴로워하고 있다. 그런데도 우리는 그가 고통과 상처와 환난중에 있다고 여겼던 것이다. 그는 우리의 악행 때문에 상처를 입었고 우리의 죄 때문에 학대를 받았다. 우리 평화에 대한 가르침이 그에게 있다. 그의 타박상으로 우리가 병이 나았다. 우리 모두 양처럼 헤맸으며 사람마다 자기 길에서 벗어나 헤맸다. 그런데도 주님은 우리 죄를 대신해서 그를 넘겨주셨다. 그렇지만 그는 온갖 굴욕을 받으면서도 입을 열지 않았다. 그는 양처럼 희생물로 끌려갔고 털을 깎는 사람 앞에 선 어린 양처럼 입을 열지 않았다. 치욕중에 그에 대한 판결이 내려졌다. 누가 그의 후손을 두고 이야기할 것인가? 그의 목숨이 지상에서

Generationem eius quis enarrabit? Quoniam tolletur de terra uita eius. Ab iniquitatibus populi mei ductus est ad mortem. Et dabo malignos pro sepultura eius et diuites pro morte eius. Quoniam iniquitatem non fecit nec dolum in ore suo; et Dominus uult purgare eum de plaga. Si dederitis pro peccato animam uestram, uidebitis semen longaeuum; et Dominus uult auferre a dolore animam eius, ostendere illi lucem et formare intellectum, iustificare iustum bene seruientem pluribus; et peccata eorum ipse portabit. Propterea ipse hereditabit plures et fortium diuidet spolia, propter quod tradita est ad mortem anima eius, et inter iniquos aestimatus est et ipse peccata multorum portauit, et propter peccata eorum traditus est. Haec de Christo.

Iam uero de ecclesia, quod sequitur, audiamus. *Laetare*, inquit, *sterilis, quae non paris; erumpe et exclama, quae non parturis; quoniam multi filii desertae magis quam eius, quae habet uirum. Dilata locum tabernaculi tui et aulaearum tuarum; fige, noli parcere, prolonga funiculos tuos et palos tuos conforta, adhuc in dextram et sinistram partem extende. Et semen tuum hereditabit gentes, et ciuitates desertas inhabitabis. Ne timeas, quoniam confusa es, neque reuerearis, quia exprobrata es; quoniam confusionem aeternam obliuisceris et opprobrium uiduitatis tuae non eris memor. Quoniam Dominus faciens te, Dominus Sabaoth nomen ei; et qui eruit te, ipse deus Israel uniuersae terrae uocabitur*; et cetera. Verum ista sint satis; et in eis sunt exponenda nonnulla; sed sufficere arbitror quae ita sunt aperta, ut etiam inimici intellegere cogantur inuiti.

30. Michaeas propheta Christum in figura ponens magni cuiusdam

---

[212] 번역이 모호하다. 공동번역: "그는 죄인들과 함께 처형당하고 불의한 자들과 함께 묻혔다."

[213] 이사 52,13 - 53,12. 칠십인역본 인용이므로 마소라본에 의한 공동번역과 상당히 다르다.

[214] 교부는 별도의 주석을 달지 않고 본문만 소개하여 그리스도의 수난사와 그 구속적 의미를 파악하게 유도한다.

[215] 이사 54,1-5. 구원의 보편성을 예언하는 구절로 인용하고서 별도의 주석을 붙이지 않는다.

끊기었기 때문이다. 내 백성의 죄로 말미암아 그는 죽음에 넘겨졌다. 나는 그의 매장을 위해 악당들을 보내고 그의 죽음을 위해 부자들을 보내리라.[212] 그 이유는 그는 악행을 저지르지 않았고 그의 입에는 속임수가 없었기 때문이다. 그래서 주님은 그를 상처에서 정화코자 하신다. 너희가 죄를 위해 너희 목숨을 내놓았다면, 너희는 오래오래 사는 후손을 보리라. 주님은 고통에서 그의 영혼을 끄집어내고자 하시며 그에게 빛을 보게 해 주시며 깨달음을 이루어 주시고 많은 사람들을 잘 섬긴 의인을 의화시켜 주고자 하신다. 그들의 죄를 그가 짊어지고 갈 것이다. 그래서 그는 많은 사람들을 유업으로 상속받을 것이요 세력 있는 자들의 전리품을 나누리라. 그 일 때문에 그의 영혼이 죽음에 넘겨졌고 악한들 가운데 한 사람으로 여겨졌다. 과연 그는 많은 이들의 죄를 짊어지고 갔고 그들의 죄 때문에 넘겨졌던 것이다."[213] 이 모두가 그리스도에 관한 말씀이다.[214]

29. 2. 교회에 관해서는 이사야가 무엇을 예견했는가

그러면 교회에 관해서는 뭐라고 했는지 뒤이어 나오는 대목을 들어보자: "환성을 올려라, 아기를 낳아 보지 못한 여인아! 기뻐 목청껏 소리쳐라, 산고를 겪어 본 적이 없는 여자야! 너 소박맞은 여인의 아들이 유부녀의 아들보다 더 많구나. 네 장막의 터를 넓혀라. 휘장들의 터전을 한껏 펼쳐라. 사정을 보지 말고 너의 밧줄들을 길게 늘이고 네 말뚝들을 단단히 박아라. 아직도 오른편과 왼편으로 펼쳐 나가리라. 네 후손은 뭇 민족을 유산으로 거느리고 무너졌던 도시들을 채우고 살리라. 두려워 말라. 네가 다시 수치를 당하지 않을까, 다시 창피를 당하지 않을까 두려워 말라. 너는 이미 시련을 당했다. 너는 영원한 수치를 잊어버릴 것이요 너의 과부 적의 창피를 결코 기억하지 아니하리라. 왜냐하면 주님이 너를 배필로 삼으시니 그 이름 만군의 주님이시다. 너를 구해내실 분은 이스라엘의 하느님이요 전 세계의 하느님이라 불리신다."[215]

30. 미가와 요나와 요엘이 신약과 부합하여 무엇을 예언했는가

30. 1. 미가는 메시아와 베들레헴에 관해 발언한다

미가 예언자는 그리스도를 거대한 산의 모습으로 형용하면서 다음과 같은 말을

montis haec loquitur: *Erit in nouissimis diebus manifestus mons Domini, paratus super uertices montium et exaltabitur super colles. Et festinabunt ad eum plebes, et ibunt gentes multae et dicent: Venite, ascendamus in montem Domini et in domum Dei Iacob, et ostendet nobis uiam suam, et ibimus in semitis eius; quia ex Sion procedet lex et uerbum Domini ex Hierusalem. Et iudicabit inter plebes multas, et redarguet gentes potentes usque in longinquum.* Praedicens iste propheta et locum in quo natus est Christus: *Et tu,* inquit, *Bethleem, domus Ephrata, minima es, ut sis in milibus Iuda; ex te mihi prodiet, ut sit in principem Israel; et egressus eius ab initio et ex diebus aeternitatis. Propterea dabit eos usque ad tempus parturientis, pariet, et residui fratres eius conuertentur ad filios Israel. Et stabit et uidebit et pascet gregem suum in uirtute Domini, et in honore nominis Domini Dei sui erunt; quoniam nunc magnificabitur usque ad summum terrae.*

Ionas autem propheta non tam sermone Christum, quam sua quadam passione prophetauit, profecto apertius, quam si eius mortem et resurrectionem uoce clamaret. Vt quid enim exceptus est uentre beluino et die tertio redditus, nisi ut significaret Christum de profundo inferni die tertio rediturum?

Ioel omnia, quae prophetat, multis uerbis compellit exponi, ut quae pertinent ad Christum et ecclesiam dilucescant. Vnum tamen, quod etiam apostoli commemorauerunt, quando in congregatos credentes Spiritus sanctus, sicut a Christo promissus fuerat, desuper uenit, non praetermittam. *Et erit,* inquit, *post haec, et effundam de spiritu meo super omnem carnem; et prophetabunt filii uestri et filiae uestrae, et seniores uestri somnia somniabunt, et iuuenes uestri uisa uidebunt; et quidem in seruos et ancillas meas in illis diebus effundam de spiritu meo.*

---

[216] 미가 4,1-3.

[217] 미가 5,1-4.

[218] 요나 2,1-2.11 참조.

[219] 요엘 3,1-2. 사도 2,17-18 참조.

한다: "마지막 날들에는 주님의 산이 도드라져 산들의 꼭대기들 위로 치솟고 언덕들 위로 솟아오르리라. 그러면 민중들이 그 산으로 서둘러 오리라. 수많은 민족들이 그리로 와서 이렇게 말하리라. '오너라! 주님의 산으로 올라가자! 야곱의 하느님 집으로 가자! 거기서 우리에게 당신의 길을 가리켜 주시리라. 그러면 우리는 그분의 샛길로 가자! 율법은 시온에서 나오고 주님의 말씀은 예루살렘에서 온다. 그분은 수많은 민중들 사이에서 판결을 내리시고 막강한 민족들 사이에서 널리까지 재판을 행하시리라.'"[216] 저 예언자는 예언을 하면서 그리스도가 탄생할 장소마저 미리 예고한다: "너 베들레헴, 에브라다의 집안아, 너는 유다의 수천 고을들 가운데 작은 곳이 아니다. 내게는 이스라엘의 지도자가 될 분이 너한테서 나오리라. 그분의 출현은 시초부터, 영원한 날부터 정해져 있느니라. 그러므로 그를 낳을 여자의 때가 와서 그를 낳을 때까지는 그들을 내버려 두시리라. 그런 다음 그분의 남은 형제들이 이스라엘의 아들들로 회심하리라. 그는 굳건히 설 것이요 자기 양떼를 돌보며 주님의 권능으로 그 양떼를 먹이리라. 그들은 자기 주 하느님의 이름에 영광이 되리라. 그다음 그분은 땅 끝까지 위대한 분이 되리라."[217]

30.2. 요나에게서 예표되는 수난과 부활

요나도 그리스도를 예언했는데, 그는 말이 아니라 몸소 겪은 고난으로 했다. 목청으로 한 것보다 더 노골적으로 그분의 죽음과 부활을 선포했다. 그는 고래 뱃속에 사흘간 삼켜져 있다가 사흘 만에 나왔는데, 이것은 그리스도가 사흘 만에 저승의 심연으로부터 돌아온다는 것이 아니고 무엇을 상징하겠는가?[218]

30.3. 요엘은 성령의 발로에 관해 무엇을 이야기하는가

요엘이 예언한 모든 얘기는 많은 말로 해설을 달아야 그리스도와 교회에 해당하는 내용이라는 것이 밝혀진다. 사도들도 인용한 한 구절, 곧 그리스도가 약속한 대로 한데 모인 신도들 위로 성령이 강림하는 구절은 빠뜨리고 싶지 않다: "그런 다음에 나는 내 영에서 모든 생명 위에 부어 주리라. 그러면 너희의 아들들과 너희의 딸들은 예언을 하리라. 너희의 늙은이들은 꿈을 꾸고, 너희의 젊은이들은 환상을 보리라. 그 날, 나는 내 남녀 종들에게도 나의 영에서 부어 주리라."[219]

31. Tres prophetae de minoribus, Abdias, Naum, Ambacum, nec tempora sua dicunt ipsi, nec in chronicis Eusebii et Hieronymi, quando prophetauerint, inuenitur. Abdias enim positus est quidem ab eis cum Michaea, sed non eo loco, ubi notantur tempora, quando Michaeam prophetasse ex eius litteris constat; quod errore neglegenter describentium labores alienos existimo contigisse; duos uero alios commemoratos in codicibus chronicorum, quos habuimus, non potuimus inuenire. Tamen quia canone continentur, nec ipsi oportet praetereantur a nobis. Abdias, quantum ad scripturam eius adtinet, omnium breuissimus prophetarum, aduersus Idumaeam loquitur, gentem scilicet Esau, ex duobus geminis filiis Isaac, nepotibus Abrahae, maioris illius reprobati. Porro si Idumaeam modo locutionis, quo intellegitur a parte totum, accipiamus positam esse pro gentibus: possumus de Christo agnoscere, quod ait inter cetera: *In monte autem Sion erit salius et erit sanctum*; et paulo post in fine ipsius prophetiae: *Et ascendent*, inquit, *resaluati ex monte Sion, ut defendant montem Esau, et erit Domino regnum.* Apparet quippe id esse completum, cum resaluati ex monte Sion, id est ex Iudaea credentes in Christum, qui praecipue agnoscuntur apostoli, ascenderunt, ut defenderent montem Esau. Quo modo defenderent, nisi per euangelii praedicationem saluos faciendo eos qui crediderunt, ut eruerentur de potestate tenebrarum et transferrentur in regnum Dei? Quod consequenter expressit addendo: *Et erit domino regnum.* Mons enim Sion Iudaeam significat, ubi futura praedicta est salus et sanctum, quod est Christus Iesus. Mons uero Esau Idumaea est, per quam significata est ecclesia gentium, quam defenderunt, sicut exposui, resaluati ex monte Sion, ut esset Domino regnum. Hoc

---

[220] 에우세비우스는 세 사람을 아예 언급하지 않았고, 히에로니무스는 오바디야가 활약한 것은 사마리아 임금 아캅과 이즈벨 여왕 때라고 한다(cf. Hieronymus, *Commentarium in Abdiam*). 나훔서는 612~609년경, 하바꾹서는 605~600년 사이의 작품으로 추정된다.

[221] "처마"라면서 "집"을 가리키는 제유법(提喩法: synecdoche)이다.

[222] 오바 17절. 〔공동번역: "시온 산에는 난을 피한 자가 남아, 시온은 다시 거룩한 곳이 되리라."〕 오바디야서 분량은 21절에 불과하다.

[223] 오바 21절.

[224] resalvati ex monte Sion: 사도들과 유다 출신 신도들을 가리킨다.

31. 오바디야, 나훔, 하바꾹이 그리스도의 세상 구원에 대해 무엇을 예언했는가

31. 1. 오바디야는 유다에서의 교회에 관해 무슨 말을 했는가

소예언자들 가운데 세 사람, 오바디야, 나훔, 하바꾹은 자기네가 활동한 시대를 언급하지 않았고, 에우세비우스와 히에로니무스의 「연대기」에서도 그들이 언제 예언활동을 했는지 발견되지 않는다. 그들은 오바디야를 미가와 같은 시대로 놓기도 하지만, 미가가 언제 예언활동을 했는지에 대해서는 미가 본인의 책에서도 밝혀지지 않는다. 내 생각에 이것은 아마도 다른 사람들의 작품을 복사한 사람들의 태만으로 생긴 일인 듯하다. 우리가 가진 「연대기」 사본에도 다른 두 인물은 언급되어 있지 않다.[220] 하지만 정전목록에 올라 있는 예언서들이므로 우리는 그들을 묵살하고 넘어갈 수 없다. 오바디야는 그의 기록으로만 말하자면 모든 예언자들의 글 가운데 가장 짧다. 에사오의 종족인 이두매아인들을 거느리고 발언을 하고 있다. 에사오는 이사악의 쌍둥이 아들이자 아브라함의 손자 가운데 하나였고, 쌍둥이 중에서 형이면서도 배척을 당했다. 앞서 이 두매아를 언급했지만, 부분으로 전체를 가리키는 어법으로 이것을 이해한다면 이방민족들을 가리키는 것으로 볼 수 있다.[221] "시온 산에는 구원이 있고 거룩한 곳이 되리라."[222] 같은 예언의 마지막 부분에는 "시온 산으로부터 다시 구원된 사람들이 올라가리라. 그들이 에사오의 산을 지키리니, 이곳은 주님께 왕국이 되리라".[223] 시온 산에서 다시 구원된 사람들, 곧 유다 출신으로 그리스도를 믿게 된 사람들(그가운데 대표적인 사람들이 사도들이다)이 올라가서 에사오의 산을 방어한다고 함으로써 예언이 성취된 것이 분명해졌다. 복음의 설교를 통해 믿음을 갖게 된 사람들이 어둠의 권세에서 풀려나 하느님의 나라로 옮겨감으로써 그들이 구원되지 않았으면 어떻게 그 산을 방어했겠는가? 이 말은 뒤이어 "이곳은 주님께 왕국이 되리라"는 말씀이 첨가됨으로써 더욱 선명하게 드러났다. 시온 산은 유다를 상징하고 그곳에서 그리스도 예수라는 인물, 곧 구원과 거룩함이 선포될 예정이었다. 그 대신 에사오의 산은 이두매아이며, 그것은 이방인들의 교회를 상징한다. 내가 해설한 대로, 시온 산에서 구원받은 사람들이[224] 이방인들의 교회를 지켜줌으로써 그 교회가 주님께 바쳐진 왕국이 되게

obscurum erat, antequam fieret; sed factum quis non fidelis agnoscat?

Naum uero propheta, immo per illum Deus: *Exterminabo*, inquit, *sculptilia et conflatilia, ponam sepulturam tuam; quia ueloces ecce super montes pedes euangelizantis et adnuntiantis pacem. Celebra, Iuda, dies festos tuos, redde uota tua; quia iam non adicient ultra, ut transeant in uetustatem. Consummatum est, consumptum est, ablatum est. Ascendit, qui insufflat in faciem tuam, eripiens te ex tribulatione.* Quis ascenderit ab inferis et insufflauerit in faciem Iudae, hoc est Iudaeorum discipulorum, Spiritum sanctum, recolat qui meminit euangelium. Ad nouum enim testamentum pertinent, quorum dies festi ita spiritaliter innouantur, ut in uetustatem transire non possint. Porro per euangelium exterminata sculptilia et conflatilia, id est idola deorum falsorum, et obliuioni tamquam sepulturae tradita iam uidemus et hanc etiam in hac re prophetiam completam esse cognoscimus.

Ambacum de quo alio quam de Christi aduentu, qui futurus fuerat, intellegitur dicere: *Et respondit Dominus ad me et dixit: Scribe uisum aperte in buxo, ut adsequatur qui legit ea; quia adhuc uisio ad tempus, et orietur in fine et non in uacuum; si tardauerit, sustine eum, quia ueniens ueniet et non morabitur?*

32. In oratione autem sua cum cantico cui nisi Domino Christo dicit: *Domine, audiui auditionem tuam, et timui; Domine, consideraui opera*

---

²²⁵ 나훔 1,14-21.

²²⁶ 하바 2,2-3. 〔공동번역: "네가 받은 말을 누구나 알아 보도록 판에 새겨 두어라. 네가 본 일은 때가 되면 이루어진다. 끝날은 반드시 찾아온다. 쉬 오지 않더라도 기다려라. 기어이 오고야 만다."〕

²²⁷ 여기서 교부는 하바 3장을 한 구절씩 주석한다. 인용문은 칠십인역의 라틴어 번역본(Vetus latina)에서 따오므로 마소라본에 따른 공동번역과 사뭇 다르다.

²²⁸ 하바 3,1: "예언자 하바꾹의 기도. 만가조(輓歌調)로 읊을 것"이라는 제목이 붙어 있다.

했다. 그 일이 성취되기 전에는 이 모든 얘기들이 애매하기만 했지만 이미 성취된 이상, 어느 신자가 이런 사실을 몰라보겠는가?

31. 2. 우상숭배를 규탄하는 나훔

예언자 나훔이, 더 정확하게 말해서 하느님이 나훔을 통해 이렇게 말씀한다: "새겨 만든 것, 부어 만든 것들을 내가 없애 버리리라. 그것으로 너의 무덤을 만들리라. 복음을 전하고 평화를 알리는 자의 발길이 재빠르게 산을 넘어오는 까닭이다. 유다야, 너의 축제일을 경축하여라. 너의 서원을 채워드려라. 이제는 묵은 날로 돌아가는 일이 다시는 생기지 않으리라. 다 없어졌다. 다 없어졌다. 모조리 치워졌다. 너의 얼굴에 숨을 불어넣을 이가 올라가신다. 너를 환난에서 빼내신다."[225] 저승에서 올라와서 유다의 얼굴에, 말하자면 유다인 제자들의 얼굴에 숨결을 불어넣을 이, 즉 성령을 불어넣을 이가 누구인가? 복음서를 기억하는 사람은 짐작해 보시라. 그들은 신약에 속하는 인물들이며 그들의 축제일은 영적으로 쇄신되므로 묵은 날로 돌아가는 일이 불가능하다. 그리하여 새겨 만든 것, 부어 만든 것들, 즉 가짜 신들의 우상들은 복음으로 없애 버렸고 그것들이 무덤처럼 망각 속으로 사라졌음을 우리가 목격하는 중이다. 이 점에서도 이 예언이 성취되었음을 우리는 깨닫는다.

31. 3. 하바꾹은 주님의 내림을 기다리라고 한다

하바꾹은 다른 무엇보다도 장차 오기로 되어 있는 그리스도의 내림에 대해 말하는 것으로 이해할 만한 구절을 남겼다: "그러자 주님께서 내게 대답하시고 말씀하셨다. 네가 본 일을 공공연히 회양목 판자에 새겨 두어라. 그것을 읽는 사람이 따라가도록 새겨 두어라. 아직은 그것이 환시이지만 끝에 가면 그 일이 일어나며 허사로 돌아가지 않으리라. 그가 만일 늦거든 그를 참고 기다려라. 그는 기어이 오고야 말며 지체하지 않으리라."[226]

32. 하바꾹의 기도와 노래에 담긴 예언[227]

만가로 되어 있는 기도문[228]에서 그는 주 그리스도께 말씀드린다: "주님, 내가 당신의 소문을 듣고서 두려워했나이다. 주님, 당신의 하신 일을 살피고 놀

tua, et expaui? Quid enim hoc est nisi praecognitae nouae ac repentinae salutis hominum ineffabilis admiratio? *In medio duorum animalium cognosceris* quid est nisi aut in medio duorum testamentorum, aut in medio duorum latronum, aut in medio Moysi et Heliae cum illo in monte sermocinantium? *Dum adpropinquant anni, nosceris; in aduentu temporis ostenderis*, nec exponendum est. *In eo cum turbata fuerit anima mea, in ira misericordiae memor eris* quid est nisi quod Iudaeos in se transfigurauit, quorum gentis fuit, qui cum magna ira turbati crucifigerent Christum, ille misericordiae memor dixit: *Pater ignosce illis, quia nesciunt quod faciunt? Deus de Theman ueniet et sanctus de monte umbroso et condenso.* Quod hic dictum est: *De Theman ueniet*, alii interpretati sunt «ab Austro» uel «Africo»; per quod significatur meridies, id est feruor caritatis et splendor ueritatis. Montem uero umbrosum atque condensum, quamuis multis modis possit intellegi, libentius acceperim scripturarum altitudinem diuinarum, quibus prophetatus est Christus. Multa ibi quippe umbrosa atque condensa sunt, quae mentem quaerentis exerceant. Inde autem uenit, cum ibi eum, qui intellegit, inuenit. *Operuit caelos uirtus eius, et laudis eius plena est terra* quid est nisi quod etiam in Psalmo dicitur: *Exaltare super caelos, Deus, et super omnem terram gloria tua? Splendor eius ut lumen erit* quid est nisi «fama eius credentes inluminabit»? *Cornua in manibus eius sunt* quid est nisi tropaeum crucis? *Et posuit caritatem firmam fortitudinis suae* nec exponendum est. *Ante faciem eius ibit uerbum, et prodiet in campum post pedes eius* quid est nisi quod et antequam huc ueniret praenuntiatus est, et postea quam hinc reuersus est, ad-

---

[229] 하바 3,2. 〔공동번역: "아무리 노여우셔도, 잊지 마시고 자비를 베풀어 주십시오."〕

[230] 루가 23,34.

[231] "데만"이 고대세계의 "남풍"(Auster, Africum)을 가리킨다고 해석했다.

[232] 시편 56[57],6.

[233] 하바 3,3. 〔공동번역: "하느님께서 데만에서 오신다. 거룩하신 이가 바란 산에서 오신다. 하늘엔 당신의 빛이 찬란하게 퍼지고 땅엔 당신의 광채가 차고 넘치니."〕

[234] 하바 3,4. 〔공동번역: "그 밝음은 대낮 같구나. 힘있는 당신의 손, 두 줄기 빛이 그 손에서 뻗어 나네."〕

[235] 하바 3,5. 〔공동번역: "역신이 앞장서고 열병이 뒤따르는구나."〕

랐나이다." 이 구절이야말로 새로운 소식, 인간들의 구원에 대한 돌연한 소식을 들은 후 느꼈을 형언할 수 없는 경탄이 아니고 무엇이겠는가? "두 짐승들 사이에서 당신이 알려지시리이다"라는 구절은 두 계약 사이나 두 강도 사이, 또는 산에서 그분과 함께 대화를 나누던 모세와 엘리야 사이를 가리키는 것이 아니고 무엇이겠는가? "세월이 다가오면 알려지시리이다. 때가 닥치면 드러나시리이다"라는 구절은 설명할 필요도 없겠다. "나의 영혼이 혼접할 적에, 분노 중에서도 당신은 자비를 기억하시리이다."[229] 예언자는 본인이 유다인들의 민족에 속했으므로 자기 일신으로 유다인들을 상징하며 이 발언을 하고 있는 것이 아니겠는가? 유다인들이 크나큰 분노에 사로잡혀 그리스도를 십자가에 매달았을 적에 그분은 자비를 기억하고 이렇게 말씀했다: "아버지, 저 사람들을 용서하소서. 저들은 스스로 무슨 짓을 하고 있는지 모릅니다."[230] "하느님께서 데만에서 오신다. 거룩하신 이가 그늘지고 빽빽한 산에서 오신다." 이 말씀 가운데 "하느님께서 데만에서 오신다"라는 글귀를 어떤 사람들은 "남쪽에서" 혹은 "남동쪽에서"[231]라고 번역했는데, 남쪽은 애덕의 열기와 진리의 광채를 상징한다. "그늘지고 빽빽한 산"은 여러 가지로 이해가 가능하지만, 나는 그리스도를 예언한 신성한 성서의 지고함을 뜻하는 것으로 자연스럽게 받아들이고 싶다. 거기에는 많은 내용이 그늘에 가려져 있고 빽빽하게 축약되어 있어서 탐구하는 사람들의 지성을 단련시킨다. 그다음 그 뜻을 알아듣는 사람이 나타날 때 드디어 그분이 온다: "그분의 능력이 하늘을 열었고 그분에 대한 찬미로 땅이 가득하도다." 시편에도 나오듯이 "하느님, 하늘 높이 일어나소서. 당신의 영광 온 땅 위에 떨치소서"[232]라는 말이 아니고 무엇이겠는가?[233] 그리고 "그분의 광휘는 빛과 같으리라"고 하는데, 그분의 명성이 믿는 사람들을 비추어 주리라는 말이 아니고 무엇이겠는가? "그분의 손에는 뿔이 잡혀 있다"라는 구절은 십자가의 전리품을 의미하는 것이 아니고 무엇이겠는가? "그분은 당신 용맹의 굳센 토대를 사랑에다 놓으셨나이다"[234]라는 구절은 굳이 해설이 필요 없다. "말씀이 당신 앞에 나아가고 그분의 발걸음에 뒤따라 들판으로 퍼져가리라"[235]라는 말은, 오기 전에는 그분이 오리라고 예고되었고 다음에는 그분이 돌아갔다는 말이 선포

nuntiatus est? *Stetit, et terra commota est* quid est nisi «stetit ad subueniendum, et terra commota est ad credendum»? *Respexit, et tabuerunt gentes*, hoc est «misertus est et fecit populos paenitentes». *Contriti sunt montes uiolentia*, hoc est «uim facientibus miraculis elatorum est contrita superbia». *Defluxerunt colles aeternales*, hoc est «humiliati sunt ad tempus, ut erigerentur in aeternum». *Ingressus aeternos eius pro laboribus uidi*, hoc est «non sine mercede aeternitatis laborem caritatis aspexi». *Tabernacula Aethiopum expauescent et tabernacula terrae Madiam*, hoc est «gentes repente perterritae nuntio mirabilium tuorum etiam quae non sunt in iure Romano erunt in populo Christiano». *Numquid in fluminibus iratus es, Domine, aut in fluminibus furor tuus aut in mari impetus tuus?* hoc ideo dictum est, quia non uenit nunc ut iudicet mundum, sed ut saluetur mundus per ipsum. *Quia ascendes super equos tuos, et equitatio tua salus*, hoc est «euangelistae tui portabunt te, qui reguntur a te, et euangelium tuum salus erit eis, qui credunt in te». *Intendens intendes arcum tuum super sceptra, dicit Dominus*, hoc est «comminaberis iudicium tuum etiam regibus terrae» *Fluminibus scindetur terra*, hoc est «influentibus sermonibus praedicantium te aperientur ad confitendum hominum corda, quibus est dictum: *Scindite corda uestra et non uestimenta*». Quid est: *Videbunt te et dolebunt populi*, nisi ut lugendo sint beati? Quid est: *Dispergens aquas incessu*, an «ambulando in eis, qui te usque quaque adnuntiant, hac atque hac dispergis fluenta doctrinae»? Quid est: *Dedit abyssus uocem suam*, an «profunditas cordis humani quid ei uideretur expressit»?

---

[236] terra commota est: "땅은 감동했다"는 번역이 가능하다.

[237] 하바 3,6. 공동번역("발길을 멈추시면 땅이 흔들리고 노려보시면 민족들이 떠네. 한 옛날 산들이 갈라지고 태곳적 언덕들이 주저앉아 아득한 행차 길이 열렸구나")과 비교하면 Vetus latina와의 차이를 엿볼 수 있다.

[238] 하바 3,7. [공동번역: "떨며 흩날리는 구산의 천막들과 펄럭이는 미디안의 장막 휘장들이 이 어려움 가운데서 보이네."]

[239] 에제 10,1-17에서 야훼의 영광을 모셔가는 상징적 동물들이 네 복음사가의 상징물로 사용되었으므로(묵시 4,6-10) "당신의 승마가 곧 구원입니다"는 비약까지 가능하다.

[240] 하바 3,8 참조: "야훼여, 어찌하여 우리 물귀신에게 화를 내십니까? 우리 바다 귀신들에게 분풀이를 하십니까? 어인 일로 병거를 타고 말을 몰아 우리를 쳐부수시러 오십니까?"

[241] 요엘 2,13.

[242] 하바 3,9 참조: "어인 일로 활을 꺼내어 살을 메우시고 힘껏 잡아당기십니까? 노여움으로 땅을 가르시니."

[243] 마태 5,4 참조: "복되도다, 슬퍼하는 사람들! 위로를 받으리니."

되었다는 뜻이 아니고 무엇이겠는가? "멈추어 서시면 땅이 움직였나이다"²³⁶라는 구절은 사람들을 돕기 위해 "멈추어 섰고" 땅은 그분을 믿으려고 "움직였다"는 뜻이다. "그분이 돌아보시면 민족들이 몸부림쳤나이다"는 그분이 불쌍히 여기어 민족들을 뉘우치게 만들었다는 말이다. "산들이 폭력으로 부르르 떨었나이다"는 뭇 기적을 행하는 가운데 드러나는 그분의 힘을 가리키면서 허풍스런 자들의 오만함이 으스러지고 말았다는 뜻이다. "영원한 언덕들이 주저앉았나이다"라는 구절은 영원히 솟아오르기 위해 일시적으로 겸허해졌다는 것이다. "나는 수고에 상응하는 그분의 영원한 입성入城들을 보았나이다." 이것은 다시 말해 영원한 상급이 없는 사랑의 수고를 본 적이 없다는 뜻이다.²³⁷ "에티오피아인들의 장막이 흔들리고 미디안 땅의 장막들이 펄럭입니다"²³⁸는 최근에 당신의 기이한 업적들이 알려지면서 놀라 겁먹은 민족들이 비록 로마 통치권에 속해 있지 않더라도 그리스도교 백성에 들어와 있으리라는 사실을 달리 말한 것뿐이다. "주님, 혹시 강물들에다 화를 내시는 것입니까? 당신의 대노가 강물들에, 당신의 분풀이가 바다에 있는 것입니까?" 이것은 지금은 세상을 심판하러 오지 않고 세상이 그분의 힘을 입어 구원받기 위한다는 뜻에서 한 말이다. "당신은 당신의 말들을 타시고 당신의 승마가 곧 구원입니다"라는 글귀는 당신의 다스림을 받는 복음사가들이 당신을 모셔갈 것이며,²³⁹ 당신의 복음이야말로 당신을 믿는 사람들에게 구원이라는 말과 같다.²⁴⁰ "힘껏 당겨 당신의 활을 왕홀王笏들 위로 당기시리이다. 주님의 말씀이다"라는 구절은 지상의 임금들에게도 당신의 심판은 위협이 되리라는 뜻이다. "땅은 강들로 갈라지고"라는 것은 당신에 대해 설교하는 사람들의 막강한 언변으로 사람들의 마음이 열려 신앙을 고백할 것이라는 뜻이며, 그런 사람들을 가리켜 "너희 옷을 찢지 말고 마음을 찢어라"²⁴¹는 말씀이 나왔다.²⁴² "당신을 보고 백성들이 통탄합니다"라는 말은 무엇인가? 우는 사람은 행복하다는 말이 아니고 무엇이겠는가?²⁴³ "당신은 걸어가시는 길에 물을 뿌리시나이다"라는 말은 무엇인가? 어디서든지 당신을 알리는 사람들 사이를 걸어다니면서 여기저기 가르침의 물줄기를 뿌려주신다는 뜻이다. "심연에 당신의 음성을 들려주셨다"라는 말은 무엇인가? 인간 심경의 저 깊은

Altitudo phantasiae suae tamquam uersus superioris est expositio; altitudo enim est abyssus. Quod autem ait: *Phantasiae suae*, subaudiendum est «uocem dedit»; hoc est, quod diximus, «quid ei uideretur expressit». Phantasia quippe uisio est, quam non tenuit, non operuit, sed confitendo eructauit. *Eleuatus est sol, et luna stetit in ordine suo*, hoc est «adscendit Christus in caelum, et ordinata est ecclesia sub rege suo». *In lucem iacula tua ibunt*, hoc est «non in occultum, sed in manifestum tua uerba mittentur». *In splendorem coruscationis armorum tuorum*, subaudiendum est «iacula tua ibunt». Dixerat enim suis: *Quae dico uobis in tenebris, dicite in lumine. In comminatione minorabis terram*, id est «comminando humiliabis homines». *Et in furore deicies gentes*, quia eos, qui se exaltant, uindicando conlides. *Existi in salutem populi tui, ut saluos facias Christos tuos; misisti in capita iniquorum mortem*, nihil horum est exponendum. *Excitasti uincula usque ad collum*, et bona hic possunt intellegi uincula sapientiae, ut iniciantur pedes in compedes eius et collum in torquem eius. *Praecidisti in stupore mentis*, subaudimus «uincula», excitauit enim bona, praecidit mala, de quibus ei dicitur: *Disrupisti uincula mea*, et hoc *in stupore mentis*, id est mirabiliter. *Capita potentium mouebuntur in ea*, in ea scilicet admiratione. *Adaperient morsus suos, sicut edens pauper absconse*. Potentes enim quidam Iudaeorum ueniebant ad Dominum facta eius et uerba mirati, et esurientes panem doctrinae manducabant absconse

---

[244] 하바 3,10. 〔공동번역: "멧부리들은 당신을 보고 부르르 떱니다. 먹구름은 물을 퍼부으며 깊은 바다는 손을 높이 들고 아우성칩니다."〕

[245] altitudo est abyssus: 라틴어에서 altum, altitudo는 "높이"와 "깊이"를 동시에 의미한다.

[246] 마태 10,27.

[247] 하바 3,11 참조: "번쩍이며 화살을 쏘시고 시퍼런 창을 내던지시면, 해는 뜨지도 못하고 달은 반공에 멎습니다."

[248] 하바 3,12. 〔공동번역: "주께서는 크게 노하시어 땅을 주름잡으시며 분노로써 뭇 민족을 밟으십니다."〕

[249] 지혜 6,24 참조: "네 발에 지혜의 족쇄를 채우고 네 목에 지혜의 칼을 써라."

[250] 시편 115,7[116,16].

[251] 하바 3,13. 〔공동번역: "주께서는 주의 백성을, 친히 기름부으신 자를 구하러 거동하셨습니다. 악인의 소굴을 짓부수시고 그 기초를 송두리째 뽑아 버리셨습니다."〕

바닥이 자기에게 느껴지는 대로 표현되었다는 뜻이 아니겠는가?²⁴⁴ "자기 환상의 높이"는 위의 구절과 같은 설명인데, 높이는 곧 심연이라는 뜻이다.²⁴⁵ "자기 환상의"라는 문구는 "음성을 들려주었다"는 문구가 함축된 것으로, 내가 말한 것처럼 자기에게 느껴지는 대로 표현했다는 뜻이다. 환상이라는 것은 예언자가 본 묵시인데, 예언자는 그것을 혼자 간직하거나 감추지 않았고 당당히 고백하고 토로했다. "태양은 높이 떠올랐고 달은 제 궤도에 멈추어 섰다"고, 다시 말해 그리스도가 하늘로 올라갔고 교회는 자기 임금 밑에 서열을 정하고 섰다고 토로한 것이다. "당신의 화살들은 빛 속으로 나아갈 것이며", 즉 당신의 말씀은 비밀리에 퍼지는 것이 아니고 드러나게 알려진다는 것이다. "당신 병기들의 번뜩이는 광채로"라는 문구에는 "당신의 화살들이 나아가리이다"라는 문구가 함축되어 있다. 그분이 일찍이 당신 제자들에게 "내가 어두운 데서 그대들에게 말하는 것을 그대들은 밝은 데서 말하시오"²⁴⁶라고 한 말씀 그대로다.²⁴⁷ "위협으로 당신은 땅을 조그맣게 만드시고"는 당신이 위협을 가하여 인간들을 겸손하게 만들리라는 뜻이다. "또한 대노하여 민족들을 내동댕이치시리이다"는 스스로 치켜세우는 자들을 거꾸러뜨려 복수한다는 뜻에서 나오는 말이다.²⁴⁸ "당신은 당신 백성을 구원하러 나오셨고 당신이 기름부으신 이들을 구원하시나이다. 악인들의 머리에는 죽음을 보내셨나이다." 이 구절에는 아무것도 설명할 게 없다. "당신은 그들의 목에까지 사슬을 채우셨나이다." 즉, 지혜의 좋은 사슬로 발에는 그분의 족쇄를 채우고 목에는 그분의 칼을 씌우는 것이다.²⁴⁹ "당신은 부수시어 지성을 놀라게 하셨나이다"라는 구절에는 "사슬"이라는 낱말이 함축되어 있는데, 좋은 사슬은 채우고 나쁜 사슬은 부순다는 것이다. "당신께서 저의 사슬을 풀어주셨나이다"²⁵⁰라는 구절도 이런 사슬에 대해 그분께 드리는 말씀이다. 이런 일은 "지성을 놀라게", 즉 놀랍게 이루어지는 법이다.²⁵¹ "세도있는 자들의 머리가 그 일로 기우뚱하고"라는 구절은 저 놀라운 일로 그리 된다는 말이다. "가난한 사람이 무엇을 몰래 먹을 때 하듯이 그들은 무엇을 물겠다는 듯이 입을 쩌억 벌리리이다." 이 구절은 유다인들 가운데서도 세도있는 사람들 몇몇이 주님께 왔으며 그분의 행적과 말씀에 놀랐고, 배가 고파 가르침의

propter metum Iudaeorum, sicut eos prodidit euangelium. *Et inmisisti in mare equos tuos turbantes aquas multas*, quae nihil sunt aliud quam populi multi; non enim alii timore conuerterentur, alii furore persequerentur, nisi omnes turbarentur. *Obseruaui, et expauit uenter meus a uoce orationis labiorum meorum; et introiit tremor in ossa mea, et subtus me turbata est habitudo mea.* Intendit in ea, quae dicebat, et ipsa sua est oratione perterritus, quam prophetice fundebat et in qua futura cernebat; turbatis enim populis multis uidit inminentes ecclesiae tribulationes; continuoque se membrum eius agnouit atque ait: *Requiescam in die tribulationis*, tamquam ad eos pertinens, qui sunt spe gaudentes, in tribulatione patientes. *Vt ascendam*, inquit, *in populum peregrinationis meae*, recedens utique a populo maligno carnalis cognationis suae, non peregrinante in hac terra nec supernam patriam requirente. *Quoniam ficus*, inquit, *non adferet fructus, et non erunt natiuitates in uineis; mentietur opus oliuae, et campi non facient escam. Defecerunt ab esca oues, et non supersunt in praesepibus boues.* Vidit eam gentem, quae Christum fuerat occisura, ubertatem copiarum spiritalium perdituram, quas per terrenam fecunditatem more prophetico figurauit. Et quia iram Dei talem propterea passa est illa gens, quia ignorans Dei iustitiam suam uoluit constituere, iste continuo: *Ego autem*, inquit, *in Domino exultabo, gaudebo in Deo salutari meo. Dominus Deus meus uirtus mea, statuet pedes meos in consummationem; super excelsa inponet me, ut uincam in cantico eius*, illo scilicet cantico, de quo similia quaedam dicuntur in Psalmo: *Statuit super petram pedes meos et direxit gressus meos, et inmisit in os meum canticum nouum, hymnum*

---

[252] 하바 3,14. 〔공동번역: "그의 전사들의 우두머리를 몽치로 치시자 졸개들은 겨불처럼 흩어집니다. 눈에 쌍심지를 켜고 가련한 사람들을 널름널름 집어삼키다가 날려 갑니다."〕 요한 3,2; 19,39 참조.

[253] 하바 3,15. 〔공동번역: "주께서 말을 타고 바다 위를 달리시니 바다 큰 물결이 들끓습니다."〕

[254] 로마 12,12 참조: "희망 속에 기뻐하고 환난중에 인내하며 항상 기도하시오."

[255] 하바 3,16. 〔공동번역: "그 소리를 듣고 나의 뱃속이 뒤틀립니다. 입술이 떨리고 뼛속이 녹아내리며 아랫도리가 후들거립니다. 우리를 덮쳐 오던 백성에게 재앙이 떨어지는 날만 나는 기다리고 있습니다."〕

[256] 하바 3,17. 〔공동번역: "비록 무화과는 아니 열리고 포도는 달리지 않고 올리브 농사는 망하고 밭곡식은 나지 않아도, 비록 우리에 있던 양떼는 간 데 없고 목장에는 소떼가 보이지 않아도 …."〕

[257] 로마 10,3 참조: "그들은 하느님의 의로움을 모르고 자신의 의로움을 세우려고만 했지 하느님의 의로움에 복종하지 않았기 때문입니다."

빵을 먹었지만 다른 유다인들이 무서워 숨어서 몰래 했다는 것이다. 복음이 그들을 지목하여 말하는 그대로다.[252] "당신은 바다에 당신의 말들을 몰아넣어 많은 물을 들끓게 하셨나이다." 많은 백성이라는 뜻 외에 다른 것이 아니니, 모두가 들끓지 않았더라면 어떤 백성들은 두려움에 차서 회심하고 어떤 백성들은 오히려 분개하여 그리스도 신자들을 박해하는 일이 없었을 것이다.[253] "나는 지켜보았나이다. 내 입술에서 나오는 말소리에 나의 내장이 떨렸으며 두려움이 나의 뼛속으로 스며들어 갔고 나의 행동관습이 내 밑바닥에서부터 흔들렸나이다." 본인이 하던 말에, 즉 자신의 말에 잔뜩 겁을 집어먹었다는 뜻인데, 이 일이 장차 일어날 것임을 깨달은 까닭에 예언으로 발설하는 말이다. 또 수많은 백성들이 들끓고 일어서는 가운데 그는 교회의 엄청난 환난들을 목격했다. 그러고는 즉각 자기도 교회의 지체임을 깨닫고 "환난의 날에 나는 편히 쉬리이다"라고 말씀드린다. 희망 속에 기뻐하고 환난중에 인내하는 사람들 무리에 속한 사람처럼.[254] "나의 순례하는 백성 가운데로 나는 올라가리이다." 자신과 육적 친척관계를 이루는 사악한 백성으로부터 떨어져 나오겠다는 말이다. 그 백성은 이 세상을 순례하는 것도 아니고, 천상 조국을 찾는 겨레도 아니기 때문이다.[255] "무릇 무화과는 열매를 내지 못하고 포도원들에는 소출이 없으리이다. 올리브나무의 수고는 허사로 그치고 전답은 먹을 것을 내놓지 않으리이다. 양들은 먹이가 부족하고 소들은 구유가 넘치지 않으리이다."[256] 그는 그리스도를 죽일 민족이 풍성한 영적 소출을 상실하리라고 내다보았으므로, 예언하는 방식에 따라 그것을 지상의 풍부한 소출로 형상화한 것이다. 또 저 민족은 이 일로 인해 하느님의 분노를 겪었는데, 하느님의 정의를 무시하고 자신의 정의를 내세우려고 했던 것이다.[257] 그는 곧이어 이렇게 말한다: "나는 주님 안에서 환성을 올리렵니다. 나의 구원이신 하느님 안에서 기뻐 뜁니다. 주 나의 하느님께서 나의 힘이 되어 주시고 나의 발길을 최고조로 만들어 주실 것이며 드높은 곳에 나를 자리잡게 하시어 당신의 노래를 부르며 승리하게 하시리라." 이 노래로 말하자면 시편에서도 비슷한 내용을 이야기한다: "반석 위에 내 발을 세우시고 내 발걸음을 든든하게 하셨도다. 내 입에 새로운 노래를, 우리 하느님

Deo nostro. Ipse ergo uincit in cantico Domini, qui placet in eius laude, non sua, ut, *qui gloriatur, in Domino glorietur*. Melius autem mihi uidentur quidam codices habere: *Gaudebo in Deo Iesu meo*, quam hi, qui uolentes id Latine ponere, nomen ipsum non posuerunt, quod est nobis amicius et dulcius nominare.

33. Hieremias propheta de maioribus est, sicut Esaias, non de minoribus, sicut ceteri, de quorum scriptis nonnulla iam posui. Prophetauit autem regnante Iosia in Hierusalem et apud Romanos Anco Marcio, iam propinquante captiuitate Iudaeorum. Tetendit autem prophetiam usque ad quintum mensem captiuitatis, sicut in eius litteris inuenimus. Sophonias autem unus de minoribus adiungitur ei. Nam et ipse in diebus Iosiae prophetasse se dicit; sed quousque, non dicit. Prophetauit ergo Hieremias non solum Anci Marcii, uerum etiam Tarquinii Prisci temporibus, quem Romani habuerunt quintum regem. Ipse enim, quando illa captiuitas facta est, regnare iam coeperat. Prophetans ergo de Christo Hieremias: *Spiritus*, inquit, *oris nostri Christus Dominus captus est in peccatis nostris*, sic breuiter ostendens et dominum nostrum Christum et passum esse pro nobis. Item loco alio: *Hic Deus meus*, inquit, *et non aestimabitur alter ad eum; qui inuenit omnem uiam prudentiae et dedit eam Iacob puero suo et Israel dilecto suo; post haec in terra uisus est et cum hominibus conuersatus est*. Hoc testimonium quidam non Hieremiae, sed scribae eius adtri-

---

[258] 시편 39[40],3-4.

[259] 1고린 1,31. 예레 9,22-23 참조.

[260] in Deo Iesu: "예수"라는 말이 "구원"이라는 뜻이므로 "나의 구원이신 하느님 안에서"라는 구절이 이렇게 번역될 법하다(「고백록」 3.4.8 참조).

[261] 예레 1,1-3 참조.

[262] 스바 1,1 참조: "스바니야가 말씀을 받은 것은 아몬의 아들 요시야 왕이 유다를 다스릴 때였다."

[263] 연대 계산은 Cf. Eusebius, *Chronicon* [Helm ed.] 96 참조.

[264] 예레미야 애가 4,20. 〔공동번역: "야훼께서 기름부어 세우신 왕, 우리의 숨결, 만국 가운데서 그 그늘 아래 깃들어 살리라 했는데 그마저 원수들의 함정에 빠져 잡히고 말았구나."〕

[265] 바룩 3,36-38.

께 드리는 찬양을 담아주셨도다."²⁵⁸ 그는 주님의 노래를 부르면서 승리할 것인데, 자신을 찬미하는 노래가 아니고 주님을 찬미하는 노래를 좋아하기 때문이다. "누구든지 자랑하려거든 주님 안에서 자랑하라"²⁵⁹는 말씀대로다. 어떤 사본들에 나오는 "나는 나의 예수이신 하느님 안에서²⁶⁰ 기뻐 뛰렵니다"라는 표현이 내게는 더 그럴듯하게 보인다. 다른 사람들은 라틴어로 이 구절을 옮기려다 보니까 예수라는 고유명사를 넣지 않았지만, 우리에게는 이 이름을 부르는 것이 그토록 친근하고 달콤할 수가 없다.

33. 예레미야와 스바니야가 예언의 영으로 예고한, 그리스도와 이방인들의 소명
33.1. 예레미야는 그리스도가 이방인들을 불러들이리라고 예고했다

예레미야는 이사야처럼 대예언자에 해당하고 소예언자들 속에는 들어가지 않는다. 소예언자들의 저서에 대해서는 내가 지금껏 적지 않은 얘기를 했다. 예레미야는 요시야가 예루살렘에서 임금노릇을 하고 로마인들에게는 안쿠스 마르키우스가 군림하고 있을 때에 예언활동을 했다. 유다인들의 유배가 임박하던 시기였다. 그는 자기 글에 나오듯이 유배생활이 시작된 해의 다섯째 달까지 예언을 했다.²⁶¹ 스바니야는 그와 더불어 활동한 소예언자들 가운데 한 명이었다. 그도 요시야가 통치할 때 예언활동을 했다고는 하지만 언제까지인지는 말하지 않았다.²⁶² 그렇다면 예레미야는 안쿠스 마르키우스의 시대만이 아니고 로마인들이 제5대 임금으로 섬긴 타르퀴니우스 프리스쿠스의 시대에도 예언활동을 한 셈이다. 타르퀴니우스 프리스쿠스는 유다인들의 유배생활이 시작되었을 때에 이미 왕위에 올라 있었다.²⁶³ 예레미야는 그리스도에 대해 예언을 하며 이런 말을 한다: "우리 입의 숨결, 주 그리스도께서 우리 죄 속에 사로잡히고 말았구나."²⁶⁴ 우리 주 그리스도가 우리를 위해 수난을 겪었음을 매우 간결하게 묘사하고 있다. 다른 데서는 "이분이 나의 하느님이시다. 아무도 그분처럼 여겨질 수 없다. 그분이 모든 지혜의 길을 찾아내시어 당신의 종 야곱과 당신의 사랑을 받는 이스라엘에게 주시었다. 그러고 나서야 비로소 땅 위에 당신의 모습을 보이셨고 사람들과 함께 어울리셨다".²⁶⁵ 이 증언은 예레미야의 것이 아니고 바룩이라고

buunt, qui uocabatur Baruch; sed Hieremiae celebratius habetur. Rursus idem propheta de ipso: *Ecce*, inquit, *dies ueniunt, ait Dominus, et suscitabo Dauid germen iustum, et regnabit rex et sapiens erit et faciet iudicium et iustitiam in terra. In diebus illis saluabitur Iudas, et Israel habitabit confidenter; et hoc est nomen, quod uocabunt eum: Dominus iustus noster.* De uocatione etiam gentium, quae fuerat futura et eam nunc impletam cernimus, sic locutus est: *Domine Deus meus et refugium meum in die malorum, ad te gentes uenient ab extremo terrae et dicent: Vere mendacia coluerunt patres nostri simulacra, et non est in illis utilitas.* Quia uero non erant eum agnituri Iudaei, a quibus eum et occidi oportebat, sic idem propheta significat: *Graue cor per omnia, et homo est, et quis agnoscit eum?* Huius est etiam illud quod in libro septimo decimo posui de testamento nouo, cuius est mediator Christus. Ipse quippe Hieremias ait: *Ecce dies ueniunt, dicit Dominus, et consummabo super domum Iacob testamentum nouum*, et cetera quae ibi leguntur.

Sophoniae autem prophetae, qui cum Hieremia prophetabat, haec praedicta de Christo interim ponam: *Expecta me, dicit Dominus, in die resurrectionis meae in futurum; quia iudicium meum, ut congregem gentes et colligam regna.* Et iterum: *Horribilis*, inquit, *Dominus super eos, et exterminabit omnes deos terrae, et adorabit eum uir de loco suo, omnes insulae gentium.* Et paulo post: *Tunc*, inquit, *transuertam in populos linguam et progenies eius, ut inuocent omnes nomen Domini et seruiant ei sub iugo uno; a finibus fluminum Aethiopiae adferent hostias mihi. In illo die non confunderis ex omnibus adinuentionibus tuis, quas impie egisti in me; quia tunc auferam abs te prauitates iniuriae tuae; et iam non adicies, ut*

---

²⁶⁶ 아우구스티누스는 교부들의 관례대로, 예레미야, 애가, 바룩서를 예레미야 한 사람의 단일 저작으로 보고 있다. Cf. Irenaeus, *Adversus haereses* 5.35.1; Tertullianus, *Scorpiace* 8.1; Hilarius, *De Trinitate* 4.42.

²⁶⁷ 예레 23,5-6. 〔공동번역(끝줄)〕: "'야훼 우리를 되살려 주시는 이' 라는 이름으로 그를 부르리라."〕

²⁶⁸ 예레 16,19. 〔공동번역(끝구절)〕: "'우리가 조상적부터 모시던 것은 아무데도 쓸모없는 엉터리 허수아비였습니다.'"〕

²⁶⁹ 예레 17,9. 〔공동번역: "사람의 마음은 천길 물 속이라 아무도 알 수 없지만 이 야훼만은 그 마음을 꿰뚫어본다."〕

²⁷⁰ 17.3.2에서 예레 31,31-33을 인용했다.

²⁷¹ 스바 3,8. 〔공동번역: "'그러니 너희는 참고 기다려라.' 야훼의 말씀이시다. '내가 몸을 일으켜 그런 것들을 벌할 날이 오면, 만방에서 뭇 민족을 불러모으고 분노를 마구 터뜨려 한꺼번에 벌하리라.'"〕

²⁷² 스바 2,11. 〔공동번역: "야훼께서 세상의 모든 신을 맥 못 쓰게 만드시리니, 그날에 사람들은 야훼를 공경하리라. 바다를 끼고 사는 뭇 민족들도 모두 저희의 고장에서 야훼를 예배하리라."〕

하는 그의 서기의 것으로 여겨진다. 하지만 더 넓게 말해 그냥 예레미야의 것으로 본다.[266] 그분에 대해 예언자는 다시 이런 말을 한다: "보라, 그날이 오리라. 내가 다윗의 의로운 후손을 일으키리라. 그는 왕으로서 다스리고 현명한 사람이 되리라. 세상에 심판과 정의를 펴리라. 그날에 유다는 구원을 받을 것이요 이스라엘은 마음놓고 살게 되리라. 이것이 그분을 부르는 이름이 될 것이니 '주님, 우리의 의로우신 이.'"[267] 그때는 이방인들의 소명이 앞으로 이루어질 일이었고 지금은 이미 성취된 일이기도 하지만 그 소명에 관해 이렇게 말했다: "주 나의 하느님이시여, 재앙의 날에 나의 피난처시여, 온 세상 구석구석에서 뭇 민족이 주께 와 아뢸 것입니다. '참으로 우리 조상들은 거짓 우상을 섬겼으며 그것들은 아무데도 쓸모없는 것들이었습니다.'"[268] 물론 유다인들은 그분을 죽여 없앨 것이었으므로 그분을 알아 볼 리가 없었고, 그 점을 예언자는 이렇게 상징했다: "마음이 모든 면에서 굳어져 있습니다. 그분이 사람이지만 누가 그분을 알아보겠습니까?"[269] 내가 본서 제17권에서 새 계약(그리스도는 이 신약의 중개자다)을 두고 인용한 저 대목도 바로 이 예언자의 글이다.[270] 예레미야 본인이 하는 말이다: "앞으로 내가 이스라엘과 유다의 가문과 새 계약을 맺을 날이 온다. 주님의 말씀이다." 거기 나오는 구절이 계속 이어진다.

33.2. 이방인들의 소명에 대해 스바니야는 무엇이라고 했는가

예레미야와 함께 예언활동을 한 스바니야 예언자가 그리스도에 관해 예고한 말이 있어 전문을 인용하겠다: "너희는 기다려라. 주님의 말씀이다. 장차 있을 내 부활의 날을 기다려라. 나의 심판은 뭇 민족들과 왕국들을 한데 모으리라."[271] 또 있다: "주님께서 저들 위에 두려운 분으로 오시리라. 세상의 모든 신을 멸하시리라. 그날에 사람은 저마다 제 자리에서 그분을 공경하리라. 민족들의 모든 섬들도 그분을 예배하리라."[272] 조금 뒤에 다시 나온다: "그런 다음 나는 백성들과 그의 후손들에게 하나의 말을 전파하리라. 그러면 모두가 주님의 이름을 부르며 한 멍에 밑에서 그분을 섬기리라. 에티오피아의 강들의 경계에서부터 나에게 예물을 가지고 오리라. 그날이 오면 네가 발명해낸 온갖 것들, 네가 나한테 불경스럽게 행한 온갖 것들을 갖고서 너는 부끄러워하지 않아도 되리라. 그때 너의

magnificeris super montem sanctum meum, et subrelinquam in te populum mansuetum et humilem; et uerebuntur a nomine Domini, qui reliqui fuerint Israel. Hae sunt reliquiae, de quibus alibi prophetatur, quod apostolus etiam commemorat: *Si fuerit numerus filiorum Israel sicut harena maris, reliquiae saluae fient.* Hae quippe in Christum illius gentis reliquiae crediderunt.

34. In ipsa porro Babyloniae captiuitate prius prophetauerunt Daniel et Hiezechiel, alii scilicet duo ex prophetis maioribus. Quorum Daniel etiam tempus, quo uenturus fuerat Christus atque passurus, numero definiuit annorum; quod longum est computando monstrare, et ab aliis factitatum est ante nos. De potestate uero eius et ecclesia sic locutus est: *Videbam,* inquit, *in uisu noctis, et ecce cum nubibus caeli ut filius hominis ueniens erat, et usque ad uetustum dierum peruenit, et in conspectu eius praelatus est; et ipsi datus est principatus et honor et regnum, et omnes populi, tribus, linguae ipsi seruient. Potestas eius potestas perpetua, quae non transibit, et regnum eius non corrumpetur.*

Hiezechiel quoque more prophetico per Dauid Christum significans, quia carnem de Dauid semine adsumpsit (propter quam formam serui, qua factus est homo, etiam seruus Dei dicitur idem Dei filius), sic eum prophetando praenuntiat ex persona Dei Patris: *Et suscitabo,* inquit, *super pecora mea pastorem unum qui pascat ea, seruum meum Dauid; et ipse pascet ea et ipse erit his in pastorem. Ego autem Dominus ero eis in Deum, et seruus meus Dauid princeps in medio eorum; ego Dominus locutus sum.* Et alio loco: *Et rex,* inquit, *unus erit omnibus imperans; et*

---

[273] 스바 3,9-12. 〔공동번역(끝부분): "그때에 내가 거만을 떨며 홍청거리는 자를 네 안에서 쓸어버리면 나의 거룩한 산에서는 거만한 모습이 자취를 감출 텐데 무엇을 다시 부끄러워하랴. 내가 기를 못 펴는 가난한 사람만을 네 안에 남기리니 이렇게 살아남은 이스라엘은 야훼의 이름만 믿고 안심하리라."〕

[274] Hae sunt reliquiae. 아우구스티누스는 reliquiae ("나머지" f.pl.)라는 명사를 사용한다.

[275] 로마 9,27. 이사 10,22 참조.

[276] Cf. Eusebius, *Chronicon* [Helm ed.] 100, 101).

[277] 예: Hippolytus, *Commentarium in Danielem*.

[278] 다니 7,13-14 (마태 24,30; 26,64; 묵시 1,7; 14,14에 간접 인용된다).

[279] 에제 34,23-24.

불의의 악행들을 너에게서 없애 주리라. 네가 나의 거룩한 산 위에서 거만을 떠는 일이 없으리라. 너한테 양순하고 겸손한 백성을 남겨 주리라. 그들은 주님의 이름을 경외할 것이며 이스라엘의 남은 자들이 되리라."[273] 바로 이것이 남은 자들이다.[274] 그들에 관해서는 다른 대목에서도 예언이 있고 사도도 그 일을 언급하고 있다: "이스라엘 자손 수가 바다의 모래 같을지라도 그가운데 남은 이만이 구원받으리라."[275] 저 민족 중에 이 남은 자들만이 그리스도를 믿었던 것이다.

34. 그리스도와 교회에 딱 들어맞는 다니엘과 에제키엘의 예언

34. 1. 다니엘은 그리스도의 영원한 왕국을 예견했다

바빌론 유배중에도 처음에는 다니엘과 에제키엘이 예언활동을 했고, 소예언자들 가운데 두 사람이 활동을 했다.[276] 그가운데 다니엘은 그리스도가 올 때와 수난당할 때를 햇수까지 맞추었다. 그것을 계산하자면 오래 걸릴 것이고 우리보다 앞서 다른 사람들이 그 일을 해냈다.[277] 그분과 교회의 권능에 대해서는 다음과 같이 말했다: "나는 밤에 환시중에 보았는데 사람의 아들과 같은 모습을 한 이가 하늘의 구름을 타고 오는 중이었는데 나이가 많은 분에게까지 이르러 그분 앞으로 인도되어 나아갔다. 주권과 영화와 나라가 그에게 맡겨지고 모든 백성들과 종족들과 언어들이 그분을 섬기게 되었다. 그의 주권은 영구한 주권이요 스러지지 아니할 것이며 그의 나라는 패망하지 아니하리라."[278]

34. 2. 에제키엘은 만인의 한 목자 되는 분에 관해 말했다

에제키엘 역시 다윗을 통해 그리스도를 상징하여 예언 방식으로 발언을 했다. 왜냐하면 그분이 다윗의 후손에서 육신을 취했기 때문이다. 종의 모습을 취해 사람이 되었으므로 하느님의 종이기도 하고 하느님의 아들이기도 하니, 그렇게 해서 하느님 아버지의 위격(位格)에서 나오는 말씀을 내세워 그분을 예언하고 예고했던 것이다: "내가 내 양떼 위에 한 목자를 세워 주겠다. 그가 내 양떼를 돌보리라. 그는 나의 종 다윗이다. 그가 내 양떼를 돌보고 그가 이들에게 목자가 되리라. 나 주님이 몸소 그들에게 하느님이 되고, 나의 종 다윗이 그들 가운데서 영도자가 되리라. 나 주님이 말했다."[279] 또 다른 데서는 이렇게 말했다: "오

non erunt ultra duae gentes, nec diuidentur amplius in duo regna; neque polluentur ultra in idolis suis et abominationibus et in cunctis iniquitatibus suis. Et saluos eos faciam de uniuersis sedibus suis, in quibus peccauerunt, et mundabo eos; et erunt mihi populus, et ego ero eis Deus; et seruus meus Dauid rex super eos, et pastor unus erit omnium eorum.

35. Restant tres minores prophetae, qui prophetauerunt in fine captiuitatis, Aggaeus, Zacharias, Malachias. Quorum Aggaeus Christum et ecclesiam hac apertius breuitate prophetat: *Haec dicit Dominus exercituum: Adhuc unum modicum est, et ego commouebo caelum et terram et mare et aridam, et mouebo omnes gentes, et ueniet desideratus cunctis gentibus.* Haec prophetia partim completa iam cernitur, partim speratur in fine complenda. Mouit enim caelum angelorum et siderum testimonio, quando incarnatus est Christus; mouit terram ingenti miraculo de ipso uirginis partu; mouit mare et aridam, cum et in insulis et in orbe toto Christus adnuntiatur: ita moueri omnes gentes uidemus ad fidem. Iam uero quod sequitur: *Et ueniet desideratus cunctis gentibus*, de nouissimo eius expectatur aduentu. Vt enim esset desideratus expectantibus, prius oportuit eum dilectum esse credentibus.

Zacharias de Christo et ecclesia: *Exulta,* inquit, *ualde, filia Sion, iubila, filia Hierusalem; ecce rex tuus uenit tibi iustus et saluator; ipse pauper et ascendens super asinum et super pullum filium asinae; et potestas eius a mari usque ad mare et a fluminibus usque ad fines terrae.* Hoc quando

---

[280] 에제 37,22-24.

[281] Cf. Eusebius, *Chronicon* [Helm ed.] 103, 104.

[282] 하깨 2,6-7.

[283] 루가 2,13-14; 마태 2,2.9-10 참조. 그리스도 탄생시에 별이 움직인 이야기를 암시한다.

[284] *ut esset desideratus* exspectantibus, prius *oportuit* eum *dilectum esse* credentibus: 두운으로 율격을 맞추어 구세주에게 희망은 물론 사랑도 바쳐졌음을 일깨운다.

로지 한 임금이 모든 이를 다스리리라. 다시는 두 민족이 되지 않을 것이요 다시는 두 나라로 갈리지 않을 것이다. 저희 우상들과 역겨운 짓들과 저희 모든 악행으로 몸을 더럽히는 일이 다시는 없을 것이다. 저희가 죄를 짓던 모든 처소에서 내가 그들을 구하리라. 내가 그들을 정하게 하리라. 그들은 나에게 백성이 되고 나는 그들에게 하느님이 되리라. 그리고 나의 종 다윗이 그들 위에 왕이 되고 그들 전부의 유일한 목자가 되리라."[280]

35. 하깨, 즈가리야, 말라기 세 예언자의 신탁

35. 1. 하깨는 민족들이 소망하고 기다리는 분을 예견했다

이렇게 하여 소예언자 셋이 남았는데, 유배기의 마지막 무렵에 예언활동을 한 사람들로서 하깨, 즈가리야, 말라기가 그들이다.[281] 그가운데서도 하깨는 그리스도와 교회를 다음과 같이 간결하게 명시적으로 예언했다: "만군의 주께서 이렇게 말씀하신다. 아직 잠깐 시간이 있다. 그러고서 나는 하늘과 땅, 바다와 육지를 뒤흔들리라. 또 모든 민족들을 뒤흔들리라. 그리하면 모든 민족들이 소망하던 분이 오시리라."[282] 이 예언은 일부가 벌써 성취된 것으로 감지되고 일부는 종말에 성취되어야 할 것으로 기대된다. 그리스도가 육화할 때 하늘을 뒤흔들었다는 데에는 천사들과 별자리들의 증거가 있다.[283] 동정녀의 출산이라는 거창한 기적으로 땅을 뒤흔들었다. 섬들에도 온 땅에도 그리스도가 선포되면서 바다와 육지를 뒤흔들었다. 그리하여 모든 민족들이 신앙을 향해 움직여 나가는 것을 우리가 목도하는 중이다. 따라서 "모든 민족들이 소망하던 분이 오시리라"는 구절은 아마도 그분의 최후의 내림으로 기다려지는 것 같다. 기다리는 사람들에게 소망하던 분이 되려면 먼저 믿는 사람들에게 사랑받는 분이 될 필요가 있다.[284]

35. 2. 즈가리야는 그리스도에 관해 무슨 말을 했을까

즈가리야는 그리스도와 교회에 관해 이렇게 말한다: "딸 시온아, 한껏 기뻐하여라. 딸 예루살렘아, 환성을 올려라. 보아라, 네 임금이 너를 찾아오신다. 정의로운 분으로, 구세주로 너를 찾아오신다. 그는 가난하여 나귀를 타고, 나귀의 어린 새끼를 타고 오신다. 그분의 권세는 바다에서 바다까지, 강들에서 땅 끝까

factum sit, ut Dominus Christus in itinere iumento huius generis uteretur, in euangelio legitur, ubi et haec prophetia commemoratur ex parte, quantum illi loco sufficere uisum est. Alio loco ad ipsum Christum in spiritu prophetiae loquens de remissione peccatorum per eius sanguinem: *Tu quoque*, inquit, *in sanguine testamenti tui emisisti uinctos tuos de lacu, in quo non est aqua*. Quid per hunc lacum uelit intellegi, possunt diuersa sentiri etiam secundum rectam fidem. Mihi tamen uidetur non eo significari melius, nisi humanae miseriae profunditatem siccam quodam modo et sterilem, ubi non sunt fluenta iustitiae, sed iniquitatis lutum. De hoc quippe etiam in Psalmo dicitur: *Et eduxit me de lacu miseriae et de luto limi.*

Malachias prophetans ecclesiam, quam per Christum cernimus propagatam, Iudaeis apertissime dicit ex persona Dei: *Non est mihi uoluntas in uobis, et munus non suscipiam de manu uestra. Ab ortu enim solis usque ad occasum magnum nomen meum in gentibus, et in omni loco sacrificabitur et offeretur nomini meo oblatio munda; quia magnum nomen meum in gentibus, dicit Dominus.* Hoc sacrificium per sacerdotium Christi secundum ordinem Melchisedech cum in omni loco a solis ortu usque ad occasum Deo iam uideamus offerri, sacrificium autem Iudaeorum, quibus dictum est: *Non est mihi uoluntas in uobis, nec accipiam munus de manibus uestris*, cessasse negare non possint: quid adhuc expectant alium Christum, cum hoc, quod prophetatum legunt et impletum uident, impleri non potuerit nisi per ipsum? Dicit enim paulo post de ipso ex persona Dei: *Testamentum meum erat cum eo uitae et pacis, et dedi ei, ut timore timeret me, et a facie nominis mei reuereretur. Lex ueritatis erat in ore ipsius,*

---

[285] 즈가 9,9-10. 마태 26,28 참조.

[286] 마태 21,1-9 참조.

[287] 즈가 9,11. 〔공동번역: "너는 나와 피로 계약을 맺었으니, 나 그 피를 생각하여 사로잡힌 너희를 물 없는 굴에서 건져내리라."〕

[288] 시편 39,3. 〔새번역 40,3: "나를 멸망의 구덩이에서, 오물 진창에서 들어올리셨도다."〕

[289] 말라 1,10-11. 〔공동번역(첫 대목): "너희가 하는 짓이 나는 전혀 마음에 들지 않는다. 만군의 야훼가 말한다. 너희가 바치는 제물이 나는 조금도 달갑지 않다."〕

지 다스리시리라."²⁸⁵ 주 그리스도가 여행길에 이런 종류의 짐승들을 사용함으로써 이것이 언제 이루어졌는지는 복음서에서도 읽을 수 있다. 더구나 그 복음서에는 이 예언이 그 자리에 충분하다고 보일 정도로 일부분 언급되어 있다.²⁸⁶ 다른 대목에서는 예언의 영에 이끌려 그리스도의 피로 얻은 죄 사함에 관해 발설하면서 그리스도를 직접 언급하기도 한다: "너도 네 계약의 피로 너의 패배자들을 물 없는 웅덩이에서 건져내었다."²⁸⁷ 이 웅덩이로 무엇을 의미하려고 했는지는 올바른 신앙에 입각하기만 한다면 제대로 이해할 수 있겠다. 단지 내 생각에는 인간의 비참한 바닥을 의미하고 그곳은 어떤 면에서 매우 메마르고 아무 소출도 내지 못하며, 거기에는 정의의 물길이 없고 죄악의 진흙만 있다는 설명보다 더 그럴듯한 설명이 없을 듯하다. 이에 대해서는 시편에서도 "나를 비참의 웅덩이에서 끄집어내시고 늪지의 진흙탕에서 건져내셨나이다"²⁸⁸라고 한다.

35.3. 말라기는 교회와 그리스도에 관해 무엇을 예언했는가

말라기는 우리가 아는 대로 그리스도를 통해 확장되고 있는 교회를 예언하면서 하느님의 입을 빌려 유다인들에게 아주 노골적으로 말을 건넨다: "나는 너희에게 뜻이 없다. 나는 너희 손에서 제물을 받지 않겠다. 나의 이름은 해뜨는 데서 해지는 데까지 뭇 민족 사이에 크게 떨쳐, 어디서나 내 이름에 희생제사가 바쳐지고 깨끗한 예물이 봉헌되고 있다. 내 이름은 뭇 민족 사이에 크게 떨치고 있다. 주님의 말씀이다."²⁸⁹ 이 희생제사는 멜기세덱의 반열에 따라 그리스도의 사제직을 통해 바쳐지고 있는데, 해뜨는 데서부터 해지는 데까지 어디서나 하느님께 올려지고 있음을 우리가 목격하는 중이다. 그 대신 "나는 너희에게 뜻이 없다. 나는 너희 손에서 제물을 받지 않겠다"는 말씀을 들은 유다인들의 희생제사는 역사적으로도 이미 중단되었음을 부정하지 못하리라. 예언된 바를 읽고 그것이 성취되었음을 목격하면서도, 또 그것이 그리스도를 통해서가 아니면 성취될 수 없음을 알면서도 그들은 어째서 아직도 다른 그리스도를 기다리고 있는 것일까? 조금 뒤에 하느님의 입으로 그 인물에 대해 말씀한 구절이 다시 나온다: "나는 그와 생명과 평화의 계약을 맺었다. 두려움으로 나를 두려워하고 내 이름 앞에서 공경할 마음을 그에게 주었다. 그의 입에는 진리의

in pace dirigens ambulauit mecum et multos conuertit ab iniquitate; quoniam labia sacerdotis custodient scientiam et legem inquirent ex ore eius; quoniam angelus Domini omnipotentis est. Nec mirandum est, quia Domini omnipotentis angelus dictus est Christus Iesus. Sicut enim seruus propter formam serui, in qua uenit ad homines, sic angelus propter euangelium, quod nuntiauit hominibus. Nam si Graeca ista interpretemur, et euangelium bona nuntiatio est et angelus nuntius. De ipso quippe iterum dicit: *Ecce mittam angelum meum, et prospiciet uiam ante faciem meam; et subito ueniet in templum suum Dominus, quem uos quaeritis, et angelus testamenti, quem uos uultis. Ecce uenit, dicit Dominus omnipotens; et quis sustinebit diem introitus eius? Aut quis resistet in aspectu eius?* Hoc loco et primum et secundum Christi praenuntiauit aduentum; primum scilicet, de quo ait: *Et subito ueniet in templum suum*, id est in carnem suam, de qua dixit in euangelio: *Soluite templum hoc, et in triduo resuscitabo illud*; secundum uero, ubi ait: *Ecce uenit, dicit Dominus omnipotens, et quis sustinebit diem introitus eius? Aut quis resistet in aspectu eius?* Quod autem dixit: *Dominus, quem uos quaeritis, et angelus testamenti, quem uos uultis*, significauit utique etiam Iudaeos secundum scripturas, quas legunt, Christum quaerere et uelle. Sed multi eorum, quem quaesierunt et uoluerunt, uenisse non agnouerunt, excaecati in cordibus suis praecedentibus meritis suis. Quod sane hic nominat testamentum, uel supra, ubi ait: *Testamentum meum erat cum eo*, uel hic, ubi eum dixit angelum testamenti, nouum procul dubio testamentum debemus accipere, ubi sempiterna, non uetus, ubi temporalia sunt promissa; quae pro magno habentes plurimi infirmi et Deo uero talium rerum mercede seruientes, quando uident eis impios abundare, turbantur. Propter quod idem propheta, ut noui testamenti aeternam beatitudinem, quae non dabitur nisi bonis, distingueret a ueteris terrena felicitate, quae plerumque datur et malis: *Ingrauastis*, inquit, *super me uerba uestra, dicit Dominus, et dixistis: in quo detraximus de te? Dixistis: Vanus est omnis, qui seruit Deo, et quid plus, quia custodiuimus obseruationes eius, et quia ambulauimus supplicantes*

---

[290] 말라 2,5-7. 〔공동번역(첫 대목〕: "나는 레위와 계약을 맺고 레위 가문이 평화를 누리며 잘 살게 해 주었다. 나를 두려워하며 내 이름을 어렵게 알아 나를 공경할 마음을 주었다."〕

[291] 그래서 *angelus* propter *Evangelium*: "복음(기쁜 소식 eu-angelium) 때문에 특사(angelus)가 되었다"라는 앞 문장이 이루어진다.

[292] 말라 3,1-2. 〔공동번역(앞 구절)〕: "보아라, 나 이제 특사를 보내어 나의 행차 길을 닦으리라. 그는 너희가 애타게 기다리는 너희의 상전이다. 그가 곧 자기 궁궐에 나타나리라. 너희는 그가 와서 계약을 맺어 주기를 기다리지 않느냐?"〕

법이 있었고 평화로 인도하면서 그는 나와 함께 거닐었으며 많은 사람을 악행에서 돌아서게 했다. 무릇 사제의 입술은 지식을 간직하고 그의 입에서 사람들은 율법을 찾는다. 왜냐하면 그는 전능하신 주님의 사자이기 때문이다."[290] 그리스도 예수가 전능한 하느님의 특사라는 말은 조금도 이상하게 생각할 것이 아니다. 그분은 종의 모습을 취해 사람들 사이에 와서 종이 되었듯이, 그분이 사람들에게 선포한 복음 때문에 특사가 되었던 것이다. 저 그리스어를 번역한다면 에방겔리움은 "좋은 소식"이고 앙겔루스는 "특사"이기 때문이다.[291] 그분에 관해 또 다른 말이 나온다: "보아라, 나 이제 내 특사를 보내어 내 앞에서 나의 길을 닦으리라. 그러면 너희가 찾는 주님이 당장 당신의 성전에 오시리라. 너희가 원하는 계약의 특사가 당장 오리라. 보아라, 그가 온다. 전능하신 주님이 말씀하신다. 그가 들어오는 날, 누가 당해 내랴? 그의 면전에서 누가 버텨 내랴?"[292] "너희가 찾는 주님, 너희가 원하는 계약의 특사"라는 말마디는 사람들이 읽는 성서에 의하면 유다인들도 그리스도를 찾고 원한다는 뜻이었다. 하지만 그들 가운데 대다수는 자기들이 찾고 원했던 분이 이미 왔음을 수긍하지 않았다. 이전의 자기 공덕에 취해서 그 마음의 눈이 멀었기 때문이다. 여기서 계약이라고 한 말, 또는 앞의 문구에서 "나는 그와 계약을 맺었다"고 하는 말, 또는 그분을 가리켜 계약의 특사라고 하는 말은 의심없이 신약을 가리키는 것으로 받아들이지 않으면 안 된다. 구약에서는 지상적인 것들이 언약되었음에 비해 신약에서는 영원한 것들이 언약되었다. 대다수의 약한 사람들은 지상적인 것들을 대단한 것으로 여기고 그런 사물들을 상급으로 받아야 참된 하느님을 섬기고, 만약 불경스런 자들이 그것들을 풍족하게 갖고 있는 것을 보면 마음이 흔들린다. 바로 그것 때문에 이 예언자는 선한 사람이 아니면 주어지지 않는 신약의 영원한 지복을, 악인들에게도 흔히 주어지는 구약의 지상적 행복과 구분했다: "나를 두고서 하는 너희 말은 이 무슨 무엄한 소리냐? 주님의 말씀이다. 그런데 너희는 '우리가 주께 무슨 못할 말을 했습니까?' 하는구나. 너희가 하는 소리는 이렇다. '하느님을 섬겨 보아야 쓸데없는 일이다. 그의 분부를 지켜 보았지만, 무슨 소용이 있더냐? 전능하신 주님 앞에서 애원하며 거닐어 보았지

ante faciem Domini omnipotentis? Et nunc nos beatificamus alienos, et reaedificantur omnes, qui faciunt iniqua; et aduersati sunt Deo, et salui facti sunt. Haec oblocuti sunt, qui timebant Dominum, unusquisque ad proximum suum; et animaduertit Dominus et audiuit; et scripsit librum memoriae in conspectu suo eis, qui timent Dominum et reuerentur nomen eius. Isto libro significatum est testamentum nouum. Denique quod sequitur audiamus: *Et erunt mihi, dicit Dominus omnipotens, in diem quam ego facio in adquisitionem, et eligam eos sicut eligit homo filium suum seruientem sibi; et conuertimini, et uidebitis inter iustum et iniustum, et inter seruientem Deo et non seruientem. Quoniam ecce dies uenit ardens sicut clibanus et concremabit eos, et erunt omnes alienigenae et omnes facientes iniquitatem stipula, et incendet illos dies, qui adueniet, dicit Dominus omnipotens; et non derelinquetur eorum radix neque sarmentum. Et orietur uobis timentibus nomen meum sol iustitiae, et sanitas in pinnis eius; et exibitis et exultabitis sicut uituli ex uinculis resoluti; et conculcabitis iniquos, et erunt cinis sub pedibus uestris in die, in quo ego facio, dicit Dominus omnipotens.* Hic est qui dicitur dies iudicii; de quo suo loco, si Deus uoluerit, loquemur uberius.

36. Post hos tres prophetas, Aggaeum, Zachariam, Malachiam, per idem tempus liberationis populi ex Babyloniae seruitute scripsit etiam Esdras, qui magis rerum gestarum scriptor est habitus quam propheta (sicuti est et liber, qui appellatur Esther, cuius res gesta in laudem Dei non longe ab his temporibus inuenitur); nisi forte Esdras in eo Christum prophetasse intellegendus est, quod inter quosdam iuuenes orta quaestione, quid amplius

---

[293] 말라 3,13-16.

[294] 말라 3,17-21.

[295] 20권 참조.

[296] 히브리어 경전목록에서 에즈라와 느헤미야는 예언서로 여겨졌고 칠십인역 이후로는 고레스의 칙령(BC 538년) 이후의 역사를 담은 역사서처럼 취급되어 역대기 뒤에 놓인다.

[297] 요세푸스는 에즈라는 크세르크세스 시대, 느헤미야는 아르타크세르크세스(Asuerus) 시대로 추정한다(*Antiquitates Iudaicae* 11.5.1 - 6.2). 에우세비우스는 에스델도 아르타크세르크세스 시대 작품으로 추측한다(*Chronica* [Helm ed.] 117).

만 무슨 소용이 있더냐? 결국 우리는 딴 사람들을 복 많다고 하기에 이르렀다. 못된 짓을 행하는 사람들이 모두가 재기하고 있다. 하느님께 맞서고서도 멀쩡하게 살아남지 않았는가?' 주님을 두려워하던 자들이 자기 이웃에게 이런 말을 소곤거려 주었다. 주님은 유의해서 그것을 똑똑히 들었다. 이런 가운데서도 주님을 두려워하고 그분의 이름을 공경하는 사람들을 당신 앞에 있는 기록의 책에 적어 두셨다."[293] 그 책으로 의미하는 바는 신약이다. 마지막에 나오는 말씀도 들어보자. "내가 나서는 그 날에 가서야, 만군의 야훼가 말한다, 그런 사람들이 나의 소유가 되리라. 사람이 효도하는 자식을 자기 아들로 고르듯이 나도 그들을 선택하리라. 그제야 너희는 돌이켜 의로운 사람과 불의한 사람이 어찌 되는지, 하느님을 섬기는 사람과 섬기지 않는 사람이 어찌 되는지를 깨닫게 될 것이다. 보아라, 이제 풀무불처럼 뜨거운 날이 오며 그들을 모두 살라 버릴 것이다. 모든 이방인들과 악을 일삼는 모든 사람들은 검불처럼 되리라. 다가오는 그날이 그들을 불사르리라. 전능하신 주님의 말씀이다. 그들은 뿌리도 가지도 남기지 않으리라. 그러나 내 이름을 두려워하는 너희에게는 정의의 태양이 떠오를 것이요 태양의 광선에는 치유가 있으리라. 사슬에서 풀려난 송아지들처럼 너희는 밖으로 나와 기뻐 뛰리라. 너희는 나쁜 자들을 짓밟으리라. 내가 나서는 그날이 오면, 나쁜 자들은 너희 발바닥에 재처럼 되리라. 전능하신 주님의 말씀이다."[294] 여기서 말하는 것은 심판의 날이다. 하느님이 원하신다면 이 문제에 관해서는 적당한 장소에서 더 상세하게 이야기하게 될 것이다.[295]

36. 에즈라서와 마카베오서

이 세 예언자 곧 하께, 즈가리야, 말라기 이후, 그러니까 백성이 바빌론의 유배에서 해방되던 똑같은 시기에 에즈라도 책을 썼는데, 그는 예언자라기보다는 역사가로 여겨졌다.[296] 에스델이라고 부르는 책하고도 비슷하고, 거기 담긴 역사는 이 시기로부터 머잖은 시대에 하느님을 찬미하는 뜻으로 기록된 것이다.[297] 하여튼 에즈라가 그 책에서 그리스도를 예언한 것으로 이해할 만한 근거는 어떤 젊은이들 사이에서 사물들 중에 무엇이 가장 힘세냐는 의문을 제기하

ualeret in rebus, cum reges unus dixisset, alter uinum, tertius mulieres, quae plerumque regibus imperarent, idem tamen tertius ueritatem super omnia demonstrauit esse uictricem. Consulto autem euangelio Christum esse cognoscimus ueritatem. Ab hoc tempore apud Iudaeos restituto templo non reges, sed principes fuerunt usque ad Aristobolum; quorum supputatio temporum non in scripturis sanctis, quae appellantur canonicae, sed in aliis inuenitur, in quibus sunt et Macchabaeorum libri, quos non Iudaei, sed ecclesia pro canonicis habet propter quorundam martyrum passiones uehementes atque mirabiles, qui, antequam Christus uenisset in carne, usque ad mortem pro Dei lege certarunt et mala grauissima atque horribilia pertulerunt.

37. Tempore igitur prophetarum nostrorum, quorum iam scripta ad notitiam fere omnium gentium peruenerunt, et multo magis post eos fuerunt philosophi gentium, qui hoc etiam nomine uocarentur, quod coepit a Samio Pythagora, qui eo tempore, quo Iudaeorum est soluta captiuitas, coepit excellere atque cognosci. Multo magis ergo ceteri philosophi post prophetas reperiuntur fuisse. Nam ipse Socrates Atheniensis, magister omnium, qui tunc maxime claruerunt, tenens in ea parte, quae moralis uel actiua dicitur, principatum, post Esdram in chronicis inuenitur. Non multo post etiam Plato natus est, qui longe ceteros Socratis discipulos anteiret. Quibus si addamus etiam superiores, qui nondum philosophi uocabantur, septem scilicet sapientes ac deinde physicos, qui Thaleti successerunt in perscrutanda natura rerum studium eius imitati, Anaximandrum scilicet et Anaximenem et Anaxagoram aliosque nonnullos, antequam Pythagoras philosophum primus profiteretur: nec illi prophetas nostros uniuersos

---

[298] 에즈라 3서(느헤미야를 에즈라 2서로 부를 경우)는 위경이지만 아우구스티누스도 다른 교부들처럼 이 책을 정전으로 보아 인용하고 있다.

[299] 18.45.3 참조.

[300] 2마카 7장 참조.

[301] Cf. Eusebius, *Chronicon* [Helm ed.] 104. 피타고라스에 관해서는 본서 8.2 참조.

[302] Cf. Eusebius, *Chronicon* [Helm ed.] 110, 118). 이 문헌에 의하면 소크라테스는 BC 466년에 출생하여 399년에 죽은 것으로 되어 있다(현대는 BC 469~399로 추정). 본서 8.3.1 참조.

[303] 철학자들에 관해서는 8권과 12권 참조.

는 대목이 나오기 때문이다.[298] 하나는 임금이라 하고, 다른 하나는 술이라 하고, 셋째 젊은이는 여자들이 임금들에게까지 이래라저래라 시키는 일이 흔한 것으로 미루어볼 때 여자라 하는데, 그 셋째 젊은이는 그래도 진리가 모든 것을 이기는 승리자라는 사실을 함께 입증해 보였다. 복음이 시사하는 바에 따라 우리는 그리스도가 진리임을 알고 있다. 저 시기에 유다인들에게는 성전은 재건되었지만 임금은 없었고 총독이 있어 아리스토볼루스에까지 이른다.[299] 그 시대의 연대 계산은 정전正典이라는 성서에는 나오지 않고 다른 책들에 나오는데 그 가운데 마카베오서들이 있다. 이 책들을 유다인들은 받아들이지 않고 있으나 교회는 정전으로 본다. 그 속에는 순교자들의 격심하고도 놀라운 수난들이 실려 있는데, 그들은 그리스도가 육신으로 오기 전에 하느님의 율법을 위해 죽음에 이르기까지 투쟁했고 막중하고 가공할 악을 감수한 사람들이다.[300]

37. 예언 문학은 이교도 철학의 기원보다 오래된 것으로 확인된다

우리 예언자들의 저서들은 예언자들의 시대에도 벌써 거의 모든 민족들에게 알려져 있었다. 그리고 이방민족의 철학자들이 존재한 것은 그들보다 훨씬 뒤였다. 사모스의 피타고라스가 철학자라는 이름을 처음으로 갖기 시작했지만, 철학자라는 호칭을 가진 사람들이 출중해지고 알려지기 시작한 것은 유다인들의 포로생활이 해제될 무렵이었다.[301] 그러니까 예언자들 이후에 다수 철학자들이 존재했던 것으로 알려져 있다. 우선 아테네인 소크라테스는 그때 가장 명성을 날리던 철학자들 모두의 스승으로서 도덕철학 혹은 행동철학이라고 하는 분야에서 수위권을 쥐고 있었는데, 에우세비우스의「연대기」를 보면 에즈라 다음에 등장한다.[302] 그 뒤 얼마 되지 않아 플라톤이 태어났으며 그는 소크라테스의 다른 제자들을 월등하게 추월했다. 이 사람들 외에 아직 철학자라고 불리지 않던 선대의 인물들까지 추가한다면, 탈레스의 뒤를 이은 자연학자들, 즉 만물의 자연본성을 궁구하면서 탈레스의 연구를 본받은 사람들인 아낙시만데르, 아낙시메네스, 아낙사고라스 등 일곱 현자들이 있다. 피타고라스가 최초로 철학자로 자처하기 이전이다.[303] 그런데 이 선대의 인물들도 우리 모든 예언자를 시대적으로

temporis antiquitate praecedunt, quando quidem Thales, post quem ceteri fuerunt, regnante Romulo eminuisse fertur, quando de fontibus Israel in eis litteris, quae toto orbe manarent, prophetiae flumen erupit. Soli igitur illi theologi poetae, Orpheus, Linus, Musaeus et si quis alius apud Graecos fuit, his prophetis Hebraeis, quorum scripta in auctoritate habemus, annis reperiuntur priores. Sed nec ipsi uerum theologum nostrum Moysen, qui unum uerum Deum ueraciter praedicauit, cuius nunc scripta in auctoritatis canone prima sunt, tempore praeuenerunt; ac per hoc, quantum ad Graecos adtinet, in qua lingua litterae huius saeculi maxime ferbuerunt, nihil habent unde sapientiam suam iactent, quo religione nostra, ubi uera sapientia est, si non superior, saltem uideatur antiquior. Verum, quod fatendum est, non quidem in Graecia, sed in barbaris gentibus, sicut in Aegypto, iam fuerat ante Moysen nonnulla doctrina, quae illorum sapientia diceretur; alioquin non scriptum esset in libris sanctis, Moysen eruditum fuisse omni sapientia Aegyptiorum, tunc utique, quando ibi natus et a filia Pharaonis adoptatus atque nutritus etiam liberaliter educatus est. Sed nec sapientia Aegyptiorum sapientiam prophetarum nostrorum tempore antecedere potuit, quando quidem et Abraham propheta fuit. Quid autem sapientiae potuit esse in Aegypto, antequam eis Isis, quam mortuam tamquam magnam deam colendam putarunt, litteras traderet? Isis porro Inachi filia fuisse proditur, qui primus regnare coepit Argiuis, quando Abrahae iam nepotes reperiuntur exorti.

38. Iam uero si longe antiquiora repetam, et ante illud grande diluuium noster erat utique Noe patriarcha, quem prophetam quoque non inmerito

---

[304] Cf. Clemens Alex., *Stromata* 1.21.107; 본서 18.14.

[305] 교부는 두 도성의 사상적 계보를 비교하려는 의도에서 모세와 신학적 시인들, 이스라엘 초기 예언자들과 최초의 자연철학자 탈레스를 시대적으로 비슷하게 배치하면서도, 히브리 문화가 시대적으로 앞선다는 전통 호교론적 방법론을 구사하고 있다.

[306] 교부도 그리스어와 그리스 문학의 가치에 경의를 품고 있었다.

[307] 사도 7,22 참조: "모세는 이집트인의 모든 지혜를 배워 말과 행동에 힘이 있었습니다." 출애 2,1-10; 사도 7,17-29 참조.

[308] 창세 20,7 참조: "그 여인을 곧 남편에게 돌려보내라. 그 남편은 예언자다."

[309] Cf. Clemens Alex., *Stromata* 5.4.19.

[310] Cf. Eusebius, *Chronicon* [Helm ed.] 27.

앞서지는 않는다. 모두가 탈레스보다는 후대인데, 탈레스마저 로물루스가 왕으로 있을 때 명성을 떨친 것으로 전해지며, 이스라엘의 사료로 말하자면 지금 전 세계로 퍼져나간 문헌에서 예언활동의 강물이 솟구치던 시대에 해당한다. 오로지 저 신학적 시인들, 곧 오르페우스, 리누스, 무사이우스, 그밖에 그리스인들에게 누가 또 있었다면, 그들만이 성서로서의 권위를 갖는 저서들을 우리에게 남긴 히브리 예언자들보다 연대상으로 앞서고 있다.[304] 하지만 그들도 진정한 신학자인 우리 모세를 시대적으로 앞서지는 못한다. 모세로 말하자면 유일한 참 하느님을 진실로 설파했고 그의 저서들은 지금도 권위상 정전의 첫 자리에 든다.[305] 그리스인들로 말하자면, 그들의 언어로 인해 이 세계 문학이 최고로 융성한 것은 사실이지만[306] 참다운 지혜가 있는 우리 종교에 비해 그들이 지혜를 내세워 뽐낼 것은 전혀 없다. 물론 그리스 문학이 참된 지혜가 있는 우리의 종교보다 더 우월하지는 않지만 적어도 시대적으로는 더 오래되었다. 그러나 우리가 말해야 할 것은, 모세 이전에 그들의 지혜라고 할 몇 가지 사상이 존재했다면 그것은 그리스에서가 아니라 이집트 같은 야만족들에게서 유래했다는 점이다. 그렇지 않다면 모세가 이집트인들의 모든 지혜를 함양했다는 말이 성서에까지 기록되었을 리가 없다. 그는 그곳에서 태어났고 파라오의 딸에게 입양되어서 양육되었으며 교양 교육을 받았다는 것이다.[307] 그렇지만 아브라함도 예언자였던 이상, 이집트인들의 지혜가 우리 예언자들의 지혜를 시대적으로 앞설 수는 없었다.[308] 이시스가 그들에게 문자를 전해 주기 전에 이집트에 도대체 무슨 지혜가 있었겠는가?[309] 이집트인들은 이시스가 죽고 나서 그녀를 대여신으로 숭배해야 한다고 생각했다. 그런데 이시스는 아르고스인들을 최초로 통치한 이나쿠스의 딸이라고 전해오고, 그때는 아브라함에게 이미 손자들이 생긴 무렵이었다.[310]

38. 성도의 어떤 저작은 너무 오래되어 교회의 정전목록에 받아들여지지 않았으니, 우발적으로라도 그들의 위서가 진서에 삽입되지 않기 위해서였다

이보다 훨씬 오랜 옛날로 거슬러올라간다면 저 대홍수 이전에도 우리의 성조 노아가 있었는데, 나는 그 사람도 거침없이 예언자라 부르겠고 또 그럴만한 근

dixerim; si quidem ipsa arca, quam fecit et in qua cum suis euasit, prophetia nostrorum temporum fuit. Quid Enoch septimus ab Adam, nonne etiam in canonica epistula apostoli Iudae prophetasse praedicatur? Quorum scripta ut apud Iudaeos et apud nos in auctoritate non essent, nimia fecit antiquitas, propter quam uidebantur habenda esse suspecta, ne proferrentur falsa pro ueris. Nam et proferuntur quaedam quae ipsorum esse dicantur ab eis, qui pro suo sensu passim quod uolunt credunt. Sed ea castitas canonis non recepit, non quod eorum hominum, qui Deo placuerunt, reprobetur auctoritas, sed quod ista esse non credantur ipsorum. Nec mirum debet uideri, quod suspecta habentur, quae sub tantae antiquitatis nomine proferuntur; quando quidem in ipsa historia regum Iuda et regum Israel, quae res gestas continet, de quibus eidem scripturae canonicae credimus, commemorantur plurima, quae ibi non explicantur et in libris dicuntur aliis inueniri, quos prophetae scripserunt, et alicubi eorum quoque prophetarum nomina non tacentur; nec tamen inueniuntur in canone, quem recepit populus Dei. Cuius rei, fateor, causa me latet, nisi quod existimo etiam ipsos, quibus ea, quae in auctoritate religionis esse deberent, sanctus utique Spiritus reuelabat, alia sicut homines historica diligentia, alia sicut prophetas inspiratione diuina scribere potuisse, atque haec ita fuisse distincta, ut illa tamquam ipsis, ista uero tamquam Deo per ipsos loquenti iudicarentur esse tribuenda, ac sic illa pertinerent ad ubertatem cognitionis, haec ad religionis auctoritatem, in qua auctoritate custoditur canon, praeter quem iam si qua etiam sub nomine uerorum prophetarum scripta proferuntur, nec ad ipsam copiam scientiae ualent, quo-

---

[311] 유다 14-15절 참조: "이런 자들을 두고 아담의 칠 대손 에녹이 예언했습니다 …."

[312] 15.23.4에서 에녹서의 위경에 관한 논의가 있었다.

[313] 교부는 성령의 감도(感導)로 기록된 정경(正經)과 그렇지 못한 위경(僞經)을 식별하는 분명한 기준을 잘 모르겠다고 실토한다. 결국 종교기관 당국의 권위로 결정할(Roma locuta, causa finita) 문제로 미루어진다.

거가 있다. 그가 손수 만들었고 거기서 자기 식구들과 더불어 홍수를 면한 방주야말로 우리 시대에 대한 예언이었다. 아담으로부터 7대손이 되는 에녹 역시 예언을 했다고 정전에 해당하는 유다 사도의 서간이 분명히 말하지 않던가?[311] 그들의 저서가 유다인들에게도 우리에게도 성서로서의 권위를 갖지 못했다면, 그것은 그 책들이 너무도 오래된 것이라는 데 이유가 있으니,[312] 가짜를 진짜로 보지나 않을까 응당 의혹을 품을 만했던 것이다. 자기 생각에 따라서 이것저것 멋대로 믿는 사람들은 그 저서들 중 어떤 부분은 바로 그 저자들의 것이라고 볼 만하다고 하면서 그들의 친저라고 우기기도 한다. 하지만 순수한 정전목록은 그것을 용납하지 않는다. 다만 경전의 권위를 부정한다는 것은 하느님의 호의를 받았던 그 사람들에 관한 이야기라는 점을 부정하는 것이 아니고 그 글이 바로 그 인물들의 저술이라는 점을 부정할 따름이다. 너무 오래된 명칭을 달고 있어서 의심할 만하다는 것을 이상하게 생각해서는 안 된다. 역사적 관점에서 보더라도 유다 왕국과 이스라엘 왕국이 역사적 사실들을 담고 있으며, 우리가 정경正經이라고 믿는 그 서책들에 수많은 내용이 기록되면서도 설명은 나오지 않는데, 같은 내용이 예언자들이 기술한 다른 서책들에서 발견된다는 것이다. 심지어 어떤 책에서는 그 예언자들의 이름도 빠지지 않는다. 그럼에도 이런 책들은 하느님의 백성이 받아들인 정경목록에는 나오지 않는다. 그 이유에 관해서는 나도 모르겠다고 자백하는 바이다. 다만 내가 생각하기로 성령이 계시를 내린 사람들이 있고 그 인물들 덕분에 그 저술이 종교적 권위를 갖는 것은 마땅한데, 그 인물들이 인간으로서 오로지 역사적 관심만을 갖고 기록할 수 있었던 것이 다르고, 예언자로서 신적 영감에 의해 기록할 수 있었던 것이 다른 것 같다. 그래서 이 문제는 다음과 같이 구분된다. 전자는 저자에 의해 기록된 것으로 귀속시켜야 하고, 후자는 하느님이 그들을 통해 말씀하는 가운데 기록된 것으로 귀속시키는 것이 옳을 듯하다. 따라서 전자는 지식을 풍부하게 하는 데 목적이 있고 후자는 종교적 권위를 제공하는 데 목적이 있으며, 정경목록은 바로 이 권위에 입각해서 보존된다.[313] 정경목록 외에 설혹 어떤 책이 진짜 예언자들의 저술임을 표방하더라도, 누구누구의 저술이라고 내세우는 바로 그 사람

niam utrum eorum sint, quorum esse dicuntur, incertum est; et ob hoc eis non habetur fides, maxime his, in quibus etiam contra fidem librorum canonicorum quaedam leguntur, propter quod ea prorsus non esse apparet illorum.

39. Non itaque credendum est, quod nonnulli arbitrantur, Hebraeam tantum linguam per illum, qui uocabatur Heber, unde Hebraeorum uocabulum est, fuisse seruatam, atque inde peruenisse ad Abraham, Hebraeas autem litteras a lege coepisse, quae data est per Moysen, sed potius per illam successionem patrum memoratam linguam cum suis litteris custoditam. Denique Moyses in populo constituit, qui docendis litteris praeessent, priusquam diuinae legis ullas litteras nossent. Hos appellat scriptura γραμματοεισαγωγούς, qui Latine dici possunt litterarum inductores uel introductores, eo quod eas inducant, id est introducant, quodam modo in corda discentium uel in eas potius ipsos quos docent. Nulla igitur gens de antiquitate suae sapientiae super patriarchas et prophetas nostros, quibus diuina inerat sapientia, ulla se uanitate iactauerit, quando nec Aegyptus inuenitur, quae solet falso et inaniter de suarum doctrinarum antiquitate gloriari, qualicumque sapientia sua patriarcharum nostrorum tempore praeuenisse sapientiam. Neque enim quisquam dicere audebit mirabilium disciplinarum eos peritissimos fuisse, antequam litteras nossent, id est, antequam Isis eo uenisset easque ibi docuisset. Ipsa porro eorum memorabilis doctrina, quae appellata est sapientia, quid erat nisi maxime astronomia et si quid aliud talium disciplinarum magis ad exercenda ingenia quam ad inluminandas uera sapientia mentes solet ualere? Nam quod

---

[314] 구약 정경에 인용되는, 정경 아닌 "예언서"가 무려 열두 책이 넘으므로 이런 논란이 초대교회부터 있었다. 교부는 계시(啓示)와 감도(感導)를 구분하면서 역사서와 예언서를 분류해 본다.

[315] 16.3.2; 16.11.1-2 참조.

[316] inductor: 잘 쓰지 않는 라틴어로 "… 길잡이". 출애 18,21(LXX) 참조.

[317] 이집트 지혜문학은 중동에 널리 알려져 있었지만 다른 교부(예: Clemens Alex., *Stromata* 5.22)를 인용하여 이집트 문학에 대한 히브리 종교와 지혜문학의 독자성을 옹호하고자 한다.

들의 것인지 확실하지 않으므로 그것은 풍부한 지식에도 보탬이 안 된다. 이런 이유로 그런 저술들에는 믿음을 두지 않으며, 특히나 정경들의 신앙과 배치되는 내용을 거기서 읽을 수 있다면 그런 책들은 신적 영감에 의해 기록된 책이 아님은 말할 나위도 없고, 따라서 그 예언자들의 친저가 아님이 확실하게 드러나는 것이다.[314]

39. 히브리 문학은 항상 자기 언어로 기록을 남겼다

그러므로 혹자가 말하듯이 히브리어는 에벨(그에게서 히브리인이라는 단어가 나왔다)[315]이라고 하는 사람을 통해 구어口語로만 보전되었으며 그렇게 전해 내려오다 아브라함에 이르렀고, 히브리 문자는 모세를 통해 내린 율법에서 비롯되었다는 주장은 믿지 말아야 한다. 오히려 성조들이 계승하면서 구어가 그 문자와 함께 보전되어 온 것으로 봐야 한다. 더구나 모세는 신적 율법의 문자들을 백성들이 알기 이전에 백성 가운데 글자를 가르칠 책임자들을 미리 정해 두었다. 성서는 그런 사람들을 그람마토에이사고고이라고 하는데 라틴어로 하자면 리테라룸 인둑토레스 벨 인트로둑토레스,[316] 말하자면 "배우는 사람들의 마음에 초보로 글자를 가르치는, 혹은 주입시키는 사람들, 즉 가르치는 대상자들에게 글자를 대면시켜 주는 사람들"이다. 그러니 어떤 민족도 허영심으로 자기네 지혜가 오래되었다고, 아니 우리 성조들과 예언자들보다 더 오래되었노라고 뽐낼 민족은 하나도 없다. 더구나 이 사람들에게는 신적 지혜가 깃들어 있었다. 심지어 거짓이나 황당한 말로 자기네 학문이 더 오래되었노라고 뽐내기 일쑤인 이집트마저 자기네 지혜(도대체 어떤 지혜인지는 모르겠다)가 우리 성조들의 지혜보다 시대적으로 앞선다고 자랑하지 못한다.[317] 또 누구도 그들이 문자를 알기 전에, 다시 말해 이시스가 이집트로 와서 그들에게 문자를 가르쳐 주기 이전에, 이집트인들이 신기한 학문들에 극히 해박했다는 말을 감히 못할 것이다. 이집트인들의 놀라운 학문, 특히 지혜라고 부르는 학문이란 기껏해야 천문학이 아니고 무엇이던가? 또 저런 학문들의 기능이 참다운 지혜로 지성을 조명하는 데 유효하기보다는 기껏해야 재주를 숙련시키는 것이 아니고 무엇이던가? 또 인간이 행복해지는

adtinet ad philosophiam, quae se docere profitetur aliquid, unde fiant homines beati, circa tempora Mercurii, quem Trismegistum uocauerunt, in illis terris eius modi studia claruerunt, longe quidem ante sapientes uel philosophos Graeciae, sed tamen post Abraham et Isaac et Iacob et Ioseph, nimirum etiam post ipsum Moysen. Eo quippe tempore, quo Moyses natus est, fuisse reperitur Atlans ille magnus astrologus, Promethei frater, maternus auus Mercurii maioris, cuius nepos fuit Trismegistus iste Mercurius.

40. Frustra itaque uanissima praesumptione garriunt quidam dicentes, ex quo Aegyptus rationem siderum conprehendit, amplius quam centum annorum milia numerari. In quibus enim libris istum numerum collegerunt, qui non multum ante annorum duo milia litteras magistra Iside didicerunt? Non enim paruus auctor est in historia Varro, qui hoc prodidit, quod a litterarum etiam diuinarum ueritate non dissonat. Cum enim ab ipso primo homine, qui est appellatus Adam, nondum sex annorum milia compleantur, quo modo non isti ridendi potius quam refellendi sunt, qui de spatio temporum tam diuersa et huic exploratae ueritati tam contraria persuadere conantur? Cui enim melius narranti praeterita credimus, quam qui etiam futura praedixit, quae praesentia iam uidemus? Nam et ipsa historicorum inter se dissonantia copiam nobis praebet, ut ei potius credere debeamus, qui diuinae, quam tenemus, non repugnat historiae. Porro autem ciues impiae ciuitatis diffusi usquequaque per terras cum legunt doctissimos homines, quorum nullius contemnenda uideatur auctoritas, inter se de rebus gestis ab aetatis nostrae memoria remotissimis discrepantes, cui potius credere debeant, non inueniunt. Nos uero in nostrae religionis historia fulti auctoritate diuina, quidquid ei resistit, non dubita-

---

[318] Cf. Diodorus Siculus, *Bibliotheca* 1.15.9 - 16.2; 본서 8.26.2 (*Corpus Hermeticum*).

[319] Cf. Eusebius, *Chronicon* [Helm ed.] 37, 40.

[320] 교부가 이 장에서 유난히 비난적인 어조를 쓰는 이유는 이집트가 학문의 시원과 발달을 구실로 갖가지 잡신과 우상들을 도입한 종교문화적 부산물 때문이었다고 추정된다.

[321] Cf. Varro, *De gente populi Romani* fr.12.

[322] 아우구스티누스는 바로나 에우세비우스 등의 연대 계산을 사실(史實)로 믿고서 칠십인역 구약에도 근거해서 아담으로부터 그리스도 시대까지를 대략 6,000년 정도로 믿고 있다.

[323] narranti *praeterita* credimus ... quam qui etiam *futura* praedixit, quae *praesentia* iam videmus? 수사학적 문장으로 하느님 도성의 역사서가 갖는 통시적(通時的) 성격을 부각시킨다.

방법에 대해 스스로 뭔가를 가르친다는 철학에 관해서도 하는 말이지만 빨라야 트리스메기스투스라고도 하는 메르쿠리우스 시대를 전후해서 그 지방에서 철학연구가 탁월했다. 그러나 이것은 그리스의 현자들과 철학자들을 까마득하게 앞서는데도 아브라함, 이사악, 야곱과 요셉보다는 후대에 해당한다. 심지어 모세보다도 후대다.[318] 모세가 탄생한 바로 그 시기에 저 위대한 천문학자 아틀란스가 살고 있었다. 그는 프로메테우스의 형제요 대大메르쿠리우스의 외삼촌이므로, 트리스메기스투스라고 일컫는 저 메르쿠리우스는 그의 조카가 된다.[319]

40. 이집트인들의 허영: 그들은 자기네 학문의 연대를 10만 년으로 계산한다[320]
　이집트가 성좌들의 이론을 수립한 지 무려 10만 년이 넘는다고 주장하는 사람들은 허황하기 짝이 없는 가설을 내세워 으스대는 꼴이다. 스승 이시스에게 문자를 배운 것이 2천 년 조금 전인데, 도대체 어떤 책에서 그만한 햇수를 합산해낸다는 말인가? 바로는 역사에 있어서도 하찮은 저술가가 아니다. 이시스에 관한 이야기를 전해 준 사람은 다름아닌 그이며 이것은 성서의 진리와도 상치되지 않는다.[321] 아담이라고 불렸던 최초의 인간으로부터 아직 6천 년이 되지 않았는데, 시간 간격에 대해 저처럼 엄청나게 다르고 지금까지 탐구된 진리와 그토록 상반된 얘기를 굳이 설득시키려고 시도하는 사람들에게는 일일이 논박하기보다는 차라리 웃어넘겨야 하지 않을까?[322] 단지 과거사만을 술회하는 사람보다 과거사를 술회하면서 미래사도 함께 예고했고 그 예고가 현재 이루어지고 있음을 우리가 목격하는 그런 사람보다 더 신빙성있는 사람이 누가 있겠는가?[323] 더구나 역사가들 사이의 의견 차이도 우리가 간직하고 있는 거룩한 역사에 상반되지 않는 말을 하는 사람을 믿어야 한다는 구실을 많이 제공한다. 불경스런 도성의 시민들이 온 땅에 두루 퍼져 있으면서 아주 해박한 사람들의 글을 읽고 있다. 물론 조금도 권위를 무시해서는 안 될 것 같은 인물들이지만, 우리 시대의 기억과는 아주 먼 과거의 역사적 사실들에 대해 자기들끼리도 의견이 분분하여, 과연 누구 말을 더 믿어야 할지 갈피를 잡지 못한다. 그에 비해 우리는 우리 종교의 역사에 관한 한, 신적 권위로 뒷받침을 받기 때문에, 무엇이든지 그것과

mus esse falsissimum, quomodolibet sese habeant cetera in saecularibus litteris, quae seu uera seu falsa sint, nihil momenti adferunt, quo recte beateque uiuamus.

41. Vt autem iam cognitionem omittamus historiae, ipsi philosophi, a quibus ad ista progressi sumus, qui non uidentur laborasse in studiis suis, nisi ut inuenirent quo modo uiuendum esset adcommodate ad beatitudinem capessendam, cur dissenserunt et a magistris discipuli, et inter se condiscipuli, nisi quia ut homines humanis sensibus et humanis ratiocinationibus ista quaesierunt? Vbi quamuis esse potuerit et studium gloriandi, quo quisque alio sapientior et acutior uideri cupit nec sententiae quodam modo addictus alienae, sed sui dogmatis et opinionis inuentor, tamen ut nonnullos uel etiam plurimos eorum fuisse concedam, quos a suis doctoribus uel discendi sociis amor ueritatis abruperit, ut pro ea certarent, quam ueritatem putarent, siue illa esset, siue non esset: quid agit aut quo uel qua, ut ad beatitudinem perueniatur, humana se porrigit infelicitas, si diuina non ducit auctoritas? Denique auctores nostri, in quibus non frustra sacrarum litterarum figitur et terminatur canon, absit ut inter se aliqua ratione dissentiant. Vnde non inmerito, cum illa scriberent, eis Deum uel per eos locutum, non pauci in scholis atque gymnasiis litigiosis disputationibus garruli, sed in agris atque urbibus cum doctis atque indoctis tot tantique populi crediderunt. Ipsi sane pauci esse debuerunt, ne multitudine

---

[324] 교부가 말하는 인생의 목적(quo recte beateque vivamus)에 준거한다면 세속의 역사와 문학은 그다지 비중을 갖지 못한다.

[325] 8권에서 서구 철학사를 간추리며 학파와 철학자들을 일일이 거명하고 평가한 바 있다.

[326] 4.23.1; 19.1.3 참조.

[327] 철학자들을 상대로 아우구스티누스는 종교인으로서 신적 계시가 일반 대중에게도 인생의 문제와 그 해결에 확고한 길을 담보하는 "보편적 진리"에 역점을 둔다.

상치된다면 전적으로 허위라고 믿어 의심치 않는다. 그밖의 것이 세속 문학에서 어떻게 나타나든 상관없으며, 세속 문학이야 참일 수도 있고 거짓일 수도 있겠지만 우리가 바르고 행복하게 사는 데 아무런 비중을 갖지 못한다.[324]

41. 철학자들의 의견 상충, 교회의 정전에 들어있는 성서들의 의견 합치
41. 1. 철학자들의 학파간에는 논쟁이 성행한다

역사에 대한 지식은 잠시 한쪽으로 미루어 두고 철학자들에게로 화제를 옮겨보자. 사실 우리는 철학자들에 관한 얘기를 하다가 지금까지 다룬 문제로 옮겨왔던 것이다.[325] 철학자들은 어떻게 살아야 적절한 행복을 획득하는지에 대해서가 아니면 자기네 연구에서 그다지 힘을 기울인 것 같지 않다.[326] 그럼에도 왜 제자들은 스승들과 의견이 갈라졌으며, 문하생들끼리도 서로 견해가 달라졌을까? 그것은 오로지 인간으로서 인간적 감관과 인간적 추론만으로 그런 문제들을 탐구했기 때문이 아닐까? 물론 누구든지 남보다 더 지혜롭고 더 명민한 사람으로 보이고 싶어하며, 자신이 남의 사상에 의존하고 있지 않고 자기 학설과 사상의 창시자임을 과시하고 싶어하는 등 영예를 추구하는 노력도 있을 수 있겠다. 하지만 나는 그가운데 적지 않은 사람들, 아니 대다수가 오로지 진리에 대한 사랑에서 스승으로부터 떨어져 나왔고 같은 문하생들로부터 갈라져 나왔으리라고 인정하고 싶다. 그리고 오로지 진리를 위해 싸운다고, 그것이 과연 진리인지 아닌지에 상관없이 자기가 진리라고 여긴 바를 위해 싸운다고 인정하고 싶다. 하지만 신적 권위가 인간을 인도해 주지 않으면, 인간의 불행은 행복에 도달하기 위해 과연 무엇을 하고 과연 어디서부터 어디로 향해야 할 것인가?[327] 그밖에도 우리 저자들의 작품들은 거룩한 문학의 정전으로 확정되고 한정되어 있어서 어떤 사유로도 서로 논쟁을 한다는 것은 불가하다. 그들이 그것을 집필할 때에도 과연 그들에게 하느님이 말씀했는지, 또는 그들을 통해 하느님이 말씀했는지에 대해 학교나 체육관에서 적잖은 수다쟁이들이 논쟁어린 시비를 벌이긴 하지만, 시골에서도 도회지에서도, 유식한 사람들과 무식한 사람들을 망라하여 그 많고도 그 위대한 백성들이 성서를 믿기에 이른 데는 그만한 이유가

uilesceret, quod religione carum esse oporteret; nec tamen ita pauci, ut eorum non sit miranda consensio. Neque enim in multitudine philosophorum, qui labore etiam litterario monumenta suorum dogmatum reliquerunt, facile quis inuenerit, inter quos cuncta quae sensere conueniant; quod ostendere hoc opere longum est.

Quis autem sectae cuiuslibet auctor sic est in hac daemonicola ciuitate adprobatus, ut ceteri inprobarentur, qui diuersa et aduersa senserunt? Nonne apud Athenas et Epicurei clarebant, adserentes res humanas ad deorum curam non pertinere, et Stoici, qui contraria sentientes eas regi atque muniri diis adiutoribus et tutoribus disputabant? Vnde miror cur Anaxagoras reus factus sit, quia solem dixit esse lapidem ardentem, negans utique deum, cum in eadem ciuitate gloria floruerit Epicurus uixeritque securus, non solum solem uel ullum siderum deum esse non credens, sed nec Iouem nec ullum deorum omnino in mundo habitare contendens, ad quem preces hominum supplicationesque perueniant. Nonne ibi Aristippus in uoluptate corporis summum bonum ponens, ibi Antisthenes uirtute animi potius hominem fieri beatum adseuerans, duo philosophi nobiles et ambo Socratici, in tam diuersis atque inter se contrariis finibus uitae summam locantes, quorum etiam ille fugiendam, iste administrandam sapienti dicebat esse rem publicam, ad suam quisque sectam sectandam discipulos congregabat? Nempe palam in conspicua et notissima porticu, in gymnasiis, in hortulis, in locis publicis ac priuatis cateruatim pro sua quisque opinione certabant, alii adserentes unum, alii innumerabiles mun-

---

[328] 19권에서 길게 다룬다.

[329] daemonicola civitas: 교부로서 흔히 쓰지 않는 이색적 표현이다.

[330] 양자의 견해차는 8.5 참조.

[331] 참조: 8.2; Diogenes Laertius, *Vitae philosophorum* 2.3.12. Anaxagoras는 431년에 불경죄로 아테네에서 추방당했다.

[332] Cf. Diogenes Laertius, *Vitae philosophorum* 10.123-124.

[333] Cf. Diogenes Laertius, *Vitae philosophorum* 2.8.86-88; 6.1.10-12; 본서 8.3.

[334] 스토아 철학자들을 가리키나 당대 그리스의 공공건물은 시민들의 자유로운 집회와 토론장이었다. Cf. Cicero, *De oratore* 1.18.56; 2.4.21.

없지 않다. 성서 저자들의 숫자가 소수인 것은 종교적으로 소중한 내용이 다수로 인해 천박해지는 일이 없도록 하기 위해서였고, 그렇다고 놀랍게도 의견일치가 이루어지지 못할 만큼 소수는 아니었다. 그 대신 문학적 작업으로 자기 학설에 관한 위업을 남긴 철학자들의 수는 많지만 그들 사이에 서로 주장이 전적으로 합치하는 인물들을 찾아내기는 누구든지 그다지 쉽지 않을 것이다. 하지만 이런 문제를 이 저서에서 다루기에는 너무 긴 작업이 되겠다.[328]

41.2. 철학자들은 상이하고 상반된 주장들을 했다

어떤 한 학파의 창설자가 정령을 숭배하는 이 도성[329]에서 전적으로 인정을 받았다고 해서 상이하거나 상반된 주장을 하는 다른 인물들이 모조리 배격을 당하는 경우가 있던가? 아테네에서는, 인간사는 신들의 관심에 속하지 않는다고 주장하는 에피쿠루스 학파가 유명했지만, 또 한편으로는 스토아 학파가 정반대의 주장을 하면서 인간사가 신들에 의해 통솔되고 신들의 보우와 보호를 갖추고 있다고 역설하지 않았던가?[330] 그래서 태양은 불타는 돌에 불과하며 따라서 태양이 신이라는 사실은 부정되어야 한다고 아낙사고라스가 주장했다고 해서 어떻게 그를 죄인으로 판결내렸는지 나는 놀랍게 생각한다.[331] 똑같은 도성에서 에피쿠루스는 태양이나 그밖의 어떤 성좌도 신이라는 말을 믿지 않았을 뿐 아니라, 유피테르든 어떤 신이든 세상에 거주하여 인간들의 기도와 청원이 그에게 도달하는 일은 없다고 시비를 걸었는데도 영광을 만끽하고 안전무사하게 생을 마쳤다.[332] 거기서 아리스티푸스는 육체의 쾌락에 최고선을 부여했고, 거기서 안티스테네스는 인간이 행복해지는 것은 오히려 정신의 덕성에서 말미암는다고 주장하지 않았던가? 둘다 고명한 철학자이며 둘다 소크라테스의 제자인데도 어떻게 저렇게 상이하고 상반된 목적으로 인생의 최고 경지를 주장할 수 있었는가? 또한 전자는 현자로서 공화국의 일을 기피해야 한다고 하고 후자는 공화국을 통솔해야 한다고 했는데, 그러면서도 각자가 자기 학파를 따를 제자들까지 모으지 않았던가?[333] 그런가 하면 잘 들여다보이고 사람들에게 널리 알려진 회랑이나, 체육관, 정원, 공공장소나 사사로운 곳 등 장소를 막론하고 어디서나 무리를 이루어 각자가 자기 견해를 주장하며 언쟁을 하지 않았던가?[334] 어떤 사람들은 세계가 하

dos; ipsum autem unum alii ortum esse, alii uero initium non habere; alii interiturum, alii semper futurum; alii mente diuina, alii fortuito et casibus agi; alii inmortales esse animas, alii mortales; et qui inmortales, alii reuolui in bestias, alii nequaquam; qui uero mortales, alii mox interire post corpus, alii uiuere etiam postea uel paululum uel diutius, non tamen semper; alii in corpore constituentes finem boni, alii in animo, alii in utroque, alii extrinsecus posita etiam bona ad animum et corpus addentes; alii sensibus corporis semper, alii non semper, alii numquam putantes esse credendum. Has et alias paene innumerabiles dissensiones philosophorum quis umquam populus, quis senatus, quae potestas uel dignitas publica impiae ciuitatis diiudicandas et alias probandas ac recipiendas, alias inprobandas repudiandasque curauit, ac non passim sine ullo iudicio confuseque habuit in gremio suo tot controuersias hominum dissidentium, non de agris et domibus uel quacumque pecuniaria ratione, sed de his rebus, quibus aut misere uiuitur aut beate? Vbi etsi aliqua uera dicebantur, eadem licentia dicebantur et falsa, prorsus ut non frustra talis ciuitas mysticum uocabulum Babylonis acceperit. Babylon interpretatur quippe confusio, quod nos iam dixisse meminimus. Nec interest diaboli regis eius, quam contrariis inter se rixentur erroribus, quos merito multae uariaeque impietatis pariter possidet.

---

[335] 키케로(*De finibus bonorum et malorum*)도 별도의 저서를 냈지만 헬레니즘 철학자들의 상반된 철학이론은 교부에게 인간 지혜의 한계를 드러내는 증표로 여겨진다.

[336] 16.4 참조.

[337] 그들이 바치는 행위는 경신행위(pietas)이지만 악마에게 바쳐지므로 불경행위(impietas)라고 교부에게 지적받는다.

[338] 철학적 이론과 신념은 철학자에게 종교에 버금가는 언행일치를 초래해야(philosphus verus amator Dei) 한다는 것이 아우구스티누스의 철학관이므로(*De vera religione* 1.1 - 4.7) 올바른 사변적 이론을 갖추고도 다신교 우상숭배에 빠진 철학도들은 악마의 세력에 장악되어 있는 처지라고 한탄한다.

나라고 주장하고 또 어떤 사람들은 세계가 무수히 많다고 주장하는가 하면, 그 단일한 세계도 어떤 사람들은 시원이 있다고 주장하고 또 다른 사람들은 시작을 갖지 않는다고 주장하는가 하면, 혹자는 세계가 멸망하리라고 하고 혹자는 항상 존재하리라고 하며, 누구는 세계가 신적 지성에 의해 통솔된다고 하고 누구는 우연과 요행에 의해 운영된다고 한다. 어떤 사람들은 영혼이 불사불멸한다고 하고 어떤 사람들은 사멸한다고 하며, 영혼이 불멸한다는 사람들 중에는 짐승으로 윤회한다는 사람들이 있는가 하면 전혀 그렇지 않다는 사람들도 있다. 또 사멸한다는 사람들 중에서도 육체를 떠난 직후에 바로 소멸된다고 하는 사람들이 있는가 하면 조금 후나 꽤 오랜 시간 동안 살아있으며 그렇다고 항상 살아있는 것은 아니라고 주장하는 사람들도 있다. 어떤 사람들은 선善의 목적을 신체에 두고 또 어떤 사람들은 정신에 두며, 또 다른 사람들은 양편에 두고 또 다른 사람들은 영과 육에 외부로부터 다른 선이 첨가된다고 주장한다. 혹자는 육체의 감관에 언제나 호응해야 한다고 주장하고 혹자는 항상 그래서는 안 된다고 주장하고 혹자는 절대로 그래서는 안 된다고 믿는 것이다.[335] 철학자들의 이런 견해차이나 그밖의 헤아릴 수 없이 많은 의견대립을 두고 불경스런 도성을 이루고 있는 어느 백성, 어느 원로원, 어느 권력이나 공공 권위가 시비를 가리는 판단을 내리던가? 어떤 것은 채택하고 용납하며 다른 것은 배척하고 규제하는 조처를 취했던가? 대개는 아무런 판단도 내리지 않은 채 서로 다투는 사람들의 저 온갖 논쟁들을 자기 사회 내부에 혼란 그대로 방치한다. 그것이 전답이나 주택이나 금전적 계산에 관한 문제가 아니고, 그야말로 불행하게 사느냐 행복하게 사느냐를 가름하는 중대한 사안과 결부된 것인데도 그대로 방치한다. 거기서 비록 뭔가 참된 이야기가 나온다 하더라도 거짓 역시 그만큼 관용되고 있으니, 그래서 이런 도성이 바빌론이라는 이상한 칭호를 받은 것도 괜한 일은 아니다. 바빌론은 "혼동"이라고 해석되며 우리가 기억하기로 이 얘기는 이미 앞에서 했다.[336] 그곳의 왕인 악마는 철학자들의 상치되는 오류들이 얼마나 심하게 서로 다투는지 개의치 않는다. 악마는 그들이 바치는 무수하고 다채로운 불경행위[337] 덕분에 그들을 이미 손아귀에 넣고 있기 때문이다.[338]

At uero gens illa, ille populus, illa ciuitas, illa res publica, illi Israelitae, quibus credita sunt eloquia Dei, nullo modo pseudoprophetas cum ueris prophetis parilitate licentiae confuderunt, sed concordes inter se atque in nullo dissentientes sacrarum litterarum ueraces ab eis agnoscebantur et tenebantur auctores. Ipsi eis erant philosophi, hoc est amatores sapientiae, ipsi sapientes, ipsi theologi, ipsi prophetae, ipsi doctores probitatis atque pietatis. Quicumque secundum illos sapuit et uixit, non secundum homines, sed secundum Deum, qui per eos locutus est, sapuit et uixit. Ibi si prohibitum est sacrilegium, deus prohibuit. Si dictum est: *Honora patrem tuum et matrem tuam*, deus iussit. Si dictum est: *Non moechaberis non homicidium facies, non furaberis*, et cetera huius modi, non haec ora humana, sed oracula diuina fuderunt. Quidquid philosophi quidam inter falsa, quae opinati sunt, uerum uidere potuerunt et laboriosis disputationibus persuadere moliti sunt, quod mundum istum Deus fecerit eumque ipse prouidentissimus administret, de honestate uirtutum, de amore patriae, de fide amicitiae, de bonis operibus atque omnibus ad mores probos pertinentibus rebus, quamuis nescientes ad quem finem et quonam modo essent ista omnia referenda, propheticis, hoc est diuinis, uocibus, quamuis per homines, in illa ciuitate populo commendata sunt, non argumentationum concertationibus inculcata, ut non hominis ingenium, sed Dei eloquium contemnere formidaret, qui illa cognosceret.

42. Has sacras litteras etiam unus Ptolomaeorum regum Aegypti nosse studuit et habere. Nam post Alexandri Macedonis, qui etiam Magnus

---

[339] 출애 20,12-15 참조.

[340] non hominis ingenium sed Dei eloquium contemnere: 철학과 신학, 이성과 신앙의 관계에 대한 그리스도교의 근본입장이다.

41.3. 성서 저자들은 서로 의견 차이를 보이지 않는다

그러나 저 민족, 저 백성, 저 도성, 저 공화국, 하느님의 말씀을 믿는 저 이스라엘 사람들은 가짜 예언자를 진짜 예언자와 동등하게 취급할 만큼 혼동하는 일이 없었다. 자기들 사이에 의견이 상합하고 조금도 상충되지 않는 사람들을 성서의 진짜 저자라고 인정하고 그런 입장을 견지했다. 그들에게는 이런 저자야말로 철학자, 곧 지혜를 사랑하는 사람이며 현자며 신학자며, 그들이 곧 예언자요 정직과 신심을 가르치는 교사였다. 누구든지 그들의 가르침에 따라 생각하고 살아간 사람은 사람에 따라 살지 않고 그들을 통해 말씀을 건넨 하느님에 따라 생각하고 살아간 사람이다. 그들의 책에서 독성 행위가 금지되었다면 하느님이 금한 것이다. "너의 아버지와 너의 어머니를 공경하라"라고 썼다면 하느님이 명한 말씀이다. "간음하지 말라. 살인하지 말라. 도둑질하지 말라" 등등의 말씀이 쓰였다면 인간의 입이 아니고 신적 신탁이다.[339] 물론 철학자들이 머리에서 짜낸 허위 속에서도 어떤 진리를 볼 수 있었고, 힘든 토론을 거쳐 사람들을 설득하여 이 세상을 하느님이 만들고 섭리로 다스린다고 가르치고자 노력할 수도 있었다. 나아가 덕목의 영예로움에 대해, 조국의 사랑에 대해, 우정의 신의에 대해, 선행에 대해, 정직한 행실에 관련된 모든 사실에 대해 가르침을 내렸을 수도 있다. 그러면서 본인들은 그런 것들이 정작 무슨 목적을 갖는지 몰랐고, 심지어 저 모든 것을 어떻게 하나로 연관시켜야 하는지 몰랐을 수도 있다. 하지만 저 천상 도성에 있는 백성들에게는 이런 가르침들이 예언자들의 목소리를 통해서, 다시 말해 비록 인간들을 경유할지라도 신적 음성으로 훈계를 하지 논리상 토론을 거쳐서 주입되는 일은 없다. 그리고 이런 가르침을 깨달은 사람이 무서워하는 바는 혹시 인간의 재능이 아니라 하느님의 언사를 멸시하지나 않을까 하는 두려움이다.[340]

42. 구약성서가 이방인도 알도록 하느님 섭리로 히브리어에서 그리스어로 번역된 내력

이집트의 프톨로마이우스 왕가의 한 임금이 이 성서를 알고 싶어 손에 넣으려고 애를 썼다. 대왕이라는 별호가 붙은, 마케도니아 사람인 알렉산데르의 패

cognominatus est, mirificentissimam minimeque diuturnam potentiam, qua uniuersam Asiam, immo paene totum orbem, partim ui et armis, partim terrore subegerat, quando inter cetera Orientis etiam Iudaeam ingressus obtinuit; eo mortuo comites eius cum regnum illud amplissimum non pacifice inter se possessuri diuisissent, sed potius dissipassent bellis omnia uastaturi, Ptolomaeos reges habere coepit Aegyptus; quorum primus, Lagi filius, multos ex Iudaea captiuos in Aegyptum transtulit. Huic autem succedens alius Ptolomaeus, qui est appellatus Philadelphus, omnes, quos ille adduxerat subiugatos, liberos redire permisit; insuper et dona regia in templum Dei misit petiuitque ab Eleazaro tunc pontifice dari sibi scripturas, quas profecto audierat fama praedicante diuinas, et ideo concupiuerat habere in bibliotheca, quam nobilissimam fecerat. Has ei cum idem pontifex misisset Hebraeas, post ille etiam interpretes postulauit; et dati sunt septuaginta duo, de singulis duodecim tribubus seni homines, linguae utriusque doctissimi Hebraeae scilicet atque Graecae, quorum interpretatio ut Septuaginta uocetur, iam obtinuit consuetudo. Traditur sane tam mirabilem ac stupendum planeque diuinum in eorum uerbis fuisse consensum, ut, cum ad hoc opus separatim singuli sederint (ita enim eorum fidem Ptolomaeo placuit explorare), in nullo uerbo, quod idem significaret et tantundem ualeret, uel in uerborum ordine alter ab altero discreparet; sed tamquam unus esset interpres, ita quod omnes interpretati sunt unum erat; quoniam re uera spiritus erat unus in omnibus. Et ideo tam mirabile Dei munus acceperant, ut illarum scripturarum non tamquam humanarum, sed, sicut erant, tamquam diuinarum etiam isto modo commendaretur auctoritas, credituris quandoque gentibus profutura, quod iam uidemus effectum.

---

[341] Cf. Eusebius, *Chronicon* [Helm ed.] 121-125.

[342] Cf. Eusebius, *Chronicon* [Helm ed.] 125-128.

[343] "알렉산드리아 도서관"을 가리킨다. Ptolomaeus Philadelphus의 이 행적에 관해서는 Eusebius, *Chronicon* [Helm ed.] 129; Iosephus Flavius, *Antiquitates Iudaicae* 12.2.4 이하 참조.

[344] 이런 야사(野史)는 Aristeas의 *Epistula ad Philocratem*이라는 문서에 전해오는데, 다른 교부들 (Irenaeus, *Adversus haereses* 3.21.2; Clemens Alex., *Stromata* 1.22; Tertullianus, *Apologeticum* 18.5-9)처럼 아우구스티누스도 이 문서에 신빙성을 두지만 히에로니무스(*Prologus in Pentateuchum*)는 문서를 인정하지 않는다.

권은 굉장하면서도 참으로 단명에 그쳤다. 그는 아시아 전역 그러니까 세계 전부를, 일부는 완력과 군대로, 일부는 공포로 정벌한 다음, 동방의 다른 영토들은 물론 유다에도 침입하여 점령해 버렸다.[341] 그가 죽고 나자 그의 막료들은 저 광대한 왕국을 평화롭게 분할하여 소유하지 않고 전쟁으로 모든 것을 파괴할 목적으로 분산시켜 버렸다. 이집트는 프톨로마이우스家 임금들을 모시기 시작했다. 그가운데 초대는 라구스의 아들로 유다에서 수많은 포로들을 붙잡아 이집트로 끌고 갔다.[342] 그의 뒤를 이어 필라델푸스라고도 하는 다른 프톨로마이우스는 저 사람이 정벌하여 붙잡아 온 사람들을 자유의 몸이 되어 돌아가게 허락했다. 그밖에도 왕가의 예물을 하느님의 성전에 보내면서 그 당시의 대제관 엘레아자르에게 부탁하여 자기에게 성서를 보내달라고 했다. 그는 그것이 신적 저작이라는 소문을 널리 들어 알고 있었으므로 자기가 지은 저 유명한 도서관에 그 서적을 갖추어 놓고 싶어했던 것이다.[343] 그 대제관이 히브리어 성서를 그에게 보내자 그는 뒤이어 번역가들을 또한 청해왔다. 그리하여 일흔두 명이 파견되었는데, 열두 지파에서 각기 여섯 명씩 차출된 사람들로서 두 언어, 곧 히브리어와 그리스어에 능통했다. 그들의 번역을 칠십인역이라고 부르는 것은 이미 관습이 되었다. 그들의 언어 구사에서 이루어진 공감은 참으로 경이롭고 놀라와서 정말 신적 경지였다고 전한다. 이 작업에서는 각자가 따로 앉아서 아무 말도 하지 않고 작업을 했는데 (프톨로마이우스는 그렇게 해서 각자의 신앙을 시험해 보려고 마음먹었다) 번역문에서 단어 하나 틀리지 않았고 심지어는 같은 의미를 갖는 동의어에 있어서도 차이가 나지 않았으며 나아가 단어들의 순서마저 서로 다르지 않았다고 한다. 일흔 명의 번역자들이 마치 한 사람 같았으며 모든 이가 번역한 결과물이 하나같이 똑같았다. 왜냐하면 진정 그 모든 사람들 속에 역사하는 성령은 단 한 분이었기 때문이다. 그들은 참으로 놀라운 하느님의 직무를 받은 터였으므로, 그 성서들이 인간적 작품이 아니라 신적 작품으로서의(실제로 항상 신적 작품이었다) 권위를 갖고 있음을 그런 방식으로 드러냈던 것이다. 이것은 언젠가 여러 민족들이 번역된 성서를 읽고 믿을 때를 생각해서 도움을 주기 위한 것이었으며, 우리는 이미 그 효과를 목도하는 중이다.[344]

43. Nam cum fuerint et alii interpretes, qui ex Hebraea lingua in Graecam sacra illa eloquia transtulerunt, sicut Aquila, Symmachus, Theodotion; sicut etiam illa est interpretatio, cuius auctor non apparet et ob hoc sine nomine interpretis quinta editio nuncupatur: hanc tamen, quae Septuaginta est, tamquam sola esset, sic recepit ecclesia, eaque utuntur Graeci populi Christiani, quorum plerique utrum alia sit aliqua ignorant. Ex hac Septuaginta interpretatione etiam in Latinam linguam interpretatum est, quod ecclesiae Latinae tenent; quamuis non defuerit temporibus nostris presbyter Hieronymus, homo doctissimus et omnium trium linguarum peritus, qui non ex Graeco, sed ex Hebraeo in Latinum eloquium easdem scripturas conuerterit. Sed eius tam litteratum laborem quamuis Iudaei fateantur esse ueracem, septuaginta uero interpretes in multis errasse contendant: tamen ecclesiae Christi tot hominum auctoritati ab Eleazaro tunc pontifice ad hoc tantum opus electorum neminem iudicant praeferendum; quia, etsi non in eis unus apparuisset spiritus sine dubitatione diuinus, sed inter se uerba interpretationis suae septuaginta docti more hominum contulissent, ut, quod placuisset omnibus, hoc maneret, nullus eis unus interpres debuit anteponi; cum uero tantum in eis signum diuinitatis apparuit, profecto quisquis alius illarum scripturarum ex Hebraea in quamlibet aliam linguam interpres est uerax, aut congruit illis septuaginta interpretibus, aut si non congruere uidetur, altitudo ibi prophetica esse credenda est. Spiritus enim, qui in prophetis erat, quando illa dixerunt, idem ipse erat etiam in septuaginta uiris, quando illa interpretati sunt; qui profecto auctoritate diuina et aliud dicere potuit, tamquam propheta ille utrumque

---

[345] 15.23.3에는 "하느님의 아들들"이라는 표현을 두고 아퀼라의 번역본이 대조 소개된다.

[346] quinta editio: 교부들에게는 sexta, septima editio까지 알려져 있었다(Epiphanius, *De mensura et ponderibus* 1; Eusebius, *Historia ecclesiastica* 6.16-17; Hieronymus, *De viris illustribus* 54).

[347] *De doctrina Christiana* (2.15.22)에서 교부는 "이탈라본"(Versio Itala)을 언급하고 칠십인역에 기준하여 수정을 제안하고 있다.

[348] 아우구스티누스(*Epistula* 82 ad Hieronymum)는 그리스어본과 (히브리어에서 직역한) 라틴어본 사이의 문장 차이, 교회가 칠십인역본을 중심으로 정전목록을 작성한 사실, 신약이 칠십인역본을 인용하고 있다는 사실, 칠십인역에 대한 기적적인 신적 보우를 내세워 칠십인역본의 위치를 고수한다.

[349] 히에로니무스처럼 히브리어를 알던 교부는 히브리어본에만 자구적 의미의 성령의 감도(Hebraica veritas)라는 개념을 적용하지만, 칠십인역본의 라틴어 번역문(Vetus latina)만을 주로 읽던 아우구스티누스는 히브리어본과 칠십인역본 둘다에 성령의 감도라는 개념을 부여한다.

43. 70인 번역자들의 권위: 히브리어본의 양식도 존중해야 하지만 이 번역본은 다른 모든 번역본보다 우선시해야 한다

　70인 외에 저 거룩한 말씀을 히브리어에서 그리스어로 번역한 다른 번역자들도 있다. 아퀼라, 심마쿠스, 테오도티온 같은 사람들이 그들이며,[345] 저자가 나타나지 않은 번역본도 있는데 역자의 이름이 누락되어 있다는 뜻에서 제5번역본이라고 일컬어진다.[346] 그러나 「칠십인역」이라고 명명한 이 번역본은 마치 그 하나만 존재하는 것처럼 교회에서 받아들였고, 그리스계 그리스도인 백성들이 이것을 사용하고 있으며, 그가운데 대다수는 그밖에 다른 번역본이 있는지조차 모른다. 이 칠십인역에서 라틴어로도 번역되어 라틴 교회들이 이 번역본을 사용하고 있다.[347] 우리 시대에 와서는 사제 히에로니무스처럼 매우 박식하고 세 언어 모두에 능통한 인물들이 있어 그리스어를 거치지 않고 직접 히브리어에서 라틴어로 성서를 번역한 경우도 있다. 유다인들은 히에로니무스의 문학 작업이 진실하다고 공언하고 있고, 70인 번역자들이 여러 대목에서 잘못을 저질렀다고 시비를 제기하고 있다. 그렇지만 그리스도 교회들의 입장은, 그 당시 대사제인 엘레아자르에 의해 바로 이 위대한 작업에 선발된 그 모든 사람들의 권위보다 앞세울 만한 사람은 아무도 없다고 생각하고 있다. 설령 그들에게서 한 분 거룩한 성령이 의심의 여지가 없을 만큼 뚜렷하게 나타나지 않았다고 하더라도, 또 70명의 박사들이, 사람들이 으레 하는 식대로, 자기가 해석하는 단어들을 모두의 마음에 들게 짜맞추었다고 하더라도, 어느 한 번역자를 이 사람들보다 더 낮게 여겨서는 안 된다는 입장은 여전히 유효하다. 왜냐하면 그들의 작업에서는 신성의 표지가 뚜렷이 나타났으므로, 어느 누가 그 성서들을 히브리어에서 다른 언어로 번역하더라도, 그가 만일 참다운 번역자라면, 응당 저 70인 번역자들의 것과 합치해야 하고, 만일 합치하지 않는 것처럼 보일 경우에는 자기 번역보다도 칠십인역에 예언자적 깊이가 있다고 믿어야 한다.[348] 예언자들이 성서를 발설할 때에 예언자들 안에 있던 성령은 70인이 성서를 번역할 때에도 70인 인사들 안에 있었다.[349] 물론 성령도 번역 작업에서 신적 권위로 다른 말씀을 할 수가 있다. 성령이 두 가지 다 말씀하는 경우 예언자도

dixisset, quia utrumque idem Spiritus diceret, et hoc ipsum aliter, ut, si non eadem uerba, idem tamen sensus bene intellegentibus dilucesceret, et aliquid praetermittere et aliquid addere, ut etiam hinc ostenderetur non humanam fuisse in illo opere seruitutem, quam uerbis debebat interpres, sed diuinam potius potestatem, quae mentem replebat et regebat interpretis. Nonnulli autem codices Graecos interpretationis Septuaginta ex Hebraeis codicibus emendandos putarunt; nec tamen ausi sunt detrahere, quod Hebraei non habebant et Septuaginta posuerunt; sed tantum modo addiderunt, quae in Hebraeis inuenta apud Septuaginta non erant, eaque signis quibusdam in stellarum modum factis ad capita eorundem uersuum notauerunt, quae signa asteriscos uocant. Illa uero, quae non habent Hebraei, habent autem Septuaginta, similiter ad capita uersuum iacentibus uirgulis, sicut scribuntur unciae, signauerunt. Et multi codices has notas habentes usquequaque diffusi sunt et Latini. Quae autem non praetermissa uel addita, sed aliter dicta sunt, siue alium sensum faciant etiam ipsum non abhorrentem, siue alio modo eundem sensum explicare monstrentur, nisi utrisque codicibus inspectis nequeunt reperiri. Si ergo, ut oportet, nihil aliud intueamur in scripturis illis, nisi quid per homines dixerit Dei Spiritus, quidquid est in Hebraeis codicibus et non est apud interpretes septuaginta, noluit ea per istos, sed per illos prophetas Dei Spiritus dicere. Quidquid uero est apud Septuaginta, in Hebraeis autem codicibus non est, per istos ea maluit quam per illos idem Spiritus dicere, sic ostendens utrosque fuisse prophetas. Isto enim modo alia per Esaiam, alia per Hieremiam, alia per alium aliumque prophetam uel aliter eadem per hunc ac per illum

---

[350] 히브리어 원본과 그리스어 번역본의 텍스트상의 차이를 지적하는 학자들에게 제시하는 교부 나름의 변명이다.

[351] stellarum modus vel astericus (별표: *), iacentes virgulae sicut scribuntur unciae (둥근문자(대문자))를 쓸 때처럼 막대 사선: ∫, \], 그밖에 virgula censoria vel obelus (-, ÷) 등이 필사본의 부호로 사용되었다. Cf. Quintilianus, *Institutiones oratoriae* 1.4.3; Augustinus, *Epistula* 71.2.3.

[352] 이 기호를 사용한 4~5세기의 필사본은 찾아보기 어렵다.

[353] 초대교회의 이 대조작업은 오리게네스의 *Hexapla* (여섯 번역본의 대조본)가 대표적이었다.

두 가지 다 이야기할 수 있을 것이기 때문이다. 그리고 성령이 히브리본에 기록된 것과는 달리 말씀할 수도 있다. 같은 단어는 아니더라도 제대로 알아듣는 사람들에게는 같은 의미로 밝혀지기만 하면 되니까. 또 성령이 어떤 것은 묵과하고 어떤 것은 첨가할 수도 있는데, 이것 역시 번역 작업에서 번역자가 단어에만 매이는 인간적 예속이 존재했던 것이 아니고 오히려 번역자의 지성을 채우고 통솔하는 신적 권능이 존재했음을 드러내는 효과를 지닌다.[350] 어떤 사람들은 칠십인역 그리스어 사본들은 히브리본에 준해서 수정되어야 한다고 생각했다. 하지만 그들마저 히브리본은 갖추지 않았고 칠십인역본에 삽입된 내용을 감히 삭제하지는 않았다. 단지 히브리본에서는 발견되는데 칠십인역본에는 없는 내용만 첨가했고, 그것도 문구의 첫머리에 별 모양으로 된 기호로 표시하여 두었다. 그 기호들을 가리켜 별표라고 부른다. 그 대신 히브리본에는 없고 칠십인역본에는 있는 내용은 문구의 첫머리에 둥근 문자를 쓸 때처럼 막대 사선으로 표시를 했다.[351] 또 많은 필사본들이 이런 기호를 단 채로 널리 보급되어 있으며, 라틴어 필사본들도 그렇다.[352] 탈락되거나 첨가된 것이 아니고 아예 다르게 표기된 경우나, 혹은 본래의 의미를 손상하지 않은 채로 다른 의미를 만들어내거나 혹은 같은 의미를 방식을 달리해서 설명하는 것처럼 보이는 경우는 양편 사본을 대조하여 살펴보지 않으면 찾아낼 수가 없다.[353] 당연히 그래야겠지만, 성서에서 하느님의 영이 인간들을 통해 말씀한 것 외에는 아무것도 들여다보지 말아야 한다면, 히브리어 사본에 무엇이 나오든 그것이 설혹 70인 번역자들에게서 나온 것이 아니라면, 그것은 하느님의 영이 이 번역자들을 통해서는 말씀을 하고 싶지 않았으나 저 예언자들을 통해서는 말씀하기를 원했던 것이리라. 그 대신 무엇이든지 칠십인역본에는 있고 히브리 사본들에는 없을 경우, 같은 성령이 그것을 저 예언자들을 통해 말씀하기보다는 이 번역자들을 통해 말씀하기를 더 원했기 때문이리라. 그렇게 함으로써 성서 저자와 번역자 양편이 다 예언자들이었음을 보여주는 셈이다. 바로 그래서 이사야를 통해 말씀한 바가 다르고 예레미야를 통해 말씀한 바가 다르며 그밖의 다른 예언자를 통해 말씀한 바가 다르다. 똑같은 내용도 당신이 하고 싶은 대로 이 예언자

dixit, ut uoluit. Quidquid porro apud utrosque inuenitur, per utrosque dicere uoluit unus atque idem Spiritus; sed ita ut illi praecederent prophetando, isti sequerentur prophetice illos interpretando; quia sicut in illis uera et concordantia dicentibus unus pacis Spiritus fuit, sic et in istis non secum conferentibus et tamen tamquam ore uno cuncta interpretantibus idem Spiritus unus apparuit.

44. Sed ait aliquis: «Quo modo sciam quid Ionas propheta dixerit Nineuitis, utrum: *Triduum, et Nineue euertetur*, an: *Quadraginta dies?*» Quis enim non uideat non potuisse utrumque tunc dici a propheta, qui missus fuerat terrere comminatione inminentis exitii ciuitatem? Cui si tertio die fuerat futurus interitus, non utique quadragensimo die; si autem quadragensimo, non utique tertio. Si ergo a me quaeritur, quid horum Ionas dixerit, hoc puto potius quod legitur in Hebraeo: *Quadraginta dies, et Nineue euertetur*. Septuaginta quippe longe posterius interpretati aliud dicere potuerunt, quod tamen ad rem pertineret et in unum eundemque sensum, quamuis sub altera significatione, concurreret, admoneretque lectorem utraque auctoritate non spreta ab historia sese adtollere ad ea requirenda, propter quae significanda historia ipsa conscripta est. Gesta sunt quippe illa in Nineue ciuitate, sed aliquid etiam significauerunt, quod modum illius ciuitatis excedat; sicut gestum est, quod ipse propheta in uentre ceti triduo fuit, et tamen alium significauit in profundo inferni triduo futurum, qui Dominus est omnium prophetarum. Quapropter si per illam ciuitatem recte accipitur ecclesia gentium prophetice figurata, euersa scilicet per

---

[354] Cf. *De doctrina Christiana* 2.11.16 참조.

[355] 요나 3,4. 〔공동번역: "… 잿더미가 된다."〕 전자는 칠십인역본, 후자는 마소라본의 날수다.

[356] 요나 2,1-2.11; 마태 16,4; 루가 11,29-32 참조.

를 통해 달리 말씀하고 저 예언자를 통해 또 달리 말씀했다. 따라서 양편에서 무엇이 나오든 동일한 한 분 성령이 양편을 통해 원하는 바를 말씀한 것이다. 다만 저 사람들은 예언함으로써 앞섰고 이 사람들은 번역을 함으로써 예언자답게 저 사람들을 뒤따른 것이다. 왜냐하면 참답고 합치하는 내용을 발설하는 저 예언자들 안에서 한 분, 평화의 성령이 있었듯이, 제각기 자기 발언을 하지 않고 마치 한 입으로 말하듯이 모든 것을 번역하는 사람들 안에도 같은 한 분 성령이 나타났던 것이다.[354]

44. 니느웨 사람들의 멸망에 대해 어떻게 이해할 것인가: 그 시한이 히브리어본에는 40일로 늘어 있는 데 비해 칠십인역본에는 사흘로 줄어 있다

하지만 누군가 이런 말을 한다. 요나 예언자가 니느웨를 두고 한 말을 어떻게 이해해야 하는가? "사흘이 지나면 니느웨는 뒤집어진다"는 것인가, "40일이 지나면 니느웨는 뒤집어진다"는 것인가?[355] 그 도성에 두려움을 주기 위해 파견된 예언자가 파국이 임박했다는 위협으로 그 당시 두 가지를 다 말했을 리가 없다는 것은 누가 모르겠는가? 파국이 3일 만에 오기로 되어 있었다면 40일 만에 오는 일은 불가능하고, 또한 40일 만에 오기로 되어 있었다면 사흘 만에 오는 것은 불가능하다. 이가운데 어느 것이 요나가 한 말이냐는 질문을 나에게 한다면, 히브리본에서 "40일이 지나면 니느웨는 뒤집어진다"고 읽히는 글이 더 낫다고 생각한다. 훨씬 후대에 번역된 칠십인역본은 아마도 다른 얘기를 하는 것일 수 있다. 말하자면 사실에 관한 또 다른 상징성을 띠고서 동일한 한 가지 의미를 담고, 히브리본과 칠십인역 양편의 권위를 무시하지 않은 채로, 단순히 역사적 사실로부터 마음을 들어올려서, 저 역사적 사실이 기록으로 남게 된 상징적 의미를 향해 나아가도록 독자를 훈계하는지도 모른다. 저 사건은 니느웨 도성에서 발생했지만 다른 것을 상징하기도 했다. 저 도성이 정도를 지나쳤다는 점을 상징한 것이다. 역사적 사건으로 말하자면 저 예언자는 바다에 있는 큰 괴물의 뱃속에서 사흘을 보냈지만, 모든 예언자들의 주님인 분은 사흘간 저승의 밑바닥에 가 있으리라는 다른 사실을 상징한 것이다.[356] 이방인들의 교회

paenitentiam, ut qualis fuerat iam non esset, hoc quoniam per Christum factum est in ecclesia gentium, cuius illa Nineue figuram gerebat, siue per quadraginta dies siue per triduum idem ipse significatus est Christus; per quadraginta scilicet, quia tot dies peregit cum discipulis suis post resurrectionem et ascendit in caelum; per triduum uero, quia die tertio resurrexit; tamquam lectorem nihil aliud quam historiae rerum gestarum inhaerere cupientem de somno excitauerint septuaginta interpretes idemque prophetae ad perscrutandam altitudinem prophetiae et quodam modo dixerint: «In quadraginta diebus ipsum quaere, in quo et triduum potueris inuenire; illud in ascensione, hoc in eius resurrectione reperies.» Propter quod utroque numero significari conuenientissime potuit, quorum unum per Ionam prophetam, alterum per septuaginta interpretum prophetiam, tamen unus atque idem Spiritus dixit. Longitudinem fugio, ut non haec per multa demonstrem, in quibus ab Hebraica ueritate putantur septuaginta interpretes discrepare et bene intellecti inueniuntur esse concordes. Vnde etiam ego pro meo modulo uestigia sequens apostolorum, quia et ipsi ex utrisque, id est ex Hebraeis et ex Septuaginta, testimonia prophetica posuerunt, utraque auctoritate utendum putaui, quoniam utraque una atque diuina est. Sed iam quae restant, ut possumus, exequamur.

가 저 도성을 통해 예언적으로 표상된 것으로 받아들이는 것이 옳다면, 니느웨가 참회를 통해 뒤집어져서 지난날의 도시가 이미 아니었듯이, 바로 그런 일이 그리스도를 통해 이방인들의 교회에 이루어져 있다. 저 니느웨가 바로 이 교회의 예표가 된 이상, 40일을 통해서든 사흘을 통해서든 거기서 상징된 것은 똑같은 그리스도였다. 그러므로 그 일이 40일을 거쳐서, 다시 말해 그분이 부활한 후 당신 제자들과 함께 보내고 하늘에 올라간 그 모든 날수를 가리킬 수도 있고, 그렇지 않고 사흘날에 부활했으니까 그것이 사흘을 거쳐서 일어날 수도 있었다. 이것은 역사적 사실 외에는 아무것에도 흥미를 두지 않고 거기에만 매달리려고 애쓰는 독자를 저 70인 번역자들이 마치 잠에서 깨워 일으킨 것과 마찬가지다. 그리고 저 예언자들은 예언의 심원한 깊이를 궁구하도록 하기 위해 다음과 같은 말을 했는지도 모른다: "40일 날짜에서 그분을 찾으라. 그러면 그분에게서 사흘도 찾아내리라. 전자는 승천에서, 후자는 부활에서 얻어 만나리라." 따라서 두 숫자 모두 아주 적절하게 상징적 의미를 담을 수 있었으니, 하나는 요나 예언자를 통해서이고 다른 하나는 70인 번역자들의 예언을 통해서인데 둘다 동일한 한 분 성령이 말씀한 것이다.[357] 70인 번역자들이 히브리 진리[358]에서 벗어나 있는 것으로 보이지만, 제대로만 이해한다면 양자가 합치되고 있음을 발견할 수 있다. 그렇다고 이 점을 입증하려는 의도로 이것저것 많이 끌어다 대는 식의 장황한 얘기는 피하겠다. 나 역시 내 나름의 보폭으로 사도들의 발자취를 따라갈 생각인데, 그것은 사도들도 양편에서, 즉 히브리본과 칠십인역에서 예언적 증거들을 끌어내고 있기 때문이다. 따라서 나로서도 양편의 권위를 공히 원용해야 할 것으로 생각했다. 양편 다 신적인 것이기 때문이다. 그러면 아직 남은 얘기를 하는 데까지 계속해 보자.

---

[357] 비록 중세의 것(Augustinus Daciae, *Rotulus pugillaris* [A. Walz ed.] 1)이지만 그리스도교 성서주석의 다채로운 원리를 간추린 문장이 있다: "글자는 행한 것을 가르치고 우의는 믿을 것을 가르치고 도덕은 행할 것을 가르치고 신비는 향할 것을 가르친다."

[358] Hebraica veritas: 히에로니무스가 히브리어 원본의 자구적 의미에 부여하던 용어다(앞의 각주 349 참조).

45. Postea quam gens Iudaea coepit non habere prophetas, procul dubio deterior facta est, eo scilicet tempore, quo se sperabat instaurato templo post captiuitatem, quae fuit in Babylonia, futuram esse meliorem. Sic quippe intellegebat populus ille carnalis, quod praenuntiatum est per Aggaeum prophetam dicentem: *Magna erit gloria domus istius nouissimae, plus quam primae*; quod de nouo testamento dictum esse paulo superius demonstrauit, ubi ait aperte Christum promittens: *Et mouebo omnes gentes, et ueniet desideratus cunctis gentibus*. Quo loco septuaginta interpretes alium sensum magis corpori quam capiti, hoc est magis ecclesiae quam Christo, conuenientem prophetica auctoritate dixerunt: *Venient quae electa sunt Domini de cunctis gentibus*, id est homines, de quibus ipse Iesus in euangelio: *Multi*, inquit, *uocati, pauci uero electi*. Talibus enim electis gentium domus aedificatur Dei per testamentum nouum lapidibus uiuis, longe gloriosior, quam templum illud fuit, quod a rege Salomone constructum est et post captiuitatem instauratum. Propter hoc ergo nec prophetas ex illo tempore habuit illa gens et multis cladibus afflicta est ab alienigenis regibus ipsisque Romanis, ne hanc Aggaei prophetiam in illa instauratione templi opinaretur impletam.

Non multo post enim adueniente Alexandro subiugata est, quando etsi nulla est facta uastatio, quoniam non sunt ei ausi resistere et ideo placa-

---

[359] 하깨 2,9.

[360] 하깨 2,7. 본서 18.35.1 참조.

[361] 마태 22,14.

[362] 이스라엘 백성이 바빌론에서 귀국한 다음에 겪은 정치적·사회적 위기는 구세사에서 이 민족의 역할이 끝났다는 표지라는 것이 아우구스티누스의 견지다.

제3부 (45-54)
하느님의 도성인 교회의 시원과 발전

45. 성전 재건 이후 유다인들에게 예언자 존재가 중단되었고 그래서 그리스도의 탄생에 이르기까지 끊임없는 역경에 시달리는데, 이것은 예언자들의 소리를 통해 다른 성전이 건축되리라고 언약된 것이 아닌가 추측하게 한다

45.1. 교회가 주님의 성전이다

유다 민족에게 더는 예언자들이 나지 않기 시작하자 말할 나위 없이 상황이 더 나빠졌다. 더구나 바빌론에서의 유배 이후 성전이 재건되고 나서 상황이 더 좋아지리라는 희망을 걸고 있던 때였다. 저 육적인 백성은 하께 예언자를 통해 "저 마지막 집의 영광이 처음 집보다 위대하리라"고 예고된 것으로 이해하고 있었다.[359] 이 구절이 신약을 두고 한 말이라는 것은 조금 앞서 나온 "내가 모든 민족들을 뒤흔들리라. 그리하면 모든 민족들이 소망하던 분이 오시리라"[360]는 구절을 통해 증명되었다. 노골적으로 그리스도를 약속하는 말씀이다. 이 대목에서 70인 번역자들은 예언자다운 권위를 갖고서 머리보다는 몸, 곧 그리스도보다는 교회에 더 적합한 다른 의미를 부여해서 이렇게 말했다: "뭇 민족들 가운데서 주님의 선택된 것들이 오리라." 이것은 예수 친히 복음서에서 말씀한 사람들이다: "부름받은 사람은 많지만 뽑힌 사람은 적습니다."[361] 이방민족들 중에서 뽑힌 사람들에 의해 하느님의 집이 세워지는데, 신약을 위해 살아있는 돌로 지어진 집이며 솔로몬에 의해 세워졌고, 유배 이후에 재건된 저 성전이 그랬던 것보다 훨씬 더 영화롭다. 그래서 그 시기부터 저 유다 민족은 예언자들을 내지 않았고 타민족의 임금들과 심지어 로마인들에게까지 수많은 재앙에 시달렸다. 이것은 하께의 예언이 성전의 재건으로 다 성취된 것이 아니라는 것을 말해주는 것이다.[362]

45.2. 알렉산데르 시대부터 마카베오 형제 시대까지에 일어난 일

그 뒤 머잖아 알렉산데르가 등장하자 유다 민족은 그에게 예속되었다. 감히 알렉산데르에게 저항하려는 엄두를 내지 않았으므로 파괴된 것은 아무것도 없었

tum facillime subditi receperunt, non erat tamen gloria tanta domus illius, quanta fuit in suorum regum libera potestate. Hostias sane Alexander immolauit in Dei templo, non ad eius cultum uera pietate conuersus, sed impia uanitate cum diis eum falsis colendum putans. Deinde Ptolomaeus, Lagi filius, quod supra memoraui, post Alexandri mortem captiuos inde in Aegyptum transtulit, quos eius successor Ptolomaeus Philadelphus beneuolentissime inde dimisit; per quem factum est, quod paulo ante narraui, ut septuaginta interpretum scripturas haberemus. Deinde contriti sunt bellis, quae in Macchabaeorum libris explicantur. Post haec capti a rege Alexandriae Ptolomaeo, qui est appellatus Epiphanes; inde ab Antiocho rege Syriae multis et grauissimis malis ad idola colenda conpulsi, templumque ipsum repletum sacrilegis superstitionibus gentium, quod tamen dux eorum strenuissimus Iudas, qui etiam Macchabaeus dictus est, Antiochi ducibus pulsis ab omni illa idolatriae contaminatione mundauit.

Non autem multo post Alcimus quidam per ambitionem, cum a genere sacerdotali esset alienus, quod nefas erat, pontifex factus est. Hinc iam post annos ferme quinquaginta, in quibus eis tamen pax non fuit, quamuis aliqua et prospere gesserint, primus apud eos Aristobolus adsumpto diademate et rex et pontifex factus est. Antea quippe, ex quo de Babyloniae captiuitate reuersi sunt templumque instauratum est, non reges, sed duces uel principes habuerunt; quamuis et qui rex est possit dici princeps a principatu imperandi et dux eo, quod sit ductor exercitus; sed non continuo, quicumque principes uel duces sunt, etiam reges dici possunt, quod iste Aristobolus fuit. Cui successit Alexander, etiam ipse rex et pontifex, qui crudeliter in suos regnasse traditur. Post hunc uxor eius Alexandra regina

---

[363] Cf. Iosephus, *Antiquitates Iudaicae* 11.8.

[364] Cf. Iosephus, *Antiquitates Iudaicae* 12.3.3; 12.5.4.

[365] 18.42 참조.

[366] Cf. Iosephus, *Antiquitates Iudaicae* 12.7; 1마카 6장.

[367] 2마카 5,11-21 참조. Cf. Eusebius, *Chronicon* [Helm ed.] 139, 141, 187.

[368] 2마카 10,1-9 참조.

[369] Cf. Iosephus, *Antiquitates Iudaicae* 12.15; Eusebius, *Chronicon* [Helm ed.] 141; 1마카 7,5-25.

[370] 18.36 참조.

고, 아주 간단하게 종속되어 그를 평화로이 영접했던 것이다.³⁶³ 하지만 저 성전은 자기네 임금들의 자유로운 권력하에 있을 때만큼 영화롭지는 못했다. 알렉산데르는 하느님의 성전에 제물을 봉헌했지만, 참된 종교심으로 하느님께 예배로 회심한 것이 아니고 불손한 허영심으로 하느님을 거짓 신들과 더불어 함께 숭배해야 한다고 생각한 것이다.³⁶⁴ 그다음 라구스의 아들 프톨로마이우스는, 위에서 말한 대로,³⁶⁵ 알렉산데르의 사후에 그곳에서 포로들을 붙잡아 이집트로 데려갔다. 그의 후계자 프톨로마이우스 필라델푸스는 극히 관대하게 그 포로들을 그곳에서 풀어주었다. 앞에서 얘기한 대로 70인 번역자들의 성서를 우리가 갖게 된 것은 바로 이 인물 덕분이었다. 그뒤로 유다인들은 전쟁에 시달리는데, 마카베오서에 그 이야기가 나온다. 그다음에는 에피파네스라는 별칭을 지닌, 알렉산드리아의 임금 프톨로마이우스에 의해 장악된다.³⁶⁶ 그뒤에는 시리아의 임금 안티오쿠스에게 매우 막중한 피해를 당하면서 우상을 숭배하라는 강요를 받았다.³⁶⁷ 성전마저 이방인들의 독성적 미신으로 가득 찼고, 그런 사태로 인해 그들의 아주 용맹한 장군 유다스(마카베오라고도 불렸다)가 봉기하여 안티오쿠스의 장군들을 축출하고 온갖 부정한 우상숭배에서 성전을 정화했다.³⁶⁸

45.3. 알키무스 시대부터 그리스도의 탄생까지

그 뒤 얼마 되지 않아 알키무스라는 사람이 나타났다. 그는 사제 계급에 들지 못하던 사람인데 야심에 움직여 대제관이 되었다. 가증한 일이었다.³⁶⁹ 그러고서 유다인들은 무려 50년 동안, 일부 번영은 누렸지만 평화가 없었다. 마침내 그들 가운데 아리스토볼루스가 왕관을 쓰고 왕이자 대제관이 되었다.³⁷⁰ 그 이전, 그러니까 바빌론의 유배에서 돌아와 성전이 재건된 뒤에도 그들에게는 왕이 없었고 그 대신 장군 내지 통치자만 있었던 것이다. 물론 통치자도 통솔하는 그 통치권으로 미루어 왕이라 부를 수 있고, 장군도 군대를 지휘하는 사람이므로 왕이라고 부를 수는 있었다. 하지만 장군들이나 통치자들은 아리스토볼루스가 그랬던 것처럼 동일하게 왕이라고 할 수는 없었다. 알렉산데르라는 사람이 그의 뒤를 이었는데, 그도 왕이자 대제관으로서 잔인하게 신민들을 다스렸다고 전한다. 그 사람 다음에는 그의 아내 알렉산드라가 유다인들의 여왕이 되었는데, 그

Iudaeorum fuit, ex cuius tempore deinceps mala sunt eos secuta grauiora. Filii quippe huius Alexandrae Aristobolus et Hyrcanus inter se de imperio dimicantes uires aduersus Israeliticam gentem prouocauere Romanas. Hyrcanus namque ab eis contra fratrem poposcit auxilium. Tunc iam Roma subiugauerat Africam, subiugauerat Graeciam lateque etiam aliis orbis partibus imperans tamquam se ipsa non ualens ferre sua se quodam modo magnitudine fregerat. Peruenerat quippe ad seditiones domesticas graues atque inde ad bella socialia moxque ciuilia, tantumque se comminuerat et adtriuerat, ut ei mutandus rei publicae status, quo regeretur regibus, immineret. Pompeius ergo, populi Romani praeclarissimus princeps, Iudaeam cum exercitu ingressus ciuitatem capit, templum reserat, non deuotione supplicis, sed iure uictoris, et ad sancta sanctorum, quo nisi summum sacerdotem non licebat intrare, non ut uenerator, sed ut profanator accedit; confirmatoque Hyrcani pontificatu et subiugatae genti inposito custode Antipatro, quos tunc procuratores uocabant, uinctum secum Aristobolum ducit. Ex illo Iudaei etiam tributarii Romanorum esse coeperunt. Postea Cassius etiam templum expoliauit. Deinde post paucos annos etiam Herodem alienigenam regem habere meruerunt, quo regnante natus est Christus. Iam enim uenerat plenitudo temporis significata prophetico spiritu per os patriarchae Iacob, ubi ait: *Non deficiet princeps ex Iuda, neque dux de femoribus eius, donec ueniat cui repositum est, et ipse expectatio gentium*. Non ergo defuit Iudaeorum princeps ex Iudaeis usque ad istum Herodem, quem primum acceperunt alienigenam regem. Tempus ergo iam erat, ut ueniret ille, cui repositum erat, quod nouo promissum est testamento, ut ipse esset expectatio gentium. Fieri autem non posset, ut

---

[371] Cf. Iosephus, *Antiquitates Iudaicae* 13.12; 13.16.   [372] Cf. *Antiquitates Iudaicae* 14.3.

[373] 로마 황제(imperator)들은 "왕"(rex)이라는 호칭을 사용하지 않고 "제일시민"(civis princeps)이라는 호칭으로 만족했으나 교부는 원로원이 명목상으로만 존속하여 사실상 군주제나 마찬가지였다고 본다.

[374] 플라비우스 요세푸스는 폼페이우스가 경외심에서 성전에서 아무것도 손대지 않았다고 전한다(*Antiquitates Iudaicae* 14.36-72).

[375] procuratores: 폼페이우스는 시리아 총독(gubernator)으로 Scaurus를 세웠고 Antipater은 "행정장관"(procurator)으로 남았다.

[376] 왕정이 까까스로 수립되고서 아리스토불루스 1세, 알렉산데르 얀네우스, 알렉산드라, 히르카누스의 아들들의 알력이 결국 로마 폼페이우스의 침입과 크라수스의 약탈을 초래한 역사적 과정은 요세푸스(*Antiquitates Iudaicae* 13.10.11; 13.16.1; 14.3.4; 14.11)가 상세히 전한다.

[377] BC 55년의 성전 약탈은 Cassius 아닌 삼두정치(triumviratus)의 일원 Crassus였다.

[378] plenitudo temporum: 바울로의 표현(갈라 4,4)이다.   [379] 창세 49,10. 본서 18.6 참조.

여왕의 치세에는 더 몹쓸 악이 그들에게 연달아 발생했다.[371] 이 알렉산드라의 아들들 아리스토불루스와 히르카누스는 통수권을 놓고 서로 싸우다가 결국 로마 세력이 이스라엘 민족을 도발하는 기회를 제공했다. 히르카누스가 형제와 다투다가 로마인들에게 원조를 청했던 것이다.[372] 그 당시 로마는 이미 아프리카를 정벌했고 이전에 벌써 그리스를 광범위하게 점령하고 있었으며 전 세계의 다른 지역들을 통치하고 있었지만, 자신을 감당할 능력이 없어 어떤 면에서는 자체의 거대한 몸집을 지탱하지 못하는 처지였다. 벌써 대대적 국내 소요들이 발생했고 그다음에는 머지않아 동맹전쟁과 시민전쟁이 터졌으며, 그만큼 쇠약하고 국력을 소모하여 공화국으로부터 왕들이 통치하는 체제로 넘어가는 사태가 임박했다.[373] 여하튼 로마 국민의 아주 이름난 통치자 폼페이우스가 군대를 거느리고 유다로 침입하여 도성을 점령하고는 성전문을 다시 열었다. 하지만 기도하는 자의 신심을 갖고 성전에 들어간 것이 아니라 승리자의 권리로 들어간 것이며, 대제관만 들어가도록 허용된 지성소에까지 발을 들여놓았는데 예배하러 들어간 것이 아니라 속되게 유린한 셈이었다.[374] 그는 히르카누스를 대제관으로 확정하고, 예속된 유다 민족에게 안티파테르를 수호자로 세웠는데 그런 사람들을 행정장관이라고 불렀다.[375] 전쟁에 패한 아리스토불루스는 폼페이우스가 로마로 끌고 갔다. 그 사람 때부터 유다인들은 로마인들에게 조공을 바치기 시작했다.[376] 그 뒤로 카씨우스는 성전까지 약탈했다.[377] 그 뒤 몇 년 안에 이민족인 헤로데가 왕이 되기에 이르렀고 그의 치하에서 그리스도가 탄생했다. 성조 야곱이 예언의 얼을 갖고 예고한 때가 찼던 것이다.[378] "군주가 유다를 떠나지 아니하리라. 장수가 다리 사이에서 떠나지 아니하리라. 그에게 맡겨진 바가 올 때까지 그러하리라. 바로 그가 만백성의 기대가 되리라."[379] 그러므로 헤로데에 이르기까지 유다인들에게는 통치자가 끊이지 않았으며, 유다인들은 헤로데를 필두로 하여 이민족 출신의 임금을 섬기게 된 것이다. 그러니까 그분이 올 때가 이미 된 것이다. 새로운 계약의 약속이 그분에게 맡겨져 있고 그분이 만민의 기대가 될 예정이었다. 물론 만민이 먼저 그분에 대한 믿음에 이르지 않는다면, 그분이 오리라는 기대도 있을 수 없었다. 우리도 그분이 당신의 권능을 찬란하게 드러내며 심

expectarent eum gentes uenturum, sicut eum cernimus expectari, ut ueniat ad faciendum iudicium in claritate potentiae, nisi prius in eum crederent, cum uenit ad patiendum iudicium in humilitate patientiae.

46. Regnante ergo Herode in Iudaea, apud Romanos autem iam mutato rei publicae statu imperante Caesare Augusto et per eum orbe pacato natus est Christus secundum praecedentem prophetiam in Bethleem Iudae, homo manifestus ex homine uirgine, Deus occultus ex Deo Patre. Sic enim propheta praedixerat: *Ecce uirgo accipiet in utero et pariet filium, et uocabunt nomen eius Emmanuel, quod est interpretatum: Nobiscum Deus.* Qui ut in se commendaret Deum, miracula multa fecit, ex quibus quaedam, quantum ad eum praedicandum satis esse uisum est, scriptura euangelica continet. Quorum primum est, quod tam mirabiliter natus est; ultimum autem, quod cum suo resuscitato a mortuis corpore ascendit in caelum. Iudaei autem, qui eum occiderunt et in eum credere noluerunt, quia oportebat eum mori et resurgere, uastati infelicius a Romanis funditusque a suo regno, ubi iam eis alienigenae dominabantur, eradicati dispersique per terras (quando quidem ubique non desunt) per scripturas suas testimonio nobis sunt prophetias nos non finxisse de Christo; quas plurimi eorum considerantes et ante passionem et maxime post eius resurrectionem crediderunt in eum, de quibus praedictum est: *Si fuerit numerus filiorum Israel sicut harena maris, reliquiae saluae fient.* Ceteri uero excaecati sunt, de quibus praedictum est: *Fiat mensa eorum coram ipsis in*

---

[380] *homo manifestus* ex virgine homine, *Deus occultus* ex Deo Patre: 육화의 신비를 간추린 명구다.
[381] 이사 7,14. 마태 1,23 참조.
[382] 이사 10,22. 본서 17.5.4; 18.33.2 참조.

판을 하러 오리라고 간절히 기다리고 있으므로 이 사실을 절감한다. 그러나 그분이 와서 겸허한 인내로 인간들의 심판을 받았다는 사실을 먼저 믿지 않고서는, 그분이 만민을 심판하러 오리라고 기다리는 일은 불가능할 것이다.

46. 말씀이 사람이 됨으로써 우리 구세주의 출현이 이루어지고, 예언된 대로 유다인들이 모든 민족 사이에 퍼졌다

헤로데가 유다를 다스리고 있을 때, 또 로마에서는 공화국의 정체가 바뀌어 카이사르 아우구스투스가 통치하고 있을 때, 아우구스투스를 통해 온 세상이 평정된 가운데 그리스도가 탄생했다, 앞선 예언대로 유다의 베들레헴에서. 동정녀인 인간에게서 태어난 인간으로는 모습을 나타냈고, 하느님 아버지께로부터 태어난 하느님으로는 모습을 숨겼다.[380] 예언자가 다음과 같이 예언한 그대로였다: "보라, 동정녀가 몸 가져 아들을 낳으리라. 그리고 사람들은 그 이름을 임마누엘이라고 하리니 '하느님이 우리와 함께'라고 번역된다."[381] 그는 자기 속에 있는 하느님을 드러내기 위해 무수한 기적을 행했고, 그분에 대해 설교하는 데 충분하다고 할 만큼의 기적들이 복음 성서에 실려 있다. 그가운데 첫째는 참으로 기묘하게 태어났다는 것이며, 마지막은 죽은 이들 가운데서 당신 몸을 가진 채로 부활하여 하늘로 올랐다는 것이다. 유다인들은 그분을 살해하고 말았고, 성서의 말씀대로 그분이 마땅히 죽고 부활해도 한사코 그분을 믿기 싫어한 유다인들은 결국 로마인들의 손에 더없이 비참한 파괴를 당했다. 이미 이민족들이 다스리고 있던 자기네 왕국에서도 뿌리째 뽑혀 온 세상에 흩어지게 되었다(그래서 어디든지 그들이 없는 곳이 없다). 그리스도에 관한 예언 중에 우리가 꾸며낸 것이 아무것도 없음을 그들의 성서 자체가 우리에게 증언한다. 그렇지만 그들 가운데 상당수는 그분의 수난 이전에도 그리고 특히 부활 후에 진지하게 숙고하고서 그분을 믿게 되었으니, 그런 사람들에 대해서는 다음과 같이 예고한 말씀이 있다: "이스라엘 자손들의 수효가 바다의 모래와 같을지라도 남은 자들만이 구원을 받으리라."[382] 나머지들은 눈이 멀었고 그런 사람들에 대해서도 예고된 말씀이 따로 있다: "그들 식탁이 그들 앞에서 덫이 될지며 앙갚음과 올가미가 될지어다. 그

laqueum et in retributionem et in scandalum. Obscurentur oculi eorum, ne uideant; et dorsum illorum semper incurua. Proinde cum scripturis nostris non credunt, complentur in eis suae, quas caeci legunt. Nisi forte quis dixerit illas prophetias Christianos finxisse de Christo, quae Sibyllae nomine proferuntur uel aliorum, si quae sunt, quae non pertinent ad populum Iudaeorum. Nobis quidem illae sufficiunt, quae de nostrorum inimicorum codicibus proferuntur, quos agnoscimus propter hoc testimonium, quod nobis inuiti perhibent eosdem codices habendo atque seruando, per omnes gentes etiam ipsos esse dispersos, quaqua uersum Christi ecclesia dilatatur. Nam prophetia in Psalmis, quos legunt etiam, de hac re praemissa est, ubi scriptum est: *Deus meus, misericordia eius praeueniet me; Deus meus demonstrauit mihi in inimicis meis, ne occideris eos, ne quando obliuiscantur legem tuam; disperge eos in uirtute tua.* Demonstrauit ergo Deus ecclesiae in eius inimicis Iudaeis gratiam misericordiae suae, quoniam, sicut dicit apostolus, *delictum illorum salus gentibus*; et ideo non eos occidit, id est non in eis perdidit quod sunt Iudaei, quamuis a Romanis fuerint deuicti et oppressi, ne obliti legem Dei ad hoc, de quo agimus, testimonium nihil ualerent. Ideo parum fuit, ut diceret: *Ne occideris eos, ne quando obliuiscantur legem tuam*, nisi adderet etiam: *Disperge eos*; quoniam si cum isto testimonio scripturarum in sua tantummodo terra, non ubique essent, profecto ecclesia, quae ubique est, eos prophetiarum, quae de Christo praemissae sunt, testes in omnibus gentibus habere non posset.

---

[383] 시편 68[69],23-24. 본서 17.19 참조.

[384] 18.23.1 참조.

[385] 시편 58,11-12. 〔새번역 59,11-12: "나의 자애로우신 하느님께서 나에게 마주 오시리라. 하느님께서 내가 적대자들을 내려다보게 하시리라. 제 백성이 잊지 않도록 그들을 죽이지 마소서. 저희의 방패이신 주님, 당신 힘으로 그들을 흩어버리고 쓰러뜨리소서."〕

[386] delictum eorum salus gentibus: 로마 11,11-15 참조: "그들의 범법으로 구원이 이방인들에게까지 이르렀다."

[387] 유다인들이 전멸하지 않고 온 세계에 흩어져 생존함도 그리스도에 관한 구약의 증언을 간수하고 온 세상에 퍼뜨리기 위함이라는 교부의 해석이다.

들의 눈은 보지 못하게 어두워질지며 그들의 등이 늘 굽어 있게 하소서."[383] 적어도 그들은 우리의 성서를 믿지 않지만, 그들이 맹목적으로 읽은 자기네 성서들이 우리 성서에서 엄연히 성취되고 있음을 볼 수 있다. 어떤 내용은 시빌라의 이름과 결부되고, 유다인 백성에게 속하지 않는 다른 내용이 있을 경우에는 그것이 다른 인물들의 이름과 연관되어 있다고 하면서 그런 예언들을 그리스도 신자들이 꾸며댄 것이라는 말을 할 사람이 있을지도 모르겠다.[384] 하지만 우리로서는 우리와 맞서는 유다인들의 성서 사본들에 나오는 예언들로도 충분하다. 우리는 그 사본들을 공히 인정한다. 마음에 내키지 않더라도 그들이 엄연히 간직하고 있고, 우리에게까지 보존해 준 성서 사본들이 있다는 사실만으로도 그런 증언을 해 주고도 남는다. 그리고 그리스도의 교회가 여기저기로 확산되고 있는 마당에 그들마저 뭇 민족들 사이에 흩어져 있다는 사실도 그런 증언을 하는 셈이다. 그들도 읽는 시편에서 예언자는 이 문제에 대해 미리 언급을 하며 이렇게 적어 놓았다: "나의 하느님, 그분의 자비가 나에게 마주 오게 하소서. 나의 하느님께서 내 원수들 안에서 나에게 자비를 보여주셨나이다. 그들이 행여 당신의 율법을 잊어버리는 일이 없도록 당신은 그들을 죽이지는 마소서. 당신 힘으로 그들을 흩어버리소서."[385] 그러므로 하느님은 교회의 반대자인 유다인들에게 교회에 대한 당신 자비의 은총을 입증해 보인 셈이다. 사도가 말한 대로 "그들의 범법이 이방인들에게는 구원"[386]이기 때문이다. 그리하여 하느님은 그들을 죽이지 않았는데, 비록 로마인들에게 패배하고 억압을 당했을지언정 유다인이라는 그 사실이 그들에게서 사라지지는 않게 했다. 혹시라도 하느님의 율법이 잊혀짐으로써, 우리가 논하고 있는 이 증언이 아무런 효력도 없어지는 일이 일어나지 않게 하기 위해서이다. 그러니 만약 "그들을 흩어버리소서"라는 한 마디가 덧붙지 않았더라면 "그들이 행여 당신의 율법을 잊어버리는 일이 없도록 당신은 그들을 죽이지는 마소서"라는 말도 대수롭지 않게 되었으리라. 지금은 교회가 어디에나 있지만, 유다인들이 성서의 저 증언을 갖추고서 아무데나 가 있지 않고 오로지 자기네 땅 안에만 있었다면, 그리스도에 대해 약속하는 저 많은 예언들을 증언하는 사람들이 모든 민족들에게 가 있지는 못했으리라.[387]

47. Quapropter quisquis alienigena, id est non ex Israel progenitus nec ab illo populo in canonem sacrarum litterarum receptus, legitur aliquid prophetasse de Christo, si in nostram notitiam uenit aut uenerit, ad cumulum a nobis commemorari potest; non quo necessarius sit, etiamsi desit, sed quia non incongrue creditur fuisse et in aliis gentibus homines, quibus hoc mysterium reuelatum est, et qui haec etiam praedicere inpulsi sunt, siue participes eiusdem gratiae fuerint siue expertes, sed per malos angelos docti sint, quos etiam praesentem Christum, quem Iudaei non agnoscebant, scimus fuisse confessos. Nec ipsos Iudaeos existimo audere contendere neminem pertinuisse ad Deum praeter Israelitas, ex quo propago Israel esse coepit, reprobato eius fratre maiore. Populus enim re uera, qui proprie Dei populus diceretur, nullus alius fuit; homines autem quosdam non terrena, sed caelesti societate ad ueros Israelitas supernae ciues patriae pertinentes etiam in aliis gentibus fuisse negare non possunt; quia si negant, facillime conuincuntur de sancto et mirabili uiro Iob, qui nec indigena nec proselytus, id est aduena populi Israel fuit, sed ex gente Idumaea genus ducens, ibi ortus, ibidem mortuus est; qui diuino sic laudatur eloquio, ut, quod ad iustitiam pietatemque adtinet, nullus ei homo suorum temporum coaequetur. Quae tempora eius quamuis non inueniamus in Chronicis, colligimus tamen ex libro eius, quem pro sui merito

---

[388] "교회 밖에 구원 없다"(salus extra Ecclesiam non est: *De baptismo* 4.17.24)는 명제를 확립한 교부가 아우구스티누스이지만, 유다 민족의 테두리 밖에서도 구원의 진리가 계시되었을 가능성, 그리스도의 육화 이전에 살고 간 사람들의 구원 가능성을 조심스럽게 타진한다.

[389] 마르 5,7; 사도 19,15 참조.

[390] 에사오와 야곱은 약속을 상속받은 이사악의 적자(嫡子)들이었으므로 장자권을 잃었더라도 에사오의 후손이 굳이 좁은 의미의 "하느님의 백성"에서 배제될 명분은 없다.

[391] 욥은 이스라엘 토착민(indigena)도 개종자(proselytus)도 이스라엘에 거주하는 외국인(advena)도 아니었으므로, 이스라엘과 전혀 무관한 사람에게도 구원이 가능하다는 사례가 된다.

[392] 욥기 1,2; 에제 14,20 참조.

47. 그리스도교 시대 전에도 이스라엘 민족 밖에서 천상 도성의 운명을 함께하는 사람들이 과연 있었을까[388]

그가 어느 이민족이든 상관없이, 다시 말해 이스라엘에서 나온 후손이 아니거나 혹은 성서 정전에서 이스라엘 백성이 받아들이지 않는 인물이라고 하더라도, 어떤 인물이 설혹 그리스도에 관해 예언을 했다면, 또 만일 그랬다는 사실을 우리가 알거나 알게 된다면, 응당 우리는 그 사람의 말을 부연하여 언급할 것이다. 물론 우리에게 그런 인물이 필요불가결한 것도 아니고 따라서 그런 사람이 없을 수도 있지만, 혹시 다른 민족에 속하는 어떤 사람들에게도 이런 신비가 계시되었다면, 더구나 그런 인물들이 그것을 남에게 설교해야겠다는 충동을 받았다면, 우리는 그것이 부적절하다고는 생각하지 않는다. 그런 사람들은 유다인들과 똑같은 은총을 부여받았을 것이고, 만약 그런 은총이 없었다면 악한 천사들을 통해 그런 가르침을 받았을 텐데, 우리가 알다시피 이미 와서 현존하는 그리스도를 유다인들은 인정하지 않았지만 저 악한 천사들은 그래도 이미 와 계신 그분을 그리스도로 고백한 적이 있다.[389] 내가 보기에 유다인들마저 이스라엘 사람 외에는 아무도 하느님께 속하지 못한다는 주장을 감히 하지 못할 것 같다. 어느 형이 배척을 당하면서 이스라엘 혈족이 시작되었는지 그들도 알기 때문이다. 고유한 의미에서 하느님의 백성이라고 불릴 만한 백성이 따로 없었던 것이 사실이다.[390] 그렇지만 지상적 결속이 아닌 천상적 결속에 의해 진정한 이스라엘 사람들, 천상 조국의 시민들에게 속하는 사람들이 다른 민족들 속에도 있었다는 사실은 유다인들도 부인하지 못한다. 만일 그들이 이것을 부인한다면, 거룩하고도 탄복할 만한 인물인 욥을 대면 설득이 아주 쉬울 것이다. 욥은 토착민도 아니고 개종한 이교도 아니다. 다시 말해 그는 이스라엘 백성에 몸붙여 사는 나그네가 아니었고 이두매아 족속으로서 그곳에서 태어나고 그곳에서 죽었다.[391] 그런데도 신적 말씀으로 칭송을 받고 있으며 당대의 인간들 가운데 그 누구도 의덕과 경건함에 있어 그와 견줄 만한 사람이 없었다.[392] 그런데 그의 시대가 어느 시기에 해당하는지는 에우세비우스의 「연대기」에서도 나오지 않는다. 다만 그의 서책에서 우리는 자료를 모을 수 있는데, 이 책에

Israelitae in auctoritatem canonicam receperunt, tertia generatione posteriorem fuisse quam Israel. Diuinitus autem prouisum fuisse non dubito, ut ex hoc uno sciremus etiam per alias gentes esse potuisse, qui secundum Deum uixerunt eique placuerunt, pertinentes ad spiritalem Hierusalem. Quod nemini concessum fuisse credendum est, nisi cui diuinitus reuelatus est unus mediator Dei et hominum, homo Christus Iesus, qui uenturus in carne sic antiquis sanctis praenuntiabatur, quem ad modum nobis uenisse nuntiatus est, ut una eademque per ipsum fides omnes in Dei ciuitatem, Dei domum, Dei templum praedestinatos perducat ad Deum. Sed quaecumque aliorum prophetiae de Dei per Iesum Christum gratia proferuntur, possunt putari a Christianis esse confictae. Ideo nihil est firmius ad conuincendos quoslibet alienos, si de hac re contenderint, nostrosque faciendos, si recte sapuerint, quam ut diuina praedicta de Christo ea proferantur, quae in Iudaeorum codicibus scripta sunt; quibus auulsis de sedibus propriis et propter hoc testimonium toto orbe dispersis Christi usquequaque creuit ecclesia.

48. Haec domus Dei maioris est gloriae, quam fuerat illa prima lignis et lapidibus ceterisque pretiosis rebus metallisque constructa. Non itaque Aggaei prophetia in templi illius instauratione completa est. Ex quo enim est instauratum, numquam ostenditur habuisse tantam gloriam, quantam habuit tempore Salomonis; immo potius ostenditur primum cessatione prophetiae fuisse domus illius gloriam diminutam, deinde ipsius gentis cladibus tantis usque ad ultimum excidium, quod factum est a Romanis, sicut ea, quae supra sunt commemorata testantur. Haec autem domus ad nouum pertinens testamentum tanto utique maioris est gloriae, quanto

---

[393] 「연대기」에서는 언급을 하지 않지만 에우세비우스도 다른 곳(*Demonstratio evangelica* 1.5-6)에서는 야곱 이후 제3세대에 해당한다고 말한다.

[394] 1디모 2,4-5 참조: "그분은 모든 사람이 구원을 받고 진리를 깨닫게 되기를 원하십니다. 과연 하느님은 한 분뿐이시고 하느님과 인간 사이의 중개자도 한 분뿐이시니 곧 인간 그리스도 예수이십니다."

대해 이스라엘인들도 정경의 권위를 부여했던 것은 그럴만한 가치가 있었기 때문이리라. 그는 이스라엘보다는 세 세대 늦게 출현한 인물이다.[393] 이것은 신적으로 섭리된 일이며, 이 한 인물로 미루어 다른 민족들 속에서도 하느님에 따라서 살다 갔고 하느님의 마음에 들었으며 따라서 영적 예루살렘에 속하는 사람들이 있었음을 나는 의심치 않는다. 하느님과 인간들 사이의 유일한 중개자 인간 그리스도 예수가 그에게 신적으로 계시되지 않았다면, 이런 일은 아무에게도 허용되지 않았다고 믿어야 한다. 장차 육신으로 올 그분이 고대의 성인들에게 예고된 것인데 우리에게는 이미 온 분으로 알려져 있다. 단일한 신앙이 그분을 통해 모든 이를 하느님의 도성 안으로, 하느님의 집으로, 하느님의 성전으로 예정된 사람들 전부를 하느님께로 인도하는 것이다.[394] 그렇더라도 이스라엘 사람이 아닌 다른 사람들의 예언은 그것이 어떠한 것이든지 우리 그리스도 신자들에 의해 조작되었다는 혐의를 받을 수 있다. 이스라엘 사람이 아닌 다른 사람들의 것을 무조건 우리가 조작한 것이라고 시비하는 사람들이 있을 경우에, 그들을 반박하는 데는 유다인들의 문서에 기록되어 있는, 그리스도에 관한 신적 예고들보다 더 강력한 자료는 아무것도 없다. 그래서 바로 이것을 증언하려고 그들이 자기네 본거지에서 추방되어 온 세계에 흩어져 있는 덕택에, 그리스도의 교회가 어디서나 성장할 수 있었던 것이다.

48. 하느님의 집에 전에 있던 영광보다 장차 올 영광이 더 크리라고 말한 하깨의 예언은 성전의 재건에서가 아니라 그리스도의 교회에서 이루어졌다

하느님의 이 집은 나무와 돌 그밖의 귀한 물건과 금속으로 건축된 첫 번 집보다 더 영화로운 집이다. 그렇다면 하깨의 예언은 성전의 재건으로 성취된 것이 아니다. 성전이 재건되기는 했지만, 한번도 솔로몬의 시대에 누렸던 영광을 과시하지는 못했다. 오히려 조금 전에 언급한 말에서 입증되듯이, 예언 운동이 중단되면서 저 집의 영광도 줄어들었고 그 뒤로는 엄청난 민족의 재난, 결국은 로마인들에 의한 파괴에 이르기까지 엄청난 재난으로 점철되었다. 그 대신 신약에 속하는 이 집은, 살아있는 돌들이 훨씬 더 훌륭한 그만큼, 영

meliores sunt lapides uiui, quibus credentibus renouatisque construitur. Sed ideo per instaurationem templi illius significata est, quia ipsa renouatio illius aedificii significat eloquio prophetico alterum testamentum, quod appellatur nouum. Quod ergo deus dixit per memoratum prophetam: *Et dabo pacem in loco isto*, per significantem locum ille, qui eo significatur, intellegendus est; ut, quia illo loco instaurato significata est ecclesia, quae fuerat aedificanda per Christum, nihil aliud accipiatur, quod dictum est: *Dabo pacem in loco isto*, nisi «dabo pacem in loco, quem significat locus iste». Quoniam omnia significantia uidentur quodam modo earum rerum, quas significant, sustinere personas; sicut dictum est ab apostolo: *Petra erat Christus*, quoniam petra illa, de qua hoc dictum est, significabat utique Christum. Maior est itaque gloria domus huius noui testamenti quam domus prioris ueteris testamenti, et tunc apparebit maior, cum dedicabitur. Tunc enim *ueniet desideratus cunctis gentibus*, sicut legitur in Hebraeo. Nam primus eius aduentus nondum erat desideratus omnibus gentibus. Non enim quem deberent desiderare sciebant, in quem non crediderant. Tunc etiam secundum septuaginta interpretes (quia et ipse propheticus sensus est) *uenient quae electa sunt Domini de cunctis gentibus*. Tunc enim uere non uenient nisi electa, de quibus dicit apostolus: *Sicut elegit nos in ipso ante mundi constitutionem*. Ipse quippe architectus, qui dixit: *Multi uocati, pauci uero electi*, non de his, qui uocati sic uenerunt, ut de conuiuio proicerentur, sed de electis demonstraturus est aedificatam domum, quae nullam ruinam deinceps formidabit. Nunc autem, quando et hi replent ecclesias, quos tamquam in area uentilatio separabit, non apparet tanta gloria domus huius, quanta tunc apparebit, quando, quisquis ibi erit, semper erit.

---

[395] 1베드 2,4-5 참조: "주님은 살아있는 돌, ⋯ 여러분 자신도 살아있는 돌로서 거룩한 제관이 되기 위해 영적인 집으로 세워져서 ⋯."

[396] 하께 2,9.

[397] *omnia significantia ... earum rerum, quas significant, sustinere personas*: 바로 뒤의 예처럼 상징적 사물에서 상징적 인물로 비약하는 논거다.

[398] 1고린 10,4.

[399] 하께 2,7. 교부는 히에로니무스의 번역본(Vulgata)을 인용하고 있지만 정작 히브리어본(공동번역)에는 "뭇 민족이 보화를 가지고 오리니"라고 되어 있다.

[400] 에페 1,4.

[401] 마태 22,14.

광에 있어서도 월등하다. 신앙을 갖고 재생된 사람들로 세워지기 때문이다.[395] 그러므로 저 성전의 재건으로 상징된 바는 다름아닌 이 새로운 성전이다. 예언적 언사를 빌린다면, 저 건물의 중건 자체가 다른 계약 곧 신약이라고 일컫는 바를 상징하기 때문이다. 위에 나온 예언자가 "또 내가 그 장소에 평화를 주리라"[396]고 한 말은, 상징하는 "장소"를 통해 상징되는 그 인물을 가리키는 것으로 이해해야 한다. 재건된 저 장소에 의해 교회가 상징되었고 또 교회는 그리스도를 통해 건설되어야 했기 때문이다. 그러니 "내가 그 장소에 평화를 주리라"는 말은 "내가 그 장소에, 곧 그 장소가 상징하는 인물에게 평화를 주리라"는 뜻 외에 달리 해석될 수 없다. 무릇 모든 상징체들은 상징하는 그 사물들의 인격을 내포하고 있는 것으로 보인다.[397] 사도가 "그 바위는 그리스도였습니다"[398]라고 말한 것처럼 성서의 그 대목은 바위에 대해 말한 것이지만, 그 바위는 또한 그리스도를 상징하기도 했던 것이다. 그리하여 구약의 처음 집의 영광보다 신약의 이 집의 영광이 더 크며, 따라서 헌당이 이루어지고 나면 그 영광이 더 크게 나타날 것이다. 그러고 나면 히브리본에서 읽는 대로 "모든 민족들이 소망하던 분이 오시리라".[399] 왜냐하면 그분의 첫 내림은 아직 뭇 민족들이 소망한 바는 아니었기 때문이다. 그들은 그분을 믿지 않았던 까닭에 자기들이 소망해야 할 분을 알지 못했던 것이다. 그리하여 70인 역자들에 따르면 "뭇 민족들 가운데서 주님의 선택된 것들이 오리라"고 되어 있고 그 자체가 예언적 의미가 된다. 그렇다면 선택된 것들 외에는 오지 않을 것이며 그것들을 가리켜 사도는 "그분은 세계를 창건하시기 전에 그분 안에서 우리를 뽑으셨습니다"[400]라고 했다. 그 건축가 본인이 "부름받은 사람은 많지만 뽑힌 사람은 적습니다"[401]라고 했는데, 사도는 저 집이 초대를 받아서 오긴 했지만 결국 잔칫상에서 쫓겨난 사람들로 지어진 것이 아니라 선택된 사람들로 지어진 집임을 보여주려고 한 것이다. 그 집은 일체 파괴를 두려워하지 않아도 된다. 지금은 키로 공중에 날려버릴 사람들도 교회에 들어와 교회를 메우고 있어서 그 집의 영광도, 누구든지 그곳에 와서 영원히 그곳에 머물던 그때만큼은 광휘를 떨치지 못하고 있다.

49. In hoc ergo saeculo maligno, in his diebus malis, ubi per humilitatem praesentem futuram comparat ecclesia celsitudinem et timorum stimulis, dolorum tormentis, laborum molestiis, temptationum periculis eruditur, sola spe gaudens, quando sanum gaudet, multi reprobi miscentur bonis et utrique tamquam in sagenam euangelicam colliguntur et in hoc mundo tamquam in mari utrique inclusi retibus indiscrete natant, donec perueniatur ad litus, ubi mali segregentur a bonis et in bonis tamquam in templo suo *sit Deus omnia in omnibus*. Proinde uocem nunc agnoscimus eius impleri, qui loquebatur in Psalmo atque dicebat: *Adnuntiaui et locutus sum, multiplicati sunt super numerum*. Hoc fit nunc, ex quo primum per os praecursoris sui Iohannis, deinde per os proprium adnuntiauit et locutus est dicens: *Agite paenitentiam, adpropinquauit enim regnum caelorum*. Elegit discipulos, quos et apostolos nominauit, humiliter natos, inhonoratos, inlitteratos, ut, quidquid magnum essent et facerent, ipse in eis esset et faceret. Habuit inter eos unum, quo malo utens bene et suae passionis impleret dispositum et ecclesiae suae tolerandorum malorum praeberet exemplum. Seminato, quantum per eius oportebat praesentiam corporalem, sancto euangelio passus est, mortuus est, resurrexit, passione ostendens quid sustinere pro ueritate, resurrectione quid sperare in aeternitate debeamus, excepta altitudine sacramenti, qua sanguis eius in remissionem fusus est peccatorum. Conuersatus est in terra quadraginta dies cum discipulis suis atque ipsis uidentibus ascendit in caelum et post dies decem misit promissum Spiritum sanctum; cuius uenientis in eos qui cre-

---

[402] 마태 13,47-50 참조.
[403] 1고린 15,28. 본서 18.54.2 참조.
[404] 시편 39,6. 〔새번역 40,6: "제가 알리고 말하려 해도 헤아리기에는 그것들이 너무나 많사옵니다."〕
[405] 마태 3,2; 4,17.
[406] 루가 6,13 참조.
[407] 배반자 이스가리옷 사람 유다스를 지칭한다.
[408] 사도 1,9; 2,1-4 참조.

49. 교회의 분별없는 성장으로 말미암아 금세기에는 배척당한 사람들이 다수의 선택된 사람들과 뒤섞여 있다

그러므로 이 사악한 세대, 이 악한 세월에 처한 교회는 현재의 비천함을 통해 장차 올 영광을 마련하는 중이다. 두려운 충격과 고통의 형극과 번거로운 수고와 위험한 유혹을 거쳐 가면서 가르침을 받는 중이다. 교회가 건전한 기쁨을 가진다면 오로지 희망에 근거해서 기뻐할 따름이다. 지금은 배척당한 사람들이 선한 사람들과 뒤섞여 있고, 복음의 그물에 양편이 다 걸려들어 있으며, 양편 다 그물에 걸린 채로 바다에서 하듯이 이 세상에서 헤엄을 치고 있다. 해변에 당도할 때까지는 그럴 것이고 해변에서는 선인들이 악인들로부터 따로 갈라질 것이고,[402] 선인들 안에서는 하느님이 당신의 성전에서처럼 "모든 것 안에서 모든 것이 되실" 것이다.[403] 그때가 되어서야 우리는 그분의 말씀이 성취되었음을 깨달을 텐데, 시편에서 "나는 알렸고 말을 했나이다. 그들이 숫자를 넘기고 말았나이다"[404]고 한 말씀 그대로다. 그 일이 지금 이루어지고 있으니 처음에는 당신의 선구자인 요한의 입으로 알리고 말을 했으며, 그다음에는 그분 본인의 입으로 알리고 말을 했다: "회개하시오. 하늘나라가 다가왔습니다"[405]라고! 또 제자들을 뽑아서 사도라고 이름을 지었지만[406] 한결같이 태생도 비천하고 영예로울 것도 없는 데다 무식한 사람들이었다. 이것은 그들이 설령 대단한 인물이 되거나 대단한 일을 이루더라도, 그것은 어디까지나 그 사람들 안에서 그분이 대단한 분이 되고 그분이 대단한 일을 이루어낸 것임을 깨닫게 하기 위해서였다. 그 가운데 한 명은, 악을 선하게 이용하고 당신 수난의 계획을 성취하고 악인들에 대해 참고 견디는 본보기를 당신 교회에 제공하려는 뜻에서 당신 곁에 두었다.[407] 당신의 신체적 현존을 통해 거룩한 복음의 씨를 뿌리고 난 다음, 그분은 수난을 당하고 죽고 부활했다. 수난으로 보여주는 것은 진리를 위해 무엇을 견뎌내야 하느냐는 것이고, 부활로 보여주는 것은 우리가 영원히 희망을 두어야 할 것이 무엇이냐는 것이다. 그밖에도 죄 사함을 위해 당신의 피를 흘린 지고한 비의秘義가 있다. 부활 후 지상에서 당신 제자들과 더불어 40일을 사귀었으며 그들이 쳐다보는 중에 하늘로 올라갔고, 열흘 뒤에는 그들에게 약속한 성령을 보냈다.[408]

diderant tunc signum erat maximum et maxime necessarium, ut unusquisque eorum linguis omnium gentium loqueretur; ita significans unitatem catholicae ecclesiae per omnes gentes futuram ac sic linguis omnibus locuturam.

50. Deinde secundum illam prophetiam: *Ex Sion lex prodiet et uerbum Domini ex Hierusalem*, et secundum ipsius Domini Christi praedicta, ubi post resurrectionem stupentibus eum discipulis suis *aperuit sensum, ut intellegerent scripturas, et dixit eis, quoniam sic scriptum est, et sic oportebat Christum pati et resurgere a mortuis tertio die et praedicari in nomine eius paenitentiam et remissionem peccatorum per omnes gentes, incipientibus ab Hierusalem*, et ubi rursus eis de aduentu eius nouissimo requirentibus respondit atque ait: *Non est uestrum scire tempora quae Pater posuit in sua potestate; sed accipietis uirtutem Spiritus sancti superuenientem in uos, et eritis mihi testes in Hierusalem et in totam Iudaeam et Samariam et usque in fines terrae*, primum se ab Hierusalem diffudit ecclesia, et cum in Iudaea atque Samaria plurimi credidissent, et in alias gentes itum est, eis adnuntiantibus euangelium, quos ipse, sicut luminaria, et aptauerat uerbo et accenderat Spiritu sancto. Dixerat enim eis: *Nolite timere eos, qui corpus occidunt, animam autem non possunt occidere*. Qui ut frigidi timore non essent, igne caritatis ardebant. Denique non solum per ipsos, qui eum et ante passionem et post resurrectionem uiderant et audierant, uerum etiam post obitum eorum per posteros eorum inter horrendas persecutiones et uarios cruciatus ac funera martyrum praedicatum est toto orbe euangelium, contestante Deo signis et ostentis et uariis uirtutibus et spiritus sancti muneribus; ut populi gentium credentes in eum, qui pro eorum redemptione crucifixus est, Christiano amore uenerarentur sanguinem martyrum, quem diabolico furore fuderunt, ipsique

---

[409] 짤막한 문단으로 구세사(救世史)에서의 그리스도의 수임사명을 간추리면서 그리스도교의 보편성으로 매듭짓는다. 49-54장은 교회사의 구세적 의의를 간추린다.

[410] 이사 2,3.

[411] 루가 24,45-47.

[412] 사도 1,7-8.

[413] 마태 10,28.

믿음을 가진 사람들에게 성령이 오는 가장 큰 표지, 또 가장 절실했던 표지는 각 사람이 뭇 민족들의 언어로 말을 하더라는 것이었다. 이렇게 해서 가톨릭 교회의 통일성을 상징한다. 모든 민족들을 망라하여 도래할 통일성, 그래서 모든 언어를 쓰며 말을 나누기에 이를 그 통일성을 상징한다.[409]

50. 복음의 설교는 설교자들의 수난을 통해 더 유명해지고 더 강해졌다

그러나 "법은 시온에서 나오고, 주님의 말씀은 예루살렘에서 나오느니"[410]라는 저 예언대로 과연 교회는 먼저 예루살렘으로부터 퍼졌고, 유다와 사마리아에서 많은 사람들이 믿었으며, 그다음에는 그들이 복음을 전하는 대로 다른 민족들에게로 전해져 갔다. 이것은 또 부활 후에 주 그리스도 친히 당신을 보고 놀라는 당신 제자들을 "깨우쳐 주며 성서를 알아듣게 하셨다. '이렇게 씌어 있습니다. 곧, 그리스도는 고난을 겪고 사흘날에 죽은 이 가운데서 부활하며, 예루살렘에서 시작하여 모든 민족에게 그의 이름으로 죄의 용서를 위한 회개가 선포된다는 것입니다'"[411]라고 예고한 대로였고, 또다시 당신의 마지막 내림에 관해 물어보는 사람들에게 "그 때와 시기는 아버지께서 당신 권능으로 정하셨으니 그대들이 알 바 아닙니다. 그러나 그대들은 성령의 능력을 받아, 예루살렘과 온 유다와 사마리아뿐 아니라 땅끝에 이르기까지 나의 증인이 될 것입니다"[412]라고 말씀했다. 그리스도는 그 사람들을 횃불로 삼아 말씀으로 무장시키고 성령으로 불을 붙여 주었던 것이다. 이미 그들에게 한 말씀이 있다: "육신은 죽여도 영혼은 죽일 수 없는 자들을 겁내지 마시오."[413] 그들은 두려움으로 굳어지기 싫어서 사랑의 불꽃을 지폈다. 수난 이전과 부활 이후에 당신을 뵈었고 말씀을 들은 사람들을 통해서뿐 아니라, 그들이 사망한 다음에도 그들의 후예들은 가혹한 박해와 가지각색의 잔혹행위와 순교자들의 죽음을 겪으면서 복음을 온 세상에 선포했다. 그동안 하느님이 표징과 이적으로, 또 성령의 갖가지 능력과 특은으로 시비를 가려주었다. 그리하여 이방인 백성들이 자기들을 위해 십자가에 처형당한 분을 믿기에 이르렀고, 악마적 광기로 흘리게 된 순교자들의 피를 그리스도 신자다운 애정으로 공경하기에 이르렀다. 또 법령을 내

reges, quorum legibus uastabatur ecclesia, ei nomini salubriter subderentur, quod de terra crudeliter auferre conati sunt, et falsos deos inciperent persequi, quorum causa cultores Dei ueri fuerant antea persecuti.

51. Videns autem diabolus templa daemonum deseri et in nomen liberantis Mediatoris currere genus humanum, haereticos mouit, qui sub uocabulo Christiano doctrinae resisterent Christianae, quasi possent indifferenter sine ulla correptione haberi in ciuitate Dei, sicut ciuitas confusionis indifferenter habuit philosophos inter se diuersa et aduersa sentientes. Qui ergo in ecclesia Christi morbidum aliquid prauumque sapiunt, si correpti, ut sanum rectumque sapiant, resistunt contumaciter suaque pestifera et mortifera dogmata emendare nolunt, sed defensare persistunt, haeretici fiunt et foras exeuntes habentur in exercentibus inimicis. Etiam sic quippe ueris illis catholicis membris Christi malo suo prosunt, dum Deus utitur et malis bene et *diligentibus eum omnia cooperatur in bonum*. Inimici enim omnes ecclesiae, quolibet errore caecentur uel malitia deprauentur, si accipiunt potestatem corporaliter affligendi, exercent eius patientiam; si tantummodo male sentiendo aduersantur, exercent eius sapientiam; ut autem etiam inimici diligantur, exercent eius beneuolentiam aut etiam beneficentiam, siue suadibili doctrina cum eis agatur siue terribili disciplina. Ac per hoc diabolus princeps impiae ciuitatis aduersus peregrinantem

---

[414] 이어서 하느님의 도성이 그 사명을 수행하면서 겪어야 할 세 가지 시련, 외부의 박해, 내부의 오류와 구성원들의 부도덕을 언급하지만 이것들이 결국은 진리와 선을 성취하는 자극제임을 천명한다.

[415] 아우구스티누스 특유의, 이단자에 대한 정의다.

[416] 로마 8,28.

려 교회를 말살해 오던 임금들은 일찍이 자신들이 잔인무도하게 지상에서 없애 버리려고 애썼던 그리스도의 이름에 머리를 숙이고 구원에 다가서기에 이르렀다. 과거에는 거짓 신들 때문에 참된 하느님을 숭배하는 자들을 박해했지만, 이제는 그 거짓 신들을 제거하기 시작했다.[414]

51. 이단자들의 의견분열을 통해 가톨릭 신앙이 오히려 강화되기도 한다
51. 1. 교회는 이단자라는 적이 있다

악마는 그들의 신전이 텅텅 비고, 인류가 온통 해방을 가져다주는 중개자의 이름을 향해 달려가고 있음을 보다 못해 이단자들을 선동한다. 이단자란 그리스도교적 언사를 써가며 그리스도교 교리에 저항하는 사람들이다.[415] 혼동의 도성이 그토록 상이하고 상충되는 주장을 하는 철학자들을 품고 있으면서도 아무렇지도 않으니까, 하느님의 도성에도 이단자들이 존재하면서 아무런 부패를 초래하지 않는 것처럼 생각하나 보다. 만일 누군가 그리스도의 교회에서 뭔가 병적이고 사악한 것에 맛을 들여 제발 건강하고 바른 것을 맛들이라고 교정을 받았는데도 완강하게 반항하거나, 자신의 유독하고 치명적인 교리를 바로잡기를 거부하거나, 그것을 끈질기게 변명하거나 하면 이단자가 된다. 심지어는 밖으로 뛰쳐나가서 호전적 원수들과 대열을 함께하기도 한다. 그렇더라도 그들은 자신들이 갖고 있는 악으로 은연중에 그리스도의 참된 가톨릭 지체들에게 유익함을 준다. 하느님은 악인들도 선하게 이용하는데, "하느님을 사랑하는 이들에게는 모든 일이 울력하여 좋은 일을 이루는"[416] 까닭이다. 교회의 모든 적들이 오류로 눈이 멀든 악의로 비뚤어지든, 만약 그들이 신체적으로까지 남을 괴롭힐 세력을 장악한다면 그것은 그들이 교회의 인내를 단련하는 것이고, 오직 생각을 잘못해서 맞서는 데서 그친다면 그것은 교회의 지혜를 단련하는 것이다. 또한 저들은 비록 원수이지만, 교회가 사랑하면서 설득력있는 교리로 그들을 상대하든 가혹한 규율로 상대하든, 결국 그들은 교회의 호의 혹은 이와 더불어 자애를 또한 단련하는 셈이다. 바로 그래서 불경스런 도성의 군주인 악마는 이 세상에서 나그넷길을 가는 하느님의 도성에 대항해서 제 수단을 모조리 동원하지

in hoc mundo ciuitatem Dei uasa propria commouendo nihil ei nocere permittitur, cui procul dubio et rebus prosperis consolatio, ut non frangatur aduersis, et rebus aduersis exercitatio, ut non corrumpatur prosperis, per diuinam prouidentiam procuratur, atque ita temperatur utrumque ab alterutro, ut in Psalmo illam uocem non aliunde agnoscamus exortam: *Secundum multitudinem dolorum meorum in corde meo consolationes tuae iucundauerunt animam meam.* Hinc est et illud apostoli: *Spe gaudentes, in tribulatione patientes.*

Nam et id, quod ait idem doctor: *Quicumque uolunt in Christo pie uiuere, persecutionem patiuntur,* nullis putandum est deesse posse temporibus. Quia et cum ab eis, qui foris sunt, non saeuientibus uidetur esse tranquillitas et re uera est plurimumque consolationis adfert, maxime infirmis: non tamen desunt, immo multi sunt intus, qui corda pie uiuentium suis perditis moribus cruciant; quoniam per eos blasphematur Christianum et catholicum nomen; quod quanto est carius eis, qui uolunt pie uiuere in Christo, tanto magis dolent, quod per malos intus positos fit, ut minus, quam piorum mentes desiderant, diligatur. Ipsi quoque haeretici, cum cogitantur habere nomen et sacramenta Christiana et scripturas et professionem, magnum dolorem faciunt in cordibus piorum; quia et multi uolentes esse Christiani propter eorum dissensiones haesitare coguntur et multi maledici etiam in his inueniunt materiam blasphemandi Christianum nomen, quia et ipsi quoquo modo Christiani appellantur. His atque huius modi prauis moribus et erroribus hominum persecutionem patiuntur, qui uolunt in Christo pie uiuere, etiam nullo infestante neque uexante

---

[417] 시편 93,19. 〔새번역 94,19: "제 속에 수많은 걱정들이 쌓여갈 제, 당신의 위로가 제 영혼을 기쁘게 하였나이다."〕

[418] 로마 12,12.

[419] 2디모 3,12.

[420] 로마 2,24 참조: "하느님의 이름이 너희로 말미암아 이방인 가운데서 모독된다."

만, 결국은 이 도성에 어떠한 해를 끼치는 일도 허용되어 있지 않다. 하느님의 도성에서는 이런 일이 번영 속에서는 위로가 되어 역경중에도 꺾이지 않게 되고, 역경 속에는 단련이 되어 번영중에 부패하는 일이 없게 된다. 이처럼 신적 섭리로 보살핌을 받아 번영과 역경 양편이 서로 제어하는 역할을 하게 된다. 그러면 시편의 다음 목소리도 다름아닌 교회의 입에서 나온 소리임을 우리가 깨닫기에 이를 것이다: "내 고통들이 나의 마음에 많으면 많을수록 당신의 위로들이 제 영혼들을 기쁘게 했나이다."⁴¹⁷ 그리고 "희망 속에 기뻐하고 환난중에 인내"⁴¹⁸하라는 사도의 말도 여기서 우러난 것이다.

51.2. 못된 그리스도 신자들도 원수 노릇을 한다

동일한 교사가 "무릇 그리스도 예수 안에 경건하게 살려는 이는 모두 박해를 당할 것입니다"⁴¹⁹라고 말했는데, 이 말이 해당하지 않는 시대도 있을 수 있다는 생각을 해서는 안 된다. 밖에 있는 사람들이 광분하여 날뛰지 않아서 평온이 도래한 것처럼 보이고, 실제로 그런 평온이 있어 특히 연약한 이들에게 크나큰 위안을 줄 때가 있기는 하다. 하지만 타락한 행실로 경건하게 사는 사람들의 마음을 괴롭히는 사람들이 없지 않고, 내부에도 많이 있다. 그런 사람들 때문에 그리스도교와 가톨릭이라는 이름이 모독을 받는다.⁴²⁰ 그리스도 안에서 경건하게 살고 싶어하는 사람들에게 그리스도교와 가톨릭이라는 이름이 사랑스러우면 사랑스러울수록, 내부에 자리잡고 있는 악인들 때문에 경건한 사람들의 마음이 바라는 것만큼 그 이름이 사랑을 받지 못하는 일이 생긴다면, 그들은 더욱 괴로워한다. 이단자 본인들도 그리스도인이라는 명칭과 성사들과 성서들과 신앙고백을 똑같이 갖추고 있다고 생각될 경우, 경건한 사람들의 마음에 크나큰 고통을 끼친다. 그리스도 신자가 되고 싶어하면서도 이단자들의 분란으로 주저하지 않을 수 없는 사람들이 많다. 더구나 저런 작자들마저 명색이 그리스도인이라고 불리기 때문에, 이런 사안들을 두고서 그리스도교 명칭을 모독하는 구실을 찾아내어 악담을 일삼는 사람들이 많다. 그리스도 안에서 경건하게 살고 싶어하는 이들이 이런 사람들의 악한 행실이나 오류로 인해 박해를 받는다. 비록 노골적으로 그들의 육체를 유린하거나 괴롭히는 일이 없더라도. 그리스도

corpus illorum. Patiuntur quippe hanc persecutionem non in corporibus, sed in cordibus. Vnde illa uox est: *Secundum multitudinem dolorum meorum in corde meo.* Non enim ait: «in corpore meo». Sed rursus quoniam cogitantur inmutabilia diuina promissa, et quod ait apostolus: *Nouit Dominus qui sunt eius; quos enim praesciuit et praedestinauit conformes imaginis filii sui,* ex eis perire nullus potest; ideo sequitur in illo Psalmo: *Consolationes tuae iucundauerunt animam meam.* Dolor autem ipse, qui fit in cordibus piorum, quos persequuntur mores Christianorum malorum siue falsorum, prodest dolentibus, quoniam de caritate descendit, qua eos perire nolunt nec impedire aliorum salutem. Denique magnae consolationes fiunt etiam de correctionibus eorum, quae piorum animas tanta iucunditate perfundunt, quantis doloribus de sua perditione cruciauerant. Sic in hoc saeculo, in his diebus malis non solum a tempore corporalis praesentiae Christi et apostolorum eius, sed ab ipso Abel, quem primum iustum impius frater occidit, et deinceps usque in huius saeculi finem inter persecutiones mundi et consolationes Dei peregrinando procurrit ecclesia.

52. Proinde ne illud quidem temere puto esse dicendum siue credendum, quod nonnullis uisum est uel uidetur, non amplius ecclesiam passuram persecutiones usque ad tempus Antichristi, quam quot iam passa est, id est decem, ut undecima eademque nouissima sit ab Antichristo. Primam quippe computant a Nerone quae facta est, secundam a Domitiano, a

---

[421] 2디모 2,19.

[422] 로마 8,29.

인들은 육신으로 이런 박해를 받는 것이 아니라 마음으로 받고 있다. 그래서 "내 고통들이 나의 마음에 많으면 많을수록"이라고 하는 말이 나왔다. "나의 육체에"라고 하지 않았다. 하지만 그들은 하느님의 불변하는 언약들을 염두에 두고 있으며, 또 사도가 한 말, 곧 "주님은 누가 당신의 사람인지 아신다"[421]는 말과 "하느님은 미리 알아 두신 이들을 당신 아드님의 모습과 한 모양이 되도록 예정하셨습니다"[422]라는 구절을 염두에 두고 있다. 그 사람들 중에는 아무도 멸망하지 않는다. 그래서 바로 저 시편에 "당신의 위로들이 제 영혼들을 기쁘게 했나이다"라고 했다. 못된 그리스도인들이나 가짜 그리스도인들의 행실 때문에 경건한 사람들의 마음에 생기는 고통은 고통을 겪는 당사자들에게는 유익하다. 그 고통은 사랑으로부터 내려오는 것이고, 그 사랑에 힘입어 저 작자들이 멸망하지 않기를 바라고 다른 사람들의 구원에 지장이 되지 않기를 바라기 때문이다. 그뿐 아니라 저 사람들이 교정을 받아들이면 커다란 위안이 생기며 그 위안이 크나큰 즐거움이 되어 경건한 사람들의 영혼에 스며들고, 저 사람들이 멸망할 경우에는 얼마나 큰 고통에 시달리는지 모른다. 이렇게 교회는 이 세상, 이 악한 세월에서 나그넷길을 가고 있다. 그리스도와 그분의 사도들이 살아 현존하던 시기뿐 아니라 저 아벨, 즉 첫 의인을 불경스런 형이 때려죽인 아벨의 시대부터, 아마도 이 세기의 마지막까지도 교회는 세상의 박해와 하느님의 위로 사이에서 나그넷길을 갈 것이다.

52. 혹자의 생각대로, 과거의 열 차례 박해가 끝나고 반그리스도 시대에 도래할 열한 번째 외에는 다른 박해가 남아있지 않다는 말을 믿어야 하는가

52. 1. 로마 군주들이 자행한 열 차례의 박해

내 생각에 반反그리스도가 오기까지는 교회가 아무런 박해도 받지 않으리라는 것을 환시중에 보았다거나 본다는 말을 함부로 해서는 안 되고, 또 그런 말은 믿지도 말아야 한다. 이미 열 번의 박해를 당했으므로 더 박해는 없고, 마지막 열한 번째는 다름아닌 반그리스도에 의해 자행되리라는 얘기가 그것이다. 그 사람들이 계산하기로 첫 박해는 네로에 의해 저질러졌고, 둘째는 도미티아누스

Traiano tertiam, quartam ab Antonino, a Seuero quintam, sextam a Maximino, a Decio septimam, octauam a Valeriano, ab Aureliano nonam, decimam a Diocletiano et Maximiano. Plagas enim Aegyptiorum, quoniam decem fuerunt, antequam exire inde inciperet populus Dei, putant ad hunc intellectum esse referendas, ut nouissima Antichristi persecutio similis uideatur undecimae plagae, qua Aegyptii, dum hostiliter sequerentur Hebraeos, in mari Rubro populo Dei per siccum transeunte perierunt. Sed ego illa re gesta in Aegypto istas persecutiones prophetice significatas esse non arbitror; quamuis ab eis, qui hoc putant, exquisite et ingeniose illa singula his singulis comparata uideantur, non prophetico spiritu, sed coniectura mentis humanae, quae aliquando ad uerum peruenit, aliquando fallitur.

Quid enim, qui hoc sentiunt, dicturi sunt de persecutione, qua ipse Dominus crucifixus est? In quo eam numero posituri? Si autem hac excepta existimant computandum, tamquam illae numerandae sint, quae ad corpus pertinent, non qua ipsum caput est appetitum et occisum: quid agent de illa, quae, postea quam Christus ascendit in caelum, Hierosolymis facta est, ubi beatus Stephanus lapidatus est, ubi Iacobus frater Iohannis gladio trucidatus, ubi apostolus Petrus ut occideretur inclusus et per angelum liberatus, ubi fugati atque dispersi de Hierosolymis fratres, ubi Saulus, qui postea Paulus apostolus factus est, uastabat ecclesiam, ubi ipse quoque iam fidem, quam persequebatur, euangelizans, qualia faciebat, est passus, siue per Iudaeam siue per alias gentes, quacumque Christum feruentissimus praedicabat? Cur ergo eis a Nerone uidetur ordiendum, cum ad Nero-

---

[423] 로마 시대의 박해를 크게 열 번으로 꼽는 것은 당대 교회사가(예: Paulus Orosius, *Historiae adversus paganos* 7.27; Sulpicius Severus, *Historia sacra* 2.31-33)들의 시도였다(본서 20.19.3 참조).

[424] 로마제국의 열 번의 박해와 출애굽의 열 가지 재앙을 비교하는 오로시우스의 입장(*Historiae adversus paganos* 7.27)에 대해 아우구스티누스는 신중한 견해를 보인다.

[425] 사도 7,1 - 9,2; 12,1-19 참조.

[426] 바울로 본인의 입으로 고난에 점철된 삶의 고난을 열거하는 2고린 11,21 - 12,13 참조.

와 트라야누스에 의해, 셋째, 넷째는 안토니누스에 의해, 다섯째는 세베루스에 의해, 여섯째는 막시미누스에 의해, 일곱째는 데키우스에 의해, 여덟째는 발레리아누스에 의해, 아홉째는 아우렐리아누스에 의해, 열째는 디오클레티아누스와 막시미아누스에 의해 각각 자행되었다.[423] 저 사람들은 하느님의 백성이 거기서 나오기 전에 이집트인들의 재앙이 열 가지였다는 사실을 이것과 연관시켜 이해해야 한다고 생각하며, 반그리스도의 마지막 박해는 열한 번째 재앙, 곧 이집트인들이 적의를 품고서 히브리인들을 뒤쫓다가 하느님의 백성이 홍해를 마른 발로 건너간 다음, 홍해에서 전멸한 사건과 유사하다고 설명한다. 하지만 나는 이집트에서의 저 사적史蹟이 열 차례의 박해를 예언적으로 상징한 것이라고는 생각하지 않는다. 저렇게 생각하는 사람들이야 치밀하고 재치있게 저 재앙 하나하나를 이 박해 하나하나와 비교하겠지만, 그것은 예언자적 영으로 이루어지는 바가 아니고 인간 지성의 추측으로 되는 일이어서 때로는 진실할지 몰라도 때로는 속기 십상이다.[424]

52.2. 그밖에도 수많은 박해가 언제나 어디서나 벌어지고 있다

도대체 이런 주장을 하는 사람들은 주님 친히 십자가에 처형당한 박해에 대해서는 뭐라고 할 것인가? 대체 어느 숫자에다 이 박해를 산입할 것인가? 이것은 계산에서 제외해야 한다고 생각한다면, 교회라는 몸체에 해당하는 박해들만 꼽아야 하고 교회의 머리가 죽임당한 이 박해는 빼놓기로 한다면, 그리스도가 하늘로 올라간 다음에 예루살렘에서 일어난 박해는 어떻게 되는 것인가? 스테파노가 돌에 맞아 죽고, 요한의 형 야고보가 칼에 맞아 죽고, 사도 베드로가 갇혀서 죽을 뻔하다가 천사가 풀어주고, 믿음의 형제들이 예루살렘에서 도망쳐 흩어졌던 그 박해 말이다.[425] 훗날 바울로 사도가 된 사울로 말하자면, 교회를 쳐부수고 다니다가 정작 박해를 하기보다는 도리어 교회의 신앙을 전파하러 다녔다. 그가 얼마나 많은 일을 했고 그때마다 얼마나 많은 수난을 당했는지 모른다. 어디서든지 열심히 그리스도를 설교하고 다니면서 때로는 유다인들에게 때로는 다른 민족들에게 박해를 당했다.[426] 교회가 자라나면서 혹독하기 이를 데 없는 박해들을 받았고 네로의 시대에 이르렀다. 그 박해들을 모조리 열

nis tempora inter atrocissimas persecutiones, de quibus nimis longum est cuncta dicere, ecclesia crescendo peruenerit? Quod si a regibus factas persecutiones in numero existimant esse debere: rex fuit Herodes, qui etiam post ascensum Domini grauissimam fecit. Deinde quid respondent etiam de Iuliano, quem non numerant in decem? An ipse non est ecclesiam persecutus, qui Christianos liberales litteras docere ac discere uetuit? Sub quo Valentinianus maior, qui post eum tertius imperator fuit, fidei Christianae confessor extitit militiaque priuatus est; ut omittam quae apud Antiochiam facere coeperat, nisi unius fidelissimi et constantissimi iuuenis, qui multis, ut torquerentur, adprehensis per totum diem primus est tortus, inter ungulas cruciatusque psallentis libertatem atque hilaritatem miratus horruisset et in ceteris deformius erubescere timuisset. Postremo nostra memoria Valens, supradicti Valentiniani frater, Arrianus, nonne magna persecutione per Orientis partes catholicam uastauit ecclesiam? Quale est autem, non considerare ecclesiam per totum mundum fructificantem atque crescentem posse in aliquibus gentibus persecutionem pati a regibus, et quando in aliis non patitur? Nisi forte non est persecutio computanda, quando rex Gothorum in ipsa Gothia persecutus est Christianos crudelitate mirabili, cum ibi non essent nisi catholici, quorum plurimi martyrio coronati sunt, sicut a quibusdam fratribus, qui tunc illic pueri fuerant et se ista uidisse incunctanter recordabantur, audiuimus? Quid modo in Perside? Nonne ita in Christianos ferbuit persecutio (si tamen iam quieuit), ut fugientes inde nonnulli usque ad Romana oppida peruenerint? Haec atque huius modi mihi cogitanti non uidetur esse definiendus numerus persecu-

---

[427] Iulianus apostata(배교자 율리아누스): 제위(361~363년)에 오르자 이교신앙의 복원을 최후로 시도했고 그리스도 신자들에게 학문의 자유를 제한함. 파르티인들과의 전장에서 전사(Ammianus Marcellinus, *Historiae* 22.10). 본서 4.29; 5.21, 25 참조.

[428] 4.29 참조. Theodoretus, *Historia ecclesiastica* 3.16.

[429] Cf. Philostorgius, *Historia ecclesiastica* 7.8.

[430] Cf. *Contra litteras Petiliani* 2.206; Orosius, *Historiae adversus paganos* 7.33.

[431] Cf. Eusebius, *Chronicon* [Helm ed.] 245; Orosius, *Historiae adversus paganos* 7.32.

거하자면 너무 긴 얘기가 되겠다. 왕들이 저지른 박해들도 숫자에 넣어야 한다고 생각하는 사람들이 있을 것이다. 주님의 승천 후에도 막심한 박해를 가한 인물이 헤로데 왕이다. 저 사람들이 열 번의 박해에 넣지 않는 율리아누스[427]의 박해에 대해서는 뭐라고 할 것인가? 그리스도 신자들이 자유학예를 가르치고 배우는 것을 금지했으니 그 사람도 몸소 교회를 박해하지 않았던가? 그 사람 밑에 있던 대大발렌티니아누스는 제3황제였던 인물이지만, 그리스도교 신앙을 고백했다는 이유로 군대 통솔권을 박탈당하지 않았던가?[428] 율리아누스가 안티오키아에서 저지른 얘기는 접어두겠고 지극히 충실하고 지극히 끈질긴 한 젊은이의 얘기만 하겠다. 많은 사람들이 붙잡혀 고문을 받게 되었는데, 그 젊은이가 가장 먼저 하루 종일 고문을 당했고 심지어 손톱이 뽑히는 고문을 당하면서도 노래를 흥얼거리고 태연함과 유쾌함을 과시했다. 율리아누스는 이 광경에 놀라 겁을 먹었고, 그밖의 다른 사람들을 고문했다가는 더 창피를 당하게 될까 두려워했다고 한다.[429] 마지막으로 우리 기억에도 남아있지만, 앞서 말한 발렌티니아누스와 형제지간인 발렌스는 아리아누스 파가 되었고, 대대적 박해로 동방 전역의 가톨릭 교회를 파괴하지 않았던가?[430] 어떤 민족들은 국왕에게 박해를 당하고 또 어떤 민족들은 박해를 당하지 않고 하는 사이에, 교회가 온 세계 차원에서는 열매를 거두고 성장할 수 있었다는 사실을 깊이 헤아리지 않는 까닭은 무엇일까? 고트인들의 왕이 고티아에서 놀랄 만큼 잔인하게 그리스도인들을 박해했는데, 거기에는 가톨릭 신자들밖에 없었고 그들 가운데 상당수가 순교로 화관을 썼다. 만일 이것을 박해로 꼽지 않는다면 도대체 무엇이 박해인가? 어떤 형제들은 그 당시 아직 어린애들이었는데도 자신들이 본 광경들을 주저없이 기억해서 말했고, 우리도 몸소 그 얘기를 듣지 않았던가?[431] 페르시아에서는 또 어떤가? 거기서도 그리스도 신자들에 대한 박해가 기승을 부렸고 (이미 평정이 된 다음에도) 그곳을 탈출한 사람들 상당수가 로마인의 도읍에까지 이르지 않았던가? 이런 사건들이나 이와 비슷한 사건들을 보더라도 박해의 숫자라는 것은 일정하게 한계를 정해야 할 것이 아닌 듯싶다. 교회는 그런 박해들을 통해 단련을 받아야 하는 것이다. 최후의 박해가 있으리라는 사실에 대해

tionum, quibus exerceri oportet ecclesiam. Sed rursus adfirmare aliquas futuras a regibus praeter illam nouissimam, de qua nullus ambigit Christianus, non minoris est temeritatis. Itaque hoc in medio relinquimus neutram partem quaestionis huius astruentes siue destruentes, sed tantummodo ab adfirmandi quodlibet horum audaci praesumptione reuocantes.

53. Illam sane nouissimam persecutionem, quae ab Antichristo futura est, praesentia sua extinguet ipse Iesus. Sic enim scriptum est, quod eum *interficiet spiritu oris sui et euacuabit inluminatione praesentiae suae.* Hic quaeri solet: quando istud erit? Inportune omnino. Si enim hoc nobis nosse prodesset, a quo melius quam ab ipso Deo magistro interrogantibus discipulis diceretur? Non enim siluerunt inde apud eum, sed a praesente quaesierunt dicentes: *Domine, si hoc tempore repraesentabis regnum Israel?* at ille: *Non est*, inquit, *uestrum scire tempora, quae Pater posuit in sua potestate.* Non utique illi de hora uel die uel anno, sed de tempore interrogauerant, quando istud accepere responsum. Frustra igitur annos, qui remanent huic saeculo, computare ac definire conamur, cum hoc scire non esse nostrum ex ore Veritatis audiamus; quos tamen alii quadringentos, alii quingentos, alii etiam mille ab ascensione Domini usque ad eius ultimum aduentum compleri posse dixerunt. Quem ad modum autem quisque eorum astruat opinionem suam, longum est demonstrare et non necessarium. Coniecturis quippe utuntur humanis, non ab eis aliquid cer-

---

[432] 페르시아의 그리스도교 사정: Theodoretus, *Historia ecclesiastica* 5.38; Socrates, *Historia ecclesiastica* 7.18.

[433] 2데살 2,8. 〔200주년: "그때 그 무법자가 나타날 것이고, 주님 예수께서 당신 입김으로 그를 없애실 것이니, 몸소 내림하여 나타나심으로써 그를 멸하실 것입니다."〕

[434] 사도 1,6-7.

[435] 20.7.1 참조. 혹자(Hippolytus, *In Danielem* 4.23)는 "하느님께는 천년이 하루 같다"는 성서 구절에 의거하여, 6일 창조에 비추어 세계사가 6,000년 가리라 추측하고서, 아담부터 바빌론 유배까지 4,842년, 바빌론 유배부터 구주 탄생까지 660년, 알렉산데르 세베루스 박해가 천지창조 후 5,738년이었으므로 남은 역사는 262년 … 이런 식으로 연대를 계산하기도 했다.

서는 어느 그리스도인도 의심을 품지 않겠지만, 그 박해 외에 왕들에 의해 자행되는 다른 박해들이 있으리라는 주장도 저런 주장 못지않게 강력하다. 그러므로 이 문제에 대해서는 양편 중의 어느 것도 우리 측에서 담보해 주거나 붕괴시키지 않은 채로 우리는 중간입장을 취하겠다. 다만 누군가 이가운데 어느 한 편을 주장하든 분별없는 억지는 삼갔으면 한다.[432]

53. 최후 박해의 시기는 어떤 인간에게도 계시된 바 없다
53. 1. 최후의 박해는 아는 바 없다

반反그리스도에 의해 자행될 저 최후의 박해는 예수 친히 당신이 현존하여 소멸시킬 것이다. 그래서 "당신 입김으로 그를 죽일 것입니다. 당신 현존의 빛으로 없애실 것입니다"[433]라고 기록되어 있다. 여기서 물음이 나오게 마련이다. 언제 그 일이 있을 것인가? 아주 적절치 못한 질문이다. 만일 그 시기를 알아두는 것이 우리에게 이롭다면야, 제자들이 물었을 때 스승이 하느님으로서 몸소 말씀해 주는 것보다 더 좋은 방도가 있겠는가? 실제로 제자들은 이 문제에 관해 그분 앞에서 입을 다물지 못했고, 그분이 있는 자리에서 다음과 같은 질문을 드렸다: "주님, 이 때에 이스라엘을 위해 나라를 재건하시겠습니까?" 하지만 그분의 말씀은 이러했다: "그 때와 시기는 아버지께서 당신 권능으로 정하셨으니 그대들이 알 바 아닙니다."[434] 물론 그들이 이 답변을 들었을 적에 그들이 여쭈어 본 것은 그 시각이나 날짜나 해가 아니라 그 시기에 관해서였다. 그것을 아는 것은 우리 일이 아니라고 진리인 분의 입으로 직접 들은 이상, 이 세기에 남은 햇수들을 계산하거나 언제라고 단정지으려고 노력하는 것은 헛일이다. 그런데도 주님의 승천으로부터 그분의 마지막 내림까지를 어떤 사람들은 400년이라 하고 또 어떤 사람들은 500년이라 하고 또 다른 사람들은 천년이 갈 수 있다는 말을 한다.[435] 각자가 어떤 식으로 자기주장을 내세우는지 모르겠지만 그것을 증명하는 길은 요원하고 필요하지도 않다. 그저 인간적 추측을 사용하고 있을 따름이고, 그 사람들에게는 성서 정전의 권위로부터 끄집어내는 확실한 얘기가 아무것도 없다. 저분은 이 일을 두고 계산을 하며 손가락을 꼽는 사

tum de scripturae canonicae auctoritate profertur. Omnium uero de hac re calculantium digitos resoluit et quiescere iubet ille, qui dicit: *Non est uestrum scire tempora, quae Pater posuit in sua potestate.*

Sed haec quia euangelica sententia est, mirum non est non ea repressos fuisse deorum multorum falsorumque cultores, quominus fingerent daemonum responsis, quos tamquam deos colunt, definitum esse quanto tempore mansura esset religio Christiana. Cum enim uiderent nec tot tantisque persecutionibus eam potuisse consumi, sed his potius mira incrementa sumpsisse, excogitauerunt nescio quos uersus Graecos tamquam consulenti cuidam diuino oraculo effusos, ubi Christum quidem ab huius tamquam sacrilegii crimine faciunt innocentem, Petrum autem maleficia fecisse subiungunt, ut coleretur Christi nomen per trecentos sexaginta quinque annos, deinde completo memorato numero annorum sine mora sumeret finem. O hominum corda doctorum! O ingenia litterata digna credere ista de Christo, quae credere non uultis in Christum, quod eius discipulus Petrus ab eo magicas artes non didicerit, sed, ipso innocente, tamen eius maleficus fuerit nomenque illius quam suum coli maluerit magicis artibus suis, magnis laboribus et periculis suis, postremo etiam effusione sanguinis sui! Si Petrus maleficus fecit, ut Christum sic diligeret mundus, quid fecit innocens Christus, ut eum sic diligeret Petrus? Respondeant igitur ipsi sibi et si possunt intellegant illa superna gratia factum esse, ut propter aeternam uitam Christum diligeret mundus, qua gratia factum est, ut et propter aeternam uitam ab illo accipiendam et usque ad temporariam mortem pro illo patiendam Christum diligeret Petrus. Deinde isti dii qui sunt,

---

[436] 언젠가 그리스도교가 지상에서 사라지도록 신들에 의해 운명지어져 있다는 신탁이 있다는 소문이 돌아 교부는 누차 이를 반박한다. 예: *Enarrationes in Psalmos* 70.2.4.30.

람들에게 그들의 손가락들을 쫙 펴주면서 조용히 하라고 타이르고서 "그 때와 시기는 아버지께서 당신 권능으로 정하셨으니 그대들이 알 바 아닙니다"라고 말씀한다.

53.2. 베드로의 요술로 그리스도가 숭배받게 되었다는 말도 있다

하지만 이것은 어디까지나 복음 구절이기 때문에, 가짜로 다신多神을 숭배하는 사람들이 멋대로 상상하면서 그리스도교가 얼마나 긴 세월 동안 남아있을 것인지 함부로 단정하는 짓까지는 막지 못한다. 신으로 섬겨지는 정령들에게서 신탁으로 받은 것처럼 꾸며대어 그런 말들을 한다. 그 많고 그 심한 박해로도 그리스도교를 소멸시키지 못하고, 오히려 그런 박해로 놀랍게 성장하는 모습을 보고서 그들은 그럴듯한 생각을 해냈다. 도대체 어떤 그리스어 시구인지는 모르겠지만 누군가 신탁을 청하여 받은 구절이라고 해서 널리 퍼졌다고 한다. 그 신탁에 의하면 그리스도를 섬기는 독성적 죄악에 있어서 그리스도 본인은 아예 무죄하다고 단정하되, 베드로가 요술을 부려서 사람들을 꼼짝없이 붙들어 매어 그리스도의 이름이 365년간 숭배를 받게 만들어 놓았다는 것이다. 그렇게 단정한 햇수가 다 채워지면 그리스도교는 곧바로 끝장을 보리라는 것이다. 오, 박식하다는 인간들의 허황한 마음이여! 그대들, 문학적 천재로서 그리스도를 믿을 생각은 없으면서 그리스도에 관해 꾸며낸 이따위 얘기에는 솔깃해하는 사람들이여! 그리스도의 제자 베드로가 스승으로부터 요술을 배웠다면서 정작 그리스도는 무죄하다니! 그래 베드로가 그 숱한 고생과 위험을 무릅쓰면서까지, 마지막에는 결국 피를 흘리면서까지, 자신의 이름보다는 스승의 이름이 숭배되도록 마술을 부렸다고 하자. 베드로가 마술쟁이면서 온 세상이 그리스도를 사랑하도록 그 모든 수고를 했다면, 무죄한 그리스도가 과연 무엇을 했기에 베드로가 당신을 그토록 사랑하게 만들었을까? 스스로에게 답변해 보시라! 그리고 할 수 있다면, 세상이 저 지고한 은총을 입어 영원한 생명을 얻기 위해 그리스도를 사랑하고 있다는 사실을 깨닫도록 노력해 보시라. 또한 같은 그 은총을 입었기에 베드로 역시 그분에게서 영원한 생명을 얻으려고 그분을 위해 현세 죽음까지 무릅쓰면서 그분을 사랑한 것이 아니겠는가?[436] 마지막으로, 저런 신들

qui possunt ista praedicere nec possunt auertere, ita succumbentes uni malefico et uni sceleri magico, quo puer, ut dicunt, anniculus occisus et dilaniatus et ritu nefario sepultus est, ut sectam sibi aduersariam tam prolixo tempore conualescere, tot tantarumque persecutionum horrendas crudelitates non resistendo, sed patiendo superare et ad suorum simulacrorum templorum, sacrorum oraculorum euersionem peruenire permitterent? Quis postremo est deus, non noster utique, sed ipsorum, qui uel inlectus tanto scelere uel inpulsus est ista praestare? Non enim alicui daemoni, sed deo dicunt illi uersus haec Petrum arte magica definisse. Talem deum habent, qui Christum non habent.

54. Haec atque huius modi multa colligerem, si nondum annus ipse transisset, quem diuinatio ficta promisit et decepta uanitas credidit. Cum uero, ex quo nominis Christi cultus per eius in carne praesentiam et per apostolos institutus est, ante aliquot annos anni trecenti sexaginta quinque completi sunt, quid aliud quaerimus, unde ista falsitas refellatur? Vt enim in Christi natiuitate huius rei non ponamus initium, quia infans et puer discipulos non habebat, tamen quando habere coepit, procul dubio tunc

---

[437] 아우구스티누스도 다른 교부들처럼(예: Tertullianus, *Apologeticum* 8 - 9) 켈수스 같은 지성인들이 영아(puer anniculus)를 희생(犧牲)하여 제사드린다는 따위의 황당한 중상모략으로 그리스도교를 공격하던 사실에 역겨움을 감추지 않는다(*De haeresibus* 26 이하).

[438] 저런 신탁을 내렸다는 게 신이고, 베드로가 365년간 마술을 부렸는데도 가로막지 못했으니 베드로가 저 신을 상대로 마술을 부린 셈이다.

이 존재하면서도, 저따위 것을 예고할 능력이 있으면서도, 베드로라는 요술사 한 사람, 마술적 범죄 단 하나를 돌려놓을 능력이 없어서 고스란히 당하고 있다니 말이 되는가? 그자들이 하는 말에 의하면 그리스도교에서 행하는 집회에서는 한 살 난 아기가 죽임을 당해 갈기갈기 찢기고 가증할 의식을 거쳐서 매장당한다고 하는데,[437] 저런 신들은 도대체 왜 자기들하고 원수진 교파를 그토록 오랜 세월 동안 융성하게 내버려둔다는 말인가? 그 교파가 그토록 다양하고 혹심한 박해의 가공한 잔학상을 이겨내고, 그것도 저항을 해서 이겨낸 것이 아니라 순순히 당함으로써 이겨내도록 버려두고, 드디어 자기네 신상들과 신전들과 성스러운 신탁들이 무너지는 것을 왜 잠자코 보고 있다는 말인가? 끝으로 묻거니와 저 신은 도대체 누구인가? 아무튼 우리네 신은 아니다. 영아를 제물로 바치는 죄스러운 짓에 속아 넘어가거나, 충동질을 받고서 그리스도교에 저런 번영의 혜택을 베풀었다는 신은 그들의 신이다. 왜 이런 말을 하느냐 하면 그들이 인용하는 시구詩句에 의하면, 베드로가 마술을 부려 그리스도교가 존속할 햇수를 정했을 때, 그는 아무 정령이나 상대한 것이 아니고 엄연히 신을 상대했기 때문이다.[438] 저자들은 그리스도를 모시지 않는다면서 모신다는 게 겨우 저따위 신이다.

54. 그리스도교는 365년 이상 존속하지 못하리라고 꾸며댄 외교인들의 어리석기 짝이 없는 거짓말

54. 1. 그리스도의 이름에 바치는 예배는 마술을 허용하지 않는다

그들이 조작해낸 신탁에 언약된 해, 어처구니없이 기만당하면서도 여전히 믿어온 저 해가 아직 지나가지 않았다면 나로서도 이러저런 얘기들을 많이 끌어댔을 것이다. 그분의 육체적 현존을 통하여, 또 사도들을 통해 그리스도의 이름에 대한 숭배가 제정된 후부터 꼽아본다면 이미 몇 해 전에 그들이 말한 365년이 다 갔으니, 우리가 다른 무슨 시빗거리를 찾거나 저들의 거짓말에 반박할 필요가 있겠는가? 물론 그 햇수 계산을 그리스도의 탄생부터 시작하지 않는다고 하자. 그분이 아기나 어린애였을 적에는 아직 제자들을 두지 않았을 테니

innotuit per eius corporalem praesentiam doctrina et religio Christiana, id est, postea quam in fluuio Iordane ministerio Iohannis est baptizatus. Propter hoc enim de illo prophetia illa praecesserat: *Dominabitur a mari usque ad mare et a flumine usque ad terminos orbis terrae.* Sed quoniam, priusquam passus esset et resurrexisset a mortuis, nondum fides omnibus fuerat definita (in resurrectione quippe Christi definita est, nam sic apostolus Paulus Atheniensibus loquitur dicens: *Iam nunc adnuntiat hominibus omnes ubique agere paenitentiam, eo quod statuit diem iudicare orbem in aequitate in uiro quo definiuit fidem omnibus resuscitans illum a mortuis*): melius in hac quaestione soluenda inde initium sumimus; praesertim quia tunc datus est etiam Spiritus sanctus, sicut eum dari post resurrectionem Christi oportebat in ea ciuitate, ex qua debuit incipere lex secunda, hoc est testamentum nouum. Prima enim fuit ex monte Sina per Moysen, quod testamentum uocatur uetus. De hac autem, quae per Christum danda erat, praedictum est: *Ex Sion lex prodiet et uerbum Domini ex Hierusalem.* Vnde et ipse per omnes gentes dixit praedicari oportere in nomine suo paenitentiam, sed tamen incipientibus ab Hierusalem. Ibi ergo exorsus est huius nominis cultus, ut in Iesum Christum, qui crucifixus fuerat et resurrexerat, crederetur. Ibi haec fides tam insignibus initiis incanduit, ut aliquot hominum milia in Christi nomen mirabili alacritate conuersa uenditis suis rebus, ut egenis distribuerentur, proposito sancto et ardentissima caritate ad paupertatem uoluntariam peruenirent atque inter frementes et sanguinem sitientes Iudaeos se usque ad mortem pro ueritate certare non armata potentia, sed potentiore patientia praepararent. Hoc si nullis magicis artibus factum est, cur credere dubitant eadem uirtute diuina per totum mundum id fieri potuisse, qua hoc factum est? Si autem ut

---

[439] 시편 71[72],8.

[440] 사도 17,30-31. 200주년 성서는 마지막 구절을 "모든 사람이 이를 믿도록 하셨습니다"라고 번역했다.

[441] 이사 2,3.

[442] 루가 24,47 참조: "예루살렘에서 시작하여 모든 민족에게 그의 이름으로 죄의 용서를 위한 회개가 선포된다는 것입니다."

[443] 사도 2,37-41; 4,34-37 참조.

까. 하지만 그분이 제자들을 두기 시작하면서부터는 그분의 육체적 현존을 통해 그리스도교 교리와 종교가 알려졌고, 적어도 요르단 강에서 요한의 주례로 세례를 받은 다음에는 그것이 드러나기 시작했을 것이다. "그가 바다에서 바다까지, 강에서 땅 끝까지 다스리게 하소서"[439]라는 예언이 앞서 나온 이유도 여기 있다. 그렇지만 그분이 수난을 당하고 죽은 이들 가운데서 다시 살아나기 전에는 모든 이들에게 신앙이 확정되어 있지 않았을 것이다. (신앙은 그리스도의 부활로 확정된다. 사도 바울로가 아테네인들에게 설교하면서 하는 말이 있다: "하느님은 이제는 어디서나 모든 사람들에게 회개할 것을 선언하십니다. 과연 하느님은 정하신 사람을 시켜 세상을 공의로 심판하실 날을 지정하셨고 또한 죽은 이 가운데서 그분을 다시 살리심으로써 모든 사람에게 신앙을 확정하셨습니다.")[440] 이 문제를 해결하기 위해서는 부활이라는 시점을 시작으로 보는 편이 나을 것이다. 또한 바로 그때에 성령이 주어졌기 때문이다. 사실 성령은 그리스도의 부활 이후에 내린 것이 맞고, 둘째 율법 곧 신약이 비롯된 바로 그 도성에서 내렸던 것이다. 구약이라고 부르는 첫 율법은 시나이 산에서 모세를 통해 내렸다. 그런데 그리스도를 통해 내려질 이 신약에 대해서는 이런 예고가 있었다: "법은 시온에서 나오고, 야훼의 말씀은 예루살렘에서 나온다."[441] 당신의 이름으로 만민에게 회개를 선포하라는 말씀을 친히 했는데, 다만 예루살렘으로부터 시작해야 한다고 말씀했다.[442] 그러니까 그리스도의 이름을 받드는 숭배는 바로 그곳으로부터 발생했고, 다름아닌 그곳에서 십자가에 못박혔고, 거기서 부활한 예수 그리스도를 믿기 시작한 것이다. 또 바로 그곳으로부터 이 신앙이 빛을 발하면서 엄청난 출발을 보였으니, 삽시간에 수천 명이 그리스도께 회심했고 자기가 가진 것을 팔아서 빈궁한 사람들에게 나누어 주었다.[443] 성스러운 각오와 지극히 열성적인 사랑에서 우러나 자발적인 가난에 이르렀고, 분기탱천하여 피에 주린 유다인들 사이에 있으면서도 진리를 위해 죽음을 불사하고 싸울 각오를 했던 것이다. 싸운다고 해서 무장 세력으로 싸우는 것이 아니고, 그보다 더 강한 인종으로 싸울 각오를 한 것이다. 만약 이런 일이 요술로 이루어진 것이 결코 아니라면 왜 저 사람들은 믿기를 주저할까? 이

Hierosolymis sic ad cultum nominis Christi accenderetur tanta hominum multitudo, quae illum in cruce uel fixerat prensum uel riserat fixum, iam maleficium illud fecerat Petrus, ex ipso anno quaerendum est, quando trecenti sexaginta quinque completi sint. Mortuus est ergo Christus duobus Geminis consulibus octauum Kalendas Apriles. Resurrexit tertio die, sicut apostoli suis etiam sensibus probauerunt. Deinde post quadraginta dies ascendit in caelum; post decem dies, id est quinquagensimo post suam resurrectionem die, misit Spiritum sanctum. Tunc tria milia hominum apostolis eum praedicantibus crediderunt. Tunc itaque nominis illius cultus exorsus est, sicut nos credimus et ueritas habet, efficacia Spiritus sancti; sicut autem finxit uanitas impia uel putauit, magicis artibus Petri. Paulo post etiam signo mirabili facto, quando ad uerbum ipsius Petri quidam mendicus ab utero matris ita claudus, ut ab aliis portaretur et ad portam templi, ubi stipem peteret, poneretur, in nomine Iesu Christi saluus exiluit, quinque hominum milia crediderunt; ac deinde aliis atque aliis accessibus credentium creuit ecclesia. Ac per hoc colligitur etiam dies, ex quo annus ipse sumpsit initium, scilicet quando missus est Spiritus sanctus, id est per Idus Maias. Numeratis proinde consulibus trecenti sexaginta quinque anni reperiuntur impleti per easdem Idus consulatu Honorii et Eutychiani. Porro sequenti anno, consule Malio Theodoro, quando iam secundum illud oraculum daemonum aut figmentum hominum nulla esse debuit religio Christiana, quid per alias terrarum partes forsitan factum sit, non fuit necesse perquirere; interim, quod scimus, in ciuitate notissima et eminentissima Carthagine Africae Gaudentius et Iouius comites imperatoris Honorii quarto decimo Kalendas Apriles falsorum deorum templa euerterunt et simulacra fregerunt. Ex quo usque ad hoc tempus per triginta ferme annos quis non uideat quantum creuerit cultus nominis Christi, praesertim postea quam multi eorum Christiani facti sunt, qui tamquam uera

---

[444] 그 날짜가 29년 3월 25일로서 티베리우스 황제 재위 15년이요 로마의 집정관은 루벨리우스(Lucius Rubellius Geminus)와 푸피우스(Caius Fufius Geminus)였다고 단언한다(cf. *De Trinitate* 4.5.9; Tertullianus, *Adversus Iudaeos* 8). 락탄티우스는 3월 23일로 계산한다(*Divinae institutiones* 4.10.18).

[445] 루가 24,39-43 참조.

[446] 사도 1,9; 2,2-13.41 참조.

[447] 사도 3,1-10 참조.

[448] 아우구스티누스와 친분이 있던 Honorius, Flavius Eutychianus 집정관 연도는 398년에 해당한다. 동로마제국에는 Eutropes가 집정관이었다.

런 일을 이루어낸 것이 바로 그 신적 권능이라면 온 세계에서도 똑같은 일을 이루어낼 수 있지 않겠는가? 그 대신 베드로가 요술로 그런 일을 해냈다고 하자. 자진해서 그분을 붙들어다 십자가에 못박았고, 십자가에 매달린 모습을 보고서 비웃던 사람들이 돌연히 베드로의 마술에 걸려 예루살렘에서 그 많은 사람들이 그리스도의 이름에 예배를 바치고 열성에 불붙었다고 치자. 그렇다면 그자들이 말하는 365년이 언제 끝나는가 하는 셈본은 바로 그해로부터 따져야 하리라. 그리스도가 죽은 것은 게미누스 두 사람이 집정관을 하던 해, 사월 초하루를 여드레 남겨놓고서였다.[444] 그리고 사도들도 자기네 오관으로 보고 들어 증언하듯이 사흘날에 부활했다.[445] 그다음 40일이 지나 하늘로 올라갔다. 열흘 뒤, 그러니까 당신 부활 후 50일 만에 성령을 보냈다. 그러자 그분을 설교하는 사도들의 말을 듣고 당장 3,000명이 신앙을 갖기에 이르렀다.[446] 그러니까 바로 그때에 성령의 효험으로 그분의 이름을 받는 예배가 정식으로 시작되었으며, 이는 우리가 믿는 바 진실 그대로다. 아니면, 불경스럽고 황당하게 저 사람들이 꾸며내고 상상해낸 얘기처럼, 베드로의 요술로 그렇게 되고 말았다. 모태에서부터 절름발이로 태어난 사람이 있어 사람들이 들어다 성전 문 앞에 두어 동냥을 받게 했다. 얼마 뒤에는 그 사람이 예수 그리스도의 이름으로 발설하는 베드로의 말 한 마디에 나아서 벌떡 일어서는 신묘한 표지가 있었고, 5,000명이 신앙을 갖기에 이르렀다.[447] 그러고는 믿는 사람들이 많아지면서 교회는 날로 성장했다. 그러니까 성령이 보내진 날짜, 곧 5월 보름부터 그 연한이 시작된 셈이다. 집정관 연호로 계산하면, 호노리우스와 에우티키아누스 집정관 연도 보름날에 365년이 벌써 채워진 것으로 나타난다.[448] 따라서 이듬해 말리우스 테오도루스가 집정관을 지낼 때는 정령들의 저 신탁 또는 인간들의 가상에 의할 것 같으면, 그리스도교는 아예 존재하지도 않았어야 한다. 지상의 다른 지역에서는 무슨 일이 일어났는지 따져볼 필요도 없었다. 적어도 우리가 알기로, 아프리카의 가장 이름나고 가장 훌륭한 도시 카르타고에서는 호노리우스 황제의 지방장관인 가우덴티우스와 요비우스가 4월 초하루 전 열나흗날에 가짜 신들의 신전들을 헐어버리고 신상들을 부숴버렸다. 그때부터 지금까지 거의 30년

illa diuinatione reuocabantur a fide eamque completo eodem numero annorum inanem ridendamque uiderunt? Nos ergo, qui sumus uocamurque Christiani, non in Petrum credimus, sed in quem credidit Petrus; Petri de Christo aedificati sermonibus, non carminibus uenenati; nec decepti maleficiis, sed beneficiis eius adiuti. Ille Petri magister Christus in doctrina, quae ad uitam ducit aeternam, ipse est magister et noster.

Sed aliquando iam concludamus hunc librum, hoc usque disserentes et quantum satis uisum est demonstrantes, quisnam sit duarum ciuitatum, caelestis atque terrenae, ab initio usque in finem permixtarum mortalis excursus; quarum illa, quae terrena est, fecit sibi quos uoluit uel undecumque uel etiam ex hominibus falsos deos, quibus sacrificando seruiret; illa autem, quae caelestis peregrinatur in terra, falsos deos non facit, sed a uero Deo ipsa fit, cuius uerum sacrificium ipsa sit. Ambae tamen temporalibus uel bonis pariter utuntur uel malis pariter affliguntur, diuersa fide, diuersa spe, diuerso amore, donec ultimo iudicio separentur, et percipiat unaquaeque suum finem, cuius nullus est finis; de quibus ambarum finibus deinceps disserendum est.

동안 그리스도의 이름을 받드는 예배가 얼마나 더 불어났는지 모르는 사람이 누가 있겠는가?[449] 더구나 전에는 신탁을 진짜라고 믿고서 신앙을 가까이하지 못하고 있다가, 그 햇수가 지나가 버리자 그 신탁이 허망하고 우스운 것임을 알고서 그리스도교 신자가 된 사람들이 얼마나 많은가! 여하튼 그리스도인이요 또 그리스도인임을 자처하는 우리는 베드로를 믿는 것이 아니고 베드로가 믿었던 그분을 믿는다. 우리는 그리스도에 관한 베드로의 설교에 감화를 받은 것이지 무슨 주문에 중독된 것이 아니다. 마술에 속은 것이 아니고 그분의 호의에 보우를 입은 것이다. 영원한 생명으로 인도하는 교리를 편 그분 그리스도는 베드로의 스승일 뿐 아니라 또한 우리의 스승이기도 하다.

54.2. 사멸할 인생여정에서는 두 도성이 혼합되어 전개된다

벌써 이 권의 결론을 내려야 할 때가 되었다. 지금까지 사멸할 인생여정에서는 두 도성, 곧 천상 도성과 지상 도성이 시원부터 종말까지 뒤섞여 전개된다는 사실을 토론하고 충분하다고 여겨질 만큼 증거를 댔다. 그 가운데서도 하나, 곧 지상 도성은 어디서든지 마음 내키는 대로 신들을 만들어냈고 심지어는 사람들을 갖고서도 가짜 신들을 만들어냈으며, 그러고서는 그것들에게 희생제사를 바치면서 섬기고 있다. 다른 하나 천상 도성은 지상에서 나그네살이를 하며 가짜 신들을 만들어내지도 않는다. 이 도성은 참 하느님으로부터 만들어졌을 뿐 아니라 이 도성 자체가 하느님의 참다운 제사가 되고 있다.[450] 두 도성 다 현세적 선을 똑같이 이용하고 똑같이 악을 겪는다. 단지 서로 다른 믿음, 서로 다른 희망, 서로 다른 사랑으로 이용하고 겪을 따름이다. 최후의 심판으로 갈라서기까지는 그러하고, 드디어 각자가 자신의 고유한 종말에 이를 텐데 그 종말에는 끝이 없을 것이다.[451] 그러면 마지막으로 양자의 종말에 관해 논할 차례다.[452]

---

[449] 12 - 18권이 425/6년경에 집필이 완료되어 있었으니까 그 사건이 난 지 26년쯤 지난 뒤였다.

[450] 10.6 참조.

[451] percipiat unaquaeque *suum finem*, cuius *nullus est finis*: "그 끝은 끝이 없다"는 문장이 된다.

[452] 역사적 여정에서 두 도성이 뒤섞여 혼재함을 서술하면서도 아우구스티누스는 경험적 사실(史實)을 진술하는 일보다도 예언과 역사의 상합점을 입증하는 데 주안점을 두었다.